儒學復興과
現代社會

유학부흥과 현대사회

초판 1쇄 인쇄 2014년 9월 19일
초판 1쇄 발행 2014년 9월 26일

지은이 | 유학부흥과 현대사회 편찬위원회
펴낸이 | 김준영
펴낸곳 | 성균관대학교 출판부
출판부장 | 박광민
편 집 | 신철호 현상철 구남희
마케팅 | 박인봉 박정수
관 리 | 박종상 김지현

등 록 | 1975년 5월 21일 제1975-9호
주 소 | 110-745 서울특별시 종로구 성균관로 25-2
전 화 | 760-1252~4
팩 스 | 762-7452
홈페이지 | press.skku.edu

ⓒ 2014, 유교문화연구소

ISBN 979-11-5550-082-8 93150

國際版 儒敎文化研究 特輯

2010年 儒學思想國際學術會議論文集

儒學復興과 現代社會

《儒學復興과 現代社會》編纂委員會 主編

成均館大學校

간행사

현대사회는 인성의 회복, 화합과 상생의 사회 건설, 다원 문명의 공존 등 중차대한 과제를 안고 있고, 이러한 과제들을 해결하기 위한 공통의 방향과 이를 제시해 줄 나침반이 필요합니다. 그 나침반은 수많은 시험을 거쳐 흔들리지 않는 磁性을 지닌 것이면서도 지금 이 순간에 사용될 수 있는 생명력을 가진 것이어야 할 것입니다.

유가문화는 2천 여 년의 장구한 시간에 인류가 수많은 변화를 겪어오는 과정에서도 그 근본정신은 흔들림 없이 동아시아 사회를 유지하여 왔습니다. 나아가 현대사회에서도 인류가 당면한 난관을 해결하고, 세계의 평화를 이끌어낼 수 있는 실천철학으로서 국제적으로 새롭게 조명되고 있습니다.

이처럼 현대사회의 문제점에 대한 해결방안으로 유학의 역할이 기대되는 시점에서, 成均館大學校 와 國際儒學聯合會가 공동으로 주최한 "儒學復興과 現代社會"라는 주제의 〈2010儒學思想國際學術 會議〉는 국내외적으로 21세기의 미래를 위해 새로운 전환점을 제시한 대단히 귀중한 자리였습니다.

국제유학연합회는 현대사회에서 "유학사상을 연구하고 유학정화를 계승하며 유학정신을 발양 하여 인류사회의 자유평등·평화발전과 영구번영을 촉진"함을 목표로 설립된 국제적인 학술단체입 니다. 그 국제적 위상에 걸맞게 이번 학술회의에는 藤文生상임부회장을 비롯한 미국의 成中英교수 님, 중국의 張立文교수님, 한국의 安炳周교수님 등 좀처럼 한자리에 모이기 어려운 국내외의 석학들이 함께 모여 유학부흥과 현대사회 문제를 논의한 참으로 큰 의의를 지닌 자리였습니다.

이번 《2010유학사상국제학술회의논문집》 간행을 통해, 세계적인 석학들과 함께 폭넓고 진지하 게 논의했던 유학부흥의 시대적인 요청과 유가사상의 사회적인 역할에 대한 문제의식을 보다 많은 분들과 공유하게 되어 매우 기쁘게 생각합니다. 아울러 지난 2010년 학술회의 이후, 학술회의에 서의 의미 있는 논의들을 잊지 않고 발전시키기 위해서 반드시 논문집을 출간해야 한다는 국내외의 많은 요청에 대한 임무를 완수하게 되어 한편으로 안도감을 느낍니다. 본 논문집 발간을 계기로 현대사회에서 유학사상과 유가문화의 역할에 대한 다양한 논의가 보다 발전적인 방향에서 이루질 수 있기를 기대합니다.

끝으로 국제적인 관심이 집중되었던 2010 유학사상국제학술회의가 한국유학의 중심기지인 성균관대학교에서 개최되고, 유학부흥의 새로운 전환점이 될 이번 학술회의논문집이 간행되기까지 모든 일이 가능할 수 있도록 이끌어주신 국제유학연합회 葉選平회장님과 본교의 徐正燉이사장님께 진심으로 감사드립니다. 아울러 학술회의 개최와 논문집 발간이 순조롭게 이루질 수 있도록 수고하여 주신 儒學大學長님, 儒教文化研究所長님, 梁承武명예교수님, 金聖基교수님, 그리고 발간 실무를 담당한 여러분께 감사드립니다.

2014년 9월

성균관대학교 총장 김준영

刊行辭

現代社會面臨着人性的恢復、和諧與相生社會的建設、多元文明的共存等重大的課題。要想解決這些課題，首先就需要一個能為我們提示出最終落腳點的指南針。這個指南針不但要有經歷無數次考驗也決不動搖的磁性，還要有適用於現在這一時刻的生命力。

儒家文化在兩千多年以來人類經歷許許多多變化的過程中，其根本精神也不曾動搖，始終維持着東亞社會。而且在現代社會裏作位能夠解決人類當前的難關、引導世界和平的實踐哲學，在國際上重新受到矚目。

正當人們期待儒學成為現代社會問題的解決方案的時候，成均館大學和國際儒學聯合會以"儒學復興與現代社會"為主題共同主辦的〈2010儒學思想國際學術會議〉為二十一世紀的未來提示了新的轉折點。

國際儒學聯合會是以在現代社會裏"研究儒學思想，繼承儒學精華，發揚儒學精神，以促進人類社會之自由平等、和平發展和持久繁榮"為宗旨而設立的國際性學術團體。與國際儒學聯合會的國際地位相稱，本次學術會議包括藤文生常務副會長在內，美國的成中英教授、中國的張立文教授、韓國的安炳周教授等國內外的專家學者共聚一堂，探討了儒學復興與現代社會問題。的確是一次非常有意義的會議。

通過這次《2010儒學思想國際學術會議論文集》的刊行，能夠和更多的學者共享曾經在會議上與世界各國的碩學們一起廣範而真摯地探討過的儒學復興的時代要求和對儒家思想的社會作用的問題意識，本人感到非常高興。而且在2010年學術會議結束之後得到國內外的許多要求，為了不使學術會議上有意義的討論被世人所遺忘，就必須進行出版發行。即將完成這項任務，又使我感到如釋重負。本人期待通過這本書，使現代社會裏無法解決的時代課題通過儒學這個指南針摸索出解決的落腳點，並且以此作為基礎，對現代社會中儒學思想和儒家文化的作用的各種討論得到進一步的發展。

最後，對於為了使受到全球性關註的2010儒學思想國際學術會議能夠在韓國儒學的中心基地－成均館大學召開，成為儒學復興新的轉折點的本次學術會議論文集得以出版發行而提供指導幫助的國際儒學聯合會葉選平會長和本校徐正燉理事長致以誠摯的感謝。也感謝為學術會議的召開和論文集的發行而辛勤工作的儒學學院長、儒教文化研究所長、梁承武名譽教授、金聖基教授，以及負責出版發行的實務人員。

2014年 9月

成均館大學校長 總長　**金峻永**

개 회 사

안녕하십니까? 국제유학연합회 이사장을 맡고 있는 成均館大學校 總長 徐正燉입니다. 학문 연찬에 바쁘신 중에도 귀중한 시간을 내시어 원로에서 성균관대학교와 국제유학연합회가 공동주최하는 국제학술회의에 참석해주신 세계석학 여러분과 내빈 여러분께 진심으로 감사를 드립니다. 특히, 國際儒學聯合會 滕文生常務副會長님, 唐裕前任理事長님, 趙毅武副理事長님, 그리고 崔根德成均館長님과 문화체육관광부 趙昌熙宗務室長님께도 감사의 말씀을 드립니다. 또한 기조발표를 맡아 주신 Hawaii大 成中英교수님, 中國人民大 張立文교수님, 成均館大 安炳周명예교수님께도 감사드립니다.

이번 국제학술회의에는 한국과 중국을 비롯하여, 일본, 대만, 홍콩, 싱가폴, 베트남, 인도네시아, 말레시아, 태국 등의 동아시아 국가지역뿐만 아니라, 멀리 미국과 독일 등에서도 참석해주셨습니다. 전 세계의 석학들이 한자리에 모여 유학부흥과 미래방향을 진지하게 고민하고 토론하는 장이 이곳 성균관대학교에서 마련된 것을 무한한 영광으로 여깁니다. 특히 성균관대학교가 한국유학의 전통을 이어가고 있는 한국유교의 메카라는 점에서 이번 학술회의가 그 어느 때보다도 더욱 큰 의의가 있다고 생각합니다.

이번 학술회의 주제는 "유학부흥과 현대사회"이며, 총 10개로 세부주제로 탐구토론이 진행될 예정입니다. 회의의 핵심과제는 현대사회에서 유학의 역할과 유학부흥을 위한 발전적인 방안을 모색하는 것입니다. 지난 역사를 돌이켜보면, 어느 시대에서도 유학의 역할이 강조되어 왔지만, 지금처럼 그 역할이 절실하게 요청된 적은 드물었던 것 같습니다. 이렇게 보면, 유학부흥을 통한 전 세계적인 정신문명의 확립은 이제 거스를 수 없는 시대적 추세라고 생각합니다.

오늘 날 현대사회는 평화와 공존을 위협받고 있는 최대의 위기를 맞이하고 있습니다. 즉 국가와 국가, 민족과 민족 간의 대립뿐만 아니라, 다원화된 사회 구조 속에서 서로 다른 문화와의 충돌과 대결이 끊임없이 발생하고 있습니다. 또한 상호 소통의 부족으로 인한 갈등이 심화되면서 소통은 현대사회의 중요한 과제로 대두되었습니다. 이렇게 볼 때, 서로의 차이와 다름을 인정하고 상호 조화를 모색하는 것은 시대적인 요청임을 알 수 있습니다.

그러나 문화와 문화, 문명과 문명 간의 소통은 그렇게 간단하게 해결될 문제가 아닙니다. 갈등의 이면에는 언제나 각자의 이익이나 생존과 직결된 현실적인 문제가 내재되어 있기 때문입니다. 따라서 제도적인 조처를 통한 일시적인 조정이나 상호 타협은 가능하겠지만, 근본적인 문제 해결에는 한계가 있는 것이 현실입니다. 이 문제를 해결하기 위해서는 감성적인 공감을 통한 진정한 소통이 필요합니다. 이는 바로 인간의 마음과 관련된 문제입니다. 현대 사회가 유학을 절실하게 필요로 하는 이유가 바로 여기에 있다고 할 수 있습니다.

최근 한국에서 한 여고생이 아기의 생명을 구한 일이 화제가 되었습니다. 아기가 아파트 난간에서 떨어지는 것을 보고, 무의식적으로 높은 담장을 뛰어넘어 온몸으로 아이를 받아서 목숨을 살렸습니다. 이 학생은 자신이 다치는 것은 전혀 의식하지 못하고, 무조건 아이를 구해야 한다는 생각밖에 없었다고 말했습니다.

남의 불행을 차마 보지 못하고 안타까워하며 도와주려는 마음, 이것이 바로 맹자가 말한 不忍之心이요, 仁입니다. 유학에서는 이러한 仁의 마음을 실천하는 근본이 孝悌에 있으며, 그 사람됨이 孝悌하면서 사회적 혼란을 일으키는 사람은 없다고 단언합니다.〔其爲人也孝弟, 而好犯上者, 鮮矣, 不好犯上, 而好作亂者, 未之有也.〕(『論語·學而』) 그 학생이 자신의 부모와 형제를 사랑하지 않았다면, 과연 그 아이를 구하려는 마음을 표현할 수 있었겠습니까?

유학에서는 이러한 마음으로부터 비롯된 감성적 공감은 진정한 소통과 조화〔和而不同〕의 핵심 근거라고 여깁니다. 다름과 차이의 인정과 상호 소통을 뛰어넘어, 인간 내면에 존재하는 공통의 心性을 찾아서 계발함으로써 인간 상호 간에 진정으로 공감하고 이해하는 것, 이는 바로 유학이 추구하는 인간관계의 핵심입니다. 이러한 인간성에 대한 신뢰를 회복하는 것, 이것이 바로 유학부흥의 방향이자 목표가 될 것입니다.

이번 학술회의는 유학부흥의 토대를 마련하고, 실천적인 대안을 모색하는 자리입니다. 유학을 현대사회에 맞도록 재해석함으로써 전 인류가 조화와 공존을 달성할 수 있는 방향을 모색하는 것, 이것이 바로 우리들의 시대적 사명일 것입니다. 오늘 이 자리에 참석해 주신 세계석학들이 함께 고민하고 함께 실천해 나간다면, 유학이 전 인류의 정신문명을 추동하는 핵심사상으로 공헌하게 될 것임을 믿습니다.

끝으로 바쁘신 중에도 이번 국제학술회의에 참석해 주신 각국의 세계석학 여러분과 내빈 여러분, 그리고 儒學思想 國際學術會議 개최를 위해 애써주신 金東淳準備委員長, 梁承武副委員長, 徐坰遙副委員長, 金聖基執行委員長을 비롯한 여러 실무위원들에게도 다시 한 번 진심으로 감사드립니다.

학술대회에 출석하신 석학여러분! 대회 기간에 건강하시고 즐거운 시간이 되시기를 빕니다.

2010年 11月 25日

성 균 관 대 학 교 총   장   서정돈
국제유학연합회 이사장

開會辭

大家好！我是擔任國際儒學聯合會理事長的成均館大學校長徐正燉。首先向百忙之中抽出寶貴時間遠道來參加由成均館大學和國際儒學聯合會共同主辦的國際學術會議之各位世界碩學以及各位來賓表示由衷的感謝。特別向國際儒學聯合會滕文生常務副會長、唐裕前任理事長、趙毅武副理事長，以及崔根德成均館長和文化體育觀光部趙昌熙宗務室長也表示感謝。而且向爲大會發表基調講演的夏威夷大學成中英教授、中國人民大學張立文教授、成均館大學安炳周名譽教授特別致謝。

本次國際學術會議包括韓國和中國，不僅有日本、臺灣、香港、新加坡、越南、印度尼西亞、馬來西亞、泰國等東亞細亞各國地區，還有遠從美國和德國等國家前來參加大會。成均館大學能夠爲全世界的各位碩學提供眞摯的思考和討論儒學復興和未來方向的地點而感到無比光榮。尤其成均館大學作爲繼承韓國儒學傳統的韓國儒教聖地(Mecca)，本次學術會議比任何時候都更具有重大的意義。

本次學術會議以"儒學復興與現代社會"爲主題，將通過10個子題進行探討。會議的核心課題是，在現代社會中爲儒學的作用和儒學的復興，摸索出未來社會的發展方向。回顧過去的歷史，無論哪個時代都強調儒學的作用，然而像現在這樣迫切地要求其作用似乎罕見。如此看來，通過儒學復興來確立全世界的精神文明已經成爲不可抗拒的時代趨勢。

當今現代社會面臨着和平與共存受到威脅的最大危機。卽不僅是國家與國家、民族與民族之間的對立，而且在多元化的社會結構中互不相同的文化之間的衝突對抗也持續不斷地發生。同時因爲相互溝通的不足而造成矛盾加深，溝通成爲現代社會的重要課題。由此可見，肯定相互之間的差異和不同，摸索相互之間的和解是時代的要求。

然而文化與文化、文明與文明之間的溝通并不是那麼容易解決的問題。因爲矛盾的背後總是內在着與各自的利益或生存直接相關的現實性問題。所以通過制度的措施暫時調整或相互妥協是可能的，但是不能從根本上解決問題也是事實。爲了解決這個問題，有必要通過感性的共鳴進行眞正的溝通。這正是與人心相關的問題。可以說，現代社會迫切地需要儒學的理由正在於此。

最近在韓國，一名女高中生挽救小孩生命的事跡成爲話題。當她看到孩子從居民樓的欄干掉下來時，無意識地躍過高墻用整個身體接住了孩子，結果保住了孩子的性命。據這個學生講，自己根本沒有意識到會受傷，腦海裏只是想着要無條件地去救孩子。

不忍看到別人的不幸，替別人惋惜，幫助別人的心情，正是孟子所說的"不忍人之心"，卽仁。可以斷言，儒學中實踐這種仁心的根本在於孝悌，不會有爲人孝悌而引起社會混亂的人。［其爲人也孝弟，而好犯上者，鮮矣；不好犯上，而好作亂者，未之有也。］（『論語·學而』）假如那個學生不愛自己的父母和兄弟，眞就會生起去救孩子的心嗎？

儒學認爲，由這種心發出的感性的共鳴才是眞正溝通與和解［和而不同］的核心條件。超越肯定不同和差異的相互溝通，尋找人的內在的共同心性進行啓發，使人和人之間眞正地產生共鳴和理解，這就是儒學所追求的人際關係的核心內容。恢復對這種人性的信賴，旣是儒學復興的方向，也是儒學復興的目標。

本次學術會議是爲儒學復興奠定基礎、摸索實踐方案的場合。對儒學進行符合現代社會的再解釋，從而摸索出全人類能够達成和諧與共存的方向性，這正是時代賦予我們的使命。相信今天在座的各位世界碩學，如果能共同思索、共同實踐下去，儒學一定會作爲推動全人類精神文明的核心思想而作出貢獻。

最後，再一次向百忙之中來參加本次國際學術會議的世界碩學以及各位來賓，還有爲儒學思想國際學術會議的召開操勞的金東淳準備委員長、梁承武副委員長、徐坰遙副委員長、金聖基執行委員長及各位實務委員，表示衷心的感謝。

謹祝 出席學術大會的各位碩學，在會議期間健康愉快！

2010年 11月 25日

成均館大學校總　長　**徐正熮**
國際儒學聯合會 理事長

歡迎辭

　　尊敬的徐正燉理事長！尊敬的崔根德先生、唐裕先生！尊敬的國際儒聯各位領導，尊敬的各位專家學者！女士們、先生們！：

　　這次在韓國首都召開的以"儒學復興與當代社會"爲主題的2010儒學思想國際學術會議，是國際儒學界的一次盛會。來自不同國家和地區的專家學者，齊集首爾，相聚一堂，可謂"群賢畢至"。大家將就儒學與當代社會的一些重要問題，進行探討，共同切磋，並將產生一批研究成果，這對于當代社會的發展與進步，無疑會産生積極的影響和作用。我代表國際儒學聯合會和葉選平會長，向會議表示熱烈的祝賀！向各位專家學者和各位嘉賓，表示誠摯的歡迎！向主辦這次會議的韓國成均館大學，向具體承辦這次會議的韓國成均館大學儒學東洋學部、韓國東亞學術院儒教文化研究所、韓國儒教學會，向爲這次會議提供大力支持的韓國文化體育觀光部、韓國研究財團、成均館、新星集團、東洲集團等部門和團體，以及會議的所有工作人員，特別是對于徐正燉理事長、梁承武副會長爲組織這次會議所作出的努力和貢獻，一並表示衷心的感謝！

　　中國一位著名的歷史學家說過："儒家自孔子開其先，孟子承其後，還有許多知名與不知名的學者之努力，隨時在變動和進步中。"這一概括是符合儒家思想文化即儒學形成和發展歷史的。

　　孔子創立的儒家，在春秋戰國的諸子百家中，無論從它的思想影響和學者數量來說，都是首屈一指的著名學派。儒家同老子創立的道家、墨子創立的墨家，以及管仲、商鞅、韓非子創立的法家等各個學派，相互競爭又相互借鑒、相互影響，共同爲形成春秋戰國時期以"百家爭鳴"爲標志的思想文化局面，爲形成以秦朝、漢朝建立爲標志的實行郡縣制的中國多民族的大一統國家的社會政治局面，作出了重要貢獻。

　　從秦代到清代的兩千年間，中國封建社會經歷了各個朝代的交替演進的歷史過程。這也是儒家思想發展成爲中國歷朝執政者治理國家和社會的重要指導思想，儒家文化發展成爲中華傳統文化的主幹的歷史過程。在這兩千年間，儒家思想文化處于不斷的演化之中。這種演化既包括對自身的改造和完善，也包括對自身的豐富和發展。在這兩千年間，儒學主要經歷了兩次更新發展的高潮。一次是以兩漢時期今文經學與古文經學的產生及其爭論爲主要標志。在漢武帝實行"獨尊儒術"以後，今文經學正式成爲朝廷治國理政的主導思想。這表明儒學的發展進入了一個新的階段；一次是以宋明理學的產生及其深化爲主要標志。它包括"程朱理學"、"陸王心學"，歷史上統稱"宋明理學"，又稱"宋明新儒學"。這表明儒學的發展又進入了一個新的階段。從孔孟的儒家思想，到今文古文經學，再到理學，構成了儒學的一個比較完整的思想文化體系。

從儒學形成和發展的歷程中，可以清楚地看出，儒學作爲一種重要的思想文化，具有自己鮮明的特徵。我個人覺得以下這幾個基本特徵，很值得人們深入探討。

一是它的開放性。孔孟開創儒家思想，就注重借鑒吸取道家、墨家等各家學派的思想營養來豐富自己，以後在儒學的長期發展進程中，儒學學者們仍堅持兼學別家、博采衆長，因而成就了儒家思想文化的博大精深。董仲舒提出"天人合一"思想，就借鑒吸取了道家、法家、陰陽家的一些思想；宋明理學，也是在長期借鑒吸取道家等各家思想的基礎上，又借鑒吸取了從國外傳入的佛家思想而形成和發展起來的。總之，進行開放式的治學與實踐，是儒家思想文化的一個顯著特徵。

二是它的兼容性。所謂兼容性，主要是指儒家與其他各家保持"和而不同""兼容共處"的致治精神。無論是漢代"獨尊儒術"時期，還是唐代儒釋道"三學並立"時期，儒家思想都是與法家或道家、佛家等思想相互結合，共同致力于國家和社會的治理。儒家思想所以能成爲中國歷史上各個朝代治國理政的重要指導思想，是同它具有這種"兼容共處"的特徵分不開的。

三是它的全面性。所謂全面性，主要是指儒家倡導和堅持修身、齊家、治國、平天下的政治主張，強調"修齊治平"要相互促進、全面兼顧。儒家既重視個人的修身立身，又重視國家和社會的治理；既注重運用于個人和社會教化的倫理道德思想的研究，又注重運用于治國理政的政治思想的探求。正因爲具有這種研究與實踐的全面性特徵，儒家思想文化才會長期保持在中國歷史上的思想文化中的核心地位。

四是它的辯證性。儒家思想文化同其他思想文化一樣，並不是完滿無缺的，不可能只有長處和精華而沒有短處和糟粕。儒家要求人們加強自我修養，克服自身缺點，擇其善者而從之、其不善者而去之；同時儒學學者中也不乏這樣的人，他們對待自家的思想也能夠在某種程度上采取批判繼承的態度，運用有揚有棄的辯證方法進行具體分析，屬于正確的東西就加以弘揚，屬于流弊的東西就加以摒棄。這種情況在儒學歷史上並不少見。例如，有些儒學學者就曾經對今文經學、古文經學和理學，進行過這種辯證分析，既肯定它們的長處，又批評它們的短處，指出它們的缺點和弊端在于或偏于功利、或流于繁瑣、或失于空疏。正因爲具有這種"一分爲二"的辯證分析問題的特徵，儒家思想文化才會保持自己的發展生機與活力。

歷史上任何一種富有價值的思想文化，它要適應人類社會進步的需要，它的發展就不能停息，它的傳播也會不分國界。儒學就是這樣。它雖然發端于中國，但很早就流傳到中國之外的國家和地區，最先是傳到與中國毗鄰的亞洲國家，後來又逐漸傳播到歐美及其他各洲的國家。一方面它與各國各地區的思想文化相互結合和交融，對當地的思想文化進步和經濟社會發展發揮了積極的影響和作用；另一方面它又不斷地從各國各地區的思想文化中汲取營養，使自己更加豐富和發展起來。千百年來，儒學在世界上的廣泛流傳，早已成爲一種彪炳煥耀的國際文化現象。

我們這次會議在韓國召開，韓國素有禮儀之邦的美稱，有著深遠的儒學傳統。在韓國大地上，曾先後孕育出了像崔致遠、李退溪、李栗谷、柳成龍、宋時烈等名聞遐迩的儒學家，也孕育出了像安東這樣久享儒學盛譽的"鄒魯之鄉"，還孕育出了像成均館大學這樣專以弘揚和實踐儒學精神爲使命的高等學府。這是韓國人民的文化驕傲，也是國際儒學界的幸事。

當前，儒學正在國際社會出現一個傳播、交流和發展的新局面。這種局面的出現並非偶然，是同當今世界和當代社會發展的形勢及其面臨的問題與挑戰分不開的。世界正處在一個急劇變化和迅速發展的時期，經濟全球化不斷深化，科學技術日新月異。經濟和文化的發展成就巨大，但面臨的問題與挑戰也相當不少。如果解決不好這些問題與挑戰，就會影響世界的和平與穩定，影響未來經濟和社會的發展，影響人類共同事業的進步。在探尋解決這些國際社會面臨的問題與挑戰的過程中，越來越多的有識之士，把目光投向了儒學，希望從中得到更多有益的啓示和智慧。應該說這是很有史鑒之智的。

儒學作爲一種世界性的思想文化遺産，它源遠流長，蘊含著豐富的思想財富。這些思想財富，無論是對解決當今國家與社會治理和經濟文化發展中的問題，還是對處理當今國家與國家關系、各種經濟社會關系以及人與自然關系等等中的問題，仍然具有自己的價值。這些思想財富，包括仁者愛人、居仁由義的仁義思想，民爲邦本、安民惠民的民本思想，修齊治平、自強不息的致治思想，學以致用、知行合一的實踐思想，實事求是、革故鼎新的變革思想，和而不同、中和兼容的和諧思想，誠實無欺、恪守信用的誠信思想，協和萬邦、親仁善鄰的睦鄰思想，等等。我們衷心希望各國各地區的儒學學者們，繼續加強對儒學思想財富的挖掘和闡發，各抒己見、各展其思，多出成果、多提方略，共同把儒學的思想精華更好地運用到當代的社會實踐中去，爲共同致力于維護世界和地區和平，促進各國共同發展，促進人類共同的進步事業，作出自己新的貢獻。

我今天的致詞，也算是我參加這次會議向大家學習並一起研討的一個發言，僅僅是個人的一孔之見，目的在于拋磚引玉。講得不妥當和有錯誤的地方，請大家批評指正。

最後，預祝2010儒學思想國際學術會議取得圓滿成功！

謝謝大家！

2010年 11月 25日

國際儒學聯合會常務副會長　**滕文生**

환영사

존경하는 徐正燉이사장님! 崔根德선생님! 唐裕선생님! 그리고 국제유학연합회 임원 여러분과 학자 여러분! 신사·숙녀 여러분!

이번 한국 서울에서 "유학부흥과 현대사회"를 주제로 개최된 〈2010년유학사상국제 학술회의〉는 국제유학계의 성대한 모임입니다. 여러 국가와 지역으로부터 학계의 전문가들이 서울에 모였으니, 이른 바 "群賢畢至", 여러 현인들이 모두 한자리에 모였다고 하겠습니다.

우리들은 모두 유학과 현대사회의 중요한 문제에 대하여 공동으로 토론을 진행하고, 절차탁마를 통하여 일련의 연구 성과를 이룩하였습니다. 이는 현대사회의 발전과 진보에 대한 적극적인 영향과 작용을 줄 것은 의심할 여지가 없습니다. 본인은 國際儒學聯合會와 葉選平회장님을 대표하여, 이번 학술회의에 열렬한 축하를 보냅니다! 만장하신 전문 학자 여러분과 귀빈 여러분께도 진심으로 환영을 표합니다.

그리고 이번 학술회의를 주최해 주신 한국 성균관대학교, 실무를 맡아주신 성균관대학교 유학동양학부와 동아시아학술원 유교문화연구소, 한국유교학회, 또한 이번 회의에 아낌없는 지원을 베풀어 주신 한국문화체육관광부, 한국연구재단, 성균관, 신성그룹, 동주그룹, 그리고 학술회의의 모든 관계자 여러분, 특히 이번 회의의 주최를 위해 노력과 공헌을 하여주신 徐正燉이사장님과 梁承武부회장님, 이 모든 분들께 충심으로 감사를 표합니다.

중국의 저명한 역사학자는 이렇게 말했습니다: "유가는 공자가 그 선하를 열고, 맹자가 그 뒤를 계승하고, 저명하든 저명하지 않음에 관계없이 수많은 학자들의 노력으로 언제나 변화와 진보 속에 있다." 이 말은 유가의 사상문화는 바로 유학의 형성과 발전의 역사와 부합한다는 의미입니다.

공자가 창립한 유가는 춘추전국시대에 제자백가에 속하지만, 그 사상적 영향과 학자의 수에서 첫 손에 꼽히는 저명한 학파라는 점은 말할 필요도 없을 것입니다. 유가는 노자가 창립한 도가, 묵자가 창립한 묵가, 그리고 관중·상앙·한비자가 창립한 법가 등의 각 학파와 함께 서로 경쟁하고, 또 참고하고, 서로 영향을 주고받으면서, 함께 "百家爭鳴"으로 상징되는 춘추전국시대의 사상문화의 국면을 형성하였고, 秦代와 漢代의 건립으로 상징되는 군현제 시행을 통한 중국 다민족의 大一統 국가라는 사회정치적 국면을 형성하는데 중대한 공헌을 하였습니다.

秦代로부터 淸代에 이르는 2,000년 동안 중국 봉건사회는 여러 왕조의 교체 발전의 역사과정을 거쳤습니다. 이는 또 유가사상의 발전은 중국 역대왕조의 집권자가 국가와 사회를 다스리는데, 중요한 지도사상이 되었고, 유가문화의 발전은 중화 전통문화 근간의 역사 과정이 되었습니다. 이 2,000년 기간에 유가사상문화는 끊임없는 변화 속에 있었습니다. 이러한 변화는 자신의 개혁과 완성을 이룩하였고, 자신의 풍성함과 발전을 이룩하였습니다. 이 2,000년 동안 유학은 크게 두 차례의 혁신과 발전의 전환기를 거쳤습니다. 첫째는 兩漢시대의 今文經學·古文經學의 탄생과 그 논쟁이 중요한 상징이 됩니다. 漢武帝가 오직 유학만을 존숭한다는 이른바 "獨尊儒術"을 선포한 이후, 금문경학은 정식으로 국가 정치이념의 주도사상이 되었습니다. 이는 유학의 발전이 하나의 새로운 국면으로 진입하였음을 보여준 것입니다.

둘째는 宋明理學의 탄생과 그 심화가 주요한 상징이 됩니다. 여기에는 "程朱理學", "陸王心學"을 포함하여 역사적으로 "송명리학", 또는 "宋明新儒學"으로 통칭되고 있습니다. 이는 유학의 발전이 또 다시 새로운 국면으로 진입하였음을 보여줍니다. 공맹의 유가사상으로부터 今文古文經을 거치고, 다시 理學에 이르러, 유가는 비교적 완전한 사상과 문화의 체계를 형성하게 되었습니다.

유학의 형성과 발전 과정을 통해 유학은 중요한 사상문화로서 스스로 선명한 특징을 갖추고 있음을 분명히 확인할 수 있습니다. 본인은 아래의 몇 가지 기본특징은 깊이 탐구할 만 하다고 생각합니다.

첫째, 개방성(開放性)입니다. 공자와 맹자가 개창한 유가사상은 도가·묵가 등 여러 학파의 사상의 영양분을 흡수하고 거울삼아 자신을 풍부토록 하는 것을 중시하였으며, 이후 유학의 장기발전 과정 중에서 유학자들은 여전히 다른 학파를 겸섭하여 연구하고, 여러 장점을 수용하는 태도를 견지하였습니다. 따라서 유가사상문화는 博大精深을 성취하게 되었습니다. 董仲舒가 제기한 "天人合一" 사상은 도가·법가·음양가의 사상을 본받고 흡수한 것이며, 宋明理學도 장기간 도가 등의 여러 사상을 본받고 흡수한 기초 위에서 다시 외국에서 전래된 佛家思想을 본받고 흡수하여 형성되고 발전되었습니다. 결국 개방적인 학문연구와 실천은 유가사상과 문화의 뚜렷한 특징입니다.

둘째, 겸용성(兼容性)입니다. 이른바 겸용성이란 유가는 다른 학파와의 관계에서 서로 조화롭지만 중심을 유지하고(和而不同), 수용하면서 공존한다(兼容共處)는 다스림에 도달하는(致治) 정신을 가지고 있음을 말합니다. 漢代의 "독존유술" 시기는 물론, 唐代의 유교·불교·도교가 함께 존중 받은 "三學並立"의 시대에도 유가사상은 모두 법가나 도가·불가 등의 사상과 서로 결합하여 함께 국가와 사회를 다스리기 위해 노력하였습니다. 유가사상이 중국 역사상 각 왕조의 통치를 위한 중요한 지도사상이 될 수 있었던 이유는 바로 이러한 "兼容共處"의 특징을 지니고 있었기 때문입니다.

셋째, 전면성(全面性)입니다. 전면성의 중요한 점은 유가는 수신·제가·치국·평천하라는 정치적 주장을 선도하고 견지하고, "수제치평"(修齊治平)은 각기 요소가 서로 촉진하고, 전반적으로 두루 고려되어야 함을 강조한 것을 말합니다. 유가는 개인의 수양과 입신도 중시하고, 또 국가와 사회의 다스림도 중시하며, 개인과 사회의 교화에 윤리도덕 연구의 운용을 중시하고, 또한 국가 경영에 정치사상의 탐구 운용을 중시합니다. 바로 이러한 연구와 실천의 전면성이란 특징이 있기 때문에 유가의 사상과 문화는 비로소 오랫동안 중국역사의 핵심적 지위를 유지할 수 있었습니다.

넷째, 변증성(辨證性)입니다. 유가사상문화는 다른 사상문화와 마찬가지로 결코 완전무결한 것이 아니며, 단지 장점과 정수만 있고, 단점과 조잡한 곳 없이 것이 아닙니다. 유가는 인간에게 끊임없이 자아 수양을 강조하고, 자기 결점을 극복하며, 선량한 것을 택하여 그것을 따르고, 불선한 것을 제거할 것을 요구합니다. 동시에 이러한 태도를 가진 적지 않은 유학자들은 자신들의 사상에 대해서도 어느 정도 비판 계승을 수용하는 태도를 취하고, 폐기와 지향이라는 변증법적 방법으로 구체적인 분석을 진행하여, 정확한 것은 더욱 발전시키고, 폐기해야 할 것은 폐기하였습니다. 이러한 사례는 유학의 역사에서 적지 않게 보입니다. 유학자들은 일찍이 금문경학과 고문경학, 리학에 대하여 이러한 변증법적 분석을 진행하면서, 그들의 장점을 긍정하고, 또한 단점을 비판하여, 이익에 편중되었거나 번쇄함으로 흘러버렸거나, 공소함으로 상실했던 그들의 결점과 폐단을 지적해 낸 것이 그 예입니다. 바로 이러한 "하나를 나누어 둘로 만드는"(一分爲二) 변증법적 분석의 특징 때문에 유가의 사상문화는 비로소 자기 발전의 생기와 활력을 가질 수 있었습니다.

역사적으로 풍부한 가치를 지닌 모든 사상과 문화들은, 인류사회의 진보라는 필요에 적응하고, 그 발전을 쉬지 않으며, 그 전파 역시 국경을 구별하지 않습니다. 유학이 바로 그러합니다. 유학은 비록 중국에서 비롯되었지만, 아주 일찍부터 중국 이외의 국가와 지역에 유전되었습니다. 처음에는 중국과 가까운 아시아 국가에 전파되었지만, 뒷날 유럽과 미국, 그리고 다른 대륙과 국가에까지 전파되었습니다.

한편으로, 유학은 각국 각지의 사상문화와 서로 결합하고 융화하여, 그 지역의 사상문화를 진보시키고, 경제사회 발전에 적극적인 영향과 작용을 발휘하였습니다. 다른 한편으로, 유학은 끊임없이 각국 각지의 사상문화에서 자양분을 흡수하여, 스스로를 더욱 풍요롭게 발전시켜 왔습니다. 아주 오랜 시간 유학은 세계적으로 광범위하게 전파되어, 일찍이 찬란하게 빛나는 국제문화 현상을 형성하였습니다.

우리들의 이번 회의는 한국에서 열리는데, 한국은 본래부터 東方禮儀之國이라는 아름다운 명성과 심원한 유학적 전통을 가지고 있습니다. 한국은 일찍이 崔致遠, 李退溪, 李栗谷, 柳成龍, 宋時烈 등 저명한 유학자를 배출하였으며, "鄒魯之鄕"이라는 찬사에 어울리는 유구한 유학전통을 가진 安東을 탄생시켰을 뿐만 아니라, 成均館大學校와 같이 유학정신의 발전과 실천을 사명으로 삼는 고등교육기관을 탄생시켰습니다. 이는 한국인의 문화적 자랑일 뿐만 아니라, 국제유학계의 기쁨이기도 합니다.

지금 유학은 국제사회에서 전파·교류와 발전이라는 새로운 국면의 출현을 맞이하였습니다. 이러한 국면의 출현은 결코 우연이 아닙니다. 현대세계와 현대사회 발전의 형세, 그리고 여기에 직면한 문제와 도전은 분리할 수 없는 것입니다. 세계는 급격한 변화와 급속한 발전의 시기에 처해 있고, 경제의 글로벌화는 끊임없이 심화되고 있으며, 과학기술은 나날이 발전해 나가고 있습니다. 경제·

문화 발전의 성취는 거대하지만, 당면한 문제와 도전 역시 적지 않습니다. 만일 이러한 문제와 도전이 잘 해결되지 않는다면, 세계의 평화와 안정, 미래경제와 사회발전, 인류공동 사업의 진보에 영향을 미치게 될 것입니다. 국제사회가 직면한 이러한 문제와 도전의 해결책을 찾는 과정에서, 유학에 관심을 가지는 지성인이 날로 증가하여 시간을 유학에 투입하여 이 과정에서 유익한 시사점과 지혜를 더욱 많이 얻기를 것을 희망합니다. 이는 역사를 거울삼은 지혜라고 할 수 있을 것입니다.

　유학은 世界性을 가진 사상문화의 유산으로, 그 역사는 유구하며, 풍부한 사상적 자산을 온축하고 있습니다. 이러한 사상적 자산은 현대 국가와 사회의 운영과 경제문화 발전의 문제를 해결할 수 있을 뿐 아니라, 현대 국가와 국가의 관계, 각종 경제사회의 관계, 그리고 인간과 자연의 관계 등등의 문제를 해결하는 데에도 여전히 독자적인 가치를 가지고 있습니다. 이러한 사상적 자산은 "어진 사람은 사람을 사랑한다"(仁者愛人) · "인에 거처하고 의를 따른다"(居仁由義)는 仁義의 사상, "백성을 나라의 근본으로 삼는다"(民爲邦本) · "백성을 편안하게 하고 은혜를 베푼다"(安民惠民)는 생민본위 사상, "수신 · 제가 · 치국 · 평천하", "스스로 노력하여 멈추지 않는다"(自强不息)는 정치사상, "배움을 실용에 이르게 한다"(學以致用) · "지식과 실천을 하나로 한다"(知行合一)는 실천사상, "있는 사실에 토대하여 진리를 탐구한다"(實事求是) · "묵은 것을 버리고 새 것을 창조한다"(革故鼎新)는 변혁사상, "화합하면서도 자기중심을 지킨다"(和而不同) · "중도와 조화로 타자를 수용한다"(中和兼容)는 화해사상, "진실함으로 속이지 않는다"(誠實無欺) · "신용을 엄격히 지킨다"(恪守信用)는 신의사상, "만방과 협력하고 화합한다"(協和萬方) · "어진 이와 가까이 하고 이웃과 좋은 관계를 유지한다"(親仁善鄰)는 선린사상 등등을 들 수 있습니다. 우리들은 각국 · 각지의 유학자들이 계속해서 유학사상의 자산을 발굴하고 밝혀나가며, 자신의 의견을 개진하고, 각자 그 생각을 발전시키며, 더욱 많은 성과와 비전이 제시되어, 공동으로 유학사상의 정수를 현대사회에 한층 더 잘 운영하여 실천해 나가고, 세계와 각지의 평화유지를 위해 공동으로 노력하며, 각국의 공동발전을 촉진하고, 인류 공동의 진보된 사업을 촉진하여 스스로 새로운 공헌을 해 낼 수 있기를 진심으로 희망합니다.

　본인의 오늘 치사는 이번 회의에서 여러분과 나눌 토론과 마찬가지로 단지 본인 개인의 소견일 뿐이며, 그 목적은 여러분의 고견을 이끌어 내는데 있습니다. 온당치 못한 점이나, 잘 못된 점이 있으면, 여러분의 비평과 지도를 청하는 바입니다.

　끝으로 2010년 유학사상국제학술회의의 성공을 미리 축하드리는 바입니다.

　감사합니다!

2010年 11月 25日

國際儒學聯合會常務副會長　滕文生

2010 유학사상 국제학술회의 축사

여러분 안녕하십니까? 문화체육관광부 장관 유인촌입니다

먼저 유구한 세월을 뛰어넘어 유학의 전통을 이어가고 있는 이곳 성균관대학교에서 2010년 제4회 유학사상 국제학술회의를 개최하게 된 것을 진심으로 축하드립니다.

우리는 지난 19세기 중후반 이후 제3세계에 밀어닥친 서구문명의 압도적인 우위 속에서 20세기를 보냈습니다. 그 와중에 동양문화의 핵심을 이루었던 유학사상은 발전된 현대사회로 나아가는 것을 방해하는 것으로 지적되었고, 한 때는 동아시아 사회 속에서 유교를 타파하려는 운동이 있었던 것도 사실입니다.

그러나 21세기에 접어든 현재 동아시아 유교문화권 국가들은 전 세계의 중심국이 되었으며 유학사상 역시 '아시아적 가치'라는 이름 아래 서구사회와 제3세계의 주목을 받고 있습니다. 한국, 중국, 일본, 싱가포르, 홍콩, 대만, 말레이시아, 베트남 등 동아시아 국가들의 눈부신 발전이 단순히 경제 부문에만 국한된 것이 아니라 사회·문화적 전 방면에서 고루 이루어졌다는 점에서 더욱 높은 평가를 받고 있습니다.

우리나라 역시 유교가 전래된 이래로 찬란한 유교문화를 꽃피워 오면서, 퇴계 이황, 율곡 이이 등 세계적인 유학자를 배출하였습니다. 또한 현재에도 경제·교육·사회 분야에서 유학사상이 그 중심에 자리 잡고 있는 것이 사실입니다.

이러한 시점에서 이번 학술회의가 '유학부흥과 현대사회'라는 주제로 열린다는 것은 매우 뜻 깊은 일입니다. 아직까지 현대사회는 국가 간의 경제적인 알력, 인종과 이념의 갈등, 인권유린, 문명 간의 충돌, 환경파괴 등 해결하기 어려운 많은 문제들이 산재해 있습니다.

여기에 대해 인류의 보편가치를 새롭게 탐구하고 유학의 본질과 역할에 대해 심도 있는 논의를 진행하는 이번 국제학술대회가 피상적으로만 논의되어온 '유교적 가치'에 대해 진지하고 구체적으로 검토함으로써 현실적인 해결방안을 제시하고, 미래를 선도하는 이론을 만들어 내는 계기가 되리라고 생각합니다.

이 자리에 참석해 주신 세계적 석학들께서 지혜와 혜안으로 인류에게 밝은 미래를 제시할 것이라고 믿어 의심치 않습니다. 다시한번 이번 국제학술회의가 성공적으로 마무리되길 간절히 기원합니다. 끝으로 바쁘신 중에도 참석해 주신 모든 분들의 건강과 행운을 빌며 인사를 갈음하고자 합니다. 감사합니다.

2010.11.25

문화체육관광부장관 유인촌

2010年儒學思想國際學術大會祝辭

　　尊敬的各位朋友、各位來賓，大家好。我是文化體育觀光部長官柳仁村。

　　首先，熱烈祝賀2010年第四屆儒學思想國際學術大會在擁有悠久歷史並且完好傳承儒學傳統的成均館大學召開。

　　19世紀中後期開始我們在強勢的西歐文明的籠罩下進入了20世紀。在此期間，構築了東方文化之核心的儒學思想受到了批判，被指責爲現代社會進程的障礙所在，在東亞社會裏還出現過掃除儒教影響的運動。這都是讓人心痛的。

　　進入21世紀以來，東亞儒教文化圈的國家逐漸被納入世界強國之列，儒學思想也以"亞洲價值"的名義受到了西歐社會和第三世界的廣範關注。尤其值得高興的是，韓國、中國、日本、新加坡、香港、臺灣、馬來西亞、越南等東亞國家和地區不僅在經濟方面，還在社會、文化等方方面面取得了令人矚目的成就。

　　儒教思想傳入韓國以後形成了燦爛輝煌的儒教文化，韓國還培育出李滉、李珥等世界級的儒學家。直到現在，儒學思想依然屹立於經濟、教育、社會的中心。

　　這個時候我們以"儒學復興和現代社會"爲主題舉辦本次學術大會，意義尤爲重大。目前，現代社會依然存在著國家之間的經濟紛爭、種族和理念的沖突、人權的蹂躪和環境破壞等諸多社會問題。

　　本次學術大會將會探尋人類的普遍價值，並對儒學的本質和宗旨進行深入的討論。我希望本次會議對抽象的"儒教的價值"進行真摯、具體的探討，尋找切實可行的解決方案，爲未來社會提供理論依據。

　　我堅信，參加本次大會的世界級的碩學們會用智慧和慧眼爲人類開拓更光明的未來。再次祝願本次國際學術大會能圓滿成功。

　　最後，衷心感謝大家百忙之中抽空參加本次學術大會。祝大家身體健康萬事如意。謝謝。

2010. 11. 25

文化體育觀光部長官　**柳仁村**

성균관장 축사

　세계적으로 저명한 학자들을 모시고 2010년 제4회 유학사상 국제학술회의를 개최하게 된 것을 진심으로 慶賀하는 바입니다.

　20세기의 뛰어난 전략 이론가이자 미래학자였던 허먼 칸(1922-1983)은 1970년대 초에 이미 21세기에는 서구적 자본주의는 몰락하고 '유교적 자본주의'가 그 자리를 대신할 것이라고 예언한 바 있습니다. 이 예언은 유교의 발상지인 중국을 중심으로 유교부흥의 바람이 전 세계로 파급되고 있는 것을 볼 때, 오늘날 현실로 나타나고 있습니다. 유교적 전통을 간직하면서 유학사상을 바탕으로 새로운 문화를 만들어나가고 있는 대한민국도 마찬가지입니다. 많은 有無形의 유교문화유산이 유네스코 세계유산에 등록되었으며, 서울 文廟 및 釋奠 역시 머지않은 장래에 등록되리라고 생각합니다.

　그렇지만 유학사상, 유교문화의 미래와 그 전망이 밝은 것만은 아닙니다. 유교에 대한 오해로 인해 현실과는 거리가 먼 것, 없어져야 할 봉건시대의 잔재로 여겨지고 있는 것 또한 사실입니다. 이러한 오해를 불식하고 전 인류에게 새로운 비전을 제시해야 한다는 사명감이 이 시대의 유학사상에 요구되고 있습니다. 더구나 21세기에도 여전히 인종과 이념, 인권유린, 환경파괴 등의 분쟁과 갈등이 가시지 않고 있는 것이 사실입니다. 이러한 과거의 잘못과 오만함을 자성하고, 새로운 돌파구를 찾는 일 역시 21세기 유교가 담당해야할 역사적 사명이라고 생각합니다.

　국제유학연합회는 지금까지 수차례의 국제학술대회를 개최하였고, 이를 통해 유학의 본질과 시대적 역할을 분명하게 밝혀왔습니다. 또한 유학정신의 보급을 위해 연구서적 출판 및 경전보급운동 등의 노력을 기울여 왔습니다. 이러한 국제유학연합회의 유학사상국제학술회의가 600년의 역사를 자랑하는 성균관대학교에서 개최된다는 것은 하나의 이정표를 수립하는 일이 아닐까 생각합니다.

　저는 천만 儒林을 대표하는 성균관장으로서 이 학술회의의 개최에 남다른 감회를 느낍니다. 이제 우리는 이 학술회의를 통해 유학이 전 세계인의 보편적 정신문화이며, 현대적 가치를 지닌다는 사실을 규명하고 전파해 나갈 것입니다. 이로써 유학은 경전 속의 '죽은 유학'이 아니라, 지금 우리 삶에서 역동적으로 '살아 숨쉬는 유학'이 될 수 있을 것입니다.

　끝으로 바쁘신 중에도 유학사상 국제학술회의에 참가하여 자리를 빛내 주신 국내외 학자와 귀빈 여러분들께 심심한 감사를 드리며, 앞으로 국제유학연합회가 무궁한 발전을 이루기를 기원합니다. 감사합니다.

2010.11.25

성균관장　**최근덕**

成均館長祝辭

　　熱烈慶祝2010年第4屆儒學思想學術大會在眾多國際知名學者的參與下隆重召開。

　　20世紀傑出的戰略理論家兼未來學者赫門.卡恩(1922-1983)早在1970年初就提出21世紀西歐的資本主義將衰敗與沒落，取而代之的是“儒教資本主義”。如今，以儒教文化的發源地中國爲中心的儒教復興熱潮逐漸波及全世界，卡恩的預言得到了證實。當然，完整保存儒教傳統並以儒學思想爲根基而建立新文化的韓國也不例外。目前，眾多有形或無形的儒教文化遺產被納入UNESCO(聯合國教育、科學及文化組織)指定的世界遺產。相信在不遠的將來，首爾的文廟和釋奠也會被納入進去。

　　但是，儒學思想和儒教文化的未來並不總是光明的。儒教被誤解爲與現實距離甚遠的封建時期遺留下來的殘余也是不爭的事實。消解這種誤解、給全人類展現新希望正是這個時代儒學思想的使命所在。21世紀依然存在著種族分歧、理念沖突、人權踐踏和環境破壞等諸多社會紛爭。反省過失和傲慢，尋找新的出路正是21世紀儒教所承擔的歷史使命。

　　到目前爲止，國際儒學聯合會多次舉辦國際性學術大會並申明儒學的本質和時代作用，並爲儒學精神的普及傾註了諸多努力，例如研究書籍的出版、經典的普及運動等等。我認爲，國際儒學聯合會主辦的儒學思想國際學術會議在擁有600多年歷史的成均館大學舉辦具有裏程碑意義。

　　本人作爲代表千萬儒林的成均館館長，不由地對本次學術大會的召開感到萬分感慨。我們將通過本次學術會議申明和傳播儒學是屬於全人類的具有普遍意義和現代價值的精神文化資產。這樣，儒學才能成爲貫穿在現實生活中的“活生生的儒學”，並非只是個存在於經典裏的“死的儒學”。

　　最後，衷心感謝百忙之中抽空參加本次國際學術大會的國內外學者和貴賓，並祝願國際儒學聯合會有更長遠的發展。謝謝大家！

2010. 11. 25

成均馆长　崔根德

目次

基調講演

제1부_儒學復興的世界範圍的擴展方向和發展課題
유학부흥운동의 세계적 확산과 발전과제

제2부_東亞地區的儒家文化之實際發展和未來課題
동아시아 유가문화의 발전과 미래과제

基調講演

儒学复兴与东亚的未来

安炳周 ｜ 成均馆大学 名誉教授

1. 序言

　　笔者有幸拜读已故前任成均馆副馆长的遗稿文集。其中有关"儒教的本质"的内容引发我的无限遐想，故向大家介绍一番。

　　"最近参加由某一电视台主办的社会知名人士的有关社会净化问题的研讨会，会上有人发言说儒教思想毁掉了韩国社会，这番言论立即招到其他人士的反驳。与其说前者不了解儒教，不如说其见解过于简单化。执意要说的话，不是儒教毁了社会，而是社会毁了儒教。

　　回顾过去，朝鲜中叶以来虽是儒教国家，但是儒教理念全无踪影。在阶级差别、嫡庶差别、党派差别和地域差别引发的相互厮斗、压制的间隙里，儒教何以立足？儒林既不能叼着长烟杆、大声咳嗽，也不能穿着大氅、提高嗓门。翻遍四书五经，何处可以寻找到有关阶级差别、嫡庶差别、党派差别的语句？孔子的弟子仲弓虽说是贱民子弟，但是以高尚的品德受到统治者宠爱；"互乡"虽然是以野蛮出名的地方，但是孔子并没有拒绝它；即便在一夫多妻的古老的制度里，儒书里也找不出有关嫡庶差别的字眼。

　　由此观之，可以得知社会的恶习并非与儒教理念有关。但是人世间仍存在将社会所有的陋习归咎于儒教的错误理解，我认为其原因在于"物久生弊"，即世间万事日子久了必然出现弊端的缘故。就像因佛教而兴起的新罗，到了末期，却因佛教而衰败，到了高丽时期，因佛教而遭到灭亡；朝鲜则因儒教而得到兴盛，到了末期却出现了与儒教理念相背离的儒林。所以，稍有不慎就有可能将儒教误认为是社会的毒药。"[1]

　　引文虽长，笔者依然打算以它作为本篇"儒教复兴与东亚的未来"之序言。在本论部分里则重点

---

[1] 李寿洛，《寻找儒教本質》(《韶园先生文集》上. 韶园李寿洛先生文集刊行委员会，2010. 10月) 参考第375页。

讨论如下内容：首先，当今的儒学复兴应该探讨对孔子和孟子的原初儒家思想的回归，只有这样，它才得以实现；其次，应该为在儒学理念的构筑作出努力，比如说民本思想、作为伦理实践的主体的"自我确立"和"信义确保"的思想、社会成员之间有关仁与恕的关怀哲学、为提高集中力而提倡的"主一无适"的敬之哲学、以及孟子的"贱丈夫论"的现代意义等等，都可以为现今的理论思想提供资源；与此同时，为了建立合乎现今社会的儒学的"礼"之体系，笔者大胆提出了改革方案。

2. 作为理念的儒学与以往的儒教社会

到底儒学对未来社会有何贡献，对此持否定意见的主要理论依据在于以往的儒教社会的面貌。有些人甚至说儒教道德是"食人的道德"，笔者认为如此激烈的批评正是在铲除儒教社会弊病的过程里产生的；而"儒教复兴"理论在扩大儒学视野的过程里，此类儒教批判仍得到持续。另一方面，人们担忧社会的浑浊和道德的堕落，无限惋惜对于逐渐被这种弊病吞蚀的儒教没落的现象。

就在这个时期，西方的东方学者Vandermeersh教授[2]持儒教复兴之观点。他提到："我认为儒教作为旧社会的原理本身已经消亡，不可复活。但是其精神依然存在，它保存于存放儒教尸体的太平间里。所谓太平间就是指包括形象的'汉字体系'。"这里"汉字体系"是指儒教的经典文本。

这位学者认为西方社会的个人主义思想使人支离破碎、让社会趋向于崩溃，具有强烈的危机意识，试图从共同体主义或仪礼主义这一反个人主义观点出发对儒教精神进行研究。他指出："儒教已消亡。为了不与近代化发生矛盾，我们应该向新的思维模式里重新投放其精神。如同在欧洲基督教逐渐衰弱，但是其福音主义精神尚存在。"这里"从太平间找回来的精神的重新投入"观点难免存在问题。

儒教真的灭亡了吗？所谓儒教资本主义、儒教社会主义或者儒教共产主义等术语难道只能在儒教消亡以后其精神的重新投入过程中才得以生成？或者由于儒教并没有完全消亡，其影响力使这类现象或术语得以出现？为了不与近代化发生冲突，儒教只能走向消亡的道路？为了重建儒教思想体系，儒教就不能在"活着"的状态里对其精神进行重新解构？

为了解答以上几个问题，笔者打算考察如下几个事例。首先笔者提倡将儒学的历史看作理论不断得到补充的历史。儒学在其历史的开展过程里不断接受其他思想或新的思想的挑战，为了顺应时代的要求，不断自我更新理论体系，将理论体系化。

《中庸》原本是《礼记》里的一篇。众所周知，《中庸》从宋代开始作为儒教的基本经典"四

---

2) 《朝日新闻》(1987年9月19日)。收录Vandermeersh教授访问日本时接受记者采访的内容。

书”之一，一直得到推崇，其哲学深度也可与≪易经≫相提并论。但是很少有人认识到其儒教哲学理论的成立与道家哲学的挑战密切相关。道教哲学以否定理论树立其哲学的深奥性，作为儒教的对立思想，其登场对儒教是个极大的挑战。儒教则吸收道教思想从而完善自己，构筑可以与之相抗衡的新的哲学理论。[3] 但是由于这与≪中庸≫的成书年代和作者等问题不是很吻合，所以遭到质疑。即便如此，人们也不能断然否定宋代新儒学在深化自身理论和体系的过程中仍显现出与道家哲学的根深蒂固的关联性。

在中国六朝时期，道家思想成了把佛教引入中国的媒介，同样为道教的教理的完备作出巨大的贡献，而且还渗入到文学里，造就了陶渊明文学。在陶渊明≪饮酒≫诗里"心远地自偏"里的"心远"思想跟宋代哲学者所具有的一种高迈的精神文化紧密相关。

宋代儒学家程明道则在将人视作万物灵长的传统人类观的基础上，吸收庄子的自然学人类观，完善"万物一体观"，使之达到顶峰。

程明道提出"天地之间，非独人为至灵，自家心便是草木禽兽之心也。"他根据其气禀是否得"中"而区分人与物。程明道的思想是以自家和万物的一体为基础的思想。在当时，这一"万物一体观"思想是包括程伊川在内的所有宋代哲学者(道学者)的共同特点，其中程明道则以最直接的方式揭示了其"一体"。这并不是"我(自家)"和物(草木禽兽)之间单纯的合一。程明道则彻底区分二者，通过这种彻底的区别(差别)意识，领悟到把"生生之天地(天地之大德曰生)"延续到自己身心的世界。

宋代道学的基本命题之一"理一分殊说"出自程伊川给弟子杨龟山的书信。这理一分殊思想不仅调和了物和人、社会之间可视性的差别与平等原理的"万物一体"主张，又在某种程度上预防混乱，为社会的稳定做出贡献。但同时出现诸如正与偏、通与塞、精英与查渣、圣与愚等差别性的术语[4]，分殊得到强调，不得不说这与程明道等学者为克服差异所做出的努力背道而驰。即便蕴含了"理一"的平等原理，但是这些都被抽象化，失去现实性，反而是"分殊"的差等原理发挥了将差等社会合理化的作用。这一现象在宋学以后的儒教社会面貌当中充分得到了证实。

在这里笔者希望介绍清末公羊学派康有为的事例。

清末民初的康有为依据≪礼记≫礼运篇的大同理想，发展出独特的大同思想。对于康有为，尤其对其大同思想，诸多学者从多种角度进行评价。无论如何，他的大同思想的树立过程都源自孔子。他过于激进地强调"外户而不闭"的理想，主张消除国家和国家之间的边界、家和家之间的界线，甚至为了消除区别意识的根据-血族的利己主义因素，提出短则一个月、长则一年的契约婚

---

3) 赤塚忠教授在1967年的初版"新释汉文大系2"≪大学中庸≫(明治书院)的"中庸解说"里指出："≪中庸≫始于孔子，主要承袭曾子、子思、孟子，还采用荀子学说，可谓倾注了儒家所有的精英资源。当时道家学说也成为其思辨思想得以发展的背景。"

4) ≪朱子语类≫ 券4(性理1，人物之性 气质之性)。

姻制度。[5]

当国际联合国机构(UN)的前身国际联盟(The League of Nation)的计划正得到推动之际,康有为向美国当时的总统威尔逊提出"根据孔子思想构建世界政府"的建议[6],为儒学的复兴和宣扬做出了贡献。笔者认为这样的事例正属于修补儒学理论的基础上的新儒学的复兴活动。

但是康有为的理论也不是没有漏洞。康有为的大同理想主张刚出生的小孩通过公共教育,可以摆脱血族利己主义,成为拥有牢固的公心的天民。但是社会现实与之相背离。现代中国实行计划生育政策以来,最近出现独生子女甚至成为"小皇帝"的自我本位的存在现象。康有为本人不也为自己激进的改革理论而感到担忧? 康有为把≪大同书≫原稿拿给弟子梁启超和陈千秋看以后极力劝阻急于发行的弟子。梁启超在≪清代学术概论≫里提到:"自发明一种新理想,自认为至善至美,然不愿其实现,且竭全力以抗之遏之。人类秉性之奇诡,度无以过是者。"从中吐露出作为弟子对自己师傅的慨叹[7]。

日后,我们应该克制在以往的儒教社会里寻找儒学负面影响的努力,除了朱子学和康有为,还应该寻找其他新儒学运动的事例,从而开展新儒学复兴运动。新儒学复兴运动必须回归到孔子和孟子这些原初儒学思想,以其儒学精神为基石得到开展,通过回归掀起复兴热潮可以成为复兴运动很好的模式。

3. 儒学的精神

东亚的儒学者进行儒学自我革新的过程中,诸如如何与未来社会发生关联、怎样为未来社会做出贡献等问题成为现代儒学"今日的课题"[8]。我们首先应该考察何为当今时代的"时中"。笔者在其他论文里也谈到儒教的寡欲伦理与"公"、"均"思想在新思维模式里的作用,同时笔者还关注明末清初黄宗羲的≪明夷待访录≫、18-19世纪的实学家丁若镛的儒教革命论≪汤论(汤王革命论)≫、近代受康有为影响的朴殷植的≪儒教求新论≫等著作,对原初儒家的民本思想感兴趣。

民本有别于民主。民本只强调"为民(for)",而不涉及"依据民(by)"或"民的(of)"。虽说是"为民(for)",但并不主张与民真正成为一体,而是坐在高处往下看,这种"视角"贬低了民本思想的价

---

5) 康有为, ≪大同书≫, 婚姻限期, 久者不许过一年 短者必满一月. 欢好者许其续约.(戊部 第九章, 上海世纪出版集团版, 2009年 7月 第1版本) 参考第133页。

6) H.G. Creel ≪Confucius−the Man and the Myth−≫(1931) 第138页。

7) 梁启超, ≪清代学术概论≫(中国人民大学出版社, 2006年 4月 第2次印刷本) 参考第203页。"自发明一种新理想, 自认为至善至美, 然不愿其实现, 且竭全力以抗之遏之. 人类秉性之奇诡, 度无以过是者." 愿=願。

8) "今日的课题"是已故沟口雄三教授在自己的著作≪作为方法的中国(方法としての中國)≫(东京大学出版社, 1989, 第179页)里所提出的术语。他在书里指出:"本人最近有幸与中国著名宋明研究者张立文教授作研究交流, 意识到现在为何关注儒学这一问题在现今中国作为现代化与传统的一环, 有可能是今日的课题。"

值。笔者认为为了儒学的复兴，必须通过彻底的理论修补，提取出最纯粹的理念"爱民"之民本思想。

我们在≪论语≫里很容易找到关注伦理实践的主体"自我"的重要性[9]、渴望在信任得到破坏的社会里重新树立信誉[10]、致力于仁与恕的关怀哲学[11]的孔子的形象。孔子认为人应该时刻意识到自己的社会存在性，而"己欲立而立人，己欲达而达人[12]"这一珍贵的命题无疑是超越东西方的普遍真理。与此相媲美的是基督教的≪圣经≫："你希望别人好好待你，那么也应同样方式待人。"(≪新约圣经≫路加福音，六章31节)，这与论语的"己所不欲，勿施于人[13]"极其相似。

笔者在前面提倡必须把儒学的历史看作理论自我得到修补的过程，这早在孟子那里得到体现。孔子时期的"圣人"到了孟子时代发生巨大变化就是这一现象的很好体现。

孔子提出"何事於仁，必也圣乎。尧舜其犹病诸。"[14] 但是孟子则不以为然。普通人永远无法触及的遥远的理想人格圣人概念到了孟子那里则变成现实社会里可以达到的圣人概念[15]。孟子的圣人概念极大影响了周濂溪[16]等宋代的新儒学家，包括朝鲜的李退溪和李栗谷等在内的朱子学则将圣人的境界视作是学问的宗旨所在。那时，学问的宗旨由致富和飞黄腾达等世俗的目标变成追求完美人格的以圣人为志向的道德主义。李栗谷在≪击蒙要诀≫立志章里提到："初学者必须立志，以圣人为目标，不得有丝毫的自小退托。"[17] 这种以圣人为目标的朱子学的学问观到了李退溪那里就变成"为成为圣人而强调集中力(主一无适)"的"敬"之哲学。有些学者将敬理解成"主一无适"，这里的"适"是指去往之意，就是指心思全部集中在一件事情上，而不得分散。引用现代的说法就是注意力的高度集中(Concentration)。这里的注意力并不等同于致富、飞黄腾达、技能发挥时所需的集中力，而是指通过努力成为圣人时的集中力。儒学的精神应该重新渗入到此"敬"之哲学里，为提高未来社会人类的品德而作出贡献。

将独吞和垄断利益之人，孟子称之为贱丈夫。垄断是指霸占利益，原意是指用土堆积而成的隆起的高地。≪孟子≫指出有个贱丈夫独自一人爬到高地上，观察周围的市场，随后独占利润，受到了人们的歧视，而对商人的税收则始于此贱丈夫[18]。这一故事在解决人类社会的品格方面具有重大的启示作用。李栗谷把表示道义和正义的"是"与表示功利和福利的"利"协调发展的现象称作

---

9) ≪论语≫"颜渊"："为仁由己，而由人乎哉."

10) ≪论语≫"颜渊"："自古皆有死，民无信不立."就是指在有限的生涯里做人的最后的条件即为信赖。

11) ≪论语≫"颜渊"卫灵公："己所不欲，勿施于人."≪论语≫"颜渊"："己欲立而立人 己欲达而达人."

12) 请参考注解11.

13) 请参考注解11.

14) ≪论语≫"雍也"："何事于仁，必也圣乎. 尧舜其犹病诸."

15) ≪孟子≫"腾文公章句上"："舜何人也，予何人也，有为者亦若是."

16) 周濂溪,≪通书≫："圣可学乎. 曰，可."

17) ≪栗谷全书≫ 卷27.

18) ≪孟子≫"公孙丑章句下"："有贱丈夫焉, 必求龙断而登之, 以左右望而罔市利, 人皆以为贱, 故从而征之, 征商自此贱丈夫始矣."

"是利得中"[19]。这是指经济生长与道义协调发展的现象。儒学的寡欲伦理、"公"和"均"的思想[20]、儒商的存在意义等儒学精神应该与孟子的贱丈夫论一起重新投入到未来社会所需的思维模式当中。笔者坚信,儒学必定为经济生长与道义协调发展的"是利得中"的高品位的东亚未来社会的建构做出巨大的贡献。

最后想补充的一点是,韩国的成均馆是全国性的儒教教育机关,它每年两次(阴历2月和8月的上丁日)举办"释奠大礼",这个传统一直延续到至今。大家可以看到"成均馆大成殿"就伫立于举办这次国际学术大会的成均馆大学正门旁边,而成均馆大学把大成殿建成的1398年当作建校纪念日,并把儒学当作建学理念。1998年是建校600周年的一年,到了现在又过了10年以上。学校在这期间发行《儒教报》,为推广儒教做出了巨大努力,这是有目共睹的。我希望,儒教的"礼"之体系为儒学家们共同的事业,逐渐现代化。是否把祭祀的日期改为阳历也必须得到慎重的探讨。笔者急切希望成均馆作为东亚儒学的"博物馆",日后进一步为有效地教化未来社会而作出更大的努力。如果儒林无法摆脱旧时代的陋习,那么儒学也就不能发挥超越旧时代原理的功能。

---

19) 收录于《栗谷全书》"拾遗"卷5"杂著"2"時務七条策"里。
20)《论语》"季氏":"不患寡而患不均."

儒學復興과 東亞細亞의 未來

안병주 安炳周 | 성균관대학교 명예교수

1. 머리말

지금은 故人이 되신 成均館의 副館長을 지냈던 분의 遺稿文集을 읽을 기회가 있었다. 이 文集 속에서 「儒敎의 本質」에 관한 論說을 接하여, 생각하는 바가 있어 그 글의 일부를 소개하고자 한다.

"近前에 어느 放送局主催로 소위 知名人士들을 모아놓고 社會淨化問題를 論하는 자리에서 어떤 분이 한국의 사회는 儒敎思想이 그르쳐놓았다고 발언하다가 同席한 다른 분에게 반박을 당하는 것을 보았다. 이것은 儒敎를 이해하지 못한다기보다 너무 단순한 見解이다. 굳이 말한다면 儒敎가 社會를 망친 것이 아니라 社會가 儒敎를 망쳐 놓았다고 할 것이다.

돌아보건대 李朝中葉以後로는 儒敎國이면서도 儒敎의 理念은 찾아볼 곳이 없다. 階級差別, 嫡庶差別, 派黨差別, 地域差別로 서로 뒤틀고 억누르고 헐뜯고 싸우는 틈바구니 속에서 어찌 儒敎가 발을 붙일 수 있었으랴. 長竹을 물고 큰 기침을 하는 것이 儒林이 될 수 없으며, 창옷을 입고 목소리만을 높인다고 儒林이 될 수 없다. 四書五經을 뒤져보아도 어디에 階級差別에 대한 말이 한마디가 있으며, 어디에 嫡庶差別에 관한 말이 한마디가 있으며, 어디에 黨派에 대한 말이 한마디가 있었더냐. 孔子의 제자인 仲弓은 賤人의 아들이었지만 德行으로 首位級에서 총애를 받았고, 互鄕이라는 地方은 未開하기로 有名한 곳이었지만, 孔子는 그들을 거절하지 않았다. 一夫多妻의 옛 制度下에서도 嫡庶의 구별을 儒書에서는 찾아볼 수가 없다.

以上을 미루어 볼 때에 社會의 惡習이 儒敎의 理念과는 아무런 상관이 없음을 알 수 있다. 그럼에도 社會의 모든 폐풍이 儒敎에 基因한양 誤解하는 그 原因을 따져 보면 物久生弊로 세상 모든 일이란 오랜 세월을 지내면 폐단이 오기 마련이니 佛敎로 일어났던 新羅가 末期에는 佛敎로 衰退를 보았으며 高麗에 와서는 佛敎로 멸망을 초래하였듯이 李朝가 儒敎로 일어났으나 末期에는 儒敎의 理念에 背馳된 것이 儒林들이었으니 자칫 잘못 판단하면 儒敎가 社會를 그르쳤다는 오해도 하기 쉬운 것이다."[1]

引用이 길어졌지만, 筆者는 「儒學復興과 東아시아의 未來」라는 小論을 執筆함에 앞서, 이상의 인용문을 그 「머리말」로 삼고자 한다. 그리고 本論을 전개함에 있어서는 첫째로 지금 이 시대에 있어서의 儒學復興도 그 동안의 儒學思想史 속에서의 새로운 儒學으로의 理論補完과 革新이 그래왔듯이 孔子 · 孟子의 原初儒家思想으로의 回歸를 통해 이루어져야 함을 논하기로 한다. 또한 儒學理念 가운데 특히 民本思想, 倫理實踐의 主體로서의 '自我確立'과 '信義確保'의 사상, 사회 구성원 사이에서의 仁과 恕의 配慮의 哲學, 倫理力 提高를 위한 集中力의 極致로서의 主一無適의 敬의 哲學, 孟子의 賤丈夫論의 현대적 의의 등을 논하여 未來의 儒學理論體系의 構築을 위한 하나의 提言을 삼고자 한다. 그리고 아울러 새 시대에 맞는 儒學的 '禮'의 체계의 학립을 위한 과감한 改革을 제안하고자 한다.

2. 理念으로서의 儒學과 있어 왔던 儒敎社會

未來社會에의 儒學의 寄與를 否定的으로 평가한 理論들은 주로 있어 왔던 儒敎社會에서 촉발, 提起되어 왔다. 儒敎道德을 食人(吃人)道德이라고 격렬하게 비판하는 이론이 한 때 提起된 것도, 있어왔던 儒敎社會의 問題點을 척결하는 過程에서 생겨난 것이라고 필자는 이해한다. 그리고 이같은 儒敎批判은 '儒敎르네상스'라는 觀點을 취하는 儒學에 대한 새로운 視野가 擴大되는 가운데도 그에 拮抗하듯이 계속되어 왔다. 그러나 한편 社會의 混濁과 道德의 극도의 墜落을 憂慮하는 心情이 그 밑바탕에 움트기 시작한 儒敎의 沒落에 대한 哀惜의 情念을 사람들이 키워온 것도 사실이다.

이러한 때 서구의 동양학자(반데르멜쉬 교수[2])는 '儒敎르네상스'라는 觀點을 취하면서 "나는 儒敎는 舊社會의 原理 그 自體이므로 死滅하였다고 생각하고 있다. 復活은 있을 수 없다고 생각한다. 그러나 그 精神만은 살아 있는데 그것은 죽은 儒敎의 靈安室에 보존되고 있다. 이 영안실이란, 이미지를 포함하고 있는 '漢字의 體系'라고 생각한다."라고 말하고 있다. '漢字의 體系'가 바로 儒敎의 經典을 말하는 것임은 勿論이다.

서구사회의 개인주의 사상이 지금 인간을 산산히 조각내어 사회를 崩壞에로까지 몰아넣고

---

1) 李壽洛, 「儒敎의 本質을 찾아서 살자」(『韶園先生文集』上. 韶園李壽洛先生文集刊行委員會, 2010. 10月 刊) p.375 참조.
2) 「朝日新聞」(1987년 9월 19일자) 참조. Vandermeersh교수 訪日 때의 인터뷰 記事가 실려 있음.

있다고 하는 강한 危機意識을 품고 있는 이 학자는 儒敎의 정신을 共同體主義나 儀禮主義(禮)라는 反個人主義 觀點에서 파악하려고 한다. 그는 이렇게 말한다.

"儒敎가 결정적으로 死滅하여 버렸기 때문에 近代化와 矛盾되지 않으면서 새로운 思惟樣式 속에 그 精神을 再投資할 수 있다. 유럽에서도 기독교가 쇠약해졌지만 福音主義의 정신은 남아 있는 것과 같다."

라고 하고 있는 것이다. 그런데 여기서 생각해 보면 '영안실에서 뽑아낸 에스프리의 再投資'라는 생각에 문제점이 없는 것도 아니다.

儒敎는 과연 죽었는가? 儒敎資本主義다, 儒敎社會主義다, 또는 심지어 儒敎共産主義다, 라는 造語가 과연 죽은 뒤의 에스프리만의 再投資 속에서 생긴 말인가. 아니면 완전히 사멸하지 않았기 때문에 이 같은 말들이 생겨날 수 있도록 유교가 영향력을 행사한 것인가? 儒敎가 近代化와 矛盾되지 않기 위해서는 일단 결정적 死滅의 경로를 통과하여야만 한다는 한 길(一途) 밖에 없는 것인가? 유교사상의 새로운 體系構成을 통해 死滅 없이, 산 채로의 精神의 再投資는 불가능한 것인가?

필자는 이 문제의 해결을 위해 몇가지 事例를 검토해 보고자 한다. 필자는 儒學의 역사를 理論補完의 역사로 볼 것을 먼저 提唱한다. 儒學이 그 歷史的 展開過程 속에서 다른 思想 또는 새로운 思想의 挑戰이나 變轉하는 時代의 要請에 따라 항상 스스로의 理論體系를 새롭게 適應시켜 그 理論을 補完하거나 體系化해 온 역사임을 認識할 필요가 있다는 것이다.

우선 『禮記』의 한 篇이었던 「中庸」, 이 『中庸』이 宋代 이래로 오늘날까지 儒敎의 基本經典인 '四書'의 하나로 크게 表章되어 왔고 또한 儒敎經典 가운데 哲學的인 깊이를 지닌 것으로 『易經』과 함께 竝稱되어 온 사실은 누구나 알고 있다. 그러나 그 속에 보이는 儒敎의 哲學理論의 成立이, 否定의 論理의 樹立 등으로 哲學的 深奧性을 갖추고 儒敎에 대한 對立思想으로 登場한 道家哲學의 挑戰에, 그 刺戟을 스스로에 대한 補完資料로 흡수하여 그 論理에 대항할만한 새로운 哲學的 理論補完을 거쳐 이룩된 것임을 인식하는 사람은 드물다.[3] 그런데 그것이 『中庸』成立의 年代나 作者의 문제 등 通說的 常識과는 거리가 있어, 선뜻 수용하지 않을 사람이 많을 수도 있다. 그러나 그들이라 할지라도, 宋代 新儒學의 理論深化와 體系化의 과정 속에 보이는 佛敎나 道家哲學과의 깊은 관련성까지도 단호하게 否定하지는 못할 것이다.

中國六朝시대에 道家哲學은 佛敎를 中國에 導入하는 媒介도 되고 道敎의 敎理整備에도 큰

---

3) 赤塚忠(아카쓰까 기요시)교수는 1967年에 初版이 發行된 新釋漢文大系 2 『大學・中庸』(明治書院)의 「中庸解說」에서 "『中庸』은 거슬러 올라가면 孔子에서 시작하고, 주된 傾向은 曾子・子思・孟子를 承襲하나, 그것만이 아니고 荀子의 說까지도 채용하여, 이른바 儒家의 總力을 쏟아서 完成한 것이다. 그 때 道家의 說이 그 思辨發展의 奧件이 되었던 것도 閉却할 수 없다"고 말하고 있다.

도움을 주었고 특히 文學의 境地를 深化시켜 陶淵明의 文學을 成立시키기도 하였는데, 이 陶淵明의 「飮酒」詩에 보이는 '心遠地自偏'의 「心遠」의 思想은 宋代哲學者들이 지니고 있었던 일종의 高邁한 精神文化와 깊은 관련이 있다.

또한 宋儒 程明道에 이르러 그 極을 이루었던 萬物一體觀은 人間을 萬物의 靈長으로 보는 『書經』 이래의 전통적 人間觀 위에 莊子的 自然學的 人間觀을 補完한 데서 가능하였던 것이다. 程明道는 "天地 사이에 유독 人間만이 지극히 靈妙한 存在가 아니다. 내 마음이 곧 草木禽獸의 마음이다(天地之間 非獨人爲至靈 自家心便是草木禽獸之心也)."라고 하고, 사람과 物을 氣稟이 '中'을 얻었느냐의 與否에 의해 구별하고 있을 뿐이다. 이처럼 程明道의 思想은 自家와 萬物의 一體를 基調로 하는 것이었다. 이 萬物一體觀은 그 만이 아니고 程伊川을 비롯한 宋代哲學者(道學者)에 共通的인 것이었으나 그 중에서도 程明道의 思想의 특색은 그 一體를 극히 直接的인 형태로 제시한 점에 있다. 그것은 나(自家)와 物(草木禽獸)의 단순한 合一을 說하는 것이 아니다. 兩者를 구별해서 發想하는 것조차 沒却할 정도로 철저한 것이었다. 이 같은 區別(差別)意識의 沒却을 통해 깨닫는 境地는 生生하는 天地(天地之大德曰生)가 자기의 身心의 連續으로 意識된 世界이다.

宋代道學의 基本命題의 하나이기도 한 理一分殊說은 程伊川이 제자 楊龜山에게 보낸 편지에서 사용한 것인데, 이 理一分殊의 思想은, 物과 人間 및 인간사회 안에서의 可視的 差別相과 平等原理的 萬物一體의 주장을 나름대로 調和시키게 되고 秩序의 破壞에 基因하는 混亂을 예방하여 社會의 安定에 寄與한 바가 없지 않다. 그러나 正과 偏, 通과 塞, 精英과 査滓, 聖과 愚 등 많은 差別用語의 사용[4]으로 分殊가 많이 강조되는 것은 程明道에 이르기까지의 그 동안의 差別意識 克服의 노력에 대한 하나의 反轉이라 아니할 수 없다. '理一'로서 平等의 原理를 溫存하고 있다 하더라도 이미 抽象化되어 現實性을 잃게 되고 오히려 '分殊'로서의 差等의 原理가 현실적인 差等社會를 合理化하는 구실을 하게 되어버린 것이다. 이것은 宋學 이후의 儒敎的 社會의 모습이 그것을 증명하고 있다고 볼 수 있다.

여기서 이야기를 건너 뛰어 淸末 公羊學派의 康有爲의 事例를 보기로 한다.

『禮記』 禮運편에 보이는 大同의 理想을 근거로 스스로의 독특한 大同思想으로 발전시킨 思想家는 淸末民國初의 康有爲이다. 康有爲의 思想, 그 중에서도 특히 그의 大同思想에 대하여는 그 評價가 여러 가지 角度에서 試圖되고 있다. 그러나 어떻게 평가되던 그의 大同思想이 그의 儒學理論 補完作業에 의한 改制者·創敎者로서의 孔子의 創出을 통해서 이루어진 것임은 틀림없다. 그리하여 '外戶而不閉'의 理想을 급진적으로 강조한 나머지 國家와 國家와의 사이의 境界를 없애고, 집과 집 사이의 경계를 없애고 그 같은 區別意識의 근거가 되는 血族的 利己主義의

---

4) 『朱子語類』 券4, 性理1 : 人物之性, 氣質之性.

派生要因을 없애기 위하여 短期一個月 長期一年의 契約結婚制를 제시하기에까지 이르렀다.[5]

康有爲는 또한 지금의 國際聯合機構(UN)의 前身인 國際聯盟(The League of Nation)의 계획이 추진되고 있을 때 윌슨 미국 대통령에게 '孔子思想에 근거한 世界政府에 관한 構想'을 提示[6]하기도 하는 등 儒學의 復興과 宣揚에 크게 이바지하기도 하였다. 이러한 事例를 筆者는 儒學의 理論補完을 통한 새로운 儒學復興이라고 보고 싶다.

그러나 康有爲의 事例에서도 문제점은 발견된다. 새로 태어난 어린이가 公敎育에 힘입어 血族利己主義에서 벗어나 確固하게 公心을 지닌 天民이 되는 것을 康有爲는 大同의 理想으로 여겼지만 現實은 康有爲의 期待에 背馳하게 된다. 최근 얼마 전까지의 中國에서는 때마침 1980年 이후에 施行된 産兒制限令에 맞물려 貴하고 貴한 身分이 되어 버린 '獨生子'들은 '小皇帝'라는 自己本位的 存在가 되기에까지 이르렀다. 康有爲 자신도 스스로의 急進的 改革理論에 대한 一抹의 不安이 없지 아니하였던 것인가? 『大同書』의 原稿를 제자인 梁啓超와 陳千秋에게 보여 준 뒤 이 원고의 조속한 刊行을 서두르는 제자들을 극구 말리면서 완강히 不許하였던 일이 있다. 梁啓超의 『淸代學術槪論』에는 "스스로 일종의 새로운 理想(大同思想)을 發明하고 또 그것을 至善至美라고 인정하고서도 도리어 그것의 實現을 願치 않고 全力으로 방해하고 막으셨으니 우리 선생님(康有爲)보다 더 奇詭한 사람이 또 어디에 있으랴"고 스승에 대해 疑訝해 한 제자의 탄식이 보이고 있기도 하다.[7]

이제 우리는 있어 왔던 儒敎社會 속에서 儒學의 否定的인 面을 찾는 데 注力하는 것을 自制하고, 그 동안의 朱子學이나 康有爲의 事例 以外의 新儒學運動事例들까지도 찾아내고 참고하면서 새로운 儒學復興을 試圖할 차례가 된 것 같다. 이 때 이 새로운 儒學復興運動이 孔子・孟子의 原初儒學思想으로의 回歸를 통해서 發掘되는 儒學의 에스프리를 근간으로 해서 이루어져야 함은 勿論이다. 回歸를 통해서 復興을 이루려는 것이 復興運動의 한 典範이기도 한 것이다.

3. 儒學의 에스프리

우리 東亞細亞의 儒者들이, 儒學의 自己革新을 이룩해 나가면서 未來社會와 어떤 관련을 맺고 또 어떻게 기여하여야만 하느냐 라는, 現代儒學의 今日的 課題[8]를 풀어 나가려 할 때, 우리

---

5) 康有爲, 『大同書』: 婚姻限期, 久者不許過一年 短者必滿一月. 歡好者許其續約. (戊部 第九章, 上海世紀出版集團版, 2009年 7月 第1版本) p.133 參照.

6) H.G. Creel 『Confucius—the Man and the Myth—』(1931) p.138.

7) 梁啓超, 『淸代學術槪論』(中國人民大學出版社, 2006年 4月 第2次印刷本) p.203 參照: 自發明一種新理想, 自認爲至善至美, 然不愿其實現, 且竭全力以抗之遏之. 人類秉性之奇詭, 度無以過是者. (愿=願.)

8) 「今日的 課題」란 말은 지금은 故人이 된 溝口雄三 敎授의 著書 『方法としての中國』(東京大學出版會, 1989, p.179)

는 지금 이 時代의 時中이 무엇인가를 먼저 깊이 省察하여야만 할 것이다. 그래서 필자도 다른 기회에 발표한 類似한 제목의 글에서 儒敎의 寡欲의 倫理와 ‘公’과 ‘均’의 思想의 새로운 思惟 樣式에의 再投資에 대해 언급한 바도 있었다. 또한 明末淸初 黃宗羲의『明夷待訪錄』, 18世紀에 서 19世紀로 걸친 實學者 茶山 丁若鏞의 儒敎的 革命論인「湯論(湯王革命論)」, 그리고 시대가 더 욱 내려와 中國의 康有爲로부터 적잖은 영향을 받은 朴殷植의「儒敎求新論」등에 주목하면서 原初儒家에 보이는 儒學의 民本思想에 대하여 강한 관심을 표명한 바 있었다.

民本은 물론 民主와는 다르다. 民本은 다만 ‘爲民(for)’이 강조될 뿐 ‘民에 의한(by)’도 ‘民의 (of)’도 아니다. 게다가 ‘民을 위하여(for)’라고 하나, 民과 一體가 되어서가 아닌 高座에서 下視하 는「視座」의 문제가 民本의 價値를 貶下한다. 筆者는 이 시대의 今日的 課題로서 儒學을 復興하 기 위해서는, 철저한 理論補完을 거쳐 순수한 理念으로서의 愛民의 民本思想을 그 속에서 살려 가야 할 것이라고 생각한다.

倫理實踐의 主體로서의 ‘自我’의 중요성에 주목하고[9], 믿음이 崩潰된 인간사회에 信用관계 가 定着되기를 열망하고[10], 사람 사는 세상에 仁과 恕의 配慮의 哲學[11]이 確立되기를 누구보다 도 힘쓴 孔子의 모습을『論語』에서 찾기란 또한 어렵지 않다. 사람이 社會的 存在라고 하는 것 을 인간은 항상 念頭에 두어야 한다는 것이 孔子(儒家)의 주장인데 “어진 사람은 자신이 서고자 함에 남도 세우고 자신이 통달(成就)하고자 함에 남도 통달하게 한다.[12]”는 黃金律과 같은 이 命 題는 洋의 東西를 초월한 普遍的인 眞理이다. 기독교의 倫理學에서도 黃金律로 愛誦되는『聖書 』의 말씀이 있으니 “남에게 대접을 받고자 하는 대로 너희도 남을 대접하라”(『新譯聖書』누가복 음, 6장 31절)가 바로 그것이다. “남이 나에게 하기를 원하지 않는 것을(자신이 하고자 하지 않는 것을) 남에게 베풀지 말라.[13]”라고 하는 것과도 대단히 類似하다.

筆者는 앞에서 儒學의 歷史를 理論補完의 역사로 볼 것을 提唱한 바 있거니와, 이 理論補完 의 역사는 일찍이 孟子로부터도 시작된 바가 있다. 孔子 시대까지의 ‘聖人’ 개념의 內包가 孟子 에 와서 크게 변화한 것이 바로 그것이다.

孔子의 경우, “‘聖人’의 경지는 堯나 舜도 오히려 힘들게 생각하였을 것이다.[14]”라고 말하고

에 보이는 말. 溝口교수는 여기에서 “나도 최근 중국의 著名한 宋明硏究者 張立文 敎授와 가까이 硏究交流를 할 기회를 얻어, 지금 왜 儒學인가의 문제가 현재의 中國에 있어서는 現代化와 傳統의 一環으로 뛰어나게 今日的 問題일 수 있음을 實感할 수 있었다”고 말하고 있다.

9)『論語』「顔淵」: 爲仁由己, 而由人乎哉.

10)『論語』「顔淵」: 自古皆有死, 民無信不立. 有限한 人生에 있어, 最後의 人間의 條件이 되는 것이 信義 또는 信賴임 을 표시한 말.

11)『論語』「顔淵」·「衛靈公」: 己所不欲, 勿施於人.
　　『論語』「顔淵」: 己欲立而立人, 己欲達而達人.

12) 위의 註 11 참조.

13) 위의 註 11 참조.

14)『論語』「雍也」: 何事於仁, 必也聖乎. 堯舜其猶病諸.

있는데, 孟子의 경우는 그렇지 않다. 보통 사람으로서는 도달하기 힘든, 저 멀리 있는 理想的인 人間으로서의 聖人槪念이 孟子에 와서는 누구나 노력하면 현실적으로 도달이 가능한 聖人槪念으로 변화한 것이다.[15] 이 孟子의 聖人槪念은 周濂溪[16]를 비롯한 宋代 新儒學에 至大한 영향을 미쳐 朝鮮朝 李退溪나 李栗谷을 포함한 朱子學에 있어서의 학문의 목적을 聖人이 되는 데에 두게 하기에 이르렀다. 여기에 이르러서는 학문의 목적은 致富나 出世와 같은 世俗的인 것으로부터 聖人志向의 完璧에 가까운 道德主義로 一大轉換을 이룩하게 된다. 李栗谷은 『擊蒙要訣』 立志章에서 "初學者는 먼저 모름지기 뜻을 세워야 하는데 반드시 聖人이 될 것을 목표로 삼고서 털끝만큼도 自小退託하는 생각을 가져서는 아니된다."[17]고 하였다. 이 聖人으로 自期하는 朱子學의 學問觀은 李退溪에 이르러서는 '聖人이 되기 위한 集中力(主一無適)'을 강조하는 '敬'의 哲學으로 철저하게 강조된다. 敬을 主一無適으로 이해하는 해석이 있는데 主一無適의 '適'은 '갈 적'字이니 마음이 한 가지 일에 집중되어 다른 데로 分散되어감이 없음을 말하는 것이다. 이것을 현대적인 用語로 표현하면 精神力의 集中(Concentration)의 철저화, 즉 高度의 集中力이 바로 이 '敬'이 되는 것이다. 그러나 이 集中力은 致富나 出世나 技能發揮에 요구되는 집중력이 아니다. 努力을 통해 聖人이 되기 위한 集中力이 곧 '敬'인 것이다. 儒學의 에스프리는 이 같은 敬(集中力)의 哲學에 再投資되어 人類社會의 未來의 構成員들의 品格 향상에 寄與하여야 할 것이다.

利益을 獨占 壟斷하는 사람을 孟子는 賤丈夫라고 하였다. 龍斷(농단=壟斷)은 利益을 獨占한다는 뜻인데 원뜻은 흙을 깎아 높이 隆起된 高所를 의미한다. 어떤 賤丈夫(천한 사람)가 이 高所에 혼자 올라가 四方의 市場을 左右로 관찰한 뒤 그 利益을 독점하였기 때문에 사람들은 그를 賤하게 여기게 되었고, 商人에의 稅金賦課가 이 賤丈夫로부터 시작되었다는 이야기가 『孟子』에 보인다.[18] 孟子의 이 賤丈夫論도 人類社會의 品格의 向上을 圖謀하는 데에 그 현대적 의의를 찾아야 할 것이다.

道義와 正義를 의미하는 是, 功利와 福祉를 뜻하는 利, 이 是와 利가 잘 調和된 현상을 李栗谷은 '是利得中'[19]이라고 표현하였다. 是利得中은 다른 말로 표현하면 經濟成長과 道義振作이 잘 調和된 상태를 의미하는데, 儒學에 보이는 寡欲의 倫理와 '公'과 '均'[20]의 思想, 그리고 儒商의 存在意義 등은 孟子의 賤丈夫論과 함께 바로 未來社會에 필요한 思惟樣式에 再投資되어야 할 儒學의 에스프리이다. 經濟成長과 道義振作이 잘 調和된 是利得中의 높은 品位가 維持되는

---

15) 『孟子』 「滕文公章句上」 : 舜何人也, 予何人也, 有爲者亦若是.
16) 周濂溪, 『通書』 : 聖可學乎. 曰, 可.
17) 『栗谷全書』 卷27.
18) 『孟子』 「公孫丑章句下」 : 有賤丈夫焉, 必求龍斷而登之, 以左右望而罔市利, 人皆以爲賤, 故從而征之, 征商自此賤丈夫始矣.
19) 『栗谷全書』 「拾遺」 卷5, 「雜著」 2에 수록되어 있는 「時務七條策」에 보이는 말이다.
20) 『論語』 「季氏」 : 不患寡而患不均.

東亞細亞 未來社會 建設에 儒學이 寄與하는 바 클 것을 筆者는 믿어 의심치 않는다.

끝으로 몇마디 더 言及하면 韓國에는 成均館이라는 全國規模의 儒敎敎化機關이 있어, 여기에서는 年 2回, 陰曆 2월과 8월의 上丁日에 「釋奠大禮」가 현재도 행하여지고 있다. 또한 지금 이 國際學術大會가 進行되고 있는 成均館大學校의 캠퍼스 입구 正門 옆에 위치한 成均館 大成殿, 이 大成殿이 세워진 1398년을 建學의 해로 삼고 儒學을 建學理念으로 하고 있다. 1998年 建學六百周年이 되는 해가 지난지도 10年이 넘었다. 그 동안 「儒敎新聞」의 發行 등으로 成均館이 行하여 온 敎化事業이 매우 활발하였음은 周知의 사실이다. 그러나 여기에서 한가지 提言을 한다면, 그것은 다름 아닌 儒敎의 '禮'의 體系가 儒學者들과의 共同事業으로 未來指向的으로 現代化되었으면 하는 것이다. 祭禮日字의 陽曆化도 未來指向的으로 愼重히 검토되어야 할 것이다. 成均館이 동아시아 儒學의 博物館과 같은 役割에서 더 나아가 未來社會에 實效性 있는 敎化事業을 이룩하기를 期待하는 마음이 큰 까닭에 이 같은 提言을 하는 것이다. 儒林이 舊時代的 因襲에서 벗어나지 않으면 儒學은 舊時代의 原理 이상의 機能을 發揮할 수 없다.

儒学思想在当代的生命与创新

— 一种新儒学的思议 —

张立文 | 人民大学孔子研究院长

当代儒学的生命就在于创新，在从先秦诸侯的建立，社会实现大转型，董仲舒吸收名、法、阴阳家入儒，建构了"天人感应"为核心话题的新儒学。宋明理学把唐以来儒、释、道三教"兼容并蓄"的文化整合方法落实到"天理"上，建构以"理"、"气"、"心"、"性"为核心话题的新儒学，都使儒学获得了新生命。

尽管董仲舒和宋明理学开放、平等地尊重他者经典文献、人物思想和学术观点，建构起了新生命的新儒学，然而其"罢黜百家，独尊儒术"的一元论的元理论，导致了元决定论。宋明理学在成为统治意识形态以后，亦导致"理能杀人"的后果。

一、董仲舒和宋明理学之所以获得儒学新生命，其创新：

（一）董仲舒的天人之学和理学的天理之学体现了时代精神的精华；

（二）儒学的开放与包容，是儒学创新与新生命转生的前提，亦自我封闭是学术自杀之路；

（三）儒学不断创新的内在根据是：

　　1. 核心话题的转向，核心话题是体现特定时代意识追寻和价值创新。

　　2. 诠释文本的转换，董仲舒依傍《春秋公羊传》，宋明理学依傍"四书"，以提炼时代精神的核心话题。

　　3. 人文语境的转移，随民族精神及其生命智慧的历史演变而转变。

二、董仲舒、宋明理学以后，儒学之所以衰落，其原因：

（一）儒学的意识形态化。政治儒学主宰了学术儒学，儒学消减了自身吸收各家各派学说的功能；

（二）主导意识形态的支配者对儒学价值的不同体认，针对各自的政治需要，而采取不同的方针；

（三）在哲学元理论的超隐定系统形态下，独尊推翻了互尊，秩序代替了自由，一元否定了多元，独存更替了共存。

儒学丧失了生命活水的滋养和为变所适的能力，而遭变历史的种种厄运。儒学的未来发展，当代的生命与创新，就在于接受历史的经验和教训，建构儒学"自己"的理论思维新体系、新观点的新核心话题和新方法。

三、和合学是试图开出新儒学的新生命的尝试，和合学新之所新：

（一）体现当下时代精神精华的核心话题的转生，以和合代替以往的核心话题。

（二）从"人是会自我创造的和合存在"出发，在和合生存世界、和合意义世界、和合可能世界生生不息的"途中"，为变所适。它不设立中心价值和承诺实体目标。

（三）诠释所依傍的经典文本的转换，是被称为"春秋外传"的先秦经典——《国语》。

（四）随着人文语境的演变，在化解人类所共同面临的人与自然、社会、人际、心灵和文明之间五大冲突所造成的生态、社会、道德、精神、价值危机中，提出了尊重生命的和生原理，和而不同的和处原理，立共荣的和立原理，共达共富的和达原理，滋润心灵的和爱原理。

儒学经和合学的转生，以达到人和天和、人乐天乐、天人共和乐的和合价值目标。

儒学思想在当代的生命与创新

— 一种新儒学的思议 —

张立文 ｜ 人民大学孔子研究院长

当今世界，在经济全球化、科技一体化、网络普及化、文化多元化的情境下，宇宙性、世界性已成为日常话语的主题词。它与现代第一代新儒家为抵抗日本帝国主义军事、政治、经济、文化的侵略，"为生民立命"而发扬中华民族传统文化精神；与第二代新儒家"花果飘零"于异地的文化心理，已大异其趣。无论是世界的，还是中国的，其政治、经济、文化的人文语境已不可同日而语。哲学的思辨百年来经"古今之变"、"中西之争"、"象理之辨"的论争，其人文价值时间、全球生存空间和精神活动逻辑的理论思辨得以呈现。以往以地域性冲突和危机为化解对象的理论思维，已为全球性的冲突和危机的化解所代替。在当前这样的新时代、新形势、新危机、新冲突面前，儒学如何"与时偕行"，以新的哲学理论思维体系、观点、方法来观照，建构体现当下时代精神的真正的儒学哲学理论思维体系，是当代学者的历史使命和不容推卸的责任。

一、儒学的生命在于创新

哲学理论思维的生命和价值，就在于日新、日日新的创新。如果停滞新陈代谢和丧失创新力，那么，哲学理论思维的生命就会枯萎，价值就会隐去。换言之，当代儒学的生命就在于创新，无革故鼎新，儒学的生命也会凋谢。

儒学在其两千多年演进过程中，尽管有时式微，但总体来说却生生不息。之所以生生不息，就在于不断创新。孔子是在"礼崩乐坏"的社会环境下，为救世而奔走各诸侯国，在整理编纂"六书"中，吸取其理论思维的营养，创立了儒家学派，奠定了儒学理论思维的基本内容、性质、特征和框架，而成为"显学"。从诸侯国分封割据到一统的中央集权君主专制制度的建立，社会实现了大转型、大变革。儒学如何适应社会的大转型的需要？如何能长治久安？是当时法、道、儒各家所思议的热门话题。汉武帝为使刘汉政权"传之亡(无)穷"，而举贤良文学之士，以对策的形式"垂问乎天人之应"。经董仲舒"三年不窥园"的殚精致思,吸收先秦名家、法家、道家、阴阳家等各家思想入儒,建构了"天人感应"的新儒学的哲学理论思维体系,回应了汉武帝"天人之应"的垂问,为当时社会治理中所存在的政治制度、伦理道德、政令刑罚、礼乐教化、学术思想等的不一统的冲突,与由此而产生的危机,提出了化解之道,儒学获得了新生命。

董仲舒在"汉承秦灭学之后,《六经》离析"之时,"推明孔氏,抑黜百家"。[1] 为汉大一统的一道德的意识形态谋划,凸显了孔子和儒学的文化价值。但随着历史的变迁,社会演化,汉武帝、董仲舒的"罢黜百家,独尊儒术"渐次淡化,儒学作为国家政治的主导意识形态逐渐异化。东汉末及三国的动乱,独尊的儒学已无力担当化解社会冲突的任务,特别是印度佛教的传入,满足了人们在社会动乱中追求安身立命的诉求。尽管还有"名教"与"自然"、崇有与贵无的儒道之争,但儒学已是强弩之末,"独尊儒术"被解构了。到梁武帝萧衍,下诏以佛教为"正道",儒教为"邪道"。隋唐时,无论是经济上、文化上、信仰上,还是价值观念上,佛教成为强势文化,儒为弱势文化。

自汉末到唐,由于内外的种种因缘,儒学未能唯变所适地创造出化解现实社会错综复杂的冲突和危机,从而淡化了其在政治、经济、文化,以及理论思维、价值观念、伦理道德领域的应有智能和效用。尽管如此,儒释道三教在长期不断互动、交流、论争的冲突融合中,儒学以其特有的理论思维、礼乐制度的形式,获得了生命的存在。

宋元明清时的理学家,以其"为天地立心,为生民立道,为去圣继绝学,为万世开太平"[2]的精神,面对佛教的强势文化,他们出入佛道,"尽究其说"。既挽救了"两汉而下,儒家之论大道,察焉而弗精,语焉而弗详,异端邪说起而乘之,几至大坏"[3]的颓势,又融突和合儒释道三教,把唐代三教"兼容并蓄"的文化整合方法落实到"天理"上。程颢说:吾学虽有所受,天理二字却是自家体贴出来,"于是上自帝王传心之异,下自初学入德之门,融会贯通,无复余蕴"。[4] 援佛道入儒,适应了新时代的政治、经济、文化、伦理道德、价值观念、终极关切的需要,体现了时代精神的精华,使颠错于秦火、支离于汉儒、幽沉于六朝的儒学,焕然而大明于世。儒学由于理学家的创新,不仅获得新生命,而且把儒学发展到顶峰。

---

1) 《董仲舒列传》,《汉书》卷56,第2525页,北京:中华书局,1962年版。
2) 《近思录拾遗》,《张载集》,第376页,北京:中华书局,1976年版。
3) 《道学传》,《宋史》卷427,第12709页,北京:中华书局,1977年版。
4) 同上,第12710页。

二、儒学演化中的经验与教训

儒学之所以开创，董仲舒和宋明理学之所以发展了儒学和赋予新生命，归根到底就在于创新。创新是在指继承往圣和诸子基础上，度越往圣和诸子，既不是照着讲，也不是接着讲，而是在"穷理尽性而至于命"的效能上，充分体贴和把捉时代的现实需求和时代的主流精神，以新思想、新观点、新方法、新话题，建构新哲学理论思维体系，而自己讲，讲自己。

创新是获得新生命的动力源，这个动力源是古今中外多元无形相的理论思维、价值观念、伦理道德、审美情趣冲突融合而和合。如此，儒学必须敞开胸怀，汲取古今中外各种思想营养，其最佳的方法是"以他平他"地对话、互动、交流。对古代的还是现代的中外经典文献、人物思想、历史事件，都不要以自我主体已有的定见、先见、囿见、误见来作出肯定或否定的判断，这往往会曲解、误解他者。换言之，这是对他者的经典文献、人物思想、历史事件不尊重、不平等地对话、互动、交流，这样就不可能获得营养，也不可能公平、公正的评价他者。

作为儒学新生命动力源的创新，古今中外不同文化的对话、互动、交流是为了互相理解、互相借鉴、互相吸收，并不是为了对抗、毁灭、削弱他者，而是同情的理解，平等的对话，自由的吸收。它度越了西方长期所奉行的"主客二分"的思维，以一种像尊重、爱护自己一样，尊重、爱护他者，以一种清净心、平等心、不迷心来对待古今中外文化。这样儒学新生命动力源就会源源不断，儒学的创新亦会生生不息。

从董仲舒和宋明理学儒学新生命创新的实现来看，其动力源都来自开放地、"以他平他"地融突古今中外经典文献、人物思想的和合体。董仲舒是度越了秦法和汉初黄老，平等而尊重地融突吸收先秦各家思想，从而创新性地建构了具有新生命价值的新儒学。宋明理学度越了自南北朝隋唐以来强势的佛教文化以及僵化了的儒家训诂之学，解放思想，探赜义理，融合中外，创新儒学，使儒学新生命获得璀璨地开显。

尽管董仲舒和宋明理学开放地、平等地尊重他者经典文献、人物思想、学派观点，从而建构了新生命的新儒学，然而，董仲舒以天地之常经、古今之通谊的大一统回应了汉武帝的垂问大道之要。政治制度的大一统，便要求意识形态上破除"百家殊方，指意不同"的格局，汉武帝便采取董仲舒的建议，"卓然罢黜百家，表章《六经》"。[5] 大一统和独尊儒术的哲学理论思维基础是一元论的元理论，哲学的元理论导致元决定论。如果说先秦哲学是由天道、地道、人道三才之道构成的百家争鸣多元论态势，那么到董仲舒"王道通三"的一元论，把天、地、人三道贯通为王道的一元之道。元在《周易·象传》中为"大哉乾元，万物资始，乃统天"。元是天德的大始，是万物之所以化生的根源；元又是元、亨、利、贞的四德之首，它贯通天地人，而为"天人感应"，以证大

5）《武帝纪》，《汉书》卷6，第212页。

一统和独尊儒术的合理性、合法性。

哲学元理论指导的宋明理学，在其化解宋代所面临的冲突和危机，融突多元本土的儒道文化和外来的印度佛教文化，智能创新了新儒学，并使之荣登中华古代文化"造极"的地位。尽管理学家代表人物程颐、朱熹、王守仁等在世时，遭受种种政治迫害、思想批判、人身攻击等等——朱熹被打入"伪学逆党籍"，但在元明清时，理学成为占统治地位的意识形态，科举考试的课本和答卷标准，如有偏离或违反，便是异端邪说或大逆不道，便有牢狱之灾或遭杀戮，如李贽的自杀。因此戴震控诉"理能杀人"。这是哲学元理论的一元论的超稳定系统所导致的政治上大一统的中央集权君主专制制度的后果，并为大一统的制度化的合理性、长期性和稳定性作论证。

从董仲舒和宋明理学创新儒学和儒学新生命的开显中，可以体认到：

（一）在致思时代所面临的冲突和危机中，提升为化解冲突和危机的一种哲学理论思维，才能体现为一种时代精神。时代精神作为民族精神阶段性的体现，它是对民族的生命存在和民族的尊严、价值、意义的理解和把握，是对民族魂、文化根的塑造，以及对民族价值理想、终极关切的追求。它是在长期共同生产、生活的社会实践和动态选择中形成的一种知识，如董仲舒的天人之学或宋明的天理之学，便作为一种时代精神的哲学理论思维而开出儒学的新生命。

（二）学术思想的开发、包容，是儒学创新和新生命转生的前提。开放、包容，才能虚怀若谷，广闻博采；广闻博采，便拥有与古今中外哲学文化对话、互动、交流的热情；这种热情转为建立一种不同哲学文化间互相平等、理解、信任、尊重地"以他平他谓之和"的机制，才能使儒学保持日新日日新的状态。不管哪种学术文化、哲学理论思维，若封闭自我，自我设限，这是一条自杀之路，儒学如此，其生命智慧就必然枯萎。儒学当今和未来的命运，只有坚持开放、包容，才能海纳百川，有容乃大。儒学才能唯变所适地大化流行，生生不息。

（三）儒学作为一种时代精神的精华和汇聚，又是民族精神及其生命智慧的结晶和妙凝，亦是哲学家、思想家主体精神的度越和流行。因此，儒学不断创新新生命的内在根据，逻辑地蕴涵着三个分析维度：

其一、核心话题(Core Topic)的转向。思想是精神的言说机制，精神总是思想着的精神，思想是确定作为精神的那种东西。哲学理论思维作为一种精神的存在，总是以核心话题的方式体现特定时代的意义追寻和价值创新。核心话题的转向，是哲学理论思维创新的话语标志。董仲舒参通天、地、人三道，实现了从先秦"道德之意"向"天人之际"核心话题的转向，以"天人同类"、感应相动的"天人感应"学说，适应社会价值平衡、追求理想化中和之道的需要。宋代道学家在着手重建伦理道德、价值理想和精神家园中，完成了对儒释道三教的融突和合，消融了两汉"天人之际"的感应气象，又绍承了"道德之意"的源头活水，使魏晋"玄冥之理"成为"净洁空阔底世界"，让隋唐"性情之原"变为相对相关的价值空间，实现了"理气心性之辨"的核心话题的转生，核心话题创新性的转生，使儒学获得了新生命。

其二、诠释文本(Hermeneutical Text)的转换。文本是思想言说的符号踪迹，是智慧觉解的文字报告，是主体精神超越的信息桥梁。哲学家必须凭借对一定文本的学习、思虑和诠释，才能准确提炼时代精神的核心话题，为哲学理论思维的不断创新打上自己名字的烙印。董仲舒"天人感应"哲学理论思维所依傍的诠释文本是《春秋公羊传》。《公羊传》讲究义理阐释，微言大义地讲"大一统"，又杂合阴阳五行和刑名法术等，体现了两汉经学的天地人感通气象。宋明理学家以其开放的心态，创新的思维，从《礼记》中抽出《大学》、《中庸》两篇，和《论语》、《孟子》合为"四书"，作为理学所依傍的诠释文本。朱熹的《四书章句集注》成为元明清三朝的科举考试的教本，而与先秦孔子所诠释的文本"六艺"、两汉经学的《春秋公羊传》、魏晋玄学的"三玄"（《周易》、《老子》、《庄子》）、隋唐佛学的佛典异，各个时期哲学理论思维所依傍的诠释文本随时代精神所体现的核心话题而转换。

其三、人文语境（Humane Context）的转移。哲学智慧是生命的觉解状态。热爱生命必然追求智慧。哲学理论思维原属爱智的学问，哲学本是一个民族热爱生命、追求智慧的心路历程。因此，哲学理论思维的创新在宏观演替上，就表现为人文语境随民族精神及其生命智慧的历史变迁而不断转移。两汉大一统、象数繁衍和辞赋华丽的人文语境，以及"百家殊方"道术分裂的情境，董仲舒倡导"独尊儒术"而"罢黜百家"，从意识形态上维护大一统的格局。唐末五代的腥风血雨使百花凋敝，学术文化四处飘落，北宋的祐文措施，民族精神及其生命智慧从训诂经学的桎梏中解放出来，凝聚出能度越以往各种学说的理学理论思维体系。广开书院讲授儒典，兴建学校培养士子，两宋以文德致治，既强化了学者对国家政权的自觉依赖，也促进了文人对民众生活的亲身感受和对哲学思想的自由创造。

哲学思想的核心话题随时代精神的偕行而转向；诠释文本随主体精神及其自由创造的选择而转换；人文语境随民族精神及其生命智慧的觉悟而转移。世界上不存在万古不变的哲学理论思维的核心话题、诠释文本和人文语境，一切都变动不居，唯变所适，儒学亦不例外。

从董仲舒和宋明理学以后儒学的式微和受批判中，也可体认到：

（一）主导意识形态的支配者对于儒学价值的不同体认和不同政治需要，而采取弘扬或压抑的不同措施，而化生出政治儒学，导致制度儒学，其道、学、政三位一体，儒学成为权力和利益的保护神，亦是剥夺者。如是，儒学成为双刃剑，在政治生活中，儒学往往异化为既控制主导意识形态支配者，亦异化为被主导意识形态支配者运于股掌之上。儒学的命运往往不掌握在自己手中，而丧失其主体性、"自作主宰"性。

（二）儒学的意识形态化，儒学就不能不受在意识形态指导下的政治规则、政治制度、政治手段、政治战略、政治价值、政治思维的制约和统摄，儒学就失去了自主性、自由性，其自身的演化发展就无自由。自古以来，意识形态都具有一种排他性、独断性、独尊性和独裁性。作为意识形态化的儒学亦就失去了与中外不同学说思想的对话、互动和交流，既断了源头活水，又断了古今中外营养成分的吸收。儒学这棵大树怎能不枯萎？枝繁叶茂的常青树却成为枝疏叶落的枯树，儒学的生命就会消耗殆尽。

（三）在哲学元理论的超稳定系统形态指导下，董仲舒"罢黜百家，独尊儒术"，依赖政治意识形态的社会功效，以礼法秩序系统来推行其独尊儒术，用儒术独尊的普遍性和永恒性来维护大一统的统治。这样既否定了个体学术文化主体的自由诠释和阐发，亦桎梏了群体学术文化主体的自由理解和开新，于是便出现秩序代替了自由、一元否定了多元、独尊推翻了互尊、独存更替了共存。在百花罢黜、一枝独秀的情境下，独秀很快就会凋谢。因为独尊的儒术，是无生命活水滋养的，在外来佛教文化和本土道教文化冲击下，独尊成了"邪道"，邪道转为正道。这是历史留给儒学的教训。当康熙称理学集大成者朱熹"立亿万世一定之规"，朱熹的书成为圣人之言和士子们猎取功名利禄的工具时，作为新儒学的宋明理学也就丧失了其新生命的活力。理学便由重建伦理道德、价值理想的新儒学转变为"以理杀人"[6] 的屠刀，以至吴虞讲"孔二先生的礼教讲到极点，就非杀人吃人不成功，真是惨酷极了！"[7]，等等。这从外在因缘讲是政治形势的变化；从内在因缘讲是哲学元理论的一元化决定论，与由此导致的意识形态化的强势文化价值，陷溺了儒学不息的创新原动力，污染了儒学新生命的源头活水，致使儒学丧失了唯变所适的能力，儒学心力的衰竭，从而使儒学遭受历史的种种厄运。

三、和合学新之所新

当代儒学思想的生命与创新，要深刻反思儒学之所以创新和获得新生命的历史经验，以及儒学之所以衰落以至遭厄运的历史教训，在反省这个历史经验教训时，可以获得诸多的启迪。儒学的新生命在于创新，创新的核心是儒学哲学理论思维的创新，即理论体系的创新，学术观点的创新，研究方法的创新。宋明理学开出理学的哲学理论思维新体系，体贴出自家"天理"二字的新观点、新核心话题，运用义理之学的新方法，从而重新焕发了儒学的青春。

在当代，若要开出儒学的新生面、创新儒学新生命，必须接受宋明理学的经验，建构"自家"哲学理论思维新体系、新观点的新核心话题和新方法。若仍是唱唱老调子，就会使儒学愈唱愈衰落，愈唱愈脱离社会发展的实际、脱离生产、脱离百姓。若执著于儒家文本的照着讲、跟着讲，还秉承衣钵式的接着讲、承着讲，就会使儒学愈讲愈枯燥无味，愈讲愈枯竭贫乏，为改变这种状况，使儒学得以新生，必须像程颢那样"自家"体贴出新理论体系、新核心话题、新诠释文本。和合学以其新的哲学理论思维体系、新观点的核心话题和新的诠释文本，试图开出新儒学的生命智慧。

---

6) 戴震说："所谓理者，同于酷吏之所谓法。酷吏以法杀人，后儒以理杀人，浸浸乎舍法而论理，死矣，更无可救矣"（《与某书》，《戴东原集》卷9）。

7) 《吃人与礼教》，《吴虞集》第171页，成都：四川人民出版社，1985年。

和合学之所以能开出新儒学的新生命，是因为和合学本身是一种新的哲学理论思维体系、新观点的新核心话题和新方法。

　　1、和合学新之所新，是从三个维度"和合起来"的。通过解构"古今之变"，疏明人文价值时间的和合本性，转生传统，把往古、现今、未来和合成一条不断度越的思议升华之道；通过解构"中西之争"，疏通生存空间的和合特征，融摄全球，使"和立"、"和达"与"和爱"和合成一条不息通达的生命流行之路；通过解构"象理之辨"，疏明人文精神的和合逻辑结构，守护激情之源，搏击想象之翼，使和合之道与和乐之体成为人类的精神家园和终极关切。和合学对古今、中西、象理三大思辨的和合解构，依次清理了文明碎片、种族偏囿和理智傲慢，梳理出人文精神世界的和合价值时空、和合生存空间与和合逻辑本源，为建构和合哲学理论思维体系奠基。地基的清理和疏明，是为了建构和合学哲学理论思维体系的大厦，是为了疏明和化解儒学在这三个维度中理智的困囿、价值的冲突和逻辑的迷惘。这种疏明和化解，是和合学的创新，是儒学新生命的起始。

　　2、和合学新之所新，是体现时代精神的精华的哲学理论思维核心话题的转生。从先秦的"道德之意"，两汉的"天人之际"，魏晋的"有无之辨"，隋唐的"性情之原"，宋元明清的"理气心性之辨"，到"和合之辨"。和合学从传统文化中获得精神动力，重燃火焰。周幽王八年（公元前774年）郑恒公为王室司徒，与史伯论远古帝王成就"天地之功"时，史伯说："商契能和合五教，以保于百姓者也"[8]。五教是指父义、母慈、兄友、弟恭、子弟。商契能够了解民情，因伦施教，百姓和合，皆得保养。和合的文化价值不仅是由伦理道德导致百姓和谐相处，而且在回答天地人从哪里来的哲学理论的根本问题："夫和实生物，同则不继。以他平他谓之和，故能丰长而物归之"[9]。如何"和实生物"？"先王以土与金木水火杂，以成百物"[10]。由五行既相互冲突矛盾，又互相互济相生，构成天地万物人类。它是多元杂合相生，而非一元决定论。就此而言，和合学是源远流长的中华文化的绍承。和合在现代意义上是指自然、社会、人际、心灵、文明中诸多形相、无形相的互相冲突、融合，与在冲突融合的动态变易过程中诸多形相、无形相和合为新结构方式、新事物、新生命的总和。和合学是指研究在自然、社会、人际、人自身心灵及不同文明中存在的和合现象，并以和合的义理为依归，以及既涵摄又度越冲突、融合的学说。以和合学这种新哲学理论思维体系的新观点来观照儒学思想，儒学便呈现出崭新的面貌、光彩的理性、珍贵的价值，予人新桃换旧符之感。

　　3、和合学新之所新，是基于对人是什么的新体认、新规定。在当代，人并非如卡西尔(Ernst Cassirer)所定义的人是"符号的动物(Animal Symbolicum)"[11]，而应该以"人是会自我创造的和合

---

8) 《郑语第十六》，《国语集解》第466页，北京：中华书局，2002年版。

9) 同上，第470页。

10) 同上。

11) [德]恩斯特·卡西尔，甘阳译：《人论》，第34页，上海：上海译文出版社，1985年版。

存在"[12] 取代把人定义为"符号的动物"。如此才能真正体认人为"天下贵"的价值，才能理解对人开放的和合学新路。和合学形上学追求的"打破砂锅问到底"，到底的这个"底"，就是"和合起来"的和合体，它具有虚性、空性、无性的品格，它不是追求一个惟一的刚性实体，不重蹈柏拉图以来西方实体本体的覆辙，也不重演宋明理学"本体学"(如理体学，心体学等)的故技。和合生生道体是永远"在途中"的度越之道，因其不断度越，与时偕行，故和合生生道体不是僵化的、固定的实体，而是唯变所适的生命智慧及其化育流行的智能创生虚体，是变动不居的流体，是自由澄明境界的和合体。它在和合生存世界、和合意义世界、和合可能世界的三界中生生不息，大化流行。由于"在途中"的和合追求不设立价值中心，不承诺实体目标，因而"和合起来"的和合体不可能成为权力的把柄(因其流变不定)；不可能埋伏一元论专制的杀机(因其超越价值)；不可能藏匿邪恶的私欲(因其自由疏明)。这就避免了"独尊儒术"和理学意识形态化所造成的"罢黜百家"和"以理杀人"的局面再现，而使"在途中"的儒学日新而日日新。

4、和合学新之所新，是诠释文本的转换。从表现形式上看，哲学的创新总是由一系列伟大的思想家完成的，创新的新儒学也总是以他们的姓氏命名的，如孔孟之道、程朱理学、陆王心学等。从生成结构上看，创新不是无中生有的面壁虚构和凭空杜撰，而是通过对一定诠释文本(Hermeneutical Text)的解读和转换来完成的，它是新儒学创新的文献标志。和合学所依傍的诠释文本既不是≪春秋公羊传≫，也不是"四书"，而是曾被称为"春秋外传"的≪国语≫。三国时，韦昭在≪国语解叙≫中说：其书"包罗天地，探测祸福，发起幽微，章表善恶者，昭然甚明，实与经艺并陈，非特诸子之伦也"[13]。是与"经艺并陈"的重要文献，但在两汉经学时代，≪国语≫未被列入"五经"，避免了被经学章句所支离、为谶纬所傅会的厄运，而保持了文本的本来面貌，这就使我们后人能听到当时有识之士有关天、地、人的论争和答问，感受"礼崩乐坏"时期民族精神及其生命智慧的深沉忧患和未来寻求，从中可以体味春秋时期"和合"话语的生生意蕴。和合学新之所新的标志，是以≪国语≫取代"四书"，实现新儒学生命的创新新生。

5、和合学新之所新，还在于唯变所适地随人文语境的演变，而能化解当今社会和人类所共同面临的种种错综复杂的冲突和危机，并将其化解冲突和危机之道，升华为哲学理论思维的核心概念、范畴，从而指导其化解冲突和危机之道。当前世界文明仍存在不文不明的病症种种，如人与自然的冲突，造成生态危机；人与社会的冲突，形成社会危机、人文危机；人与人的冲突，带来道德危机；人的心灵冲突，造成精神危机、信仰危机；文明之间的冲突，形成价值危机。这是超越地域的而为全人类所共同的冲突和危机，是以往人文语境所不遇的。

在这种人文语境形势下，儒学应如何回应？儒学生命智慧如何创新？儒学理论思维形态应如何

---

12) 见拙著：≪新人学导论≫ 初版，北京：北京职工教育出版社，1989年，修订本，第38页；广州：广东人民出版，
　　2000年版。后将"人是会自我创造的动物"改为"人是会自我创造的和合存在"。
13) ≪国语集解·附录≫，第594页，北京：中华书局，2002年版。

转生？儒学理论体系、学术观点、研究方法如何创新？和合学是使儒学获得新生命的一种尝试，是儒学在新人文语境中实现理论思维形态转生的尝试，是儒学理论体系、学术观点、研究方法创新的尝试。和合学在其和合生存世界、和合意义世界、和合可能世界的三界中，以化解人类所共同面临的五大冲突和危机，为儒学在当代生命智慧与创新而作出回应。为此，和合学提出儒学生命创新的五大原理：

一是尊重生命的和生原理。和生是保障、保护和养育各生命自我主体与他者生命自我主体的唯一途径。如自然、社会、人际、国家、民族、种族、党派、宗教，都是融突和合的自我与他者的生命体。和生最低限度，是尊重生命，允许各生命体有其生存的权利。种种伤害、折磨、杀戮生命体的行为活动都应该禁止。

二是和平共处的和处原理。尽管各生命体与他者生命体之间存在种种冲突和危机，但应以君子的胸怀气度，"和而不同"。把种种不同冲突和危机导向和平、和谐、和合。只有各生命体与他者生命体之间相互尊重生命，便能和平共处，享受生命的欢乐和幸福。

三是共立共荣的和立原理。孔子说："夫仁者，己欲立而立人"。自己希望站得住或独立，也希望他者站得住或独立。在当今世界多元化格局中，以价值一律、一统范式来实现各个生命体与他者生命体的独立和繁荣，已不合时宜。生命体与他者生命体之间，应宽容地互相尊重其独立和繁荣，以获得共同独立，共同繁荣。

四是共达共富的和达原理。孔子说："己欲达而达人"。自己通达、发达了，也让他者通达、发达，走共同发达，共同富裕的道路。由于各个生命体与他者生命体之间发达水平差分，以及战争、动乱所造成的贫困，贫富差距的拉大，是各生命体以及世界、地区、国家动乱、不稳定的根源之一。在贫者无立锥之地的情境下，便会滋长一种嫉妒、愤怒、仇恨心理，产生不满、反叛情绪，而导致暴力、动乱、恐怖等恶性事件的发生。世界各个生命体唯有共同发达，共同富裕，才能实现天和人和的大同世界的价值理想。

五是滋润心灵的和爱原理。和爱是和生、和处、和立、和达的根基和动力，是实践四和的基础和活水。和爱是人类的生命智慧、智能创造的火焰和力量。它为生命体与他者生命体之间架起了平等对话、互动、交流的心灵桥梁，是各生命体之间互相谅解、理解、信任，消除误解、偏见、成见的价值基础。和爱像甘露，滋润人人。这是民族安身立命之所，终极关切的所在。

儒学思想未来的命运，其发展的未来课题，和合学已做了一些相应的回应。儒学经和合学的转生，以达到人和天和、人乐天乐，天人共和乐的境界。人类在当代所面临的种种冲突和危机的追求化解之道中，升华为哲学理论思维的核心话题——和合，其和平、合作的和合价值目标，不仅是当代社会政治、经济、文化、制度、学术、宗教、道德的价值诉求，而且为生命体与他者生命体之间的世界文明对话提供了理论基础。和合学在未来历史长河中，期盼其大化流行，生生不息。

當代儒學復興的多元發展與多元整合

成中英 ｜美国 夏威夷大学 教授

儒学在近代经历了多形式和多元化的发展，使我们可以在哲学，政治和宗教等领域看到不同类型的儒家思想。同时我们也可以看到这些不同类型的儒学，在不同的文化背景，伦理道德，语言环境，形而上学，甚至是科学领域中有着进一步发展的可能性。在当今的中国社会，不同的历史阶段对儒学有不同的看法，我们可以将其划分为"前现代"，"现代"，"当代"，"后现代"和"后后现代"。这种差异其实是很小的，是无关紧要的，但是它却有可能导致我们无法洞察到儒学的核价值观，最终，我们可能会减少儒学在实际社会的桥梁作用或者说是根本作用，即完全忽视根(本)和系统性(体)，精神的经典儒学与它的知识(知)，应用(用)和实践(行)的作用。

为解决这个问题，我们需要综合整合儒学在不同的领域，对象和科目中的意识形态，使我们可以系统的有层次的去理解。为了开展并维持这种综合整合，我们需要首先深化我们对儒家思想核心价值观和概念(包括新儒家哲学家的重要贡献)的理解和认识。我们还需要提供一个统一的系统性的创意源泉来作为儒教思想的基础，使儒家的哲学和智慧始终保持生动并且更贴近我们自己的生活和经验。

为了将儒家哲学整合为系统性的统一体，我们必须认识到仁在儒家哲学中的中心地位和创造力(仁慈，互惠互利，人性和善良)，以此来促进和发展人类各个方面的德性。在这个意义上说，我们看到儒家伦理作为""深德性伦理""或"生成道德(本体伦理学)"与古代的亚里士多德的""诚德性伦理学""或当代麦肯泰尔和斯鲁特的意见在本质上是有区别的。儒教哲学是一种根深蒂固的思维方式，它不只是一种习惯，或是一种人类身份阶级象征，而是一个自我实现和自定义的行动，并且不只是单纯的去履行义务。这就是我所述的"全人类的综合性的伦理学"，认识到所有不同的美德都是为了实现仁的美德，将义务论，人权和功利主义的道德妥善放置在一个整体的""为全人类的综合性的伦理""体系之内，再使性善主义的范围不断扩大。在此基础上，就可以实现对儒家思想的整合，并且不会使儒家学说的分化差异消除。

在本文中我会提出当今世界与人类发展中所面临的九个重要危机，然后用儒家的角度来阐明和解决这些问题，以此来测试和证明儒家哲学的理论和实践的优势。这里我举这九个问题中的一部分来做一下讨论。我想特别讨论的是如何按照世界宗教的概念来区分"宗教儒学"与儒学，以及它与基督教和佛教的区别。我认为儒学可以区分为"宗教儒学"（或"信仰儒学"）与"智慧儒学"（或知识儒学），他们分别体现了儒学的宗教价值或信仰价值之所在。从中我们也可以看到儒学""深刻和反思的经验""要远胜过个人对超自然的神或人格神的信仰。

宗教如基督教和佛教，以满足部分人心理需求为目的，在不同的文化背景下得到了广泛的传播。而传统儒学可能只是在中国，韩国和日本这些国家和社会中起到相当大的作用，然而，通过对宇宙和存在性的深刻反思经验，我们会找到什么是他们应去发展和分享的，也会对儒教进行自我反省，从而使精神甚至是宗教觉醒，或许那时我们应该举办一个世界宗教首脑会议。

这意味着，儒家思想仍然是一个基本的根的哲学，可以有不同的用途，包括宗教和政治用途，但它本身不是宗教，即不是一个以权威信仰和开示为基础的宗教。如果时间允许，我会还简要讨论在东亚各地区的儒家发展生态与环境的问题。

當代儒學復興的多元發展與多元整合

成中英 ｜ 美国 夏威夷大学 教授

当代儒学的复兴呈现多元化发展的趋势，这是一个历史、文化与哲学思想传统自然发展的趋向，显示了时代与社会的变迁，也显示了人在经验与知见上诠释的差异，并非不可取。问题乃在是否仍然保持而且发展了儒学的核心价值，是否能够推广核心价值的影响与大用。若从客观的时代与社会变迁来说，这些变迁是否仍然能够带动人的心性内涵的认知以及其创造性的发展与人的整体价值的自觉与追求。事实上，我们可以提出以下几个我们应该认知的有关时代与环境发展重要问题：1) 东西方社会的现代化发展的动力与目的问题；2) 东西方社会新一代面临的多元价值冲突困境问题；3) 科学宇宙观与传统形上学与本体论的对立问题；4) 生物科学与伦理价值及精神信仰的冲突问题；5) 西方一神福音宗教发展形成的冲突与竞争问题；6) 现代民主政治、人权保障与国家治理多元形式与基本实质统一问题；7) 经济与金融全球化形成的恶性利益与市场竞争问题；8) 传统国际军事霸权与新兴国家政治发展形成的竞争与可能战争的问题；9) 自然生态危机与人类文明发展相互冲突的问题；10) 人类未来走向与终极发展的取向问题。

当前儒学的发展至少面临了以上九个基本有关人类与世界发展的危机问题。　此一面对也可以说是一种严肃的考验，不但考验儒学的智慧及其解决冲突与矛盾的能力，也考验东西方人类社会价值认知于选择的能力。在面对此一考验之际，我们还要提出儒学所面临到多元发展而不求多元整合的危机，只求适应时代需要而不求"反身而诚"的自我德性的建立与实践。如此只有多元的向下的分歧而缺少多元的向上的整合，这将是儒学发展内在的重大危机。对于此，我将进行一个深刻的探讨。

孔子时代孔子死而儒分为八，幸有子思、子有、子张、子弓等弟子面对基础理念深化思考，较多系统发挥，广为流传，儒学的正道赖以维持不坠。今日的情况虽不必如春秋末世之纷乱，而物质环境之优胜则尤反胜于孔子时代，然儒学观点之散失与表层化，上述全球化经济的挑战，他者宗教信仰的诘难，科学新知识的再启蒙，以及西方政治制度的批评，这些都为儒学带来内在发展危机。为了发展儒学，显然我们不能不具有高度的相应的危机意识，不能不更为系统的深入思考与表述，不能不日新又新的同时进行理论创新与行为实践，在思想与行为上，建立典范，并将典范活用于社会与国家各层次，并讲求真实的转化效果。

儒学面临的此一形式的危机也见之于全球化的多元文化的发展现象，欠缺多元的沟通与整合，造成强烈的地方保护主义或独断自私的霸权主义，把人类历史带向历史的错误重覆，而不是人类和谐未来的光明前景。

若要整合儒学本体的核心价值，我们必须首先理解儒学的多元结构与多元结构中的整体的一贯之道并进行创新的反思，裨以重建与强调儒学的"本、体、知、用、行"的五层次的哲学逻辑思维方式与整体融通的发展模式，可以上达天地之道，也可以下达日用之常，所谓"下学上达""上智下达"，可以充实个人的内在修养与生命精神，更可以推广于社会与世界，以解决冲突矛盾，建立沟通与协调，实现人类有史以来追求的正义、和谐、博爱的大同理想。何为儒学的"本、体、知、用、行的五个思维层次？我们将就个人与群体的生命与生活世界的发展进行具体的说明。

我将更重点的阐述儒学之中仁的体验与自觉的德性与德行的扩展，说明儒学为深度德性伦理学（Deep Virtue Ethics），不同于古典希腊的Aristotle，也不同于西方近代的McKintyre等，更不可现实化为时下相对主义者提出的关系主义。儒学的精神在深知：如要达到社会与他人的和谐与卓越的发展，就不能不重视时空与人事具体的位置而导致不同的德性建立与实施，其中包含礼义与智信，文行忠信，甚至温良恭检让的建立与实践，但同时又必须认知仁为创生德性与德性并为整体支撑的一贯之道。仁开启了德，使其为德，又显露了道，见其为道，而道的创造力与德的凝聚力又为仁的持续发展提供了更坚实的基础。在此一意义下，我们不但看到儒学伦理学的多元内涵也看到中西伦理学的整合。显示在我较早提出的"人类整体伦理学"中德性、责任、权利与功效及利果的动态整合。也见诸我的"本体伦理学"中从根源到体系的发展概念，盖仁能指向创造力的根源与导向德性与德行体系的建立，彰显了人的存在内涵与目的价值，故为本体性的道德活动与伦理实践。

我在此必须提出儒学不应只是抽象的脱离现实生活世界的心性义理之学，也不应只是漠视社会经济与政治发展与科技发展的良知实践伦理活动。如就现代儒学应该关注的对象而言，它的包含面可以遍及自然与社会各种活动，除传统的思辨、伦理与政治活动外，还涉及到生态、气候、用能、经济、管理、商业、工程、医疗、运动、销售、消费、贸易、金融、工作、娱乐等等方面的人类活动。因为人类的生活已然基于需要与历史经验形成了一个开放的知识分工结构以及此一结构带动的时间发展进程，并随时需要同时从人的个体性与整体性以及两者的相应发展来考量人类价值的标准、行为的规范与行为的实践的合法性、合理性与合情性以及具体合用性。在此一新的认知基础上，我们可以分别建立生态儒学、环境儒学、低碳经济儒学、各种管理儒学、各种经济活动的经济儒学、医疗儒学、运动儒学等，把儒学中的形上学、本体学、伦理学与知识学导向的价值灌输到这些个别特殊具体的行为活动之中，形成可欲的价值，可行之轨范，可求之目标，与激励人的心志的理想。值得注意的是传统价值与现代知识的有机结合问题，就此我可以举出传统中的孝道伦理与知识发展的关系来加以说明。其实任何一项伦理行为都可以看成儒学终极价值与改变人类物质与社会的现代知识的结合与并用。

现在我们可以回到前述九大问题的讨论上，从一个现代儒学的观点也就是结合儒学价值与现代知识的观点来面对问题与寻求解决问题之道。我将就下面已经总结出来的认知来进行具体的讨论：

1) 人类社会的发展是没有停息的，必须不断的超越与融合，也就是超融，形成内外平衡的和谐化的进程；

2) 新一代的困境正是儒学致用于启发与教育的良机，必须在知己与知人、成己与成人的努力下逐步转化与提升；

3) 科学宇宙观是导向太极动态变化阴阳互动发展宇宙哲学的机缘，这是因为后者发自于长期观察，涵盖面包含科学，并在微观与对象确定上直接结合人的生命与生活世界；

4) 西方的宗教信仰与生物进化论的冲突在儒学的宇宙生化体系中更容易获得解决，因为儒学不强调离道之天或脱自然之神性；

5) 传统的三教调和与合一的理论与实践可以帮助解决西方世界中Abramhanic 三教(即犹太教、基督教与伊斯兰教)的冲突与敌对问题，儒学的调和作用十分重要，但却难以一时植根，因为还涉及到历史正义的问题；

6) 我们必须探索民主政治实现的基本内涵与多元形式，在基本权利的保障基础上建立合理的有利于全体发展的法律体系与治理制度，并创造有利人人接受教育自觉德性重要的环境；

7) 我们必须深入检查当代金融危机的人性论源起以及市场经济与资本主义的自我实现主张与实行，从社会责任与道德修养入手解决资源与利益分配问题；

8) 我们必须积极开发儒学的现代国家发展理论以及对世界和平与正义战争的具体策略与可推行的人类大同社会的理想方案；

9) 我们也必须从儒道共同面就人与自然的关系发展和谐创发的"道、天、地、人、神" 的认识来实现一个动态平衡的经济与生活发展计划；

10) 人类必须同时进行自身反思、相互对话与建立动态共识来确认人的集体与个体相互依存的发展关系与开放的终极价值追求。

在宗教意识方面，我们面临儒学是否可以发展成为一个类似基督教或佛教的宗教的问题。对于此一问题，我的看法是儒学与一般宗教不同的地方是儒学极为重视本心的深切体验，生命的内在价值与理想目的，发为身体力行，成己成人，而不在依据于一个历史或超越化的权威的开示，诉诸解脱的信仰，或立即投入该信仰之中。基督教与佛教或任何传统宗教都有来世与人格神及其主宰的教义，而儒学对此却存而不论，以人性之存，实现为道义的绵延。人生的解脱，在居仁行义，自得于天地之间，与天地同化。此一生命的超越意识显然不同于任何外在超越型的宗教，而只能为有深刻体验的智者所享有。从此一观点言之，儒学应可容纳多元传统宗教，为一般众生所需要，但前提是多元的传统宗教却必须不被看作具有绝对的排他性，亦即看作只具有多元并存的相对可融性与对等性，同时在终极的信仰上应有体验的一致。如此则能将信仰提升到一种内在不必言说的认知，同时名为上帝或诸佛的认知以及道的体验也未尝不可。因之，我区分"宗教儒学"（或〝信仰儒学〞）与"智慧儒学"（或知识儒学）以说明儒学的宗教价值或信仰价值之所在。最佳的实践及表达此一"宗教儒学"的方式乃在从基于观察与经验的"知识儒学"出发，建立基于体验与反思的"价值儒学"及"轨范儒学"，达到"随心所欲而不逾矩"的智慧境界(智慧儒学)，进入世界宗教的终极关怀与诉求的体验之中，观其终极的会通，而不必拘束于一己得救的自信、慰藉与解脱之中，进而作育后进，教化学生，为社会树立典范，把理想价值传承下去。

最后我也将利用剩余时间就东亚地区与东南亚地区的儒学发展生态问题进行探讨。

제1부

儒學復興的世界範圍的擴展方向和發展課題

유학부흥운동의 세계적 확산과 발전과제

儒学精神及其时代价值

趙駿河 | 同德女子大學校 名譽教授

儒學的灵魂，儒學的精神是什么？归根结底，儒學的精神就是道德，在道德之中我们国家特别重视"孝"；日本重视"忠"；中國重视"仁"。正如<论語>中所说的："孝悌也者 其爲仁之本與"，道德中"仁"實现的方法是从"孝"开始的。

过去的一千年，由孔子编纂的六經：<詩經><書經><易經><禮經><樂經><春秋>，及因秦始皇焚書坑儒而被销毁的九經 ：<詩經><書經><易經><禮記><儀禮><周禮><春秋左氏傳><春秋公羊傳><春秋穀梁傳>一直被当作东洋的精神支柱，衡量价值观标准的教科书。尽管时代不同、国家不同、民族也不同，但是各个不同学校的教科书一千年来却没有差别。也就是说，韓國、中國、日本以及東南亞一带，用相同的九經作为共同的教科書已经有1000多年的历史了。

道德是依照上天所给予的人的本性去作事，在实践的过程中获得的心灵上的感悟，同时也是人必须要遵守的理法。<中庸>里说："天命之謂性，率性之謂道，修道之謂教."人在出生时，就接受了天命，即人的本性，把本性按照原来的样子维持下去就是道德。换一种较容易理解的说法来解释，道德就是圣人的教诲。

这说明，天命和人的本性以及人应该遵守的道德和聖人通过經傳教给我们的教育本来是一致的。由此看来，道德的本源是天，道德的基準是人的本性。所以，只要按照人的本性来生活，也就是遵循道德的人生。

只是肉體上氣質的慾求、慾望、慾心玷污人的本性或良心时，会动摇道德的基準。因此，必须通过圣人所教的经传，去除人的本性或良心中被玷污的部分，使人格修养无论在何时都能很好地发挥出它作为人的本性基准的作用。

中国唐代的韩愈说："凡吾所謂道德云者，合仁與義言之也，天下之公言也."朱子在中庸第一章的注释里写道："道猶路也，人物各循其性之自然，則其日用事物之間，莫不各有當行之路，是則所謂道也"。可以理解为道就是人的本性，必须按此本性走正确的道路。此外，≪论语-为政以德章≫的注释里说："德之爲言得也，行道而有得於心也"，认为德，即得，也就是行道的过程中心中所得到的收获。

유학(儒學)의 정신(精神)과 시대적 가치(價値)

조준하趙駿河 | 동덕여대 명예교수

1. 서언(緒言)

　유학(儒學)의 얼, 유학(儒學)의 정신(精神)이 무엇인가? 결론(結論)부터 말하자면 유학(儒學)의 정신(精神)은 도덕(道德)이요, 도덕(道德) 중에서도 특히 우리나라는 효(孝)를 중시(重視)하였고 일본(日本)에서는 충(忠)을 중시(重視)하였고 중국(中國)에서는 인(仁)을 중시(重視) 하였다고 한다. 논어(論語)에 보면 효제(孝悌)는 인(仁)을 행하는 근본(根本)이다[1] 라고 하였듯이 도덕(道德)의 인(仁)을 실현(實現)하는 방법(方法)으로 효(孝)로부터 시작 하였던 것이다.

　과거(過去) 일제(日帝) 치하(治下)에 일인(日人)들이 제일 먼저 우리의 것을 없애려 한 것이 우리의 얼이었다. 자기 나라와 민족(民族)의 얼도 모르는 사람들을 노예(奴隸)로 부려 먹기 위해서이었다.

　일본인(日本人)들이 우리나라 얼을 없애려고 일본(日本)에서 조선 총독부(總督府)로 보내온 훈령(訓令)을 보면 알 수 있다

　나는 1937년 생이다 1945년 광복(光復)때 겨우 초등학교(初等學校) 2학년 어린이에게 일본인(日本人)들은 일본(日本)의 혼(魂)은 야마도 다마시라고 가르쳤다. 야마토 다마시 즉 대화혼(大和魂)이란 일본(日本) 소화(昭和) 왕(王)에게 무조건(無條件) 이유(理由)없이 충성(忠誠)하여 복종(服從)하는 것이라고 가르쳤다.

　지난 1천년이 지나도록 동양(東洋)의 정신적(精神的) 지주(支柱)로 가치관(價値觀)의 기준(基準)이 되어온 교과서(敎科書)는 공자(孔子)가 산술(刪述)한 육경(六經 : 詩經 書經 易經 禮經 樂經 春秋經)과 진시황(秦始皇)의 분서갱유(焚書坑儒)로 변(變)하여 버린 구경(九經 : 詩經, 書經, 易經, 禮記, 儀禮, 周禮, 春秋左氏傳, 春秋公羊傳, 春秋穀梁傳)이었다. 시대(時代)가 다르고 국가(國家)나 민족(民族)이 같

---

1) 『論語』「學而」: 孝悌也者, 其爲仁之本與.

지 않아도 각급(各級) 학교(學校)의 교과서(敎科書)는 1천년이 지나도록 다르지 않았다는 말이다. 한국(韓國)과 중국(中國)과 일본(日本) 및 동남아(東南亞) 일대(一帶)에서 같은 구경(九經)이라는 같은 교과서(敎科書)를 사용한 것이 1000년이 넘었다는 말이다.

물론(勿論) 시대(時代)와 지역(地域)에 따라 구경(九經)에다가 효경(孝經)과 소학(小學)과 논어(論語)와 맹자(孟子)와 대학(大學)과 중용(中庸)에 삼사(三史 : 史記 漢書 後漢書)와 문선(文選 : 唐宋八家文 등 文學體 文章을 選別한 것)이나 구수(九數)의 수학(數學)이 추가(追加)되기도 하였다. 나라와 시대(時代)에 따라 같지 않은 점이 있었고 중요시(重要視)한 것이 서로 다른 점이 있었다 하더라도 1000년이 넘도록 구경(九經)이 주(主) 교과서(敎科書)가 되다보니 동양(東洋)의 정신(精神)은 도덕(道德)이었으며 우리의 얼도 도덕(道德)이었다. 도덕(道德)이란 인의예지(仁義禮智) 효제충신(孝悌忠信)이라고 하나 그러나 중국(中國)에서는 인(仁)을 강조(强調)하였고 한국(韓國)에서는 효(孝)를 강조하였고 일본에서는 충(忠)을 강조하였다고 하니 같은 교과서(敎科書)의 도덕(道德)에서 비롯되었다고 하겠다.

그러나 현재 중국(中國)에는 중국(中國) 정신(精神)이라고 하는 인(仁)을 아는 사람이 없고, 일본(日本)에는 일본(日本)의 혼(魂)이라고 하는 충(忠)을 아는 사람이 없다. 이차(二次) 대전(大戰) 때 일본(日本) 군인(軍人)들은 일본(日本)의 왕(王) 소화(昭和)의 이름으로 죄(罪) 없는 중국(中國)사람 어린이나 노인(老人)들 비전투원(非戰鬪員)을 3000만 명이나 죽였고, 한국(韓國)사람 700만 명을 죽였다고 한다. 즉 일본(日本) 왕(王)이라고 하는 소화(昭和)는 죄(罪) 없는 이웃나라 사람 3700만 명을 죽인 살인자(殺人者)가 되었다. 과연 일본(日本)에 충(忠)이 무엇인지 아는 사람이 있는가? 임금이 나쁜 일을 할 때에 죽으면서도 그래서는 안 된다고 간(諫)하는 것이 충(忠)인데, 일본(日本)에는 간(諫)하는 사람이 하나도 없이 임금을 이웃나라 죄(罪) 없는 사람 3700만 명을 죽인 살인자(殺人者)로 만들었으니 일본(日本)에는 충(忠)을 아는 사람은 없는 것이다. 맹자(孟子)에 보면 죄(罪) 없는 사람 하나를 죽이면 천하(天下)를 얻는다 해도 하지 않는다고 하였는데 죄(罪) 없는 이웃 나라 사람 3700만 명을 죽인 살인마(殺人魔) 집단(集團)에게 도덕(道德)이 어디에 있으며, 충(忠)이 어디에 있겠는가?

중국(中國)에서는 청(淸)나라 때 만주족(滿洲族)이 중국(中國) 정신(精神)의 일부(一部)를 없앴고 청(淸)나라가 망(亡)한 후에 완전(完全)히 없어졌고, 일본(日本)에서는 명치유신(明治維新) 때 없어지고 동남아(東南亞)에서는 서양(西洋)의 식민지(植民地) 때 없어졌으나 한국에는 아직도 일부나마 남아있는 것이 도덕(道德)이라고 보는 것이다.

물론(勿論) 일본(日本)이 우리나라를 통치(統治)하기 전, 즉 한일합방(韓日合邦) 이전부터 우리의 정신(精神)이 서당(書堂)에서 나온다고 생각하여 서당(書堂)을 없애려고 노력(努力)을 하였다. 예(例)를 들면 한일합방(韓日合邦) 하는 해인 융희(隆熙) 4(1910)년에 융희(隆熙)의 이름으로 모든 서당(書堂)의 재산은 국가에 헌납(獻納)하고 서당들을 없앤 뒤에 군수(郡守)들은 그 재산과 학생으로 학교를 설치(設置)하도록 하였다. 융희(隆熙) 4년에 설치(設置)한 양산학교(陽山學校)의 재산(財産)

이 토지(土地) 200두락(斗落)이었다고 하니 서당(書堂)의 재산을 짐작할 수 있다. 즉 일본(日本)인들은 서당의 재산을 없애면 서당은 자연히 없어질 것으로 생각하였으나 일제(日帝)시대에도 재산은 없었으나 서당(書堂)은 있었고 지금도 서당은 여러 곳에 산재(散在)하여 도덕(道德)의 전통(傳統) 교과서(敎科書)를 가르치고 있다.

지난 2천년 동안 동양의 전통적인 가치관을 형성하여 준 교과서(敎科書)의 핵심(核心)을 주체의식(主體意識)으로 말하면 도덕주체의식(道德主體意識)이다. 다시 말하면 도덕(道德)을 지상(至上)으로 생각하는 의식이다. 공자(孔子)와 맹자(孟子)는 물론 정자(程子)와 주자(朱子)의 의식(意識)도 그러했고, 퇴계(退溪)와 율곡(栗谷)선생을 비롯한 우리 조상(祖上)들의 의식(意識)도 모두 도덕주체의식이었다. 그것은 변함없는 교과서의 가르침에 힘입었기 때문이라고 나는 생각한다.

그러나 오늘날 그 교과서(敎科書)인 구경(九經)의 내용을 아는 사람은 거의 없으며, 또 구경(九經)은 유가(儒家)의 경전(經傳)이란 이름으로 불려 지면서 동양(東洋)의 어떤 나라에서도 교과서로 사용하지 않다보니 가치관(價値觀)의 혼란(混亂)이 생기고 있다. 따라서 우리 조상(祖上)들의 가치관(價値觀)이나 의식(意識)을 이해(理解)하지 못하는 후손(後孫)들이 많아지고 있다는 말이다.

그러므로 오늘날 세계적으로 공부를 많이 하면 할수록 범죄률(犯罪率)이 높다고 한다. 즉 박사(博士)들이 석사(碩士)보다 수는 적으나 범죄율(犯罪率)은 더 높고 학사(學士)보다 석사(碩士)들이 범죄율(犯罪率)이 더 높고 무학(無學)보다 학사(學士)들이 범죄율이 더 높다는 말이다. 다시 말하면 공부(工夫)를 많이 하면 할수록 나쁜 사람이 되어 간다는 것은 오늘의 공부(工夫)가 잘못되었다는 말이다.

물론 오늘날 도덕(道德)이라는 단어(單語)만 모른다면 문제(問題)는 간단하겠으나 서양(西洋)에서 건너온 철학(哲學)이나 형이상학(形而上學)과 같이 중요한 단어(單語)들을 모두 무지(無知)한 일본(日本) 학자(學者)가 잘못 번역(飜譯)한 단어(單語)의 뜻만을 아는 오늘날 학자들은 모두가 참으로 난처(難處)하다. 서양(西洋)에는 동양(東洋)과 같은 학문(學問)이 없기 때문이다.

도덕(道德)은 사람들이 개인적(個人的)으로나 집단적(集團的)으로나 이 세상에 살아가는데 반드시 있어야 하는 이법(理法)이요 준칙(準則)이다. 그러면 도덕이란 과연 무엇이며, 그 근원(根源)은 무엇인가?

도덕(道德)이란 하늘의 명령(命令)인 나의 본성(本性)에 따라 실천(實踐)을 함으로써 내 마음에 얻은 것이며, 동시(同時)에 사람이 사람으로써 마땅히 지켜야 할 이법(理法)을 이르는 말이다.

중용(中庸)에 보면 "하늘이 명령하신 것을 본성(本性)이라 하고, 본성(本性)을 따르는 것을 도(道)라고 하며, 도(道)를 닦는(修=品節) 것을 가르침이라고 한다."[2]라고 하여 사람이 태어날 때에 하늘(天)로부터 명령을 받았으니 그것을 인간의 본성이라고 한다고 하였던 것이다.

---

2) 『中庸章句』「首章」: 天命之謂性, 率性之謂道, 修道之謂教.

그리고 그 본성을 그대로 따르는 것을 도덕이라고 하고, 그 도덕을 알기 쉽게 풀이하여 준 것을 성인의 가르침이라고 한다는 말이다.

하늘의 명령(天命)과 인간(人間)의 본성(性)과 사람이 마땅히 행하여야 할 도덕(道德)과 성인(聖人)이 경전(經傳)을 통하여 가르치신 교육(教育)이 본래(本來) 일치(一致)하는 것이라고 밝힌 것이다.

이것을 보면 도덕(道德)의 근원(本源)은 천(天)이고, 도덕(道德)의 기준(基準)은 나의 본성(本性)에 있는 것이다. 따라서 나의 본성(本性)만 따라서 살면 그것이 바로 도덕(道德)적인 삶이 되는 것이다.

그런데 여기 타고난 본성(本性)은 이(理)라고 한다. 그리고 이 본성(本性)에서 가장 순수(純粹)하게 나온 마음을 양심(良心)이라고 하는데, 이 양심(良心)은 기(氣)이다. 그러나 양심(良心)은 기(氣) 중에서 가장 순수(純粹)한 것으로 양심(良心)을 따라서 살아가면 그것이 바로 도덕(道德)적인 삶이 되는 것이다.

다만 육체적인 기질(氣質)의 욕구(慾求)·욕망(慾望)·욕심(慾心)에 의하여 나의 본성(本性)이나 양심(良心)이 오염(汚染)되었을 때에는 그 기준(基準)이 흔들리게 된다.

그러므로 성인(聖人)이 가르치신 경전(經傳)을 통하여 나의 본성(本性)이나 양심(良心)에 오염된 것을 제거(除去)하고 인격수양(人格修養)을 함으로써 언제나 나의 본성(本性)이 기준(基準)의 역할(役割)을 제대로 할 수 있도록 하여야 하는 것이다.

만일 그렇지 못하면 고장(故障) 난 나침반(羅針盤)을 믿고 길을 가는 것과 같아서, 오염(汚染)된 본성(本性)이나 잘못 된 양심(良心)을 믿고 잘못 살수도 있는 것이다. 여기에 경전(經傳)을 통한 도덕교육(道德教育)의 필요성(必要性)이 있다.

서양(西洋)에서 사용하는 Morality라는 말은 원래(原來) 관습(慣習)이나 법률(法律) 같은 것을 잘 지키는 것을 의미(意味)하는 말로 사용된 것인데, 그것을 일본인(日本人)이 잘못 알고 도덕(道德)이라고 번역(飜譯)한 것을 한국(韓國)이나 중국(中國)에서 그대로 사용(使用)하는 단어(單語) 중의 하나이다.

물론 처음에는 나도 속았다. 일본(日本)에는 학자(學者)가 없어서 몰라서 Morality를 도덕(道德)이라고 잘못 번역(飜譯)한 것으로 알았다. 그러나 그들이 1000년 이상 교과서(教科書)로 사용한 경전(經傳)의 도덕(道德)을 일본(日本) 국가가 몰라서 잘못 번역(飜譯)할 수는 없다.

유가(儒家)의 정신(精神), 동양(東洋)의 얼, 우리의 정체성(整體性)을 없애고 동양(東洋)을 전부(全部)를 노예(奴隸)로 부려 먹으로는 망상(妄想)에서 일본(日本)이 고의적(故意的)으로 번역(飜譯)을 잘못한 것으로 가장(假裝)한 것을 한국(韓國)이나 중국(中國)에는 참다운 학자(學者)가 없고, 또 설마 하고 일본(日本)을 믿고, 그동안 100년 동안 그대로 일본(日本)을 따라서 잘못 쓴 것이 오늘날 고착화(固着化)된 것이다.

그리고 일본인(日本人)들은 모든 학교나 모임에서는 황국(皇國) 신민(臣民)의 선서(宣誓)를 외우게 하고 못 외우는 사람에게는 벌(罰)을 주었다. 그 황국신민선서(皇國臣民宣誓)는 조선총독부 촉

탁으로 있는 조선인(朝鮮人)에게 시켜서 쓰게 하고 일본인(日本人) 마음대로 고치고는 또 조선인(朝鮮人) 관리(官吏)를 시켜서 황국신민선서(皇國臣民宣誓)를 전 조선(朝鮮)에서 외우도록 강행(强行)하게 하였는데 그것도 일본(日本)이 우리나라 사람들을 노예(奴隷)로 부려먹으려고 세뇌교육(洗腦教育)을 강요(强要)한 것이라고 한다. 그것을 조선인(朝鮮人)들이 자발적(自發的)으로 황국신민선서(皇國臣民宣誓)를 하였다고 하는 것이 통(通)할 수 있는 일이겠는가? 일본인(日本人)들이 악날(惡捏)하게 가장(假裝)한 것이 분명(分明)하다

그리고 우리 조상(祖上) 대대로 내려오던 제기(祭器) 등 몇 천억(千億)을 주어도 팔지 않을 가보(家寶)들을 일원 한 장 안주고 모두 빼앗아 가고 황금(黃金)반지나 은(銀)수저 등 한 면(面)에서 황금(黃金) 몇관에 은(銀) 몇 백관을 돈도 안주고 빼앗아 가고, 심지어(甚至於)는 밥해먹는 가마솥까지 모두 빼앗아가 총알로 만든다고 했다. 그것도 자진(自進)해서 내 놓았다고 하는데 우리 옆집 사람은 조상(祖上) 대대로 내려오는 제기(祭器) 등을 우리를 죽이라고 총알을 만들라고 줄 수 없다고 밭가에다 묻었다가 발각(發覺)되어 그 제기(祭器) 등은 빼앗기고 잡혀가 얼마나 맞았는지 다음날 집에 나와서 죽었다.

일본인(日本人)들은 소의 거시기를 말려서 채찍을 만들어 한번만 때려도 살 갓이 터지고 뼈가 부셔져도 그 자리에는 죽지 않고 집에 나와서 죽게 한다는 말이다. 이래도 자발적(自發的)으로 내 놓은 것인가?

내가 살던 풍해면(豊海面) 면소재지(面所在地) 주재소(駐在所)에서는 매일 매 맞는 비명(悲鳴) 소리가 안 들리는 날이 없었고 또 매 맞고 나와서 죽었다는 사람이 셀 수 없이 많았다. 어린 나의 두 눈으로 분명(分明)하게 그런 것을 보고, 두 귀로 들었다. 그 살려달라고 애원(哀怨)하는 비명(悲鳴)소리가 지금도 귓가에 쟁쟁(錚錚)하다.

그리고 집에 감추어 두었던 양식(糧食)까지 모두 빼앗아 가고 배급을 준다고 하며 짐승들도 먹을 수 없는 콩깻묵을 주었는데 콩기름 짤 때 깔고 짠 것이라고 하는 머리까락이 반도 넘었다. 그리고 당시(當時)에 여관(旅館)에 가서 잠을 자도 밥은 물론 없고 머리까락이 섞인 콩깻묵 한 조각씩 주었으므로 당시에 버스나 기차(汽車)간에서는 배고프다고 외치는 조선인(朝鮮人) 들이 너무 많았다.

그런데도 해방(解放)된 후에 보상(報償)은 한 푼도 받은 사람을 보지 못하였다.

일본(日本)은 박정희(朴正熙) 대통령(大統領)에게 몇 억(億)을 주고 보상(報償)을 다하였다고 하는데, 힘이 있다면 일본(日本)을 영원(永遠)히 없애고 싶다.

원래(原來) 우리 조상들이 예로부터 경전(經傳), 또는 전통적(傳統的)인 교과서(敎科書)에서 사용(使用)하던 도덕(道德)이란, 하늘의 명령(命令)인 본성(本性)을 따르는 것이므로, 변(變)하지 않는 진리(眞理)의 이법(理法)을 뜻하며 그것은 하늘에서 타고난 것이다. 이 도덕(道德)이 유가(儒家)의 정신(精神)이오 정체성(整體性)이다.

그러나 오늘날 Morality의 번역어(飜譯語)로 사용(使用)하고 있는 도덕(道德)이란 관습(慣習)이나

법률(法律)을 잘 따르는 것을 Morality라고 하기 때문에 도덕(道德)이란 시대(時代)와 장소(場所)에 따라 변하는 것으로 생각고 사용하게 되었다.

이렇게 되면 도덕(道德)이란 풍습(風習)이나 법률(法律)보다 높은 개념(概念)이 될 수 없기 때문에 도덕(道德)이란 사람이 반드시 지켜야 하는 이법(理法)이 아닐 뿐만 아니라 악법(惡法)이나 악(惡)한 관습(慣習)은 고쳐야 함으로 따르는 사람이 바보라는 말이 나오게 된 것이다.

중국(中國)의 당(唐)나라 한유(韓愈)는 "무릇 내가 이른바 도덕(道德)이라고 하는 것은, 인(仁)과 의(義)를 합(合)하여 말한 것이니, 천하(天下)의 공언(公言)이다."[3]라고 하였다.

즉 도덕(道德)이란 원래, 천명(天命)인 인간(人間)의 본성(性)을 따라서 행하여 내 마음에 얻음이 있는 것이니, 그 내용(內容)은 바로 인·의·예·지(仁·義·禮·智)인 것이다.

우리나라의 얼, 우리나라의 정신(精神), 우리의 정체성(整體性)이 본래(本來)부터 도덕(道德)은 아니었다. 고구려(高句麗) 초기(初期)에 고려장(高麗葬) 제도(制度)가 있었고 신라(新羅) 22대 지증왕(智證王) 2(AD501)년까지 임금이나 왕비(王妃)가 죽으면 남자 5명과 여자 5명을 산채로 죽은 사람과 함께 묻어주는 순장제도(殉葬制度)가 있었으나 지증왕(智證王) 3(AD502)년부터 순장제도(殉葬制度)를 없앴다고 하니 3국(國) 시대(時代) 초기(初期)에 있던 고려장(高麗葬)이나 순장제도(殉葬制度)가 유가(儒家)의 경전(經傳)을 교과서(敎科書)로 쓰면서 점차(漸次)로 사라졌으며, 지난 1000년 이 넘도록 지속(持續)되어오던 동양(東洋)의 정신(精神)인 도덕(道德)이 9경(經)을 교과서(敎科書)로 사용(使用)하지 않으면서 오늘날 점점 없어진 것이다.

오늘날 유가(儒家)의 정신인 우리의 도덕이 없어지면서 신판(新版) 고려장(高麗葬)이나 존속(尊屬) 살해가 점차 늘어 간다고 한다.

자기(自己)를 낳아, 갖은 고생(苦生)을 하면서 자기(自己)를 길러 준 부모(父母)가 늙어서 쓸모없게 되었다고 효도관광(孝道觀光)을 간다고 제주도(濟州道)나 명승지(名勝地)에 데리고 가서 버리고 가는 신판(新版) 고려장(高麗葬)이 점점 늘어나고 있으며, 우리의 얼인 도덕(道德)이나 효(孝)가 없어지면서 늙은 부모를 죽여 버리는 존속(尊屬) 살해(殺害)가 점차(漸次)로 늘어난다고 한다.

그런데 그 제주도(濟州道)나 명승지에 버림받은 늙은 부모가 1년에 몇 백 명씩 되는데 하나같이 자식의 불효(不孝)가 알려 질까보아 자식(子息)의 이름이나 주소(住所)를 대주지 않고, 심지어(甚至於)는 자신(自身)의 이름도 모른다고 하며, 버림 받은 후 1년도 못되어 죽어 버리는데 정부(政府)에서는 알면서도 쉬쉬하면서 공개(公開)하지 않는 비밀(秘密)이라고 한다. 이것을 신판(新版) 고려장(高麗葬)이라 하니 더욱 가슴이 아프다.

지난 1000년이 넘도록 동양의 여러 나라들이 도덕(道德)을 내용으로 하는 9경(經)을 교과서(敎科書)로 사용한 이유(理由)를 알 것 같다.

─────────

3) 『原道』: 凡吾所謂道德云者, 合仁與義言之也, 天下之公言也.

그리고 동양(東洋)의 얼, 동양(東洋)의 정신(精神)이 도덕(道德)이었으며, 특히 우리나라에서는 도덕(道德) 중에서도 효(孝)를 중시(重視) 하였으며, 오늘날 중국(中國)이나 일본(日本)이나 동남아(東南亞)에서는 없어지고 우리나라만이 일부(一部)나마 남아있기 때문에 한류열풍(韓流熱風)이 일어나고 있는 것이라는 말이 실감(實感)난다.

2. 도덕(道德)의 의의(意義)

도덕(道德)이란 하늘(天)의 명령(命)인 나의 본성(本性)에 따라 실천을 함으로써 내 마음에 얻은 것으로, 사람이 사람으로 마땅히 지켜야할 이법(理法)을 이르는 말이다.

중용(中庸)에 보면 "하늘(天)이 명령(命)하신 것을 본성(性)이라하고 본성을 따르는 것을 도(道)라고 하며, 도를 닦은(修=品節) 것을 가르침(教)이라고 한다."[4]라고 하여 사람이 태어날 때에 하늘(天)로부터 명령(命)을 받았으니, 그것을 인간의 본성(本性)이라고 한다. 그리고 그 본성(本性)을 그대로 따르는 것을 도(道)라고 하고, 그 도(道)를 알기 쉽게 알맞게 풀이하여 준 것을 성인(聖人)의 가르침(教)이라고 한다고 하여, 하늘의 명령(天命)과 인간의 본성(性)과 사람이 마땅히 행하여야할 도덕(道)과 성인(聖人)이 경전(經傳)을 통하여 가르치신 교육(教)이 본래(本來) 일치(一致)하는 것이라고 하였다.

여기에서 볼 때 도덕(道德)의 근원(本源)은 천(天)이오, 도덕(道德)의 기준(基準)은 나의 본성(性)에 있다. 그러므로 나의 본성(本性)만 따라서 살면 그것이 바로 도덕(道德)인 것이다. 그런데 여기 본성(性)은 이(理)이나 이 본성(本性)에서 가장 순수(純粹)하게 나온 마음을 양심(良心)이라고 한다. 양심(良心)은 비록 기(氣)이나, 가장 순수(純粹)한 것으로 양심(良心)을 따라서 살아가면 그것이 바로 도덕(道德)적인 삶이 되었던 것이다.

다만 육체적(肉體的)인 기질(氣質)의 욕구(欲求) 욕망(慾望) 욕심(慾心)에 의하여 나의 본성(本性)·양심(良心)이 오염(汚染) 되었을 때에는 그 기준(基準)이 흔들리게 된다. 그러므로 성인(聖人)이 가르치신 경전(經傳)을 통하여 나의 본성(本性)·양심(良心)에 오염된 것을 제거(除去)하고 인격수양(人格修養)을 함으로써 언제나 나의 본성(本性)이 기준(基準)의 역할(役割)을 제대로 할 수 있는 것이다. 그렇지 못하면 고장난 나침반(羅針盤)을 믿고 길을 가는 것과 같아서, 오염(汚染)된 본성(本性)·양심(良心)을 믿고 잘못 살 수도 있는 것이다. 여기에 교육의 필요성이 있는 것이다.

그런데 오늘날 우리 나라 사전(辭典)에 보면 도덕(道德)은 "인륜(人倫)의 대도(大道). 인간으로서 마땅히 지켜야 할 도리(道理) 및 그에 준한 행위. 곧 자기의 행위 또는 품성(品性)을 자기의 양심

---

4) 『中庸章句』「首章」: 天命之謂性, 率性之謂道, 修道之謂敎.

(良心)내지 사회적 규범(規範)으로써 자제(自制)하며, 선한 일과 바른 일을 행하며, 악한 일과 부정(不正)한 일을 하지 않는 일. 관습(慣習) 풍습(風習)에 연관하며, 정사(正邪) 선악(善惡)의 표준임."[5] "사람으로서 마땅히 갖추고 닦아야 할 행동 규범.[6] "사회생활에 있어서, 사람이 사람으로서 행하여야 하는 이법(理法)과, 그것을 자각하여 실천하는 행위. 어떤 사회에서 일반적으로 인정되어 있는 그 성원의 사회에 대한, 혹은 성원 서로에 대한 행위를 규제하는 규범의 총체. 법률처럼 외면적 강제력이 따르는 것이 아니라, 개인의 내면적인 것임. 사회체제와 함께 변함."[7]이라고 정의(定義)를 하고 있다.

도덕은 인륜(人倫)의 대도(大道)라던가, 사람이 사람으로써 마땅히 행하여야할 이법(理法)이라고 하여, 도덕(道德)의 원리적(原理的)인 해석(解釋)은 하고 있으나, 그 도덕의 근원(根源)은 밝히지 못하고 있을 뿐만이 아니라 도덕을 사회체제에 따라 변하는 것으로 보고 있다.

그리고 중국의 한어대사전(漢語大詞典)에는 "도덕은 사회 의식 형태의 하나로, 사람들이 공동생활 및 그 행위의 준칙과 규범. 도덕은 일정한 사회의 경제의 기초에 따라 결정되며 아울러 일정한 사회 경제의 기초가 된다. 시대가 같지 않고 계급이 같지 않으면 같지 않은 도덕 관념을 가지고 있다."[8]라고 하여 현대 중국에서는 도덕을 사람들의 공동생활을 하는 데의 준칙정도로 풀이하면서, 도덕을 시대 사회 계급 경제에 따라 변화되는 것으로 보고 있다.

이것은 서양에서 Morality라는 단어가 동양에 들어온 후에, 사회에서 널리 쓰여지고 있는 도덕(道德)이란 말의 정의(定義)인 것이다.

서양에서 사용하는 Morality라는 말은 원래 관습(慣習)이나 법률(法律) 같은 것을 잘 지키는 것을 의미하는 말로 사용된 것인데, 그것을 동양에서 번역(飜譯)할 때에 도덕성(道德性)이라고 한 것이다.

원래 우리 조상들이 예로부터 경전(經傳), 또는 전통적인 교과서에서 사용하던 도덕이란, 하늘의 명령인 본성(本性)을 따르는 것이므로, 변하지 않는 진리(眞理)의 이법(理法)을 뜻하였는데, 오늘날 Morality의 번역어로 사용하고 있는 도덕이란 관습이나 법률을 잘 따르는 것을 도덕이라고 하기 때문에 도덕이란 시대와 장소에 따라 변하는 것으로 생각고 사용하게 되었다.

이렇게 되면 도덕이란 풍습(風習)이나 법률(法律)보다 높은 개념이 될 수 없기 때문에 도덕이란 사람이 반드시 지켜야 하는 이법(理法)이라고 생각하기는 어렵게 된다.

도덕이란 단어의 뜻을 전적(典籍)을 통하여 살펴 보면, 예기(禮記)에 "도덕과 인의(仁義)는 예(禮)가 아니고서는 이루어지지 않는다."[9]라고 하였는데, 그 소(疏)에 "도(道)라고 하는 것은 물(物)

5) 이희승, 『국어 대사전』, 1977년, 민중서관.
6) 한글학회, 『우리말 큰사전』, 1991년, 어문각.
7) 한국어사전편찬회 편, 『한국어대사전』, 1980년, 玄文版.
8) 『漢語大詞典』, 1991年, 羅風竹 主編 : 社會意識形態之一, 是人們共同生活及其行爲的準則和規範. 道德由一定社會的經濟基礎所決定. 并爲一定的社會經濟基礎服務. 不同的時代, 不同的階級具有不同的道德觀念.

이 통(通)하는 것을 이름이고, 덕(德)이라고 하는 것은 이치(理)를 얻음을 일컫는 말이다. 인(仁)은 은혜를 베풀어서 사물(物)에 미치는 것이요, 의(義)는 마루재어 끊어서(裁斷) 마땅함에 합치(合致)하는 것을 말한 것이다. 사람이 이 네가지 일을 행하려면 예(禮)를 쓰지 않고서는 이룰 수 없음으로 예(禮)가 아니고서는 이룰 수 없다고 한 것이다. 도덕(道德)이란 만사(萬事)의 근본(本)이요, 인의(仁義)는 대중(大衆)이 행하는데 큰 연고(緣故)가 된다. ─정현(鄭玄)의 주(注)에 '주례(周禮)에 이르기를 도(道)는 재예(才藝)가 많음이요, 덕(德)은 능히 몸소 행함이다. 이것은 노자(老子)의 도덕(道德)이 아니다. ─지금 도덕이라고 이르는 것은, 크게 말하면 만사(萬事)를 모두 포함(包羅)하고, 작게 말하면 사람의 재예(才藝)와 선행(善行)이다. 작고 크게 말할 것 없이, 모두 반드시 예(禮)로써 행할 수 있다. 예(禮)는 도덕의 도구(具)이기 때문에, 예(禮)가 아니고서는 이룰 수 없다고 한 것이다. 그러나 사람의 재예(才藝)와 선행(善行)이 도덕(道德)이 될 수 있는 것은, 몸에 재예(才藝)가 있어서 일을 개통(開通)할 수 있으면, 몸에 아름다운 선(善)이 있고, 이치(理)에 얻음이 있게 된다. 그러므로 도덕(道德)이라고 한 것이다."10)라고하여 도덕(道德)과 인의(仁義)와 예(禮)를 비교하여 설명하면서 도덕(道德)이 만사(萬事)의 근본임을 밝힌 바 있다.

그리고 당(唐)나라 한유(韓愈)는 "무릇 내가 이른바 도덕(道德)이라고 하는 것은, 인(仁)과 의(義)를 합하여 말한 것이니, 천하(天下)의 공언(公言)이다."11)라고하였다 이것은 일찍이 노자(老子)는 "대도(大道)가 폐(廢)한 후에 인의(仁義)가 생겨났다."12)라고하여 도(道)보다 인의(仁義)를 차원(次元)이 낮은 것으로 보고 있다. 그리고 또 "도(道)를 잃은 후에 덕(德)이 있고, 덕을 잃은 후에 인(仁)이 있고, 인을 잃은 후에 의(義)기 있고, 의를 잃은 후에 예(禮)가 있게 되었다."13)라고 하여, 도(道) 덕(德) 인(仁) 의(義)를 차별화(差別化)하여, 도(道)가 가장 중요하고 다음이 덕(德)이고, 다음이 인(仁)이고, 다음이 의(義)이고, 다음이 예(禮)라고 본데 대 대하여, 한유(韓愈)는 비판적(批判的)으로 논박하여, 인의(仁義)가 바로 도덕(道德)임을 강조한 바 있다.

주자(朱子)는 중용(中庸)의 제일장(第一章)의 주석(注釋)에서 "도(道)란 길(路)과 같다. 사람과 만물이 각각 그 본성(本性)의 자연을 따르면, 일상생활을 하는 사이에 각각 마땅히 행하여야 할 길이 있지 않음이 없으니, 이것이 곧 이른바 도(道)라고 하는 것이다."14)라고 하여 도(道)는 본성(本性)을 따라 마땅히 행하여야할 길이라고 풀이하였고, 그리고 논어(論語)의 위정이덕(爲政以德)장의

---

9) 『禮記』「曲禮」: 道德仁義, 非禮不成.

10) 『禮記』「曲禮」 疏 : 道者通物之名, 德者得理之稱. 仁是施恩及物, 義是裁斷合宜, 言人欲行四事, 不用禮無由得成, 故云非禮不成也, 道德爲萬事之本, 仁義爲群行之大故. --- 鄭注周禮云, 道多才藝, 德能躬行, 非是老子之道德也. --- 今謂道德, 大而言之則包羅萬事, 小而言之則人之才藝善行, 無問大小皆須禮以行之, 是禮爲道德之具, 故云非禮不成. 然人之才藝善行, 得爲道德者, 以身有才藝, 事得開通, 身有美善, 於理爲得, 故稱道德也.

11) 『原道』: 凡吾所謂道德云者, 合仁與義言之也, 天下之公言也.

12) 『老子 道德經』第18章: 大道廢, 有仁義.

13) 『老子 道德經』第38章: 失道而后德, 失德而后仁, 失仁而后義, 失義而后禮.

14) 『中庸』「第一章」朱注 : 道猶路也, 人物各循其性之自然, 則其日用事物之間, 莫不各有當行之路, 是則所謂道也.

주석에서 "덕(德)이라고 말하는 것은 얻음이니, 도(道)를 행하여 마음에 얻음이 있는 것이다."[15] 라고 하여 덕(德)이란 도(道)를 행하여 마음에 얻은이 있는 것이라고 하였다.

즉 도덕(道德)이란 원래, 천명(天命)인 인간의 본성(性)을 따라서 내 마음에 얻음이 있는 것이다. 그리고 도덕의 내용은 인의예지(仁義禮智)이다 그러나 여기에서는 그중에 가장 중요한 인(仁)과 의(義)만을 살펴보고자 한다.

3. 인(仁)과 예(禮)

1) 인(仁)

인(仁)이란 무엇이냐 하는 것은 바로 인간이 무엇이냐 하는 문제이다. 그것은 인(仁)이란 바로 인(人)이기 때문이다.[16]

공자(孔子)가 가르친 근본정신을 한 글자로 표현한다면 인(仁)자로 귀결된다. 따라서 유가의 사상을 한 글자로 표현한다면 역시 인이라고 할 것이다.

『논어』에서 인(仁)자가 쓰인 것은 58장에 걸쳐 105자나 사용되었는데, 공자는 인(仁)이라고 하는 실천상의 원리로서, 제덕을 통일시켰다고 하겠다.

인자(仁字)는 물론 공자(孔子) 이전에도 사용되었다. 은허(殷墟)에서 출토(出土)된 갑골문(甲骨文)에도 인(仁)자는 사용되었고[17], 금문(金文)에도 있으며[18] 『시경』이나 『서경』같은 고경(古經)에도 인(仁)자가 사용된 것이 있으나, 그 뜻은 대체로 친애(親愛), 자애(慈愛) 등 사랑의 뜻으로 사용되었다.

인(仁)자가 일종의 학설로 성립되어 최고의 준칙(準則)으로 사용된 것은 역시 공자(孔子)로부터 시작되었다고 하겠다.

유가(儒家)의 경전(經傳)인 십삼경(十三經) 속에서 인(仁)자가 사용된 것은 모두 합하여 445자이다.[19] 그러나 대부분은 공자 이후에 사용된 것이었다.

공자(孔子)의 인설(仁說)은 요순(堯舜) 이래로 전해 오는 선왕(先王)의 도(道)를 인(仁)의 대도(大道)에 귀일(歸一)시켰다고 하여도 좋을 것이다.

이러한 인(仁)의 의의(意義)를 『논어』를 중심으로 분석하여 보면 크게 보아 두 가지 방향에서

---

15) 『論語』「爲政」朱注 : 德之爲言, 得也, 行道而有得於心也.

16) 『中庸』20章 : "仁者人也."

17) 商承祚 著, 『殷墟文字類編』.

18) 庚容 著, 『金文續編』.

19) 『大學』10, 『中庸』6, 『論語』105, 『孟子』151, 『易經』10, 『書經』5, 『詩經』2, 『周禮』1, 『禮記』124, 『左傳』34, 『公羊傳』4, 『穀梁傳』8, 『爾雅』1, 『儀禮』와 『孝經』에는 없음.

설명할 수 있다.

하나는 향내적(向內的) 극기(克己)의 방향이요, 또 하나는 향외적(向外的) 애인(愛人)의 방향이다.

여기 향내적(向內的) 극기(克己)의 방향이란, 대자기적(對自己的)인 것으로 자기 자신의 욕망·욕심을 극복하고 자기의 내적(內的) 반성(反省)으로 자각(自覺)하는 도덕적(道德的)이요, 철학적(哲學的)이요, 종교적(宗敎的)인 자기(自己) 완성(完成)의 방향으로, 내성(內聖)에 이르는 길이라면, 향외적(向外的) 애인(愛人)의 방향이란 대타인적인 것으로 사람과 사람의 관계에서 사랑하는 길이니, 부모에 효도(孝)하고 윗사람에게 공경하고 아랫사람을 사랑하고 나아가서는 나라를 다스리고 천하를 평정하는 윤리 도덕적이요, 정치적인 치인(治人)의 방향이요, 외왕(外王)의 길이라고 할 것이다.

향내적(向內的) 극기(克己)의 방향은 개인의 내적수양(內的修養)으로의 극기(克己)이며 자기 반성(反省)으로의 자각(自覺)이니 나아가서는 천(天)과 인(人), 물(物)과 내(我)가 일체(一體)가 되는 경지에 이르는 길이라 할 것이다.

『논어』에서 찾아보면, 중궁(仲弓)이 인(仁)을 물었을 때 공자(孔子)는 "문 밖에 나아가 만나는 사람마다 모두 큰 손님을 만나듯이 대하라"[20]하였고 안연(顏淵)이 인(仁)을 물었을 때 "자기의 사사(私私)로운 욕심(慾心)를 극복(克服)하고 예(禮)로 돌아가면 인(仁)이 된다."[21]라고 하고, 그의 구체적인 조목(條目)을 묻는 안연(顏淵)에게 "예(禮)가 아니면 보지 말고, 예(禮)가 아니면 듣지 말고, 예(禮)가 아니면 말하지 말고, 예(禮)가 아니면 움직이지도 말라"고하여 눈으로 보고, 귀로 듣고, 입으로 말하고, 몸으로 움직이는데 모두 예(禮)에 합당(合當)하게 하라고 대답하였으니, 이것은 모두 개인의 내적(內的) 수양(修養) 면에서 인(仁)을 설명한 것으로, 오직 자기의 사사(私私)로운 욕구, 욕망을 극복하여 심신(心身)의 모든 활동이 예(禮)에 합당할(合當) 때 비로소 인(仁)이 되는 점을 밝힌 것이다.

그리고 향외적(向外的)인 방향은 공자(孔子) 이전에도 전해 오던 인(仁)의 뜻으로 친애(親愛) 또는 애인(愛人)의 방향이니, 『논어』에서 찾아보면 "효제(孝弟)하는 것은 인(仁)을 행하는 근본이다"[22]라고 한 것과 같이 부모에 효도하고 어른에 공경하는 가정 윤리로부터 시작하여 타인에게 공경하며 예양(禮讓)하며 관대(寬)하게 용서(恕)하는 사회적 윤리로 하여, 나아가서는 전 인류(全人類)에 "널리 은혜를 베풀어 대중을 구제하며", "자기가 서고자 하면 남도 세워 주고, 자기가 통달(通達)하고자 하면 남도 통달하게 하여 주라"는[23] 인류애(人類愛)에 이르기까지 제가(齊家) 치국(治國) 평천하(平天下)의 방향이다. 그런데 여기 인(仁)을 애인(愛人)[24]이라 하고, 또 한유(韓愈)가

---

20) 『論語』 「顏淵」: 仲弓問仁, 子曰出門如見大賓.
21) 『論語』 「顏淵」: 顏淵問仁, 子曰克己復禮爲仁, 一日克己復禮, 天下歸仁焉.
22) 『論語』 「學而」: 孝弟也者, 其爲仁之本與.
23) 『論語』 「雍也」: 夫仁者, 己欲立而立人, 己欲達而達人, 能近取譬, 可謂仁之方也已.
24) 『論語』 「顏淵」: 樊遲問仁, 子曰愛人.

말한 것과 같이 박애(博愛)라고 하더라도 묵자(墨子)의 "남의 몸을 네 몸과 같이 보고, 남의 가족을 네 가족과 같이 보라"[25]는 겸애(兼愛)나, 기독교의 "오른편 뺨을 때리거든 왼편도 대라"[26] "이웃 사랑하기를 네 몸같이 하라"[27]는 식의 무조건적이고 무질서(無秩序)한 박애(博愛)와는 다른 것이다.

인(仁)을 애인(愛人) 또는 박애(博愛)라고 하더라도 "널리 대중(大衆)을 사랑하되 어진이를 친(親)하게 하라"[28]라고 하여, 인(仁)한 사람과 불인(不仁)한 사람이 있을 때에는 인(仁)한 사람을, 선(善)한 사람과 불선(不善)한 사람이 있을 때에는 선(善)한 사람을 더 친(親)하게 하는 애인(愛人)이요, "친한 이를 친하게 여기고(親親) 그 마음을 미루어 백성을 인애(仁民)하고, 백성을 인애(仁民)하는 그 마음을 미루어 사물(事物)까지도 아낀다(愛物)"[29]는 사랑(愛)이고 또 "자기 집 노인을 노인으로 존경하고, 그 마음을 미루어 남의 집 노인도 존경하며, 자기 집 어린이를 어린이로 사랑하고, 그 마음을 미루어 남의 집 어린이도 사랑하라"[30]는 것이니 "친(親)한 이를 친(親)한 정도에 따라 친(親)히 여기는 서차(次序)와, 현명(賢)한 이를 현명(賢)한 정도에 따라 존숭(尊崇)하는 차등(差等)이 예(禮)에서 생기는 것"[31]이라는 서차(序次)와 차등(差等)이 있는 인애(仁愛)이니, 인(仁)을 애인(愛人) 또는 박애(博愛)라고 하더라도 타종교(他宗敎)에서의 박애나 겸애(兼愛)와는 서로 같지 않다.

만일 박애(博愛)라고 하여 남의 부모와 나의 부모를 똑같이 대한다면, 남의 부모에게는 지나친 것이오, 나의 부모는 불행한 것이 될 것이고, 원수(怨讐)와 은인(恩人)을 똑같이 사랑으로 대한다면, 원수에게는 너무 후한 것이 되고, 은인에게는 너무 박하게 될 것이니, 불공평한 것이 된다.

그렇다고 자기의 가족만을 사랑하고 남의 가족은 소홀하게 대하라는 뜻이 아니라 사람은 물론 모든 생물(生物), 나아가서는 모든 무생물(無生物)까지도 사랑하여 아끼되, 친친(親親) 존현(尊賢)의 등차(等次)가 있어야 한다는 뜻이니, 유가(儒家)의 사랑(仁)이 갖는 특징이 여기에 있다고 하겠다.

이상에서 인(仁)을 대 자기(對自己)·대 타인(對他人)의 두 방향에서 살펴 보았거니와 인간이란 개인성(個人性)과 사회성(社會性)의 두 방면이 있으니, 인간이 개인성과 사회성의 두 방면에서 살아가는데, 근본(根本) 원리(原理)는 바로 인(仁)이라고 하여도 좋을 것이다.

다시 말하면 나 자신(自身)의 인격(人格)을 완성(完成)하여 완전무결한 사람이 되고, 대인관계

---

25) 『墨子』「兼愛」上 : 視人身若其身, 視人家若其家.
26) 「마태복음」 5장 39절.
27) 「갈라디아서」 5장 14절.
28) 『論語』「學而」 : 汎愛衆, 以親仁.
29) 『孟子』「盡心」上.
30) 『孟子』「梁惠王」上 : 老吾老, 以及人之老, 幼吾幼, 以及人之幼.
31) 『中庸』十章 : 親親之殺, 尊賢之等, 禮所生也.

에 있어서 모든 인간을 사랑하되 등차(等次)있고 질서(秩序)있게 사랑하고, 나아가서는 모든 사물까지도 사랑하고 아끼는 것이 바로 사람다운 사람이오, 바로 이것이 인(仁)인 것이다.

그런데 여기 등차(等次)와 질서(秩序)는 바로 예(禮)에 의하여 생기는 것이므로 인(仁)을 실현하는 데는 반드시 예(禮)가 필요한 것이다. 그러면 예(禮)에 대하여 살펴보기로 하자.

2) 예(禮)

예(禮)란 천리(天理)의 알맞은 문채(節文)요, 사람이 사람답게 살아가는 의칙(儀則)이다.

위에서 인(仁)을 살펴 볼 때, 극기복례(克己復禮)하여 보고(視) 듣고(聽) 말하고(言) 움직이는(動) 것이 모두 예(禮)에 합당하게 하는 것이 인(仁)이라고 하였고, 인(仁)이 사랑이라 할 때에 타종교의 사랑과 다른 것은 바로 친친지쇄(親親之殺)와 존현지등(尊賢之等)이 예(禮)에서 생긴다고 한 것과 같이, 인(仁)이 인(仁)으로 성립되는 데는 예가 필요한 것임을 알 수 있었다.

예(禮)의 자의(字意)가 뜻하는 바와 같이[32] 원래 예(禮)란 인간과 신과의 관계에서 비롯된 것이었다 하더라도 사람이 사람답게 살아가는 데에는 예가 없으면 하루도 존립할 수 없는 것이다.[33] 도덕·인의도 예가 아니면 이루어질 수 없다[34]고 하였듯이 예란 사람의 모든 행위의 법칙이 되는 것이다.

유가(儒家)의 경전(經典)에서 예(禮)가 거론된 기록을 찾아보면 십삼경(十三經)에서 예(禮)자가 사용된 것은 2,036자나 사용되었다.[35] 인(仁)자에 비하여 예(禮)자가 훨씬 많이 사용되었음을 알 수 있거니와 예(禮)자는 공자(孔子) 이전에도 매우 많이 사용되었다.

사회의 규모(規模)가 점차적으로 확대되어 감에 따라 그에 적합(適合)한 여러 가지 규정(規程)과 법식(法式)이 요구되었던 것은 당연한 추세로서 "예의(禮儀)삼백과 위의(威儀)삼천"[36] 또는 "경례(經禮)삼백에 곡례(曲禮)삼천"[37]이라는 예의(禮儀) 제도(制度)가 필요하게 되었던 것이다. 그러나 예(禮)의 형식(形式)은 때에 따라 변화(變化)되고 추이(推移)되는 것이니, 때에 따라 바뀌게 된다. 시대가 바뀌게 되면 낡은 예식(禮式)은 폐하여지고, 새로운 예법(禮法)이 제정(制定)되는 것은 자연적인 추세이다. 예(禮)의 형식은 이렇게 때에 따라 바뀐다고 하더라도 예(禮)에는 변하지 않는 원리(原理)가 있으며, 백번 변하여도 이 불변하는 원리, 진리(眞理)에 따라서 형식이 변하여 간다.

---

32) 拙稿「禮의 淵源的 考察」, p.80.
33) 『論語』「季氏」: 曰學禮乎? 對曰未也. 不學禮, 無以立.
34) 『禮記』「曲禮」: 道德仁義, 非禮不成.
35) 『詩經』9, 『書經』18, 『周禮』200, 『儀禮』170, 『禮記』837, 『左傳』521, 『公羊傳』55, 『穀梁傳』66, 『爾雅』2, 『孝經』 6, 『孟子』68, 『易經』9, 『論語』75, 총 2036字.
36) 『中庸』.
37) 『禮記』「禮器」.

여기 시시각각으로 변화하는 세상에 살아가면서 예의 제도도 때에 따라 변한다고 하더라도 그 변치 않는 원리로서의 예의 정신이 기준이 되는 것이다.

공자(孔子) 당시의 열국(列國)들은 권신(權臣)들이 국병(國柄)을 잡고 참례(僭禮)를 자행하였고[38] 또 주례(周禮)의 형식이 아직 남아 있다고 하더라도, 정신적(精神的)인 본질(本質)은 잊어버리고 그 형식만이 일부 남아 있을 뿐이었으므로 공자(孔子)는 고례(古禮)를 부흥(復興)시키고자 하(夏)나라 예(禮)를 보려고 기(杞=夏나라 後裔)나라에 갔었으나 증빙(證憑)할 만한 문헌(文獻)이 부족하였고, 또 은(殷)나라의 예(禮)를 보려고 송(宋=殷나라 後裔)나라에 갔었으나 역시 증빙(證憑)할 만한 문헌(文獻)이 부족하였다.[39] 그러므로 주(周)나라의 예(禮)를 찾아보고자 하였으나 유왕(幽王)·여왕(厲王) 때 이미 없어졌으므로 노(魯)나라로 돌아와 주례(周禮)의 일부나마 찾아볼 수 있게 되었다. 그러나 노(魯)나라에 남아 있는 일부의 주례마저도 예의 정신을 잊어버리고 참람한 예(僭禮)만을 일삼고 있었다. 그러므로 공자는 탄식하며 "예라고 하는 것이 옥백(玉帛)을 말하는 것이겠는가?[40]라고 하여 예(禮)라고 하는 것이 예물(禮物)로서 옥백(玉帛)과 같은 형식에 있는 것이 아니라 순수한 성정(性情)의 발로로서 성(誠)·경(敬)이 있어야 함을 강조하신 적도 있었다.

또 당시에 예(禮)를 안다고 하는 사람들이 오로지 형식적인 번문(繁文)만을 일삼고 있었으므로 그 예(禮)의 본질(本質)을 묻는 임방(林放)이란 제자에게 큰 것을 물었다고 칭찬을 하고 "예(禮)는 사치(奢侈)하게 하는 것보다는 차라리 검박(儉樸)하게 할 것이요, 상사(喪事)는 절차를 질서 있게 잘 진행하는 것보다는 차라리 슬퍼할 것이니라"[41]하였다. 그러므로 자로(子路)는 공자(孔子)의 말씀을 이끌어다 "상례(喪禮)에서 형식적인 절차보다는 정신적인 애척(哀戚)함이 앞서야 하고 제례(祭禮)에 있어서도 예(禮)의 형식보다는 성경(誠敬)이 앞서야 한다"[42]라고 강조하였던 것이다. 그러나 당시의 사회가 형식적인 허문(虛文)에만 치우쳐 예(禮)의 본질(本質)을 망각하고 있었으므로 공자(孔子)가 예(禮)의 본질(本質)을 강조(强調)한 것이지 결코 예(禮)의 형식(形式)이나 문식(文飾)이 필요 없다는 뜻은 아니다. 예(禮)에 형식이 없다면 본질적(本質的)인 정신(精神)만으로는 예(禮)라고 말할 수 없는 것이다. 인의예지신 오덕(五德) 중에서 오직 예(禮)만은 형식을 필요로 하는 것이다. 그러므로 "경(敬)이 예식(禮式)에 맞지 않으면 야(野)라 하고, 공(恭)이 예식에 맞지 않으면 급(給)이라고 한다"[43] 고 하여 경(敬)이나 공(恭)이 예(禮)의 본질이라 하더라도 절도와 형식에 맞지 않으면 예(禮)라고 할 수 없는 것이다.

예(禮)의 문식(文)이 본질(質)보다 지나친 것을 지나침(過)이라고 한다면 본질(質)이 이 문식(文)

---

38) 『論語』「八佾」.
39) 『論語』「八佾」「禘自旣灌」 註.
40) 『論語』「陽貨」: 禮云, 禮云, 玉帛云乎哉?
41) 『論語』「八佾」: 林放問禮之本. 子曰大哉問. 禮與其奢也寧儉, 喪與其易也寧戚.
42) 『禮記』「檀弓」.
43) 『禮記』「仲尼燕居」.

보다 지나친 것을 못 미침(不及)이라 할 것이니, 예(禮)의 이상은 항상 지나침도 못 미침도 없이 문(文)과 질(質)이 꼭 알맞게 조화를 이루는 데 있는 것이다. 그러므로 "예란 알맞게 하는 것"[44]이라 하고, 또 주자도 "예(禮)란 알맞음을 얻는 것이 귀하다"[45]고 하였고, 또 "예는 시의(時宜)에 따라 알맞게 하여야 함"[46]을 강조한 것이다.

이상에서 살펴본 바와 같이 예(禮)란 인간의 순수한 성정(性情)의 발로(發露)인 성(誠)과 경(敬)의 본질(本質)과 합리적(合理的)인 문식(文飾)으로서의 형식이 꼭 알맞게 조화(調和)를 이루어야 하는 것이다.

4. 결언(結言)

유학(儒學)의 정신(精神)이 무엇인가? 결론(結論)부터 말하자면 유학(儒學)의 정신(精神)은 도덕(道德)이다.

지난 1천년이 지나도록 동양(東洋)의 정신적(精神的) 지주(支柱)로 가치관(價値觀)의 기준(基準)이 되어온 교과서(教科書)는 공자(孔子)가 산술(刪述)한 육경(六經 : 詩經 書經 易經 禮經 樂經 春秋經)과 진시황(秦始皇)의 분서갱유(焚書坑儒)로 변(變)하여 버린 구경(九經 : 詩經, 書經, 易經, 禮記, 儀禮, 周禮, 春秋左氏傳, 春秋公羊傳, 春秋穀梁傳) 이었다. 동양에서 같은 교과서를 사용한 것이 1000년이 넘었다는 말이다.

도덕(道德)은 사람들이 개인적(個人的)으로나 집단적(集團的)으로나 이 세상에 살아가는데 반드시 있어야 하는 이법(理法)이요 준칙이다.

도덕이란 하늘의 명령인 나의 본성(本性)에 따라 실천을 함으로써 내 마음에 얻은 것으로, 사람이 사람으로 마땅히 지켜야할 이법을 이르는 말이다.

도덕의 내용인 인(仁)이란 공자(孔子)가 가르친 근본 정신(根本精神)을 한 글자로 표현한다면 인(仁)자로 귀결(歸結)된다. 따라서 유가의 사상을 한 글자로 표현한다면 역시 인(仁)이라고 할 것이다.

공자(孔子)의 인설(仁說)은 요순(堯舜) 이래로 전해 오는 선왕(先王)의 도(道)를 인(仁)의 대도(大道)에 귀일(歸一)시켰다고 하여도 좋을 것이다.

이러한 인(仁)의 의의(意義)를 『논어』를 중심으로 분석하여 보면 크게 보아 두 가지 방향에서 설명할 수 있다.

---

44) 『禮記』「仲尼燕居」.
45) 『論語』「八佾」朱子註 : 禮貴得中.
46) 『禮記』「禮器」: 禮時爲大, 順次之體次之, 宣次之, 稱次之.

하나는 향내적(向內的) 극기(克己)의 방향이요, 또 하나는 향외적(向外的) 애인(愛人)의 방향이다.

여기 향내적(向內的) 극기(克己)의 방향이란, 대자기적(對自己的)인 것으로 자기 자신의 욕망·욕심을 극복하고 자기의 내적(內的) 반성(反省)으로 자각(自覺)하는 도덕적(道德的)이요, 철학적(哲學的)이요, 종교적(宗敎的)인 자기(自己) 완성(完成)의 방향으로, 내성(內聖)에 이르는 길이라면, 향외적(向外的) 애인(愛人)의 방향이란 대타인적(對他人的)인 것으로 사람과 사람의 관계에서 사랑하는 길이니, 부모에 효도(孝)하고 윗사람에게 공경하고 아랫사람을 사랑하고 나아가서는 나라를 다스리고 천하를 평정(平定)하는 윤리도덕적이요, 정치적인 방향이요, 외왕(外王)의 길이라고 할 것이다.

향내적(向內的) 극기(克己)의 방향은 개인의 내적수양(內的修養)으로의 극기(克己)이며 자기 반성(反省)으로의 자각(自覺)이니 나아가서는 천(天)과 인(人), 물(物)과 내(我)가 일체가 되는 경지에 이르는 길이라 할 것이다.

예(禮)란 천리(天理)의 알맞은 문채요, 사람이 사람답게 살아가는 의칙이다.

위에서 인(仁)을 살펴 볼 때, 극기복례(克己復禮)하여 보고(視) 듣고(聽) 말하고(言) 움직이는(動) 것이 모두 예(禮)에 합당하게 하는 것이 인(仁)이라고 하였다.

儒教共同體與人間的環境

徐坰遙 | 成均館大 儒學東洋學部 教授

現代時期的話頭是科學與文化的融合。這也是想要在文化上創造生命性，在經濟上潤澤生活的願望。然而今天的產業社會無視人的生命性，因此強調要恢復產業倫理、經濟倫理、生命倫理等。而且在經濟學方面，新自由主義和國家共同體主義不應該互相產生摩擦，而應該互相融合。人的生活是在維持個人的生命和謀求社會的共同生活。

若要在現代社會裏復興儒學，那就應當根據時代精神變通儒學傳統的禮樂文化。儒家經典都蘊含着人倫日用的道理，從儒學中人間學的觀點來看，是人化（人間化、人間的）之人卽聖賢制定了禮樂文化施行了教化。人倫是維持生命環境的事情，日用是謀求生活環境的事情。

個人的德性是指天賦予給人類生命體的與生俱來的本性。仁德是指表現爲德行的心，德行卽在兩個人之間實行我所具有的直心。這種解釋正意味着人化是仁、是德。因此，人化是以仁心和仁情擁抱他人的心的表現。人與人分享仁情、相互認知的理解和包容就是最人化的行爲。

人的德性是以心之發露成爲仁情，人的情感則是以身之發露成爲仁術。所以，"仁情者，救己救人之人情；仁術者，救己救人之人術。" 救己是維持人類生命的事情，救人是謀求共同生活的事情。

更進一步來說，包容他人是以我的德性報答他人的願望，卽"以德報怨"的實踐行動。因此德性不但是作爲我自身的根本的心，而且是爲他人着想的心。"克己復禮"就是人化；"舍己從人"是我對待他人的態度和實踐。仁義這一德目也應該作爲爲他人着想的德行得以實踐。

所謂德性乃人性的發端。如果以其德性進行德治，他人就會被其人化所感服而自律地順從。個人的自發性是充分發揮其潛在能力和創造力。他律的被動性缺乏自律的能動性，具有生命性的創造是依靠自發的能力而產生的。

群居是人類的天性，人類個人不能脫離群居社會而孤立生存。群的生命在共同體中成爲寄托於個人的生命，人類的個體與整體之間有人倫的德目，實現孝悌慈的性情是賦予人生以價值。在這種生活空間的人際關係中，要以絜矩的方法處身。這絜矩之道成爲在空間的上下關係、左右關係及前後關係中達成和諧的方針。

儒教共同體主義作爲人類共同謀求生存的社會共同體向往着文化的社會。人類個人具有團體組成人員的職分。在人間世上，家族共同體是作爲儒教共同體的基礎的社會。再擴大爲社會共同體、國家共同體，人類個人是作爲其共同體組成人員的一個人類存在的。

如果人的憂愁與歡樂不是以吾一身爲基準，而是將喜悅與悲傷互通使上下無間，那麼天下人都會傾心於我，與我合一。這就是說，不應"獨善其身"，而應在吾自身修練自己的德性與義理而恩澤於天下人，卽"兼善天下"，救濟人世。

現代社會中，若要使文化的生活與科學的生活相遇，就應當把仁情和仁術作爲本末、始終、先後及內外，實現內聖外王之道。這才是眞正的根據人間環境的人間經營、創造經營。環境倫理不僅是涉關自然環境的問題，而且包含人間文化的環境。

這樣的人倫社會在共同體中把孝弟慈的德目作爲德行進行實踐，人的身心得到悅樂，整個世界變得平和。人倫社會以人化爲本，人類的個體與個體以"我"與"他"的形式相遇，形成個體與集體相遇的集合體，卽共同社會。這相遇的社會性通過分享人的情感得到和樂，形成太平社會。

人間關係中的義理和利害，只不過是主觀的判斷和客觀的私利。然而義利超越主客觀而合一則是公的。人倫社會應當至公無私。義理是區分正邪維持和平的手段，利害計算不過是追求慾望生活的目的。只要實現天下之大本的"中"和天下之達道的"和"，就能使天下位而萬物育。只有如此相遇和諧、分享均衡之路，才能維持人間生命使人間生活富足。

使天下均平而無一夫未能完成自己的人生及責任，正是所謂平天下。因此，如果以人心之同推度他人，使彼我之間各得其分數和願意，則上下四旁均齊方正而天下均平。

關鍵詞：人倫社會、德性、孝弟慈、義利、公私、經營倫理。

儒敎共同體와 人間的 環境

서경요 徐坰遙 | 成均館大 儒學東洋學部 敎授

1. 緖言

현대 시대의 話頭는 과학과 문화와의 융합을 어떻게 이룩할 것인지에 관심이 집중되고 있다. 그것은 현대사회에서 인간의 價値意識의 高調로 인간답게 살아가는 사회, 다시 말해서 천도(시간적 환경), 지도(공간적 환경), 인도(인간적 환경) 三才 모두가 화평해 가는 세계를 지향하고 있기 때문이다. 이것은 한편으로 양적으로는 경제적 성장과 질적으로는 예술적 창작이 융합되지 못하고 質量 가운데 어느 한쪽에 편중되어 있음을 말해준다. 그러나 현대사회는 경제적 이익과 손해에 관해 득실의 결과를 따지고, 물질적 창작과 실패의 성과만을 가려내고 있다. 그러한 가치판단은 생산의 속도감이나 생활의 편리함에 몰두하게 되어 인간에 대한 무관심 내지는 무시하는 경향이 생겨나게 하였다. 이러한 이해와 성패에 편향된 가치관의 쏠림현상은 바로 인간다움의 윤리의식이 결여되어 있는 것이다.

그러나 경제와 문화는 모두가 인간의 살림살이와 인간의 참살이를 위한 통찰의 잣대이다. 과학은 공동의 合心과 協力을 원하고, 문화는 개성적 생명 창조를 바란다. 그러나 과학기술과 문화생명은 인간다움을 떠나 있다면 活力과 活性을 잃어버리는 결과를 가져오게 된다. 다시 말해서 인생살이는 인간다움을 바탕으로 삼지 않는다면 생명다운 생명이 아니요, 생활다운 생활이 아니라고 할 것이다. "부유함은 집안을 윤택하게 하듯이 우리의 생활을 넉넉하게 하고, 덕성은 심신을 윤택하게 하듯이 우리의 생명을 활기차게 해 주어서, 사람의 心胸을 寬大하게 해 주고 신체를 和樂하게 해 주기 때문에 君子는 반드시 得意한 마음을 한결같이 眞誠하게 한다."[1]

현대사회는 가치판단의 기준을 과학기술이 産出하는 산업의 경제적 생산성에 두고 있다. 그것은 모두가 動力의 開發과 加速度를 높이기 위해서는 분업화를 이루는 방법이 더욱 효율적 가

---

1) 『大學』「傳3章」: 富潤屋, 德潤身, 心廣體胖, 故君子必誠其意.

치를 지닌다고 생각하게 되었다. 그러나 산업사회는 협동과 협력에 의해 더욱 발전하고, 노동자가 합심하고, 어느 한 부분만을 알고 일하는 것이 아니라 전체적인 규모를 알고 일에 종사해야 서로 소통이 이루어져 성취감을 느끼고, 자발심이 생겨, 생산력이 제고되는 것이다. 또한 생산품의 소유와 노동의 代價를 분배 받아 만족감을 느낀다. 그러한 성취감과 만족감은 자신을 알아주고 알아보는 情感을 느끼는 데서 增進되는 것이다. 따라서 인간 중심의 경영이 절실해지는 관점에서 생산윤리와 분배윤리가 필요한 것이다.

인간의 능력이 컴퓨터이거나 로봇보다 월등하게 뒤처지고 있다는 의식에 따라 기계문명이 인간문화를 지배하는 단계로 발전하였다. 또한 그러한 인식은 생활을 위한 과학과 생명을 살리는 문화가 乖離되는 현상을 낳게 되었다. 그러한 兩分化관념은 인간의 身心을 별개의 것으로 분리시켜 보게 되었다. 이를테면, 善心의 인성과 慈心의 인정으로 분석해 보는 결과를 가져온 것이다. 다시 말하면 勞心과 勞力으로 양분하여 생각하는 사고방식이 생겨난 것이다. 그것은 두 방면이 인간적 환경인 人倫의 상관 관계 속에서 조화되고, 조절되고 있다는 생각을 놓치고 있기 때문이다.

인간의 生存은 時空을 함께 하고, 몸과 마음이 相應하는 변화 流行 속에서 살고 있다. 인간의 덕성은 마음의 發露로 드러나서 仁情이 되고, 인간의 情感은 몸의 발로로 仁術이 되는 것이다. 따라서, "仁情이란 나 자신을 살리고 남도 살리는 人情이요, 仁術이란 나 자신을 살리고 남도 살리는 人術인 것이다."[2] 나를 살리는 것은 인간생명을 살리는 일이요 남을 살리는 것은 공동생활을 살리는 일이다. 인간의 身心의 性情은 陰陽待對의 錯綜 관계로 이루어져 있다. 그것은 체용론에서 全體와 大用이 양분하지 아니하고 二進法的으로 서로의 상관성을 유지하고 있다는 사실을 말해 주는 것이다. 그러한 생명환경과 생활환경의 관계성에 주목한다면 인간답게 사는 것이 인문학적 가치, 삶의 가치가 있다는 것을 잊을 수가 없을 것이다.

한편으로, 인간은 개인으로 孤立해서는 살지 못하고 나와 남이 공존하는 사회에서 인간과 인간이 서로 알아보는 識見과 알아주는 包容으로 더불어 살아가는 것이다. 서로가 自他의 分數를 안다는 것은 禮義廉恥를 안다는 것이요, 자신의 역할을 파악하여 자발적으로 행동할 수 있다는 것이다.

유교는 人倫社會學으로서 관계론을 중시하는 인생학이다. 따라서 유학은 전반적으로 인간은 무엇인가라는 본질적인 물음보다는 인생은 어떻게 살아야 하는가라는 가치의 주제로 일관되어 있다. 유가의 경전은 모두가 人倫日用의 도리를 싣고 있다.[3] 유학이 인간학이라는 관점에서 보면, 인륜은 經典學의 주제이며, 일용은 經世學의 주된 과제인 것이다. 그것을 성현의 도라 하며, 인간다운 인간으로서의 성현이 예악문화를 제정하여 교화를 편 것이다. 인륜은 생명을 살리는

---

2) 李元龜, 『心性錄』「第一 上部」: 仁情者, 生己生人之情, 仁術者, 生己生人之術.
3) 權近, 『禮記淺見錄』「河崙序」: 禮經聖人入敎之大典, 而切於人倫日用者也.

일이요, 일용은 생활을 살리는 일이다.

"人倫은 바로 仁倫이요 産業은 곧 生業이다. 物我가 俱生하는 것을 일러 仁이라 하고 物我가 均仁하는 것을 일러 生이라 한다. 仁함을 안다는 것은 生의 性이요, 생이란 인함이 드러난 것이다. 天下에 어찌 無形의 性이 있겠으며, 無性의 形이 있겠는가? 이것이 인륜과 산업이 無間한 까닭이다."[4] 따라서 인륜과 산업은 無間하여 마치 가정의 부부와 같은 것이다. 두 가지 중에 하나가 없다면 홀아비나 과부가 가족의 살림살이를 꾸려가는 것처럼 어려움이 따르는 것이다.[5] 인간의 생명환경은 부자관계로 유지되고 인간의 생활환경은 부부관계의 가정활동으로 영위된다. 이와 같이 인간관계는 개체의 생명력과 공동체의 생활력을 통합함으로써 이루어지는 것이다.

유학은 시대정신에 따라 각기 다르게 變容되었다. 역대로 孔夫子에 대한 평가가 다르다. 춘추전국시대에는 성인군자로, 한당시대에는 聖者로, 송명시대에는 哲人으로 청대에는 歷史家로 평하기도 하였다. 그러나 또 다른 평가는 시대를 막론하고 '萬世宗師'로 추대하는 점은 한결같다. 그것은 교육자로서만이 아니라 세상을 經綸하는 방도를 일러주는 인간경영자로서 그의 덕성을 높이 추앙하고 있는 것이다.

오늘날 유학을 부흥하기 위한 길이란 인간다움에 대한 자각을 통하여 나 혼자만이 사는 세상이 아니라 남과 내가 함께 어울려 인간답게 살아가는 문화적 인간환경을 제대로 만들어 가는 일이다. 그러한 인륜사회는 나와 남의 상관관계를 중시한다. 自他는 모두 인간이지만 그 人物을 평가할 때에 인간관계를 인간답게 원만히 이루어가고 있는가라는 사회성에 주목을 한다. 그러한 것은 인간관계의 윤리의식이 얼마나 깊이 잠재해 있는가에 따라 共存하고 共生할 수 있는가의 사회성 문제인 것이다. 인륜과 산업이 모두 導生하는 生生의 방도가 되기 위해서는 공동체를 살리기 위한 인간다움의 실천을 바탕으로 삼아야 한다.

나라고 하는 인간 존재는 心性과 身體의 兩面 구조로 되어 있어 그 사람의 성격과 체질이 다르다. 마음과 몸은 내외로 미묘하게 합해져서 있으니 나누어서 말할 수 없다. 心身을 나누어 보는 것은 다만 그 상관성을 설명하기 위해 도입한 對言的 분석법에 불과한 것이다. 따라서 修身한다고 하는 것이 正己함에 있다고 하는 『대학』의 언급 또한 心身을 모두 수양한다는 의미이다. 또한 인간의 마음에는 道心과 人心(欲)이 있다 하고, 인간의 신체에는 전면과 후면이 있다고 한다. 의학적으로 인간의 전면은 아래턱. 가슴흉부, 배꼽, 아랫배(頷胸臍腹)이요, 인체의 후면은 머리통, 어깻죽지, 허리춤, 볼기짝(頭肩腰臀)이다.[6] 더 나아가 인간의 심신은 상하, 전후좌우와 내외의 팔방체로 구성되어 있는 것이다. 여기서 내외가 바로 심신이며, 전면이 나 자신이 볼 수

---

4) 李元龜, 『心性錄』「第一 上部」: 人倫卽仁倫, 産業卽生業也, 物我俱生謂之仁, 物我均仁謂之生也, 是知仁者, 生之性也, 生者仁之形也, 天下豈有無形之性無性之形也哉, 此人倫産業之所以無間也.

5) 李元龜, 『心性錄』「第一 上部」: 人倫比之如夫, 産業比之如妻, 單擧人倫而不治産業者, 鰥也, 獨取産業而不循人倫者, 寡也, 如知之則, 孰欲鰥居, 孰願寡處, 人倫效天效日, 産業法地法月, 天氣下降, 地氣上昇, 然後四時行焉, 萬物生焉.

6) 李濟馬, 『東醫壽世保元』卷一 「性命論」.

있는 앞태라고 한다면 후면은 남이 바라보는 뒷태라 할 것이다.

만물이 생성 소멸하는 변화에는 그에 따른 시간적, 공간적 변통으로 이루어져 나간다. 그것을 權道나 時中이나 時用이라 한다. 자연의 萬物은 萬變하는 존재이다. 그 변화의 원리를 찾는 일은 고대의 철학자들의 몫이었다. 그 훌륭한 사상가들이 오늘날에 와서는 최고경영자와 과학기술자로 그 역할이 바뀌어졌다. 그들은 인간을 배제하고 물질에서의 경제적 이익과 기술적 성과만이 세상살이를 이롭게 해 준다는 생각에만 쏠려 있다. 그러나 인생의 변고는 나와 남의 인간관계인 人倫에서 일어나는 是非曲直과 論辨으로 생겨난다. 그러한 변고는 결국 人間事를 만들어내는 인간환경에 의한 것이다. 그러한 難題는 絜矩하는 도로써 해결해야 한다. 絜矩란 내가 남을 마음으로 품어 안고 마음으로 감싸는 것이기도 한 것이다.

현대는 과학이 인간 문화를 주도하는 시대이다. 이러한 기술문명의 발달 시기에는 인간의 능력이 기계의 능력보다 뒤떨어져서 기계로부터 인간은 疎外를 당한다. 인간의 기능력은 기술개발로 인하여 점차 줄어들고 있다. 그러나 결국은 인간이 기계를 작동하여 全體와 大用으로 하나로 어울려야 생산력이 제고되는 것이다. "사람들은 有用함의 쓰임성에 대해서는 잘 알지마는 無用함의 쓰임성에 대해서는 잘 알지 못하는구나."[7]

2. 人間生命體와 人倫社會

현대사회는 개인과 타인이 서로 경쟁하는 관계를 이루고 있다. 따라서 개인은 타인을 대하여 자기 보호의 본능을 확대해 가고 타인의 능력보다 더 나아야 한다는 경쟁의식에 매몰되어 있다. 그러나 나와 남은 공동생활에서 적대관계가 아니라 서로 어울리는 待對관계로 살아가야 한다. 모두가 인간다움을 점점 상실해 가고 있는 상황을 구제해야 할 것이다.

공자는 그의 제자 曾參에게 吾道는 一以貫之라 말한다. 그 一貫하고 있는 것은 忠恕를 극진하게 할 따름이다.[8] 이는 공자가 실행하는 도는 오직 忠恕하는 一理로써 천하 만사의 이치를 統管하는 것이요, 달리 다른 방법이 없는 것을 말해 준다. 忠은 자기 자신을 극진히 하는 盡己요, 恕는 推己及人함을 극진하게 하여 남김없이 한다는 것이다.[9] 남을 알아보는 것은 타인의 마음을 고려하는 것이며, 자기의 심리로써 타인의 심리를 인증하는 것이 推己及人하는 도리인 것이다. 다시 말해서 '자기가 즐겨하지 않는 것을 다른 사람에게 억지로 하도록 하지 말라'[10]는

---

7) 『莊子』「人間世」.
8) 『論語』「里仁」: 子曰 參乎, 吾道一以貫之. …… 夫子之道, 忠恕而已矣.
9) 朱熹, 『論語集注』「里仁」忠恕條注 : 盡己之謂忠, 推己之謂恕, 而已矣者, 竭盡而無餘之辭也.
10) 『論語』「顏淵」: 己所不欲, 勿施於人.

것이 인간다움을 실행하는 도리이다.

더 나아가 남을 포용하는 것은 내 덕성으로써 남의 원망을 갚는다는 '以德報怨'의 실천 행동이다. 따라서 덕성이란 나 자신에게 있는 본바탕이 되는 마음씨일 뿐만 아니라 남을 생각하는 마음씀 새이다. '克己復禮'하는 것이 바로 인간다움이요, '舍己從人'하는 것이 내가 남을 待對하는 태도와 실천인 것이다. 仁義란 덕목도 남을 위하는 德行으로 실천해야 한다.

천지자연이 所生하고 養育하는 一切의 생물 가운데 인간만큼 위대한 존재는 없다.[11] 그것은 무엇보다 思辨할 줄 아는 大腦를 지니고 있고 또한 工具를 제조하는 재능이 있어 만물을 자신에게 쓰임이 있게 만들 수 있기 때문이다. 인간은 哺乳동물로서 그 大腦는 애정을 野性的으로 표현하는 본능적 욕구를 관장하는 腦幹이 있고, 五感이나 느낌을 感性的으로 관장하는 右腦와 언어와 숫자 등의 생각을 理性的으로 관장하는 左腦 등으로 이루어져 있다. 이와 같이 세 부위의 腦波가 상관관계를 이루어 드러나는 것이 행동이다. 그러나 그것은 인간의 심성에는 인간다운 (人化) 덕행을 실행할 줄 아는 덕성을 품부 받았기 때문이기도 한 것이다

인간은 생명의 개체로서 나와 남에게 애정을 품고 나누는 본성이 있다. 인간의 마음은 '心統性情'이라 하여, 마음의 내외는 德性과 人情을 말하고, 그 내외가 사람을 향한 마음은 忠恕하는 덕목으로 행해지는 것이다.

"忠을 알려면 반드시 中을 알아야 하고, 그 중이 됨을 알려면 반드시 恕를 알아야 하고, 그 서함을 알려면 반드시 外를 알아야 하고, 그 외가 됨을 알려면 반드시 德을 알아야 한다."[12] 이와 같이 忠恕는 인간의 의식과 행동이 결합하여 이루어지는 실천도덕이다.

"안으로 心에 대해 모두 다 생각하는 것을 中을 안다고 하고, 마음 속 中으로써 실제에 응하는 것을 恕를 안다고 하며, 안으로 恕함으로써 밖으로는 헤아려 아는 것을 外를 안다고 하며, 안팎으로 뜻이 맞아떨어지는 것을 덕을 안다고 한다."[13] 따라서 인간다운 덕성을 알아야 忠恕가 이루어지는 것이다.

덕성이란 인간에게 하늘이 천부적으로 주어진 본성이라 한다.[14] 仁德이란 두 사람 사이에 내가 지니고 있는 直心을 행하는 德行으로 표현되는 마음이다.[15] 이러한 해석은 바로 인간다움이 인이요, 덕이라는 의미이다. 따라서 인간다움이란 인심과 인정을 들어내어 내가 남을 품어 안아 감싸주는 마음의 표현이다. 인간과 인간이 인정을 나누며, 서로를 알아주고 알아보는 이해와 포용이 가장 인간다운 행위인 것이다.

禮樂이란 인심과 인정에 順하는 것이다. "사람이 인간답지 않으면 예는 해서 무엇하며, 사람

---

11) 『禮記』「祭義」: 天之所生, 地之所養, 无人爲大.
12) 『大戴禮』卷11 : 知忠必知中, 知中必知恕, 知恕必知外, 知外必知德.
13) 『大戴禮』卷11 : 內思畢心曰知中, 中以應實曰知恕, 內恕外度曰知外, 外內參意曰知德.
14) 『論語』「述而」: 天生德於予.
15) 丁茶山, 『與猶堂全書』「中庸自箴」.

이 인간답지 못하면 樂은 해서 무엇하랴."[16]라는 말씀도, 성현이 만든 예악문화도 인간다움을 바탕으로 제정한 것이다.

맹자는 덕성의 條目을 四端으로 분석하여, 惻隱, 羞惡, 辭讓, 是非 등의 도덕심을 제대로 실행할 줄을 아는 人情으로 해석하고 있다.[17] 이것은 남에게 차마 하지 못하는 마음에서 드러나는 것이다. 또한 親情의 원칙이 있고, 義理의 원칙이 있고, 節制의 원칙이 있고, 權變의 원칙이 있는 것은 모두 人情에 의거하여 정한 것이다. 恩情이 있다는 것은 仁함의 표현이요, 義理가 있다는 것은 義로움의 표현이요, 절제가 있으면 禮를 앎이 드러남이요, 변통함이 있다는 것은 智慧의 표현이다. 인의예지는 인류의 도덕심에 모두 具備되어 있는 것이다.[18]

이와 같이 이러한 네 가지 德目은, 仁이란 사람다운 마음씨이자 마음 쏨새이요, 義란 사람답게 노릇하는 몸가짐이요, 禮는 사람답게 대접하는 對人방법이요, 智는 사람답게 사는 옳고 그름을 판단하는 태도를 말해 주는 것이다. 사람과 사람이 접촉하는 데서 생겨나는 德行인 것이다. 사람인 나와 사람인 남이 서로 만나 인정을 나누는 것이 인간답게 살아가는 것이다.

이른바 덕성이란 人性의 發端이다.[19] 그 덕성에 근본하여 德治를 하면 그 인간다움에 感服하여 자율적으로 따르게 되는 것이다. 개인의 자발성은 그의 潛在 능력과 창조력을 충분히 발휘하는 것이다. 타율적인 피동성은 자율적인 능동성이 缺如되어 있다. 생명이 있는 창조는 자발적인 능력에 의해 생겨나는 것이다.

또한 『중용』에서는 인간세상인 天下에 두루 통하는 길인 達道는 中和라고 한다. "중화가 나에게 있으므로 천인(우주와 인간)이 間隙이 없으며, 천지(우주)가 제 자리를 지키는 까닭과 만물이 창조적으로 발전하며 길러지는 化育이 되는 까닭은 모두 이것을 벗어나지 않는다."[20] 이러한 천지의 時空的인 환경은 인간적 환경에서 떠나 있지 아니한 것이다.

유학은 개인의 덕성 함양을 통하여 사회공동체에서 어떠한 태도로 살아가야 하는지를 제시해 주는 인생체험학이다. 우리는 능력만 있는 사람을 사람다운 사람이라고 여기지 않는다. 개인은 공동체의 구성원 가운데 한 사람으로 그 分數를 알아보게 하고 남을 알아보아 어울리며 협력하여 살아가고, 그 결과 천하공동체의 발전에 보탬이 되는 '된 사람' 혹은 '爲人'이 되기를 바라고 있다. 오늘날 기업에서 신입사원을 채용할 때, 그 선발 기준은 지능 지수(IQ)가 아니라 사회성 지수(SQ)에 두고 있다. 개인의 생명력이 집단 속에서 타인과 얼마나 어울릴 수가 있는지의 지수를 알아보는 것이다. 그 사회성 지수의 높이는 결국 한 개인이 얼마나 사람다운 사람이며, 조직사회 속에서 자신의 潛在 능력으로 남들과 協力과 合心을 맞추어 나갈 수 있는가의 自發性

---

16) 『論語』「八佾」: 人而不仁, 如禮何, 人而不仁, 如樂何.
17) 『孟子』「公孫丑上」.
18) 『禮記』「喪服四制」: 有恩有理有節有權, 取之人情也. 恩者仁也, 理者義也, 節者禮也, 權者知也, 仁義禮知, 人道具矣.
19) 『禮記』「樂記」: 德者, 性之端也.
20) 朱熹, 『四書集注』「中庸首章說」: 中和在我, 天人無間, 而天地之所以立, 萬物之所以育, 其外不是矣.

에 대해 평가하는 것이다.

　유가학설은 仁德을 本으로 삼아 후천적인 수양을 강조하는 도덕윤리 학설이라고 평가한다. "樊遲가 仁에 대하여 물으니, 공자는 對人함에 慈愛로움이라 말씀하고, 知에 대하여 물으니, 타인을 이해하는 것이라 말씀하시었다."[21]

　朱熹는 인이란 愛之理라 하여 사랑하는 원리라 해석하고 있으나, 丁若鏞은 人倫의 至善함을 실행하는 것을 이름한 것이라 하여, 인간관계를 잘 이루는 말이라 한다.[22]

　"仁이란 二人이다. 古篆에서는 人字를 重疊하여 仁이라 하고 子字를 중첩하여 孫字로 삼았으니, 仁이야 말로 사람과 사람의 만남이다."[23]

　仁愛할 줄 아는 마음은 바로 愛己하고 愛親하는 마음을 확충하여 行事 속에서 그 愛情이 타인에게 波及되어 가는 것이다. 仁이란 兩人이 面對하면 마음이 서로 접촉되어 향해 가서 心腹하게 하는, 남에게 嚮往하여 남을 아끼는 마음씀 새이다. 바로 人倫에 處身하여 그 分數를 다하는 것이다.[24] 사람이 사람과 相與하는 데는 絜矩하는 도를 쓰는 것이다. 따라서 仁德이란 用心하는 데서 드러나는 인간다움이라 할 것이다.

　맹자는 '惻隱해 하는 心이 없으면 非人이라' 한다. 측은지심은 바로 '老吾老하여 及人之老하고, 幼吾幼하여 及人之幼하는'[25] 바로 推己及人하는 慈愛心이다. 이것은 '人'과 '非人'을 판별하는 표준이 된다. 동시에 人物을 감식하는 데 잘하고 못하는 것이 理解度의 표준으로 여긴 것이다. 남을 알아주는 知者와 남을 포용하는 仁者는 대표적인 유가의 인격 이상이다.

　인륜사회에서는 자신의 분수와 願意를 아는 것이 중요하고, 나와 같다고 여기는 남의 처지를 잘 알아야 천지자연과 어울릴 수 있는 방도를 알 수 있는 것이다. 그것이 知己. 知人 그리고 知天한다고 말하는 것이다. 자신의 내외를 통일 시키고, 나아가 타인과 자신의 내외관계를 통일시키는 것이 나 자신을 알고 남을 알고 천하의 사람을 알아주고 알아보는 것이다. 따라서 '致中和'하는 '중화를 이룩하는' 점이 중요한 중용의 도는 다름이 아니라 인간다움을 실천하는 인도인 것이다. 인도는 나에게 품부된 울림으로 남과 함께 어울리는 일이다.

　莊周는 유학의 특성을 內聖外王의 도라고 지적한 바가 있다.[26] 내적으로 修己함에는 人倫에 지극한 聖人다움이 있고, 외적으로 待人함에는 王道를 실행한다는 의미이다. 왕도는 몸소 행하고 마음으로 얻은 덕성으로써 밖으로 發하여 사람을 救濟하고 만물을 이롭게 하는 仁함을 실천하는 것이다.[27]

---

21) 『論語』「顔淵」: 樊遲問仁, 子曰愛人. 問知, 子曰知人.
22) 丁若鏞, 『與猶堂全書』『論語古今註』卷2 : 仁者, 人倫至善之名.
23) 丁若鏞, 『與猶堂全書』『論語古今註』卷10 : 仁者二人也, 其在古篆疊人爲仁, 疊子爲孫, 仁也者, 人與人之至也.
24) 丁若鏞, 『與猶堂全書』『論語古今註』卷3 : 仁者嚮人之愛也, 處人倫盡其分, 謂之仁.
25) 『孟子』「梁惠王上」.
26) 莊周, 『莊子』「天下」.

인간다운 덕성은 謙讓하는 마음이다. 善한 업적이 있으면 타인에게 공을 돌리고, 過誤가 있으면 자기 자신을 책망하는 것이 겸양이다.[28] 자신을 내세우고자 한다면 남을 먼저 내세워야 하는 것이다.[29]

"사람들과 무리 지어 산다는 것은 사람을 떠날 수 없는 것이다. 그러나 人間世의 變故는 世世로 마땅함이 다르다. 오직 無心함으로 自用하지 않는 자만이 변화에 따라 나아가서 그것에 억매이지 않게 되는 것이다."[30] 이러한 無心의 경지는 마음을 비우고 자신을 잊어버리는 心齋를 말하는 것이다.

군자와 소인을 분별하는 기준도 군자는 인의에 밝고, 小人輩는 利財에 밝다는 점이 다르다는 것으로 밝히고 있다.[31] 유학에서 군자란 인간다움을 바탕으로 매사를 실행하는 적극적인 인간을 가리키고, 소인이란 利로움만을 생각하여 은혜받기를 기대하는 소극적인 인간을 가리킨다.[32] 매사를 利財에 의해 행한다면 사람들이 怨望을 품기 때문이다.[33] 남에게서 원망을 사지 않으려면 인간다운 의리를 기준으로 삼아 실천하는 것이 자신을 이롭게 하는 것이다.

3. 生活共同體와 大同世界

현대사회는 인간이 공동생활을 영위하는 데 있어서 가정과 사회가 구별이 없어지고 있다. 공동체는 그 조직의 규모에 따라 국가공동체, 가족공동체, 사회단체, 사회기업 등으로 나누어진다. 인간 세상은 기본적으로 自我와 他人으로 공동체 생활을 이루어 가는 조직사회이다. 개인은 그 조직체의 구성원으로서 공동체에 참여하여 集體에 대한 所屬感을 지니고, 그 자신의 직분에 대한 가치를 인정받고자 한다.

유학에서 공동체 의식은 홀로인 나와 여러 갈래로 待對하고 있는 남이 둘이 아니라 하나의 공동체라는 관념에 기초를 두고 있다. 인간을 안다는 것은 나를 알고 易地思之하여 남을 알고 나아가 천하를 알 수가 있다는 것이다. 그러한 인류사회는 공동체 속에서 孝弟慈의 덕목을 덕행으로 실천함으로써 인간의 심신이 悅樂하여 온 세상이 和平해진다.

따라서 『대학』에서 '나의 밝은 덕성을 밝힌다'는 것은 효제자 三德의 덕목을 실행하는 것이

---

27) 『孟子』「公孫丑上」: 以德行仁者王.
28) 『禮記』「祭義」: 善則稱人, 過則稱己.
29) 『論語』「雍也」: 夫仁者, 己欲立而立人, 己欲達而達人, 能近取譬, 可謂仁之方也.
30) 莊周, 『莊子』「人間世」郭象注: 與人群者, 不得離人, 然人間之變故, 世世離宜, 唯無心而不自用者, 爲能隨變所適而不荷其累也.
31) 『論語』「里仁」: 君子喩於義, 小人喩於利.
32) 『論語』「里仁」: 子曰, 君子懷德, 小人懷土, 君子懷刑, 小人懷惠.
33) 『論語』「里仁」: 子曰, 放於利而行, 多怨.

다. 이른바 명덕은 효제자인 것이다. "그 위 구절에서, 孝란 군왕을 섬기자는 것이요 弟란 어른을 섬기자는 것이며, 慈란 대중을 부리자는 것이라 하였다. 그 아래 구절에서는, 위에서 늙은이를 늙은이로 섬겨야 백성들이 孝道하게 되고 위에서 어른을 어른으로 섬겨야 백성들이 우애를 하게 되고, 위에서 孤兒를 돌보아 주어야 백성들이 배반하지 않는다 하였으니, 이 두 節에서 주장하는 뜻은 모두다 효제자 세 글자를 벗어나지 않는다. 이것이 바로 明德의 바른 해석인 것이다."[34]

"위에서 노인을 공경하면 아래에서는 더욱 효도하고, 위에서 나이로 따지면 아래에서는 더욱 공경하고, 위에서 베풀기를 좋아하면 아래에서는 더욱 진실해진다."[35] "몸소 효제자를 실행하여 집안과 나라를 다스리니, 별개의 다른 덕목을 구할 게 없다. 오직 효제자로써 미루어 쓰는 것일 뿐이다."[36] 효제자의 덕목은 일반적인 해석으로, 親愛하는 孝라는 덕성은 부자관계로 이루어진 家族공동체에서 실행해야 할 구체적인 덕목이요, 友愛하는 弟라는 덕성은 昆弟관계로 이루어진 社會공동체에서 실행해야 할 구체적인 덕목이요, 慈愛하는 慈라는 덕성은 君民관계로 이루어진 國家공동체에서 실행해야 할 구체적인 덕목이다. 이와 같이 개인은 가족과 함께 공동체 생활을 하며, 사회인으로서, 국민으로서 국가와 사회 공동체에서 자신의 효제자의 덕성으로 타인을 待對하여 살아가는 것이다. 따라서 천하공동체 속에서 실천해야 할 덕성의 조목을 효제자로 묶어 말하는 것이다.

그러한 생활공간적인 인간관계에서는 絜矩하는 방법으로써 處身을 해야 한다. 그 혈구지도는 공간적으로 상하관계, 좌우관계, 전후관계에서 和諧를 이루는 方針이 되는 것이다. "위에서 싫어하는 바로써 아랫 사람을 부리지 말고 아래에서 싫어하는 바로써 윗 사람을 섬기지 말고, 선배로서 미워하는 바로써 후배에게 앞세우지 말고, 후배로서 싫어하는 바로써 선배를 뒷세우지 말고, 오른 쪽에서 싫어하는 바로써 왼쪽에 있는 사람과 사귀지 말고, 왼쪽에서 싫어하는 바로서 오른쪽 사람과 사귀지 말 것이니, 이것을 絜矩하는 방법이라 한다."[37] 여기에서 絜이란 줄자인 繩으로 사물을 묶어 大小의 크기를 헤아리는 것이요, 矩는 직각의 자로 네모 반듯하게 하는 도구이다. 내가 지니고 있는 효제자의 덕목으로 백성 또한 모두가 효제자를 원하고 있음을 알 수가 있다.[38]

---

34) 丁若鏞, 『與猶堂全書』『大學公議』一 : 惟其上節曰, 孝者所以事君也, 弟者所以事長也, 慈者所以使衆也. 其下節曰, 上老老而民興孝, 上長長而民興弟, 上恤孤而民不倍, 兩節宗旨, 俱不出孝弟慈三者, 是則明明德正義也.
35) 『大戴禮』「主言」: 子曰, 上敬老則下益孝, 上順齒則下益悌, 上樂施則下益諒.
36) 丁若鏞, 『與猶堂全書』「大學公議」三 : 孝弟慈, 大學之敎也, 身治孝弟慈, 以御于家邦, 不必別求他德, 惟此孝弟慈, 推而用之耳.
37) 『大學』「傳10章」: 所惡於上, 毋以使下, 所惡於下, 毋以事上, 所惡於前, 毋以先後, 所惡於後, 毋以從前, 所惡於右, 毋以交於左, 所惡於左, 毋以交於右, 此之謂絜矩之道.
38) 丁若鏞, 『與猶堂全書』「大學公議」三 : 絜以繩約物而度其大小也. 矩者直角之尺, 所以正方也, 我之孝弟慈, 知民之亦皆願.

"絜矩는 직선의 줄 자와 直角의 자로써 헤아리는 것이니, 상하 사방 六合의 관계를 맺음을 恕로 헤아림은 모두가 사람과 사람 사이에서의 목적한 社交이다."[39] 여기서 絜은 공간의 대소를 재는 줄자로써 생활공간을 가늠하는 것이요, 矩는 正方을 재는 직각 자로서 바로 덕성 생명을 재는 直心이다. 인간관계는 상하의 종적관계로 맺어지고 전후와 좌우 등의 공간적 待對관계로 맺어진다. 따라서 나의 德性을 미루어서 남의 마음씀 새를 알게 되는 것이 恕로 헤아린다는 것이다.

公私는 사회생활에서의 인간의 기본적인 두 개의 心情과 태도를 말한다. "신하들의 직분을 명확하게 하고, 사업을 정비하고, 재능이 있는 자를 발탁해 관직에 나아가게 해서 만사를 잘 다스리게 한다면, 거기에 公道가 열리고 私門은 닫히게 되어 공의가 분명하게 되고 私事는 없어질 것이다."[40]

明德을 천하에 밝혀 천하 사람으로 하여금 모조리 大道로 돌아오게 하려는 것은 이 천지 사이에서 가장 큰 일이 되는 것이다. 그것은 각자가 修身하여 成己함으로써 成物하여 化民成俗함을 이루어 平天下의 利로움을 얻게 될 것이다.

"大道가 通行해지던 시대에는 천하는 모두가 전체를 共有하는 것이며, 현인과 능력 있는 자를 등용해서 誠實을 말하고 親睦을 도모하였다. 그러므로 사람들은 자신의 어버이만을 어버이라 하지 않고 자신의 아들만을 아들이라 하지 않았고, 노인들이 天壽를 누리게 하고, 壯年이 된 사람은 자신의 재능을 공헌할 수 있게 하고, 나이 어린 사람은 撫育하여 성장할 수 있게 하고, 鰥寡孤獨한 자와 廢疾者와 병든 자는 모두 供養 받게 하였다. 남자는 모두 자기의 직분에 盡力하게 하고, 여자는 모두 適期에 婚姻하게 하였다. 사람들이 재물이 땅에 버려지는 것을 싫어하고, 그것도 자기 소유로 삼아 감추지 않고 ……이같은 사회를 大同이라 한다."[41] 이와 같이 공평한 사회가 均平한 분배가 이뤄진 사회이라는 것이다.

利에 관한 관념은 公益과 私利로 구분하므로 義利관계는 公私관계와 같은 것이다. 義의 중심적 개념은 自他가 함께 보탬이 되어 이롭다는 인류적 공동성을 뜻하고, 利는 나 자신 혼자만이 이롭다는 이기적인 것에서 초래하는 반인륜성이다. 공동체에서 모두 함께하는 것이 公義이다. "맹자는 누구나 그렇다고 생각하는 것을 理라 하고 義라 한다."[42] 자신의 사사로움이 없이 남과 더불어 잘 살 수 있는 질서가 바로 復禮인 것이다.

천하는 인간 세상을 가리키고 인간은 공동생활을 영위하므로 천하공동체는 인류사회를 말한다. "사람들은 모두 口頭로 '天下國家'를 말하기를 즐겨한다. 천하의 기초는 나라(國)이며, 나라의 근본은 가정(家)이며, 그리고 가정의 근본은 바로 개인(身)이다."[43] 이는 천하국가는 개인을 본위로

---

39) 丁若鏞, 『與猶堂全書』「大學公議」三 : 鋪筵絜矩者, 絜之以矩也, 上下四方, 絜之以恕, 皆人與人之交際也.

40) 『荀子』「修身」.

41) 『禮記』「禮運」: 大道之行也, 天下爲公, 選賢與能, 講信修睦. 故人不獨親其親, 不獨子其子. 使老有所終, 壯有所用, 幼有所長, 鰥寡孤獨廢疾者, 皆有所養. 男有分, 女有歸. ……是謂大同.

42) 『孟子』「告子上」.

삼아 이루어지는 공동체이므로 그 관계는 분할할 수 없는 連繫가 있다는 공동체 의식을 의미한다.

도덕적 가치 관념은 사회경제 관계에 따라 결정된다. 개인과 개인간에, 개인과 단체간에, 잔체와 단체간의 관계 속에서 체현되는 것이다. 개인과 타인, 개인과 단체, 개인과 사회간의 이익 관계를 조절해 주는 것이다. 개인이 사회와 타인에 대하여 의무를 이행하고 필요시에는 자아의 어느 정도의 절제나 많든 적든 간의 자기 희생을 甘受해야 하는 것을 요구한다.

군거하는 것은 인류의 천성이며, 인간 개인은 군거사회를 떠나 고립해서 살 수가 없다. 무리의 생명은 공동체 속에서 개인의 생명에 寄託하는 바가 되어서, 인간 개체와 전체와의 사이에 人倫의 德目이 있다. 이것을 孝悌慈의 性情을 실현하는 것이 삶의 가치를 부여하는 것이다. 효는 친애함이요, 제는 友愛함이요, 자는 자애함이다.

유교공동체주의는 인간이 함께 삶을 영위하는 사회공동체로서 문화적 사회를 지향하고 있다. 인간 개인은 단체에서 구성원으로 직분을 지니고 있다. 인간세상에서 가족 공동체는 宗族이나 民族과는 무관한 공동체의 기초가 되는 사회이다. 사회공동체, 국가공동체로 이루어지고, 인간 개인은 그 공동체의 구성원으로서의 한 인간 존재이다.

맹자는 '與民偕樂'하는 왕도로써 천하를 통일하기를 力說하고 있다. "일반 대중의 즐거움을 그 자신의 즐거움으로 삼는다면, 일반 대중들도 그의 즐거움을 자신의 즐거움으로 만들 수 있다. 일반 천하 사람들의 걱정거리를 그 자신의 걱정거리로 삼는다면, 일반 천하 사람들도 그의 걱정 거리를 자신들의 걱정거리로 만들게 된다. 천하로 즐거움을 삼고 천하로 근심을 삼으며, 그렇게 하고서도 왕노릇을 못할 자는 있지 않습니다."[44]

이와 같이 근심과 즐거움을 내 한 몸만을 기준으로 하지 않고 기쁨과 슬픔을 서로 통하여 상하가 틈이 없게 한다면 천하 사람들이 모두 마음을 기울여서 나에게로 돌아와 합치게 될 것이다. 이것이 바로 '獨善其身'할 것이 아니라 자신의 덕성과 의리를 나 자신의 몸에 닦아서 은택이 천하 사람에게 더해지도록 '兼善天下'하여 인간세상을 救濟해야 하는 것이다.[45] 또한 왕도란 옛 성왕들이 천하공동체를 다스리는 방법을 말한다. 다시 말해서 '치우치지 않고 기울어짐도 없으면 왕도가 널리 시행될 것이며, 기울어지지 않고 치우치지도 않으면 왕도는 公平할 것이며, 반역하지 않고 기울어지지 않으면 왕도는 바르고 곧을 것이니, 법칙을 지키는 이들만 모으면 법칙을 지키는 이들이 따르게 될 것이다.'[46]

힘으로 仁을 빌리는 覇道나 덕성으로 인함을 행하는 왕도는 모두 다 사람을 복종하게 한다. 그러나 힘으로써 복종하게 하는 것은 강하고 큰데 핍박되고 힘이 대적할 숲 없기 때문에 마지

---

43) 『孟子』「離婁上」: 人有恒言, 皆曰天下國家. 天下之本在國, 國之本在家, 家之本在身.
44) 『孟子』「梁惠王下」: 樂民之樂者, 民亦樂其樂, 憂民之憂者, 民亦憂其憂. 樂以天下, 憂以天下, 然而不王者, 未之有也.
45) 『孟子』「盡心上」: 古之人, 得志, 澤加於民, 不得志, 修身見於世, 窮則獨善其身, 達則兼善天下.
46) 『書經』「洪範」.

못해 복종하는 것이다. 덕성으로 복종하게 되면 그 복종함이 외적으로 드러날 뿐만 아니라 衷心으로 사랑해서 지성으로 복종하는 것이다.[47] 패도에 의한 복종은 바로 타율적인 복종이요, 왕도로써 하는 것은 바로 자율적으로 感服하는 것이다.

그러나 현실적으로는 도덕적인 삶을 위한 是非의 구현과 경제적인 삶을 위한 利害의 추구를 조화시킴은 쉬운 일이 아니다. 그 조화와 조절의 잣대는 다름이 아니라 인간다움에 두어야 한다는 人本主義인 것이다. 따라서 유학에서는 時中과 權道를 제시하여 그 상황의 경중과 緩急을 따져 處事의 선후를 정하는 것이다. '때에 따라서 中을 얻는 것을 권도라 하고, 일을 처리함에 합당한 것을 義라고 한다. 권도로써 변화에 대응하고 의로써 일을 처리하면, 나라를 위해 더 이상 뭐가 있겠는가?'[48]

4. 結語 : 禮樂文化의 復興

현대 산업사회에서 기계를 作動하는 것은 인간의 힘에 의한 것이다. 따라서 기계의 기능과 인간의 기술이 合一되어야 과학의 생산력이 倍加되는 것이다. 기술의 창조적 경영은 인간의 생각 씀씀이라 하는 言行에 의해 이루어지는 것이다. 오늘날 산업사회가 인간의 생명성을 도외시하는 경향이 있어 산업윤리, 경제윤리, 생명윤리 등이 회복되어야 한다고 강조하는 것이다.

현대사회에서 사회경제 문제로서 신자유주의와 국가공동체주의가 서로 마찰을 일으킬 것이 아니라 서로 융합되어야 한다. 또한 세계화의 방법은 전통적인 것과 현대적인 것이 융합되어야 한다. 인간의 삶은 개인적으로 생명을 살리고 사회적으로 공동생활을 영위하고 있기 때문이다.

현대사회에서 유학을 부흥하고자 한다면, 그것은 유학 전통의 예악문화를 시대정신에 따라 變通하는 權道를 통하여 왕도주의를 실현해야 할 것이다. 時中하는 도리와 權道란 그 시대의 상황에 맞게 변통하여 得中하는 것이다. 어떠한 하나의 사회적 행위방식도 순수한 전통적인 것이라 할 수 없고, 또한 순수한 현대적인 것이라고도 할 수 없는 것이다. 현대인의 행위방식은 현대화 과정 속에서 이성화, 전문성, 그리고 보편성 등이 더욱 지배적인 것이 되었으며, 인간에게서의 정감성이나 단체취향, 천부성, 확충성, 그리고 특수성이 약화되는 추세이다. 이러한 경향은 현대인의 사회활동에 있어서도 사유방식에 주관적인 인식에 객관적인 방식이 반영되어야 하고, 문화적 심리구조에서도 흡수, 융합하는 방식을 취하고자 하는 것이다.

인간의 현실생활은 경제생활을 통하여 문화생명을 부지하는 것이다. 경제활동의 성장력은 인간의 능동적 자발성을 고취하는 일로써 가일층 제고될 것이요, 문화생명은 인간환경을 제대로

---

47) 『孟子』 「公孫丑上」 : 以力服人者, 非心服也, 力不瞻也. 以德服人者, 中心悅而誠服也,
48) 『栗谷全書』 「拾遺」 卷5, 時弊七條策.

조성함으로써 역사적으로 발전할 수가 있는 것이다. 사람이 사람을 알아주고 사람이 사람을 위해 사는 인간환경은 친화력과 감화력, 분발력을 더욱 加重시켜 줄 것이다.

유학에서의 사회적 교화는 禮樂이 通行하면 사람들 모두가 화목하게 되어 서로간에 원망을 없애버리고, 또한 사람들 모두가 제 할 일을 하게 되어 사회 안정과 경제적 발전을 촉진할 수 있다고 한다. "樂敎가 통행하면 心中에 원한이 없게 되고 禮敎가 통행하면 사람들이 다투지 않게 된다."[49] 자신과 타인 사이에 無怨하고 不爭하는 것이 서로 한데 어울리는 것이다. 樂의 작용은 好惡의 정감을 조화하여 사람들의 심령을 정화함으로써 마음을 平靜하게 하는 것이요, 예의 작용은 제 각각의 계층 사람들이 지켜야 할 분수를 서로 僭越하지 않고 접촉하는 가운데에서 상호 존중하는 것이다. 따라서 사람다움과 사람노릇을 하는 仁義는 예악에 접근함으로써 예악의 정신을 體現하는 것이다.[50]

泰平사회의 음악은 편안하여 즐거워 그 정치가 바로 화해를 이루고, 혼란한 사회의 음악은 원망스러워 노여움이 가득하여 정치는 바로 문란해진다. 망국의 음악은 哀殘하여서 우울하여 그 국민의 생활 역시 피곤하고 곤란한 것이다.[51]

"선왕이 예악을 제정한 진정한 목적은 사람들의 口腹과 耳目의 욕망을 만족시키는 데 쓰고자 하는 것이 아니라, 민중의 好惡와 愛憎을 분명하게 敎導하여 민심을 통일시킴으로써 국가를 다스리는 목적을 실현하려는 것이다."[52]

인간은 身心一如로 神形妙合을 이루고 있으므로 形氣와 形體를 구별해서 말하기 어려운 것처럼 예악제도 역시 인정을 바탕으로 제정한 것이다.

오늘날 우리가 유학의 부흥을 위한다면, 유학의 재해석이 아니라 '올바른 해석'을 통하여 현대의 시대정신을 제공해 줄 의무를 충실하게 履行해야 할 것이다. 儒家라는 명칭은 신분을 구분하는 호칭에서 나왔지만 그 문자 속에 人邊은 인간다움을 기리는 의식을 담당하고 있다는 것을 의미한다. 따라서 儒者는 메말라 가는 지상의 가뭄 현상에 천상에서 甘雨가 내리기를 기원하여 시공적 환경인 자연환경과 인간환경인 인륜사회가 모두 태평세계를 이루도록 해야 하는 責務를 다시금 자각해야 한다.

"또한 德은 名聲을 구하는 데서 혼란해지고, 智略은 서로 다툼에서 생기는 것이다. 명성은 서로 시샘하고 헤치는 것이요, 지략은 다툼의 무기로 쓰이는 것이다. 이 두 가지는 흉기인지라 그것으로 세상살이를 극진히 할 수는 없는 것이다."[53]

개인의 생명은 집합 속에서 생활함으로써 시간적으로 기쁨을 누리고 공간적으로 즐거움을 享

---

49) 『禮記』「樂記」: 樂至則无怨, 禮至則不爭.
50) 『禮記』「樂記」: 仁近於樂, 義近於禮.
51) 『禮記』「樂記」: 治世之音安以樂, 其政和. 亂世之音怨以怒, 其政乖. 亡國之音哀以思, 其民困.
52) 『禮記』「樂記」: 先王之制禮樂也, 非以口腹耳目之欲也, 將以敎民平好惡而反人道之正也.
53) 莊周, 『莊子』「人間世」: 德蕩乎名, 知出乎爭, 名也者, 相軋也, 知也者, 爭之器也, 二者凶器, 非所以盡行也.

有하는 것이다. 인간 개인은 자신을 알아주는 지기와 동무가 되고, 남을 알아보는 지혜를 가지고, 모든 세상을 이해하는 知天의 단계로 나아가는 것이다. 인간은 동물과 같이 생존만을 위해 살아가는 것이 아니다. 인간은 생명을 살려가는 창조와 생활을 살아가는 문화를 인간답게 조화를 이루며 살기를 원하는 가치를 지향하는 존재이다.

人倫사회는 인간다움을 바탕으로 인간 개체와 개체가 나와 남으로 만나고, 개체와 集體가 만나는 집합체로서 공동사회를 이룬다. 그 만남의 사회성은 人情感의 나눔에 의해 和樂함을 얻어 태평사회를 이루는 것이다.

현대사회에서 문화적인 삶과 과학적인 삶이 만나려고 한다면. 仁情과 仁術이 본말, 시종, 선후, 그리고 내외가 되어 內聖外王의 도를 실현해야 한다. 이것이 진정한 인간환경에 의한 인간경영인 것이요, 창조경영인 것이다. 환경윤리란 자연환경에 관한 문제뿐만 아니라 인간의 문화적 환경도 포함되는 것이다.

인간관계 속에서의 義理와 利害는 주관적인 판단과 객관적인 私利일 따름이다. 그러나 義利가 주객관을 초월하여 합치하는 것이 公的인 것이다. 인륜사회는 至公無私하여야 한다. 의리는 正邪를 구분하여 和平을 유지하는 수단인 것이요, 利害 打算은 욕심 내는 생활만을 위한 목적에 지나지 않는 것이다. "天下의 大本으로서의 中과 천하의 達道로서의 和를 이룩하면 천지가 제자리를 잡고 만물이 제대로 길러진다."[54] 이와 같이 만남을 어울리게 하고 나눔을 고르게 하는 길만이 인간생명을 살려가며, 인간생활을 넉넉하게 할 수 있는 것이다.

따라서 "천하가 균평하여 어느 一夫 한 사람이라도 그의 삶이나 소임을 完遂하지 못함이 없도록 하는 것이 평천하인 것이다."[55] "그러므로 인심의 同一함을 가지고 타인을 제대로 헤아림으로써 彼我之間이 제각기 分數와 願意를 제대로 얻으면 上下 四旁이 均齊하고 方正하게 되어 천하가 均平할 것이다."[56]

결국은, 인륜사회는 인간의 도덕성으로 自他가 待對관계를 이루는 사회이다. 이러한 사회적 만남은 서로를 원망하지 않고, 시샘하지 않는 仁情을 베풀며 사는 공동체를 경영할 수 있는 것이다.

---

54) 『中庸』「第1章」: 致中和, 天地位焉, 萬物育焉.
55) 『大學章句』「傳10章」新安陳氏注 : 如此則, 天下均平, 而無一夫不遂其所矣.
56) 『大學章句』「傳10章」: 朱熹注 : 是以君子, 必當因其所同, 推以度物, 使彼我之間各得分願則, 上下四旁, 均齊方正, 而天下平矣.

参考文献

『書經』.

『莊子』.

『四書集注』, 朱熹 著, 影印本. 서울.

『禮記淺見錄』, 權近 著, 影印本. 서울.

『栗谷全書』, 李珥 著, 影印本. 서울.

『心性錄』, 李元龜 著, 影印本. 서울.

『中國人의 生哲學(Chinese View of Life)』, 方東美 著, 鄭仁在 譯, 探求堂, 1983. 서울.

『國譯 與猶堂全書』, 경집 I, 大學. 中庸, 全州大湖南學硏究所 譯, 全州大出版部, 1986. 전주.

『韓國儒教知性論』, 徐坰遙 著, 成均館大出版部, 2003. 서울.

朴鍾鴻, 「人倫과 産業의 不可離의 관계를 역설한 李元龜의 사상」, 『사상과 사회』, 춘추사, 1967, 서울.

儒學的復興與當代社會

陳榮照 | 新加坡大学中文系教授

　　近代儒学的发展，历经了一段崎岖不平的道路。但近年来，随着亚洲四小龙的经济腾飞，中国经济持续30年的快速发展，全球化背景下多元文化的沟通和交流，引发了儒学复兴的热潮。这是我们对一百多年来批判和否定民族传统文化的一种自我反思，是对人类社会面临的一系列自然危机、社会危机和道德危机后的积极回应。结合当代社会的发展来看，正因为儒家学说的内涵具有促进当代社会发展的一面，所以儒学复兴具有客观的历史必然性和当代价值。我们应该顺应这股潮流，认真研究和解决当前社会所面临的诸多理论和现实问题，真正担当起复兴和弘扬儒学优秀文化的历史重任。

儒學的復興與當代社會

陳榮照 ｜ 新加坡大学中文系教授

历史上儒学作为东亚文明的主要体现，近百年来在中国大陆经历了磨难、遭受否定之后，近年有复兴和人气高涨的倾向。在当今的时代背景下，如何发展儒学文化？使之既保持自身的特质，又走向世界而成为人类社会共享、共有的文明财富和资源，并促进现代社会的发展，这是时代所提出的需要解决的重大课题。

一、儒学复兴

当今世界，和平、发展、合作已成为人类社会三大主题，经济全球化、政治多极化、文明多元化、信息网络化等已成为时代特征。儒学作为中国传统文化和中华文明的基础、主流或主干，对中国历史、现代社会及东亚地区影响很大。近代儒学的发展历尽沧桑，被视为封建主义的代名词，而遭到"五四新文化运动"和"文化革命运动"的冲击和否定。中国大陆改革开放以来，儒学的价值逐渐为人们所认识。这些年来，随着中国经济30年的持续快速发展，亚洲四小龙的经济腾飞，港台新儒家代表人物对大陆学术界的反哺，加以上世纪90年代以来国际形势的巨大变化，经济发展与道德滑坡、诚信缺失的矛盾以及个人灵与肉的矛盾冲突，促使人们寻找自己的民族之根和文化身份，引发了儒学复兴热。如近年来以德治国、以人为本、构建和谐社会、社会主义荣辱观等理念，由中国大陆的学界与媒体联手倡导，并在全球化背景下与世界各国沟通和交流，而儒学复兴热的发源与东亚各国有识之士和海外华人的积极推动有很密切的关系。

儒学复兴概况

在新加坡政府的大力推动与支持下，1982年新加坡教育部宣布将在学校教导儒家伦理，旋即聘请了国外八位知名学者，来新加坡演讲，宣扬儒家思想与中华文化，与各阶层人士辩论、交谈、解答疑问，唤起了公众人士对儒家思想的兴趣，并组成编写组完成教材编写及展开试教、师资培训等各项工作。从1984年起，儒家伦理成为新加坡中学课程的一部分，共实施了八年之久。课程内容采取现代诠释，对儒家概念去芜存菁，去除陈旧的封建观念如愚忠、愚孝、重男轻女等，又以现代社会的观点诠释五伦关系，同时也照顾到青少年的心理需求。教材是多种形式的，除课本外，有学生作业簿、教师手册与辅助读本；特制的视听教材有录音带、挂图、幻灯片、投影机透明软片、教育电视节目与教学示范录影带等。所有教材都备有中、英文两种版本。儒家伦理课程采取新颖的教学方法，打破传统的只靠单一课本讲授的古老方法，代之以多样性、注重启发、思考、问答、讨论等活动教学法，如利用故事、诗歌、实例、生活事件等，以激发及引导学生养成正确的道德思想。这对学生的健康成长帮助很大。课程编写组成员不仅负责编写伦理课教材，还与教师、学生合作进行了一系列的辅助活动。以教师为对象的活动包括师训、教学视导、演讲会、研讨会、教师意见回报调查、出版简讯期刊等。以学生为对象的活动有：学生调查问卷、个别或分组谈话、学校演讲、学习营等，体现了新加坡儒家伦理课程所具有的特色。虽然后来因涉及宗教的原因而中止了儒家伦理课程的教学，但已产生了积极的效果和影响，如帮助学生建立健康的人生观，使之向上向善方面发展；在处世方面，帮助学生学到了做人的道理，在学校、家庭建立良好的人际关系，如尊师重道、孝顺父母等概念得到重视；此外，儒家课程加强了学生对中华文化历史的认识，使他们对自己的根源较有认识。学生对儒家伦理课程的教学反映也很好，据1988年学生(550名)意见调查结果是88%学生说读了儒家课程后对人际关系有更好的认识，而1997年调查数字是80%以上的学生表示能够了解中国传统观念与文化。儒家伦理作为新加坡中学课程，首创以浅显易懂的现代语文，配以现代活动教学法，有效地传达儒家观念给年轻的一代，又能以中、英两种语文任学生选读，证实了以英文教导儒学是可行的。从这个层面来说，儒家伦理可说是一个成功的道德教育实验。新加坡在树立良好的社会风气方面做得比较成功，与开展儒家伦理教育有密切关系。虽然这一课程后来被中止，但教育部仍积极着手在中学公民与道德课程中，加进更多儒家价值观的成分，不必标明是儒家，而仍以儒家精神为核心。新加坡的华人社团、宗乡会馆、文教团体等也在经常主办系列的成人儒家专题讲座，以宣扬优良的儒家观念。

2004在北京召开的文化高峰论坛上的闭幕式上，由许嘉璐、季羡林、任继愈、杨振宁、王蒙、白先勇、周汝昌等80多位学者签署并发表了《甲申文化宣言》，提倡文化的多样性和相容相促、肯定中华文化的核心价值及其对于人类社会和谐发展的贡献等。

2005年5月26日，中国人民大学校长纪宝成在中国《南方周末》周报上发表《重估儒学的价值》，认为儒学的失落在于五四新文化运动的冲击。5月29日，纪宝成正式宣布在人民大学组建儒学院，院长冯其庸(现任院长张立文)。成立之初即开班授课，招收学生。此外，中国人民大学出版社于2005年底出版《儒学基础文库三种》。人大儒学院声势较大，在社会上引起一番大讨论，儒学之风再次热起。因而中国人民大学儒学院为当今儒学研究的重要阵地。中国人民大学孔子研究院院长张立文在《中国人民大学学报》2006年第1期撰文：《国学的新视野和新诠释》，认为国学在中国古代是指国家教育管理机构和高等学府，其教育课程主要是儒家的《五经》、《四书》。这些元典文本经后来学者的不断诠释，使中华民族数千年文脉绵延不绝，生生不息，强盛壮大。

近些年来，儒学研究升温。中国人民大学、厦门大学、清华大学等先后成立或复办国学院，北京大学等校成立了儒学方面的学科或研究机构。与此相应，社会上也出现了争相举办"尊孔、祭孔"仪式和"诵经、读经"活动的热潮。如何正确认识儒学热？如何对待和更好地继承传统文化？这些问题值得进一步展开分析和讨论。

中国自2004年以来，由政府出面，每年的祭祀孔子活动由民间祭祀改为官方公祭。2005年9月28日，孔子诞辰2556周年纪念日，由联合国教科文组织等主办的"2005全球联合祭孔"活动在世界各地孔庙同时展开。中国国家领导人和联合国教科文组织代表、外国驻华使节，出席在曲阜举行的祭孔大典，上海、浙江衢州、云南建水、甘肃武威、香港、台北和韩国首尔、美国旧金山、德国科隆等地的全球30多座孔庙也同时进行了不同形式的祭孔活动。中国中央电视台以曲阜孔庙祭孔为主直播现场，进行了近3个小时的直播，对海内外祭孔活动也进行了充分报道。这是中国官方50多年来举行的规模最大、范围最广的一次公祭孔子大典。这反映出拯救传统文化、复兴儒学的声势近年来在中国儒学界、民间乃至官方都在逐渐壮大，中国新一代领导人倡导的"以人为本"、"和谐社会"等理念，事实上与孔子和儒家思想就有着重要的关联。一场文化仪式体现出主流政治与传统文化之间一种相互适应、相互补充的微妙关系。这体现出国家的文教政策已对儒学的重视。近两年又有国家文化部和山东省人民政府共同主办世界儒学大会，汇集海内外儒学研究机构、学者共同探讨儒学的现代价值，推进儒学国际化的研究、交流与合作，表现出对儒学及其国际化的重视。

中国政府筹建孔子学院在全球推广中国文化。2004年11月首家孔子学院在韩国首尔成立。据2009年12月统计，全球迄今已建立近300所孔子学院，70所分布在28个亚洲国家，21所分布在15个非洲国家，94所分布在29个欧洲国家，87所分布在11个美洲国家，10所分布在2个大洋洲国家。孔子学院被认为是传播中国文化的重要渠道，而中国文化的主流是儒学，孔子学院在全球各地的扎根，在一定程度上表明中国开始注重传统文化在国家文化发展战略中的重要意义，并开始在对外交往中积极宣传中国文化和中华文明。

当前出现的这股儒学复兴热、传统文化热，是我们对一百多年来批判和否定民族文化的一种自我反思，是对人类社会面临的一系列自然危机、社会危机和道德危机后的积极回应。我们应该顺应这股潮流，认真研究和解决当前社会所面临的诸多理论和现实问题，真正担当起复兴和弘扬儒学优秀文化的历史重任。

二、儒学复兴与当代社会的发展

在儒学文化圈，现代社会的发展与儒学的复兴是分不开的，这是由于历史的原因形成的。现代社会的发展至少包括：儒学必须适应时代的发展，就得现代化。包括儒学在内的任何思想文化既然是时代的产物，就必须适应社会历史发展的客观需要，而不是让社会的发展去适应某种思想。由此观点出发来看待儒学与现代社会的关系，便可得出：儒学中凡有利于促进现代社会发展的思想因素，就应继承发扬和综合创新；凡阻碍现代社会发展的思想因素，就应批判和清理。儒学在当代社会及当代新文化中的位置，取决于儒学自身的价值，它在何种程度上能够满足现代化及现代社会的需要；以及人们对它进行现代审视、反思和诠释，如何去实现儒学的现代转化。儒学本身有没有与现代化相适应的方面？它必须适应工业文明、商业文明的需求，应把现代文明中合理的内容吸收进去，包括全球意识，儒学中"天下为公"的思想，体现了一定程度的全球意识。

儒学复兴的背景

儒学自孔子起就自觉地传承着夏、商、周三代的文化并加以损益，从历史上看它曾是中华民族文化发育、成长的根，我们不能割裂这个文化传统。儒学在全球范围，虽不处于官学地位，但在中国有两千年时间，并居社会意识形态领域的正统地位。宋代新儒学即程朱理学还成为东亚国家如日本、朝鲜、越南等国家的官学，这是中国唯一输出外国而成为其官方学说的思想学说。然自推翻清王朝以来，儒学已丧失了官学地位。儒学在近些年的复兴，具有历史和时代的必然性。在中国大陆及台港等地，提倡读经，诵读儒家经典已蔚然成风，以经典中体现的民族精神和精华作为人生的指导和行为的准则，是有益的，并已取得初步成效，令人注目。

在西方政治和西学的冲击下，中国仍连续30年快速发展。上世纪末，中国大陆学术界热烈讨论和合学与和谐思想文化，探讨儒学中可能蕴含着的有别于西方文化的普世价值。至新世纪初，随着经济和社会发展到一定的程度和阶段，中国大陆官方提出建设"和谐社会"的战略诉求，而在儒家思想中包含着大量的和谐、和合思想文化的资源则可资吸取和借鉴。从儒学特质看，它有很强的包容性，各种思想、主张都可以吸纳、包容，尽管人与自然相比，人的地位更为重要，但儒学并不把自然看作异己力量，而是主张人与自然和谐相处，认为天人是相通的，倡"天人合一"，"万物与吾一体"之说。这与西方文化重视人与自然，以及人与人之间的分别对立的观念确有不同。故中国文化十分注重和谐局面的保持，求大同存小异，成为人们普遍接受的思维原则。主张爱其所同，敬其所异。发扬此种精神，有利于维护世界和平及环境保护，也有助维护民族团结和社会稳定。

在上世纪80年代的文化讨论中，"复兴儒学"的人士提出，儒家思想具有永恒的价值，传统儒学可以作为中国实现现代化的思想原则和精神动力，可以解决当代中国存在的问题。在学术讨论会上，有人提出宋明理学可以作为社会主义精神文明的"直接来源"，可以"拿来就用"。(据1981年10月在杭州召开的国际宋明理学讨论会上冯友兰先生的发言)也有大陆学者发表文章，强调"中国大陆当前最严重的问题不是民主政治与经济发展问题，而是民族生命四处飘荡，民族精神彻底丧失的问题，……而要安立民族生命，恢复民族精神，就必须复兴儒学。"(≪中国大陆复兴儒学的现实意义及其面临的问题≫，载台湾≪鹅湖≫月刊1989年第8—9期)这些方面表明，"复兴儒学"思潮在当今中国大陆不断地漫延扩展，并产生了一定的影响。

儒学是历史的产物，今天在全球化、现代化的时代，我们应如何看待儒学复兴？我认为应该结合当代社会的发展来看，正因为儒家学说的内涵具有促进当代社会发展的一面，所以儒学复兴具有客观的历史必然性和当代价值。

回顾儒学发展的历史，儒学在以往各历史时期的发展，都是在回应了时代的挑战，解决当时重大社会问题之后才得以发展创新的。如宋代新儒学面对外来文化佛教的挑战和儒家经学式微、伦常扫地、思想失向，社会价值观念亟待重建的严峻局面和各种社会问题，当时学者就以儒家伦理为本位，批判地吸取佛、道精致的思辨哲学，结合社会发展的需要，创建以"天理"论为标志的理学思想体系，把儒学发展到一个新的阶段。

儒学的发展回应时代的挑战

当今时代，儒学要得到发展，也须认真回应时代的挑战，发挥儒学内在的固有价值，以解决当今世界和社会发展所面临的冲突和各种重大社会问题。这些挑战和问题包括：全球化和高新技术迅猛发展的挑战，文明之间和价值观的冲突，经济和政治利益的冲突，随着经济的发展而社会日益发生深刻变革的挑战，人与自然的冲突，生态环境破坏，人与社会的冲突，道德衰退，贪污腐化，家庭蜕变，毒品走私，以及长期存在而尚未得到很好解决的科技化、工业化与道德人文分裂的危机等等。

面对这些挑战，儒学应做出积极的回应，化解冲突，解决矛盾和重大社会问题。在经济全球化和知识经济、高科技迅猛发展的背景下，使儒学与现代科技相结合，而不是相互脱节；积极参与文化交流，与西方等各种文明展开对话，既认同自己的文明价值，又尊重其他文化传统；发扬儒学把个人价值置于社会价值之中的价值观，化解人与社会的矛盾和冲突；推进和完善现代民主，把时代民主政治与儒家基本的道德人文观念结合起来；继承和创新儒学的和谐精神及"仁者以天地万物为一体"、天人合一的环境保护思想，构建和谐社会、和谐世界，树立人与自然和谐相处的生态伦理观，以解决全球面临的生态问题；继承和改造儒学的"德治"思想及"天理治国论"，发扬其优长，使之与现代法治观念相结合，以治理道德衰退、贪污腐化、家庭蜕变等各种社会问题；并将儒家道德人文与现代科技、现代科学精神相结合，最终以道德理性主导工具理性和感性欲望，这正是一个民族和社会延续和正常发展的基本准则。

儒学复兴应与当代社会的发展紧密结合。儒学研究属文化建设的范畴，包括儒学在内的各种思想文化既然是时代的产物，就应适应时代变迁和社会发展的客观需要，而不是让社会的发展去适应某种思想文化。也就是说，儒学研究不是为了发思古之幽情，而是为了探讨和总结历史上思想文化发展的客观规律、发展线索、历史经验教训及对后世和现代社会的影响，为现代社会的发展提供一定的借鉴。因此，对儒学的研究，应把历史的观点与现实的观点结合起来，以探讨儒学与现代社会发展的关系。拓宽研究领域，贴近社会及思想文化发展的现实，对儒学及其影响作现代审视、反思，挖掘其现代意义，回应时代的挑战。并放眼东方和世界，在当今世界多元文化碰撞、交流与融合中，探讨儒学的东方文化意义，加强与东方及世界各国的学术文化交流，使儒学研究与现代社会、现代文明的发展相适应、相结合，克服其中的保守过时的成份和糟粕、流弊，弘扬其合理思想和超越时代的有价值的成份和精粹，为新时代建设和谐社会、和谐世界提供健康文明的启示。并在全球意识下，融合诸文明、诸文化之优长，而共同创造人类未来的新文化。我们现在已迈进一个全球化的新时代，西化和现代化理论所预设的以启蒙精神为主的欧美文明被奉为人类进步和发展的典范已受到了质疑。在新的全球化时代，现代化可以具有不同的文化形式，因为新时代的精神传统(包括西方之外的印度教、伊斯兰教、中国儒学中的儒学和佛道二教)所孕育的人文意识会与日俱增，只有通过对话才能为全球社群开辟一条和平共存、同舟共济的康庄大道。虽然文明之间的矛盾不可能在一夜之间消解，但尽量减少因矛盾而激发的冲突，避免因冲突而导致的抗争是人类长治久安的当务之急。有学者指出，儒学中所体现的具有涵盖性的人文精神是中华民族可以提供给全球社群的丰富资源。因此，除了大家熟悉的普世价值如自由、法治、人权、市场经济、民主政治和市民社会来自西方外，儒学中影响深远的儒家传统价值如"己所不欲，勿施于人"的恕道，"推己及人"的仁道，以及"和而不同"的共生共处之道亦是文明对话不可或缺的基本原则。这些儒学中的精华亦应成为普世价值，而对世界文明的发展和现代化做出贡献。儒学与西学的融合是在当代文化语境中传承和发展儒学，促使儒学走进新的文化境界的重要途径。儒学的传统正因为受到了西方观念的冲击，其中的糟粕被批判，儒学才可能被现代化所参照，它能够吸收西方的优秀价值，但亦要结合中国现代化的实际加以创新发展。因此，振兴儒学，要注重儒学的实践性，离开了现代化社会发展实践的儒学是没有生命力的。

推广和谐思想

　　思考儒学复兴如何向世界扩散和发展方向的问题，其中一个重要的途经就是适应当今世界和平、发展、合作这三大人类社会的主题，而大力宣传推广儒学中的和谐思想，为建设和谐世界提供思想智慧的渊泉和理论指导，这具有十分重要的现实意义，也是儒学的重要价值之所在。

　　作为中国传统学术文化的儒学，包含有丰富的和谐、和合思想的内涵，儒学的一个重要精神，就是"和"，非常注重和谐，倡导和平，这形成儒学的一个突出特点。经过时代的创新改造和推广，可为当今时代建设和谐世界提供可资借鉴的理论依据。

众所周知，包括和、和合在内的和谐思想是儒学基本的人文精神的重要组成部分，在历史上产生了深远影响，至今仍有重要的现实借鉴意义和价值，值得认真地总结和吸取。和谐精神是中国文化和中华民族的基本精神之一，孔子提倡"和为贵"（≪论语·学而≫），≪周易≫重视人与自然、人与人之间的和谐统一关系。

儒家学派创始人孔子以和作为人文精神的核心，在处理人与人之间关系时，强调"君子和而不同，小人同而不和"（≪论语·子路≫）。既承认差异，又和合不同的事物，通过互济互补，达到统一、和谐。这与"同而不和"，取消不同事物的差异的专一观念形成对照。孔子门人有子曰："礼之用，和为贵。先王之道斯为美，小大由之。"（≪论语·学而≫）这代表了孔子的思想，和指适合，亦指和谐，即礼与和是互相联系的，礼的作用是和，而和是维系礼的手段。认为治国处事、礼仪制度，以和为价值标准，来构建一个理想的和谐社会。

不特孔子，孟子亦然。儒家代表人物孟子提出"天时不如地利，地利不如人和"（≪孟子·公孙丑下≫）的著名论断，强调与天时、地利相比，人和的重要性。

≪易传≫提出十分重要的太和观念，讲"保合太和，乃利贞"（≪周易·乾卦·象传≫）。重视合与和的价值，认为保持完满的和谐，万物就能顺利发展。

先秦儒家著名人物荀子虽有天人相分的思想，但也重视和。他说："义以分则和，和则一，一则多力，多力则强，强则胜物。"（≪荀子·王制≫）认为事物虽有分，但分之适宜则和，和即协调不同之事物，使之达到统一，统一则有力量，有力量则强，强则取胜外物，以为人类服务。

儒家中和思想也贯穿着和、和谐的原则，这在历史上产生了重要影响。≪礼记·中庸≫云："喜怒哀乐之未发，谓之中；发而皆中节，谓之和。中也者，天下之大本也；和也者，天下之达道也。致中和，天地位焉，万物育焉。"意即喜怒哀乐等人的感情未发之前，谓之中，此中作为一种思想和伦理原则，存在于内，是天下万物的根本、人的感情的发源地。人的感情表现出来，符合了中的原则，就是和。掌握了中和的道理，天地万物便有其根据，人的道德也才能达到尽善尽美的境界。

其后，历代学者都很重视≪中庸≫提出的中和之义，把它作为思想方法论及道德修养论的基本原则，强调一切事物都要符合中，中的运用要贯彻到人的感情流露等各种事物中去，防止违背中和的原则而出现种种偏激、不适当的行为。

儒家强调执其两端取其中，讲中和，不走极端，办事恰到好处，不偏不倚，既不过头，也无不及。对矛盾双方都提出规范和要求，不过分偏向一方，否则将导致统一体的破裂，这是儒家精神所反对的。由此而产生"和为贵"、"仇必和而解"的重和谐思想，在历史上影响深远。重和谐，重矛盾双方的统一，不走极端，不随意打破有机统一体，这不仅成为人们普遍遵循的思想方法，而且成为儒学文化精神的重要组成部分之一。持中重和，以中为原则，来实现天下和谐，这是儒家文化所注重和维护的。

儒学中的和谐思想的基本特征是强调天、地、人之间的和谐与统一，追求在调和机制中保持宇宙、自然与社会的和谐共荣。它不仅是一种崇高的社会理想，甚至是一种具有哲学意味的心灵境界。天下平和，世界大同，是建构和谐社会的价值追求。有学者指出，重视和提倡和谐思想，并不是不讲矛盾、斗争和冲突，而是既客观地承认矛盾、冲突和差异，又积极妥善地解决矛盾、冲突，把斗争限定在一定的适用范围内，使诸多异质要素、各个不同的事物在对立统一、相互依存的统一体中，求同存异，形成总体上的平衡、和谐、合作，由此促进事物的不断更新、发展。科学理解和大力弘扬和谐思想，加强对儒学和谐思想的研究和推广，是建设和谐世界的需要，具有重要的现实意义。促进人与人、人与自然、人与社会的和谐发展，是人类社会发展的永恒主题，"和而不同"的共生共处之道亦是文明对话不可或缺的基本原则。当今国际社会已进入新的和平与发展的时期，然经济、政治竞争，以及军事竞争亦影响着各国。对国家安全观和国家利益的各自不同的理解与追求，导致局部危机在热点地区时有发生，并有愈演愈烈的趋势。事实上，世界上有许多国家和民族，有不同的文明与文化，不能只有一个模式、一种要求。那种以西方文明排斥其他文明，抹煞各种文明相互间的交流、吸取与融合，将文明的差异极端化，企图以西方文化及价值观为标准来规范当今社会及其发展方向的做法与世界文化多元发展的走向极不协调；以一国及个别国家的利益凌驾于世界各国利益之上的作为也极不得人心，因而遭到了许多国家和人民的反对。国际社会应该是多元而又互补的，既冲突又相交流合作的。国与国之间的冲突、矛盾难以避免，但不应诉诸武力，而应以和平的方式化解冲突，摒弃冷战思维。在这方面，儒学和谐思想可提供解决冲突、和平共处、互不干涉、共同发展的思想理论的指导，提供反对霸权主义、建设和谐世界的价值评判标准，使人类文明在迎接新时期的挑战中，相互吸取优长，融会贯通，而共同创造新时代人类未来的文明和文化。

儒家经典≪尚书≫的第一篇≪尧典≫就提出了"协和 万邦"，强调以和睦、礼仪来协和天下之各国。≪左传≫隐公六年也说："亲仁善邻，国之宝也。"这些正好表达了儒家文化礼仪天下，与邻为善，以邻为伴的和平友好的对外交往原则。我们应在和平共处原则基础上加强各个国家的友好合作。坚持与邻为善、以邻为伴的对外相处原则，推动区域合作机制建设，把务实合作上升到新水平，并扩大国家间的共同利益，妥善处理分歧，推进交流与合作。积极参与和开展多边外交，在国际和地区事务中发挥建设性作用。扩大和深化对外政治、经济和文化交流，建设和谐世界，为增进同世界各国人民之间的了解与友谊，增进各国人民福祉，实现互利双赢、互利多赢而努力。和谐世界的建立，应致力于实现各国的和谐共处，致力于实现全球经济的和谐发展，致力于实现不同文明的和谐进步。而儒学和谐文化可为此提供思想智慧的源泉，为世界开太平，这体现了儒学复兴促进当代社会发展的现实价值和意义。

以孔子为宗师的儒学文化，经时代的发展而注入生机，又能够与时俱进，回应时代的挑战而走向复兴。并以开放的精神，不断地广泛吸取外来文化的优长，有效地发展自身的理论，而成为时代精神的精华。这些精神包括：开放精神、人文精神、和谐精神、理性主义精神、主体意识、忧患意识、求实精神、实践精神、重道德意识、积极有为奋发向上的自强精神、群体意识等等。这些精神构成当代儒学的特质，是儒学能够有效地回应时代的挑战，历经万难而与时俱进的内在生命源泉，不仅成为东亚地区的文化精神和伦理传统，而且亦辐射到世界各地，成为人类文明的重要组成部分，由此可见在文明对话中，复兴和发展儒学的重要性。

儒家文明在21世纪全球秩序中的作用

Reg Little | Born University

相关历史背景

儒家文明在全球秩序中的作用除了东亚地区以外，很少被提及。然而，进入21世纪之初，它就已然成为国际关系中重大的转变能源。它在很大程度上并不被认知，因为它用最简洁的话语最有效的表达出传统儒家的价值对于经济活力和财务战略认识，这也使得东亚人民形成了一个致力于全球最大的金融，经济，教育，科技资源的共同体。

儒学是一种比基督教更加微妙和复杂的文化现象。它所具有的包容性和与孕化万物的精神以及智慧传统，无论是中国的意识形态，如道家，易经，法家和墨家；又或是外来宗教的意识形态，如佛教，伊斯兰教和基督教；还是抽象的意识形态，如资本主义和共产主义等所不具有。在过去的半个世纪中，中国的行政和商业领域对儒家文化传统和价值观念是十分熟悉的，而日本模拟经济战略的成功，又向我们展示了其他的共同体也可以模拟这种儒家文化的可能性。众所周知，1997年亚洲经济危机之前中国以此为目标进行经济发展，1997年以金融危机为契机，中国展示了自己的经济的能力，并逐步完善成熟，领导东亚地区逐渐走出危机。

早在20世纪60年代，东亚的成功经济战略，如制造，技术和财富，已经横跨太平洋从儒学的亚洲移动到了美国。但是"知识的种族隔离"概念已经深深扎根在英语圈世界，他们无视文化需要交流的现实，排斥其他文化，使作为一种语言的英语也留下了残缺。

基本的文化鸿沟

西方的思想，从希腊文化，基督教到现代的世界观，直到美国的崛起，这种受到历史文化影响的移动就出现了停滞。因为他们一味追求经济增长并且只重视经济增长，一直实施这种野蛮的政治，使得这种停滞成了一个不可避免的定局。他们没有过去的经验和成熟的智慧可以去借鉴，在几乎没有准备好的状态下，只是一味进取和变革，但却知之甚少，这是一种不可持续性的"进步"，因此在科学上以一种不确定性的形式存在着。

当代儒家思想与西方哲学思想是个有趣的对比。它有西方的公开，自信，自立，但福音精神却很少。然而，儒家思想的成就，绝对与以和平主义自处的美国和英国在长期所占领地区的结果是无法比较的。

在过去的一个世纪里，英籍美国人的特征是试图通过战争来保存各自的实力，但结果却适得其反。英国与德国之间的战争，是为了保护各自优势，致使无法与正在上升期的美国相抗衡。现在的美国却在重蹈英国的覆辙，挑起一系列的小规模战争，而这些只是消耗了自己的经济实力，损失了自己的政治地位。在形成当今全球秩序的西方企业文化中，蕴藏着传统儒家的管理和统治的思维模式。这些早期的经验表明，儒教文明战略的管理和商业活动能够获得更多更长期的利益。

儒家文化圈

一些作家用含有西方思想的词语来谈论中国时，将中国描述成一个资本主义形式的国家。这就造成了地域的敏感性。我们应该忽略西方的成见，尊重中国悠久的文化传统，给予中国一个正确的评价。

早期教育和持续学习在儒教传统文化中占有非常重要的位置。这可以帮助新一代迅速了解和掌握前人的智慧结晶，并加强其作为社会一份子的责任心。另一方面，这也使新一代产生了一时的侥幸心理并获得了时代的保护，致使社会产生一种教育上的努力和标准上的强化的特征。

每一代都是对服从，纪律，学习及灵感等惯习的模仿，英籍美国人在现实社会中过分的安于现状，认为使用儒教思想作为指导理念的政府外表看来有很多相冲突的要素，即道德的理想和亲切的行政，残酷的法家思想的权威和"无为"这一进步观点—"无为"即不去行动的意思，但是法国重农学派将其解释为"自由放任(laissez faire)"-- 受到这种独特组合的影响，关于传统描述的事实，评论者几乎没有言及，也并不对此有所在意。在这样的气氛下，人们仅仅通过对政府的信任和服从使得社会繁荣昌盛。

儒家和道家的影响都在于强调培养个人的自我理解，自觉洞察力，自我反省力，直觉力，冷静以及判断力。广义上说，他们对于自然的理解，或是对于宇宙的掌握，并不是只是追求事实真相，而是更重视对道概念的探求和遵循上，在实际行动中，强调符合社会和自然和谐，反而是西方比较忽视这些方面。

儒家的全球性再创新

半个多世纪一直活跃的美国经济，是由于借鉴了儒家方式的亚洲的政治和经济模式，这种借鉴与儒教社会的成长和在美国经济的下滑被认为是一个谜，尽管未吸引到很多的注意力。事实上未来美国政府对于自身能否更有效的管理本国的经济利益也是持怀疑态度的，在经济危机的区域它也很难与中国相匹敌。东盟与中日韩3组，汇集了20亿人口，拥有无可比拟的财力，物力，生产力，以及科技和教育的力量，它的主要的自我选择的行政和商业精英管理模式都与儒家的模式和价值观相符。此外，中国已经积极主动与BRIC，SCO，及其他团体进行合作，以建立更广泛的网络。

形势变得越来越复杂，问题也越来越多，这就要求一个能够挑战固有知识权威的转折点的出现，而许多领域的人类活动都不约而同地指向了儒家文化。全世界的教育如果都是按照英美的"普遍式"教育方法来实行的话，是行不通的。儒家文化在许多方面可能会遇到挑战，最大的挑战应该是如何重新评估并再命名西方医学和科学。这些在西方模式下所建立起来的领域，不仅会使人类的健康遭到破坏，也会使自然环境遭到高度破坏，而英籍美国人的控制系统，又很难看到任何自我纠正的能力。

旧的模式，旧的配方，旧范例，旧的理论和那些虽然不是很旧但却妥协于旧模式的定论，是动态的，不可预料的，有危险性和欺骗性的。具有儒家观念的亚洲已经将这些统筹管理并进行了转变，但西方在这一点却差强人意。只有以敏感的有责任的人文主义精神为基础的渊博智慧，以及与自然和谐相处的方式，才会使世界更加繁荣，蓬勃发展。这是时代给予以儒家精神为核心价值的亚洲的一个光荣而沉重的负担。

The Role of Confucian Civilization in 21st Century Global Order

Reg Little | Born University

SOME HISTORICAL BACKGROUND

The Situation Today

The role of Confucian civilization in global order remains little remarked upon outside East Asia. Yet, it has been the major transforming energy in international relations since well before the beginning of the 21st Century.

It has gone unremarked largely because it has been expressed most effectively in a form rarely associated in traditional discourse with Confucian values, namely economic dynamism and financial strategy. This has enabled the peoples of East Asia, including most notably China, Japan, Korea and the ten ASEAN members to form a tacit community that concentrates the globe's most substantial financial, economic, educational, scientific, technological and productive resources.

It has also gone unremarked because it has never adopted an explicit or overt form, living quietly but robustly in the behaviour of the people who define the administrative, commercial and financial behaviour of the region. Consequently, while nations in the region have populations which are predominantly Muslim or Buddhist, all tend to have administrative and commercial elites that can work together with a mutual understanding that is best described as Confucian.

Associated with this is the fact that often Confucian values have shaped people's behaviour without them being aware of the debt they owe to this longest and richest of vital, living traditions. Only over the last decade or so has the number of people expressing open interest inand pride about the Confucian tradition begun to grow substantially. Even now, much work remains to be done to detail the way in which the tradition has drawn from millennia of experience and accumulated wisdom to become such a power in shaping the 21st Century.

Further, it has gone unremarked because the dominant powers of the past two centuries, Great Britain and the United States, have practiced a form of 'intellectual apartheid', identified by John Hobson in "The Eastern Origins of Western Civilisation". This has aggressively sought to marginalize, disparage and denigrate any cultural or value system that does not conform with notions of post-Enlightenment "universal" values, such as elected democracy, rule of law, free markets and human rights.

While this succeeded brilliantly in consolidating a form of global order over the past two hundred years, cultures that were once marginalised are now taking advantage of mistaken, and increasingly naive, Western "universal" certainties. In particular, the economic rise of East Asiaand the financial disarray of the West have begun to showcase the failings and hypocrisy of "universal" values. East Asia's capacity to concentrate the financial, economic, technological and scientific power that can transform for the better distant communities has raised fundamental questions about the continued ability of Western interests to retain significant, competitive economic, political and intellectual influence far into the future.

What is Confucianism?

Arguably, Confucianism is a much more subtle and complex cultural phenomenon than Christianity. Equally, it is hard to deny that it has a more successful historical record.

On the first count, it has tolerated and nurtured parallel spiritual and intellectual traditions, whether these are represented by Chinese forms like Daoism, the Book of Change, Legalism and Moism, by alien religions like Buddhism, Islam and Christianity or by alien ideologies like Capitalism and Communism. This capacity to incorporate and nurture, yet still exercise some command over, alternative approaches to human spirituality and intellectuality is increasingly important in the contemporary multi-cultural global community. As a result, the study of the contemporary influence of Confucianism takes on an increasingly complex character that fits uncomfortably in any one or two discreet established academic disciplines.

On the second count, it has preserved a continuity of identity and values over several millennia and despite the successive rise and fall of various political orders, including Mongol and Manchu dynasties in China. It has also peacefully spread its influence through progressively pervading the cultural behaviour of China's East and South East Asian neighbours. Moreover, it is a cumulative wisdom, continually adjusting, growing and maturing with experience, so that there is both recognisable continuity and relentless transformation.

This success has not been the product of Christian type dogma but rather it has been the product of a highly practical focus on the rewards derived from rigorous learning, human relationships and disciplined humility — the three qualities highlighted in the first three lines of the Confucian Analects. Together with the Daoist classics and the Book of Change, the central Confucian classics focus attention on a harsh natural reality, familial and community rituals and the responsibilities and the rigors of human life. They have little to do with the central certainties of Western tradition, such as faith, notions of the self, abstract truth and doctrines built on claims to transcendent authority.

Yet the dominance of the West has been such that, since its serious intrusion into China after the beginning of the 19th Century, it has been extremely difficult until very recently to explore the Confucian tradition, without having one's thoughts and language subject to sniping ridicule and dismissal.

The Post 1945 Leadership Role of Japan

Early in the 20th Century, Japan was the first Asian state to challenge Western dominance. Then, after defeat and occupation by the United States in 1945, Japan immediately accepted its fate in a highly disciplined and coherent, as well as apparently submissive, manner. The whole population accepted the continued authority of the Emperor and of other leaders who were closely associated with the war effort but who now worked assiduously to win the confidence and trust of their conqueror and occupier.

The Korean War and broader Cold War made this easier as the United States needed to build alliance strength. One should not, however, neglect the contribution of men like Nobusuke Kishi, an alleged war criminal who nevertheless was able to win the trust of the American Secretary of State, Allen Dulles. This was achieved with, according to the record of CIA activity, "A Legacy of Ashes", an offer to guarantee strong Cold War alliance support in return for American backing of the Liberal Democratic Party. This created a bond of trust. For several decades Americacould count on more or less unqualified support, while Japangained ready access to American finance, technology and markets.

The story becomes more subtle and salutary when one steps back and looks at it in the context of traditional Chinese wisdom, particularly teachings attributed to Jiang Taigong in the 12 Civil Offensives of the "6 Secret Teachings". This advocates that a weaker party (and no one is weaker than a party defeated and occupied in a recent war) can overcome a more powerful adversary by a calculated pattern of behaviour. This sets out to serve every wish, whim and desire of the more powerful and thereby create a relationship of dependence, and ultimately vulnerability.

Importantly, the successful application of the 12 Civil Offensives depends almost totally on the respective moral strength of the two parties. The weaker party in terms of disciplined, virtuous conduct is effectively guaranteed defeat. Although attributed to a time five hundred years before the birth of Confucius the wisdom and spirit of this strategy is consistent with the traditional values associated with the Sage.

While Jiang Taigong's 12 Civil Offensives can read like common sense, it is rare to find examples of a whole community having the discipline and leadership to apply them successfully in such a devastating manner. Not only did Japan succeed within less than four decades in being seen to be a rival to the United States, in books like "Japan as Number One", but it created a model that has transformed East and South East Asia. At the same time, the Western world has with few exceptions refused to examine this phenomenon in any other than the most shallow, misleading and self-defeating ways.

The Support of the Four Dragons and Others

Over the past three or four decades, wherever administrative and commercial classes are familiar with Chinese, or perhaps more accurately Confucian, cultural traditions and values, they have demonstrated the capacity to emulate the above Japanese model for success. Others have not needed to start from the disadvantageous position of being a defeated and occupied nation, but they have mostly been able to follow the Japanese example of developing and maintaining a close alliance and trading relationship with the United States and gaining comparable privileged access to American finance, technology and markets.

It would appear that the administrative and commercial classes of the region have had no problem in understanding both the underlying inspiration for Japanese success and the qualities that make for such advantageous partnerships with the United States. Significantly, there has been little comparable pattern of achievement in other parts of the world. This might have led to some questioning and investigation but one of the American qualities that has assisted the communities of East and South East Asia has been an over-riding confidence in itself, its ways and its certainties. This has allowed American assumptions and practices to be identified and used to advantage by those who study and master them but are not bound by them and can work to utilise them in ways that are not anticipated.

Of course, the Asian Financial Crisis (AFC) of 1997 demonstrated that the mastery of American ways differed around the region. One of the surprises was that, apart from China, Malaysia, led by a Prime Minister with little Confucian background but a keen interest in cultural characteristics, handled the challenge almost as well as anyone. In retrospect, some commentaries have suggested that the crisis was an attempt by some in the American financial establishment to wind back the effectiveness of Asian economic strategies. Critically, it was the resolute strength and understanding of China that minimised damage in the region and that enabled most in the region to recover reasonably quickly.

The Rise of China

It was already clear before the 1997 AFC that China was following the earlier development models of Japan and other members of the region. However, 1997 gave China the opportunity to demonstrate both its own growing economic maturity and its capacity to lead the region in a constructive manner in times of crisis. It is highly unlikely that this outcome was anticipated or welcomed in Western financial circles. For a period, these abandoned themselves to celebrating the crisis as evidence of the failings of the Asian economic model and the weakness of Asian values as a basis for economic development.

In fact, the 1997 crisis contributed to excesses of false confidence and fed bubbles in the American and other Western economies that have become all too apparent a decade later. At the same time it bred a new form of resilience in Asia and a determination to avoid the traps of easy Western finance. This helped strengthen the fundamentals of productivity in Asia and encouraged growing economic and technological dependence and indulgence in the United States and other Western economies.

In retrospect, it is difficult not to identify the 1997 AFC as a critical turning point. America rejected a Japanese initiative that would have strengthened it and America's regional influence and instead gave China the opportunity to demonstrate both its economic resilience and its leadership resolution. At the same time, the "exuberant triumphalism" of America and the West expressed over the discrediting of Asian values and alleged "crony capitalism" did little more than prepare the ground for the exposure of the West's own "crony capitalism" eleven years later in the 2008 Global Financial Crisis (GFC).

Importantly, the GFC left little doubt that the global economy now depended heavily on Chinese financial resources and economic leadership. At the same time, the plight of the American and other Western economies was generally dealt with in evasive and misleading terms.

The Denial of the West

America and its allies have been in denial since well before the 1997 AFC. The remarkable success of the Japanese economic model had led to books like "Japan as Number One" and much other concern through the 1980s, which was only eased when Japan entered its two decades of recession at the beginning of the 1990s. This and the 1997 AFC soothed American apprehensions. Yet, few remarked on the anomaly of the growth in Japanese foreign exchange reserves that accompanied its recession and that paralleled a major growth in American foreign exchange deficits.

Going back at least as far as the 1960s, there has been evidence of successful economic strategies in East Asia that have been moving manufacturing, technology and wealth from America across the Pacific Ocean to Confucian Asia. There has been a resolute determination to deny the significance and implications of this development. In 1989 a book with the title "The Confucian Renaissance" was treated in Australia as some sort of misguided joke. "Intellectual apartheid" has deep roots in the English speaking world. Not only does it marginalise and dismiss alternative cultural realities but it has left the English language mind crippled. The "universal" values that replaced Christian belief after the European Enlightenment are bolstered by doctrines and dogmas that shape all education and by a legacy of faith that bestows a transcendental authority on such beliefs that is beyond challenge.

Even the obvious dysfunctionality of a declining economic and political system has not led to effective intellectual challenges. Rather, a value system is maintained that is characterised by governments that are controlled by the funding and lobbyists of corporations, by businesses that employ fewer and fewer members of their own community, by bankers who have made the financial system into a casino that supports less and less productive activity, and by advanced military technologies that cannot win small wars

FUNDAMENTAL CULTURAL DIVIDES

The Passion and Failure of the Western Mind

Richard Tarnas has shown in "The Passion of the Western Mind: Understanding the Ideas That Have Shaped Our World View" how the Western mind has moved through Greek, Christian and Modern world views and how these created classical, medieval and modern transformations.

Tracing itself back to Greek thinkers like Socrates, Plato and Aristotle, the Western cultural and intellectual tradition also picks up precedents from the Roman Empire like the rule of law. It then shows the doctrine and dogma of the Roman Catholic Church using neo-platonic forms to define mainstream Western thought and identity until the European Enlightenment. The Enlightenment emphasised secular orthodoxies but resorted to habits and techniques practiced by the Church, and installed belief in new doctrines and dogmas of secular, "universal" values, like the free market, individualism, egalitarianism, and much else.

In 1949, when George Orwell wrote his novel "1984", it was readily accepted as a warning about a future gone wrong under autocratic rule and relentless brain-washing. In fact, it can be argued that Orwell was writing about the past and present and that he saw Anglo-American power as the product of the type of brain-washing that is caricatured in "1984". People were programmed to believe in their democratic rights exercised through electoral processes and distracted from examining the manner in which corporate and other forms of privileged wealth and power managed public opinion and election outcomes. This guaranteed public support for colonial expansion, war, and other key strategic decision making.

It would be grossly mistaken and foolish to underestimate the success of this culture. It brought about an unprecedented variety of global transformations. Moreover, it might have maintained its authority had it been better prepared to understand the cultural challenge emerging from East Asia. The complacency, confidence and arrogance that informed its imperial authority and the certainty of its intellectual superiority has been neatly identified as "intellectual apartheid". This has left the West vulnerable to people who could behave in a disciplined, conformist, coordinated manner without surrendering the capacity of the community for critical and independent thought in the face of overwhelming power.

In "The Way and The Word: Science and Medicine in Early China and Greece", Geoffrey Lloyd and Nathan Sivin distinguished between the Greeks, who sought predominantly foundations, demonstration and incontrovertibility with a central authority based in "clarity and deductive reasoning", and the Chinese who sought correspondences, resonances and interconnections in the exploration of holistic and organic relationships that integrate highly divergent areas of activity and order. Elsewhere, in "Thinking from the Han", Roger Ames points out that central concepts in the West, like self, truth and transcendence, do not exist in a comparable way in Chinese tradition.

These studies highlight fundamentally different ways of understanding and managing everything from small personal, daily challenges to the grand dilemmas of state strategy on which the fortunes of millions can depend. The successes of the United Kingdom in the 19th Century and the United States in the 20th Century were founded on the ruthless application of clarity and deductive reasoning to global opportunities that had been created by the West's aggressive application of the tools of corporate organisation and of science and technology. It was a simple, even simplistic, formula that caught the rest of the world unprepared.

It also needs to be born in mind that few contemporary Western minds have ready access to their original seminal texts, which exist primarily in Greek or Latin. Indeed, much of this Classical and Christian legacy is today interpreted in ways designed to serve contemporary political and other imperatives. They have become little more than tools of intellectual power, which utilise habits of faith in assertions of transcendent authority to mobilise minds and behaviour and discourage independent insight and thought. Again, it is a simple formula that makes limited use of historical experience and wisdom but that proved itself very successful for several centuries.

In summary, it is possible to suggest that Western modernisation, particularly as it has developed with the rise of the United States, has ceased to be meaningfully informed by history and culture and has increasingly been defined by the immediate demands of economic and political ambition, often as shaped by fragmented corporate interests. Under challenge, it is little equipped to draw on past experience and mature wisdom. Moreover, because it has drawn on forms of aggressive science in poorly understood, but transformative and unprecedented, ways, it finds itself undermined and confused by the unsustainable character of much of its so called "progress".

Discreet Strengths of the Confucian Mind

The contemporary Confucian mind makes for an intriguing contrast with its Western counterpart. It has little of the overt confidence, self-assertiveness and evangelical spirit of the Western mind but is generally discreet, obliging and self-effacing. Yet it has an unrivalled record of achievement over recent decades in areas long assumed to be monopolised by Western pacesetters. It might be remarked that while Imperial China yielded to no one in pomp and grandeur, the Confucian essence of the tradition, whether expressed in the professional social norms of the educated mandarin class or in the less conscious social norms of the uneducated commoner, always retained a conscious understanding of the perils of excess pride.

It was a product of a complex environment, forever concerned to observe and evaluate correspondences, resonances and interconnections in all human and natural situations. This served to better comprehend holistic, organic and dynamic relationships and contrasts with the

Western preference for mechanistic, reductionist and rational simplicities. Moreover, it worked assiduously to store the wisdom derived from experience in forms that continue to be accessible today.

Of particular interest, any educated person of Confucian persuasion with a knowledge of Chinese characters retains ready, direct access to the tradition's seminal classics in their original language and is equipped to interpret them and subsequent history independent of specialist authorities. This applies even for educated Japanese and Korean speakers.

Moreover, the Confucian and Daoist classics, as well the Yijing and associated other ancient works including a great diversity of strategic thought and a continuous official historical record, provide together a diversity of references that all reinforce a sense of continuing identity and intellectual community.

Against this background, the West's Enlightenment and modern civilisation is respected because of its recent transformative power, its close association with "progress", its continuing, if declining, political authority and its role in defining the modern global community in organisational terms. An evaluation of political, administrative, economic and financial performance over recent decades, however, raises serious questions about continuing Western leadership. Moreover, it is difficult to identify in Western traditional cultural wisdom many of the qualities that can be found in the Chinese classics and Asian historical achievement. When contemporary Western performance is evaluated against the qualities found in the Confucian tradition a number of critical deficiencies are apparent. Some of these will be further examined later.

The capacity of people working within the Confucian tradition, whether Chinese or not, to behave as coherent, disciplined and discreet communities has made it easy for Western communities to continue to underestimate the East Asian Confucian world in ways that have long been counter-productive. In reality, one would probably have to return to the early 1950s to find a time when many contemporary Western attitudes were truly legitimate in terms of actual power relationships. Of course, if one went back to the early 1800s or earlier, power relationships did not legitimise any Western sense of superiority.

The peculiar character of the West's modern experience does not equip any but a few specialists with the education to access the pre-modern world. It works to devalue an understanding of historical experience that reaches back more than several centuries. This makes it easy to discount the relevance of Confucian tradition and wisdom and the power that derives from a living and critical historical memory than reaches back more than several millennia.

Above all, for anyone educated in Western Enlightenment certainties these circumstances work effectively to obscure the realities of developments in the Confucian world. For such people, it is close to unthinkable that a rival spiritual and intellectual world is emerging. Even more unthinkable is the possibility that this world might prove capable of rendering many Western "universal" truths, and Western "progress" itself, as anachronistic, mistaken detours in human history. The common Western disposition to attack any such suggestion with accusations tantamount to cries of "heresy" reflect only the unpreparedness of the West to address the thought that East Asian economic success derives not from slavish adoption of Western capitalism but from access to the superiority of the Confucian tradition.

Anglo-American Wars

Something of the central failure of Anglo-American character is reflected in the way the wars of the past century have displayed counterproductive attempts to preserve power. William Engdahl, an insightful and penetrating German author, has dissected this in detail in "A Century of War: Anglo-American Oil Politics and the New World Order" and "The Gods of Money: Wall Street and the Death of the American Century". He draws attention to the manner in which British wars with Germany, which were intended to preserve its dominance, left it vulnerable to a rising United States which nurtured, and fulfilled, aspirations to assume the British role at the centre of the global financial and political order. He also shows how, remarkably, the United States seems to have repeated the British folly, undertaking a series of wars that have wasted away its economic strength and its political authority.

Unlike the British wars, these American wars have not been victorious world wars but a succession of failed small wars, in Vietnam, Iraq, Afghanistan and elsewhere. With changes in the composition of world powers, this time there is no larger, more powerful English speaking power to come to the rescue. There is today no English speaking power to rescue, bolster, renovate and reinvigorate the cultural mythologies, commonly expressed as "universal" values, which have defined "civilisation" over the past two centuries.

Engdahl shows in "The Gods of Money" how these cultural mythologies and their "universal" values were utilised as a tool in a considered, calculated way to facilitate the rise of an American empire. This was managed, however, in a form very different from earlier imperial structures. He attributes much of this highly successful strategic design to the work of two banking families, the Morgans and the Rockefellers, which have dominated more than the past century of American finance and politics. He shows the Rockefellers putting in place, before America's entry into the Second World War, a strategy that would use principles like decolonisation, democracy, free markets and international organisation (commonly packaged and marketed as "universal" values) to disguise its real goals, while creating relationships that functioned little differently from those of a colonial order.

American writers like Paul Kennedy and Chalmers Johnson have written about the increasing vulnerability of American imperial influence due to the high maintenance cost of empires, but such books do not have wide political influence in America. Corporate influence has imposed on American media and academia a form of political correctness that rules over all members of society who aspire to be in good standing when matters of personal and professional preferment are under consideration.

Consequently, the shallowness of the West's post-Enlightenment culture and the narrow concentration of American power in the hands of a few corporate and financial groups produce policy and political activity that fails to recognise and address present problems. This leaves little prospect of reversing the decline in American financial, political and other authority. In contrast, it reinforces practices that contribute to the outcome it most wants to avoid, reflecting its incapacity to develop a functioning leadership class of any strategic, intellectual or spiritual wisdom.

Corporate Certainty and Confucian Deference

The contemporary world is unique in human history. Aggressive Anglo-American innovation has connected people of all traditions in even the most remote parts of the world into more or less one global community, where the actions of major powers impact on all. Understandably, the Anglo-American powers have utilised this capacity for global communication to spread their influence, culture and values as widely as possible. For a time at the end of the 20th Century, some thought it possible to see "universal" Anglo-American values defining the global future and many influential Americans began to work towards realising this goal, as demonstrated in "The Project for a New American Century"

In a vastly changed and much more culturally diverse global environment, however, this work is hardly even a poor caricature of that successful work undertaken in the 1940s before America entered the Second World War and which in a sense consolidated the First American Century. Factors contributing to this failure include the continuing inability to address and comprehend the decline of the US economy and the rise of East Asian economies and the clumsiness and strategic ineptness of successive administrations, most starkly reflected in the first US administration of the 21st Century. Fundamental to all this have been a variety of profound and systemic cultural weaknesses in American political and economic process. These include the disguised plutocratic nature of political power, the feral character of corporate ambition, the consequent absence of effective political leadership and the careless destruction inflicted on human well-being by corporate driven scientific innovation in areas like agriculture, food, medicine, energy and the environment.

Of great and troubling importance, while American financial, military and technological power has been unrivalled, it has been beyond the ability of other cultures to exercise any meaningful protest or constraint about the widespread harm inflicted on human well-being. Even political movements like that connected with concerns about climate change have seemed to be taken over and corrupted by hidden Anglo-American political and corporate vested interests.

Central to the dilemma created by recent centuries of Anglo-American success has been the dominant role of the corporation. This has mobilised the energies and aspirations of people everywhere in ways that other forms of political and commercial organisation have not been able to rival. Starting with the British East India Company, corporate organisation laid the foundations of the British Empire and has been central to the gaining and exercise of American global power, whether based in the military, financial, agriculture, food, medical or other industries. Increasingly, it has become evident that Anglo-American democratic governments are shaped, even defined, by the power of corporate political contributions and lobbyists. Thom Hartman has captured the American experience of this process in "Unequal Protection: The Rise of Corporate Dominance and the Theft of Human Rights".

In the 20th Century few communities were able to resist Anglo-American corporate power and influence, aided as it frequently is by international organisations, great power diplomacy and the apparent largesse of development assistance. It is here that the Confucian communities of East Asia have been unique and remarkable in their achievement. While apparently locked into the Anglo-American commercial world with all its corporate codes, one Confucian community after another has been able to turn this situation to advantage and develop to the point where it can overshadow American achievement in production, technology, education, finance and elsewhere. This has all been achieved in a peaceful, harmonious, cooperative and constructive manner, "agreed between consenting adults".

Facilitating this has been an Anglo-American pride, arrogance and complacency that has tolerated little doubt or questioning and a Confucian humility, discretion and sensitivity that has been happy to avoid explicit questioning or overt challenge. Both have worked coherently and as one to exaggerate Anglo-American achievement and downplay Confucian advances.

Internally, however, Confucian organisation and strategy has been deeply influenced by traditional values and practices that are little, if at all, recognised within Anglo-American frameworks of reference. As already noted, Confucian behaviour remains of little interest to Anglo-American power-brokers, even as it emerges as a pervasive influence throughout East and South East Asia and as these Asian communities begin to set unchallenged global leadership standards in finance, productivity, technology and education.

Samuel Huntington's controversial "Clash of Civilisations and the Remaking of World Order" illustrated the ineptness of American political conceptualisation by associating Japan not with China but with America in a book on civilisation. Presumably, this reflected a period of political alliance that had hardly lasted half a century and that had been rooted in occupation after a military conquest. It totally ignored profound habits of political and spiritual discipline that had matured over more than a thousand years.

As already remarked, there is little awareness or understanding of the Confucian political and spiritual character that is now exercising decisive leverage in all global marketplaces. Understanding of this is rendered even more difficult by the fact that, traditionally, Confucianism has never sought to associate itself with achievement in the marketplace, but has tended to be seen to favour the control and management of the commercial and entrepreneurial spirit in order to maintain order and harmony.

At times, this quality of Confucian control has even driven some Chinese to move to various parts of South East Asia or further afield where they have prospered, perhaps paradoxically, through the observance and discreet dissemination of Confucian values. In the process, of course, their success has laid the foundation for mutual understanding throughout East and South East Asia within the framework of Confucian values and practices.

In the Ming Dynasty Confucian values saw a Chinese administration bring an end to the voyages of Zheng He that might have colonised the world long before the European powers had the technology to undertake the task. Indeed, Gavin Menzies in "1434" begins to explore the possibility, heresy throughout the West, that Europe could not have launched itself on the rest of the world without knowledge derived from interaction initiated by China.

In other words, the Western corporate culture that has largely shaped the contemporary global order has qualities that have been strictly controlled and managed by Confucian administrators in traditional societies. It might seem anomalous that modern Confucian administrators have proven so adept in being able to manage their own and others' corporate cultures to such strategic economic and political advantage. Yet these earlier experiences suggest that Confucian civilisation has long had qualities capable of strategically managing commercial activity for the benefit of the larger community and of transforming lands far from East Asia should there be such an intent. How can these Confucian qualities, which are now proving so powerful within an Anglo-American global order designed to serve its own once dominant corporate interests, best be identified?

CONFUCIAN CULTURAL AUTHORITY

A Living Past and the Power of Language

Some writers talk in Western ideological language of China as practicing a form of state capitalism. Experience of and sensitivity to the region, however, is likely to recommend a description that ignores Western stereotypes and pays respect to China's long cultural tradition. This would identify all of East Asia, including Capitalist Japan and Communist, China and much of South East Asia, as a distinct cultural region, shaped profoundly over at least a millennium by Confucian and associated traditions. In the early 21st Century, the whole region is led by administrative and commercial classes that are rarely out of step with Confucian values and that, for the observant, highlight the irrelevance of many Western conceptual assumptions.

Dependence on familiar Western words and concepts tends to cripple one's thinking about this part of the world. A brief examination of several qualities that are only slowly being identified outside Asia can help explain how poorly its abstract ideologies serve the West when interacting with the Confucian world. This is extremely difficult to understand unless examined against the background of a unique history reaching back four or five millennia. As noted above, classic texts which date back almost three thousand years are still readable in their original form by anyone educated in Chinese characters.

The vitality of Confucian civilisation is very much the product of a living language that enshrines both seminal classicsand contemporary dramas as wisdom in a way that is continually accessible to educated members of society. This gives a central role to education in providing access to this wisdom and to administration as being the arena where this wisdom is enacted. This continuity in the midst of transformation immediately works to marginalise and diminish the weight of external intrusions no matter how traumatic they may be. After all, any new intrusion and trauma has to take its place in a long history not lacking in comparable experiences.

The modern, post-Enlightenment Anglo-American world has little in its orthodoxies that equips its members to understand people who have this dimension of living classical wisdom and history as a basic quality in their political, spiritual and cerebral activity. There is a mistaken assumption that Anglo-American notions of progress and value have swept other cultural traditions either onto the sidelines or into the dust bins of history.

A major obstacle that will confront the Confucian tradition in addressing issues on a global scale will be the very inaccessibility of original texts to all but those educated in a character based East Asia language. Unfortunately, most of the classic texts that nourish the tradition do not translate easily or convincingly into alphabet based languages. The poetry, the precision and the persuasion of the original is invariability lost to a large degree. Sometimes the translated text seems so alien in the new language that it invites caricature and even scorn.

In one sense, only those who have experienced directly the living example of the power of these texts in Chinese manifest in lives around them are likely to appreciate their full authority. Without this insight it can be very difficult to grasp thefull extent of the division between Chinese (or Confucian) and English (or Christian and Enlightenment) language certainties and the way they construct their spiritual and intellectual realities.

Of course, much Confucian history is accessible through excellent television series that can run for more than 30 hours and that put China's classical culture and its long historical experience within easy reach of East Asian communities. An extra effort is needed, however, to bring this alive for those outside the region. To some degree, modern film, television and web media can dramatise the realities of different ways of being, but there will remain a major educational challenge if non-Asians want to comprehend the springs of the Confucian genius. Just as the world is coming to terms with the universal use of the English language, it may become necessary for those who wish to stay in touch with evolving norms and future directions to tackle the much more daunting task of mastering the character based Chinese language and its living wisdom.

The Role of Rote Education

It is critical to remark on the importance placed by Confucian tradition and culture on early and continuous learning. This ensures that the most talented and resolute amongst each new generation master quickly as much as possible of the wisdom of its predecessors and identifies as deeply as possible with the community. This priority assumes a timeless quality that protects against passing fads and fashions and ensures strong community reinforcement of educational effort and standards. In each generation of youth it nurtures habits of obedience, discipline, learning and aspiration through ritual and repetition and defines personal and professional aspirations.

These deeply rooted and respected customs of early disciplined learning help the Chinese to subordinate the world's most sophisticated martial and strategic traditions to the authority of scholar mandarins. Moreover, this class has over the past thousand years preserved the vitality of Chinese identity, spirit and culture despite subjugation to Mongol and Manchu conquerors. A deeply studied sense of the region's historical heritage was a critical resource that ultimately enabled East Asians to respond strategically and successfully to Western imperial adventurers.

Rote, ritual and related forms of repetitive learning from an early age remain the foundation of the Confucian tradition and the core strength of Asian communities worldwide. Despite sporadic news reports in the Western media about moves to reform the rote or ritual character of education, it remains a fundamental and vital characteristic of the tradition.

The quality of ritual education has also long sustained the central strength informing Confucian political organisation, placing the powers of literacy, information and critical and strategic thought in the hands of the State and not, as long was the case in Europe, in the hands of the church, or religious organisation. Moreover, it has identified elite authority with education and learning, working to subordinate aristocratic birthright to educational merit identified by examination. This has helped define social structures that are poorly understood when relying on Western notions of class, which underpin much Western political thought.

This tradition has preserved access to the experience of a unique and unrivalled millennia long history of highly educated administrative excellence. Still, today, it equips in a unique manner future administrators and leaders with the knowledge, discipline, stamina, understanding and wisdom essential to address the 21st Century world's complexities and competitive stresses. The tradition is rich in lessons from both success and failure and does not shirk in identifying problems of imperial excess and indulgence and the various forms of corruption and associated vulnerabilities that are bred by great power.

In comparison, modern Western educational fashions, with their emphasis on corporate functions, abstract principles and rational theories, are a preparation for failure. They neglect and devalue classical tradition, history, literature and foreign languages and create one dimensional cerebral habits that deny students the human qualities needed to manage the growing complexities of the contemporary world. The success of Confucian traditional values in education, even in a diluted form, has exposed the failings and hypocrisy of the doctrine and dogma associated with the promotion of the Enlightenment's "universal" values.

Moreover, Western history does not offer anything to compare with the rich political and administrative experience that the Chinese have recorded continuously over several millennia. Equally, there is little to compare with the richness and diversity of the Chinese strategic classics, which demonstrate the depth and subtlety of Chinese political reflection. Consequently, the post-Enlightenment Western consciousness is rarely troubled by reminders from the past that highlight the consequences of the neglect of educational rigor and excellence in mastering the lessons to be taken from human frailties in the past. Consequently, the vulnerabilities highlighted by Jiang Taigong in the Twelve Civil Offensives seem unimaginable to Western strategists, seemingly reassured by economic theory that an invisible hand will ensure efficient, and equitable, market distribution.

Administrative Excellence

Anglo-American complacency has ensured that few commentators have remarked on the fact that Confucian governments have also drawn on a tradition informed by a unique combination of seemingly contradictory qualities. These involve ideals of virtuous and benign administration, severe legalistic authority and liberal notions of "wu wei" or non action — translated by the French physiocrats as laissez faire — that dictate minimal interference in the affairs of the people. This tradition has nurtured communities where people prosper through being both trusting and obedient towards governments, which have tried to guide but not intrude unnecessarily in the commercial lives of the people.

Eamonn Fingleton, in his "In the Jaws of the Dragon: America's Fate in the Coming Era of Chinese Hegemony", has identified pejoratively one of the unique contemporary features of this tradition, namely severe legalistic authority, as "selective application of the law". He neglects to note, however, that in both Japan and China this enables the contemporary Confucian administrator to develop coherent strategies, command obedience and minimise corporate excess. Interference is only justified when behaviour is judged to have reached a level that is disruptive of and unacceptable to society. Those active in the region need to observe traditional, and not Western, expectations of the law.

Moreover, the fact that one of the central concepts of Western capitalism, laissez faire, is the French translation of a highly refined sense of ancient Chinese good government illustrates the sophistication of the Confucian administrative tradition. At the one time, it is virtuous and high minded, strict and severe, and tolerant and non-interfering.

The contemporary success of East Asia has highlighted for some informed observers critical problems in contemporary Western ideological attitudes and democratic practice. Not only do

Western certainties dismiss the possibility that nominally Communist and Capitalist Confucian communities may have more in common than divides them but they render it impossible to recognise problems in contemporary democratic practice when evaluated from the perspective of Confucian administrative norms.

Failures in democratic practice, such as the electorate's limited understanding of the realities of government, the power of hype, marketing and show business in the electoral process and the helplessness of individual voters in the face of disinformation campaigns are well noted in East Asia and used to great effect strategically. They attract only limited and ineffectual Western debate. Even more serious are a series of related corporate excesses, such as the power of corporate donors who finance politicians, the capacity of corporate greed to betray community interests, the deployment of the mass media to serve corporate and not voter interests, and the decline of administrative quality when political and corporate interests rule.

A detached, critical Confucian assessment of these realities is likely to find it hard to avoid very troubling questions not only about the practicality of many Western 'universal' principles in large modern societies but also about fundamental systemic failures. When competing and fragmented corporate interests begin to take over and take ownership of both politicians and government administrative departments, as seems to happen increasingly in powerful Anglo-American governments, there would appear to be an almost unlimited capacity for waste and incoherent and dysfunctional policy. There is also much opportunity for external commercial and political rivals to take advantage of these systemic weaknesses in ways that are both legal and common commercial practice.

Political, administrative and commercial leaders from East and South East Asia are almost all drawn from highly educated collegiate communities that draw on deep knowledge of Western ways but operate in a largely unknown historical, cultural and intellectual world. Future Western leaders will need to find ways to have articulated a much clearer understanding of how the past has shaped both West and East. Otherwise, the educational excellence and mastery of historical memory that characterises administrative and commercial movers and shakers from the Confucian world will continue to leave people in Western communities gravely disadvantaged and increasingly vulnerable.

In summary, it is possible to remark that the Confucian tradition has long established the fundamental and critical role played in the well-being of any large community by an educated, virtuous and independent administrative class. In the West the ideology of Capitalism has been used by financial, corporate and related interests to construct values and systems that leave communities with weak administrative classes. This was intended to favour and strengthen domestic private corporate power but in fact has come to allow better structured and organised powers from other communities to work effectively to their own strategic advantage. This vulnerability may not have been created had Anglo-American corporate powers been less arrogant about their superiority and ability to overpower all rivals.

Intuition and Consciousness

Moving from community education and administration to a more personal level, both Confucian and Daoist influences in Chinese spiritual tradition place a strong emphasis on the personal, disciplined cultivation of self-understanding and conscious insight, nurturing reflection, intuition, calm and judgment. This is undertaken within a broad sense of nature, or of a demanding cosmos. In does not seek to understand the Truth but rather to explore and follow the Way or the Dao. The emphasis is on practical action, community accord and natural harmonies and encourages qualities that are comparatively neglected in the West.

The consciousness tradition with its emphasis on disciplined intuition ensures that rote learning, whether physical or cerebral, comes alive in the most vital and mature way possible as years of experience are added to rigorous learning. Indeed, the endless, disciplined repetition needed to advance in the art of "qigong" reveals that much insight and consciousness is denied those who refuse to accept the guidance and discipline of a trusted master or teacher who decrees initial necessary disciplines.

The application of "wu wei" by leaders can leave people largely free to explore their own spiritual and intellectual truths through the cultivation of consciousness and intuitive knowledge. Ritual reinforced by strict legalist tradition and conformity of behaviour nurtured by the authority and tact of learned men provided the social and commercial order necessary for the functioning of a vast empire. This contrasts with the doctrines and dogmas of the institutionalised Christian church and the mechanistic science of the Enlightenment which have given a sense of unity to a politically and organisationally fragmented West. Indeed, the doctrines and theories that have put the rationalism of the Ancient Greeks to good work as a tool to dictate conformity not only of behaviour but also of thought are directly challenged by many of the disciplines of Daoism and Chan Buddhism.

The Chinese spiritual tradition contrasts with Christianity in being essentially unencumbered by monotheism and faith. It has not been institutionalised and politicised in a manner comparable with the history of Christianity and does not comfortably fit the description of a religion as this is understood in the West. Moreover, it has prospered largely free of the dogmas that have been used to organize and mobilize people in the Christian tradition through the centuries and that have been caricatured in their highly corrupted, modern form in George Orwell's classic, "1984".

Moreover, it emphasises a holistic and naturalistic exploration of the paradoxes and contradictions to be found in all aspects of human experience and organic life. It has a profound commitment to mastering the realities of daily life in a way that is highly sensitive to physical and human nature and that enhances spiritual robustness and fulfilment. This produces spiritual qualities that are resilient and creative and can flourish independent of faith.

These qualities, which derive most conspicuously from the major Daoist classics — the "Daode Jing", the "Zhuangzi" and the "Liezi" — are also evident in related tests like the Confucian classics and the "Yi Jing" and in the deeply ingrained health and strategic arts disciplines. They encourage and nurture a capacity for independence of thought, which is rare in a West more disposed to doctrinal abstractions and rationalism. This independence is difficult to discern as it is well disguised by the rituals that dictate public behaviour and it often disarms through cultivating a predictable, benign appearance designed to please and reassure.

Comparable qualities in the West lack an authentic Asian vitality, which can make it difficult for Westerners to understand fully the spiritual strength of East Asian people. While some Chinese spiritual classics have become popular in the West, they have not seriously informed the corporatized high culture of Western political, religious, scientific and academic organization. Consequently, there is little Western understanding of the way these personal qualities work to reinforce the strengths inherent in Confucian education and administration traditions.

The above qualities help account for the manner in which so much of American industry and technology has continued to be shipped offshore to Asia, over half a century. Asian negotiators are skilled in adjusting quickly to create attractive win-win opportunities, where much of the winning is well disguised. Any tendency to rigidity in ideology or thought only assists the "samurai" negotiator, drilled in Zen (or Chan) discipline, awareness and intuition.

Contrasting Cultures of Health and Science

As in administration, China (together possibly with India) has the longest and most comprehensive recorded history of what works and what does not work in health practices. Again, this history does not lack cautionary tales but it evaluates extensively the medicinal values of foods and the means to understand and master the body's energies. The spiritual elements of the tradition are integrated with health disciplines and emphasise self-empowerment in maintaining personal well-being and disciplined intuition in comprehending the nature of human well-being.

"The Yellow Emperor's Classic of Medicine" is both a major Daoist text and perhaps the highest authority on traditional Chinese medicine, while reflecting a Confucian sense of cosmic order. It represents a tradition that is holistic and organic and that is inseparable from Chinese identity, having matured and flourished over millennia of Chinese history.

The text is a timeless protector against contemporary health, and scientific, follies. Maoshing Ni notes in a preface to one translation that the technological breakthroughs of the last two hundred years propelled science to its zenith through increased communications and productivity but also were responsible for massive genocide, destruction of the planet and a steady diminishing of quality in people's lives. He observes that many of the West's greatest achievements have been simple borrowings from the Chinese and that the so-called scientific and industrial revolutions did not occur in China because Chinese science and technology functioned within a philosophy of balance and harmony between human beings and the environment—the essence of Chinese health practice.

As noted earlier, in "The Way and The Word: Science and Medicine in Early China and Greece" its American authors point out how the Greek tradition has encouraged a focus on "clarity and deductive rigor" while the Chinese concern has been with "correspondences, resonances and interconnections". This Chinese focus has accompanied an extensive exploration of "qi", or energy, in relation to human internal and external environments, using principles deeply rooted in Confucian, Daoist and Buddhist traditions.

The mastery of "qi", or the body's energies, either in martial arts or in health therapies, requires a long, disciplined and ritual education. Increasingly, however, Westerners are discovering that even a general introduction to relevant practices can deliver of sense of self-empowerment, awareness of many of the problems associated with modern medicines and lifestyles and influence over personal well-being and longevity.

Energy has been fundamental to Chinese, and Indian, medical therapy for some millennia. Energy medicine, however, only began to be recognized in the modern West in the latter part of the 20th Century, often requiring the needles of acupuncture to persuade people of "qi" movements. As Eastern medical wisdom has gained authority as the source of popular alternative therapies and as the insights of quantum physics have been recognized as related and relevant in health therapies, the dogmas of Western medicine have lost credibility with some intrepid thinkers. This highlights a pedestrian and often corrupted quality in Western science and medicine. Overcoming mistaken Western orthodoxies is no easier today than in the European Middle Ages

The London based and Western educated Dr Mae-Wan, who is Director and co-founder of the Institute of Science in Society and Editor-in-Chief of Science in Society, has drawn on Chinese medical tradition, Daoism and quantum physics in developing theories about quantum coherence as the essence of living organisms. This leads to conclusions about the fundamental theoretical error and human harmfulness of contemporary Western approaches to genetic modification and commercial pharmaceutical practice. Her work is a harbinger of things to come as increasing numbers of Asians and Westerners become critics of Western medical and scientific certainties. In a sense, the remarkable man who oversaw the Chinese space program, Qian Xuesen, foreshadowed this in the 1980s.

Government led health reform in the Anglo-American world rarely progresses far beyond spending more money on American models and products that have nurtured an epidemic of degenerative disease and increasingly threaten to bankrupt already troubled economies. Already, close to 20 percent, and rising, of the American economy is given over to a health industry that delivers a rapidly declining standard of health. This is defended and promoted, of course, by powerful vested interests, often major political donors and lobbyists, who would not welcome serious reform initiatives. Both Western media and academia have been recruited to give respectability and authority to mainstream food and medicines that are often the cause of serious problems.

Indeed, even in contemporary Asian education many misguided Western norms have gained academic respectability and traditional wisdom sometimes survives more at a sub-conscious than at a conscious level. In this respect, bodies like the Beijing based International Confucian Association, founded in 1994, are playing a critical role in overseeing the discreet but deliberate revival of traditions that have long inspired Chinese civilisation. Comparable activity is revisiting and reimagining the importance of Chinese health traditions in the contemporary world. It seems likely to begin to challenge, marginalise and then render obsolete many aspects of Western medical and scientific commerce and orthodoxy. It is also likely to expose many of the intellectual and conceptual follies that have been given credibility only by Anglo-American power and assertiveness over the past two centuries.

A CONFUCIAN GLOBAL REMAKE

Economic Leverage

How pressing are the challenges to the established Anglo-American global order? It is known that both the American Dollar and the European Euro are the subject of intensifying speculation about their viability because of indebtedness and imbalances in their supporting economies. It is known that China is increasingly seen as the major source of prospective global economic dynamism. Moreover, there is a growing sense that the Group of 20 will encounter difficulties in maintaining the post 1945 global institutions, which give an Anglo-American order special authority and privilege in institutions like the United Nations Security Council, the International Financial Institutions and the World Trade Organisation. Further, the US is paying a high price in political, military and economic capital in Iraq, Afghanistan and elsewhere and has recently encountered serious differences in its relations with erstwhile close allies like Turkey and Brazil. Perhaps even more seriously, as Kishore Mahbubani has shown in "The New Asian Hemisphere: The Irresistible Shift of Global Power to the East" global leadership in education and technology is shifting, or has shifted, from the West to the East.

In addition, China has used the need for stimulus created by the Global Financial Crisis to launch both inside and outside China infrastructure projects that have the potential to reinvent the political, social, financial and technological dynamics of the whole Eurasian continent, from Shanghai to Paris, and perhaps even to Johannesburg. China's announced intention to build in four years 1,250 trains, which travel around 350 kilometres an hour, suggests that it will soon have an unprecedented capacity to transform positively the transport and economic fundamentals of any friendly economy. It also may indicate that the big Anglo-American mineral corporations will begin to lose their capacity to define global mining industry norms, as upstarts begin exploiting on a major scale newly identified resources in Siberia, Mongolia, Xinjiang, Tibet and various regions of Central Asia, all serviced by fast, cheap rail transport.

The strength of the Confucian world today is the product of a remarkable half century of economic growth. This has transformed East and South East Asia. It has made China the centre of the world's most dynamic region in terms of economic growth, financial accumulation, technological productivity and educational excellence. In the process, it has given China decisive leverage in almost all global marketplaces, leading to the steady marginalisation of American economic and political influence. When one adds to this complex the prospect of Chinese very fast trains criss-crossing the Eurasian continent, perhaps reaching down to the southern most reaches of the African continent, it is clear that global geo-politics and geo-commerce are undergoing a transformation that may even overshadow that brought about by Anglo-American order over the past two centuries.

There is mounting explicit recognition of the importance of China's rise but the rest of the world is still largely in denial about its full implications. These can only be understood and anticipated if addressed in the context of China's pervasive regional influence, its rich historical experience, its profound cultural authority and its unique scientific wisdom.

Running through all these areas of Chinese authority is one theme, that of a cultural tradition of great diversity and power that can only be captured effectively in one word—Confucian. Of course, many popular conceptions of Confucius and his values would draw a sharp distinction with other areas of Chinese tradition. The fact remains, however, that it is a value system identified as Confucian that has nourished over many centuries a unique civilisation that is discreetly re-evaluating most, if not all, of the certainties defined by Western Christian and Enlightenment influence over recent centuries. It would distort the reality of the likely role of Confucian values in 21st Century global order to fail to consider the full, broad range of influences that will accompany the economic and political changes being introduced by the rise of China and the rest of Confucian Asia.

In doing this, however, it is important not to lose sight of the reality that Global Confucianism has risen through economic and political strategy. The character of this 21st Century global Confucianism has been dictated by the character of Anglo-American corporate and global power. This has highlighted, nevertheless, central Confucian qualities such as worldly pragmatism, educational excellence and administrative superiority. Now, the time has arrived when various forms of Confucianism with global influence have the opportunity, and the responsibility, to re-explore, re-evaluate, re-invent and re-assert those aspects of the tradition that have something to offer a confused, uncertain and troubled global community.

There is another critical fact about the rise of Confucian Asian over the past half century. It was initiated and led until close to the end of the 20th Century not by China but by close allies of the United States whose Confucian heritage was downplayed or denied. Japan, defeated and occupied by America, led the way. It was followed by Korea, Taiwan, Hong Kong and Singapore, the first two allied with America for security purposes and the latter two still largely and overtly defined by their recent British history. China was a late comer, curiously significant because it was often seen as hostile to the United States due to its Communist identity and because this did not deprive it of the same opportunities earlier enjoyed by American allies.

Taiwan has a particular contemporary importance in this group because it manifests and symbolises a pervasive dilemma. Rhetorically it depends on America for its security and independence (ostensively against China) but economically and culturally there are many indications that it is reconciled to a future where it become increasingly identified with and dependent on China. Hong Kong has, of course, overly made a transition from being part of Britain to becoming part of China. Japan and Korea, however, maintain ambiguous positions not altogether unlike that of Taiwan. Both benefit from close interaction with the US, which continues to be enhanced by their importance as American bases in the region, continuing a relationship that has lasted for more than half a century. Intriguingly, Vietnam, after its bitter conflict with the US, is now showing signs of wanting to join the play. Like China it wants to go from political hostility to economic partnership. But, like Japan and Korea, it appears to want to join in a political alliance with the US against a Communist threat, in this case Chinese interests in the South China Sea.

Over-riding all this, however, is the Confucian ethos shared by the administrative and commercial classes of the ASEAN plus Three Group, which, of course, for reasons of political formality still excludes Taiwan. Even more important is the remarkable economic dynamism of the group that is difficult to isolate from their shared cultural and geographic intimacy.

It needs to be recognised that pro-active American political and economic involvement in Confucian Asian over the past half century has been fundamental both in the growth of Confucian communities, and in the decline of the American economy — a cultural riddle that has attracted none of the attention it deserves. It is very doubtful that future US administrations will be any more adept or competent in managing US interests than those of the past. Moreover, it is difficult to see how America can now rival China in the economic opportunities it offers the region, and much of the rest of the world.

Political Order

Bearing in mind the above comments, the Confucian world has already begun to organise itself discreetly within the ASEAN plus 3 grouping, which brings together over 2 billion people and an incomparable concentration of financial, production, technological and educational power. This is largely a self-selecting group as the administrative and commercial elites of all its members are comfortable with Confucian ways and values. Equally, with the exception perhaps of Mongolia, North Korea and Taiwan, few, if any, outside the group could be so described. At the same time, the ASEAN plus Three Group is likely to prove more culturally cosmopolitan than the increasingly Islam phobic United States and European Union.

China, moreover, has taken the initiative with the BRIC (Brazil, Russia, India, China) and SCO (Russia, China and four Central Asian nations, with observer membership for India, Pakistan, Iran and Mongolia) groupings to establish broader networks outside the Confucian world. These could readily be utilised to mobilise wider and powerful communities of interest should the post-1945 United Nations global institutional structure become dysfunctional, because of inherent, and growing, contradictions between Anglo-American privilege and declining power.

Given that it is now publicly recognised that China alone has more graduates (a high proportion in the fields of science and technology) from its universities each year than America and India combined and that Chinese students commonly outperform those of other origins in international environments, it seems likely that China will quickly move to a leadership position in most areas of science and technology long accepted as the domain of Western leadership. One needs to add to this phenomenon the contribution of other Confucian communities. Even more important is the fact that the Confucian tradition of science long had the distinctive qualities identified by Maoshing Ni. It is difficult to deny the likelihood that Western communities will be increasingly hard pressed to keep up with scientific and technological innovation in Confucian Asia, especially as sustainability becomes an ever higher priority.

Chinese plans for the rapid construction of very fast train networks that can transform the character of the Eurasian continent is just one example of how quickly Confucian technology can bring about fundamental and wide-ranging political transformation. This initiative also can have the powerful side effect of reducing the serious pollution caused by air travel.

Of course, there is already considerable evidence of these developments causing discomfort and concern in America and other Western nations. There has been little evidence, however, of any capacity to devise a meaningful and effective strategic response. Anything with this possible intention has proven counter-productive and self-defeating, such as strategies to preserve control of energy resources through actions in Iraq and Afghanistan. Indeed, it has been an American inability to develop political and military strategies that do not overtax its economy that is the one of the major sources of its many contemporary difficulties.

In fact, this highlights the stark difference between the political qualities of Anglo-American and Confucian administrations, which is the major explanation of differences of performance over recent decades. Democratic and other processes seem to have so undermined the quality of government administration and strategy that it has become extremely difficult for Anglo-American communities to develop coherent, informed, long-term policies. Where there are forms of competition at work internationally, Confucian governments seem always to be able to position themselves to advantage.

Indeed, the increasing integration of United States interests with those of China in areas like international finance, consumption supplies, and diplomatic negotiation suggests that long held antipathies to the rise of a "Communist" state are being overtaken and overwhelmed by the realities of getting on with business in a world where no power is more pervasive and critical than the market power of China and its Confucian associates. One could sum up the situation by saying that Confucian economic influence and leverage may have already reduced, if not resolved, the political challenges normally identified with major shifts of global power.

Intellectual Order

The situation becomes more complex, problematic and demanding, however, when one addresses the challenges that present themselves in looking at a shift in intellectual authority. Clearly, that is happening rapidly as leadership in so many areas of human activity moves to Confucian communities. A world educated to accept and behave according to Anglo-American "universal" values is little prepared for this.

In reality, the Anglo-American communities have left themselves enslaved to a form of economic doctrine that has already hollowed out the British economy, and is now doing the same to the United States. This highlights the lack of intellectual vitality in a culture that asserts aggressively its "universal" values. In fact, much Anglo-American economic doctrine varies little from some Church doctrine, being designed to provide a form of dogma that educates a priesthood, defines orthodox behaviour and legitimises the often predatory interests of established institutions, in this case those of British and American empire. In the case of both Britain and America it has proven too expensive to defend and maintain imperial interests and there has been no adequate intellectual response to the need to rethink and develop new, more appropriate and more viable doctrines. Accordingly, English speaking Anglo-Americans accustomed to mono-lingual and mono-cultural certainties in a world seemingly at their command are likely to find future transitions very difficult.

Others, in places like Latin America and Africa, may find it liberating if they can master quickly something of the full implications of moving from a world of Anglo-American intellectual truths and certainties to one of Confucian explorations of the Dao—a daunting but not unrewarding challenge. Powerful neighbours, like Russia, India, Pakistan, Iran and even Continental Europeans, are likely to find themselves scrambling to comprehend, evaluate and accommodate the opportunities and challenges posed by an intellectual and intuitive reality with which their own history and traditions have afforded them limited familiarity. Most of these will be disadvantaged and handicapped by the investment they have made in accommodating Anglo-American "universal" certainties in the recent past and will not easily overcome prejudices like "intellectual apartheid" that have been promoted to consolidate these "universal" certainties.

Perhaps India highlights these dilemmas most acutely. It seems to share early medical and other insights, as well as Buddhism, with China. Yet various influences, including Hinduism, Islam and the British Raj, have left India with a very distinctive sense of civilisation that shares few of the qualities that tend to bond the ASEAN plus Three Grouping. This is true even after recognising the strong Indian influence throughout Indo-China, which remains evident in Burma, Thailand, Laos, Cambodia and Indonesia.

The deficiencies of the abstract, rational, doctrinal and dogmatic character of Anglo-American "universal" certainties will be highlighted by the fact that the Daoist and related dimensions of the Confucian tradition give it an intuitive wisdom that is not strong in mainstream Western thought. Progression to a position of responsibility in a Western institution is unlikely to be a reward for challenging mainstream intellectual orthodoxy, unless it is done in a way that still reinforces fundamental assumptions. Concepts like self, truth and transcendence, which the American authority on Chinese thought, Roger Ames, has shown in "Thinking from the Han" have little role or authority in Chinese thought, are beyond questioning in respectable Western company.

Of course, with its energetic and well-funded program of establishing Confucian Institutes in partnership with universities in all parts of the world, China has already contributed substantial resources to identifying the extent and character of this intellectual challenge. It will prove difficult to get these issues into the area of serious discussion in mainstream Anglo-American media and academia, however, because of the severity of the culture of "intellectual apartheid" that makes it unthinkable to stray beyond areas of "universal" certainty.

The Confucian world is not obliged, however, to spend too much in the way of resources on this challenge as we are very quickly approaching that point where the loss will be suffered not in the Confucian world but amongst those people who refuse to recognise and respond to fundamental and inescapable realities. Success in bringing people to an understanding of the importance of mastering Confucian intellectual fundamentals is likely again to rest in the forces of the marketplace, where a value and price is put on the cost of obtaining skills essential to excel and prosper in the emerging global community.

The long, history television series that illustrate and make accessible Confucian thought in action could prove to be of value in this area. They might be marketed as excellent entertainment that helps explain much that is taking place in today's world, as they embody and display Confucian values, practices and thought at work in a traditional, if not contemporary, environment. Some surveys highlight, however, the difficulty that foreign audiences experience in mastering the complexity of these historical plots and the harshness of their political reality. This suggests that many challenges will need to be overcome if those without any background in the Confucian experience are to become accustomed to the intellectual, cultural and political reality that has shaped the region that is beginning to set 21st Century global standards.

As noted above, moreover, the value of modern media can be limited by an inability to access directly the classics and history of the Confucian tradition. Anyone dependent on this easy introduction to the Confucian world will long be condemned to a form of second class status and will struggle to comprehend not only the ways of the Confucian administrative strategist but also of the Daoist qigong master healer.

Scientific Order

In many respects the Confucian world may encounter its largest challenges when it progresses to the stage of re-evaluating much that has been done in the name of Western medicine and science. The evidence is mounting on a daily basis that Western paradigms in these areas have the capacity to be highly destructive of human health and the natural environment. Moreover, the corporate control over Anglo-American political and administrative systems, whether national or international, makes it almost impossible to envisage any capacity for self-correction in the West, captive as it is to Anglo-American norms and values, and the over-riding imperative of short-term, bottom line profit.

Again, some purists may regard medicine and science as beyond the framework of Confucian interest, but there is little question that fundamental Confucian values of human and community well-being are being profoundly harmed by corporate interests, particularly their capture and definition of medicine and science. Importantly, only a Confucian administration with recourse to legalist type authority is ever likely to have the integrity, understanding and resolution to address the systemic failings that have been institutionalised globally by corporate market practices, reinforced by forms of Anglo-American imperial authority and misleading rhetoric.

As suggested above, these include chemical agriculture with depleted nutrition, processed foods that poison slowly and synthetic medicines that sometimes kill quickly. They also involve a whole range of environmental practices that can despoil vast seaways and coastlines, threaten bee populations on which much plant life depends for pollination, clothing and living practices that isolate us from the earth's healing "qi", and waste disposal habits that leave water, air and soil polluted and hostile to life.

This is not the place to catalogue the consequences of the aggressive corporate use and promotion of Western medical and scientific paradigms, but once one becomes aware of and sensitised to problems in this area it becomes evident that without a reversal of present systemic practices humans are locked into commercial and scientific notions of "progress" which threaten their very survival.

Reversal of this process, however, cannot avoid major reform of the market and corporate incentives and the scientific and "progress" promises which have created the foundation of Anglo-American power and expansion. The fact that this culture has shown itself to be dysfunctional and unsustainable in the early 21st Century does not mean that it will readily accept reform. It is likely that only an ancient and mature tradition like that of Confucianism has the accumulated experience, the strategic wisdom and the diverse insights necessary to mobilise the educated administrative resources required for such a task. Just as important is that this culture approaches scientific understanding with an imperative to understand correspondences, resonances and inter-relationships and does not settle for the simplistic abstractions and rational conclusions that have been used to legitimise Anglo-American scientific aggression.

But again, of course, this will not be painless. Much recent development in Confucian Asian has utilised Anglo-American models and many people have large personal and professional investments in mastering Anglo-American "universal" certainties. They will not welcome the need to rediscover an ancient wisdom that they have been educated to disregard. Nowhere is this problem likely to be more profound than in areas like medicine and science, which have often assumed a transcendent authority beyond the challenge of anyone but those initiated into an established and orthodox doctrine. It is here that only a Confucian administration is likely to have the knowledge, authority and basic humanity necessary to begin correcting the systemic damage introduced under the banner of democracy, free markets, rule of law, progress and many other "universal" ideals.

A Revitalised Global Community

In the 1960s, it was possible for someone from outside the Confucian tradition to discover it by trying to identify the qualities that might explain Japan's remarkable economic advance.

That same person would encounter nothing but scepticism and disdain, however, in suggesting in respectable Western company that there could be a connection between Japanese economic development and its cultural tradition. It is difficult to be confident that the world outside East and South East Asia has progressed at all and is any better prepared today to make the necessary spiritual and intellectual effort to recognise and respond positively to Confucian wisdom, however much it is evident in Confucian achievement.

Central to the challenge facing all peoples is the reality that old models, old formulations, old paradigms, old theories and many certainties that are not so old are being compromised and rendered obsolete in a contemporary environment that is dynamic, unpredictable and often perilously deceptive. East Asia has managed this challenge well, the West very poorly.

Only a profound wisdom based on a sensitive and responsive humanism and an unflinching respect for the unpredictability of natural energies is equipped to prosper in today's world. As the "universal" certainties of two hundred years of Anglo-American global order continue to compromise themselves and expose the fallacies on which they have been founded, the limitations in the West's self-serving abstract logic will be further highlighted. The resilient humanity of Confucius and the harsh realism of Laozi will become increasingly powerful tools in revealing the absence of a capacity in the West to undertake a serious review of its own failings with any integrity. This will impose a heavy burden on the rising powers of Confucian Asia.

Sometimes re-evaluation will be welcomed as problems are rethought from the perspective of new community, administrative, commercial, scientific and health paradigms. Issues will range across areas as diverse as oil spill pollution, the spread of epidemics of degenerative disease, dangerous foods and medicines, harmful genetic modification, poorly understood nano-technology, the fluoridation of water, the pasteurisation of milk and much else. But even here, many lives are locked into corporate and other structures where many, if not most, feel they must defend received wisdom and the status quo.

Of course, there are now increasing numbers of well resourced people and institutions in Asia capable and prepared to take up the challenge of sharing their cultural wealth, inspired by a Confucian sense of community responsibility and the aspirations that come with success. Moreover, there are many in the West who have been introduced through martial arts, Yi Jing divination, health therapies and much else that derives from the Confucian world to a sense that there are further empowering discoveries to be made. While there is a degree of receptivity, few begin to understand how many of the certainties of Anglo-American rationalism, democracy, "universal" values, science and "progress" are likely to be challenged. As the Confucian world starts, from a position of growing confidence, authority and influence, to re-examine many of the fundamental values and perceptions that have defined human life at the beginning of the 21st Century, the extent of re-evaluation is likely to leave large numbers profoundly disorientated.

The Chinese Governments pro-active policies of supporting Confucian Institutes demonstrate a keen and sympathetic awareness of the problem. All too often, however, critics choose to interpret this as some form of cultural invasion rather than a helping hand extended to those in need who understand very little of the extent of their need. This captures the essence of the challenge and opportunity facing Confucian civilisation in the context of 21st Century global order.

It is in such an environment, that the Confucian peoples of Asia must now seek to redefine their role in the global order. On the one hand, the existing order is dysfunctional but, on the other, it retains an aura of illusory authority. In order to maintain a practical harmony within this order, it is becoming critical to identify clearly the qualities and strengths of Confucian traditions at the same time as these are used to illuminate and overcome failings in less productive but more aggressive traditions that have been dominant over recent centuries. Such clarification will, of course, not be easily achieved as it challenges and threatens the regime of "intellectual apartheid", which is fundamental to an existing order that refuses to address inescapable realities.

It is not surprising that it is easy to discern a Confucian disposition to simply maintain stability in the existing global order, however much it is designed to favour the interests of its founders — the Anglo-American World War II victors who shaped the United Nations System, the United States and the United Kingdom. The decline in Anglo-American power and authority is such, however, that it has become increasingly fashionable for some leading English speaking authorities, of whom the British-born Harvard historian Niall Ferguson is the most recent, to speculate on the close of the period of Anglo-American empire. The reasons are not hard to identify. British wealth and power is a faded memory and effective American financial, political, educational, technological and military leadership is fast becoming a memory.

Of course, not only do Confucian powers see merit in preserving a global order that has allowed them to prosper but, however great their problems, Anglo-American political leaders are incapable of openly countenancing any other form of global order. They act as if untouched by the reality that the United States, which has provided the energy holding the present order together, is no longer capable of disciplined, coherent and strategic policy and action. The power of contending corporate interests has fractured and fragmented the policies and actions of

Washington to the point that there is now a serious danger of the United States becoming not just a symptom but the dominant symbol of the failure of the European Enlightenment's "universal" values.

Given the fragmentation of the Soviet Union and the manner in which the expansion of the European Union has subjected its weaker members to the whims and brutalities of international finance, it is difficult to identify any coherent, productive and strategic grouping in a fragmenting global community, other than ASEAN plus Three.

Many may not welcome such identification in the difficult environment in which the global community now finds itself. It carries the implication of great responsibility and the danger of provoking profound resentment and opposition. China's SCO and BRIC networks become even more important in this context as they provide the opportunity to make important strategic alliances as policies are developed to accommodate more diverse interests and to recruit broader support.

Confucian communities have other powerful strengths. These include a diaspora unrivalled in its pervasive wealth and influence, a younger generation unrivalled in the quality and international character of its learning and an education system unrivalled in its pursuit of mastery of alien foreign languages and cultures, most importantly English. While this may make for some subtle and complex contests between Confucian and Western values and convictions during the early years of personal maturing, this very struggle will become an intellectual asset for those seeking to develop global understandings and strategies that have more chance of success than the one dimensional doctrines pursued by their Anglo-American predecessors.

Amidst the drama likely to unfold in the near future, the critical and decisive qualities will be administrative strategy, community coherence, educational excellence, intuitive discipline and dedicated mindfulness. These qualities take different forms throughout the ASEAN plus Three region, but each member of the group has administrative and commercial elites who are capable of mutual inspiration, communication and cooperation in ways likely to be highly productive, if poorly understood by outsiders. Moreover, the fact that in some countries populations are predominantly Muslim or Buddhist gives the group an extra dimension. This helps demonstrate the essentially benign and non-intrusive character of the Confucian tradition and can add to its global appeal and influence.

Administrative, community, educational, intuitive and mindful qualities have all been relatively neglected in the Anglo-American world during the past two centuries. The emphasis on the market, individualism, science, reason and progress has over-ridden inclinations to develop these qualities, leaving serious vulnerabilities in the consciousness of those shaped by Anglo-American "universal" values. Even more self-harming has been late-Empire America's tendency to plunge into ill considered military and base expansion adventures that have hastened the wasting away of its declining resources and moral authority.

The Anglo-American peoples have shown how to mobilise human energies through the use of corporate structures to invade and conquer the land, economies and societies of other peoples. The Confucian peoples have shown how to turn back and reverse such invasion and conquest. The challenge is now to look deep into the tradition, its experience and its wisdom and discern how to further develop the administrative and commercial power derived from that victory. After consolidating harmonious, productive and non-destructive communities in their own region, there are likely to be increasing opportunities to share more broadly their growing mastery of global commerce. In the process, Confucian leaders from the ASEAN plus Three Group are likely to emerge in positions of global prominence and play a crucial role in writing a new chapter in the history of Confucian civilisation.

The challenge is one that will discredit the Western certainties on which individual lives, economic effort and social cohesion have been built, going back as many generations as there is some sort of living memory. Education, beliefs, careers, and families have been built on commonly shared attitudes that are suddenly identified are contingent on forces about which most people have never had to cause to reflect. Of course, Western expansion has confronted people in other parts of the world, including Asia, with this dilemma over recent centuries. In some regions, the rise of the Confucian world will be liberating with the shift of market and other authority from West to East. In the Anglo-American world, long accustomed to imposing its certainties on others, there is, however, little in recent experience to prepare for what now seems to be the predictable future. Consequently, there are very few in the Anglo-American world who do not fall back on denial. Many simply reassert commonplaces that have become little more than transparent fallacies.

≪儒藏≫编纂工程的学术意义与进展情况

魏常海 | 北京大哲學系 教授

≪儒藏≫编纂与研究工程是2003年12月由教育部批准立项的哲学社会科学研究重大课题攻关项目，由北京大学资深教授汤一介先生任项目首席专家，联合国内外数十家高校和科研机构共同承担。

≪儒藏≫编纂工程旨在以现代的学术眼光和技术手段，对历史上流传至今的儒家典籍文献进行一次全面的整理，集大成地编纂成为一个独立的文献体系。工程计划分≪儒藏≫"精华编"编纂与≪儒藏≫"大全编"编纂两步走。

儒学不是中国独有的文明，而是为东亚国家所共有的精神财富。韩国、日本、越南等国不仅在历史上深受儒学的影响，而且也曾对儒学有过重大贡献。因此，我们先后邀请了韩国、日本、越南三国的学者来分别承担≪儒藏≫精华编"韩国之部"、"日本之部"、"越南之部"的校点工作。韩国之部与成均馆大学合作，由梁承武教授、金圣基教授主持，我们对此非常感谢。编纂工作将在尊重各国特色的基础上，根据实际情况来进行。

≪儒藏≫的收书范围极广，不仅收录传世文献、出土文献，同时还收录了韩、日、越的文献，形成了自己的特色。

精华篇选择以附有简明校勘记的标点排印本出版，发展出电子版图书，便于全世界的学者利用。

在版本的选择时，我们务求精善，并且不迷信现有成果，在充分吸收前人校勘成果的基础上，坚持全部利用原始版本重新核校，纠谬补阙，使校勘质量进一步完善。

≪儒藏≫工程已逐渐建立了一套编纂和出版大型古籍丛书的规范和流程，积累了一些编纂和校勘古籍的经验和方法，培养了一批从事古籍整理和研究的学术骨干和研究生，也推动了国内、国际广泛的学术文化交流。

≪儒藏≫精华编现已收到书稿303种，已正式出版36册73种，其中包括出土文献一册。今年内计划再出30册左右，包括韩、日、越文献各1册。以后会在保证质量的前提下加快速度。

《儒藏》编纂工程的学术意义与进展情况

魏常海 | 北京大哲學系 教授

《儒藏》编纂与研究工程是2003年12月由教育部批准立项的哲学社会科学研究重大课题攻关项目，由北京大学资深教授汤一介先生任项目首席专家，联合国内外数十家高校和科研机构共同承担。

《儒藏》编纂工程旨在以现代的学术眼光和技术手段，对历史上流传至今的儒家典籍文献进行一次全面的整理，并像《佛藏》、《道藏》那样集大成地编纂成为一个独立的文献体系。工程计划分《儒藏》"精华编"编纂与《儒藏》"大全编"编纂两步走。先行编纂的"精华编"收录中国传世文献及出土文献501种，韩国、日本、越南等国以汉文撰写的重要儒学著作135种。共计2亿多字，分为330册，计划于2015年完成。《儒藏》"大全编"将收录海内外重要的儒家典籍文献近6千种，约15亿字，计划于2022年完成。而中国历史上规模最大的丛书《四库全书》收书仅3461种，约7亿字。

中国传统文化向来以儒、释、道并称，其中儒家是主流，对中国古代政治经济、思想文化有深广的影响。然而历代不断编辑《大藏经》和《道藏》，却始终没编成一部《儒藏》，这与儒家的主流地位极不相称。明清两代学者也曾提出过编纂《儒藏》的建议和设想。明末曹学佺谓"二氏有藏，吾儒何独无?"历史上首先提出编纂《儒藏》，清中叶周永年作有《儒藏说》，具体规划编修事务，但终因工程浩大或明易清代而没能实现。

儒学不是中国独有的文明，而是为东亚国家所共有的精神财富。韩国、日本、越南等国不仅在历史上深受儒学的影响，而且也曾对儒学有过重大贡献。清廷编纂《四库全书》之际，朝鲜学者李德懋在致中国学者潘庭筠的信中写道："(《四库全书》)既包罗天下之书，则海外之书如朝鲜、安南、日本、琉球之书，亦为收入耶?"可见当时朝鲜学者已希望将东亚儒家著作与中国儒家著作汇编为一体，以便利用。因此，我们先后邀请了韩国、日本、越南三国的学者来分别承担《儒藏》精华编"韩国之部"、"日本之部"、"越南之部"的校点工作。韩国之部与成均馆大学合作，由梁承武教授、金圣基教授主持，我们对此非常感谢。由于韩、日、越三国历史上的儒学发展各有其特点，保留下来的儒家文献也各有千秋，在开展编纂工作时，其选目、分类、整理等方面都无法和中国的情况整齐划一，我们在与三国学者沟通讨论后，充分尊重他们的意见，让他们根据本国的实际情况来进行工作。

《儒藏》的收书范围极广，形成了自己的特色。《儒藏》精华编不仅收录传世文献、出土文献，同时还收录了韩、日、越的文献。传世文献、出土文献、国外文献萃为一编，而又各自保持其相对的独立性，这在中国古籍编纂史上尚属首次。在精华编所收600多种书籍中，传世文献精选出的450种书籍均系曾经在中国历史上产生过重要影响、构筑为儒家文化的精品。出土文献目前已有2册50种。两册收有20世纪初以来历次重大考古所发现的文献，包括敦煌遗书、马王堆汉墓帛书、定州汉墓竹简、郭店楚简、上海博物馆楚简以及云梦秦简、阜阳汉简、王家台15号秦墓、河南信阳长台关1号楚墓等出土的重要文献。通过此次整理和出版，一些在先秦时期已发展出来但后世久已被遗忘的儒家思想，被重新发现出来。所收韩、日、越三国文献，都是经过三国学者精挑细选的精品文献。这些文献大多是首次进行整理，很多文献更是首次在中国出版。

《儒藏》精华编在整理和出版的形式上则以现代的学术眼光和技术手段面向世界。考虑到让更多的学者和更广大的读者方便地利用儒家文献，并且考虑到现有的科技条件，《儒藏》精华编选择以附有简明校勘记的标点排印本而非影印本出版。近几十年来，影印古籍已有非常庞大的规模，再次影印势必造成极大的重复，而且不便于现代读者利用。《儒藏》精华编以校点排印的形式出版，便于以后人们从事研究或者阅读。通过排印《儒藏》，我们还很容易发展出电子版图书，可以获得一整套校对精良的儒家重要文献的电子文本，更便于全世界的学者利用。

《儒藏》的成败，关键在于质量。首先，版本的选择务求精善。由于天灾人祸，相当部分的儒学珍本、孤本或遗失或毁坏，为此我们采取了积极的应对措施，充分发挥海内外合作的资源优势，努力寻求海外的孤本、善本。如已经出版的《儒藏》精华编第104册所收四部著作中，有三种底本来自海外。尽管《儒藏》精华编的选目有一部分已有过整理本，但我们并不迷信现有成果，在充分调查书稿版本源流系统的基础上，经过对关键版本的认真比对，决定是否重新选定更精善的本子。如《十三经注疏》，《儒藏》不以学术界通用的阮元翻元刻十行本作底本的计有7种，可以说已从整体上超过阮刻本。对已有过校理的选目，我们在充分吸收前人校勘成果的基础上，仍然坚持全部利用原始版本重新核校，纠谬补阙，使校勘质量进一步完善。

《儒藏》工程已逐渐建立了一套编纂和出版大型古籍丛书的规范和流程，积累了一些编纂和校勘古籍的经验和方法，培养了一批从事古籍整理和研究的学术骨干和研究生，也推动了国内、国际广泛的学术文化交流。

《儒藏》精华编现已收到书稿303种，已正式出版36册73种，其中包括出土文献一册。今年内计划再出30册左右，包括韩、日、越文献各1册。以后会在保证质量的前提下加快速度。

中国当代儒学复兴的形势与发展方向

吴 光 | 浙江省社会科学院哲学所研究员

　　本文在儒学在当代中国出现复兴趋势的时代背景下，在时贤研究基础上，根据本人的亲身的经历、观察与思考，总结性地论述了当代中国儒学复兴的十大表现。这十大表现是：1、以儒学为主题的学术会议连绵不断，影响深远；2、以儒学为主旨成立的学会组织、研究院、研究中心，如雨后春笋遍布全国；3、各种名目的儒学与国学讲坛、论坛风起云涌；4、孔子学院遍布世界；5、民间修复孔庙、文庙，兴办孔子学堂、举行祭孔活动蔚然成风；6、孔子铜像、儒家人物铜像标志儒学信仰的普及；7、成人、儿童读经活动普遍开展，童学馆、读经班、讲经会纷纷开张；8、大量儒学论文、专著、系列丛书、杂志期刊出版；9、从中央到地方的各级政府开始对儒学研究课题、祭孔、弘道活动采取有限支持与参与态度；10、官方意识形态的儒学元素日益增多。

　　在论述形势基础上，作者对以熊十力、牟宗三、冯友兰为代表的现代新儒学形态及其后继者的新儒学思想作了简明扼要的评析，并着重批评了当代中国以蒋庆为代表的政治儒学论的理论谬误，而对儒学复兴中的当代新儒学新形态 —— 黄玉顺"生活儒学"的主要观点作了简介简评。与此同时，对作者本人从上世纪八十年代开始的新儒学研究成果 —— "民主仁学"的新思路、新观点作了较详细的论述，从而尽可能揭示出中国当代儒学复兴的理论创新及可能的发展方向。

中国当代儒学复兴的形势与发展方向

吴 光 ｜ 浙江省社会科学院哲学所研究员

引 言

关于儒学复兴的问题，如果在20年前的中国，那简直是天方夜谭，或被视为痴人说梦，所以当1988年杜维明先生在新加坡召集"儒学发展的问题与前景"国际学术研讨会时，多数的学者对"儒学复兴"的前景是悲观或怀疑的，所以杜维明引用唐君毅先生的话感叹"儒门淡薄，花果飘零"，余英时先生在会上提出"儒学游魂"说时，颇获得众多的掌声[1]。然而时隔20余年，一个儒学复兴运动已经在中国、在东亚兴起，这已经不是或然的问题，而已是不争的事实了。那么，如何看待这个儒学复兴运动？ 儒学复兴的方向可能导向何处？ 在这个儒学复兴运动中如何重新解读与重塑儒学的核心价值观？ 这是本文要着重探讨的问题。

一、中国儒学复兴的十大表现

关于儒学在中国复兴的基本情况，已有多位学者作了相当详细、深入的总结与论述，其中比较全面、深刻的文章有两篇：一篇是韩国著名儒学家梁承武教授撰著的长文≪中国儒学复兴运动的发展与前景≫，先后发表在浙江省儒学学会主办的儒学专刊≪儒学天地≫2009年第4期、2010年第1期和杭州师范大学主办的≪杭州师范大学学报≫2010年第2期上。另一篇是武汉大学哲学系教授胡治洪于2005年撰著的长文≪近20年我国大陆现代新儒家研究的回顾与展望≫[2]。梁文以翔实

---

1) 参见杜维明主编：≪儒学的宏观透 — 新加1988年儒学群英会纪实≫，台北正中书局 1997年版。

2) 该文最初发表于陈明主编的网络报≪儒家邮报≫第3期，2006年 12月 14日 邮发，并有多家网站转发，最新的修改补充文本发表于≪中国儒学网≫(www.confuchina.com) 2010年 10月 21日。

的资料回顾了中国自上世纪改革开放以来所开始的儒学复兴历程。该文总结说："中国自改革开放以来，儒学开始走上复兴的道路。"这个"儒学复兴运动"的主要标志是：1、共召开了200多次学术研讨会，取得了可观的学术成果；2、国际儒联开展了儒学普及运动与儒学高峰论坛等活动；3、孔子学院在世界各地纷纷成立，推动了普及汉语教育和文化交流；4、《儒藏》工程开始启动，历代儒家经典和大儒全集纷纷出版；5、各高校纷纷成立国学讲坛，开设国学培训班课程；6、各地区的儒学学术活动也取得了巨大成就。可以说梁氏的总结已经相当全面。唯一不足的是，梁氏未能深入到中国社会最基层——中小学校、工厂企业、街道、农村去进行具体而微的调查研究，因而对基层民众渴望了解儒学价值观、重建道德人文精神的热情感受不够亲切。梁氏还以非常敏锐的眼光展望了中国儒学复兴运动的前景。他认为，中国儒学的复兴，将走上体系化、现代化、大众化、信息化、制度化的方向。他说：

> 所谓儒学复兴，这个历史性、时代性的大课题……是需要投入长久的时间和巨大的努力才有可能完成的。……我们有必要以开放的角度来审视，并给予一定的理解。笔者相信，在时间流逝的同时历史也在发生变化，在这种变化过程中，中国的儒学复兴运动一定会更坚实地向着理想的方向发展，并且一定会获得成功。我们期待着，在不远的将来，中国儒学复兴运动的成功会给予日渐后退、停滞的韩国儒学的复兴注入活力。[3]

这是对中国儒学复兴的未来前景所作的既深刻而又冷静的分析！

与梁承武教授相比，胡治洪教授论述的主题更集中、更单纯。胡文主要是截取1986年至2005年这20年间中国大陆学界有关现代新儒家的个案研究与总体研究成果作学术的回顾与总结，进而展望了当代儒学复兴的趋势与可能的面相。该文指出：

> 近20年来，我国大陆的现代新儒家研究业已取得十分丰硕的成果，这不仅表现为研究论著质高量丰，研究队伍不断壮大，而且表现为社会影响愈益深广……。在当前中华民族全面复兴的形势下，随着民族文化自觉意识的复苏和文化主体性的高扬，现代新儒家研究将会获得更加宽松的社会、政治和思想环境，因而可望取得更大的成就。
>
> 近年来表现为尊孔崇儒的文化保守主义社会思潮与现代新儒家研究形成一种相得益彰的关系。学术研究以其厚重的理论成果和相关学术活动为社会思潮的形成积累社会资本；社会思潮则不仅通过推扩和普及方式实现学术研究成果的现实转化，而且以其日新又新的面相为学术研究提供新的思想资料。随着这两方面互动的深入，现代新儒家研究可能日趋泛化，逐渐融入当代儒学运动的潮流之

---

3) 梁承武：《中国儒学复兴运动的发展与前景》，《杭州师范大学学报[社会科学版]》2010年3月，第2期。

中，从而谱写中华文化在新的世纪实现伟大复兴的新篇章。[4]

概括梁、胡文章的论述，加上本人在近20年来参与儒学复兴运动的所见所闻、所思所行，可以将中国当代的儒学复兴运动的表现概括为以下十大方面：

第一，以研究历代儒家人物的思想、阐扬儒学思想为主题的学术会议遍及国内外，连绵不断，影响深远。这些会议，以中国大陆地区居多，其他国家与地区，如韩国、日本、新加坡、马来西亚、美国、欧洲、澳大利亚以及台湾、香港、澳门地区，都举行过多次儒学专题或儒学与基督教、伊斯兰教、佛教等宗教文化的文明对话。其中规模较大、影响较大的会议有：1、自上世纪八十年代中期开始的、由杜维明教授为主倡导、策划的陆续在新加坡、马来西亚、美国等地举行的国际儒学研讨会与文明对话会，对当代新儒学蔚然形成国际思潮起了引领风气的积极作用；2、由主张中国哲学重建进而建构当代新儒学体系的成中英教授为创会会长、并由汤一介、沈清松、郭齐勇等任执行会长的国际中国哲学会每两年一次的年会，讨论儒学的比重日益增加，对当代新儒学的理论建设与世界性影响起了重要作用；3、由国际儒学联合会、中国孔子基金会所主办的一系列纪念孔子诞辰暨儒学国际研讨会以及多个"儒学高峰论坛"对于推动儒学在中国的普及与复兴起了举足轻重的作用；4、由台湾《鹅湖》杂志社一批新儒家学者主导的一系列"当代新儒家国际学术研讨会"对海峡两岸儒学学者的思想沟通交流、推动儒学复兴起了重要推进作用；5、由新加坡东亚哲学研究所、新加坡儒学会、韩国成均馆大学、韩国儒学学会、香港孔教学院、马来西亚儒教会等儒学团体发起主办的多次"儒学与儒教"研讨会也为儒学复兴起了推波助澜作用；6、中国国内多个省市尤其是北京、山东、武汉、四川、浙江、湖南、广东、河南、山西、陕西等省市的大学、社科院、儒学学会、孔子学会所发起主办的数以百计的儒家、儒学研讨会为儒学在中国的复兴作出了重要贡献。

第二，以儒学为主旨成立的学会组织、研究院、研究中心，如雨后春笋遍布全国。以1984年在北京建立中国孔子基金会为转型契机、以1994年在北京建立国际儒学联合会为普及动力，先后在山东、四川、河南、湖北、吉林、广东、陕西、山西、浙江、安徽、辽宁、贵州等十多省以及在长春、杭州、福州、广州、太原、泉州、安阳、德阳、哈尔滨、贵州等省地级城市建立了以省市孔子学会或省市儒学会命名的儒学研究团体，中国人民大学、清华大学、北京大学、山东大学、武汉大学等数十所高等学校建立了孔子研究院、儒学研究院或国学院，更多的高校、社科院所建立了儒学与儒家研究中心，如山东大学儒学研究中心、武汉大学孔子与儒学研究中心、复旦大学儒学文化研究中心、江西上饶师范学院朱子学研究所、福建武夷山朱熹研究中心、浙江省社科院国际阳明学研究中心等机构是其佼佼者，不仅举办了多次国际学术研讨会，而且编辑出版了许多

---

4) 胡治洪：《近20年我国大陆现代新儒家研究的回顾与展望》，载《中国儒学网》(www.confuchina.com) 2010年10月 21日。

重要的学术资料与专著丛书。这对于提升儒学研究水平、普及推广儒学与中国传统文化起了极其重要的作用。

第三，各种名目的儒学与国学讲坛、论坛风起云涌，蔚然成风。例如国际儒联举办的"儒学高峰论坛"、山东尼山圣源书院主办的"儒学名家圣源论道"、山东大学儒学高等研究院主办的"尼山世界文明论坛"、中国人民大学国学院主办的"国学论坛"、浙江省儒学学会主办的"儒学·国学·浙学"系列"文澜讲坛"，湖南大学岳麓书院主办的"千年论坛"、四川大学国际儒学研究院举办的"儒藏论坛"等等带动了遍及全国的儒学讲学风气，对传播儒学核心价值、普及儒学知识作用至巨。

第四，孔子学院遍布世界。据统计，截至2009年8月，已在全球83个国家和地区建立了339所孔子学院，全球有4000万人学习汉语。这些孔子学院的作用，不仅是吸引外国学子学汉语的场所，更重要的是建立了向全球传播儒学与中华文化的平台，使人类不同族群在多元文化的互动交流中日益增进对儒学核心价值观的普世性与现代性的认识，为创建共存并进、多元和谐的未来世界新秩序而提供了宝贵的思想资源；

第五，民间修复孔庙、文庙，兴办孔子学堂、举行祭孔活动蔚然成风。这已是普遍现象，毋需赘述。仅以浙江为例，自上世纪九十年代起，就陆续修复了衢州孔氏南宗家庙、磐安县孔氏南宗家庙、杭州孔庙、桐乡文庙等数十所孔庙。这些孔庙每年都举行祭孔典礼。衢州市政府还与中国社会科学院、浙江省社会科学院合作，举办了两年一届的"国际儒学论坛"。在浙江科技学院、杭州萧山义桥镇还开办了可容纳百人的"孔子学堂"，向青年学子和普通民众讲授儒学知识与儒学核心价值观，成为推广儒学的良好平台。

第六，孔子铜像、儒家人物铜像标志儒学信仰的普及。除了各地以政府之力与企业家之力资助建立的孔子与儒家人物的铜像之外，香港著名儒商暨孔教学院院长汤恩佳先生陆续向北京、山东曲阜、广东三水、福建福州、湖南长沙、湖北孝感、河南夏邑、四川德阳、宁夏银川、浙江衢州等省市县文教单位捐建了数十座孔子铜像，还向河北衡水、福建武夷山、江西白鹿洞书院、浙江余姚市等地捐建了大儒董仲舒、朱熹、王阳明的大型铜像。这种富而好德、无私奉献的儒商精神值得大加表彰！

第七，成人、儿童读经活动普遍开展，童学馆、读经班、讲经会纷纷开张。台湾著名学者王财贵早在20多年前就在台湾开展了"儿童读经"活动，成效卓著。进入本世纪，王财贵童蒙教育经验在中国大陆到处开花。许多地方，诸如北京国子监儿童读经班、北京金色摇篮集团旗下的连锁性民办"童学馆"、山西新绛县和浙江温岭县在全日制小学全面推行诵读《论语》《弟子规》《三字经》等儒家经典活动、浙江复兴国学院诸修学院的蒙学教育等等，都收到了良好效果。另外值得一提的是，目前在许多民营企业、城市社区乃至基层农村都有人出来组织基层民众诵读学习儒家经典《四书五经》以及儒家通俗读物《弟子规》《三字经》等。例如浙江台州市路桥区农妇林笋珍自参加省儒学学会以后，在附近农村发展了数十名学会成员，并组织他们学习《论语》《弟子规≫，对当地净化道德风尚、提升农民人文素质起了带头作用。

第八，**大量儒学论文、专著、系列丛书、杂志期刊的出版，标志儒学理论的普及与提升。** 自上世纪九十年代开始，从正面阐论儒学思想体系及其核心价值观的论文汗牛充栋，不胜枚举。出版的专著与论文集也难以尽举。仅中国大陆出版的以儒学为专题的研究丛书就有数十种，主要有：方克立主编的≪现代新儒学辑要丛书≫和≪现代新儒学研究丛书≫、汤一介主编的≪国学举要丛书≫、舒大刚等主编的≪四川大学"儒藏"学术丛书≫、傅永聚、韩钟文主编的≪二十世纪儒学研究大系(全21卷)≫、郭齐勇主编的≪"珞珈中国哲学"丛书≫、黄俊杰主编的≪儒学与东亚文明研究丛书≫、吴光主编的≪阳明学研究丛书≫等等。尤其值得一提的是，由汤一介主持、北京大学出版社出版的≪儒藏(精华编)≫和由舒大刚主持、四川大学出版社出版的≪儒藏≫，是1949年以来中国大陆学者编纂的规模最大的儒学资料丛书，其最终完成将对新世纪的儒学研究与普及传播起到极大的推动作用。在大陆儒学杂志期刊的编辑出版方面，由于国家对出版物的垄断与限制，现在还不尽如人意。由国家正式批准发行的儒学专业期刊只有≪孔子研究≫、≪朱子文化≫等数种，另有几种"以书代刊"者，如国际儒联编的≪国际儒学研究≫、中华炎黄文化研究会主办的≪炎黄文化研究≫、吴光主编的≪中华文化研究集刊≫、庞朴主编的≪儒林≫、姜广辉等主编的≪朱子学刊≫、陈明主编的≪原道≫、王中江李存山主编的≪中国儒学≫等数种，还有几种有内部刊号的儒学期刊，如浙江儒学学会主办的≪儒学天地≫、河南省孔子学会主办的≪中原儒学≫等。

第九，**自上世纪九十年代起，中国从中央到地方的各级政府开始对儒学研究课题、祭孔、弘道活动采取有限度支持与参与的态度。** 例如山东曲阜每年一度的祭孔大典都有全国人大副委员长和省部级官员参与或主祭，浙江衢州的南宗祭孔大典则有副省级官员参与或主祭。每年的国家社科基金课题，都有相当比重的儒学研究课题得以立项、得到官方的资金资助。有的重大儒学研究课题，则以专项经费形式给予立项资助，甚至有的专项课题获得多达数百万、甚至数亿人民币资助的。这昭示着中国官方对从正面研究与弘扬儒学不再持消极反对态度，而给予了正面支持。

第十，**官方意识形态的儒学元素日益增多。** 例如，上世纪七十年代末中国进入改革开放新时期以后，大力提倡"中国特色社会主义"和"实事求是"的思想路线。而所谓"中国特色社会主义"首先是强调中国国情和中华文化特色，这就要求必须吸收中华文化的优秀成分，因而吸收儒家文化成果也就顺理成章。至于"实事求是"的思想路线，虽被解释为"马列主义毛泽东思想的精髓"，但"实事求是"作为哲学命题，却来自于中华古籍≪汉书≫。而在上世纪末以来中国共产党领导人提出的建设"小康社会"、"和谐社会"目标，提倡"以人为本"、"以德治国"、"仁者无敌"等价值观念，也都可以从儒学思想库里找到原始依据，甚至胡锦涛总书记倡导的以"八荣八耻"为核心的"社会主义荣辱观"，也可以解读为儒家"仁义礼智信"以及"以民为本"、"自强不息"、"日新"精神等核心价值的现代版。这说明，中国现阶段的社会主义意识形态，已经融合了儒学与国学的思想元素，换言之，正经历着中国化、儒家化的思想转型历程。

上述中国大陆地区儒学复兴的现象远非全豹，而且还只是刚刚兴起，并且受到来自马列教条派与全盘西化派的压制或攻击，但它们犹如一颗思想的种子，不再到处漂流，而是已经在中国大地生根发芽，破土而出，终究会长成参天大树的。我对儒学复兴的前景是审慎乐观的。

二、现当代新儒学的几种形态

毋庸置疑，当代中国的儒学复兴运动，是对从二十世纪初"五四"新文化运动中开始出现而至六、七十年代的"文化大革命"达到登峰造极地步的全盘反儒学、反传统思潮的理论反动，也是对在西方强势文化影响下的中国"全盘西化"论的文化回应。

整个二十世纪，对于中国来说，可谓是大转折的世纪。在动荡频仍、变革踵接的历史背景下，形形色色的思潮走马灯式地登上中国的思想政治舞台，在相互碰撞、交锋、批判、渗透、会通乃至融合的过程中，逐渐形成了三大思想潮流，即以西方自由民主人权为本位的西化思潮、以马克思列宁主义为指南的社会主义 - 共产主义思潮、以中国传统文化为本位的现代新儒学思潮。而代表现代新儒学思潮的所谓"现代新儒家"，就是由一批抱持传统文化本位主义立场而又具有现代经世意识的知识分子所建立的、力图通过吸纳、融合西方文明而重建儒家的道德形上学以抗拒全盘西化与全盘反传统思潮的攻击、并寻求中国现代化的理想道路的思想流派。这个思想流派实际上是在儒学受到全面批判时期在中国曲折成长起来的。其主要的思想代表是熊十力（1883-1968）、牟宗三（1909-1996年）和冯友兰（1895-1990）。他如梁漱溟、贺麟、张君劢、唐君毅、徐复观、钱穆等人也可归入"现代新儒家"行列，但他们的思想差异也很大。熊十力对于现代新儒学的最大贡献，就在于依照宋明理学心性论特别是陆王心学的致思方法建立了一个以"良知"或"德性"为本体的、"即体即用"、"体用不二"的道德形上学体系。牟宗三及其弟子则进一步发挥了熊十力的"德性"本体论和"体用不二"论，并通过"化西入儒"、特别是吸收康德"实践理性"的"精神路向"重建了"新心学"式的"道德形上学"[5]。然而，面对现代社会对民主、科学的历史性要求以及中国落后于西方的基本事实，现代新儒家不能不承认以儒学为主体的中国传统文化"缺乏西方近代民主制度与西方之科学"，因此，重建后的新儒学必须能够容纳并促进民主与科学，于是牟宗三开出了"本中国内圣之学解决外王问题"[6] 的精神药方，主张"须在道德理性之客观实践一面转出并肯定民主政治，且须知道德理性之能通出去，必于精神主体中转出'知性主体'以成立并肯定科学。"[7] 这便是所谓"本内圣开出新外王"说，用牟氏的话语，叫做由"道德主体"转出"知性主体"的"曲通"，或曰

---

5) 牟宗三：《认识心之批判·自序》，香港友联出版社1956年版。
6) 牟宗三：《历史哲学·自序》，香港人生出版社1962年增订版。
7) 牟宗三：《道德的理想主义》，台湾学生书局1985年版，页184。

"良知的自我坎陷"。牟氏甚至把"开出新外王"作为"儒家学术第三期发展"的重点"使命"[8]。

现代新儒家的另一个代表人物是冯友兰。他在最后一部著作——七卷本《中国哲学史新编》之第七册中分立专章，称熊十力的哲学体系为"中国哲学近代化时代中的心学"（或曰"新心学"），而自称其哲学体系为"中国哲学近代化时代中的理学"（或曰"新理学"）。冯友兰对现代新儒学理论的贡献在于他创造性地提出了"精神境界"说。他把人的精神境界分为自然、功利、道德、天地四个层次，而以"天地境界"为最高境界。所谓"天地境界"，就是"自同于大全"的"仁"的境界[9]。其次，冯友兰尖锐地批判了违背人性、违反辩证法的"仇必仇到底"的"斗争哲学"，而创造性地阐释了宋明理学家张载的"仇必和而解"的哲学命题，并断言无论是现代社会、还是未来哲学，都必定是"向着'仇必和而解'这个方向发展的"[10]。

然而，现代新儒学思潮虽然引进了西方的民主、科学、人权、法治等具有普世性的价值观念，但他们基本的思维定式还是宋明心性之学"内圣外王"式的哲学路向，而对孔孟为代表的先秦儒家的"仁本礼用"的思维模式缺乏亲切的体认。而且，他们受到了时代的严重局限。因为在他们创建新儒学理论体系的时期，基本上没有看到东亚社会现代化的成功模式，尤其没有看到中国大陆从改革开放到和平崛起的成功实践。他们的思想还停留在对马列革命的批判和对西方文化扩张的反抗与回应，停留在一元化的思维逻辑上。因此，现代新儒家所建立的思想体系，虽然有许多精辟的论述和卓越的思想成果，但基本上还是少数知识精英的"书斋里的学问"，无法成为广大民众的行动指南。现代新儒家所指示的"儒学第三期发展"的"新心性学"的发展方向，并没有成为当代儒学复兴的主流方向。

继承牟宗三、唐君毅、徐复观、方东美等已故"现代新儒家"之衣钵的，有蔡仁厚、戴琏璋、王邦雄、李明辉等当代新儒家学者，他们有许多真知灼见，但更多的是谨守师说，而非"综合创新"，用林安梧的话来说是"护教型新儒学"[11]。而在当代新儒家中最有思想活力的当推杜维明、刘述先、林安梧诸先生。他们较其前辈的最大不同，是更具有多元文化的视野和全球意识，对新儒学的精神本质和范畴概念有更平和、更深层的思考。其中杜维明重在思考儒家与非儒家文明的对话沟通、传统儒学的创造性转化和"文化中国"的意义阐释；刘述先则重在对传统儒学基本概念范畴（如孔孟的"天人合一"之道、程朱的"理一分殊"、王阳明的"四句教"等）之精神意涵的现代阐释，

8）牟宗三1979年在东海大学的演讲《从儒家的当前使命说中国文化的现代意义》中说："儒家学术第三期的发展，所应负的责任即是要开这个时代所需要的外王，亦即开新的外王。……要求民主政治乃是'新外王'的第一义……另一方面则是科学，科学是'新外王'的材质条件……假如在这个时代，儒家还要继续发展，担当他的使命，那么重点即在于其内在的目的，要求科学的出现，要求民主政治的出现 —— 要求现代化。这才是真正的现代化。"载牟著《时代与感受》，台湾鹅湖出版社1984年版，页309~314。

9）见冯友兰：《中国哲学史新编》第七册第81章，台湾蓝灯文化公司1991年版，页198、200。又见冯著《三松堂全集》第四卷，河南人民出版社，1986年版，页647。

10）同上册，第81章，页209。

11）杜吹剑：《文化台独中国文化与后新儒学 —— 林安梧先生2004北京访谈录》，载《博览群书》2005年第1期。

力图从"理一分殊"的思想模式中找到一条重建当代新儒学的出路。杜、刘二位虽然影响很大，多有创见，但作为一种新儒学思想体系，似乎还没有建立起来。林安梧先生则属于台湾新一代儒家的"另类"人物，他站在"批判型新儒学"立场上，颠覆传统儒家的"内圣外王"思考模式，主张"新外王－新内圣"的逆向思考，从而提出了"儒学革命论"与"后新儒学论"，并创立了"以社会正义论为核心的"的"后新儒学的社会哲学"。[12] 林氏的"后新儒学"论虽然仍没有摆脱心性学的思考模式，但其"社会哲学"论力图会通古今中西而成一体新用新儒学的思考方向，体现了儒者对社会正义、民主自由的正视与追求，展现了当代新儒家的仁者胸怀。

与上述新儒家的心性学路向截然不同的是以复兴儒教为职志的蒋庆先生。蒋庆也许是大陆新儒家中最成体系、最直言不讳的学者。他提出的"政治儒学"论实质上是一种"新儒教"论。其基本思想是，第一，描绘了一幅中国儒学的历史演变路线图。蒋庆认为，中国儒学存在两个截然不同的传统，即"政治儒学"传统与"心性儒学"传统。"政治儒学"的开创者是孔子，其原典是孔子所作的《春秋》，其次《诗》、《书》、《礼》、《乐》、《易》。孟子继承了孔子政治儒学的王道思想，荀子则继承了礼制思想，汉代董仲舒集政治儒学之大成从而"将政治儒学推到一个新阶段"。宋明儒学的根本精神是心性儒学，所以宋明时期是政治儒学沦落期。明末顾、黄、王意图接续政治儒学传统，但"势运难为，壮志未酬"，清末龚自珍、魏源、康有为等欲复兴政治儒学以促成中国现代化但未能成功。最后，西学东渐，政治儒学成为绝学。[13] 基于这一儒学史观，蒋庆将熊十力、唐君毅、牟宗三、冯友兰、贺麟等现代新儒家都归入心性儒学传统并对其作了严厉批判。他认为，现代新儒家继承的是宋明心性儒学。他们企图从儒家旧内圣之学开出西方新外王之学。但他们不仅未能证明儒家心性之学可以开出科学和民主，反而污染了原始心性儒学，使心性儒学丧失了生命，变成了抽象的思辨之学。新儒家盲目相信民主政治具有普适性，不知民主政治只是西方传统，并非放之四海而皆准的政治真理。蒋庆认为，"民主不是天下公器、亦不是世间共法"，不具有普适性，也不合中国国情，而只有以公羊学为主导的汉代今文经学传统才是最理想的政治儒学传统，只需略加改造就能适应中国现实的需要。[14] 因此，蒋庆断言新儒家在外王学和内圣学两方面都是失败的。[15]

蒋庆的"政治儒学"论虽然在批判宋明理学和现代新儒家方面有不少精辟见解，但他的最大谬误

---

12) 参见：杜维明著《儒学第三期发展的前景问题》，台北，联经出版公司1989年版；《儒家传统的现代转化——杜维明新儒学论著辑要》，中国广播电视出版社1992年版；刘述先著《理想与现实的纠结》，台湾学生书局1993年版；《儒家思想意涵之现代阐释论集》，台北，中研院文哲所筹备处，2000年3月版；林安梧专著：《儒学革命论——后新儒家哲学的问题向度》，台湾学生书局1998年11月版；林安梧论文：《后新儒学的社会哲学：契约、责任与"一体之仁"——迈向以社会正义论为核心的儒学思考》，载华东师范大学现代思想文化研究所"思与文"哲学网，2007-4-17。

13) 参见蒋庆：《政治儒学：当代儒学的转向、特质与发展》，生活·读书·新知三联书店2003年5月版，第97-98页。

14) 同上，第46、47页。

15) 同上，第51页。

有两点，一是将中国传统的儒学割裂为"政治儒学"与"心性儒学"两大对立的传统。其实，儒学无论在先秦还是汉唐宋元明清，都是集政治、道德与伦理于一身的道德人文主义哲学，只不过在不同的阶段表现出不同的形态与特色罢了。孔孟儒学是"仁本礼用"之学，但它也论心性，如孔子说"性相近，习相远"、≪中庸≫称"天命之谓性，率性之谓道，修道之谓教"，孟子论"尽心知性以知天"、"仁义礼智根于心"等；宋明理学家论心性，但其核心价值观还是三纲五常，其人生目标是"格致诚正修齐治平"八个字，其修身养性最终还要落实到治国平天下，何尝不是政治儒学？ 所以，硬要从儒学传统中分离出所谓"政治儒学"与"心性儒学"两个传统是一种简单化的归类法。二是将儒学价值观与民主价值观截然对立起来。其实所谓"民主"的最基本涵义是主权在民、人民当家作主。这在君主专制时代的儒学传统中确实是资源稀缺，但并非完全没有。先秦儒学的"仁者人也"、"仁者爱人"、"民贵君轻"、"天地之间人为贵"以及历代儒家始终一贯的"民本"思想，就蕴含着对人民生存权、发展权和人民力量的重视，而明清之际的启蒙思想家黄宗羲提出的"天下为主，君为客"命题[16]，文学家张岱提出的"予夺之权，自民主之"命题[17]，显然已经具有了现代民主思想的基因，并兆示着传统儒学的民本思想是可以走向民主并接纳民主价值观的。而明清启蒙思想家的民主思想却完全是"土生土长"、没有受到西方民主价值观的"污染"的。然而蒋庆却认为民主自由是纯西方价值观，不适于中国国情云云，盖因对儒学民本思想传统的人文本质及其走向民主可能性认识不足之故。正因如此，蒋庆政治儒学的逻辑归宿必然是走向复古主义或曰"托古改制"式的新儒教方向。其复古主义体现在他对"王道政治"的制度设计上。他认为，中国政治的发展方向是王道而不是民主，王道政治在治道上实行议会三院制 —— 即由代表儒教精英的"通儒院"、代表民意的"庶民院"、代表国家历史文化的"国体院"组成。它是提供三重合法性并能相互制衡的政治，因此，王道政治优于民主政治与神权政治[18]。然而，稍加分析就可看出，蒋庆的"议会三院制"并无多少新意，它类似于西方共和制下的贵族院与庶民院(众议院)的混合结构，在这个混合结构中，三院的产生途径与运作机制很不相同："通儒院"议员由推举与委派产生，其议长由儒教公推之大儒担任；"庶民院"的议长、议员按西方民主政治议会产生的规则与程序选举产生。"国体院"的议长由孔府衍圣公世袭，议员则由衍圣公指定的圣贤后裔、君主后裔、名人后裔、社会贤达以及各大宗教界人士担任。三院各有实权，法案必须三院同时通过才能颁行，最高行政长官也必须由三院一致同意才能产生[19]。我们要问：在这个王道政治结构中，最高权力机构是什么？ 是庶民院还是通儒院或国体院？ 通儒院的议长"由儒教公推"，那么主持公推的人是儒教会长还是国家元首？ 如果是儒教会长，岂不是要导向神权政治？ 如果是国家元首，岂不是导向君

---

16) 黄宗羲：≪明夷待访录·原君≫，载沈善洪、吴光主编≪黄宗羲全集≫第一册，浙江古籍出版社 2005年增订版。

17) 张岱：≪四书遇·〈孟子〉遇·丘民章≫，浙江古籍出版社 1985年 6月版，第562页。

18) 蒋庆：≪王道政治是当今中国政治的发展方向≫，载吴光主编：≪当代儒学的发展方向 —— 当代儒学国际学术研讨会论文集≫，汉语大词典出版社，第69-87页。

19) 同上。

主专制？而所谓"国体院"的议长、议员由世袭或指定产生，这不相当于伊朗式的政教合一的神权政治吗？显然，这种没有最高权力机构的"三重合法性"的政体是无法付诸实践的，它只能是一位新儒教鼓吹者[20]的乌托邦空想罢了。我敢断言，在当今追求现代化、多元化的社会里，在多元文化共存并进的中国与世界，蒋庆所构建的以包打天下的"新儒教"去复兴中华文明的政治改革路线图是行不通的。

三、生活儒学与民主仁学 —— 中国当代儒学的新形态

那么，新世纪儒学复兴的理论形态舍"新心学"、"新理学"、"新儒教"之外是否还有其他可能的发展方向呢？我认为是有的，这就是以黄玉顺为代表的"生活儒学"与本人所追求的"民主仁学"的发展方向。

其实，"生活儒学"的概念最早是由台湾新儒家学者林安梧、龚鹏程先生提出的。

林安梧教授在上世纪九十年代讨论当代新儒学发展方向的代表作《儒学革命论 —— 后新儒家哲学的问题向度》中就已明确提出了"走向生活世界的儒学"的观点。他是从与儒家经典《论语》的"交谈"中体悟"生活儒学"的真谛的。他指出，熊十力、牟宗三等新儒家的理论缺失是其"实践论的缺失"，此一"缺失在于这实践是境界的，是宗法的，是亲情的，是血缘的，是咒术的，是专制的"，而"后新儒家的实践概念"则是"以其自为对象主体的对象化活动作为启点的，是以感性的擘分为始点的，是以整个生活世界为场域的，是以历史社会总体为依归的"[21]，他又说：

> 我读《论语》，《论语》读我，在世界中读，在生活中读。……"仁是生命的源头活水"，此当在人间之生活世界开启，此是具体的、实存的，此具体实存当以最切近之家庭开启。[22]

这是林安梧首次提出"以整个生活世界为场域"的"后新儒家的实践概念"和"走向生活世界的儒学"的证据。据林自述，他从1994年撰写《后新儒家哲学论纲》到1998年出版《儒学革命论》这本书，已经在多篇文章里论述了这一概念。但略感遗憾的是，他并未系统论述"走向生活世界的

---

20) 蒋庆在题为《关于重建中国儒教的构想》(载中国儒教网(http://www.zgrj.cn) 和儒教复兴论坛(http://www.rjfx.net) 一文中说："面对今天西方文明的全方位挑战，必须全方位地复兴儒教，以儒教文明回应西方文明。复兴儒教就是复兴中国文化重建中华文明的当务之急。""今天重建儒教的目的就是在新的历史条件下用儒教来解决中国的政治合法性问题、社会规范问题、生命信仰问题与情志慰藉问题。……儒教兴则华族兴中国兴，儒教衰则华族衰中国衰。"可见蒋庆确实具有强烈的儒教宗教情怀。

21) 林安梧：《儒学革命论·序言》，台湾学生书局 1998年 11月版，第1页。

22) 同上书第九章之六："结语走向生活世界的儒学"，2222页。

儒学"理论，而是忙于从事构建他的"后新儒学"哲学体系，并将论述的重点转向了其"外王——内圣"的"社会哲学"论上了。

曾任台湾南华大学、佛光大学创校校长的龚鹏程教授是一位融通儒、佛、道并具有理论创新精神的人文学者。他在研究现代新儒学利弊得失的基础上，从与当今一般新儒家学者谈论道德心性之学完全不同的角度探讨了当代儒学重建的方向，主张扩大儒学的实践性，让儒学从社会生活中全面活起来，从而提出了他的"生活儒学"理论。龚指出：

> 所谓"形而上者谓之道，形而下者谓之器"，儒者之学，本来是上下一贯的，故孔子论仁，辄在视听言动合礼之处说。荀子常说礼本于"太一"，而见于饮食衣冠应对进退之间，也是这个意思。但后世儒家越来越强调形而上谓之道的部分，尽在道、仁、心、性上考诠辩析，忽略了视听言动衣食住行等形而下谓之器的部分。……于是儒学遂越来越成为一种高谈心性道理，而在生活上无从表现的学问。因此，现今应将"生命的儒学"，转向"生活的儒学"。扩大儒学的实践性，由道德实践及于生活实践、社会实践。除了讲德行美之外，还要讲生活美、社会人文风俗美。修六礼、齐八政、养耆老而恤孤独、恢复古儒家治平之学，让儒学从社会生活中全面活起来，而非仅一、二人慎独于荒斋老屋之间，自尽其心、自知其性而自谓能上达于天地。[23]

这个从"'生命的儒学'转向'生活的儒学'"的理念，确实与一般心性论或政治论不同，可谓为当代儒学的发展开辟了新的空间。

在"生活儒学"的成型过程中，龚鹏程虽比林安梧前进了一步，但仍然缺乏系统的、明确的论述。这一系统化的工作是由中国大陆新一代儒家学者黄玉顺先生完成的。

自本世纪初以来，黄玉顺在报刊、网络上发表了多篇论述"生活儒学"的思想来源、哲学内涵及发展方向的文章，他将这些文章结集成书，于2006年9月由四川大学出版社出版了≪面向生活本身的儒学——黄玉顺"生活儒学"自选集≫一书，同年12月，又由同社出版了≪爱与思——生活儒学的观念≫一书，作了更系统化的论述。在这些论著中，黄玉顺着重阐述了如下观点：

第一，"生活儒学"的提出，有其当下的语境。首先是当前儒学复兴运动的现实语境。这种现实语境，就是我们身处其中的当代生活样式本身。

第二，"生活儒学"是"关于'实践'的一种'理论'"。它追溯到生活本身，认为唯有生活，才是我们的"大本大源"、"源头活水"；认为儒学发展的真正"动力"不在儒学之中，而在生活之中、或曰"实践"之中。其所以要凸显本源性的生活情感，正是要在思想上、学理上既警惕儒学原教旨主义、又在理论上确保儒学的"价值先在性"。

---

23) 参见：龚鹏程著 ≪儒家的饮馔政治学≫，载南华管理学院版≪1997年度龚鹏程学思报告≫；≪饮食男女生活美学≫，台湾立绪文化公司，1998年 9月版。

第三，"生活儒学"论者秉持多元主义文化观，力图超越"中西对峙"的形而上学思维方式，既明确表示反对自由主义西化派的立场，也警惕另外一种危险性——"企图拒绝现代民主制度而回到某种前现代的政治合法性"的儒教原教旨主义。

由此可见，黄玉顺的生活儒学理论，是一种面向现代生活实践去重建儒学价值观的儒学存在主义论。这较之港台新儒家的心性论和蒋庆式的政治儒学论无疑更贴近现代生活，因而很可能获得较大的发展空间，但其缺陷是尚未阐明生活儒学的体与用，也未建立起一套生活儒学的范畴体系。

关于儒学与民主的关系，港台与海外新儒家如牟宗三、徐复观、张君劢、杜维明、刘述先、李明辉、林安梧等都有很多讨论，有的还撰有专著系统论述，但都没有明确提出"民主仁学"的理论概念。[24] 中国大陆的新儒家学者，则鲜有从正面论述儒学的民主理想，一般儒者论及民主时，几乎无一例外地将民主作为外王之学。而明确提出"民主仁学"的理论建构，则是本人在上世纪八十年代的中国大陆文化热的反思中开始思考、进而在新加坡从事儒学研究以后逐步形成的思想。

1988年4月至1989年底，我应聘在新加坡东亚哲学研究所做专任研究员时，撰写了题为《儒家哲学片论——东方道德人文主义之研究》的学术专著[25]。在此期间，我在新加坡《联合早报》发表了《漫说多元胜一元》(1988年9月1日)、《〈河殇〉的误导》(1988年12月21日)、《中国政治改革纵横谈》(1989年5月25日～6月3日) 等十多篇文章，在新加坡《亚洲文化》发表了《儒家思想的基本特点及其发展前景》(1989年第13期)、在上海《学术月刊》发表了《儒学研究的新契机——新加坡国际儒学研讨会述要》(1988年第11期)等论文，我在这些论著中首次将儒家哲学定位为"道德人文主义哲学"，并将未来儒学的发展前景置于多元文化互动的格局中，并且应当吸收"非儒学"的思想资源诸如民主、科学与法治等。我指出：

有不少新儒家或反儒家学者把儒学概括为"伦理本位主义"或"泛道德主义"，我觉得这样的概括并不确切。因为儒学虽然重视人伦关系，但最根本的特点是确立了人类普遍内在的人类道德的主体性，而不是外在的人伦关系的主体性。这种确立道德主体性的哲学又十分重视社会问题的解决和对人生意义价值的肯定，是富有人文主义精神的。因此，我把这种确立道德主体性的人文主义哲学称之为"道德人文主义哲学"。[26]

现代新儒家应当在保持对本身文化传统认同并加以创造转化的同时，保持一种多元开放而非封闭

24) 参见徐复观：《儒家政治思想与民主自由人权》，台北，学生书局1988年版；李明辉：《儒学与现代意识》，台北，文津出版社，1991年版；何信全：《儒学与现代民主——当代新儒家政治哲学研究》，台北，中研院中国文哲研究所筹备处，1996年版；

25) 本书首先于1989年10月由新加坡东亚哲学研究所出版发行，其后于1990年6月由台湾允晨文化实业公司出版发行，至今已重印多次。

26) 吴光：《儒家哲学片论——东方道德人文主义之研究·自序》，新加坡东亚哲学研究所1989年10月版，第iv页；台北允晨文化公司1990年版，第4页。

排他的文化心理。……所谓儒学应当在现代多元文化中扮演其一元的角色，即道德人文主义的角色，并不是规定现代新儒学只能讲道德修养、道德实践，而不必讲民主、科学和法治。作为一种现代的人文主义哲学，儒学当然应当摒弃传统儒学中那些有关纲常名教的思想内容和直观的、经验性的思维方法，而充分展示其包容性、开放性的特色，吸收现代非儒家文化中那些可能为儒学人文主义所吸收的东西。[27]

其后，我在1994年参加"孔子诞辰2545周年纪念与国际学术讨论会"提交的论文中进一步提出：

> 二十一世纪的世界文化格局，是多元文化竞争共存、互相融会沟通而非统一于一元的格局。在这个基本格局中，随着中国与东亚儒家文化圈经济实力的大大增长，儒家文化对于经济与社会发展的促进作用也将日益为人们所认识。……但在像中国和东亚这样在现代化进程中属于后进的地区，推动其经济发展的文化力已不再是单一的，而是多元文化交互作用形成的合力，儒家文化仅仅是这股合力结构中的一股罢了。所以，我们应该给新世纪中的儒家文化以正确的定位，这个定位应当是：不敢为天下先，而只分一杯羹。即在世界多元文化结构中保持其道德人文主义的一元存在，而汇入于二十一世纪世界文化的主流之中。[28]

上述论著其实已经孕育了我对儒学复兴的发展方向和新世纪儒学新形态的基本看法。这些基本看法可以归纳为三点：第一，传统儒学在本质上是一种确立道德主体性并且富有人文主义精神的"道德人文主义"哲学；第二，21世纪的新儒学，将在世界多元文化格局中保持其"道德人文主义"的一元存在，而并非是包打天下式文化霸权主义；第三，面向新世纪的新儒学既继承传统儒学的思想资源，又将吸收非儒家文化的思想养料，特别是西方文化中民主、科学、人权、法治的思想资源，成为一种新体新用的新儒学。

经过多年思考，我对面向新世纪的新儒学的发展方向、理论型态有了自己的体悟，遂于1999年在台北举行的以"跨世纪的中国哲学：总结与展望"为主题的第十一届国际中国哲学会年会上发表了题为《从仁学到新仁学：走向新世纪的中国儒学》的长篇论文[29]，文中首次提出了"民主仁学"的新概念并作了论述。其后，我陆续发表了《从孔孟仁学到民主仁学 —— 儒学的回顾与展望》（《杭州师范学院学报》2001年第6期）、《论民主仁学——关于新世纪新儒学形态的思考》（载《儒学与新世纪的人类社会》，新加坡儒学会2004年5月出版）、《我的"民主仁学"观》（载《北京日报》

---

27) 同上书，台北允晨1990年版，第212~213页。

28) 吴光：《21世纪的儒家文化定位》，载中国孔子基金会编《儒学与廿一世纪》，华夏出版社1996年版，页65~66。

29) 本届年会共提交120余篇论文，由会议出版者精选了27篇收入沈清松先生主编的会议论文集《跨世纪的中国哲学》一书(台北五南图书出版公司2001年出版)，拙文长达23000字，为入选论文之一。

2008年1月14日理论周刊)、《儒学当代发展与创新的可能形态 —— 民主仁学的再审思》(载《社会科学战线》2008年第2期) 等一系列文章，讨论民主仁学的内涵及其发展前景。概言之，我的"民主仁学"论的基本思路是：

第一，所谓民主仁学，就是兼融了儒家仁爱价值观与西方民主价值观[30]的新儒学，或曰新仁学。这个新仁学，既源于古典儒学的孔子仁学，继承和涵括了孔子与历代大儒论"仁"的基本道理(如仁爱、仁心、善性、中和、良知、民胞物与、万物一体、仁政、德治等思想观念)，又是对古典仁学的批判性的扬弃与改造；既吸收融合了原本是非儒家文化特别是现代西方文明的民主价值观(如民主、自由、平等、博爱、人权、法治等人文精神与科学精神)，又拒绝并且批判西方文化中反人性、反人文的思想与制度(如基督教原罪观念及西方文化的人权至上、征服主义、斗争哲学等观念)。

第二，"民主仁学"的基本思想模式，是一种新型的"内圣外王"之学，即确立道德的主体地位而以关心人生的意义与价值、以安顿人的生命为第一要务的"道德人文主义"哲学。其实践方向，并非是走现代新儒家"本(旧)内圣开出新外王"的道路，而是新"内圣"与新"外王"的统一，是由新"内圣"指导新"外王"的落实。其"内圣"者，道德之体也，仁也；其"外王"者，道体之用也，制度也，事功也。其"新"者，即这个道德之体的仁，不仅是传统儒学意义上的"爱人"之"仁"，而是融合了传统"仁爱"精神与西方"民主"精神而形成的新型道德主体了；这个道体之用，也不仅是传统意义上的礼制，而是融合了传统的仁政与新型的民主法治与科技文明的制度、事功了。如果从体用关系上来理解这个儒学新形态，则可以将它定位为"民主仁爱为体，科技法制为用"的"民主仁学"。

第三，民主仁学是既重道德实践、又重社会实践与历史进步的新儒学，无论是个体还是社会团体乃至族群都是这样。个体的道德实践，是要求每个人都要确立起自觉自尊、民主仁爱的人格，其社会实践，则是要充分运用自己的知识、专长竭诚为群体服务，在社会上建功立业。而对于群体而言，则要求确立并尊重民主仁爱的公共道德及政治法律制度，建立既有对立竞争又讲和谐合作的民主仁政，并最大限度地开发和利用科技的力量造福于人类。

在提出"民主仁学"概念的基础上，我从2005年开始的理论思考中着重探讨了"民主仁学"观照下的文化观与核心价值观的问题，在一些重要报刊与论坛上明确提出了"多元和谐"文化观和"一道五德"价值观的新论述[31]。

---

30) 包括不少现代新儒家、现代自由主义者在内的学者仅仅将"民主"解读为一种政治制度，甚至仅仅视为政治斗争的工具与手段，其实是一种误解。我认为，"民主"既是制度，也是精神与观念，而且首先是一种精神、一种观念。它是人民的自觉精神与自由意志的体现，民主制度是在民主精神指导下建立的制度，所以，民主在本质上属于"道体"，现代"民主"精神与传统"仁爱"精神是完全可以融合为一的。

31) 本人关于"多元和谐"文化观的文章主要有：《和谐文化促进和谐社会》(《人民日报·海外版》2006年10月11日)、《中华和谐文化的思想资源及其现代意义 —— 兼论当代文化发展战略》(《哲学研究》2007年第5期)、《论"多元和谐"文化观》(《北京日报》理论周刊2007年7月9日)、《多元和谐：树立面向全球化时代的文化发展观》(《探索与争鸣》2008年第8期)、《儒学核心价值观在构建和谐世界中的重要意义》(《孔子研究》2006年第6期)、《中华关于"多元和谐"文化观，我的论述可以归纳为以下五点：

第一，在中华文明思想库中，有着非常丰富的"和谐"思想资源。儒家倡导以"仁爱"为核心的道德和谐观，墨家坚持以"兼爱"为中心的社会和谐观，道家崇尚"道法自然"的自然和谐观，佛教推崇"众生平等"的平等和谐观，它们都提倡人与自然、人与人的和谐及全社会的和谐，形成了有别于法家专制主义、西方征服主义及斗争哲学传统的和谐文化传统。

第二，儒家和谐文化的特点，一是道德理性，即强调道德对于人生与社会的指导性意义；二是人文关怀，即关注人生意义与道德价值的实现，成就完美人格；三是和而不同，儒家和谐文化是以承认不同为前提而以"太和"为最高境界的的"和"，是兼顾多方利益崇尚协调的"和"，因而儒家的和谐观实质上是兼容多元的"多元和谐"观。

第三，在现代化、全球化的大趋势下，东西方文化关系也发生着质的变化，出现了多元文化互相沟通交流、从对立冲突走向和谐兼容的新趋势。在价值观方面，一些原本植根于西方文化的民主、自由、人权、法治等价值观念，已不再是西方的"专利"而被全人类所认同，而根植于儒家文化的仁爱、和谐、诚信、中庸等价值观念，也是有利于人类生存发展及社会进步并具有普世性和永久性的价值。

第四，在建设和谐社会、和谐世界的实践中，我们既要摈弃西方文明中心论，也要拒绝东方文明中心论，应该坚持多元文化兼容并蓄、交流互补、共存并进的"多元和谐"文化观。

第五，所谓"多元和谐"文化观可以具体表述为"一元主导，多元辅补；会通古今，兼融中西"十六个字，要求摆正主流文化与非主流文化、竞争与和谐、道义与功利、德治与法治的关系。

关于"一道五德"价值观，我的论述也可以归纳为五点：

第一，经过30年改革开放，中国人对儒学的历史作用及其现代价值的认识大为改观。现在，到处在讲儒学。儒学已从百年衰微走上了复兴之路。但儒学的根本精神与核心价值观是什么？如何在新的时代条件下重新认识并在广大民众中普及推广使之深入人心？这是亟待解决的问题。

第二，历代儒家关于核心价值观的论述，实际上是代有异同、因时制宜的。孔子虽然提出了诸如仁、义、礼、知、圣、孝、悌、忠、信、中、和、恭、敬、宽、敏、惠、勇、温、良、俭、让等20多个道德伦理观念，但讲得最多的是仁与礼，其核心价值观可以概括为"仁本礼用"四个字。孟子继承了孔子的仁学，其核心价值观念是"仁、义、礼、智"四大范畴。汉儒将核心价值观定位为"三纲五常"，直到清末都被统治者奉为圭臬。此外，还有"四维"（礼义廉耻）"五行"（仁义礼智

和谐文化新论》（《中华国学研究》2008创刊号）等。本人关于"一道五德"价值观的文章主要有：《重塑儒学核心价值观——"一道五德"论纲》（《哲学研究》2010年第6期，又载韩国《中国与中国学》第11辑，2010年2月出版）、《"一道五德"：儒学核心价值观的新表述》（《青岛科技大学学报》2010年第2期，又载《北京日报》2010年5月10日"理论周刊"）、《儒学核心价值观"一道五德"的理论思考》（中央党校《学习时报》2010年8月30日文教版）。上述文章被人民网、新华网等多家网站作了转载，并以此为题应邀在北京、浙江、山东、四川、广东、山西、陕西、韩国等十多所大学与多家国学论坛、人文讲堂作了讲座。

圣)、"六德"(圣智仁义忠信)、"八德"(礼义廉耻孝悌忠信或忠孝仁爱信义和平)之说，都是不同时期的儒家根据时代急需而对儒学核心价值观所作的论述。

第三，历代儒家关于"道"、"德"关系的论述，实际上是讲体用关系："道"是根本之德，是起主宰作用的观念性本体，是体；"德"是所得之道，是"道"之体现，是用。历代大儒关于仁、义、礼、智、信的关系论述，实际上是以"仁"为根本之道，以"义、礼、智、信"为"仁"的外在表现，即道体之用的，如孔子说"修道以仁"，孟子引孔子言称"道二：仁与不仁而已矣"，二程讲"仁者全体，四(义礼智信)者四肢"，都是如此。

第四，在现代社会，传统儒家所讲的"三纲"伦理，已经理所当然地被时代所淘汰。但由于过去近百年对儒学与中华传统文化的长期批判导致社会价值观的混乱与道德伦理的严重缺失，复兴儒学的首要任务便是重建儒学核心价值观。这项重建工作并非对传统儒家价值系统的全面恢复，而是根据时代需要对儒学价值体系中那些具有普世性、现代性、人文性的价值观念进行重组与诠释，以建立适应时代需要的新儒学核心价值体系。

第五，从多元和谐文化观出发，我认为传统儒学价值系统中历久弥新且具有普世性的道德人文观念是仁、义、礼、信、和、敬这六大观念。其中"仁"是具有主宰地位的核心观念，是根本之道。坚守"仁"道，就必须坚持"以人为本"，就必须承认人的生存权与发展权，承认人民当家作主的权利，就必然走向民主政治。其他五德——义、礼、信、和、敬都是"仁"道的体现，是"仁"道之用。尤其是和、敬二德，虽然不在传统儒学的常德之列，但在经历"斗争哲学"造成社会严重对立的弊病暴露无余、和谐合作成为普遍理念的时代背景下，在传统"敬"德受到长期忽视以至许多年轻人不知"孝""敬"为何物，甚至许多官员、企业家、知识分子普遍缺少敬畏之心的背景下，将和、敬二德列为核心价值是十分必要的。所以，我将当代儒学应该建立的核心价值观概括为"一道五德"价值观。

当然，我的"民主仁学"论远未形成体系，有待在实践中不断完善。但我相信，时代在"日新、日日新"，儒学也必须与时俱进。如果新时代的新儒学能够真正形成"内圣外王"协和统一的"圆教"，则儒学的复兴必然成为21世纪的新文化运动，其发展前景将是无限光明的。

试论当代儒学复兴的三个面向及其可能性

吴根友 ｜ 中国武汉大学哲学学院

伴随着东亚社会和儒学的发源地中国社会经济与文化的发展，作为东亚社会主流文化的儒家文化也呈现出复兴的趋势。然而，在现代的工商业社会里，尤其是在欧美文化还占主流的世界文化氛围里，儒学复兴如何找到自己的现实生长点，仍然是一个开放的话题。20世纪中国大陆的第一代新儒家，港台第二代新儒家，分别是以拥抱现代西方自由、民主的价值来重新发扬儒家的"内圣外王"之学，而第三代新儒家仍然沿着前两代新儒家的基本思路，在学理方面继续展开与西方文化的对话来发展儒家的的诸多方面的思想，如杜维明希望通过发展儒家的涵盖式的人文精神来反思现代西方启蒙文化以来的人文精神。而且，杜维明还希望发展儒家式的"体知"的认识论模式，来与西方主客对立的认知模式的知识论相对照。成中英试图发展出儒家式的知识论的论述，在本体诠释学方面做出新的发展。刘述先借用宋明理学"理一分殊"的命题来诠释当今世界多元文化与一元的文化共识之间的关系。凡此种种，都体现了儒家思想在当代的活力与发展。

根据我个人的观点来看，当代儒学复兴首先应当回到先秦儒家的核心精神理念之中，寻找对治理当代社会问题的理论智慧，从而再来回应古希腊、基督教文明所引发的一系列现实问题。就现实世界的政治格局来看，当今国际社会国际法的根本理念是发源现代西方个人权利论基础上的国家主权论；当今社会的人际关系的伦理基础是基于基督教教义基础之上的博爱、人人平等、个人自由思想；而当代社会里的个人心灵生活也主要是基督教提供的信仰上帝的原则。依此三个基本的粗浅论认识，我认为当代儒学复兴至少有如下三个面向：

其一，基于先秦儒家的"王道天下观"，发展出一套新的天下和平理论。

其二，基于先秦儒家的"仁爱"观，发展出一套与基督教可以对话、抗衡的人际关系理论。

其三，基于先秦及宋明儒学的心性修养理论，发展出一套适应现代工商业社会的个人心性修养理论。

如果儒学诚能在以上三个方面做到新发展，则儒学的复兴就会为全球化的人们带来福音。

儒学复兴的基本意图不是要成为取代其他文明形态的唯一学说。而所谓与基督教文化抗衡，其基本意图不是要成为取代基督教的一种主流的新文化形态，而是要成为全球化时代里诸子百家之一家，从而参与到全球化时代多元文化建设活动之中，避免当今全球化时代里基督教文化一元做大，并有让世界文化单一化倾向。

试论当代儒学复兴的三个面向及其可能性

吴根友 | 中国武汉大学哲学学院

伴随着东亚社会和儒学的发源地中国社会经济与文化的发展，作为东亚社会主流文化传统的儒家文化也呈现出复兴的趋势。然而，在现代的工商业社会里，尤其是在欧美文化还占主流的世界文化氛围里，儒学复兴如何找到自己的现实生长点，仍然是一个开放的话题。20世纪中国大陆的第一代新儒家，港台第二代新儒家，分别是以拥抱现代西方自由、民主的价值来重新发扬儒家的"内圣外王"之学，而第三代新儒家仍然沿着前两代新儒家的基本思路，在学理方面继续展开与西方文化的对话来发展儒家的诸多方面的思想，如杜维明希望通过发展儒家涵盖式的人文精神来反思现代西方启蒙文化以来的人文精神。而且，杜维明还希望发展儒家式的"体知"的认识论模式，来与西方主客对立的认知模式的知识论相对照。成中英试图发展出儒家式的知识论的论述，在本体诠释学方面做出新的发展。刘述先借用宋明理学"理一分殊"的命题来诠释当今世界多元文化与一元的文化共识之间的关系。凡此种种，都体现了儒家思想在当代的活力与发展。

根据笔者的观点来看，当代儒学复兴首先应当回到先秦以降直到宋明儒家的核心精神理念之中，寻找对治理当代社会问题的理论智慧，从而再来回应古希腊、基督教文明所引发的一系列现实问题。就现实世界的政治格局来看，当今国际社会国际法的根本理念是发源现代西方个人权利论基础上的国家主权论；当今社会的人际关系的伦理基础是基于基督教教义基础之上的博爱、人人平等、个人自由思想；而当代社会里的个人心灵生活也主要是基督教提供的信仰上帝的原则。依此三个基本的粗浅论认识，我认为当代儒学复兴至少有如下三个面向：

其一，基于先秦儒家的"王道天下观"，发展出一套新的天下和平理论。

其二，基于先秦以及后来儒家不断发展的"仁爱"观，发展出一套与基督教可以对话、抗衡的人际关系理论。

其三，基于先秦及宋明儒学的心性修养理论，发展出一套适应现代工商业社会的个人心性修养理论。

如果儒学诚能在以上三个方面做到新发展，则儒学的复兴就会为全球化的人们带来福音。而且，作为地方性、区域性的儒学精神资源就可以转化成全球性的精神文明资源。我在这里所说的儒学复兴，并不是要成为取代其他文明形态的唯一学说。而所谓与基督教文化抗衡，也不是要成为取代基督教的一种主流的新文化形态，而是要成为全球化时代里诸子百家之一家，从而参与到全球化时代多元文化建设活动之中，避免当今全球化时代里基督教文化过分膨胀，并因此膨胀而有让世界文化单一化的倾向。

一、"王道天下观"与当今世界和平的新思路

儒家的"王道天下观"，其思想雏型是孔子提出的"远人不服，则修文德以来之"的思想。其基本精神就是由孟子、荀子所阐发的仁政精神，而以孟子的仁政思想为主。"王道天下观"的现代表达形式似乎从以下四个方面来加以重新规定：

第一，将尊重人的个体生命作为政治正当性的最基本前提。这一思想起点与西方近代社会发展起来的人权理论不仅不矛盾，而且比人权理论更为基本。在一国之内以及国际政治事务中，如果连人的基本生命都不能够得到尊重，何来其他的人权(财产权、思想与言论自由权等)。因此，要尊重人权，首先是尊重人的生命存在这一最为基本的权利。所有的利益冲突与价值理想冲突，必须服从一个最朴素的直观真理 —— 生命存在的第一性。因此，国际政治与国内政治的原则应该基本相同，应该将尊重人的生命放在国际政治的首位。其次才是所谓的国家主权。要将卢梭、康德以来的抽象人权具体化，以最基本的生命权作为抽象人权的基石，并作为国内、国际政治活动的伦理起点。

第二，所有的国际人道关怀仅限于人道的救援而不适宜于动用武力。特别是当不同的主权民族国家之间的文化信仰不同的时候，不能自居为真理的拥有者而对他方进行所谓的"圣战"。也不能以意识形态为由，对其他国家实行经济封锁，危害其他国家人民正常的生活。因为经济封锁的直接受害者绝大多数情况下是被封锁国家的人民而不是统治者。

第三，国际社会的局部战争仅限于这样的情况下是合理的：即当一国政府或少数族群直接侵犯另一国家和另一族群的生命存在时，由现行的国际组织授权，组织多国部队进行人道主义的维和行动。这正是儒家"王道"政治理想中的"礼乐征伐自天子出"的战争原则在现代国际政治关系中的一种合理引申。当今的联合国固然不是当年中国的周天子，但联合国可以作为国际社会道义或正义的化身而履行人道的救援与有限度的军事维和行动。

最后，面对一个专制国家或其他形式的不民主国家时，只要这些国家不发动战争，就不应该以战争的手段推翻该国政府，而应当以经济、文化的手段去唤醒该国人民从内部进行各种有礼有节的斗争，形成一种压力或吸引力，促使该国家或文明单位朝向更为人道的政治形式蜕变。即使不得已要对专制的与不民主的国家进行人道主义的维和行动时，其锁定的打击对象应严格地限制在

对付该国的领导阶层和正在进行战争的战斗人员，不应该扩大到平民。战斗人员在受伤或被俘后，应得到国际人道主义的关怀而不应受到虐待(关于上一问题，罗尔斯在≪族群际法≫一书中有较详细的讨论，此处从略)。

要而言之，建立新的国际政治伦理，是目前经济全球化过程中最为急迫的，好是最为基础的文化建设事宜之一。尽管各国的国家战略将以各民族国家自身的国家利益为现实出发点，但仁道(或人道)的原则将是国内、国际政治的第一优先原则，人权论、国家主权论必须服从第一原则——生命存在优先的原则，否则，以人权论、国家主权论为由的国际干涉将是虚伪的政治欺骗[1]。现代国际法体系基本上确立了民族国家的主权地位；那么，新的国际政治伦理原则则需要明确规定民族国家的基本责任。仅仅讲权利而不讲人道、不讲责任的国际社会，必然要陷入"丛林法则"的泥坑，显然无法维持民族国家之间的长久的和平交往。因为每个民族国家如果仅仅为了维护自己的权利，必然会恶性地发展军事。最终，各民族国家就极有可能以武力方式来解决经济的争端。因此，新的国际伦理至少要从根本理念上确立负责任的"仁道"思想，在国际事务中，不是以强权的手段去强迫其他民族国家接受自己的文化理念，更不能出于自身的经济利益考虑，打着维护自由、民主或其它形式的旗号而发动军事战争，而应当努力管理好自己的国家，敞开自己的国门，与其他民族国家进行和平、平等的经济、文化交流，使其他民族国家在自主选择的基础上亲近更为合理的文明形态。中国儒家文化传统中"修文德以来远人"的思想在今天将具有更大的启示意义。

二、"新仁爱"思想与全球化时代的人际关系伦理

全球化时代的人际关系伦理，其核心问题其实是如何重建人与人相爱的心灵秩序，通过此心灵秩序的重建而重建国际社会秩序。因为，没有内在的心灵的秩序，外在的社会秩序就没有人性的根基。也许有人要问，为何全球化时代的人际关系伦理需要以儒家的"仁爱"思想为心灵的起点呢？我的回答是：经过现代文化洗礼之后的"新仁爱"更能适应东亚社会的普通大众的文化心理要求。深受基督教影响的西方社会可以通过现代化后的基督教的博爱、人道主义的伦理来维系世道人心，深受儒家文化影响的东亚社会则可以活化儒家的"仁爱"思想传统来维系世道人心。而传统儒家的仁爱思想与传统的基督的博爱思想之间也有可以沟通的地方，如孔子曾说，"人而不仁如礼何，人而不仁如乐何?"基督教使徒保罗在≪哥林多前书≫中也说："我若能说万人的方言，并

---

1) 最近一段时间来公开的资料更一进一步地表明：以乔治·W·布什为代表的美国政府，联合多国部队对伊拉克进行军事打击，完全是出于一种家族、军火商和美国的全球战略利益服务的，根本不是为了什么自由、民主的政治价值的实现。

天使的话语，却没有爱，我就成了鸣的锣、响的钹一般。我若有先知讲道之能，也明白各样的奥秘、各样的知识，而且有全备的信，叫我能移山，却没有爱，我就算不得什么。我若将所有的一切周济穷人，又舍己身以供焚烧，却没有爱，仍然与我无益。"[2] 这些说法的背景虽然极其不同，但都强调了仁与爱对于道德行为的根基意义，以及人与人相处的爱的伦理关系。

1、仁爱思想在科技时代的意义

相比较而言，基督教的心灵秩序是建立在人对上帝的爱的起点上的，通过对上帝的爱而使人人相爱。而儒家的心灵秩序是建立在人的"仁爱"之情的基础之上的。仁爱的本质是人与人之间的相互之爱。仁爱虽然没有神的超越根据，但却有神圣的天作为超越的根据。人作为一个大类，在本性上是相近的，从开端处说，人皆有"四端之心"。人与天相通。尽心则可以体认人之为人的真正本性，体认人的真正本性后，就能领悟"天"的真正意义。在儒家的思想传统里，人虽然没有上帝赋予的"自由意志"，却有上天赋予的"道德理性"。人若不能将上天赋予的道德理性展现出来，使自己行同禽兽，则是自绝于人类，因而他受到惩罚是咎由自取。传统中国与东亚社会的礼法制度秩序，其内在的心灵秩序起点就是"仁爱"。然而，这一思想传统已经被20世纪传来的西方文化以及现代工商业的生产—生活方式打断了，当代中国与东亚社会虽然有自己的外在社会秩序 —— 各国的法律体制，但似乎还缺乏一个与之相适应的内在心灵秩序。我们现在还很难说科学技术已经彻底地战胜了有神论思想，但有神论的思想必须不断地接受现代科学技术的盘问与考察，这是没有人能阻挡得了的时代趋势。犹太—基督教的一神论思想很难再像古典的中世纪那样成为普世性的信仰，尤其对具有自己深厚文化传统的中国与东亚社会的人群来说更是如此。

现代的宇宙学在相当大的程度上已经将"一神论"的上帝从人知识论领域里放逐出去了，我们最多能达成的低度共识是：地球上的人同属于一类。在茫茫的宇宙中，我们不能断定是否有我们同类的智慧生物，除了我们必须和平共处的一个共同的地球之外，在可见的将来，我们没有其他可供居住的家园。我们不知道有没有上帝在照管着我们，除了我们之间相互的爱之外，没有其他的出路。我们是同类，我们必须相爱。这是我们人类一切伦理、法律和制度的心理起点。因此，我们人类的心灵秩序在直觉上以"人与人的相互之爱"为起点似乎是无可争议的。这种相互的爱，是以不危害他人为底线，而以促进他人的发展为目标的关怀之爱，不要希望他人成为自己所理想的那样人物，而是希望他成为他自己所想成为的样子(当然不是为恶意义上的堕落，比如成为杀人犯，吸毒者)。每个族群、共同体、国家对于他者来说，皆是如此。因此，我个人认为，现代的中国人与东亚社会的希望正在于发扬儒家的仁爱精神，将以孝悌为起点的古典仁爱精神转化为现代的人道精神，以"仁者爱人"的良知，去促进、帮助所有的他者实现他们自己的人生理想，展示

---

2) 《圣经·新约》(中英对照和合本·新国际版)，香港：香港汉语圣经协会有限公司，2004年 第5版，第307页。

他的独特价值，在"仁爱"的光芒里，实现人格的多样性。

2、当代"新仁爱"思想的具体内涵

我从中国哲学的立场出发，提出以"仁爱"作为当代中国人和东亚社会人与人交往的心灵起点，但并不意味着简单地回到传统的儒家。因为，传统儒家的"仁爱"是以孝悌之情为起始点，而当代中国及东亚社会所要提倡的"仁爱"思想应当在吸收传统儒家"仁爱"思想的合理内容的基础上，以"自尊"、"自爱"为入手处，为起始点，然后推及他人。因此，当代中国与东亚社会已经或正在全面步入现代的工商业社会的过程之中，家庭生活及其形式都发生了巨大的变化，传统社会的孝道在当今社会很难实践，尽管它仍然有自己的价值。依据现代工商业社会的基本特征，当代中国及东亚社会的"仁爱"思想至少应当包含如下的几个方面的内容：

第一，就精神实质来说：当代的"仁爱"思想首先应当以自尊、自爱为其逻辑的起点。而传统儒家的孝悌之情则可以作为其现实的起点之一，同学、同乡、同事、朋友之间的友情也可以作为现代实践"仁爱"精神的现实起点之一。这是因为现代生活的开放性与多元化的缘故。

第二，就实践"仁爱"的方法论来讲：个人实践与社会提倡结合，家庭教育与学校教育并重。政治形式的推进与文化教育的宣传相结合。但就其世俗性来说，"仁爱"的实践还是从自身做起，从身边做起。由近及远，切近而思，仍然是实践仁爱的最有效的方法。因为"仁爱"的道德感情与道德心理不是一种宗教情感，它无需借助对于一个外在超越的神的信仰，而是要通过道德情感的感化与感动，再辅以道德文化的教育，从而变成一种道德信念(注意，不是宗教信仰!)。

第三，作为一普遍的社会道德心理来讲："仁爱"思想应当作为一种社会的基本共识而要大张旗鼓、堂堂正正地去宣传。要通过各种文化传播的方式宣传儒家的"仁爱"思想。而且，可以有一些公益性的社会组织来推动这种思想。而从事这一公益事业的组织中的从业人员应当具有一种虔诚的态度，在现代社会以一种朴实的生活方式来担当这种道义，从而促进社会风气的转变。就这一点来说，以推广"仁爱"为己任的社会公益组织的从业人员要向真正的宗教组织的从业人员学习，过一种非常简朴而又符合现代人健康常识的生活。

正如传统的"仁爱"思想需要全社会的成员"推己及人"一样，现代的"仁爱"思想更需要"推己及人"。一个人可能是"自尊"的，可能是爱自己的，却并不能保证他是尊敬他人，爱他人的。"个性独立"很容易被误读为"个人孤立"，"自爱"很容易被误读为"自私"。当人缺乏对"同类"的基本认识与关怀之后，人的自尊与自爱就极容易滑向"唯我独尊"与"自私自利"的境地。由于中国与东亚社会的道德文化传统深受儒家思想的影响，提倡以"仁爱"作为中国人与东亚社会相处的心灵起点，正如在基督教传统里提倡以爱上帝作为心灵的起点一样，不仅能为外在的社会秩序提供内在的人性根据，而且还将会起到化解后现代思潮负面影响的积极作用。因此，在当代中国与东亚社会区域合作的过程中，提倡一种"新仁爱"思想，可以为东亚社会提供一种文化共识，增强东亚社会的

认同感，也可以消除东亚社会在工商业化过程中出现的人与人之间的冷漠感。

三、儒家的心性修养理论与当代工商业社会的个人性修养

儒家的"仁爱"思想不仅在国际政治生活与人际交往的过程中能起到积极作用，在个人的心性修养方面仍然有他的用武之地。就个人的家庭生活与日常生活而言，孝悌之情的培养对于人的仁爱之情的养成仍然有积极的正面意义。而具备仁爱伦理情感的人们，在自己的政治与社会生活中也可以发挥出积极的社会意义。

1、孝悌之行，践仁之始。

在孔子时代，孔子及其弟子们都特别强调孝悌德目的重要性。对于为仁之方，孔子有两种说法，其一是："弟子入则孝，出则弟，谨而信，泛爱众，而亲仁。"(≪论语·学而≫)其二是："夫仁者，己欲立而立人，己欲达而达人。能近取譬，可谓仁之方也已。"(≪雍也≫)孔子的弟子有子，则第一次明确地将"孝悌"看作是"为仁之本"——即践仁之始端。应该说，这是有子在深刻、准确地领会了孔子的"仁爱"思想之后，在实践层面对孔子思想的一种新发展。"有子曰：其为人也孝悌，而好犯上者，鲜矣；不好犯上，而好作乱者，未之有也。君子务本，本立而道生。孝悌也者，其为仁之本与?"

此段话中仁与孝之间的复杂关系，在≪论语≫的注释史上有非常丰富的内容，本文暂时采用宋儒的解释训诂及其哲学的解释思路。"本"字，朱子训为"根"："本，犹根也。仁者，爱之理，心之德也。为仁，犹曰行仁。"而程伊川对"孝悌为仁之本"一语专门有辩证性的解释，清楚地揭示了孝悌与仁的关系："或问：'孝悌为仁之本，此是由孝悌可以至仁否?'曰：'非也。谓行仁自孝弟始，孝弟是仁之一事。谓之行仁之本则可，谓是仁之本则不可。盖仁是性也，孝弟是用也，性中只有个仁、义、礼、智四者而已，曷尝有孝弟来。在仁主于爱，爱莫大于爱亲，故曰孝弟也者，其为仁之本与!'"

儒家是一个非常重视人的生命经验而又不局限于生命经验的思想体系。"仁爱"是一种博大的伦理情感。但如何在现实生活中让人培养起对同类的关爱之情，则是一个非常现实而又是关键的问题。现代社会中，家庭生活仍然是我们人的生活的最重要的组成部分之一，而且我们在18岁之前的许多生活习性，特别是为人处事的经验性方法，都是从家庭中获得的。古典社会更是如此。如果一个人在家里都不能爱自己的父母、兄弟，那么他在社会上还能够爱其他的同学、同事、甚至是普通的陌生人吗？因此，培养我们人的爱的伦理情感最直接、最方便的方法就是从孝悌做起，然后才有可能推及他人。当然，从逻辑的周延性看，有了孝悌之情不一定必然地保证人能爱

其他陌生人；但反过来看，如果连孝悌之情都没有的人，是不可能爱任何其他陌生人的，甚至会把我们现代世俗社会中奉为圣经的爱情对象也会当作一种实现自己人生目标的工具。

2、忠恕之道，践仁之方。

如果说通过孝悌之情来培养人的仁爱之心，是通过原始组织——家庭生活形式来训练人的道德情感，那么"忠恕之道"，则可以看作是儒家培养"仁爱"感情的普遍的心理学方法。这种方法超越一切场所的限制，而是一种针对人的现实心理提出的一种人文化的高妙方法。统而言之，"忠恕之道"就是推己及人之道。析而言之，忠谓尽己，恕为推己及人。晋人王弼释是这样解释"忠恕"二字的："忠者，情之尽也。恕者，反情以同物者也。"元人戴侗训"忠"为："尽己致至之谓忠"，训"恕"为："推己及物之谓恕"。

对于忠恕之道的重要性与具体方法，《中庸》一文说："忠恕违道不远，施诸己而不愿，亦勿施于人。"而《大学》一文则从反面阐述了恕道的重要性，说道："是故君子有诸己而后求诸人，无诸己而后非诸人，所藏乎身不恕，而能喻诸人者，未之有也。"《孟子》一书对"恕道"亦有自己的解释，如孟子说："他人有心，予忖度之"，"强恕而行，求仁莫近焉"。这种以己心去忖度他人之心，即是"恕道"。

这些典型的材料都表明：忠恕之道，犹如持规矩以定方圆一样。故《大学》又称"忠恕之道"为"絜矩之道"。《大学》云："所恶於上，毋以使下，所恶於下，毋以事上；所恶於前，毋以先后，所恶於后，毋以从前；所恶於右，毋以交於左，所恶於左，毋以交於右；此之谓絜矩之道。"

絜矩之道也即忠恕之道，而"忠恕之道"就是实践仁爱的普遍的、具体的心理方法。

有关"忠恕"之道内容，历代学者多有论述。在我看来，清代乾嘉时期著名学者钱大昕的论述颇有新意。他从政治哲学的角度发展了原始儒家的"忠恕之道"，提出了"帝王忠恕"、"圣贤忠恕"的新概念。他说："有诸己，而后求诸人；无诸己，而后非诸人：帝王之忠恕也。躬自厚而薄责于人，圣贤之忠恕也。离忠恕而言仁，则为煦煦之仁；舍忠而言信，则为硁硁之信。故曰：'夫子之道，忠恕而已矣。'又曰：'有一言而可以终身行之者，其恕乎！'《孟子》曰：'自反而仁矣，自而有礼矣，其横逆犹是也，君子必自反也，我必不忠。'是忠为仁礼之本也。《春秋传》曰：'上思利民，忠也。'《论语》曰：'言思忠。'又曰：'主忠信。'子张问政，则曰：'行之以忠。'子贡问友，则曰：'忠告而善导之。'曾子曰：'吾日三省吾身，为人谋而不忠乎？'盖自天子以至庶人，未有舍忠而能行者。后人但以忠为臣道，又以捐躯殉国为忠，而忠之义隘矣。"[3]

更进一步，钱大昕将"忠"看作是"仁礼之本"，并且认为自天子以至庶人，都要以忠为本。他批评了"但以忠为臣道，又以捐躯殉国为忠"的狭隘、残忍思想，含蓄地批评了专制帝王宽以待己，

---

3) 《忠恕》，《嘉定钱大昕全集》(柒)江苏古籍出版社 1997年版第483-484页。

严以责臣的专制政治伦理，可以看作是18世纪中国进步思想家对原始儒家"仁爱"思想的一种发展。由此，我们可以进一步看到，儒家以仁爱为核心的心性修养理论，也可以为实际从事政治活动的人们提供一种良好的个人德性。

3、修身、推恩与推行仁德仁政。

≪大学≫提出了"修身，齐家，治国、平天下"的一套由近及远的践仁方法，是"四书"系统成为中国士人阶层主要经典之后主流的践仁方法。而宋以后的儒家思想对于东亚社会的影响也逐渐地扩大。≪大学≫认为："古之欲明明德于天下者，先治其国；欲治其国者，先齐其家；欲齐其家者，先修其身；欲修其身者，先正其心；欲正其心者，先诚其意；欲诚其意者，先致其知；致知在格物。物格而后知至，知至而后意诚，意诚而后心正，心正而后身修，身修而后家齐，家用齐而后国治，国治而后天下平。自天子以至庶人，壹是皆以修身为本。其本乱而末治者，否矣，其所厚者薄，而其薄者厚，未之有也！"

除≪大学≫之外，孟子又提出"推恩可以保四海"的外推方法。这是孟子对孔子"仁爱"思想发展的结果，他将仁爱思想发展为"仁政"思想，认为执政者如果能做到："老吾老，以及人之老；幼吾幼，以及人之幼"，那么治理天下就是一件易如反掌的事情。

在宋时代，通过"格物致知"的方式，要求人们以"大心，体万物为一体"的内省方式来实现仁爱的理想。如张载在≪大心篇≫说："大其心，则能体天下之物，物有未体，则心为有外。"二程、朱子都非常重视仁者与天地万物相通的一面，而且常以身体的麻痹不仁为例，从反面形象地论证了仁者与万物相感通的道德情怀。

而到了清代，像哲学家戴震重新提出"以情絜情"的方式，来实现人的世界的合理化。他说："天下之事，使欲之得遂，情之得达，斯已矣。惟人之知，小之能尽美丑之极致，大之能尽是非之极致。然后遂己之欲者，广之能遂人之欲；达己之情者，广之能达人之情。道德之盛，使人之欲无不遂，人之情无不达，斯已矣。"[4]如此等等，都体现了一个基本的"践仁"方法：由近及远。

要而言之，儒家为了实践"仁爱"的理想，发明了一系列由己及人，由近及远的方法。这种实践仁道的方法论路径，在今天看来仍然有它的现实价值。再好的规则，如果制定规则的人都不能执行，这种规则很难有良好的社会效果。身正才能正人，身不正很少能够正人。

---

4) ≪孟子字义疏证≫卷下≪才≫。

结语：

本文从以上三个方面概略地阐述了儒家文化在当代中国及东亚社会复兴的可能性及其三个方面的基本内容，试图以先秦儒家的"王道天下观"为原型观念，发展出一套新的天下和平的国际政治理论；以先秦以及后来儒家不断发展的"仁爱"观为基础，发展出一套与基督教可以对话、平行的人际关系理论；以先秦及宋明儒学的心性修养理论，发展出一套适应现代工商业社会的个人心性修养理论。这种思考目前还很粗糙，需要进一步的深思。但贯穿文章的基本意图应该还是明确的，即儒家文化的复兴必须以解决现实世界与个人的生存难题为己任，努力发掘儒家文化传统中优秀思想观念并加以现代的转化。只有这样，儒家文化才能在现代的工商业社会中找到自己生存、发展乃至于复兴的时代契机，从而为中国、为东亚社会提供一幅融合西方基督教文明，同时又不同于西方基督教文明传统的现代工商业社会的生活世界图景。

孔子归来与儒学创新

颜炳罡 | 山东大学儒学高等研究院

近代以来，尤其是五四以来，先是经过激进的知识分子对孔子的猛烈攻讦，继之通过全民性批孔运动，风雨如晦，道不彰显，孔子归隐了。进入20世纪末，批孔的时代虽然结束了，但尊孔时代并没有到来，进入真正研孔时代。最能代表研孔者心态的是回到孔子去，对孔子进行还原意义的研究。然而，孔子是两千五百多年前的历史人物，完全回到孔子的时空环境既是不可能，也是不必要的，但做到对孔子的同情理解是可能的。

由是，与回到孔子不同，我们主张孔子归来。所谓孔子归来就是让孔子穿越两千五百年的时间遂道，重回现实人间，以回应当代社会的问题，或者说是将归隐了的孔子请出来，让孔子真精神、真灵魂呈现出来，由研究孔子之道转化为孔子行孔子之道。"孔子归来"到"回到孔子"不同有三：(1)回到孔子是还原的，孔子归来是创造的；(2)回到孔子是历史的，孔子归来是现实的；(3)回到孔子是静态的，孔子归来是动态的。如果强调二者的协调，那么我们说，回到孔子是手段，而孔子归来才是目的。

孔子归来是创新儒学的前提。

21世纪的儒学创新方式既不同于牟宗三先生的"良知自我坎陷"，也不同于唐君毅先生的"返本开新"。牟先生的开新方式和儒学创新的结局是理论的疏导意义大于现实意义，理论体系的建构重于生活的实践、现实的实践。而孔子归来所开创的儒学新形态应当将这一顺序颠倒过来，即现实意义重于理论疏导，生活实践重于理论体系建构，孔子、儒家信仰意义的开显重于知识体系的建立。

由孔子归来统摄下的儒学创新其建构方式是依本以成新，或者说是依本开新。这里所谓的"本"，是指孔子价值标准和理想追求，是孔子审视问题、分析问题，应对挑战的独特方式、立场和方法，立足于孔子的这个"本"去成就儒家的天道、宗教、人文、伦理、艺术、史学、文学、生态、环境、管理、法学等等的多样具体形态文化的发展。

孔子归来统摄下的儒学创新其最大意义在于实现"儒学与当代社会的双向互动"。儒学与当代社会的双向互动是指儒学与当代社会的双向审视、双向批判、双向参与。双向互动是一动态的、开放的系统，不是静态的封闭体系，因为社会发展永无止息，儒学的因时转换、与时推移也不会停止。我们相信，儒学因切入当代社会的发展、参与人类困境的疏解而焕发出新的生命力与活力，而当代社会的发展因儒学的介入而更加文明、更有教养。

孔子归来统摄的儒学创新在于重建民间儒学传统。儒学的理论创造固然重要，然而儒学向现实转化更为迫切。因为只有将儒学转为大众的生活原则、行为规范、处事方法，即让儒学在民众扎根，这才是孔子归来的真义。

孔子归来与儒学创新

颜炳罡 | 山东大学儒学高等研究院

一、道之不彰与孔子归隐

孔子晚年归鲁，死后葬于泗上，"文革"始伊，来自北京的一批红卫兵将孔子坟墓挖了，结果令他们大失所望，什么也没找到。人们不禁要问：那个自然意义上的孔子到哪里去呢？是死后复活了呢？还是早已化为泥土，回归大地了呢？当然，儒家没有死后复活之说，同时孔子也没有躺在孔林的坟墓里或者说躺在坟墓里的孔子早已化为泥土，回归于大地了。长期以来，历史一再演绎的或者死而不朽的是孔子的精神、孔子之灵、孔子之魂，这就告诉我们两千多年来，真正对中国社会、东亚社会乃到欧洲社会产生影响的不是躺在坟墓里的孔子，而是活在孟子、荀子、董仲舒、韩愈、范仲淹、朱熹、王阳明乃至韩国的李退溪、李栗谷、曹南冥以及日本林罗山、中江滕树、伊藤仁斋等等儒家贤哲心中的孔子，活在对儒家经典不断进行诠释者的著述里的孔子，活在千千万万普普通通的老百姓日常生活、行为习惯里的孔子……

然而，近代以来，尤其是五四以来，先是经过激进的知识分子对孔子的猛烈攻讦，继之通过全民性批孔运动，风雨如晦，道不彰显，孔子归隐了。那么孔子"隐"在哪里？于是陈独秀在1916年断言："'孔教'本失灵之偶像，过去之化石"。[1] 当然，陈氏之判断与陈氏之行为相互矛盾，如果孔子果真是失灵之偶像，过去之化石，批之何益？可以完全不予理会，理会之就说明孔子不是过去之化石；如果陈氏批的是被袁世凯、张勋之流利用的孔子，那么孔子果真能被袁世凯、张勋之流所利用，就说明孔子没有死，他还活着。1935年在鲁迅的笔下，在历史上，孔子是权势们的"敲门砖"，权力之门一旦敲开，砖头就被忘到一边了。而现在这个敲门砖失灵了，早已进入垃圾箱了。[2] 无论化石也罢，敲门砖也好，总之，都是无生命之存在物。在陈独秀那里，孔子原本有

---

1) 陈独秀 《独秀文存》，安徽人民出版社，1987年，第73页。

2) 鲁迅 《在现代中国的孔夫子》一文中指出：孔子这人，其实是自死了以后，也总是当着'敲门砖'差使的。"又说：孔

灵，现在失灵了，原本是活物，后来成为"化石"；在鲁迅的笔下，孔夫子原本就是权势者工具，过去有效，这个工具现已无效了。

不啻陈独秀、鲁迅为然，海外汉学家同样认为孔子死物，已经成为无生命之存在。美国学者列文森曾说，孔子在共产主义的中国已经成为博物馆里的陈列品了。在他看来，孔庙修复、孔林的整修，正说明孔子与现时代无关，而"只能被埋葬，被收藏"，"孔子都被妥善地锁藏在玻璃橱窗里，现在是博物馆馆长而不是历史的创造者在看管孔子"。当然，他也说："博物馆不是'历史的垃圾箱'，珍藏孔子的博物馆有可能储存着某种价值启示"，"陈放在博物馆中的孔子仍然没有发言权"。[3]

孔子无论是"博物馆"的"陈列品"也好，还是"化石"、"敲门砖"也罢，都是死的，不是活的。在他看来，孔子在当代中国已经进入历史博物馆，已经是历史的陈迹。如果问陈独秀，孔子在哪里？陈会说在化石矿里；如果问鲁迅，孔子在哪里？鲁迅会说，在垃圾堆里。如果问列氏，孔子在哪里？他回答：在博物馆里。

另一种说法，儒学是游魂，已经魂不附体，这一观念代表人物是海外著名华裔学者余英时先生。他认为，随着辛亥革命的胜利，传统的帝王制度、家族制度、学校制度的崩溃、瓦解、变革，"儒学遂尽失其具体的托身之所，变成了游魂"[4]。若问余英时先生，孔子在哪里？他必曰：虚无缥缈，不知其踪。

博物馆说，到列氏已不新奇，不过代表了西方学者对中国文化、对孔子一般评判而已。当代新儒家坚决反对那种将中国文化视为已死的东西，当作化石进行分析、研究、陈列归档，而是要求一切国际人士肯认中国文化活的生命之存在，孔子还活着，但中国文化活在哪里、孔子活在哪里呢？当代新儒家也没有回答。

当然，列文森的说法并非全无道理。当人们整孔庙、修书院不是为了祭祀孔子，传承孔学，而只是作为旅游产品进行开发的时候，孔子死矣；当人们举办祭孔大典，不是出于对孔子的敬重，而只是出于旅游资源的开发时，这样的孔子确实是躺在历史博物馆里了；在"文化搭台，经济唱戏"之下，孔子只是为作一种文化产品、一种商品进行利用时，孔子死矣；当研究孔子的学者，只是将孔子的学说视为与自己的生命不相干，与研究者的精神不相干，与现实生活不相干的外在材料，视孔子为两千五百年前的历史人物，研究孔子之目的，不过是为了引入西方分类学的方法，将孔子整理归档而已，这样的孔子已经在历史的博物馆里了。由此，我们指出，孔子精神、孔子思想究竟是死了，还是活着，关键不在于孔子本身，不在孔子的精神本身，而是取决于研究者如果看待孔子、如何理解孔子的精神。

子"成为权势者们的圣人，终于变成了'敲门砖'。"《鲁迅全集》第6卷，人民文学出版社，2006年。

3) 列文森著，郑大华、任菁译，《儒教中国及其现代命运》，中国社会科学出版社，2000第版，第340-342页。

4) 余英时《现代儒学论》上海人民出版社，1987年出版，第37页。

儒学果真是游魂吗？我们认为也不尽然。余先生断定儒学是附在传统的帝王制度、家族制度、学校制度身体之上的，这些制度崩解了，当然就成了"游魂"了。我们承认传统的帝王制度、家庭制度、学校制度等对儒学的发展、传播乃至进入民众生活等方面起过重大作用，但是孔子、儒学死活并不取决于某种制度的存废，而是存决于人类的理性生活之有无。因为儒学之"体"并不是帝王制度、家族制度，而是人类生活之本身。没有帝王制度之前就有儒学，帝王制度结束了，儒学并没有消亡，出现了当代新儒学。如果一些理论如"君为臣纲"可能过时了，然而上下级关系并没有消失，"以道事君，不可则止"的进退之道以及"从道不从君"的人文理想并没有过时；"父为子纲"可能过时了，然而父慈子孝随着现代化进程的推展以及人际的关系疏离如其说过时，不如说正有待于加强；"夫为妻纲"过时了，然而"夫妻相敬如宾"向往并没有过时；至于朋友一伦，儒家所强调是"止于信"，孔子强调"益者三友"，"损者三友"，既使是激烈批判"三纲五伦"的谭嗣同也认为没有过时。可以说，过时的都是汉以后儒法合流、阳儒阴法所掺杂的那些具时性的东西，而孔子所提倡、所倡导的仁爱思想、和而不同的理念、过犹不及的方法等等并没有过时。孔子并不依赖君主专制而存在，而是依于人类的理性、正常生活而存在，只要人还是人，只要人还想过日常的人间生活，孔子就会活在人们日常生活中，就会活在民众之间。

孔子晚年归鲁，继往圣，开来学，以文自任，自觉担负起延续华夏慧命的历史重任。中华文化汇归为孔子学说，而孔子学说通过洙泗源流，邹鲁乡邦走向中原大地。自汉以下，自东徂西，自南至北，华夏大地无不浸透孔子的精神气脉，闪烁着儒家思想的光辉。孔子学说很早就传到朝鲜半岛，西元372年，朝鲜半岛就出现了以教授儒家经典为主的太学。西元285年，百济学者王仁渡海将《论语》传到日本。孔子学说一度充当韩国、日本等东亚国家意识形态的角色。17世纪，孔子的学说通过西方传教士传到欧洲，1687年，巴黎出版拉丁文本的《论语》、《大学》、《中庸》。孔子及其儒家学说对莱布尼茨、沃尔夫、伏而泰、狄德罗、霍尔巴赫、重农学派思想家魁奈等等，都产生过影响。经过两千多年之发展，孔子学说已经成为具有世界影响的学术流派，成为中国文化的代表，孔子已经成为中国文化的符号。

然而，经过自洪秀全、杨秀清借助西方的基督教讨伐孔子，批判儒学开始，孔子备受垢病。降至五四，"打倒孔子店"，"礼教吃人"，"仁义道德吃人"等等，成为要求中国社会变革的激进的知识分子喊得响彻云天的口号，但五四影响所及主要集中在知识阶层或大都会，在民间社会或者僻远的地区，孔子在人们心目中的地们并没有发生根本性的动摇。孔子依然是老百姓心目中的圣人，父慈子孝，兄友弟恭等等依然支配着普通百姓的头脑。到20世纪中后期，借助全民性的批孔运动，孔庙被砸了，孔府成了进行阶级教育的展览馆，孔子及其子孙的坟也被挖开了，秦始皇做的，我们做了；秦始皇不敢做的，我们也做了。这时国人不是要将孔子放入历史博物馆存在物，而是要将孔子扫入历史的垃圾箱。上个世纪，孔子、儒学几经举国上下暴风雨般的批判、打压，孔子归隐了。当然，归隐的并不是孔子的身体，而是孔子的灵魂、教诲与学说。为此付出惨痛代价或吃亏的并不是孔子本身，而是国民经济到了崩溃边缘上的当代中国人。经过这次举国讨孔的洗礼，孔子远逝了、归隐了。

进入20世纪末，虽然批孔的时代结束了，然而尊孔时代并没有到来，真正进入研孔时代。孔子在大多数学者那里是研究资料，是客观分析、解剖的对象；而权力人物或商家那里，孔子是形象工程，是招商引资的招牌，是一个犹待不断被开发的旅游产品。在所谓"文化搭台，经济唱戏"的口号下，国人一再消费孔子。孔子固然有商品价值与消费意义，但如果仅仅视孔子为商品，就是对孔子的亵渎，是对孔子精神的践踏！当国人将孔子作为谋钱的工具时，孔子归隐了。

也许孔子还呈现在韩国成均馆里，那里还延续着孔子的精神；孔子还呈现在台湾的鹅湖学社，那里还延续孔子的生命；孔子呈现在香港的孔教学院，那里还朝拜着孔子；在马来亚、在印尼、在新加坡的华人社会里，还有孔子的踪影。中原大地，孔子还活在个别的学者群中，民众的生活行为，而相对于若大个中原大地而言，孔子，隐而不彰！

孔子归隐了，但孔子并没有死亡，也不可能被人为地扫入历史的垃圾箱，只是隐而未显而已。孔子生前曾对他最心仪的弟子颜渊说："用之则行，舍之则藏，唯我与尔是夫。"（《论语·述而》）归隐者，藏之之谓也。

二、回到孔子与孔子归来

康德主义者主张回到康德去，黑格尔主义者提倡回到黑格尔，回到某某去似乎是一种很有号召力口号，故而在中国，我们也不时听到一些的学者高喊：回到孔子去！我们要问：回到孔子去可能吗？或言之，我们果真能回到孔子吗？回到孔子有意义吗？

孔子，自然意义上的孔子是两千五百多年前的历史人物，完全回到孔子的时空环境是不可能，从这个意义上，西方有的学者所说的一切历史都是当代史是有一定道理的。不过，我们并不否认，通过传本文献尤其是《论语》、《孟子》、《左传》、《史记》等的如实解读，做到对孔子的相应了解，而且这种了解是十分必要的，否则我们会陷入历史的相对主义。这就告诉我们，在某种意义上再现孔子的生活与思想原貌是可能的。即使我们真能还原孔子，但还原孔子也不是我们的目的，而将"还原的孔子"归来才是我们的目的，孔子魂之来兮才有意义。

我们主张，孔子归来。孔子归来就是让孔子穿越两千五百年的时间遂道，重回现实人间，以回应当代社会的问题。回到孔子是手段，孔子归来才是目的。"孔子归来"就是将归隐了的孔子请出来，让孔子真精神、真灵魂呈现出来，使孔子由"舍之则藏"转化为"用之则行"，由研究孔子之道转化为孔子行孔子之道。

回到孔子是还原的，孔子归来是创造的

自中国学术传统而言，学术研究主要表现为两种方式，一是"我注六经"的汉学，尤其是古文经

学传统，一是"六经注我"的宋学传统尤其是心学传统。汉学，无论是古文经学，还是今文经学，二者都力图通过对经文的注、笺、疏、释等手段还原他们所臆想的经文原意，实现他们所臆想的对孔子真面目的刻画。不过，古文经学是历史的，而今文经学是哲学的。而宋明理学尤其是心学，"发明本心"、直指本性，"六经皆我注脚"，被后世学者批评为"师心自用"，然而，不可否认其活泼可用、富有学术创造性的面相。回到孔子有类于古文经学传统，力图复孔子之旧，对孔子思想、真义而言是还原的。还原主义固然有守先待后的学术价值，但没有创新意义。孔子归来从研究方式上说是对古文经学与今文学、汉学与宋学的超越，它是相应孔子的心灵所展开的对孔子学说再创造、再提升。

回到孔子是历史的，孔子归来是现实的

从研究方式上说，回到孔子是还原的，孔子归来是创造的。从纵贯的角度讲，回到孔子是历史的、过去的，而孔子归来是现实的、未来的。还原主义当然还历史之原，回到孔子就是要还孔子历史之原。还孔子之原旨在拂去时间的流迁积淀在孔子身上的种种尘埃，还孔子历史之真。这种研究最理想的状态就是回到两千五百多年去，让人们知道那时的孔子生活、孔子学说。这种研究是向后看，而不是向前看。

孔子归来是现实的、未来的。孔子归来是孔子精神归来，孔子的灵魂归来，由隐而之显，由藏而之行，面对人类当下的困惑、疑难、冲突与灾难，指出化解、疏解之道。如果说孔子精神中确有普遍、有效的方面的话，如果说孔子学说具有常道的一面的话，那么孔子的精神就能活转于当代，而活转于当代的孔子就一定能提出能为现代人的生活提出有益的建议。我们认为，既可站在现代知识背景、现代社会发展的角度来审视孔子、批判儒学，同样也可以站在孔子的角度、儒家立场去审视现代社会、批判现代社会，指明现代社会的未来路向。实现儒家与现代社会的双向互动。

回到孔子是静态的，孔子归来是动态的

回到孔子是回到孔子生活的某一个历史时期或者说是某个固定的点上去，从历史还原的角度说，最理想状态是回到孔子的历史基点上去；孔子归来不是要求孔子回到某个历史的基点上，而是将孔子视为无限敞开的过程。回到孔子的追求是静态的，而孔子归来的诉求是动态的；回到孔子是封闭的，而孔子归来是敞开的。回到孔子是指向历史，孔子归来是指向现实生活，指向未来。

当然我们提倡孔子归来并不否定回到孔子的意义。我们认为，回到孔子只是发现孔子的手段，不是发现孔子的目的；发现孔子的真实目的是让真实的孔子归来，让孔子活转于人间，活转于当代，以孔子之道去思考、应对当代人所遭遇到的种种困惑、挑战。

我们呼唤孔子归来是呼唤孔子精神的归来。诚然，当代社会的问题必须由当代人来担当，当代人的困惑同样必须由当代人去化解。当代人思想、意识、价值观念、信仰、知识构成千差万别，孔子归来就是孔子之"游魂"附在信仰孔子精神的当代人之"体"上去解决当代的问题。所谓"子服尧之服，诵尧之言，行尧之行，是尧而已矣。"（《孟子·告子下》）让我们模仿孟子的话句说：子服仲尼之服，诵仲尼之言，行仲尼之行，是仲尼而已矣。从这个意义上说，孔子归来是当代人体现孔子的精神、孔子的灵魂，以孔子的精神去处理当代社会之问题。

三、孔子归来与依本成新

进入20世纪后末期，由于通讯手段、交通工具的改善以及冷战的结束，全球一体化进程突然加速，不同国度、不同民族、不同地区的人们居住的空间似乎突然间浓缩，人类普遍感受到地球变小了。全球一体化进程让不少思想家掉入文化普遍主义的幻想中。所谓"普世价值"，所谓"全球伦理"，不少思想们认为人的大脑像计算机一样虽然产地不同，然而都可使用同一个标准，装入同样的程序。这种普遍主义为强权政治、霸权主义提供了理论依据。

与这种普遍主义相呼应，像亨廷顿等学者认为，文化差异导致文明冲突乃至人类的灾难。他说："在后冷战世界，不同人民最重要的区别，不在意识形态、政治、经济而在文化。"[5] 其实，不仅在后冷战时代，即使在冷战中乃至冷战前的几千年的人类历史进程中，不同人民最重要的区别，也不在意识形态、政治、经济而在文化。冷战时期，不同种族人们以意识形态、政治分歧、经济制度的不同分为泾渭分明的两大集团，并不是人类历史的正常现象，而是人类发展某一阶段的特殊现象。的确，"人民以族谱、宗教、语言、历史、价值观和制度自我界定"，然而，这是否意味着必然会发生冲突呢？亨廷顿对这一问题的回答是肯定的。他说："在这个新世界中，最普遍、重要而危险的冲突，不在社会阶级、贫富或其他经济团体的冲突上，而在隶属于不同文化实体的族群间的冲突。族群战争和种族冲突在不同的文明内爆发。"[6] 如果文化之间尤其是文明之间果真会发生冲突的话，那么地球村时代的世界就需要一种超越冲突的文化与思维，这种文化当然就是追求多元并存、崇尚和谐的孔子文化，而不是依靠强权政治推行文化霸权主义，更不是追求单一性的文化普遍主义，从这个意义上，全球化时代呼唤孔子归来。

作为信仰，儒家人物薪火相传，代代不息，然而儒之所以为儒的本质是不能变的，也是不可变的；作为应对时代挑战的知识系统——儒学因时而异，形态多样。有先秦儒学、汉唐儒学、宋明儒学、清代儒学乃至当代新儒学等等形态，随着时代的发展，因应对时代问题不同，儒学不断转

5）亨廷顿著，黄美裕译 《文明冲突与世界秩序的重建》 第6页。
6）同上书，第7页。

换着形态。作为信仰，儒家时不分古今，地不分东西，只要称之为儒，就有儒之所以为儒的本质之所在。然而作为儒学，则有韩国儒学、日本儒学、越南儒学、新加坡儒学乃至西方儒学之分。就当今世界言，面对全球化进程中的困境和人类与自然、民族与民族、国家与国家、人与人、人与自身之间等各种矛盾、困惑乃至冲突，儒学需要创新，也必须更新。

儒学如何创新？ 牟宗三先生主张"知体明觉自我坎陷"开出知性主体，以融纳西方的民主与科学，实现儒学第三期之发展。唐君毅先生主张"返本开新"。唐先生的"返本开新"就是复古开新。他说："在文化思想中，除了科学思想之外，无论哲学、宗教、文学、艺术、政治、社会之思想中，不能复古者，决不能开新。这中间无例外"。"真正被认为复古者守旧者的，实际上总是最富于开新创造的精神之理想主义者"。[7] 牟宗三与唐君毅是当代新儒家最重要的两个代表人物，虽然他们同属于新儒家阵营，但对儒学创新方式的理解并不同相同。牟先生强调儒学理论形态的内在变革与调整以应对时代的挑战，重建儒学新形态，所谓"本内圣之学以解决新外王"，所谓"一心开门"，无不如此。而唐君毅则强调以"复古"之名，开儒学新形态之实。牟先生的创新方式是空间的、结构的，而唐君毅的创新方式则是时间的、历史的。牟宗三先生的良知自我坎陷说固然是解决儒学自宋明以来内圣强外王弱的一种方式，但牟先生精致的理论系统还只是理论而已，并未能转化成现实的实践方案或操作手段。唐先生的"复古开新"在东西文化史固然可以找到许多例证，然而不可忽略的是"复古"与"开新"是一对矛盾，其中存有巨大的张力。

借"良知自我坎陷"与"返本开新"，牟先生与唐先生都建立了自己的理论体系，对儒学的创新做出了有益尝试。然而，牟、唐所处的时代是内忧外患、国家积贫积弱的时代，为中国文化找出路，为民族谋富强是他们那个时代任何一个知识分子都无法回避的问题，牟、唐也不例外。如果说儒家的外王学关怀家、国、天下的话，那么牟、唐关心的重点是"国"，则非儒家外王学系列中所指向的"家"与"天下"。在他们那里，为中国寻找出路、为民族图富强是他们那个时代最大、也是为儒者所关心的课题。然而，斗转星移，进入21世纪，随着中国综合国力的提升，中国所面临的问题与牟、唐时代所面临的问题已迥然不同。可能由牟、唐时代的"国"的问题，更多地转向"家"与"天下"问题。由于人际关系的疏离，道德意识的淡漠，以"家"作为象征的伦理问题突显出来了；而全球化进程的加速，生态、能源、环境等全人类共同面临的问题即天下问题又成为这个时代最大的挑战。因而，有必要通过牟宗三、唐君毅等人努力，再进一步，开创儒学的新形态。

21世纪的儒学创新方式既不同于牟宗三先生的"良知自我坎陷"，也不同于唐君毅先生的"返本开新"。牟先生的开新方式和儒学创新的结局是理论的疏导意义大于现实意义，理论体系的建构重于生活的实践、现实的实践，认为就像中国社会需要向西方看齐、需要现代化一样，儒学也需

7）唐君毅 ≪人文精神之重建≫ 第308-309页。

要向西方学术看齐，也需要现代化，从而掉入了西方知识体系构造的陷阱，而减杀了孔子、儒家的价值意义与信仰意义。而孔子归来所开创的儒学新形态应当将这一顺序颠倒过来，即现实意义重于理论疏导，生活实践重于理论体系建构，孔子、儒家信仰意义的开显重于知识体系的建立。唐先生以"复古"之名，行儒学创新之实，要求当代人回到古代去寻找儒学创新的源泉，固然有历史的案例作为佐证，但历史的经验是否普遍有效，"复古"是否意味着"开新"，我们还是心存疑虑。而孔子归来所肯认的儒学开创方式不是"复古"，也不是回到古代去，回到孔子去，而是让孔子、古人穿越时间隧道活转于人间。是回到古代去，还是让古人走出来，这是我们与唐先生的区别。

在中国，在东亚，通过后世学者的一再诠释孔子早已超出了孔子之当身，他已经成为教养的化身，文明的象征，中国文化的符号。"孔子"所体现的是本、是道、是良知、是天理，孔子归来就是大本安立，道体流行，天理昭苏、良知觉醒。孔子归来既是孔子精神的复活，为儒学的新生或新形态的儒学诞育的创造前提条件。

由孔子归来统摄下的儒学创新其建构方式是依本以成新，或者说是依本开新。这里所谓的"本"，是指孔子价值标准和理想追求，是孔子审视问题、分析问题和应对挑战的独特方式、立场和方法，立足于孔子的这个"本"去成就儒家的天道、宗教、人文、伦理、艺术、史学、文学、生态、环境、管理、法学等等的多样具体形态文化的发展。因而，未来的儒学发展或者新形态的儒学出现决非是二三儒学大师所能独任，也不是哲学家、历史学家、文学家等少数人文精英的独有的天职，而是要依靠大量的、具有儒家信仰的学者群、宣道群的形成，要依靠整个儒学研究群体道义担当和民间儒者的布道、宣道的高度自觉。对儒学、对孔子之本有真体悟的学者、民间儒者、企业界人士乃至政治人物的大量出现，这些人物各自从不同领域、不同的角度进行艰辛的努力，新形态儒学的出现才能可能。

孔子是一位具有强烈的救世情怀的思想家，以"道易天下"为他的终生追求。他关注现实，批判暴政，"知其不可而为之"。孔子归来统摄下的儒学创新其最大意义在于实现"儒学与当代社会双向互动"。本孔子积极入世之精神，儒学理应面对现实，也必须关注现实，关注现实就是要关注21世纪人类的命运与发展，关注由于科技进步所带来的种种问题以及人文学科发展的前沿。诚然，这种关注本身是相互的：一种不食人间烟火的学问，人间不可能理会它，一种学说如果不关心现实社会，不关心人类的命运，不论它有多么高明，现实社会也不会关心它。儒学与当代社会的双向互动是指儒学与当代社会的双向审视、双向批判、双向参与。对儒学而言，双向互动事关儒学能否在当代社会、当今世界生存与发展的问题或如何生存与发展问题；对当代社会言，双向互动是如何汲取儒家智慧走向人文化的问题。双向互动是一动态的、开放的系统，不是静态的封闭体系，因为社会发展永无止息，儒学的因时转换、与时推移也不会停止。儒学每一次创新与更化都是对现实挑战的回应，让现实社会不能无视儒学忠告与警示，这是孔子精神复活的意义。我们相信，儒学因切入当代社会的发展、参与人类困境的疏解而焕发出新的生命力与活力，而当代社会的发展因儒学的介入而更加文明、更有教养。[8]

当今之世是全球化进程高歌猛进的时代，一个文化普遍主义的幽灵在全球徘徊，而文化的部落主义也从未停止过对文化普遍主义的抗争，在文化领域的全球化与反全球化可谓越演越烈。既然全球化不可逆转，作为与时偕行的儒家文化系统如不想缺席这场文化竞争就必须有所作为。全人类的问题当然需要全人类面对，需要人类的一切文化都贡献出自己的智慧，需要全人类每一个才智之士贡献出力量，共同承当人类的痛苦与灾难，共同分享人类社会进步的成果与欢乐，才能真正化解人类发展过程中的困难与险阻，使人类由文明走向更高度的文明。

孔子归来的意义在于站在孔子的立场、儒家的立场对全球化做出孔子式的回应、儒家的回应。建构人类文化交流与对话的平台，发出儒家声音，向世人表达孔子的价值观、思维方式以及应对当今世界问题的方法。对人类面临的生态危机、环境危机、宗教冲突、国与国之间的张力等等问题提出应对之方案，在解决人类共同问题的实践中而不是冥想中去创新儒家的文化系统。先秦大儒的亲亲而仁民，仁民而爱物的生态理念，"和为贵"的处世之道，"和而不同"的处世方法以及"远人不服，则修文德以来之"的外交之道等等，的确有益当今世界，有益于人类的和平与发展。

以孔子为代表的儒家学说不仅仅是一套知识体系，同时它也是一套信仰系统与价值体系，更是人们生活的智慧与行为规范，因而21世纪所需要的儒学应当是面向现实生活的儒学，是面向民众的儒学，是平民化的儒学。儒学的理论创造固然重要，然而儒学向现实的转化更为迫切。因为只有将儒学转为大众的生活原则，行为规范，处事方法，即让儒学在民众扎根，而且不断在民众的日常生活去汲取营养，儒学新形态才能成长为参天大树，这也是孔子归来的真正意义。只有在大众中重建儒家信仰，儒学新形态的出现才能有希望。

由此，孔子归来统摄的儒学创新在于重建民间儒学传统。儒学，在其创始时期的先秦，本以平民姿态出现。孔子、孟子、荀子等先秦儒学大师，虽然曾一度奔走于权贵之间，然而他们主要活动在民间。有教无类，化民美俗，是他们的天职，也是他们的使命。汉代以后，儒学由民间走向庙堂，而民间儒学并没有消失，正是无数平民儒生的努力，儒学才转化为民众的生活方式、价值标准、行动指南。儒学的再度创新，必须扎根于民间社会，切合于民众生活的需要，使儒家精神贯穿于民众的伦理实践过程始终，重建大众的、草根的、世俗的、生活的、实践的儒学体系，从这个意义上说，民间儒学也可称为大众儒学、草根儒学、世俗儒学、生活儒学、实践儒学。

21世纪，可能告别了超级大师的时代，也结束了一个主义、一个学说、一个理论体系独断人类文化乃至独断一国文化的时代，各种思想、主义、学说并育并存是人类文化的常态。超级大师没有了，代之而起的将是由多位乃至众多学术趋向接近的学者所形成的学术群体；独断性文化、独断性思想学说虽然在某些局部还会存在，然而那将不是人类文化的主流，也不是人类文化的未

---

8) 参见拙文 《"儒学与当代社会双向互动"刍议》，《孔子研究》 2003年 第5期。

来。既然包打天下，一统江湖的理论已不可能得逞，那么，警告一切儒学的信仰者不能期望以儒学一统天下。在未来世界文化的格局中，儒学作为众多学术流派中的一个流派，众多学说的一种学说，多元价值世界中的一元，就是儒学之幸，就是中国之幸，就是华夏民族之幸，东亚文化之幸！

儒学复兴的世界扩散和发展方向

藍貴良 | 印尼孔教會 秘書長

"儒学"即为"孔子学说"为中国二千五百多年春秋时代孔夫子所创，孔夫子是当代的教育家，哲学家，思想家……教导过三千余位学生，成名成功的学者名流就有七十余位，也曾经做过国家当朝的小官，游历访问过当时的列国……。

"儒学"孔子学说，儒家思想，儒家精神，道德礼仪，伦理伦常……教育影响熏陶炎黄子孙，中华儿女，汉系民族……二千五百余年，丰富充实中国四五千年悠久历史文化，成为中华儿女社会演进，发展壮大，生活生存……的精神支柱，为中国历代帝王尊奉为"圣人"……。

"儒学"虽然在中国二千五百余年的历史长河里，曾经起起落落，浮浮沉沉，兴兴衰衰……甚至在中华人民共和国成立后的"文化大革命"期间，遭到批判清算，批孔批林，破除四旧，打倒孔家店……全国各省各城，各地各区……如火如荼的进行，造成中国十年大动乱，几乎把党、国推向灭亡边沿……。

然而"三起三落"设计大师邓小平终于复出掌权；力行改革，坚持开放，开明政治，开放经济，拨乱归真，打开国门，走出世界，引进外资，稳定政局，振兴经济，繁荣工商，促进商贸，发展文教，推展科技，巩固国防，海陆空交通大建设……摆脱穷困，提升民生，提高国际地位声势名誉……而空前崛起。

中国新一代领导人，学者专家，人民百姓，年轻学生……"不经一事不长一智"重新认识孔子学说，儒家思想，社会秩序，家庭伦理，人伦纲常，孝道精神，父母恩情，师友恩义，兄弟情义，姐妹情谊……唤起世界全球人类的良知，和谐思想，博爱精神，公正平等，和平共处，交流沟通，互相尊重，互相容忍，互助互利，创造双赢……，消除暴力，消灭战争，伸张正义……，维护世界全球永久和平。

西方欧美先进国家，发明蒸汽机工业革命成功，科技工艺，空前进步，高度发达，生产大增，创造财富，兵精粮足，船坚炮利，国强民富，向世界各地侵略进攻占为殖民地，人民生活空前提高，物质生活过于丰足，奢侈豪华腐败化。但只重科技不重人文，只重物质，不重精神，使得物质提升思想堕落……，现实主义，功利主义，享受主义，霸权主义……空前高涨泛滥成灾……。以至科技发达，道德沦亡，造成世界全球各国贫富悬殊，暴力横行，恐怖分子猖獗……。

今日世界东西南北各方，先进发达国家，发展中国家，贫困落后国家……自世界二战结束至现时今日，科技工艺越发达，道德思想越衰退，全人类就可能自我沉沦"自生自灭"……世界国际各国已开始取得"共识"，唯有积极引进"儒学"努力推行"孔子学说"，快速创办"孔子学校""孔子学院"……，亡羊补牢未为晚也！

2010年11月25日至26日由韩国首尔成均馆大学举办的"儒学思想国际学术会议"是及时的义举，通过此次"儒学国际会议"召集世界全球"儒学"学者名流，志同道合有识之士，不分国界不分种族，济济一堂共同研究，认真讨论互相学习，介绍"儒学"道德教育，发扬光大孔子学说，取其精华去其糟粕……俾使"儒学"更上一层楼，为世界人民提供伦理道德思想教育，提升国际社会人们的精神思想素质，"化干戈为玉帛"为维护世界永久和平和安居乐业作出更大的贡献！

诚恳恭祝大会顺利圆满成功！全体主宾进步快乐健康长寿"后会有期"！

儒学复兴的世界扩散和发展方向

藍貴良 | 印尼孔教會 秘書長

我是印度尼西亚土生土长如假包换的第一代侨生，祖父祖母，父亲母亲都是来自祖籍国(中国)的移民，出生地就是印度尼西亚三大产锡岛之一的勿里洞新路埠。华校国民小学毕业后，就到总埠丹容班兰升入初级中学，毕业后再到印尼首都雅加达中华中学，就读高级中学至毕业。半功读兼教职二年，高级中学毕业后再执教鞭二年，婚后在父荫庇护之下踏入商场滚了四十年。

由于出生和生长的地方就是生产锡矿业区的弹丸小岛，成千上万的矿工都是来自中国广东省，汕头市，潮州市，梅县，兴宁，五华，揭阳，紫金，河源，蕉岭……，一代的嘉应州客家人，客家话就成为本地主要方言，福建闽南语次之，潮州语，广东语又次之，华校师生提倡普通话(华语)，本地土著都有部分能听能讲客家话。

我出生成长的时期还是荷印殖民统治时代，那时被称为"华侨"的华人办学自由，全国各地各岛各城各市大小商镇都办有"中文"国民小学，初级中学，高级中学……，所以我们那一代的华人子孙绝大部分都能受到中文华语教育，国民小学校训"礼仪廉耻"，初高级中学校训"忠诚勤朴"……只有极少部分华裔接受荷文学校教育……。

我国印度尼西亚宣告成立(独立)以后，全国华校开始加授印尼文，成为印中英三语并重学校。直至1965年执政的新秩序政府，执行种族歧视政策，全盘封闭华人社团工会，华文华语学校，严禁学习和使用华文华语历时三十二长年。以致四五十岁以下的华人子弟绝大部分成为"华人盲"，造成华人文字文化的严重断层。

只有五十岁以上的华人华裔有幸曾经受过华文国民小学，初级中学，高级中学中文教育，对华夏传统思想，孔子学说，儒家精神道德礼仪，伦理伦常……教育影响熏陶仍留下一些作用和印象痕迹……。

即使新中国成立初期，尤其是"文化大革命"前后，领导层和青少年学生也曾经怀疑甚至反对否定传统文化，孔子学说，儒家思想，批孔批林，破除四旧，打倒孔家店……如火如荼，全国串联……造成十年大动乱，几乎把党、国推向灭亡的边沿……

直至改革开放设计大师邓小平猛然觉悟，当头棒喝，悬崖勒马，坚持改革，加强开放，扭转乾坤，化险为夷……稳定政局，拨乱归真，振兴经济，繁荣工商，促进商贸，发展文教，推展科技，巩固国防，海陆空交通全国大建设……摆脱穷困，提升民生，提高国际地位声势名誉……而空前崛起。

重新检讨中国四五千年悠久历史文化，二三千年的孔子学说，儒家思想，认识社会规律，家庭伦理，道德品行……教育意义，存在价值，优多于劣，长多于短，取其精华，去其糟粕，发扬光大，摒弃负面过时陈旧意识发扬正面积极教育作用，于国于民还是具有宝贵价值和意义的。

中国现一代的领导人和学者专家，都已公认只有孔子学说，儒家思想，孝道精神，始能创造现代社会的"和谐"思想精神，唤起世界全人类的良知，和平共处公正平等，博爱精神，互相尊重，互相容忍，互助互利，正常交流，创造双赢……清除暴力，消灭战争，维护世界全球永恒和平而安居乐业。

自十六七世纪西方欧美发明蒸汽机成功进行"工业革命"后，经济起飞，科技猛进，工商发展，船坚炮利向外扩张……向世界落后地区国家发动军事侵略占为殖民地，搜刮全球各国各地一切资源自肥，成为又强又富的帝国主义殖民统治者。

"家富儿女娇，国富人民腐"功利主义，物质主义，享受主义，霸权主义……空前高涨泛滥成灾，全民一面倒向科技工商进军单独学习锻炼，放弃人文道德品行教育，以至早就"有智无德""有理无义""无理无情"……的野蛮人。

"科技发达，道德沦亡"成为世界各国"弱肉强食"的乱源，也造成国内"贫富悬殊""暴力横行""恐怖分子温床"……。今日欧美国家也得到数百年实践经验教训，对中国传统文化，孔子学说，儒家思想……"前倨后恭"，公开承认只重科技不重道德教育，将带给子孙后裔严重的"后遗症"……。反过来纷纷寄送子弟到中国留学，学文习武。学习中文华文热潮空前高涨，甚至创办"孔子学院"引进"孔子学说，儒家思想"……。

孔子学说，儒家思想由二千五六百年前的孔圣(孔夫子)所创，深得历代帝王赏识和尊重，尊称为"圣人"，同时也深得中华儿女的信奉和崇拜，以致当作品德教育，立身处世，待人接物，齐身治家平天下……金玉良言，警世教言，教导人民，培训子孙，影响社会，督促国家……。

致使中国民族在四五千年悠久历史长河里，历尽起起落落，浮浮沉沉，兴兴衰衰……的自然循环规律，朝代更替，时代潮流，自然人为的考验永存不灭，历史长存于中国民族国家社会人民心目中，成为永恒的思想精神指标和谐共处，公正平等，人类博爱，善良仁慈，中庸之道，不粗暴不极端……的中国民族特性，永远与世界国际全球人民和平相处，互惠互利，沟通思想，交流文化，创造双赢……。

"路遥知马力，日久见人心"中华民族自秦汉崛起，大唐盛世，明清中兴……一贯睦邻平等相处，友族互爱，和平交往，互助互利，礼尚往来……，从不攻打侵略邻国，占领他国领土，长期表现历史证明。"中华霸权""黄祸泛滥"……国际有心人的歪论，都会在中华民族传统文化，孔子学院，儒家思想的印证和感召之下不攻自破，不辩自明矣！

"儒家思想"是华夏民族的文化精髓，炎黄子孙数千年来深受影响：教化作用，精神确立，认识提高，民智提升，品德行为，人格品质，礼仪树立……

即使"文盲"都能从父母遵长"面授口传"获得深远流传，深植民间百姓。家母是"妇女无才便是德"的牺牲品，她的兄弟全部都能受到中学，大学学校教育，然而姐妹全是目不识丁的"文盲"但却都能随口念出不少孔子的至理名言，教导儿女亲友后辈。

我生在新文化运动的萌芽时期，全球华人都在"爱民主，爱科学"新风气下熏陶；尤其是"文化革命"时期，"批林批孔""破除四旧""打倒孔家店"……的颓风影响之下，对儒家思想全盘否定，"一条竹竿打倒一船人"的把"儒学"敬神鬼而远之。"路遥知马力"炎黄子孙经过历史长河的考验，再次认识"儒家思想"的价值，使之得到平反。儒学"因祸得福"，越反越盛，愈斗愈香。廿世纪末廿一世纪初，由于中国的崛起，经济繁荣，工商并进，科技文教，地方建设，国防实力……纷纷出现奇迹，爱屋及乌认为"华夏文化""炎黄传统""儒家思想"都在起着一定的良好作用。

"儒家思想"的金玉良言。至理名言略举一二：

（一）尊老敬贤："老"为什么要尊呢？因为没有老哪里有幼，国家民族接班人何来？老年人经过一生努力奋斗，刻苦经营，辛苦所得，养育子孙，培育后代，前人种树，后人乘凉，在情在理，凭良心照良知，是否要回报？是否要尊重？"贤"是英明的领导领袖，贤明的尊长师友，贤能的学者高人。孔子曰"三人行必有吾师""交友须胜己，己下不如无"为了国家的富强，民族的振兴，社会的安宁，家庭的幸福，个人的进步成功发展……怎能不敬重"贤能"呢？

（二）慎终追远就是"饮水思源"的良心表现：千里寻根，万里寻亲，讲求历史根源，国家观念民族意识，乡土情谊，社会认同，宗亲之义，乡亲之情。占了世界人口四分之一的华人，甚至移居国外的华裔，身上流着华族的血，心里惦记着"华人"的荣辱兴衰，关心着"台海两岸，和平统一"，这就是"慎终追远"起的作用。

（三）不孝有三，无后为大：不孝有三就是不奉养父母祖上，不为祖上造坟建墓，不生男育女，传宗接代，繁衍子孙。因有这种思想观念，华族最怕断子绝孙，本身不能生育都须立嗣领养义子，不可断传斯香火。华夏四五千年的历史，就是四五千年的战斗记录。长期打打杀杀，血流成河，尸积成山，但是"华人"愈打愈盛"愈杀愈多"不得不实行人口计划，以免人口过剩全球人口爆破！

（四）"己所不欲，勿施于人"：俗语说"将己比己，将心比心"就是化解"人不为己，天诛地灭"的对症良方。如果现代人都能够接受，并真正做到"己所不欲，勿施于人"，世界哪里还会有战争？社会哪里还会扰乱？人与人哪里还会争名夺利"因利忘义，因财失义"？人类，一定能够和睦相处，永远太平矣！

（五）"学而时习之"：学习工作都必须时时复习，才不致遗忘倒退甚至消失。时人亦说："学习工作犹如逆水行舟，不进则退"。不少小学毕业生，踏进社会后能够一面工作一面学习，工作学习同时进步，成为饱学之士的"企业家"，就是今流行的时髦称呼"儒商"。王云五据说只是小学生，后来发明四角号码编制字典。而许多大专毕业生"固步自封"一无所成。

（六）"过则勿惮改"：孔子说："人非圣贤，焉能无过，过而能改，善莫大焉"。贵为台湾总统的"亚扁"经常敢于认错，在电视里向全国人民公开道歉，难怪能在320事件发生后还能联任当选。"认错"的勇气可以向他学习，但他那种政客作风，投机善变善骗的权术要不得，应该敬神鬼而远之。日本侵略中国，发动二战至今不认错，所以全球人民都不会原谅"日本帝国主义"。

（七）"为政以德"：国家领导人如果能够以德服人，就能"得民者昌"，众望所归联任当选。目前的华社团领导，手无政、军、警的实力，更须以德服人。如果沽名钓誉，满口谎言，空头支票满天飞，一旦"蛇死脚出""暴露真相"，后果必众叛亲离，身败名裂矣！

（八）"温故知新"：温习旧功课，检讨工作经验，就能得到新的体会，"精益求精""更上层楼"。"前事不忘，后事之师"，回顾历史，掌握现在，策划将来，人类就是凭这个信念，才会有今天的文化文明。有些人喜欢强调："不可旧事重提""不要讲历史"否则就会破坏"团结"，是否符合"儒家之道"？

（九）"人而无信，不知其可"：前一代人好像比较讲求"信用"，"一诺千金"口说为凭。那时的生意人只凭一张纸条就有人敢相信一船商品。但欧美风雨中磨练出来的洋学生，就强调要有保证金，单据合约，然而常常"牛皮写字"都不管用，还是会被"空头支票""假货赝品"骗过吃了大亏，这就是使人"无信"之过矣！

（十）"朝闻道，夕死可矣"：早上听到道理，认识 真理，晚上死了也值得矣！现代人可能绝大部分认为是"不可思议"的事，应该改为"朝发财，夕死可矣！"符合潮流。现实主义，钱到我手是我发财，花光用完才算数。所以提倡"儒学""儒家思想"是刻不容缓"当务之急"矣！

（十一）"君使臣以礼，臣事君以忠"：封建时代是"帝王"，民主时代是总统，主席成为国家领袖，用现代话说："总统"委任部长、省长、县长，应该以礼相待；部长、省长、县长部署应该以忠报效。回顾印华社团领导人，又有几个能够以礼相待部署呢？难怪部署也不会对这些领导人"愚忠"。社团的理监事包括总主席、主席、理事长……，不但是义务不受薪的，反而还要出钱出力动脑筋，谁要受一些"领导人"气指颐使的把理监事当作免费用人使唤呢？尤其是一小撮"假公济私""名欲利狂""装腔作势"……的庸才领导。

（十二）"里仁为美"：就是要选择良好环境居住，"近朱者赤，近墨者黑"人类能够改变环境，环境也能够改变人类。如果聪明的人就懂得选择居住环境，与君子好人做朋友，平庸的人就只好适应环境，任由小人歹人唆使摆布"随波逐流""同流合污"。

（十三）"不患无位，患所以立"：一个人不必担忧没有官职或社会地位，而须担忧没有办事能力，有财无才，有勇无谋……。"知己知彼，百战百胜"，如果只会吹牛"自我吹嘘""自我膨胀""自作聪明""装腔作势""好高骛远"……能够蒙蔽欺骗一时，但不可能蒙骗长期，后果必然"爬得高跌得痛"遭人民群众看透识穿，结果被拉下台甚至毁灭。

（十四）"见贤思齐"：见到"贤能"的人，就应该向他看齐，敬他为师，向他学习，才能提高自己，追求进步，发展成功。世上倒有"忌贤"幸灾乐祸的小人，不但不敬重贤者，反而想方设法来打击破坏，"打击他人，提高自己"，这种人今日印华社会真的是"车载斗量"，难怪不少社团被搞得"乌烟瘴气""四分五裂""党不成党""团不成团"……。

（十五）"听其言而观其行"：听到其人的言论还要观察其人的行为，才能真正认识了解其人。古今中外出现过不少 "口是心非""口蜜剑腹""笑里藏刀""糖衣毒药"……的知名人物，政治人物。中途变节"晚节不保"出卖国家，出卖民族，出卖灵魂的汉奸国贼。专制独裁，贪赃枉法，大搞KKN的把戏，把国家人民的财产占为己有，把国家弄得支离破碎，民穷财尽，债台高筑，使国家30年50年后难于恢复，真的功不补过，"罪大恶极"。所以台海两岸对"台独分子"一直强调：必须"听其言而观其行"作为应对的良策妙计。

（十六）"君子周急不继富"：意思是君子人济急救贫，不给富人捧场。"锦上添花，雪中送炭"孰优孰劣？ 这的确是"见人见智""人各有志""人言言殊，莫衷一是"……的问题。有人认为"雪中送炭"往往能起"事半功倍"的效果，使受惠者终身难忘终身图报，有朝一日可能加十倍百倍回报。有人却说，贫者是——泥牛过江，自身难保，怎能回报呢？ 难怪世上尤其是"生意人"，绝大多数都是宁可"锦上添花"，绝少"雪中送炭"的。不信但看杯中酒，杯杯先即敬有钱人。问题就在于当事人欲做"真君子"，还是愿当"势利小人"？

（十七）"文治彬彬，然后君子"：意思是做人做到"秀外慧中"，不要成为"绣花枕头"。俗语说："大苍蝇"金光闪闪，一肚大便何用？ 但是现实社会尤其是大都市，普遍"先敬衣服后敬人"。如果在大庭广众之间，外表衣着太过朴实，很容易被人当作山芭佬，乡下人而自取其辱。民间有许多读不完的小故事，在此略举一二；某县府县长召集商家老板到县府开会"商讨米粮供应问题"，其中一家商家派了一位伙计代表，穿着短西班裤打着赤脚（连拖鞋都不穿），县府官员发现了驱逐他离开会场。有为大"巴力"头（国营锡矿公司承包人）穿了一身工人服赴友人大宴，坐在首席宴会台席上，招待人员以为是吃"霸王饭"的孤老头，要他离席让位，这位老人不声不响的去讨回荷币50盾（相当今日印币五吊）的大红包，不辞而别；主人知道把招待员大骂一顿，第二天赶紧到"巴力头府上""负荆请罪"，这是谁的错呢？

（十八）"知之，好知不如平之"：意思是对于学问知识，专业技术，略知皮毛的人，不如喜好又有兴趣的人，更不如从事专业为快乐的人。所谓"行行出状元"。只要有心有志认识了解它，把它当成职业看待，甚至把它当作娱乐，就会好学不倦，时时学习，日日钻究，功夫下得深特棒磨成绣花针。古今中外的伟大人物，知名闻人，学者专家……无不都敬业、乐业，把事业当作第二生命者。

（十九）"敬神鬼而远之可谓知"。家母是目不识丁的"文盲"，都能经常强调"神鬼宁可信其有不必信其无，但只是可敬不可迷，当作没有生命的师友则可"。我除了为已故祖上尊长扫墓祭坟外，从来不到寺庙烧香。革命家的孙中山、毛泽东、周恩来、邓小平……都是反对迷信的无神论者，所以他们都是先知先觉，大智大勇，绝顶聪明的伟大人物。爱因斯坦曾经讲过两句名言："没有科学的宗教是［瞎子］，没有宗教的科学是跛子。"（见中国某省的"孔庙"）

"孔子学说""儒家思想"的金玉良言，至理名言，不胜枚举，言之不尽，至此搁笔作为结束本论文！

제2부

東亞地區的儒家文化之實際發展和未來課題

동아시아 유가문화의 발전과 미래과제

孔子的复活与儒學的现代意义

金聖基 | 成均馆大学

现在我们可以从四面八方听到有关孔子复活的消息，最近在中国大陆正受瞩目的电影《孔子》就是其典例。那么孔子复活的真正意义何在？

众所周知，中国在五四运动时期高举反帝反封建之旗帜，高喊"打倒孔家店"的口号，而爆发于1967年的文化大革命，在批林批孔的旗帜下，孔子又一次成为其主要的攻击对象。

但是从1976年以来，以匡亚明为首的一大批知识分子对孔子重新进行评价，1980年代后期以来在国学热和文化热当中，孔子复活的征兆已经相当明显。最近在江泽民、胡锦涛等国家领导人的主导之下，孔子圣人化事业也正蓬勃发展。

具体而言，以1978年为转折点，对孔子的评价进入新的局面，即，彻底被否定的孔子思想开始得到新的评价，人们对此展开活跃的探讨。1978年，张瑞番在《上海师范大学学报》里发表《再评孔子的'有教无类'》这一文章，反驳了赵纪彬在《论语新探》里的解释，这在学术界里被看作是拉开了重新评价孔子的序幕。新的"孔子论"的代表学者有匡亚明、罗世烈、李泽厚等，尤其是罗世烈，他在自己的论文里使孔子摆脱封建专制主义的锁链，利用解释学的理论，在中国历史当中解释孔子时代的意义，并且阐述孔孟思想的本质。而匡亚明则出版《孔子评传》，开启新的孔子研究之路。他总结自己几十年的学问研究，试图对孔子进行全面而又公正的历史评价。

这种"儒学复兴论"最终导致"现代新儒学"向中国大陆的发展。从此，"现代新儒家"不仅包括海外的或者台湾、香港等地区的学者，还包括中国大陆的学者，"大陆新儒家"逐渐崭露头角，开始振兴儒学在大陆的发展。

从1994-1996年间，在学术界里围绕着儒学与马克思主义的关系问题，展开激烈的讨论，而那次的争论却是由一篇《哲学研究》的论文引发的。近来又陆续出现与国学批评、传统批评、九十年代传统文化热等有关的文章，在各种学术会议里此方面的探讨很受关注。这种争论一般归结为两点：一个是在现实社会里越来越受重视的传统文化(一般被称为国学热、儒学热，或者传统文化热)对马克思主义的地位有何影响？另一个则是在现今中国文化和社会现实当中如何认识和评价传统文化，尤其是儒家文化？例如，儒学至今是否仍具生命力？儒家思想是否具有超越的、普遍性价值？"经典文化"与民众文化有何关联？等等。笔者认为人们对传统和儒家的关注以及所谓"大陆新儒家"的出现都直接影响到马克思主义学者。

另一方面，在台湾学术界里现代新儒家主要关注儒学怎样成就现代化的问题，他们提倡东西方文化的会通与相互补充，开始关注西方文化的优点，但是仍主张只有儒家才能解决人类文化的危机问题。

下面通过1996年当代新儒学国际学术会议来考察牟宗三以后的新儒家的动向。"第四届当代新儒学学术会议"是由鹅湖杂志、东方人文学术研究基金会、中国哲学研究中心、台湾中央研究院文哲研究所、台湾中央大学哲学研究所共同主办的。鹅湖是纯粹由民间学者组成的学术团体，但是其他机关也几乎为鹅湖学派所主导，中研院文哲所的戴琏璋所长以及中央大学哲学研究所长曾昭旭也都是鹅湖杂志的创办人之一。以鹅湖杂志为中心的鹅湖学派都是由第二代现代新儒家的代表人物构成，主要是唐君毅、徐复观、牟宗三的弟子。所以他们都努力于牟宗三学统和儒家精神的弘扬上。当代新儒家当中唐君毅先生是1978年去世，徐复观先生是1982年，而牟宗三先生则最晚离开人世，随之牟老的影响力最大是理所当然的。以牟宗三先生为中心凝聚在一起的鹅湖学派继承现代新儒学的学统与信念。

牟宗三先生去世以后，纪念牟老的"第五届当代新儒家国际学术会议"是在中国大陆召开的，于1998年9月5-7日，由中国孔子基金会、山东大学等共同主办的"第五届牟宗三与当代新儒学国际学术会议"在山东省济南市"舜耕山庄"里举办，与会者来自台湾、香港和大陆、新加坡、韩国、德国、美国等地区，共有九十多位，发表六十多篇论文。来自台湾的学者们感慨万分，他们认为在儒学的发源地、牟宗三先生的故乡山东举办此次会议意义重大。

我们可以说为迎来孔子复活的那一天，整整等待了一个世纪，但是孔子的复活并非一帆风顺。2010年1月22日是影视巨作《孔子》召开首映礼的日子，中国当局为保护《孔子》，采取如下举措：

用行政手段强制性地阻止美国大片《阿凡达》的继续放映，取而代之的就是电影《孔子》。但是这一举措遭来广大网民的极大不满，他们自发组织起来抗议国家不正当的手段，并且开展拒绝观看《孔子》的运动。虽然国家放开限制，允许电影院放映3D版的《阿凡达》，但是这一举措仍无法平息网民的愤怒与抵制。

到底谁在侮辱孔子的复活？

其实在二十一世纪，我们真诚希望孔子不再是国家理念里的人物，也不是封建统治者的专利，不再提倡压制女性的家长制，也不要被卷入文化冲突的前线里。一般而言，当统治者拿孔子的教理来采取欺诈行为的时候，人们连被利用的孔子也会拉入厌恶的对象里。不要再让孔子受侮辱。

今天所奉行的文庙祭礼仪式的意义就在于它不再属于过去的古董，我们有必要重新激活释奠在哲学、政治、教育等领域的作用。如果说释典祭礼的精神就在于孔子的教育思想与哲学价值上，那么它富含被激活的重要因素。我们期待着真正精神的复活，这就是释典研究的真谛所在。

關鍵詞：孔子的復活，儒學復興，新儒家，大陸新儒家，天人合一

공자의 부활과 유학의 현대적 의의

김성기 金聖基 | 성균관대학

一. 공자의 부활

공자의 부활을 알리는 소식이 사방에서 날아온다. 공자가 마침내 부활을 하고 있는 것이다. 그 중에서도 가장 주목을 끄는 것은 중국 전역에서 상영되기 시작한 영화 〈공자〉이다.

지난해 3월 뮤지컬 〈공자〉가 공연되고 올해 상반기에는 드라마 〈공자〉가 CCTV에서 방영예정이기도 하다. 그런 의미에서 영화 〈공자〉는 중국에서 일고 있는 공자열풍의 절정을 보여주는 것이기도 한다.

이보다 앞선 2008년 한 노년의 할머니가 영화 〈공자〉 촬영장에 나타났다. 그가 바로 공자의 77대 적손녀 孔德懋 여사였다. 이 야심찬 〈공자〉 대작은 명우 주윤발이 주인공을 맡고 명감독 胡玫가 총감독을 맡았다. 주연을 맡은 주윤발을 바라보며 공덕무 여사는 감격의 한마디를 남겼다.

"마치 공자가 살아 돌아온 듯하다."

이렇게 세간의 주목을 끌며 예고된 공자의 부활은 마침내 2010년 1월23일 상징적으로 영화 〈공자〉를 통하여 우리 곁으로 돌아왔다. 이는 분명히 마음으로 축하하고 감격할 만한 사건으로 생각한다.

여기서 우리는 공자의 부활이 가지는 상징적 의미를 생각해 볼 필요가 있다.

부활이 갖는 진정한 의미는 무엇일까?

예수의 부활이 갖는 의미는 무엇일까?

일반적으로 예수 부활은 그러므로 현세에서 정의와 사랑을 위해 박해받고 소외된 모든 사람에게 예수님의 길을 따르도록 용기와 힘을 주는 원천적 요인으로 인식된다. 예수께서는 "나를 따르려는 사람은 누구든지 자기를 버리고 매일 제 십자가를 지고 따라야 한다. 제 목숨을 살리려고 하는 사람은 잃을 것이요, 나를 위하여 제 목숨을 잃는 사람은 살 것이다"(루가 9, 23-24)라고 말씀하셨다.

결국 예수 부활은 정의와 사랑을 위한 투신의 원천으로 의미화 되어야 한다는 것이다.

예수부활의 의미는 바로 예수 정신의 부활일 것이다.

공자의 부활은 이미 여러 곳에서 그 전조가 나타났다.

주지하다시피 5 · 4 운동 시기의 주요 구호는 반제반봉건의 기치를 내걸고 '공자 타도(打倒孔家店)'로 이어졌다. 1967년부터 시작된 문화대혁명 시기에도 어김없이 비림비공(批林批孔)의 기치아래 공자는 주요 공격의 목표가 되었다.

한편 1976년 四人幇의 실각으로 시작된 북경의 봄이래 匡亞明 등을 필두로 한 공자재평가의 역사 속에서도, 1980년대 후반이후 국학열과 문화열 속에서도 공자부활의 전조는 이미 나타나고 있었다. 최근 江澤民과 胡錦濤 등에 의하여 최근 국가 주도로 진행되는 있는 공자의 민족 성인화 작업에서도 공자가 어김없이 화려하게 부활하고 있다. 이처럼 20세기 중국 역사의 주요 격변기에는 어김없이 '공자'의 죽음이나 부활이 주요한 화두로 등장하곤 하였다.

二. 공자 부활의 전조

북경의 봄 이래로 1978년을 기점으로 공자에 대한 평가는 새로운 국면으로 접어든다. 철저히 부정되어온 공자사상에 대해서 새로운 재평가의 움직임이 나타나고 논의가 활발히 전개되기 시작한다. 1978년 張瑞番은 『上海師範大學學報』에 「再評孔子的有教無類」라는 논문을 발표하여 趙紀彬의 『論語新探』 중의 해석을 반박하였는데 이것이 공자재평가론의 서막으로 평가받고 있다.(이용주, 현대중국의 공자재평가론에 대하여, 종교학연구, 제8집, 1989년) 이런 새로운 '공자론'의 대표적 학자는 대략 匡亞明, 羅世烈, 李澤厚 등을 꼽을 수 있다. 특히 나세열의 논문은 공자를 봉건전제주의란 굴레에서 벗어나게 하였고(羅世烈, 「封建專政主義不是孔孟之道」 『四川大學學報』 1980年 第4期) 해석학의 논리를 적용하여 중국역사에 있어서 공자상의 시대적 층차를 구분하여 공맹사상의 본질을 규명하고자 하는 논문으로 평가된다. 또 "재평가"론의 주요학자로는 광아명을 들 수 있는데 그는 1982년 광명일보에 발표한 논문을 '代序'로 『孔子評傳』을 출판(匡亞明, 『孔子評傳』, 齊魯書社, 山東, 齊南, 1985年) 하여 새로운 공자연구의 길을 열었다.(이용주, 「현대중국의 공자재평가론에 대하여」, 종교학연구, 제8집, 1989년 p.74) 광씨는 수십년에 걸친 학문적 연구를 총합하여 공자에 대해 전면적이고도 공정한 역사평가를 내리고자 하였다. 그는 공자의 생애, 사회배경, 사상, 업적 및 공자학설이 후세에 미친 영향 등에 대하여 어떤 교조적 이데올로기에 얽매이고자 하지 않는 태도로서 포괄적인 연구를 하고 있다는 점에서 새로운 공자연구의 풍토를 조성하는데 기여하였다.

이를 필두로 시작된 공자의 부활의 조짐은 다방면에서 진행되는데 이 과정을 잠깐 살펴 볼 필요가 있다.

三. 중국에서 공자의 부활의 전조조

1. 대륙 신유가의 출현

앞에서 말한 공자에 대한 재평가의 움직임을 이어받아 90년대의 대륙유학은 가히 공전의 성황을 누렸다고 할 수 있다. 여기서 말하는 성황이란 단순히 양의 확장을 의미할 뿐만 아니라, 더 중요한 것은 유학발전과 유학연구가 이전과는 다른 점을 보인다는 것이다. 50~70년대의 유학연구가 정치에 종속되고, 이데올로기 투쟁에 예속되었다면, 80년대의 유학연구는 금기사항을 파괴하는 사상해방운동의 성격을 띠고 있다. 한편, 90년대의 유학연구는 이전과 비교하여 상대적으로 자유로워진 학술 분위기와 문화적 상황을 선명하게 드러내고 있다.[1] 즉 90년대의 공자연구는 더 이상 위의 전철을 밟고 있지는 않고 있었다. 사람들은 이제 공자의 계급성분, 유물이냐 유심이냐 등의 문제에 관심을 두지 않았고, 공자의 중국문화 발전상의 역할, 공자의 仁學, 공자와 六經의 관계, 공자사상의 현대적 의미 등이 주요 관심사가 되었다. 공자는 이미 혹독한 정치적 비판의 표적에서 벗어났다.

학술연구 성과에 따르면, 90년대 상반기에만 약 300여종의 유학연구 전문서적이 출판되었고, 이 분야의 학술논문은 그 수량이 정확한 통계를 집계하기 힘들 정도로 급증하고 있다. 성과면에서 보면, 주로 선진, 송명과 현대의 세 시기에 집중되어 있다. 주제에서는 인물별로 공자, 주자, 왕양명의 저작이 최대수를 차지하고, 現代新儒家인 梁漱溟, 熊十力, 馮友蘭 등의 논저에 대한 연구가 그 뒤를 이었다.

90년대 대륙의 중국철학연구에 직접적인 영향을 미친 것으로 3가지 측면의 요소를 들 수 있다. 하나는 풍우란 등 선배들의 성과에 대한 새로운 인식이다. 둘째는 대만, 홍콩, 해외의 여러 성과들에 대한 흡수이고, 셋째는 서양현대철학과 문화연구의 최신 성과에 대한 소화이다. 그러나 앞의 두 가지가 더 큰 영향을 끼쳤다고 볼 수 있다.

그러나, 자신들도 인정하는 바와 같이 대만, 홍콩지역의 연구수준과 비교하면, 대륙학계의 공자에 대한 연구는 수준이나 심도면에서 여전히 커다란 한계를 갖고 있다. 批判繼承論者로 꼽히는 張岱年은 ≪孔子大辭典≫ "序言"에서 말하였다.

우리들의 공자연구는 과거시대와는 다른 점이 있다. '尊孔'의 시대는 '공자의 시비가 곧 시비의 기준'이었다. 사람들의 독립적 사고 능력을 저하시키는 그런 시대는 이미 지나갔다. '批孔'의

---

1) 鄭家棟, 上同, p.67, 『中國哲學』, 1995.5.

시절, 공자에 대한 모독과 공격은 역사에 대한 무지를 드러낸 것으로 이런 시대 역시 이미 지난 과거가 되었다. 우리들의 현재 임무는 어떻게 공자를 이해하고 정확하게 공자를 평가하며, 공자에 대하여 과학적 연구를 진행시켜 유학의 문화유산을 비판 계승하여야 할 것이다.[2]

그런데, 1990년대 중국대륙의 유학연구는 비록 공전의 번영을 누렸다고 할 수도 있지만, 이 번영은 단지 "哲學史" 측면의 번영일 뿐,[3] 사상적, 철학적으로 다원론적이며 창조적인 단계에까지 진입하지는 못한 것으로 평가된다. 다만 약간의 새로운 연구방향과 연구영역을 개척하기도 하였는데, 예를 들면, 유학과 소수민족, 유학과 지역문화, 儒家管理哲學 등이다. 대체로 보면 아직도 그 주요 내용은 유학과 현대화, 유학과 후현대, 유학과 마르크스주의, 儒道之爭, 유가와 종교의 관계 등 몇 가지 중요한 주제를 중심으로 전개되고 있는 특징을 보인다.

이런 정황은 대륙 유학발전의 측면에서 보면 두 가지 면에서 중요한 의미를 갖고 있다. 하나는 단절된 역사를 연결해 주었다는 것이다. 다른 하나는 비교적 척박했던 대륙철학의 공백기를 신속하게 채워주고 지나치게 단순화해버린 철학적 감각을 되찾게 하여 국제 학술계에서의 지위 회복에 도움이 되었다는 평가이다.

한편, 이러한 90년대의 철학적 분위기를 현대신유가의 수용이라는 측면에서 본다면 완전히 새로운 단계로 진입한 것이 된다. 즉, "大陸新儒家"가 출현한 것이다. 80년대의 분위기는 단지 신유가에 대한 연구의 차원에 머물렀다면 이제는 직접 자신이 현대신유가를 자임하는 분위기가 전개되는 것이다.

1986년 중국대륙에서 "現代新儒學思潮硏究"과제가 國家哲學社會科學 소위 "七五" 계획의 중점 항목으로 뽑히고, 당시에 일기 시작한 문화열과 함께 신유학의 연구가 대륙에서 활발히 전개되는 계기를 맞게 된다. 이와 동시에 杜維明, 余英時, 成中英 등의 유학이 대륙으로 전파되어 오고, 그들 저작의 번역과 소개가 이어지면서 신유학에 대한 연구는 한층 열기를 더하고 성숙해 지게 되었다.

이런 분위기를 잘 이어 받으면서 한 단계 더 진행된 것이 "대륙신유가"의 출현이다. 이전 대만과 홍콩 및 해외학자들을 부르는 호칭에 지나지 않았고, 연구대상에 머물렀던 사정과는 천양지차이다.

1994년 발간된 『原道』에는 「李澤厚答問」이라는 글이 실렸고 그 말미에 재미있는 글이 들어 있다.

---

2) 張垈年, 『孔子大辭典』 「序言」, 上海辭書出版社, 1993年版.
3) 鄭家棟, 「九十年代儒學發展과 硏究中의 幾個 問題」, 『孔子硏究』, 1999.1, p.44 참조.

문 : …… 선생님은 무슨 사상을 믿고 있습니까?

답 : 음, 뭐든지 조금씩은 들어 있겠지요.

문 : 만약 당신을 新儒家라고 부른다면, 당신은 동의하시겠습니까?

답 : 동의합니다. 단, 현재의 대만과 홍콩의 新儒家들과 똑같지는 않을 것입니다.

문 : 만약 대륙에서 대만과 홍콩과는 다른 新儒家그룹이 나온다면 어떤 특징을 띠게 될는지요?

답 : 그건 참 토론해 볼만한 문제입니다. 다만 지금은 시기상조라 하겠지요.[4]

이택후와 같은 유명한 학자가 비록 "대만과 홍콩과는 다른 신유가그룹"이란 단서를 달기는 하였지만 신유가를 수용하였다는 점은 사상사적으로 큰 의미가 있다고 하겠다. 이런 그의 태도는 마르크스주의 입장에서 현대신유가를 연구하는 선봉장인 方克立으로부터 문화보수주의로 평가되어 엄중하게 비판받기도 하였다.[5]

그런데, 이보다 훨씬 먼저 스스로 "대륙신유가"의 기치를 올린 이는 楊子彬이다. 그는 1992년 6월, 四川에 있는 德陽에서 열린 "儒學及其現代意義" 국제학술토론회에서 "我的現代新儒學觀"이라는 논문을 발표하였다. 여기서 그는 공개적으로 "大陸新儒學的旗幟"를 올렸다. 1994년 11월, 湖南 岳陽에서 열린 "國際儒家文化與當代文化走向學術討論會"에서는 다시 仁이 공자사상의 중심이고 핵심이라 하면서 유가와 현대신유학을 마음으로 받아들인다고 하였다.

'五四'이래, 서화론자들은 모두 공자를 비판하였다. 특히 후자는 저 훌륭한 공자사상을 유심론혹은 天才論이라하여 비판하였다. 진정으로 공자를 존경하는 孔敎派나 현대신유가의 선배, 제현들도 이 구절을 중시하지는 않았던 것 같다. 마침내 나 같은 무명인이 다시 이 유학의 초석을 발견하게 된 것이다. 이로부터 활연관통하여 체계적인 관점을 형성하게 되고 스스로 신유학의 대문을 들어서게 된 것이다. 나는 학계의 선배나 저명한 학자들이 대륙신유학의 기치를 들어주기를 기다리며 몇 년을 헛되이 보냈다. ……1992년 6월 德陽에서 열린 '儒學及其現代意義' 국제학술회의에서 내가 현대신유학을 마음속에 받아들이게 된 것을 밝혔다(申明服膺現代新儒學). 아울러 나의 관점을 명백히 밝혔다.[6]

그는 이후 수정되어 실린 글에서는 "방해와 압제를 물리치고" 공개적으로 "대륙신유학"의 기치를 들었다고 자술하였다.[7] 이처럼 대륙에서 문화보수주의나 신보수주의로 분류되는 현대신유

---

4) 『原道』 第一輯, 中國社會科學出版社, 1994年 10月 出版.

5) 方克立, 「要注意研究九十年代出現的文化保守主義思潮」, 原載 『高校理論戰線』, 1996年, 第2集. 이 논문은 다시 『國學論衡』, 第1輯, 1998年 10月 出版, pp.292-308 참조.

6) 楊子彬, 「二十一世紀是儒學的世紀, 華人的世紀, 人類的世紀-我的儒學觀」, 위의 학술대회후, 다시 『國學論衡』 第1輯에 실려 있다. p.232 참조. 이 책에서는 "……방해와 압박을 물리치고 대륙유학의 기치를 들었다"고 되어 있다.

가들의 출현은 이미 상당히 오랜 연유와 망설임, 그리고 숙성의 기간을 통해 나온 신념을 바탕으로 하는 것임을 알 수 있다.

그런데, 대륙의 "신유가 선언"은 이보다 훨씬 더 일찍 시작되었다.

2. 대륙 신유가 출현의 선구

그렇다면 이제 대륙신유가의 선구는 어디로 꼽아야 할까?

1958년 牟宗三 등의 〈宣言〉이후 中國文化 부흥운동의 기폭제 역할을 하였다면[8] 대륙유학의 부흥에 결정적 역할을 한 〈大陸新儒家宣言〉은 大陸의 한 젊은 학자에게서 나왔다.

1989년 천안문사건이란 정치풍파가 있은 지 얼마 되지 않아 臺灣 『鵝湖月刊』에 두 번에 걸쳐 大陸學者 蔣慶이란 필명으로 35,000자 분량의 「中國大陸復興儒學的現實意義及其面臨的問題」란 장문의 논문이 게재되었다.[9]

蔣慶의 논문이 발표될 즈음 중국사상·문화계는 아주 중요한 고비를 맞고 있었다. 사실 이전의 "復興儒學"이란 구호는 80년대 문화열 시기에 제기되었는데 홍콩, 대만, 해외의 신유가학자들이 주요 리더였다. 대륙에서도 약간의 사상적 共鳴이 있긴 했지만 주류에 끼진 못하였다. 그 때까지는 대륙학자들 중에서 "新儒家"를 자칭하는 인물도 없었다.

1990년대에 들어서면서 상황이 크게 변화한다. 그래서 소위 "文化保守主義"가 점점 자기의 영향을 확대해나가게 되고, 중국대륙에서도 이미 공개적으로 現代新儒家의 기치를 내거는 "大陸新儒家"가 출현하게 되었다. 어떤 사람은 공개적으로 유가의 "天人合一" 철학, "仇必和而解"의 調和哲學, "兩端執中"의 중용철학으로 마르크스의 변증법을 대신 해야 한다고 주장하였다. 또 일군의 사람들은 "以仁爲体, 以和爲用"의 유가사상은 동아시아 지역에서 현대화를 실현한 주요한 사상 자원이며, 따라서 중국현대화의 사상기초와 "動力源"이 될 수 있다고 했다, 또한 유가의 윤리도덕을 전면 긍정하여 "오늘에도 여전히 쓸모가 있다"고 진단하고 유가윤리를 기초로 오늘날 중국의 도덕 규범체계를 重建해야 한다고 주장하기도 한다. 어떤 학자들은 무조건 홍콩, 대만의 신유학을 인정하고 그들의 신유학을 "返鄕復位"해야 한다고도 하였다. 또 다른 학자들은 대륙에서 "홍콩과 대만지역의 신유가 집단과는 다른" 신유가 집단을 형성하자고 부르짖기도 한다. 그들은 "大陸新儒學의 출현은 필연적 추세"임을 인정한다. 또 다른 학자는 "Marx주의 신유학" 혹은 "사회주의 신유학"의 구상을 펼치기도 한다.[10] 비록 이들의 입장, 관점, 태도는 일치하지 않아도 하나의 공통 지향점이 있다. 그것은 바로 유학의 현대적 의의와 가치를 매우 높

---

7) 앞의 주 참조.

8) 牟宗三, 徐復觀, 張君勱, 唐君毅, 〈爲中國文化敬告世界人士宣言〉(香港, 『民主評論』 第9券, 第一期, 1958,1.)

9) 臺灣, 『鵝湖』 第170,171期, 1989年 8, 9月 참조. 여기서 필명으로 사용된 '蔣慶'은 북경의 한 대학에서 법학을 가르치고 있는 '著文'이란 젊은 교수로 밝혀졌다. 가명을 사용한 1989년 당시의 상황을 알 수 있다.

10) 方克立, 「要注意研究90年代 出現的文化保守主義思潮」, 『高校理論戰線』, 1996年 第二期, 참조.

이 평가한다는 점이고, 유학은 중국현대화의 정신적 원동력이 될 수 있으며 이념문제를 해결해 줄 수 있는 자산으로 생각한다는 점이다.[11] 심지어 어떤 학자는 21세기는 "유학의 세기"라고 낙관적으로 단언한다. 이와 같은 일련의 거대한 흐름의 근원에 "蔣慶"의 "復興儒學"의 강령은 엄청난 역사적 평가를 받아야할 역사적 논문으로 평가된다. 그만큼 이 논문은 1990년대 중국대륙의 유가사상의 흐름에 물줄기를 돌려놓는 역할을 수행한 것으로 평가된다.

이제 그의 논문을 소개해 보자.

蔣慶은 그의 현대신유가 선언을 당면한 정치 문화 문제의 분석에서 시작한다. 그에 따르면 중국대륙이 당면한 최대의 문제는 경제발전이나 정치민주화 등의 문제가 아니라고 하면서 그는 한 걸음 더 나아가 문제제기한다. "왜 중국은 지난 100여 년간 민족생명은 안주할 곳이 없고 민족정신은 철저히 상실하게 되어버렸는가?(民族生命 無處安立, 民族精神徹底喪失)"라고. "10억 중국인의 정신이 귀의 할 곳이 없고, 10억의 영혼이 사방으로 흩날리고 있다."는 현실이 문제라는 것이다. 이것이 "유가전통의 보편적 부정"으로 이어지고, 중국대륙은 이내 완전 서구화되어 버렸다는 것이다. 그는 이것이야말로 중국이 현대화를 지향하는데 최대의 장애이며, 중국 근백년 이래의 정치상황이 줄곧 불안하게된 근본원인이라는 것이다. 그는 "지금 중국대륙에는 외래문화―마르크스주의―가 국가의 보호아래 '國敎'의 獨尊的 지위를 차지하게 되었는데 이런 異族문화는 이미 중화민족의 민족생명을 安立할 수도 없고, 더욱이 중화민족의 민족정신을 표현할 수도 없는 것이다."라고 하면서 다음과 같은 명확한 결론을 도출해낸다. 곧 "유학의 이론은 반드시 마르크스주의를 대신해야하고, 역사상 고유의 숭고한 지위를 회복하여 오늘날 중화민족의 민족생명과 민족정신을 대표하는 정통사상이 되어야 한다"는 것이다. 이른바 "유학부흥은 중국대륙이 당면하고 있는 최대의 문제"라는 그의 주장은 유학으로 마르크스주의를 대체하자는 것이다. 그러므로 그의 공격의 주요 목표는 마르크스주의를 집중 겨냥하고 있다. 그의 공격적인 언사는 논문 곳곳에 나타나 있다. 예를 들면 "마르크스·레닌주의는 단지 일종의 협애한 개인학설일 뿐 신성불가침의 뿌리에서 나온 보편원리는 아니다" "마르크스는 정통서방문화는 아니다" "본질상 마르크스주의는 反傳統的인 문화이다." 이처럼 극단적이면서도 감정적인 비판을 구사하는 그의 부정은 상당히 근원적인 것이다.

그의 논문 두 번째 부분은 "중국대륙의 유학부흥의 가능성 문제"에 대한 질문과 토론이다. 그가 보기에는 이런 "가능성"은 추상적인 "가능성"이 아니라 현실성 있는 "가능성"이다. 그래서 그는 대륙에서 이미 "전기를 맞이했다.(出現了轉機)"거나 "서광이 비추었고" "여명을 뚫고 태양이 떠오르는 시기가 멀지 않았다" "우리들의 끊임없는 노력으로 이 전기가 현실로 변할 것이다"라고 하였다. 이러한 그의 확신에 찬 주장이 "復興儒學說" 혹은 대륙 "新儒家學派" 등장의 중요

---

11) 方克立,「評大陸新儒家」, "復興儒學"的 綱領.『中國哲學』, 1997.9, pp.102-103 참조.

한 계기가 된 것은 틀림없는 사실이다. 이 글은 우리들이 "부흥유학" 사조를 낳게된 사상·문화적 배경과 내외 여러 조건들을 인식하는데 자못 시사하는 바가 크다고 하겠다.

결국 유학이 21세기의 중국에서 도대체 어떤 전경과 문명을 맞이할지는 좀 더 두고 보아야 할 문제이다.

이상에서 본 바와 같이 '유학부흥론'의 분위기는 마침내 "현대신유학"의 대륙으로의 약진으로 규정할 수 있겠다. 따라서 이제 더 이상 "현대신유가"란 말이 대륙을 제외한 해외나 대만, 홍콩의 학자 등을 일컫는 용어가 아니란 점에 주목할 필요가 있다. "大陸新儒家"가 하나의 용어로 정착되면서 대륙에서도 유학의 발전은 급류를 타게 된 것이다. 유학부흥론은 "大陸新儒家"란 용어를 낳으며 영향력을 높여갔다고 평가할 수 있다

3. 유학과 마르크스주의

1994에서 1996년 사이에 전통문화, 즉 유학과 마르크스주의의 관계 문제를 둘러싸고 격렬한 논쟁이 벌어졌다. 이 논쟁의 발단은 『哲學硏究』의 한 논문으로부터 촉발된 것이다.[12] 그 후 최근 몇 년 동안 國學批判, 傳統批判, 90년대 傳統文化熱 등의 문장이 발표되고, 각종 학술회의에서도 이 방면의 토론이 주요쟁점이 되었다. 이 토론의 특징은 이론적 내용보다는 현실적 문제이다. 쟁론의 초점은 두 가지로 귀결된다. 하나는 현실적 상황에서 전통문화가 새롭게 재평가되어 중시되는 현상이 (이를 國學熱, 儒學熱, 혹은 傳統文化熱이라고 부른다.) 마르크스주의의 지위에 어떤 영향을 가져다 줄 것인가? 다른 하나는 앞의 문제와 관련하여 전통문화, 특히 유가문화를, 현재 중국문화와 사회현실 속에서 도대체 어떻게 인식하고 평가할 것인가 하는 문제이다. 예를 들면, 유학은 지금도 생명력이 있는가 없는가? 유가사상은 초월적, 보편적 가치를 갖고 있는가? "경전문화"와 민중문화는 어떤 관계인가? 등등의 문제이다.

그런데 이런 문제의 이면에도 "대륙신유가"의 영향은 의외로 크게 자리잡고 있는 것이 아닌가 한다. 전통과 유학에 대한 고조된 관심과 소위 "대륙신유가"의 등장은 가장 직접적으로 마르크스주의자 들에게 영향을 미치게 된 것이다.

'五四'운동이래 마르크스주의는 유학을 대표로 하는 중국전통문화와는 뗄래야 뗄 수가 없는 인연을 맺게 되었다. 그러나 마르크스주의와 유학이 어떻게 진정으로 교류하고 융합하여야 할 것인가 하는 역사적이며 문화적으로 중요한 의미를 지닌 문제에 대하여는 거의 외면한 채, 명확하고 체계적인 이론적 검토를 회피하여 왔다. 80년대 '문화열' 시기에 비로소 서로간에 약간의

---

12) 1994年 6月 大陸철학계에 영향력이 큰 『철학연구』에 羅卜이란 필명의 논문이 실렸다. 제목은 「國粹, 復古, 文化 —評—種値得注意的思想傾向」이었다. 글 속에서 "우리들이 현실생활에서 문화복고열, 신비주의열과, 그와 반대로 마르크스주의의 저하현상을 연결시키기만 하면, 곧 이 —冷—熱之間의 미묘한 관계를 발견하기에 어렵지 않다." 이후에 『哲學硏究』에는 소위 "國學" 國學熱"과 현 국학연구 전개에 대한 비평과 비판이 연속적으로 실렸다.

접촉이 불가피해졌고, 90년대 이후에야 비로소 양자간의 관계문제가 이미 피할 수 없는 운명으로 받아들여져서 마르크스주의 이론가들은 이 문제가 자신들의 면전에 바짝 다가와 있다는 것을 깨닫게 되었다. 그것은 90년대에 들어서면서 중국사회가 대외적으로 엄청난 변화를 겪게 되면서 나타난 현상이다. 시장경제의 채택과 개방정책을 통한 고속성장과 동아시아 유교권 국가의 소위 경제기적 등으로 세계인의 주목을 받게 되면서 이로 인해 전통 문화와 유교에 대한 연구가 열기를 띠게 된 것이다. 이것이 "儒敎熱"이다. 따라서 마르크스주의자들은 상당히 급박하게 이 문제에 대한 답변을 요구받게 되었고, 유학과 마르크스주의의 미래에 대한 문제에 합리적이고 수긍할 수 있는 답변을 제시해야만 하게 되었다.

이처럼 유학과 마르크스주의의 관계문제는 그 유래가 깊지만, 1990년대 초까지만 해도 거의 서로 무관하게 독립적으로 지내왔으므로 진정한 상호이해나 대화가 이루어 질 수가 없었다. 이런 구도에 표면적으로나마 변화가 찾아온 것이다.

그 역사적 전기가 된 것은 1995년 12월 中共中央黨敎科硏部와 중국공자기금회학술위원회 연합으로 열린 "마르크스주의와 유학"학술토론회이다. 이 학술토론회는 매우 큰 상징적 의의를 갖고 있다. 여기에 참석한 전통문화, 즉 유학자측과 마르크스주의 학자들이 평등하고 대등한 입장에서 토론과 대화를 진행하였는데 이것은 아마도 1949년이래 첫 번째 일어난 역사적인 사실로 기록될 만하다.

비록 내용면에서는 형식적인 것으로 만족할 만하지 못했지만, 양측이 만났다는 그 사실 하나만으로도 이후의 유학과 마르크스주의와의 관계를 진전시킬 새로운 하나의 장이 되었다.

아쉽게도 참석한 대다수의 사람들은 유가문화에 대한 인식이 20~30년대와 조금도 달라진 바가 없었다고 한다. 예를 들면 "유학은 여전히 생명력을 가지고 있다. 왜냐하면 유학은 농업사회의 산물인데, 중국은 아직 농업사회의 구조를 벗어나지 못했기 때문이다. 그러므로 유학은 아직 생명력을 갖고 있다. 등소평 동지도 여러 번 강조한 바와 같이 우리나라가 제도적으로 봉건주의 잔재의 영향을 많이 받고 있기 때문이다. 그러므로 봉건주의의 잔재를 청산해야 한다. 마르크스주의는 지금 심한 곤경에 처해 있는데, 이 곤란의 근본원인은 농민국가이기 때문이고, 농민의 정치적 영향은 아직도 매우 크다."[13]라고 하였다. 이는 근본적으로 유가사상 속에는 역사와 시공을 초월하는 보편적 가치가 들어 있다는 사실을 부인하고 유가사상을 봉건 잔재물로 규정하고 다른 봉건잔재들과 운명을 같이해야 한다는 인식이다. 이런 논조는 모양과 정도의 차이는 있을지언정 대부분이 비슷한 양상이었다.

그들의 사고가 어떠했는지는 이 내용을 담은 "마르크스주의와 유학" 논문집 출판시 '前言'에서 분명히 밝혀지고 있다. "마르크스주의는 우리들의 지도이념이다. 유학은 2000여년에 달하는

---

13) 『孔子硏究』 1996年 第一期, 「Marx主義與儒學－學術硏討會述要」.

중국 봉건사회 전통의 의식형태이다." 유학을 봉건사회의 의식형태라고 정의한 것을 보면, "수십년간 유학 비판의 교훈을 거울삼아……"라는 구호가 무색한 첫 출발이었음을 알 수 있다.

그렇지만 이를 계기로 해마다 여러 차례 유교와 마르크스사상과의 토론회가 열리게 되었으므로 그 첫 만남의 의미를 과소평가하기가 어렵다. 이를 통해서 유가는 이제 그들에게도 넘어야 할 산으로, 함께 변화해야 할 동반자로 변모해 가고 있는 것이다.

이후에 유교에 대한 태도 또한 많은 변화가 있었는데 90년대의 비교적 자유로운 정치환경이 유학발전에도 어느 정도 새로운 공간을 만들어 준 결과일 것이다. 많은 학자들은 이제 유학과 마르크스주의의 "결합" "상호보완" "상호소통" 등을 주장하게 된다. 마르크스의 입장에서 전통철학과의 상호 결합을 통해 새로운 체계를 제시한 사람은 馮契로 그의 "智慧說三篇"이 빼어난 업적으로 꼽힌다.[14]

하여간 이 토론회를 계기로 90년대 이후 이 문제에 대한 다양하고도 격렬한 논쟁이 재연되고 있는데 유가와 마르크스주의와의 관계에 대한 기존의 토론은 다음 몇 가지로 요약된다.[15]

1. 相斥說. 이 관점은 오랫동안 국내에서 가장 유행한 관점 중의 하나이다. 이런 관점은 '계급성이나 당성, 시대성, 지역성, 기능면 등의 어느 방면으로 보나 마르크스주의와 유학은 형식이나 내용상 물과 불의 관계처럼 대립적 사상체계라는 것이다. 李一氓, 司馬孺, 劉澤華의 관점이 여기 속한다.

2. 互補互濟說. 이 관점은 유학과 마르크스주의, 중국문화와 서방문화는 각기 장점이 있으므로 서로 보완하고 서로 도와줄 수 있다는 것이다. 季羨林은 "서방문화는 분석적 사유가 지배적이기 때문에 인간과 자연의 관계를 처리할 때에도 정복만을 능사로 삼아서 자연환경을 파괴하고 생태계의 균형을 잃게 한다. 이것을 구하는 방법은 동방문화의 종합적 사유모형으로 서방의 분석적 사유모형의 한계를 보완해 주어야 한다." 이런 측면에서 "유가의 '天人合一'사상은 보배와 같은 사상자원이다." (「天人合一新解」, 『傳統文化現代化』 1993년 제1기)

3. 多元竝存說. 이 관점은 유학과 마르크스사상은 확실히 서로 조화될 수 없는 면이 있지만 어느 한 쪽이 다른 한 쪽을 이겨야 하는 것은 아니라는 것이다. 오히려 다원주의 문화 구조에서 병존하여야 한다는 것이다. 吳光과 같은 이는 "마르크스주의의 계급투쟁설과 유가의 中和論은 서로 결합될 수 없는 것이다. 그러나 유학의 성선론도 마르크스의 인성론과 조화될 수 없음은 마찬가지이다. 그러나 이것이 유학이 다원문화 구조 중에서 도덕인문주의 일원성을 유지하여 21세기 문화의 주류를 함께 담당할 수 있을 것"이라고 했다. (「儒學思想討論會綜述」, 『中國史研究動態』 1991년 제9기), (「回顧與前瞻－"孔子誕辰2545周年紀念與國際學術硏討會"綜述」, 『哲學動態』 1995

---

14) 馮契, 「智慧說三篇」, 『認識世界和認識自己』.

15) 張允熠, 「當代馬克思主義與儒學關系問題的論爭」, 實與虛(合肥), 1996.6, pp.34-35 참조. 이 논문은 다시 『中國哲學與哲學史』, 1996年 9月號에 실렸다.

년 제1기)

4. 相通相合說. 이 관점은 유학과 마르크스주의가 서로 포용가능하고 결합될 수 있다는 것이다. 張岱年은 유학을 포함하는 중국고전철학의 기본 성격은 마르크스주의이론과 서로 상통된다는 것이다. 예를 들면 유가의 유물론, 변증법, 유물사관, 사회이상은 마르크스가 전파되어 들어올 때 촉진작용을 하였다는 것이다. (『馬克思主義在中國的傳播與中國傳統哲學的背景』, 中國社會科學院研究生院學報, 1987년 제3기). 또 金景芳과 呂紹綱도 두 사상을 대립관계로 보는 것을 반대한다. 공자의 우수한 전통문화를 통해서 그것을 흡수하고 거울로 삼을 수 있다는 것이다. 탕일개는 유학은 새로운 발전을 할 필요가 있으나, 이것이 유학을 중국사회의 주도사상으로 삼아야 한다는 것은 아니라고 한다. 마찬가지로 서방모형으로 유학을 개조해야 한다는 것도 아니다. 혹자는 유학을 마르크스화하여야 한다고 주장하지만 단지 양자간에 결합될 만한 것을 골라서, 한편으로는 유학으로 하여금 마르크스주의를 흡수하여 더 한층 풍부하게 하고, 마르크스주의도 유학과 서로 결합하여 중국화된 마르크스주의가 될 필요가 있다는 것이다.(「儒學的現代化問題」, 『天津社會科學』 1991年, 第2期).

5. "西體中用"설. 이것은 李澤厚의 주장이다. 그는 생각하기를, 마르크스주의를 비롯한 근현대 이래로 전래된 외래사상은 유학을 주로하는 전통사상과 상호 어긋난다는 것이다. 그러나. "심층구조"의 "문화심리구조"에 이르면 상호 융합이 가능하다고 한다.(『中國現代思想史論』, 1987년)

6. 마르크스주의의 유가화. 이것 역시 중국에서 많은 지지를 받고 있는 관점이다. 다만 정식으로 이 관점에서 논문이나 문장으로 발표하여 논증을 하고 있는 사람은 金觀濤이다. 김관도에 의하면 유가문화의 심층구조는 중국마르크스주의자에게 영향을 주었다는 것이다. 유가는 마르크스의 중국화 과정에서 자각도 하지 못하는 사이에 마르크스주의를 유가화했다고 한다. 유가문화의 심층구조는 대체로 "中庸", "천인합일", "도덕이상주의", "치양지", "지행합일", 등을 들 수 있다. 그는 모택동의 변증법에 대한 개조와 같은 것을 마르크스주의의 유가화라고 하였다.(「實踐論與馬列主義儒家化」, 『21世紀』, 1993년 2월호), (「儒家文化深層結構對馬克思主義中國化的影響」, 『新啓蒙』 제2기. 湖南敎育出版社, 1988年), (「矛盾論與天人合一」, 『二十一世紀』, 1995년 6월)

7. 取代說. 이것은 중국에서 점점 세를 불려가고 있는 사조이다. 유학을 높이고 마르크스주의를 貶下하는 것이다. 이것이 앞에서 논한 大陸新儒家의 계열이다. 그들은 공개적으로 "復興儒學"의 기치를 들고 마르크스주의의 국교화된 지위에 도전한다.

8. 綜合創新說. 이것은 모택동이 주창한 이래 줄곧 발전되어 온 영향력 있는 이론이다. 張岱年, 鄭宜山 등이 여기에 속한다. 그들은 "변증법적 종합창신설"을 제출하여, 고금중외 문화의 변증법적 종합창조는 가능할 뿐만 아니라 필요한 문제이기도 하다는 것이다. 그 목적은 민족적 특색이 있고 시대적 정신도 함축한 고도의 발달된 사회주의 신중국문화를 실현하기 위한 것이다. 方克立은 한 걸음 더 나아가 "古爲今用, 洋爲中用, 批判繼承, 綜合創新"의 16자 요점을 내놓았다.

이상에서 유학과 마르크스주의의 관계에 대한 논의를 살펴보았다. 사실, 절대 다수 학자들은 모두 마르크스주의를 이론의 본체로 삼고 있으며, 마르크스와 유학이 서로 이질문화로써 본질적으로 구별된다는 점을 인정하고 있다. 동시에 유학도 중국전통문화의 주체로서 많은 우수한 점을 갖고 있어 마르크스주의에 양분으로 흡수되어 사회주의 신문화를 건설하는데 도움이 될 수 있다는 것도 인정하고 있다. 어떤 학자가 명확히 지적한 바와 같이, 마르크스주의의 중국화는 실제상 두 사상이 서로 잘 결합되어야 실현될 수 있는 것이다. 진정으로 중국적 사회주의를 건설하기 위해서는 유교와 같은 우수한 전통문화를 흡수하여야 가능한 것이다. 마찬가지로 유교가 진정으로 대중들에게 의미가 있으려면 사회주의의 우수한 이념을 잘 소화하여야 할 것이다.

四. 대만에서 공자의 부활 – "牟宗三以後" 신유가 時代

1995년 4월 12일, 現代新儒家의 巨頭 牟宗三이 사망했다. 그는 現代新儒家의 2세대 인물들 중 마지막을 장식한 인물이며, 그리고 가장 대표적인 신유가로 인정받아왔다.

牟宗三의 사망은 90년 馮友蘭(1895-1990)의 사망과 더불어 중국철학계의 중요한 사건 중의 하나로 기록된다. 풍우란과 모종삼은 학술경력, 개인적 성격, 철학이론 등 모든 면에서 현격히 서로 다른 모습이었으나 "五四" 이후 양안을 대표하는 전통학자로 손꼽아도 손색이 없을 것이다. 그들의 사상은 중국철학의 현대적 발전에 두 가지 중요한 모형을 보여 준 셈이다.

잘 알다시피 유학이 서방사상과 문화의 엄청난 충격을 받았을 때 제 1대 신유가가 취했던 대응방식은 전통유학과 전통문화의 가치체계를 수호하는 데 역점을 둔 것이었다. 그들은 "全般西化"파들의 유학과 중국문화가치체계에 대한 부정에 직면하여 전통문화와 유학에 내재된 가치의 합리성과 우수성에 대하여 혼신의 힘을 다해 옹호하였다. 나아가 그들은 유가야말로 인류문명을 위한 유일한 "正道"로 생각하였다. 梁漱溟은 『東西文化及其哲學』에서 전세계의 문화발전은 "중국의 길, 공자의 길"로 귀의하여야 한다고 하였다.

제2대 신유가는 한 걸음 더 나아가 중국유가가 어떻게 현대화를 이루어낼 수 있느냐는 관점에서 유학을 연구하였다. 그들은 동서문화의 회통과 상호보완처를 제창하면서 서방문화의 장점과 유가문화와의 새로운 만남을 역설하였다. 그들이 서방문화의 장점에 주목했다고 해도 역시 오직 유가만이 인류문화의 위기를 구해낼 수 있다고 생각하였다.

당시 신유가들의 노력은 뒷날 예기치 못한 결과를 가져오게 되었는데, 그것은 거의 80여년의 세월이 지난 뒤 그들의 성과과 대만과 홍콩, 그리고 해외는 물론 사회주의권인 대륙에까지 엄청난 영향을 미치게 된 것이다. 여기서는 이와 같은 과정, 곧 그들의 연구가 어떤 방향으로 전개되고 있는가와 다시 이것이 양안에서 어떤 모습으로 발전되고 지속되어 갈 것인가를 살펴

보려 한다.

　모종삼 이후의 신유가의 동향을 1996년의 당대신유학국제학술회의를 통해서 살펴보기로 하자. 〈第4屆當代新儒學學術會議〉는 鵝湖雜誌, 東方人文學術研究基金會, 中國哲學研究中心, 臺灣中央研究院文哲研究所, 臺灣中央大學哲學研究所가 함께 주관하였다. 鵝湖는 순 민간학자들의 학술단체로 이미 잘 알려져 있다. 다른 기관도 거의 鵝湖학파가 주도하고 있으며, 中研院文哲所의 戴璉璋 소장과 중앙대학의 철학연구소장인 曾昭旭 역시 鵝湖雜誌의 창립멤버이므로 이번 회의는 실제 鵝湖학파가 주관한 것으로 보아 무방할 것이다. 아호잡지를 중심으로 한 아호학파들은 모두 현대 신유가 제2대 대표인물로서 唐君毅・徐復觀과 牟宗三의 제자들로 이루어졌다. 따라서 이들 모두는 모종삼의 학통과 유가정신을 앙양하는데 매진하고 있는 동지들이다.[16]

　당대 신유가 중 唐君毅는 1978년, 徐復觀은 1982년에 사망했는데, 牟宗三은 이들 중 가장 늦게 세상을 떠난다. 따라서 그의 영향력이 어떤 사람보다 큰 것은 당연한 일일 것이고, 이로 인해 鵝湖師友들의 신유학에 대한 계승과 발전은 단연 돋보일 수밖에 없다. 결국 牟宗三을 중심으로 뭉친 鵝湖학파들의 응집력이 현대신유학의 학통과 신념을 이어가고 있는 것이다.

　이를 반영하듯 이번 회의의 주제는 "계승과 발전"을 기조로 삼았다. 이는 그들의 목적이 단순히 계승과 답습에 있는 것이 아니라 "발전"을 동시에 모색하는 것임을 반영하는 것이다.

　여기서 발표된 60편 논문 중 16편이 牟宗三 철학을 주제로 삼은 것이다.

　회의의 주석인 채인후는 개막식에서 「당대 신유학의 회고와 전망」이라는 논문을 통해 이 대회의 성격을 대변하였다. 이 글에서 채인후는 한편으로는 모종삼을 회고하고(述牟), 다른 한편으로는 그를 이어서 발전하겠다는(續牟) 의지를 나타냈다. "회고와 전망"은 "계승과 발전"으로 되새겨져 나타나고 있었다. 구체적 내용을 보면 "回顧"부분에서 모종삼의 저작에 기초하여 당대 신유가의 성취를 다섯 가지로 설명하였다. (1) 儒佛道삼교가 지닌 생명의 길을 밝혔다. (2) 도, 정, 학 삼통을 열어 중국문화생명의 길을 닦았다. (3) 중국철학의 깊은 의미를 드러냈다. (4) 칸트를 소화하고 서학을 융해하여 중국철학을 드러내었다. (5) 中西철학의 만남의 장을 만들었다.

　"전망"에서는 "생명의 학문을 개척"하고 "현대화의 길을 관철하고" "인문교화를 달성한다"는 다짐을 하였다.

　채인후가 "회고"와 "계승"에 중점을 두었다면 다른 참가자는 "발전"과 "전망"에 뜻을 두어 그들의 전모를 짐작케 하였다.

　회의 참석자들에게는 두 권의 책이 선사되었는데, 한 권은 『牟宗三先生紀念集』이고, 또 한 권은 『牟宗三與中國哲學之重建』인데, 이것 역시 모종삼 철학의 계승과 발전을 도모하고자 하는

---

16) 참고로 70, 80년대 이래 대만의 文史哲學계는 대략 네 부류로 나뉘어 활동하고 있다. 하나는 官方을 배경으로 하는 中華文化復興委 회원・공맹학회 등, 둘째는 천주교계통의 보인대학을 중심으로 하는 士林哲學, 셋째는 台中 東海大學의 『中國文化月刊』을 들 수 있고, 넷째는 鵝湖 동지들이다.

뜻을 보이는 것이다. 이밖에도 鵝湖전통이나 이 회의에서 보여준 主題와 基調는 곧 신유가들의 입장이 유학의 정신에 대한 "계승"과 "발전"에 초점이 있다는 것을 알게 해준다.

이 모임은 牟宗三의 사상과 그것에 포함되어 있는 新儒學思想의 성취와 지향이 후대의 신유가학자와 신유학 연구자들의 연구와 재해석을 통해 "계승"과 "발전"을 이루게 될 것임을 보여주는 학술회의였다.

〈第五屆當代新儒家國際學術會議〉는 모종삼 사망이후 그를 기리는 두 번째 국제학술회의는 중국대륙에서 열렸다. 1998년 9월 5일에서 7일까지, 중국공자기금회, 산동대학 등이 공동으로 주관한 "第五屆牟宗三與當代新儒學國際學術會議"가 산동성 제남시 「舜耕山莊」에서 열렸다. 이 회의에는 대만, 홍콩과 대륙, 싱가포르, 한국, 독일, 미국 등지에서 90여명의 학자들이 참가하고 60여편의 논문이 발표되었다. 臺灣에서 온 학자들은 하나같이 말할 수 없는 감격에 젖어 있었다고 전한다. "산동은 유학의 발원지이고 모종삼선생의 고향이다. 산동에서 열린 이번 회의는 특별한 의미가 있다. 우리들이 여기서 회의를 개최하는 것은 모선생의 정신과 영혼을 모시고 고향집으로 돌아 온 것이다(回家)─모선생의 고향으로, 유학의 고향에, 중국문화의 고향으로 돌아온 것이다."

牟宗三은 늘 이렇게 말했다고 한다. "유학과 중국문화의 부흥은 단지 대만·홍콩·해외 학자들에만 의지해서는 안되고, 반드시 대륙의 지식분자들을 철저히 覺醒하고, 마침내 復命하게 해야 비로소 시대적 문화사명을 전적으로 달성할 수 있다."

대륙학자들까지 이 문화부흥의 사명에 동참할 그날을 기다리던 牟宗三과 當代新儒家들의 열망에 대한 현실적 가능성을 보여 준 학술대회가 山東에서 열린 것이다. 이 회의는 牟宗三 서거 3주년에 해당되는 해에 山東大學과 中國孔子基金會가 공동으로 주최하고, "牟宗三與當代新儒家"를 주제로 개최되었다. 개막식의 주제 강연에서 蔡仁厚는 "대만의 동지들은 牟선생의 정신과 지혜를 모시고 魯나라 故國, 그가 생장했던 고향에 돌아왔다. 牟선생의 靈魂도 이 모임을 보시면 몹시 기쁘고 평안하실 것이다. 그러나 牟선생과 같은 높고 빛나는 정신은 인류가치세계의 보배이다. 그는 山東에만 속하는 것이 아니요, 마땅히 중국에 속해야 하며, 나아가 동아시아에, 세계에 속해야 할 분이다. 그는 영원히 잠들었지만 千古萬世에 길이길이 빛날 것이다."[17]

牟宗三의 고향은 濟南에서 버스로 여섯 시간 정도 걸리는 棲霞市이다. 거기에는 市에서 건립한 「牟宗三先生紀念館」이 세워져 있다. 蔡仁厚는 이 회의의 감상을 이렇게 적고 있다.

"當代新儒家國際會議는 격년으로 열린다. 제1~2회는 台北에서, 제3회는 香港에서, 4회는 臺北에서, 제5회가 이제 이곳 山東에서 열린 것이다. 10여 년의 노력을 거쳐서 우리들은 新儒學의 학술이, 신유학의 이상이, 그리고 新儒家들의 「和而不同, 公而無私」의 정신이 이제 날마다 널리

---

17) 蔡仁厚, 「山東去來」, 『鵝湖月刊 第二八○期』, p.43 참조.

사람들에게 알려지게 되었다. 젊은 세대들이 각지에서 자라고 있고, 新儒의 저작들도 大陸에서 출판되고 있다. 所謂「剝卦의 음이 극에 달하면 다시 복괘의 양이 생겨난다」란 말은 단지 진실한「理」만이 아니다. 이미 걸음걸음 실행가능한 진실한「事」가 되었다. 우리들은 목소리만 높인 것도, 빈말만 한 것도 아니었다. 내 마음을 다하고, 내 힘을 다하고, 나의 사명을 다한 것이다. 과거도 그랬고, 지금도 그렇고, 미래에도 역시 그러할 것이다. 바람이 불어오면 영웅호걸은 호응할 것이다. 천하에 道가 있으면 반드시 儒에게 돌아올 것이다. 유가에게 돌아온다는 것은 一家一派의 儒로 귀결된다는 것을 의미하지는 않는다. 道로 돌아가는 것이다. 大中至正의 時中大道로 귀결한다는 것이다."[18]

회의에 참가한 60여명의 학자들은 모종삼과 당대신유가의 사상적 성과와 학술공헌 및 이론 가치에 대하여 각기 다른 각도에서 심층분석과 토론을 진행하였다고 보고하였다.[19]

모종삼은 당대신유가중에 이론적으로 가장 풍부한 학자였기 때문에 참가한 학자들은 그의 이론에 대한 연구결과를 발표하였다. 蔡仁厚교수는 모종삼의 학술공헌과 특징에 관해서, 산동대學의 顏炳罡교수는 인류의 지혜와 이성을 위한 분투의 생에 대해서, 盧雷昆은 그의 도덕형이상에 관해서, 楊祖漢은 도덕형상학과 우주인생의 관계에 대해서, 周群振은 "三統說"에 관해서 발표하였다.

그밖에도 여러 학자들이 그의 '인문주의의 기본정신' 등에 대해서 발표하였다.

"後牟宗三時代"─신유학의 사명과 발전, 이것은 모종삼 사후 줄곧 그들에게 남겨진 과제인 동시에 미래에 유학이 나아갈 방향과 사활이 걸린 중대한 문제이다. 이번 회의에서도 "후모종삼시대"에 신유가들의 역할에 대한 진지한 토론이 이어졌다.

蔣國保는 "당대의 신유가들이 노력하여 이상과 소망을 달성한 것은 아름다운 것이지만, 만약 그것을 실현하려면 전제가 필요하다. 그것은 민중들이 유학을 진정한 가치로 받아들여야만 한다는 것이다. 따라서 이제 이 민중들의 실천과 수용을 도모할 적극적 철학, 삶 속의 철학이 필요하다"고 했다.

王財貴는 유가의 입장에서 실행 가능한 방안을 다음과 같이 제시하였다. 첫째, 간단하고 쉬운 세 가지 제사를 회복하자. (祭天, 祭祖, 祭聖賢), 둘째, 讀經을 생활 속에 실천하자, 셋째, 학술 분위기를 앙양하자, 등을 생활 속의 실천 강령으로 제시하였다.

이 밖에도 모종삼 이후 鵝湖의 동지들과 蔡仁厚, 戴璉璋, 唐亦男 등은 이미 각기 자기의 전문 분야에서 선배의 학문성격과 그 득실을 반성하고 새로운 이론 발전을 모색하고 있다. 예를 들면, 袁保新은 유가 맹자와 도가 노자의 연구 중 새로운 이해의 가능성을 제출하고자 하였고, 하이데거를 통하여 중국철학을 소화해보고자 시도하였다. 물론 李瑞全과 楊祖漢처럼 당군의나 모종삼

---

18) 蔡仁厚, 위의 논문, p.44.
19) 劉示範,「牟宗三與當代新儒學國際學術會議簡述」,『孔子研究』1999년 1월, pp.40-43 참조.

의 관점에 입각하여 자신의 이론을 심화시킨 사람도 있다. 이밖에도 대만 당대신유가 역시 실제적 사회문화 개조운동을 벌이고 있다. 王邦雄, 曾昭旭 교수는 鵝湖社에서의 강연과 강의 외에도 사회문화 개조운동의 일환으로 부단한 대중 강연을 통해 학원 밖에까지 신유가에 대한 관심을 확대하려고 노력하고 있다. 王財貴는 아동 독경반을 운용함으로써 계몽교육의 단계에서 아동들이 중국문화에 관해서 이해하고 존중하도록 운동하고 있다.

특히 王邦雄교수는 당대신유가들이 시대적 문제에 대해 절실히 느끼고 회답할 것을 촉구한다. 현재 당면한 가장 중요한 시대적 문제가 "양세대간의 단절" "양성간의 격리" "양안간의 통일 문제"이고 이것이야말로 당대신유가들이 대면하고 대답하여야 할 3大 시대과제라 하였다.

이상에서 본 바와 같이 모종삼 사후 그의 제자들과 신유가들은 혼신의 힘을 다해 "後牟宗三時代"를 준비하고 있다.

한편, 일찍이 大陸新儒家를 자칭하고 나선 上海社會科學院史硏究所 연구원인 羅義俊은 위의 회의 大會演講辭에서 그 회의의 중요성을 두 가지로 지적하였다.

"첫째, 그것은 시대가 진보하고 있음을 말한다. 중국문화는 儒家를 주동맥으로 하는 뿌리깊은 전통이 있다. 우리들 이시대는 하나의 새로운 「전통」을 형성하고 있다. 그것은 바로 수천년의 오랜 전통을 반대하고, 儒家를 반대하는 것이니, 牟선생이 비판한바 있는 천박한 理智主義이다. 지금 이번 회의의 개최는 反儒反傳統의 천박한 理智主義의 신「전통」이 우리에게서 멀리 멀어져 있음을 말해준다. 대륙으로 말하면 저 「左」의 무리들이 우리들에게 멀리 떨어져 있음을 말해주고, 우리 민족 自根自本의 문화전통의 거리가 가까워졌고, 儒家와 가까워졌다는 것이다. 만약, 본 세기로 그 시대의 특징이 反儒反傳統이었고, 反전통속에 革命을 향해나간다면」의 제 이 회의의 개최는 본 세기말과 새 세기의 시대특징이 장차 전통으로 전환하며」의 다시금 전통을 재인식하고, 다시금 전통과 접맥하고, 전환 중에 발전을 향해 가는 것을 의미한다.

둘째는 牟선생과 거리가 가까워졌다는 것을 말한다. 牟선생의 공헌은 갈수록 널리 알려지고, 갈수록 동의하게 될 것임을 말한다."[20]

그는 모종삼 이후 중국의 儒學·哲學연구에 발전이 없을 것이라고는 할 수 없지만 상당한 기간 동안 후학들이 모종삼을 비롯한 新儒家들이 제시한 지향점, 궤도, 내용의 깊이 등을 따를 수 없을 것으로 보았다.

歸根復命, 모종삼의 소망이 이루어졌는지 대륙의 학자들에게 본격적 復命의 조짐이 보이기도 한다. 최근 山東大學 철학과 부교수인 顏炳罡이 지은 『整合與重鑄－當代大儒牟宗三思想硏究』란 책의 출간은 모종삼의 사상에 대한 본격적이고 전면적, 조직적 연구가 시작되는 단계로 들어선 신호로 보인다.[21]

---

20) 羅義俊, 上會議演講辭.
21) 大衆日報(濟南) 1996. 4. 12일자.

대만 學生書局에서 펴낸 이 책에서는 다음의 다섯 가지 주제를 다루고 있는데 그 내용의 종합적 성격으로 인해 매우 높은 평가를 받고 있다. 그 내용은 1. 生命與學思的雙向演進 ; 2. 撤法源底－儒釋道三家義理之疏解 ; 3. 中國文化的創造性重構 ; 4. 中國哲學的重鑄－道德的形上學之完成 ; 5. 圓敎與圓善－德福一致如何實現? 등으로 모종삼의 이론구조를 일일이 논함으로써 그의 사상을 당대중국문화와 철학의 배경아래 객관적으로 자리매김하고자 하였다. 이는 그가 얼마나 모종삼의 사상에 심취했는가를 알게 해 준다. 그리고 이런 영향이 안병강으로 하여금 모종삼 사후에 그에게 추도사를 받치게 하였던 것이다.[22]

이 회의 폐막사에서 高柏園은 다음과 같이 後牟宗三시대를 준비해야 한다고 했다.

1. 同情과 찬탄만으로 끝날 것이 아니라, 유학에 내재된 여러 과제들에 대해서 아직도 끊임없고 깊은 반성들이 진행되어야 한다.
2. 유학의 학술적 이상모델의 설정은 반드시 다원론적 모델을 지향해야 한다.
3. 늘 끊임없이 「內聖이 도대체 어떻게 新外王을 창출할 것인가?」라는 기본문제를 탐색해야 한다.
4. 台灣내부의 토착화의 도전에 직면하여, 현대신유학의 연구와 발전은 반드시 세계화와 지구화 추세에 부응하여야 한다.[23]

이런 牟宗三에 대한 계승과 발전의 의지는 거의 모든 후학들의 글에서 볼 수 있다. 그리고 그 내용의 주조는 同意와 찬양이 대부분이다.

그런데 이런 학계의 대체적인 분위기에서 새로운 논쟁거리는 소장파 학자이면서 왕성한 활동을 전개하고 있는 임안오에 의해서 제출 되었다.

1996년 말 「鵝湖」에서 개최한 모종삼철학 토론회에서 林安梧는 "어느 각도에서 보면 牟선생의 철학은 최대의 「別子爲宗(서자로 정통을 삼다)이다.」"라는 발표를 하여 평지풍파를 일으켰다. 당시의 상황으로 보면 이 발언은 驚天動地할 충격적인 말이었다. 그에 따르면 牟宗三이 강조하는 것은 「心學」인데, 그 「心」이 지나치게 보편적 의의ㆍ초월적 의의를 띠고 있다. 그러므로 이 지나친 추상성 때문에 실용적 실행가능성이 부족하고, 구체성이 결핍되어 있다는 것이다. 결국은 이런 특징 때문에 「智的直覺」만을 강조하게 된다. 모종삼이 이 부분을 지나치게 강조함으로써 지나치게 초월적 경향을 띠게 된다는 것이다. 그의 「良知」나 「智的直覺」은 갈수록 절대적이고 형식화되어 주지주의와 형식주의의 경향을 띠고 있다. 따라서, 그것을 생활세계로 끌어내려야 한다는 지론을 펴고 있는 것이다.[24]

---

22) 顏炳罡, 「悼念一代儒學宗師牟宗三先生」, 『鵝湖』, 241호(1995. 7).
23) 高柏園, 위의 논문집, 폐막사 참조.
24) 林安梧, 「後新儒家哲學的思惟向度」, 『鵝湖月刊』, 第283號.

林安梧는 後新儒學의 가능성을 「실천」에서 찾고, 역사적 사회전체에 중점을 두어야 한다고 했다. 그는 牟宗三과 態十力 등의 新儒家들이 지닌 한계가 현실과의 유리에 있다고 보고 그 한계의 돌파를 위해 「王夫之」의 길을 택한다. 그는 「乾元」만을 강조하지도 않고 「乾坤竝建」을 함께 중시하며 유독 「本心」만에 호소하지도 않고 그 「器」에 입각하여 「道」를 말해야 한다고 했다. 즉, 어떤 존재하는 사물에 입각하여 사물의 변경과정과 나아가 「道」를 드러낸다는 말이다. 王夫之의 「乾坤竝建」의 철학을 중시하는 이유는 구체성과 사회성, 歷史性, 物質性을 중시한다는 것에서 찾고 있다. 그는 牟宗三에서 熊十力으로, 다시 王般山의 철학으로 거슬러 올라가, 거기서 비로소 「後新儒家의 철학」의 발전 방향을 모색하고 있다.

그는 자신의 저서 『儒學革命論』에서도, "1995년 4월 牟宗三의 사망은 현재의 첫 「儒學革命」의 완성을 의미하고, 유학의 역사는 다시금 「後牟宗三時代」로 진입하게 되었다고 선언한다. 이 두 번째 유학혁명으로 등장하게 된 것은 곧 「後新儒學」시대의 도래를 의미한다"고 하였다 그리고 스스로 자임하기를 이 책이 當代新儒學의 뜻을 이어 계승하고 창조·전환하는 제일보라고 하였다.

그런데 대륙의 당대신유학자를 자임하는 羅義俊은 모종삼 이후 현대 신유학의 발전이 과연 "後牟宗三時代"인가? 아니면 "續牟宗三時代"인가라는 질문을 던지고 "牟宗三哲學"은 결코 과거가 아니고 "계속중(Continuing)"이라고 술회하였다. 즉 그는 신유학발전의 현 단계가 "續牟宗三時代"라고 규정하면서 모종삼의 영향을 새삼 높이 평가하고 있다.

"牟宗三을 넘어서(超越牟宗三)"란 구호를 외치고 있다. 그러나 이는 단지 牟宗三을 피해가거나, 牟宗三을 멀리 우회하여 가는 것만을 뜻할 뿐이다. 牟宗三을 이해하는 것은 몹시 어렵다. 牟宗三을 포기해 버리기는 매우 간단하다. 새로운 출발은 전통이 없다는 것을 의미하고, 단계와 경지도 없다는 것이요, 또한 전혀 새로운 출발점을 의미하고, 처음부터 다시 출발하는 것을 의미한다.(瞿本瑞)

이를 통해서도 후현대 신유가들의 정감이 잘 드러난다. 그들은 결국 모종삼을 넘기위해 길고 긴 공부의 길을 다시 걸어 갈 것으로 보인다.

이상에서 본 바와 같이 모종삼선생의 서거는 일단 20세기 유학사에 일단락을 지은 것으로 평가받아 무방할 것이다. 그리고 그 영향력 또한 계속되고 있음을 알 수 있다.

五. 공자의 부활은 어떻게 가능한가―재평가론의 구조

그러면 이러한 공자의 부활을 가능케 한 이론적 구조는 무엇이었을까. 여기서는 이택후의 공자재평가론을 통하여 그의 사상이 이전과 다른 점을 제시해 보기로 한다.

동아시아 문화의 특질을 논할 때에 특히 그 문화의 안정적인 구조에 대하여 평가하는 경우가 많다. 특히 유교문화의 특질이 매우 성격이 독특한 안정적 구조를 갖고 있다고 지적한다.

李澤厚는 중국전통의 특질을 논할 때 특히 공자의 사유체계가 매우 안정적인 문화적 특질을 갖고 있음에 주목한 바 있다. 그는 중국의 전통으로서의 공자사상에는 일종의 피드백 기능과 자기조절 기능이 갖추어져 있으며, 상대적인 안정성을 유지하면서 독자적인 발전을 달성해 온 '문화―심리구조'가 있음을 지적한다. 이 안정적 '문화―심리구조'는 다름 아닌 유교사상이라는 것이다.[25] [26]

중국역사에서 수많은 정치적·경제적 변혁은 이러한 비교적 안정적인 '문화―심리구조'의 기반 위에서 다양한 지배·피지배 구조로서의 사회체제를 형성해 왔다. 중국의 역사에서 사회체제의 이행사는 노예제→봉건제→반봉건·반식민지 체제→단시간의 신민주주의 체제→사회주의 체제로 이행되어 왔다고 본다. 이 시기의 역사적 소용돌이는 파괴와 변혁을 피하기 어려운 상대적으로 불안정한 구조를 지니고 있다고 할 수 있다.

이 시대적 불안정 속에 사회체제의 파괴와 변혁은 '문화→심리구조'의 피드백 작용에 의해 생겨난다고 볼 수 있다는 사실이다. 즉 '문화 심리 구조'가 경직화되고 원활한 기능을 할 수 없게 될 때 자기 조절작용에 의해 재생·활성화가 일어난다는 것인데, 이것이 사회 체제에 파괴·변혁으로 발현되는 것이다.

이러한 안전성을 지닌 '문화―심리구조'의 창시자가 바로 공자라고 본다.

공자는 춘추시대의 끝자락에서 불안정한 전통의 '맹아적 전통형식'의 계승을 자신의 사상적 과제로 삼고서 피드백 기능을 갖춘 상대적으로 안정된 전통형식, 즉 '문화―심리구조'를 완성시킨 것이라고 이택후는 판단한다.

맹아적인 전통형식은 노예를 제외한 제 계급(노예 귀족과 일반 자유민이 중심이 된)의 공동이해 위에 성립한 것이다. 구체적으로 이 모든 구성원의 공동이해는 씨족 공동사회에서의 원시적 의례―주술 가운데에 반영되어 있다고 한다. 그것은 성문화되지 않은 일종의 관습법적인 성격을 지녔다. 이택후에 의하면, 공자를 대표로 하는 유가의 기원은 원시의례주술의 조직자 겸 지도자

---

25) 이택후, 『중국고대사상사론』, p.74이하 참조.
26) 이택후의 위의 논문 내용에 대하여는 이용주, 현대중국의 '공자재평가론'에 대하여―중국사상의 현대적 과제―(종교학연구에서 잘 분석하였다. p.74이하 참조.

들이었던 術士·方士·巫, 尹·사(史)……에서부터 유래하는 것이라고 한다. 주초에 원시의례주술을 "주례"라고 불리는 체계로 집대성하여, 초기노예제의 씨족지배체제에 적합한 지배규범을 확정시켰다는 것이다. 그런 의미에서 '주례'는 정치지배체제의 이데올로기로서 기능했지만, 동시에 씨족 공산사회의 생산 및 생활활동에 있어서 공동이해를 대변할 수 있는 보편사상이기도 하였다. 그렇기 때문에 그것은 단순히 지배의 도구가 아니라, 주왕조의 정치지배체제에 어느 정도의 '민생·인애·인도'의 요소들을 가져다주는 역할을 하였다. 그리고 공자가 조기노예제의 와해기에 재생시키고자 한 맹아적인 전통형식이란 다름 아닌 이 '주례'의 내용이었다.[27]

주례의 핵심을 이루는 것은 조상을 존숭하고 제사지내는 조령신앙에 기원을 두는 '존장의례'였다고 할 수 있다. '주례'에 표현된 이러한 존장적 가치규범은 씨족적 혈연을 기초로 한 사회적 유대의 공동이해를 강조하는 것이었다. 이러한 사회적 유대에 있어서 '家'와 '國'은 동일한 것이었으며, 가족적인 부자관계와 국가적·정치적인 군신 관계는 모두 혈연적인 존장적 규범가치에 종속되는 것이었다. 따라서, 주의 정치지배는 물질적 힘, 즉 경제적 부나 무력에 의해 좌우되는 것이 아니라, 어디까지나 존장적 가치규범을 기본으로 하는 원로(= 장로) 지배적인 '예치'에 의존하는 것이었다. 그러나 원칙적으로는 그러한 질서규범이 현실적으로는 아직 가치로서의 내면화가 완전히 확립되지 않은 상태였다고 하는 것이 '주례'가 전통형식으로는 아직 미확립의 상태인 맹아적인 것이었다는 의미와 연결된다.

춘추시대는 일부의 씨족내의 귀족이 토지사유·상업경영을 토대로 하여 부유강대 하게 되고 신흥 노예주 계급으로 성장해가는 시기였다. 그들은 또한 재부를 이용하여, 주례적인 존장규범에 속박되지 않고 정치를 찬탈하기도 하였다. 이와 더불어 존장적 가치규범은 물질력 및 무력에 의해 좌우되는 외면권위로 타락하게 된다. 이러한 시기에, 존장규범에 기반을 둔 예치가 지닌 민주성·인도성은 형식적이며 기만적인 봉건윤리로 변질되고 마는데, 그 이유는 '주례' 자체가 아직 내면권위성을 갖출 정도로 성숙해 있지 않았기 때문이다. 이와 같이 '예치'의 쇠퇴에 대신하여 등장하는 것이 '耕戰(경제력과 군사력)'을 근본으로 삼는 군주집권적 전제정치였던 것이다.

공자는 바로 이러한 시대에 생존했다. 상실되어가는 주례의 이념을 재생시키고 그것을 안정된 전통형식으로 확립하고자 하였던 것이 바로 공자의 '仁學'의 지향이었다고 이택후는 생각한다.

이택후에 의하면, 공자의 '인학'은 '실천이성'을 전체적 특징으로 하면서, 네 개의 요소로 구성되는 하나의 유기체, 즉 '문화-심리구조'이다. 그 네 개의 구성 요소란, (1) 血緣基礎 (2) 心理原則 (3) 人道主義 (4) 個體人格(즉, 인격수양)이다. 이러한 네 개의 요소가 '실천이성'에 의해 통합됨으로써 그것은 유기체로서 안정된 전통형식으로 확립되게 되고 이후 중국 전통의 '문화-

---

27) 이용주, 위의 논문, p.77이하 참조.

심리구조'로서 위기와 재생의 역사적 전개 속에서 재평가되면서 계승되어야할 핵으로 자리잡게 된다. "혈연·심리·인도·인격의 네 측면은 이와 같이 실천이성을 특징으로 삼는 사상모델의 유기체로 형성된다. 그것은 하나의 유기체이기 때문에, 또 네 개의 요소가 상호 견제하는 구조를 지니기 때문에 상호균형을 확보하게 되고 자기조절기능과 발전의 기능을 갖출 수 있게 된다. 그리고, 동시에 어느 정도의 완결성을 가지며 외부로부터 오는 간섭과 파괴를 배척할 수 있는 기능도 갖추게 된다."[28]

　이 네 개의 요소 가운데에서 '(1) 혈연기초'와 '(2) 인도주의'는 말할 것도 없이 '주례'의 존장적 가치규범 속에 갖추어져 있는 것이었다. 공자는 안정적인 '전통형식=문화심리구조'의 새로운 모델을 제작함에 있어서 이 두 요소를 '주례'로부터 끌어내고 있다. 이 두 요소는 원래 씨족공동사회라고 하는 특정한 역사단계에 한정되는 사회적 유대 속에 존재하는 것이었다. 그러나, 이 두 요소는 공자에 의해 전통형식을 구성하는 요소로 선택되면서, 원래의 씨족적 혈연이라고 하는 제약을 떨쳐버리고 보다 일반적인 혈연 및 그 혈연에 기초하는 인도주의를 지향하는 것으로 변모한다.

　공자사상의 전통계승성과 창조성, 즉 공자의 전통계승을 통해서 공자의 재평가를 시도하고 이것이 1970년대 후반이후의 공자 재평가론의 주도적 역할을 하게 된다.

　어쨌든 위의 두 요소는 과도기에 있어서는 물질적인 폭력 앞에 손쉽게 파괴될 수 있는 취약한 것이었다. 이러한 취약성을 보완하기 위해서 요청된 것이, 전통형식의 내재적 측면을 구성하는 '(2) 심리원칙'과 '(4) 개체인격'이다. 이 두 요소는 '주례'에는 결여되어 있었다. 따라서 전통형식이 완결된 자기조절의 기능을 확보하기 위해서는 절대적으로 요구되는 새로운 요소였다고 할 수 있다. 구체적으로 '심리원칙'이란, 다양한 존장의례를 외재적인 규범의 속박에서 해방시켜 인간정신의 내면적 요구 즉, 자발성으로 승화시키는 것이며 나아가서는 존장의례에 심리학적인 내재근거를 부여해 주는 것이었다. 이러한 내면적 요구, 즉 의지적 신념은 맹아적 형식에 불과하였던 '주례'에 생명을 부여하는 역할을 한다. 다음으로 '개체수양'이란, 존장적 규범의 내면적 확립을 개체구성원의 인격수양에 의해 확고히 하고자 하는 요구에서 나온 것이다. 의지의 통제와 단련에 의해 인격의 수양이 이루어지고 거기에서 자기자신 이외의 것에 수동적으로 의지하지 않는 개체의 주체적 능동적 독립성이 발현된다고 이택후는 설명한다.

---

28) 이택후, 중국고대사상사론. pp.7-14 참조.

六. 씁쓸한 부활

우리는 비공비림의 그 무서운 칼날을 잊지 말아야 한다.

공자는 숱한 사망선고를 받으면서도 연면히 이어지는 생명력을 지탱해 오면서 기사회생하고 있었던 것이다.

萬世師表인 공자. 그래서 한세기 동안 우리는 공자의 부활을 학수고대하였던 것이다. 그만큼 이번 영화 「공자」는 많은 상징적 의미를 갖고 있다고 생각한다. 유학을 사랑하고 아끼는 마음만큼 성공적이기를 갈망하고 있었던 이유일 것이다.

그러나, 다시 돌아온 공자의 부활, 그 전도가 마냥 순탄할 수만은 없는 것인지 부활의 초두에서 만만찮은 상대를 만났다. 바로 〈아바타〉이다.

2010년 1월 22일은 영화대작 〈孔子〉를 개봉하는 날이다. 하필이면 예기치 않은 암초가 또 다시 공자의 전도에 놓여진 사건이 발생하였다.

중국 당국에서 영화 〈공자〉를 보호하기 위하여 행정명령을 통하여 부당한 조치를 취하였다는 것이다.

그 사정을 요약하면 이러하다.

2010년 새해 초 세계적으로 화제를 불러일으키고 있는 영화 〈아바타〉 상연을 중국 당국에서 허가하였다. 개봉하자마자 폭발적인 인기를 누린 영화 〈아바타〉를 언론 통제 등 여러 수단을 통하여 억제하려 하였으나 그 기세를 꺾지 못하였다. 이에 행정수단을 통해 아바타를 강제 종영하고 영화 〈공자〉를 상영키로 하였다. 그래서 영화의 일반판인 2D판을 상영금지하고 3D판만을 상영케 했다. 이 소문은 인터넷 등을 통하여 급속히 중국 전역에 알려지게 되었다. 이에 네티즌들은 자발적으로 국가의 부당한 행정적 조치에 항의하여 영화 〈공자〉 관람거부 운동을 벌이게 되었다.

비록 3D판은 계속 상영되었으나 사정은 이미 엎질러진 물이라 돌아선 네티즌의 저항은 그칠 줄을 모르고 번져갔다. 심지어 상해에서는 겨우 몇 백장의 표만 팔리는 극심한 저항에 봉착하게 되었고, 상해의 모 인터넷 논단에 댓글만도 몇 만 개가 달리게 되었다. 그 결과 영화 〈공자〉와 〈아바타〉의 관중 수는 갈수록 벌어지고 있다고 한다.

큰 기대와 새로운 문화의 전기가 되길 바라는 희망속에 개봉된 공자에 대한 반발은 거세었다. 많은 유명 영화잡지들은 영화 〈공자〉에 대해 최저신기록을 연일 발표하고 있다. 또 수많은 인터넷 네티즌들은 자신은 결코 공자를 보지 않겠다고 했다. 네티즌들이 〈공자〉 관람을 거부한 데에는 두 가지 이유가 있다고 했다. 하나는 〈공자〉를 보호하기 위하여 부당한 행정명령을 통해 〈아바타〉 일반판 상영을 중지케 했다는 것이다. 둘째는 〈공자〉의 제작진과 주연들이 보여준 불손한 언사가 반감을 불러 일으켰다는 것이다.

당국의 지나친 "보호"가 〈공자〉에 오히려 방해가 되었고 심지어는 영화계에 반감을 사게 된 것이다. 영화계에서는 이번의 風波가 〈공자〉 영화상영의 미래에 큰 영향을 미쳤고 영화계에 있어서 공권력의 개입에 의한 최대의 위기로 기록될 것으로 보인다고 입을 모았다.

"두 영화는 각기 다른 유형의 영화다. 〈아바타〉를 본 사람도 〈공자〉를 볼 수 있고, 〈공자〉를 본 사람도 다시 〈아바타〉를 볼 것이기 때문에 〈공자〉를 이 시기에 상영키로 한 것은 매우 시의 적절하다." 영화 시연회에서 주연을 맡은 주윤발의 이 말은 〈아바타〉에 대한 제작진과 주연들의 〈공자〉 영화에 대한 자신감과 낙관을 잘 보여준다. 그리고 그것은 〈아바타〉를 지나치게 과소평가하고 결과적으로 보기 좋게 빗나간 그들의 자신감을 드러냈다.

여기서 주목할 것은 그들이 빚어낸 지나친 자신감과 자만이 빚어낸 결과이다.

상해에서 영화 선전활동을 하던 주윤발에게 기자가 "왜 자신이 찍은 영화를 보고 울었느냐?"고 물었더니 주윤발이 "당신은 안 울었느냐?"고 반문하였고 기자가 안 울었다고 대답했다. 주윤발은 자기가 성인역을 맡은 것도 잊은 듯이 화를 내며 말했다. "당신이 사람이야?" 주윤발이 내뱉은 이 한마디 "〈공자〉를 보고도 울지 않는 자는 사람이 아니다."라는 이 말은 평론가의 말대로 "역사상 영화계와 배우들에 대한 가장 한심하고 재미없는(無聊) 웃음거리가 될 것이다."

행정당국과 주윤발 등 제작진과 출연진들의 부적절한 대응은 조소거리가 되었다.

"여러분, 여러분은 그래도 영화 〈공자〉를 보려고 합니까? 주윤발이 말한 바와 같다면 여러분은 단단히 준비해야 할 것이 있습니다. 우선 당신이 보고도 울지 않으면 사람이 아니므로 눈물을 닦을 큰 수건 한 장을 준비하고 가라는 것입니다. 그 다음은 당신이 그 영화가 대작치고는 허술하다고 웃는다면 아마도 군중들의 공격을 받게 될 것이라는 것입니다."

결과는 돌아온 공자에게는 큰 상처를 주었다. 상해에서는 입장권 겨우 몇 백장을 팔았고, 사천성 성도에서는 영화를 보러간 사람이 "극장안에는 단지 나와 노파 두 사람 뿐이었다"고 하고 "이 무슨 쓰레기 같은 영화야. (爛片), 선인들을 모욕하는거 아냐."라며 불쾌해했다.

심지어 광동에서는 3D 아바타 2장을 사면 1장의 공자를 끼워준다. 공자표가 끼워주는 표(添頭)로 전락하고 어떤 이는 달갑게 여기지 않고 찢어버렸다고 한다. 이후의 공자 입장률은 차마 눈뜨고 못 볼 정도가 되었다고 한다. 산동성에서만 단체관람을 권장하여 60%의 좌석을 채웠다는 정도이다.

영화감독인 胡玫는 "영화의 경쟁상대는 아바타이다, 이는 의심할 여지가 없다. 그러나 공자도 이미 충분한 준비를 했고, 두 영화는 근본적으로 성격이 다른 영화이다. 그러므로 비교해도 겁나지 않는다. 공자가 대표하는 것은 단지 한편의 영화가 아니다. 이것은 중국의 문화이므로, 무엇과 비교하더라도 뒤지게 하지 못할 것이다."라고 호언했다.

그리고 아바타와 공자간의 결전에 공자가 영향을 받지 않을 것이며 팽팽한 승부를 이룰 것이라며 "아바타를 본 사람도 공자를 보러 갈 수 있고, 공자를 본 사람도 아바타를 볼 수 있을 것이다. 두 개의 격이 다른 좋은 영화가 시간적으로 아주 잘 적합하게 만났다." 그들은 분명히 공자에 대해 자신만만했다.

이를 단순화시키는 호사가도 있다. 그리고 애국심에 호소하여 이를 호도하는 양상마저 띤다. 그들의 눈에는 아바타와 공자의 내용상 같은 주제라는 점과 패러다임의 형태가 같은 계열임을 잊고 동양과 서양, 미국과 중국이라는 구분만 있는 듯하다.

"문화충돌"

"아마도 아바타에 격퇴된 것은 공자란 영화가 아니라 전 중국문화의 수출전략이다."

공자는 다시 이런 엉뚱한 이데올로기의 희생물이 되고 있는 것 아닌가 싶다.

우리는 〈아바타〉를 통하여 초현실적 환상의 세계로 인류 문명의 미래를 보여 주었다면 〈공자〉는 중국문화의 뿌리를 가지고 현세를 조망하였다는 것에서 비슷한 문명주제를 가지고 다른 접근을 하였다는 점을 인정할 여유를 잃어버리고 있었던 것이다.

누가 공자의 부활을 욕되게 하고 우리의 기대를 저버리는가.

이제 21세기에 공자는 더 이상 국가의 이데올로기도 아니요 봉건통치자의 전유물도 아니요, 여자를 억압하는 가부장제도 아니요, 가진 자만을 위한 철학이 아니기를 바라지 않았던가,

더구나, "공자, 아바타에게 길을 양보하길 강요하다" "공자 아바타에게 PK패를 당하다" …… 등의 표현으로 문화간의 충돌의 선봉장으로 내세운 그들의 과오가 공자에게는 씁쓸할 수밖에 없을 것이다. 아니 자신의 부활을 슬퍼할 지도 모를 일이다.

역사를 보면 중국의 경우 모택동은 줄곧 "유교문화＝종법사회＝봉건"이라는 시스템의 타도를 기본노선으로 채택했고, 문화대혁명 시기 "봉건종법의 사상과 제도"로 규정된 유교문화를 철저히 파괴했다는 점이 다르다.

우리가 바라는 공자의 부활은 더 이상 이런 모습이 아님은 분명하다.

루쉰은 "광인"의 입을 빌려 "사람이 사람을 잡아먹는" "식인의 역사"를 전복하고, 새 시대의 전사가 될 "아이들"을 구출하자고 외쳤다. 2천여 년 동안 한 번도 꺼지지 않았던 봉건예교의 등불을 꺼트리는 것이 그다운 근대기획의 첫 번째 임무였다. 그 이치로 본다면 5·4지식인들이 봉건예교의 창시자 공자에게 비수의 날 끝을 겨눈 것은 너무도 당연하다.

통치자들이 잘 알지도 못하는 공자의 교리를 들고 나와 기만정책을 펼 때 사람들은 그 기만정책에 이용되는 공자까지를 미워하게 된다. 그래서 그를 타도하고 싶은 욕망이 솟는 것이다. 중이 미우면 가사(袈裟)까지 밉다는 말이 있다. 그런 까닭에 통치자들이 이 이 굉장히 떠받들 때마다 짓궂게그 결점을 폭로하는 논문이나 작품들이 나온다는 역사를 기억하여야 한다.

더 이상 공자를 욕되게 하지 말자.

예를 들면 오늘날 행해지는 문묘제례의식의 의미는 단지 이제 더 이상 과거의 골동품이어서는 안된다. 따라서 과거의 철학적·정치적·교육적으로 역할을 했던 지대한 기능을 우리는 되

살리는데 석전연구의 의미가 있다. 만약 석전제례에 내포된 정신이 공자의 교육사상과 철학적 가치라면 오늘날에도 되살릴 수 있는 중요한 요소가 풍부하다. 석전제례의식이 부활되어야 한다는 것은 현대인의 삶 속에서 거듭나는, 현대인들의 삶속에서 더 많은 고민을 함께해야 할 것이다.

이제 공자의 부활을 축하한다.
그리고 진정한 정신의 부활을 기대한다.

參考文獻

張岱年, 『孔子大辭典』「序言」, 上海辭書出版社, 1993年版.
牟宗三, 徐復觀, 張君勱, 唐君毅, 〈爲中國文化敬告世界人士宣言〉(香港, 『民主評論』 第9券, 第一期, 1958,1.)
鄭家棟, 「九十年代儒學發展과 硏究中의 幾個 問題」, 『孔子硏究』, 1999.
劉示範, 「牟宗三與當代新儒學國際學術會議簡述」, 『孔子硏究』 1999년 1월.
顔炳罡, 「悼念一代儒學宗師牟宗三先生」, 『鵝湖』, 241호(1995 .7)
林安梧, 「後新儒家哲學的思惟向度」, 『鵝湖月刊』, 第283號.

儒学复兴的社会文化条件
－ 相互文化哲学的省察 －

朴商煥 ｜成均館大學校 東洋哲學科 教授

在此篇文章中，将对实现韩国的"儒学复兴"所需的社会、文化方面的条件进行省察，省察的过程中，将进行两个层面的分析：第一，对于"为什么"去复兴儒学即从其学术的目的性考察；第二，对于"怎么样"达成其目的即所应采取的方法的探讨。

儒学，这不仅是一门应用型的学问，更是一门"人文社会学"。儒学中所设定的终极目标和人们的现实生活有着必然的联系，儒学发展过程的本身就是这门学问的历史。儒学与人们现实生活的联系在不同的社会中有着各自的特殊性。对于韩国社会而言，对现代社会的省察，是实现"儒学复兴"不可缺少的条件。换句话说，对于"21世纪末的当今韩国社会，在社会、文化、政治方面应该具备怎样的条件才能实现'儒学复兴'?"这一命题，迫切要求研究者们去进行解答。

对于社会现实中存在的种种问题，不论研究者们的价值取向有怎样的不同，而通过"平和的方式"来解决社会矛盾、纠葛的目标应该是一致的。当今多元化的社会向我们提出了"与他者共存"要求，而承认社会多元化价值是解决我们社会一般矛盾的先决条件。在这样的时代背景下，"儒学复兴"不应仅仅是对过去的追溯，而在现代和未来的社会发展构想中，具体而言即是在同样需要发展"多元化价值"的韩国的现代和未来的社会发展过程中，"儒学复兴"应怎样发挥它的作用也应成为新的议题。

以上所提到的观点，已成为分析韩国社会的"近(现)代化"过程的重要观点。对韩国过去、传统、儒学和"近(现)代化"问题的研究，是现代韩国在学术和知识领域所不能回避的课题，并且对此类问题的评析也在不断更新。本文的主张是：在对过去的传统或过去的文化进行理解时，抑或是对过去的学问性、知识性的成果以现代的眼光进行注释时(具体举例说明：对儒学进行再注释时)，对韩国所应具备的社会、政治、文化方面的省察是十分必要的。在韩国，对于正在向我们"走来"的"过去"，人们对于当今社会的冷静的批判远远不足，只是将其视为一个金碧辉煌的美好回忆。然而那些"过去"的宝贵思想，在韩国具有特殊性的社会近(现)代化过程中出现的现在的、理念的桎梏—"南北韩分裂问题"的解决探讨领域也没有被重视。我自问：在韩国的生活中，自由的个人活动、自由的知识活动是否能不受"南北韩分裂问题"的影响而存在？对每个人的生活起到影响的"南北韩分裂问题"是与学问、哲学还有"儒学复兴"有着紧密的关系的，特别是对于南北韩之间以及各自社会内部矛盾的平和解决，是迫切需要将"与他者共存"这一多元化价值编入文化思想体系的。

但是，如果把文化看作是一种固定不变的某种东西即，"文化本质主义"观点来看社会发展，超出了保守性他者的存在及他者的思想、文化具有了排他性。在这之后，所谓"文明的冲突（S.Huntington）"的思考继续蔓延，随后"亚洲价值"、"儒教资本主义"等观点也相继出现。对于这种试图把亚洲与西欧进行分离，标榜亚洲拥有独立的思维方式和政治制度的主张，比起去肯定它的恰当性，我们更愿意去关注提出这种主张的社会的内部权力阶层的关系。换句话说，与其说这种主张是在探讨文化圈之间的问题，不如说是在资本主义的"围墙"里为保障某些阶层的"既得权利"而采取的手段。

为了使儒学在现代社会得到更有意义的发展，需要克服它的"排他的"、甚至是"独占的"的价值观，特别是去摆脱从前的"统治阶级的文化"的面孔，而立足于重点地对弱者进行关怀，重新创造"相互平等关系"。这就是"相互文化哲学(intercultural philosophy)"的观点。依据这个观点，东方和西方，或者基督教和伊斯兰教等文化间，冲突发生后，不是其中一方取得霸权，而是可以通过对话进行疏通 — 这正是近代文明化的要谛。

文化的差异并不仅指相异文化间的差异，在同一文化间也是很有可能发生巨大的差异，这种巨大的差异不是通过暴力，而是通过"平和"的政治手段去解决，与此同时，形成一个能够尊重多元化价值的社会。去克服我们内在本来所具有的"排他主义"、"差别主义"、"精英主义"，对于他者的文化进行理解的"相互文化哲学"的方法正是对未来的"儒学复兴"的实现提出的一种方法。当然，并不是说我们能够用这一观点去解决所有问题，只是首先要从认识层面开始 — 认识到它是一个解决问题的方案。但是，我们的哲学的立场是主体性的。换句话说，从哲学出发，就是从韩国的"南北分隔"的特殊性出发，通过"平和的方式"使社会上的各种矛盾和纠葛得到解决为目的。"儒学复兴"在这种社会的、文化的条件下进行的时候，其社会性历史性方面的恰当性得到了确保。

在本文中，将通过与"文化本质主义"和"相互文化哲学"的观点作比较，对"儒教资本主义"进行批判分析。

유학부흥의 사회문화적 조건
－ 상호문화철학적 성찰 －

박상환 朴商煥 | 성균관대학교 동양철학과 교수

1. 들어가기

유학의 부흥 논의는 우선 시대가 요청하는 유학의 정체성에 대한 질문으로 시작한다. 이러한 문제 지평에서 도출된 유교자본주의설은 유학과 자본주의적 사회발전의 친밀한 상관관계를 주장하고 있다. 일종의 근대화론이라고 할 수 있는 유교자본주의설에 내재된 문제를 설명하기 전에 먼저 문화의 측면에서 전통과 현재를 분석할 필요가 있다.

우리에게 전통이란 무엇인가? 우리의 근(현)대성을 어떻게 정의할 수 있을까?[1] 우리는 지켜야 할 과거의 무엇을 가지고 있는지 다른 말로 표현하자면 무엇을 보수할(conservativ) 것인가? 흔히 말하는 한국의 전통이라는 '미풍양속'의 대부분은 한반도 전래의 문화가 아니라 조선조 중 후반기에 이르러 (일부는 일제 30여년 동안 개조되어 발전되기도 하였다) 일반인의 일상생활과 가치관에 확산되었다는 것은 주지의 사실이다. 예를 들자면 오늘날 우리에게 익숙한 관혼상제의 형식은 중국 송대의 朱子家禮(약 13세기 초)에 그 뿌리를 두고 있는데, 한반도에서 그것은 조선조 후반부에(임란 이후) 비로서 민간에 영향을 끼쳤다. 그러나 우리의 역사가 지난 3-400년만 존재한 것은 아니다. 관습이 살아 있는 과거라면, 전통은 과거와의 실질적인 단절 속에서 그 단절을 은폐하기 위해 '고안된' 정신적 이미지라고 할 수 있다. 세계사적으로 19세기 민족주의가 발흥할 때 가상의 타자를 설정함으로서, 자민족에게 고유한 문화가 유럽에서 주장되었다면[2] 이제 우리는 그 작업을 시작하고 있는 형국이다. 우리는 여기서 '전통'에 대한 철학적 문제제기가 필요하다고 판단

---

1) 박상환, 『동서철학의 소통과 현대적 전환』, 도서출판 상, 2010, 11장 '동아시아의 전통과 근대'와 13장 '한국사회와 철학 / 자의 선택'의 내용을 수정 보완.
2) 에릭 홉스봄, 『만들어진 전통』, 휴머니스트, 2004.

한다. 보다 본질적으로 질문하자면 전통이란 변치 않는 실체인가? 전통은 근대서양철학에서 중요했던 실체개념처럼 현상에 나타나는 모습은 다양하나, 그 근본에서는 변치 않는 그 무엇 (substance)처럼 존재하는/해야 하는 것인가? 어느 누구도 자신의 과거를 현재에서 지워버릴 수도 없고, 또 우리의 과거 문화를 비하할 필요도 없다. 그러나 우리의 문화적 실존과 그 역사성을 주장하기 위해 '반만년'의 '단일민족'의 문화적 전통을 언급할 필요는 없다. 그리고 조선의 미를 설명하기 위해 또다시 1920년대적 야나기 무네요시류의 '비애의 미론'을 필요로 하지도 않는다. 또한 서양중심적 사고에 저항하기 위해 거꾸로 스스로 오리엔탈리즘에 빠지는 오류도 더 이상 필요하지 않다. 시급한 것은 주체적 시각에서 과거를 되살펴 보는 합리적 역사의식이다. 이는 역사적 사실을 단지 이론적 정합성 측면에서만 따지는 한쪽이 막힌 (즉 이분법적) 실증적 태도(예를 들자면 논란적인 식민지 근대화론)를 부정하고, 동시에 문화적 주체성을 강조하기 위한 목적의식에서 맹목적 주관주의에 경도된 극우적 역사의식도 거부한다. 모순적 양자의 관점은 흥미롭게도 최근에 논란이 되고 있는 '아시아적 가치관' 주장에 혼재되어 있다. 균형잡힌 역사관은 매서운 현실비판적 자기 성실성에서 비롯되고, 또한 이는 전공자들이 시대의 흐름을 이해하는 실천적 학문관에서 시작되는데 학문하는 태도는 지금보다는 보다 겸손해야 한다고 믿는다.

문화를 고정 불변적 실체로 이해하고, 문화가 인류사회의 모든 것을 결정하는 본질적인 것으로 간주하는 이른바 '문화본질주의'는 특히 20세기 말부터 주요 담론을 형성하고 있다. '아시아적 가치'와 '서구적 가치' 혹은 '유교'와 '불교', '서구 기독교문화', '힌두교', '이슬람교' 등 문화를 서로 대립하는 단위로 규정하는 문화관은 문화를 마치 하나의 동질적이고 구체적 형체를 지닌 것으로 이해한다. 개별 문화를 이 같은 "심오한 정신적 차원에서 극단적으로 상이한 세계관을 지니고 있다는 가정에서 출발"한다면[3], 이러한 문화본질주의적 시각은 현실과 많은 괴리가 있고 동일한 문화 속에 내재한 다양한 관점들이 상호 규정하고 있는 사실을 간과하게 만들어 헌팅턴류의 문명충돌설이 나온다[4]. 문화 영역 사이의 갈등 보다 하나의 문화권 내의 갈등이 더 심각할 수도 있다. "가치관에 결정적인 영향을 끼치는 요소는 해당 문화권에 이전부터 존재해오던 문화가 아니라 그 사회가 도달한 발전 수준"이라는 젱하스(Senghaas)의 분석도 일견 타당하다.[5] 상이한 문화 간의 공간적 영역의 차이보다 오히려 같은 문화권에서 전근대와 근대라는 시간적 차이가 현실적으로 클 수 있다는 이야기이다. 나아가 "만일 동일한 문화권에 속하면서 근대화가 많이 진행된 사회와 그렇지 않은 사회의 가치관의 차이가, 서로 상이한 문화권에 속하지만 유사한 발전 수준을 보이는 사회들의 가치관의 차이보다 일반적으로 크다면, 이렇게 사회학적으로 증명되고 분명히 설득력이 있는 사실은 새로이 진행되는 국제적인 문화논의가 잘못된

---

3) 디터 젱하스, 이은정 역, 『문명내의 충돌』, 문학과 지성사, 2007, p.12.
4) 디터 젱하스, p.10.
5) 디터 젱하스, p.21.

길을 가고 있다는 것을 보여주는 것이 아닌가."[6]

문명간의 소통도 필요하고, 문명 내의 소통도 역시 필요하다. 한국사회가 발전, 분화하는 과정에서 새로운 형태의 사회계층과 계급이 발생하고 그에 따른 새로운 요구는 심각하다. 전통문화는 현재 이러한 변화에 적응하라는 압력 혹은 해체의 압력을 받고 있다.

문화해석은 기본적으로 근대화, 근대성의 문제와 동전의 양면 관계이다. 전근대 사회가 근대사회로 이행할 때 매개 사회가, 서구 사회와 비서구 사회 모두 해당되는데, 갈등할 수밖에 없는 근본적 문제는 집단적 가치관에서 다원적 가치관의 수용을 둘러싸고 발생한다. 즉 가치관의 다양성의 수용여부이고, 또한 이 갈등을 합리적으로 극복하기 위해 제도적 완충장치를 발명하는 과정이 이른바 '문명화 과정'이라고 말할 수 있다. 과거 모든 학문적, 지적 토대가 현대사회에서 적극적으로 재해석되는 것은 당연하며, 이 과정에 '유학 부흥'도 적극적으로 자기 역할을 하여야할 것이다.

2. 유교자본주의설의 내외적 문제점

일반적으로 근대화론에서 지칭되는 '동아시아'는 한국(남한), 대만, 홍콩, 싱가포르를 의미하는데, 이들 국가는 문화적 관점에서 한문과 유교적 가치관을 공통분모로 하고 있다는 주장이다. 그런데 이들 국가는 2가지 점에서 특색이 있다. 즉 한국과 대만은 분단체제, 홍콩과 싱가포르는 규모가 작은 도시국가라는 점이다. 이러한 특색이 있지만 이들 4국의 경제발전모델은 일본의 국가주도형 산업화를 모델로 삼았고 80년대 이후 후발 산업화에 성공하여, 이들은 세계에서 '동아시아 신흥공업국', '동아시아 4소룡'으로 지칭되고 있다. 유가적 가치관과 자본주의적 사회발전과의 관계를 현상적으로 설명하려는 의도에서 서구의 일단의 정치학자와 사회학자들은 지난 수십년 전부터 '유교자본주의'설에 대한 담론을 형성하였다. 이에 더불어 문화적 설명을 보완하기 위하여 주로 영어권에 속한 중국학 전문가들이 등장하였다. 그리고 한국의 동양철학 전공자들은 '영어권' 중국전문가들의 주장을 여과 없이 수용하였다. 전통 더 구체적 말하자면 유교에 대한 현대적 해석이라는 문제 지평 속에서 논의가 진행되고 있다.

유교와 자본주의라는 양자의 관계를 근원적으로 규명하기 위해서는 몇 가지 먼저 고려해야 할 사항이 있다. '유교자본주의' '유교민주주의' 내지는 '(동)아시아적 가치'를 주장하는 이론에 내재한 친자본주의적 이데올로기는 오늘날 우리의 분단된 사회현실과 학문적, 사상적 차원에서 자기 나름대로의 실천적 의미를 함축하고 있다는 점이다. 그런데 이 실천적 함의는 사실 일종의

---

6) 디터 젱하스, p.22.

억압적 권력으로 작용하고 있다. 한국의 이념적 한계에서 현실적으로 이론적 '자유'를 구가할 수 있는 이론은 끊임없이 자발적 자기규제의 경계에서 고민하는 비판적 이론보다는 냉전적 가치관과 전통주의에 근거한 대담한 이론들임은 주지의 사실이다. 비판은 이론적 욕구에서만 시작되는 것이 아니다. 그런데 이론적 만이 아니라 실천적 반성이 더욱 필요한 이유는 다음과 같은 국내의 비합리적 지적 풍토와 연관이 있다. 우선 지적하고 싶은 것은 한국사회 전반적으로 팽배한 반공주의에서 학문, 중국철학을 전공하는 사람 역시 대부분 자유롭지 못하다는 점이다. 그리고 한국에서 중국철학을 연구한 전공자들의 지적 편협성을 지적할 수 있다. 서구에서 연구된 학문적 성과를 이중적 내지는 자의적으로 해석(곡해)하고 자기합리화하는 경향이 있다. 한가지 더 지적하자면 한국사회에 필요한 이론적 축적보다 서구의 지적 세계의 흐름에 민감하게 반응하는 즉물적 학문태도가 지배적이다. 지난 세기 말 포스트모더니즘 논의의 유행과 현실 사회주의의 붕괴와 관련된 학문적 방향의 전환이 그 대표이다. 사회주의권의 붕괴는 자본주의 극복을 사회주의/공산주의의 장에서 모색하려는 얼마간의 이론적 운동마저 너무 쉽게 포기하도록 하였다. 포스트모더니즘은 IMF시대 이후 급격히 매력을 잃었고, '유교자본주의설'의 대한 영향도 축소되었다. 그러나 지적 호기심과 대상이 유행에 따라 쉽게 변하는 것은 바람직하지 않다. 유교 자본주의설의 주장에 함의된 문제는 '고도 경제 성장'의 허구성(경제 개발의 수혜자), 반공주의적 성격(황도 유학의 영향 잔존), 비민주성(이기적 가족주의와 권위주의), 유학 사상의 왜곡(국수주의적 성향) 등으로 이상을 아래와 같이 정리하겠다.

첫째, '유교 자본주의설'은 일종의 근대화론으로서 사회적 기득권을 옹호하는 개발 독재이론과 유사한 성격이 농후하다. 경제 개발의 목적이 노동하는 자의 인간적 삶의 질을 향상시키는 것이라면, 그 동안의 외형적 성장은 허상이다. 외형적 고도성장에도 불구하고 사회에 만연한 열악한 삶의 질은 저급한 사회 복지 수준에서 비롯된다. 유교자본주의설은 한국 자본주의의 외형적 성장을 유교 사상과 결부시켜 설명하지만, 그 성장의 근본적 원인은 냉전 체제의 체제 경쟁 속에서 주변국들의 막대한 (경제적 차원이 아닌) 지원에 더 많은 이유가 있다고 필자는 판단한다. 공산주의의 '위협'에 대응하여 미국과 일본의 자본이 직접적인 경제적 이윤보다는 정치적, 군사적 이익을 위하여 투자한 결과일수 있다. 이런 맥락에서 국제적 냉전 체제가 사라지자 남한의 필요성이 감소하고 동시에 IMF 사태가 발생한 이유를 납득할 수 있다. (물론 여러 이유 중에 하나일수도 있다는 생각이다.) 한편 고도성장 속의 한국 자본주의는 세계 자본주의 시장 속에 일종의 국제하청구조 속에 편입함으로서 성장이 가능하였다. 다시 말해 비교 우위를 노려 국내의 값싼 노동력으로 값싼 수출 단가가 가능하였는데, 이것은 국내적으로 저곡가, 저임금을 전제로 하기에 당연히 사회적 반발을 초래하였다. 이에 따라 국가는 경찰력을 동원한 노동 통제와 진보세력 그리고 노·학 연대의 억압이 필요하였고, 문제는 이 과정에서 사회적으로 억압적 문화와 가치를 발전시켰고/되었고.[7] 이후 일반 시민의식도 억압과 독재적 사고에 대해 자발적 복종을 하는 결과를 맺었다. 따라서 다원적 가치를 발전시키고, 그러한 가치가 존중받는 시민사회의 성숙이 지체되는 결과를 가지고 왔다.

둘째, 한국의 근대화 모델은 일본적 자본주의이다. 반세기 동안 공식적으로 문화 교류는 단절되었기 때문에 적어도 1945년 이후의 철학 전공자 대부분에게 현재의 일본을 제대로 알 수 있는 기회가 매우 제한되었다. 그리고 해방이후 식민지 과거가 정리되지 못한 형편에서 지적 식민지 상황은 지속되어 우리에게 '일본'은 1945년 이전 과거와 연관된 '황국으로서의 일본'과 깊은 관련이 있다고 판단할 수밖에 없다. 일본인의 '망언'에 대응하는 국내의 '극일' 현상을 주도하는 사람은 다름 아닌 친일적 과거가 있는 사람(정서적 일본인)임은 주지의 사실이다. '유교적 공동체'를 상정하지만 기실 그것과 황도 유학적 공동체(교또타이) 사이의 구분이 모호하다. 양자는 국가주의적 시각을 공유하고 있기 때문에 '일본모델'(미국 모델을 내포함)은 우리에게 저항감이 촉발하지 않았고, 1960년대까지의 일제 향수론자는 1990년대 이르러 이제 박정희 향수론자로 외양이 바뀌었을 뿐이다. 이런 관점에서 일본에 대한 한국인의 정서는 양가적이라고 할 수 있다.

셋째. 한국의 유교 자본주의설은 비민주적이다. 이 설은 박정희식 경제 개발 구도에서 '군대'의 요인을 제외한 90년대식 변용이다. 즉 '민족중흥'을 위하여 '한국적 민족주의'와 개발의 '효율성'을 강조하면서 동시에 시민사회를 근간으로 하는 민주주의를 거부하는 반공적 개발독재론의 현재적 변용일 뿐이다. 문제는 자본주의체제의 근간이라고 할 수 있는 노동자와 자본가의 갈등과 긴장관계를 부정하고 온정주의적 해결을 주장하는 비자본주의적 관점에 있다. 자본주의적 경제개발을 옹호하면서 동시에 자본주의적 보편성을 부정하는 자기모순에 빠져있다. 또한 일제 식민지, 한국 전쟁과 박정희 독재 정권에서 비롯된 극도의 이기주의적 가족주의에 대하여 건전한 대안을 제시하지는 못한 채, 전통의 이름으로 과거 지향적 가족주의, 즉 효 사상을 강조하는 복고주의를 유교의 덕목으로 왜곡한다. 이론과 실천을 지향하는 유학 사상의 근저에 놓인 정치 이념은 '국가주의'이고, 이 국가주의를 지탱하여 주는 기본 단위는 가족이다. 가족주의(윤리)와 국가주의(정치)의 모호한 관계는 최근까지의 국가 이데올로기로 작용하기도 할 만큼(忠, 孝사상의 강조) 심각한 문제로서 우리 앞에 놓여 있다. 독재 정권이 주장하는 충효 사상은 그 정권의 가부장적 성격과 더불어 개인의 사회관계를 왜곡시켜 오히려 건전한 사회관계가 전도된 현실을 우리는 목도하고 있다. 서구 유럽 국가의 복지 사회 지향이 도리어 일종의 '도덕 국가'를 이루었다는 평가도 가능하다.[8] 유가적 효 사상의 '세계화'를 꿈꾸는 일련의 유학전공자도 존재한다. 그러나 유학의 순 기능적 역할 보다 부정적 역할로서 흔히 거론되는 "권위주의적" 가치관은 현대사회의 다원적 가치관과는 배치된다. 더구나 한국현대사회에서 국가주의의 폐해는 국가 주도적(파쇼적) 산업화를 경제 개발로 칭송하였던 비민주적, 비인간적 개발 독재와 직간접으로 연결될 수밖에 없기에 더욱 심각하다. 이기주의적 가족 윤리를 극복할 때 우리는 비로소 합리적, 보편

---

7) 강수돌, 「아시아적 가치와 경영경제 현상」, 『오늘의 동양사상』, 1999년 2호, p.74.
8) 김동춘, 『전쟁과 사회』, 돌베개, 2000, p.29.

적 기준에 근거한 사회관계를 만들 수 있다. 유교의 현대화를 유교와 자본주의의 친화성에서 찾는 보수적인 (동양)철학자, 사회학자, 정치학자들의 분석은 우리 사회의 미성숙한 그리고 지체된 역사의식을 대변한다.[9]

3. 아시아적 가치와 중체서용적 사유

중국의 근대시기 中體西用에 기초한 자본주의적 근대화는 실패하였고, 모택동의 중국은 사회주의적 근대화의 노선을 걸었다. 중체서용의 현대적 변용이라고 할 수 있는 아시아적 가치 또는 '유교적' 자본주의의 현실적 적합성, 역사적 정합성은 과거 19세기 중체서용적 주장과는 또 다른 모순과 위험성을 내포하고 있다. 오늘날 동아시아 국가들의 지역적, 문화적 특수성의 지나친 강조는 과거 청 말과는 달리 소극적이 아니라 적극적인 지역패권주의, 국수주의로 발전할 가능성이 농후하다. 경제사회적인 근대화에는 긍정적이고, 문화적인 근대화에는 부정적인 태도를 취하였던 청말의 근대화론은 新舊, 東西간의 대립관계를 절충주의적 시각에서 접근하였다. '중체서용적' 절충주의가 갖는 이른바 문화보수주의라는 이중적 가치판단 속에서 보편과 특수의 관계에 내재한 긴장을 이해할수 있는 자리는 찾기 어렵다. '전통'의 이름으로 근대를 거부하고, 동시에 '근대'라는 이름으로 전통을 비판하는 다시 말해 전면적 긍정을 하면서 동시에 전면적 부정을 하는 중체서용적 이분법사고는 역사발전을 현실적으로 반영할 수 없었다. 왜냐하면 역사의 실제적 진행은 항상, Hegel의 논리를 빌 것도 없이, 限定된 부정(bestimmte Negation)을 통해 이루어져 왔다. 1860년대의 馮桂芬의 自强운동은 이후 曾國藩, 李鴻章, 張之洞 등에 의해 양무운동으로 발전되었는데 그들의 주장인 '중체서용'은 전통적 체용논리와는 구별된다. 즉 體로서의 中學과 用으로서의 西學을 구분하는 사고는 이색적이었다. 특히 중요한 점은 그러한 이분법적 구조가 실제적으로는 현실적용이 불가능하다는 것이었다. 전통중국에서 學이 學으로서 의미가 있으려면 반드시 用(사회적 기능)을 수반해야만 하였다. 즉 학문의 목적(체)은 입신양명하여 사회적 자아실현에 이바지하는 것(용)에 있었다. 體로서의 學과 用으로서의 學이 일치하듯, 서학이 용으로서 수용되자—그것의 효용성과 전통적 체용일치사고로 하여금—체의 자리를 차지하게 되었다.[10] 전통과 근대의 합리적 관계 확립은 근대화과정에서 자기정체성 확립의 문제이기도 하다. 강유위가 초기 입장에서 선회하여 집요하게 전통에 매달린 이유를 홉스봄이 서양의 경우를 분석한 것과 비교하는 것은 시사적이다. 전통에 대한 19세기 영국의 개혁파의 변신과 보수파의 현

---

9) 대표적으로 예로 유석춘, 함재봉 등이 편집하던 잡지 『전통과 현대』를 들 수 있다.
10) Levenson, Confufian China and its Modern Fate, Vol.1, 4 Cap. T'i and Yung—'Substance' and 'Function', California, 1958, pp.59-78.

상유지에 대한 평가이다. 전래의 방식이 효능을 발휘하는 곳에 구태여 전통을 만들 필요는 없다. 전통을 발명하는 이유는 "종종 낡은 방식이 더 이상 유용하거나 존속할 수 없기 때문이 아니라, 그런 방식을 의도적으로 활용 또는 적응시키지 않기 때문이라고 장담할 수 있다. 그리하여 사회적 변화에 대한 19세기 풍의 자유주의 이데올로기는 전통에 맞서 의도적으로 급진적인 혁신의 편에 섬으로써 이전 사회들에서 당연하다고 간주되던 사회적 권위의 유대를 제공하는 데 실패했고, 그래서 도리 없이 발명된 관행들로 채워질 수밖에 없는 공백을 만들어내고 말았다. 그 반면에 19세기 랭카셔의 보수적인 토리 공장주의 사례는 산업도시라는 전례 없는 환경에서도 그런 낡은 유대들이 여전히 쓸모가 있었다는 점을 보여준다."[11] 그러한 공백을 변법론자 강유위는 마침내 孔子敎로 채우고자 시도하였다.

체용론적 절충주의는 중층적, 이분법적 논리라고 할 수 있고, 철학적 문제인 보편과 특수의 긴장관계로 환원된다. 동아시아적 특수성을 일면적으로 과장하는 시각은 보편성을 간과할 수 있고, 이것은 결과적으로 근대화를 위한 합리적 대응에 실패하고, 개인과 사회가 근대성을 합리적으로 체험하는 것을 방해한다. 반대로 특수성을 무시하는 자기 비하적 시각은 근대화를 위한 주체적 대응에 실패할 수 있다. 이런 이유에서 균형 잡힌 시각이 필요하고, 그러한 시각은 '열린 마음'으로(구체적이면서 현실적인 한국사회의 예를 들자면 이주노동자 문제 관련된 일반인의 인식 문제) 보다 넓은 문화적 지평의 비교작업에서 가능하다. 비교분석을 거부하는 상대주의적 시각은 대체로 방법론적으로는 문화적 접근을 한다. 이러한 지평에서 유교자본주의설과 아시아적 가치설이 유행하고 그들의 입장에서 일면적으로 이해된 베버가 '재인식'되었다. 이러한 시각은 문화변동의 역동적 현실을 간과하고, 논리구조상 동어반복에 곧잘 빠진다. 동양을 서양에 대비하는 경우, 예를 들어 동양의 정신과 서양의 물질, 또는 서양의 이원론과 동양의 일원론 등으로 구분하는 단순한 이분법적 논리 그리고 문화론적 접근논리의 오류는 자기문화의 한 측면에 대한 지나친 과장과 타문화의 관념적(비사실적) 이질성에 대한─열등의식에서 비롯된─비학문적 폄하에 있다. 사실 정신─물질, 일원론─이원론 등의 철학적 담론에서 유행하는 상이한 범주는 적어도 전근대 사회에서 모든 단위사회에 공존하였던 것이다. 동양의 정신이 우수하다고 중체서용론자들은 19세기부터 지금까지 주장하지만, 거꾸로 당시의 서양인들은 중국인들을 저급한 유물론자로 이해하고 그들의 정신세계가 우월하다고 주장하였다. 문화의 본질적 차이는 '근대'라는 시기에서 비롯한다. 그런 이유에서 오늘날 근대, 근대성이라는 문제에서 비켜나갈 수 있는 철학적 주제는 없다고 할 수 있다. 요약하자면 동양─서양(모호한 구분이지만)이라는 구별보다도, 近代─前近代라는 구별이 사실적, 현실적 그리고 이론적/실천적으로 유의미하다.[12] 전통─근대의 엄격한 이

---

11) 에릭 홉스봄, 박지향 외역, 『만들어진 전통』, 휴머니스트, 2004, p.31ff.
12) 성민엽, 「같은 것과 다른 것 : 방법으로서의 동아시아」, 『상상』, 1997년 여름, pp.81-94 ; 그는 이러한 맥락을 '동서의 차이가 아니라 고금의 차이'로 이해한다(p.89).

분법적 해석은 제한된 영역에서 추상적 방법으로는 가능할 수 있으나(베버의 Idealtypus, 이념형적 형태의 방법론) 실질적분석으로는 많은 약점을 노출하는 것이 사실이다. 현실은 양자의 긴장, 모순관계 속에 놓여있기 때문이다. 그러나 다른 한편 양자 간의 긴장관계를 간과하는 문화보수주의적 해석은, 다양성의 이름으로 전통을 상대주의로 해석하는 오류에 쉽게 빠진다. 이러한 오류는 사회발전에 대한 보편적 인식을 방해한다. 과거 및 현재에 대한 상대적 비판은 미래에 대한 현실적 대안추구를 어렵게 하는 자족적이고, 보기에 따라서는 비관주의에 빠지는 논리적 결함을 내재한다. 문화적 다원성에 대한 포스트모더니즘적 관심은 개인, 사회의 특수성을 강조하게 되고 반면 헤겔이나 맑스의 총체적 인식은 부정되고, 결과적으로 사회발전의 보편성은 '해체'된다. 포스트모더니즘적 지평에서 분석되는 중국 관련 사회발전이론의 특징은 반맑스적이며 동시에 반근대화이론적이다. 즉 정통 맑스-스탈린적 결정론적 발전이론과 그에 대한 서구의 반응인 근대화이론 양자에 대해 비판적 시각을 제공하므로서, 다원적 사회발전이론에 기여할 수 있다. 이것은 서양중심적 편견을 벗어난 제3세계적 시각으로서, 사회발전의 내적 요인의 중요성을 강조하는 점에서 긍정적으로 평가될 수 있다. 그러나 다른 한편, 그러한 시각은 사회발전과 학문의 발전관계에서 현실정치적 연관관계가 소홀히 취급되어, 사회발전의 총체적 시각을 제시하는 데는 부족하다. 탈이데올로기주의에 내재한 탈정치적 시각은 사회분석의 틀로서 문화보수주의에 접근한다. 외적 요인에 대한 분석을 경시하는 이러한 분석은 결과적으로 무비판적 현실긍정주의에 함몰되는 오류를 범한다. 이러한 모순은 중국을 이해할 때, 코헨(Cohen)이 주장하듯 중국 외부가 아닌 내부에서 중국현실을 분석해야 한다는 당위성에도 불구하고 분석대상이 그 자체 즉 중국자체 또는 분석주체인 '우리'가 아니라 '여전히 다시금 서양 속에 존재하는 아시아'로 우리에게 이해되고 있다는 생각을 떨칠 수가 없다. 사이드(Said)의 오리엔탈리즘 비판도 바로 이런 맥락이다. 동아시아성 구체적으로 유교자본주의설에서의 유가의 가치관은-당연히 朱子적 유가도 아니고, 20세기 초중반의 현대신유가와도 다른-金耀基나 杜維明식의 미국 내지는 초국가기업의 이해 즉 자본주의의 전일적 승리 속에서의 '자기안도적'(친일본적 정서) 지분찾기의 일종으로 파악된다.[13] 딜릭(Dirlik)은 최근 부상하는 동아시아 경제강국이 유교의 부활을 통해 아시아적 발전이 가능하였다는 주장을 비판하면서, 과거와는 다른 이 '유교'는 "태평양지역의 자본주의적 구조에 의문을 던지기 보다는 오히려 그 틀 속에서 동아시아성을 주장하려는 이념이다"라고 이해한다.[14] 그는 나아가 이 주장에 내재한 심각한 학문 외적문제를 다음과 같이 주장한다 : "이들 지역들이 지방적인 상호작용과 문화형성에 내재된 역사적 논리에 기반을 두고 있기 때문에 발

---

13) 김요기, 두유명, 成中英의 논문은 참조, 한철연, 『현대중국의 모색』, 동녘 1992, 제1부 유학부흥론 p.23-p.186, 김일곤, 『유교문화권의 질서와 경제』, 한국경제신문사 1985, 余英時, 士與中國文化, 상해 1987. 참조, Tu Wei-ming, A Confucian Perspective on the Rise of Industrial East Asia, in; S. Krieger(Ed.), Confucianism and the Modernization of China, Mainz 1991.
14) 아리프 딜릭, 「아시아-태평양이라는 개념」, 정문길 외, 『동아시아. 문제와 시각』, 문학과 지성사, 1995, p.65.

생하는 것이 아니라 미국과 유럽의 이해와 인식에 따라서 외부에서 규정되어졌기 때문에 이러한 담론들이 자율적인 수정, 조절 기능을 수행하지 못한다는 데 있다."[15] 동아시아의 특정한 가치가 통용되던 일정한 역사적, 사회적 맥락을 무시하고 오늘의 사회조건에도 유효하다고 자의적으로 해석하는 것은 논리학에서 말하는 일반화의 오류에 해당된다. 유교자본주의설을 부정하는 주장에서는 이런 비유도 가능할 것이다. "그것은 다른 제3세계에 대해 '우리 동아시아인들은 핍박을 받았지만 해방을 쟁취하고 꿋꿋이 이렇게 재기하고 있소, 비동아시아인들이여, 특히 아프리카인들이여 우리를 따르시오' 정도일 것이다."[16] 말하자면 현재 경제적 생존의 차원의 우월성을 의미할 뿐이고 바람직한 문화와 가치를 제시하지는 못한다. 중체서용이 중국적 전통 속에서 서구의 것을 수용하였다면, 중체서용의 20세기적 변용인 유교자본주의는 자본주의 속에서 전통시대의 유가적 가치를 수렴하려는 노력일 뿐이다.

청말의 중체서용적 사고가 그 자체의 논리적 모순 그리고 사회적 적용의 불가성을 우리에게 보여주듯, 현재의 '중체서용적 가치관'의 모순에 대하여 이론적 그리고 실천적 비판은 시급하다고 할 수 있다. 다시 한번 철학함에서 역사의식이 요청된다. "근대사회와 근대사상의 형식적 보편주의를 넘어서는, 그리고 그 보편성 내부의 모순까지도 수용하는 보다 심층적인 보편주의가 있는가?"라고 월러스틴(Wallerstein)은 묻는다.[17] 이러한 다원주의적 보편주의의 지평에는 자기소모적인 '서양중심적'이라는 문제는 더 이상 필요 없을 것이다. 단위사회 모두에게 공유될 수 있는 가치관을 이해하고 그리고 그것을 실현할 수 있다는 적극적인 희망을 간직하면서, 동시에 다양성과 차이를 인정/용인하는 '근(현)대성'의 인식에 도달하는 것 그것은 과거와의 대면을 회피하지 않고 대화를 통하여 그리고 평화적 방법에 의거한 제도적 장치를 마련하려는 사회적 실천과 동시에 추구될 때 가능할 것이다.

4. 주체적 학문하기

근(현)대화에 따른 가치관의 혼란은 비단 오늘을 살아가는 우리만의 또는 '제3세계인'만의 문제도 아니다. 서양에서도 사회변화시기, 특히 우리에게 철학적 관심의 촛점이 되는 자본주의가 발생, 정착해가는 시기인 이른바 근대에서도 사정은 동일하였다. 유가적 사회의 특징이라고 하는 집단주의 특히 가족중심적 사고와 공공도덕, 근검절약하는 노동윤리, 공동체에 대한 개인의

---

15) 딜릭, 「역사와 대립되는 문화인가?」 정문길 외 3인 엮음, 『발견으로서의 동아시아』, 문학과 지성사, 2000, p.88 참조.
16) 한승완, 「민주주의의 심화와 동아시아 공동체」, 『동아시아 사상과 민주주의』, 사회와 철학 연구회, 이학사, 2003, p.42ff.
17) 월러스틴 외, 이수훈 역, 『사회과학의 개방』, 당대, 1996, p.81.

책임의식 등등은 근대이전의 즉 전통사회의 유럽에도 공유하고 있다(젱하스). 개인보다 집단적 가치가 중요한 사회는 자립적 경제체제에 기초하는 '전통사회'이다. 그 속에서 개인의 자유는, 사회 속에 그에 상응하는 사회적 차별화가 존재하지 않았기 때문에 당연히 생각할 수 없었다. 개인의 권리 보다 Gemeinschaft에 대한 의무, 이익의 대립보다 이상적 가치에 상응한 국가관, 집단 지향적이고 의무지향적인 사유유형은 따라서 당시에는 '자연적'인 것으로 이해되었다. 전근대의 중국 뿐 아니라, 전근대의 유럽이나 또는 현재 이슬람의 근본주의자의 주장에서도 집단 속에 공생적 관계를 이루는 집단주의적 가치관은 쉽게 찾을 수 있다. 인격적으로 훌륭한 지도자를 집안의 아버지상에서 유추하는 그러한 권위를 갖는 권력은 법치주의적 원칙에 근거한 것이 아니라 관습에 의해 인정받은 윤리적 실천에 의거한다. 이른바 혈연, 지연을 둘러싼 전근대적 모순은 과거의 서양사회와 현재까지의 동양사회에서 공통적으로 찾아볼 수 있는 전통사회의 특성이다.[18] 전통사회에 공통된 이같은 모순이 근대화를 통해 서양에서는 극복 즉 합리화되었다고 막스 베버는 분석한다.[19] 전통중국과 대비되는 이른바 서양의 개인주의적 정신, 합리성이나 정치 사회 경제의 영역에서 나타난 다원적 구조는 애초부터 '유럽적이나 서구적'인 것이 아니라, 실은 근대라는 시기에 발전된 전근대성과의 투쟁의 산물인 것이다. 그러나 근대성, 합리성을 서양만의 이성중심적 특수성으로 해석하는 보수적 문화본질주의적 시각이 90년대 이후 현실사회주의의 붕괴와 그리고 특히 9.11사태 이후 전지구적으로 득세하였다. 분단, 지역차별, 성차별의 사회적 질곡이 이제 재해석되고 있다. 余英時 등의 중국계 미국학자나 또는 동양학관련 보수적 잡지 '전통과 현대'의 보수적 사회학자(유석춘)와 정치학자(함재봉) 등은 오히려 혈연중심적 친족관계가 사회적 신뢰망을 구축하는데 유리한, 자본주의 발전에 순기능역할을 한다고 주장한다. 전통에 대한 재해석은 분명 정치적이다. 최근에 유교자본주의를 주장하는 미국학자 혹은 동양계 미국학자는 한국의 학계에 중요한 위치를 갖는다. 학술대회에 주요인사로 자주 초청되거나 국내 학술저널의 편집진에 참여하고 있다(두유명, 에임스 등등). 대충 유교와 사회발전과 같은 유사한 주제의 학술회의에서 비슷한 내용의 발표를 하고 있다. 가족윤리나 효사상이 말하자면 후기자본주의사회에 하나의 대안이 될 수 있다고 주장한다. 그러나 우리가 주의할 점은 그들의 주장은 한국사회를 위한 것이 아니라 미국사회의 모순을 해결하기 위한 매우 많은 대안 중의 하나라는 사실이다. 前자본제적, 후기자본제적 조건과 의식이 공존하는 '발전국가'(한국도 여기서 예외가 아니다)의 문제의식과 미국사회의 후기자본제적 문제가 일부 공명하는 바가 없지 않다(이른바 비동시성의 동시성). 그러나 우리의 문제는 조금 다른 곳에 있다. 다른 어느 학자보다도 '미국학자

---

18) Dieter Senghaas, 'Über asiatische und andere Werte', in; Leviathan, Bd. 23, Heft 1, 1995, S. 6.

19) M. Weber, Die Wirtschaftsethik der Weltreligion, S. 375. 바로 이점에서 한국사회의 큰 병폐로 거론되는 지연, 학연, 혈연 등의 연고주의 문제가 지난 60년대 이후 지금까지 개발독재시기에 특히 부각되었다고 하지만, 그러나 그 모든 원인을 군사/민간 독재지배 형태에게로만 환원시킬 수 없는 이유이기도 하다.

의 주장'이 이 땅에서 권위로서 기능한다는 점이 우리의 '동양철학자'—동양과 서양을 정신과 물질의 세계로 구분하길 즐겨하는—의 의식에 잠재한 모순이기도 하다. 서양학자 그리고 권위주의적 일본식 정서에 친숙한 '동양철학자'들이 제시하는 이른바 유교자본주의적 시각이 그들에 의해 제기되기 때문에 비로서 이 땅의 중국철학을 전공하는 사람은 안심하고 그것의 '보편성'을 주장하는 것은 아닐까? 도대체 이러한 비주체적 학문관의 원인은 어디에 있을까? 필자는 학문종사자들의 역사의식과 사회의식의 부재라고 생각한다. 지난 30-40년간의 경제적 근대화가 동반한 지적, 심리적 '충격'을 문화적인 수단으로 보상하려는 노력은 한편 전통에의 무서운 집착(극보수주의적 성향)으로 표출되고, 다른 한편 무비판적으로 서양의 문화에 흡수되는 이중적, 정신분열적 현상으로 표출되었다. 전통/근(현)대 또는 근(현)대성에 대한 비판적 인식은 해석자의 현실이해의 지평과 불가분의 관계에 놓여 있다. 사회(Gesellschaft)는 근대의 산물이다. 개인과 개인, 개인과 사회의 상반된 이해관계를 조절하기 위한 노력에서 근대성은 각자에게 체득되는 것이다. 이 근대성의 체험은 결국 자기와는 다른 '남'의 존재를 어쩔 수 없이/기꺼이 인정/용인하는 학습과정에서 나온다. 이런 의미에서 권위주의적/독재적(전근대적) 사고와 근대적 다원주의, 합리적 사고는 태생적 차이가 있다. 이와 같은 맥락에서 전통을 발명하는 과정을 엘리트주의의 사회적 영향 관계에서 분석될 필요가 있다. "전통을 발명하는 과정에서는 열등자들 사이에 복종심을 주입하는 방법보다는 엘리트들의 집단적 우월감을 고취하는 방법—특히 이들이 혈통이나 업적을 통해 그런 우월감을 갖지 못한 사람들로부터 충원되어야만 했을 때—이 더 일반적으로 사용된 듯하다."[20] 역사적으로 불평등한 사회제도를 합리화하기 위하여 공식적인 상징적 동의를 통해 전통은 은밀히 만들어지는 것이다. 현재 이 땅에서 요청되는 철학, 학문 활동을 하기 위해서 우리는 우선 자기의 사회의식(Gesellschaftliches Bewusstsein)에 대한 겸손한 반성이 필요하다고 생각한다. 과거/전통의 해석은 우리의 왜곡된 지난한 근대화과정을 성찰하지 않고는 의미를 찾을 수도 없고, 또 현실적 의미도 없다. 결국 찌그러진 근대화라는 프리즘을 거꾸로 추적할 때 전통과 과거는 살아 있는 과거로 다가올 것이다. 유학부흥은 이러한 한국의 사회적, 정치적, 문화적 조건에 대한 성찰을 통해 의미있게 인식될 것이다. 마지막으로 신채호의 주체적 학문의 태도에 대한 글을 인용하면서 이글을 맺는다.

"우리 조선 사람은 매양 이해 밖에서 진리를 찾으려 하므로, 석가가 들어오면 조선의 석가가 되지 않고 석가의 조선이 되고, 공자가 들어오면 조선의 공자가 되지 않고 공자의 조선이 되며, 무슨 주의가 들어와도 조선의 주의가 되지 않고 주의의 조선이 되려 한다. 그리하여 도덕과 주의를 위하는 조선은 있고 조선을 위하는 도덕과 주의는 없다."[21]

---

20) 홉스봄, 앞의 책, p.34.
21) 신채호, 안병직 편, 「浪客의 新年漫筆」, 『申采浩』, 한길사, 1981, p.176.

参考文献

강수돌, 「아시아적 가치와 경영경제 현상」, 『오늘의 동양사상』, 1999년 2호

김일곤, 『유교문화권의 질서와 경제』, 한국경제신문사, 1985

김동춘, 『전쟁과 사회』, 돌베개, 2000

디터 젱하스, 이은정 역, 『문명내의 충돌』, 문학과 지성사, 2007

박상환, 『동서철학의 소통과 현대적 전환』, 도서출판 상, 2010

성민엽, 「같은 것과 다른 것 : 방법으로서의 동아시아」, 『상상』, 1997년 여름

신채호, 안병직 편, 「浪客의 新年漫筆」, 『申采浩』, 한길사, 1981

에릭 홉스봄, 박지향 외역, 『만들어진 전통』, 휴머니스트, 2004

월러스틴 외, 이수훈 역, 『사회과학의 개방』, 당대, 1996

정문길 외, 『동아시아. 문제와 시각』, 문학과 지성사, 1995

정문길 외, 「역사와 대립되는 문화인가?」『발견으로서의 동아시아』, 문학과 지성사, 2000

한국철학사상연구회, 『현대중국의 모색』, 동녘, 1992

한승완, 「민주주의의 심화와 동아시아 공동체」, 『동아시아 사상과 민주주의』, 사회와 철학 연구회, 이학
        사, 2003

Dieter Senghaas, 'Über asiatische und andere Werte', in; Leviathan, Bd. 23, Heft 1, 1995

J. Levenson, Confufian China and its Modern Fate, Vol.1, 1958

M. Weber, Die Wirtschaftsethik der Weltreligion, Tübingen 1988

Tu Wei-ming, A Confucian Perspective on the Rise of Industrial East Asia, in; S. Krieger(Ed.), Confucianism
        and the Modernization of China, Mainz 1991

余英時, 『士與中國文化』(中國文化史叢書), 上海人民出版社, 1987

李炳宪之韓國近代的孔子教運動

李曦载 ｜ 光州大学校中国学部教授

李炳宪是韩末与日本强占时期活动的学者，在西学东渐的转型期受到西方近代文化和基督教的影响，但却坚持把儒教作为其思想的原则和基础。与反对外国势力的一般学者或把儒教作为近代时期的思想加以清除的开明派不同，他主张恢复儒教的普遍真理与宗教性并对儒家进行宗教化的改造。

他受西方文化的影响，并改造自我思想，认为清朝和朝鲜王朝没落的原因根源于儒教尤其是朱明理学。他认为以朱明理学为儒学代表的乡校式儒家教育很难适应新时代的要求，并认为乡校式儒教思想里有与原儒教精神不一致甚至被歪曲的地方。这些都是忠实于封建专制王朝的非民主主义，非人权的因素，因而他对此进行了严厉的批判。可以认为他的这种批判思想基础来源于中国的康有为。

李炳宪特别认为以朱明理学为代表的儒学陷于中华思想和事大主义，把西方只看作蛮夷的思维不能真正认识现实并打开现实局面，更不能脱离封建王朝的社会与身份制度伦理，所以是消极的。没有采取东道西器或中体西用的融合，只固守自己立场的朱明理学式的义理观是不能打开现实局面的。他还认为在无视西方的物质文明难以保证国家安危的情况下，安于过去乡校式的朱明理学是有缺陷的。他更批评乡校式教育虽以孔子为崇拜对象但是并非宗教式的，很难有宗教情感。

他认同现存的儒学不知道世界变化的趋势而且与王朝统治切合，故此被作为封建思想而受到批判的观点，以及把儒学看做近代"前思想方式"来进行清除和批判的观点。

他提出作为宗教的儒教应该是教会式的，其中最重要的观点是把孔子像耶稣一样作为膜拜的对象来信仰。主张如佛教里佛的象征只有释迦牟尼，基督教里只有耶稣是唯一信仰的对象一样，儒教也应该侍奉孔子。

他还强调如基督教原理是博爱一样，原理是超越国家和人种、身份的大同之道。应放弃像朱明理学排他主义立场，恢复消除国界，全人类成为一体的大同之道。并强调从皇权中心脱离，提倡尊重人民的民主主义与人权思想。这是在今文经学和公羊学的立场上把康有为的大同思想作为基础。他力图再证明孔子的儒教是可以给以物质文明为主的西方世界进行伦理觉醒借鉴的优秀思想。

他去中国见康有为,以今文经学为基础,作为孔子教运动的原理。为确立实践孔子教运动的理论原理,著述了≪孔经大义考≫、≪诗经三家说考≫、≪书经今文考≫、≪礼经今文说考≫等。

为普及孔子教,他于是1923年建立培山书堂,并在文庙供奉从孔子故乡中国曲阜带来的孔子遗像,举行"释奠礼"以此来扩散孔教运动。

他认为在剧变时代下儒教执著于过去就不能立足于时代,为了儒教的未来应接纳西方文化,并揭示在西方,儒教也是可以被认同和接受的。因此,他的孔子教运动具有深刻意义。

일제하 李炳憲의 공자교운동의 성과와 좌절

이희재 李曦載 | 광주대학교 인문사회대학 교수

1. 서론

　유교는 종교인가 라는 질문은 쉽게 대답하기 어려운 질문이다. 대체적으로는 유교를 종교가 아니라고 보는 견해가 많다. 동양의 전통, 특히 중국문화의 전통가운데 불교나 도교는 종교의 범주에 들어가지만 유교는 그렇지 않다고 보는 것이 일반적이다.

　조선시대에 유교는 국가통치의 이념이었지만, 민중들의 종교활동은 유교가 아닌 불교나 무속 등을 통해 실행했다. 그런데 이런 오랜 전통에도 불구하고 유교를 종교화하려는 움직임이 중국의 사상가이자 변법 유신의 지도자인 강유위(康有爲)에 의해 제창되었고, 이에 호응하였던 공자교 운동의 지도자가 이병헌이었다. 이병헌 이외에도 여러 가지의 공자교 운동이 동시대에 있었는데, 1909년 박은식(朴殷植: 1859-1926) 등 이 주도되어 대동(大同)교의 유교개혁결사가 공자교 운동의 일환으로 볼 수 있으며, 이와는 달리 1907년에 당시 일제의 통감부의 비호아래 대동(大東)학회가 설립되었고 이를 근간으로 1909년 공자교회로 개명했다. 특히 이 공자교회는 친일세력의 유림장악의 의도에서 출발하였다. 이 친일단체가 "공자교회"라는 명칭을 썼기 때문에 여기서 다루는 이병헌과 같은 시기에 같은 뜻을 가지고 활동한 이승희 등의 "공자교" 혹은 "공교(孔敎)"는 "공자교회(孔子敎會)"와는 구분되어야 한다.

　공자교운동을 제창한 이병헌(李炳憲; 1870-1940)은 1870년(고종 7년) 경남 함양군에서 태어났다. 그는 청년시절 곽종석(郭鍾錫; 1846-1919)의 문하에서 수학했으며, 퇴계와 남명을 함께 존숭한 유생이었다. 이미 21세 때 노사 기정진의 문하생이었던 진주의 월고(月皐) 조성가(趙性家)와 함께 시문(詩文)을 토론한 적이 있을 뿐만 아니라, 기정진의 손자로 전남 장성에 살고 있던 송사(松沙) 기우만(奇宇萬)을 찾아가 학문적 논의를 하는 등 전통적인 유생의 입장에 있었다.

　그러나 도래하는 서양문물을 접하면서 그의 삶에 일단의 변화가 왔다. 34세(1903)에 서울을 방문하여 전차와 철도 등 근대적 시설을 직접 목격하면서 그는 기존의 전통적 유교의 한계를 절감하고 시국의 변화에 어떻게 대응할 것인가 고민하였다.

그는 전형적인 유생의 틀을 벗어나 1906년에는 실학·실업이 없이는 자존(自存)도 없다고 생각하고, 서울 사직동에 집을 얻어 영어를 공부하는 한편 미국인 선교사 알렌이 발행하는 『만국공보(萬國公報)』[1]를 구독하기도 했다. 이런 과정에서 그는 자신의 사상적 바탕인 유교이외에 새로운 서구문화를 접하였고, 동시에 중국의 개혁자로 소위 유신과 변법운동 그리고 공자교 운동의 선구자인 강유위에게서 새로운 길을 발견한다.[2]

그는 45세의(1914년) 2월부터 5월까지 중국에서 4개월간 체류했으며, 이 때 북경에서 공교회를 참관하고 홍콩에서 강유위를 만나게 되면서 근대중국과 공자교운동을 관찰했다. 1916년에도 6월부터 10월까지 5개월간 중국의 정황을 체험하고 이때에도 강유위가 거주하는 항주를 방문하고 『중용주(中庸注)』와 『예운주(禮運注)』를 중심으로 한 금문경학을 바탕으로 한 대동사상과 공자교의 근본이념을 학습한다. 물론 이런 과정속에서 조선에서의 공자교 확산을 논의하였다. 1919년 그는 공자교 운동의 이론적 저술인 『유교복원론(儒敎復原論)』을 저술하여, 그 나름의 공자교의 기본체계를 제시한다.[3]

1920년 2월과 3월 중국의 산동성 곡부에 다녀왔으며, 공자의 진상(眞像)을 모사(模寫)하고 공자교의 바탕이 되는 금문(今文)의 경전(經典)들을 구입했다. 1921년에 이충호 등과 공교회의 교회의 기능을 할 수 있는 배산(培山)서당 유회(儒會)를 발기하여 '배산서당설립취지문(培山書堂設立趣旨書)'와 '進行事目'을 정하였다.

1923년 정월에 다시 네 번째 중국 여행에서도 강유위를 방문하고 유신 변법사상의 유교적 근거가 되는 강유위의 역작 『공자개제고(孔子改制考)』를 받고 공자교와 탁고개제(託古改制)와 관련된 논의를 하였다. 중국 곡부에서 가져온 공자상을 자신의 고향에 사설 문묘를 만들어 봉안하고 공자교 운동을 본격적으로 펼치려 했지만, 당시 보수적인 지방유림들의 반대에 봉착하여 그의 계획은 확산되지 못한다. 개혁을 이끄는 정치적 세력이 지도하는 중국의 상황과는 달리, 한국은 일제하에 있었고 또한 여전히 보수적이고 봉건주의적인 유학이 큰 산처럼 놓여있었기 때문이다. 이런 답답한 상황에서도 그는 공자의 새로운 면을 보려는 노력의 일환으로 1924년에는 일본에 가서 동경의 일본제국도서관의 자료를 보면서 『공경대의고(孔經大義考)』(1924)를 저술

---

1) 1906년(37세)에 알렌(樂知-Young John Allen)의 『만국공보』의 영어명은 "The Globe Magazine and A Review of the Times"이다. 강유위도 『만국공보』에서 지식을 얻고 자기 세계관을 확립하고 있을 정도로 중시하고 있다.

2) 홍원식, 「한주학파의 공자교운동」, 『한국학논집』 26집(계명대학교 한국학연구소, 1999.), p.33. 이 논문에서는 이승희는 '중국 공자교 東三省 지부', 이병헌은 '중국 공교회의 조선 지부'라는 병기를 하고 있다. 그러나 결론에서는 한국의 공자교는 중국의 공자교와 다른 독자적인 성격을 가진다고 마무리 한다.

3) 儒敎復原論에 관한 연구는 이상성(「진암 이병헌의 유교개혁론과 공교운동-"유교복원론을 중심으로-」, 『한국철학논집』 제4집, 한국철학사연구회, 1995) 설석규(「진암 이병헌의 현실인식과 "유교복원론"」, 『남명학연구』 22집, 경상대학교 남명학연구소, 2006.) 그리고 이상익(「유교의 이중성과 근대의 이중성-진암 이병헌의 "유교복원론"을 중심으로」, 『한국철학논집』 제2집, 한국철학사연구회, 2007.)의 연구가 있다.

하였다.[4]

암울한 일제치하에서 또 보수적인 유교가 지배하는 나라에서, 새로운 시대정신을 찾기 위한 그의 노력은 기존의 유림으로부터 외면받았다. 그러나 이에 굴하지 않고 자신의 입장을 대변하는 『변정록(辨訂錄)』[5] 등을 계속 저술하면서 공자교운동의 신념을 포기하지 않았다.

2. 중국에서의 공자교운동

이병헌의 공자교운동에 있어서 가장 영향을 준 인물은 다름아닌 중국의 강유위이다. 중국에서 서세동점(西勢東漸)의 격변기를 맞이하여 다양한 대응방식이 대두했을 때, 서양의 실력을 인식한 이들은 서구의 가치를 적극적으로 받아들이는 입장, 그리고 이에 대해 저항하는 보수적인 입장으로 나뉘는데, 강유위(康有爲: 1858-1927)의 경우는 서양을 수용하되 동시에 중국의 유교문화를 수호하려는 입장이었다. 그의 공자교운동은 종래의 고문경학을 배제하고 금문(今文)경학적 해석을 통해 유교의 이상사회 곧 대동사회를 제시한다. 여기서는 '절대적 평등'이란 것을 매개로 하여 이전의 신분질서체계와는 다른 새로운 이상세계가 제시된다.

그에 의해서 주도되었던 무술변법(戊戌變法, 1898)은 淸나라 궁중내의 수구파에 의해 좌절되었지만 그는 사실 공화주의자는 아니었으며 혁명적 방법이 아닌 점진적 방법을 선호했다. 강유위는 심각하게 위기의식을 가지고 중국의 전반적인 제도개혁을 건의하고 제시한 선구적인 사상가였다.

그는 유교와 중국문화는 불가분의 관계로 중국은 유교의 가르침을 벗어날 수 없는 것으로 중국민족의 존립과 직결된 것으로 인식했다. 그는 서구에서의 기독교처럼 중국에서는 유교가 주요 종교가 되어야 한다고 생각했다. 만약 유교적 가르침이 무너진다면 중국의 정신이 무너진다고 생각했기 때문에 국민정신의 확립을 위한 유교의 국교화를 요구하기도 했다. 그에게 있어서 공자는 철학가, 정치가, 교육가와 같은 평범한 인간이 아닌 유교의 교주(敎主)로 신앙의 대상이 되어야 한다는 입장이었다.

공자가 신앙의 대상이 되기 위해서 종래의 일반인과 떨어져 있는 공자가 아닌 가까이 접근할 수 있는 공자로 거듭나야 했다. 기존의 주자학적 유교는 신분질서에 따라 일반인이나 어린이 부녀자들이 향교에 출입하기 어려웠다. 공자를 국민들이 존중하게 하기 위한 방법으로 민간의 남녀노소 누구나 공자사당에서 참배할 수 있도록 하며, 누구나 하늘에 제사드릴 수 있도록 허용할 것을 요청했다.[6] 이것은 일정하게 기독교의 영향을 받은 것으로 보이지만, 정작 그가 보는 기독

---

4) 금장태, 『한국근대의 유교사상』(서울대학교 출판부), p.111.
5) 이병헌, 『辨訂錄』(大東印刷所, 京城, 국립중앙도서관 소장, 1932.) 漢文 活字本으로 총 32면이다.

교는 서구의 문화침략의 하나였다.[7]

그는 종교로서의 공자교의 유지방법으로, 중앙에 교부(敎部)를 세우고 지방에는 교회(敎會)를 세울 것을 주장했으며, 공자교회를 이끌어갈 교직자로서 향(鄕)의 강생(講生; 奉祀生을 칭함), 사(司)의 강사, 현(縣)의 대강사, 부(府)의 종사, 성(省)의 대종사, 전국의 제주(祭酒; 大長이라고도 함)로 직제를 설정하고, 이들이 일주일마다 휴일에 경전을 강론하여 일반인들이 듣도록 하며, 제사를 담당하게 할 것을 건의했다.[8]

한편 그는 서구의 진화론으로 역사를 보았는데 이를 중국적으로 재해석한다. 그는 역사관의 학문적인 근거로 『춘추』 「공양전」의 공양삼세설(公羊三世說)에 기초하였으니, 다름아닌 역사를 거난세(據亂世)−승평세(升平世)−태평세(太平世)로 발전하는 것으로 파악하고 태평세의 이상을 대동세계라고 하였다. 이 대동세계와 태평세를 유교적 이상사회로 재조명하고 공자교의 중요사상으로 자리매김했다.

대동사회는 국가와 가족을 초월하는 파격적인 제안이었다. 대동사회란 국가도 없고 계급도 없어 전쟁과 대립에서 오는 참화가 근절된 평화로운 세계며 인종적 차별이나 구별이 없는 평등의 사회며 나아가서는 가족도 사사(私私)도 있을 없는 공공(公共)의 세계라고 할 수 있다.

강유위의 공자교 운동은 서세동점(西勢東漸) 하에서 느낀 서양문명에 경악한 중국지식인의 위기의식이며 동도서기적(東道西器的) 대응방식의 일환이라고 할 수 있다. 그러기 때문에 유교를 비판하는 것이 목적이라기보다는 구래의 유교를 청산하고 근대정신에 맞는 유교의 재해석이라고 할 수 있다.

3. 향교식 유교의 비판

이병헌(李炳憲)은 강유위가 중국을 보는 눈으로 똑같이 조선을 바라보았다. 곧 서양에 의해 그리고 자체 내의 개혁에 의해 무너진 청조(淸朝)와 조선왕조(朝鮮王朝)의 몰락원인이 유교 특히 주자학(朱子學)에 있었다는 것을 주장하며, 그 주자학적 유학의 상징인 향교식 유교로는 새로운 시대에 부응하기 어렵다고 판단했다. 그리고 그 향교식 유교의 사상은 본래의 유교정신과 일치하지 않는 왜곡된 유교로 이를 신랄하게 비판하고 있다. 이것은 전제왕조의 기틀을 충실하게 한 비민주주의적 비인권적인 요소들이라는 것이다. 이는 그가 중국의 현실을 체험하면서 과거의 유교를 극복해야 할 필요성을 느꼈다.

---

6) 금장태, 앞의 책, p.140.
7) 與洪林, 『康有爲評傳』(南京大學出版社, 2000), p.50.
8) 금장태, 앞의 책. p.141.

소생이 십 수년 전에 오랜 동안 중국을 보면서 유교의 가르침 가운데 신파와 구파로 나누어 볼 수 있었는데 향교식 유교를 구파라고 하며 교회식 유교를 신파라고 합니다.[9]

그에게 있어서 구파의 향교식 유교는 청산해야 할 대상이었고, 무엇보다도 군주 일인을 위한 전제정치와 영합한 가르침이기 때문에 이를 반성해야 한다고 보았다. 이른바 구파 유교는 춘추를 해석함에 있어서 임금을 존중하고 그의 전제를 옹호하는 책으로 삼아왔다는 것이다. 이것은 다름 아닌 고문경학을 이끈 유흠(劉歆)의 잘못된 좌전(左傳) 등에 의거했기 때문에 오늘날 사회에서 공자가 전제정치를 옹호한 책임을 면할 수 없게 되었으며, 이는 잘못된 경전해석에 근거하는 것이라고 했다.[10] 일반사람들은 공자를 수구적이며 전제적이며 비종교적이며 또한 비자유주의적[11] 인물로 낙인찍고 있는 것도 본래의 공자정신이 아니라는 것이다. 향교식 유교는 공자보다는 오히려 주자에 편향되어 공자의 가르침을 공부할 겨를이 없다고 비판한다.

의리는 주자강목(朱子綱目)을 활용하고, 예(禮)는 주자가례(朱子家禮)를 활용하고, 문장은 주자대전(朱子大全)을 활용하고, 교육은 주자의 소학(小學), 어류(語類), 절요(節要)를 활용한다. 공자의 육경을 어느 때 읽을 것인가![12]

향교식 유교는 경학의 대가(大家)조차도 단지 입으로만 외울 뿐이요, 진실한 정성의 신앙이 결여되어 있음을 지적했다. 공자를 봉헌의 가장 중요한 대상으로 삼기는 하지만 그것은 여러 성현들과 더불어 형식적으로 존숭되는 것이고, 틀에 박힌 격식과 의례로 형식적으로 하는 것이며 정감이 없다는 것이다. 이것은 전제적 군왕과 유교가 영합한 것으로 인민 위주의 의례가 아니라고 비판했다.[13] 누구나 쉽게 접근할 수 있는 대상이 아니라 엄격한 위계질서에 의해 마치 공자는 마치 왕과 같이 군림하는 대상이라는 지적이다.

다만, 가정이 있는 줄만 알고 국가가 있는 줄을 모르며(세상의 유자들이 다만 자신의 이름과 가문만을 아낄 줄 알며, 나라를 생각하는 깊은 생각을 하는 이들이 드물다. 서양인들은 사람들이 애국한

---

9) 李炳憲, 『辨訂錄』, p.2. : 小生十數年前, 久游中國觀察儒教教之中, 自分新舊兩派有鄉校式儒教是謂舊派, 有教會式儒教是謂新派.

10) 李炳憲, 『辨訂錄』, p.3. : 春秋爲尊君專制之書, 本乎劉歆僞左傳及杜注宋胡氏傳, 近日社會界之動以孔子爲專制政治家者本於此.

11) 李炳憲, 『辨訂錄』, p.6. : 萬口一辭則孔子守舊家也, 專制家也, 非宗教家也, 非自由家也.

12) 李炳憲, 『辨訂錄』, p.19. : 況復士家之, 義用朱子綱目, 禮用朱子家禮, 文用朱子大全, 教用語類節要者乎, 孔子六經則何時可讀歟.

13) 李炳憲, 『辨訂錄』, p.3. : 乙曰兼奉諸賢以配孔子, 本乎六朝唐宋元明帝王家已定之典禮, 歷代以來有加無減, 吾東亦奉行.

다), 세계에 대해서 논하더라도 다만 나라가 있는 줄은 알더라도 천하가 있는 줄은 알지 못한다. (세상의 유자들이 외국인을 보기를 이적과 금수로 보고 천하의 보편적 원리를 아는 이가 드물다. 서양인들은 천하의 대세를 안다).[14]

　　여기서 말한 유자(儒者)는 향교식 유생들을 말하는 것으로 시대의 추이를 모르는 답답한 사람들로 묘사되고 그에 반해 서양인들은 애국은 물론 이거니와 인류적 차원의 사유를 할 줄 아는 문명인으로 묘사되고 있다. 이는 향교식 유교가 편협한 배타주의에 머물러 가족과 국경을 넘어선 인류적 사상이 되지 못하므로 대동주의와 어긋난다는 점을 지적하는 것이라고 볼 수 있다.
　　그는 종래의 주자학에서는 『예기』의 「예운」을 공자의 설로 보지 않는 것이 그런 편협성을 말하는 것이라고 보았다.[15] 이것은 주역과 춘추에 대한 이해도 마찬가지로 주역을 단지 점치는 책으로 간주한다거나 춘추를 이해하지 못하는 것 등에서 공자의 근본대의를 밝히지 못하고 있다는 것이다.[16]
　　이병헌의 공자교의 기본정신은 종래의 고문경학을 바탕으로 한 보수적인 유교, 향교식 유교는 진정한 공자의 정신을 담고 있지 않기 때문에 기존의 유교를 벗어나 공자를 재해석하는 공자교운동이 필요하다고 했다.

4. 공자교의 제안

1) 공자신앙

　　공자를 신앙의 대상으로 존숭해야한다는 것은 여러 경전에서 그 근거를 찾는다. 그는 『주역』관괘(觀卦) 단사(彖辭)에서 이른바 '성인이 신의 도로써 가르침을 세웠다(聖人以神道設敎)[17]'라는 문단을 지적하면서, 이러한 명백한 神道를 외면하고 공자를 종교가로 보지 않는 것은 문제가 있다고 하면서 공자의 종교가로서의 입장을 주역에서 찾을 수 있다고 했다.

---

14) 李炳憲, 『李炳憲全集』(上), p.181. : 「儒敎復元論」 '儒敎倫理' : 但只有家而不知有國(世之儒者, 但只惜身名, 保門戶, 有經國遠慮者鮮矣, 西人則人人愛國) 以之論則但只有國而不知有天下(世之儒者, 見外國人則謂之夷狄禽獸, 眞知天下之公理者尤鮮, 西人則人人知天下大勢).

15) 李炳憲, 『辨訂錄』, p.3. : 乙曰孔子非大同主義, 本乎宋儒以禮運爲非孔子之說, 近日社會界曰孔子不知大同主義者本於此

16) 李炳憲, 『辨訂錄』, p.19. : 以朱子之賢猶曰易只是卜筮之書, 春秋誠有不可解者, 如此而謂能發明孔子之微言大義乎.

17) 李炳憲, 『孔子大義考－周易』, 「風地觀」 : 觀 天之神道而四時不忒, 聖人以神道設敎, 今日中, 東學者, 見孔子之. 多言入世間法, 以爲非宗敎家, 然至此明明說出, 聖人以神道設敎而天下服矣, 乃爲今日準備語果, 何等平日而切當乎.「乾卦」 : 此易於六經爲主腦, 神道設敎之義, 又爲易之宗, 故孔子之所以世界大宗敎家者, 實在易經精義.

공자의 교주가 되는 소이는 역(易)에 있는데 곧 신도(神道)의 가르침을 설한 경전이다. (…) 교주는 공자이며 복희·문왕·주공을 이르는 것이 아니다. 이를 관찰하지 못하면 필시 유교는 종교가 아니며 공자는 교주가 못된다.[18]

유교의 성격을 정의하면서 "유교는 공자의 교"라고 또한 "독일부이지교주(獨一無二之敎主)"로 섬기는 대상이 되어야 한다고 주장하고 있다. 이는 기존의 유교와 확실히 다른 그의 입장이었다. 종래의 유교는 공자이전의 요순 이래로부터의 성인은 물론이려니와 공자의 제자들이 모두 제례를 드리는 대상인데 비해 이병헌은 '오로지 공자'만이 공자교의 존숭의 대상이었다.

요순보다도 공자가 더 빼어난 성인이라는 것이다. 송유(宋儒)는 물론 우리나라의 퇴계와 율곡 같은 선비들도 신앙은 될 수 없으며 오로지 공자만을 신앙의 대상으로 삼아야 한다는 논리는 기존의 종교처럼 공자를 높여 경쟁력을 갖게 하는 의미라고 보아야 할 것이다.

공자는 나를 위한 오로지 하나이며 둘이 아닌 교주이니, 비교하자면 깊이 밝혀질 것이 아니겠는가! 인도에서 비록 셀 수 없을 정도의 부처가 있지만 불교라 할 때는 석가세존만을 지칭하기 마련이고, 유태인들도 수많은 선지자(先知者)들이 있지만 경교(景敎; 기독교)라 할 때 반드시 야소기독(耶蘇基督; 예수 그리스도)만을 칭하니 그 의미가 모두 동일한 것이다.[19]

불교의 경우 과연 석가모니불만을 신앙의 대상으로 하는 것은 아니고 기독교의 경우도 삼위일체설이 있지만 유교에 비해서 구체적 신앙이 있다는 것은 주지의 일이다. 이병헌은 유교가 종교가 되기 위해서는 공자의 지위가 신격화되어야 함을 주장한다.

세상 사람들이 공자를 존숭하지 못하는 것이 오래되었다. 불교와 기독교는 저마다 모이는 회당이 있고 세월이 가고 달이 갈수록 그들의 신앙의 대상을 섬기는 자가 늘어난다.[20]

국가의 운명이 민족의 정신에 있고 민족이 단결하기 위해서는 정신을 유지하는 방법은 유일무이한 종교여야 하는데, 중국과 한국은 유교가 바로 그것이라고 하면서,[21] 서양에서 예수의 출생을 서기의 출발로 쓰듯 공기(孔紀)를 써야 한다고 주장했다.

---

18) 李炳憲, 『易經今文考』(上), p.20. : 孔子之所以爲敎主者在易卽神道說敎之大經也. (…) 敎主卽孔子也, 非伏羲文王周公之謂也. 於此不察焉則, 必將曰儒敎非敎孔子非敎主也.
19) 李炳憲, 『李炳憲全集』(上), p.178. 「儒敎復元論」儒敎名義 : 孔子之敎爲我, 獨一無二之敎主, 不亦較然明甚乎, 印度雖有無量諸佛而爲佛敎者, 必稱釋迦世尊, 猶太非無許多先知而爲景敎者, 必稱耶蘇基督, 其意亦有此也.
20) 『北游日記節抄』(필사본), p.13. : 世之不知尊孔子者久矣. 耶佛各敎之會堂, 則歲加月增城內之增奉先聖者.
21) 『李炳憲全集』(下), p.589. 「我歷抄」甲寅 45세 p.24. : 國家之命服, 在於民族之精神, 團結民族, 維持精神之方, 則唯一無二之宗敎也. 中麗兩國之敎, 則儒敎是也.

공자의 탄생을 기원으로 하는 것은 왕조를 연호로 쓰는 것에 비해 보다 합리적인 방안이라고 주장했다.[22] 아마도 종교로서의 공자교운동은 유교의 진수는 공자 한 분 이외에는 없다라는 접근 방식이다. 이병헌의 심중에는 유교의 전통을 가진 우리나라에서 다른 종교를 대신해서 공자를 하느님이나 부처님처럼 신앙의 대상으로 여기는 길만이 합당한 것이라고 생각했다.

2) 대동사상(大同思想)의 선양

이병헌의 공자교에서 중시한 것은 대동사상이다. 그래서 공자교, 공교라는 명칭과 함께 대동교(大同教)[23]라는 명칭도 사용되기도 했다. 이병헌 역시 공자교(孔子教)는 전세계 대동(大同)의 교가 될 것이라고 말한다.[24] 그는 주역의 동인(同人)괘를 설명하면서 불편부당한 세계가 대동의 세상이라고 설명한다.

> 종족으로 사람과 함께 하면 인색하다. 살피건대 이는 육이(六二)에 대한 효사(爻辭)의 뜻이다. 종족으로 사람과 함께 함은 인색하다. 군자는 반드시 종족으로 사람과 함께 하지 않고 불편부당하기 때문에 점차 대동의 문으로 들어가는 것이다.[25]

대동사상은 이병헌이 이상으로 하는 민주적이고 평등한 그러면서도 인권을 보장하는 그런 이상사회로 묘사된다. 유교에 대한 종래의 입장이 봉건주의와 충효사상이라면 대동사회가 제시하는 것은 이것을 탈피하는 것으로 주목되는 것이다. 현실적으로 이병헌은 일제식민지 치하에서 독립운동을 한 것도 아니었고, 충효사상에 반하는 탈권위적인 운동가도 아니었지만 인류의 이상은 남녀와 인종의 차별뿐만 아니라 궁극적으로는 가족도 사라지는 그런 평등사회를 묘사했다.

> 진실로 여자가 부정하면 부부의 의리는 모두 사라지는데 어찌 부자와 형제의 윤리가 있겠는가! 오늘날 공산주의와 공처(共妻)의 설이 성행을 하고 서양에서는 본래 가족이 없어서 여기에 이르면 사회발전이 가장 쉽다.[26]

---

22) 李炳憲, 『辨訂錄』, p.3. : 甲日以孔子降生爲紀元, 本乎春秋公穀傳襄公二十一年冬大書, 庚子孔子生五字, 此爲素王紀年之嚆矢, 可通之萬世.

23) 금장태, 『한국근대의 유교사상』(서울대학교 출판부, 106면.) 참조. 동시대에 박은식(1859-1925)은 1909년 9월 11일 장지연 등과 大同教라는 명칭의 종교단체를 조직하였다. 앞서 李完用・申箕善 등이 1908년 1월 '大同學會'를 조직한 것도 주목할 만한 변화라고 하겠다.

24) 금장태, 앞의 책, p.109.

25) 李炳憲, 『孔子大義考－周易』(한국경학자료시스템), 「天火同人」 : 同人于宗吝, 按此六二爻辭之義, 同人于宗則吝也. 君子不必以宗爲同人也, 無偏無黨則漸進於大同之門矣.
『易經今文考通論』(한국경학자료시스템), 「天火同人」 : 按宗亦黨也. 無偏無黨則進於大同.

26) 李炳憲, 『孔子大義考－周易』 「風火家人」 : 苟女而不貞則夫婦之名義全滅, 有何父子兄弟之倫哉. 今日共産共妻之說盛行, 泰西則本無家族, 至義故社會發展最易.

그의 이러한 대동사상은 강유위와 괘를 같이 하는 것으로 종래의 군주 중심의 사유를 벗어나 공자에 의한 대동(大同)의 의리와 맹자에 의한 민본의 정신 그리고 춘추의 태평세를 이상으로 하는 체계였다. 춘추에서 말하는 소강시대와 『예기(禮記)』에서 말하는 승평세가 가정과 국가간이 서로 대립되는 시대라면, 미래의 사회는 대동시대이며 태평시대인데 그것은 공자교에 의하여 구현되는 인류의 평화시대이다.

3) 금문경학의 연구

그가 기존의 향교식 유교를 비판하고 대동사상을 전개하는 데는 새로운 경전해석의 영향을 받은 것으로 비록 그의 공자교 운동이 좌절되었다고 하더라도 한국근대의 유교사상에 있어서 매우 중요한 학문적 업적을 남긴 것이 그의 경학사상이라고 할 것이다.

금문(今文)은 진시황제의 분서갱유에 의해 흩어지고 멸실된 고전을 후대의 학자들이 복원한 것이다. 그리고 그 복원의 근본정신은 공자의 큰 뜻을 살리자는 소위 "미언대의(微言大義)"(작은 소리지만 큰 뜻이 있다.)라는 것으로 무엇이 공자의 진정한 뜻이었는가에 의미를 두고 있다. 이것이 한나라 시대에 동중서 등의 활약에 힘입어 유교가 관학으로 되는데 바탕이 되었다. 그러다가 곡부의 공자고택에서 진시황이전의 경전들이 발굴되게 되었다. 이것이 바로 고문(古文)경전으로, 금문경전과 비슷한 것도 있고 다른 것도 있다. 『주례(周禮)』, 『모시(毛詩)』, 『춘추좌씨전(春秋左氏傳)』, 『고문상서(古文尙書)』 등 이 고문경서가 발굴되면서 금문경서는 의심을 받게 되고 고문경서가 신뢰를 받게 되었다. 이것은 "미언대의(微言大義)"보다는 공자의 "술이부작(述而不作)"의 뜻이 강하여 유학은 공자 한 사람의 유학이 아니라 요순이래 오랜 전통을 가진 것을 공자가 정리한 것으로 파악하고 있는 것이다.

그는 금문경학(今文經學)[27]을 참된 유교로 인식하고, 이를 기반으로 삼는 '공자교 운동'의 중요한 사업으로 삼았다.[28] 이러한 그의 사상은 당시 강유위의 『신학위경고(新學僞經考)』[29], 『공자개제고(孔子改制考)』 등의 저술에 영향을 받은 것임은 말할 나위가 없다. 이병헌은 금문경(今文經)이야말로 공자의 후학들이 직접 구전한 것이라고 강조했다.

그는 금문경학을 진정한 유교의 입장으로 보고 이의 연구에 몰입했다. 그 결과, 『공경대의고(孔經大義考)』, 『시경삼가설고(詩經三家說考)』, 『서경금문고(書經今文考)』, 『예경금문설고(禮經今文說考)』, 『역경금문고(易經今文考)』 등을 저술했다. 따라서 그는 지금 필요한 유학은 금문경학으로

---

27) 금문과 고문의 논쟁은 公羊學과 左氏學간의 논쟁이다. 前漢 哀帝때 유흠과 太常博士의 1차 논쟁이 있었다. 董仲舒 이후 公羊學이 유교의 국가이념화의 중추적인 역할을 수행하고 국가적 학문이 되었다. 이 가운데는 경학이 신비화 종교화되는 면이 있었으며, 고문 경학은 讖緯와 같은 신비주의를 수용하는 금문경학을 비판한다.
28) 금장태·고광직, 『유교근백년』(박영사, 1984.) p.537.
29) 1891년 출판한 이책에서 고문경서를 모두 유흠의 위작으로 간주하면서 그동안의 모든 경학은 위경에 근거했으며 유흠을 비판하지 않고서는 공자의 도가 드러날 수 없다고 주장한다.

공자의 문하생들이 구전해온 설이며, 향교식 유학은 수구적인 고문경학인데 이는 유흠(劉歆)에게 의거하는 날조된 것이라고 했다.[30]

이병헌은 고문경학의 대표적인 인물인 유흠(劉歆)을 비판하고, 금문경학의 입장을 견지한 동중서 등의 음양오행설, 천인감응론(天人感應論) 등에 대해 공자의 가르침과 일치하는 것으로 보았다. 고문경학이 「좌씨전(左氏傳)」 등에서 군부(君父)에 대한 신자(臣子)의 도리를 강조하고, 군주의 명령을 절대적인 권위인 天으로 격상시키고 상대적으로 군부의 절대적인 권위를 절대화한 것으로 보았다. 그러나 금문경학의 해석을 함에 있어서 민주적 가치에 부응하는 면을 강조하기도 한다. 예컨대, 주역의 대유(大有)괘를 설명하면서 과거의 전통사회는 음양관계에서 양이 언제나 우위에 있었지만 민주사회에서는 그런 고정관념을 벗어날 수 있음을 시사한다.

음이 존경받는 위치를 얻을 때도 있으며 이것이 대유(大有)의 세상이다. 마치 근래에 영국과 이탈리아가 여왕인 것과 같은 이치다.[31]

이병헌의 금문경학에 대한 핵심적 입장은 유교경전의 대부분이 공자의 저작이라는 것이고, 공자는 단지 자신을 '술이부작(述而不作)'이라고 했던 것은 성인의 겸손에서 기인한 것이라고 했다.

대개 성인의 겸손한 덕은 일찍이 군자가 자처하여 신비롭게 교화하여 하늘과 더불어 하나가 되었다. 오늘날 보고 굽어보고 또 나아가면 '述而不作'이라는 것은 진실로 공자의 경전이라는 것이며 신비롭게 교화하여 제도를 개혁하고 가르침을 창설한 것으로 공자의 경전인 것이다.[32]

공자가 말하기를 내가 수년을 더 살아서 오십에 역을 공부하면 큰 허물이 없을 것인데 (…) 내가 가령 수년을 이라고 가정한 것은 내가 역에 더 훌륭할 수 있을 것이라는 것이다. 이것이야말로 공자가 역을 지은 사실이다.[33]

이처럼 이병헌의 금문경학은 공자야 말로 진정한 유교의 교주이며, 모든 경전의 실제적 작자인 것으로 과거의 잘못된 해석을 떨쳐야 한다고 주장했다. 동시에 금문경학이 공자를 숭상하며, 공자가 비록 제왕의 자리에 오르지 못했지만 하늘의 명을 받은 사실상의 제왕인 소왕(素王)이라

---

30) 李炳憲, 『辨訂錄』, p.3. : 甲曰維新而闡今文經學, 本乎孔門相傳之口說, 乙曰守舊而奉古文經說, 本乎劉歆所託之虛造.
31) 李炳憲, 『孔子大義考－周易』 「火天大有」 : 陰得尊位有時爲大有之世, 如近日英國維多伊亞, 女主者是也.
32) 『易經今文考』(上), p.18. : 盖聖人之謙德, 未嘗以君子自居而神而化則與天爲一. 以今觀之俯而之就, 述而不作者, 固夫子之經也. 神而化之改制創敎者, 乃夫子之經也.
33) 『易經今文考』(上), p.3. : 孔子曰, 加我數年, 五十而學易, 可以無太過矣 …… 假我數年, 若是我於易, 則彬彬矣, 此乃孔子作易之事實也.

는 인식을 종교적 숭앙의 대상으로 재해석하려 했던 것이다.

5. 결론

조선을 지탱해 온 전통적 유교문화는 서구문물의 도래와 일본의 한반도 강점에 의해 엄청난 혼란을 가져온다. 조선왕조의 붕괴는 성균관의 문묘를 중심으로 한 지방향교의 학교기능을 제거하고, 국가통치의 위계질서의 중심에 있었던 유교의례의 공식적 폐지를 의미하게 된다.

물질문명보다는 도덕적 절의를 강조하던 선비들이 위정척사의 비장한 각오로 일제강점에 맞서 의병을 일으키는 등 저항을 멈추지 않았지만, 이미 대세를 뒤집을 수 없는 상황에서 일제강점기를 맞게 된다. 일제는 한편으로 한국의 풍습을 개선하려 하면서도 한편으로는 충효의 유교문화를 유지할 필요를 느끼기 때문에 향교에서의 제사기능은 지속될 수 있었다.

이병헌은 서양과 일본의 새로운 물질문명에 대해 충격을 받으며, 서양의 근대적인 인권과 민주주의의 가치 등에 대해서도 그 보편성을 인식하면서, 이제까지의 전통적 유교가 가지고 있던 전근대적인 요소들에 대한 반성이 필요하다고 보았다.

그러한 사유의 일단은 이미 그의 스승인 곽종석에게도 찾아 볼 수 있었지만, 강유위(康有爲)의 공자교와 대동사상 그리고 금문경학(今文經學)에 결정적인 영향을 받게 된다. 다섯 차례에 걸친 중국여행에서 새로운 시대에 맞는 유교복원을 실현하고자 한다.

그가 제안하는 공자교의 내용은 공자를 기독교의 예수나 불교의 석가모니처럼 신앙의 대상으로 삼아야 한다는 것이다. 그리고 종래의 위계질서와 봉건사회에 영합했던 유교에서 탈피하여 대동사회의 인류애를 실현함으로써 세계종교로서의 보편적 가치를 전파하자는 것으로 요약된다. 이러한 사유는 이미 금문경학에 바탕한 것이므로 금문경학을 재조명하는 것을 그의 주요한 사명으로 인식하였다.

이병헌의 공자교 운동은 하나의 시도에 불과했고 이를 실제로 민중 속으로 접목시키는 데는 실패했다. 이것은 이미 강유위의 수제자인 양계초가 종교로서의 유교는 적합하지 않다고 평가했던 데서도 한계를 보였던 것이다.

그렇지만 그의 유교개혁의 노력은 참신하고 의미있는 것이 아닐 수 없다. 그는 왜 유교가 전근대적인 사상으로 비판받았는가에 대해 깊은 반성이다. 그가 지적한 것은 봉건왕조와의 영합한 가운데 전제정치를 옹호했다는 것이며, 유교만을 진리로 인식하고 다른 문화와 소통하지 않는다는 점, 그리고 신분질서 등에 따른 인간의 불평등을 당연한 것으로 인식하는 등의 문제였다. 그리고 다른 종교와 같이 위대한 스승과 정감있는 교류가 없어져 버린 그런 향교식 의례에 문제를 제기한 것이다.

이병헌의 이러한 일련의 사유는 강유위로부터 유래한 것이기는 하지만, 중국과 달리 주자학

중심의 한국에서는 보다 정교한 설득이 필요했기 때문에 그는 금문경학(今文經學)의 정리에 보다 많은 공을 들였다. 그것은 공자교의 창시자라고 할 수 있는 강유위가 이병헌의 저술을 보고 감동했다는 데서 알 수 있는 점이다.

그런데 이러한 노력은 기존의 유교를 비판하는 데는 성과를 거두었을지 모르지만, 새로운 유교는 되지 못했다. 공자를 예수나 석가모니와 같은 유일한 신앙의 대상으로 높이다 보니 다른 유교 성인들이 배제된 것이 보수적인 유생들이나 일반민중들에게 받아들여지지 않았던 것이다.

그의 공자교 운동은 분명히 전근대적 유교와는 다른 새로운 유교해석이었으면서도 의도한대로 성공을 거두지는 못했다. 다만 금문경학을 통한 유교의 새로운 해석은 유교를 전근대의 사유체계로만 보는 편협한 시각을 벗어난 참신한 이론이라고 할 수 있을 것이다.

参考文献

李炳憲, 『李炳憲全集』(上・下), 아세아문화사. 1989.
『易經今文考通論』, 한국경학자료시스템. http://koco.skku.edu.
『孔子大義考－周易』, 한국경학자료시스템. http://koco.skku.edu.
『北游日記節抄』 필사본(국립중앙도서관 소장).
『易經今文考』 필사본(국립중앙도서관 소장).
『辨訂錄』, 大東印刷所(京城, 국립중앙도서관 소장).
孔子教會本部, 『孔子教會既往及將來』(국립도서관 소장).

금장태・고광직, 『유교근백년』, 박영사, 1984.
금장태, 『한국근대의 유교사상』, 서울대학교 출판부.
이상성, 「진암 이병헌의 유교개혁론과 공교운동－"유교복원론을 중심으로－」, 『한국철학논집』 제4집, 한국철학사연구회, 1995.
홍원식, 「한주학파의 공자교운동」, 『한국학논집』 26집, 계명대학교 한국학연구소, 1999.
설석규, 「진암 이병헌의 현실인식과 "유교복원론"」, 『남명학연구』 22집, 경상대학교 남명학연구소, 2006.
이상익, 「유교의 이중성과 근대의 이중성－진암 이병헌의 "유교복원론"을 중심으로」, 『한국철학논집』 제2집, 한국철학사연구회. 2007.

日本儒教復興的可能性

土田健次郎 | 日本‧早稻田大學

　　日本明治時代以後之儒教批判的中心主題，基本著眼於儒教對平等與自由的阻礙這一面。將平等與自由的價值絕對化後，與其相對置的另一個極端即爲差別主義、統制主義，而儒教亦被歸入此類。這點與江戶時代，"三綱五常"作爲儒教特色被放置在突顯的位置一事有關。然而對於將"三綱五常"中的"三綱"作爲儒教本質來看待這一點一直存在批判。最大的理由在於，與"三綱"相同的內容同時出現在《韓非子》中，故儒家的"三綱"被認爲受到法家的影響。與"三綱"相同，因與法家關係而受到質疑的儒教道德，尚有"四維"。"四維"原本見於《管子》，至滿清時被作爲教化的德目之一。下至近代，其作爲蔣介石的新生活運動之標語登場。然而儒家與法家的差異在於，法家否定對君主的諫言，將對君主與法的服從絕對化。與之相對的，則是儒家所主張的以靜諫對支配者進行道德約束，重視社會之同時亦重家族，始終將社會與家族置於視野之內，對支配者並非單極化的服從等。

　　儒教原本即存在廣義與狹義之兩者。廣義之儒教，乃是持有儒教教養者之言論。其人所使用的用語及事例等，乃源自儒教教養。此類基於教養的思想言論，即"廣義之儒教"。另一方面，狹義之儒教，乃指在與某種思想及宗教對比中呈現出的儒教特色。在中國古代有道家、墨家、法家，其後則有佛教、基督教，至近代則與西歐近代思想的對比中得到把握，此類儒教之特徵，即是狹義之儒教。例如在日本，與佛教對置中作爲儒教特色呈現出的代表性思想，即爲"三綱五常"。及至近代，將自由與平等絕對化之西歐近代思潮東漸後，作爲與之相對的另一極點之儒教，被定義爲反自由、反平等之思想，並受到激烈批判。而此時，"三綱"恰好成爲了儒教必須被否定的因素之一。

　　並非將平等及自由置於絕對位置，而是以其他價值觀爲基軸重新思考之際，儒教價值的再判斷便呈現出新的可能性。例如將基軸設置爲「自由主義(liberalism)」、「自由至上主義(libertarianism)」對「共同體主義(communitarianism)」時，儒教與「共同體主義(communitarianism)」的親密性則可得到認識，並出現以此爲基礎對其進行重新評價的傾向。

儒教傳入日本的同時，在禮的内容等方面則出現了日本本土式的變化。其特徵可以歸納爲"類型之共有"與"内容之分歧"兩點。就禮而言，將禮作爲日常性實踐規範進行强調，乃中國儒教與日本儒教共通之處("類型之共有")。但日本儒教中，禮的具體内容則體現了日本式的變化("内容之分歧")。因"類型之共有"，日本之儒教得以保持其作爲儒教的自覺性。

另一方面，日本儒教又分爲"非自覺性儒教"與"自覺性儒教"。"非自覺性儒教"指的是雖然受到儒教影響，卻不自知者，多與日本之前的思想的感性混而爲一。"自覺性儒教"指的是將儒教的問題意識及術語被自覺表現之思想、運用於其思想表現之人，即儒者。近代以後，儒教用語及其概念範疇(category)不再繼續被使用，反之歐美思想的用語及概念範疇被廣泛使用，昔日"自覺性儒教"的身影逐漸淡薄。在提出儒教主張之際("狹義之儒教")，若要獲得社會性的説服力，須待有著經書及禮之教養的"廣義之儒教"普及至一般社會後方可實現。然近代以來，日本的此等教育基礎已徹底衰弱。但即便現在，《論語》及儒教相關啓蒙書物在日本依舊被廣泛傳讀，充分顯示以"非自覺性儒教"爲首的儒教受容之土壤至今尚存。

"狹義之儒教"的内容，在與他者對抗中不斷的變化。將自由與平等的價值絕對化，並將儒教置於其對立面，在這一模式之下，儒教除了否定意義外再無其他。而當能夠顯示儒教價值的對抗關係之模式得以提出時，儒教自古以來所培育的豐富論述中，依舊可尋得大量具積極意義之處。但若要認識到此即"儒教"，則恐需要在儒教教育基礎已徹底衰弱的當世現狀下，付出相當巨大的努力。然而當儒教受容的精神土壤與之呼應時，其説服力自當增大。

日本における儒教復興の可能性

土田健次郎 ┃ 日本・早稲田大学

儒教の不平等性に対する批判

　日本の明治時代以後の儒教批判の柱は、儒教の持つ不平等主義と不自由主義に対するものであった。特に不平等主義に対する批判は強く、その代表としては福沢諭吉が著名であるが[1]、それ以外にキリスト教徒の小崎弘道や、保守的立場を取る西村茂樹すらも儒教の不平等主義を批判している[2]。これは背後に自由と平等を絶対的価値とする近代西欧思想の影響がある。また日本の江戸時代も厳しい身分社会であったが、一方で平等への強い志向があり、それもかかる価値観の受け皿になっていたと思われる。

　つまり平等と自由を絶対的価値とした場合、その対極として差別主義、統制主義があり、そこに儒教があてはめられたのである。そしてこのことは、江戸時代において、儒教の特色として「三綱五常」の類が挙げられることが目立っていたことが関係する。江戸時代初期に特にこれが強調されたのは、仏教からの脱却が意識されていたからである。

2. 三綱五常とは何か

　そこで、ここで「三綱五常」の性格について考えておきたい[3]。「三綱」とは父子、夫婦、君臣であって、基本的な人間関係を示す[4]。次に五常とは、仁、義、礼、智、信であって、基本的な

---

1)『学問のすすめ』、『文明論の概略』、『旧藩情』、『福翁自伝』等。
2)『日本道徳論』。西村は後に儒教に好意的になる。
3)「三綱五常」については、『論語』為政の「子張問、十世可知也。子曰、殷因於夏礼、所損益可知也。周因於殷礼、所損益可知也」に対する何晏『論語集解』及び邢昺『論語正義』、また朱熹『論語或問』。

道徳を示す。このうち「五常」の方は、様々な人間関係にあてはめることができ、かなり柔軟に適用できる道徳である。問題は「三綱」の方である。

「三綱」については、これを儒教の本質とすることに対する批判がある。杜維明氏は「三綱」の中には法家的思想が入っているとし[5]、陳来氏も近代において儒教否定のために「三綱」が儒教の特徴としてことさら強調されたとする[6]。杜氏は「三綱」の観念が儒家の文献に見えるのは比較的おそく、最も早くみえるのは、法家の文献の『韓非子』であるとする。「臣之所聞曰、臣事君、子事父、妻事夫。三者順、則天下治。三者逆、則天下乱。此天下之常道也」（『韓非子』忠孝第五十一）。そして杜氏は、このような社会の秩序維持を際だたせる思想は、儒家思想と相容れないものとする。

このような批判は「三綱」、つまり君臣、父子、夫婦が上下関係であって、儒教は上下関係を固定化し、平等の思想と正反対だというものである。つまり儒教の仁の道徳が発揮される多様な場の中で、特に上下関係がクローズアップされ固定化されたのがこの「三綱」だと言うのである。ここで注目されるのは、法家の影響が言われていることである。

3. 四維

同じく法家との関係を問題にされる儒教の道徳に「四維」がある。この「四維」とは、礼義廉恥の四徳であって、もともと『管子』に、「四維張則君令行‥‥四維不張国乃滅亡。国有四維。‥‥何謂四維一曰礼二曰義三曰廉四曰恥」（「牧民第一」、「然則礼義廉恥不立、人君無以自守也。故曰、全生之説勝、則廉恥不立」（「立政九敗解第六十五」）と見え、統治者の命令が行き渡るための徳目とされる。前漢の賈誼『新書』巻三「俗激（事勢）」ではこの『管子』を引用しつつ議論を立てていて、これが後世しばしば参照されている。なお賈誼の議論は『漢書』賈誼伝に要旨をまとめられている。時代は降って、唐の柳宗元の「四維論」（『柳河東集』三）は、「四維」を否定して後世問題を投げかける。柳宗元は、「礼義廉恥」は、「礼義」だけでよいのであって、「義」であれば当然「廉恥」が含まれているのであるから、わざわざ「廉恥」を立てる必要は無いというものである。

一方この「四維」を持ち出して、五代において多くの君主に仕えた馮道を批判したのが、北宋の欧陽脩である（『五代史』五十四「雑伝第四十二」）。何人も君主を変えた馮道は廉恥の道徳に欠けると言うのである。これは司馬光の『資治通鑑』二九一「後周紀二」で引用された。そして朱熹

---

4) 特に「三綱」について早い例では、班固『白虎通義』下「三綱六紀」。
5) 杜維明『儒教』、上海古籍出版社、2008年 2月、p.95。
6) 土田健次郎編『21世紀に儒教を読み解く』（早稲田大学出版部、2010年12月刊行予定）で引用した陳来氏の談話。

は、皇帝に向かい、『管子』と賈誼の議論を評価する(「己酉擬上封事」、『朱子文集』一二)。

これが清朝になると教化の語として見え始める。上は皇帝から(「四維解」、『聖祖仁皇帝御製文第二集』巻三十)、下は庶民向けの善書に至るまで多く見出せる。それが近代になり蒋介石の新生活運動の標語としてまた浮かび上がる[7]。蒋介石の「四維」解釈は、彼の「礼義恥的精義」(1934年4月)に見える。

『管子』全篇が法家思想一色であるわけではないが、儒教の徳目の中に法家と接近する要素があるということは注意されよう。ただその場合、法家が君主に対する無条件の服従を説くのに対し、儒家は君主に対する諫言を重視するのである。柳宗元が「四維論」でわざわざ廉恥を独立させることに危惧を持ったのは、直接書いてはいないが、服従の論理が浮き立つことへの警戒があったかもしれない。一方清朝において礼教的世界が煮詰まり、そこで「四維」が強調されたということは、礼秩序への下部への浸透と平行していたと言えよう。

ただ蒋介石の場合は単純ではなく、それに先立つ新文化運動における儒学批判の風潮に対する対抗でもあり、同時に彼自身の主観的認識としては孫文の三民主義の継承でもあった。新文化運動では「徳先生(民主主義Democracy)」と「賽先生(科学Science)」が評価の基準とされ、民主主義(Democracy)の対極にあるものとして儒教が否定された。これは儒教が平等主義対不平等主義という図式の中で批判されたということである。

また蒋介石の場合は、単なる服従の論理の強制だけではなく、外国からの圧力の中での中国の自立の困難さの中で、中国国民に統一的核を据えようという意味もあったのだが、新中国では、蒋介石の反動性の証拠と見なされた。そもそも袁世凱も儒教を表彰していて、それも儒教を反動思想とする動きに拍車をかけた。ただ周知のように文化大革命終息以後、新中国でも儒教に対する評価は高まってきている。

「四維」という価値観には法家思想が入っているこということを言われたのは、酒井忠夫氏であった[8]。果たしてそのように断言できるかということについては躊躇するが、上下秩序の意味合いが濃く含まれている概念ではあろう。

4. 儒家と法家

このように儒家と法家とは時に接近したように見えるが、両者の根本的差異としては、儒家は礼治、法家は法治という対比が一般的であろう。そしてそれに加えて儒家の家族重視と、法

---

7) 段瑞聡『蒋介石と新生活運動』(慶応義塾大学出版会、2006年 11月)。

8) 酒井忠夫「近現代中国における善と新生活運動」(『宗教社会史研究』2、雄山閣、1985年 11月)。

家の国家最優先という対比も重要であろう。

　先にも触れたように、儒家と法家と異なるのは、法家が君主に対する諫言を認めず、君主と法に対する服従を絶対としているのに対して、儒家は諫言を行い、君主の道徳性を監視するところにある。このような対比の中で浮かび上がる儒教の特色は、平等主義に対する差別主義という対比から出てくるものとは異なるものである。

　もともと李沢厚氏が言うように、中国の近現代は「救亡」が最大の課題であった[9]。それゆえに個人の自由や権利は後回しにされる傾向が続いた。中国近現代における儒教批判の中心は反平等主義に対するものであって、反自由主義としての批判よりも優先する傾向がある。毛沢東の書いた「反対自由主義」における「自由主義」の意味は「放任主義」とほぼ同じである。

　ともかくも、法家と対比した儒家の特色は不平等主義ではなく、支配者に道徳的規制を設けることと家族重視にある。

5. 自由と平等の絶対視に対する反省

　冒頭で述べたように、近代における儒教批判の中核には、儒教の持つ不平等主義、不自由主義に対するものがあった。近代になり西欧の自由平等思想がアジアに流入し、平等と自由が絶対の価値と見なされるようになった。その結果、儒教は反平等、反儒学の思想として近代化を阻害する思想として排斥されることになったのである。

　ここで注意すべきなのは、平等を説く場合、儒教にその正反対の要素を探すという順序になることである。つまり平等思想対反平等思想という図式の中で儒教が反平等思想の代表として批判され、儒教の数多い教説の中で上下関係を説く部分が儒教の本質として強調されるのである。

　日本においても中国においてもこの事情は共通している。

　日本における平等思想の鼓吹者としては福沢諭吉が知られている。福沢は一方では儒教の学識を持ち、『春秋左氏伝』を愛読していたが、もう一方では激しく儒教を否定した。彼は江戸時代の身分制度を批判し、それを補強してきた思想としての儒教を排撃したのである。ただそのような風潮に対して東洋思想の表彰が一方で行われ始める。陽明学の表彰などはその一例である。これは大戦直前にはかなりの盛り上がりを見せた。

　そもそも儒教には広義と狭義の両方がある[10]。例えば北宋の蘇軾は儒者であるかと言えば、

---

9)　李沢厚「啓蒙与救亡的双重変奏」(『走向未来』1986年創刊号、『中国現代思想史論』所収、新華書店、1987年6月)。
10)　注6所引の土田健次郎編『21世紀に儒教を読み解く』。

そうであるともそうでないとも言える。蘇軾(東坡)は仏教や道教にも造詣が深く、彼の思想には
その要素も溶け込んでいる。明末の李贄(卓吾)もそうである。彼の思想的言説は時に従来の儒教
の枠をはずれるかに見える。彼らを儒者という時は、「広義の儒教」をもとにしている。この「広
義」とは、「儒教」的教養を持った者の言説一般ということである。彼らが使用する用語や事例
は、儒教的教養から出ているのであって、このような教養をもとにした言説全体をとりあえず「
広義の儒教」と呼びたいのである。

　もう一方の「狭義の儒教」の方は、何らかの思想や宗教やイデオロギーと対比させて浮かび上
がる儒教の特色である。中国古代であれば、道家、墨家、法家、それ以後では仏教、道教、近代
になると西欧近代思想と対比されたうえで把握される儒教の特徴がそれである。例えば仏教と
対比した場合の儒教の特色として浮上した代表が江戸時代では「三綱五常」であり、中国近代に
西欧近代の自由と平等を絶対化する思想が流入し、それとカウンター的に儒教が反自由、反平
等思想と規定され批判された際にも、「三綱」はそれを際だたせる格好の儒教的因子となった。

　ただ平等や自由を絶対的価値とする立場に対して、別の価値を軸にそれらを再考しようとす
る場合は、儒教の意味づけはまた別の可能性が出てくる。例えば「自由主義(liberalism)」、「自由
至上主義(libertarianism)」、対「共同体主義(communitarianism)」という軸を設定した場合、儒教は「
共同体主義(communitarianism)」との親近性が認識され、その関係で再評価される傾向がある[11]。
ただ日本の場合、その欧米信仰のゆえに、「共同体主義(communitarianism)」というアメリカの用
語によって権威づけられる必要があるのが現状である。

6. 日本における儒教の特色

　ここで日本における儒教の特色について一言述べておく。この問題については種々の議論が
ある[12]。例えば、中国は忠孝では孝が優先する傾向があるが、日本では忠と孝が同じか、忠が
優先する[13]。これは同時に家に対する両方の認識の差が関わっている。

　日本における家とはその家の持つ社会的役割と一体になっている。これは一般に「家職」と言
われるが、代々同じ職掌を維持し、そのためには中国と異なり養子を頻繁に取る。つまり中国

---

11) de Bary,, Wm. Theodore. *The liberal tradition in China.*. Hong Kong : Chinese University Press, New York: Columbia University Press, 1983では、宋明儒学に自由主義を見るが、その場合の「自由」は社会的自由(多様な価値観や主張に対する寛容) ではなく、それぞれの人の主体的判断の尊重という意味である。
12) 極端な例としては、津田左右吉は日本には儒教が入らなかったとした。これは中国儒教に対する日本儒教の異質性をいち早く見抜いたものと言える。
13) Bellah, R.N.. *Tokugawa Religion: the Values of Pre-industrial Japan.* Glencoe Illinois:　The Free Press, 1957.

における家の独立性に比してはるかに社会的分業に組み込まれているのである[14]。

　日本では時に忠孝一致論が唱えられることがある。それは中江藤樹のように孝が中心である場合と、儒家神道や水戸学のように忠中心の場合の両方があるが、いずれにしても両者が合体し、天皇中心主義に行き着く場合が多い。

　このような多様な問題に対して、筆者は「類型の共有」と「内容の分岐」ということで、整理してみたことがある[15]。つまり礼について言えば、日常的実践規範を礼として強調するということにおいて、中国儒教も日本儒教も共通なのであるが、その礼の内容が日本儒教では日本的に変容しているのである[16]。前者が「類型の共有」であり、後者が「内容の分岐」である。問題はこの「類型の共有」によって儒教が儒教として自覚されるということなのである。例えば日本では本来儒教のものである神主(位牌)を仏教のものと思っている類である。この場合、内容的には儒教なのであるが、その内容が仏教(これも日本的に変容されている)と共有されているために、儒教の特質と気づかれないのである。このような場合を筆者は「自覚されない儒教」と呼んできた。

7. 「自覚された儒教」と「自覚されない儒教」

　筆者は以前、日本の儒教については、「自覚されない儒教」と「自覚された儒教」があり、両者を問題にすべきであるとした[17]。この「自覚されない儒教」とは儒教の影響を受けながら、儒教として自覚されていないものであり、先の位牌の例などがそれである。日本に位牌が入ったのは南北朝時代前後と言われるが、仏教を通して入ったため、日本では仏教のものと認識されてきた。ちなみに中国では宋代ころに仏教が儒教の神主を取り入れ位牌とした。

　この「自覚されない儒教」の領域は多くは日本のそれ以前の思想的感性と入り混じっている。日本にはもともと死体を埋める墓の他に、お参りをするための墓を置く両墓制があったが、位牌はこのような発想になじむものであった。

　つまり「自覚されない儒教」は、儒教以外の思想や宗教のものと思われている場合もあるのだが、同時に日本の習俗と入り混じっている場合が多いのである。

---

14) 滋賀秀三『中国家族法の原理』(創文社、1967年 3月)。

15) 土田健次郎 「東アジアにおける朱子学の機能—普遍性と地域性」、『アジア地域文化学の構築』、雄山閣、2006年3月。

16) このような事例を整理したものでは、渡辺浩『近世日本社会と宋学』、東京大学出版会、1985年 10月。

17) 土田健次郎 「東アジアにおける朱子学の機能—普遍性と地域性」、『アジア地域文化学の構築』、雄山閣、2006年3月。

また自覚された儒教が習俗化していき、特に儒教と意識されなくなった場合もある。そもそも江戸時代における長い儒教の普及の歴史は、「自覚されない領域」にまで儒教の影響を及ぼしていった。その場合は他の要素と混交することが多く、それをより分けて「自覚された儒教」という枠組で抽出してみようとしても、なかなか儒教として認知されることは難しい。位牌はもと儒教であるということを加地伸行氏が強調し[18]、同じく仏教のものと思われている三回忌(死後、二年目に行われる)が儒教の「三年の喪」に由来すると道端良秀氏が言われていても[19]、それが儒教の復興にすぐにつながるわけではない。

　ところで一方の「自覚された儒教」の方であるが、これは儒教の問題意識や用語によって思想表現をすることであって、これを操るのが儒者であった。近代以降には、この儒教の用語やカテゴリーは西欧思想のものに取って代わられ、かくて「自覚された儒教」の影は薄くなった。

8. 現在の日本の儒教の状況

　現在の日本でも、「自覚された儒教」が衰退したままであるが、「自覚されない儒教」はまだ継続している。「自覚された儒教」の衰退の代表的事例は、儒者という存在の消滅であり、それは儒教用語やカテゴリーを知識人が使用しなくなったことである。一方で東洋精神の鼓吹ということで儒教が称揚されたりはしたのであるが、知識人の世界で主流となることは少なかった(大戦直前に一時盛り上がったりはしたが)。しかし一方で儒教典籍の受容は行われていたのであって、これらのことを含めて日本近代儒学史は書かれるべきであるのに、今まで書かれたことは無かった。

　一方、儒者が存在しなくなり、儒教の教説が特に声高に説かれなくなっても、「自覚されない儒教」を含めた儒教受容の土壌は存在し続けている。戦後、山本七平『論語の読み方』(1981年)をはじめ、『論語』や孔子についての書物がベストセラーになったことは少なくない。儒者はいないのに、儒教関係の本の需要はあるのであって、特に儒教再評価ということを意識していなくても、儒教的味わいが濃厚なものが喜ばれているのである。

　ただそれがそのまま儒教の復興に直結するわけではない。例えば新たに家族と孝の現代的意義を説く場合に儒教は有効であるように見える。そもそも家族自体は儒教渡来以前から存在したのであるが、それを意味づけ、その内容を洗い直し、家族と社会の連続関係を明確にしたのが儒教であり、その理論性によって儒教として自覚された。それが日常生活の中で一般化した

---

18) 加地伸行『儒教とは何か』(中央公論社、1990年 10月)、『沈黙の宗教―儒教』(筑摩書房、1994年 7月)。

19) 道端良秀『仏教と儒教倫理：中国仏教における孝の問題』(平楽寺書店、1968年 10月)。

時、それは特に自覚されない形となっていった。もしこれをまた儒教という形で前面に押し出すと時代錯誤という感覚を持たれてしまい、それに対して家族の意味の再考という形で提唱される方がその議論の受容層は広がるのである。

　もともと儒教の受容の根底には、教育による経書の学習と、漢文の学習があった。近年の漢文教育の衰退は、儒教を弱めている。一方で古文の学習があるが、そちらでは文芸作品中心の教育が行われているのであって、硬軟とりまぜた古典教育は日本文化の多様性を反映しているものとして重要である。漢文には必ず『論語』が取り入れられているのであって、このような現象は一部ではあるものの、日本における儒教の命脈をつなげる数少ないよすがの一つになっている。それゆえ日本においては儒教復興を図る団体は、同時に漢文教育の維持と発展を唱えるのが常である。これは、社会における儒教の認知を増すという働きとともに、「自覚されない儒教」をはじめとした儒教受容の基盤を育む効果に結びついているのだが、漢文教育が衰退している現状からしてその影響力は強いとは言えない。

　ところで日本では江戸時代以前は仏教の勢力が強く、江戸時代では儒教が盛行した。しかし社会全般を見れば、同時に仏教の勢力も存続していた。その他にも神道や国学などもあった。明治時代以後、知識人たちは西欧思想を第一にし、それは現在まで続いていて、それを覆し儒教を江戸時代のように盛行させようとしてもそれは不可能である。ただ西欧思想と平行して儒教が人々の思想的インスピレーションを掻き立て続けることは可能ではなかろうか。

　もともと日本では、儒教は中国からまるごと入ったというよりも、それまであった精神状況に刺激をあたえ、それに形をあたえるという作用を中心にしてきた。これは特に「自覚された儒教」に関わっている。いま儒教の復興があるとすれば、現代の課題に対して、そのような刺激をまた儒教からもたらすことができた場合である。

　先に述べたように、「狭義の儒教」は、何と対抗するかで、その内容が変わる。自由と平等を重視するという姿勢は前提とせざるをえない。しかし自由と平等の価値を絶対視し、それの対極に儒教をおくという図式に立つ限り、儒教は否定的意味でしか語れない。そうではなく儒教が存在価値を示せる対抗関係の図式が提示できた時に、儒教が古代から培ってきた豊富な言説の中にはまた積極的な意味を持ち得るものが出てくるであろう。ただそれが「儒教」ということで認知されるためには、儒教の教育的基盤が弱体化しているという状況から、相当な労力をはらわなければならない。しかしそれが儒教を受け入れる精神的土壌と呼応した時、その説得力は増すであろう。

東亞儒家傳統中的人文精神

黃俊傑 ｜ 臺灣大學歷史系特聘教授

相對於希臘羅馬傳統與猶太基督宗教傳統中的人文精神而言，東亞儒家傳統中的人文精神有其不同風貌。我所謂「東亞儒學」雖然包括中國、日本、韓國等地的儒學傳統，但是它並不是東亞各地所呈現的不同版本的儒學拼湊而成的「馬賽克」。「東亞儒學」的視野超越國家的疆界，它既是一個空間的概念，也是一個時間的概念。作為空間概念的「東亞儒學」，指儒學思想及其價值理念在東亞地區的發展及其內涵。作為時間概念的「東亞儒學」，在東亞各國儒者的思想互動之中應時而變、與時俱進，而不是一個抽離於各國儒學傳統之上的一套僵硬不變的意識形態。所以，「東亞儒學」本身就是一個多元性的思想或精神傳統，在東亞儒家傳統中並不存在前近代式的「一元論」的預設，所以也不存在「中心 vs. 邊陲」或「正統 vs. 異端」的問題。

東亞各地的儒家傳統雖然各有其地域特色，例如儒家價值的傳承者在中國是「士大夫」；在德川時代(1600 - 1868)的日本被稱為「儒者」，是指傳授儒家知識的一般知識份子；在朝鮮時代(1392 - 1910)的朝鮮，則是掌握政治權力的貴族「兩班」，他們在中、日、韓三地的社會地位與政治權力都不一樣。但是，中日韓的儒學傳統卻有異中之同，這就是它們都分享儒家的人文主義思想。

東亞儒家的人文主義固然方面甚多，但最重要的核心價值就是「人之可完美性」，相信人生而具有內在的善苗，只要善加培育就可以優入聖域，成聖成賢。東亞儒家所堅持的「人之可完美性」的信念，與猶太基督宗教的「原罪」或「人之墮落性」的信仰，構成鮮明的對比。東亞儒家的「人觀」有其遠古文明的背景。作為東亞文明中心的中華文明並沒有出現具有主導性的「創世神話」，所以出現一種「有機體」式的宇宙觀或「聯繫性的人為宇宙論」或「聯繫性思維方式」，而為東亞各地儒家思想家在不同程度之內分享。

東亞儒家以「人之可完美性」為核心的人文主義，主要表現在四個方面：(1)身心一如，(2)自他圓融，(3)天人合一，(4)歷史意識，這四者共同構成一個以和諧為特徵的世界觀，本文將析論東亞儒家人文精神之四個面向及其內涵。

東亞儒家傳統中的人文精神

黃俊傑 | 臺灣大學歷史系特聘教授

1、引言

人文精神在世界各大文明中各有其不同的表現，例如在希臘傳統中，荷馬(Homer)史詩中，人的命運常被神的意志所左右；公元前第五世紀希臘悲劇作家艾斯奇勒斯(Aeschylus, 525/4 - 456 BCE)與索弗克里斯(Sophocles, 496 - 406 BCE)的作品也以人神關係為重要主題。在猶太基督教傳統裡，神是造物主，人被神所創造，而歐洲中古時代奧古斯丁(St. Augustine, 354 - 430CE)亦以「上帝之城」與「人間之城」對舉，並且認為後者在前者的統轄之下。在西方文化傳統中，「人文精神」常常在人與神的抗衡之中彰顯。

相對於希臘羅馬傳統與猶太基督宗教傳統中的人文精神而言，作為中國哲學傳統與東亞儒家傳統的主流思想的人文精神則有其不同風貌。[1] 我所謂「東亞儒學」雖然包括中國、日本、韓國等地的儒學傳統，但是它並不是東亞各地所呈現的不同版本的儒學拼湊而成的「馬賽克」。「東亞儒學」的視野超越國家的疆界，它既是一個空間的概念，也是一個時間的概念。作為空間概念的「東亞儒學」，指儒學思想及其價值理念在東亞地區的發展及其內涵。作為時間概念的「東亞儒學」，在東亞各國儒者的思想互動之中應時而變、與時俱進，而不是一個抽離於各國儒學傳統之上的一套僵硬不變的意識形態。所以，「東亞儒學」本身就是一個多元性的思想或精神傳統，在東亞儒家傳統中並不存在前近代式的「一元論」的預設，所以也不存在「中心 vs. 邊陲」或「正統 vs. 異端」的問題。

東亞各地的儒家傳統雖然各有其地域特色，例如儒家價值的傳承者在中國是「士大夫」；在德川時代(1600 - 1868)的日本被稱為「儒者」，是指傳授儒家知識的一般知識份子；在朝鮮時代(1392 -

---

1) 陳榮捷（1901 - 1994）曾說「人文精神」（humanism）一詞可以概括中國哲學之特質，見：Wing-tsit Chan tr. and ed., *A Source Book in Chinese Philosophy* (Princeton: Princeton University Press, 1963, 1973), p.3.

1910)的朝鮮，則是掌握政治權力的貴族「兩班」，他們在中、日、韓三地的社會地位與政治權力都不一樣。[2] 但是，中日韓的儒學傳統卻有異中之同，這就是它們都在不同程度與範圍內分享儒家的人文主義思想。

東亞儒家的人文主義固然方面甚多，但最重要的核心價值就是「人之可完美性」，相信人生而具有內在的善苗，只要善加培育就可以修身養氣、經世濟民、優入聖域、成聖成賢。東亞儒家所堅持的「人之可完美性」的信念，與佛教對人與生俱來的「無明」以及猶太基督宗教的「原罪」或「人之墮落性」的信仰，構成鮮明的對比。東亞儒家的「人觀」有其遠古文明的背景。作為東亞文明中心的中華文明並沒有出現具有主導性的「創世神話」，[3] 所以出現一種「有機體」式的宇宙觀[4]或「聯繫性的人為宇宙論」[5]或「聯繫性思維方式」[6]，而為東亞各地儒家思想家在不同程度之內分享。

東亞儒家以「人之可完美性」為核心的人文主義，主要表現在四個方面：(1)身心一如，(2)自他圓融，(3)天人合一，(4)歷史意識，這四者共同構成一個以和諧為特徵的世界觀，本文以下四節分論這四個方面及其內涵。

二、身心一如：作為「形而中學」的東亞儒家身心哲學

東亞儒家人文主義的第一個面向就是：身心一如。對這個價值觀的討論必須從東亞儒家的「自我」觀開始。

東亞儒家傳統的奠基者孔子(551-479 CE)以「道」為修身目標，並且以「禮」、「仁」、「忠」、「恕」等作為實踐方法。不過，在邁向「君子」境界的途中，「自我」一直是實現理想生命的媒介，並透過「意志」來貫徹實踐，孔子是一位「自我」的肯定論者。[7]

---

2) Hiroshi Watababe, "Jusha, Literati and Yangban: Confucianists in Japan, China and Korea," in Tadao Umesao, Catherine C. Lewis and Yasuyuki Kurita, eds., *Japanese Civilization in Modern World V: Culturedness* (Senri Ethnological Studies 28)(Osaka: National Museum of Ethnology, 1990), pp.13-30.

3) 參考：Frederick W. Mote, "The Cosmological Gulf between China and the West," in David C. Buxbaum and Frederick W. Mote eds., *Transition and Permanence: Chinese History and Culture: A Festschrift in Honor of Dr. Hsiao Kung - ch'üan* (Hong Kong: Cathay Press Limited., 1972), pp.3-22 ; Frederick W. Mote, *Intellectual Foundations of China* (Cambridge, Mass: The Colonial Press, Inc., 1971), Chap. 2, pp.13-28.

4) Joseph Needham, *Science and Civilization in Chin*, Vol.2 : *History of Scientific Thought* (Cambridge : Cambridge University Press, 1956), p.281.

5) Needham, *op. cit*, p.279.

6) Benjamin I. Schwartz, *The World of Thought in Ancient China* (Cambridge, Mass : Harvard University Press, 1985), p.35.

7) Herbert Fingarette, "The Problem of the Self in theAnalect", Philosophy East and Wes, Vol.29, No.2 (April, 1979), pp.189-200 一般的比較倫理學常強調儒家哲學和西方的「自我」觀念並不相容，但從儒家的「心」、「志」、「氣」等概念來看，西方所強調的「自主」、「權利」未必不見容於儒家，只是中國的思維方式更強調人類的社會性格而已。參考：Kwong-loi Shun, Conception of the Person in Early Confucian Though, *Confucian Ethics : A Comparative*

孔孟思想中的「自我」概念，在後代儒者思想中續有發展，其中最重要的一項命題是：「自我」是意志之方向的決定者。這項命題兼攝二義：(1)「自我」是一個自由的主體，(2)世界的規範源於主體之意志。孔子有關「自我」的論述都明確肯定人可以自作主宰，通過「自我」的轉化而完成世界的轉化。[8] 孔子說：「己欲立而立人，己欲達而達人」(《論語‧雍也‧30》)，「己所不欲，勿施於人」(《論語‧顏淵‧2》)，「不患人之不己知，患其不能也」(《論語‧憲問‧30》)，強調「自我」的主體性的建立是人己互動的前提。在孔子思想中，自我的主體性並非無聲無臭寂然不動的主體，而是具有實踐能力的主體；孔子從倫理學而非形上學角度界定主體。[9] 所以，孔子談到「己」時，常與「仁」並論，追求「仁」正是主體的任務，如曾子說：「仁以為己任，不亦重乎」(《論語‧泰伯‧7》)，孔子說：「克己復禮為仁。一日克己復禮，天下歸仁焉。為仁由己，而由人哉」(《論語‧顏淵‧1》)。「仁」作為孔子心目中最重要的道德境界，乃是出於「己」的內在要求與自覺的努力，而不是出於「人」，亦即不是出於外在於己的力量的催迫。「仁以為己任」之說也指出「己」的任務是實踐「仁」的理想。「己」對孔子而言，基本上是一道德的主體，但道德主體的充分實現則在倫理社會的領域。孔子思想中的「自我」可以說是一種「反省自覺的主體」。[10]

孟子(371? - 289?CE)思想中的「自我」，大致繼承孔子學說而續有發展。孟子強調「自我」的主體性，他說：「枉己者，未有能直人者也」(《孟子‧滕文公下‧1》)。對孟子而言，「自我」乃是價值意識的根源。不能建立自己的主體性的人，便失去了判斷是非善惡的能力，容易進退失據，隨俗浮沉，甚至慘遭滅頂。孟子稱這種缺乏道德的主體性與自主性的人是「以順為正者，妾婦之道也」(《孟子‧滕文公下‧2》)；孟子認為，一個人一旦建立了道德主體性，他便能夠「居天下之廣居，立天下之正位，行天下之大道。得志與民由之，不得志獨行其道。富貴不能淫，貧賤不能移，威武不能屈。此之謂大丈夫」(《孟子‧滕文公下‧2》)。

荀子(298? - 238?CE)雖然在人性論等方面的主張與孟子頗有異趣，但是在「自我」之作為自由的主體可以經由「學」而建構，以及規範源自於「自我」之意志等命題上，均與孔孟一脈相承，荀子主張所謂「學」是為了轉化心與身，使人的意志成為人行動的主導者，他堅信人與世界的關係取決於「自我」的意志。人可以通過「學」或其他修養工夫而使「自我」在正確的道路上與世界互動。

先秦儒家的「自我」觀，雖然強調「心」的意志，但也都隱含「身心統一」的主張。王陽明(守仁，1472 - 1529)的〈大學問〉，將儒家「身心一體」以及「主體自由」等命題，作了最有力的發揮，王陽明說：[11]

Study of Self, Autonomy, and Community (Cambridge : Cambridge University Press, 2004), pp.183-199.

8) Lao Sze-kwang, "On Understanding Chinese Philosophy : An Inquiry and a Proposal," in Robert A. Allinson ed., *Understanding the Chinese Mind: The Philosophical Roots* (Hong Kong : Oxford University Press, 1989), pp.265-293.

9) 參考Benjamin I. Schwartz, *The World of Thought in Ancient China* (Cambridge, Mass.: Harvard University Press, 1985), pp.74-75, 414.

10) 島森哲男，〈原始儒教における自己と倫理〉，《集刊東洋學》，36期(1976)，頁46.

何謂身？ 心之形體運用之謂也。何謂心？ 身之靈明主宰之謂也。何謂修身？ 為善而去惡之謂也。吾身自能為善而去惡乎？ 必其靈明主宰者欲為善而去惡，然後其形體運用者始能為善而去惡也。故欲修其身者，必在於先正其心也。

王陽明同樣也強調「欲」這個字，彰顯「自我」的主體自由義。

德川時代(1600 - 1868)日本各派儒者雖然眾說紛紜，並且常常一門之內諸說兼採，但對「身心合一」以及「主體自由」二義，持論也頗為相近。德川古學派大師伊藤仁齋(1627 - 1705)之子伊藤東涯(1670 - 1736)說：[12]

　　欲射則習射之事，欲御則習御之事，欲寫字則習寫字之事，而後可以射，可以御，可以寫字，而主宰之者，心也。〔…〕

伊藤東涯所強調身心合一是修身之基礎，他也以「欲」字點出「心」之主動性。十九世紀日本陽明學者大塩中齋(平八郎，1794 - 1837)也說：[13]

　　自形而言，則身裏心，心在身內焉。自道而觀，則心裏身，身在心內焉。其謂心在身內者，一遺操存之功，則物累我，其覺身在心內者，常得超脫之妙，而我役物，役物與累於物之別，學者宜知之。

大塩中齋強調只有深刻認識到「身在心者」，才能獲得「自我」之主體自由。大塩中齋的論述，與當代美國語言哲學家詹森(Mark Johnson, 1949 -)所提出的「身在心內」的論述，[14] 竟然不謀而合，穿越近二百年時空而相會於一堂，東西互相輝映。

綜而言之，作為東亞儒家「身心合一」觀之核心，儒家「自我」觀實包括內外兩面：(1)就身心內部關係而言，儒家強調身心互滲、身心一體；(2)就人與世界之關係而言，儒家主張「自我」的轉化是「世界」轉化的基礎。這是東亞儒家人文主義的第一個面向。

---

11) 王陽明：〈大學問〉，收入《王陽明全集》(上海：古籍出版社，1992)，下冊，頁967-973，引文見頁971。

12) 伊藤東涯，《閒居筆錄》，卷1，收入：関儀一郎編《日本儒林叢書》(東京：鳳出版，1971)，第1冊，頁14。

13) 大塩中齋：《洗心洞劄記》(日本思想大系46)(東京：岩波書店，1983)，上，第6條。

14) Mark Johnson, *The Body in the Mind: The Bodily Basis of Meaning, Imagination, and Reason* (Chicago and London: University of Chicago Press, 1987).

三、自他圓融：東亞儒學中的「社群主義」精神

　　東亞儒家人文主義的第二個突出面向是：自他圓融。孔子說：「仁者，人也。」(≪中庸·20≫)，東亞儒者從孔子開始一直是在複雜社會政治脈絡中，在人與人的互動之中定義「人」，完成「人」的意義，19世紀朝鮮時代(1392 - 1910)儒者丁若鏞(茶山，1762 - 1836)曾解釋「仁」的涵義說：[15]

> 仁者，人也，二人為仁，父子而盡其分則仁也，君臣而盡其分則仁也，夫婦而盡其分則仁也，仁之名必生於二人之間，近而五教，遠而至於天下萬姓，凡人與人盡其分，斯謂之仁。

　　包括丁茶山在內的東亞儒者都主張「仁」必須落實在人與人的互動之中，所以儒家的「人」觀已經潛藏著所謂「社群主義」(Communitarianism)的精神，在西方以個人主義為基礎的自由主義的問題逐漸顯露的21世紀，儒家以「自他圓融」為特質的社群主義精神，特別值得重視。

　　我過去曾以17至20世紀中日兩國知識分子為例，探討中日兩國人士的「政治自我」與「文化自我」，與作為「他者」的對方的政治實態與文化價值在旅遊經驗之中產生激烈的碰撞，從而強化雙方人士對「自我」的身份認同感，也更鮮明地辨識「他者」與「自我」的同調與異趣。中日文化交流中「自我」與「他者」的互動之中，可以發現四種類型的緊張關係：一、「政治自我」與「文化自我」的張力；二、「文化自我」與「文化他者」的張力；三、「政治自我」與「政治他者」的張力；四、「文化他者」與「政治他者」的張力。中日文化交流經驗顯示：在「自我」、「他者」、「文化」與「政治」等四個象限交叉互動之中，當以「文化自我」最具有重要性。在「自我」的形塑過程中，文化是最重要、影響最深刻的因素，遠超過短期的政治之力量。[16] 東亞儒家認為，這些衝突與緊張都可以在「文化認同」的基礎上被紓解，甚至達到和諧的境界。

　　東亞儒家主張「自他圓融」的理論基礎，與上節所論儒家的身體哲學有關。東亞思想傳統中的「身體」，並不是一個作為被人客觀認知之對象的實體，而是一個浸潤在文化價值意識之中，與具體的社會政治情境密切互動而發生功能性之關係的「身體」。這種「身體」在空間上處於社會政治脈絡之中，並在時間上受到歷史經驗的召喚與洗禮，因此而成為一種既是理性又是感性的主體。我說東亞思想傳統中的「身體」是一種理性主體，是指「身體」接受理性的指導，為日常生活、社會規範以及政治運作而行動，因而身體有其社會性與政治性。當16世紀朝鮮朱子學大師李滉(退溪，1502 - 1571)宣稱「一國之體，猶一人之身」[17]時，這種「一人之身」固然是一種「政治的身體」，但

---

15) 丁若鏞：≪論語古今註≫，氏著：≪與猶堂全書≫，收入：≪韓國經學資料集成≫(首爾：成均館大學大東文化研究院，1988)，第27冊，論語十，卷6，頁453-454。

16) 黃俊傑：〈中日文化交流史中「自我」與「他者」的互動：類型及其涵義〉，≪臺灣東亞文明 研究學刊≫，卷4第2期(總第8期)(2007，12)，頁85-105。

是，也是作為「一國之體」而為現實政治生活中的人而服務。這種東亞思想傳統中的「身體」又是感性的主體，是指「身體」對它周遭的情境、脈絡、條件等，恆處於密切互動之關係狀態之中。從《論語》中看到的孔子的身體徹底將社會價值與規範予以內在化，從而將生理的身體轉化成為社會價值的具體表徵。17世紀日本的荻生徂徠（物茂卿，1666 - 1728）強調「納身於禮」，就是指將生理的身體轉化為社會的身體的修養工夫。日本陽明學者的奠基者中江藤樹（1608 - 1648）非常景仰孔子這種徹底被禮儀所轉化並展現人文價值的身體。[18]

這種浸潤在社會文化氛圍中的「身體」，從東亞儒家看來，作為「文化認同」（cultural identity）的主體之意義遠大於作為「政治認同」（political identity）主體之意義，因為「政治認同」是指人的「政治自我」的一種表現。人是政治的動物，必營求群體之生活，人必須決定其所從屬之政治團體（如國家），以對該政治團體盡義務（如納稅、服兵役）換取個人生命財產之安全與保障，建立其「政治認同」。但是，在決定一個人的「政治認同」的諸多因素中，較具影響力的常常是短期而後天的因素如政治經濟之共同利益、人身安全之保護等。所謂「文化認同」可視為人的「文化自我」的一種表現。人不僅僅是「政治人」（Homo politicus），也不僅僅是「經濟人」（Homo economicus），人生活於複雜而悠久的文化網路之中，人是一種活生生的「文化人」。換言之，人生而被文化網路所浸潤，因而吸納其所從出的文化系統之價值觀與世界觀，因而認同於他所從出的文化，從而建構「文化認同」。這種「文化認同」常是決定於長期性的、抽象性的、不因短期利益而改變的風俗習慣、生命禮俗、倫理價值等因素。這種先於個人而長期存在的文化價值，既塑造「個人」，但又同時被「個人」所繼承、所創造。正如人類學家潘乃德（Ruth Benedict, 1887 - 1948）所指出的，「個人」與「文化」之間有其相互滲透性。[19] 人類學家吉爾滋（Clifford Geertz, 1923 - 2002）更指出：在許多近代社會中，先天性的感情、風俗等因素，是建構「認同」的重要基礎。[20] 東亞儒家的意見與上述文化人類學家的看法很接近，他們認為在共享文化價值理念之下，「自我」與「他者」的衝突可以被化解，而達到和諧的境界。在東亞儒家人文主義視野中的人，有其存在的高度與厚度，而不是單面向的「政治人」或「經濟人」，他們是一種被悠久的時間所淘冶的「文化人」或「歷史人」。

東亞儒者認為「自我」與「他者」的和諧建立在文化的基礎之上，所以十八世紀朝鮮儒者丁茶山讀到日本儒者伊藤仁齋（維楨，1627 - 1705）、荻生徂徠（物茂卿，1666 - 1728）及太宰純（1680 - 1747）等人的論著後，就下判斷說日本不會侵略朝鮮，他說：「文勝者，武事不競，不妄動以規利。彼數子者，其談經說禮如此，其國必有崇禮義而慮久遠者，故曰日本今無憂也。」[21] 他也認為日本

---

17) 張立文編：《退溪書節要》（北京：中國人民大學，1989），頁146-147。

18) 中江藤樹：〈論語鄉黨啟蒙翼傳〉，收入：《藤樹先生全集》（東京：岩波書店，1940），第1冊，卷之8，頁405-500。

19) Ruth Benedict著，黃道琳譯：《文化模式》（臺北：巨流圖書公司，1976），頁300-301。

20) Clifford Geertz, *The Interpretation of Cultures* (New York: Basic Books, Inc.,1973), p.260.

21) 丁茶山：〈日本論一〉，收入《與猶堂全書·2》（漢城：民族文化文庫，2001年三版），第一集「詩文集」，卷12，頁282-283。

因為沒有科舉制度，所以文化勝於朝鮮。[22]

四、天人合一：人與自然之間的「詮釋的循環」

東亞儒家人文精神的第三個突出面向是「天人合一」的理念。這項理念的思想遠源與本文第一節所說的遠古中國文明的「聯繫性的宇宙論」和「聯繫性思維方式」有深刻關係，它是從孔子以降東亞儒家所共同分享的價值觀，20世紀「新儒家」學者唐君毅(1908－1978)對於傳統中華文化中人對自然孺慕之情更是拳拳致意。

在「天人合一」這項儒家人文主義精神的文獻之中，以王陽明的論述最為簡潔有力，他說：[23]

> 大人者，以天地萬物為一體者也，其視天下猶一家，中國猶一人焉；若夫間形骸而分爾我者，小人矣。大人能以天地萬物為一體也，非意之也，其心知仁本若是。〔…〕

王陽明以上這一段論述有三項命題：(1)理想的人與自然界的萬物共構成為「一體」，(2)凡是分而為二的都是不理想的狀態，(3)人之所以與自然萬物成為「一體」，乃是因為人的「心」本來就具有「仁」這項德行，而不是人有意為之。

包括王陽明在內的東亞儒家思想家基本上都主張人與自然萬物構成「一體」之關係，所謂「一體」是指「人」與「自然」是一種有機而非機械的關係，兩者之間是互相滲透的、共生共感的、交互影響的關係，而這種有機關係之所以可能，乃是因為人生而具有「仁」這項德性，「仁」是普遍而必然的，自然界的所有生物都具有「仁」這項本質。

上述主張是東亞儒家的共識，不僅王陽明這樣主張，程顥(明道，1032－85)與程頤(伊川，1033－1107)說：「仁者渾然與物同體」[24]，朱熹(晦庵，1130－1200)說：「天地以生物為心者也」[25]，均以「仁」為「人」與「自然」之共同本質，因此「人」與「自然」共構成為不可分割的「一體」。

在「天人合一」的理念之下，東亞儒家認為「自然」是一個「道德的宇宙」，而「人」是「道德人」，兩者構成一種「有機體」關係，因此可以互相感通。孔子說：「五十而知天命」，又說「知我者，其天乎?」，正是說明「人」與「自然」的感通關係。

因為東亞儒家都主張「人」與「自然」之間可以具有某種感通的關係，所以，「人」愈深入自己的本

---

22) 丁茶山：〈示二兒〉，收入《與猶堂全書・3》，第一集「詩文集」，卷21，頁373。

23) 王陽明，〈大學問〉，《王陽明全集》，下冊，頁968。

24) 程顥、程頤：《二程集》(北京：中華書局，1981)，卷2上，頁16-17。

25) 朱熹：〈仁說〉，收入《朱子文集》(台北：財團法人德富文教基金會，2000)，第7冊，卷 67，頁3390。

270 | 제2부＿東亞地區的儒家文化之實際發展和未來課題

性，就愈能體悟「自然」（「天」）的意志或「天命」，於是，「人」與「自然」之間就構成一種儒家版本的「詮釋的循環」。儒家的「天命」這個概念，正是「人」與「自然」的「詮釋的循環」的核心概念。孔子的「天命」概念有其古代政治史之遠源。公元前第11世紀，周武王（在位於1049/45 - 1043 BCE）伐紂滅商，建立周朝，「天命」作為政治思想的概念開始出現。殷人的神稱為「帝」，是殷人的至上神兼宗祖神。在殷周之際，「天」之稱號開始出現，到了武王克商以後，周公開始以「天命」概念將周人在軍事上的勝利加以合法化，特別是在告誡殷遺民的場合中，周公常運用「天命」概念強調殷革夏命與周革殷命之必然性。≪尚書≫記載周公講辭，皆告誡殷遺民周得「天命」故能代商。孔子將周初以降「天命」觀從宇宙論與政治論的意涵，轉化為心性論的意涵，完成「天命」觀的「內轉」。孔子所說的「知天命」，從周初以降宗教意義的「天」對人事之單線控制，轉而強調人通過其心性修養工夫，而與「天」之意志相感通。[26] 孔子所謂「知天命」是指人在道德實踐之中體證、體驗、體知冥乎其高遠的宇宙本體的意志。在孔子思想中，所謂「天命」的消息只能在人倫日用之間得之。也就是說：不是「天命」先於人而決定了人的存在，而是人經由自己主動的努力，實踐生命的倫理道德責任，才能證成「天命」實存在於人的心中。朱子認為「天命」的「本原」，必須在諸如「父子之親」等「事事物物」之間證得。東亞儒者一貫努力的正是在於：體神化不測之妙於人倫日用之間！

以上是從人之作為具有「自由意志」（free will）的行動主體來說，人可以從人倫活動、日用常行的實踐之中體驗、體知並體證「天命」。但是，從人的實存情境皆有其侷限性這個角度來看，人經千辛萬苦的努力，而知道自己實在是秉天之「命」而生，「天命」下貫而成為人之「性」，≪詩．大雅．烝民≫：「天生烝民，有物有則。民之秉彝，好是懿德」，正可以從這個角度加以理解。孔子說「五十而知天命」這句話的意義是指所謂「天心」與「己心」相通，[27] 可以說是人經由在日用常行之間踐履倫理道德的責任，而與宇宙的超越實體產生互相感通的關係；也可以說是從「道德人」躍入「宗教人」的境界。於是，「天命」與「人」構成一種互為詮釋的關係，這似乎也可以說是某種儒學版本的「詮釋的循環」。

五、「過去」與「現在」的交融：東亞儒家的歷史意識

東亞儒家人文主義的第四個面向是「歷史意識」。東亞儒家思想中的「人」是「歷史人」：人的「自我」浸潤在以「時間性」為基礎的歷史文化傳統之中。所以，東亞儒家思想中的「歷史意識」特別強烈。儒家的歷史意識植根於深厚的時間感之中，在公元前第7世紀，孔子就有「川上之嘆」，感嘆時間的流逝「不捨晝夜」。孔子從時間之流推動的人事變遷之中，體悟出歷史中的「變」與「不變」。

---

26) 黃俊傑：≪德川日本論語詮釋史論≫（台北：台大出版中心，2007），頁293-294。
27) 劉寶楠：≪論語正義≫（北京：中華書局，1990），卷2，〈為政第二〉，頁44-45。

從孔子以降，東亞儒家都具有深厚的歷史意識，構成他們的人文主義的重要基礎。

春秋時代魯宣公2年(607 B.C.)記載以下這一段史實：[28]

> 趙穿攻靈公於桃園，宣子未出山而復，大史書曰：「趙盾弒其君。」以示於朝。宣子曰：「不然。」對曰：「子為正卿，亡不越竟，反不討賊，非子而誰。」…孔子曰：「董狐，古之良史也，書法不隱，趙宣子，古之良大夫也，為法受惡，惜也，越竟乃免。」

在這段史實中，因為趙盾並未親手殺死國君，史官的記載顯然與實際的歷史事實不符，但是，孔子卻稱讚這位史官為「古之良史」，完全肯定史官的記載。我們從孔子的評斷中可以看出：孔子肯定人在歷史之流中具有「自由意志」，人並不是經濟結構或生產方式決定下而缺乏自主性的客體。孔子認為趙盾的行為是他自由意志下所做的決定，因此，趙盾應對他的行為的後果負起道德責任。在孔子看來，歷史「事實」必須被放在「價值」的脈絡中考量，其歷史意義才能被彰顯。從孔子以降，深深浸潤在儒家思想中的歷史學家都肯定歷史之流中的「人」是具有「自由意志」的行動主體。

因為在東亞儒家人文主義傳統中，人是具有自由意志的主體，所以人所創造的歷史就被當作是倫理、政治或道德原則的儲存場所。這個意義下的「歷史」具有某種「非歷史」特質。[29] 在東亞儒家思想中，「歷史」不是博物館裡的「木乃伊」，而是人可以進入的充滿教訓與智慧的圖書館，人可以在「歷史」圖書館之中，與古人對話，為「現在」而「過去」，將「過去」與「現在」融貫而為一體，使「人」的生命充滿了博厚高明的時間感與歷史感。這就是東亞儒家人文主義中最深刻的歷史面向。

六、結論

根據本文的論述，我們可以說：在東亞儒家的思想世界裡，最重要的關鍵字是「連續」而不是「斷裂」；是「和諧」而不是「緊張」。之所以如此，當然與作為東亞文明核心的中華文明未見「創世神話」有其深刻的關係。

在東亞儒家所建構的「和諧世界」裡，人的生命在各個兩極之間都獲得動態的平衡。質言之，東亞儒家思想脈絡的「人」，是「身心一如」的、「自他圓融」的、「天人合一」的「人」，這種內外交輝的

---

28) 楊伯峻，《春秋左傳注(上)》(台北：源流文化事業有限公司，1982)，宣公2年，頁662-663。

29) Benjamin Schwartz, "History in Chinese Culture: Some Comparative Reflections," *History and Theory*, Vol.35, No.4 (December, 1996), pp.23-33; Chun-chieh Huang, "The Defining Character of Chinese Historical Thinking," *History and Theory*, Vol.46, No.2 (May, 2007), pp.180-188.

生命不是「一度空間的人」，這種「人」深深地浸潤在深刻的歷史意識裡，他們從「過去」汲取「現在」的智慧，指引「未來」的方向，將「過去」與「現在」融而為一。以上這四項思想命題，構成東亞儒家人文精神的基本內容。

在東亞儒家傳統中理想的「人」，深深地浸潤在歷史文化意識之中，所以，他們能將「生理的身體」轉化為「文化的身體」，從而完成「身」與「心」的統一；他們以「文化認同」作為基礎，而化解並轉化「自我」與「他者」的緊張關係，建構一個「信任的社會」；他們也在「人」與「自然」以及「過去」與「現在」之間，建立密切的互動關係而成為「一體」。

最後，我們要問，在東亞儒家人文精神的四個突出面向中，哪一個面向最為重要而具有東亞文化的特質呢？

首先，我要指出：東亞儒家人文精神的組成要素中，最重要的是：東亞儒者都浸潤於深厚的歷史意識之中。他們眼中的「人」，不僅是「經濟人」，也不僅是「政治人」，而且更是深深地被「時間」所滲透的「歷史人」。東亞儒家傳統中擁有深刻的時間意識的「人」，是生活在多度空間中的人。孔子被形容為「祖述堯舜，憲章文武」，從孔子以後，東亞儒家人文精神最大的特徵就在於深厚的「時間感」，而且更重要的是，東亞儒家思想中的「時間」並不是康德式的、超越的「直觀的形式」，[30] 東亞儒家人文主義中的「時間」本身已經銘記刻畫了人之境況、時勢的脈動以及歷史中的個人的種種表現，絕非只是對自然事件的機械式載錄而已。許多儒家學者認為，以普遍理則(如「道」、「理」)或不朽典範(如「堯」、「舜」、「三代」)為標竿而努力的實踐過程，構成了歷史上各個時代的具體內容；秦、漢、唐、宋等不同朝代創建、凌夷、中興、覆亡，幾經循環。在儒家傳統文化中，生命的意義與價值在於領悟並學習歷史上的存在過的道德典範，並將這些典範在當代付諸實踐，也因此儒家文化中的「時間」概念寓涵了某種的「超時間」特質：東亞儒者強調對過往歷史的學習，其實只是掌握「超時間」的理則(如「道」或「理」)或道德命題的基點，其究極目的實在將典律範型落實於當代時空中。[31]

浸潤在深厚的「時間感」的東亞儒者大多相信「時間」是創造歷史的一種動力，[32] 而不是像古代希臘人一樣地認為「時間」會造成歷史中值得記載的事件的耗損，[33] 所以，東亞儒者的「歷史意識」特別發達，成為東亞儒家人文精神最重要的表現。

東亞儒者雖然身處中國、日本、韓國等不同的社會政治環境之中，但是，他們都擁有深厚的「歷

---

30) Norman Kemp Smith, *Immanuel Kant's Critique of Pure Reason* (NY: St. Matin's Press, 1929, 1965), pp.65-91.

31) Chun-chieh Huang, "Historical Thinking in Classical Confucianism: Historical Argumentation from the Three Dynasties," in Chun-chieh Huang and Erik Zürcher eds., *Time and Spaces in Chinese Culture* (Leiden: E. J. Brill, 1995), pp.72-99.

32) 栗田直躬曾經嚴謹地論證中國「時間」概念有因應外在情勢、講求和諧、融攝自然性與社會政治性等特質。參考：氏著：《中國思想における自然と人間》(東京：岩波書局，1996)，頁149-184。

33) Arnaldo Momigliano, "Time in Ancient Historiography," *History and Theory*, Beiheft 6 (Middletown, CT.: Wesleyan University Press), p.15.

史感」，分享源遠流長的價值理念。他們深信「人之可完美性」，認為人的「自我」是自由的主體，是意志方向的決定者。人經由不斷的「修身」，可以達到「身心一如」的境界。在東亞儒家人文思想中，因為人的「身體」已從「生理的身體」被轉化成梅祿龐蒂(Maurice Merleau-Ponty, 1908 - 1961)所謂「現象的身體」(phenomenal body)，身體的「空間」並不是一個客觀的空間，「身體」是一個「綜合體」(chiasma),[34] 這是受到悠久的文化價值傳統所滲透並轉化的「身體」。

正是因為分享共同的來自歷史積澱的價值，所以東亞儒家認為「自我」與「他者」在現實互動中雖然不能免於衝突或緊張，但是都可以經由文化認同而化解並達到和諧的狀態。在「人」與「自然」的關係上，東亞儒家認為人是道德人，宇宙也是道德的宇宙，人與宇宙及自然可以構成一種「天人合一」的關係。在東亞儒家人文精神中，並沒有戡天役物的「浮士德精神」(Faustian spirit)。東亞儒者認為「人」越深入自己的本性，就越能瞭解宇宙界的本懷，孔子所說「五十而知天命」是「人」與「宇宙」有其呼應關係的最佳說明。

最後，如果東亞儒家人文主義是以歷史意識作為主軸而貫穿「身」與「心」、「自我」與「他者」、「人文」與「自然」，那麼，東亞儒家人文主義思想中的「人」之「歷史性」與「人」的「超越性」之間的張力，又將如何舒解呢？

如果說東亞儒家所重視的「人」在日用常行之中實踐「人」之道德秉賦，彰顯「人」之作為「道德人」的面向，那麼，人之體認「天命」的消息，可以說是實踐「人」之作為「宗教人」的特質。這樣，東亞儒家人文主義就觸及「宗教人」與「道德人」的分際及其優先性問題。從一方面來看，在東亞儒家人文精神中，作為「宗教人」的人，嚮往的是朱訂《中庸》第27章所謂「極高明」的、超越的神聖境界，絕頂佇立，如孟子所說「上下與天地同流」而和宇宙的「最高實體」融合為一；但作為「道德人」的人，卻安住在「道中庸」的塵世之中，面對並與生命的苦難搏鬥。但從另一方面來看，「宗教人」必然是「道德人」，而且以「道德人」作為基礎，兩者之間正是朱熹所說的「不離不雜」的辯證性關係。

正是在超越性的「天命」與浸潤在歷史文化之中活生生的「人」的密切互動與共生共感之中，東亞儒學展現了一個既內在而又超越、既神聖而又世俗、既在歷史之中而又「超歷史的」的人文主義的世界。

---

34) Maurice Merleau-Ponty, *Phenomenology of Perception* (London: Routledge & Kegan Paul, 1962), pp.148-149.

儒家思想當今發展應有的省思與憧憬

蘇新鋈 | 新加坡國立大學 教授

人类社会在新世纪伊始十年的进步发展，固然带来许多福益，但也不时带来不少祸患。其中曾一度惊天动地的，莫过于2008年的金融大海啸。这是通过合法、守法的途径制造出来的灾祸。当时，全球人众，几乎都直接、间接受害；只有极少数幸运者，反而由此致富得福。人类社会的文明进步，竟然是人类也可以合法地制造金融海啸、资产泡沫来灾害人类的吗？ 还是所谓"合法"是不为良知首肯的合法的呢？ 这必须有深湛的省思。

如今中国崛起，儒家思想已被宠捧。它可以为当今人类社会文明进步的上述情况，担当起使文明进步，只有善果频生、恶果不来的重任吗？ 我想，如果能从儒家所讲的经、政、德、法问题的思维中，择取到真能合用的资源，能做到大力地、热烈地、不断地、全球都真有诚意地弘扬，使人表现，是有希望的。

此文择讲的资源要点，有下述各项：

1. 经济：儒家认为经济建设，应定为国家发展的首要政务；只营求合仁、合义的经济财利，绝不营求不合仁、不合义的违背良心的经济财利；藉经济能力的富足来提升生活的素质、文化水平、人的品格。

2. 政治：儒家强调统治者，必须是真正有良知的贤能之士；强调统治者，须有"思天下之民，匹夫匹妇有不被尧舜之泽者，若己推而内之沟中"的精神情怀；强调行民意政治，避有不利于家国民生的"独裁专制"现象产生。

3. 道德：强调人须有"己所不欲，勿施于人"；"己欲立而立人，己欲达而达人"；"修己以敬"；"⋯⋯以安人、⋯以安百姓"的美德的表现。

4. 法律：儒家肯定政、刑可以有相当高度的抑制人作奸犯科的功能；讲求统治者必须以身作则，通过自己的身正以收不令而行的执政效果；坚信"徒善不足以为政，徒法不足以自行"的哲理，据以为行政的指针。

这些都可成为弘扬的重点，藉以促使当今人类社会文明进步的发展，多得善果，少生恶患。

此外，尚进而论述上列儒家的种种思维，在表现的过程中，还必须有中庸、慎独、至诚、赞天地之化育、与天地参的理念起作用于其中。

还有，此文对上述儒家思维的价值，应如何使之成为普世弘扬的价值观，亦略作一些说明。

儒家思想當今發展應有的省思與憧憬

蘇新鋚 | 新加坡國立大學 教授

一、引言

人类社会走上文明的道路发展，迄今已来到二十一世纪的头十年了。社会的发展要走向文明，这是人类天性的要求，是不必，也不应阻止的。虽然文明的进步发展，并不只带来好处，带来美善；它也带来坏处，带来醜恶。这种文明可以有美善之可得，往往也可以有醜恶之来临的现象。近今一百零四年前，领导推翻中国两、三千年来帝王世袭政制之革命而终有所成的孙中山，即曾清楚地说过：

> 文明进步是自然所致，不能逃避的。文明有善果，也有恶果，须要取那善果，避那恶果。欧美各国，善果被富人享尽，贫民反食恶果，总由少数人把持文明幸福，故成此不平等的世界。[1]

孙中山所说的这种现象，虽然已经是一百多年前的事了，但到了一百多年后的今天，文明带来的善果，富人享尽；恶果，穷人受尽。两方面人所得财富资产数量的悬殊差距之大，有如天渊之别。这种现象仍旧存在，从整体来看，这就是全人类所要的、文明理想的社会吗？文明所带来的新世纪开始十年的社会，竟然仍是一百多年前的有人享尽善、有人受尽恶的社会结构模型，这不是很令人非得深加省思的问题吗？

新世纪十年的问题究竟在哪里？不论是电子科技功能的运作，工商业的制造营销，房地产住用的推陈出新，还是金融衍生产品的众多、房贷、次按的方便，股市的兴旺，对冲基金的翻云覆

---

[1] 这是孙中山于1906年12月2日，在《民报》于日本东京举行一周年纪念会的演讲。讲题为"三民主义与中国民族之前途"。1978年12月台北巨人出版社出版，王晓波编撰的《现代中国思想家》第四辑，选录此文稿于书内"国父论著选辑"一栏中。

雨，经、政、德、法真语谣言的满天飞舞，这些并非没有带来人类社会生存发展的不断改善，频增惠益，但却在许多人正进入如痴如醉，凭此谋求幸福人生的过程中，在2008年不但营造不成一个人间天堂，反而由此制造出了一场资产皆成泡沫的金融大海啸。这期间除了极少数有先见之明的幸运者能在事前脱身，不但不被没顶，反而能趁势致富得福之外，其他绝大多数人，都直接间接的蒙受到大海啸的伤害。银行存款消失殆尽，货币资产价值大降，工作被裁退，债务满身，以至倾家荡产，转富为贫，生计从此困难万分。这就是文明进步，确确实实可以带来的恶果。

这种文明进步的开展，可以使人得幸，也可以使人落难的情景，近日已有人预言，不久又将会有一场绿色能源泡沫的来临了！如果真会这样，不知又将有多少人陷于不幸之境中了。[2]

不过，上述文明可以带来的伤害，是否就全无阻止之法，使它不发生，以致人类真可以有得善无恶的社会人生？我想这又非全无希望，只不过这是必须人类真能呈显良知，确有真心诚意的显露，大力地弘扬儒家思想，在经、政、德、法四方面问题所说的核心思维之确切要义之所在，并能机灵地活学活用这些思维的价值，这才能有达致可以有文明进步之得其美善而无其丑恶的文明之来临的憧憬。

二、儒家经、政、德、法思维的贡献

儒家对经济问题的思维，并不像一般人的了解，以为是不重视、不讲求经济财富，甚至是要排斥对经济财富之追求的。其实不然，儒家的两圣孔子、孟子，都不但非不谈论追求经财富裕的问题，而且还认为经济建设，追求经财的富裕，国家应放在政务的首要地位来先行处理；鼓励人可以不计艰辛地追求经财之富裕；以便能改善生活的素质，进而能藉经财的力量来更好地提高人生的文化、品格之素养，营造优雅安乐，真有美善文明之一切善果的人类社会。这才是儒家谈论经济问题的真正有价值的思维所在。

≪论语·子路≫说：

> 子适卫，冉有仆。子曰："庶矣哉！"冉有曰："既庶矣，又何加焉？"
> 曰："富之。"曰："既富矣，又何加焉？"曰："教之。"

这就是孔子已把营造经财富裕的经济建设看成应是治国的首要政务来处理的极有价值的思维。

---

2) 美国好莱坞最近推出电影"≪华尔街——金钱不会睡觉(Money Never Sleep)≫"，即有"绿色能源"将是华尔街的另一个泡沫的预言。

他又说：

富而"可"求也，虽执鞭之士，吾亦为之。如"不可"求，从吾所好。[3]

这则是孔子极为鼓励人都应积极的、不计艰辛劳苦的去追求经财富裕的表示。只不过这里有一个万分重要的约束点，那就是他鼓励人追求的经财富裕，是属于合乎仁义道德的正财正利的经财之富裕，而并非要人去追求不仁不义的、非正财正利的经财之富裕。这是必须了解清楚的。[4] 这样，也就是说，儒家对经财富裕的思维是和人的道德良知、德心、德性结合起来讲的。一切经济事项的开拓发展，资财富裕的营造追求，都必须合乎仁义，是义财属性的经财，而不是不义之财也鼓励人追求的。如此，经济的开拓发展，才真能成为是文明进步的善果可得，而恶果被摒弃无踪，没有资产泡沫，金融海啸……等等一类从中为害人类社会，而真有美善文明的进步发展，令人羡慕憧憬的文明社会。孟子说：

夫仁政必自经界始。[5]
非其道，则一箪食不可受于人；如其道，则舜受尧之天下，不以为泰。[6]
伊尹……非其义也，非其道也，禄之以天下，弗顾也；繫马千驷，弗视也。非其义也，非其道也，一介不以与人，一介不以取诸人。[7]
有贱丈夫焉，必求垄断而登之，以左右望，而罔市利。人皆以为贱，故从而征之；征商，自此贱丈夫始矣。[8]

孟子的这些话，展现出来人对经财取舍应有的态度，实也着眼在上文孔子所说的那一个"可"字上。如果是合理合道、合仁合义地"可"取而有之的，便纵令是天大的经财富裕，也可安然取之，无过分可言；如果取之是不合理、不合道，取之会成为是一种不仁不义之经财富裕的，便不说是天大的经财富裕，纵令是一根小草那么多的小利，也是不"可"取，不应取受的。这些思维的所谓"可"、"不可"，实即是一个道德的判断。人只有良知还能呈显，德心德性还能发挥它的约束力，制约得住不仁不义地追求经财富裕的恶劣行为的产生，这才能有真正的文明进步的社会人生之来

---

3) 《论语·述而》。
4) 《论语·里仁》说："富与贵，是人之所欲也，不以其道得之，不处也；贫与贱，是人之所恶也，不以其道得之，不去也。"《论语·述而》说："不义而富且贵，于我如浮云。"孔子这两则话，申述的也是上文所说的意思。
5) 《孟子·滕文公·上》。
6) 《孟子·滕文公·下》。
7) 《孟子·万章·上》。
8) 《孟子·公孙丑·下》。

临。

儒家对政治问题的思维，也不像一般人的了解，以为是全然维护君主世袭，专制独裁，不讲民主的。其实也不然，真正儒家的思维，正好和这种了解相反。孟子就曾说过这样的一则话：

> 孔子曰：“唐虞禅，夏后、殷、周继。其义一也”[9]

这就非常清楚的表明了孔子对“禅让”与“世袭”两种政制的选用，认为不论那一种都可以。只不过这所谓“可以”，有一个决定性原则，必须完全遵守。这个原则，就是“选贤与能”。这个原则，绝不宜失却，不论是“禅”或“继”，都不可以没有“其‘义’一也”的由“义”决定的思维。这种模式的典范人物，就是尧让位给舜，舜让位给禹的“禅让”；禹要让位给益，因为益的“贤能”表现不及禹之子“启”而不为民所认同，以致“禅让”不成；而禹之子启，却因为“贤能”表现优于益，为民所选，以致成为一种看似“世袭”，实则还是“禅让”政制在运用的所谓“禅让”与“世袭”。[10] 这种全由贤能“定”君位的政制，才是儒家对处理政权应当何人掌有的所谓应禅，应继政制的选用思维之真正要义所在。

然而，儒家这种君位继承人由前君培养推荐，民可接受或推翻另选贤能者登座的所谓“贤能”又有怎样的范式？有怎样的规定？

孟子说：

> 欲为君，尽君道；欲为臣，尽臣道。二者皆法尧舜而已矣。不以舜之所以事尧事君，不敬其君者也；不以尧之所以治民治民，贼其民者也。[11]
> 思天下之民，匹夫匹妇，有不被尧舜之泽者，若己推而内之沟中，其自任以天下之重如此。[12]

孟子的这些话，就说出了为君、为臣，都应作尽君、臣应作的正确治道，为全天下人营造福益，使得天下无人不享受到君、臣以正道统治天下营造出来的善果。如果天下的成员，还有一、二匹夫匹妇，受不到福益，则不论为君、为臣，都应全数担当起没有把他们照顾好的职责，好像是把他们推陷到沟渠里受苦受难一样，心情痛苦不已。

《孟子·梁惠王·下》说：

---

9) 《孟子·万章·上》。
10) 原文见《孟子·万章·上》：“万章曰‘尧以天下与舜，有诸?’至‘必若桀、纣者也。’”
11) 《孟子·离娄·上》。
12) 《孟子·万章·上》。

国君进贤，……左右皆曰 贤，未可也；诸大夫皆曰 贤，未可也；国人皆曰 贤，然后察之；见贤焉，然后用之。左右皆曰 不可，勿听；诸大夫皆曰 不可，勿听；国人皆曰 不可，然后察之；见不可焉，然后去之。左右皆曰 可杀，勿听；诸大夫皆曰 可杀，勿听；国人皆曰 可杀，然后察之；见可杀焉，然后杀之。故曰"国人杀之"也。如此，然后可以为民父母。

儒家对政制问题的思维，究竟有没有讲求民主的精神意识？孟子的这段话，不是已说得非常清楚了吗？一个人的可任用，不可任用，以至可否杀戮，是要经过民、臣、君三方面的评断认同，然后才可以作聘用、不用、杀戮的行动。这样，儒家所憧憬的国君、政治，还怎么会是专制独裁、不民主的呢？现代人讲的所谓"民意"、"民主"政治，恐怕还做不到这样的细缜入微的运作地步。

不过，儒家所憧憬的民主政治的思维虽好，已是民主之极了的民主，是现代人认为人类的文明进步，在政制方面应采用的一种政体。可是要行之而真得善果，真能带来这种政体所能带来的最大的福益，归根究底，仍是必须人类还有良知的呈现，真有德心、德性来善用这种政体，才真能为新世纪人类社会的文明进步，取得少有大灾难、以致没有灾难的美善成绩。

儒家对道德问题论述众多，涉及事项，人与人、人与政、人与天、人与鬼神等等都有。其中不少极具重大意义与价值的思维，也不全是一般人所了解到的那样。例如人与人事项修己益人的思维，一般人几都以为儒家讲道德的修养运作，有己和人、先本和后末之分。说成人必须先有自己的道德修养好，这是本。有了这个本，然后才展现这个本，为社会、国家、天下做事，这样才可以把自己所要做的事做得好，这是末。必须先有善本，然后才会有善末，本必在先、末必在后。

然而，这种思维，虽然也是儒家的，[13] 却远比不上儒家其他一些讲道德修养运作、讲修己益人的讲法所展现的思维之更见其有重大的意义与价值。

孔子说：

修己以敬，…… 修己以安人，…… 修己以安百姓。[14]
己欲立而立人，己欲达而达人。[15]

这些道德的修养运作，修己益人的说法，一般人就用了上文所说有先后本末的方式来体会，因而抹杀了它们原是没有先后本末之分的更有重大意义与价值之思维。这不能不有所注意。

当代新儒学大师之一的徐复观先生，就说过：

---

13) ≪礼记·大学≫篇："其本乱而末治者否矣；其所厚者薄，而其所薄者厚，未之有也。"就是这种思维。
14) ≪论语·宪问≫。
15) ≪论语·雍也≫。

对孔子所说的德治的积极一面，缺少基本的了解。这也是中国过去的传注家所不曾尽到的责任。…… 朱熹的最大错误，是把德和政治行为分作两事看。其所以分作两事看，乃是把德只从个人的生活上着想；而不知德乃内外如一的合理行为。…… 人的德与人君的德是不可分的；在人的德里面即涵有人君的德；如子路问君子，孔子说"修己以敬"；而修己以敬德究竟便是"修己以安百姓"。…… 由修己扩充出去，以善尽其安百姓的责任。[16]

我非常敬重徐先生的这种了解。后来曾顺着徐先生的思路，在一篇学术论文中作了一些申述。[17] 阐明孔子所说的"三修"是"修好"敬事玉成他人善事的"行为事务"，"修好"安泰人民的"行为事务"，"修好"安泰百姓的"行为事务"。作为君子是必须修好这些敬事人、安泰人的行为事务的。这才是儒家讲道德、讲修身的真正最有高尚意义与价值之所在，是儒家讲道德的胜义。如能行之于当今的人类社会，则当今人类社会的文明进步，便自有无限的善果，而恶患难以出现。

儒家这种修好敬事人、安泰人的行为的日益臻善之所谓修己，实乃把自己修炼成一个能时时刻刻都处于敬事人、安泰人的进展状态中的自己。敬事人而人得获敬事，安泰百姓而百姓得获安泰，这样的一个自己，便是君子型的自己。

这种修己在益人、益人即在修己的思维，换用立己立人、达己达人的词语来说，便是立己即在立人，立人即是立己；达己即在达人，达人即是达己。己之能立、能达，是凭己之能成功地使人得立、得达而显现的。未能使得人有所立、有所达，即己之尚未能有所立、有所达。这实就是现今人喜言的双赢思维。

儒家讲道德，还有一句名言：

己所不欲，勿施于人。[18]

不少人认为这是消极的思维，不比"己所欲，施于人"的积极有价值，然而，儒家的这种思维，却正可以使人类社会带来文化的可以多元，作良性的互利共生；带来信仰、理念的可以"不同而和"的环球和谐繁荣的美景；带来善人都有受尊重、有自由选择的权利；带来善人都有不受害于只他人喜爱适用的意识形态，亦不以只自己喜爱适用的意识形态害人的美好人生等等。这些，实也是当今人类社会的发展。要有真正的文明进步，不能没有的具高量道德价值的思维。

儒家对法律问题的思维，一般人也多以为儒家是只讲仁义道德，而不讲法治政刑的。因为孔子说过：

---

16) 徐复观《中国思想史论集》台北：学生书局，1979，五版，页218 - 9。
17) 见林水檺编《中华文化：发展与变迁》吉隆坡：马来西亚中华大会堂联合会，1997 · 3，页161 - 4。
18)《论语 · 颜渊》。

为政以德，譬如北辰，居其所，而众星共之。[19)]

道之以政，齐之以刑，民免而无耻；道之以德，齐之以礼，有耻且格。[20)]

因此可知孔子是不重视法治、不讲律令刑罚的。

然而孔子虽不以法律可以使人有道德，但也不由此而认为不需有法治。事实上，儒家对法治可以有巩固、助成德治的功能，仍十分肯定。先秦儒家谈法治的文字虽少，但仍有涉及的一些说法：

礼乐不兴，则刑罚不中；刑罚不中，则民无所措手足。…… 其身正，不令而行；其身不 正，虽令不从。……"善人为邦百年，亦可以胜残去杀矣。"诚哉是言也。[21)]

明其政刑。…… 故曰：徒善不足以为政，徒法不能以自行。…… 上无道揆也，下 无法守也；朝不信道，工不信度；君子犯义，小人犯刑。国之所存者，幸也。[22)]

这些话，即清楚地展示了儒家的思维，虽极看重统治者能够以身作则的影响力。了解在君善则民善，君劣则民劣的情况下，其实是什么法律政令都无需起作用或无法起作用。不过儒家还是肯定德化、法治仍须重视。德化尤须统治者以身作则，以收不令而行之效，成为满目君子的邦国天下。法治则用以对付德化对之失败的恶劣顽民，以法律政令，逼其驯服，不再作奸犯科，为害社会。

这样的德、法并重，一方面能大力地益加引动善品人士之皆成君子；另方面又能有效的抑制顽劣分子之造祸生非。儒家所拥有的这种政治思维，岂不也是当今人类社会的发展，要真有文明进步之多得善果，少有恶害所应有的政治思维吗？

三、儒家中庸思维的实现与憧憬

人类社会要不断的作文明进步的发展，这是人类的天性，从好的方面说，这原是极好之事。但从坏的方面说，却也可以因人人的兴志情欲，不尽相同：具有端正无邪的兴志情欲的人，可以不断的创生好的文明进步，作出无穷无尽的好事；怀有歪邪不正的兴志情欲的人，则会想方设法，

---

19) ≪论语·为政≫。

20) 同上。

21) 孔子语，间中引古人之言，而肯定之，见≪论语·子路≫。

22) 孟子及其引语，见≪孟子·公孙丑≫(第一句) 及≪孟子·离娄≫。

用文明进步的手法来做出为害"文明进步的好事"的坏事来，满足自己的歪邪不正的兴志情欲，使得天下大乱，原是享有好的文明进步带来的幸福的人，都可以在一夜之间，幸福顿失，处境从幸福转成不幸不福。

文明进步，可以有好的文明进步的滋长，也可以有坏的文明进步的加以破坏，怎么办？这样，当美善的滋长，被破坏成丑恶的景象时，便唯有兴志情欲偏好的人，兴志情欲端正无邪的人，振奋起来，想方设法，收拾残局了。这可以从经、政、德、法各方面去寻找原因。经、政、德、法是否不合理、不健全？是否还有大毛病、大漏洞？或者全都有各种各样的问题？这样研究来讨论去，众说纷纭；当然最后也可以寻找出解决的办法，加以修补。然而，这些修补，往往都只是治标之法，而不是治本的方法。治标之法不是不需要，全无好处而不可用。只不过它只能解决眼前的困境，不是可以解决长远问题的好方法。心怀不正，兴志情欲偏邪的问题，不是头痛医头、脚痛医脚的治标方法可以解决的。它必须用调理全身机能的治本方法来治疗，才能彻底治好，使灾害问题难再复发。

面对兴志情欲不正而可以带来破坏好的文明进步的问题的治本之法，从经、政、德、法的方方面面寻找，这并非不对。但必须紧记，要找的不是治标之法，而是治本之法。这是要跳跃出去，高高地站在经、政、德、法之上、之外来追问，才能找得到的。追问要严正认真、无私无邪。追问的要点，是经、政、德、法为什么会不合理健全而有毛病漏洞，有这样那样的问题；为什么有这样那样的问题，就会有人乘机而入，营造不仁不义的人间灾祸。这样追问，找出答案，才随之而想出治理的方法。这样子想出来的，才有可能是治本的方法，而这种治本的、治未病、使病不生的方法，实早在两千多年前的中国，已有儒家圣哲作过不少的宣言与著述。

经、政、德、法有这样那样的问题，这并非制订的人原是要制订成这个样子的。兴志情怀端正无邪的人，都不会本着要把它制订成有这样那样的问题的心来制订的。不这样立歪心来制订而结果制订出来的竟会有这样那样的问题，这是经验、学识、智慧、以至跨时空的思维等等，还力有不足才会产生的缺陷。否则，便是制订的人，原就心有不轨，有意要制订成这个样子。他们之所以要制订成这个样子，就是因为这样子才能为自己那歪邪不正的兴志情欲服务，发挥满足自己歪邪不正的兴志情欲的功能，使自己的歪邪不正的兴志情欲获得充足有效的实现。

如此，则纠正兴志情欲的歪邪，使它转为端正无邪，应用什么方法？当今中国崛起，占全球四分之一的人口众多的大国，正要大力广泛地弘扬儒家思想，这样的时机难得，这时世界各地关心儒学的人，可用的最好的做法，已莫过于尽快找出儒家在经、政、德、法各方面的有无限价值的思维，提供弘扬，作为弘扬的主要内容来大力弘扬，作四面八方地扩散于全球各地的弘扬。

弘扬儒家思想，弘扬儒家对经、政、德、法各方面所说的具有无限价值的思维，实乃正是治疗兴志情欲歪斜不正的最有针对性的良方。心病必须用心药医，才能彻底医好，医心是解决问题的彻底的、治本之法。

人类世界来到了当今世纪，仍有人要不时地针对世界各国各地经、政、德、法的实况、发展的策略，而寻找对策，寻找它们的漏洞。一旦找到对策，见有漏洞，便及时发动所思，趁机谋求可以合法的利己损人，为害社会的勾当。原因在哪里？"根底"的原因不在经、政、德、法本身，而是在人心的歪斜不正，兴志情欲的不端正。要医治人的兴志情欲的不端正，从弘扬儒家经典≪四书≫之一的≪中庸≫所说的慎独、中和、至诚、赞天地之化育、与天地参入手，才是治本之法。能这样的从治本之法入手，产生纠正歪心的功能，使人的歪斜不正的兴志情欲不萌生。这样治未病，使病不生，才是可以彻底解决当今世纪人心、人性贪婪无已地造生人为的一切灾害的治本之法。

≪四书·中庸≫：

> 君子戒慎乎其所不睹，恐惧乎其所不闻。莫见乎隐，莫显乎微，故君子慎其独也。[23]
>
> 喜怒哀乐之未发，谓之中；发而皆中节，谓之和。中也者，天下之大本也；和也者，天下之达道也。致中和，天地位焉，万物育焉。……[24]
>
> 子曰："回之为人也，择乎中庸，得一善，则拳拳服膺而弗失之矣。"……[25]
>
> 诚者，自成也；而道，自道也。诚者，物之终始，不诚，无物。是故君于诚之为贵。诚者，非自成己而已也，所以成物也。成己，仁也；成物，知也。性之德也，合外内之道也，故时措之宜也。……[26]
>
> 唯天下至诚，为能尽其性；能尽其性，则能尽人之性；能尽人之性，则能尽物物之性。能尽物之性，则可以赞天地之化育。可以赞天地之化育，则可以与天地参矣。[27]

这些强调慎独、中和、膺善、至诚以成己成物、至诚以尽其性、尽物之性、赞天地之化育、与天地参的思维，都是可以对经济的义富、政治的安泰、道德表现的得宜，法律订用的中节，确确实实起提撕之作用的。它们可以使经、政、德、法都出现恰到好处、无过与不及的中庸形态的美善。这种经、政、德、法之走上中庸型正轨的美善，才应是人类文明进步最为憧憬的至爱，是人类社会的发展，最为人憧憬的文明进步的人间天堂。

23）第一章。
24）同上。
25）第八章。
26）第二十五章。
27）第二十二章。

四、结语：儒家思维普世价值之弘扬表现

综上所述，儒家的思维，就其于经、政、德、法、《中庸》所涵内容的价值看，无论从上引开始的经济方面的"富之"、"教之"，以至到末尾《中庸》的"赞天地之化育"、"与天地参"的那一则引文语句来观察了解，实都可肯定具有普世价值之地位，是价值无穷的思维。这些思维如能弘扬到全球各国各地，开启全人类的智慧，使之对真正美善文明的根源何在，有真正确切的知觉，因而随时都有能慎独、致中和、赝善言、至诚尽性、赞天地之化育、与天地参的思维的表现，促成人类新世纪在经、政、德、法各方面的文明进步的思维之得有无过与不及的中庸美善的表现，经、政、德、法都是合乎中庸之道，无过与不及、恰到好处的经、政、德、法。则人类对新世纪希望带来更多的幸福而少有灾祸、以至没有灾祸的憧憬、相信都能指日可待，得享幸福无边的人生。

然而，儒家这种极有价值的思维，要怎样才能弘扬到全球去？按理而言，这些思维既有普世价值，当即可以为全球人类所接受。然而这些思维迄今仍未广泛地传布全球，为全球人类所已知晓。因此，为全球人类都能得到分享的福益，当今应有作广泛地遍及全球的弘扬传布的必要。

向全球广泛地弘扬传布，当可通过各种各样的媒体来做出贡献。但凡书本、刊物、报章、电台、电视、电影、连续剧、学校的课程、电脑的各种功能，以至人们日常生活的话语闲言、行为操作，都可以担当传布的职责，以使这些思维得广布于全球，得身体力行地表现于全人类的生活行事中。如此，则全球人类从新世纪起的文明发展的进步，当是真有无穷福益而不生灾祸的文明进步了。

当然，儒家这些具普世价值的思维，要传布全球，当有全球不同国家语文的翻译。译文必须准确无误，完全符合中文原典的意旨。而翻译的典籍，除《四书》之外，应还可以逐渐扩大到儒家的其他有相关类同思维的书著。例如先秦的《荀子》、《礼记》、宋明的周、张、程(二程)、朱、陆、王，以至当今新儒家的开山大师、可作第一代之代表的熊十力、张君劢、梁漱溟；第二代之代表的牟宗三、唐君毅、徐复观；第三代的许多儒学专家学者等等。这些大师、名家的著述，都可翻成多国语文，使之一并负起传布儒家有普世价值思维的任务。

从"思潮"到"运动"

— 关于新世纪中国大陆"国学热"的定位思考 —

梁 枢 | 光明日报国学版主编

"国学热"的持续升温,使得越来越多的人都不约而同地开始思考这样一个问题:如何看待"国学热"? 如何为"国学热"定性、定位? "国学热"究竟是什么? 它到底会走向哪里? 对此,我们可以从两次"国学热"的比较分析入手,去追问:两次"热"有何不一样,这种不一样意味着什么? 它是什么意义上、什么性质上的不一样?

第一次"国学热"开始于1993年。从总体上看,这次"国学热"的特点可以用三个字概括:一是"短"。时间短,从来到去,只有一年左右时间。二是"窄"。其波及范围仅限于校园,主体是学者、学生、学校,而没有能够吸引社会其它阶层的参与。三是"浅"。学生对传统文化限于一般性的接触、了解,浮于表面,缺少纵深,与学术研究未能形成有机互动。

这是一次比较典型的"社会思潮"。因为"短"、"窄"、"浅",正是社会思潮通常所具有的特点。

发端于新世纪初的第二次国学热是一场自下而上的有民众广泛参与的社会文化运动,也是一场不断走向深入的思想运动。此次"国学热"的种种表象,只有作为"运动"而不是"思潮",才能得到合理的说明——

运动之"阔"。较之作为思潮的第一次国学热,第二次国学热同样以特定的社会心理作为活动空间,并从中汲取能量,伺机释放。但它所凭借的心理空间,广泛地包容了社会各个阶层;这些阶层的人们尽管"为数众多,组织形态丰富多样,……但是,他们并非'一盘散沙',而是享有共同的信念,并且以此为团结的基础";不仅如此,这种共同的信念并不是静止不动的,它正随着中国综合国力的日益增强,而处于不断地成长之中。从而能够为"国学热"源源不断地提供能量,并使其活动空间不断地得到扩展,最终发展为一场波澜壮阔的社会文化运动。

运动之"深"。作为一种思想形态,"国学热"中的学术活动与民间活动、研究与普及、学者与大众,通过媒体及其产品,实际形成了一种互动的关系。文明演进的"中国路径",人类思想发展的"中国脉络",全球化背景下的"中国智慧",正在成为今后中国学界最重要的研究课题,越来越多的海内外学者正在被吸引过来,以中国为主词展开探源性研究、义理性研究、持续性研究、现代性研究等全方位的研究。同时这种研究也正在随着学者演讲、出版物、媒体报道等跨越学术圈，成为广大民众关注焦点。而这种关注反过来又会为学术研究提供动力。

运动之"长"。从运动之"阔"和运动之"深"可以逻辑地引申出运动之"长"：作为一场深刻的思想运动，"国学热"是由若干环节包括大大小小的思潮所组成的。第一次"国学热"和第二次"国学热"，不过是同一场长时段运动的前合相继的两个阶段。

从"思潮"到"运动"

— 关于新世纪中国大陆"国学热"的定位思考 —

梁 枢 | 光明日报国学版主编

光明日报国学版是在新世纪中国大陆的"国学热"中创刊的，也是在"国学热"中成长起来的。相对于新世纪的这场"国学热"，国学版既是"剧中人"，又是"旁观者"。国学版于2006年1月创刊，截止到今年11月15日，国学版共计出版180期，总字数约160万。五年来，国学版以新中国成立以来主流媒体唯一的国学专刊的方式，客观地反映"国学热"，及时地报道"国学热"，全方位地观察"国学热"。从这个意义上说，国学版是"国学热"的一个如影随形的旁观者。但是与此同时，五年前国学版的创刊与中国人民大学国学院的成立以及北京大学乾元国学教室的建立等一起，被视为新世纪"国学热"兴起的标志性事件；五年来，从发起组建由一百位国学专业学者组成的新浪网第一"国学博客圈"，到组织实施《三字经》修订工程，发起清华简的讨论，又到发起关于国学学科的讨论，再到世界文明对话日发出"来自中国的声音"，国学版已经实际地参与到"国学热"之中，成为"国学热"的"剧中人"。

一、

"国学热"的持续升温，使得越来越多的人都不约而同地开始思考这样一个问题：如何看待"国学热"？如何为"国学热"定性、定位？"国学热"究竟是什么？它到底会走向哪里？

问题的重要性是显而易见的。我们要摸清这场"国学热"的来龙去脉，对它的发生原因、性质、特点等等有一个正确的判断。只有在这样的基础上，方能建立起我们对于"国学热"所应采取的态度、立场和方法，方能理性地面对"国学热"的社会生活实践。对于国学版的编辑而言，找到这些问题的正确答案同样重要。作为"旁观者"，我们可以从中获得客观性；作为"剧中人"，我们可以从中获得自觉性——既然在剧中扮演角色，那起码得先搞清楚演的是什么戏。

2006年8月8日，应国学版之邀，杜维明先生与陈来先生两个人在哈佛大学做了一次访谈，其中便触及这个问题。

陈来先生当时是这样说的:

> 上个世纪90年代中期,曾出现过一次所谓的"国学热"。我还记得1995年5月的时候在二十一世纪饭店开过一个会,中午的时候,有两个美国的记者,和我们一起谈"国学"的概念问题。这之后,从2003年开始到现在,国学又热起来了。相比之下,我觉得90年代那次还算不上国学热,仅限于北大。那时候北大虽然成立了中国传统文化研究中心,后来改名叫做国学研究院,但是整个社会对于国学的关注并不很热。但是这几年,从企业界到文化界、教育界,社会大众,包括小学生家长,都对国学有了更多的关注。
>
> 这一次国学热跟以前不一样,基础比较厚,比较稳。[1]

陈来先生的话为我们提供了一种思路,我们可以从两次"国学热"的比较分析入手,去追问:这种不一样意味着什么? 它是什么意义上、什么性质上的不一样?

这次国学热开始于1993年。其标志性事件,主要有这样几个:

5月份,北大中国传统文化研究中心编辑出版了≪国学研究≫第一卷。人民日报于8月16日以≪国学,在燕园悄然兴起≫,报道了这件事。接着中央人民广播电台等主流媒体相继跟进。

10月中旬,北大学生会发起组织"国学月"活动。季羡林、邓广铭、张岱年等作关于传统文化的报告,听讲学生逾千人。主流媒体纷纷给予热烈报道。

到了12月,中央电视台与北大签约,合作拍摄150集≪中国传统文化系列讲座≫。[2]

在这一系列事件中,媒体的参与成为事件本身的一个环节,或者说一个有机组成部分。把这部分拿掉,事件就变得不完整了,而且难以理解。换言之,我们看到的这次"国学热"是被媒体"呈现"出来的国学热,是被媒体加热,甚至加工后的"国学热"。

对于这次"国学热"发生的原因,陈来先生在其题为≪传统与现代≫的集子里,有一篇"90年代步履维艰的'国学'研究——'国学热'与传统文化研究的问题"的文章,作了分析。他把这次所谓的"国学热"置于1992年邓小平南巡讲话以后出现的工商业大潮这一时代背景之下。认为,这次"国学热""未尝不可以看做是人文学术对商业冲击的一种抗争。"[3]

1994年下半年,≪哲学研究≫杂志第6期发表署名文章,以一种很官方的语气,把这次"国学热"实际定性为"文化复古"。自此,这次"国学热"迅速退潮。

从总体上看,这次"国学热"的特点可以用三个字概括。

---

1) 光明日报2006.9.5第5版:天涯并不遥远——杜维明与陈来纵论国学如何走向世界。
2) 参见陈来著≪传统与现代≫267-269页 北京大学出版社2006年4月第一版。
3) 同上 277页。

一是"短"。时间短，从来到去，只有一年左右时间。

二是"窄"。其波及范围仅限于校园，主体是学者、学生、学校，而没有能够吸引社会其它阶层的参与。

三是"浅"。学生对传统文化限于一般性的接触、了解，浮于表面，缺少纵深，与学术研究未能形成有机互动。

这是一次比较典型的"社会思潮"。因为"短"、"窄"、"浅"，正是社会思潮通常所具有的特点。所谓社会思潮，是在特定的社会历史背景下，建立在一定的社会心理基础之上，具备某种相应的理论形态并在一定范围内具有相当影响力的带有某种倾向性的思想趋势。

这种思想趋势最大的特点是像潮水一样，来得猛，去得也快。它可以于很短的时间里，由于看似偶然的原因而引起某一或某些阶层的高度关注，并因此形成共鸣与认同；同样，它也很容易在很短时间里被"降温"，从而失去吸引力。

之所以来去匆匆，是因为它同时还具有"窄"和"浅"的特质。社会思潮总是难以扎根，难以在社会深层持续地得到共鸣，形成广泛的感召力，找到能让自己站稳脚跟的"抓手"。社会思潮是以特定的社会心理作为活动空间，从中汲取并形成一定的能量的。社会思潮的兴起，正是一定的能量在这一特定空间释放的过程。问题是，这种空间总是有限的，能量也是有限的。当能量在这一有限的空间得到释放之后，一定的社会思潮就走到了尽头。

把"国学热"看作是一种社会思潮，有了这样一种定位，那么在关注"国学热"之时就会把它带进社会思潮的问题框架中去思考。换言之，社会思潮同时也代表着一种特定的观察事物的方法。比如，当传统文化于新世纪之初又一次受到中国人青睐之时，我们便把它称之为"国学热"。这个词本身就是历史哲学和社会心理学关于社会思潮定义的一个衍生品。它的真正含意是，这一次社会思潮叫做"国学热"。而当我们做出这样的定位之后，就会很自然地进而提出这样的问题："这股热什么时候结束"。

二、

发现"国学热"之"短"、"窄"、"浅"的特点，并据此把"国学热"定位于社会思潮，是因为我们心里有一个"长"、"阔"、"深"的东西，并且把它作为尺度进行观察的结果。这个作为尺度的"长"、"阔"、"深"的东西是什么呢？ 就是发生于新世纪初，至今仍在持续升温的第二次"国学热"。

我们是在第二次"国学热"全面展开、持续升温这一新的语境中，来为第一次"国学热"进行历史的定位的。我们对第一次"国学热"的定位，其实是以第二次国学热作为立足点和参考系的。

相应的，当新世纪国学热再次兴起之初，我们实际上是用看待第一次的眼光去打量它，并且实际上给它做了与第一次相同的定位：这是新一轮的"国学热"，也就是一次新的社会思潮。

2007年5月20日，国学版做了一次题为"我教孩子学国学"的访谈。这年的下半年，光明日报出版社要把一批国学版做的访谈结集出版。为帮助读者阅读，我在每个访谈前面加了一个"访谈手记"，"我教孩子学国学"的访谈手记真实地记录了我当时的一些思考。

当下的"国学热"会走向哪里？自从2005年年底筹办国学版以来，我一直在思考这个问题。参加本次访谈的四位嘉宾是我们从各地众多报名者中精选出来的。与以往的访谈最大的不同，就在于他们不是学者，而是老百姓。在访谈过程中，他们讲述了自己真实的故事，听来感人至深。正是他们的讲述，让我对"国学热"的走向问题有了一些新的思考。

"国学热"是新世纪以来，中国大陆规模最大，持续时间最长，波及面最广的一股"社会思潮"。大凡社会思潮都有一个周期性，尽管它来势汹涌，但最终大都无法摆脱"扫兴而去"的结局。这一点从名称上一望便知：它是潮。有潮起之时，必定会有潮落之日。这是社会思潮运行的一般轨迹。

"国学热"会摆脱一般宿命而成为一个例外吗？

国学院、国学班、国学版、国学博客圈等等都是在"国学热"中应运而生的。并且，他们最终也作为"事件"成为"国学热"的标志，从而在更大的空间内推动"国学热"继续升温。没有"国学热"作为思潮的助推作用，就没有这些"事件"的发生，这一定是确定无疑的；但是，我想强调的是，它们在当下社会生活中展现活力所依托的基础却不仅仅限于思想、"思潮"的范围。这一点同样也是确定无疑的。在它们活动的舞台下面，真正起支撑作用是来自行政、市场等各方面的优良的社会资源。而在这些社会资源背后，则是存在于广大普通民众之中的巨大的社会需求。

这种社会需求的形成有其复杂的原因，这里不便做展开分析，但有一点可以肯定，这种需求才是"国学热"的始作俑者，并且它也将从根本上决定"国学热"的最终走向。

当下的"国学热"会走向哪里？如果我们能够最广泛地适应广大民众的社会需求，有效地调动各种社会资源，不断创造出丰富多彩的方式方法，去满足各个阶层的各种各样的需求，那么"国学热"就有可能转化为一场旨在返本开新、继往开来的思想运动。这场思想运动的持久和深入，将为中国走向美好的未来提供源源不绝的精神动力。[4]

从这个手记中可以看出，当时还是囿于社会思潮的思想框架中来想问题：一，这是一场社会思潮；二，它为什么还在"热"？

2007年11月，北师大成立辅仁国学研究所。出席会议的近30名专家学者就当前"国学热"及相关问题，进行了深入的对话和交流。其间，有人传达了来自海外学者的一个说法，而这个说法，实际上间接给出了这股社会思潮为什么会持续升温的一个可能的因素：政府的操纵。与会者在指出

---

4) 梁枢主编《国学访谈》165-166页 光明日报出版社2008年1月第一版。

这一说法不符合事实的同时指出，从势头与趋势上看，这场自下而上的"热"，不会在短期结束。

随着"国学热"向深度向广度进军，这股"热"越看越不像社会思潮。

用思潮来定义这次国学热，犹如往冰箱里装大象。冰箱不是用来装大象的，大象也根本进不了冰箱，所以关于如何往冰箱里装大象的任何设计就成了笑话：第一步把冰箱门打开，第二步把大象装进去，第三步把冰箱门关上。社会思潮这只冰箱装不进"国学热"这只大象，因为它根本就不是社会思潮。

那它是什么？

三、

发端于新世纪初的这次国学热是一场自下而上的有民众广泛参与的社会文化运动，也是一场不断走向深入的思想运动。我们有理由相信，这一定位将成为社会各界越来越多人的共识。

康晓光在其新著≪阵地战≫中，陈列了国学热的各种表现形式：学术研究、学术会议、创办期刊、出版图书，发表宣言、联署倡议、向人大政协提交议案，组织学术团体，兴建民间书院和组织会讲，建立网站、论坛、节庆等。

官方也积极参与其中，主要表现在：官方媒体宣传，修复孔庙等文化建筑，政府主持的祭孔和祭祖活动，官方推动的读经、礼仪、节庆活动，在海外建立孔子学院，发布弘扬传统文化的官方文件和领导人讲话等。[5]

近两年来，这场运动正呈现进一步向纵深发展的态势。首先，从民间来看，于各地仍在不断涌现的"读经班"出现了新的特点。较之早期，支撑这种"热"的不再是感性的诉求，而更多的是理性的选择。国学这门中国特有的学问，是一门特殊的学问，它是需要从蒙学发端，自小就得开始学的东西。不早点动手，就会把孩子耽误了。这样的认识正在成为广大家长和老师的共识。而那些于"国学热"中重新得到当代中国人敬仰的国学大师的成长经历，则为这种认识提供了充足的合法性。

再从学科角度来看，随着许多大学纷纷成立"国学院"，国学作为"通学"或"整体之学"的性质与特点，越来越明显；它与"分科之学"的西学的不相容性也越来越明显。二者之间的矛盾在日常的教学与科研工作中随处可见。承认国学的学科地位，给国学"上户口"，已成为必然选择。这一事实清楚地表明，国学从民间之热正在演变为"制度下的生存"。

再次，社会精英阶层正全面介入。高价国学班，以及各种面向企业家的国学讲座，正逐渐地被

5）康晓光等著≪阵地战——关于中华文化复兴的葛兰西式分析≫第3页 社会科学文献出版社2010年9月第一版。

"书院"这一方式整合。由于这一方式融传统文化与市场经济运作于一体，并且随时可能与"党政干部学国学"这一最大的精英群体的选择挂起钩来，因此可以预计，在今后的数年内，各地书院将有一个大的发展。

上述"国学热"的种种表象，包括本文开头言及的国学版作为"剧中人"的所作所为，都只有作为"运动"而不是"思潮"，才能得到合理的说明——

运动之"阔"。较之作为思潮的第一次国学热，第二次国学热同样以特定的社会心理作为活动空间，并从中汲取能量，伺机释放。但它所凭借的心理空间，广泛地包容了社会各个阶层；这些阶层的人们尽管"为数众多，组织形态丰富多样，……但是，他们并非'一盘散沙'，而是享有共同的信念，并且以此为团结的基础"；[6] 不仅如此，这种共同的信念并不是静止不动的，它正随着中国综合国力的日益增强，而处于不断地成长之中。从而能够为"国学热"源源不断地提供能量，并使其活动空间不断地得到扩展，最终发展为一场波澜壮阔的社会文化运动。

运动之"深"。作为一种思想形态，"国学热"中的学术活动与民间活动、研究与普及、学者与大众，通过媒体及其产品，实际形成了一种互动的关系。文明演进的"中国路径"，人类思想发展的"中国脉络"，全球化背景下的"中国智慧"，正在成为今后中国学界最重要的研究课题，越来越多的海内外学者正在被吸引过来，以中国为主词展开探源性研究、义理性研究、持续性研究、现代性研究等全方位的研究。同时这种研究也正在随着学者演讲、出版物、媒体报道等跨越学术圈，成为广大民众关注焦点。而这种关注反过来又会为学术研究提供动力。

2010年8月初，国学版于头条位置，发表陈来的文章："如何看待国学热"。在这篇文章中，现代化亦被重新解读，在一定意义上成为传统文化与中国精神的一种表象。从中我们可见"国学热"运动所达至的历史深度：

国学热使我们意识到，不能孤立地看待上世纪九十年代以来的中国现代化过程，而必须从中华民族整体发展及其近代曲折的历史来认识，必须把它和中华民族的生命力与生命过程联系起来，把它视为中华民族奋斗史的新篇和中华文明史的新开展，看成中华民族精神发展历程的一部分，从中华民族的角度理解它的成就。[7]

运动之"长"。两次"国学热"有质的不同，但也有联系。如果只看到二者之间的差别，而不能发现隐于差别身后的联系性，藏在原因背后的原因，就会把思潮与运动孤立起来，甚至对立起来；第一次国学热为第二次国学热在人才、研究取向、价值评介等方面历史地做了准备与铺垫。如果否认这一点，那么第二次国学热的兴起便成为突如奇来的文化现象，无法理解。这实际上也就贬

---

6) 同上　第4页。
7) 光明日报2010.8.2第12版：如何看待国学热。

低了其运动的性质。从运动之"阔"和运动之"深"逻辑地引申出来的运动之"长"只能是：作为一场深刻的思想运动，"国学热"是由若干环节包括大大小小的思潮所组成的。第一次"国学热"和第二次"国学热"，不过是一场长时段深刻的思想运动的前合相继的两个阶段。

論當代中國實現儒學價值的可能性

陳衛平 ｜ 上海師範大學教授

　　圍繞當代中國實現儒學價值如何可能，探討四個問題：1、如何理解當代中國實現儒學價值的必要性？ 2、如何揭示和呈現儒學傳統？ 3、如何評價儒學傳統的價值？ 4、如何實現儒學傳統的價值？ 當代中國實現儒學價值的必要性，在於傳統在被現代化瓦解的同時，又逐漸顯示出與現代的互補性。揭示和呈現儒學傳統，不僅要闡釋正統儒學的傳統，也要發掘非正統儒學的傳統；不僅要梳理典籍裏的儒學傳統，更要考察實際中的儒學傳統。評價儒學傳統的價值，必須正確運用工具價值和和內在價值這兩個尺度，並將它們相統一，不僅從外在的時代根據，而且從內在的民族智慧來評價儒學，走出激進主義與保守主義的輪回；對儒學與西學之長短的評價，需要確立辯證的尺度，認識到兩者的價值互補性，使得對儒學當代價值的闡明，既有抗拒西方文化霸權的意義，又不導向國粹主義。當代中國實現儒學傳統的價值，需要在思想觀念、行為方式和語言文字這三個環節上作出制度上的安排；由此來實現儒學的當代價值，不是其原有價值的翻版，而是融入於當代中國的價值體系之中。

論當代中國實現儒學價值的可能性

陳衛平 │ 上海師範大學教授

　　時下儒學研究的論著，冠之於"當代價值"的，觸目皆是。然而，儒學與當代中國，無論在編年史的時間序列上或是思想史的觀念形態上都已經有很遙遠的距離了。所以，對此需要討論一個前提性的問題：當代中國實現儒學價值如何可能？ 這至少涉及以下四個問題：如何理解當代中國實現儒學價值的必要性？ 如何揭示和呈現儒學的傳統？ 如何確立評價儒學價值的標準？ 如何在社會層面落實儒學的價值？ 本文依次對這四個問題進行探討。

一、 如何理解當代中國實現儒學價值的必要性

　　如果儒學對於當代中國沒有實現其價值的必要，那麼討論其可能性是毫無意義的。眾所周知，中國近代以來，儒學的價值每況愈下，直至"五四"，儒學遭到猛烈的批判。之所以如此，重要原因是主流思想對"律以現代生活狀態，孔子之道，是否尚有尊從之價值"作了否定性的回答。[1] 這對於近代中國從傳統文明走向現代文明是必要的。[2] 1980年代當中國重新以實現現代化作為目標時，依然普遍延續着儒學與中國現代化價值取向相對立的觀點，因此不僅不認為有必要實現儒學的價值，而且強調批判儒學的必要性。那麼，仍在繼續着現代化歷史進程的今天，何以有必要實現儒學的價值呢？ 這是需要認真回答的問題。

　　西方現代化的曙光升起在近代的啟蒙運動中。啟蒙的重要涵義是破除對傳統的迷信，"傳統性成了每個舊秩序批評者無所不在的敵人"。[3] 中國近代對於儒學的批判，深重地打上了西方啟蒙運動的這種思想影響。到了19世紀末20世紀初，西方的一些思想家開始走出啟蒙運動將現代與傳

---

1) 陳獨秀：《孔子之道與現代生活》，《獨秀文存》第81頁，合肥，安徽人民出版社1987年版。

2) 對於這種必要性這裏不作詳細論證。

3) E·希爾斯：《論傳統》，第8頁，上海，上海人民出版社1991年版。

統對立二分的框架，意識到理想社會的文明形態應當是現代與傳統的互補。如塗爾幹根本不同意斯賓塞關於利己主義的活動及專業化機制如果任其發展可導致社會和諧的論點，認為現代社會的失範是基於宗教之上的傳統道德的退場，他試圖以其宗教社會學來發揮傳統道德的類似功能。再如齊美爾指出，現代社會是貨幣創造的一個物化世界，因而現代文化成了與人對立的"客觀文化"，它的發展導致"過去時代所特有的內心感受的品質的下降，精神生活的平均化"。[4] 斐迪南·滕尼斯在1887年出版的名著≪共同體與社會≫(也譯為≪公社與社會≫)中，認為有兩種類型的社會關係，即Gemeinschaft(共同體或公社)和Gesellschaft(社會)；血緣、鄰里和朋友關係是前者的主要紐帶，其"指稱的社會關係的全部形式具有如下特徵：高度的人際關係、情感的深度、道德的義務、社會的凝聚力和經久的連續性。這種Gemeinschaft的典範是家庭"；而契約、交換和計算關係則在後者中通行，這是人和人之間的典型的現代關係，"這些關係源自個人決定和自身利益"，"在這裏，人人都得靠自身，人人都是孤立的，人與人之間存在著一種對立的緊張"，"人人都拒絕他人聯繫和進入它的領域，例如侵入被視為一種惡意的行為"，"沒有人想授予他人和為他人生產什麼東西，如果不是為了交換他認為至少和他所給出的東西相對等的禮物或勞動，他也不會慷慨地給他人什麼東西"。他指出傳統的共同體關係在現代工業文明衝擊下趨於解體，"歐洲社會已經從Gemeinschaft關係轉向了以協議和契約為基礎的Gesellschaft關係了。這個過程創造了人和人之間新的聯繫，破壞了傳統的權威"；這樣的轉向有其積極作用。因為儘管"一個以Gemeinschaft關係為特徵的社會，常常令我們感到'溫暖'、'親密'，且以'私人關係'為特徵。然而，這些前現代的特徵，常常會伴隨著廣泛的腐敗、裙帶關係以及法規的根本缺陷"，"他強調沒有Gesellschaft，我們就無法想像現代的開明和文化的興起"。但是Gesellschaft關係導致"競爭和利己主義變得越來越強勢"，因而儘管通過契約、規章把彼此異己的個人組織起來，然而這只是一種"機械的團結"；而Gemeinschaf關係所建立的則是情感真摯和融洽的"有機的團結"。他懷疑沒有Gemeinschaf的精神，而能有真正的理想社會。滕尼斯認為真實的社會都同時具有Gemeinschaf和Gesellschaft的因素，因此，將兩者結合是可能的。"滕尼斯認為，Gesellschaf階段的頂峰已經是遠遠地過去了。當我們邁進現代性，對Gemeinschaf關係的要求已變得越來越引人注目。早在19世紀80年代，就出現了試圖將Gemeinschaf關係和安全機制引入Gesellschaf的努力(社會政治、福利國家等)"。[5] 滕尼斯的觀點無疑帶有理想化的烏托邦色彩，但其中包含著深刻的見解：以家庭倫理為核心的傳統文明對以契約關係為基礎的現代文明具有互補性，兩者的互補是理想社會所要求的文明形態。

　　20世紀50年代以來，上述關於傳統與現代具有互補性的思想有了發展，成為後現代思潮裏的重

---

4) 於海：≪西方社會思想史≫第305頁，上海，復旦大學出版社1993年版。
5) G·希爾貝克、N·伊耶：≪西方哲學史≫第531—533頁，上海，上海譯文出版社2004年版。本文對於滕尼斯思想的敍述，均出自該書和於海的≪西方社會思想史≫有關章節。

要一脈，希爾斯的《論傳統》是其中的代表作。希爾斯在該書中指出，興起於西方並席捲全球的現代化進程，一直在破壞着"實質性傳統"。這是因為"在西方社會中，'發展'理想要求人們與傳統的觀察方式和行事方式決裂"，所謂實質性傳統，按該書中文譯序的概括，是指崇尚過去的成就和智慧，崇尚蘊含傳統的制度，並把從過去繼承下來的行為模式視為有效指南的思想傾向。如對宗教和家庭的感情、對祖先和權威的敬重，對家鄉的懷戀之情等。希爾斯肯定源於啟蒙運動的西方現代文明"也屬於我們文明的寶貴成就。它把奴隸和農奴改造成了公民；它解放了人類的想像和理智能力；它使人類有可能得以實現美好的生活"，但其代價是"實質性傳統被許多人肆意破壞或拋棄，這導致了許多為良好秩序和個人幸福所不可或缺的事物的喪失，同時也造成了普遍蔓延的社會混亂"。然而，在現代化凱歌行進中"實質性傳統還繼續存在，這倒不是因為它們是仍未絕滅的習慣和迷信的表現，而是因為大多數人天生就需要它們，缺少了它們便不能生存下去"。這是由於實質性傳統合乎人類原始心理的需要。於是"它們退到了社會中更為隱蔽的部分，但它們會通過復興和融合而一再重新出現，而且現在依然如此"。所以，在他看來後現代社會的任務，就是"傳統應該被當作是有價值生活的必要構成部分"，就是"將某些啟蒙傳統與啟蒙運動後繼人試圖加以拋棄的某些傳統結合起來"。[6] 通常人們把希爾斯稱之為保守主義思想家，因其基本忽略了實質性傳統與現代化的不相容的一面。但是，他對於結合傳統文明與現代文明以構建新的文明形態的必要性的分析，是值得我們重視的。

馬克思、恩格斯以對歷史必然性的把握為基礎，更深刻地論證了現代與傳統的互補性。在馬克思、恩格斯看來，世界性的現代化是隨著資本主義產生而興起的，因此他們從前資本主義、資本主義和後資本主義來分析我們今天講的前現代、現代和後現代的關係。他們以歷史是螺旋式上升的否定之否定的辯證法，指出了現代資本主義之後的新的理想社會的文明形態將是現代與傳統的互補。1861年梅因出版了《古代法》，它由分析家庭父權入手，提出了著名的觀點："迄今為止，一切進步性社會的運動，都是一場從'身份到契約'的運動"。滕尼斯用Gemeinschaft和Gesellschaft來描述歐洲社會由傳統進入現代，顯然是受到了梅因的影響。恩格斯的《家庭、私有制和國家的起源》注意到了梅因的觀點，指出："英國的法學家亨·薩·梅因說，同以前的各個時代相比，我們的全部進步就在於from status to contract〔從身份到契約〕，從過去流傳下來的狀態進到自由契約所規定的狀態，他自以為他的這種說法是一個偉大的發現，其實，就它的正確而言，在《共產黨宣言》中早已說過了"。[7] 就是說，《共產黨宣言》已經指出，現代資本主義文明對於傳統宗法血緣的"田園詩般的關係"和"溫情脈脈的面紗"的破壞，是一種歷史的進步。不過，《共產黨宣言》同時指出，這一進步也造成了新的不和諧，即建立在"現代的資產階級私有制"基礎上的種種對立和緊張，這些對立和緊張是對人的自由本質的異化。因此，只有消滅這樣的私有制，

---

6) 希爾斯：《論傳統》第384－385頁、432頁、406頁、344頁、440－441頁，上海，上海人民出版社1991年版。
7) 《馬克思恩格斯選集》第4卷，第75－76頁，北京，人民出版社1972年版。

建立共產主義公有制，才能形成和諧的"聯合體"，"在那裏，每個人的自由發展是一切人的自由發展的條件"。這表現了由原始公有制到私有制再到共產主義公有制的螺旋式上升，由於這個運動過程仿佛是向出發點的複歸，因此後資本主義的文明形態就應當是前資本主義的傳統和現代資本主義這兩種文明形態的互補。其實≪共產黨宣言≫講的聯合體正表現了這一點。聯合體的英譯是association，滕尼斯的Gemeinschaft和Gesellschaft的英譯則是community和society；而association兼有前者共有共用的團體和後者獨特個人組成的團體的涵義，可以說是兩者的互補。馬克思的≪<政治經濟學批判>導言≫有句名言："只有在資產階級社會的自我批判已經開始時，才能理解封建社會、古代社會和東方社會"。此中有一以往未曾被詮釋過的涵義：當資本主義進入自我批判階段，即由其基本矛盾產生很多弊端得到較為充分暴露時，我們才能認識到前資本主義文明的某些傳統是寶貴的，並應當在後資本主義文明中重新啟動。[8] 就在同一篇文章裏，馬克思把古希臘文明與現代文明作比較，把前者比喻為人的純真童年，然後說道："一個成人不能再變成兒童，否則就變得稚氣了。但是，兒童的天真不使他感到愉快嗎？ 他自己不該努力地在一個更高的階段上把自己的真實再現出來嗎"？[9] 馬克思還在比較古希臘和現代資本主義時，指出前者的生產力水準是遠遠低於后者，但是"古代的觀點和現代世界相比，就顯得高尚得多，根據古代的觀點，人，不管是處在怎樣狹隘的民族的、宗教的、政治的規定上，畢竟始終表現為生產的目的，在現代世界，生產表現為人的目的，而財富則表現為生產的目的"；因此，"稚氣的古代世界顯得較為崇高"，而現代資本主義則是"鄙俗的"。[10] 顯然，馬克思、恩格斯所講的個人自由全面發展的聯合體，是對上述古代的高尚傳統在更高階段上的復活。馬克思和恩格斯都關注摩爾根的≪古代社會≫，恩格斯稱它"最後還對現代社會提出了直接的共產主義的要求"，[11] 這表現為該書結尾時寫道：在"以財富為唯一最終目的的那個歷程的終結"之後，"管理上的民主，社會中的博愛，權利的平等，普及的教育，將揭開社會的下一個更高的階段，經驗、理智和科學正在不斷向這個階段努力。這將是古代氏族的自由、平等和博愛的復活，但卻是在更高形式上的復活"。馬克思的≪人類學筆記≫和恩格斯的≪家庭、私有制和國家的起源≫都以肯定的態度摘錄這段話，後者還同樣以這段話作為結尾。[12] 恩格斯還曾指出"現代唯物主義"是對古希臘羅馬"原始的自發的唯物主義"的否定之否定，但"否定的否定，不是單純地恢復舊唯物主義，而是把兩千年來哲學和自然科學發展的全部思想內容以及這兩千年的歷史本身的全部思想內容加到舊唯物主

---

8) 從19世紀末20世紀初直到20世紀21世紀初，西方不少思想家把現代社會面臨的問題歸咎於傳統的喪失，其實是對馬克思此一涵義的某種證明。

9) ≪馬克思恩格斯選集≫第3卷，第109、114頁，北京，人民出版社1972年版。

10) ≪馬克思恩格斯全集≫第46卷（上），第486-487頁，北京，人民出版社1979年版。

11) ≪馬克思恩格斯選集≫第4卷，第443頁，北京，人民出版社1972年版。

12) ≪馬克思恩格斯全集≫第45卷，第397-398頁，北京，人民出版社1978年版；≪馬克思恩格斯選集≫第4卷，第174-175頁，人民出版社1972年版。

義的永久性基礎上", 這樣的揚棄, "按其形式來說是被克服了, 按其現實的內容來說是被保存了"。[13] 不難看出, 馬克思、恩格斯所說的這些"再現"、"復活"、"保存"等等, 都蘊含著將前資本主義和現代資本主義這兩種文明互補的意味。就是說, 馬克思和恩格斯認為: 以前資本主義和現代資本主義這兩種文明的互補來構建後資本主義社會的文明形態, 是否定之否定的歷史辯證運動的必然要求和具體體現。

馬克思、恩格斯上述思想告訴我們, 當代中國實現儒學價值的必要性, 在於傳統在被現代化瓦解的同時, 又逐漸顯示出與現代的互補性。由此我們可以理解, 當代中國在構建社會主義和諧社會過程中繼續推進現代化的21世紀, 儒學的當代價值會受到空前的關注。

二、如何揭示和呈現儒學的傳統

實現儒學的當代價值, 無疑是以揭示和呈現儒學傳統為基礎的, 即只有瞭解和把握儒學傳統, 闡述其當代價值才有可能。在我看來, 目前學界對於儒學傳統的揭示和呈現, 有以下兩方面的問題值得關注:

其一、哪些儒家學者足以代表儒學傳統。這是個老問題。孔子之後, 儒分為八, 大概在此時就產生這個問題了, 即誰最能代表孔子開創的儒學傳統? 唐代韓愈提出"道統"說, 是對這一問題系統而明確的回答。他編撰了自堯、舜、禹、湯、文、武、周公至孔孟的"道統", 並認為自己繼承了孟子之後所中斷的"道統"。宋明理學家程朱陸王接過韓愈的"道統"說, 但把韓愈撇開, 聲稱他們是直接繼承孔孟道統的。從"五四"到20世紀三、四十年代的早期現代新儒家, 直至20世紀五十年代以後到如今的海外新儒家, 大體上是贊同"道統"說的。就是說, 他們基本上是按照"道統"說的精神來闡釋儒學傳統的。近十幾年來, 隨著現代新儒學日漸成為"顯學", 他們對儒學傳統的闡釋在學界產生了相當大的影響。於是, 學界向人們揭示和呈現的儒學傳統, 在很大程度上成了"道統"之一脈相承的歷史了。

應當說, 這樣的揭示和呈現是有偏頗的。因為儒學的全部並非如此, 早在20世紀四十年代, 杜國庠對馮友蘭以"道統"說之理念考察儒學提出質疑, 指出思想的發展, "其間實有一脈之潛通, 但無道統的獨霸", 而是貫穿著與之抗衡的"異端", 只是"一切'異端'思想遇到環境對它不利的時候, 它就會披著'正教'的外衣而出現, 暫時進入伏流的狀態"。[14] 他和侯外廬等在當時撰寫的《中國思想通史》進一步系統地發掘了被"道統"所排斥的"異端"思想家。他們指出, 隨着儒術獨尊, "有

---

13) 《馬克思恩格斯選集》第3卷, 第178-179頁, 北京, 人民出版社1972年版。

14) 杜國庠: 《玄虛不是中國哲學的精神》、《先秦諸子思想概要》, 《杜國庠文集》, 第413、5頁, 北京, 人民出版社1962年版。

正統思想的'法度'化和庸俗化，就會產生反抗正統思想的'異端'"。[15]　他們所着重彰顯的"異端"，有相當部分是儒家。就是說，他們揭示和呈現的儒學傳統有相反相成的兩個方面："道統"說的正統儒學和"異端"的非正統儒學。考之於儒學發展的歷史，這樣的揭示和呈現是有依據的。

把正統儒學當作儒學的全部，不僅有悖於史實，而且是不公正的。在歷史上，正統儒學居於統治地位，非正統儒學則受到壓制。我們今天應當給古人以公正的待遇，平等地從正統儒學和非正統儒學這兩種傳統中去發現儒學的當代價值。這對於當代中國是十分必要的。當代中國思想文化是由"五四"孕育而來的，余英時分析"五四"與中國傳統時指出："五四"時期，"當時在思想界有影響力的人物，在他們反傳統、反禮教之際首先便有意或無意地回到傳統中非正統或反正統的源頭上去"。[16]　這意味著非正統儒學是"五四"開創新文化的重要歷史憑藉。當代中國的意識形態以中國化的馬克思主義為主導，而馬克思主義中國化過程的重要一環，就是以包括非正統儒學在內的"異端"為其思想的歷史根基。侯外廬、杜國庠等寫作《中國思想通史》的目的正在於此，他們把"異端"的思想傳統稱作"實事求是"或闡發其唯物主義因素，[17]　就表明了這一點。所以，探討儒學在當代中國的價值，就更加不能只提正統儒學，而把非正統儒學棄置一邊。

其二、儒家典籍的論述是否等於實際的儒學傳統。我們現在用以揭示和呈現儒學傳統的通常方法，是引證、排列儒家典籍上的種種論述，由此得出結論，儒學有什麼樣的傳統。這固然是認知儒學傳統的重要途徑。但是，由此得來的儒學傳統其實只能說是"典籍"上的傳統，並不能等同於實際存在的傳統。就研究儒學傳統的當代價值而言，顯然把握實際的傳統更為重要；因為只有從實際的傳統中，我們才能認識到典籍上的傳統是否實現了價值，是以怎樣的形式實現價值的。那麼，典籍傳統為何不能等同于實際傳統呢？　這主要有以下三點理由：

首先，前者是被倡導的，後者是被接受的；而被倡導的東西，在實際中有被接受的，也有不被接受的。只有在實際中被接受了，才能成為存在于社會中的傳統。由此來看的話，儒學的某些傳統屬於只是在典籍上倡導的，它們並沒有為人們普遍接受而成為實際的傳統。這一點魯迅曾辛辣而冷峻作了揭示："聖人為什麼大呼'中庸'呢？　曰：這正因為大家並不中庸的緣故。人必有所缺，這才想起他所需"。[18]　比如，先秦時期儒家都講重義輕利，其宣傳對象主要是各諸侯國的國君，《孟子·梁惠王上》："王！何必曰利？亦有仁義而已矣"。國君們看來沒有接受如此的宣傳，要不然就不會有春秋戰國無義戰這一說了。這意味著重義輕利並不是先秦實際存在的傳統。以後儒家典籍一再申述重義輕利，恐怕是因為事實上它沒有被普遍接受。所以，重義輕利也許只是典籍

---

15) 侯外廬等：《中國思想通史》第2卷，第160頁，北京，人民出版社1957年版。

16) 余英時：《五四運動與中國傳統》，《中國思想傳統的現代詮釋》，第346-347頁，南京，江蘇人民出版社1995年版。

17) 參見《杜國庠文集》第413-414頁、侯外廬的：《中國思想通史》第2卷，第160頁。

18) 魯迅：《南腔北調由中國女人的腳推定中國人之非中庸又由此推定孔夫子有胃病("學匪"派考古學之一)》，《魯迅全集》第4卷，第507頁，北京，人民文學出版社1981年版。

上的儒學傳統。基於以上的分析，那麼我們在考察重義輕利儒學傳統的當代價值時，大概探討它為何不能在古代成為實際的傳統要比探討它在今天有哪些價值更有意義。

其次，前者是抽象的，後者是具體的：而抽象的觀念一旦轉化為具體的存在，其形態必定不是單一的，而是多樣的。就是說，當典籍上觀念形態的儒學傳統成為實際存在于人們行為中的傳統時，後者所呈現的情形是很不一致的。比如，"內聖外王"的儒學傳統實際存在於古代社會不同階層時，情形各異。對於皇帝來說，"內聖外王"大體上是由"王"而"聖"，其邏輯是只有聖人宜於作王，既然已是"王"，那必然"聖明"。所以幾乎每一個皇帝都以"聖王"自居。對於儒生士人而言，一般以"內聖外王"為抱負。這表現為或是以做帝王之師為己任，用"內聖外王"來塑造帝王，如程頤任"崇政殿說書"，便說"得以講學侍人主，茍能致人主得堯、舜、禹、文、武之道，則天下享唐、虞、夏、商、周之治，儒者逢時，孰過於此"；[19] 或是實現立言、立德、立功之"三不朽"，如王陽明就是典範，康熙時有人贊曰："古今稱絕業者曰三不朽，謂能闡性命之精微，煥天下之大文，成天下之大功。舉內聖外王之學，環而萃諸一身……惟我文成夫子一人而已"。[20] 到了農民那裏，"內聖外王"主要轉化為渴求"聖明天子"和聖王並舉的好官替他們作主。儒學傳統在實際中的多樣性，是其價值不同側面的反映。因此，我們關注儒學的當代價值，不能不考慮其原本存在的這種多樣性。

再次，前者是靜態的，後者是動態的。典籍上的儒學傳統是以概念、範疇、命題來表達的，這些概念、範疇、命題有其確定的涵義，是凝固不變的；而實際的儒學傳統則處於活生生的變動之中，它為了應對實際社會的變化，在原有概念、範疇、命題的名號下與時俱進，在變動中既保持著傳統的一貫，又使得傳統綿延不絕而產生新的生命力。討論儒學的當代價值，這是特別需要提出的。因為對於當代中國實際產生影響力的儒學，基本上不是靜滯在典籍中的東西，而是經過了中國近代以來的淘洗，其內涵整合了異質文化尤其是西學，在動態的自我更新中獲得了與現代價值的相匹配性。比如，現在常常講的"天人合一"，繼承了天人和諧的傳統，但原先"天人感應"、"天命論"的神秘主義和宿命論色彩在近代以來一直遭到批評，已經被消除了，並且融進了來自西學的可持續發展理念和對科學主義的現代反思。再比如，我們今天把奔"小康"作為實現理想社會的最初一步，這果然表現了儒學"大同"傳統的影響。但是，這種影響無疑是建立在近代以來把"大同"作了現代性解釋或社會主義理解（如康有為、梁啟超、孫中山、李大釗、毛澤東）之上的，而這種解釋和理解是以進化論或唯物史觀為根據，否定了原先《禮記·禮運》裏把"大同"看作是返回三代的復古主義。上述兩例，無非是要說明：揭示和呈現儒學傳統在實際中流變，尤其是近代以來的蛻變，是討論儒學傳統當代價值的重要基礎。因為從思想發展的歷史過程來講，近代中國是

---

19) 《二程全伊川文集》卷二，《在辭免表》。
20) 馬士瓊：《王文成公文集原序》，《王陽明全集》，第1620-1621頁，上海，上海古籍出版社1992年版。

剛剛逝去的"昨天"蛻變於那時的儒學傳統是對"今天"的中國直接產生影響的。

　　總之，不僅要闡釋正統儒學的傳統，也要發掘非正統儒學的傳統；不僅要梳理典籍裏的儒學傳統，也要研究實際中的儒學傳統；只有這樣來揭示和呈現儒學傳統，討論儒學傳統的當代價值才可能有全面的視野和堅實的根據。

三、如何確立評價儒學價值的標準

　　如何確立評價儒學價值的標準，是實現儒學的當代價值如何可能必須涉及的問題。因為只有確立了恰當的評價尺度，儒學的當代價值才能得到正確的闡發。

　　評價傳統文化的標準，曾有一個大家熟知的"民主性"、"封建性"的二分法，即取其民主性精華，去其封建性糟粕。按此觀點，就是以民主性、封建性作為評價儒學傳統的尺度。在相當長的時期裏，這樣的評價尺度是不可更動的經典之論。然而，這樣的評價尺度在實踐中暴露出了缺陷。缺陷之一，這實際上是一個政治標準。所謂民主性，是以人民性、革命性、進步性為內涵的；所謂封建性，是以反人民性、反動性、保守性為內涵的。儒學作為對兩千多年中國社會產生巨大而深重影響的文化遺產，自然具有政治性，但它貫穿和滲透於傳統的哲學宗教、道德禮儀、文學藝術、教育科技等等領域，評價儒學在這些領域的價值，顯然不能只有政治性這個維度。因此，只用政治尺度評價儒學無疑是片面的。缺陷之二，這很容易導致儒學只有負面價值的結論。因為儒學主要是在封建社會形成和發展的，很難有許多民主性的精華能在其中萌生發育。於是，以民主性和封建性為評價尺度，儒學恐怕就都是糟粕了。事實上，提出民主性、封建性評價尺度的毛澤東，在1949年以後，基本上是將儒學的價值定為"反面教員"。這在"文革"的批林批孔運動中發展到了極致。

　　1957年馮友蘭提出了著名的"抽象繼承法"，從具體意義和抽象意義這兩個尺度來評價儒學傳統。他認為就前者而言，儒學傳統沒有什麼當代價值；但就後者而言，幾乎都可以分析出在當代還有價值的東西；並舉出《論語》的"學而時習之，不亦說乎"予以說明，指出其具體意義是叫人學《詩》、《書》、《禮》、《樂》，這"對於現在就沒有多大的用處"；而其抽象意義是以經常溫習和實習學過的東西為快樂，這"對我們現在還是有用的"。[21] 顯然，提出抽象意義，在一定程度上補救了"民主性"、"封建性"評價尺度的兩個缺陷。但是，這樣的補救還是有缺陷的。因為對具體與抽象作如此的區分，實際上是把兩者相割裂。儒學傳統絕非是具體和抽象互不相干的兩橛，它既是具體的，即在一定歷史條件下形成的；又是抽象的，即具有超越特定時空的普遍性。

---

21) 馮友蘭：《中國哲學遺產的繼承問題》，《光明日報》 1957年1月8日。

同時，只有來自具體的抽象，才是有真實內涵的抽象，否則只能是沒有根基的主觀臆斷。因此，如何從沒有當代價值的具體意義中獲得具有當代價值的抽象意義，"抽象繼承法"是無法說通的。這就是說，它仍然沒能圓滿的解決評價儒學的尺度問題。

如果把確立儒學評價尺度的問題，放在以什麼尺度評價傳統文化的視域裏進行考察，那麼就應當從文化的價值本性着手。因為評價傳統文化的尺度是樹立在其價值之上的。文化作為人們在社會實踐基礎上的創造，具有雙重價值：一方面它對於人們達到某個目的或某種利益具有實際的功效，這是工具價值；另一方面它作為人類本質力量的表現，本身就具有價值，這是內在價值。這就為評價傳統文化的價值提供了兩個尺度，這也是評價儒學的兩個尺度。評價儒學的價值應當正確地運用這兩個尺度並將它們相統一。這就是說從工具價值的角度來評價儒學傳統，無論是政治制度層面，還是思想觀念層面、或是禮儀習俗層面，它的價值取向無疑都有落後於今天時代的性質，但並非完全沒有正面的時代意義；從內在價值的角度來評價儒學，其上述的那些層面都蘊涵着我們民族富有創造性的智慧，但也並非沒有某些偏頗；同時，必須將這兩個尺度結合起來，即不僅從外在的時代根據，而且從內在的民族智慧來評價儒學，由此把握其雙重價值。顯然，這樣來評價儒學，既能克服"民主性"、"封建性"評價尺度只從政治上着眼而基本否定其正面價值的片面性，又能克服"抽象繼承法"把抽象與具體相割裂的評價尺度的形而上學。

如上的強調正確運用工具價值和內在價值的評價尺度及其兩者的統一，還出自於對激進主義和保守主義在評價儒學上之得失的考察。"五四"時期，激進主義和保守主義在評價儒學傳統上形成了對峙：前者提出"打倒孔家店"，認為儒學隨着產生它的傳統社會在近代的解體，已落後於時代，因而儒學對於現代中國只有負面價值；而後者則反對"打倒孔家店"，認為儒學傳統即使在其產生的社會根基瓦解之後，仍然具有永恆的人文價值，而且完全可能重新"復興"。這樣的對峙，近二十多年來似乎又重演了一次：貫串於1980年代以"徹底反傳統"為旗號的激進主義，視儒學傳統為走向現代化的"包袱"，因而要把"五四"沒有完成的"打倒孔家店"進行到底，其典型代表就是《河殤》；興起於1990年代基本認同和呼應海外新儒家"儒學復興"說的保守主義，以為復興儒學才能使中國走上康莊大道。

從"五四"到如今，激進主義和保守主義的上述對峙，與雙方所持用的價值尺度有關。激進主義指出儒學傳統落後於時代的負面作用，無疑是以工具價值為尺度的。這不僅在"五四"時具有解放思想的歷史意義，而且對於時下闡釋儒學傳統的當代價值具有現實意義。在今天論證儒學當代價值的著述裏，常常看到這樣的情景：從儒學典籍中截取某些詞句，然後列舉其蘊涵的種種當代價值，好像當代中國面臨的很多問題，早在千百年前的儒學典籍和故紙堆裏已有了解決的答案。這樣往往是掩飾了儒學落後於時代的方面，如此闡釋儒學的當代價值，有可能成為背離時代精神的懷古戀舊。然而，激進主義認為儒學傳統在當代中國毫無時代意義，這是對工具價值尺度的片面運用。因為對於現代化進程中出現的天(自然)人關係、人際關係、身心關係的緊張和失衡，主張天人合一、人際和諧、身心協調的儒學可以起到調節和制約的作用。就是說，儒學在當代中國還是能夠以適宜的方式實現工具價值的。激進主義更大的失誤，是基本上抹煞了儒學作為民族智慧所具有的正面的內在價值。激進主義對待儒學傳統的上述失誤，使其常常與類似"全盤西化"那樣的民族虛無主義糾纏在一起。以新儒家(從早期新儒家到現代新儒家)為代表的保守主義，有見於激進主義對待儒學傳統的偏失，一方面指出儒學潛含著科學、民主的"種子"，由此可從內聖開出新外王，即現代科學和民主，這自然也是從工具價值尺度出發的評價，但與激進主義用工具價值尺度所作的評價正好相反，其合理性是意識到了儒學傳統與現代社會有相容的可能性；另一方面注重以內在價值尺度開掘和發展了儒學在心性之學(內聖之學)上的民族智慧，強調其具有巨大的正面價值，從而揭示了為激進主義所遮蔽的儒學的內在價值的重要方面，這無疑是有合理性的。應當說，近代以來激進主義對儒學的評價，直至20世紀結束是占主流地位的。新儒家對於扭轉近代以來的激進主義對儒學傳統的片面評價起到了積極作用，新儒家注意到了兩個價值尺度的並用，似乎是很全面的，其實仍有偏失。就工具價值尺度的運用而言，由於新儒家基本上忽視了儒學傳統的前現代性質，因而其對於儒學傳統與現代社會具有相容性的論證，常常是把前現代意識與後現代意識摻和在一起，所謂的內聖開出科學和民主，無論在理論上和實踐上至今都無法走通。就內在價值尺度的運用而言，新儒家往往把傳統儒學的心性之說講成是非常完美的，對其缺陷予以回避、維護和辯解；同時，其對儒學心性傳統的肯定，如前所述基本上局限于"道統"說的正統儒學，很少將非正統儒學納入其間。還需要指出的是，由於內在價值尺度所肯定的內聖之學不能生髮出工具價值尺度所肯定的新外王，因而這兩個尺度在新儒家那裏實際上是分離的。這種分離使得新儒家期待儒學在當代中國再度成為主導精神的願望，因缺乏時代的根據而落空。通過以上的分析，可以看到如果正確運用工具價值和內在價值的評價尺度並將兩者相統一，那麼就能化解激進主義和保守主義在評價儒學上的對峙，從而超越這對峙的兩者。否則，輪回在激進主義和保守主義的對峙中，正確評價儒學的當代價值就沒有可能。

近代中國西學湧入，論及儒學的價值，就會指向與西學的比較。這在當代中國更是如此。今天的中國正在參與和融入全球化的進程，為了抵制西方隨着全球化而來的強勢霸權，必須在文化上確立民族的主體性，而認同儒學的價值無疑是其題中之義。然而，這種認同決不是奉其為國粹，而是與吸收西學的長處以克服儒學的短處相聯繫的。在此背景下來探討儒學的當代價值，就存在如何評價儒學和西學之長短的尺度問題。這裏需要確立的是辯證的尺度。比較儒學和西學，總是立足於某一領域或方面而展開的；就某一領域來說，兩者的長處和短處都不是絕對的，即長處並不意味着其中不存在缺陷，而短處也不意味着其中沒有值得挖掘的優點，因而兩者往往是各有長短，存在着互補的關係。這裏以一般公認的西學重法治而儒學重德治為例予以說明。從當代中國建設法治國家的方向而言，前者顯然是長處。但這並不意味着前者只有長處而後者只有短處。西方的法治傳統奠基於正義原則之上。古希臘的柏拉圖尤其是亞里斯多德把正義看作是確定個體權利範圍的界限，亞里斯多德指出，體現和維護正義的法律，作為"毫無偏私的權衡"，就是保證"人們互不侵犯對方權利"的一種"合同"。西方以權利契約關係為內涵的法治傳統由此而發端。但是，亞里斯多德把法律看作是冷峻無情的形式，"法律正是全沒有感情的"。[22] 這樣的法治無疑會導致人際間情感淡漠，使社會成為自我孤獨的冰冷世界。儒學的重德治以仁道原則為主導，認為人與人之間通過仁愛的道德情感加以溝通，是治理社會、建立和諧秩序的保證；因而用教育作手段，喚醒潛藏着仁愛之情的良心，比之立法和執法更為重要。它有見於個體彼此間道德情感的溝通所具有的社會凝聚力作用，但拒斥了個體間權利的確定。後者與儒學對於仁義的定位有關。"義"是儒學與西方"正義"相近的概念，它從屬於仁，因而關注彼此自身權利，勢必導致相互爭奪，泯滅了仁愛之情，"義"就無從談起。可見，西方重法治的長處正是儒學重德治的短處，但前者長處中所忽視的東西恰恰是後者短處中所具有的。以如此的辯證尺度評價儒學與西學的長短，認識到兩者的價值互補性，使得對儒學當代價值的闡明，既有抗拒西方文化霸權的意義，但又不導向國粹主義。

四、如何在社會層面落實儒學的價值

當代中國實現儒學價值如何可能，最終取決於儒學價值在社會層面上落實於當代中國是否可能。

當代中國有否可能在社會層面上落實儒學的價值，首先需要考察儒學在傳統社會裏是如何落實其價值的。陳寅恪曾指出："儒者在古代本為典章學術所寄託之專家"，而"秦之法制實儒家一派學說之所附系"；漢承秦制，"遺傳至晉以後，法律與禮經並稱，儒家《周官》之學說悉采入法典。夫政治社會一切公私行動莫不與法典相關，而法典為儒家學說具體之實現。故二千年來華夏民族所受儒家學說之影響最深最巨者，實在制度法律公私生活方面"。[23] 這番話實際上指出了儒學的價值在傳統社會是通過制度安排而落實的。對此這裏簡單地以傳統社會落實儒學價值的三個環節來論證。

首先的環節是思想觀念。在二千多年裏，儒學的重要載體是典籍文獻。儒學因在制度上取得了獨尊的地位，其典籍被奉為"經典"，於是對這些經典的講授和注疏綿延不絕，其思想觀念也就在這源遠流長的講授和注疏裏不斷地被承繼和發展，由此影響和支配了一代又一代人們的價值取向。從漢代的舉賢良到隋唐的科舉制，進一步通過制度而強化了儒家經典通過影響人們思想觀念而落實其價值理想的功能。

其次的環節是行為方式。傳統社會的多數民眾是文盲，他們對儒學傳統的接受，主要不是來自書本，而是來自行為方式的訓練和薰陶，即以儒家的禮制作為行為方式的準則。人們要從呱呱

---

22) 亞里斯多德：《政治學》，第169、163、138頁，北京，商務印書館1981年版。
23) 陳寅恪：《審查報告三》，載馮友蘭：《中國哲學史‧附錄》，第440頁，上海，華東師範大學出版社2000年版。

墜地時的自然人成長為社會所認同的社會人，就必須按照社會通行的行為準則即禮制來規範自己。正是在這樣的意義上，孔子強調“不知禮，無以立”(≪論語‧堯曰≫)，“約我以禮”(≪論語‧雍也≫)。如此的規範過程，是把禮制所體現的價值觀念內化于行為主體自身的過程。這正是理學家“禮即理”的內涵之一。儒學特別重視禮制的確立和作用，不僅在≪十三經≫裏將“三禮”即≪周禮≫、≪儀禮≫、≪禮記≫置於其中，而且還編撰了大量的日用鄉禮、家禮著作。儒學眾多的童蒙讀物，也強調以禮制來養成兒童的行為舉止，如宋代朱熹的≪童蒙須知≫、明代屠羲英的≪童子禮≫等，對衣著、盥洗、灑掃、行走、語言、視聽、飲食等等的行禮之法都有詳細的規定。儒學正是通過禮制對普通民眾從小進行規範，從而在他們身上打下了深深的烙印：即一方面儒學傳統由外在的行為方式得以顯現；另一方面習慣成自然，儒學傳統仿佛成了人們的天性。儒學在此意義上被稱作“禮教”，實際上是指明了儒學由禮制而落實了教化的價值。

再次的環節是語言文字。價值觀念需要通過語言文字來表達。古代漢語(文言)的特點是言約義豐，這個特點表現為它的字、詞有多重的意義。同時，漢字作為表意文字，象形和指事是其顯著的特點。因而很多漢字本身就含有其所象之形和所指之事的人文意義。在傳統社會，識字認詞是與讀經(包括根據儒學經典的意思而編寫的啟蒙讀物，如≪三字經≫等)相聯繫的，因而對字、詞多重意義的理解與對漢字所象之形和所指之事的人文意義的詮釋，是在儒學的語境下進行的。儒家看重≪爾雅≫和≪說文解字≫正表明了這一點。因此，識字認詞的過程也就成了灌注儒學的情感關懷和領悟儒學的價值觀念的過程。這顯然是以當時的教育制度為支撐的。

考察上述三個環節，可以認識到在傳統社會，儒學價值的落實是與有關制度緊密相聯的。對於當代中國來說，上述三個環節所依附的制度已不復存在，因而落實儒學價值的這三個環節也就消解了。就思想觀念而言，當代中國不再把儒學典籍奉為必讀的教科書了，絕大多數中國人已經終身隔絕了與這些典籍的聯繫。當代中國和儒學典籍有較為密切關聯的，主要是從事儒學研究的學者。這些學者不僅在占總人口數量的比例上無法和古代皓首窮經的儒生相比，同時其中絕大多數人在心態上和古代儒生的“聞道”、“傳道”不能相提並論，而且他們在如今的社會裏已被邊緣化了，對社會影響力甚微。從行為方式來看，儒家禮教從中國近代尤其是“五四”以來逐步瓦解了。禮制不僅不再是通行的準則，而且在總體上已被拋棄了。人們只能從影視、小說的描寫中知道古人的行為方式(且不論這類描寫很多是錯誤的)，而且隨着大眾傳媒(尤其是電視、網絡)的普及，少年兒童更多的是從這裏接受行為方式的薰陶，即將那裏的人物的行為方式視為社會認同的行為方式，而這些行為方式常常是西方式的。另外，隨着大眾文化的興起和時尚的流行，年輕一代把各種各樣的明星作為追逐的偶像，以他們的行為方式為楷模。顯然，這些都與傳統禮制的行為方式相去甚遠。以語言文字來說，當代學校的現代漢語教學，更多的是注意語法結構之類，而蘊藏於詞語中的儒學情懷已很少得以傳遞。所以，當代中國人講到“道”字，恐怕不會獲得儒學的“朝聞道，夕死可矣”(≪論語‧裏仁≫)的莊嚴、崇高感了。同時，由於簡化漢字的推廣，以及中小學生在使用電腦時，一般都用中文拼音來作文字處理，而很少關注漢字的偏旁、部首，因此，原來繁體漢字所象之形和所指之事在很大的程度上被遮蔽起來了，儒學對其人文意義的詮釋也就無從在識字和書寫的過程中獲得。

這就告訴我們：當代中國如要在社會層面落實儒學的價值，就必須對上述三個環節作出制度上的安排。否則，只能是紙上談兵而已。由於儒學的思想觀念主要是依賴於典籍文獻而傳播的，因此需要在教學的制度設計裏，規定大、中、小學開設閱讀和講授古典文獻的課程，必須閱讀一定數量的古典文獻，形成一以貫之的古典文獻閱讀系列，把具有一定的閱讀和欣賞古代典籍的能力作為考核的要求。這樣才能使年輕一代真正受到優良的儒學思想觀念的感染。杜維明在規劃新加坡中學儒家倫理課程時，指出："我們的注意力應該集中於基本資料，即與整個儒家傳統的締造者密切相關的儒家典籍遺產"。在行為方式上，儒家禮教的封建色彩是不足取的，重新搬出傳統禮制，當然是迂腐的做法。但是，將禮制傳統中蘊含的合理因素融進現代文明的行為準則裏，卻是可以做到的。傳統之"禮"包含著"節"和"文"的作用，即對情感、欲望起到有所節制和美化的作用。我們應當在現代文明的行為準則裏發揮傳統之禮的這種作用，使行為方式依然承繼著儒學造就的禮儀之邦的傳統。這首先需要訂立與日常生活緊密相關的禮儀制度，比如家庭成員以及親朋間的行為禮儀、日常交往中上下輩、同輩之間的行為禮儀、婚喪事宜的行為禮儀、出入公共場所的行為禮儀等，這方面應當充分借鑒上述的儒學童蒙讀物，使儒家禮儀傳統在人們最基本的行為方式上放射出新的光彩。在語言文字方面，應當與前述的加強古典文獻的閱讀相適應，在教學計畫中加大古漢語教學的比重，並且把認知一定數量的繁體漢字作為考核的要求(韓國為了使年輕人能夠閱讀用繁體漢字書寫的古代典籍，就有這樣的考核要求)。對於中小學生用電腦輸入漢字，要求其必須從較多顧及到漢字表意特徵的五筆字型入手，這樣在漢語語言文字中積澱的儒學情懷和價值意義才有可能繼續產生影響力。

儒學以"成人之道"即"應當成為什麼樣的人"為核心。因此儒學價值在傳統社會的落實，極其重要的方面是要求人們學做聖賢，即以聖賢為理想人格。對社會大眾有著廣泛影響的《於丹〈論語〉心得》認為，當代中國仍然能夠以此在社會層面上落實儒學的價值。她說："讓我們在聖賢的光芒下學習成長"，"聖賢的意義就在於，他以簡約的語言點出人生大道，而後世的子孫或蒙昧地，或自覺地，或痛楚地，或歡欣地，一一去實踐，從而形成一個民族的靈魂"。[24] 在我看來，在當代中國要在社會層面上以聖賢為理想人格落實儒學的價值是沒有可能的。儒學聖賢人格有着戕害、扭曲健全人格的一面(從吳敬梓的《儒林外史》到魯迅的《狂人日記》，從巴金的《家》到曹禺的《雷雨》，都對此作了形象的揭示)，這是當代中國構建以人為本的和諧社會所不能接受的。即便沒有這一面，要在社會層面落實儒學聖賢人格也是不可能的。馮契在考察了中國近代(1840-1949)哲學史之後，得出的一個重要結論是：中國近代以來對於"新人"、"新民"的呼喚，就是要樹

---

24) 於丹：《於丹〈論語〉心得》扉頁、第117頁，北京，中華書局2006年版。

立新的人格理想，其趨向是用平民化自由人格來取代儒學聖賢人格。[25]　就是說，中國人格理想現代化的過程，就是聖賢人格隱退而平民化人格湧現的過程。事實的確如此。1934年胡適發表《說儒》，肯定孔子有高尚的人格，然而針對當時主張以孔子之道救治人欲橫流之世道的主張，他指出近二三十年已經湧現出了比儒學聖賢更偉大的人格，如孫中山、蔡元培、張伯苓等，而這"不是孔夫子所賜，是大家努力革命的結果，是大家接受了一個新世界的新文明的結果。只有向前走是有希望的。開倒車是不會有成功的"。[26]　在現代中國堅持儒學聖賢人格，並作了最深入哲學論證的是馮友蘭的《新原人》。但他感到了把儒學聖賢作為理想人格在現代社會的困境，因而寫有《新世訓》。此書又稱"生活方法新論"，其"新"之所在，就是不同於宋明理學道德（天理）與不道德（人欲）的兩極對峙，突出了"非道德"即介於道德與不道德之間的道德中性的生活方法的意義；實現了"完全道德底"生活方法，就是聖人，而"非道德底"生活方法則是"為一般人說的"。就是說，《新世訓》強調的是適合現代普通人的生活方法。可見，他意識到在現代社會以儒學聖賢人格來落實儒學價值是不適合絕大多數人的。《新世訓》和《新原人》的不同人格設計，反映了從傳統到現代的人格理想變遷過程的深刻矛盾：既希望規範現代社會的人生行為，又試圖延續儒學的聖賢人格。正是因為解決不了這樣的矛盾困境，《新原人》延續儒學聖賢人格的希望只能是與現實殊遠的空洞境界。正如張申府評論《新原人》時所說："'與境為樂'不能說不好，但中國過去一些哲學家卻常是耽於自己的幻想。在國家民窮財盡、兵荒馬亂的時候，而徒自覺'道通天地有形外，思入風雲變態中。富貴不淫貧賤樂，男兒到此是豪雄'，正是陷入此等幻境中。說宋儒達到中國一種極境，其實是由於一種偏好"。[27]　這意味著如果以儒學聖賢為現代人格理想，那麼就不可能在社會層面上落實儒學價值。

因此，在當代中國的社會層面落實儒學價值，不是要大眾重新學做聖賢，而是要在進一步構建中國近代以來的平民化人格中汲取儒學的智慧。事實上，儒學的人格理論蘊涵著值得平民化人格理想重視的思想資源。儒學將聖人和君子作為理想人格，不過，現實中是看不到作為人格最高典範的聖人，看到的只是君子，"聖人吾不得而見之，得見君子者，斯可矣"（《論語·述而》）。之所以要設定一個現實中不存在的聖人，是為了強調人格完善是無止境的，使社會成員始終具有超越現實之我的動力。而君子並非完美無缺，但對於過錯能勤於反省和勇於改正。君子亦會犯過錯，這使得其具有平易的現實性品格，但如果沒有對聖人人格的追求，就不可能勤於反省和勇於改正。可見，聖人和君子作為理想人格具有互補關係：前者使其具有超越性，而正是這樣的超越性使後者得以落實，後者使其具有現實性，這種現實性使得前者植根于現實社會的土壤。其實平民化人格構建借鑒了這樣的互補關係。所謂"平民化"是指向現實和大眾的，而作為理想人格，又

25)　馮契：《中國近代哲學的革命進程》，第580頁，上海，上海人民出版社1989年版。
26)　胡適：《寫在孔子誕辰紀念之後》，《胡適文集》第5卷，第418頁，北京，北京大學出版社1998年版。
27)　張申府：《新原人與新原道》，《張申府文集》第2卷，第616頁，河北人民出版社2005年版。

不是現實大眾直接現成的，具有一定的超越性。從歷史嬗變的角度來說，近代以來的平民化人格對於儒學聖賢人格是接續式的取代。這就告訴我們：在當代中國能夠從社會層面來落實儒學人格理想的途徑，是在推進平民化人格建構中，實現對儒學人格理想的"接着講"。

儒學價值無論是通過當代的制度安排還是理想人格的"接着講"而在社會層面上得到落實，它就不是原有價值的翻版，而是融入了與當代中國相適應的價值體系之中，成為其中的一個因素。就是說，它作為水滴流淌在當代中國價值體系的活水中；然而，這個水滴為當代中國價值體系的活水奠定了民族傳統的底色。

孔子的管理思想

孔祥林 | 中国孔子研究院前任副院长

孔子的管理思想是一个比较完整的体系，包括国家管理、行政管理、经济管理、军事管理、人才管理等内容。它的基础是仁，核心是道德教化，手段是德治、法治和礼治的三结合，特点是重视人才，原则是中庸，最高的标准是无为而治，目的是创造和谐的社会。

孔子管理思想的基础

孔子管理思想的基础就是仁。仁是孔子思想的核心，仁按照孔子的解释就是爱人。孔子主张仁者爱人，在管理中重视人的作用，以人为本，以人为核心，进行人性化管理。

孔子管理思想的主要内容

孔子管理思想的内容很丰富，包括国家管理、行政管理、经济管理、人才管理、教育管理、军事管理等很多方面。

国家管理上要进行德治，推行仁政，实行以德治国、以法治国和以礼治国三结合的方式治理国家。

用道德治理国家主要是对人民进行思想教化，也就是我们现在所说的进行思想教育，它没有强制性，是软的；用法律治理国家，法律是强制性的，人民必须执行，否则就会受到惩罚，是硬的；而礼介于两者之间，礼仪规范不像法律那样具有很强的强制性，一般的违背礼仪不会受到法律的严惩，但会受到社会舆论的监督，所以礼是约束人们行为的外在规范。

行政管理方面，孔子主张要政令统一，要讲诚信，要名正言顺。在经济管理方面，孔子主张要节省财力、减少赋税、多给人民好处、减少人民的无偿劳动、使人民富裕起来，财富分配要均衡。

人才管理方面，孔子主张举贤才。选拔人才的第一个原则是"无求备于一人"，对人才不要求全责备；第二个原则是"不以言举人，不以人废言"。选拔人才首先要进行考察，考察的方法一是"听其言观其行"，二是进行认真仔细的考察，三是考察要从大处进行，四是不要被社会舆论所左右。

在军事管理方面，孔子主张加强战备，足兵足食，教育人民习武备战；军事权力高度集中，由天子决定出兵作战；作战要讲究战略战术；反对侵略战争，用礼乐教化吸引他人来投奔。

孔子管理思想的原则

孔子管理思想的原则就是中庸之道。中庸之道的本意是执两用中，反对过与不及，提倡和而不同，这是孔子在研究历史和实际观察中以逻辑思维与形象思维相结合经过多方面对事物发展变化基本原因的分析、综合得出的方法论。

孔子管理思想的最高境界

孔子的管理思想所希望达到的最高境界是"无为而治"。孔子的无为而治与道家的无为而治是有很大不同的，道家的无为而治是顺应自然，不求有所作为而使国家得到治理，孔子的无为而治是最高统治者通过任贤使能、以德化民而使国家大治，最高统治者无为而治，其实国家还是有为而治的。

对管理者的要求

孔子认为管理者承担着重要的责任，所以对管理者提出了很高的要求。

管理者要忠于职守，对人民的事情要严肃认真，处理政事要庄严恭敬，要对人民讲信用，要按照礼仪规范去治理，要以身作则，要公平廉洁，不能急功近利，不能贪图小利。

从西汉武帝罢黜百家、独尊儒术开始，孔子思想成为中国社会的正统思想，孔子的管理思想也就成为治理国家的指导思想。历代封建王朝无不标榜实行仁政，提倡以德治国，举凡国家的治国方略，政治、思想、文化、经济等方面的政策，无不受到孔子管理思想的影响。由于受中国传统思想文化的影响，中国的近邻朝鲜、越南、日本等国家历史上也都以孔子管理思想作为国家的指导思想，孔子管理思想对这些国家的发展也都发挥了重大作用。

孔子的管理思想

孔祥林 ｜ 中国孔子研究院前任副院长

孔子的管理思想是一个比较完整的体系，它的基础是仁，核心是道德教化，手段是德治、法治和礼治的结合，特点是重视人才，原则是中庸，最高的标准是无为而治，目的是创造和谐的社会。

孔子管理思想的基础

孔子管理思想的基础就是仁。仁是孔子思想的核心，按照孔子的解释就是爱人。孔子主张仁者爱人，在管理中重视人的作用，以人为本，以人为核心，进行人性化管理。

孔子说"己所不欲，勿施于人"，自己不想做的事情不要强加于他人。处理任何事情，首先以自己的感受从他人的角度来考虑，以己之心，度他人之腹。孔子又说"己欲立而立人，己欲达而达人"，自己想自立于世也要帮助别人自立，自己想通达荣耀也要帮助别人通达荣耀。孔子的这种观点体现了对他人的尊重，对他人的关怀，替他人着想，为他人谋利，不论管理者还是被管理者都应该具有这种情怀，不论是管理还是经营都应该遵守这样的原则。

孔子管理思想的主要内容

孔子管理思想的内容很丰富，包括国家管理、行政管理、经济管理、人才管理、教育管理、军事管理等很多方面。

国家管理

孔子爱人的思想表现在政治上也就是在国家管理上就是要进行德治，推行仁政，实行以德治国、以法治国和以礼治国的三结合。

孔子提倡以德治国，主张依据道德来处理政事，进而形成了系统的以德治国的思想。他说"道之以政，齐之以刑，民免而无耻；道之以德，齐之以礼，有耻且格"[1]，这段话最能反映孔子的德治思想和行政管理思想。用道德引导，用礼教整顿，这既是孔子国家管理思想的核心，也是孔子整个管理思想的核心。孔子的管理思想是为他的政治思想服务的，所以孔子非常重视用道德进行管理，他说"为政以德，譬如北辰，居其所而众星拱之"[2]。

孔子主张德治，提倡进行教化，反对严刑峻法，但他并不否定刑罚，德治与刑罚是治国的两手，两手都要用，要交替使用。

郑国的子产在临死前对子大叔交代后事说："我死，子必为政。唯有德者能以宽服民，其次莫若猛。夫火烈，民望而畏之，故鲜死焉；水懦弱，民狎而玩之，则多死焉；故宽难。"子大叔执政后不忍心用严厉的办法治理国家，"不忍猛，而宽，郑国多盗，取人于萑苻之泽"。子大叔后悔自己没有听从子产的建议，"吾早从夫子，不及此"，"兴徒兵以攻萑苻之盗，尽杀之，盗少止"。孔子对这件事评论说"政宽则民慢，慢则纠之以猛，猛则民残，残则施之以宽。宽以济猛，猛以济宽，政是以和"[3]。

孔子虽然赞同用严厉作为宽大的补救，但孔子反对不进行教育就严厉处罚，他说"不教而杀谓之虐"。《孔子家语》记载：孔子担任鲁国大司寇的时候，有个父亲和儿子打官司，孔子把他父子二人关在监狱里，三个月都不判决。他的父亲请求撤诉，孔子就释放了他们父子。鲁国司徒季桓子听说后很不高兴，认为孔子欺骗了他。孔子曾经告诉他治理国家首先要用孝道，现在杀掉一个不孝的儿子就可以教育人民孝敬长辈，孔子却释放了那个不孝之子。孔子听说后说："上失其道而杀其下，非理也。不教以孝而听其狱，是杀不辜。三军大败，不可斩也；狱犴不治，不可刑也。何者？上教之不行，罪不在民故也。"[4] 管理者失去了正确治理国家的方法却杀害人民是不合乎道理的，不进行孝道教育就进行处罚就是杀害无辜的人。管理者不对人们进行教育，人民犯了罪，责任不在人民而在管理者。在对人民进行处罚前，要首先进行教育。

孔子虽然主张法治，但他主张省刑罚。他说"'善人为邦百年，亦可以胜残去杀矣。'诚哉是言也！"[5] 善人治理国家连续一百年就可以克服残暴，免除虐杀了。季康子问孔子"如杀无道以就有道"怎么样时，孔子就明确反对，"子为政，焉用杀"？[6] 执政哪里用得着杀人呢？

---

1)《论语·为政》。
2)《论语·为政》。
3)《左传·昭公二十年》。
4)《孔子家语·始诛》。
5)《论语·子路》。
6)《论语·颜渊》。

孔子认为法治的最高标准是："威厉而不试，刑错而不用"[7]，国家需要制定严格的法律，但要通过教化提高人民的道德水平，使人民不去犯罪，法律备而不用。

孔子提倡以礼治国，主张"道之以德，齐之以礼"。按照礼仪规范去治理国家，国家就很容易治理，"上好礼，则民莫敢不敬"，"上好礼，则民易使也"，管理者崇尚礼仪规范，老百姓就不敢不尊敬，就容易使用。即使是国君，也要按照礼仪规范使用臣子，"君使臣以礼，臣事君以忠"。所以孔子主张以礼治理国家，"能以礼让为国乎何有？不能以礼让为国，如礼何？"[8]"齐之以礼"就是用礼仪来规范人们的行为，通过教育使人民自觉地使自己的行动符合礼仪规范。孔子主张以礼治国，所以孔子一再教育弟子要"约之以礼"，严格用礼来约束自己的行为，"非礼勿视，非礼勿听，非礼勿言，非礼勿动"，要"克己复礼"，努力克制自己使自己的行为合乎礼的规定。

对于礼的作用，孔子的弟子曾参说得很明白，"礼之用，和为贵"，礼的使用就在于创造和谐的环境。和谐是社会发展的基本条件，不仅国家需要和谐的环境，一个单位、一个企业、一个家庭也都需要和谐，只有在和谐的环境下才能更好地发展。

现在人们一般都认为中国历史上是以德治国与以法治国的相结合，其实中国历史上是以德治国、以法治国和以礼治国的三者相结合。

我在清华大学长三角研究院新时代管理大讲堂讲了孔子管理思想后，曾经写了一首诗："治国多归德法兼，岂知礼治早登坛。一分为二西人法，自古中华独重三。"中国人在许多方面是一分为三的，道生三，三生万物，左、中、右，过、不及、中庸，等等。

用道德治理国家主要是对人民进行思想教化，也就是我们现在所说的进行思想教育，它没有强制性，是软的；用法律治理国家，法律是强制性的，人民必须执行，否则就会受到惩罚，是硬的；而礼介于两者之间，礼仪规范不像法律那样具有很强的强制性，一般的违背礼仪不会受到法律的严惩，但会受到社会舆论的监督，所以礼是约束人们行为的外在规范。在奴隶社会早期，法律并不健全，礼在某些方面承担了法律的作用。即使到了封建社会，礼仍然作为法律的补充承担了重要的社会作用。所以每当新的王朝建立后，首要的任务就是定正朔，易服色，制定本朝的礼仪制度，其实有些礼仪制度就是法律的补充。

中国传统的德治、法治、礼治三结合的治理方式是非常科学的，它比西方现代的以法治国要高明得多。

行政管理

在行政管理方面，孔子主张要政令统一，要讲诚信，要名正言顺。

---

7) 《孔子家语·始诛》。
8) 《论语·里仁》。

管理要政令统一，不能政出多门。孔子说："天下有道，则礼乐征伐自天子出，天下无道，则礼乐征伐自诸侯出。自诸侯出，盖十世希不失矣；自大夫出，五世希不失矣；陪臣执国命，三世希不失矣"，发布政令者的地位越低灭亡得就越快。

春秋时期，社会失序，社会动乱，孔子认为，最主要的原因就是周天子失去了管理国家的权力，诸侯擅权，不尊王室，各自为政，互相攻伐，给人们带来无穷的灾难。要使社会有序，必须尊崇周天子，维护周天子的绝对权威，恢复大一统的局面。孔子自知人微言轻，难以扭转这种混乱局面，只能以笔代刀，将自己的观点寄托在著述中。孟子说："世衰道微，邪说暴行有作，臣弑其君者有之，子弑其父者有之。孔子惧，作《春秋》。《春秋》，天子之事也，是故孔子曰：'知我者其惟《春秋》乎！罪我者其惟《春秋》乎！'"[9] 在《春秋》中，孔子开始就书"王正月"。《公羊传》解释说："王者孰谓？ 谓文王也。何谓先言王而后言正月？ 王正月也。何言乎王正月？ 大一统也"。周文王改定的周历正月，首书"王正月"，是表明天下统一，各地都实行周天子的政令。为了维护周天子的权威，周天子被晋国很不礼貌地召到践土，孔子不能秉笔直书，改写为"天王狩于河阳"，以此维护周天子的尊严。孔子在《春秋》中维护大一统，尊崇周天子，笔诛乱臣贼子，所以孟子说"孔子成《春秋》而乱臣贼子惧"。孔子主张"礼乐征伐自天子出"，尊崇周天子，尊崇周天子实际上就是维护大一统，孔子大一统的思想对中华民族的巩固统一作出了重要贡献。

管理者要讲诚信。孔子的弟子子贡问怎样管理国家，孔子说"足食，足兵，民信之矣"。子贡又问："必不得已而去，於斯三者何先？"孔子回答说："去兵。"子贡再问："必不得已而去，於斯二者何先？"孔子回答说："去食。自古皆有死；民无信不立。"[10] 诚信比军备、粮食都重要。

管理要名正言顺。孔子说"名不正则言不顺，言不顺则事不成，事不成则礼乐不兴，礼乐不兴则刑罚不中，刑罚不中则民无所错手足。故君子名之必可言也，言之必可行也。君子于其言，无所苟而已矣"[11]。名不正，就政令不畅，事情不能成功，礼乐制度不能推行，法律不能正确执行，老百姓就不知所措。管理者一定名正，名正才可以发布政令，政令才能推行。

经济管理

在经济管理方面，孔子主张要节省财力、减少赋税、多给人民好处、减少人民的无偿劳动、使人民富裕起来，财富分配要均衡。

要节省财力，爱护人民。孔子说"道千乘之国，敬事而信，节用而爱人，使民以时"[12]，比较集

---

9)《孟子·滕文公下》。

10)《论语·颜渊》。

11)《论语·子路》。

12)《论语·学而》。

中的体现了他的经济管理思想。管理者要节约财力，齐景公问孔子如何治理国家时，孔子回答说"政在节财"[13]，治理国家要节省财力。

要薄赋敛，减少赋税，"敛从其薄"，征税要少。鲁哀公问孔子的弟子有若："年饥，用不足，如之何？"有若回答"盍不彻乎"，鲁哀公认为"二，吾犹不足"，有若说："百姓足，君孰与不足？百姓不足，君孰与足？"[14] 这种以民为本的思想是非常可贵的，虽然它是出自孔子弟子有若之口，但它无疑也反映了孔子的思想。

孔子反对增加税收。鲁哀公十一年，季康子要改征田赋，派冉求征求孔子的意见。这时季康子刚刚派人从国外接回孔子，也许孔子对季康子有所期待，不便公开反对，就对冉求说"丘不识也"。冉求多次询问，孔子仍然不发表意见。冉求就说："子为国老，待子而行，若之何子之不言也？"孔子仍然不发表自己的意见，私下对冉求说："君子之行也，度于礼，施取其厚，事举其中，敛从其薄"[15]。季康子没有听从孔子的意见，照常改征田赋，这使孔子很恼火，就把一腔怒火倾泄在冉求身上。因为冉求正担任季康子的总管，孔子就公开宣布冉求不是自己的弟子，鼓动弟子们敲着鼓去讨伐他，冉求"非吾徒也，小子鸣鼓而攻之可也"。

要厚施与，多给人民好处，孔子主张"养民也惠"，"施取其厚"，"博施于民而能济众"。孔子也明白，要统治者拿出自己的财富给人民无疑是与虎谋皮，所以孔子主张"惠而不费"，要"因民之所利而利之。"

要轻徭役，少派人民去从事国家建设，"省力役，少赋敛，则民富矣"，节省劳役，减少赋税，人们就会富裕了。

要让人民富裕起来。孔子进入卫国看到人口众多，不仅称赞说"庶矣哉！"冉有问人多了以后怎么办，孔子说："富之"，冉有又问富了以后怎么办，孔子说："教之"，教育他们。这段对话反映了孔子富民教民的重要观点。他首先考虑改善人民的生活，主张先让人民富裕起来，在人民富裕起来后，对人民进行教育，提高人民的文化素质，这也体现了孔子爱人的思想，孔子是一位具有民本思想的政治家。

财富分配要均衡。孔子说："有国有家者，不患寡而患不均，不患贫而患不安。盖均无贫，和无寡，安无倾"[16]。财富分配均衡，国家才会安定。

人才管理

在人才管理方面，孔子主张举贤才。孔子深知，政治的好坏取决于执政者，他说："文武之

---

13) 《史记·孔子世家》。

14) 《论语·颜渊》。

15) 《左传·哀公十一年》。

16) 《论语·季氏》。

政，布在方策。其人存，则其政举；其人亡，则其政息。……故为政在人"17)（≪中庸≫），鲁哀公问政，孔子一次回答说"尊贤为大"，一次回答说"政在选臣"，治理国家选择贤人最重要，治理好国家的关键是选拔人才。孔子特别强调贤人的重要，他说："舜有天下，选于众，举皋陶，不仁者远矣；汤有天下，选于众，举伊尹，不仁者远矣。"18)（≪颜渊≫），选用了贤才，连坏人都没有了存身之地。

贤才如此重要，所以孔子提出要"举贤才"。弟子冉雍担任季孙氏的总管，向孔子请教如何进行管理，孔子告诉他"先有司，赦小过，举贤才"。冉雍又问怎样识别选拔人才，孔子说"举尔所知。尔所不知，人其舍诸?" 选拔自己所了解的优秀人才，自己不了解的人才别人也会推荐的。弟子子游任武城宰，孔子便问他得到人才没有，"女得人焉耳乎?"

鲁哀公问怎样才能使人民服从，孔子说"举直错诸枉则民服，举枉错诸直则民不服"。要选拔重用正直的人，"举直错诸枉，能使枉者直"，提拔重用正直的人，使之位在不正直的人之上，连不正直的人也会正直起来。

孔子主张举贤才，但深知人才难得，"舜有臣五人而天下治"，舜有五位干练的大臣就能天下大治，孔子感叹地说"才难，不其然乎"? 所以樊迟问什么是明智时，孔子深有感触地说"知人"，善于识别人才才能算得上是明智。对于如何识别人才，孔子提出了一套有效的原则和办法。

孔子选拔人才的第一个原则是"无求备于一人"，对人才不要求全责备。他说："君子易事而难说也。说之不以道，不说也；及其使人也，器之。小人难事而易说也。说之虽不以道，说也；及其使人也，求备焉"。人无完人，金无足赤，没有缺点的人是没有的，用人要看他的长处。看人要向前看，"后生可畏，焉知来者之不如今也"，孔子是看重年轻人的。看人要看大节，弟子子夏说"大德不逾闲，小德出入可也"，对人不能苛求。第二个原则是"不以言举人，不以人废言"，不能因一个人一句好话而提拔他，也不能因一个人有错误而废弃他好的建议。但对那些花言巧语、面容伪善的人要警惕，"巧言令色，鲜矣仁"，这种人是很少有好的品德的。

选拔人才首先要进行考察，考察的方法一是"听其言观其行"。他说"始吾于人也，听其言而信其行；今吾于人也，听其言而观其行"，考察一个人不仅要听他如何说还要看他如何做，看他是不是言行一致。第二个方法是进行认真仔细的考察，"视其所以，观其所由，察其所安，人焉廋哉! 人焉廋哉!"第三个方法是考察要从大处进行。孔子说："君子不可小知而可大受也，小人不可大受而可小知也"。第四个方法是不要被社会舆论所左右。弟子子贡问一个人被满乡的人都喜欢怎么样，孔子认为不行，被满乡的人都厌恶怎么样，孔子认为也不行，"不如乡人之善者好之，其不善者恶之。"孔子说"众恶之，必察焉；众好之，必察焉"，一定要仔细考察，只有这样才能发现真正的人才。

---

17) ≪礼记·中庸≫。
18) ≪论语·颜渊≫。

孔子知道实现自己的政治理想需要大量的人才，他创办私学的目的就是要培养能够推行自己主张的德才兼备的贤才，所以当季康子问弟子是否可以从政时，孔子极力推荐，"由也果"，"赐也达"，"求也艺"，"与从政乎何有"？仲由果敢决断，端木赐通情达理，冉求多才多艺，都是从政的高手，从政对他们还有什么困难吗。

军事管理

在军事管理方面，孔子主张加强战备，足兵足食，教育人民习武备战；军事权力高度集中，由天子决定出兵作战；作战要讲究战略战术；反对侵略战争，用礼乐教化吸引他人来投奔。

孔子不仅懂得军事战术，而且懂得军政大计。子贡问政，孔子说："足食，足兵，民信之矣"，将粮食充足、军备充足当作国家大计。孔子注重文武两手结合，主张"有文事者必有武备，有武事者必有文备"。齐鲁夹谷相会，正是孔子预先安排了军队，才挫败了齐国的一个又一个阴谋，取得了外交上的胜利。孔子主张加强战备，教民习武备战，"善人教民七年，亦可以即戎矣"。孔子反对不进行战争训练就让人民去作战，"以不教民战，是谓弃之"。孔子主张军权集中，"天下有道，则礼乐征伐自天子出；天下无道，则礼乐征伐自诸侯出"。孔子提倡讲究谋略战术，子路问孔子："子行三军，则谁与？"孔子说："暴虎凭河，死而无悔者，吾不与也。必也临事而惧，好谋而成者也"，一定去找面临任务便谨慎恐惧，善于运用谋略去成功的人。孔子对战争持谨慎的态度，"子之所慎：斋，战，疾"。孔子反对战争，季氏准备攻打颛臾，孔子强烈反对，不能"谋动干戈于邦内"，"远人不服，则修文德以来之"，远方的人没有归服，要用礼乐教化招徕他们，不能用战争来征服。

孔子管理思想的原则

孔子管理思想的原则就是中庸之道。

孔子中庸之道的本意是执两用中，反对过与不及，提倡和而不同，这是孔子在研究历史和实际观察中以逻辑思维与形象思维相结合经过多方面对事物发展变化基本原因的分析、综合得出的方法论。

中庸是孔子哲学中的重要范畴，"中"就是中正、中和，"庸"就是常，"用中为常道也"[19]，朱熹解释说"中庸者，不偏、不倚，无过、不及而平常之理"，二程解释说"不偏之谓中，不易之谓庸。中者天下之正道，庸者天下之定理"，中庸就是恰当地处理问题的正确的、不能变易的原则。从文献看，孔子以前就有"中"的概念，但将"中庸"作为道德提出来的却是孔子，"中庸之为德也，其至矣乎！民鲜久矣"[20]，把中庸当成最高的道德。

---

19) 《礼记·中庸》。
20) 《论语·雍也》。

中庸要求"允执其中"，既不支持矛盾的肯定方面实行残酷斗争，也不站在矛盾的否定方面促成矛盾转化，而是站在中立的角度，使矛盾统一体协调地保持下去。在方法论上，强调矛盾的统一、调和，反对过头和不及，"过犹不及"。治理国家要执两用中，"舜其大知也与！舜好问而好察迩言，隐恶而扬善，执其两端，用其中于民，其斯以为舜乎！"把握过头和不足，取其中施行于民众。管理方法要中庸：要"君子和而不同"，追求允许保留不同意见之上的共识与和谐；要一张一弛，"张而不弛，文武弗能也；弛而不张，文武弗为也；一张一弛，文武之道也"[21]，让被管理者劳逸结合。

孔子的中庸方法论特点是承认矛盾，调和矛盾，使矛盾的两方面统一和谐，在具体的使用上是不论处理任何事情都要把握一个合适的度，要把矛盾的诸方面处理得恰到好处。毛泽东对此称赞说："孔子的中庸观念是孔子的一大发现，一大功绩，是哲学的重要范畴，值得很好地解释一番"[22]。

在管理工作中，确实需要把握一个度，这个度就是中，超过了这个度就是过，达不到这个度就是不及。过与不及都是不可以的，必须"执两用中"，不能超过也不要达不到。

孔子管理思想的最高境界

孔子的管理思想所希望达到的最高境界是"无为而治"。"无为而治者其舜也与？夫何为哉？恭己正南面而已矣"，赞颂舜能自己端坐朝堂而使天下太平。其实，舜时的天下并非不需要治理，孔子说"舜有臣五人而天下治"，是舜任用了五位得力的官员不需要他亲自去处理国政而天下大治。孔子的无为而治与道家的无为而治是有很大不同的，道家的无为而治是顺应自然，不求有所作为而使国家得到治理，孔子的无为而治是最高统治者通过任贤使能、以德化民而使国家大治，最高统治者无为而治，其实国家还是有为而治的。

孔子认为，按照他的治理理念，重视教化，实行仁政，以德治国与以礼治国和依法治国相结合，重用贤人，管理者修身正己，以身作则，是能够达到无为而治的境界的。

对管理者的要求

孔子认为管理者承担着重要的责任，所以他对管理者提出了很高的要求。

管理者要忠于职守。弟子子张问如何从政，孔子告诉他"居之无倦，行之以忠"，做官不要懈怠，执行政令要忠心耿耿。

管理者对人民的事情要严肃认真。鲁国执政大夫季康子问孔子"使民敬，忠以劝，如之何？"孔

21）《孔子家语·观乡射》。
22）《毛泽东书信集》。

子对他说"临之以庄则敬，孝慈则忠，举善而教不能则劝"，对人民的事情严肃认真，人民对待政令才会严肃认真。

管理者处理政事要庄严恭敬。孔子赞扬郑国著名的贤良大夫子产说："有君子之道四焉：其行己也恭，其事上也敬，其养民也惠，其使民也义"[23]。

管理者要敬事而信，对人民讲信用；"信则人任焉"，只有对人民诚信无欺才能得到人民的信任；"信以成之"，讲究信用才能成功；"上好信，则民莫敢不用情"，管理者讲诚信，人民才会竭心尽力；管理者要切记"自古皆有死，民无信不立"。

管理者要崇尚礼仪规范，按照礼仪规范去治理。孔子说"上好礼，则民莫敢不敬"，"上好礼，则民易使也"，管理者崇尚礼仪规范，人民就不敢不尊敬，就容易使用。

管理者要尊五美，屏四恶。弟子子张问孔子如何才能从政，孔子说"尊五美，屏四恶，斯可以从政矣"，子张又问"何谓五美？"孔子说"君子惠而不费，劳而不怨，欲而不贪，泰而不骄，威而不猛"，并进一步解释说："因民之所利而利之，斯不亦惠而不费乎？择可劳而劳之，又谁怨？欲仁而得仁，又焉贪？君子无众寡，无大小，无敢慢，斯不亦泰而不骄乎？君子正其衣冠，尊其瞻视，俨然人望而畏之，斯不亦威而不猛乎？"子张又问什么叫四恶，孔子说"不教而杀谓之虐，不戒视成谓之暴，慢令致期谓之贼，犹之与人也，出纳之吝谓之有司。"[24]

管理者不能急功近利，不能贪图小利。子夏担任了莒父宰，问孔子如何去管理，孔子告诉他说："无欲速，无见小利。欲速则不达，见小利则大事不成"[25]，不要急于求成，不要贪图小利。急于求成反而达不到目的，贪图小利就办不成大事。

管理者要以身作则。季康子问政，孔子说"政者，正也。子帅以正，孰敢不正？"政治就是端正，管理者带头行为端正，谁敢行为不端正？因为"其身正，不令而行；其身不正，虽令不从"。对于管理者来说，以身作则是非常重要的，"苟正其身矣，于从政乎何有？不能正其身，如正人何？"管理者要严于律己，宽以待人，"躬自厚而薄责於人，则远怨矣"。管理者要崇尚道义，"上好义，则民莫敢不服"，管理者崇尚道义，被管理者就不敢不敬服。

管理者要公平廉洁。孔子弟子子贡出任信阳宰，上任前向孔子辞行。孔子教育他说："知为吏者，奉法以利民；不知为吏者，枉法以侵民；民怨之所由也。治官莫若平，临财莫若廉。廉平之守，不可改也"，做官公平最重要，处理财务廉洁最重要。

管理者不要把个人待遇放在第一位，要首先做好自己的工作。孔子说"事君，敬其事而后其食"[26]。

---

23)《论语·公冶长》。
24)《论语·尧曰》。
25)《论语·子路》。
26)《论语·卫灵公》。

从西汉武帝罢黜百家、独尊儒术开始，孔子思想成为中国社会的正统思想，孔子的管理思想也就成为治理国家的指导思想。历代封建王朝无不标榜实行仁政，提倡以德治国，举凡国家的治国方略，政治、思想、文化、经济等方面的政策，无不受到孔子管理思想的影响。由于受中国传统思想文化的影响，中国的近邻朝鲜、越南、日本等国家历史上也都以孔子管理思想作为国家的指导思想，孔子管理思想对这些国家的发展也都发挥了重大作用。

제3부

各地各國的儒學普及之開展特色和推廣目標

유학보급의 지역적 특징과 구체적 추진방향

孔孟的國際平和理論

趙南旭 ｜ 釜山大学校倫理教育科教授

　　儒家思想是以中国唐虞时代尧舜之治与夏殷周三代的王朝文化为背景根据春秋战国时期的孔子与其门人及孟子等形成的道德性政治教育思想。这是东亚数千年的历史中思想的主流并在现代政治文化发展中起到了积极的作用。因为儒家思想重视和平共存的秩序意识和实践可能的道德态度。孔孟为克服乱世访问诸国传述仁政论并获得了好感。虽然老子的小国寡民论还有墨子的兼爱交利论也趋向于和平社会但其实践可能性层面上有着局限性。

　　人们通常强调人的尊严和善行的价值却在现实中表现出矛盾或者对立纷争的情况，为政者一边高喊着民生与和平一边以富国强兵的名分制造出不安和苦难的状况。但是这些不能够给人们保障和平的人生。特别是国家间的对立斗争，与国家人民的安危有着直接关系，这一点上是个更大问题。在困难的情况下任何的爱民，为民的政治都是不可期待的。亲历过这样的事实的孔孟希望终止当时连年不断的战争状况，期盼'天下太平'并提出了具体的方法论。

　　今天的世界也是大小的国际纷争不断。其主要原因在于嘴里讲着和平共存，实际上却更重视自国利益。进而国家间的利害关系得不到圆满的调整的话，纠纷状况趋于恶化是必然的。克服并预防这样的困难局面也是摆在现代有识之士面前的共同课题。

　　现在我就孔孟的为政论进行考察并找出其对现代国际和平的贡献。我觉得孔孟思想虽然时代久远文化上存在着差异，可是在他们的论旨中却可以找到其普遍性价值。今时今日为国际不安因素的霸权主义和自国利益主义也正是孔孟中所指出的部分。他们根据天命意识和人的尊严信念明确地提出了道德性人际关系和和平的国际关系原论。首先将相关联的内容根据原典进行考察。

　　现在将根据孔孟的儒家政治论和国际关系论，对于现代的政治文化发展的贡献的因素如下。

　　第一，以'天下平'为理想的儒家的德治主义可以为增进世界和平做出贡献。道德意识基本志向于善的价值所以对任何人也不会造成危害。并且这样的立场可以深化自身人格涵养，对他人的宽容和饶恕的幅度也会有所增加，所以有助于强化和谐共存。因而在以德为主的国际关系中富国强兵主义也不会成为不安定因素。

第二，儒家的国际关系论对促使互惠平等的外交关系趋于成熟有着一定的贡献。与此相关的思想性根据已经在前面有所了解。即孔子的'己所不欲　勿施于人'论或≪大学≫中的'絜矩之道'论以及孟子的'事大事小'论就是其典型的例子。虽然在中国传统社会中天子国为中心的国家意识与事大字小的国家间邦交意识延续着，但孔孟的政治思想中有着与其相同的互惠平等的生存关系论蕴含在其中。

　　第三，孔孟的为政论为重视人间尊重的政治文化的发扬光大做出了贡献。孔孟从一开始就没有放弃'政治究竟是为了谁的?'的解题意识。即提醒着不能只是解释为特殊执权者或者王家所有的，为此他们一边刻画天民一致观一边强调德治论。尤其是孔子把政治领域扩张到百姓内心，孟子的'民为贵，社稷次之，君为轻'的次序论与'天子得于丘民'的腰间论以及尊王贱霸的仁政论等，都是以人间尊重的为政论。这样的观点可以作用于丰富民主主义现代政治文化中为民政治的内容的发展要素。

孔孟의 國際平和理論

조남욱 趙南旭 | 부산대학교 교수

1. 序言

孔子와 孟子는 春秋戰國時代를 살면서 고대 堯舜之治와 夏殷周三代의 王朝文化에서 형성된 도덕적 정치교육사상을 종합 집대성하여 儒家의 핵심 인물로 존숭되어 왔다. 孔孟에 의한 儒家思想은 동아시아 수천년의 역사에서 思想的 主流를 이루었으며 현대정치문화 발전에도 긍정적으로 작용하는 측면이 있다. 왜냐하면 孔孟의 사상체계는 平和共存의 秩序意識과 실천 가능한 도덕적 태도를 중시하는 입장이었기 때문이다.

孔孟은 亂世를 극복하고자 平和를 향한 德治의 仁政論을 펼치면서 많은 사람들로부터 주목을 받아왔다. 老子의 小國寡民論이나 墨子의 兼愛交利論도 平和社會를 지향한 것이지만 그 實踐 可能性의 側面에서는 限界를 가질 수밖에 없었다.

사람들은 흔히 人間의 尊嚴과 善行의 가치를 강조하면서도 현실적으로는 葛藤이나 對立鬪爭의 모습을 보이는 경우가 있으며, 爲政者들은 民生과 平和를 외치면서도 富國强兵의 名分을 내세워 不安과 苦難의 상황을 만들기도 한다. 그러나 그것은 사람들에게 平安의 人生을 보장할 수 없다. 특히 나라 사이의 對立鬪爭은 그 關聯國家人民들의 安危에 직결된다는 점에서 더 큰 문제이다. 國難의 경우에서는 어떠한 愛民·爲民의 정치를 기대할 수가 없는 것이다. 이러한 사실을 직접 경험한 孔孟은 당시의 계속되는 戰爭狀況을 종식시키고자 ‘天下太平’을 염원하면서 그 구체적인 방법론을 제시하였다.

오늘의 세계에서도 불시적인 테러행위를 비롯하여 크고 작은 國際的 紛爭이 계속되고 있다. 그 기본원인은 정치지도자들이 입으로는 平和共存을 말하면서도 실제로는 自國의 利益을 가장 중시하려는 데에 있다. 따라서 國家間의 利害關係가 원만히 조정되지 못하면 그 紛爭狀況은 계속되기 마련이다. 이러한 難局을 극복하고 예방할 수 있도록 하는 적극적인 방안을 제시하는 것 또한 現代 知性人에게 주어진 共同課題이기도 하다.

여기서는 孔孟 政治論의 기본 脈絡에서 전개되는 平和的 國際關係論의 실제를 파악하고, 나아가 그것의 現代的 寄與要素를 찾아보고자 한다. 비록 시대가 멀고 문화가 달랐다 하더라도 亂世를 탈출하여 治世로 나가려는 孔孟의 理想과 論旨에서는 그 보편적 원리를 찾을 수 있다고 생각하기 때문이다.

흔히 국제적 불안요소로 작용하는 覇權主義와 自國利益主義는 일찍이 孔孟을 중심으로 한 儒者들도 경험하였으며 또한 그 극복의 방안 마련을 위하여 지혜로운 담론들을 전개하였다. 그리하여 그들은 天命意識과 人間尊重의 信念에 따라 도덕적 인간관계와 평화적 국제관계의 原論을 분명히 제시할 수 있었다. 이제 그 原典에 근거하여 관련 내용을 살펴보기로 한다.

2. 孔子의 平天下論

孔子는 제자 子路로부터 "스승님 뜻을 듣고 싶습니다."라는 질문을 받고 답하기를 "노인들이 편안하고 친구 사이에 신뢰가 있으며 어린이들이 잘 보살펴지는 것이다."[1]라고 답했다. 여기서 우리는 공자의 理想境을 알 수 있다. 위로는 소외되기 쉬운 노인들이 주변 사람들로부터 공경을 받아 편안함을 느끼게 하고, 대등한 인간관계에서는 신의로써 돈독해지며, 아래로의 어린이들은 사랑으로 양육되는 등의 안정된 생활환경을 가장 높이 여기고 있는 것이다. 이것은 곧 '人間尊重의 社會'로 평가된다. 그러면 그것은 어떻게 실현될 수 있는 것일까? 바로 여기서 人間愛를 구현하는 위정자의 정치 능력이 요구된다.

그러므로 孔子는 바람직한 정치 현상에 대하여 특히 '德'을 핵심요소로 강조했다.

"德으로 정치하는 것은, 비유하자면 북극성이 제자리 있음에 여러 별들이 모두 그곳을 향하는 것과 같다. … 법으로만 이끌고 형벌로만 제재해 간다면 백성들은 그 벌을 받지 않으려 하지만 염치는 없어지고, 덕으로 이끌고 禮로써 제재해 간다면 염치가 있으며 바르게 한다."[2]

政治의 理想은 外形的 服從의 수준을 넘어 마음으로부터 공감하는 內面的 服從의 境地에서 찾아진다는 발언이다. 즉 공자는 정치영역을 국가 구성원의 精神世界에까지 확장하고 있는 것이다. 이것은 국가가 지나치게 개인적 영역에까지 간여한다는 指摘을 받을 수도 있다. 그러나 이것은, 인간에게 道德은 공통적인 것이고 또 인간은 반드시 도덕적으로 살아야 한다는 점, 그

---

1) 『論語』「公冶長」: 子路曰, 願聞子之志. 子曰, 老者安之, 朋友信之, 少者懷之.
2) 『論語』「爲政」: 子曰, 爲政以德, 譬如北辰, 居其所而衆星共之. … 子曰, 道之以政, 齊之以刑, 民免而無恥. 道之以德, 齊之以禮, 有恥且格.

리고 治者와 被治者 사이에 요구되는 공감의 疏通役割은 반드시 爲政者로부터 시작되어야 한다는 점 등의 課題를 담고 있는 것으로서 인민들에게 어떠한 拘束을 가하는 것으로 평가될 수는 없다. 孔子가 '政者 正也'라고 천명했던 것[3]도 이와 성격을 같이한다.

그러한 內的 共感性은 人間共由의 普遍的 價値具現으로 가능하다. 이것의 包括用語가 바로 '德'이다. 그러므로 '德'을 제일원리로 삼는 정치는 구성원들의 共感性을 제고시켜 평안한 삶을 영위할 수 있게 하며, 국제적으로는 平和關係를 이룰 수 있게 한다.

이러한 성격의 爲政論은 『大學』(經一章)에서 다음과 같이 체계화된다.

"大學之道, 在明明德, 在親(新)民, ①在止於至善. … ②古之欲明明德於天下者, 先治其國, 欲治其國者, 先齊其家, 欲齊其家者, 先修其身, 欲修其身者, 先正其心, 欲正其心者, 先誠其意, 欲誠其意者, 先致其知, 致知在格物, 物格而後知至, 知至而後意誠, 意誠而後心正, 心正而後身修, 身修而後家齊, 家齊而後國治, 國治而後, ③天下平."

이것은 유교국가 지도자들에게 공통적으로 중시되어 온 도덕·평화 정치론의 敎範으로 활용되었다.[4] ①은 그 理想境을 표현한 것이고, ②는 그러한 경지의 內容要素를 밝힌 것이며, ③은 이 ②의 結果的 樣相이다. 즉 世界平和에 이를 수 있는 政治란 기본적으로 세상의 理致를 올바로 파악하여 올바로 실천하는 修己治人의 道德的 態度로 가능하다는 사실을 나타내고 있다. 이것의 포괄적 표현이 바로 ②중의 '明明德'이다.

우리는 여기서 진정한 세계평화는 오직 덕성의 실현으로서만이 가능하다고 보는 특성을 발견할 수 있다. 이를테면 완전한 태평 시대는 지배 권력의 확장이나 어떤 무력적 통일의 방식으로 되는 것이 아니라 오직 인간 공유의 보편적 덕성에 의해서만이 가능하다고 보았다는 점이다. 이것이 綱領의 맥락에서는 '至善'으로 표현되었고, 그 실현 단계는 八條目으로 설명되었다.

이러한 내용의 이론적 기반은 朱子의 '明德' 개념 정리로 더욱 분명해 진다.

"명덕이란, 사람이 하늘에서 얻은 바의 청허하고 신령스러우며 어둡지 않은 상태로서 여러 이치가 갖추어져 있어서 모든 일에 대응해가는 것이다."[5]

---

3) 『論語』「顔淵」: 季康子, 問政於孔子. 孔子對曰, 政者, 正也. 子帥以正, 孰敢不正. 여기서의 '正'에 대하여 朱子는 '다른 사람들의 바르지 못함을 바르게 하는 것[正人之不正]'으로 해석하여 '修己治人'의 논리를 강화하였다.

4) 그와 같은 사례로는, 朱子가 『大學』을 경연교재로 택한 점, 眞德秀는 『大學』의 원론에다 史書로부터 실천 방법론을 찾아 『大學衍義』를 지어 올렸던 점, 또 朝鮮 李太祖는 우선 그것을 탐독하는 모범을 보인 점, 李栗谷의 『聖學輯要』는 『大學』의 이론체계를 따라 편집된 점 등을 들 수 있다.

5) 『大學』「經一章」朱子註: 明德者, 人之所得乎天而虛靈不昧以具衆理而應萬事者也.

‘명덕을 밝힘〔明明德〕’에서의 ‘明德’이란 천부적으로 타고난 인간 본유의 밝은 이치를 따라 만사를 판단하고 처리할 수 있는 실천 능력이라는 것이다. 이것은 근본적으로 사람에 따라 다를 수 없다고 보는 점에서 공감과 소통의 기본 요인이 된다. 즉 명덕을 지향하는 상황에서는 사회 구성원들로 하여금 정신적 내면세계로부터 화응의 호감을 가지게 한다는 것이다. 그 총화적인 모습을 『大學』에서는 바로 ‘天下平’이라 했다.

그리하여 『大學』의 ‘傳’에서는 그 ‘治國−天下平’의 실천 방안을 다음과 같이 설명되기도 한다.

> “이른바 천하를 평화롭게 하는 것이 그 나라를 다스리는 데 있다고 하는 것은, 윗사람이 노인을 노인으로 대하면 백성들은 효성을 일으키고, 윗사람이 연장자를 연장자로 대하면 백성들은 공경하는 마음을 일으키며, 윗사람이 외로운 자를 불쌍히 여기면 백성들은 등지지 않는 것이니, 이러므로 군자에게는 ‘絜矩之道’가 있는 것이다. 위에서 싫은 것으로 아래에 대하지 않고 아래에서 싫은 것으로 위에 옮기지 않으며, 앞에서 싫은 것으로 뒤에 대하지 않고 뒤에서 싫은 것으로 앞에 따르지 않으며, 우측에서 싫은 것으로 좌측에 사귀지 않고 좌측에서 싫은 것으로 우측에 사귀지 않는 것, 이런 것들을 ‘絜矩之道’라 한다.”[6]

국가를 잘 다스리고 세계를 평화롭게 하는 것은 바로 아랫사람들에게 모범이 될 수 있는 윗사람의 도덕적 행위에 달려있다고 보는 것이다. 여기서의 ‘윗사람’이란 바로 군주를 비롯한 지도층을 의미한다. 따라서 정치 지위에 따라 그와 같은 덕행의 의무감은 비례적으로 요구된다. 이것의 보편론이 위와 같은 ‘絜矩之道’로 설명되고 있는 것이다. 平天下의 要諦는 人間尊重의 道德性 擴張에 있다는 사실을 확인하면서, 비록 남이 자기에게 좋지 않게 대하더라도 그것을 남에게 옮기지 않는다는 배려의 태도를 강조하고 있는 것이다.

이와 같은 ‘絜矩之道’는 바로 공자가 평생의 좌우명으로 제시했던 ‘己所不欲 勿施於人’[7]의 구체적인 모습이다. 이러한 他人尊重과 易地思之의 태도는 그 누구로부터 원망을 사지 않게 되는 것은 물론이다.[8] 따라서 개인관계나 사회관계 및 국제관계 등의 그 모든 측면에서 그와 같은 배려 행위는 和解共存의 活力素로서 높이 평가된다.

이러한 脈絡에서 孔子는 다음과 같은 天下 國家 經營論을 제시했다.

> “천하 국가를 경영함에는 아홉 가지 원칙이 있으니, 자기 몸을 닦는 것, 현자를 높이는 것, 친족

---

6) 『大學』「傳10章」: 所謂平天下在治其國者, 上老老而民興孝, 上長長而民興弟, 上恤孤而民不倍. 是以君子有絜矩之道, 所惡於上, 毋以使下, 所惡於下, 毋以事上, 所惡於前, 毋以先後, 所惡於後, 毋以從前, 所惡於右, 毋以交於左, 所惡於左, 毋以交於右, 此之謂絜矩之道.

7) 『論語』「衛靈公」: 子貢問曰, 有一言而可以終身行之者乎. 子曰, 其恕乎. 己所不欲, 勿施於人.

8) 『論語』「顔淵」: 仲弓問仁, 子曰, 出門如見大賓, 使民如承大祭, 己所不欲, 勿施於人, 在邦無怨, 在家無怨.

을 친애하는 것, 대신을 공경하는 것, 여러 신하들을 자기 몸처럼 여기는 것, 서민을 자식처럼 여기는 것, 여러 기술자들을 오도록 하는 것, 먼 지방 사람들을 부드럽게 대하는 것, 제후들을 품어주는 것 등을 말한다. 몸을 닦으면 도리가 세워지고, 현자를 높이면 의혹이 없어지며, 친족을 사랑하면 부모 형제 사이에 원한이 없어지며, 대신을 공경하면 매사에 어둠이 없어지며, 여러 신하들을 자기 몸처럼 여기면 선비들이 예의로 대함을 중히 여기게 되며, 서민을 자식처럼 대하면 백성들이 부지런히 힘쓰며, 여러 기술자들을 오도록 하면 재용이 풍족해지고, 먼 지방 사람들을 부드럽게 대하면 사방의 사람들이 따라오게 되며, 제후들을 품어주면 천하가 경외하게 되는 것이다."[9]

이 九經論에서 우리는, 위정자 자신의 人格修養問題로부터 遠方人까지도 사랑하는 人間尊重問題에 이르기까지 폭 넓게 道德性을 구현하고, 國家構成의 各處所에 따라 賢能의 價値를 중시함으로써 모두가 조화롭게 공존하는 社會發展을 낳게 하는 모습을 볼 수 있다. 즉 인격적 측면에서나 기능적 측면 등의 多方面에서 그 누구도 소외됨이 없도록 하는 總和의 指導力量을 발휘하고 있다는 점이다.

또한 공자는 德에 의한 天下泰平의 境地를 추구하는 과정에서 征伐의 현실을 무조건 부정하지는 않았다. 다만 그것이 어디에서 시작된 것인가에 따라서 그 當否를 달리하는 것으로 말한다.

"天下에 道 있으면 禮樂征伐이 天子로부터 나오고, 천하에 도가 없으면 예악정벌이 諸侯로부터 나온다. 제후로부터 나오면 十世에 망하지 않음이 드물고, 大夫로부터 나오면 五世에 망하지 않음이 드물며, 부하 신하가 나라 운명을 잡으면 三世 안에 망하지 않음이 드물다."[10]

여기에는 天下의 모든 것을 올바로 헤아리고 영도하는 天子의 위상이 전제되어 있다. 유교에서의 '天子'란 天人合一의 이상을 따라 天命道德政治의 核으로서 세상의 중심 역할을 다하는 聖王임을 의미한다.[11] 즉 천자가 하늘에 통할만한 큰 덕성을 갖춘 상태로서 제반의 행정 원칙이 그를 중심으로 작동하는 경우이다. 따라서 그의 역할은 無道의 亂世를 촉발시키는 것이 아니라, 세계의 安定과 平和를 위한 '行道'의 길을 열어가게 하는 데에 있다고 보는 것이다.

이러한 내용을 총괄해 볼 때, 인간 존중의 도덕 사회 구현을 위해서는 왕조시대의 절대 권력에 비례하여 군주의 垂範的 力量이 긴요하며, 나아가 '天下 有道'로서의 평화세계 구현 문제는

---

9) 『中庸』「20章」: 凡爲天下國家, 有九經, 曰修身也, 尊賢也, 親親也, 敬大臣也, 體羣臣也, 子庶民也, 來百工也, 柔遠人也, 懷諸侯也. 修身則道立, 尊賢則不惑, 親親則諸父昆弟不怨, 敬大臣則不眩, 體羣臣則士之報禮重, 子庶民則百姓勸, 來百工則財用足, 柔遠人則四方歸之, 懷諸侯則天下畏之.

10) 『論語』「季氏」: 孔子曰, 天下有道, 則禮樂征伐自天子出, 天下無道, 則禮樂征伐自諸侯出, 自諸侯出, 蓋十世希不失矣, 自大夫出, 五世希不失矣, 陪臣執國命, 三世希不失矣.

11) 『禮記』「曲禮上」: 君天下曰天子, 朝諸侯, 分職授政.

天子를 중심으로 한 구성원 모두의 공통 과제로 인식되고 있었다는 점을 알 수 있다.

3. 孟子의 國際平和理論—王霸論과 事大事小論

1) 仁政과 王霸論

七雄割據의 戰國時代를 살았던 孟子는 당시의 亂世를 극복하기 위하여 孔子의 愛民·平天下論을 계승하는 입장에서 자신의 政治論을 개진하였다. 그는 국가의 구성 요소와 관련하여 '天子—諸侯—大夫—士庶人'의 身分秩序를 긍정하면서도 특히 '民'의 位相을 중시했다.

"백성이 귀하고 사직은 다음이며 군주는 가볍다. 이러므로 온 백성들로부터 신망을 얻어 천자가 되고 천자에게서 얻어 제후가 되며 제후에게서 얻어 대부가 된다."[12]

이러한 尊貴次序論은 王朝時代의 政治文化에서 보기 어려운 革命的인 意味를 갖는다. 當代의 政治現實에서는 天子나 君主가 최상의 存在로 인식될 뿐이었다. 그런데 孟子는 그 天子에 앞서서 '民'을 말하고 있는 것이다. 이것은 孟子도 확인했던 『書經』에서의 이른바 "하늘이 보는 것은 우리 백성들이 보는 것으로부터 하고, 하늘이 듣는 것은 우리 백성들이 듣는 것으로부터 한다."[13]라는 말에 내재한 天民一致觀에 따른 것이다. 따라서 天子에게는 일단 '온 백성들로부터 신망을 얻는 것[得乎丘民]'을 위해 항상 民意의 向背를 상세히 살펴야할 과제가 있다.

이처럼 孟子는 제반 정치 행정의 이상을 논함에 있어서는 반드시 백성과의 유대관계를 확인하는 모습을 보였다. 예컨대 공자가 "修己하여서 백성을 편안히 하는 일은 堯舜도 어렵게 여기는 것이었다."[14]라는 民 중심의 政治評論을 편 것이나, 맹자가 '백성들과 즐거움을 같이하는 것[與民同樂]'이 참다운 王道가 되는 것이라고 주장했던 사실들이다. 맹자는 그 실상을 다음과 같이 들어 보이기도 했다.

"지금 임금이 수렵을 나섬에 백성들이 그 수레와 말 등의 소리를 듣고 행렬의 깃발 아름다운 것을 보며 머리 아파하고 인상을 쓰며 서로 말하기를 '임금 수렵 좋아하심이 어찌 우리들로 하여금 이 지경에 이르게 했는가?'라고 하면서, 부모 자식이 서로 볼 수 없고 형제와 처자들이 흩어지게 되는 것은, 다른 것이 아니라 백성들과 즐거움을 함께 하지 않기 때문이다. 지금 임금이 수렵

---

12) 『孟子』「盡心下」 : 孟子曰, 民爲貴, 社稷次之, 君爲輕. 是故得乎丘民而爲天子, 得乎天子爲諸侯, 得乎諸侯爲大夫.
13) 『書經』「周書·泰誓中」 : 天視自我民視, 天聽自我民聽.
14) 『論語』「憲問」 : 子曰, … 修己以安百姓, 堯舜其猶病諸.

을 나섬에 백성들이 그 수레와 말 등의 소리를 듣고 행렬의 깃발 아름다운 것을 보고 기뻐하면서 서로 말하기를 '임금께서는 혹 병이라도 없으실까. 수렵도 하실 수 있네!'라고 하게 되는 것은, 다른 것이 아니라 백성들과 즐거움을 함께 하기 때문이다. 지금 임금께서 백성들과 즐거움을 함께한다면 임금다울 수 있다."[15]

군주 정치에서 백성의 존재와 민생 문제를 어느 정도 의식하고 있는가에 대하여 뚜렷이 비교해 본 것이다. 그와 같이 상반된 모습의 원인은 바로 군주가 자신의 好惡를 백성들과 함께 하려는 태도 즉 '與民同樂' 의식에서 찾아진다는 것이다.

그러면 그 境地에 이를 수 있는 가능성은 어디서 찾아질 수 있는 것인가? 여기서 우리는 곧 백성을 가엾게 여기는 군주의 애정을 말하지 않을 수 없다. 만일 군주에게 백성을 진실로 사랑하는 마음이 없다면 백성은 국가 운영의 수단으로 보이기 쉽고, 이로 말미암아 여민동락의식은 거의 불가능하게 될 것임은 자명하다.

이러한 측면을 주목하여 공맹은 '인간 사랑〔愛人〕'으로서의 '仁'[16]의 정신을 인생의 보편 원리로 파악하고 또 그것이 행정적으로 구현되는 '仁政'을 정치의 이상으로 삼았던 것이다. 그러므로 맹자는 "堯舜의 길에도 '仁政'이 아니었다면 천하를 태평하게 할 수 없다."[17]라고 단언하면서, 仁政에 대한 사람들의 呼應을 이렇게 그렸다.

"지금 임금께서 정치를 펼침에 仁을 베푸신다면〔發政施仁〕, 천하에서 벼슬하는 자들로 하여금 모두 임금의 조정에 나가려 하고, 농민들로 하여금 모두 임금의 들판에서 일하고 싶어지게 되며, 장사들은 모두 임금의 시장에 저장해두고 싶어 하며, 여행하는 이들은 모두 임금의 길에 나가고 싶어 하며, 천하에서 자기 군주를 싫어하는 자들은 모두 임금께 와서 호소하고자 할 것이니, 이렇게 된다면 그 누가 막을 수 있으랴."[18]

진정으로 어진 정치를 전개했을 때 세상의 모든 사람들이 그에 귀의하게 된다는 설명이다. 그것은 무슨 이유에서일까? 그 답은 바로 '仁'의 의미에서 찾을 수 있다. '仁'이란 孔子의 '克己復禮'이라는 말[19]에서 알 수 있듯이 개인적으로는 자기다움의 극치를 가리키는 것이요, 또 그

---

15) 『孟子』「梁惠王下」: 孟子曰 … 今王田獵於此, 百姓聞王車馬之音, 見羽旄之美, 舉疾首蹙頞而相告曰, 吾王之好田獵 夫何使我至於此極也, 父子不相見, 兄弟妻子離散, 此無他, 不與民同樂也. 今王田獵於此, 百姓聞王車馬之音, 見羽旄 之美, 舉欣欣然有喜色, 而相告曰, 吾王庶幾無病與, 何以能田獵也, 此無他, 與民同樂也. 今王與百姓同樂則王矣.

16) 『論語』「顏淵」: 樊遲問仁, 子曰愛人. 『孟子』「離婁下」: 孟子曰 … 仁者 愛人.

17) 『孟子』「離婁上」: 堯舜之道, 不以仁政, 不能平治天下.

18) 『孟子』「梁惠王上」: 孟子曰, 今王發政施仁, 使天下仕者皆欲立於王之朝, 耕者皆欲耕於王之野, 商賈皆欲藏於王之市, 行旅皆欲出於王之途, 天下之欲疾其君者, 皆欲赴愬於王, 其如是孰能禦之.

19) 『論語』「顏淵」: 顏淵, 問仁. 子曰, 克己復禮爲仁.

것은 '愛人'으로 설명되듯이 사회적으로는 남들을 너그러이 포용할 수 있는 사랑의 정신을 머금고 있었던 것이다. 孟子는 이러한 면을 재확인하면서 그 모두를 포괄하는 '인간다움'으로 仁의 의미를 정리하기도 하였다.[20] 따라서 '仁政'이란 인간으로서 인간다운 삶을 보장해주는 정치 사회를 가리키게 된다. 이것이 그처럼 천하의 사람들로 하여금 기꺼이 모여들 수 있게 했던 요인인 것이다.

그리하여 맹자는 인간 화응의 키워드로서 부단히 '仁'자를 사용하였다. 그 영역은 물론 나라의 안과 밖으로 갈리지 않았다. 이를테면 세계평화와 사회 안정의 이상은 바로 그와 같은 맥락에서 설명되는 것이었다. 이러한 사실은 다음과 같은 王覇論에서 확인된다.

> "힘으로 仁을 가식해 가는 것은 패도[覇]이고, 덕으로 仁을 실행해 가는 것은 왕도[王]이다. 왕도에서는 큰 것을 기대하지 않으니 湯 임금은 칠십리로 하였고 文王은 백리로 하였다. 힘으로 사람들을 복종시키는 것은 마음으로부터의 복종이 아니라 힘을 감당하지 못하는 것일 뿐이다. 德으로 사람들을 복종시키는 것은 속마음이 기뻐하여 진실로 따르는 것이니 칠십 제자가 공자에게 따르는 것과 같다. 『詩經』에 이르기를 '동서남북 모든 곳에서 복종하지 않음이 없다'고 하는 것은 이를 가리킨 것이다."[21]

이것은 국내외적 정치행위에 대한 복종의 양상을 '힘에 못 이겨서 따를 수밖에 없는 경우'와 '마음으로부터 공감하여 순응하는 경우'의 두 가지로 나누어 본 것이다. 즉 외면적으로는 王覇 모두가 '仁'을 표방하지만 그 統治方法이 '힘에 의한 것인가?' 아니면 '德에 의한 것인가?'의 差異에서 民心의 向背는 갈라지게 된다는 것이다.

이러한 두 모습은 앞서 살핀 바와 같이 이미 孔子의 '爲政以德'論에서 밝혀진 바 있다. 맹자는 바로 그러한 선행 이론을 이어가면서 위정자들에게 백성들로 하여금 마음으로부터 따르도록 하는 것이 진정으로 왕다운 길이라는 사실을 거듭 확인시키고 있었던 것이다. 여기에서도 그는 바로 '仁'자를 잊지 않았다. 즉 하나의 정치이념을 '仁'에 놓고 그 실천방법으로는 '德'을 말하고 있었던 것이다. 이처럼 '仁'자와 '德'자를 체용관계로 다룬 것은 공자와 다른 점이다.

2) 事大事小論

고대 中國에서는 이미 天子國과 諸侯國 사이에는 廟制를 달리하며[22] 巡狩(天子適諸侯)와 述

---

20) 『孟子』「盡心下」: 孟子曰, 仁也者, 人也, 合而言之, 道也.

21) 『孟子』「公孫丑上」: 孟子曰, 以力假仁者覇, 覇必有大國, 以德行仁者王, 王不待大, 湯以七十里, 文王以百里. 以力服人者, 非心服也, 力不瞻也. 以德服人者, 中心悅而誠服也, 如七十子之服孔子也. 詩云自西自東自南自北, 無思不服, 此之謂也.

22) 『禮記』「王制」: 天子七廟, 三昭三穆與太祖之廟而七. 諸侯五廟, 二昭二穆與太祖之廟而五. 大夫三廟, 一昭一穆與太

職(諸侯朝於天子)이라는 縱的 系統儀式의 傳統이 있었다. 그리고 또 '나라〔國〕'라는 이름의 국가들이 크거나 작은 모습으로 수많은 국경선을 이루며[23] 침탈의 緊張狀態가 계속되기도 했다. 孟子는 그와 같은 현실을 직시하면서 상호 존경의 交隣 原則을 제시하였다. 즉 그는 齊나라 임금으로부터 '이웃 나라와의 교제에 어떤 도리가 있겠는가?'라는 질문을 받고 다음과 같이 말했다.

"오직 仁者라야 ① 대국으로서 소국을 받들 수 있다〔以大事小〕. 그러므로 湯임금이 葛을 받들었고 文王이 昆夷를 받들었다. 오직 智者라야 ② 소국으로서 대국을 섬길 수 있다〔以小事大〕. 그러므로 太王이 獯鬻을 섬겼고 句踐이 吳를 섬겼다. 큰 것으로 작은 것을 받드는 자는 樂天者요, 작은 것으로 큰 것을 섬기는 자는 畏天者이다. 樂天者는 천하를 보전할 수가 있고 畏天者는 그 나라를 보전할 수 있다."[24]

큰 나라가 작은 나라를 대하는 경우나 작은 나라가 큰 나라를 대하는 경우를 다르게 보지 않으면서 공히 '높인다'는 의미의 '事'자로써 양자 관계의 원칙을 밝히고 있는 것이다. 즉 나라 사이의 관계는 그 크고 작음의 차이에 따라 대응 방식이 달라질 수는 없다는 점을 강조하고 있는 것이다. 이러한 國際關係論은 국내 정치에서 힘의 논리를 비판하는 입장과 맥락을 같이한다.

공맹에서 긍정하는 전통의 국제 관계는 '天子國-諸侯國'의 세계관에 따라 상하의식이 없지 않았다. 그러나 맹자가 살았던 당시는 현실적으로는 富國强兵의 競爭 속에 弱肉强食의 分爭이 그치지 않았던 亂世로서 그와 같은 天子國 中心의 국제 관계는 회복하기 어려운 상황이었다. 이와 같은 현실을 그대로 보면서 맹자는 그와 같은 '事大事小論'을 밝히고 있었던 것이다.

예나 지금이나 나라의 크고 작음은 상존하기 마련이고, 또 큰 나라는 작은 나라에 대하여 힘으로 순종시킴으로써 자국의 이익을 도모하기 마련이다. 따라서 소국은 스스로의 생존전략차원에서 事大儀式을 표하지 않을 수 없었고 또 대국은 그것을 느긋하게 받아주며 威嚴을 보이는 것이 대국과 소국 관계의 일반적인 양상이다. 이와 같은 경우의 국제 관계를 '事大字小'라 한다.

이러한 사실은 맹자의 사대사소론에 대한 朱子의 해석에서도 볼 수 있다.

"어진 사람의 마음은 너그럽고 아껴주는 것이어서 大小나 强弱을 따지는 사사로움이 없다. 그러므로 소국이 혹 공손하지 못하더라도 내가 사랑하는 마음은 그만둘 수 없는 것이다. 지혜로운 자는 의리에 밝고 시세를 잘 안다. 그러므로 대국이 비록 억누르는 것을 보더라도 내가 섬기는

祖之廟而三. 士一廟, 庶人祭於寢.

23) 『禮記』「王制」에서는 天下를 四海-九州의 영역으로 설명하면서 국가의 수는 1,773에 이른다고 하였다.

24) 『孟子』「梁惠王下」: 齊宣王問曰, 交隣國有道乎. 孟子對曰, 惟仁者, 爲能以大事小. 是故湯事葛文王事昆夷. 惟智者, 爲能以小事大, 故太王事獯鬻句踐事吳. 以大事小者, 樂天者也, 以小事大者, 畏天者也. 樂天者保天下, 畏天者保其國.

예는 또한 감히 버리지 않는 것이다. 하늘이란 이치일 뿐이다. '큰 것이 작은 것을 사랑하고〔大之字小〕' '작은 것이 큰 것을 섬기는 것〔小之事大〕'은 모두 이치의 당연함이다."[25]

이것은 맹자에서 '以大事小'의 주체가 仁者이고 '以小事大'의 주체가 智者로 표현되었음에 유의하여, 그 仁者·智者의 실상을 재확인하면서 혹시 상대가 곤란하게 대하는 경우가 있다 하더라도 각각 그 본래의 모습을 저버리지 않는다는 점을 하늘의 이치로 연계하여 말한 것이다. 이는 맹자의 논지를 더욱 분명히 설명해준다는 점에서 그 의의를 찾을 수 있다.

하지만 여기 朱子의 文字使用에서는 孟子와 같지 않았다는 사실을 발견하게 된다. 즉 '大之字小'라는 부분에서 나타나듯이 주자는 맹자의 이른바 '以大事小'에서의 '事小'를 그대로 쓰지 않았다는 점이다. 만일 맹자 그대로의 입장을 따른다면 '大之字小'가 아닌 '大之事小'라고 표현해야 맞다. 그럼에도 불구하고 주자는 '섬긴다'는 의미의 '事'자를 '사랑한다'라는 의미의 '字'자로 변형시켜 버렸다. 즉 대국과 소국의 관계를 맹자에서의 '事大-事小' 그대로 이어가지 않고 '事大-字小'로 그 표현을 바꾸었다는 사실이다. 이러한 변화는 일단 雙務 互惠平等의 原論을 약화시키는 요인으로 작용할 수 있다.

이러한 문제점을 모를 리 없는 朱子가 어찌 표현을 그렇게 바꾸는 것이었을까? 여기서 우리는 두 측면을 생각해 볼 수 있다. 하나는 儒家에서 이상으로 여기는 '天子國-諸侯國' 관계를 의식하여 크고 작음의 차이를 반영했다는 점이요, 또 하나는 국제관계에서 道德性이 중시된다 하더라도 현실적으로는 규모의 크고 작음에는 힘의 논리가 작용하지 않을 수 없다는 사실을 반영하고 있다는 점이다.

바로 이 후자에 유의해 볼 때 '事大'와 '事小'를 말하지만 실은 '事小'가 더 어려운 것이라고 생각된다. 왜냐하면 비록 이론적으로는 平等的 相互尊重의 價値가 중시된다 하더라도 크고 작음의 역학관계는 자연스런 성격의 것이기도 하고, 또 中國歷史에서는 上下主從的 次序意識이 견지되어 왔던 것이기 때문이다.

비록 그러하다 하더라도, 우리는 '事'字를 소국의 대국을 향한 경우에서뿐만 아니라 대국의 소국을 향한 경우에서도 동일하게 사용하였던 맹자의 깊은 뜻을 간과할 수 없다. 그것은 大國과 小國 사이에 발생하기 쉬운 差等關係를 平等關係로 전환시키면서 共存共榮을 향한 原論으로 적절할 뿐만 아니라, 국제관계 속에서도 相互尊重의 禮節을 낳게 하는 論據로 활용될 수 있는 것이기 때문이다.

---

25) 『孟子』「梁惠王下」3장 朱子註 : 仁人之心, 寬洪惻怛而無計較大小强弱之私, 故小國雖或不恭, 而吾所以字之之心, 自不能已. 智者, 明義理識時勢, 故大國雖見侵陵, 而吾所以事之之禮, 尤不敢廢. 天者理而已矣. 大之字小, 小之事大, 皆理之當然也.

4. 結語—孔孟 平和論의 現代的 意義

〈1〉

이상에서 살핀 바와 같이 孔子와 孟子는 春秋戰國이라고 하는 亂世를 살면서도 현실 극복의 적극적 대안을 제시했다. 王朝時代의 政治는 王室이나 爲政者 中心으로 전개되기 쉽지만 孔孟은 항상 공존의 '民'을 의식하면서 道德政治를 강조했다. 모든 政治構成員들로 하여금 疏通과 共感 및 平和의 境地에 이를 수 있게 하는 基本原理로서 '德'이 말해지고 있었던 것이다. 즉 孔子는 '爲政以德'의 原則을 제시하며 '平天下'의 正道로서 '明明德'을 강조했고 孟子는 '以德行仁'으로 王道의 理想을 밝혔다. 여기서 우리에게는 '德이란 무엇인가?'에 대한 물음이 다시 제기된다.

'德'의 本字가 '悳'이므로 그 字意는 '直心'이다. 일찍이 『禮記』「樂記」에서는 "德也者 得於身也"라 정의했고, 許愼의 『說文解字』에서는 '外得於人 內得於己'라고 풀이한 점에 유의하면서, '德'字의 用例를 따라 그 의미를 확인하면 다양한 것이지만[26], 그것은 대체로 天地萬物에 내재한 '天道' '生理' '事理' 등의 存在原理를 포괄하는 용어로서 인간에게는 그 실천능력이 체득된 상태를 가리킨다는 점을 알 수 있다. 즉 그것은 인간으로서 인간답게 살아갈 수 있는 삶의 기반을 제공한다는 사실이다. 따라서 '德'을 뒤로하면 어떤 인간다움이나 바른 정치를 말하기 어렵지만, '德'을 앞세우면 인간다운 세상을 향해 구성원들로 하여금 疏通性·共感性·正當性 등을 제고시켜 화해적 평화공존관계를 이룰 수 있게 된다. 이러한 측면에서 "德不孤 必有鄰"(『論語』「里仁」) "皇天無親 惟德是輔"(『書經』「周書」'蔡仲之命') "輔世長民 莫如德"(『孟子』「公孫丑下」) 등의 발언이 나타나기도 했다.

오늘날의 현대사회에 있어서도 그와 같은 '德'의 보편적 意義는 높이 평가된다. 왜냐하면 사람들이 '德'을 제일의 가치로 여기며 그 實踐에 진력한다면, 개인적으로는 자신의 人格水準을 높일 수 있고, 사회적으로는 상호존중의 安全網을 구축할 수 있으며, 민족적으로는 異質文化에 대한 寬容의 幅을 넓힐 수 있고, 국제적으로는 紛爭克服의 平和關係를 이룰 수 있게 될 것이기 때문이다. 따라서 爲政者의 德性涵養問題는 과거 유교국가의 경우에서뿐만이 아니라 오늘날의

---

26) 고전에 나타나는 '德'자의 주요 용례를 따라 그 의미를 정리해 보면 다음과 같다. ① "天地之大德曰生"(『周易』「繫辭下」) "化育萬物, 謂之德"(『管子』「心術」) "盛德在木"(『禮記』「月令」) "有天德, 有地德, 有人德, 此謂三德."(『大戴禮』「四代」) 등의 경우와 같은 '天地萬物之理'로서의 의미, ② "天生德於予"(『論語』「述而」) "德者, 性之端者也."(『禮記』「樂記」) "得天下之理之謂德."(『性理大全』卷34 '德') "德性者, 吾所受於天之正理."(『中庸』 27章 朱子註) 등의 경우와 같은 '天賦의 人間本然性'으로서의 의미, ③ "夫大人者, 與天地合其德."(『周易』「乾卦文言」) "通於天地者, 德也."(『莊子』「天地」) "德之爲言得也, 行道而有得於心也."(『論語』「爲政」 1章 朱子註) 등의 경우와 같은 '天人合一的 人間道理의 實踐能力'으로서의 의미, ④ "行有九德 … 寬而栗, 柔而立, 愿而恭, 亂而敬, 擾而毅, 直而溫, 簡而廉, 剛而塞, 彊而義."(『書經』「虞書·皐陶謨」) "何以報德."(『論語』「憲問」) "不愛其親而愛他人者, 謂之悖德."(『孝經』「聖治」) 등의 경우와 같은 '恩惠와 愛情의 中庸的 發現'으로서의 의미 등이다.

政治指導者들에게도 주어진 기본과제가 아닐 수 없다.

孔孟에서의 爲政者란, 백성들로 하여금 대립투쟁의 亂世를 벗어나 평안한 삶을 누리게 하는 治世의 환경을 조성하는 指導者로 보았다. 그리하여 荀子는 欲求本能으로 발생하는 사회적 혼란은 聖君의 在任으로 해결될 수 있다는 입장을 강조하기도 했다. 즉 정치사회의 지도자들에게는 平和共存의 使者的 義務를 가지고 있다고 보는 것이다.

그것은 기본적으로 자신들의 利慾意識을 극복하는 일로부터 기대될 수 있다. 그러므로 孔子는 "君子는 義에 밝고 小人은 利에 밝다."[27]고 했고, 孟子는 "만일 義를 뒤로하고 利를 앞세운다면 빼앗지 않고서는 만족하지 못한다."[28]라고 했으며, 荀子는 "義를 먼저하고 利를 뒤로하는 자는 영화롭고 利를 앞세우고 義를 뒤로하는 자는 욕보게 된다."[29]고 말했다. 여기서의 '利'란 상대에게는 害를 끼치면서 취하는 자기만의 利益을 의미한다.

그러나 雙方이 함께 누리는 共益의 경우에는 義가 전제된 경우로서 문제 될 수 없다. 오늘날의 국제관계는 대부분 이러한 立場에 따라 文化交流가 빈번하고 經濟活動이 활발하다. 따라서 언제나 雙方이 공감할 수 있는 正義의 길을 모색하는 것이 바람직한 국제관계 형성의 先決要件이 되는 것이다. 여기서 平和를 지향하는 국제관계로서 易地思之의 共存意識과 相互尊重의 禮節行爲가 요구된다.

이제 이상에서 살핀 孔孟의 政治論과 國際關係論에 근거하여 현대의 政治文化發展에 기여할 수 있는 요소를 제시해보면 다음과 같이 말할 수 있겠다.

첫째, '天下平'을 理想으로 하는 공맹의 德治主義는 世界平和의 增進에 기여할 수 있다는 점이다. 道德意識은 기본적으로 善의 가치를 지향하는 것이기 때문에 그 누구에게도 害를 끼치지는 않는다. 또 그러한 입장은 자기에게는 인격함양의 과제를 심화시키며 타인에게는 용서와 관용의 幅을 넓게 함으로써 和解共存의 基盤을 튼튼하게 한다. 따라서 이 德 중시의 국제관계에서는 그 어떠한 富國强兵主義가 부당한 힘을 가지거나 不安要因으로 작용할 수는 없는 것이다.

둘째, 공맹의 국제관계론은 互惠平等의 外交關係를 성숙시키는 데에 기여할 수 있다는 점이다. 이와 관련한 사상적 根據는 앞에서 살핀 바와 같거니와, 특히 孔子의 '己所不欲 勿施於人'論이나『大學』에서의 '絜矩之道'論 및 孟子의 '事大事小'論은 그 핵심 내용이다. 中國傳統社會에서는 비록 天子國 中心의 國家意識과 '事大字小'의 國交意識이 지속되었지만, 공맹의 정치사상에서는 그와 같은 易地思之의 互惠 交隣論이 확장되고 있었다는 사실을 주목할 필요가 있다.

셋째, 孔孟 爲政論은 인간 존중의 政治文化 暢達에 기여할 수 있다는 점이다. 공맹에서는 처음부터 '政治란 과연 누구를 위한 것이어야 하는가?'에 대한 문제의식을 놓치지 않았다. 즉 특수

---

27)『論語』「里仁」: 君子喩於義, 小人喩於利.
28)『孟子』「梁惠王上」: 苟後義而先利, 不奪不饜.
29)『荀子』「榮辱」: 先義而後利者榮, 先利而後義者辱.

執權者나 王家만의 것으로 해석하여 일반인이 소외될 수는 없다는 입장이다. 이를 위하여 天民一致觀을 부각시키면서 德治論을 강조했던 것이다. 특히 孔子가 政治領域을 구성원의 內心에까지 확장시켰던 점이나, 孟子의 '民爲貴 社稷次之 君爲輕'의 次序論과 '天子得於丘民'의 要件論 및 尊王賤覇의 仁政論 등은 모두 인간 존중의 爲政論이었다. 이러한 것들은 오늘날의 政治文化에서 人道主義의 內容을 풍부하게 하는 發展要因으로 작용할 수 있다.

〈2〉

도덕적 삶은, 내가 먼저 상대를 善으로 대함으로써 그로 하여금 호감을 낳게 하고 善隣關係를 이룰 수 있게 한다는 데에 특징이 있다. 孔孟의 儒家에서는 이러한 생존원리를 개인생활과 정치사회 및 국가관제 등의 모든 영역에 확장시켰다. 즉 인간은 도덕적 공동체의 성격을 벗어날 수 없다는 입장이다. 各國의 政治指導者는 이 점을 자각하고 學行에 힘쓰면서 선구자적 역할을 다하면 결국 '天下平'이라는 세계평화를 이룰 수 있다는 보는 것이다. 그리하여 사람들로 하여금 고통을 벗어나 안전한 삶을 영위하도록 하고 國家는 소모적 분쟁상태에서 벗어나 더 큰 正義具現에 진력해야 한다는 것이다.

그러나 흔히 인생에서는 도덕성을 말하면서도 국제관계의 경우에서는 그렇지 못하다. 즉 세계의 여러 나라들은 은연중 主從의 力學關係를 중시하면서 富國强兵의 정치노선을 견지하는 것이 지금의 현실이다. 따라서 大小의 友邦國家 사이에는 '事大字小'的 關係意識이 지속되고 있으며, 善隣關係에 이르지 못한 경우에는 敵對的 緊張感이 고조되고 있는 실정이다. 이것은 국제적인 互生安定과 共益追求의 側面에서도 바람직한 모습이 될 수 없다. 국내외의 정치사회에서 어떠한 不安感을 조장하는 根本原因은 自派意識 즉 自己立場만을 의식하는 '私'에 치우쳐서 상대방도 포괄하는 公的 次元에 이르지 못하는 데에 있다.

이러한 점을 주목하여 朝鮮時代 李退溪는 "'私'란 한 마음을 파먹는 벌레[蟊賊]요 萬惡의 근본이다. 예로부터 국가가 잘 다스려지는 날이 항상 적고 혼란한 날이 항상 많아서 자신을 파멸하고 나라를 망하게 하는 데에 치닫는 것은 바로 군주가 하나의 '私'字를 다 제거할 수 없었기 때문이다."[30]라고 평가하면서, 사람들에게 克己復禮와 같은 '勝私工夫'를 강조한 바 있다.

오늘날 나라 사이의 교류는 종교문화에서부터 경제생활에 이르기까지 빈번하고 다양하게 전개되고 있다. 그리고 出身이 다른 가운데 같은 공간을 살아감으로써 다문화시대를 경험하기도 한다. 따라서 國籍이 다르다는 이유로 상대를 하시하거나 부정해서는 안 된다. 그러한 無禮한 行爲는 결국 그 누구에게도 得이 될 수 없다. 조선시대에 丙子胡亂과 壬辰倭亂을 겪으면서도 우리 先賢들은 明나라를 높일지언정 그들을 결코 禮儀의 文化國家로 간주하지 않으면서 저항했던

---

30) 『退溪集』권7 「戊辰經筵啓箚二」: 私者 一心之蟊賊, 而萬惡之根本也. 自古國家治日常少亂日常多, 馴致於滅身亡國者, 盡是人君不能去一私字故也.

사실은 바로 그 實例이기도 하다.

이러한 점에 유의해 볼 때, 특히 공자의 '明明德=天下平'의 論理와 맹자의 '事大事小'的 國際關係論은 오늘날의 모든 사람들에게 自尊的 平和關係를 제고시키는 활력소로 작용할 수 있다는 사실을 알 수 있다.

따라서 이제 우리 知性人은 自國利益主義에 편승하여 高度의 支配戰略探索에 열중할 것이 아니라, 易地思之의 立場에서 진정으로 世界人들의 共生共榮을 위해 고민하며 또 그 代案 摸索에 智慧를 모으도록 노력해야 할 것이다. 그러한 결과가 世界各國의 政治指導者들에게까지 미쳐서 그 實效를 거둘 수 있게 된다면, 세계 地球人들은 그만큼 안전한 가운데 '살아가는 즐거움〔生生之樂〕'을 누리게 될 것이다. 이상으로 國際平和 提高의 觀點에서 孔孟思想을 살펴 본 것도 바로 이를 위한 것이다.

有關陽虎與孔子的惡緣

金彦鍾 | 韓國 高麗大學 漢文學科 教授

通过略考孔子和阳虎的关系，可以得出以下幾個推论。

1）與孔子同时生活的人物當中，对孔子的一生影响最大的人是季氏的家臣阳虎。即孔子一生的宿敌就是阳虎。

2）由于阳虎对孔子才能的嫉妬而所加的妨害，致使孔子没能够在鲁国施展政治才能。

3）孔子從早年授徒，到後來成爲偉大的教育家，陽虎的牽制，起了決定性的影響.

4）陽虎是孔子四十岁到五十歲時的魯國最高权力者，他利用自己的主公季平子去世、季桓子继承权力的空白期，以家臣的身份第一次掌握了诸侯国权力。

5）孔子在阳虎的执政期没有出仕，直到阳虎被逐、亡命之後才开始出仕。可推测出陽虎是孔子出世的絆脚石。

6）孔子诅咒了接受亡命徒——阳虎的趙鞅。平心而論，这个诅咒是稍爲過度的。這是聖人失去了平心的罕見例子.

7）從孔子"不以人廢言"的態度來看陽虎，陽虎的一些語錄是不可忽視的. 例如，"爲富不仁，爲仁不富""日月逝矣，歲不我與."。

8）从封建社会的價值標準来看，虽然阳虎对當时社会和历史产生了负面影响，但也是曾经努力改變過历史潮流的人。

陽虎와 孔子의 惡緣에 관하여

김언종 金彦鍾 | 고려대학교 한문학과 교수

1. 刺戟

한 사람의 成就에 있어 가장 重要한 것의 하나는 '刺戟'이다. 자극이 없으면 발전은 불가능하며 停滯 狀態의 지속이 있을 뿐이다. 인간 사회는 경쟁의 마당이다. 경쟁에서 지면 落伍의 길이 있을 뿐이다. 梁啓超가 말한 "사람이 세상을 사는 것은 물을 거슬러 배를 젓는 것과 같아 앞으로 나가지 않으면 뒤로 밀린다(人之處于世也, 如逆水行舟, 不進則退)."는 한마디는 진리를 갈파한 말로 생각된다.

인간의 집단인 社會 역시 그러하다. 어쩌면 미래에 닥쳐 올 우주시대에도 그럴 가능성이 있다. 行星끼리의 경쟁에서 지면 도태의 운명이 지구를 기다리고 있을지도 모른다. 모든 인간은 일생동안 헤아릴 수 없는 자극을 받는다. 그 자극에 어떻게 반응하느냐에 따라 그의 현재와 미래가 결정된다. 그 자극 가운데 個體로서의 인간이 주는 자극 또한 중요한 것 가운데 하나일 것이다.

孔子는 "세 사람이 함께 길을 가는데도 그 가운데 나의 스승으로 삼을 사람이 있다. 선한 사람의 장점을 따르고 선하지 않은 사람의 단점을 보고 나의 단점을 고친다."[1]라고 말한바 있다. 이에 대해 朱子는 『논어집주』에서 "세 사람이 함께 길을 가면 그 가운데 하나는 자신이다. 다른 두 사람 중 한사람은 선하고 한사람은 악하면 나는 그 선한 자를 따르고 악한 것을 고친다. 이 경우, 이 두 사람은 모두 나의 스승이다."[2]라고 말했다. 이 말 대로라면 善人은 당연히 나의 스승이 될 수 있지만 惡人 또한 나의 스승이 될 수 있다. 선인이 正面敎師라면 악인은 反面敎師인 것이다. 이 경우 공자에게 스승이 될 수 없는 사람은 선인도 악인도 아닌 아무 개성 없는 사람이

---

1) 『論語』「述而」: 三人行, 必有我師焉, 擇其善者而從之, 其不善者而改之.
2) 三人同行, 其一我也. 彼二人者, 一善一惡, 則我從其善而改其惡焉, 是二人者皆我師也.

다. 선하거나 악하거나 나름대로의 개성이 있는 사람이면 누구나 나의 스승이 되는 것이다. 필자는 여기서의 '선하지 않은 사람'의 모델이 양화였을 가능성도 있다고 생각한다.

또한 『맹자』의 "하늘이 어떤 사람에게 큰 임무를 내리려 할 적에는, 반드시 먼저 그의 마음과 뜻을 고통스럽게 하고, 그의 힘줄과 뼈를 피곤에 지치게 하고, 그의 육신과 살갗을 굶주림에 시달리게 하고, 그의 몸에 아무 것도 남아 있지 않게끔 한다. 그리고는 그가 행하는 일마다 그가 원하던 바와는 완전히 다르게 엉망으로 만들어 놓곤 하는데, 그 이유는 그렇게 함으로써 그 사람의 마음을 뒤흔들어놓고 그 사람의 성질을 참고 견디게 하여, 예전에는 해내지 못하던 일을 더욱 잘 할 수 있게 해 주기 위해서이다."[3]라는 언설도 공자의 경우를 의식한 것일 수도 있다고 생각한다.

공자는 누구나 인정하는 聖人이다. 그 또한 일생동안 무수한 자극을 받았다. 宋나라 귀족의 후예이지만 政爭에서 지고 노나라로 망명한 몰락한 집안의 후예라는 것[4], 어렸을 때 아버지가 죽었다는 것, 어머니가 嫡室이 아니었다는 것도 그에게 자극이 되었을 것이다.

공자와 동 시대의 사람 가운데 공자에게 가장 혹독한 反面敎師의 역할을 했던 사람은 누구일까? 공자를 죽이려 하여 공자로 하여금 "하늘이 나에게 덕을 주셨는데 환퇴 따위가 나를 어떻게 할 수 있단 말인가?"[5]라는 장탄식을 하게 했던 宋司馬, 桓魋일까?

그러나 환퇴의 공자에 대한 악의는 공자에게 큰 자극을 주지는 못한 것으로 보인다. 이는 一過性의 해프닝에 지나지 않았을 뿐 아니라 공자의 마음이 이 때문에 흔들리지도 않았다. 필자는 魯나라 權臣 季氏의 家臣으로 當代의 風雲兒였던 陽虎야말로 공자의 삶에 가장 큰 악영향을 끼친 인물이라 생각한다. 양호는 어떤 인물이었을까? 그에 관한 傳이 없지만 『論語』·『孟子』·『春秋左氏傳』·『史記』·『韓非子』·『孔子家語』 등의 기록을 編綴해 보면 그의 삶의 대강을 알 수 있을 것이다. 시간의 先後로 그에 관한 기록을 살펴보자. 양호와 공자의 최초의 遭遇는 공자가 모친상을 당해 執喪 중이었던 17세였던 것으로 전한다. 근래 지하 유물의 출토에 힘입어 그 원본이 가짜가 아니었음이 논의되고 있는 『孔子家語』에 다음과 같은 내용이 있다.

공자가 모친상을 당해 소상을 치를 때 양호가 가서 조문하면서 은밀히 공자에게 말하기를 "지금 계씨가 노나라 경내의 선비들에게 잔치를 베푼다고 하는데 자네도 들었겠지?"라고 하였다. 공자가 대답하기를 "나는 듣지 못했습니다. 들었다면 상중에 있었더라도 갔을 것입니다."라고 하였다. 양호가 말하기를 "자네는 그렇게 생각하지 않는가? 계씨가 선비들을 위해 잔치를 베푼 것이지

---

3) 天將降大任於是人也, 必先苦其心志, 勞其筋骨, 餓其體膚, 空乏其身, 行拂亂其所爲, 所以動心忍性, 曾益其所不能.
4) 공자의 조상인 孔父嘉가 무고하게 宋의 權臣 華父督에게 죽음을 당하자 그 후손인 孔防叔이 華氏를 두려워하여 魯나라로 망명한다. 孔防叔은 叔梁紇로 알려진 孔紇의 祖父이자 孔子의 曾祖父이다.
5) 『論語』「述而」: 天生德於予, 桓魋其如予何?

자네를 위한 것은 아니라고.”라고 하였다.[6]

　이 기록에[7] 의하면 孔子가 모친상을 당한 후 小祥 때 양호가 조문을 온 것이다. 당시 孔子
나이 17세였다고 하는데 그렇다면 두 사람은 그 이전에 서로 아는 사이였을 수 있다. 서로 모르
는 사이에 문상을 오는 일은 드물기 때문이다. 양호의 생몰연대는 미상이지만 아마도 양호가 孔
子보다 몇 살 더 많았던 것으로 보인다. 이와 비슷한 일은 『史記』「孔子世家」에 보이는 다음과
같은 기록인데 時制에 있어 잔치 전과 후의 차이가 있다.

　　공자가 喪中일 때 계씨가 선비들을 위한 잔치를 베풀었다. 공자가 가자 양호가 막으면서 말하
　기를 “계씨께서 선비들에게 잔치를 베푼 것이지 자네에게 잔치를 베푼 것이 아니라네.”라고 하였
　다. 공자는 이 때문에 물러났다.[8]

　孔子는 양호에 의해 門前薄待라는 侮辱을 당한 것이다. 『공자가어』의 기록은 그 원형이 전국
시대에 있었다고 하므로 후일 王肅에 의한 윤색과 근거없는 첨가의 혐의가 있음을 감안하여 2
차 자료로 삼고, 『사기』의 기록을 신빙한다면 우리는 대략 다음과 같은 추측을 할 수 있을 것이
다. 양호는 孔子에게 季氏가 노나라 新進 精英들의 歡心을 미리 사두기 위한 宴會를 열게 되었
음을 알려 孔子에게 宴會에 오도록 誘引한 다음 身分上의 理由를 들어 들어오지 못하게 하여
辱을 보인 것이라고. 이 경우 공자에게 낭패감을 안기려는 양호의 계략에 孔子가 넘어 간 것이
된다. 그렇다면 두 사람의 宿命的 惡緣은 이렇게 시작된다. 양호는 왜 그런 행동을 했을까? 양호
는 魯나라 三桓의 하나인 孟孫씨의 後裔[9]로 과단성 있고 총명한 장래가 촉망되는 소년이었을
것이다. 그런데 미천한 신분의 孔子가 不可企及의 天才로 소문이 나자 勝己者厭之의 시기심을
가졌을 지도 모른다. 이것이 그가 공자를 유인하여 욕을 보인 근본 원인이 아니었을까?
　『史記』「孔子世家」를 보면 孔子는 양호가 政界에서 活動하던 오랜 기간 동안, 季氏의 史나
司職吏같은 微官末職을 잠시 담당한 적이 있으나[10] 변변한 職責을 한번도 얻지 못했다. 물론

---

6) 孔子有母之喪, 旣練, 陽虎吊焉, 私于孔子曰, “今季氏大饗境內之士, 子聞諸?” 孔子答曰, “丘弗聞也. 若聞之, 雖
　在衰絰, 亦欲與.” 陽虎曰, “子謂不然乎, 季氏饗士, 不及子也.”
7) 이 기록은 『四庫全書』에 실려있고 『太平御覽』・『獨禮通考』・『淵鑑類函』에도 같은 내용이 수록되어 있다. 그러나
　羊春秋의 『新譯 孔子家語』나 薛根安 靳明春의 『孔子家語今注今譯』에는 보이지 않는다. 羊氏 등은 이 부분을 僞書
　중의 僞書라 여긴 듯하다.
8) 孔子要絰, 季氏饗士, 孔子與往. 陽虎絀曰, “季氏饗士, 非敢饗子也.” 孔子由是退.
9) 양호가 삼환을 제거하고 계오로 하여금 계씨를 대신케 하고 숙경첩으로 하여금 숙손씨를 대신케 하고 자기는 맹씨
　를 대신하고자 하였다(陽虎欲去三桓, 以季寤更季氏, 以叔慶輒更叔孫氏, 己更孟氏.)는 기록이 『좌전』 정공 9년 9월
　조에 보인다. 이를 통해서 그가 맹손의 후손임을 알 수 있다.
10) 孔子貧且賤. 及長, 嘗爲季氏史, 料量平. 嘗爲司職吏而畜蕃息..

당시 정치의 난맥, 즉 魯侯가 諸侯답지 못하고 季氏 등 大夫가 下剋上을 恣行했던 상황이 주요 원인으로 작용했을 것이지만 양호의 牽制와 妨害가 있었을 可能性 또한 없지 않다. 양호는 季氏 家의 권력을 가진 가신이었기 때문이다.

2. 歷史 記錄 속의 양호

양호에게 막혀 後進敎育으로 삶의 方向을 바꾼 孔子와는 달리 季氏의 家臣이 되어 權力의 맛을 본 양호는 乘勝長驅하여 季氏 權力을 維持하는 한 軸을 이룬다. 魯昭公 27년(紀元前 521年) 『春秋左氏傳』에 다음과 같은 기록이 있다.

맹의자와 양호가 鄆邑을 공벌하였다. 운읍 사람들이 그들을 맞아 싸우려 하였다. 子家子가 말하기를 "천명이 계씨에게 있음은 의심할 수 없다. 昭公을 망명하지 않을 수 없게 만드는 것은 운읍 사람들일 것이다. (소공에게) 하늘이 이미 화를 내렸는데 복을 구하려 하다니 어렵지 않겠는가? 귀신이 있더라도 이 싸움은 지고 말 것이다. 아! 희망이 없구나! 나도 여기서 죽을지도 모르겠구나."라고 하였다. 공이 자가자를 晉나라에 파견하였다. 소공의 군대는 且知에서 패했다.[11]

子家子는 노나라의 대부로 소공에게 충성을 다하는 신하 子家羈이다. 그는 소공이 맹의자와 양호의 공격을 당해내지 못할 것을 알고 있다. 鄆邑의 사람들은 차라리 그들에게 반항하지 않는 것이 낫다는 것도 알고 있다. 소공이 이웃 나라로 망명하지 않을 수 없게 만든 것은 아이러니하게도 도망 온 소공을 도와 맹의자와 양호의 군대에게 대항하는 운읍 사람들이라는 것이다. 양호는 季氏의 命을 받아 孟懿子와 함께 齊나라의 운읍을 토벌한다. 맹의자의 당시 나이가 16세에 불과하니 실권자는 당연히 양호인 것이다. 이때 40세 전후의 나이였을 양호의 전성기가 시작되고 있었던 것이다. 이때 37세 였던 공자는 昭公을 따라 衛나라로 亡命하였다.[12]

魯나라 混亂期에 양호의 위세는 旭日昇天의 氣勢로 솟아오른다. 『春秋左氏傳』 魯定公 5年 條에 다음과 같은 記錄이 있다.

유월에 계평자가 東野를 순시하였는데 돌아오다가 도착하지 못하고 병신일에 房邑에서 죽었

---

11) 懿子, 陽虎伐鄆, 鄆人將戰. 子家子曰, "天命不慆久矣, 使君亡者, 必此衆也. 天旣禍之, 而自福也, 不亦難乎! 猶有鬼神, 此必敗也. 烏呼! 爲無望也夫! 其死於此乎!" 公使子家子如晉. 公徒敗于且知.

12) 『史記』「孔子世家」: 孔子年三十五, 而季平子與郈昭伯以鬪雞故得罪魯昭公, 昭公率師擊平子, 平子與孟氏・叔孫氏 三家共攻昭公, 昭公師敗, 奔於齊, 齊處昭公乾侯. 其後頃之, 魯亂. 孔子適齊, 爲高昭子家臣, 欲以通乎景公.

다. 양호가 아름다운 옥인 璵와 璠을 부장품으로 삼으려 하였다. 중량회가 주지 않고 말하기를 "걸음걸이의 속도가 바뀌었으니 옥의 종류도 바꾸어야 합니다."[13]라고 하였다. 양호가 그를 쫓아내려고 공산불뉴에게 동의를 구하자 공산불뉴는 "그가 임금을 위해 저러는 것인데 그대는 왜 그를 미워하는가!"라고 하였다. 장례를 치르고 나서 계환자가 동야를 순시하다가 비읍에 이르렀다. 공산불뉴가 비읍의 수장이 되어 있다가 계환자를 교외에서 맞이하고 위로하니 계환자가 그에게 경의를 표했다. 공산불뉴가 중량회를 위로하였으나 중량회는 공산불뉴에게 경의를 표하지 않았다. 공산불뉴가 노하여 양호에게 말했다. "그대는 저 자를 쫓아내려 하시오?"[14]

季平子가 죽고 그 아들 季桓子가 執權하였다. 양호는 季平子의 葬禮에 제후의 부장품인 璵와 璠을 쓰는 등 最敬禮를 표하면서 政局 主導權을 잡고자 하였으나 또 다른 家臣 仲梁懷의 牽制를 받아 뜻을 이루지 못한다. 역시 季氏의 家臣인 公山不狃 또한 처음에는 양호의 擡頭를 牽制하였다. 그런데 公山不狃는 季桓子가 자기보다 仲梁懷를 더 가까이하는데다 仲梁懷가 자기에게 不敬한 態度를 보이자 양호와 한패가 된다. 이 때 47세의 공자는 衛나라에 있었다.
역시 『春秋左氏傳』 魯定公 5년 條에 다음과 같은 記事가 있다.

9월 을해일에 양호는 계환자와 공보문백을 구금하고 중량회를 축출하였다. 9년 겨울 10월 정해일에 공하막을 죽였다. 기축일에는 계환자와 직문 안에서 맹세를 하였다. 경인일에 큰 저주 의식을 행하였다. 공보촉과 진천을 축출하자 그들은 제나라로 달아났다.[15]

마침내 양호는 季桓子를 구금하여 유명무실한 권력자로 만들고 政敵이 된 仲梁懷를 축출한다. 이어서 자기를 반대하는 公何藐을 죽이고 공보촉과 진천을 축출한다. 양호는 마침내 일개 家臣의 신분으로 노나라의 대권을 장악한 것이다. 춘추시대에 대부가 제후의 권력을 簒奪한 일은 빈번히 있었을 것이나 가신이 한 제후국의 권력을 장악한 사례는 양호가 처음 일 것이다. 이 때 孔子는 47세였다.
『春秋左氏傳』 魯定公 6년 條에 다음과 같은 記事가 있다.

---

13) 신분이 높을수록 걸음걸이가 늦다. 계씨가 망명한 昭公을 대신하여 제후 노릇을 했으므로 걸음이 늦었으나 定公이 魯侯가 된 후로 계씨는 걸음걸이를 바꾸어야 하며 차는 옥도 신분에 맞게 바꾸어야 한다는 것이다. 璵나 璠 같은 옥은 諸侯의 패물이다.
14) 六月, 季平子行東野. 還, 未至, 丙申, 卒于房. 陽虎將以璵璠斂, 仲梁懷弗與, 曰, "改步改玉." 陽虎欲逐之, 告公山不狃. 不狃曰, "彼爲君也, 子何怨焉?" 旣葬, 桓子行東野, 及費. 子洩(공산불뉴)爲費宰, 逆勞於郊, 桓子敬之. 勞仲梁懷, 仲梁懷弗敬. 子洩怒, 謂陽虎, "子行之乎?"
15) 乙亥, 陽虎囚季桓子及公父文伯, 而逐仲梁懷. 冬十月丁亥, 殺公何藐. 己丑, 盟桓子于稷門之內. 庚寅, 大詛. 逐公父歜及秦遄, 皆奔齊.

2월에 정공이 정나라로 쳐들어가서 匡 땅을 점거하였는데 정나라가 胥靡를 토벌한 일을 晉나라를 대신하여 갚은 것이다. 토벌하러 가는 길에 경유한 위나라에게 길을 빌리지 않았고 돌아오는 길에 양호는 계환자와 맹헌자로 하여금 위나라 수도의 남문으로 들어가 동문으로 나와 豚澤 땅에 머물러 있게 하였다. 衛侯가 노하여 彌子瑕를 시켜 추격하게 하였다. 은퇴한지 오래인 위나라 신하 公叔文子가 인력거를 타고 위후를 찾아가서 말하기를 "남을 미워하면서 그를 본받는 것은 예가 아닙니다. 魯昭公이 어려울 적에 공께서는 우리 文公의 솥 舒鼎과 成公의 蓍龜 昭兆와 定公의 거울 달린 큰 허리띠 鞶鑑을 상품으로 삼아 노소공이 노나라로 돌아가 復位하게 하는 사람에게 하사하려 하셨습니다. 제후들 가운데 노소공을 위해 걱정하는 사람이 있으면 공께서는 公子나 여러 대신들의 아들을 인질로 삼아 그들에게 보내려 하셨습니다. 이는 여러 신하들이 다 들은 바입니다. 지금 하잘것없는 분노로 과거의 은덕을 덮어버리려 하시니 안될 일이 아니겠습니까? 文王의 妃인 太姒의 많은 아들 가운데서 周公와 康叔만이 서로 화목했습니다. 지금 小人을 본받아 화목을 버리려 하시다니 잘못된 일이 아닙니까? 하늘이 양호의 죄를 키워 그를 없애려 합니다. 임금께서는 우선 기다려 보는 것이 어떻겠습니까?"라고 하였다. 衛侯는 출병을 그만 두었다.[16]

양호의 跋扈가 始作되었음을 알게 해 주는 記事이다. 匡을 攻取하려면 衛나라 땅을 지나야 하는데 衛나라의 허락을 얻지 않고 멋대로 匡을 공략한 것이다. 이러한 양호의 非禮는 衛나라를 怒하게 한다. "公侵鄭"이라 하여 魯定公이 鄭나라를 侵攻한 것으로 되어 있지만 실은 양호의 獨斷에 의한 政局 運用임에 분명하다. 이때 노정공도 어린 나이였고 오랜 집권세력인 三桓을 대표하는 계환자와 맹헌자 또한 십대의 소년들이었으니 권력이 양호의 손에 있는 것이나 다름없었다. 衛大夫 公叔拔(文子)은 衛나라 都城을 허락도 받지 않고 드나드는 僭越한 짓을 자행토록 한 양호가 魯나라에서의 權力 構築에 成功하지 못할 것임을 豫見하고 있는 것이다. 공숙문자는 양호를 "小人"으로 매도하고 있다. 이때 孔子는 48세였다.

역시 『春秋左氏傳』 魯定公 6년 조에 다음과 같은 기사가 있다.

여름에 계환자가 진나라로 갔는데 정나라를 치면서 사로잡은 포로를 바치기 위해서 였다. 양호가 억지로 맹헌자를 시켜 진후의 부인에게 폐백을 바치게 하니 진나라 사람들이 잔치를 열어 계환자와 맹의자를 함께 접대하였다. 맹헌자가 실외에 서 있다가 진나라 대부 범헌자에게 말하기를 "양호가 노나라에 있을 수 없어 귀국에 와 쉬더라도 중군사마 같은 벼슬을 주지 않기를 바라기를

---

16) 二月, 公侵鄭, 取匡, 爲晉討鄭之伐胥靡也. 往不假道於衛. 及還, 陽虎使季·孟自南門入, 出自東門, 舍於豚澤. 衛侯怒, 使彌子瑕追之. 公叔文子老矣, 輦而如公, 曰, "尤人而效之, 非禮也. 昭公之難, 君將以文之舒鼎, 成之昭兆, 定之鞶鑑, 苟可以納之, 擇用一焉. 公子與二三臣之子, 諸侯苟憂之, 將以爲之質. 此羣臣之所聞也. 今將以小忿蒙舊德, 無乃不可乎? 大姒之子, 唯周公·康叔爲相睦也, 而效小人以棄之, 不亦誣乎? 天將多陽虎之罪以斃之, 君姑待之, 若何?" 乃止.

제 선친의 영혼을 두고 맹세하고 싶습니다."라고 하였다. 범헌자가 대답하기를 "우리 임금께서 관직을 설립하신 것은 그 자리에 적당한 사람을 앉히기 위해서입니다. 제가 무얼 알겠습니까?"라고 하였다. 범헌자가 동료 대부 조간자에게 말하기를 "노나라 사람들이 양호를 걱정거리로 여깁니다. 양호가 실패하여 우리나라로 망명할 것을 생각해서 君夫人에게 뇌물을 바쳐 미리 준비한 것임을 맹손이 알고 있었습니다."라고 하였다.[17]

이 기록을 보면 季桓子와 孟懿子는 양호가 政權을 維持하는데 所用되는 傀儡에 지나지 않는다. 그들이 晉나라에 간 것은 싫지만 양호의 命을 어길 수 없었기 때문이다. 范獻子는 士鞅(范鞅)으로 晉國의 大夫요 權力者이다. 맹의자가 범헌자에게 양호의 망명을 받아주지 않기를 은밀히 부탁하는 것을 보면, 季桓子와 孟懿子는 권력 재탈환의 기회를 虎視耽耽 노리는 중이다. 그들은 일단 유사시에 晉나라로 망명할 것으로 보이는 양호의 退路를 미리 遮斷하려는 工作을 進行 중인 것이다. "魯人患陽虎矣."는 孟懿子의 말이지만 이를 통해서 양호가 權謀術數로 權力은 잡았지만 노나라 通國上下의 人心을 얻지 못하고 있음을 알 수 있다.
역시 『春秋左氏傳』 魯定公 6년 조에 다음과 같은 기사가 있다.

양호가 또 공(魯定公)과 삼환을 周社에서 맹세를 하게 하였다. 나라 사람들과 亳社에서 맹세하였고 五父之衢에서는 저주의식을 행하였다.[18]

한 家臣에 不過한 양호가 魯나라 君主 定公과 최고 권력자였던 三桓 뿐 아니라 노나라의 貴族들을 掌握하여 국정을 專斷하고 있음을 알 수 있게 하는 대목이다. 周社는 魯國의 國社이고, 亳社는 당시의 曲阜 地域에 살던 殷나라 遺民들을 위해 세운 것이라 한다. '詛'는 鬼神에게 한 盟誓를 지키지 않는 자들에게 禍를 내려 달라고 詛呪하는 것이다. 이를 보면 周社 亳社 五父之衢로 옮아가면서 참여자의 수가 갈수록 늘어났을 것임을 짐작할 수 있다. 그러므로 오보지구에서의 詛呪 의식에는 定公과 三桓을 비롯한 노나라의 귀족들이 거의 대부분 참석하였을 것으로 보인다. 양호의 權力은 마치 中天에 뜬 태양과도 같았던 것이다.
『春秋左氏傳』 魯定公 7년 조에 다음과 같은 기사가 있다.

제나라 사람들이 운 땅과 양관을 돌려주었다. 양호가 거기에 있으면서 명령을 내렸다.[19]

---

17) 夏, 季桓子如晉, 獻鄭俘也. 陽虎强使孟懿子往報夫人之幣, 晉人兼享之. 孟孫立于房外, 謂范獻子曰, "陽虎若不能居魯, 而息肩於晉, 所不以爲中軍司馬者, 有如先君!" 獻子曰, "寡君有官, 將使其人, 鞅何知焉?" 獻子謂簡子曰, "魯人患陽虎矣. 孟孫知其釁, 以爲必適晉, 故强爲之請, 以取入焉."
18) 陽虎又盟公及三桓於周社, 盟國人于亳社, 詛于五父之衢.
19) 齊人歸鄆·陽關, 陽虎居之以爲政.

일찍이 襄公 17年(紀元前 556年) 여름에 齊나라와 魯나라 사이에 局地戰이 있었다. 이때 魯나라 大夫 臧紇이 防邑에서 包圍되자 陽關에 있던 魯나라 군대가 그를 구출하러 간다. 이때의 세 將帥 가운데 하나가 鄒叔紇인데 그가 바로 孔子의 아버지이다.[20] 齊나라가 占領地인 鄆邑과 陽關을 魯나라에 返還한 理由는 分明치 않다. 그러나 양호가 거기에서 命令을 發布했다는 것은 양호의 健在함을 알게 해주는 것이다. 이 때 孔子는 49세 였다.

이어서 『春秋左氏傳』 魯定公 7년 조에 다음과 같은 기사가 있다.

제나라 국하가 우리나라를 공격해 왔다. 양호가 계환자의 수레를 몰았고 공렴처보가 맹의자의 수레를 몰았는데 밤에 제나라 군대를 공격하려 하였다. 제나라 군대가 이를 듣고 방비가 없는 척 하면서 군사를 매복시켜 놓고 기다렸다. 공렴처보가 말하기를 "양호여! 화를 당할 것을 예상하지 못하니 그대는 이번에 반드시 죽을 것이오."라고 하자 점이가 말하기를 "양호여! 계환자와 맹의자를 환난에 빠트리니 군법의 처단을 기다리기 전에 내가 반드시 그대를 죽일 것이오."라고 하자 양호가 두려워하여 군대를 철수하였으므로 전투에서 패하지 않을 수 있었다.[21]

國夏는 齊나라 大夫이다. 이때 魯나라는 이웃의 强國인 齊나라의 侵入을 당한다. 양호는 外交에서 齊나라를 멀리하고 晉나라와 가까이 하는 親晉拒齊 政策을 채택한 것으로 보인다. 齊나라의 침입으로 戰線이 형성된 一觸卽發의 위기 상황에서 마침내 양호를 牽制하는 두 宿敵이 등장한다. 하나는 孟氏의 家臣이자 成邑의 宰인 公斂處父이고, 다른 하나는 季氏의 家臣인 苫夷이다. 공렴처보는 뒷날 孔子가 三桓의 權力 擅斷을 終熄시키고 公室로 權力을 集中시키려는 計劃으로 成邑의 성벽을 허물려(墮成) 할 때 끝까지 反抗하여 孔子의 원대한 계획을 좌절시킨 張本人이다. 두 사람이 齊나라와의 戰線에 나오기는 했지만 양호가 齊軍의 誘引 作戰에 속아 失敗할 것을 豫測하고 죽이겠다고 위협한다. 양호는 두려워하며 作戰을 취소한다. 家臣執國政이라는 유례 드문 양호의 權力이 動搖하기 始作한 것이다.

『春秋左氏傳』 魯定公 8년 條에 다음과 같은 記事가 있다.

공이 제나라로 쳐들어가 늠구의 외성을 공격하였다. 늠구를 지키던 장수가 노나라의 성벽 공격용 수레에 불을 지르자 누군가 마대로 짠 외투를 물에 적셔 불을 껐고 마침내 외성은 함락되었다. 늠구의 장수가 출전하자 노나라 군대가 달아났다. 양호가 염맹을 못 본 척하며 외치기를 "염맹이 여기 있었으면 저들을 반드시 격퇴했을 것이다."라고 하자 염맹이 그들을 향해 달려 나갔다.

---

20) 『左傳』「襄17」: 齊人以其未得志于我故, 秋, 齊侯伐我北鄙, 圍桃. 高厚圍臧紇于防. 師自陽關逆臧孫, 至于旅松. 鄒叔紇‧臧疇‧臧賈帥甲三百, 宵犯齊師, 送之而復.

21) 齊國夏伐我. 陽虎御季桓子, 公斂處父御孟懿子, 將宵軍齊師. 齊師聞之, 墮, 伏而待之. 處父曰, "虎不圖禍, 而必死." 苫夷曰, "虎陷二子於難, 不待有司, 余必殺女." 虎懼, 乃還, 不敗.

그러나 뒤에 따라오는 자가 없자 일부러 전차에서 굴러 떨어졌다. 이를 본 양호가 말했다. "다들 싸우는 척만 하는구먼."[22]

"公侵齊"라 하였지만 정국을 주도할 수 없는 노정공은 그런 능력이 없다. 실상은 양호가 主導하여 齊나라를 침공한 것임에 틀림없다. 이처럼 아직은 양호가 노나라의 權柄을 잡고 있는 중이다. 내부의 불만과 동요를 弛緩하는 데는 전쟁을 일으켜 민심을 긴장시키는 것도 하나의 책략이다. 양호는 이런 동기에서 전쟁을 일으켰을 것이다. 齊나라 廩丘城에서 일진일퇴를 거듭하는 중에 양호는 猛將 冉猛을 충동하여 적의 공세를 저지하려 한다. 그러나 믿던 염맹은 용감히 싸우는 척 하다가 일부러 전차에서 굴러 떨어진다. 양호를 위해 싸우다 죽을 생각이 전혀 없었던 것이다. 이 에피소드는 양호가 이미 失人心하고 있음을 알려주기 위한 장치이다. 양호가 깊히 信任하는 冉猛이 왜 그랬을까? 이미 西山落日 격인 양호를 위해 목숨을 바칠 마음이 전혀 없었기 때문인 것으로 보인다. 이때 孔子는 50세였다.

『春秋左氏傳』魯定公 8년 條에 다음과 같은 記事가 있다.

계오·공서극·공산불뉴는 모두 계씨 밑에서는 뜻을 얻지 못했다. 숙손첩은 숙손씨의 총애를 얻지 못했고 숙중지는 노나라에서 뜻을 얻지 못했다. 그러므로 이 다섯 사람은 양호에게 의지하였다. 양호는 삼환을 제거하고 계오로 하여금 계씨를 대신케 하고 숙경첩으로 하여금 숙손씨를 대신케 하고 자기는 맹씨를 대신하고자 하였다. 겨울 10월에 先代의 公들에게 즉위한 순서에 따라 제사를 지내고 기도하였다. 신묘일에 僖公의 사당에서 禘祭를 올렸다. 임진일에 蒲圃에서 연회를 열어 계씨를 초대하여 죽이려 하였다. 都邑의 전차부대에 계사일에 이곳으로 오라고 명을 내렸다. 명을 내수령인 公斂處父가 맹손에게 "계씨가 전차부대에 명령을 내린 까닭이 무엇입니까?"라고 하자 맹손은 "나는 들어본 적이 없다"라고 대답하였다. 처보가 말하기를 "그렇다면 양호가 모반한 것으로 당신도 죽이려 할 것이니 미리 대비하십시오."라고 하였다. 그리고 맹손씨와 임진일을 그들을 제압할 날짜로 잡았다. 양호가 앞장서서 수레를 몰자 林楚가 季桓이 전수레를 몰았고 호위군관들이 창과 방패를 들고 양쪽에서 호위하였다. 陽越은 맨 뒤에 있었다. 蒲圃에 다다랐을 때 계환자가 갑자기 林楚에게 말하기를 "너의 조상은 모두 우리 가문의 어진 신하였다. 너 역시 이를 계승하였겠지?"라고 하자 임초가 대답하기를 "제가 이런 말씀을 듣기에는 늦었습니다. 양호가 집정하자 노나라 사람들은 모두 그에게 복종하였는데 그를 어기면 죽음이 있을 뿐이니 그러다 제가 죽으면 주인님께 덕이 될 것이 없습니다."라고 하였다. 계환자가 말하기를 "뭐가 늦었단 말이냐? 네가 나를 위해 맹손씨에게 연락해 줄 수 있겠느냐?"라고 하였다. 임초가 대답하기를 "제가 죽는

---

22) 公侵齊, 攻廩丘之郛. 主人焚衝, 或濡馬褐以救之, 遂毀之. 主人出, 師奔. 陽虎僞不見冉猛者, 曰, "猛在此, 必敗." 猛逐之, 顧而無繼, 僞顚. 虎曰, "盡客氣也."

게 겁나는 게 아니라 주인님을 禍難에서 면하게 할 수 없을 것이 어렵습니다."라고 하였다. 계환자가 "떠나거라!"라고 말하였다. 맹손씨는 건장한 노예 3백명을 뽑아 아들 公期를 위해 대문 밖에 집을 짓게 하고 있었다. 林楚가 말을 채찍질하여 거리를 나는 듯이 달렸다. 陽越이 "달아나는 임초를 발견하고 활을 쏘았으나 맞지 않았다. 이때 집을 짓던 자들이 대문을 닫아버렸다. 어떤 자가 문 틈으로 양월에게 활을 쏘아 죽여 버렸다. 양호는 정공과 武叔을 협박하여 맹손씨를 공격했다. 공렴처보가 명을 사람들을 인솔하여 上東門으로 들어와 양호와 南門에서 전투를 벌였으나 이기지 못했다. 다시 棘下에서 싸웠는데 양호가 패전하였다. 양호는 갑옷을 벗어 던지고 宮中으로 가서 寶玉과 大弓을 가지고 나와 五父之衢에 머물고 하루를 자고 일어나 부하들에게 밥을 짓게 하였다. 부하가 "추격병이 올 것입니다."라 하니, 양호는 "노나라 사람들이 내가 도망하고 있다는 소식을 들으면 이제 죽지 않게 되었다고 안도의 한숨을 쉬기에도 바쁠텐데 어느 겨를에 나를 추격해 온단 말이냐!"라고 말했다. 따르던 자가 말하기를 "어허! 어서 말에 오르십시오. 공렴처보가 있지 않습니까?"라고 하였다. 공렴처보가 양호를 추격할 것을 청하자 맹손씨가 허락하지 않았다. 공렴처보가 계환자를 죽이려 하자 맹손씨는 이를 두려워 하여 계환자를 집으로 돌려 보냈다. 계오는 계씨 사당에서 위패마다 하나하나 술잔을 올리고 고유한 다음에 도망쳤다. 양호는 讙과 양관을 점거하고 반역을 선포하였다.[23)

양호가 노나라의 권력을 專斷하고 있다고는 하지만 季氏 등 三桓의 오랜 권력기반이 완전히 허물어진 것은 아니다. 또 양호를 미워하는 孟孫의 家臣 公歛處父가 成邑을 基盤으로 건재하고 있다. 불안을 느낀 양호는 季桓子의 아우 季寤, 계환자의 族黨인 公鉏極, 계씨의 가신 公山不狃, 叔孫氏의 庶子 叔孫輒, 叔孫氏의 族黨 叔仲志 같은 권력에서 疎外되어 불평이 많은 자들을 糾合하여 三桓을 제거하기로 결심한다. 그러나 公歛處父가 이를 알아채고 叔孫에게 알리고, 季桓子 역시 알게 되었다. 양호는 公歛處父의 軍隊와 戰鬪를 벌여 敗戰하고 오른팔과도 같던 從弟 陽越을 잃고 자기의 本據地인 陽關으로 逃亡가는 처지가 된다. 遑急히 逃亡가는 총중에도 양호는 大膽한 태도를 보인다. 먼저 定公의 宮殿에 들어가 寶玉·大弓 같은 國寶를 훔치고 曲阜와 至近한 거리인 五父之衢에서 태연히 잠을 자고 밥을 지어 먹는다. 부하가 곧 追擊軍이 쫓아 올 것이라

---

23) 季寤·公鉏極·公山不狃皆不得志於季氏, 叔孫輒無寵於叔孫氏, 叔仲志不得志於魯, 故五人因陽虎. 陽虎欲去三桓, 以季寤更季氏, 以叔慶輒更叔孫氏, 己更孟氏. 冬十月, 順祀先公而祈焉. 辛卯, 禘于僖公. 壬辰, 將享季氏于蒲圃而殺之, 戒都車, 曰"癸巳至." 成宰公歛處父告孟孫, 曰, "季氏戒都車, 何故?" 孟孫曰, "吾弗聞." 處父曰, "然則亂也, 必及於子, 先備諸." 與孟孫以壬辰爲期. 陽虎前驅. 林楚御桓子, 虞人以鈹·盾夾之, 陽越殿. 將如蒲圃. 桓子咋謂林楚曰, "而先皆季氏之良也, 爾以是繼之." 對曰, "臣聞命後. 陽虎爲政, 魯國服焉, 違之徵死, 死無益於主." 桓子曰, "何後之有? 而能以我適孟氏乎?" 對曰, "不敢愛死, 懼不免主." 桓子曰, "往也!" 孟孫選圉人之壯者三百人以爲公期築室於門外. 林楚怒馬, 及衢而騁. 陽越射之, 不中. 築者閉門. 有自門間射陽越, 殺之. 陽虎劫公與武叔, 以伐孟氏. 公歛處父帥成人自上東門入, 與陽氏戰于南門之內, 弗勝; 又戰于棘下, 陽氏敗. 陽虎說甲如公宮, 取寶玉·大弓以出, 舍于五父之衢, 寢而爲食. 其徒曰, "追其將至." 虎曰, "魯人聞余出, 喜於徵死, 何暇追余?" 從者曰, "嘻! 速駕, 公歛陽在." 公歛陽請追之, 孟孫弗許. 陽欲殺桓子, 孟孫懼而歸之. 子言辨舍爵於季氏之廟而出. 陽虎入于讙·陽關以叛.

해도 아랑곳 하지 않는다. 惡人이긴 하지만 그의 침착 대담함은 특기하지 않을 수 없다. 이때 孔子는 50세였다.

『春秋左氏傳』 魯定公 9년 條에 다음과 같은 記事가 있다.

여름에 양호가 寶玉과 大弓을 보내 왔다. 春秋 經文에 "得"이라 쓴 것은 그것이 器物과 用具였기 때문이다. 무릇 기물과 용구를 얻었을 때는 '得'이라 하고 기물로 생물을 얻었을 때는 '獲'이라 한다'. 유월에 양관을 공벌하였다. 양호가 사람을 보내어 萊門에 불을 질렀다. 노나라 군사들이 놀란 틈에 양호는 포위망을 뚫고 제나라로 달아났다. 양호는 군대를 동원하여 노나라를 칠 것을 청하면서 "세 번만 공격하면 노나라를 빼앗을 수 있습니다."라고 말했다. 齊侯가 허락하려 할 때 鮑文子(鮑國)가 간하기를 "소신이 일찍이 노나라 대부 施氏의 집에서 家臣 노릇을 한 적이 있어 아는데 노나라는 점령하여 취할 수 없는 나라입니다. 위정자들이 서로 협조하고 백성들은 화목하며 대국을 섬길 줄 알고 자연의 재앙이 없으니 어떻게 占取할 수 있겠습니까? 양호는 우리 군대를 괴롭히려는 것입니다. 우리 군대가 피폐해 지면 대신들 가운데도 죽는 자가 많을 것입니다. 그는 이런 틈을 타서 음모를 펼 것입니다. 양호는 계씨의 총애를 받았으면서 계손을 죽이고 노나라에 불리한 짓을 하여 다른 나라에게 잘 보이려는 것입니다. 富者와 친하려 하고 仁者와는 친하려 하지 않으니 임금께서는 그런 자를 어디에 쓰시겠습니까? 임금께서는 계씨보다 부자이시고 나라도 노나라 보다 큽니다. 이야말로 양호가 뒤엎어 보려는 것입니다. 노나라는 그가 일으킬 화란을 면했는데 임금께서는 그를 받아들이시니 해로운 것이 아니겠습니까?"라고 하였다. 齊侯가 양호를 체포하여 나라 동쪽에 구금하려 하였다. 양호가 짐짓 그렇게 되길 원하는 척하자 齊侯는 그를 서쪽 변경에 구금하였다. 양호는 현지의 모든 수레를 빌려서 칼로 수레 굴대 일부분을 깎아 내고 삼베로 감싸서 돌려주었다. 양호는 수레에 옷가지를 가득 깔고 그 속에 숨어 누운 채 달아났다. 그러나 추격군에 잡혀 제나라 수도에 구금되었다. 다시 한번 같은 수법을 써서 송나라로 달아났다가 마침내 晉나라로 달아나 趙簡子에게 귀순하였다. 仲尼가 말했다. "趙氏家에는 아마도 대대로 禍亂이 있을 것이다!" [24]

이 기사에서 양호가 달아나면서 훔쳤던 魯나라의 寶物을 魯나라로 돌려보냈음을 알 수 있다. 한 가닥 良心이 남아 있어서 그런 것일까? 그러나 齊나라로 달아나 齊侯에게 魯나라를 攻伐할

---

24) 夏, 陽虎歸寶玉·大弓, 書曰 "得", 器用也. 凡獲器用曰'得', 得用焉曰'獲'. 六月, 伐陽關. 陽虎使焚萊門. 師驚, 犯之而出), 奔齊, 請師以伐魯, 曰, "三加, 必取之." 齊侯將許之. 鮑文子諫曰, "臣嘗爲隸於施氏矣, 魯未可取也. 上下猶和, 衆庶猶睦, 能事大國, 而無天菑, 若之何取? 陽虎欲勤齊師也, 齊師罷, 大臣必多死亡, 己於是乎奮其詐謀. 夫陽虎有寵於季氏, 而將殺季孫, 以不利魯國, 而求容焉. 親富不親仁, 君焉用之? 君富於季氏, 而大於魯國, 兹陽虎所欲傾覆也. 魯免其疾, 而君又收之, 無乃害乎?" 齊侯執陽虎, 將東之. 陽虎願東, 乃囚諸西鄙. 盡借邑人之車, 鍥其軸, 麻約而歸之. 載葱靈, 寢於其中而逃. 追而得之, 囚於齊. 又以葱靈逃, 奔宋, 遂奔晉, 適趙氏. 仲尼曰, "趙氏其世有亂乎!"

것을 권한 사실을 보면 반드시 그런 것 같지도 않다. 春秋時代에 오늘날과 같은 애국의 情調가 있었을까? 그때까지만 해도 周나라가 天子國이므로 諸侯各國은 지방정권의 역할을 했을 것으로 보인다. 그렇지 않았더라면 공자가 벼슬자리를 구하러 다닌 '천하를 떠돌아다니다가 길에서 늙었다(轍環天下, 卒老于行)'는 말을 이해할 수 없을 것이다. 다만 양호만은 오늘날의 평가기준으로 보면 賣國奴임에 틀림없다. 자기의 故國인 노나라를 멸망시킬 음모를 획책했기 때문이다. 양호의 노나라 國情에 관한 이해는 瞭如指掌이므로, 양호를 미워한 齊나라 대부 鮑國이 반대하지만 않았더라면 奸計를 성공시키고 제나라에서의 정치적 입지를 마련했을 것으로 보인다. 鮑國이 齊侯에게 한 諫言 가운데 "富와 친하려 하고 仁과는 친하려 하지 않으니 임금께서는 그런 자를 어디에 쓰시겠습니까? 라는 言及은 우리의 注目을 끈다. 양호가 "'親富不親仁'한 鄙劣한 자인데 重用해서야 되겠느냐는 말이다. 『孟子』「滕文公上」에, "양호가 말하기를, 부를 위주로 하면 불인한 사람이 되고, 인을 위주로 하면 부자가 될 수 없다."라는 구절이 있다. 양호의 이 仁과 富의 相關關係에 關한 卓越한 見解는 당시 諸侯國間에 널리 流布되어 있었던 듯하다. 鮑國은 양호의 이 말을 약간 變改하여 양호를 비난한 것이다. 그리하여 양호는 逮捕되어 齊나라 西鄙에 拘禁되었다가 脫出에 失敗한다. 그러나 곧 再脫出에 成功하여 宋나라에 갔다가 다시 晉나라로 망명하여 晉나라 권력자 趙簡子의 家臣이 된다. 이때 공자가 "趙氏家에는 아마도 대대로 화란이 있을 것이다!"라고 趙簡子를 저주한다. 溫厚한 人格의 聖人인 孔子가 詛呪를 한다는 것은 드문 일이다. 『孟子』「梁惠王上」에 "중니가 이르기를 처음 인형을 만든 자는 후손이 끊어졌을 것이다(仲尼曰, "始作俑者, 其無後乎!")라고 한 단번 始作俑者를 저주한 일이 있을 뿐인데 이것과 합하면 두 번이 된다. 공자의 양호에 대한 증오의 정도를 느끼게 해주는 한마디가 아닐 수 없다. 이때 孔子는 50세였다.

『韓非子』「外儲說左下 · 第三十三」에 보이는 아래와 같은 양호에 관한 記事는 양호가 晉나라에 망명하여 趙鞅을 만나 家臣이 되기를 請했을 때의 狀況을 더욱 具體的으로 그리고 있다.

> 양호가 주장하기를 "주공이 현명하면 마음을 다해 섬기고 어리석으면 수단방법을 가리지 않고 내 능력을 시험해 보아야 한다."고 하다가 노나라에서 쫓겨났고 제나라에서는 의심을 받아 조나라로 달아났다. 조간자가 그를 맞아 객경으로 삼자 측근들이 말하길 "양호는 남의 나라 정권을 잘 훔치는 자인데 어째서 그를 客卿으로 삼습니까?" 라고 하자 조간자는 말하길 "양호가 힘써 빼앗으려 하면 나는 힘써 지킬 것이다."라고 하고는 마침내 權謀를 동원하여 그를 제어하였다. 양호는 감히 나쁜 짓을 하지 못하고 조간자를 잘 받들어 强盛하게 하여 조간자를 거의 覇者에 이르게 하였다. 이것이 내가 이미 지키면 저가 이득을 얻을 수 없다는 도리이다.[25]

---

25) 陽虎議曰, "主賢明則悉心以事之, 不肖則飾姦而試之." 逐於魯, 疑於齊, 走而之趙. 趙簡主迎而相之, 左右曰, "虎善竊人國政, 何故相也?" 簡主曰, "陽虎務取之, 我務守之." 遂執術而御之. 陽虎不敢爲非, 以善事簡主, 興主之强, 幾至於

"주공이 현명하면 마음을 다해 섬기고 어리석으면 수단방법을 가리지 않고 내 능력을 시험해 보아야 한다(主賢明則悉心以事之, 不肖則飾姦而試之)."라는 말은 양호가 平素에 하던 말이었을 것이다. 唯利是從의 現實主義者 다운 處世 秘術이라 하겠다. 조조로 하여금 沾沾自喜하게 했던 許劭의 말[26] "청평한 시대의 간적이요, 난세의 영웅일 것이다(清平之姦賊, 亂世之英雄)."라는 말과 비슷해 보인다. 또 趙簡子의 人間 經營術은 〈求賢令〉을 내렸던 曹操의 先聲이라 하겠다. 흥미로운 것은 양호가 조간자를 도와 거의 覇者에 이르게 하였다는 말이다. 晉나라에 있어서의 양호의 役割을 肯定的으로 본 것이다. 이는 儒學的 思考와는 軌를 달리 하는 韓非의 말이므로 더 이상 言及할 필요가 없을 것이다. 儒學的 見地에서는 조간자가 "거의 覇者가 되는데까지 이른"(幾至於覇) 것은 별 일이 아니기 때문이다.

3. 『論語』에서의 양호

『論語』에서 공자와 양호의 만남은 한번이다. 「陽貨」 첫 장에 다음과 같은 기사가 있다.

양화가 공자를 만나려 했으나 공자는 만나고 싶지 않았다. 양화는 공자에게 삶은 돼지를 예물로 보냈다. 공자는 양화가 집에 없는 틈을 타서 가서 감사함을 표시하였다. 돌아오다가 길에서 만났다. 양화가 공자에게 말하기를 "가까이 오시라. 내 그대에게 할 말이 있다. 보물을 가슴에 품고 나라 가운데 숨어 지내는 것이 어진 일인가? 아닐 것이다. 일 하기를 좋아하면서 자주 시기를 놓치는 것이 지혜로운 것인가? 아닐 것이다. 시간은 흘러가고 세월은 나를 기다려 주지 않는 법이네."라고 하였다. 공자가 말했다. "예, 나는 벼슬 할 겁니다."[27]

이 일이 일어난 시간이 정확히 언제였을지는 알 수 없지만 양호의 전횡이 극에 달하여 반발자가 속출하는 상황이 전개되어 자신이 수 십 년간 禁錮해두다시피한 공자의 도움이 절실히 필요했을 시기의 일이라 본다면, 양호가 계씨 살해에 실패하고 망명을 하기 조금 전에 있었던 일로 추측할 수 있을 것이다. 魯定公 8年, 孔子 나이 50歲 때 양호는 魯나라의 最高 權力者에서 一落千丈하여 亂臣賊子가 되어 國外로 亡命하는 처지가 된다. 이 일은 『孟子』 「滕文公下」에도 다음과 같이 기록되어 있다.

覇也. 我旣守, 則彼不能得利.

26) 『後漢書』 「許劭傳」: 曹操微時, 常卑辭厚禮求爲己目. 劭鄙其人而不肯對. 操乃伺隙脅劭, 劭不得已曰: "君, 清平之姦賊, 亂世之英雄." 操大悅而去. 『三國演義』에서는 "治世之能臣, 亂世之奸雄"이라 하였다.

27) 陽貨欲見孔子, 孔子不見, 歸孔子豚. 孔子時其亡也, 而往拜之. 遇諸塗. 謂孔子曰, "來! 予與爾言." 曰, "懷其寶而迷其邦, 可謂仁乎?" 曰, "不可." "好從事而亟失時, 可謂知乎?" 曰, "不可." "日月逝矣, 歲不我與." 孔子曰, "諾, 吾將仕矣."

양화는 공자가 자기를 만나러 오기를 원하면서도 자기가 결례하기를 원하지 않았다. 大夫가 士에게 무언가 선물을 주었을 때, 士가 집에 없어 직접 받지 못했으면 뒤에 대부의 집에 가서 인사를 하게 되어 있었다. 양화는 공자가 집에 없는 것을 확인하고 공자에게 삶은 돼지를 보냈고 공자도 양호가 집에 없는 것을 확인하고 가서 인사를 했던 것이다. 그때 양화가 먼저 가서 만나려 했다면 어찌 만나지 못했겠는가?[28]

맹자는 당시에 양호가 진심으로 공자를 만나 도움을 받으려 했다면 공자가 양호의 부름을 거절하지 않고 응해서 양호를 도왔을 가능성을 이야기 하고 있다. 필자는 이야말로 공자에 비해 벼슬에 집착했던 맹자의 허점이라고 여긴다. 양호가 아무리 예를 갖추어 공자를 초빙하려 했더라도 공자는 결코 응하지 않았을 것이다. 차라리 같은 亂臣이라도 양화를 견제하고 있던 公山弗擾에게 갔으면 갔을 것이다.[29] 여기서 우리는 맹자가 얼마나 현실 정치에 참여하기를 渴求했던가를 짐작할 수 있다. 결국 이것은 맹자의 독특한 讀法이지 누구나 수긍하는 독법은 아닌 것이다. 논어의 이 단락에 관한 한 가지 흥미로운 사실이 있다. 본문에 두 번 보이는 "曰, 不可."가 누구의 말이냐 하는 것이다. 梁 皇侃, 北宋 邢昺, 南宋 朱熹는 공자가 양호의 물음에 대답한 말로 보았다. 이럴 경우 끝부분의 "孔子曰"이 이상해진다. 그러나 明나라 李贄, 郝敬, 淸代의 毛奇齡, 兪樾, 朝鮮의 丁若鏞, 현대의 楊伯峻은 양호의 自問自答으로 보았다. 그들은 마지막의 "曰, 不可."만을 孔子의 對答으로 본 것이다. 길에서 양호와 마주친 孔子의 心情은 어떠했을까? 빨리 그 자리를 謀免하고 싶었을 것이고 말을 섞기도 싫었을 것이다. 그래서 양호가 혼자 自問自答하도록 두었다가 마지막에 다음과 같은 속뜻을 담은 한마디 回答을 했을 것으로 보인다. "너 같은 亂臣賊子가 죽어 없어진 후에 벼슬하러 나갈 것이다. 나는 그 전에는 결코 나가지 않는다."

4. 結論

중국 古代의 몇 몇 典籍을 통해서 孔子와 양호의 관계를 살펴본 결과 다음과 같은 결론을 얻을 수 있었다.

1) 공자와 동시대를 살았던 인물 가운데서 공자의 일생에 가장 큰 자극을 준 사람은 당시 노나라 권력자 계씨의 가신 양호였다. 그는 공자 일생일대의 宿敵이었다.

---

28) 陽貨欲見孔子而惡無禮, 大夫有賜於士, 不得受於其家, 則往拜其門. 陽貨矙孔子之亡也, 而饋孔子蒸豚, 孔子亦矙其亡也, 而往拜之. 當是時, 陽貨先, 豈得不見?
29) 『論語』「陽貨」: 公山弗擾以費畔, 召, 子欲往. 子路不說曰, 末之也已, 何必公山氏之之也. 子曰, 夫召我者, 而豈徒哉? 如有用我者, 吾其爲東周乎?

2) 양호의 공자의 재능에 대한 질투와 시기는 공자로 하여금 고국 노나라에서 뜻을 펼 수 없게 한 방해물이 되었다.

3) 공자가 일찍부터 立身揚名 經國濟世의 길을 포기하고 국가의 후일을 위한 제자 교육에 힘을 쓰게 된 동기를 제공한 사람은 양호였을 것이다.

4) 양호는 공자가 40세에서 50세에 이르는 십 여 년간 노나라의 權柄을 잡은 최고 권력자의 한 사람이었다. 그는 자기의 主公 季平子가 죽고 어린 아들 季桓子가 아직 실권을 장악하지 못한 틈을 타서 노나라의 정권을 잡았다. 그는 대부의 신하인 가신의 신분으로, 한 제후국의 권력을 장악한 최초의 인물이었다.

5) 공자는 양호가 跋扈하던 시기에 벼슬을 하지 않았다. 양호가 축출되고 난 뒤인 50세의 老年에 出仕하여 지방관을 거쳐 고위직에 오른다. 양호는 공자 출세의 방해물이었던 것이다.

6) 공자는 양호의 망명을 받아들인 晉나라 대부이자 최고 권력자인 趙簡子의 미래를 저주한다. 그러나 이 저주는 여러 정황으로 볼 때 지나친 것이 아닐 수 없다.

7) 공자는 "不以人廢言"이라 하였다. 양호가 말한 "爲富不仁, 爲仁不富" "日月逝矣, 歲不我與."는 名言이라 여겨도 좋을 것이다.

8) 봉건사회를 지배했던 가치관으로 판단하면 양호는 전형적인 亂臣賊子에 해당할 것이다. 그러나 그는 權力의 水位를 아래로 끌어내려 權力 享有層의 범위를 넓히려 했던 風雲兒的 面貌를 가진 인물이었다.

儒教的現代化和儒教精神的復活

盧永燦 | George Mason大學校 宗教學 教授

　　本論文通過對於儒教傳統的新理解和儒教精神的新解釋，重新探討了儒教目前所面臨的重要問題。包括儒教在內的任何宗教或思想，如果在新的情況下不能對自己的傳統作出新解釋的話，其傳統就只能成爲保管在博物館展厅裏的化石。儒教傳統一直以來對自己的變化及自己的刷新幷沒有做出敏感的反應。

　　應當深刻地質問：儒教思想或價值觀在以韓國爲始的東亞社會中，能否作爲一種指導性的理念或政治思想以及社會公論起到中心作用？現在的儒教失去以往在東亞社會中享有的指導理念、社會公論的主體、統治方法的核心作用。已經很久了，如果對儒教和儒學的關心僅僅作爲對於過去的歷史性問題的關心的話，就無法展望儒教傳統的新的未來。

　　本論文的目的在於探索儒教思想或價值觀與今天西歐的現代化具有怎樣的關聯。特別要討論儒教的人本主義和西歐的民主主義具有哪些相似之處和截然不同之處，分析西歐式的民主主義在儒教文化圈的東亞未能得到發展的原因，考察在儒教傳統中西歐式民主主義是否眞的可行，以及如何能把現代資本主義和儒教思想連繫起來。本論文從這種觀點出發，試圖尋找把儒教的價值觀與現代西歐的價值觀連繫起來的方法。

　　最後，爲了对儒教傳統進行新理解，應該認識到比起儒教的體制更要理解儒教精神。如果要重新發現儒教的精神，那麼有必要反過來設想擺脫儒教的傳統框架，然後考察這種傳統的東亞儒教價值觀能夠爲世界以及整個地球作出怎樣的貢獻，這也正是本論文的目的。

유교의 현대화와 유교정신의 부활

노영찬盧永燦 | George Mason대학교 교수

한국사회의 지도적 이념으로서의 유교

지금의 한국사회를 이끌어 가는 지식층의 형성에서 유교는 큰 역할을 하지 못하고 있다. 그리고 한국사회를 이끌어 가는 "공론"(公論) 형성 과정에서도 유교는 거의 역할을 하지 못 하고 있다. 한국사회를 이끌어 가는 지도층과 지식층 그리고 한국이나 동아시아의 지도층의 지식적이 배경은 유교가 아니다. 예를 들어서 지금 한국에서 가장 영향력을 끼치는 종교나 사상은 유교가 아니다. 그 점에서는 불교도 마찬가지다. 물론 한국사회에서 종교인구 분포로 볼 때는 불교도 기독교와 비슷하게 차지하지만 실제로 한국사회에서 가장 영향력을 끼치는 종교는 기독교다. 숫자적으로 보면 한국의 기독교 신자의 수(개신교와 천주교를 합해서)가 불교 보다 좀 더 높은 편이다.[1] 그러나 실제로 한국사회의 여론형성이나 지도층의 역할을 맡고 있는 사람들의 종교는 기독교가 압도적이다. 단순한 수의 비교가 아니라 사회영향력으로서의 기독교는 그 어느 종교도 따를 수 없다. 단순히 수적으로 볼 때 한국에서의 기독교 인구가 25%~28%라고 볼 수 있겠지만, 그들의 사회적 영향력으로 평가 한다면 기독교가 한국사회에 미치는 영향은 약 80%로 평가 하여도 무리는 아닐 것이다. 한국사회의 지도층, 대통령을 비롯해서 정계, 학계, 사회 각계 각층에서 가장 많은 영향력을 발휘 하는 사람들은 종교적으로 기독교인들이다. 이 말은 지금 동아시아나 한국에서 그 사회를 이끌어 가는 지도적 역할을 하는 지식층은 서구문화의 영향을 받은 서구화 된 층, 근대화 층이 절대적인 사회적 영향력을 행사 하고 있다는 말이다.

이러한 상황에서 한국유교가 무슨 역할을 할 수 있을 것인가? 과연 한국유교는 한국을 이끌

---

[1] 2005년 문화관광체육부 조사에 의하면 기독교(개신교+천주교) 신도수가 13,762,585명으로서 한국인구의 29.3%를 차지하고 이것은 전체 종교인 수(24,970,766명=인구의 53%)의 55%를 차지한다. 그 다음으로는 불교 신도로서 10,726,463명이며 이것은 인구대비 22.8%이다.

고 갈만한 지적인 영향력을 한국사회에서 행사 할 수 있을 것인가? 한국유교는 현재 한국사회와는 아무 연관성을 맺지 못하는 한국의 과거 역사적 유물로만 남고 말 것인가? 한국유학이 한국사회에의 공통된 관심을 다루는 공론(公論)에 얼마나 참여 할 수 있는 것인가? 앞으로 한국유학이 한국의사회의 지성인들을 이끌고 갈 수 있는 영향력을 발휘 할 수 있을 것인가? 이러한 심각한 문제를 한국유교나 한국 유학하는 학자들은 심각히 생각해야 할 관심사다.

지난 40~50년간 한국사회는 급격히 변화해 왔다. 그동안 한국사회는 독재에서 민주화의 과정을 거쳤고 군사정권에서 문민정권으로 바뀌었다. 그리고 한국사회는 점점 더 개방된 사회로 바뀌기 시작했고 민주화의 과정을 거치면서 한국사회는 개방된 사회로 옮겨가고 있다. 정치적으로 볼 때 한국사회는 아시아에서 민주주체제가 가장 잘 잡혀 가는 나라 가운데 하나로 꼽힌다. 이러한 한국의 민주적 정치화와 사회적 개방성은 한국사회의 자신감을 말해 주는 것이다. 그만큼 한국사회가 민주화 혹은 근대화 되었다는 증거다. 한국이 가지는 자신감은 이제는 한국이 국제무대에서 자기를 개방할 수 있는 자신감을 가졌다는 사실을 말해 주는 것이다. 요즘 한국사회가 "공론"에 관심을 가지는 또 하나의 중요한 이유는 한국사회가 개방된 공론의 형성을 위한 대화를 추구하고 있다는 사실을 말해준다. 공론(public discourse)이라는 말의 뜻은 단순히 대중의 의견을 종합한다는 뜻이 아니다. 그리고 여러 의견의 공동분모를 찾는 것도 아니다. 공론이라는 것은 개방된 대화라는 뜻이다. 공(公)이라는 뜻은 개인적이나 사적(私的)인 이슈가 아니고 개인이 속한 집단이나 공동체의 관심사라는 뜻으로 많이 쓰이고 있지만 또 한편 공(公)의 더 중요한 의미는 "열린" 혹은 "개방"의 뜻을 가진다. 예를 들어서 영어에서 "public"이라는 말은 대중이라는 뜻이 아니라 공공연하다는 즉 완전히 "열린" 상태라는 뜻이다. 그리고 이러한 공동의 개방된 이슈라는 뜻이다.

그리고 론(論)이라는 뜻은 논란이나 논쟁의 의미 보다는 대화의 의미를 가진다. 즉 영어로 말하면 "discourse" 혹은 "dialogue"의 뜻을 가진다. 여기서 론(論)이라는 것은 논쟁을 통해서 승부를 가리는 것이 아니라 열린 대화를 통해서 공통의 관심사가 자유스럽게 대화를 이루어간다는 뜻이다. 현대민주사회의 특징 중의 하나가 바로 이러한 자유스럽고 개방된 대화의 보장이라는 것이다. 그러나 이러한 자유스럽고 개방된 사회가 아닌 전체주의 사회나 독재 사회는 이러한 공론은 비판의 소리로 나올 수 있는 것이다. 이러한 관점에서 본다면 공론이라는 것은 민주사회든 전재군주 사회든 그 사회를 이끌어 가는 "소리"라고 도 볼 수 있다. 이러한 면에서 볼 때 공론이라는 것은 어떤 사회나 정치체제에 따라서 거기에 맞는 특수한 형태로 나올 수 있는 것이다. 이러한 "소리"를 내는 사회 층이나 "그룹"이 있어 왔다. 예를 들어서 19세기 동유럽이나 러시아의 "인텔리겐치아"(intelligentia)의 개념이, 그리고 일본의 사무라이 계급, 중국이나 한국에서는 선비 관리(scholar official)의 개념이 그것이다. 그리고 더 역사적으로 거슬러 올라가면 희랍사상에서 소크라테스나 플라톤 그리고 아리스토텔레스를 잇는 지식과 지혜의 탐구와 이 지식이 현실적인 "리더십"을 가장 이상적으로 발휘하는 "Philosopher King" 즉 철인 정치의 사상을 가지게 된다.

또 한편 종교적인 면에서 볼 때 이러한 지도적 비판의 "소리"는 히브리 전통에서 "예언자 전통" (prophetic tradition)에서 가장 잘 나타나고 있다. 또한 기독교 전통에서는 중세의 "모나스틱 전통" (monastic tradition, 수도원의 전통)에서 이러한 학문적 지식과 신앙적 정신성이 시대를 이끌어 가는 축이 되었고 이러한 수도원이 서구 대학을 탄생 시키는 모태가 되었다.

공론(公論)의 주체로서의 유교와 지식인

우리 한국적 전통에서 보면 사회의 지도층, 공론에 참여 하는 그룹은 넓게 보면 조선조의 "양반" 계급이었고 좁게 보면 "선비 학자" 층이었다. 특히 유교전통에서 보면 유생들의 "소리"가 공론의 역할을 해 온 것도 사실이다.

그러면 오늘날 말하는 지식인은 어떤 부류의 사람들일까? 여기서 지식인이라는 뜻은 반드시 어떤 객관적 사실을 많이 알고 있는 사람을 뜻하는 것이 아니고 지적인 사고를 하는 사람을 의미한다. 더 쉽게 말하면 우리 유교전통에서 말하는 "배우는 사람"(學人)이라는 뜻이다. 여기서 말하는 "배움"의 뜻은 단순히 책을 통해서 사실을 습득하는 지식 보다는 지식과 사고가 서로 공동으로 상호 보충 해 주는 과정을 말 해 주는 것이다. 여기서 배움(學)이란 단순한 지식의 쌓음을 말하는 것도 아니고 그렇다고 지식이 없는 사고, 즉 공리·공론(空論)·공상이 되어서도 안된다는 뜻이다. 공자의 논어의 위정(爲政) 편에 보면 "학이불사즉망 사이불학즉태"(學而不思則罔思而不學則殆)(2:15)라는 말이 있다. 여기서 배움, 즉 學이 가지는 두 가지 면을 요약하고 있다. 즉 배움은 객관적 사실의 습득과 주관적 사고의 두 면이 종합되어야 한다는 뜻이다.

지식인은 개관적 지식과 주관적 사고가 동시에 이루어져야 한다는 것이다. 그러나 공자는 "배움"과 "생각"이 분리되지 않음을 강조하고 있다. 또 나아가서 이러한 배움은 앎과 생각과 실천이 같이 하는 살아있는 지식을 말하는 것이다. 우리는 이러한 유교적 개념의 지식인 곧 학인(學人)의 정신을 새롭게 정립함으로 공론 형성과정에서 지식인의 역할을 새롭게 살펴 볼 필요가 있을 것이다.

그러나 이러한 유교적 의미의 학인 혹은 지식인의 개념이 어느 정도로 오늘 우리가 살고 있는 현실에 연관성을 가질 수 있을 것인가? 물론 이제 유교라든지 유학이라든지 하는 말 자체가 우리가 살고 있는 사회적 현실과 동 떨어진 느낌을 주고 있다. 조선이 500년 이상을 한 왕조(이씨)가 한 정치이념(유교)으로 계속 된 것은 세계역사상 드문 일이다. 우리나라의 조선 왕조는 유교를 지배이념으로 삼아왔다. 그러나 조선의 멸망과 더불어 그 지배 이념이었던 유교나 유학도 자연히 같이 사라지게 되었고 근대화의 과정을 거치면서 유교나 유학은 과거의 유산으로서 가치 밖에는 다른 가치가 없게 되고 말았다.

역사적으로 볼 때 어느 한 왕조나 한 국가가 동일한 이념이나 동일한 언어로 동일한 종교나 문화로 지배 할 때 그 왕조나 국가는 반드시 망하고 말았다는 사실을 우리는 기억할 필요가 있다. 언뜻 볼 때에는 한 민족, 한 언어, 한 이념, 한 체재로 통일하는 것이 더 효과적으로 보일지 모르지만 역사적으로 볼 때 이렇게 한 종교, 한 이념, 한 왕조가 지배하던 왕조나 국가는 다 망하고 말았다. 바로 이 사실은 우리에게 큰 교훈을 주고 있다. 이러한 폐쇄적이고 국수적인 나라는 결코 오래 갈 수 없다는 것이다. 역사적으로 볼 때 한국사회가 점점 더 개방된 사회로 가고 있다는 사실은 퍽 믿음직스럽고 자랑스러운 일이다. 오늘날 한국사회는 점점 더 다양화, 다원화로 흘러가고 있다. 인종, 문화, 종교, 이념, 심지어는 언어까지도 다양화의 방향으로 나가야 한다는 것이 오늘의 추세요 또한 바람직한 일이다.

이러한 시점에서 오늘날의 한국사회의 공론의 주체를 유학이나 유교전통을 중심으로 한 선비사상으로 돌아가기는 어려울 것이다. 그리고 실제로 우리 한국사회의 공론의 형성하고 이끌어가는 주체세력은 유교학자나 유교 전통이 아니라는 사실도 인정할 수밖에 없는 사실이다. 실제로 현대사회의 공론형성 주체로서의 지식인은 유교전통이 아닌 현대과학 기술이나 서구사상, 특히 서구의 학문에 영향을 받은 지식인들이 주로 공론의 주체를 이루고 있는 것이 사실이다. 자연과학이든 인문과학이든 사회과학이든 오늘날의 지식인은 압도적으로 서구학문의 영향아래서 이루어진 지식인을 말한다. 심지어는 동양학이나 유학을 하는 학자들도 이제는 서구적 학문의 방법과 서구사상의 영향아래서 훈련 받은 유학자들이지 전통적 의미에서 전통적 방법으로만 훈련 받은 지식인은 아니다. 설령 전통적 방법으로 훈련을 받은 유학자라고 하더라도 서구철학이나 종교나 사상 등에 의한 영향을 전혀 제외한 순수한 유학자란 보기 드문 상태다. 뿐 아니라 지금 국내의 형편은 국제화라는 기치아래 유학, 불교학을 포함하는 동양학이나 한국학까지도 한국을 떠나서 미국이나 유럽에서 그 학위를 얻는 것이 유행이 되고 있다. 이러한 사회적 환경에서 지식인을 정의할 때 현실적으로 지식인이란 서구적 사고와 과학적 방법론과 분석적 태도와 이성과 합리를 기반으로 이루어진 지식을 말하는 것이다.

한국이 더 국제화되고 세계화 될수록 이러한 서구화 혹은 미국화 된 지식이 "지식인"의 모습이나 성격을 규정해 주리라 생각한다. 만약 이러한 추세가 계속 된다면 한국의 공론형성 과정에서 유교나 유학의 전통이 설 자리가 별로 없다는 사실을 깨닫지 않을 수 없는 것이다. 우리가 원래 가지고 있었던 "학"(學)의미가 사라지고 있다는 느낌이다.

"지식인"의 성격과 지도력

앞에서 언급 한 바와 같이 우리는 "공론"이란 말과 "지식인"이라는 말에 대한 새로운 인식이 필요하다. 역사적으로 볼 때 한국근대화의 과정에서 "공론"이나 "지식인"에 대한 일반적 견해는 그 시대에 따라서 조금씩 변화해 왔다. 역사적으로 볼 때 일제 강점기에서는 "공론"이나 "지식인"의 공통적 관심은 다분히 애국이나 독립의 내용을 담고 있었고 "지식인"은 이러한 애국자나 독립운동가는 물론 애국과 독립이라는 공론에 참여하는 사람을 의미 했다. 해방 후 한국은 이념의 갈등을 뼈저리게 경험하면 서 지식인의 성격은 "좌익"이냐 "우익"이냐로 대립되게 되었다. 즉 "정치이념"이 주도적인 지성인 혹은 지식인을 규정짓게 되었다. 특히 공산주의냐 자유민주주의냐라는 정치이념은 국론뿐 아니라 국토를 둘로 갈라놓았다. 그리고 이 시대의 지식인은 정치이념의 신봉자인 것처럼 착각했던 것이다.

1960년대 이후 약 30년 동안은 한국의 지식인은 민주화의 민권 운동과 사상에 참여한 인물들을 살아있는 혹은 행동하는 지식인으로 생각했다. 1970년, 80년 대의 한국지성의 관심은 반독재 운동과 민주화 운동이었다. 그 당시 지식인의 공론은 군사정권에 반대와 민간정부의 수립이었다. 이 시기는 아직도 민주화라는 말은 많이 썼지만 자유 민주주의에 대한 지식이나 경험은 부족한 상태였다.

그러나 1990년대 이후부터 한국사회의 공론형성과 지식인의 특징이 바뀌기 시작했다. 이 당시의 한국사회는 민주화가 공론이 될 때는 이미 지났다. 이 시기의 한국사회는 특히 김대중—노무현 대통령을 거치면서 한국사회의 공론은 통일문제로 바뀌었고 한국의 지식인은 친북한, 좌파적 이념, 반미사상, 민족주의 등의 성격으로 그 특징을 나타내게 되었다. 이러한 친북, 좌파, 반미로 특징을 지웠던 공론과 지식인의 모습은 최근에 와서는 이명박 정부의 출범 이후로 별로 크게 호응을 받지 못 하고 있다. 그러나 일반적으로 아직도 한국에서는 친북, 좌파, 반미의 기치를 들고 나서면 진보적이고 그렇지 않으면 보수적이라고 편을 가른다. 이러한 분위기에서 진정한 의미에서 한극이 지성이나 지식인의 현 주소를 어디서 찾아야 할 것인지 의문이다.

한국사회가 최근 당면하고 있는 공론은 두 가지 형태로 볼 수 있을 것이다. 국내적으로는 사회의 "공정성"(social justice)라는 이슈가 최근 한국사회의 가장 큰 이슈 가운데 하나이다. 그리고 국제적으로는 한국의 "세계화"이다. 우선 국내이슈로서 공정성을 볼 때 요즘 한국사회의 공정성은 특히 공직자를 선택할 경우 그 어느 때 보다 더 엄정한 기준으로 측정하고 있다. 최근의 국무총리 및 장관급의 공직인사 임명 과정에서 잘 드러난 현상이다. 물론 사회정의, 혹은 공정성의 문제는 오늘 갑자기 등장한 이슈는 아니다. 역사적으로 이 문제는 한국사회에 깊숙이 뿌리박고 있어왔던 문제다. 그러나 한국사회는 광복 후 지난 60년 동안 부정, 부패에 대한 많은 개선을 해 온 것도 또한 사실이다. 오늘 우리사회도 역시 부정, 부패 등이 없는 것은 아니지만 60년 전과 비교해 볼 때 그동안 한국사회가 근대화 하면서 많은 발전과 변화를 해온 것도 부인할 수 없는 사실이다. 요즘 한국사회가 문제 삼는 공정성은 바로 투명성(transparency)이다. 이것이 바로 근대화의 하나의 특징이다. 근대 과학정신, 합리성, 기술의 발달은 우리사회를 훨씬 더 투명하게 만들어 줄 수 있는 기틀을 마련해 준 것이다. 이러한 투명성은 또한 공정성을 가져올 수 있는 기틀을 마련해 주게 된다. 특히 유교적 전통에서 "군자유어의 소인유어이"(君子喩於義 小人喩於利, 論語 里仁 4:16)라는 말에서 보는 바와 같이 공정사회라는 "의" 즉 "social justice"가 이루어지는 사회를 말한다.

한국사회의 공론의 개념이 정치이념에서 벗어 나와서 탈 이념적 공론으로 흘러가고 있다는 것이 최근 한국의 현상이다. 이 말은 이제 한국은 이념적으로 볼 때 자유민주주의와 자본주의 경제 체제를 바탕으로 하는 "free market economy" 기반을 굳혀가고 있는 것이 사실이다. 물론 아직도 좌파적 경향의 지식인 극단적 노조 운동에 뿌리박고 있는 소위 말하는 운동권 층의 여향이 없지는 않지만 한국이 점점 더 경제 대국으로 선진국을 향해 가면 갈수록 이런 좌파지형의 공론형성은 점점 더 어려워 질 것이다. 간단히 말해서 한국은 지금 이념의 공론에서 탈 이념의 공론으로 넘어 가고 있다는 것이다. 물론 자유민주주의나 자본주의는 엄격히 말하면 하나의 이념이다. 그러나 공산주의나 좌파적 이념과 근본적으로 다른 점은 공산주의는 국가의 절대적 권력과 전체주의 이념이기 때문에 여기에는 "자유"나 기업정신이 가지는 "free enterprise"의 개념이 전혀 없다. 다시 말해서 "이념"이 절대시되기 때문에 "이념" 그 자체를 절대화 시키고 만다. 그러나 자유 민주주의는 "이념"을 절대화 시키는 것을 막는 "이념"이다. 그러나 한반도의 통일이 이루어 지지 않는 한, 그리고 북한이 현 체제를 유지 하는 한 한국의 공론이 "이념"으로부터 완전히 자유롭지는 못할 것이다. 그러나 한국이 이념의 지식이나 지성의 공론이 이념의 전쟁에서 벗어나서 현실적인 실질적인 정책이나, 사회기구에 더 관심을 가지면서 어떻게 하면 더 공정한 사회, 더 투명한 사회를 실현시키느냐는 그리고 어떻게 하면 경제적으로 국민들이 공평하면서도 풍요한 사회를 이루느냐 하는 관심으로 넘어오고 있다는 사실은 주목할 만한 일이다.

우리는 여기서 유교 혹은 유교라는 것도 하나의 "정치이념"이었음을 부인 할 수 없다. 실제로 조선의 건국은 계획적으로 유교의 이상을 "정치이념"으로 삼고 건국된 나라였다. 그만큼 유교적 이상이 그 당시 지식인들에게 강한 "어필"(appeal)을 해 왔던 것도 사실이다. 그 당시 권근(權近, 1352~1409)이나 정도전(鄭道傳, 1342~1398)같은 유학자들은 유교이념으로 조선이라는 새 나라를 건설해서 이상적 국가를 건설하려고 했고 이러한 꿈은 조선 중기에 와서도 이퇴계(李退溪, 1501~1570)나 이율곡(李栗谷, 1536~1584)에 와서도 유교정치 이념의 실현의 꿈을 버리지 않았다. 이리하여 퇴계는 성학십도(聖學十道)를 지어 임금께 올렸고 율곡은 성학집요(聖學輯要)를 지어 임금께 올리어 조선을 성인군주가 유교적 이념에 입각해서 다스리는 이상적 나라를 세울 것을 꿈꾸었다. 그러나 이러한 꿈은 결코 이루어지지 않았다. 조선은 유교적 이상으로 그 꿈을 이루지 못했다. 조선은 어떻게 보면 유교적 이상과 현실에서 갈등을 계속해 온 나라였다. 조선조 후기의 실학(實學)의 등장은 이러한 유교조선(Confucian Chosŏn)의 딜레마(dilemma)를 보여 준다고 볼 수 있다. 즉 유교적 이상이 실현될 수 없다는 어떠한 절박감을 가진 유교선비들 가운데는 이러한 유교적 이상이나 이념이 실천적인 면에서 성공하고 있지 못함을 시인하면서도 이념으로서의 유교를 버리지 못한 유교선비들이 가졌던 갈등을 실학이라는 탈출구를 이용해서 유교의 이념을 현실화시켜 보려고 했던 시도였다고도 볼 수 있을 것이다. 그러나 실학(實學)은 조선을 바꾸는 힘이 되지 못했다. 실학은 아직도 유교적 이념에 의존하고 있는 또 하나의 이념—곧 그 실천성을 강조 하는 사상으로서-으로 변하고 말았기 때문에 그 실천면에서는 조선을 바꿀 만한 힘이 없었던 것이다.

유교와 민주주의

이런 면에서 볼 때 한국의 근대화는 여러 가지 시도에도 불구하고 유교적 사상이나 이념 자체에서 나오지 않았던 것이다. 한국의 근대화 특히 지난 반세기 한국의 근대화 과정은 대부분이 서구사상, 기독교적 가치관, 미국이나 서구의 기술 과학, 그리고 민주적 사고방식과 서구 특히 미국식 민주체제의 도입과 서구자본주의 형태와 한국식 정부 주도적인 한국적 자본주의의 혜택이라고 솔직히 인정할 수밖에 없다.

그렇다면 유교적 인본주의나 유교적 민본사상이나 평등사상 등은 다 어디로 갔단 말인가? 우리는 여기서 좀더 유교전통에 대해서 심층적 사고를 해야 할 때가 온 것이다. 우선 가장 쉬운 예를 들어 보자.

왜 유교문화권에서는 민주주의적인 제도나 체제가 발달하지 못 했던가? 유교자체가 민주주의와는 전혀 관계가 없는 사상이나 체계인가? 결코 아니다. 유교는 공자(公子) 맹자(孟子) 비롯한 초창기부터 인본주의 혹은 민본주의에 철저히 입각해 온 전통이다. 그런데 왜 동아시아 문화권에서 서구에서 볼 수 있는 민주주의가 나오지 못했던가? 많은 유학자들은 곧잘 공-맹의 기본사상이 인본사상, 민본사상이며 "民心이 天心"이라고 할 만큼 그 이념이나 사상에 있어서 서구 민주주의 다를 것이 없다고 주장한다. 당연한 말이다. 그러나 그렇다면 왜 이러한 철저한 인본주의, 민본주의, 평등주의에 입각한 유교문화권에서는 정치체제로서는 민주주의가 나오지 못하고 오히려 전제 군주제가 계속 지배해 온 것인가? 그렇다면 서구 민주주의의 가치관이나 유교의 가치관의 근본적인 사상적, 이념적인 차이점이 있단 말인가?

이념적으로 볼 때 동 아시아 유교권의 인본사상, 민본주의가 서구 기독교 문화권에서 이루어진 민주주의 체제와 근본적으로 큰 차이를 발견할 수 없다. 그렇다면 그것은 이념의 문제가 아닌 것이다. 유교에서도 인권과 사회정의를 얼마든지 발견할 수 있지 않은가? 우리는 여기서 서구민주주의가 유교전통에서 본 유교적 인본주의나 민본주의와 근본적이 다른 점을 보아야 한다.

우선 간단히 말하면 서구민주주의는 다만 하나의 "이념"으로서만 정의할 수 없다는 것이다. 서구민주주의는 한편으로 민주적 사고와 이념을 가지고 있지만 다른 한편으로는 이러한 민주주의라는 사고와 이념을 단순히 이념으로 받아들이는 것이 아니라 사회기구(social institution)로 이어져야 한다고 생각한다. 이점에서 볼 때 서구 민주주의는 "민주적 이념"(democratic ideology)과 동시에 "민주적 기구"(democratic institutions)라는 두 가지 요소를 포함하고 있다. 어떻게 보면 서구민주주의는 민주주의로서의 사상, 철학, 이념보다도 민주적 기구에 대해서 더 관심을 가져온 것도 또한 사실이다.

그러나 동아시아 유교문화권에서는 유교적 이상과 이념에서는 민주주의 사상에 못지않았지만 이러한 이상을 실현 할 수 있는 사회체제나 기구에 대한 관심은 전혀 없었다. 어떻게 보면 서구식 민주주의라는 것은 민주사상이나 이념보다도 민주적인 기구에 더 관심을 보여 왔다고 볼 수 있다. 그러나 반면 유교문화권에선 유교가 가진 사상, 철학, 이념에서 보이는 민주적 사상은 높이 평가해왔지만 이러한 이념의 기구화(institutionalization)하는데 실패를 한 것이다.

여기서 우리는 좀더 이념(ideology)에 대한 것을 고찰 할 필요가 있을 것이다. 이념이라는 것은 특이 그것이 정치화될 때 절대성을 가질 수 있는 위험성을 지니고 있다. 예를 들어서 "공산주의"(communism)나 "사회주의"(socialism)이라는 말도 잘못 이해하면 그 이념을 절대화 시키는 것처럼 생각 할 수 있다. 이런 점에서 어떤 체제를 이상으로 삼을 뿐 아니라 절대화 시키려는 경향을 가진 것이 바로 "주의"(ism)이다. 이점에서 보면 "민족주의"(nationalism)도 마찬 가지다. 그렇기 때문에 이념도 종교와 같은 역할 하기 때문에 종교전쟁과 같이 이념전쟁도 가능한 것이다.

그러나 민주주의는 근본적으로 다른 점이 있다. 민주주의는 이념이 아니다. 물론 민주주의 원칙이나 사상이나 철학이나 가치관이 있지만 이것은 근본적으로 이념화 시키거나 절대화시키지 않는다. 쉽게 말해서 민주주의는 절대로 민주주가 가장 완전하고 절대적이 주장을 하지 않는다 그렇기 때문에 그것이 바로 민주주의다. 여기서 하나 지적할 것은 "민주주의"라는 말 자체가 이미 "주의"을 의미하기 때문에 민주주의를 공산주의나 사회주의나 민족주의 같은 자기이념의 절대화를 내세운다고 볼지 모르지만 실제로 민주주의는 하나의 "주의"(ism)가 아니다. 이것은 번역의 잘못이다. "Democracy"라는 말 가운데서 "주의" 혹은 "ism"이라는 말은 없기 때문이다. 마땅한 말이 없어서 "민주주의"라는 말을 쓰고 있지만 "democracy"는 사실은 "주의"가 아니라 기구나 체제(cracy)를 말하는 것이다. 그러기 때문에 민주주의는 민주주의도 하나의 이념으로서 절대화 하는 것을 막고 있는 것이다. 이러한 절대화를 막는 힘이 다른 이념과의 싸움에서 오는 것이 아니라 민주적 체제 그 자체에서 나오는 것이다. 그러기 때문에 미국이나 유럽의 민주주의는 체제나 기구(cracy)로서의 민주주의를 더 중요하게 생각하고 있는 것이다.

불행하게도 유교 문화권에서는 이러한 체제로서의 민주주의는 이루지는 못했다. 이념으로서의 민본사상이나 인본사상이 사회기구로서 민주주의와 같은 기구로 발전하지 못하고 전제군주라는 체제로 지속 되어 왔었기 때문에 유교문화권에서는 민주주의가 이루어질 수 없었던 것이다. 바로 이러한 관점에서 서구 민주주의를 고찰한다면 서구 민주주의는 이념이 아니기 때문에 자기비판을 언제나 할 수 있는 여유를 주고 있다. 그리고 또 한가지 중요한 것은 서구 민주주의는 자기의 이념이나 사상을 절대화 시키려는 유혹을 사회기구를 통해서 막아주고 있다.

다시 말해서 민주주의는 인간의 존엄성과 평등사상을 믿고 있지만 동시에 인간이 자기자신을 절대화시키고 절대선으로 빠질 수 있는 경향과 위험성을 가지고 있기 때문에 민주주 가능성은 이러한 인간이해에 깊이 뿌리박고 있다. 라인홀드 니버(Reinhold Niebuhr)라는 미국의 신학자요 정치사상가는 이러한 민주주의적 인간이해를 다음과 같이 표현하다. "인간이 선을 행할 수 있는 능력이 민주주의를 가능하게 하지만 또한 인간이 악으로 기울어질 경향성이 민주주의를 필연케 만든다."[2] 여기서 중요한 사항은 이념보다는 실제적 사회기구가 인간이 악으로 떨어질 수 있는 경향을 막아주어야 한다는 것이기 때문이다. 쉽게 말해서 민주주의가 이루어지기 위해서는 민주주의라는 기구가 있어서 이러한 악으로 흐르는 경향성을 막아주어야 한다는 것이다. 민주주의는 인간의 약점을 제도적으로 기구적으로 막아주기 위해서 필연적이라는 것이다.

민주주의 이념이 아니라 사회적 제도와 기구에서 그 약점을 막을 제도나 기구를 만드는 것이다. 그러나 유교전통에서는 인간이 가지는 본질적 선에 대한 낙관적 사고가 이러한 인간의 약점을 막아주는 제도적 장치로서 사회기구나 제도에 관심을 기울이지 않고 통치자가 성인군주가 되도록 교육시키는 낙관적 태도에서 사회제도 기구로서 인간의 약점을 막는데 관심을 두지 않았기 때문에 유교사상의 민주적 원칙과 정신은 깊이 발전시켰지만 이러한 이상을 사회기구나 제도를 통해서 이룩하는 데에는 성공하지 못했던 것이다.

이점에서 볼 때 한국현대 정치사에서 한국의 민주주의는 이념으로서는 오래전부터 있어왔지만 사회기구로서의 민주주의는 최근에 이뤄지고 있다고 보는 것이 타당할 것이다.

사회적 공정성에 대한 공론은 미국에서도 John Rowls나 Michael Sandel[3]같은 학자가 "정의"(justice)의 개념을 미국 지성사회의 공론으로 올려놓았다. 미국사회는 분명히 공론의 방향이 이념의 문제가 아니라 우리 일상생활에서, 집단생활에서 또는 공공생활에서 무엇이 바른 행위인지를 찾는 것이 가장 중요한 공론 가운데 하나로 등장 하고 있다.

공정성과 사회정의

한국이 공론형성에서 공정성과 "正義"가 주제가 된다는 것은 바람직한 일이다. 그러나 이 "정의"가 무엇이냐 하는 문제는 그리 간단치 않다 그러기 때문에 이 "정의"의 개념은 당연히 공론의 대상이 될 수밖에 없는 것이다. 그리고 앞에서 살핀 바와 같이 유교전통에서는 이미 이

---

2) Reinhod Nibuhr, *Moral Man and Immoral Society*, Charles Scripner, 1932. "Man's capacity to do good makes democracy possible and man's inclination to do evil makes democracy necessary." 여기서 라인홀드 니버는 민주주의를 한 이념으로 보기 보다는 인간의 본성이 가지는 이중성을 그대로 인정하고 그러한 이중성이 사회적인 기구나 제도로서의 가장 적절하게 응용한 것이 민주주의 제도라고 보고 있는 것이다. 그러나 유교 전통은 인간본성의 문제에 대해서 철저히 孟子를 정통으로 생각하고 따라 왔기 때문에 서구민주주의 제도에서 볼 수 있는 사회기구나 제도적 장치에 대한 관심이 없었다.

3) John Rowls's *A Theory of Justice* (1971) and Michael Sandel's *Justice : What's Right Thing To Do* (2009)은 오늘날 미국사회의 사회 공론으로 등장한 대표적인 예라고 볼 수 있다.

"의"에 대한 문제를 공자의 논어에서부터 논의하기 시작 했다. 이상적 인간의 사회 즉 군자의 사회는 "의"(義)에 관심을 가지지만 소인의 사회는 "이"(利)에 그 관심이 사로 잡혀 있다는 것이다. 군자의 사회는 "의"가 그 공론으로 형성된다는 것이다. 이렇게 보면 오늘날 우리사회의 지식인은 바로 공자가 말한 군자의 역할을 해야 한다는 것이다. 여기서 "의(義)" 개념이나 "이(利)" 개념은 일반적으로 "의"라는 것은 도덕적 윤리적 개념이고 "이"라는 것은 경제적 개념이다. 즉 "무엇이 옳으냐?" 하는 원칙을 가진 사람을 논어는 "군자"라 하고 "무엇이 내게 유익한가?"를 찾는 사람을 "소인"이라 규정하고 있다. 공자는 이 두 개념 즉 "의"와 "이"의 개념을 대칭적으로 설명하고 있다는 사실이다. 여기서 우리가 주의해야 할 사실은 공자는 "의"와 "이"를 이분법적으로 구분해서 "의"와 "이"를 따로 분리시킨 것이 아니다. 우리가 잘못 이해하면 "의"와 "이"와의 관계를 이원론적으로 이해할 수도 있다. 즉 군자는 "의"만 찾는 것이고 "이"는 무시하고 소인은 "이"만 찾고 "의"는 무시한다고 이해 할 수도 있다. 그러나 논어에 나타난 공자의 사상을 잘 이해하면 반드시 그렇지는 않는 것이다. 인간이 누구나 부귀(富貴)를 좋아한다는 것은 인간의 본래적 욕망이다. 그 자체가 나쁜 것은 아니다. 다만 이러한 부귀를 얻기 위해서 도덕적 원칙을 무시하고 얻어서는 안 된다는 뜻이다. 마찬가지로 인간은 누구나 가난하고 천한 것을 싫어하지만 도덕적 원칙을 무시하면서까지 이것을 피해서는 안 된다는 뜻이다. "부여귀 시인지소욕야, 불이기도 득지, 불처야. 빈여천, 시인지소오야, 불이기도득지, 불거야.(富與貴 是人之所欲也, 不以其道得之, 不處也, 貧與賤 是人之所惡也, 不以其道得之, 不去也.)" 물론 유교전통 가운데는 청빈(淸貧)을 높이 평가한 면도 없지 않다. 그러나 공자는 정당한 방법으로 부를 이룩하는 것 자체를 나쁜 것으로 정죄하지는 않았다. 문제는 도리에 마땅하냐 하지 않느냐 달린 것이지 무조건 부(富)는 나쁘고 빈(貧)이 무조건 좋다는 말도 아니다. 바로 여기서 공정성에 대한 문제가 거론되는 것이다. 여기서 "의"(義)나 "도"(道)라는 것은 바로 이 공정성을 말해주는 것이다. 오늘 한국사회가 자유 민주사회이며 나아가면서 동시에 자본주의나 시장경제로 나아가는 방향이다. 이러한 방향과 유교전통과 어떤 관계를 가질 수 있는지를 살펴볼 필요가 있을 것이다. "이(利)"를 추구하는 것은 기본적인 자본주의 정신이다. 그리고 "의"를 추구 하는 것은 기본적인 유교정신이며 근대사회의 "공정사회"의 원칙이다. 여기서 과연 유교의 정신은 자본주의 원리에 어긋나는 것인가? 반드시 그렇지 않다고 생각할 수 있다. 유교의 "의"는 반드시 "이"를 배척하는 것이 아니다. 다만 "이"가 "의"에 입각한 "이"냐 아니냐를 묻는 것이다. "불의이 부차귀어아 여부운.(不義而富且貴於我 如浮雲.『論語』의「述而」, 7:15)." 여기서 나타나는 바와 같이 문제의 핵심은 "의"냐 "불의"냐에 달려있지 "부" 자체에 있은 것은 아니다.

물론 막스 웨버(Max Weber, 1864~1920)[4]같은 학자는 유교나 유교정신이 자본주의를 일으킬

---

4) Max Weber는 *The Religion of China : Confucisnism and Taoism* (1910)에서 그는 중국에서 자본주의가 발달 하지 못한 이유를 설명하고 있다.

동기 부여를 해주지 못한다고 생각했고 또 역사적으로 볼 때 유교전통의 사농공상(士農工商)이라는 사회층에서 볼 때 역사적으로 유교가 자본주의 형성에 그다지 큰 역할을 할 수 없는 것으로 판단되는 것도 무리는 아니다. 그러나 우리는 이러한 과거의 역사적 유물로서의 유교라는 개념에서 빠져 나와서 오늘날 현실을 사는 우리로서 유교전통에 대한 새로운 해석을 해야 할 때가 온 것이다. 바로 이러한 해석학적인 노작이 유교전통이 한국의 사회 공론 형성에 이바지 할 수 있는 길이다.

결론

오늘 한국은 공정한 사회, 국토의 통일, 그리고 한국의 세계화 등등 공론의 주제를 찾을 수 있다. 그리고 무엇보다도 한국은 지난 50년간 이룩해 놓은 경제성장에서 돌아설 수는 없다. 우리는 유교적 가치관이 이러한 현대 민주주의사회와 자본주의 사회에서 어떠한 역할을 할 수 있는지에 대한 새로운 관심을 가질 때가 온 것이다. 앞에서 언급한 바와 같이 우리는 유학의 전통에서 바로 오늘날 이 시대의 한국이 요청하는 지식인 즉 학인의 모습 즉 지식과 사고와 실천이 역동적으로 연결되는 삶 곧 군자의 삶을 볼 수 있어야 한다. 유교적 전통이나 유학의 사상이나 그 가치관이 21세기 동아시아 뿐 아니라 세계적으로도 공헌할 수 있는 여지가 많다. 그러나 이러한 목적을 이루기 위해서는 유교전통에 대한 좀더 깊은 분석과 비판적 이해를 거쳐야 한다. 그리고 이러한 역사적 유교에 대한 새로운 해석학적인 접근을 시도해야 한다. 이러한 전통에 대한 새로운 해석은 유교전통의 새로운 변화를 가져올 것이고 이러한 유교에 대한 새로운 해석을 통해서 유교가 다시 21세기를 살아가는 인류에게 영향력인 정신적인 가치관을 제공해 줄 수 있을 것이다.

儒学普及的回顾和展望

钱　逊 ｜ 清华大学思想文化研究所教授

本文概述今年中国大陆儒学普及活动情况，提出进一步发展面临的若干问题及笔者的意见。

[1] 儒学普及的目标要求。以"学做人"为主要内容和目标，进行"做人的再教育"。这反映了儒学的根本特质和它在历史、文化发展中影响的实际情况，同时也准确地反映了当前社会的需要。

[2] 经典文本的选择。文本的选择，一要反映当代儒学普及的中心要求；二要适应当代知识爆炸、生活紧张的环境，以精简为宜。笔者以为，可以以《论语》《孟子》二书为主。

[3] 阵地。儒学普及，依托于什么社会组织或机构？ 是否应该把儒学普及教育纳入国民教育体制，在小学、中学、大学开设儒学课程？ 能否重建书院，使书院成为传播普及儒学的基地？书院与现行教育体制如何协调配合？ 如何发挥孔庙的教化作用？ 这些又集中到，儒学普及主要是依靠政府，还是民间？ 中国士人素以传承文化，教化民众为己任。政府的支持是重要的条件，担起保天下之责，则是我们的使命。正如曾国藩所言，必要从一、二人开始，从自己做起，以一己之表率影响他人，由一、二人而至政府政策，最后达移风易俗之功。

[4] 队伍。近代以来儒学发展中的一个大问题，是儒学的专业化、学术化。儒学"为己之学"的特质逐渐丧失，多数儒学学者只是"儒学研究者"，自认是儒者或愿意作儒者的甚少。没有一支信奉、践行传统儒学价值观的儒者队伍，儒学之不行于世，也是自然的了。

迫切的问题是师资。呼吁师范院校要及早研究，率先将儒学和传统文化教学纳入体制。

[5] 读物。近年来，普及读物有大量出版，但还远不能适应儒学普及发展的需要。

[6] 指导和提高。儒学普及需要加强指导，在提高的指导下普及，改变目前很大程度上还是自发的状态。要呼吁更多的儒学学者，关注儒学普及，根据自身条件，采取适合的形式，参与到普及活动中来。儒联和其他相关的学术团体、学术机构，要把主要注意力放在引导普及活动健康发展和提高上，着重进行调查研究，对儒学普及活动中提出的问题提出意见和建议；组织力量编写精品教材、普及读物；组织师资培训等。

[7] 借鉴佛教的经验。佛教的一些大法师明确提出，他们不只以佛教信徒和准备信奉佛教的人

为对象，而是以普通百姓为对象；尽量不讲高深的佛法，少用佛教词语，而是用百姓熟悉的生活语言，讲述基本的为人处世之道，帮助普通人面对现代社会的种种困扰，享受幸福快乐生活。在寺庙、素斋馆，随处都有免费图书供人自取；既有佛教经典，也有谈人生、谈日常生活的小册子。走出了一条大众化、生活化的路。佛教的经验，值得儒学界借鉴。

儒学普及的回顾和展望

钱　逊 | 清华大学思想文化研究所教授

　　儒学，从其本质上说，是源于生活不离人伦日用的。在数千年的发展中，它以"百姓日用而不知"的自然状态，渗透于中国人的生活中，代代相传，成为中华民族民族精神的思想基础和中国人生活方式的精神表现。那个时代，不存在儒学普及的问题。现在我们所说的儒学普及，是在现代条件下提出的新问题。

　　近代以来，时代发展，儒学受到西方文化和社会变迁的双重冲击；儒学的统治地位被打破，人们把近代以来的落后挨打归罪于传统文化，归罪于儒学，开始对儒学产生怀疑。在中国，长时期里批判、否定儒学的思潮居于主导地位；发展到十年"文革"，反儒达到登峰造极的程度。儒者、儒学学者受批判，古籍文献大量被焚毁，民间传统习俗、道德、礼仪通通被"横扫"。长期的批儒、反儒，造成了儒学的某种"断层"现象。50岁以下的两代人，基本上没有读过儒家经典，对儒家和中华文化的基本思想了解甚少。现在所说的儒学普及就是在这样的背景下提出的。

　　"文革"灾难之后，人们痛定思痛，反思对待中华传统文化的态度。上世纪80年代后期，围绕电视片≪河殇≫，学术文化界展开了文化问题的大讨论；讨论的焦点是中国文化向何处去？讨论的结果，中华文化得到多数人的肯定。同时，日本和"亚洲四小龙"的发展也促使人们思考和认识到，儒学传统并非不能促进经济发展。以后，关于儒学的研究迅速发展，研究中心围绕着儒学当代价值及儒学的现代转型、发展；研究课题日益广泛，队伍不断扩大，成果也日益深入。进入了儒学研究发展的一个新时期。

　　与此同时，民间也反映出对儒学的需求。人们为社会道德的低迷而忧虑，年轻的父母为孩子的健康成长而担心，他们寻找出路，逐渐把眼光转向了儒学。北京大学哲学硕士逢飞，2000年毕业后，放弃就业，创办一所以推进文化建设为宗旨的学堂 —— 一耽学堂。学堂组织义工，以公益和民间的方式开展活动。初期，在中小学，辅导读经，帮助开展中华文化的传播、学习；在高校，邀请著名教授学者作讲座；近年来在城市提倡和组织晨读，已经在160多学校和数十个公园展开，并开始进入社区；在农村借助当地老人，组织义塾，结合现实生活，进行道德教育；学堂内部也组织读经学习。学堂经费全赖社会捐助，财政极困难，逢飞和学堂工作人员只从学堂领取少量报酬维持生活。学堂的活动已经产生了一定的社会影响。一位下岗女工，担心孩子会受到不良社会风气影响，向亲友四处询问，怎样教育孩子？有人向他推荐了《三字经》。教孩子的过程中，她觉悟到要身体力行，为孩子做榜样，主动到公交公司送去20元，说是补交20年前逃票的车费。此事经电视台披露，引起广泛关注和讨论。1996年，赵朴初、叶至善、冰心、曹禺、启功、夏衍、陈荒煤、吴冷西、张志公等九位委员在全国政协八届三次会议提出提案，呼吁要重视传统文化教育。1998年在北京密云创建了北京圣陶学校，学校为寄宿制，在执行公立学校规定的教学计划的基础上，加入传统文化课程，包括读经、国画、国乐、书法、武术和中医基础理论等，全面传授中华文化的基础知识。

这类活动逐渐扩展开来，悄然汇成了一个普及儒学的潮流。它表现在各个方面：儿童读经活动在幼儿园和小学迅速广泛开展，几年内参加人数超过千万人；许多中小学进行了中华美德教育的实验。北京、吉林两个实验团队进行的课题研究，实验面覆盖20余省区3000余所中小学，学生数百万名；不少中学在教师指导下建立了学生自己的"国学社"，并且建立起联系，每年举行夏令营，交流心得、经验；图书馆、学校和民间团体举办的、有关中华文化的讲座大量发展；电视台、电台节目中关于中华文化的内容也有增加；企业界对中华传统文化也表现出兴趣，许多企业领导人热衷于中华文化的学习。以招收企业中、高级管理人员为主的讲授中华文化基础知识的"老板班"也就应运而生。这样的班开始于高等学校，逐渐也有公司把它作为文化产业来开发经营；中华传统文化的普及学习活动，也开始进入社区，请专家为社区居民宣讲儒学，组织业主诵读《论语》，等等。

这些活动有几个鲜明的特点：一是群众性，一般都由民间普通民众发起、推动，有广泛的民众参与；二是分散性，基本上是在较小的区域、范围内各自独立活动；三是自发性，多数是自发的要求和行为，没有明确的领导、组织；也缺乏理论和学术思想的指导。它们已经形成一股潮流，在一定范围产生了相当的影响，而它所存在的弱点也影响了它的进一步发展和发挥更大的影响。

2006年的两件事值得重视。其一，中华炎黄文化研究会在台北举行的"中华文化与当代价值学术研讨会"上，发表了一篇题为"致力普及——落实中华文化当代价值的一个重要途径"的论文，文章概述中华传统文化普及的状况，说："正在兴起的中华文化普及活动，应该引起我们的重视。从根本上说，中华文化的价值，只有当它落实到实际生活中的时候才能表现出来，才能成为现实的价值。把关于中华文化当代价值的学理研究与中华文化的普及活动相结合，是实现中华文化价值的方向和途径。"标志着儒学普及开始受到学术界的关注，作为文化发展中重要一环提了出来。

其二，于丹讲《论语》。2006年10月，于丹在中国中央电视台"百家讲坛"栏目，主讲"论语心得"，引起轰动，一个月内，根据讲稿整理出版的《于丹论语心得》发行了几百万册，成为"国学热"兴起的标志。对于这一现象，也有过争论，一部分年青学者激烈批评于丹所讲与《论语》原意不合，甚至要求于丹"下课"，取消她讲《论语》的资格。多数人则对于丹持包容和支持态度。

总的来说，应该肯定，于丹讲《论语》大大提高了人们特别是青年对《论语》、对儒学和中华文化的兴趣，大大推进了儒学的普及；对于于丹讲座内容的不同意见的争论，也促进了对儒学经典的多元解释，和而不同，百家争鸣的良好学风。

这两件事，对于儒学普及的健康发展都有重要的意义。

此后，儒学普及活动又有迅速发展。突出的表现有：

民族节日确定为法定假日。2007年，国务院调整国家法定节假日，根据"有利于传承民族传统文化"的原则，决定将清明、端午、中秋增列为法定假日。

《弟子规》的普及推广。近几年，在儒学普及活动中，《弟子规》的推广显示出突出的地位。不只在幼儿园、小学，也不只在学校，工厂、企业以至监狱等等，到处都以《弟子规》为主要学习材料。《弟子规》将《论语》"弟子入则孝，出则弟，谨而信，泛爱众，而亲仁，行有余力，则以学文。"的要求，落实为具体的行为规范，适合儿童初学，是较好的启蒙读物。推广《弟子规》的活动取得了很好的效果。

孝道教育。孝弟为仁之本，百善孝为先。在儒学普及活动中，孝道教育也首先受到重视。许多学校、民众团体，以至地方政府，都致力于孝道教育；活动方式多种多样，读《弟子规》、编写孝道故事、评选表彰孝星、举行孝道论坛、孝文化节等等。既有孝道研究，也有孝行提倡。由孝又推扩到敬老爱幼，公交车上为老弱让座，敬老助老逐渐形成风气。

书院的复活。儒学普及活动中一个值得注意的现象，是各地纷纷兴办或筹办书院。书院是中国古代重要的教育机构，儒学传承、发展的重要基地。近代废科举，兴学堂，建立现代教育体系之后，书院趋于衰败。多数已经毁弃，少数得到保护，也只是作为历史文物，失去了教育和传承文化的功能。"国学热"兴起，自然就引起人们思考，能不能重建书院，发挥书院进行教育和传承文化的功能，为当前的儒学普及发展服务？于是，一批书院纷纷成立，"山东，有作家张炜创办的"万松浦书院"；陕西，有陈忠实的"白鹿书院"；天津，有"北洋书院"；江苏，有南怀瑾的"太湖大学堂"；长沙的岳麓书院，则在中国古代四大书院中唯一绵延至今，讲坛热度不减。"[1] 创建书院之潮，方兴未艾。

党政机关的参与和支持。近年来，党政机关对国学教育、儒学普及活动的参与和支持，也在逐步缓慢地增加。内容方面，从教育行政部门对国学教育、读经活动的支持，扩展到对社会的孝道教育，以及对社区全面的国学普及活动的支持；级别方面，从区级发展到个别县级，由县教育局或县政府主持相关活动。从2007年开始，教育部、国家语委推出了以"亲近经典、承续传统"为主题的"中华诵·经典诵读"系列活动。2010，教育部、国家语言文字工作委员会联合发出《关于在学校开展"中华诵经典诵读行动"试点工作的通知》，在全国学校开展"中华诵经典诵读行动"试

---

1) 《中国书院悄然复兴，寄望冲破刻板教育培养大师》2009-06-29-瞭望东方周刊报导。

点。试点工作从2010年7月至2011年7月，为期1年。另外，教育部和国家语委鼓励各地开发经典诵读、书写、讲解的专门课程。

儒学普及读物的出版。《论语》、《孟子》、《四书》、《周易》等经典的注本、如雨后春笋，种类繁多；《弟子规》、《三字经》等蒙学读物，大量印刷；各种讲座基础上制作的光盘、图书，各学校、单位自编的教材、读本，更是数不胜数。

儒学研究、教学机构的建立。2005年10月中国人民大学创办国学院。随后，中国政法大学、四川大学、上海师范大学、山东大学、清华大学、北京大学等高等学校，相继成立儒学研究院、儒学院或国学研究院。儒学院和儒学研究院以进行儒学研究和培养儒学高端人才为主，但其研究成果和培养的人才，将成为儒学普及重要的学术和人力支持。

2007年，国际儒学联合会在广州召开了儒学普及工作座谈会，叶选平会长全程参加，对儒学普及工作发表讲话，提出儒学普及是对全民的一次"做人的再教育"，明确了儒学普及的核心内容和方向；同时决定将儒学普及座谈会定为常设活动，每年召开；在儒联办事机构中增设普及工作委员会，负责推动儒学普及活动，总结、交流儒学普及的经验。随后，在普及工作委员会主持下，2008、2010年接连举行了第二、第三届儒学普及工作座谈会。

所有这些，说明儒学普及正在加强联系、交流，加强理论学术的研究和指导，逐渐走出分散、自发的状态，进入一个新的阶段；

儒学普及活动方兴未艾，许多问题有待研究。

[1] 儒学普及的目标要求。儒学普及已经广泛展开，但对普及儒学的目标要求并没有明确的共同认识。儿童读经，有人以开发智力为号召，有的以遍读《诗经》、《尚书》、《周易》以下全部儒学经典为目标；有人认为儒学总体不可取，仅某些枝叶可为今日所用，因此要做的仅是"寻找有用部分，用于当前需要"；也有另一极端，以"儒化中国"为终极诉求。对儒学普及目标的不同定位，反映人们对儒学的认识，也在一定程度上反映人们的政治诉求。它决定着儒学普及的方向、做法和最终可能达到的效果，是儒学普及进一步发展首先要明确回答的问题。

国际儒联召开的第一次儒学普及座谈会上，叶选平会长提出，儒学普及的实质是对全民进行的"做人的再教育"。以"学做人"为主要内容和目标，反映了儒学的根本特质，也和儒学在历史、文化发展中的实际影响情况相符合，同时也准确地反映了当前社会的需要。儒学的本质是"为己之学"。《大学》："自天子以至于庶人，壹是皆以修身为本。"集中概括了儒学的本质和核心要求。二千多年来，儒学是中国士人立身之本，也成为百姓日用而不知的生活准则，培育了中华民族的民族精神，培养出成为民族的脊梁的无数英雄豪杰。儒学对中华民族历史文化发展的影响和意义，主要不在于它是历代王朝治国的理论，而在于它是中华民族历史文化的灵魂。当前普及儒学，作为弘扬中华文化的重要部分，核心的要求也正在培育民族精神，建设民族的精神家园。"学做人"则是这一要求的通俗的表述。

大方向确定，以下的问题是对于当代条件下"学做人"的具体内容和要求，还需要进一步作深入的研究；包括对儒学核心价值的理解和儒学如何适应现代社会需要发展自身，两个方面都有待深入研究、讨论。

[2] 经典文本的选择。从儒学发展的历史看，不同时期，适应儒学发展的不同时代要求，经典文本也不断发展。汉代以经治国，设经学博士，发展起经学。由汉迄唐，儒学以治经为主。至宋，二程以《论语》《孟子》《大学》《中庸》教人，重四书更过于五经。"自唐以前，儒者常称周公孔子，政府所立大学，必以五经为教本。……宋代理学，本重四书过于五经，及朱子而为之发挥尽致。"[2] 朱子以毕生精力作《四书集注》，"并退《六经》于《四书》之后，必使读者先《四书》后《六经》，更为于中国学术史上有旋乾转坤之大力。"[3] 由重五经而转为重四书，是儒学发展中一大转变。朱子作《四书集注》，成了儒学发展新阶段的标志。

当前儒学正处在创新发展的时期，此种发展也必然在经典文本上有所反映。我们既不可能遍读四书五经，全部儒学经典，也不宜泥守于《四书》；而应从现实需要和条件出发，对经典文本选择作出新的抉择。但从儒学普及的现状看，文本选择还处于无序状态。幼儿诵读书目，自蒙学读物《三字经》、《弟子规》至四书五经，以至《史记》、《资治通鉴》，《黄帝内经》等，无不列入，以多为胜，竞相攀比。宋儒以《四书》取代六经的主导地位，主旨是突出儒学为己之学，以修身为本的特质；原因之一是经学走向繁琐，脱离儒学本来精神，如朱熹之所批评，"俗儒记诵词章之习，其功倍于小学而无用。"(《大学章句序》)现在盲目贪多，岂不反从宋儒倒退了？何况社会发展，21世纪知识爆炸，现代儿童青少年所需学习的科学文化知识，远非古代可比；成年人生活紧张，节奏快，压力大，从人们的生活环境看，也难以承受过重的经典学习负担。

文本的选择，一要反映当代儒学普及的中心要求；二要适应当代知识爆炸、生活紧张的环境，以精简为宜。现在不少学者主张《四书》进入中学课堂。笔者以为，可以在四书基础上进一步精简，即以《论语》《孟子》二书为主。作为儒学普及的要求，有《论语》、《孟子》二书已经足够。理由是：二书已经包罗儒学基本精神，完全可以满足当代普及儒学的要求；就《四书》本身而言，《论语》、《孟子》居于主导和核心的地位。朱子说，"先读《大学》，以定其规模；次读《论语》，以立其根本；次读《孟子》，以观其发越；次读《中庸》，以求古人之微妙处。"[4] 又说，"《大学》所载，只是个题目如此，要须自用工夫做将去。"[5] "《论语》《孟子》都是《大学》中肉菜，先后浅深，参差互见。"[6] 核心的内容是《论语》《孟子》；《大学》只是个"题目"，读《大学》是"定其规模"，而读《中庸》"求古人微妙处"，则是更进一步的要求。在现代条件下，读好《论语》《孟子》，也就可以满足儒学普及的基本要求了。

---

2) 钱穆：《朱子新学案·朱子的四书学》《钱宾四先生全集》第14册第201-202页。
3) 钱穆：《朱子新学案·朱子的四书学》《钱宾四先生全集》第14册第252-253页。
4) 《朱子语类卷十四》。
5) 《朱子语类卷十四》。
6) 《朱子语类卷十九》。

[3] 阵地。儒学普及，依托于什么社会组织或机构？佛教的传播，依托于寺院和信众；古代儒学的传播，依托的是私塾、书院、祠堂。现在佛教的寺院信众依旧，而儒学赖以传播的私塾、书院、祠堂则已不复存在。"皮之不存，毛将焉附"？儒学在现代社会的普及失去了依托。

要依托怎样的机制来推动儒学普及？这个问题愈来愈多地被提出而成为广受关注的问题。对此也提出了一些意见，有主张走宗教化的路，提倡儒教或孔教的；也有主张儒学制度化的。不过都只是议论，没有现实意义。

是否应该把儒学普及教育纳入国民教育体制，在小学、中学、大学开设儒学课程？存在不同意见。目前，儒学和传统文化的普及活动，基本上是一种民间活动，没有进入主流的教育体制。幼儿读经活动完全是由民间在推动。中小学的传统美德教育得到一定的支持，在科研规划中正式立了项，也只是在课外进行。活动的开展，很大程度上取决于学校领导的认识和重视；个别局部地区由于教育行政部门领导人重视，活动得到行政部门的支持、指导，收到较好的效果。但这种情况并不稳定，领导人换届，就可能人亡政息，难以为继。这种状况限制了儒学和传统文化普及工作的广泛、持久开展和水平的提高。所以许多学者、教师呼吁，要研究制订从小学、中学到大学的中华文化教育的要求，通过改革，将中华文化的教育纳入学校教育体系；部分学者也呼吁"四书进课堂"。少数学者则以为，儒学普及应坚持民间性质，以保证学术思想的独立和自由；纳入体制，易于屈从功利要求，为人所用。这是一个实际问题；也是一个重大的理论问题，要从理论和实践两个方面去研究解决。

人们还把眼光转向书院。书院曾是古代重要的教育机构，在儒学的发展中发挥过重要的作用。那么，能否重建书院，使书院成为传播普及儒学的基地？近年来，书院如雨后春笋，纷纷成立，形成一个不大不小的书院潮。但也有一些问题尚待摸索解决。主要是书院与现行教育体制如何协调配合？体制上，书院游离于现行教育体制之外，它的功能地位应如何定位？上世纪80年代，梁漱溟、冯友兰、张岱年、汤一介等教授创办的中国文化书院，曾经兴旺一时，在"文化热"、"复兴中国文化"的大背景下，中国文化书院举办过≪中国传统文化≫、≪中外文化比较≫、≪文化与科学≫等短期讲习班、进修班共20余期。书院编辑的≪中国文化书院文库≫及函授班教材等已经出版百余种。现在却销声匿迹，停止了活动。据有关人士告，原因是当年高校没有中华文化课程，书院开设的课程填补空白，受到听众欢迎；而现在高校都有中华文化课程，书院又不能发给学历文凭，书院也就没有了吸引力，没有了市场需求。中国文化书院的遭遇，反映出书院的尴尬处境。还有人认为，"书院得是有影响的、能开学派的大学者，才能办好"，现在的书院一般都没有这样的大师。教学体制方法上，现代书院如何既保持书院原有特点，又与现代教学方法协调融合？目前有的书院仍是沿用现代学校的教学体制和方法；实际是有书院之名，无书院之实。

与一切潮流一样，发展之初，不免鱼龙混杂。书院成了时髦，于是便出现一些地方，以书院之名，建旅游景点的现象。

另一个值得关注的问题，是如何发挥孔庙的作用。孔庙，古代同时亦是文庙，承担着传播儒学的使命，具有普及儒学的功能。近代废科举，兴学堂，孔庙随之失去教育普及儒学的功能，多数逐渐衰败、破毁；残存100余处，不少转作它用，一部分则成为文物保护单位，以至开放为旅游点。如何恢复孔庙的教育功能，使孔庙不只是文物保护单位，而且成为传播、普及儒学的基地，是需要认真研究和解决的问题。做到这一点，将会对儒学的普及发挥重要的作用。

从更广泛的一般的意义上看，这些问题又反映了对儒学普及中政府和民间关系的认识问题；儒学普及主要是依靠政府，还是民间？从现实情况看，政府的支持与否，对于儒学普及活动的开展影响颇大；由民间力量推动，困难很多。许多第一线普及工作者，对于政府支持抱有很大的期待，盼望政府制定政策，采取措施，积极支持。同时，不少普及工作者，如一耽学堂的逄飞、株洲的潇童夫妇，也表现出高度的担当精神，在极困难的条件下坚持，作出了成绩，也赢得了赞扬和支持。

中国士人素以传承文化，教化民众为己任，以为士人教化之好坏，关系天下兴亡。

> 有亡国，有亡天下。……易姓改号，谓之亡国；仁义充塞，而至于率兽食人，人兽相食，谓之亡天下。……知保天下，然后知保其国。保国者，其君其臣，肉食者谋之；保天下者，匹夫之贱，与有责焉耳矣！（顾炎武：《日知录》）
>
> 天下之安危系乎风俗，而正风俗者必兴教化。（管同）

而风俗之变化，必自一二人开始。

> 欲挽回天下之无耻，必视乎一二人之有耻。权足以有为，则挽回以政教；权不足以有为，则挽回以学术。即伏处一隅，足不出里闬，但使声气应求，能成此一二人；即此二人，亦各有所成就；将必有闻风兴起者。纵不幸而载胥及溺，犹将存斯理于一线，以为来复之机。（吴廷栋）
>
> 风俗之厚薄奚自乎？自乎一二人之心之所向而已。此一二人之心向义，则众人与之赴义；以二人之心向利，则众人与之赴利。……然转移习俗而陶铸一世之人，非特处高明之地者然也，凡一命以上，皆与有责焉。（曾国藩）

当今值社会风气败坏，道德衰颓之际，正需大力提倡和发扬此种传统精神。政府的支持是重要的条件，担起保天下之责，则是我们的使命。正如先贤所说，必要从一、二人开始，从自己做起，以一己之表率影响他人，由一、二人而至于政教，最后达移风易俗之功。

[4] 队伍。与阵地相联系，还有队伍。即靠谁来实行，由谁来承担？近代以来儒学发展中的一个大问题，是儒学的专业化、学术化。其结果是儒学"为己之学"的特质逐渐丧失，只被当作一门单纯的学问、知识来研究；多数儒学学者只是"儒学研究者"，自认是儒者或愿意作儒者的甚

少。没有一支自己信奉、践行传统儒学价值观的儒者队伍，儒学之不行于世，也是自然的了。

一个现实又迫切的问题是师资。读经活动、儒学普及日益开展，师资匮乏成为制约普及活动发展的瓶颈，日益凸现出来。这一点开始为人们所认识，已经有专门的教师培训班、研习班举办。但毕竟规模太小，杯水车薪，远不能适应需求。考虑到将中华文化教育纳入教育体制的前景，届时各级师资的需求，数量将是巨大的。对此从现在起就要未雨绸缪，有所准备和规划。一方面要对现有教师进行再培训，另一方面要培养大量新教师，要使培养新教师的工作能够适应未来进行传统文化教育的需要。特别呼吁师范院校要及早对这方面的需要作研究，适当调整有关的专业设置、专业方向、培养计划和课程设置，率先将儒学和传统文化教学纳入体制。

[5] 读物。儒学普及，合适的普及读物是重要的基础。近年来，这类书籍有大量出版，以经典的通俗读本和中小学的校本教材为主。中国孔子基金会在这方面做了不少工作，儒联也组编了《〈论语〉初级读本》、《儿童论语100句》。但还远不能适应儒学普及发展的需要。特别是面向社会大众，直接与普通百姓现实生活结合，讲述儒学思想的读物，还十分缺乏。

[6] 指导和提高。儒学普及需要加强指导，在提高的指导下普及，改变目前很大程度上还是自发的状态。前面所提到的所有问题，诸如普及儒学的要求目标、经典文本的选择、儒学普及与现行教育体制的协调、现代书院的建设、师资的培养等等，都只有在深入研究的基础上才有可能解决。不仅要对现实需要和条件以及实行措施作深入研究，也要对儒学的基本思想学术作更深入的研究；比如怎样深刻认识儒学的核心价值？怎样适应当代社会的条件对它作出新的阐释和发展？怎样认识和处理当代儒学在当代多元文化格局下的定位和与它文化的关系等等，都直接关系到儒学普及的方向、目标和做法。处理好提高和普及的关系，是今后儒学普及健康发展的重要关键。

要呼吁更多的儒学学者，关注儒学普及，根据自身条件，采取适合的形式，参与到普及活动中来。儒联和其他相关的学术团体、学术机构，不能满足于组织和开展具体的普及活动。要把主要注意力放在引导普及活动健康发展和提高上，着重进行调查研究，对儒学普及活动中出现的问题提出意见和建议；组织力量编写精品教材、普及读物；组织师资培训等。

高等学校、研究机构的儒学学者，希望能更多地关注和参与到儒学普及中来，包括为解决儒学普及中提出的问题提供理论、学术的指导，为儒学普及培养师资，以及编写儒学普及读物等。

[7] 借鉴佛教的经验。近几十年儒学与佛教发展的状况，引人深思。佛教的一些大法师明确提出，他们不只以佛教信徒和准备信奉佛教的人为对象，而是以普通百姓为对象；尽量不讲高深的佛法，少用佛教词语，而是用百姓熟悉的生活语言，讲述基本的为人处世之道；目的是帮助普通人面对现代社会的种种困扰，享受幸福快乐生活。在寺庙、素斋馆，随处都有免费图书供人自取；既有佛教经典，也有谈人生、谈日常生活的小册子。走出了一条大众化、生活化的路。而儒学的发展则是走了一条专业化、学术化、学院化的道路，表现出日益远离现实生活的倾向。不同的发展方向带来的效果也明显不同。佛教在民众中的影响，远非儒学可比。佛教走大众化、生活

化发展道路的经验，值得儒学界借鉴。

近代以来，儒学面临世局剧变，陷于低谷。儒学普及活动的展开，国学热的兴起，预示着儒学由衰转兴的转机。我们相信，在当代社会剧变的面前，儒学必能吸取新的智慧，发展自身，为人类做出更大贡献。而这有赖于我们的努力。先贤云："为天地立心，为生民立命，为往圣继绝学，为万世开太平。"此亦我辈之使命，当以此自勉。

孟子的德性论

陳 來 │ 清华大国学研究院院长

事实上，在孟子中，仁义联用虽然很多，但对义的德性的独立意义，解释却较少，唯下面这段材料的说明，颇可见其意思：

> 孟子曰："人皆有所不忍，达之于其所忍，仁也；人皆有所不为，达之于其所为，义也。人能充无欲害人之心，而仁不可胜用也；人能充无穿踰之心，而义不可胜用也。"（同上）

人总有不忍伤害一些事物的心，把这种不忍之心加以扩大、推之于从前所忍的对象，这就是仁。人的行为总有其界限，总有一些事情是他所不作的，所耻于作或羞于作的，义便代表着这一界限；在界限之外的事情是他耻于作或羞于作的，界限之内的事情是他可以作的，容许作的。划在界限外的事情越多，表示人的羞耻感越强，这就是义。如果仁是不忍，义是不耻，那么义在这里已经不是就行而言，而是就心而言，与仁之就心而言，是一样的。这样的义便是德性了。

义是比较复杂的德目，如前面所叙述的就有敬长说、羞恶说、人路说三种（有所不为可归入羞恶说），就我们在孟子的亲亲敬长说中所见，从历史上看，义在开始时可能是对亲属以外的长上的尊敬，义的普遍化后，亦可用于亲属关系内的长辈。这种以"敬长"为内涵的义，便不是羞恶之心的义。又如，前面我们指出，"羞恶之心，义也"，所谓羞恶，是指道德感知的界限，即可为与不可为的界限感，故孟子常以"穿窬"作例子，来表示义与不义。在这个意义上，羞恶是耻感，是指对不道德行为的内心排斥。事实上，四端四德四心说之中，以羞恶说义，是最值得重视的，因为孟子自己最重视的是仁义二德。

如前分析，如果"敬长"属于义的德行，"敬人"属于有礼者的德行，这两种敬的德行其间可能的分别是，"礼"是一般的敬，而"义"只是特殊的敬，义只是对地位高的对方的尊敬。在孟子以前，"礼"不是德性，故尊敬的精神多以"义"来体现。而孟子既把礼作为德性，以体现恭敬，故后来便把义作为体现羞恶的德性。（也许孟子先确定以义为羞恶，而后乃以恭敬说礼）无论如何，恭敬之心礼也，合于早期儒家礼主恭敬说的精神，如《礼记》。虽然，《礼记》中也有礼主敬让说，但以《论语》观之，孔子很强调恭敬，而除了"以礼让为国"（里仁第四）一句外，再未及乎让，可见以恭敬论礼当是孔子和七十子时代的共识，孟子以恭敬说礼也继承了这一点。但孟子以前的礼主恭敬说都是讲礼的精神，不是讲礼本身是恭敬之心。礼作为行为原则，在春秋是指行为是否合于礼制，孟子则把礼同时作为一种恭敬之心（辞让是让，与恭敬是敬不同），作为一种德性。这在礼的问题上是一大变化。从此，礼开始成为德行的范畴，成为汉以后德论的主要范畴之一。

孟子的德性论

陳 來 | 清华大国学研究院院长

　　一般来说，孟子的思想，比起孔子，更加向政治思想的方面发展，比如仁，孔子突出仁作为德行的概念，而孟子则注重仁政的概念。另一个特点是，孟子以仁、义并提对举，使仁、义成为最基本的道德概念，这也与孔子以仁与礼相对照明显不同。不过，除了政治思想的意义外，仁义等概念在孟子哲学中仍有德行的意义，这些概念一方面继承了孔子的思想，一方面也有新的发展和深化。从德行和德性的角度看，传统的主要德目在孟子思想中已经从德行为主的道德概念发展为德性的概念。

一、仁义之实

　　孟子曰："人之所不学而能者，其良能也。所不虑而知者，其良知也。孩提之童，无不知爱其亲者，及其长也，无不知敬其兄也。亲亲，仁也。敬长，义也。无他，达之天下也。"(≪孟子·尽心上≫)

　　亲亲的后一个亲字，其直接意义是指父母双亲。亲亲仁也，敬长义也，是说亲亲属于仁，敬长属于义。但进一步分析来看，亲亲属于仁，仁并不限于亲亲；同理，敬长属于义，但义不限于敬长。仁和义都是具有更普遍意义的德行，包含着更广泛的内容。另一方面，孟子的说法也表明，仁的原初的、基本的含义是对父母的亲爱亲近，引申发展而成为普遍的亲爱。

　　不过，对长上的尊敬属于义，但义的原始意义不一定限于家庭伦理，从历史上看，义在开始时可能是对亲属以外的长上的尊敬(义之于君臣)，义的普遍化后，亦可用于涵盖对待亲属关系内的长辈的态度。

　　孟子曰："仁之实，事亲是也。义之实，从兄是也。智之实，知斯二者弗去是也。礼之实，节文

斯二者是也。乐之实，乐斯二者，乐则生矣。生则恶可已也？ 恶可已，则不知足之蹈之、手之舞之。"(≪孟子·离娄上≫)

这说明，仁义作为德，并非仅仅是感情，而且是行为，仁不仅是对双亲的亲爱之情，而且是此种感情的实践，事亲即事奉双亲之行。义不仅是对长上的尊敬之情，而且是此种感情的实践，如从兄，即听从兄长之行。可见仁义既是德性，也是德行。[1] 孟子的这个说法还意味着，比较成熟的仁、义思想包含两方面，一方面，强调事亲从兄是仁义的原初或基本含义，标志着仁义的基本实践。而另一方面认为，事亲是仁的一个实例，从兄是义的一个实例，而仁和义本身是普遍性的概念和原则，普遍的原则可以体现为各种具体的实例。

此外，照这里所说，仁义二德是这五种德行的中心，其他三种德行则是围绕仁义开展的，如强调智是对仁义的认识、辨别、了解和坚持，礼是对仁义实践的调节修饰，乐是在仁义的实践里得到悦乐。

孟子曰："小弁之怨，亲亲也。亲亲，仁也。固矣夫，高叟之为≪诗≫也！"曰："〈凯风〉何以不怨?"曰："〈凯风〉，亲之过小者也；〈小弁〉，亲之过大者也。亲之过大而不怨，是愈疏也。亲之过小而怨，是不可矶也。愈疏，不孝也；不可矶，亦不孝也。孔子曰：'舜其至孝矣，五十而慕。'"(≪孟子·告子下≫)

孟子在这里再次提出亲亲与仁的密切联结，亲人有错而不怨，表示与亲人关系的疏远，亲人有错而怨之，正是亲爱其亲人的表现。这个说法是对≪诗经≫小弁、凯风的评论，未必有普遍的意义。无论如何，亲亲，仁也，这里也是突出仁所包含的亲亲的意义，也意味着亲亲是仁的基本的意义。

盖上世尝有不葬其亲者，其亲死则举而委之于壑。他日过之，狐狸食之，蝇蚋姑嘬之。其颡有泚，睨而不视。夫泚也，非为人泚，中心达于面目。盖归反虆梩而掩之，掩之诚是也。则孝子仁人之掩其亲，亦必有道矣。(≪孟子·滕文公上≫)

在孟子看来，葬埋其亲，不忍其遗体受损，这也是仁的一种体现。这也正是儒墨的分别，墨家讲兼爱，但全不顾及人对自己亲人的爱，违背人之常情；而儒家的仁则以对亲人的爱为基础，推

---

[1] 这里以仁义、智礼、乐并提，且智在礼之前，说明这一篇有可能早于以"仁义礼智"并称的公孙丑篇、告子篇。按仁义礼智并提，孟子而外，亦见于礼记丧服四制。不过，即仁义礼智四者并提，其排列次序在孟子各篇亦有所差别。如公孙丑上仁智与礼义有时分为两组。

而广之，及于他人。

万章问曰："象日以杀舜为事，立为天子，则放之，何也？"孟子曰："封之也。或曰放焉。"万章曰："舜流共工于幽州，放驩兜于崇山，杀三苗于三危，殛鲧于羽山，四罪而天下咸服。诛不仁也。象至不仁，封之有庳。有庳之人奚罪焉？仁人固如是乎？在他人则诛之，在弟则封之。"曰："仁人之于弟也，不藏怒焉，不宿怨焉，亲爱之而已矣。亲之，欲其贵也；爱之，欲其富也。封之有庳，富贵之也。身为天子，弟为匹夫，可谓亲爱之乎？""敢问'或曰 放'者何谓也。"曰："象不得有为于其国，天子使吏治其国，而纳其贡税焉，故谓之放。岂得暴彼民哉？虽然，欲常常而见之，故源源而来。'不及贡，以政接于有庳'，此之谓也。"（≪孟子·万章上≫）

在≪孟子≫书中，有很多故事被用来作为论证，这与≪论语≫很不相同。这里的故事说，舜的弟弟象多次企图杀害舜，是个不仁的人，而舜在作天子之后，并没有诛杀或流放象，而是把象封于有庳这个地方。孟子的学生提出，舜对当时其他四个不仁之人，或诛杀或流放，给以惩罚，于是天下皆服；为什么舜却对最不仁的象不仅不做任何惩罚，还让他去作小国的国君？难道仁人对他人和自己的弟弟的原则是不一致的吗，是偏私性的行为吗？这是不是徇情枉法而不公正？孟子为舜辩护说，仁人不会记恨自己的弟弟，对弟弟只有亲爱的态度。虽然象很不仁，但舜出于亲爱之心，仍然希望他能享受富贵，所以把他封在有庳，让他享受封君的财富；但不让他管理国事，不使他施害于民。舜处理这个例子的方式，在今天不会受到现代人的赞扬，但在公元前2000年的古代社会，仍显示出舜的仁德，即不计较亲人对自己的伤害，而一心去爱亲人；在爱亲人的同时，又并非不顾及人民的利益。这里对仁人的德行，明确地以"亲爱之"说明"亲亲"的前一个亲字的意义，很有意义。

未有仁而遗其亲者，未有义而后其君者也，王亦曰，仁义而已矣，何必曰利。（≪孟子·梁惠王上≫）

遗其亲与亲亲相反，后其君与义相反，所以，有仁的德行的人是不会对双亲置之不理的，有义的德行的人是不会把他的君主置于脑后的。这从反面也强调了仁与亲亲、义与尊长的直接关系。

孟子曰："口之于味也，目之于色也，耳之于声也，鼻之于臭也，四肢之于安佚也；性也，有命焉，君子不谓性也。仁之于父子也，义之于君臣也，礼之于宾主也，知之于贤者也，圣人之于天道也；命也，有性焉，君子不谓命也。"（≪孟子·尽心下≫）

父子是仁的一个实例，由此而言，仁是对待父子关系的德行，但不必是仅仅处理父子关系的德行，如前面所举的例子，兄长对弟弟也是以仁为德行，子女对父母的亲亲，也以仁为德行，一切亲属关系间的亲爱行为都属于仁。可见，在家内关系中，仁的亲亲，虽然在很多地方与"孝"相同，但仁是更为广泛的道德概念。

至于义，以君臣为义的一个实例，这里特别以之为处理君臣关系的德行，进而言之，是臣对于君的德行。其实照前面所说，义是对长上的尊敬，此长上既包括族内亲属的长上，也包括族外非亲属的长上，而一般社会的长上主要即君臣关系，亦即臣下对于君上的态度。孟子在这里把仁、义、礼、智作为主德，其中礼是处理宾主事务的德性，智是知贤的能力，圣是闻道知道的能力，这三德的特殊之处我们在后面讨论。"有性焉"表示这四德是先验的德性，不是外在而来的。

不过，以义为对长上的尊敬的德行（以及以礼为处理宾主关系的德行），与孟子的四心四德说有所不同，照四心说，羞恶之心是义的基础（恭敬之心是礼的基础），于是，便与敬长为义的讲法不同了。如何处理孟子思想中的这些矛盾，仍需要仔细加以研究和分析。

二、仁者无不爱

仁的原始意义应是对双亲的爱、对亲人的爱，在文化的发展中，仁也逐步变为更普遍的爱，所以孔子已经明白肯定"仁"的意义是"爱人"，把爱从对亲人的爱推广为更普遍的爱。孟子也继承了这一点。如果说"亲亲为仁说"是指仁的实例，那么"仁者爱人说"则注重仁的伦理内涵。

> 孟子曰："不仁哉，梁惠王也！仁者，以其所爱及其所不爱；不仁者，以其所不爱及其所爱。"公孙丑问曰："何谓也?""梁惠王以土地之故，糜烂其民而战之，大败；将复之，恐不能胜，故驱其所爱子弟以殉之；是之谓以其所不爱及其所爱也。"（≪孟子·尽心下≫）

以其所爱及其所不爱，是指把对亲人的爱推及于其他的人，把现已有的小范围的爱推及于现未有的更大范围的对象，这是仁；以其不爱及其所爱，是说把不爱的范围扩大到本来应该爱的人，意指不能以爱来对待自己的亲人和应当爱的人，这是不仁。如梁惠王不能爱其民而糜烂其民，不能爱其子弟而把他们驱赶到战场去死，这便是不仁。"仁者，以其所爱及其所不爱"的说法，虽然不一定把它理解为仁的定义，但确在相当的程度上表达了仁的精神、特性，表达了孟子所理解的爱与仁的内在关联。

> 孟子曰："君子所以异于人者，以其存心也。君子以仁存心，以礼存心。仁者爱人，有礼者敬人。爱人者，人恒爱之；敬人者，人恒敬之。"（≪孟子·离娄下≫）

以仁存心，即存其爱人之心，这是"仁者"，故说"仁者爱人"。以礼存心的不能叫礼者，只能叫"有礼者"（这里亦可见礼非德性，有礼为德性）。这里把仁和礼作为主德。在前面我们举的例子中，"敬长，义也"，如果敬长属于义的德行，那么比较这里的"有礼者敬人"，义与礼都是敬人的德行，它们作为敬人的德行有何分别?应该说，礼的实践更多地体现为"礼敬"的精神，这种礼敬精神是对对方的尊重，而对方与自己可以是地位平等的，如宾主，故这种礼敬不一定是对对方的尊敬、敬仰。尊敬是对于高于自己地位者而言，义便是对地位高的对方的尊敬。故可以说"礼"是一般的敬，而"义"只是特殊的敬。在孟子以前，"礼"不是德性，故尊敬的精神多以义来体现，故孟子早期也说敬长义也。而孟子后来的四德说既把礼作为德性，以体现恭敬，故便把义作为体现羞恶的德性，不再以义为敬长的德性。事实上，古代如春秋时期，有许多德行都和敬有关，如顺等。而且古代德行以爱、敬为重，如《孝经》："子曰：爱亲者，不敢恶于人，敬亲者，不敢慢于人。爱敬尽于事亲。"可见，孟子的特别之处，即仁义连用、以礼为德，而对义则加以新解。

> 孟子曰："知者无不知也，当务之为急；仁者无不爱也，急亲贤之为务。尧舜之知而不遍物，急先务也。尧舜之仁不遍爱人，急亲贤也。不能三年之丧，而缌小功之察；放饭流歠，而问无齿决：是之谓不知务。"（《孟子·尽心上》）

这说明，虽然仁的最基本的体现是爱亲事亲，但在孟子的时代，"仁者无不爱"已经成了儒家的共识，仁是爱人的德行，完全超出了家庭成员之间的亲爱之情。但另一方面，仁在实践上，又应以当务为急，孟子时代的当务是亲贤，故论证亲贤对仁的实践具有优先性。知人曰智，智者也以知贤为先务，和《五行篇》"见贤人，明也；见而知之，智也"，以及和前面所说的"知之于贤者"是一致的。所以，这里是以知(智)与仁为主德。

> 孟子曰："君子之于物也，爱之而弗仁；于民也，仁之而弗亲。亲亲而仁民，仁民而爱物。"（《孟子·尽心上》）

关于亲、仁、爱三者，虽然它们都是爱，但其间是否有差别，在前面引用的资料中都未显示出来。而在这里，孟子尝试给出其间的分别，即亲对应于亲人、仁对应于人民、爱对应于物事。其中透露的信息是，仁是专就一般人为对象而言，这意味着，一方面仁不是专属亲属关系的亲情，可以是面对超越亲属关系的一般人际关系的博爱态度；另一方面仁是对人的博爱而言，不是对物的喜爱而言的。这里的亲、仁、爱都是已发之情，而不是未发之性，可见，古代儒家并不严格区分德性、德行、感情，它们都是德目之所在。

三、"居"仁"由"义

在第一节里，我们谈到亲亲敬长时重在了解孟子对仁和义两个德目的理解，而这里则着重于"义"在的德性体系中的地位。我们已经看到，孟子常常仁义并提，我们在此节就这个问题再作一些探讨。

孟子思想中当然"仁"还是最首要的德行，如：

> 孟子曰："仁则荣，不仁则辱。今恶辱而居不仁，是犹恶湿而居下也。如恶之，莫如贵德而尊士。贤者在位，能者在职；国家闲暇，及是时明其政刑，虽大国，必畏之矣。"(≪孟子·公孙丑上≫)
>
> "天子不仁，不保四海；诸侯不仁，不保社稷；卿大夫不仁，不保宗庙；士庶人不仁，不保四体。今恶死亡而乐不仁，是由恶醉而强酒。"(≪孟子·离娄上≫)
>
> 孟子曰："三代之得天下也以仁，其失天下也以不仁。国之所以废兴存亡者亦然。"(同上)

这三条中所讲的仁和不仁都不是仅指德性，而主要以指德行。但无论如何，可以看出，仁是孟子最重视的德目，这与孔子是一致的。

但是，孟子思想和孔子思想的一大不同，是孔子以仁礼并重，从不以仁义并提；而孟子则经常以仁义并提，义的地位比之在孔子思想中大大提高，成为仁以下第二位重要的德行：

> 孟子曰："自暴者，不可与有言也；自弃者，不可与有为也。言非礼义，谓之自暴也；吾身不能居仁由义，谓之自弃也。仁，人之安宅也；义，人之正路也。旷安宅而弗居，舍正路而不由，哀哉！"(≪孟子·离娄上≫)

仁是精神安居之所，精神的家园，故说居仁。义是行动的原则，行为必由之路，故说由义。居与由的分别，似乎是"居"从我自己出发，"由"则循外在的路径而行。在这一点上，早期儒家的仁内义外说，孟子虽然加以反对，但对他的某些思想也有影响。

> 孟子曰："仁，人心也。义，人路也。舍其路而弗由，放其心而不知求，哀哉！人有鸡犬放，则知求之，有放心，而不知求。学问之道无他，求其放心而已矣。"(≪孟子·告子上≫)

孟子反复说义是人路，表明义是行为的原则，带有客观的意义。而仁是人心之德，是主观的品格(德性)。则这里的义便不是指德性而言，而是指原则而言。值得注意的是，在前一个例子中以仁为人之安宅，批评不懂仁的人"旷安宅而弗居"，而在后一个例子中，以仁为人之本心，批评不懂仁的人"放其心而不求"，二者提法有所不同。总之，仁义的区别，在孟子似乎重视其在"心"与"行"的不同，即"仁"就心而言者多，"义"就行而言者多。

仁义不仅指德性、德行，也指行为的基本原则，仁是仁爱原则，义是正义原则：

> 王子垫问曰："士何事？"孟子曰："尚志。"曰："何谓尚志？"曰："仁义而已矣。杀一无罪，非仁也；非其有而取之，非义也。居恶在？仁是也。路恶在？义是也。居仁由义，大人之事备矣。"（≪孟子·尽心上≫）

杀一无辜即违反仁爱原则，故曰非仁。非己所有而取为己有，即违反正义原则，故曰非义。在行为原则上讲，居和由便没有分别。

事实上，在孟子中，仁义联用虽然很多，但对义的德性的独立意义，解释却较少，唯下面这段材料的说明，颇可见其意思：

> 孟子曰："人皆有所不忍，达之于其所忍，仁也；人皆有所不为，达之于其所为，义也。人能充无欲害人之心，而仁不可胜用也；人能充无穿踰之心，而义不可胜用也。"（同上）

人总有不忍伤害一些事物的心，把这种不忍之心推之于从前所忍的对象，这就是仁。人的行为总有其界限，总有一些事情是他所不作的，所耻于作或羞于作的，义便代表着这一界限；在界限之外的事情是他耻于作或羞于作的，界限之内的事情是他可以作的，容许作的。划在界限外的事情越多，表示人的羞耻感越强，这就是义。如果仁是不忍，义是不耻，那么义在这里已经不是就行而言，而是就心而言，与仁之就心而言，是一样的。这样的义便是德性了。

义是比较复杂的德目，如前面所叙述的就有敬长说、羞恶说、人路说三种（有所不为可归入羞恶说），就我们在孟子的亲亲敬长说中所见，从历史上看，义在开始时可能是对亲属以外的长上的尊敬，义的普遍化后，亦可用于亲属关系内的长辈。这种以"敬长"为内涵的义，便不是羞恶之心的义。又如，前面我们指出，"羞恶之心，义也"，所谓羞恶，是指道德感知的界限，即可为与不可为的界限感，故孟子常以"穿窬"作例子，来表示义与不义。在这个意义上，羞恶是耻感，是指对不道德行为的内心排斥。事实上，四端四德四心说之中，以羞恶说义，是最值得重视的，因为孟子自己最重视的是仁义二德。

如前分析，敬长若属于义的德行，那么比较 "有礼者敬人"，义的敬与礼作为敬人的德行有何分别？ 可能的分别是，义便是对地位高的对方的尊敬。故可以说"礼"是一般的敬，而"义"只是特殊的敬。在孟子以前，"礼"不是德性，故尊敬的精神多以义来体现。而孟子既把礼作为德性，以体现恭敬，故后来便把义作为体现羞恶的德性。（也许孟子先确定以义为羞恶，而后乃以恭敬说礼）无论如何，恭敬之心礼也，合于早期儒家礼主恭敬说的精神，如≪礼记≫。虽然，≪礼记≫中也有礼主敬让说，但以≪论语≫观之，孔子很强调恭敬，而除了"以礼让为国"(里仁第四)一句外，再未及乎让，可见以恭敬论礼当是孔子和七十子时代的共识，孟子以恭敬说礼也继承了这一点。但孟子以前的礼主恭敬说都是讲礼的精神，不是讲礼本身是恭敬之心。礼作为行为原则，在春秋时代是指行为是否合于礼制，孟子则把礼同时作为一种恭敬之心(辞让是让，与恭敬是敬不同)，作为一种德性。这在礼的问题上是一大变化。从此，礼开始成为德行的范畴，成为汉以后德论的主要范畴之一。[2]

朱伯崑先生曾经指出，关于义，论语中讲义的地方不少，但没有作出明确的解释。……就人的品德说，义就是服从这种等级关系的意识，……义同样指服从等级秩序的情操。[3] 朱先生此说，主要以≪论语≫中"礼以行义"(卫灵公十五，原文为礼以行之，之指义)和≪左传≫"义以出礼"而立论，把义作为礼之义来讲的。如果是这样的话，义是礼之体系的精神和原则，未必是主观的服从意识。其实，≪论语≫中的义也多指道德正义，如"见义不为非勇也""见得思义""不义而富且贵于我如浮云""君子喻于义"等。有些地方的义还包含有义务的意识。从≪论语≫看，"子曰：君子义以为质，礼以行之，孙以出之，信以成之。君子哉!"，"子曰：君子义以为上。"(阳货十七)这些地方说明孔子对义还是非常重视的，但这些地方的义并不是指德行的义，而是道义、正义的义。这就不必在德行论中来讨论了。

孟子有时也把仁说成是人道：

> 孟子曰："仁也者，人也；合而言之，道也。"(≪孟子·尽心下≫)

这就是指仁作为人道的本质重要性而言了。从德性论来说，拥有某个单一的德性并不能使这个人足以成为善的人，如以忠诚或勇敢或智慧而追随邪恶领导者，其具有忠诚之德或勇敢之德或明智之德并无疑义，但他在总体品质上不能被肯定为善人。一个邪恶领导者也可能拥有坚定、沉着、慷慨等德性，但其总体品质不能为善。一个勇敢的人可能是傲慢的人，一个智慧的人可能是懒惰的人，一个忠实的人可能是愚笨的人，等等，那么有没有一个德性，人只要拥有它，即使他在其他的德性方面有所欠缺，他仍然能被肯定为一个善的人呢？这就是仁，因此仁是人之所以为善的最本质的德性，是人学习"做人"的最重要的道德德性。这应该就是"仁者人也"的德性论含义。

---

2) 朱伯崑先生认为孟子中讲的礼，更多的是指礼貌，与孔子不同。见氏著≪先秦伦理学概论≫，北京大学出版社，1984年，49页。

3) 朱伯崑：≪先秦伦理学概论≫，北京大学出版社，1984年，37页。

四、仁且智为圣

在孟子思想中，究竟哪些德性是主德？这在孟子书中，有不同的表现，除了上面所说的仁义说、四德说(即仁义礼智)之外，有一种较为多见的是仁智说。

> "宰我、子贡善为说辞，冉牛、闵子、颜渊善言德行；孔子兼之，曰：'我于辞命，则不能也。'然则夫子既圣矣乎？"曰："恶！是何言也！昔者子贡问于孔子曰：'夫子圣矣乎？'孔子曰：'圣则吾不能，我学不厌而教不倦也。'子贡曰：'学不厌，智也；教不倦，仁也。仁且智，夫子既圣矣。'夫圣，孔子不居，是何言也！"(≪孟子·公孙丑章句上≫)

孟子引用子贡的话，肯定"好学"是属于"智"的德行，诲人不倦是属于"仁"的德行。这里虽然是就孔子的说法加以申论，但也显示出，在子贡的理解中，仁和智相加，便是圣，说明仁智作为主德的重要性。在古代，圣人是知天道的人，故知对圣是有决定意义的品性，所以孔门的求圣之学，特别重视仁和知两种德性。在这里，与五行篇似不同，圣并非指单一德性而言，而是指一综合之人格形象而言。

所以在另一例子中孟子便以圣人对仁义而论：

> 燕人畔，王曰："吾甚惭于孟子。"陈贾曰："王无患焉，王自以为与周公，孰仁且智？"王曰："恶！是何言也！"曰："周公使管叔监殷，管叔以殷畔。知而使之，是不仁也；不知而使之，是不智也。仁智，周公未之尽也，而况于王乎？贾请见而解之。"见孟子问曰："周公何人也？"曰："古圣人也。"曰："使管叔监殷，管叔以殷畔也，有诸？"曰："然。"曰："周公知其将畔而使之与？"曰："不知也。""然则圣人且有过与？"曰："周公，弟也；管叔，兄也。周公之过，不亦宜乎？且古之君子，过则改之；今之君子，过则顺之。古之君子，其过也如日月之食，民皆见之；及其更也，民皆仰之。今之君子，岂徒顺之？又从为之辞。"(≪孟子·公孙丑下≫)

这里的仁与智便不是顺着问者的话而起，是陈贾就其所最重视的价值发问，其中也特别强调，圣人之所以为圣人，主要以仁与智两者而观之，仁与智成为承圣的根本德性与德行。但圣人不等于不会犯错，尤其是圣人之过往往是轻信别人之过，出于好心之过，且过而能改。

> 齐宣王问曰："交邻国有道乎？"孟子对曰："有。惟仁者为能以大事小，是故汤事葛、文王事昆夷。惟智者为能以小事大，故太王事獯鬻、勾践事吴。以大事小者，乐天者也。以小事大者，畏天者也。乐天者保天下，畏天者保其国。"诗云："畏天之威，于时保之。"(≪孟子·梁惠王下≫)

这也显示出，孟子常常把仁和智作为主要德行以评论和衡量人物。

　　孟子曰："矢人岂不仁于函人哉？矢人惟恐不伤人，函人惟恐伤人。巫匠亦然。故术不可不慎也。孔子曰：'里仁为美。择不处仁，焉得智？'夫仁，天之尊爵也，人之安宅也。莫之御而不仁，是不智也。不仁不智，无礼无义，人役也。人役而耻为役，犹弓人而耻为弓、矢人而耻为矢也。如耻之，莫如为仁。"（《孟子·公孙丑上》）

这都是并称仁智的例子。
当然，孟子也有其他一些类似于主德的不同提法，如：

　　孟子曰："有天爵者，有人爵者。仁义忠信，乐善不倦，此天爵也。公卿大夫，此人爵也。古之人，修其天爵而人爵从之。今之人，修其天爵以要人爵。既得人爵而弃其天爵，则惑之甚者也，终亦必亡而已矣。"（《孟子·告子上》）

这里就是以仁义忠信为四项主德，与前面所说的几种都不相同。
如何解释这些不同主德的提法呢？自然，也许孟子七篇各篇成立的时间有先后，思想有变化，但也可能出于讨论的不同性质。如仁智的并提，往往与圣有关，受到圣智说的影响，主要讨论的是理想人格的德性构成。而仁义则是作为最重要的道德德性来讨论的。

五、四德与四心

在早期儒学中如告子等所代表的，主张仁内义外，即仁之行是发自内心的，故仁之德行发自仁之德性；而义之行只是遵从社会原则的，故义是德行，不是德性。孟子则继承了《五行篇》的思想，重视德的内在化，故主张仁义礼智信都是德性，都可发为德行。在前面的例子中，孟子已经申明，亲亲敬长是人的良知和良能，故仁与义是人所固有的德性，因而反对告子的仁内义外说。这一思想在四端说中更全面地表达出来了：

　　孟子曰："人皆有不忍人之心。先王有不忍人之心，斯有不忍人之政矣。以不忍人之心，行不忍人之政，治天下可运之掌上。所以谓人皆有不忍人之心者，今人乍见孺子将入于井，皆有怵惕恻隐之心；非所以内交于孺子之父母也，非所以要誉于乡党朋友也，非恶其声而然也。由是观之，无恻隐之心非人也，无羞恶之心非人也，无辞让之心非人也，无是非之心非人也。恻隐之心，仁之端也；羞恶之心，义之端也；辞让之心，礼之端也；是非之心，智之端也。人之有是四端也，犹其有四体也。有是四端而自谓不能者，自贼者也；谓其君不能者，贼其君者也。凡有四端于我者，知皆扩而充之矣，若火之始然、泉之始达。苟能充之，足以保四海；苟不充之，不足以事父母。"（≪孟子·公孙丑上≫）

比起孔子，孟子不仅强调了四德说，把仁义礼智作为四主德，而且更重要的，是孟子把仁义礼智德性化、内在化，成为人心，成为人的固有的、本有的德性心。恻隐之心是仁的开始和基点，故称为端。把恻隐之心加以扩充，便是仁的完成。这也说明，仅仅有恻隐之心，对仁的德行来说还并不就是充分的。

孟子曰："乃若其情则可以为善矣，乃所谓善也。若夫为不善，非才之罪也。恻隐之心，人皆有之；羞恶之心，人皆有之；恭敬之心，人皆有之；是非之心，人皆有之。恻隐之心，仁也；羞恶之心，义也；恭敬之心，礼也；是非之心，智也。仁义礼智，非由外铄我也，我固有之也，弗思耳矣。故曰：求则得之，舍则失之。或相倍蓰而无算者，不能尽其才者也。≪诗≫曰：'天生蒸民，有物有则。民之秉彝，好是懿德。'孔子曰：'为此诗者，其知道乎！故有物必有则，民之秉彝也，故好是懿德。'"（≪孟子·告子上≫）

这里的"恻隐之心，仁也"并不是对上一段"恻隐之心，仁之端也"的否定，"恻隐之心，仁之端也"在上一段是强调对孺子的恻隐之心是仁的开始，而不是完成。这里则强调恻隐、羞恶、辞让、是非之心即是仁义礼智之德性的表现，都是内在的、本有的，不是得自于外的。固有的德性才是善的根源。

"君子所性，仁义礼智根于心。其生色也，睟然见于面、盎于背。施于四体，四体不言而喻。"（≪孟子·尽心上≫）

根于本心的仁义礼智是德性，德性之发，见于面色与四体，内外相应。这也是早期儒家的普遍看法，如"交错于中，发形于外"（≪礼记·文王世子≫）。

在以上的四端四德说中，从德性论来看，仁的说明与前面几节所述是一致的，而义礼智的说明，都有一些较孟子以前各家之说为新的说法。如"羞恶之心，义也"，所谓羞恶，是指道德感知的界限，即可为与不可为的界限感，故孟子常以"穿窬"作例子，来表示义与不义。在这个意义上，羞恶是耻感，是指对不道德行为的内心排斥。事实上，四端四德四心说之中，以羞恶说义，和以恭敬之心说礼，是最值得重视的，因为孟子自己最重视的是仁义二德。以羞恶说义，这在以前是没有的。恭敬之心礼也，合于早期儒家礼主恭敬之说，如礼记。可见以恭敬论礼当是孔子和七十子时代的共识，孟子也继承了这一点。但古人义礼为规范，未有以礼为恭敬之心者。当然，以是非说智，比起子思和七十子其他各家，也是发展。子思思想中的"智"很突出，但子思的智强调对贤与不贤的辨识，而孟子这里的"智"更强调道德的是非分辨，更突出了道德德性的特点，使四德具有道德德性的统一性，在道德哲学上更为合理。

无论如何，四德固有之说，明确把仁、义、礼、智作为德性，而不是德行，这是儒家德论内在化的发展的一个标志性的阶段。

作为四德固有说的一部分，四端的思想提示出一些其他的面向，如恻隐、羞恶，明显地是属于情感的，从而，孟子的四端说不仅与四德说通贯一体，也提出了情感与德性的关系问题。在四德之中，无疑仁是第一位的，所以，四端之中，恻隐是第一位的，恻隐之心又称不忍之心，在孟子思想中扮演了重要的角色。后来法家韩非对仁与不忍之德多所批评。恻隐之心即是同情心，恻隐之情即同情的情感，同情心是人生而所有，其特点是无功利性，不是自私的，同情心是仁的德性的发端和表现，也是人的本质所在。只是，孟子没有深入讨论情感与德性的关系，倒是新出土文献《性自命出》篇进行了讨论。

这种德性论更明确地以一种人性论为其基础，这就是著名的性善论。孟子一方面把仁义礼智归结为恻隐之心、羞恶之心、恭敬之心(辞让之心的问题另论)、是非之心，这是很特殊的，以前的人从未把义归结为羞恶之心、把礼归结为辞让之心，多认为义是外在的原则，礼是外在的规范。另一方面又把人的恻隐之心、羞恶之心、辞让之心、是非之心都认定为先验的道德本心，它们不是得自习惯和经验，而是人生而具有的本性。因此，如果说仁义礼智是德性，则仁义礼智也是本性和本心，这意味着德性是天赋的、先验的，而不是得自经验和习惯，在这种说法中，德性变成了人的本质属性，与生俱来。然而，仍然可以提出的问题是，人性善说是不是认为人天生就有这些德性？假如人并非天生就有这些德性，则德性如何而在内心获得或呈现？和本性的关系是什么？当然，如果以稍后的荀子为例来看，则德性论不必然与性善论相联结，因为在荀子哲学中德性论与性恶论并存，这样看来，德行论本身并不一定要求一种特定人性论作为基础。

六、德之自反

在孟子思想中，德性论本身也包含了修身的方面，即根据德性的条目及其实践效果而进行反省：

> 有人于此，其待我以横逆，则君子必自反也：'我必不仁也，必无礼也，此物奚宜至哉？'其自反而仁矣，自反而有礼矣，其横逆由尤是也，君子必自反也：'我必不忠。'自反而忠矣，其横逆尤是也，君子曰：'此亦妄人也已矣。如此则与禽兽奚择哉？于禽兽又何难焉！'是故君子有终身之忧，无一朝之患也。乃若所忧则有之。舜人也，我亦人也；舜为法于天下，可传于后世，我由未免为乡

人也，是则可忧也。忧之如何？如舜而已矣。若夫君子所患则亡矣。非仁无为也，非礼无行也。如有一朝之患，则君子不患矣。"（≪孟子·离娄下≫）

君子有自反的能力，自反即自省、反省，这里把自反而仁、自反而有礼、自反而忠作为首要的自反项目，说明对仁礼忠的重视。特别以仁礼作为行为的主要德行。孟子书中，仁义礼智四德并提，但非处处如此，强调仁义连用，但亦非处处强调仁义，在许多地方，孟子是把仁和其他德目并提、并重，何以如此，已有研究尚未给出有力说明。照我们在前面的说明，这是可能出于讨论的不同性质，如人与人关系的问题，往往出于其中一人行为之无礼，故礼成为人己关系反省的主要方面。

孟子在这里的思想也显示出，儒家的德行论，不只是提出德行表，主张人们去实行，而且很强调德行的自反，即根据他人对自己的态度而反省自己的态度和行为，亦即反省自己的德行，这对论语所谓"吾日三省吾身"是一个补充和发展，而这个发展是以德行为其基点的。

孟子曰："爱人不亲，反其仁；治人不治，反其智；礼人不答，反其敬。行有不得者，皆反求诸己。其身正而天下归之。≪诗≫云：'永言配命，自求多福。'"（≪孟子·离娄上≫）

这里把上一点说得更清楚，"反求诸己"包括自反其仁、自反其智、自反其敬(礼)，对自己的德行加以反思、反省。与上一段反其仁、反其礼、反其忠有所不同，在这里是把仁智礼三者加以突出。

仁者如射：射者正己而后发；发而不中，不怨胜己者，反求诸己而已矣。"（≪孟子·公孙丑上≫）

不怨他人、反求诸己的德性修养，在孟子的思想之中，就是仁者待人处事的态度。

儒學普及·學儒志在日用常行

陳啟生 ｜ 國際儒聯副理事長

　　儒學經過世紀摧殘，斷層百年，失去了安步就班的調整機會，面對各種文化登堂入室，其生存機會是雪上加霜，在反孔反儒倘眾之下，來論普及，確是有些侈言，談何容易！然而有學人抱着一股不屈靭力，持着古人為往聖續絕學的精神，鍥而不捨地一邊推展一邊自我調整。

　　在自信上調整，從自卑中不是走向自大，是不亢不卑，能視其他文化和我文化是異位而同功；在思維上調整，看古看今、看中看外、看人看我皆以中庸、同理心觀之；特別是方法上調整，咨訊發達的今天，弘儒要組織化、系統化、專業化，不應存着一紙命令想。

　　儒學本具可落實篤行、身歷體証的安身立命之學，因百廢待興時期，難免一時間徘徊在文字"學問"上；不會老是停在這個階段，因為知悉儒學沒有"實踐"，就沒有生命力，沒有普及就無法在緒文化中佔有一席之地--還是要"百姓日用而不知"的普及，因此有"儒教"化想！

　　兩三代人去傳統、習洋化，儒家反而陌生如外來文化。不忍挽之不及，確是要有一步到位的巨大魄力。今人信仰西教成為生活選項，若人人都成為耶教徒，那已經統一了。若覺得還可以有不同選擇？儒教是否可以擠入被選？它的存活還有多少機會？我覺得有一絲希望，它的一些發展基因倘未完全消失，如：家的觀念未全毀、不少人還想維持孝道、近來民俗節日有萌芽之象、祭禱祈祀儀禮在創匯下有了縫隙，假以組織化、系統化、專業化；有朝一日，學儒人有個模型，就有實力示以融和。

儒學普及·學儒志在日用常行

陳啟生 ｜ 國際儒聯副理事長

曾提及"儒學普及要儒教化"意見，紙上的短短文字，付之行動落實時，其難度何止是寫文的千萬倍。推動多年，未見成績，如今再選此題作文，豈非自找難堪！是的，為了調整思路、檢討執行，有自我檢查和鞭策之意。就如"檢討前期議案"一般，有不少壓力；再舊題重文，就不敢話大話玄，免得下次更尷尬。

普及，應該是以日用常行為目標，就如古代一般"百姓日用而不知"。日用常行，不是新鮮事，筆者多年接觸伊斯蘭教徒，當彼此間有什麼意見、行為不相宜時，會引用教理以相應之，他們就是這個樣，言行生活都念著教義，這就是日用常行！又如一貫道的道親，言語溫和、彬彬有禮，言談間輕易引舉經典聖人之言，這也是日用常行。回過來看儒學，要有這樣的日用常行功力，難度恐怕太大，若不"儒教化"，是沒有能及的機會。

以今天民智，令人悲觀，被喻為流在血液中的忠義禮仁，倘有多少呢？ 生活裏的禮仁，偶而還有些殘餘表現，面著唯利是圖社會的衝擊，這點枝末可以維持嗎？ 經歷百年政敗民貧，又百年扼殺，儒教破壞殆盡。長久自我否定已成慣性，近期情形好像有些改善，但是距離禮樂人生是多麼遙遠，還待努力，方可免於永遠失去。

令人不樂觀的地方不少，如對待文化古跡，建設處理的態度存在嚴重失誤現象。文化古跡是歷史結晶，是國家民族靈魂的表徵，是可以向世人展示我們有"足以令人響往的精神文化"，本來應該專門專業管理和發展，可惜，却非常缺乏前瞻智慧，都交由旅遊局部門"創匯"管理。國外人趨之若鶩，是受"五千年文化"之感召而來，如今沒有及時展示"可以值得學習"的凱模，反而殺雞取卵，迫切圖財的庸俗、坐實劣質，讓人扼腕唏噓；"產業化"的結果，修復與建設成了不文不類，毀得更絕。儒家古跡乃至中心孔廟，皆落入此命運。世界各地有識之士，對此災殃，莫不微言不斷、或口誅筆伐，形容為吃孔子有之、嗤之以鼻有之、禁足不往有之。時下國人已經進入富有自大的時朝，倘且不能文化自重，甚至還變本加厲，這是質變之危，前景堪虞，恐怕寄望遙期。思北宋大儒張橫名言："为天地立心，为生民立命，为往圣继绝学，为万世开太平。"其大氣魄，未嘗不是一種鼓勵；希望在民間諸野 --- 靠諸野民間自救，故有"儒教化"想！期以儒教化促進落實學儒，日用常行，追回已逝。

儒學、學儒之異稱，是不得不已的文字遊戲。這個問題，從前不必爭議，一個儒學學人就是朝向一個落實的實踐者，更不必多餘稱他為"儒教徒"。現在不能如此理所當然了，今天有不少的所謂儒學學人，是為時興流行湊熱鬧估個名而來、煮煮雞湯饕聽眾口味、或抓點儒學惡搞滿足卑慾、還有不少是昔日狠批孔子的斗士搖身會變的文棍…之流處處在。更有另類，明擺著"儒學是作學術寫文之用，不必與儒行相應"，這一群体，也有蠻絕的人，其手法是以今罵古，會為了一粒谷殼要倒掉整桶飯，或專撿過去某些人的偏頗論調發揮栽贓，或拿西帽看著套…。此類林林總總，為了要有些分別，勉強弄個動詞"學儒"，希望據別名代表落實儒學；立足傳統，不亢不卑，化今融西的儒學學人。這也是無奈！

"儒教化"要括符起來，是儒教之義多了些心思。古來儒教之名是教化的涵義，現在這兒的"教"字不只有教化之義，還得要有佔上宗教的"教"義，佔的宗教義，又与亞伯拉罕宗教有差別。要如此費心思，是因為世界村化了，各種文化接踵擦肩，非得"方以類聚，物以群分"不可。就說百年前耶教入傳，為了出師有名，論證中國人沒有宗教，頂著彌補"精神無歸依"的偉大任務而來。試想，當時政腐民弱之下，内部傾扎不休，會有多少的聲音能說個明白，據理力爭有效，更別說反對了，當然讓耶教給鎮住了！面對有計劃有組織有專業的宣導，人們普遍接受這個"宗教"定義而不敢逾越，"宗教"是以亞伯拉罕教義而定，當然我們不能削足適履，所以還稱儒教就是"儒教"。所以儒教必需自我再"其命唯新！"

名為"儒教"，就算有分別，也難免會要被比較一番：

儒教沒有一個萬能主宰的"神"，沒有當子民受到寵愛時可以往升的天國；昊天上帝與上帝，認知上截然不同，混扯不得；若以"天"比擬，卻又"天何言哉！"，從人格化上講，確是差別很大。

"我的天！" 可以與 "My God！" 同功。都可以讓人們 "有所禱"，是習慣問題，這點倒沒有太大差別！。

"天"的理解，多細讀幾遍《易傳》，可以從中體會古人所識的"天"義——你不可能與God齊，但你若好好修德，會有機會天德合一；古人早就要人們立大志，希賢希聖希天；三希不可斷章，不僅不可把"希天"漏了，還要以加強化，否則就會"無天"了。"無天！"，倒不如去信上帝，還能善待人間。

"焉知生、未知死"。儒教的確是極少談及生前死後的事，孔子就勸人"焉知生、未知死"，而總是苦口婆心教人作個是人的"人"，"人"學幾佔全部教理，這和"宗教"講生論死，把死視為人生大事，差別也大。

"不言怪力亂神"很有影響，造就華夏民族的神話少了，事神也少。就是對於"神"的認識也大大不同。

孔子的上述這兩則"勸諭"，正是不少宗教徒走入極端的警鐘。看看世界各宗教的發展和相處，再細嚼慢嚥，何嘗不是智慧的詮言！

勸善修身養性，以儒學為教理的儒教，是又細膩又具體，和宗教教理比較，是有過而無不及的。

至於儀規方面，儒教夠豐富，祇是"事人"多於"事神"吧了！從古人"六祭"中可窺一斑。

"教"的追朔

談儒教是要回頭追本朔源，推論遙測遠古人們的信仰演變。

我們常自稱有五千年文化，這句話擁著多少文化的傲氣，同時又含著多少苦澀，尤其不能讀懂自己文字的今人(筆者總是遺憾不已，當時雖處在赤貧衰弱之下，為何避開主因，不去直抗制度，整頓國民教育的缺失，反而向文字開刀，找文字的麻煩，難道滅了寫文章的文字，再給每個字減少幾筆，便能把人民的文化和素質提升嗎？ 實事發展是這樣嗎？ 太怨枉啊!)。五千年文化淵源流長，若以甲骨文發現，回推刻畫時代的進展，出現 --(陰)—(陽)的刻劃，這舉世無雙的衍變，承認它是高度文明，亦未嘗不當；就可以接受《易》符號的原始文"字"，為"書"於伏羲時代(六千多年前)的民智，已有高度的發展。

《易》字(劃)成文，占筮表達，記載在甲骨上。卜、筮、占法是假之以"人""天"交流溝通，是一種不可思議的創造(這個文明行為不是一句"迷信"可以概括或一昧否定了事)。我們可以學習世界各族學人的態度，他們思考人類的遠古信仰的方式與發展，是細緻的描繪，抱著敬仰和欣賞的態度，以同理心(處身設想)而不批判；我們也仔細正面思索，遠古的華夏民族能有如此，豈非有高智慧不能達到，是了不得的思維，居然想與"天"溝通知天意，"知變化之道者，其知神之所為乎"假為人用——這種神道設教方式，也真夠神！

華夏古代人們對大自然的理解："範圍天地文化而不過，曲成萬物而不遺，通乎晝夜之道而知，故神無方而易無體"。人們的"信仰"是對大自然，特別不知的一面的敬畏和期許所產生，關係是直接，是非常正面的："仰則觀象於天，俯則觀法於地，觀鳥獸之文，與地之宜，近取諸身，遠取諸物，於是始作八卦，以通神明之德，以類萬物之情"。信仰的"天"，是有"道"的，是可"遵循""運用"而成"大業"："仰以觀於天文，俯以察於地理，是故知幽明之故。原始反終，故知死生之說。精氣為物，游魂為變，是故知鬼神之情狀"。受到這種智慧所影響，至到今天，對"天"沒去描繪祂，還是不以人格化，祇有從旁推敲：天道、天理、天命、天譴、天網恢恢，疏而不漏……等。存而不論的態度，何嘗不是正確且進步的神道教化。

二千五百年前是個分水嶺，來自自然的"信仰"，提升到一個成熟的文明階段。民間信仰形成並同時存在不同階段：“拜拜‧神道‧神道設教‧人道‧無神論者”。雖是五段分，實際上的界線是重疊著，會因時因事置身在不同信仰階上。人們對遭遇的所以然或知或不知，在無能為力自主的時候，拜拜可以讓他得到慰藉心安。神道則是重神力，他求為主，亦是精神無助時的寄托處。神道延伸輔之以理，可以設教；他力的祈求兼自力的修行，適合教育提高的普羅大眾，“道教”就是主要代表。又以人道為主，神道為輔，行“修道為教”，“儒教”則是代表。兩者各自有所偏重，而“神道設教”之精神未失。遠古華夏人民的信仰是演變自觀天察地，起步就與亞伯拉罕宗教不同，發展必異，但並非沒有“教”。

華夏民族信仰的發展，漸漸歸納為兩大分流，一是道教，一是儒教，兩教完整形成，約始於兩千五百年，以老子、孔子為分水嶺。但是，兩者都自許承傳自伏羲、神農、黃帝、堯、舜……。尤其“以象載道”異常表達、諸經之首的≪易經≫，儒道都以它為首。有共同的本源，就不能割裂看待，本來出自一源，處處互相感通是理所當然的事，意即儒教、道教是一幹兩枝，各自茂盛。

社會動亂與貧窮時期，繁華興盛與物慾時，就各有傾斜。從歷史上看來，各個“階”偏傾，是隨著“政、經、教”興衰而變動。近代環境發展，走向極端，前者的極端是回到沉迷於神事，後者的極端是純理論而傾無神論者。清中葉後，開始政敗民賤，而且為時長久，造成人心嚴重墮落，甚麼修身、綱紀、倫常、八德，全崩壞。道教偏重神道，淪落在拜拜；儒教偏重人道，住在清談。物神無以為續之下，崇拜歐西，落在極端兩頭跳。

時至今天，如此分野還是未有大改，但是，性質卻大變，古人有無神論者，他們執理力辯；今人的無神論者，他們設文字獄、以文入罪，重則置人死地。神道毀、人道亦毀，進入無神的時代，人們無所禱亦無所畏懼，無法無天！其弊禍延廣，很是可怕。人人心變，許多學人也不能倖免，薰習之一，是愛抓辮子，缺乏豁達，雞蛋裡挑骨頭，令人傷心。舉近日一弊，有一學人在講堂說≪弟子規≫，錯讀一字，結果引來不少批評文章。這些文章無視≪弟子規≫之利貞，只講一字之錯，伸衍錯一字的“背後”，意識膨漲，精神分裂之情表露無遺！為何如此？ 多少大國國民還留在針頭大的腦覺、眼覺、心胸… 之中——這個惡果可能要再延至一二代人，真是應了西諺：盜賊最大的罪過，不是令人失去財物，而是毀了人與人之間的信任；失去的財務很快可以賺回來，信任卻要長年累月的集積。

不要以為二十一世紀，科學昌明，拜拜會消失，實事恐怕不是如此。看看現實生活：一個無神論高官，貪污受賄，他會精明設計貪受的過程，力求僥倖，但往後日子，心靈的負擔，必需用“拜拜”來安撫，否則睡不穩。小民更不必說了，早上擺攤前，最好拜拜，“神靈保佑！不要被城管抓到！”祈禱一下，減少精神過度緊繃。孩子乘車上遠路，怎麼老久未抵達，又聯絡不上，不祈求老天保佑，又能怎樣?……

"儒教"就是儒教

儒教是否算是宗教,還是會有人爭論不休。因為反對的人群形形色色,有惡傳統文化而反對儒家者、有熱衷去中的西化者、有本質反儒者、有為了傳耶教而反者、有認為無神才清高者⋯⋯,我們不必要一一去辯解,任由他們去。釋迦有說個故事喻人:有一個人,被箭射中,他拔出之後,去研究箭頭是甚麼做的?怎樣製造出來?又研究箭桿,再研究羽尾,而且非常固執地追究不休,結果錯失了治傷止血機會,最後喪失生命。

我們有箭傷,而且傷入膏肓;精神空虛無依,個人乃至社會道德敗壞、仁崩禮毀,此時還徘徊在論文上功夫和句來句往的辯論嗎?何況,普羅大眾對那些咬文嚼字,引言據論的高談聽不懂,實際上也不會感到有興趣,他們祇要一份"對治的藥" —— 讓自己"有所禱、生活精神有所依托、有能修、可安身立命"的藥。分析當今社會狀況,儒教可以在諸教中扮演更佳的角色,因為它發展自自然性,可修能齊;信仰虛空的"天",沒有一個專神的傷害危險,具共存性。祇要改變態度,應對西化來勢,方法上採取其長補己拙,學習主動宣導的態度,儒教可以系統化以"易知"、規範化以"易從"、組織化以"有親",重光還是可期的。

"神道設教"是所有宗教的特色,行善者必得寵愛受福報、行惡者必受懲以受惡報是定律——有一個"大能者",無所不在監視你,無神者當然不接受,視之為毒藥猛獸。"積善之家必有餘慶、積不善之家必有餘殃",不就是隱伏神道設教性質嗎!"儒教"本來有"神道設教",如"希賢希聖希天"、"知天命"、"祭神如神在"、"獲罪於天、無所禱也"、"畏天命、畏大人、畏聖人言"、"敬鬼神而遠之(取慎終追遠義)"⋯⋯ 只是教以"人道"為主,神道之"天道"為輔。還不忘要人們"不語怪力亂神",重人道不離"天"道,相互承輔,是人本的宗教、是道德的宗教、是純然的宗教。儒教者不需回避,甚至是給於歡迎和接受,力求"修道為教"的"神道設教"。

有神蹟,神力的顯現,最容易吸引大眾,是牽引入門的方便法。在民初,孔教會的推擴,就嘗試以昊天上帝類西方,也為孔子事蹟增添神話,是有模仿耶教神蹟異象之嫌,結果仿照與傳統儒教不相應,確是產生許多爭論,處在內外交困之中。後來因政治而告終,其他的土生宗教也命運相同。

"孔教會"傳到東南亞,在印度尼西亞因禍得福,有大發展。現在大約250個孔教會,幾百萬的信徒,環境條件所限,有些地方少辦講經說道,拜拜信眾不少,孔教教徒皆以"惟德動天"稱號,信徒見面"惟德動天"為 揖禮,祭祀以"惟德動天"為禱。教職有教生、文師、學師、長老,都得以"解經行德"為條件。孔教會以孔子為唯一祭拜對象,近期有進展,附祭"天地君親師"牌位。星新加坡和馬來西亞有孔教會,因領導人的主觀條件,祇頂著個名字,而沒有為孔教增加信眾,令人依噓難過。

在那個民眾苦難的時代,教育不彰之下,有識的國人,在西風歐雨的浪潮下,堅信續承傳統並加以發展，以求生存途道，孔教會走在坎坷路上時，另一個近乎儒教的宗教，在潮汕地區創立，就是"德教會"。德教會在1939年於潮汕成立，十年後隨政治決定，亦於誕生地消聲匿跡，卻在海外生根茂發。目前，在馬來西亞、泰國、印尼、新加坡也約250個會所(稱為閣)，馬來西亞佔200餘閣。德教會成立時直接闡明"神道創教剴切曉喻"，要求信眾"教不離德、德不離身"，宣教方式則"鸞乩降諭"，每個閣以"樂善好施、度己度人、宣德積德"為旨，"德"以十章八則，是所有德教會教徒要遵守學習的。十章：孝、悌、忠、信、禮、義、廉、恥、仁、智。八則：不欺、不偽、不貪、不妄、不驕、不急、不怨、不惡。十章把儒家八德、三達德、五常全概括了，八則是把孔子教誨"溫、良、恭、儉、讓、中、和、敬、寬、敏、惠、勇⋯⋯"皆含蘊進去。德教會以神道鸞乩為介緣，教儒家君子行，發展蓬勃，信眾向心力強，硬體設施宏偉美侖美奐。

還有"一貫道"興盛在台灣，其傳擴快速，信徒們互稱"道親"，僅馬來西亞的佛堂，應超過千所。信徒們嚴格持素，雖說供奉五教(儒釋道耶回)，實是重儒教，佛堂裏學道是四書五經。筆者接觸的數十間佛堂，就全有辦兒童讀經班，人人讀四書五經，學行君子；謙謙君子、彬彬有禮，是接觸後的印象，由於神道較濃，確有點神秘感！

上述三個教，皆以儒學為教義，若說是儒教之化變，未嘗不可以。三個教皆源自中國本土，而其"神道設教"皆發揚於海外，若以如此現實經驗，儒教(孔教)恐怕還得繼續在海外發展。

上述別教，信徒能日用常行，能發揚光大，儒教理所當然是可以；儒教的"神道"依華夏民族的"宗"教推動，"有所禱、有所修學、可安身立命"可以因各地民情自設定位——孔廟、儒教會能扮演這個角色。

另兩個國家，韓國、日本的儒教發展，時間悠久，普及深廣，今天反而顯出衰老暮氣，年青人大有被耶教取代之勢。

儒教要易知易從有親，觀其會通以行其典

儒教發展不是件難事，要講又要練，必可有期。

(一) 承認自己

2010年7月26日印尼Chandra給我一郵函寫道：

Dear Mr. Tan,

Last Saturday, 24th of July 2010 I was visited by the official from the population and housing census. Of course I was asked many questions and one come to the point of religion, I said to the man that my religion is Confucian. And he was surprise, but and then I saw the Confucianism on the form.

This means Malaysia government has recognised Confucianism as a religion. Of course if in Indonesia now the government has put Khonghucu among the six religions. In Malaysia even more, since I also saw Taoism, Sikh.

Okey, just an information, I think you already know.

Since in Indonesia also just finished the population census national wide. MATAKIN sends sms to many Confucian in order they do not afraid to put Confucian/ Khonghucu as a religion. We do not know yet, how many of Indonesian population will be remained as a Confucian, since the latest census result hasn't announced yet.

Thank for attention.

Best regards,

Chandra

信意是：陳兄，上星期六，2010年7月24日，會見人口調查員，我得解答眾多問卷，來到宗教欄，我回答Confucian(儒教或孔教)，他有點錯諤。我看到表格上宗教欄有Confucianism字樣。

這是代表著馬來西亞承認孔教(或儒教)。當然，印度尼西亞已經把Khonghucu(孔教)列為六大宗教。馬來西亞的宗教更多，問卷中也寫上(除了各大宗教，還有) 道教、錫克教。

此時，印度尼西亞也正在進行人口調查，印度尼西亞孔教總會(聯同屬會，約250個) 用短訊通知所有信眾，不要懼於填寫"我是孔教徒"。我不知曉，至今還有多少印度尼西亞人保留"孔教徒"身份，最後的調查統計倘未完成。

謝謝關注

好友Chandra敬致

是的，先決條件，你要自許是"儒教徒"，有勇氣告訴人家"我是儒教徒"(或孔教徒)！

(二) 強化家觀念，從孝悌開始

華人非常重視"家"，華人在居地與各個不同族群共處，"家"顯得尤為重要，是一個最穩固，最有保證的"有溫暖、有支援"的地方。傳統的親親幼幼家觀念未曾被切斷過。

維持"家"的永遠延續，是在孝悌。孝是華人社會的一個共同觀念，把父母比為天地，不孝的人被另眼相看，會有社會壓力。"家"不只是一家人這麼簡單，有著多義：家教、家風、家訓、家規、家譜，還包括與祖先同在的地方。現在教育提高，追求文化之心更切，家中神位也隨著擴大，不只安有家神，還立上"天地君親師"的牌位。

當今世道，陷溺淪落，人心自私自利，不顧道德仁義，唯家庭教育可以挽救。教育幼時，嚴教子女，俾成善良，孝親敬兄，敦篤宗族；"人家欲興，必由家規嚴整始。人家欲敗，必由家規頹廢始。" 家將成為匡正社會的生力。

假如這個"家"毀了，就和"西洋人不相上下"。

(三) 推動傳統節日

很多外族人常說，我們的民俗節日非常有生命力。人名可改、語言可滅、教育西化，就是節日民俗依然不棄。過去(印尼華人在過去不久，有37年在行政命令之下，不能用中文名，學、講、用中文被禁止，中文老師生活在逃命下，文化行為更不允許。)，印尼朋友，清明節時在家中自己捏香、造紙帛，祖先牌的姓氏更是描得看不懂，其粗糙不必說了。我看了之後，卻深深體會"雖白茅諸地，能慎重之至"。偷偷祭拜祖先，拜完收起，年復一年，年年如此祭，這就是生命力！是"家"觀帶來的力量！中華傳統節日因有家，才能見其意義。

其他節日，吃湯圓、團圓飯、守歲、掃墓……都是以家為主軸。由出生乃至死喪，一切一切的祀拜都不可少了祭祖和家人團圓。傳統節日及其意義深印在每個華人的腦海中，商業炒作只令其旺盛，不會變質。農曆新年(不自貶為春節)是最大節日，家人團圓是過年首件大事。清明祭祖為孝親節、端午因屈原而成為愛國日、中元拜眾鬼成為感恩眾生、中秋的燈籠月餅成為文化節、孔誕為尊師重道日、本是西來的母親節成為講孟母之日 —— 節日的堅持，家的守護，是通氣相薄。…

經歷過貧窮苦難、飄泊逃生，兩三代沒受過學校教育、目不識丁，華夏文化在節日中保留下來，儒教在待人接物之中昇華。

(四) 推動儀禮：

另一個儒教活動是重拾"禮"。仁和禮是一體的，禮在社會可以和平聚人，有仁則心中能愛人，兩者是互生的。講禮而不仁，則禮易偏邪，終不能信守；講仁而無禮，社會人際必無章無序。禮仁是並行的，行禮仁在其中。社會變遷，文化融會，人們的觀念發生變化，多傾共融的國際觀，發展自己尊重別人、弘揚自己接納別人，豈不也是禮嗎！仁在其中。

儒教弘法者，先從儀禮做起，六禮：冠禮、婚禮、喪禮、祭禮、鄉禮、相見禮等，都有很好的儀規，只要略加簡化調整，人們都很樂意採用。這幾年來，舉行這類活動已日漸興起，許多祭禮儀式，嘗試採用傳統禮儀，雖然被大大簡化和通化，卻不逾越合禮。

既然講的是"禮"，推展儀禮時，推展人本身就得知禮有禮。近期興熱漢服(我國稱之華夏服)，仁者不宜做大漢想，應視他族同為華夏人，何況純漢族血統已稀少，可能本身已非純漢族或非漢族。沙文主義為害極大，慎之！

(五) 教學弘道：

解惑傳道責任已轉移在民間，學校教育忙著傳授生活知識和生計技能，無暇照顧學生的生命義意了，就算有選讀幾篇經典文章，恐怕也被考試消磨掉(有朝一日，政府把儒學編入考試的教科，恐怕又如二千年來官學之害，另政客利用，不是面目全非，便是窒息不整)。儒教把講學弘道視為最重要的使命；慧命延續的成敗，在於是教學弘道的努力。因環境條件制宜，可以辦家庭教育班、團體週日讀經班、社區週日讀經班、幼兒園讀經班、小學讀經班、中學讀經班、成人讀經班，講座會、進修營乃至參師拜師專研……以身教、言教、書教……弘揚之----"遺子黃金滿籯，不如教子一經"。

有場所，講學弘道就越方便。筆者經驗，最容易辦起來的有二：1. 成立儒教會(孔教會)，地區與數量不受限制，多多多益善。會所大小皆可發揮，小者亦可一室講堂，大者可以設學堂、文化館，供奉孔像大成堂供公眾參拜，主辦各種教育、文化，禮儀，節慶活動。儒教會宣教工作有很大主動性與靈活性，可以成為儒教最大的推動力量，應該處處辦設。2. 成立書院(或精舍)，書院的規模比孔教會小，連註冊也可以免了，有一人或幾人便可以辦起來，任務是講學講經，培養弘經人才。

儒教本來具足，無需另行創造，因時代的變遷，國情民生各異，自行調整一下：相應亞伯拉罕宗教，儒教要有組織化專業化制度化；太複雜的，簡易一下；太龐大，歸納一下；太深奧，系統化一下。

另提，因於制度之異，國人習慣由上而下，會爭辯說，一定要政府推動方為有效，民間如何有能力改變？這話說得有點兒對，悲觀之情濃洶，雖然今天利頭正興，領導人一時腦子是轉不過來的。但是，現實迫人，還是可以在絕望中看到希望，也不必太久，當三五億人心歸梵蒂岡，三五億人企向麥加，他們的腦子還是會有熱的感覺，雖然不一定來得及，變還是會顯現的。

此時諸野匹夫也不必焦急空等，人人可以立刻選一二而為，肯定能有所促進。至於海外華人，雖老早在推動，更要快馬加鞭。

東亞地區儒家經典教育的八項原則

陳杰思 ｜香港孔教學院

　　經典教育已经展開，但由於沒有確立正確的原則與方法，導致效果不佳。作者經過中華義理經典教育的實踐，總結了經典教育的八項原則。這八項原則是：誠敬、理解、體悟、集粹、誦記、涵養、信仰、力行。本文依據傳統經典教育的原則，根據實踐經驗，結合時代特徵，闡明了這八項原則在經典教育中的必要性、具體運用方法及其產生的效果，對各地的經典教育具有一定的借鑒價值。

東亞地區儒家經典教育的八項原則

陳杰思 | 香港孔教學院

　　經典是民族智慧的結晶，經典是歷代聖賢的教導，經典是民族文化的精華，經典是為人處世的典範，經典是歷史驗證的義理。經典具有原創性、典範性、權威性，是人類文明的珍品，是經過歷史檢驗證明最有價值、最有教育意義的書籍，載負崇高的精神與智慧，向人們提供可供遵循的行為標準。劉勰說：“經也者，恒久之至道，不刊之鴻教也。”[1] 一個民族的道德觀和民族精神，不是由抽象的理論製造出來的，也不是某一個偉人主觀想像出來的，而是如同地下大溶洞一樣，是億萬年點點滴滴自然形成的，經典正是這些點點滴滴彙聚起來的精華。

　　民國初年廢除讀經，使中華民族在長達近一個世紀的漫長歲月裏，喪失了文化經典的教育。由於文言文造成的語言障礙，由於傳統文化典籍缺乏功利的吸引力，人們通常不會主動地學習中華文化經典，於是，儒家文化經典只能是塵封起來，遠遠離開了民眾，通過文化經典傳承民族精神、價值觀、道德觀的管道被阻斷。沒有經典教育的民族，是“無教”的民族。一個民族如果沒有經典教育，就難於培養民族的共同意識，也就喪失了民族的靈魂。在我們教育中，中文學科作為語言工具，但是，“文以載道”，如果沒有經典教育，我們如何能體認“道”？ 有歷史學科提供事實與材料，但如果沒有經典教育，歷史事實背後的精神又是什麼？ 如果拋開經典教育，我們的教育就成了沒有精神的教育，沒有靈魂的教育。民族精神何處找尋？ 在現實生活中，由於受到時空的限制，我們很難全面地看到，看到了我們也不能準確地表達出來，因此，最有效的辦法，是到傳統文化經典中去尋找。

　　現代學校教育主要是物的教育而不是人的教育，是知識的教育而非德行的教育，是技能的教育而不是智慧的教育，是“器”、“技”、“藝”的教育而非“道”的教育，是“謀食”的教育而非“謀道”的教育。因此，必須在現代學校教育進行的同時，展開經典教育，通過經典教育傳道，培養素質，培養德行，發展智慧。經典教育的目的是什麼？ 朱子說：“古昔聖賢所以教人為學之意，莫非使之

---

1) 《文心雕龍·宗經篇》。

講明義理以修其身，然後推己及人。非徒欲其務記覽為詞章，以釣名聲，取禮祿而已也"。[2] 在傳統文化經典中，以孔子為代表的歷代聖賢，面對我們，站出來宣講民族精神。我們要以謙虛的態度接受歷代聖賢的教導。經典教育的宗旨即：遵從聖賢教導，弘揚傳統文化，培養健康人格，提高人文素質，繼承傳統美德，振奮民族精神。如果將經典文本當作純粹的知識文本，完全以學習現代各科課程的方式學習經典，則經典教育的目的難於達到。經典教育必須有自己獨有的規律與原則。以下經典教育的八項原則，是通過中華義理經典教育工程的具體實踐而總結出來的，希望對东亚各地的經典教育有一定的借鑒作用。

一、誠敬

經典是歷代聖賢智慧的結晶，我們首先要培養對孔子及歷代聖賢的恭敬之心，並以此真誠恭敬之心來面對經典。以真誠恭敬之心來面對經典，我們才會虛心接受經典的教導。如果以傲慢的態度，以批評的方式，以挑剔的眼光，來面對經典，經典就發揮不了"導人向善"的作用。讀經之時要敬拜孔子等歷代聖賢，而讀一般的書則不必同時敬拜作者。讀經要以真誠恭敬的心態面對經典，而讀一般的書則可以用客觀、冷靜的心態面對。

經典是聖人體悟天道的成果，"天地設位，懸日月，布星辰，分陰陽，定四時，列五行，以視聖人，名之曰道。聖人見道，知王治之象，故畫州土，建君臣，立律曆，陳成敗，以視賢者，名之曰經。"[3] 對四書五經的神聖感來自於對孔子及歷代聖賢的崇敬，來源於對天道的崇敬。現在，在人們面前，四書五經的神聖感消失了。原因有以下幾個方面：第一，"敬天"的意識消解了，以敬天意識為樞紐的傳統信仰體系瓦解。經典作為傳達天道的典籍，由此而失去神聖的光環。第二，長期的批孔疑孔，使人們喪失了對孔子及歷代聖賢的崇敬之情，感情變得非常淡薄，甚至有的人還有蔑視聖賢的情緒。聖人所立的經典，也就變成了普通的著作。第三，人們單純運用認知的方法去面對經典。在進行科學研究時，是將研究物件當作客體，不能帶入感情因素，此其一；研究時要充分發揚批判精神與懷疑精神，經典往往成了被置疑的物件，此其二；研究時要以客觀事物作證，如果用現實中大量的醜惡的客觀事實作證，那麼足以推倒經典中的道德理想，此其三。豈不知我們讀經的目的，不是為了得到"是什麼"的答案，而是為了得到"應當怎樣"的指示。因此，不能單純運用認知的方法對待經典。第四，在學術研究中，研究者總是以居高臨下的態度來面對經典，以顯示自己的知識水準。本來，四書五經是作為儒教經典，在宗教裏自然作為聖神之物。現在，儒教已被毀了，儒教經典只能流落到一些儒學研究者的案頭上，研究者極少以

---

2) 朱熹：《朱文公文集》卷七十四。
3) 班固 《漢書·翼奉傳》。

神聖的態度對待。在長達一個世紀的時間裏，四書五經從神聖的高位上跌落下來，而且是一落千丈。中華民族由此而喪失了自己的經典，喪失了精神價值之源，直至現在，中華民族之魂已散離，不知去向。如果不重新樹立經典的神聖感，就難於將文化經典中的思想轉化為信仰，並付諸踐行。所謂的"國學"熱，就會變成外表熱內心冷，就會變成無聊的商業炒作，就會變成學術權力與利益的重新分配，而絕不會產生實際的成效。

二、理解

對於文化經典，必須以闡明義理為目的，以訓詁、考據為手段。戴震提出的兩個原則："由訓詁而推求義理"與"執義理而後能考核"，明確了義理與訓詁的關係。二程認為，"經所以載道也，誦其言辭，解其訓詁，而不及道，乃無用之糟粕耳。"[4) 治經的目的，在於闡明聖賢的微言大義。經文是聖賢用來表達義理的，義理先存在，而後有經文。"有理而後有象，有象而後有數，≪易≫因象以明理，由象而知數，得其義，則象數在其中矣。"[5) 解經時可以依據訓詁、考據的成果。錢大昕說："有文字而後有訓詁，有訓詁而後有義理。訓詁者，義理之所由出也，非別有義理出乎訓詁之外者也。"[6) 若以訓詁、考據為首要目的，就會存在漢代古文經學派和清代乾嘉學派注經出現的繁瑣化、僵化、教條化的傾向，出現脫離主體修養，脫離現實的傾向，存在著支離破碎的問題，難於形成對儒家思想系統完整的理解。宋代經學注重闡釋文化經典內涵及精神實質，並同主體的修養結合起來，同個人的體悟結合起來，但又存在著過於主觀化，脫離經典原義，脫離現實，空談心性的毛病。現代義理學，應充分吸取漢唐經學、宋明理學、乾嘉考據學的成果，以闡明義理為目的，以考據、訓詁為手段。解經必須同現實社會結合起來，同現實問題結合起來。錢大昕說："經以明倫，虛靈玄妙之論，似精實非精也；經以致用，迂闊深刻之談，似正實非正也。"[7) 大眾讀經之目的，在於領悟義理，可以在前人的注釋之下來理解經典，而不必須進入訓詁、考據這種特殊的專業行為中去。訓詁、考據的歷史任務大體已經完成，少數不明之處，應留待少數專家去完成。

在解讀經典時要避免這種現象：脫離經典原義，蔑視經典，自以為是，以自己的主觀愛好決定對經典的取捨，以自己的主觀意見作為解經的依據。"夫使義理可以舍經而求，將人人垂空得之，奚取乎經學！惟空憑胸臆之無當于義理，然後求之古經，求之古經而遺文垂絕，今古縣隔，

---

4) ≪二程文集≫ 附錄卷上 ≪與方元寀手帖≫。
5) 程顥、程頤.二程集[M]. 中華書局. 1981.7:615。
6) 錢大昕、潛研堂文集·卷二十四·經籍纂詁序 [M]。
7) 錢大昕、潛研堂文集·卷二十四·世緯序 [M]。

然後求之詁訓，詁訓明則古經明，而我心所同然之義理及因之而明。"[8]　後人對宋代解經時出現的各種偏差，進行了批評。皮錫瑞說："宋以後，非獨科舉文字蹈空而已，說經之書，亦多空衍義理，橫發議論，與漢唐注疏全異。"[9]　錢大昕說："自晉代尚空虛，宋賢喜頓悟，笑學問為支離，棄注疏為糟粕，談經之家，師心自用，乃以俚俗之言詮說經典，……古訓之不講，其貽害於聖經甚矣。[10]

　　兒童讀經之時，不需要對經典語句進行抽象的講解，但是還是有最低要求的：一是認知每個漢字的字形，二是知道文言文中的每個漢字的準確讀音，三是明白每個漢字在語句中的字面意義。兒童的語言學習能力是很強的，可以將兒童的語言學習放在很高的起點上。兒童可以通過日常生活學白話文，通過經典誦讀學文言文。一雅一俗，二者互釋，共同推進。兒童通過讀經典來識字，可以認知每個漢字的本義和引申義，而且是將每個漢字放在一個有意義的結構中，放在顯透聖賢智慧的語境中，因而可以相應獲得人生的智慧與高尚的精神。由於對經典的解釋因人不同而可以呈現多樣化，因不同個體體證的深淺不同而出現理解難的深淺不同，許多經典語句傳達的是無可言說的精神，在解釋中出現繁瑣現象，在解釋中甚至會出現各種歧義，對於理解能力和人生經驗有限的兒童來說，以上種種現象會製造出重重迷障。因此，我們需要兒童以童真之心直面經典，自然可以穿過重重迷障。

三、體悟：

　　自清代以來，很多人講傳統文化，只是講傳統文化的事實，對於傳統文化的精神，即中華義理，極為輕視。儒家文化在喪失其內在的精神之後，必定走向衰落。必須注重文化之精神，而文化之精神，則必須通過體悟而獲得。必須用自己的心靈去體悟經典語句，才能領悟並接受經典語句所飽含的生命精神。一般的讀書活動，需要對書的內容進行理解。讀經則不同，誦讀之時，只需知道每個字的形、音、義即可。至於整句話的深刻含義，則必須在誦讀大量經典的基礎上，融會貫通，才能得到全面的理解與體悟；並且，必須隨著年齡的增長，隨著社會生活經驗的增加，才會有深刻的理解與體悟。

　　解經時必須運用體證為主，認知為輔的方法。注重"心解"、"心悟"，不拘於文字的限制，不過多糾纏於經文的繁瑣注解中，用自己的心靈去體會經文的精神內涵。體悟分有兩種類型：一種是

---

8) 錢大昕、潛研堂文集·卷三十九·戴先生震傳 [M]。
9) 皮錫瑞、經學歷史卷九 [M]。
10) 錢大昕、潛研堂文集·卷二十四·經籍篡詁序 [M]。

面對經典的體悟，一種是生活與工作中體悟經典。體悟必須同主體的修養結合起來，達到"自得"之目的。"義有至精，理有至奧，能自得之，可謂善學矣。"[11] 在體證經典文本時，要清除雜念，將自己的心靈調整到心如明鏡的空明狀態，進入到靈妙的虛靜狀態。如果經典的精神如果進不了你的心靈，那就說明你的心靈之中有許多雜念再起著阻礙的作用。如果要在一個杯子裏注入清水，必須先將杯中的污水倒掉。誦讀經典時，保持心靈的虛靜，專心致志，集中精力，直接面對經典。

對於經典語句，須有自己獨特的理解和領悟。在儒家經典的基礎上，依據時代的需要進行創新。我們不能說，所有的義理都已存在於經文之中，在經文之外，尚有許多義理，需要我們去探尋。章學誠說："夫道備於六經，義蘊之匿於前者，章句訓詁足以發明之；事變之出於後者，六經不能言，固貴約六經之旨而隨時撰述，以究大道也。"[12]

經典學習還有一個主次的問題：經典教育應當以儒家經典為主，其他諸子的經典為輔；聖賢經典為主，詩文經典為輔。一個人首先要讀儒家經典，確立了基本的價值觀之後，有了分辨能力和抽象思考的能力之後，再去讀道家經典、佛家經典。因為，道家經典及佛家經典講的是一些奧妙高深的道理，兒童時期難於理解，或者容易走偏。況且，道家經典及佛家經典的一些觀點同儒家經典是不同甚至是對立的，讓兒童面對不同的觀點，可能會導致他們無所適從，難於形成穩定的心理品質。聖賢經典與詩文經典相比較，聖賢經典是本，詩文經典是末。必須以聖賢經典為重，如果只背誦詩文經典而不誦讀聖賢經典，則是棄本逐末的行為。誦讀聖賢經典，體悟聖賢之道，才能理解並體會詩文經典中所蘊含的義理。否則，只能停留在表面文字層面，而不能體悟詩文中的精神。

四、集粹：

集粹就是將傳統文化經典的精華，按一定的主題、按一定的邏輯結構集中起來，有綱有目，有線索和要點，這樣才方便學習、理解、體悟與運用。按此原則，本人出版《中華義理經典》、《中華十大義理》二書，集中展示儒家文化精華。我們將儒家義理分解成許多思想主題，每個主題形成一個單元，每個主題之下，彙聚歷代思想家的思想片斷和經典語句，每一段時間的誦讀活動，必須圍繞一個鮮明的主題來展開。唯有這樣，才能讓人們形成一種明確的思想和認識。管仲有"四維"之說，包括禮、義、廉、恥。董仲舒有"五常"之說，包括仁、義、禮、智、信，宋代有"八德"之說，包括孝、悌、忠、信、禮、義、廉、恥。孫中山先生提出"新八德"，包括忠、孝、

---

11) 程顥、程頤·二程集 [M]. 中華書局. 1981.7:1189。
12) 章學誠、文史通義·內篇 [M]。

仁、愛、信、義、和、平。我們認為，儒家的核心價值是十大義理，即仁、義、禮、智、信、忠、孝、廉、毅、和。正確區分何為精華、何為糟粕的標準應當是：是否符合仁、義、禮、智、信、忠、孝、廉、毅、和十大義理，是否有利於人的素質提高與精神健康，是否有利於當代社會的和諧、穩定和發展。若是將精華作為糟粕，或將糟粕誤以為精華，"棄其糟粕，取其精華"則會產生適得其反的結果。

如果只批判傳統文化的糟粕，而不去弘揚傳統文化的精華，只能給民眾造成傳統文化一團漆黑的印象。驅除黑暗的方法是，點燃一盞燈。同理，驅除糟粕的正確方式是，弘揚傳統文化之精華。我們不能簡單地把文化經典的某些東西劃分為精華，而把文化經典的某些東西劃分為糟粕，這實際上是把文化經典作為純客觀的死的東西。任何文化經典的存在，都離不開活生生的人。文化經典中的許多理念，其本身不能單獨地被判定為精華或糟粕，而關鍵是看人如何去運用。例如，"仁"可運用為仁民愛物，也可能被運用為無原則的"溺愛"或不明智的東郭先生式的愛。"禮"可運用于培養人的良好的行為，也可運用為束縛人的封建枷鎖。

有人常常把文化經典同中國傳統社會混同起來，把中國傳統社會所存在著的一切醜惡，歸咎于文化經典。文化經典之所以有存在的價值，就是因為，文化經典所存在的社會中，存在著或可能存在著與此文化相悖的大量社會醜惡現象，文化經典就具有了矯正與批判的作用。我們可以從"病"與"藥"的關係來說明，"病"也就是社會中存在的一切醜惡現象，"藥"也就是文化經典的優良成分。新文化運動時期，對文化經典發起猛烈攻擊的是政治活動家和文學家，他們面對的是中國傳統社會的"病"的方面。由於他們沒有弄清楚"病"與"藥"的關係，所以，他們在攻擊傳統社會的"病"的同時，錯誤地將文化經典作為致病之源，而不是作為治"病"之"藥"。文化經典被拋棄了，"藥"被拋棄了，"病"非但不會痊癒，反而卻日益嚴重。

五、誦記：

通過反復誦讀，使經典語句進入到大腦中，牢記在心。眾多的經典語句進入到意識庫藏之中，成為人生思考的基本素材，轉化為人格，轉化為動機，成為行為的標準。讀經必須全篇或整段地誦讀、背記，而一般的書籍則只需記住要點就可以了。讀經可以集體誦讀，以相互感染；讀一般的書則只是個人進行。

經典的誦讀要持之以恆，對經典要終生奉讀。能夠背誦僅僅是最低要求。如果背誦之後，就置於一旁，那麼，所背誦的經典，也會從記憶中慢慢消失。在背誦之後，過一年半載，就要重新拿出來重新誦讀。同時，隨著年齡的增長，隨著社會閱歷的增加，對經典語句就會有越來越深的體會和理解。讀經要終生多遍反復地讀，而一般的書籍則在某一時讀一遍就可以了。

兒童13歲以前記憶力強，並處於"語言模仿期"，要利用這種優勢來設計學習。背誦經典是最適合兒童。同時，兒童的心靈處於空靈狀態，意識庫藏處於空白狀態，經典語句不會受到阻礙而能通暢地進入到意識庫藏中，在意識庫藏中也不會受到其他因素的排斥，而且，經典語句在此情況下具有"先入為主"的優勢，大量的經典語句能在意識庫藏聚集起來，形成主導的意識，並以這種主導的意識來對待、衡量、取捨、評判後來進入意識庫藏的資訊，對後來進入意識庫藏的資訊就會發揮過濾的作用，在其後社會生活中或閱讀中，大量的不良資訊就被拒斥，或者即使進入到意識庫藏中，也是處於被動的位置上。當一個人有了一定的成見和無明之後，經典語句進入意識庫藏之時，就會受到各種成見和無明的阻礙，甚至被排擠出來，如果進入到意識庫藏中，也會被各種成見和無明所壓制，或者與各種成見與無明雜處，不能在意識庫藏中形成一種力量。我們要用經典文化去同垃圾文化競爭，如果我們動作遲緩，不在兒童識字之初進行經典教育，當各種廣告語、影視劇臺詞、流行歌曲及各種文化垃圾充塞孩子們的大腦以後，我們很難將經典文化就很難進入學生的心靈中，或者進入心靈中去也會受到垃圾文化的抵制、壓制、歪曲。在一張白紙上，我們可以畫出美麗的圖畫，而如果紙面已經畫滿了亂七八糟的東西，我們就無法將一幅美麗的圖畫畫上去了。

背記與理解並不是對立的，而是並行不悖的，相輔相成的。特別是文化經典，如果要達到深刻的理解，就必須背記。通過背誦，不僅僅使某一經典語句進入到學習者的意識庫藏中，而且整個語境(該經典語句的上下文)也遷移至意識庫藏中。同時，通過對經典的廣泛背誦，也有其他與這一經典語句相關聯的許多經典語句，進入意識庫藏中。當我們對該經典語句進行理解和體證之時，意識庫藏中該經典語句的具體語境就在意識中全盤呈現，與此經典語句相關聯的大量經典語句就會浮現於大腦中，該經典語句在這樣的情形之下，才能得到正確的理解和深刻的體證，避免對經典語句有片面的、孤立的認識。經典語句是進行人生思考的基本材料，必須通過背記，將經典語句放進自己的大腦中，大腦才能運用這些材料展開思考，如果我們是把經典語句放在書本上，或者放在電腦中，經典語句是在我的心靈之外，我又如何能運用經典語句進行思考呢?當背記了一定量的經典後，以此為基礎就可以學習、理解、記憶大量的優秀著作。

背誦經典之時，因為經典所包含的深刻道理，是必須有一定人生經歷的人才能理解的。因此，我們對兒童只要求理解經典語句的字面意義，並在此前提下進行背記。經典僅僅是閱讀和理解是不夠的，閱讀經典，只會在自己的記憶中留下很淺的印象，在閱讀後的不久，這些經典語句就會從記憶中消失。經典背誦，是將一句句經典語句所載負的意義、精神及意象，納入背誦者的意識庫藏之中，在意識庫藏聚集起來，轉化為無意識，轉化為動機，轉化為人格，轉化為信仰。當人處於一個特定的境遇之中時，相關的經典語句就會在自己的意識中顯現，即出現"反芻"現象。相關的經典語句在此情形之下就會得到更深刻的理解。

當誦讀某一句經典語句之時，最低限度的要求是，同時讓學生背記這句經典語句的某字相當於現代漢語某個字，從而略知古文中的某句話相當於現代漢語的某句話，這樣誦讀者才會知道某句經典語句的大致含義。認識每一個漢字的本義和引申義，為提高中文水準奠定基礎。現代漢語的教學以詞為單位進行，對每個詞都要進行一番解釋，而現代漢語的辭彙量非常大，人們如果對構成辭彙的每個字的含義弄不清楚，對於出現的新辭彙，就難於理解。如果通過讀經，認識常用漢字的本義和引申義，以此為基礎，就可以相對容易地理解和識記大量的新辭彙。

誦讀經典之時，心、口、眼、耳同時並用，集中於經典上，可以培養學生的注意力。同時，經典誦讀可以調整人的心態，克服躁動不安的習性，達到"靜"態。"靜"的狀態是進入學習的最佳狀態。諸葛亮在《誡子書》中說："君子之行，靜以修身，儉以養德。非澹泊無以明志，非寧靜無以致遠。夫學須靜也，才須學也。非學無以廣才，非靜無以成學。"從生理的角度看，大腦的左右半球具有不同的分工。左半球是理性之腦，主管著言談、書寫、閱讀、計算、推理、排列、分析等行為。右半球是感性之腦，主管著直覺、時空感、想像力、創意、節奏、舞蹈、美術、記憶、情感等行為。在對經典誦讀之時，人的左右腦同時運動，左右腦同時得到鍛煉，學習效率得到提高。有人說，背誦經典太苦，與素質教育中提倡的快樂學習相背。其實，教育不可能完全實現快樂學習，必要的苦是要吃的。在背誦經典中，可以做到苦與樂相結合，我們可以設置各種場景，使用各種輕鬆愉快的方法，變換各種誦讀的方式。

有人說，讓兒童背誦經典語句，就是不能培養兒童的獨立思考能力。這種論調完全混淆了知識教育與人格成長的區別。在知識教育中，需要培養兒童的獨立思考能力。而在幼兒的人格成長中，我們有責任向兒童提供最有價值的精神營養。經典語句就是歷代思想家千錘百煉而形成的，是經過數千年的實踐而被證明為有價值的，經過現代研究者和教育者認真整理，取其精華，擇其精要，最後才奉獻給兒童。因此，兒童不需要再進行選擇過濾，只需接受即可。袁偉時先生認為，用《弟子規》《三字經》之類用來教育孩子，會束縛他們獨立人格的形成。我認為，《弟子規》《三字經》之類的書籍，向兒童傳遞最基本的道德意識和行為標準，促進兒童人格的形成。如果連人格都沒有了，還談什麼獨立人格？

兒童的心靈處於空靈狀態，經典語句不會受到阻礙而能通暢地進入到意識庫藏中，在意識庫藏中也不會受其他因素的排斥，而且，經典語句在此情況下具有"先入為主"的優勢，大量的經典語句能在意識庫藏聚集起來，形成主導的意識，並以這種主導的意識來對待、衡量、取捨、評判後來進入意識庫藏的資訊。在一張白紙上，我們可以畫出美麗的圖畫，而如果紙面已經畫滿了亂七八糟的東西，我們就無法將一幅美麗的圖畫畫上去了。

六、涵養：

一個人的道德品性，並不是由政治觀念形成的，也不是由抽象的道德概念塑造的。在天然良知的基礎上，大量的道德經典語句或民間話語存放在心中，進入到人的意識和潛意識之中，互相貫通，並在實踐中得以不斷強化，形成大量的、穩定的良性的心象群，形成一種心理定勢，此即通過涵養而形成品性。特別是在幼年時代，當潛意識還是一片空白的時候，大量誦讀經典語句的進入，就可以產生"童蒙養正"的效果。心理定勢和品性，可以暗中支配人的意識和行為，決定人的行為方向和思考方向。大量經典語句通過記憶放在意識庫中，每當你處於某一境遇之中，相關的經典語句就會從你的意識庫中浮現出來，作為一條條的準則或啟示，指導你如何去思考，如何去做。經典教育的成效就表現在道德品質與人文素質的提高上，如程子說："如讀≪論語≫，未讀時是此等人，讀了後又只是此等人，便是不曾讀。"[13]

必須進行雙重啟蒙：一是理性啟蒙，其主題是科學與民主；一是德性啟蒙，其主題是仁愛與和諧。春秋戰國時期的儒家思想，就開啟了德性啟蒙，同時，理性啟蒙也開始萌發。由於專制主義的發展及政治腐敗，至晚清時，德性啟蒙與理性啟蒙同時陷入困境。新文化運動是片面的運動，只注重理性啟蒙，而不重視德性啟蒙，甚至主張拋棄文化經典，給德性啟蒙以重創。康有為的君主立憲及孫中山的民主共和，均是將孔孟思想作為理性啟蒙的基礎，而新文化運動在宣導理性啟蒙之時，錯誤地將儒家思想樹立為理性啟蒙的對立面。

兒童由於心智發展及人格成長尚不成熟，無法判斷是非對錯，不知道下一步怎麼走。就如一個嬰兒坐在十字路口上，一邊是正道，一邊是沼澤和水井。作為家長，只能選擇經過千百年的實踐檢驗，證明是最有價值的經典，提供給他，把他引向正道。如果家長放棄引導的責任，兒童可能就會在各種不良書籍和社會歪風邪氣的引導之下，一步步地爬向沼澤，爬向水井。孟子說，當小孩子爬向井邊時，人自然就會產生惻隱之心。如果我們都有孟子所講的惻隱之心，就得趕快行動，最簡單的辦法，就是用經典來引導他走上正道。同樣的道理，一個成人也需要經典的引導走上正道，中華民族也需要經典引導走上正道。

七、信仰：

信仰即相信經典，並將經典所闡述的思想轉化為自己的信仰。經典的正確性，是經過上千年無數人的生命驗證，也經過歷代大儒和各類社會精英的認證，一個初學者，或者一個平民，尚沒有對經典提出置疑的能力，如果不以堅信的態度對待經典，而是用懷疑的眼光對待經典，他就不能分享經典的智慧。用自己的心靈去體悟儒家經文，才能領悟並接受儒家經文所飽含的生命精神。培養自我尊崇孔子及歷代聖賢之情，促進自我的內在善性得到充分的呈現，培養自我的道德良知，培養道德行為動機，培育內心信念。

精神價值就存在於經中，"通經明道"，"以字通詞，以詞通道"。讀經的目的就是"讀書明理"，

---

13) 朱熹 ≪論語≫序說。

通過讀經而明白義理。宋儒程伊川嘗謂："經所以載道也，誦其言辭，解其訓詁而不及道，乃無用之糟粕耳，覬足下由經以求道。"[14]　離開了經典，精神價值就成為憑空的想像和主觀的見解，喪失共同的原則與標準，流入空蕩之中。梁啟超在《國學入門書要目及其讀法》中談道："有益身心的聖哲格言，一部分久已在我們全社會形成共同意識。我既做這社會的分子，總要徹底瞭解他，才不至和共同意識隔閡。"

八、力行：

經典誦讀必須與現實生活結合起來，關注生活，面對現實，鼓勵並正確引導學生參與各種社會實踐，在文體活動、勞動、科學活動、社會活動、家庭生活、民俗活動、社會交往中，提供給學生良好的行為規範，培養學生的道德行為習慣和道德行為能力。當經典語句融入學生的人格和品德之中，就會轉化成學生的行為的動機和行為的有效指導，經典語句在人生道路的每一個路口上，都有細緻而明確的指導。經典語句的精神，通過行為表現出來。

當經典語句進入到自己的心靈中，就潛化為內在的品格與行動準則。每當你處於某一情景之中，與此情景相聯繫的經典語句就會呈現于自己的心靈之中，引導意識的方向，為在此情景中的行為提供了價值取向和行為指南。如果不經過熟讀背誦，沒有大量經典語句儲存于自己的心靈之中，當人處於某種境況之中時，就會不知所措，在此情形之下，人們也不可能臨時去翻閱經典，從經典中去尋找可以解決當前問題的指導性意見。經典語句在人生道路的每一個路口上，都有細緻而明確的指導。

學習經典，必須以經世致用為目的。清儒李慈銘曰："遊藝本乎志道，致用原於通經，兩漢之間，儒者治經，皆以經世，若以禹貢治水，春秋折獄，詩三百五篇當諫書，六經之文，無一字不可發於政，見於事。"[15]　我們在現實社會中學到的東西，都是功利性、世俗性、技術性的東西，而理想性的精神與思想則很難在現實生活中呈現出來，經典教育可以在世俗世界之外創造一個理想世界。人必須有兩個世界：一是世俗世界，一是理想世界。一個人往往是用理想世界的精神與價值，來提升世俗世界，轉化世俗世界，使世俗世界不至於在惡欲的牽引下沉淪下去。《禮記·學記》："雖有嘉肴，弗食，不知其旨也。雖有至道，弗學，不知其善也。是故學然後知不足，教然後知困。知不足，然後能自反也。知困，然後能自強也。故曰：教學相長也。"傳統典籍文化中的思想與中國歷史和現實中存在的行為與意識，並不是存在著正比關係。有一種情況是，傳統典籍文化中的思想，是歷史與現實中真實存在的反映；另一種情況是，傳統典籍文化中的思

---

14) 程顥、程頤　《二程全書·與方元寀書》。
15) 李慈銘　《紹興東胡書院通藝堂記》。

想，剛好是歷史和現實中不存在或較少存在，而又迫切需要的行為與意識，或者是，在歷史和現實中存在著與經典思想相反的現象。正如，在封建時代，存在著"吃人"現象，所以孔子儒家才宣導"仁者愛人"的思想，而有人卻將"吃人"現象歸咎於儒家，就是犯了將經典文化等同與現實文化的錯誤。經典的真正價值，就在於社會中存在大量弊端，人性中存在大量的缺點，必須運用經典的智慧與精神來解決。

承传、发展与创新
— 南洋孔教会对新加坡儒家文化发展的推动 —

郭文龙 | 新加坡南洋孔教会会长

一、新加坡儒家文化发展概况

新加坡儒家文化随着华人南来开始传播，后来华文学校、华文报社、文化社团逐步出现，成为弘扬儒家思想的重要阵地。1982年开始，新加坡政府决定在中学三、四年级开设《儒家伦理》课程，同时也创立东亚哲学研究所，推动儒学的研究。但由于《儒家伦理》课程是与多个宗教课程一起作为道德教育的必修科目，引起敏感。1990年开始，这一段儒家文化热潮画上了一个句号。从民间团体来看，儒释道三教结合使宗教团体对儒家文化的传播起了一定作用，而南洋孔教会等儒家文化社团则作出了更为重要的贡献。

二、南洋孔教会的历史

南洋孔教会（原名实得力孔教会）由新加坡中华总商会董事发起成立于1914年，1949年更名为南洋孔教会，有九位中华总商会会长担任过孔教会的会长或理事。孔教会曾为香港孔圣堂捐款，举办讲经会、座谈会、中国文物展，并出版了多种有关孔子思想的书籍，从1967年到1990年还举办了十八次的儒学征文比赛，1985年台湾孔孟学会捐赠给南洋孔教会一座高大的孔子铜像，树立在新加坡的裕华园。

三、南洋孔教会发展现状

2007年，第三十届董事会以对传统文化的满腔热情揭开了孔教会新篇章。每年举办规模盛大的孔诞庆典，2010的庆典于10月4日举行，邀请了新加坡四个主要的儒学团体联合举办，促进了儒学界的大联合。第二天新加坡的《联合早报》《海峡时报》都作了详细的报道。

孔教会还举办了"孔孟文化朝圣之旅",也主办了一系列讲座,回应当今社会的问题,如 "永远的孔子", "孔子思想与当今社会"、"中华文化的生死智慧"、"文明与暴力,何去何从?"、"横渠四句与儒家真精神"、"推广≪弟子规≫加强道德教育"、"孙中山的三民主义与儒家思想"等,都取得了良好的反响。也开设了如≪论语≫、≪孟子≫、≪大学≫≪中庸≫导读、"中华文化通识教育"、≪弟子规≫师资培训班等课程,并成立了孔教会青年团。

四、孔子基金会的创立与未来发展

南洋孔教会设立的"新加坡孔子基金会"将支持大学中文系的学生修读中国哲学尤其是儒家思想,并资助中学生到中国浸濡。也将以孔子大学堂的名义来举办国际儒学研讨会和讲座,邀请世界知名的儒家学者前来新加坡讲学。

五、结语

具有96年历史的南洋孔教会坚持弘扬儒家思想,继承先辈们的遗志、不断创新和发展。现代人类社会面临着重大的危机,儒家思想能为化解危机提供思想资源。希望大家一起努力,共同来参与这场伟大的文化复兴运动,回归传统,回归正道!

承传、发展与创新

— 南洋孔教会对新加坡儒家文化发展的推动 —

郭文龙 | 新加坡南洋孔教会会长

一、新加坡儒家文化发展概况

一百多年前，随着华人的不断移民南来，新加坡也开始有了儒家文化的传播和发展。最初南来的华人受教育水平大多数不高，但在中国生活成长的环境使得他们受到儒家伦理道德的耳濡目染，他们内心拥有强烈的忠孝仁义等价值观，往往都在生活中身体力行地展现。由于华人不断增多，华文学校、华文报社、文化社团、宗乡会馆逐步出现，成为讲授和弘扬儒家思想的重要阵地。早期新加坡儒家思想的传播和发展也在很大程度上受到了中国国内社会文化和政治发展的影响。在狂飙大发的五四新文化运动和文革时期，新加坡的华人社会也受到一些负面的影响，出现了对儒家思想的批判。

直到上个世纪80年代之前，儒家文化主要是在华校中小学和宗乡社团，以及大学中文系的儒学讲习研究中承传发展。从1982年开始，新加坡政府决定在中学三年级和四年级开设《儒家伦理》课程。当时政府主导着儒家文化的发扬，包括儒学课程教材的编订、儒学师资的培训，全社会热烈讨论儒家思想，以至创立了东亚哲学研究所，邀请世界各地的儒家学者前来讲学，推动对儒学的研究、著述与传播。但是，因为《儒家伦理》课程是与多个宗教课程一起作为道德教育的必修其一的科目，而多个宗教课程后来互有敏感，以至从1990年开始，《儒家伦理》课程与其他宗教课程全都由必修其一改为选修课。而东亚哲学研究所也于1992年更名为东亚政治经济研究所，把研究重心从儒家思想转向政治与经济领域，于是一段由政府推动风起云涌地讲习儒家的文化热潮便逐渐冷却下来。

此后，推广儒家文化发展的工作便又重新回到民间。由民间的文化团体、会馆等来担当，尤以儒家社团扮演重要角色。包括南洋孔教会、新加坡儒学会、儒学研究会、东亚人文研究所等社团致力于举办讲座、研讨会、出版刊物，都为儒家文化的传播作出了重要贡献。

以上是一个简要回顾，欲知详情，请参阅儒学研究会编的≪儒学研究会成立纪念特刊≫、苏新鋈教授的≪儒家思想近十五年来在新加坡的流传≫、何子煌博士≪新加坡"儒家伦理"教育概况≫、林纬毅博士≪新加坡儒学在体制内的流传≫、徐李颖博士≪从花果飘零到香火鼎盛——新加坡儒教在民间的三种模式≫等。

二、南洋孔教会的历史

新加坡历史最悠久的儒家社团是南洋孔教会(原名实得力孔教会)。1898年康有为的维新变法虽告失败，却影响中国掀起了孔教复兴运动。1912年，康有为的弟子陈焕章博士在上海创立孔教会。各省市也纷纷设立分会，接下来海外各地也相继成立了孔教会。1914年，新加坡中华总商会董事林文庆、陈延谦等发起成立了实得力孔教会。(当时的新加坡属于英国海峡殖民地，实得力三个字即是英文Straits一词的音译)孔教会的会所设在中华总商会。当时总商会会员大多数是孔教会成员，孔教会的第一任会长就是当时中华总商会的会长廖正兴。此后还有八位中华总商会会长，林秉祥、陈德润、薛中华、林义顺、薛武院、李伟南、林庆年、和李光前，先后担任过孔教会的会长或理事。他们都是当时的华社领袖，热心公益事业和传统文化的传播。1923年为香港筹建孔圣堂募捐，捐出三万三千多元叻币，相当于今天的千万新币。1933年中华总商会还发公函给商号会员，号召每逢农历八月二十七日的孔子诞辰，大家放假一天纪念庆祝。当时的孔教会还不断邀请许多儒家学者开设讲经会，反应热烈。

1942年日军侵占新加坡，实得力孔教会的会务被迫中断。战后，会务逐渐恢复。1949年，实得力孔教会更名为南洋孔教会，并将会所迁入南洋圣教总会会址，由郑振文博士担任会长。孔教会后来几任会长林庆年、杨瓒文、蔡多华、黄奕欢、盛碧珠都是新加坡家喻户晓的先贤，为弘扬儒家思想作出了重要的贡献。也出版了多种有关孔子思想的书籍，并从1967年到1990年举办了十八次的征文比赛，题目都是儒家思想与现代社会有关的一类，如"孔子思想有助于培养国家意识"，"爱国与孝亲"等等。比赛每次都吸引到国内、港台以及东南亚国家的社会人士来参赛。1985年台湾孔孟学会捐赠给南洋孔教会一座高大的孔子铜像，当时的会长黄奕欢捐资处理，使能安稳地树立在新加坡的裕华园。在1982年起的80年代里，由于政府提倡儒家思想，盛碧珠会长领导下的孔教会也配合整个大环境多次主办座谈，谈"儒家思想与优雅社会"、"孔子的教育精神"等课题。后来盛会长还编撰了一本难得的≪孔圣降生二五四五周年纪念 南洋孔教会成立八十周年纪念 双庆特刊≫，记述了孔教会的历史。

三、南洋孔教会发展现状

2007年，第三十届董事以满腔热情揭开了孔教会新的篇章。新一届董事会继承孔教会每年举办孔诞庆典的传统，从2007年至2010年每年都举办规模盛大的庆典活动，出席的嘉宾都是来自社会各界的精英，他们都对孔教会坚持不懈发扬儒家思想赞赏有加。2010的孔诞庆典于10月4日举行，邀请了新加坡儒学会、儒学研究会、儒商学会、东亚人文研究所四个主要的儒学团体联合举办，促进了新加坡儒学界的大合作。庆典中还举行了孔教会青年团成立仪式、孔子基金会成立与捐款仪式。第二天新加坡的《联合早报》《海峡时报》都对此次孔诞庆典和孔子基金会的设立作了详细的报道。新加坡南洋孔教会设立的"孔子基金会"将支持大学中文系的学生修读中国儒家哲学，并资助中学生到中国参加文化浸濡活动："明日领袖"锻炼营。并在主要的华文报章"联合早报"上开辟专栏，长期刊登儒家经典语录。郭文龙会长带头捐出新币壹佰万元设立孔子基金会，希望能起到抛砖引玉的作用。

2008年孔教会还举办了"孔孟故乡文化之旅"，组团去曲阜和邹城朝圣，重温圣人的事绩，继承圣人的精神。

几年来孔教会还主办了一系列讲座，用儒家思想和传统文化智慧回应和解答当今社会的问题，如"孔学系列讲座"（五讲），包括："孔教对生命的安顿及其宗教性"、"孔子的教育理论"、"孔子的经政理念""孔子思想与伊斯兰价值观"、"永远的孔子"，还举办了"孔子思想与当今社会"、"中华文化的生死智慧"系列讲座、"文明与暴力，何去何从?"系列讲座、"横渠四句与儒家真精神"、"儒学的宗教化、印尼化 —— 兼谈华人文化传承的机制与途径"、"推广《弟子规》加强道德教育"、"孙中山的三民主义与儒家思想"等讲座，都取得了良好的效果，吸引了大量听众。

我会也开设了系列课程，如 "《论语》导读"《孟子》导读、《大学》《中庸》导读、"儿童诵读经典班"、"孔子的智慧"课程、"中华文化通识教育"、《弟子规》师资培训班等。

结语

具有96年历史的南洋孔教会在新加坡这个多元种族、多元文化的社会中，坚持弘扬儒家思想，继承先辈们的遗志、不断创新和发展。无论社会环境如何变迁，无论遇到多大困难，一直担当着自己的文化使命，默默耕耘，不言放弃。现代社会的道德伦理正面临着重大的危机，儒家思想能为化解危机提供思想资源。现在历史给了我们一个大机遇，希望大家一起努力，共同来参与这场伟大的中华文化复兴运动，拨乱反正，回归传统，回归正道！

中国大陆儒学普及工作的现状与前景

张 践 | 人民大学继续教育学院教授

一、儒学普及工作的形式与成果

由于当前儒学普及工作尚未纳入政府统一管理，民间组织和一些地方政府机构往往是根据自己的认识制定本部门、本地区的计划，故儒学普及的形式和成果也就显现出百花齐放，百家争鸣的特点。其具体形式有：（一）学校，国内对于中小学生的儒学普及教育，是从90年代起步。首先是一些有识之士，利用科研课题、民间公益活动等形式，依靠一些教育部门主管和中小学校长的支持开展起来。（二）书院，书院是中国古代一种独特的教育机构，是古代儒者在官办教育机构之外兴办的一种研究讲习场所。退出历史舞台已久的书院在中国各地正以方兴未艾之势"复活"。（三）学会，目前中国大陆影响较大的研究传统文化的学会有：国际儒学联合会、孔子基金会、炎黄文化研究会会、中华孔子学会、中国哲学史研究会、中国伦理学研究会等等，在这些全国性的学会以下，还有一些省级、市级的学会。他们以不同形式开展儒学普及工作。（四）国学堂，以"企业家国学堂"为主要形式的"学堂"，是当代儒学传播的又一种重要形式，其性质多少有些近似于书院。（五）政府，当代一些地区的政府已经充分认识到传统文化作为建设和谐社会、和谐世界重要的精神资源价值，在不同地方、不同程度上推动儒学普及工作。

二、儒学普及工作中存在的问题

尽管大陆儒学普及工作在很大范围内展开，但是由于诸多的历史、现实问题，儒学普及工作仍然存在着很多问题，具体表现为：（一）合理性，所谓合理性问题，就是人们对儒学在当代社会积极价值的认识，这个问题尚未全部得到解决。有人认为：普及儒学就会动摇马克思主义在意识形态上的主导地位。有人认为：儒学是两千多年前的东西，很难与当代社会的科学技术，民主法治结构相结合。（二）体制性，历史上儒学的传播和普及主要是由政府主导的学校进行的。当前社会政府尚未把儒学教育列入国家规范的教育体系，上述所有儒学普及工作，都还处于体制外运行阶段。（三）系统性，由于体制化问题没有得到解决，必然就会造成从事普及儒学的单位各行其是，使得儒学教育参差不齐。（四）科学性，当前大陆的儒学普及工作，大多处于自发阶段，即往往是各界有识之士出于自身对于传统文化的体认，凭借自己的理解进行传播。这些理解有些正确，有些就不一定正确了。

三、儒学普及工作的前景与任务

基于我们对于儒学普及工作中问题的分析以及对于当代中国社会发展前景的预测，笔者认为未来中国儒学将会有更大的发展前景。（一）儒学的复兴将逐渐成为全社会的共识；（二）儒学教育逐步进入正规教育体系；（三）社会各界分门别类进行补课；（四）进一步争取各级领导的支持。

中国大陆儒学普及工作的现状与前景

张 践 | 人民大继续教育学院教授

当代中国经济高速发展，社会急剧转型，再加之全球化造成的世界文化大交融，大大加速了中国自"五四"以来就一直存在的文化认同危机。价值紊乱、诚信缺失、心态冷漠、人伦失范等等问题，都与中国现存文化体系价值缺失有关。近代以来，一代又一代具有远见卓识的文化人，呼吁国人重视自己的文化传统，重建国民的精神家园。这一呼唤终于得到社会多数人的认可，在现代化逐步实现，民族经济腾飞的今天得以实现。儒学这一中国人传承千百年的精神支柱，重又走出学者的书斋，回到人民群众的生活中。儒学普及工作自上个世纪90年代开始，在大陆各地逐渐发展起来。

一、儒学普及工作的形式与成果

国际儒学联合会是一个民间组织，没有能力对全国的儒学普及工作进行精确统计，只能凭借我们自己的经验积累，对其进行定性的描述。由于当前儒学普及工作尚未纳入政府统一管理，民间组织和一些地方政府机构往往是根据是自己的认识制定本部门、本地区的计划，故儒学普及的形式和成果也就显现出百花齐放，百家争鸣的特点。对于同一对象，可能有不同的组织对其进行普及工作，而同一组织又可能对不同的对象进行传播；对于同一对象可以使用不同的载体，同一载体可以面对不同类型的公众。因此对儒学普及工作的分类是十分困难的，一定程度的交叉难以避免。我们按照从事普及工作的组织对儒学普及的形式及其成果进行分析。不过有一点必须指出，由于中国社会的高度组织性，任何类型的普及工作，都必须得到政府的批准，至少是他们的认可。

（一）学校

儒学就其本意而言，是一种修身立德的成人之道，它的对象应当是全体人民。但是它发挥作用的最佳对象，应当是人生观、价值观、世界观形成时期的青少年，所以学校就是儒学普及的主要阵地。这一点国际儒联会长叶选平在第一次普及工作谈会上就已经明确指出："当前值得重视的是，普及其中修身做人的哲理，因人施教，亡羊补牢，着重对'从学'年龄人群的道德品质教育。"（叶选平：《在第一次入学普及工作座谈会闭幕式上讲话》《国际儒联第一次普及工作座谈会专辑》）

国内对于中小学生的儒学普及教育，是从90年代起步。首先是一些有识之士，利用科研课题、民间公益活动等形式，依靠一些教育部门主管和中小学校长的支持开展起来。例如清华大学思想文化研究所的钱逊教授，利用各种讲座的形式，在北京及全国的中小学中进行儒学普及工作。北京东方道德研究所的王殿卿教授，从1994年开始，利用"中华美德教育"的形式，在全国各地的中小学进行儒家思想教育的试点活动。他们把儒家的道德体系概括为忠、孝、诚、信、礼、义、廉、耻"八德"，在中小学生中开始了儒家思想教育的试点。当时感到最大的困难是师资的缺乏。自1905年清廷废除科教，系统化的儒学教育正式停止。1915年进行"新文化运动"以后，国人大量使用白话文，古文逐渐退出了国人的视野。而儒家思想的载体大多是古文的，不要说其思想内涵对于今人具有一定的难度，就是文字也使很多老师难以把握。为此，2005年由国际儒学联合会，香港中文大学新亚书院，北京东方道德研究三家联合举办了"儒家经典读书班"。读书班由国际儒联和新亚书院资助，东方道德研究所承办，学员免费听课，并供应餐食。读书班的师资由国际儒联推荐，钱逊教授、郭沂研究员、陈升教授担任教师。学员每月一次集中，学习了《论语》、《孟子》、《中庸》、《大学》，两年后毕业，学员深感收获巨大。2007年第一期学员毕业后，又举办了第二期师资培训。这些教师以北京地区为主，也有其他地方的教师。同时借"东亚公民道德论坛"的形式，在河南新乡、四川宜宾、北京大兴、浙江金华等地举行了四次会议，会议期间聘请与会的学者，同时给参加会议的中小学教师进行授课。这批教师回到自己学校后，就成为儒学普及的种子，把儒学文化的知识传播给学生。

冯哲先生创办的"四海儿童经典诵读中心"，则是完全利用民间力量在学校开展儒家经典诵读活动的形式。他们于1999年开始发起"儿童经典诵读工程"，举办儿童经典诵读班，利用每周六下午2点至4点的时间，组织儿童开展经典诵读活动。同时他们也争取到一些中小学校长的支持，把自编的一些经典选编送进学校，利用晨读的时间教给学生。2002年他们创办"经典导读书店"，发行儒家经典教材，为家庭、社区、小学、幼儿园的读者服务。2004年他们创办"四海童子园"，成为一家从儿童抓起的儒学教育试点形式。四海经典导读中心的运行模式是以商业活动为基础的，但是他们优良的教学质量，还是得到了社会的认同，在北京市产生了很大的影响。

各种民间自发的儒学普及活动形式还有很多，这些活动的最终结果，就是影响了教育部门的领导、学校中的校长、教师对儒学普及工作的重视。当儒学普及的必要和迫切性成为教育部门领导的认识时，儒学普及工作便会在更大的范围，更深的层次展开。山东省莱西市教育体育局局长张为才，是一位对于儒学普及工作有坚定信仰的领导干部，当他充分认识到儒学普工作对于教育下一代的意义后，就坚决地推行到全教育局管辖下的130所初中、小学去。从2004年开始试点，2005年全面铺开，一直坚持到2009年。几年的时间内，莱西市的中小学，普遍开展了以儒学为主的国学教育。小学低年级以《弟子规》、《三字经》、《百家姓》、《朱伯庐治家格言》、《笠翁对韵》等蒙学读物为主，高年级则增加了《论语》、《孟子》、《老子》、《荀子》等语录。到了中学阶段，则学习《四书》《孝经》《易经》的部分内容，使青少年从小得到优秀传统文化的滋养。在儒学普及工作开展的过程中，莱西市教育局坚持"三不"的原则，即不增加家长的经济负担，不增加学生的课业负担，不增加教师的教学负担。经典诵读不仅是知识的传播，更重视对于学生思想品德的修养，倡导知行合一，鼓励学生读、做结合。把学习儒家经典变成学生孝亲、敬老、守礼、爱国的实际行动。坚持数年，学生影响家长，家长影响社会，莱西的整个社会风气都产生了很大变化。

广州城市职业学院则是在大学生中进行儒学普及工作的典型。2006年，原深圳市副市长，国际儒学联合会普及委员会副主任吴小兰女士到这所学院开办国学讲座，引起了院长李训贵教授的重视。她当即决定成立国学研究所，亲任所长，指导全院开展国学教育活动。广州城市职业学院开展国学教育的形式，是把国学教育的内容列入学校的必修课，共18小时，其中一半理论课，讲授《论语》、《孟子》等儒家经典，还请校外专家开设国学讲座，向同学们传授国学知识。另外一半时间则开设茶艺、书法、国画、古琴、陶瓷等国学实践课，熏陶学生的国学情怀。这样理论与实践相结合的课程设计，极大地调动了学生学习儒学积极性，使古老的国学鲜活起来，使学生们从怕国学到爱国学。目前，国内不少大学都在不同程度上开展了国学教育，大多列为学生的选修课。其中中国人民大学、山东大学、四川大学、厦门大学开设了国学院，进行系统的国学教育。清华大学、北京大学、中国政法大学等成立了国学研究院，各校的国学普及教育各具特色。

（二）书院

书院是中国古代一种独特的教育机构，是古代儒者在官办教育机构之外兴办的一种研究讲习场所。书院萌芽于唐，兴盛于宋，延续于元，全面普及于明清，延绵1000余年，对我国古代文化教育、学术思想和儒学的普及产生过巨大的影响。近代以来，由于西式教育方式的采用，书院逐渐退出了我国的教育领域。上个世纪九十年代以来，随着中国经济的逐步起飞，作为中国古代文化主体的儒家学说也出现了回归的迹象。特别是在当代教育仍然没有把儒家经典纳入教育体系内部的情况下，书院文化在民间悄然勃兴，成为一种普及儒家文化的重要形式。退出历史舞台已久的书院在中国各地正以方兴未艾之势"复活"：山东泗水有尼山圣源书院，太湖之滨有南怀瑾的"太湖大学堂"，陕西有"白鹿书院"，贵州有"贵山书院"，北京则有"中国文化书院"，珠海有"平和书院"，长沙的"明伦书院"，株洲则有"龙潭书院"等等。这些书院形式多样，办学模式不一，有的以企业家为对象，属于商业模式运营；有的以青少年为对象，属于公益行为；有的以社区为对象，开展文化活动。总之，都是把以儒学为主流的国学作为传播的主要内容。

（三）学会

在中国大陆存在大量研究传统文化的学会，在儒学受到批判的年代，这些学会以研究的名义，保存了儒学的血脉。当社会形势发生变化以后，这些由学者组成的学会，开始成为普及儒学的有生力量。目前中国大陆影响较大的研究传统文化的学会有：国际儒学联合会、孔子基金会、炎黄文化研究会会、中华孔子学会、中国哲学史研究会、中国伦理学研究会等等。在这些全国性的学会以下，还有一些省级、市极的学会，如浙江省儒学研究会、广西省儒学会、陕西省孔子学会、株洲市儒学会等等。

国际儒学联合会在会长叶选平先生的积极倡导下，于2007年6月9日召开了第一次普及工作座谈会。国际儒学联合会的宗旨是：研究儒学思想，继承儒学精华，发扬儒学精神，以促进人类之自由平等、和平发展与繁荣。叶会长指出："研究和普及这两个方面，我认为普及更带有根本性。"为了贯彻叶会长的意见，儒联成立了儒学普及工作委员会。在儒联领导的正确指导下，我们在2008年召开了第二次儒学普及工作座谈会，在2010年召开了第三儒学普及工作座谈会。这三次普及工作座谈会，为全国各地从事儒学普及工作的学者、社会活动家、教师提供了一个交流的平台，大家共同探讨儒学普及工作的经验，思考普及工作道路上的困难，寻找解决问题的方法，产生了很好的社会作用。此外国际儒联与香港大学新亚书院联合举办了四次"东亚公民道德论坛"，每一次都与师资培训班结合举行，产生了双倍的效益。在国际儒联副理事长赵毅武先生的支持下，成立了国际儒联讲师团，目前已经与天津市河西区教育局联合举办了中小学师资的国学培训班。

地方上的一些儒学研究会也因地制宜，利用自己的现有资源，努力开展儒学普及工作。如浙江省儒学会，主办了"儒学天地"杂志，刊登儒学研究文章，向各界人士介绍儒学研究、普及工作动态。开办"浙江人文大讲堂"，向社会各界人士普及传统文化知识，宣传儒学。在《三字经》的作者王应麟的家乡宁波市鄞州区，在一些小学开展儿童读经的活动，促进了小学生的儒学普及。广西省儒学会在桂林开办孔子学院大成班，现有学生500余名，分成15个教学班，在学校中开展儒学普及教育。株洲市儒学会，在2008年成功举办了《论语》进万家活动。会长童心和副会长萧童，二人本来是株洲电视台的记者，但是他们辞去了原本令人羡慕的媒体生涯，在民间开展儒学普及工作。拉赞助，搞活动，在资金紧张时，甚至把自己的房子抵押出去，其赤诚之情令人感动。

(四) 国学堂

以"企业家国学堂"为主要形式的"学堂"，是当代儒学传播的又一种重要形式，其性质多少有些近似于书院。当代中国社会对儒学的需要和渴求不仅限于青年人，一些事业有成的企业家，当他们需要加强企业管理，探讨人际关系、增加人生智慧的时候，国学给了他们巨大的精神资源。北京大学乾元国学堂最为著名，其余清华大学、中国人民大学、北京师范大学等著名高校，都利用校内教师资源，举办学制二年、一年、数月不等的国学讲习班，为企业家讲解国学中的管理知识。此外，还包括大量的人生知识，极大地丰富了他们的精神世界。北京汇通汇利技术开发有限公司董事长胡小林，因参加净空法师在其家乡安徽省庐江县汤池小镇举办的中国传统文化传播中心的教学活动，对≪弟子规≫深有体会。他们把≪弟子规≫中的儒家人学应用到企业管理中，处理好企业内部领导与群众的关系，企业外部与竞争对手的关系，从而构建了一种和谐的企业文化环境，不仅使企业盈利，而且也使得企业中人人心情舒畅，精神境界得以提升。

北京市的"一耽学堂"，则是另一种形式的儒学普及组织。企业家国学堂一般都是以营利为目的的商业行为，而一耽学堂创办十年，则始终坚持公益为主的形式。一耽学堂总干事逄飞从北京大学哲学系毕业后，一直以传播儒学为己任，并且坚持公益的原则，不向学习儒学的群众收取任何费用。他们以在公园组织群众晨读、在大学校园组织学生晨读，举办公益国学讲座等等形式为主，把儒学普及坚持了十年，实在难能可贵。在全国类似的儒学普及组织还有一些，都产生良好的社会反映。

(五) 政府

当代中国政府已经充分认识到传统文化作为建设和谐社会、和谐世界重要的精神资源价值，在不同地方、不同程度上推动儒学普及工作。根据我们掌握的资料，有这样一些突出的典型。北京市怀柔区精神文明办公室和山东省武城县政府，不约而同地把精神文明建设当成了儒学普及的突破口。北京市怀柔区和山东省武城县的经验表明，社会主义核心价值观、社会主义荣辱观、社会主义公民道德、职业道德、家庭美德、个人品德的教育，都需要与中国传统文化相结合。他们从传统文化教育——儒学中寻找突破口，用中华传统文化教育人，用中华民族的诸多优秀美德影响人，不仅仅是加强未成年人的思想教育，而且是全民总动员，全面参与，共同学习，打造一个全区诵经典，扬美德，促和谐的局面。怀柔和武城的经验说明，社会主义精神文明建设过程，也是马克思主义与中国传统文化相结合的实践过程。换句话说，社会主义精神文明建设应该成为马克思主义与中国传统文化相结合的最佳结合点。

机关干部学习儒学经典，已经开始成为一种风尚。随着时间的发展，很多领导干部已经认识到传统文化中蕴藏的大量治国理政的精神资源，主动学习儒家经典。中央党校、北京市委党校都开设了国学讲座，要求参加学习的领导参加。重庆市委编写了领导干部口袋书，其中相当一部分属于儒家经典。薄熙来书记亲自为这套口袋书题写序言，鼓励全市干部认真学习。

海南省司法局监狱管理局，把以《弟子规》为主的儒家经典引入监狱，先对从事监管工作的司法干警进行教育，然会再由这些干警对被监管人员进行教育，产生了意想不到的效果。过去我们的监狱都是用法律、政治对服刑人员进行教育。这样的教育虽然有强化法律的作用，可以防范人们犯罪，但是却缺乏道德的感染力，无法触及他们的心灵，使他们自觉不犯罪。优秀的传统文化遗产，注重以人为本，无论是孝悌忠信，还是礼仪廉耻，都是做人的根本。特别是孝道的教育，直接触及了服刑人员心灵中最脆弱、最敏感的部位。"身有伤，贻亲忧，德有伤，贻亲羞"，各种犯罪行为就是对父母最大的伤害，就是对父母最大的不孝。海南监狱管理局的经验，得到了司法部的肯定，被中央电视台法制频道报道，在全国许多地方的监狱得到推广。

中央电视台等媒体，也成为当代中国儒学普及的重要工具。于丹、易中天等学术明星的出现，极大地丰富了人民的精神生活。尽管他们的某些学术观点可以商榷，但是他们在普及儒学方面的贡献是有目共睹的。

二、儒学普及工作中存在的问题

尽管大陆儒学普及工作已经在很大范围内展开，但是由于诸多的历史、现实问题，儒学普及工作仍然存在着很多问题，具体表现为：

（一）合理性

所谓合理性问题，就是人们对儒学在当代社会积极价值的认识问题。中国共产党第十七次全国代表大会报告指出："弘扬中华文化，共建中华民族共有的精神家园"，这是历次共产党的代表大会，对优秀传统文化最高的评价，也给了儒学普及工作极大保证。但是在许多从事意识形态、教育等工作的领导干部心目中，其认识未必都能够统一到中央的认识上来。有人认为：普及儒学就会动摇马克思主义在意识形态上的主导地位。有人认为：儒学是两千多年前的东西，很难与当代社会的科学技术，民主法治结构相结合。特别是一些长期从事中国近现代史研究的学者，反帝反封建的革命历史，使他们更多感受到的是儒学曾经产生的负面作用，因对于当年批判儒学的历史人物的高度肯定，使他们自己在思想上很难转弯再次肯定儒学。

当代中国，许多重要的社会变革，都是需要通过各级政府的领导才能得以实现。上述各方面儒学普及工作的成就，都来源于某些地方领导同志的文化自觉，但并没有变成全党全国各级政府的普遍行为。其中的差异，就在于领导干部认识上的距离。就总体情况而言，中国目前儒学文化的普及，仍然是少数地方、部门、学校的行为，尚未成为全社会的自觉。

（二）体制性

儒学普及工作当前急需解决的另一个重要问题是体制性问题。历史上，儒教不同于佛教、道教，它没有独立于政治权力机构的教团组织，没有独立于宗法家族的经济基础，所以儒学的传播和普及，主要是由政府主导的学校进行的。当前社会政府尚未把儒学教育列入国家规范的教学体系，那么上述所有儒学普及工作，基本上都还处于体制外运行阶段。既然是体制外运行，那么人力、物力、财力等等问题，都是没有制度保证的。一些多年从事儒学研究的学者参与普及工作是出于对自己事业的热爱，一些进行民间普及的热血青年是出于对于社会负责的公益精神，一些大力赞助儒学普及工作的企业家是出于社会的良知，一些进行商业运作的教育机构则是出于盈利的动机，一些领导干部普及儒学是出于净化社会精神的考虑，另一些干部则难免有急于创出政绩的心理……如此等等，不一而足。尽管其间有许多人物的热情和持久值得敬佩，但是如果一个社会性的文化建设仅仅停留在民众热情的阶段，则很难长期维持。而且缺乏统一的领导，儒学普及工作各唱各的调，也难免鱼龙混杂，出现一些背离儒学精神的现象，不仅误导了群众，也给反对儒学的人以批评的口实。

（三）系统化

由于体制化问题没有得到解决，必然就会造成从事普及儒学的单位各行其是，使得儒学教育参差不齐。以学校教育为例，目前开展儒学普及的中小学都是大多使用教育部规定的"校本课"一小时的时间，教材内容自编。这样就使得各地区、各学校普及的内容大相径庭。比如一般人都认为儒家的孝道比较适合中小学学生，首先要教会他们孝敬自己的父母，才能使他们尊敬师长、热爱祖国。儒家传统经典中有一部《孝经》，不了解内情的人往往把它视为首选教材。其实学界的人都知道《孝经》出现较晚，其内容真正讲孝敬父母的部分不多，大量篇幅谈的都是以孝治天下的内容。这些东西并不适合少年儿童学习，更何况其中有些内容是否适应今天民主法治社会，学界尚有争论。

再有一个问题就是由于缺乏全盘的设计，所以大中小学齐上阵，人人都学《弟子规》。《弟子规》是一部重要的儒家蒙学读物，就其系统性、完整性、通俗性、适应性而言，超过了其他蒙学著作。但是蒙学毕竟是古时儿童"童蒙养正"的读物，兼有文化启蒙的作用。当今时代的成年人，他们的青少年时期大多是在"批林批孔"或"全盘西化"的时代渡过的，对于祖国的文化遗产完全没有了解。初期见到《弟子规》，无不被它的内容所震撼，从而对于儒学产生了信心。但是须知，学习儒学不可能永远停留在蒙学阶段，成年人不但要知其然，更要知其所以然。但是如果没有系统的引领，则可能使人们不能登堂入室，探得儒学的深奥。时间一久也就会对丧失对于儒学的兴趣。因此对于儒学普及工作通过专家的系统论证，编制一套分别适用于幼儿园、小学、初中、高中、大学、成人的教材，这是当前的重要问题。

(四) 科学性

当前儒学普及工作，还有一个科学性的问题。当前大陆的儒学普及工作，大多处于自发阶段，即往往是各界有识之士出于自身对于传统文化的体认，凭借自己的理解进行传播。这些理解有些正确，有些就不一定正确了。于丹女士在群众中有很多的知名度，但是不少学者对她的《心得》、《感悟》却不敢苟同。一位中学教师出身的历史学家，被群众评为"诺贝尔山寨历史学奖"，什么大禹三过家门而不入是因为有婚外情怕见妻子，张飞是曹操女婿，康熙女儿平均寿命15岁等等。如此一味迎合社会上低俗、媚俗、庸俗的情趣，只能使社会风俗更加恶化，人民的道德水准更低。《百家讲坛》也曾被群众戏称"山寨历史学"。

还有一些普及工作者为了在群众中产生轰动效应，引起人们对自己的注意，便一味拔高自己所传播的儒家某一本著作，某一种学说的文化价值。如说《弟子规》是儒家全部十三经的根本，是儒家思想的根本，说《易经》可以科学预测人类的未来，可以为世界解决一切问题。儒家经典没有"精华"、"糟粕"之分，全是"精华"，甚至认为孔子可以解决当前人类所面临的一切问题。这样一些非科学的传播结果，就是造成儒学的宗教化，变成了只可信仰，不能讨论的宗教教条。

一些境外的组织或学者，照搬外国的经验，宣传立儒教为国教，以为有了宗教信仰自由政策，就可以保证儒学的传播可以畅行无阻。这样的观点初衷无可怀疑，但是不顾中国的历史和现实，照搬外国经验的做法则不宜提倡。世界上大多数国家当代社会都实行了政教分离的改革，一般不允许立某一种宗教为国教，宗教必须与教育相分离，各种宗教都只能独立存在，独立传播。可是儒学的历史与现状，则不可能离开国家正规教育体制的推广。试想如果把儒教定义为宗教，那国家的教育体系只能永远与其划清界限，更加不利于儒学的传播。

三、儒学普及工作的前景与任务

基于我们对于儒学普及工作中问题的分析以及对于当代中国社会发展前景的预测，笔者认为未来中国儒学将会有更大的发展前景。

(一) 儒学的恢复将逐渐成为全社会的共识

笔者曾经写过一篇文章预测儒学将来在中国文化中的地位：即儒学不能成为国家的政治意识形态，儒学可以成为道德伦理体系的终极价值。近三十年来，随着中国经济的发展，国际地位的提高，对西方文化本质认识的不断加深，国人对自己的民族文化自信心越来越强。上个世纪80年代末出现的电视政论片《河殇》，就是当时民族自信心丧失的产物。如同一群败家子，自己把家业败光了，反而抱怨祖宗太穷。今天我们完全可以为自己是炎黄子孙而感到骄傲，为孔孟老庄留下的灿烂文化而自豪。

三十年来中国特色社会主义取得的伟大成就，也使得我们当大多数干部深刻认识到这样一条真理，任何外国传来的科学真理，都必须与中国的实际相结合。正如国际儒联常务副会长滕文生同志指出："所谓中国实际，既包括中国的现实实际，也包括中国的历史实际。马克思主义同中国实际相结合，是同这两个实际都要结合的。中国的传统文化，就属于中国的历史实际的范畴。"（《在国际儒联第三次儒学普及工作座谈会上的致辞》）要创造当代社会主义新文化，离不开马克思主义的指导，离不开对西方先进文化的吸收，但同样也离不开对我们自己的历史文化的整理、继承。

越来越多曾经对儒家思想持批判态度的学者，也开始转变自己对儒家文化社会价值的态度。人对外部世界的认识总是和自己的社会实践紧密联系在一起，清末民初当人们需要对几千年封建社会进行革命时，自然对其意识形态体系的批判大于同情。当时能够说出要对传统文化保持"温情与敬意"的是少数有远见的思想家。但是当革命的任务已经完成，道德建设成为社会发展的急需时，具有丰厚道德文化资源的儒家文化自然又会重新进入学者视线。尽管觉悟到这一转变的学者有早有晚，但是继承并发扬这份珍贵的文化遗产，已经是大多数学者的共识了。

（二）儒学教育逐步进入正规教育体系

儒学的复兴与普及是一个渐进的过程，逐渐由学者到百姓，从民间到政府。近十年来，儒学普及工作大多是从某些认识到儒学重要性的官员所管辖的个别部门，逐渐开始转向整个社会。就以教育而言，2010年7月13日，教育部正式发布文件，要求全国各地展开经典诵读活动的试点。这已经是儒学正式进入课堂的开始。其实教育部开展经典诵读活动已有几年，不过那都是在节庆时期，利用课外时间进行的。在中小学生的教材中，已经不断加大儒学经典的比重，使学生获得更多的道德文化修养。不过我们也要指出：儒学以经典诵读这种形式进入课堂还是不够的，因为它只是作为一些个别道德的要素、条文、规范，分别进入德育、语文、历史课，而儒家文化自身的体系则没有得到体现。因此大多数专家认为，儒学最好是成体系的进入教育系统，这样才能保持儒学的全部面貌，使学生获得完整的儒学。国内一些著名大学争取国学成为一级学科的努力，就是这方面的一个重要标志。

（三）分门别类进行补课

由于儒学教育中断多年，不仅对年轻学生急需进行儒学经典教育，而且大多数成年人也需要补课。许多领导干部谈起儒学教育的必要性，都说他们头脑中关于儒学的印象，还是批林批孔运动中获得的。抱着这样的心态从事当代的社会文化建设，自然会存在很多问题。这些领导干部自觉认识到需要补课，属于领导干部中的"先行者"，仍然认为儒学是过时的东西，甚至会影响现代化进程的人也不在少数。因此在干部中进行补课实属当务之急。当前一些党校开设国学课程是一种形式，一些机构干部组织国学知识讲座也是一种形式。

成年人中除了干部，更多的是市民。一些城市的国学进社区活动，已经开始收到成果。可是大多数城市尚未注意到这个问题。所以推动儒学进社区也是儒学普及工作的一个重要方面。今年年初，北京市城市建设委员会领导共青团、工会、妇联、对外友协等单位，联合开办北京国学院，计划活动项目中一个内容，就是举办"市民大讲堂"，以公益活动的形式向市民传播儒学知识。国际儒学联合会参与了北京国学院的设计，也准备利用自己能够联络北京众多学者的条件，积极推动这项有助于儒学普及的活动。

(四) 进一步争取各级领导的支持

积极争取各级领导的支持，是推进儒学普及工作的重要条件。从各地提供的经验看，哪里的领导重视儒学普及工作，给予大力支持，哪里的普及工作就快速进展，效果显著。有些地方儒学教育已经进入国民教育体系；有些单位、企业由于领导重视，儒学普及工作得以在该单位、企业中深入展开。我们认为，积极地向各级领导介绍儒家文化的现代意义，突出儒家文化对于建构和谐社会、加强公民道德建设、提高青少年道德品质的意义，也是儒学普及工作者一项重要任务。

제4부

孝道思想在現代社會的實踐方向和和諧問題

현대사회에서 효도사상의 실천방향과 조화문제

孝的儒學價值和未來功能

吳鍾逸 | 全州大學校 漢文教育科 名譽敎授

本論文對孝的儒學價值和未來功能進行了論述。全文由三個段落組成。

第一段，孝根源於堯舜之德，它是堯克明俊德以親九族的精神。舜定立的五敎作爲孝的發現成爲五常之德，并成爲組成家的基礎。

周國正是以這種精神建立起來的。其具體的事實是對太王的王季之孝，在太伯與仲雍以及王季那裏形成了弟的精神，是孝悌的根源。在這種精神的基礎上，文王、武王、周公形成了宗法制度使周國誕生。因此周國的建國和制度及其治理百姓的精神都出自於孝的實現。

第二段指出，繼承了這種周國理想，孔子的敎誨和孔子之後出現的『大學』、『中庸』、『孟子』的內容中都有孝的敎化的事實。

孔子的仁是通過孝來實現的，『論語』的敎誨又無不使之實現孝。卽是把孝悌作爲爲仁的根本，"宗族稱孝焉、鄕黨稱弟焉"，通過愼終追遠使民德歸厚、治理國家，所以孔子的治國精神或者仁的世界也是孝。

『大學』用孝來揭示明德，進一步通過孝弟慈實現事君、事長、使衆之道而完成治國平天下，所以其敎誨也是孝的實現。『中庸』也是通過孝來建立中和的世界，并用這種精神治理百姓。

『中庸』的精神源於舜的"中和祇庸孝友"之六德。『中庸』之所以出現，就是爲了實現孝。『中庸』以文王、武王、周公之孝建立國家完成繼志術事，以祖廟祭祀形成昭穆和貴賤，制禮作樂等都是孝的實現過程。

『孟子』性善說的基礎也是孝，從親親之仁的發現到仁民愛物的王道過程都是通過孝的實現而完成的。因此可以確認，四書的精神都是通過孝來實現其理想的。

第三段是關於儒學精神之孝在現代社會中能够承擔什麼功能的問題。

因爲現代社會不是宗法社會，所以由孝形成的一切價値意識都很難作爲今天的社會功能而存在。

至今還存在由家族關係形成的農業或是社會性企業。然而這只是暫時現象，今後不可能以這種家族功能經營産業。

在今天，以血緣關係爲中心的家族制度消失，民族和國家已經到了不能維持其血緣純粹性的地步。孝的價值應該發展爲人類的普遍價值，儒教在多元性的宗教社會中也進入了不得不作爲具有一定特徵的教化和教誨来進行竞爭的時代。

在這一點上，認識到儒教對於社會教化的重要性，通過教化運動使孝的智慧成爲我們社會的普遍性教誨，正是本論文的内容。

효(孝)의 유학적 가치와 미래적 기능

오종일 吳鐘逸 | 전주대학교 한문교육과 명예교수

I. 서론

이 글은 효의 유학적 가치는 무엇이며 그 미래적 기능은 어떻게 발휘되어야 할 것인가 하는 데 대한 논의이다. 이는 효는 전통사회를 형성하는 중요한 기능을 지니고 있었기 때문에 현대사회에 있어서나 미래 사회에서도 그 기능과 그 역할이 그대로 유지될 수 있을 것인가 하는 것을 모색하기 위한 작업이다. 따라서 이 서술은 유학적 가치를 형성하는데 있어서 효는 어떤 역할을 하였는가 하는 것이 먼저 검토되어야 할 일이다.

효와 유학사상의 정립은 상호의 의존관계에 있다. 그것은 효의 정신에서 유학사상이 형성되었고 또한 유학사상의 이론적 토대는 효로서 정립되었기 때문이다.

효는 유학의 전통 속에서 성장하고 발전한 것이었기 때문에 유학의 가르침에서 효의 정신이 성장한 것이라 할 수 있겠지만, 유학의 정신은 또한 효에서 나온 것이기 때문에 효의 정신과 유학 사상의 성립은 상호 의존적 관계에 있는 것이다.

여기에서 유학의 기능과 그 역할은 현대사회에 있어서도 과연 그와 같은 기능을 지닌 가르침으로서 여전히 유효한가 하는 것이다.

현대사회에서 만약 유학의 기능과 효도의 가치가 발현되지 못한다면 유학정신과 효 의식은 종언을 고할 수밖에 없다. 그렇지 않다면 유학과 효도는 하나의 학문과 이론으로서 그 존재자체로서만 이해되어야 할 것이다. 그러할 경우 사회적 기능을 상실한 효의 가치는 어떻게 존재할 수 있을 것인가 하는 문제가 있다

여기에서 유학적 기능은 현대사회에도 그대로 유용한 것인가? 유용하다면 그것은 새로운 사회에 어떻게 적용되어야 할 것인가 하는 문제가 전제되는 것이며, 그 유학적 기능을 회복하는 방법으로서 그 근원을 이루는 효는 오늘날의 사회적 문제를 해결하는데 있어서 얼마만큼의 순기능을 발휘할 수 있을 것인가 하는 것이다.

효는 부자의 관계에서 형성된 것이기 때문에 이는 가족을 형성하는 원동력이 된다. 그러나 현대사회도 또한 가족 사회의 외연(外延)이라 할 수 있는가? 그렇지 않다면 현대사회를 형성하는 기초는 개인인가?

효를 기본으로 하여 형성된 가족사회는 종법사회였다. 현대사회는 종법사회가 아니기 때문에 가족관계로서 형성되는 효의 정신은 현대사회의 기능으로서 어떤 역할을 할 수 있을 것인가?

이러한 문제는 현대사회에 있어서 유학정신과 효도의식은 어떤 기능을 발휘할 수 있을 것인가 하는 문제가 여전히 해결하여야 할 하나의 과제로 남게 된다.

유학사상의 형성과정에서 본다면 그 연원은 주(周)의 제도를 계승하고자 한 것이며, 주(周)의 제도는 종법제도가 그 기초가 된 것으로서, 이로부터 대종(大宗)과 소종(小宗)이 형성되어 봉건제도를 형성하고 계급질서가 생겨났기 때문에 유가의 이상이었던 치국평천하의 이상 또한 이와 같은 정신을 회복하고자 하는 이념에서 비롯되었던 것이다.

효는 이와 같이 유가제도를 정립하는 출발이었을 뿐 아니라, 통치제도 또한 효를 실현하는 방법으로서 이루어졌던 것이기 때문에, 효를 떠나서는 유학정신은 물론, 국가의 통치제도 또한 그 형성을 기대할 수 없는 것이다.

효도의 근원은 조선(祖先) 숭배와 경천사상(敬天思想)에서 발원하고 있기 때문에 그 연원은 제천의식에서 찾아야 할 것이지만, 현대사회는 근대 산업사회에서 출발하는 것이며 산업사회는 또한 정보화 시대를 형성하였기 때문에 산업사회의 특징과 정보화 사회의 특징에서 볼 때, 효의 기능은 어떤 역할을 수행할 수 있을 것인가 하는 것이 지금 해결하여야 할 중요한 과제이다.

이와 같은 점에서 이 글은, Ⅱ장에서 인간의 덕에서 발현되는 사회제도의 근원으로서 효의 기능과 그 역할은 어떤 것이었는가 하는 것을 살피고 Ⅲ장에서『四書』를 중심으로, 유교의 경전에서 추구하고 있는 이상과 효는 어떤 관련이 있는가 하는 것을 서술하고자 하며, Ⅳ장에서는 현대 사회의 특징으로 볼 때, 효는 어떻게 실현되어야 할 것인가 하는 그 발현 방법과 미래적 가치로서 효의 기능을 제시하여 효가 유학의 현대화에 어떤 기능을 감당할 수 있을 것인가를 이해하기로 한다.

II. 요순(堯舜)의 덕(德)과 사회제도의 기원으로서 효(孝)

유학의 이상은 요순의 정신에 있다. 요(堯)의 정신은 덕(德)을 밝혀 구족(九族)을 친(親)히 하는 데 있었고[1] 이와 같은 이친구족(以親九族)은 친친(親親)에서 출발하는 것이었다. 그러므로 친친은

---

1) 『書經』「堯典」 克明俊德, 以親九族.

곧 효(孝)였기 때문에, 요(堯)의 이상은 효를 실현하는 것이었다. 따라서 친친의 정신은 효를 발현하는 근원이 된다.

요(堯)의 극명준덕(克明俊德)은 명덕을 실현하는 방법으로서 이는 『대학』의 이론이 되었던 것인데 구족이 화목하고 백성의 평장2)에 이른 것은 모두 친친의 효로써 백성을 감화함이 지극함에 이른 것임을 알 수 있다.

요(堯)의 친친(親親)의 정신은 그 사(嗣)를 자(子)에게 물려주지 않고 순(舜)에게 선양(禪讓)함으로써 덕위일체(德位一體)를 실현하였기에 훗날 이자전자(以子傳子)의 혈연적 사(私)를 극복한 유일한 유학적 이상이 되었던 것이다. 여기에서 효는 또한 객관적 합리성과 그 당연성을 지닐 때 그 가치가 더욱 분명하여 진다는 사실을 발견하게 된다.

온화하고 공손한 덕을 갖춘 순(舜)은 현덕(玄德)이 조정에 알려져서3) 요(堯)의 후사가 되었는데 이는 또한 온화한 얼굴과 공손한 용모4)로서 어버이에 대한 순종의 도를 다하였기 때문이었다.

순(舜)에게 제위를 물려준 요(堯)는 문조(文祖)에서 제위를 마침을 고하였으니5) 문조(文祖)는 문덕(文德)의 조묘(祖廟)로서 이는 하늘이 만물의 조가 됨을 말하는 것이다. 여기에서 천조(天祖)와 인간은 조(祖)와 손(孫)으로서 형성되는 천조일여(天祖一如)의 정신을 형성할 수 있었고 이러한 설정은 효도의 근원이 여기에 있었음을 말하는 것이니, 이로써 하늘을 계승한 천자의 탄생을 보게 된다.

순(舜)은 이와 같은 상제의 천(天)을 인식하고 상제(上帝)에 유제(類祭)를 올리고6) 순수(巡狩)를 행하였으니7) 이는 조선(祖先)으로서의 상제천의 의지를 백성에게 실현하는 것으로서 이는 천조(天祖)에 대한 효(孝)의 발현이었다

요(堯)가 순(舜)에게 제위를 물려준 지 28년 만에 조락(殂落)하니 백성들은 부모를 여읜 것처럼 슬퍼하였던 것8)은 군부일체의 정신이며, 백성들의 군주에 대한 효의 정신이 여기에서 발현되었음을 알 수 있다.

순(舜)은 제위에 오르자 설(契)에게 오교(五敎)를 베풀게 하였으니,9) 이로부터 효로서 가(家)의 형성이 이루어짐을 볼 수 있다. 가(家)의 구성은 부·모·형·제·자(父母兄弟子)로 이루어지기 때문에, 오품(五品)이라 하는 것이며, 그 갖추어야 할, 의·자·우·제·공·효(義慈友恭孝)는 상덕(常德)이기 때문에 오상지덕(五常之德)이라 하고, 이는 누구나 행하여야 할 요법임으로 오전(五

---

2) 위의 책. 위의 곳 以親九族, 平章百姓.
3) 위의 책. 「舜典」溫恭允塞, 玄德升聞.
4) 위의 곳. 同註 溫和之色, 恭遜之容.
5) 위의 책, 같은 곳. 正月上日, 受終于文祖.
6) 같은 곳. 肆類于上帝.
7) 같은 곳. 歲二月東巡狩, 至于岱宗.
8) 같은 곳. 二十有八載, 帝乃殂落, 百姓如喪考妣.
9) 같은 곳. 契, 百姓不親, 五品不遜, 汝作司徒, 敬敷五敎, 在寬.

典)이라 한 것이다.

여기에서 순(舜)의 시대에서 효의 정신으로서 가족을 형성하는 기본 덕목이 정립하였음을 알 수 있는데, 이 효는 백성을 친히 하는 출발점이 되었음을 간과해서는 안 된다.

순(舜)은 설(契)에게 백성의 불친함과 오품의 불손함을 친손(親遜)하게 하기 위하여 오교를 베풀도록 하였으니, 이는 순(舜) 스스로가 친민(親民)을 실현하고 백성 또한 친손(親遜)을 실현하도록 하고자 하였기 때문이다.

순(舜)이 효우의 정신으로서 친민(親民)을 실현하는 것은 『대학』의 명덕·친민의 근원이 된 것이었고 나아가 유학의 가르침이 되었던 효제의 정신이 여기에 그 연원을 두고 있었던 것이다.

순(舜)은 이에 백이(伯夷)에게 조묘(祖廟)에 천신(天神)·인귀(人鬼)·지기(地祇)를 받들게 하고 모든 질서를 주관하는 질종(秩宗)을 삼았으니 이로부터 종존(宗尊)의식이 성립되고 종법제도의 시원을 확립하였던 것이다.[10]

이로부터 천·지·인(天地人)의 조화를 이루는 덕목은 인간에 의하여 실현되어야 함으로 기(夔)에게 전악(典樂)을 명하고 중·화·지·용·효·우(中和祇庸孝友)의 육덕(六德)으로서 국자(國子)를 가르치게 하였으니[11] 그것이 중화(中和)의 실현이었다. 육덕(六德)은 천·지·인(天地人)의 화(和)를 말한 것으로 천(天)의 중화(中和), 지(地)의 지용(祇庸), 인(人)의 효우(孝友)를 실현하는 것이 육덕의 정신으로서, 이는 훗날 『중용』의 모체가 되었던 것이며, 『중용』의 이상이었던 이른바 치중화(致中和)·천지위(天地位)·만물육(萬物育)에 이르는 근거가 여기에서 출발한 것임을 알 수 있다.

이와 같이 이해한다면 『중용』의 가르침 또한 그 연원은 효(孝)의 정신에서 비롯되었음을 알 수 있으니 이로써 요(堯)의 극명준덕(克明俊德)은 『대학』으로 정립되고 순(舜)의 육덕(六德)은 『중용』으로 정립되었으며, 그 가르침은 모두 효(孝)의 실현으로서 성취되고 있음을 알 수 있다.

이제 이와 같은 효의 정신이 어떻게 국가를 형성하고 또한 사회제도로 확립되어 평천하를 이루게 되었는가 하는 것을 살피기로 한다.

공자가 그 이상으로 여겼던 제도는 주(周)의 봉건제였다. 봉건제는 주(周)의 건국과 함께 이루어진 것으로서, 주의 조상 후직(后稷)이 농사에 힘썼다는 것은 농업사회와 연관되고 농업사회는 정전제도와 관계가 있으며 정전제도는 가족제도와 토지제도의 결합을 말하고 있는 것이다. 이와 같은 제도의 근원은 모두 효(孝)를 실현하려는 정신이 그 근저가 되었던 것이다.

주(周)의 건국과정을 보면 공류와 고공단보에 이르러 덕을 쌓고 실옥(室屋)을 지어 건국의 기초를 마련하고 제도를 이루었으며[12] 그 후 고공단보의 세 아들 태백·우중·계력에 이르러 형

---

10) 같은 곳. 帝曰 伯 汝作秩宗 同註 : 秩序宗尊也…廟謂祭先祖, 卽周禮所謂, 天神人鬼地祇之禮是也.
11) 같은 곳. 帝曰 夔命汝典樂 教冑子 同註 : 教長國子中和祇庸孝友.
12) 『史記』「周本紀」第四 : 姑公亶父, 復修后稷, 公劉之業, 積德行義, 國人皆戴之…踰梁山, 止於岐下, 豳人舉國扶老携弱, 盡復歸於姑公於岐下, 於是姑公營業城郭室屋, 而邑別居之, 作五官有司, 民乃歌樂之頌其德.

제의 우애를 실천하였으니 이는 모두 효제의 정신이 백성을 사랑하는 인정(仁政)으로 나타남을 보여 준다.

이를 구체적으로 지적하면, 공류가 처음으로 원시적 군(君)으로서 종(宗)의 직위에 오름으로써 종법제도의 시원을 이루었고 또한 정전제도의 근원인 철법(徹法)을 시행함으로써 토지제도가 형성되었음을 알 수 있다.

『시경』「대아·공류」편에는 "돈독한 공류가 이에 높은 곳에 올라 궁실에 의지하고 가지런하고 위엄 있는 사대부와 더불어 술 마시고 즐기니, 사대부들은 높은 자리에 오르게 하네"[13]라고 하였고, 이어서 "먹게 하고 마시게 하며, 임금이 되게 하고 종(宗)이 되게 하였다"[14]고 하였다.

이는 공류가 원시부족의 군주로 추대를 받고 대종(大宗)의 조종(祖宗)을 획득하였음을 말한다. 이에 공류는 토지를 헤아리고 곡식이 잘 자랄 수 있는 곳과 그렇지 못할 곳을 골라서 농사를 짓게 하고 철법(徹法)을 시행하여 곡식을 거두었다.

이에 대하여 「공류」편의 시는 "돈독한 공류가 그 땅이 광활하고 길거니 해 비추는 곳으로 산마루에서 경계를 정하고 음양을 보고 물 흐름으로 백성들을 윤택하게 하였다. 정부(丁夫)가 삼만(三萬)에 이르니 그 골짜기를 헤아려 철법으로 농사를 지었다"[15]라고 하였다.

이는 정전제도의 출현을 말한다. 주(周)는 그러므로 효제로써 형성된 씨족의 출현과 함께 종법의 성립과 함께 통치권이 형성되고, 그 다스림은 정전제도의 실현으로 구체화되었다는 사실을 확인할 수 있는 것이다.

이와 같은 제도는 고공단보에 이르러 비로소 주나라를 일으키게 되었으니, 그것이 가실(家室)을 이루고 묘(廟)를 짓고 사공과 사도의 벼슬아치를 두어 통치체제를 확립한 것이다. 이는 효의 정신으로 제도를 실현한 것이었다.

「대아·면」편의 이를 서술하기를 "이에 사공(司空)을 부르고 사도(司徒)를 불러 실가를 세우게 하니 그 먹줄은 곧았고 그 판자는 위아래가 맞았는데 사당은 반듯하고 엄숙하였다."[16]고 하였다.

여기에서 실가(室家)와 작묘(作廟), 그리고 사공(司空)·사도(司徒)의 출현은 조선(祖先)에 대한 효도의식과 제도의 형성, 그리고 통치 질서의 확립이 함께 형성되고 있었음을 알 수 있는데, 이는 효에서 가족제도가 이루어지고 통치제도가 형성되었음을 뜻하는 것이다.

고공단보, 즉 태왕의 효도는 왕계에 이르러 형제 우애의 제(弟)의 정신으로 발전하였으니 그것이 태백과 중옹, 그리고 계력 사이에서 이루어졌던 형우(兄友)와 제공(弟恭)의 실현이었다. 이러한

---

13) 『詩經』「大雅·公劉」 篤公劉 于京斯依, 蹌蹌濟濟, 俾筵俾几·同註 : 濟濟蹌蹌, 士大夫之威儀也. 厚乎公劉之居於此京, 依而築宮室, 其旣成也. 與君臣士大夫飮酒以樂之, 群臣則相使爲公劉設几筵使之升堂.

14) 위의 詩, 食之飮之, 君之宗之. 同註 : 群臣之於公劉也. 獻酒以飮之, 進食以食之, 從而君敬之, 從而尊重之.

15) 같은 시. 篤公劉 旣溥其長, 旣景迺岡, 相其陰陽, 觀其流泉, 其軍三單. 度其隰原, 徹田爲糧. 同註 : 言度其隰原, 是度量土地, 使民耕之也. 徹田爲糧, 明是徹取此隰原所收之粟, 以爲軍國之糧也…此徹孟子百畝而徹同文.

16) 『詩經』「大雅·綿」 迺召司空, 迺召司徒, 俾立室家, 其繩則直, 築板以載, 作廟翼翼.

정신이 효제 사상을 성립하는 근원이 된 것이다. 이 사실은 또한 「황의」편의 시에 나타나 있다.

「황의」시는 조선(祖先)에 대한 효도가 상천(上天)에 이어지고 상제(上帝)의 감응으로 주(周)의 건국을 예견하고 있다. 이에 고공단보의 적통이 계력에게 전해지려 하자 태백과 중옹이 서로 사양하고 왕계는 형들에 대한 우애의 정을 극진히 한 것이다.

"상제가 나라를 일으키고 어진 임금을 만들고자 태백·왕계로부터 하였는데, 왕계가 그 마음을 형과 친하고 우애하게 하니 형제가 우애하여 그 경사스러움을 돈독히 하여 비로소 빛남을 내려주니 받은 벼슬을 잃지 않게 하여 문득 사방을 소유하니라"[17]고 하였다.

이에 대하여 주석자는 "왕계가 형제에 친하게 하고자 하는 마음으로 말미암아 또한 형제에 우애의 행의가 있었으니, 이는 그 친친의 마음이 종족에 미치었음을 말한다"[18]고 하였다. 여기에서 친친의 효는 형제애(兄弟愛)의 제(弟)로 발전하고, 마침내 문왕에 이르러 백성을 사랑하는 다스림이 이루어지게 되니 그것이 인정(仁政)의 실현이었다.

「영대」의 시는 이러한 점에서, 문왕의 백성에 대한 자(慈), 곧 사랑이, 군주에 대한 지극한 섬김으로 타나고 있음을 본다.

이에 대하여는 "문왕이 천명을 받으니 백성들은 그가 신령의 덕이 있음을 즐거워함으로 그 사랑이 조수, 곤충에게까지 미치어 간 것이다. 문왕의 덕이 곤충에 미침으로 백성들이 귀부(歸附)하니 이 시를 쓴 것이라"[19]고 하였다.

이 시에서 주목되는 것은 "영대를 짓는 것을 재촉하지 않았으나 서민이 자식처럼 와서 지었다"는 내용이다. 이를 보면 백성들의 효가 사군(事君)의 덕으로 발전하고 있음을 보여주고 있다. 이러한 점에서 우리는 효제자(孝弟慈)의 삼덕(三德)이 사군(事君)·사장(事長)·사중(使衆)의 덕으로 정립되어가는 과정을 확인할 수 있는 것이다.

무왕은 문왕에 효(孝)를 다하여 천하를 얻게 되었으니 그것을 밝힌 시(詩)가 「영대」편에 이어 기록된 「하무(下武)」편의 시이다.

『시경』에서는 「하무(下武)」에 대하여 말하기를, "무왕이 더욱 현명하고 지혜로워서 조상의 도와 합하고, 그 효를 이루어 조고의 자취를 이었으니 이는 모두가 문왕을 계승하여 선인의 공을 밝힌 것이다"[20]고 하였다. 이는 무왕이 태왕·왕계·문왕의 덕을 잇고 섬긴 것이니 이는 효(孝)로서 천하를 얻은 것이다.

「하무」편의 시에서 "왕도의 믿음을 이루고 천하의 법이 되었으니 효를 생각하기를 오래 함은

---

17) 『詩經』「大雅·皇矣」帝作邦作對, 自太伯王季, 維此王季, 因心則友, 則友其兄, 則篤其慶, 載錫之光, 受祿無喪, 奄有四方.

18) 위의 詩註: 維此王季, 有因親之心, 則復有善兄弟之友行, 言其有親親之心復廣及宗族也.

19) 「靈臺」詩의 註: 文王受天之所命, 而民樂其有, 神靈之德, 而及鳥獸昆蟲焉, 而文王德及昆蟲, 民歸附之, 故作詩以歌其事也.

20) 「下武」의 詩註: 武王益有明智, 配先人之道, 成其孝思, 繼嗣祖考之迹, 皆是繼文, 能昭先人之功焉.

효사(孝思)가 그 법이기 때문이다"[21]고 하였다.

이는 "내가〔武王〕 오래도록 효심으로 생각하는 바는 삼후(三后 : 太王・王季・文王)의 소행(所行)이었으니, 자손이 이는 조고(祖考)에 순종함으로써 효(孝)를 행한 것이다"[22]고 하였다. 이는 무왕이 그 조고에 효를 다하여 그 뜻을 성취한 것이다.

여기에서 우리는 주(周)의 선왕의식의 성립을 볼 수 있으니, 선왕에 대한 존숭 또한 효의 정신에서 나온 것임을 알게 된다.

효(孝)의 정신은 이와 같은 과정을 거쳐 정통성을 형성하고 종법제도를 형성하여 자제의 분봉으로서 봉건제를 형성하게 된다.

『서경』의 「강고」편은 성왕이 은민(殷民)을 정벌하고 강숙(康叔)을 봉(封)하면서 내린 고계(誥誡)를 기록한 것이다. 그 때, 문왕의 아들이며 무왕의 동생인 강숙을 처음으로 위(衛)에 봉하였는데 이는 종법의 계승으로서 자제를 분봉한 행사였다.

그 고계는 잘 알려진 것처럼, 아버지 문왕을 따르고 명덕(明德) 신벌(愼罰)하며 작(作) 신민(新民)하도록 한 것이었다. 이러한 정신이 『대학』의 명덕・신민의 근거가 되었거니와 그와 같은 분봉에 대하여 말하기를 "처음 강숙을 위(衛)에 봉(封)하고 자손에 이르러 패(邶)와 용(鄘)에 아울러 봉한 것이다. 패와 용의 백성들이 옮겨 갔으므로 위 나라 백성들을 패와 용에 나누었기 때문에 나라는 다르지만 그 풍속이 같았음으로 시(詩)에서 셋으로 나눈 것이다"[23]고 하였다.

이를 보면 『시경』의 기록 또한 「주남」과 「소남」의 정경(正經)으로부터 「국풍」에 이르러 그 순서를 「위풍」과 「패풍」으로 배열한 것은 주의 정통성을 높이고자 하는 것이지만, 그 실제에 있어서는 효의 정신을 계승하여 분봉을 이루고 그 정치적인 풍화를 중시하고자 하는 깊은 뜻이 있었음을 알 수 있다.

이와 같이 주(周)의 건국과 그 제도가 이루어지는 모든 사상적 근간을 이룬 것은 효의 정신이었으며 그와 같은 의식에서 제도가 형성되고 예악이 정립되었던 것이니 예악은 또한 효를 실현하는 방법이었지만 그 제도를 안정시키는 치인의 수단이었다.

그렇다면 이제 이와 같은 효의 이상을 실현하는 가르침이 어떻게 나타나고 있는가 하는 것을 확인하기로 한다.

---

21) 「下武」成王之孚, 下土之式, 永言孝思, 孝思維則.
22) 同註 : 長我孝心之所思, 所思者, 其維則三后之所行, 子孫以順祖考爲孝.
23) 『尙書』「康誥」의 註 : 初封於衛, 至子孫而幷邶鄘也, 鄘之民皆遷, 分爲民於邶鄘, 故異國而同風。所謂詩分爲三.

III. 효의 실현과 『사서(四書)』의 정신

공자의 이상은 인(仁)을 실현하는 것이며, 인(仁)은 효(孝)에서 발원하고 그 완성 또한 효(孝)의 완성에 있었다.

인(仁)이란 궁극적으로 인륜의 완성을 그 목표로 하는 것이지만 이는 인륜에 그치지 않고 천지만물의 사랑을 이루는 것으로서, 이는 인간과 인간 사이에서 행하여지는 덕이기 때문에, 부자와 형제 사이에서 비롯되는 것이다. 따라서 효제를 가리켜 인을 행하는 근본이라 한 것[24]은 부자와 형제 사이에서 이루어지는 덕에서 비롯되어 만물의 사랑에 미치는 것을 말한다.

이러한 점에서 『논어』의 정신은 모두 효(孝)를 실현하도록 하지 않음이 없다. 그러므로 그 가르침은 효를 통하여 인(仁)을 이루는 것임을 말하고 있다.

공자는 이에 대하여, 집안에서는 효도하고 나아가서는 어른을 공경하며 삼가고 믿음 있게 하며 애중친인(愛衆親仁) 하도록 하였으니[25] 애중의 근원은 효에서 나오기 때문에 집안에서 효를 실행하도록 한 것이며 나아가 제(弟)를 행하도록 한 것이니, 이러한 정신에서 종족에게서는 효(孝)를, 향당에서는 제(弟)를 일컬음이 있도록 하라고 한 것이다.[26] 이는 향당·붕우에 이르기까지 효제의 정신으로서 국가를 다스리는 가르침으로 삼고자 한 것이다.

공자는 이와 같이 효의 정신으로 치국평천하의 근본을 삼았으니, 자하(子夏)는 부모를 섬기는데 모든 힘을 다하고 임금을 섬기는데 자신을 헌신하도록 하였던 것이며,[27] 공자는 천승의 나라를 다스리되 일을 공경히 하고 절용하고 애인하도록 하였으니[28] 이는 모두 효제의 적극적 발현을 통하여 군주에 대한 충과 천승지국의 치인을 성취하고자 한 것이다.

이를 보면, 공자는 백성의 다스림을, 효로써 실현되어야 한다고 생각하였다는 것을 알 수 있고, 평천하를 이루는 것 또한 효로써 이루어진다고 믿었던 것이며 이를 실현하는 것 또한 군주의 효에 있다는 것을 가르쳤다.

군주 스스로가 부모에 효도하고 집안을 사랑하면 백성 또한 충성할 것이며[29] 부모에 대한 신종추원(愼終追遠)을 두터이 하면 백성들의 덕 또한 두터움에 이를 것[30]이라고 하는 것은 모두 이러한 정신이다.

공자의 이러한 정신을 더욱 구체적이고, 그 논리적 정립을 통하여 실천윤리로서 제시한 것이

---

24) 『論語』「學而」孝弟也者, 爲仁之本與.
25) 『論語』「學而」子曰 弟子, 入則孝, 出則弟, 謹而信, 汎愛衆而親仁.
26) 위의 책「子路」宗族稱孝焉, 鄕黨稱弟焉.
27) 위 같은 책「學而」子夏曰 事父母, 能竭其力, 事君能致其身.
28) 위의 책, 위의 곳. 子曰 道千乘之國, 敬事而信, 節用而愛人.
29) 같은 곳 孝慈則忠.
30) 같은 곳 愼終追遠, 民德歸厚矣.

『대학』과 『중용』이었다.

『대학』과 『중용』은 모두가 명덕을 통하여 실현되는 성인의 치인지도(治人之道)를 제시하고 있다. 다만 그러나 『대학』은 지선에 이르고 『중용』은 천도에 이르는 것을 그 목적으로 하는 것이며 그 이상은 모두 평천하에 있다. 그 방법은 모두 효제를 실현함으로써 얻어진 것이기 때문에 효(孝)가 그 출발점이 된다. 다만 『대학』에서는 효제자(孝弟慈) 삼덕(三德)을 제시하고 중용에서는 효제를 통하여 구경(九經)을 실현하는 방법으로서 성(誠)을 통하여 중화에 이르는 길을 말하는 것이다.

『대학』에서 명덕을 밝히는 것으로서 그 으뜸을 삼고 있는 정신은 본래 순의 오전(五典)이나 오상(五常)의 덕을 밝히는 것이지만 이와 같은 오상지덕(五常之德)은 공자에 이르러 효제의 덕으로 정립됨으로써 『대학』에서는 이를 보다 구체화하여 효제자 삼덕을 실현하는 것을 그 내용으로 하고 있다. 따라서 『대학』의 가르침은 효를 실현하는 것으로 비롯되어 자(慈)의 덕에 이르고자 한 것이니, 자에 이르러 지선의 평천하를 성취하는 것이다. 이는 효의 덕이 치인의 이상을 실현하는 자(慈)의 덕으로서 그 완성을 이룬 것임을 알 수 있다.

효(孝)가 자(慈)에 이르기까지는 절차탁마(切磋琢磨)의 자수(自修)로써[31] 성덕지선(盛德至善)을 베풀어 백성들이 이를 오래 기억하도록 하였다. 그것이 전왕불망(前王不忘) 절(節)이다. 지선이란 만물을 지선에 들게 한 것으로서 그 세계야말로 만물이 각각 그 지선의 세계를 이루는 것이었으니 그것이 군자는 현기현(賢其賢), 친기친(親其親)하도록 한 것이며 소인은 낙기낙(樂其樂), 이기이(利其利)하도록 하여 준 것이다.[32]

여기에서 우리는 지선의 세계야말로 군자는 현기현, 친기친하도록 하는데 있는 것이니 이는 다름 아닌 효제의 가르침을 완성하는 것이다. 그 완성이야 말로 친기친에 있으니 친기친이란 효의 지극한 실현을 말하는 것이며 현기현이란 존현의 정신을 지극하게 발현하는 것이니 이는 효제의 완성이었다.

이와 같이 이해한다면 『대학』의 가르침은 명덕으로부터 지선에 이르기까지의 모든 과정이 효를 실현하는 것으로써 그 방법을 삼고 있으니, 명덕은 효제자의 인륜을 실현하는 것으로서, 지선은 바로 친기친의 효와 현기현의 제를 이룸으로써 이를 완성하는 것이다.

효제자의 삼덕은 효를 통하여 제가를 이루고 제를 통하여 치국를 이루며 자를 통하여 평천하하는 것이지만, 이러한 정신은 사군(事君)・사장(事長)・사중(使衆)의 도(道)로 발현되어 평천하의 요도가 된다. 그러나 이는 인간의 본성에서 오는 것이기 때문에 혈구지도에서 비롯되고 혈구지도는 효제자를 실현하는 근거로서의 서(恕)의 정신이니[33] 충서란 결국 효제자의 실현에 있는 것이다.

---

31) 『대학』如切如磋者, 道學也. 如琢如磨者, 自修也.
32) 위의 책. 於戲前王不忘, 君子賢其賢而親其親, 小人樂其樂而其利, 此以沒世不忘也.
33) 『大學』「絜矩之道」註 : 絜矩之道, 善持己所有, 以恕於人耳.

이와 같은 논리는 『대학』의 모든 가르침이 효에서 비롯되었음을 말하여 주고 있거니와 이는 『대학』의 말미에 이르러 이를 인간의 보편적 가치로서 다시 정립하여 효의 정신을 더욱 분명히 하고 있다.

"망인은 보배로 삼을 바가 없고 인친을 보배로 삼는다"[34] 인인(仁人)이어야만이 방류지(放流之)하며 인인(仁人)이어야 만이 능히 애인(愛人)할 수 있고 오인(惡人)할 수 있다는 것 또한 이를 말하는 것이니, 이는 덕성으로써 나라를 다스리는데 이를 방해하는 것은 방류(放流)하고 또한 오인(惡人)하여야 한다는 것을 말하지만 그 실제에 있어서 방류와 오인의 원인이 되는 것은 효제자의 덕성을 방해함에 있음을 알게 된다.

"어진 군주여야만이 선(善)을 가리는 사람을 사이(四夷)에 몰아내서 함께 할 수 없도록 하는 것이며, 인인(仁人)이어야만이 능히 선인(善人)을 사랑할 수 있고 선하지 않은 사람을 미워할 수 있다"[35]는 애인(愛人)과 오인(惡人)은 인간이 지닌 덕성을 실현하는데 있어서 방해되는 것을 지적한 것이니 그 덕성이란 효제의 실현에 있음은 두말할 나위가 없다.

이와 같이 이해한다면 『대학』의 모든 논리는 효제자의 실현을 목표로 하고 있으며 이를 통하여 제가·치국, 나아가 평천하의 도를 제시한 것이다.

『중용』의 논리 또한 효(孝)를 실현하여 중화의 세계를 이루는 데 있다. 그러나 그 강조하는 점은 『대학』이 효제자의 실현을 말하는 것이라면 『중용』은 효제의 실현을 통하여 중화에 이르는 길을 제시한 것이다.

『중용』은 11장까지는 수장(首章)을 부연한 것이지만[36] 16장에 이르러 천명과 현상이 미(微)와 현(顯)으로서 하나임을 밝히고[37] 17장에 이르러 그 현상은 순(舜)의 효에서 비롯됨을 말하고 있는 것이다.

이는 제도의 성립과 효의 정신이 일치함을 제시한 것인데 그것이, 순(舜)의 덕(德)으로의 성인(聖人)됨과, 존(尊)으로의 천자(天子)됨과 부(富)로 사해지내(四海之內)를 소유(所有)하고 종묘향지(宗廟饗之) 자손보지(子孫保之)를 이룬 것으로써, 그와 같은 존(尊)과 부(富)를 간직할 수 있고 또한 종묘(宗廟)에 배향(配享)되고 자손을 보존할 수 있었던 것은 모두 효(孝)를 실현함으로써 이를 성취할 수 있었던 것이다[38].

『중용』은 여기에서, 효(孝)로써 천자에 올랐던 순(舜)의 정신은 주(周)에 계승되고 문무주공에 이르러 마침내 왕업을 성취하였음을 말하고 있으니, 이는 효로써 국가를 세우고 제례(制禮)·작악(作樂)을 통하여 백성을 다스린 사실에 대한 실증이다.

---

34) 위의 책. 亡人無以爲寶, 仁親爲寶.
35) 위의 註 : 唯仁人之君, 能放流此蔽善之人, 使迸遠諸四夷…既放此蔽賢之人遠在四夷, 是仁人能愛善人, 惡不善人.
36) 『中庸章句』 11章 朱註 : 子思所引夫子之言, 以明首章之義止此
37) 『中庸』 16章 夫微之顯, 誠之不可揜, 如此夫.
38) 위의 책 17章. 舜大孝也與, 德爲聖人, 尊爲天子, 富有四海之內, 宗廟饗之, 子孫保之.

이를 분명히 한 것은 무왕·주공의 효로써 계지술사(繼志述事)를 이루고, 조묘에 제사를 바침으로써 소목(昭穆)과 귀천(貴賤)이 정해져서 제례(制禮)·작악(作樂)을 완성한 사실을 말한 것이다. 이는 선왕을 섬기는 효에서 인간의 예법과 질서가 형성되고 예악이 완성되어 주(周)의 건국을 완성한 것이다.[39] 그러므로『중용』의 효는 예악을 짓고 제도를 완성하여 건국을 이루는 원동력이었음을 밝히고 있는 것이다.

『중용』의 효는 그러나 예악과 제도에 그치는 것이 아니라, 중화의 정신으로 백성을 다스리는 데 있었으니, 그 구체적 방법을 기록한 것이 '애공문정'장이다.

『중용』에서는 이 장에서 중화를 이루는 성(誠)을 제시하고 이 성(誠)으로써 중화를 이루는 방법을 말하여 천명을 실현하는 길을 가르치고 있다.

공자는 애공(哀公)에게 그 치도(治道)의 요점으로서 구경(九經)을 제시하였는데 그 구경(九經)이 수신(修身)·존현(尊賢)·친친(親親)·경대신(敬大臣)·체군신(體羣臣)·자서민(子庶民)…으로 이는 모두 효(孝)의 실현으로써 이루어지는 것이었다. 이러한 가르침은 마침내 천도의 오목불이(於穆不已)한 명(命)과 문왕(文王)의 덕(德)의 순(純)으로 계승되어[40] 천인의 만남을 통하여 인간의 도덕의식의 정립을 보게 되었으니 이는 천도(天道)와 인덕(人德)의 일치이지만 그 일치하는 근거는 천조(天祖)의 의지를 계승한 인간의 지덕이 아닐 수 없다. 이로부터 마침내 천도와 인덕이 하나가 되는 예악을 제정함에 이르렀으니 그것이 성인(聖人)이 이룩한, 양양호(洋洋乎) 발육만물(發育萬物)하는 경계와, 예의삼백(禮儀三百) 위의삼천(威儀三千)을 이루는 경계였다.[41] 그러므로 이는 모두 천도를 예악과 제도로써 발현한 것으로 그 근본정신은 효를 실현하는 데 있었던 것이다.

이와 같이 확인한다면『중용』의 가르침은 효의 발현과정이며 그 다스림 또한 효의 정신을 실현한 것임을 알 수 있다.

맹자는 이와 같은 효의 덕으로서 성선설을 확립시켰으니 그것이 친친의 인(仁)으로부터 인민(仁民) 애물(愛物)의 왕도에 이르는 길을 제시한 것이다.

맹자가 제시하는 왕도란 오묘(五畝)의 택지에 양잠(養蠶)하는 농사와 상서학교에서 효제지의(孝悌之義)를 가르치는 두 가지에 불과하였던[42] 것이며 그 중요한 정신은 효를 통하여 환과고독을 없게 하고, 효를 실현하기 위하여 정전제도를 실시하는 것이었다. 왕자로서 왕도를 실현하는 것 또한 형벌을 줄이고 세렴을 박하게 하며 어른들에게는 효제충신을 닦아 부모를 섬기게 하고 나아가서는 장상(長上)을 섬기도록 하였던 것이니[43] 왕도의 출발과 그 완성 또한 효의 정신을

---

39) 『中庸』19章 子曰 武王周公其達孝矣乎, 夫孝者善繼人之志, 善述人之事者也. 春秋, 修其祖廟, 陳其宗器, 設其裳衣, 薦其時食…踐其位, 行其禮, 奏其樂, 敬其所尊, 愛其所親, 事死如事生, 事亡如事存, 孝之至也.

40) 『中庸』26章 維天之命, 於穆不已…於乎不顯, 文王之德之純.

41) 『中庸』27章. 洋洋乎發育萬物, 峻克于天. 優優大哉. 禮儀三百. 威儀三千.

42) 『孟子』「梁惠王」 五畝之宅, 樹之以桑, 五十者 可以衣帛矣…謹庠序之教, 申之以孝悌之義.

43) 위의 책 같은 곳 省刑罰, 薄稅斂, 深耕易耨, 壯者以暇日, 修其孝悌忠信, 入以事其父兄, 出以事其長上.

지극히 실현하는 세계였다.

　이와 같이 확인한다면 『사서』의 가르침과 그 이상은 모두 효에 있었다는 것을 알 수 있고 또한 그 이상 국가도 효의 실천에서 완성될 수 있었다는 것을 이해하게 된다.

　그렇다면 이와 같은 효(孝)의 정신은 현대사회에서도 여전히 유효한 덕목으로 존재할 수 있을 것인가?

　이에 미래사회에 있어서 효는 어떤 기능을 발휘할 수 있을 것인가 하는 것을 살피기로 한다.

IV. 현대사회와 효(孝)의 재정립

　현대 사회에 있어서 효가 과연 어떤 역할을 할 수 있을 것인가? 효의 정신은 현대에서도 과연 우리 사회를 유지하는 유용한 덕이 될 수 있을 것인가?

　유학사상에 있어서의 효는 종법사회를 형성하고 정전제도를 통하여 나라를 다스렸던 국가제도의 성립과 밀접한 관계를 가지고 있었다.

　현대사회는 산업사회에서 출발한 것이기 때문에 가족제도를 근간으로 하여 이루어지는 사회는 아니다.

　산업사회는 이제 정보화 사회로 발전하여 철저한 개인의 정보적 기능에 따라서 그 소득이 창출되고 그 이익이 보장됨으로써 인간관계가 단절되고 가족보다 개인의 기능과 능력을 우선하는 사회가 되었다. 따라서 개인의 능력은 가족 사이에서도 경쟁하지 않으면 그 이익을 보장할 수 없는 관계로 변모하고 있다.

　유학사상이나 효도의식은 혈연관계에 대한 의무와 농업사회의 생산 수단을 합리화시켜주고 그 삶의 방식을 결정하는 중요한 방법이었다. 따라서 이는 전통사회에서는 유용한 기능을 발휘할 수 있었지만, 현대사회에 있어서는 인간의 출생과 양육, 그리고 그 성장에 있어서는 혈연의식이 작용되지만 그러나 생활 수단이나 생존 방법에 있어서는 직접적 영향을 주지 못한다.

　현대사회에도 가족을 중심으로 이루어지는 산업, 곧 농업생산이나 기업을 운영하는 경우 가족중심의 혈연관계로써 그 경영체제가 이루어지기도 하고 그 이익의 분배가 결정되기도 하지만, 그러나 이는 어디까지나 전통적 가족관계로써 유지되는 최후 단계로서 일시적 수단일 뿐 미래사회를 지배하는 제도적 특징으로서 존속할 수는 없게 된 것이다. 그 중요한 근거는 최근에 이르러 갑작이 나타난, 혈연의 붕괴현상이다.

　2009년의 통계에 의하면 한국의 한 가정의 출산율은 한 부모 밑에서 평균 1·2명이었던 것이 2010년에는 1·1.5명으로서 1년 사이에 확연하게 그 감소를 나타내고 있다. 이제 이와 같은 추세라면 가족 중심의 문화 또한 혈연의 계승으로서 이루어질 수 없는 상황에 직면하고 있는 것이다. 따라서 가족이 중심이 되었던 사회문화도 이제 그 사회를 유지시키는 원동력으로 지속될 수 있을 것인가 하는 것은 매우 회의적일 수밖에 없다.

이제 우리는 가족을 구성하는 요인을 혈연에서 찾았던 사고에서 벗어나야 하고 가족관계에 대한 새로운 인식과 그 변화에 따른 대안을 마련하여야 할 시기이다. 그것은 새로운 가족형태에 대한 효도의 정신과 그 형식, 그리고 그 효로써 형성된 가족관계로서 발전하였던 사회적 성격에 대한 새로운 인식과 그 특징에 대한 대처가 이루어져야 하고, 또한 그와 같은 사회에서 형성되는 가족의 모델과 효도의식은 이제 다른 방법으로 정립되어야 하는 시기가 도래한 것이다.

그 출발은 새롭게 구성될 가족관계에 대한 새로운 효의 모델을 어떻게 정립하여야 할 것인가 하는 문제와 다른 하나는 정보화 사회에 적용될 수 있는 효, 곧 가족관계를 떠난 개인능력을 우선하는 사회에서 효의 문화는 어떤 긍정적인 역할을 할 수 있을 것인가 하는, 사회적 보편성이 지니는 효의 가치에 대한 재정립이라 할 것이다.

혈연을 계승할 수 없는 가족적 환경, 1가구 1자녀의 시대에서 가(家)는 어떻게 유지되어야 할 것인가?

부부사이의 자녀가 하나일 수밖에 없는 사회적 현상에서 혈연 중심의 효도가 이루어 질 수 있을까?

현실적으로 이는 불가능한 일이다. 우리는 여기에서 앞으로의 시대에서 부자, 곧 아들로서 연결되는 혈연중심의 효도의식은 지속할 수 없다는 것을 알게 된다.

이제는 혈연을 중심으로 하는 단일한 성씨의 씨족개념은 없어질 것이며, 앞으로는 결국 남녀나 부부가, 친가(親家)와 시가(媤家)를 함께 섬기는 것, 자기의 조상과 처가의 조상을 함께 섬기는 공동 가족으로서의 효를 실천하는 방법으로 변화할 수밖에 없을 것이다. 구체적으로 지적하면 조상에 대한 제례나 그 유덕의 계승 또한 부부가 양가를 함께 계승하여야 하기 때문에, 여기에는 혈연을 중심으로 하는 가(家)의 계승은 새로운 변화에 직면하게 된다는 사실이다.

더욱 중요한 문제는 이제는 부부를 구성하는 남녀가 국가와 민족에 구애받지 않고 다민족(多民族)·다국적(多國籍)의 시대로 가고 있기 때문에, 앞으로 형성되는 가정이나 가족 사이의 효와 우애는 하나의 민족과 국가 안에서 베풀어지는 덕목이 아니라 결국 인류의 보편애로 발전할 수밖에 없을 것이다.

이제 가(家)나 효(孝)의 개념은 인류의 공동 가치의 문제로서 지금까지와 같이 유가(儒家)의 가르침만으로서 독존하던 시대는 사라지고 보편적 인류애로서 공통적 가치가 될 것이다. 따라서 이제 효는 모든 인류의 조상에 대한 숭배와 사랑으로 정립되지 않으면 안 되는 것이다.

이와 같이 이해한다면 효(孝)의 정신은 부자유친의 정신에서 발원하는 것이지만 이제는 인류의 보편적인 사랑으로 변화될 수밖에 없기 때문에, 사회적 기능 또한 인간 존중의 정신과 인간에 대한 보편적 사랑으로 재정립되어야 할 것이다.

여기에서 인간을 존중하고 인간을 섬기는 가치의 정립이 이루어져야 하기 때문에 앞으로의 사회는 신(神)을 섬기고 그 계율을 따르는 문화는 퇴조할 수밖에 없을 것이다.

이제 현대의 사회에 있어서 유학정신이 어떻게 변화되어야 할 것인가 하는 문제는 앞으로 전개될 사회적 모델에서 유학이 어떤 기능을 발휘할 것인가 하는 점과 함께 검토되어야 할 것이다.

지금의 시대에서 유학의 가치가 모든 질서를 형성하는 정신적 원천으로서 모든 기능을 발휘하는 지혜가 되었던 시대가 다시 오기를 희망하는 것은 글자 그대로 연목구어가 될 수밖에 없음을 알아야 한다. 그렇다면 이제 다원화된 종교·사회·문화 가운데서 유학의 가치를 어떻게 발현 시켜야 할 것인가?

유학이 인간을 섬기는 지혜이며 효도가 인류의 보편적 존경과 사랑을 실현하는 것이라면 이는 현대사회에 있어서도 그 정신과 가치는 여전히 살아있는 지혜로서 유용한 가르침임에는 틀림이 없다.

문제는 이와 같은 지혜를 어떤 메시지로서 우리사회에 살아있는 가르침으로 실현시켜야 할 것인가 하는 점이다.

논자는 위에서 효도의 정신과 유학의 가르침은 이제 인류사회의 보편적 가치로서 새로운 시대의 지혜가 될 것임을 밝힌 바 있거니와 그러면 이제 어떤 방법을 통하여 이를 보편적 가치로서 새롭게 정립할 수 있을 것인가?

여기에는 가정적 효의 정신이 현대사회의 특징으로 나타나는 사회적 인류애로서 보편적 가치를 어떻게 발휘하도록 할 것인가 하는 문제가 있다. 이는 가족적 기능으로서 발휘되는 효도의 정신을, 사회적 기능으로서 발휘되는 보편적 유학정신과 어떻게 일치시킬 것인가 하는 문제이다.

전통적 가족 관계에 있어서의 효는 부자유친을 통하여 계승되고 발전된 것이었다. 그러나 현대사회에 있어서는 사회적 기능으로서의 경로효친이라는 보편적 가치를 숭상하는 정신이 또한 가정적 효로써 실현되도록 하지 않으면 안 된다.

이제는 가정적 기능이 사회를 지배하는 시대가 아니라 사회적 가치가 가정 윤리를 지배하는 시대이기 때문에 사회교화를 통하여 효의 보편적 가치를 정립하여야 하는 것이다.

이는 현대사회의 다원화된 학문과 종교 중의 하나로서 유교운동과 효도운동도 그와 같은 여러 종교의 가르침과 같은 한가지로서의 보편적 가치가 되어야 하는 것이다.

현대 사회에 나타나고 있는 종교적 현상처럼 유교의 운동 또한 그 특징을 지니는 사회운동으로 나타나야 한다는 것이다. 이러한 방법은 또한 다원화된 종교의 보급운동과 같이 전개되는 시대를 의미하는 것이다. 따라서 이는 사회적 기능을 지니고 있는 유교 기관의 적극적 교화운동에서 그 길을 모색할 수밖에 없을 것이다.

그와 같은 유교 기관은 향교나 서원, 그리고 씨족집단에서 행하여지는 제례의식과 향촌사회에서 이루어지는 양로당과 기로연과 같은 경로효친의식이 그 중요한 역할을 감당할 수 있을 것이다.

여기에서 향교와 서원은 지금까지 제례가 그 중요한 행사가 되었지만 이제는 교화가 그 중요한 기능이 되도록 재정립되어야 할 것이다.

새로운 사회에 대응하는 효의 정신이 인류애로서 재정립될 수 있는 운동이 일어나야 하고 혈연중심의 효와 가족중심의 혈연의식이 우리 사회의 보편적 인간애가 실현되도록 새로운 유학운동을 일으키는 힘으로 발휘되어야 할 것이다.

씨족 중심의 제례의식은 향촌사회의 경로사상으로 확산되어야 하고, 양로의 기로의식은 보편적 사회의식으로 정립하여야 할 것이니, 구체적으로는 서원에서 생활하면서 배우는 예절운동과 유용하고 창의적인 경로효친의 정신이 우리 사회의 복지정책과 그 향상에 어떤 기여를 할 수 있으며 인간의 가치 있는 미래를 창조하는데 어떤 역량을 발휘할 수 있을 것인가 하는 것을 모색하지 않으면 안 된다.

향교나 서원에서는 우리 사회의 구성원을 유교교육으로 수용할 수 있는 교육과정을 편성하여 컨퓨시안 템플 스테이(Confucian Temple stay)운동 같은 것도 그 교화의 한 방안이 될 것이다.

효도의 정신이 인류애의 보편적 사랑으로 발전할 수밖에 없는 현실에서 본다면, 이는 또한 유교정신의 보편화와 세계화의 길을 여는 일이기도 하다.

우리는 전통적 혈연 의식을 보편적 인류애로 발전시켜야 하고 가족적 효도의식을 모든 인류의 조상에 대한 공통된 공경의식으로 변화시킬 때, 가정적 효도와 유교적 가치는 인류의 보편적 지혜로서 새로운 미래의 가르침으로 다시 살아나게 될 것이다.

V. 결론

부자의 관계로서 이루어지는 가정적 덕목, 곧 효를 사회적 기능으로 발전시켜서 형성된 사회는 종법사회(宗法社會)였다. 현대사회는 종법사회(宗法社會)가 아니기 때문에 가족관계를 형성하는 효(孝)의 정신이 현대사회에 얼마만큼의 영향력을 발휘할 것인가 하는 문제는 매우 회의적이다. 그러므로 이제는 현대사회의 특징과 그 구조에 맞는 효의 정신을 재정립할 수밖에 없다.

현대사회는 산업사회에서 출발하기 때문에 개인의 능력과 직업의 다양한 분화현상이 나타나고 있으며 최근에는 정보화 사회로 변모하여 상하의 계층질서가 사라지고 개인의 기능을 더욱 중시하고 기술과 능력을 우선하는 사회로 변모해 가고 있다.

이와 같은 사회적 특징에 따라서 인간과 인간의 관계는 사라지고 기술과 인간이 상통하는 정보적 역량에 따라서 그 이익이 산출됨으로써 부자·형제 사이의 효우의 정신은 더욱 그 자리를 잃어가고 있다.

이러한 시대에서 효제의 덕이 어떤 기능을 감당할 수 있을 것인가 하는 문제에 대한 해답을 구하는 것은 현실적으로 매우 어려운 일이다. 그러나 아직도 하나의 희망을 가질 수 있는 것은 사회적 기능으로서 효의 역할은 그 한계에 부딪치게 되지만 가족적 기능으로서의 효는 여전히 유효하다는 사실이다.

여기에서 가정적 효의 기능과 현대사회의 특징과는 괴리 현상이 나타날 수밖에 없기 때문에 효의 덕을 어떻게 사회적 가치로서 정립시켜야 할 것인가 하는 문제가 있다.

이제 현대사회의 특징으로 볼 때, 유학적 가치와 효도는 가정적 기능이면서 또한 사회적인 보편적 가치로서 실현하는 그 방법을 모색하여야 할 시대가 온 것이다.

부자의 효와 형제의 우애를 실현하여 이를 사회적 가치로서 확산되도록 하는 것이 유학의 순기능(順機能)이지만 그러나 그와 같은 효제의 기능이 현대 우리사회에 영향을 끼칠 수 없다면 이제는 유학의 사회적 기능을 극대화하는 방법을 통하여 효제의 기능이 사회적 가치로서 정립되고 또한 가정적 기능으로서 발휘되도록 하여야 할 것이다. 따라서 효도의 정신은 이제 사회적 가치로서 실현되는 인간적인 사랑과 같은 보편적 덕목을 더욱 중시하는 방향으로 발전하지 않으면 안 된다.

이는 다변화를 추구하는 종교·사상·문화의 특징의 하나로서, 유학의 미래 또한 다원적 사상의 하나로서 그것들과 경쟁을 통하여 그 가치를 발휘하여야 하는 것이다.

여기에는 현대사회에 알맞은 유학정신의 재정립을 전제로 하지 않으면 안 된다. 그러므로 유학의 현대화와 더불어 새로운 시대에 맞는 효제의 정신이 재정립되어야 한다. 그것은 혈연중심의 사고로서 맹목적 복종을 강요하는 삼강(三綱)적 사고가 아니라, 대등하고 균등한 사랑을 전제로 하는 인간애가 되지 않으면 안 된다.

필자는 이러한 점에서 효는 인류애로서 보편적 사랑으로 재정립되어야 하고, 그 운동은 유교의 사회적 기능을 지닌 서원 향교 등을 중심으로 새로운 교화가 베풀어 져야 하고 또한 향촌사회의 미래적 가치로서, 나아가 민족국가에 국한되지 않는 인류의 보편적 가치가 되어야 한다는 사실을 지적한 것이다.

对於在韩国研究东方思想的崭新的方向和問題

李東熙 ｜韩国, 啓明大

韩国学界正在对东方思想进行崭新的现代式再解释。这与中国的现代新儒学研究与其宗旨并行，但研究目的是不同的。韩国社会学者的研究指出了近代文明的弊害，并为了克服这个弊害，以摆脱近代弊害作为理念。但中国的现代新儒学是把建设中国式社会主义作为研究目标。韩国的东方思想研究是把儒佛道全部都作为对象研究，并把其结果作为研究近代文明的基石。中国的情况是把儒家思想作为中心，研究目的仅限于中国。韩国学者的研究重视统一体的世界观、有机体的宇宙论、理气论、阴阳论、理一分殊论等，摆脱近代弊害的新的文明理论。这种理论框架是从东方的形而上学或者宗教理论引用，其命题是形而上学的记号体系，或者是象徵隐喻形式的理论，因此可以引用。但怎样在现实社会中适用是个重要问题。韩国需要克服近代弊害，追求近代的合理性，并救济近代文明的弊害，遂行摆脱近代弊害的课题。韩国要参考中国的儒学复兴论、全盘西化论、西体中用论、中体西用论之间的活跃的争论，找出解决社会问题的具体方案。

關鍵詞: 现代新儒学, 摆脱近代, 理论框架, 近代文明, 统一体的世界观, 有机体的宇宙论, 理气论, 阴阳论

한국에서의 동양사상 연구의 새로운 방향과 문제점에 대해

이동희 李東熙 | 계명대학교 윤리학과 교수

1. 서언

현재 중국에서는 '중국식 사회주의의 현대화 작업'이 진행되고 있는데, 이 작업의 일환으로 5·4운동 이후의 '현대(당대)신유가들'의 중국 전통(송명리학의 유가사상)에 대한 연구를 수용하고 있다. 특히 최근 1980년대 개혁개방 이후 경제 발전에 따라 서구 자본주의 문화의 부정적인 요소에 대한 차단 혹은 예방 목적으로 유가 전통의 부활을 추진하고 있다.[1] 서구 문화의 부정적 요소라고 하지만 핵심은 민주주의적 정치체제를 말한다. 이들은 주로 청말근대 서양의 군사적 침략에 대해 생존전략 차원에서 중국문화의 보호라는 목적이 있었으므로 주로 동·서 문화 비교에 초점을 맞추어 중국문화의 우수성을 강조하였다. '과현논쟁(科玄論爭)'이라 하여 인문학과 과학간의 싸움도 있었지만, 핵심은 중국문화의 보호와 선양이었다.

공산화 이후 이들은 해외로 이주하여 중국 밖에서 연구하였지만, 개혁개방 이후 지금은 오히려 중국 대륙에서 정치적으로 각광 받고 있다. 그들의 문화 비교의 내용은 중국철학인데, 그 중에서도 '송명리학'의 부활이다. 그 속에 담긴 유기체우주론, 초월신을 상정하지 않는 신관(神觀), 현세와 초월적 가치가 병존하는 사고방식과 생활태도, 유기체사회론(개인과 사회간의 유기적 결합), 개인의 도덕적 수양과 인격 고양 등이 주로 주제가 되어 있다. 지금은 이것이 중국식 '민족문화의 중흥', '전통문화 붐'인 셈인데, 중국식 사회주의(공산주의적 정치체제) 건설에 목표가

---

[1] 1980년 개혁·개방 이후 중국 전통문화를 둘러싼 문화논쟁(서구문화와의 비교, 현대적 재해석 등)이 붐을 이루었다 (소위 '文化熱'). 그러나 1980년대 중반부터 중국 정부는 이 과정에서 '현대신유학'을 이용하여 자유주의에 대한 사상적 통제를 시도한 바 있다. 즉 '철저재건론'(전반서화론)을 견제하기 위해 '유학부흥론'을 지원하기 시작하였다. 그후 1990년부터는 본격적으로 지원하기 시작하였다. 이에 대한 최근의 자료는 송종서, 『현대 신유학의 역정』, 문사철, 2009 참조.

맞춰져, 과거 한국의 '민족적 민주주의'의 이념 아래 민족문화를 강조하고, '국민윤리 교과목'을 가르치는 것과 비슷한 양상을 보이고 있다. 그러나 한국이 경제 발전에 따라 이러한 문화와 정치의 관계가 풀렸듯이 점차 변화될 것으로 생각된다.

오늘날 '탈근대'라는 새로운 시대적 이념이 등장하여 '근대'의 문명에 대한 반성이 일어나고 있다. 근대문명은 한마디로 과학(기술)문명이고, 그 정치 사회적 제도(상부구조)는 민주주의 정치 체제와, 자본주의 경제체제, 사회계약적 제법률관계로 요약할 수 있다. 여기에서 파생되는 문명적 폐해로는 핵의 위험, 테러의 위험, 환경문제, 지나친 개인주의와 인간성 파괴 문제, 세계화와 패권주의 등을 들 수 있다. 이러한 폐단을 극복하고 좀 더 나은 세계를 희망하는 인간의 꿈을 '근대 이후'의 문명 건설로 기획하려는 의도가 '탈근대'라는 말 속에 들어 있다. 이것은 단순한 인문학적 상상력이 만들어낸 것일 뿐만 아니라 20세기 초 물리학의 놀라운 발전도 여기에 한 몫을 하였다. 상대성이론, 불확정성원리 등 물리학의 발전은 사물의 진상(특히 미시세계와 이 우주의 진상)을 새롭게 보도록 만들었다. 그러나 물론 거시세계(지구 중력권 안에서의 물리적 현상)에서는 근대적 기계론적 자연관이 여전히 유효하다. 그렇다 하더라도 현대 문명 자체의 위험과 결함은 분명하고, 이를 치료하지 않으면 생태계와 인간의 삶의 환경 자체가 파괴될 위험에 처해 있다.

여기에서 탈근대 이념은 서양의 전근대 보다 동양의 전근대 이념과 세계관에 주목하게 된 것이다. 서양의 전근대는 신 중심의 세계관이었고, 또 그것을 딛고 도약한 문명이 서구 근대문명이므로 아무래도 좋은 해답이 나오지 않는다고 서구인은 생각했던 것이다. 물론 이제는 동양과 서양이라는 구분은 별 의미가 없고, 산업화와 과학 기술 문제도 발전 정도의 차이만 있을 뿐 보편화 되었고, 뿐만 아니라 IT의 발달로 점진적 순차적 발달이라는 차이도 없어지고 있다. 특히 핵 무기의 개발은 이러한 측면을 여실히 보여주고 있다. 그리하여 탈근대의 목표는 매우 '유토피아적'이며, 이를 위해 동양의 전근대 문화에 큰 관심을 보이고 있다. 물론 여기에는 동양의 전근대의 역사적 자취(역사적으로 그 시대에 적용된 역사성)라는 부정적인 면을 척결하고 순수하고 긍정적인 좋은 점을 가려내는 작업이 우선되어야 한다. 이것을 '전통의 재해석', '추상적 비판계승'[2] 등으로 부르고 있다.

현재 한국에서 이러한 탈근대의 이념과 중국의 근대 문화보호를 위한 외침인 '현대신유학'의 맥락을 이어 더욱 적극적으로 '탈근대의 대안', 즉 '서구문명의 대안'으로 동양사상을 연구하는 '동양사회사상 연구 그룹'(이하 '사회학자 그룹'이라 약한다)이 있다.[3] 현대신유학도 5·4운동 초

---

2) 馮友蘭(펑요우란), 「중국 철학 유산의 계승 문제」, 「중국 철학 유산의 계승 문제에 관한 보충 의견」, 『중국철학사 문제 토론모음』(1957년) ; 유동환, 「비판계승론의 문화전략」, 한국철학사상연구회, 『현대중국의 모색』, 동녘, 1992, p.194 참조 ; 『易中天(이중텐), 심규호 역, 『백가쟁명』, (주)에버리치홀딩스, 2010, p.623.

3) 처음 동양고전강독 모임으로 20여년 전에 시작하여 본격적으로 학회 활동을 한 것은 10여년 된다. 핵심 멤버는 20여명 정도이다. '동양사회사상학회' 홈페이지 참조. 학회지 『동양사회사상』이 연 2회씩 발간되고 있으며 공동 집필 도서도 2-3권 발간하였고, 멤버들의 개인 단행본도 최근 10여권 발간되었다.

기의 위기의식에서 벗어나 현재 소위 제3세대(혹은 4세대) 학자인 두유명(杜維明), 여영시(余英時) 등은 중국 전통문화의 현대적 재해석 정도의 차원에서 논하고 있지만, 현재 한국의 경우는 이보다 더욱 적극적으로 문명의 대안으로 삼으려는 것이 특징이다.[4] 중국이 지금은 다시 '중국식 사회주의 현대화'라는 국가적 목표를 정해놓고 전통사상을 연구하는[5] 국가적 5 · 4 초기의 국가존망의 위기와는 다른 의식이지만 여전히 마음 편히 하는 작업은 아니고 소위 '우환(憂患)의식'의 연속선상에서 하는 것이다. 이 점에서 한국과 중국은 차이가 있다고 표를 정해 놓고 일본은 문화의 전통이 달라서 한국이나 중국과 같이 '전통의 현대적 해석'에 그리 골몰하지 않고 순수 학문적 입장에서만 연구하고 있는 점에서 차이가 난다.[6] 현재 한국의 이러한 연구를 주도하고 있는 그룹은 '사회학자들'이 놓고 10여 년전부터 본격적으로 연구하고 시작했는데, '동양사회사상학회'까지 구성하여 활동하고 있다. '동양사회학회'가 아니고 '사회사상'에 초점이 맞춰져 있다. 이는 사회학자가 철학이나 이념, 즉 '사회이론'을 연구한다는 입장을 나타내고 있는 것이다. 이들의 이러한 적극적 연구가 어떤 내용을 가지고 있는지, 고전의 해석은 정당한지, 근대를 지나치게 많이 부정하고 있지는 않은지, 그리고 무엇보다 사회학자로서 이념적 연구에 치우쳐 그것이 현실과의 접합성은 어느 정도인지 고찰해 볼 문제이다.

근대문명의 대안으로 동양사상을 연구하는 이들은 중국의 경우와 달리 유가사상은 물론(이것이 중심이다) 도가사상, 불교 화엄학, 유교사회의 구체적 제도에 담긴 이념, 탈근대의 새로운 이슈(여가, 노동, 가족, 죽음, 노인 문제 등)까지 다루려고 한다.[7] 이 점에서 중국보다 약간 연구의 폭이 넓다고 할 수 있다. 중국의 경우 동서양 접촉에서 '종교이념(철학)'에서 많은 비교의 관심을 가졌으나,[8] 한국의 경우 그동안의 과학 발전과 '신과학운동' 등의 영향으로 더욱 적극적으로 세

---

4) 한국의 사회학자 그룹의 동양사상 연구 취지는 이 그룹의 좌장격인 최석만 선생의 다음 말에 압축되어 있다. 즉 그는 말하기를 "동양 사상을 받아들여 동양적 사회학을 구성하는 것은 충분히 가능한 일이다."라고 한다. 최석만, 「현대사회학과 동양사상의 만남 −道의 사회학」, 『유교문화연구』 1집, 성대 유교문화연구소, 1999, p.132. 여기서 '동양적 사회학 구성'이라는 것은 동양사상을 사회학적 문제의식과 방법론을 가지고 유교를 연구하여 그것으로써 현대문명의 대안으로 삼는다는 뜻이다. 그의 이하에서 이 그룹의 발간 도서의 책명 참조.
5) 이에 대해서는 김병채, 「현대신유학과 중국특색의 사회주의」, 『중국학보』 58집, 한국중국학회, 2008 ; 이상호, 「중국의 신유가 연구는 무엇을 의미하는가」, 『동양철학연구』 17집, 동양철학연구회, 1997 ; 이승환, 「실용주의 노선 채택 이후 대륙에서의 중국 철학사 연구 경향과 방법론상의 전환」, 『시대와 철학』 7호, 1996 ; 차성환, 글로벌시대 중국 현대 신유학 운동의 의의, 담론 201 6호, 2003 ; 황희경, 「현대신유가 사상에 대한 비판적 검토」, 『시대와 철학』 2, 1991 등 참조. 그 외에도 많은 논문이 있다. '신유학연구' 키워드로 전자 저널 검색에서 찾을 수 있다.
6) 김석근, 「현대 일본사회와 유교−로고스와 파토스의 거리」, 『유교문화연구』 1집, 성대 유교문화연구소, 1999 참조.
7) 동양사회 사상학회 발행의 『동양사회사상』 목록 참조. 보조적으로 이영찬, 「한국 사회학계의 유교연구 : 1997~2006」, 『동양사회사상』 17집, 동양사회 사상학회, 2008 참조. 뒤에 〈부록〉, 사회학자의 유교관련 저서 · 논문목록(1997-2007)이 첨부되어 있어 찾아보기가 쉽다. 몇 년전에는 '여가(餘暇 ; leisure)'에 대해 학술발표회를 갖고 이를 모아 단행본으로 출간하였다. 홍승표 외, 『동양사상과 탈현대의 여가』, 계명대 출판부, 2006 참조. 홍승표는 특별히 『노인혁명』(예문서원, 2007)을 단행본으로 간행하여 노인문제에 관심을 보이고 있다. 최근에는 동양사상과 탈현대 연구회(정재걸 외) 이름으로 『동양사상과 탈현대의 죽음』(계명대 출판부, 2010)이 간행되기도 했다. 최근 홍승표를 비롯한 몇몇 연구자는 동양사상에서 새로운 인류문명의 비전을 찾을 수 있다는 신념을 공유하는 사람끼리 〈동양사상과 탈현대 연구회〉를 별도로 구성하였다고 한다. 홍승표, 『동양사상과 새로운 유토피아』, 계명대 출판부, 2010, 머리말(책을 펴내며) 참조.

계관을 문제 삼고 있다.[9] 여기에는 송명리학의 우주론이 기여할 바가 자연히 나타나기 때문이다. 연구방법을 말한다면 이들의 방법은 일종의 문화인류학적, 문명론적 연구 방법인데, 그러므로 종교, 사회이론, 사회사상 등이 망라될 수 있다. 그러나 송명리학이 중세종교론(유교의 종교철학화로서의 성리학)으로서의 한계, 즉 중세사상으로서의 한계가 있기 때문에 탈색한 순수 이념만으로 연구 대상으로 삼을 수 있는지는 의문이다.[10]

또 어떤 사상이든지 이념의 현실태로서 그 시대의 제도와 법과 규범, 그리고 인간의 삶의 자취가 있고, 그 속에는 즐거운 면만 있는 것이 아니고 슬픔도 함께 있기 마련이다. 특히 중세 신분사회의 그늘 속에서 현실적으로 고통 받은 자의 눈물을 외면하고 순수한 탈색된 이념만 가지고 연구한다는 것은 문제가 없을 수 없다. 역사성과 이념의 원형 합리성은 분리해서 말은 할 수 있지만, 실제는 그렇게 될 수 없을 것이다.[11] 분리해서 연구만 한다면 유교적 잔재가 아직도 많이 남아 있는 현 한국사회에서(중국도 마찬가지이겠지만) 그 연구의 '현실적 접합성'은 떨어진다고 할 수 밖에 없다. 이런 점도 함께 고려해야 진정한 문명론이 전개될 수 있을 것이다. 또 한가지 유의할 것은 현재 중국이 현대신유학을 적극 지원하고 있는데(소위 1990년부터의 '국학붐'), 이는 위로부터의 기획이며 그 목적은 중국식 사회주의 건설이라는 점, 현대신유학(중체서용론)과 문화적 중화주의가 궁합이 맞기 때문에 지원한다는 점 등에 대한 고찰이 필요하다.[12]

2. 세계관과 패러다임의 문제

1) 유기체 우주론과 통일체적 세계관

한국의 사회학자 그룹에서 가장 강조하는 것은 세계관 문제인데, 인간, 사회, 자연(우주)을 보

---

8) 한국철학사상연구회, 『현대신유학연구』, 동녘, 1994 참조. 杜維明(뚜웨이밍), 余英時(위잉스)도 역시 거론하고 있다. 杜維明, 성균관대학교 학이회 역, 『유학, 제3기 발전에 관한 전망』, 아세아문화사, 2007., 余英時, 김병환 역, 『동양적 가치의 재발견』, 동아시아, 2007 참조.

9) 범양사 출판사에서 이와 관련된 다수의 책이 출판되어 많은 계몽을 하였다.

10) 이에 대해 송종서는 "현대신유학은 육왕심학의 실체(양심·양지·본심·仁體)를 인류 보편적 이성으로 발휘하지 못하였다. 현대신유가는 육왕심학의 정신을 '중국의 정신' 또는 '도덕본체'로 해석함으로써 뿌리깊은 중화주의의 울타리를 벗어나지 못하였다."라고 평하였다. 송종서, 앞의 책 『현대 신유학의 역정』, p.453. 주자학의 경우도 마찬가지라고 할 수 있다.

11) 페미니스트들이 자주 거론하는 조선조의 '과부 재가금지' 조항을 대표적 예로 들 수 있고(『경국대전』), 중국의 경우는 田汝康(티엔루캉), 이재정 역, 『공자의 이름으로 죽은 여인들』(예문서원, 1999)을 참조. 노신은 그의 단편 소설 『狂人일기』에서 유교를 '食人도덕'이라 비난하기도 했다.

12) 1980년대 말까지의 자유주의적 물결은 1989년 6·4 천안문 사태 이후 철저재건론자들은 해외로 망명하였고, 국내 학자들은 감시를 받았다. 여기에서 중국정부는 자유주의를 통제할 새로운 이데올로기의 필요성에서 현대신유학에 대한 정부의 지원이 시작되었다. 이 현대신유학은 전통부활론, 중체서용론 입장임은 물론이다. 왜냐하면 이 입장의 민족주의·애국주의 속성이 중국 특색의 사회주의와 궁합이 맞기 때문이다. 송종서, 앞의 책 『현대 신유학의 역정』, p.442; p.448.

는 종합적인 관점과 그 기반으로서의 사고 패턴(인식의 패러다임)을 말한다.[13] 서구의 사고 양태는 근대에 와서 이분법적 사고, 곧 정신-물질, 개인-사회(공동체), 인간-자연, 나와 너-이와 같이 대립적 분리적 인식틀을 가지고 있다는 것이다. 이것은 근대 데카르트의 정신-물질 이분법에서 심화되었지만, 그 원류는 물론 기독교 천지창조론 신학에 있다. 신이 인간과 만물(자연)을 창조했고, 피조물로서의 인간과 만물(자연)은 다시 또 대립적 관계를 이루어 인간이 자연을 이용하는 식으로 구조화된 사고 방식을 가지고 있기 때문에 전반적으로 문화의 기본 양식이 이분법(dichotomy)이라는 것이다. 이 이분법적 사고에서 자연을 인식 대상으로 탐구한 결과 근대 과학이 성립된 것은 잘 알려진 사실이다. 자연과의 합일적, 친화적 관계에서는 과학적 연구 방법이 나오기 어렵기 때문이다.

이에 비해 동양적 세계관은 우주를 유기체로, 즉 생명체로 보는 생태론적 관점을 가지고 있다는 것이다. 이것을 통일론적 세계관, 전일적 세계관이라 말할 수도 있다. 오늘날 신과학에서도 이 점을 강조하고 있다. 이것은 현대 20세기 초 물리학을 비롯한 자연과학의 발전으로 이미 입증된 바가 있다. 이 현대 자연과학의 성과를 토대로 철학에서는 화이트헤드의 과정철학(process philosophy)이라는 형이상학이 나오게 되었다. 이 세계관에서는 인간과 자연(우주)의 유기적 관련성을 매우 강조하고 인생 태도에 있어서도 만물일체관을 제시한다. 오늘날 환경철학(환경윤리)을 논할 때도 이 유기체 우주론(자연관)을 자주 거론한다. 그러나 과학문명 자체를 거부하기는 곤란하다. 인간이 신의 소명을 받고 자연을 가공하여 문명을 건설하는 문제도 함께 논해야 하기 때문이다. 또 송대 성리학에서도 인간의 도덕적 우수성을 강조하고 있다. 도덕적 우수성은 유교의 도덕적인 측면을 강조하기 위하여 나온 것이지만, 결국 만물의 영장으로서의 우월성을 말하고 있는 것이다.

한국의 사회학자 그룹이 현대 문명의 폐해의 원인을 서구의 세계관에 있다고 보고 그 대안으로서 동양사상에 주목하게 된 것인데, 그 핵심을 세계 인식의 틀로 본 것이다. 여기서 세계는 자연(우주), 사회, 인간을 총괄하여 말한 것임은 물론이다. 그들이 다루는 주제를 예를 들면 다음과 같다:

[이영찬의 경우] 현대 사회학과 유교의 패러다임 비교 // 음양오행론 / 리기론 // 그리고 이 이론에 의한(응용한) 전근대의 규범과 제도와 구조 등-신체 / 행위 / 규범 / 구조 / 제도-에 대한 긍정적 고찰(설명)[14]

---

13) 이 그룹에서 논의한 '세계관 문제', '세계 인식의 패러다임 문제'는 이현지, 「동양사회사상과 새로운 세계관의 모색」, 『동양사회사상』 16집, 동양사회사상학회, 2007 참조. 1998년부터 2007년까지 총 33편을 검토했는데, 주요 키워드는 '통일체적 세계관', '리기론적 세계관', '음양론적 세계관', 이 3개 단어가 가장 많이 나온다.

14) 이영찬, 『유교사회학의 패러다임과 사회이론』, 예문서원, 2008. 저자는 이보다 먼저 『유교사회학』(예문서원, 2001)을 간행한 적이 있는데, 책명이 표현하는 바와 같이 유교 이념과 그에 의한 세계관, 자연관, 인간관, 사회질서는

[홍승표의 경우] 세계관 위기 // 노자의 음적 세계관 / 새로운 인간관 / 새로운 사회관 / 새로운 사회발전관 / 도가사상과 새로운 사회이론 / 유교와 사회학 / 동양사상과 사회과학 / 한비자 사상 // 그리고 각론격으로 유가의 예 / 새로운 교육 / 새로운 노인상 // 장자와 탈현대 등이다.[15)]

[최석만의 경우] 그는 학회에서 그동안 다룬 내용을 동서양과 인도의 사회관의 차이 / 동양사상과 인간 본성 문제 / 국가론 / 사회질서 문제 / 오리엔탈리즘 / 동아시아 발전 문제 / 예와 규범의 문제 / 민주주의 등이라고 예시한다.[16)]

이들 사회학자 그룹의 일원인 홍승표는 통일체적 세계관으로 새로운 문명을 건설해야 된다고 말한다.[17)] 근대적 세계관이 모든 존재들간의 분리를 전제로 삼고 있음에 반하여 통일체적 세계관은 모든 존재들이 시간과 공간을 넘어서 근원적으로 통일체임을 전제로 삼는다고 말한다.[18)] 그리하여 이 인식틀을 가지고 인간관, 사회관(인간과 사회와의 관계), 사회발전관(음양 이론에 의한 사회 발전 해석), 유가의 예 사상의 의미(사회 질서관에 응용)를 기본 줄거리로 논하고, 아울러 같은 동양사상으로서 도가사상과 화엄철학의 기여점도 논하고 있다.[19)] 나아가 각론으로 현대 사회윤리 문제로서의 노인문제, 여가 문제, 교육문제 등을 다루고 있다. 물론 이러한 사회윤리 문제도 통일체 세계관을 적용해야 한다고 주장한다. 그런데 우리는 여기서 문명의 대안으로 제시한 '음양 이론'(음양론), '리기론', 도가사상, 화엄철학에 대해 좀 더 깊이 고찰해야 할 측면이 있는 것을 잊어서는 안된다.

2) 음양론의 패러다임

음양론은 인간 인식의 가장 기초적이면서 일반적인 인식 방법이다. 인간 인식은 비교인식이기 때문에 언제나 두가지 면을 말하게 된다. 음양론의 특색은 '대립(투쟁)'이 아니라 '보완(對待)' 관계에 있다는 것이 특성이다. 이것이 『주역』의 핵심 인식(사물 해석) 틀임은 주지의 상식이다. 그런데 실제로 현상에서는 대립의 양상으로도 나타난다. 음양은 一氣의 순환 사이클을 말하므로 기의 움직임 그 자체를 말하는 것도 된다. 이때는 '動靜'이라고 한다. 그러면서 남-녀, 자-웅처럼 일정한 시공간의 두 사물(혹은 사물의 양상)로 지칭하여 말할 때는 대립적이다. 이때도 상

물론, 유교 이념이 구현된 사회제도 등에 대해 매우 긍정적으로(이상적으로) 보고 '통시적으로' 해석하고 있다. 문제의식은 같고 '패러다임'을 논한 것은 좀 더 논의를 보완하면서 관점을 분명히 한 것이다.

15) 홍승표, 『동양사상과 탈현대』, 예문서원, 2005.

16) 최석만, 「현대사회학과 동양사상의 만남」, 『유교문화연구』 1집, 성대 유교문화연구소, 1999.

17) 홍승표, 앞의 책 『동양사상과 탈현대』, p.6.

18) 위와 같음.

19) 홍승표, 위의 책, 제2, 4장 참조. 불교에 대해서는 「華嚴思想의 탈현대적 함의」, 『철학논총』 48집 2권, 2007이 있다.

징화하여 '음—양'이라 말한다. 우주의 사건은 유기적 결합에 의해 생겨나는 면에서 보면 그 관계가 '조화', '보완'인 것 같지만, 그 사건 내에서는 대립되는 두 요소가 갈등·투쟁하면서 변화의 움직임을 보이는 것이 진상이다.[20] 그렇지 않으면 우주에서 새로운 모습(변화)은 볼 수 없기 때문이다. 즉 창조는 이루어지지 않는다는 것이다.[21] 우주의 사건에서는 항상 창조와 파괴의 동력이 움직인다고 보아야 한다. 죽음과 파괴는 대립 갈등이 아니면 설명할 수 없다. 여기에는 '기는 이미 움직였고, 이미 청탁수박(淸濁粹駁)의 결합이 있다는 것'이 전제되어 있다. 성리학에서 이 기의 결합이 악이다. 남녀를 예로 들면, 남녀는 반대되기 때문에 보완적이다(결혼, 생식). 그러나 오히려 현실에서는 싸움, 별거, 이혼(대립과 갈등)이 없을 수 없다. 공자가 소정묘(少正卯)를 처형했다든가, 주자가 당중우(唐仲友)를 소인으로 끝까지 탄핵했다든가, 우암 송시열이 백호 윤휴를 사문난적이라 배척했다든가 등 동양 사회에서 대립과 갈등이 여전히 있었고, 겉으로 유교를 정치 이념으로 내세웠지만, 속으로는 절대왕정을 위하여 가혹한 형벌을 자행, 수많은 인명을 앗아간 왕조의 역사가 종교사회학적(정치종교적) 연구 대상으로 남아 있다. 이는 조화의 음양론으로 설명할 수 있는 일이 아니다.

이런 점에서 보면 헤겔의 변증법은 일리가 있다. 또 기독교의 신은 사랑만 하는 것이 아니고 심판도 한다는 것을 상기할 필요가 있다. 그러므로 음양 대대의 인식틀이 이분법적 인식틀의 고식적인 사고 방식(세계관)에 약이 되지만, 만능의 약은 아니라는 점에 유의하고, 양 측면을 우주의 실상으로 동시에 보지 않으면 안된다. 그 응용도 양 측면, 두 가지 인식(해석) 방법을 병행하지 않으면 안된다. 이것이 송대 성리학의 진리관이다. 동양문학의 미적 표현에서 항상 '대련(對聯)'을 쓰는 이유도 '대대조화'가 아니라 '병행'을 통한 '완전성의 달성'이라는 의미가 있기 때문이다. 음양론이 기호학으로 전환된 것이 이진법이고, 그것은 이미 컴퓨터 공학에 이용되었다. 또 '빛과 그림자(밝은 면과 어두운 면)', '긍정적인 요소와 부정적인 요소', '소극과 적극' 등으로 동서양 구분 없이 보편적으로 쓰이고 있어 서양 근대 사유에는 없고, 동양 고전에만 있다고 하

---

20) 인간 마음에 이 음양 논리를 이용하여 말하면 역시 두 가지로 말할 수 있다. 그러나 마음은 한 가지 작용이다(마치 음양이 일기인 것처럼). 그런데 이 마음의 역동성(움직임)을 나타내면 인심—도심으로 나누어 말할 수 있다. 마치 선-악 같이 대립시켜 말하는 것 같지만, 실은 마음의 작용이 하나이기 때문에 인심—도심은 한가지이다. 즉 인심이 없는 상태가 바로 도심이고, 도심이 없는 상태가 바로 인심이 된다. 그러면서 도심이 항상 인심의 주재가 되어 컨트롤한다고 말할 때는 두 가지가 대립된다. 즉 인심은 악, 도심은 선이 되어 가치가 대립된다. 그러나 악은 절대악이 또 아니라고 하는 데 성리학의 어려움(아포리아)이 있다. 천지가 만물을 낳고 주재하면 이는 천지의 仁, 즉 자연의 섭리이다. 그러므로 이 섭리(천지의 仁)가 낳은 만물과 이 세상에 불변의 절대악은 있을 수 없다. 다만 과불급에서 오는 상대적인 악이 있을 뿐이다. 이 악은 소멸되는 과정에 있음은 물론이다. 이런 면에서 성리학을 보면 그것이 중세 신학(종교 이론)임을 알 수 있다. 그러므로 음양론은 일기의 움직임(消長)으로 보면서 동시에 定位대립(상징화)으로도 보아야 한다. 이에 대해서는 이동희, 「성리학의 선악관: 와이—와이(y-Y)의 사고 양태」, 『동양철학연구』, 50집, 2007 참조.

21) 비유해서 말하면, 화이트헤드는 합생(concrescence)은 항상 창조적이라고 한다. 그의 형이상학에 있어서 '창조성(creativity)'은 궁극적 범주이다. 이에 대해서는 화이트헤드의 『과정과 실재』(오영환 역, 민음사, 2003, 2판) 외 여러 저서(번역서)를 참조하라. 음양 논리는 대립, 갈등, 창조적 변화 등에도 활용되어야 한다.

기는 어렵다.

음양론은 오행론과 함께 하나의 용어처럼 붙여서 많이 사용하는데, 원래 음양론과 오행론은 각각 성립되어 내려오다가 한(漢) 대에 와서 '음양오행론'으로 굳어졌다. 오행론이 부가된 것은 음양은 일기(一氣=氣)의 움직임의 두 측면이기 때문에 氣(=一氣)로 다시 수렴되어 버리면 결국 그 형식만으로는 구체적인 것을 나타낼 수 없기 때문이다. 그 구체화의 보완이 오행론이다. 물론 오행도 음양으로 다시 수렴된다. 그러나 오행론 역시 '5원소설'과 같은 실체론이 아니고 '상생상극'하는 사물 변화의 여러 양상(측면)을 좀 더 구체적으로 설명해 보려는 것으로 일종의 상징체계라고 할 수 있다. 물론 그 특징은 상생상극이란 말에서 알 수 있듯이 '유기적 관계성'이다. 이와 같이 오행 역시 상징적 기호이고, 상생상극론도 일종의 유비적(상징적) 설명에 불과하다. 그 실례는 '한의학'의 신체 오장육부 생리에 대한 유기적 설명, 또 인간 운명을 보는 '사주추명학' 등에서 잘 볼 수 있다. 이 음양오행론은 자연과학 이전의 문제이지만, 자연과학과는 다른 자연 해석법의 하나라고 할 수 있다. 그러나 이 상징체계는 사물의 구체적 설명에는 한계가 있어서 어디까지나 상징적 설명이나 은유법의 방식으로 철학이나 종교(혹 문학?)의 영역에 한정해서 사용하는 것이 바람직하다. 사회학에서 인식이나 해석의 패러다임이나 모델로 응용할 수는 있지만, 사회적 현상이라는 실제에 대해서는 구체적으로 무엇을 포착할 수 없다. 그저 이념의 역할 밖에 하지 못한다.[22]

3) 리기론의 패러다임

세계관 문제에서 이 그룹 학자들이 주장하는 것은 '리기론'인데, 특히 이영찬은 새로운 사회학 패러다임으로서 위의 음양론과 함께 이 리기론을 중요시하고 있다. 리-기도 음-양과 마찬가지로 두 개념을 셋트로 붙여 사용하여 사물인식이나 해석을 하려는 것이다. 음양이 횡적인 관계라면 리기는 종적인 관계로 볼 수 있다. 주자의 형이상학 체계에서는 리와 기가 '원리(idea)'와 '질료(materials)'를 나타내는 범주로 쓰였다.[23] 불교 화엄학의 리-사 관계의 '리사무애(理事無碍)'의 논리에서 이천 정이가 힌트를 얻어 중국 전래의 기의 자연학과 이데아론적 사유를 더하여(불교의 영향이다) 리기론을 전개하였다. 원래 화엄의 목적은 리사무애가 아니고 이 중간 단계를 넘어서 '사사무애(事事無碍)'를 말하려고 한 것인데, 사사무애는 만물의 평등을 말하므로 유교의 사회질서관의 차별적 사고는 이를 받아들일 수 없었으므로 리사무애에 그쳤다고 한다.[24] 오늘날

---

22) 중국의 현대신유학자 李澤厚(리쩌호우)는 '서체중용적 비판계승론자'인데, 그는 전통문화의 약점으로 '직관적이고 원시적이며 미성숙한' 우주론 체계모델(즉 오행론 체계모델)을 거론하고, 이것은 순환성, 폐쇄성, 질서성의 특징을 가지고 있는데, 이것이 중국인의 '문화심리구조', 즉 '국민무의식'에 영향을 주었고, 이것은 농업소생산, 자급자족의 자연경제, 강고한 종법혈연의 규범에서 온 것으로 현재까지 지속되고 있다고 한 바 있다. 황성만, 「전통문화에 대한 반성과 서체중용론」, 한국철학사상연구회, 앞의 책 『현대중국의 모색』, 동녘, 1992, p.380에서 재인용.

23) 주자의 리기론에 대한 현대적 재해석은 이동희, 『주자-동아시아 세계관의 원천』, 성균관대학교 출판부, 2007 참조.

화이트헤드의 과정철학을 빌려 비교해 보면 리기론은 형이상학임이 분명하고, 이는 기의 실재를 바탕으로 하면서 만물의 원리를 설명하려 한 사유 방식이다. 이는 송대 성리학이 선진유가의 윤리를 계승하였으므로 인간 본성, 천명 등 가치의 실재를 설명하기 위하여 요청된 철학적 사유, 즉 이데아론이었다. 왜냐하면 우주 만물을 현상적으로 설명하려면 전래의 기의 자연학으로서 충분하지만, 우주는 이러한 현상에 대한 설명만으로 충분하지 않으므로 주자는 리와 태극을 상정하여 우주형이상학(cosmology) 체계를 수립하였던 것이다. 주자의 태극 개념은 물론 염계 주돈이의 「태극도설」에서 가져왔고, 여기에 주석을 붙인 「태극도설해」를 통하여 '태극론'과 '리기론'이라는 자신의 형이상학 체계를 상세히 전개하였다.[25]

통일체적 세계관을 말할 때 자주 거론되는 형이상학적 명제 중에 '리일분수'가 있다. 이는 부분과 전체의 문제이기도 하다. 이를 현실문제에 응용하면 개인─사회(공동체) 관계 문제를 해석할 수도 있다. 다른 말로 '통체태극─각구태극'이라 표현하기도 하는데, 그 함의는 같다. 또 인간 도덕성(도덕의 근원)을 말하는 '본연지성─기질지성' 관계에도 응용하기도 한다. 이것을 설명하는데 불교의 비유 화법인 '월인천강(月印千江)'을 인용하기도 한다. 이것은 매우 추상적인 사유의 논리인데, 불교에서는 종교적 직관으로 알아낸 것이고, 형식논리로 말하기 어려우므로 비유(은유)로써 표현하였다. 불교의 논리가 성리학에 들어온 것으로 볼 수 있다. 부분과 전체의 문제이므로 이것 역시 통일체적 우주관과 유관하다. 이 명제의 핵심은 전체는 부분의 (집)합이 아니고, 부분은 전체의 단순 분할의 부분이 아니고 전체의 속성을 그대로 가지고 있는 부분이라는 뜻이다. 그러므로 사회학적으로 현실문제에 정확하게 적용하기는 어렵다. 이는 형식 논리를 넘어선 형이상학적 논의인데, 주로 종교적 교리를 보증하는 논리, 즉 종교철학으로 활용되었다. 신이 자기를 닮은 형상으로 인간을 창조했다고 하면 모든 인간은 최소한 신 앞에서는 미추(美醜; 현실적 제약)에 관계없이 평등하다. 이것이 종교가 주려는 메시지이다. 이런 발상은 유기체 우주론에서 나올 수 있다. 최봉영은 이 추상적 인식틀을 '통체─부분자적 세계관'이라 하여 조선시대 문화와 사회를 분석하는데 이용하기도 하였다.[26]

이 리기론의 범주를 하나의 패러다임으로 쓸 수 있을까? 형이상학은 원래 연역원리이므로 가능할 것 같다. 리와 기는 일종의 최고의 류(類) 개념이므로 이를 우주를 설명하는 데 그치지 않고 세계 인식이나 해석의 틀로 사용할 수 있다. 다만 그것이 나타내고자 하는 개념의 뜻은 상징적이어서 의미의 포괄성에서 오는 다의성과 애매성이 있다는 것이다. 리─기를 서구 철학을 빌

24) 武內義雄, 이동희 역, 『중국사상사』, 여강출판사, 1987 참조.

25) 여기 대해서는 이동희, 위의 책 『주자─동아시아 세계관의 원천』, 뒷부분 〈주자의 저술 읽기〉 참조.

26) 최봉영, 『한국인의 사회적 성격(1)─일반이론의 구성』, 도서출판 느티나무, 1994, p.25. 그러면서 최봉영은 조선시대 사람들이 立身, 行道, 揚名을 추구했던 것은 통체─부분자적 세계관의 귀결이라고 했다. 이것은 조선 사회의 양반 행태라는 부정적 측면을 도외시하고 지나치게 원론을 적용한 것이라고 할 수 있다. 최봉영, 「'사회' 개념에 전제된 개체와 전체의 관계와 유형」, 『동양사회사상』 1집, 동양사회사상학회, 1998, pp.79-104.

려 이야기하면, 아리스토텔레스의 '형상(=원리)'과 '질료' 관계, 화이트헤드의 형이상학 범주로 말하면 '영원적 객체(eternal object)'와 '현실적 존재(actual entity)'에 유비된다. 이런 것들로 하나의 인식 또는 해석의 패러다임으로 삼는 경우 어떤 장단점이 있는지 생각해 보면 적용 가능성 정도에 대한 이해가 쉬울 것이다. 그러므로 구체적으로 현상을 대상화하려고 할 때는 또 다른 방법, 즉 사회학을 비롯한 여러 분과학문의 학적(실증적) 방법론이 필요할 것이다.

그런데 성리학에서는 불교의 영향을 받아 '리−사 논리'를 가져왔지만, 순수한 존재 분석이나 종교적, 혹은 철학적 인식 패러다임이 되지 못하고, '理 사유'에만 치중하였다. 그 이유는 원시 유교의 도덕론을 설명하기 위한 방편으로 리−사 논리, 즉 리사론(理事論)을 끌어왔기 때문이다. 그러므로 현실적인 현세윤리인 유교의 경우 점차 '도덕적 가치'로서의 리의 사용이 중시됨에 따라 리가 '실체화'되고 경직화되어 사회윤리로서 인간을 질곡시키는 부작용을 낳았던 것이다. 다시 말하면 존재론적 개념인 리−기가 도덕론에 원용될 때는 '리선기악(理善氣惡)'이 되어 리−기 균형이 깨지고 항상 '리 우위론(優位論)'이 되어 버리고 만다. 그러므로 이를 원리와 현상 설명에 하나의 패러다임으로 사용한다 하더라도 유교의 이러한 도덕론의 이미지를 완전히 벗을 수는 없다.

뿐만 아니라 리 중시의 관점 아래에서도 분화가 일어나 리−기 관계를 여러 가지로 규정하면서 학파적 분파가 생겼다. 기의 경우도 마찬가지인데, 리에 비해 기를 중시했다 해도 그 속에서 리-기 관계 설정에 따라 학자들의 의견이 달랐다. 이것을 보아도 이 류 개념이 너무 포괄적이고 구체적 문제에서는 상징적 설명에 그칠 수밖에 없다는 것을 알 수 있다. 상징적 설명은 분명 인문학적 상상력의 소산이므로 우리가 중시해야 한다. 리기론 뿐만 아니라 음양론, 또는 불교적 '체용론(體用論)' 등은 관념적 사유 체계이므로 종교적 직관이나 철학적 사유에 기호학적 상징으로 사용하기에 적당하다. 다만 리−기, 음−양, 체−용 등으로 단순한 '이원론(dualism)'의 속성을 가지고 있는 것이 한계이다. 또 서양 근대라고 하여 이러한 사고 유형이 전혀 없다고 할 수 없고, 오늘날 우리도 이미 일반적으로 사용하고 있다.

세계관을 비롯, 동양사상(성리학) 속의 철학적 패러다임에 대한 이와 같은 논의는 근대 중국의 '현대(당대)신유학 연구', 그리고 오늘날 중국에서 정책적으로 추진되고 있는 '현대신유학 부활'과 일면 유사한 내용도 갖고 있으므로 그것과 비교하면서 이러한 연구의 방향과 성과, 그리고 문제점과 과제를 종합적으로 고찰해 보기로 한다.

3. 중국의 '현대(당대)신유학 연구'와 비교

1) 현대문명의 대안 — 탈현대의 기획

1990년 이후 오늘날 중국에서 행해지고 있는 소위 '현대신유학 연구'(국학붐 ; 國學熱)는 목적이 중국식 사회주의 건설에 있으므로 이데올로기성이 있지만, 현재 한국의 사회학자 그룹의 연구는 이와 달리 개방적이다. 이들은 근본 연구 목적이 근대문명의 대안으로서 동양사상을 연구하는 것이고, 더 나아가 이를 세계화(보편화)하려고 하고 있다. 물론 여기에는 한국의 '유교문화의 관점에서'라는 주체적 입장이 있다는 것이 큰 특징이다. 또 유학뿐만 아니라 불교, 도가사상을 포함하여 '동양사상' 전반을 '탈근대'라는 관점에서 해석하고 있다. 이는 분명 '문명사적 관점'이라 할 수 있다. 그러나 중국의 '현대신유학 연구' 목적과 상응되는 부분도 있다. 저쪽의 목적이 '중국식 사회주의'이므로 이것을 잠시 제쳐두면 연구 방향을 일부 공유할 수 있다.

그러나 경우에 따라서는 이것이 큰 차이를 가져올 수도 있을 것이다. 왜냐하면 한국의 '유교신연구'[27)]의 방향은 민주주의라는 정치체제를 자유롭게 거론하지만 중국에서는 그런 체제는 중국에 맞지 않다고 생각, 사회주의 체제를 유지하고자 하기 때문이다. 다시 말하면 경제 개방 이후의 서구 문물의 유입, 특히 정치체제와 자본주의에 묻어오는 비도덕적 상업주의나 퇴폐적 문화의 유입을 차단하기 위하여 공자를 복권시키고 유학사상을 선양하려는 정책의 하나로 '현대신유학 연구'를 검토하고 있기 때문이다. 그럼에도 불구하고 장래 한국의 사회학자들의 연구와 중국의 그러한 연구는 상호 소통이 가능하리라 본다. 다만 한국의 사회학자 그룹의 입장은 기본적으로 유학(유교)을 동아시아 문명권 공유의 전근대 문화전통으로 보고 이것을 재해석하여 다음 시대(탈근대) 문명의 대안으로 제시하려는 기획인데 한국이 주도하여 주체적으로 하려는 의욕을 가지고 있다. 여기에는 세계에서 산업화와 민주화를 동시에 달성한 나라가 한국이라는 자부심이 저변에 놓여 있는 것 같다.[28)] 한국의 산업화 성공은 '동아시아 유교자본론'에서 말하는 여러 요소가 한국에 가장 대표적으로 많이 남아 있었기 때문이라는 것을 강하게 의식한 결과이다. 이 강한 전통은 산업화에 긍정적으로 작용했지만, 부정적 측면 또한 있기 마련인데, 이 점까지 포용하면서 한국의 유교문화 전통에 대해 관심을 갖는 것이고, 나아가 유교 보편성 연구와 병행하여 문명의 대안으로 제시하고자 하는 것이다.[29)]

이 그룹의 지도자인 최석만은 말하기를 "유교문화가 문제가 되는 것은 단순히 경제를 발전시켰기 때문이 아니다. 서구 문화에 대한 대안으로서 인류에게 새로운 삶의 단서가 될 수 있기 때문이다."라고 한다.[30)] 유교의 사회학적 이론화를 시도하고 있는 이영찬은 "자생적 유교사회학의

---

27) 최석만은 "신유교적 사고란 오늘날처럼 한편에서는 합리성, 법, 규제, 계획이 난무하고, 다른 한편으로는 절제되지 않은 이기심과 쾌락이 난무하는 상황에서 법과 강제가 없이도 인간들이 선하고 스스로 남에게 베푸는 것이 가능하다고 믿는 태도이다."라고 하면서 '신유교적 사고'라는 용어를 사용하고 있다. 최석만, 「전통과 해석과 사회발전」, 최석만 외, 앞의 책『유교적 사회질서와 문화, 민주주의』 p.379.
28) 최석만은 "제3세계 국가들 가운데 한국만이 유일하게 민주발전과 경제발전이라는 두 마리 토끼를 다 잡았다."고 말한다. 최석만, 「회고와 전망 : 동양을 넘어 서양을 넘어」, 『동양사회사상』 16집, 2007, p.12.
29) 이영찬, 앞의 책『유교사회학의 패러다임과 사회이론』, p.410.
30) 최석만, 「동북아시아 유교 문화권 발전의 내용」, 최석만 외, 『유교적 사회질서와 문화, 민주주의』, 전남대학교 출판부, 2006, p.26.

패러다임과 사회이론 정립을 목표로 한다. 서구 사회학의 위기, 근대과학의 패러다임 전환, 탈근대성 확보, 서구의 '신과학', '탈근대성 담론' 등과 궤를 같이하여 탈근대적 패러다임으로 유교를 연구하려고 한다."라고 말하고 있다.[31] 또한 홍승표도 현대인과 현대사회는 욕망 충족적인 삶을 살고 있고, 그리하여 서로의 인간관계는 적대적이며, 자연에 대한 파괴가 심한 일종의 집단 정신병에 걸려 있다고 진단하고, 이 현대문명의 위기는 본질적으로 세계관의 위기라고 말하고 있다.[32]

이러한 문명사적 연구의 전제는 '탈근대'라는 이정표를 세우고 있는데, 탈근대는 '후기근대'라는 시기구분의 의미도 있지만, '근대를 비판하고 넘어서서'라는 '이념적인 의미'도 있다. 이들 사회학자 그룹의 문제제기는 문명적 대안을 찾는 것이므로 후자의 의미가 강하다. 홍승표의 전근대, 근대, 탈근대의 비교는 설명에 도움이 되므로 한번 예시해 보면 다음과 같다. 이해를 돕기 위하여 먼저 중국의 '신유학연구' 논의를 분류하여 보면 다음과 같다.[33]

* 유학부흥론 - 전통옹호의 보수적 입장. 일부 중체서용론도 포함.
* 비판계승론 - 객관적(중립적) 입장. 중국의 현실을 감안하여 사회주의를 기본으로 전제.
* 서체중용론 - 절충론적 입장이나 서구 문명을 강조.
* 철저재건론 - 전반서화론(全般西化論)과 같음. 전통 철저 부정.

홍승표는 동양철학의 관점에서 '탈근대'의 이념을 다음과 같이 표를 작성하여 제시하고 있다.[34]

■ 동양철학과 근대성간 관계 유형 〈표 1〉

관계 1 : 근대성의 관점에서 동양철학의 전근대성에 대한 비판
관계 2 : 동양철학의 전근대성의 관점에서 근대성에 대한 비판
관계 3 : 근대성의 관점에서 동양철학의 근대 친화적 측면의 발굴
관계 4 : 동양철학의 탈근대성의 관점에서 근대성에 대한 비판

이를 필자의 관점에서 위의 '신유학연구' 논의와 비교해 보면 다음과 같다.

---

31) 이영찬, 앞의 책 『유교사회학의 패러다임과 사회이론』, pp.410-411.
32) 홍승표, 앞의 책 『동양사상과 탈현대』, 머릿말.
33) 한국철학사상연구회, 『현대중국의 모색』, 동녘, 1992 참조.
34) 홍승표, 「동양철학의 관점에서 본 근대성 비판」, 『동양철학연구』 52집, 동양철학연구회, 2007, pp.13-18.

* 관계 1 : 전반서화론 / 철저재건론과 유사
* 관계 2 : 일부 유학부흥론 / 중체서용론과 유사
* 관계 3 : 서체중용론
* 관계 4 : 비판계승론

■ 시대상황과 연구자의 관점에 따른 동양철학과 근대성간의 관계 〈표 2〉

시대상황 / 연구자의 관점	근대화를 시급히 달성해야 할 상황	근대화를 상당히 달성한 상황	탈근대 사회를 모색해야 할 상황
전통주의적 관점	동양철학의 전근대성의 관점에서 근대성에 대한 비판	동양철학의 전근대성의 관점에서 근대성에 대한 비판	동양철학 전근대성의 관점에서 근대성에 대한 비판
근대주의적 관점	근대성의 관점에서 동양철학의 전근대성에 대한 비판	−근대성의 관점에서 동양철학의 근대친화적 측면의 발굴 −근대성의 관점에서 동양철학의 전근대성에 대한 비판	−근대성의 관점에서 동양철학의 근대친화적 측면의 발굴(A) −근대성의 관점에서 동양철학의 전근대성에 대한 비판(B)
탈근대주의적 관점			동양철학의 탈근대성의 관점에서 근대성에 대한 비판(C)

(A), (B), (C)는 필자가 설명의 편의상 붙인 것임.

여기서 '동양철학'이라 한 것은 사회학자 그룹이 다루는 범위가 유가사상에 한정되지 않고 '동양사상' 전반에 걸쳐 있으므로 그렇게 부른 것으로 보인다.[35]

위의 도표에서 (C)의 관점은 다시 말하면 탈근대성의 관점에서 근대성을 비판하는(비판하고 넘어서는) 과정에서 그 기준으로 '동양철학'을 가져온다는 의미이다. 이때 문제는 동양철학이 전근대 시기와는 다른 역할을 어떻게 얼마나 하느냐, 또 할 수 있느냐하는 구체적 문제가 있다. 왜냐하면 근대주의적 관점에서 볼 때 아직도 (A)−계승발전론과 (B)−전통비판 / 서체중용론의 논의가 계속 필요하기 때문이다.

이러한 (C) 관점은 대체로 전통을 옹호하는 입장인데, 이는 문명사적 시각에서 서구 현대문명에 대한 비판에서 시작된 사회학자 그룹의 새로운 동양사상 연구의 방향으로서 중국의 중체서용론을 넘어서서 '유학부흥론'과 유사한 방향을 취하고 있는 것 같지만, 실은 그 보다 더 적극적

---

35) 이렇게 되면 유가, 도가, 그리고 불교의 3자 간의 역사적 교섭과 갈등은 다루어지지 못하고 누락된다. 공통점만, 그것도 현대 문명 비판에 적절한 자료만 선택될 위험이 있다. 동양사회학자 그룹은 '한비자'도 다루고, 동양사상 전반, 한국과 중국 구분 없이 다루고 있다.

으로 동양사상을 서구 문명의 대안으로 삼으려는 데 특징이 있다. 따라서 이들의 관점이 중국의 유학부흥론과 같이 보일 수 있다. 그러나 중국의 전반서화론보다 일보 더 나아간 것이므로 단순히 전통옹호론으로 볼 수도 없다. 그러나 이들이 적극적 문명론을 펼치면서 유교전통의 역사와 잔존한 '부정적 현재성'에 대해 눈을 감고 있는 것은 아니다. 특히 현재성은 한국적 현실에 대한 것을 주로 언급을 하고 있다. 다만 동양 전통에 대한 호감보다 현실 비판이 약하다.

2) 유교의 원형의 이념을 찾아서 — 동양의 가족주의와 종교관

최석만은 동양(특히 한국)의 가족주의가 현대의 '개인주의'로 인한 병폐를 해소하는 데 기여한다고 보고 특히 강조하고 있다.[36) 서구 계몽주의 이후 개인주의는 자유와 인권을 신장시켰지만, 지금은 사회해체의 원동력이 되고 있기 때문에 가족을 중심으로 한 공동체 의식의 중요성을 회복해야 된다고 보고 있다. 한국인은 이 가족주의 의식이 강하여 여러 가지 사회문제도 이 가족주의와 연관하여 보면 쉽게 해결할 수 있다고까지 말하고 있다.[37) 그리하여 이 가족주의 도덕의 기조가 된 성선(性善), 인의예지의 덕, 오륜(五倫)—이 세 가지의 실천을 말하면서 다만 현대에 맞는 재해석을 해야 한다고 말한다.[38)

동양의 가족은 유기체적 세계관에서 보면 남과 유기적 관계를 맺고 있는 개인, 공동체 속의 개인을 전제로 하기 때문에 패쇄적인 것이 아니고 사회, 국가, 세계로 확대되는 자연발생적이며, 가장 기초적인 공동체이기 때문에 이런 주장을 하게 된다. 또한 최석만은 "유교가 현대의 민주주의를 부정한다고 볼 수는 없다."고 하고,[39) 유교가 현대 사회에 그대로는 맞지 않는 점도 있지만, 민주주의의 뿌리를 형성하고 있는 서구의 개인주의 또한 전면적으로 받아들이기에는 많은 문제점을 노정하고 있기 때문에 우리들의 과제는 유교의 재해석을 통하여 개인주의에 편향된 민주주의를 수정하여 개인과 공동체가 균형을 이루는 '제3의 민주주의'의 방법을 모색해야 한다는 것이다.[40)

그러나 현재 서구인들은 기독교적 사랑을 실천하고 있으며, 가족의 중요성도 인정하고 실천하고 있다. 또 서구인의 입양의 실천도 사랑의 실천, 가족애의 구현이라고 볼 수 있다. 이혼율의 증가는 또 다른 문제이다. 이렇게 보면 가족의 중시는 보편적 현상인 것이며, 한국 사회의 '가족이기주의', 잘못된 개인주의 등이 오히려 문제가 된다. 그렇다면 가족의 중시가 반드시 동양 전

---

36) 최석만, 「회고와 전망 : 동양을 넘어 서양을 넘어」, 『동양사회사상』 16집, 동양사회사상학회, 2007, p.15.
37) 최석만, 위의 논문, p.11.
38) 최석만, 「전통과 해석과 사회발전」, 최석만 외, 앞의 책 『유교적 사회질서와 문화, 민주주의』 pp.372-374. 이러한 동양사상의 긍정적인 면을 가르치면서 동시에 유교적 잔재가 남아 있는 한국사회의 부정적인 병폐(한국병)를 사회윤리 측면에서 가리킨 것이 '국민윤리교과'이다. 이때 유교의 '충효윤리'를 긍정적으로 보았다.
39) 최석만, 위의 논문, 위의 책, p.363.
40) 최석만, 위의 논문, 위의 책, p.364.

통의 특징이 된다고 보기는 어렵고, 동아시아의 장기간의 농업경제에서 오는 전통이어서 오히려 개인이 가족에 함몰되었다. 또 강한 혈연 연고의식을 배태했다고 보는 쪽이 온당할 것이다.

현대신유학자들도 '공동체 의식'이 유교가 기여할 바라고 말하고 있다. 두유명도 현대인은 하나의 공동체 의식을 세워야 한다고 하면서[41] 동양적 사회이론상 '개인'이라 하면 도덕적 자각 능력을 갖춘 개인을 말하는 것이며, 이 개인이 자연적 공동체인 家(가족)에서 출발하며, 나아가 가문, 국가, 천하의 큰 집단―향당, 종교단체, 각종 사회 직능단체, 불교의 승려조직 등―도 모두 가의 공동체의 확대이므로 개인 역시 공동체의식을 갖게 된다고 한다.[42]

중국의 현대신유학자들은 초기의 양수명도 그랬듯이 동서문화 비교를 중시했지만, 막스 베버의 연구 방식의 영향으로 동서양의 종교관의 차이에 상당히 관심을 보였다. 오늘날의 현대신유학자들도 이 점을 자주 언급하고 있다. 여영시는 서구에서의 초월세계와 현실세계의 관계는 단절적이고, 외부로부터의 신의 위력을 상정한 결과 그것이 자연법사상의 출발이 되었다고 한다.[43] 그리하여 동양은 내면적 수양을 통하여 초월하는 방법을 찾았고, 서양은 외향적 초월이기 때문에 자연법은 대부분 '자연의 법칙'으로 변하고, 과학과 종교의 분열을 가져왔으며, 다윈의 진화론 이후 진실한 신앙은 점점 존재하지 않게 되었다고 보았다.[44] 내향적 초월신앙과 외향적 초월신앙은 편의상의 분류이고 대체적인 성격이 그렇다는 것이고, 또 두 신앙 형태는 장단점이 각각 있다고 할 수 있는데, 비교하면 그렇다는 것이 여영시의 견해이다. 넓게 말하면 전통종교 문제는 문화와 문명 속에 들어가므로 문명론적 시각을 가지고 연구하는 오늘날의 사회학자 그룹에서도 이 점을 연구 주제로 삼을 필요가 있다. 특히 종교사회학적 측면에서 기독교 신앙과 전통 종교를 비교하면서 한국사회의 종교현상을 연구하는 방향이면 좋을 것이다.

최석만은 "이제 한국은 민주주의와 함께 스며든 개인주의가 빚어내는 병폐들, 이기주의, 가족의 해체, 이혼율의 증가, 버려진 아이들을 걱정해야 할 때이다."라고 말하고 있다.[45] 또 그는 동양사상의 대안으로 성선, 인의예지의 덕목, 오륜을 제시하면서 말하기를 "오륜은 전근대 사회의 정치구조와 가족구조, 서열적 인간관계를 반영하고 있으며, 그만치 덜 보편적이며 현대 사회의 민주주의 이념과도 잘 맞지 않는다. 오륜에 해당하는 오늘날의 새로운 윤리는 무엇일까? 이 부분은 쉽게 답할 수 없는 어려운 문제이다."라고 하여 동양사상의 시대에 맞는 재해석을 강조하고 있다.[46] 또 그는 말하기를 "유교가 현대의 민주주의를 부정한다고 볼 수는 없다. (…) 한편으로는 유교가 현대 사회에 그대로는 맞지 않기 때문이며, 다른 한편으로는 민주주의의 뿌리를

---

41) 두유명, 성균관대학교 학이회 역, 앞의 책, 『유학, 제3기 발전에 관한 전망』, p.160.
42) 두유명, 성균관대학교 학이회 역, 위의 책, p.180.
43) 여영시, 김병환 역, 앞의 책, 『동양적 가치의 재발견』, p.40.
44) 여영시, 김병환 역, 위의 책, pp.46; 49; 51.
45) 최석만, 앞의 논문 「동북아시아 유교문화권 발전의 내용」, 최석만 외, 『유교적 사회질서와 문화, 민주주의』, pp.18-19.
46) 최석만, 앞의 논문 「전통과 해석과 사회발전」, 최석만 외, 위의 책 『유교적 사회질서와 문화, 민주주의』, pp.374-375.

형성하고 있는 서구의 개인주의 또한 전면적으로 받아들이기에는 많은 문제점을 노정하고 있다.”라고 하여[47] 유교를 대안으로 삼더라도 재해석해야 한다고 말하고 있다. 그러면서 그는 서구의 ‘성경해석학(Biblical Hermaneutics)’의 실례를 들고 있다.[48]

그리하여 최석만은 유교의 ‘원형의 이념(archetype)’을 다시 현재에 살리는 것은 가능하다고 보면서 다음과 같이 이념의 역설을 말하고 있다 : “관념이란 역설적이다. 그것은 현실을 반영하기도 하고, 당시 사회의 문제점을 드러낸 것이기도 하다. 그러므로 유교를 경직되게 만들 필요는 없다. 유교가 지배하던 사회가 철저히 ‘동양적 전제주의’ 사회였다든가, 현대의 민주주의와 정반대되는 사회였다든가, 현대적 인권이 철저히 무시된 사회였다든가, 여성의 권리가 무참히 짓밟힌 시대였다든가 하는 것은 우리가 만들어낸 편견일 것이다.”라고 말한다.[49] 우리가 그의 말을 융통성 있게 해석한다면 유교의 이념을 순수 원형으로 적출하면 문명의 대안으로 삼을 수 있지만, 앞으로 재해석의 과제가 남아 있다는 뜻으로 볼 수 있다.

최석만은 유교 재해석의 방법으로 常道와 變道를 구분하여 볼 것을 주장한다.[50] 상도는 유교의 핵심, 경전 속의 원리를 말하고, 변도는 고대의 유교, 즉 역사적으로 제도화된 것, 시대적 제약 아래 출현한 것(문물제도, 관습 등)을 말한다고 볼 수 있다. 이러한 앞으로의 과제가 해결되지 않으면 추상적 원리만으로 유학의 앞날은 그리 밝지 못하다는 의미도 담고 있다. 이영찬 역시 그의 저서 말미에서 “유교사회학이 비합리적으로 보이는 이유는 담론이 도덕성의 문제를 항상 바탕에 깔고 전개되고 있는 점 때문이다. 그래서 도덕성과 같은 가치가 규범화를 통해 어떻게 행위에 적용되는지를 명확히 함으로써 보다 객관성을 확보할 수 있으리라 본다.”라고 말하고 있다.[51]

3) 연구 시각의 문제점과 앞으로의 과제

관념의 아이디얼한 패러다임이 아니라 구체화된 현실성이나 역사성에서 보면, 또 한국의 현실에서 유교의 역사성과 현재성(잔재된 유습)을 보면 자연히 순수 이념적인 유교의 다른 측면이 보일 것이다. 사회학자 그룹이 말하는 규범화는 유교의 예와 제도인데, 조선조 사회에서는 잘 반영되었다 해도 다만 그 운용에 있어 인간의 사심(욕심)이, 정치적 책략이, 또는 인간적 실수가 개재되는 경우가 많았다. 계속된 왕조는 보수적인 규범 전통을 갖게 되었고, 오늘날까지 의식과 관행을 지배하고 있다고 보아야 하지 않을까?

현대 신유학자들도 신유학의 보편화에 어려움을 예상하고 있다. 두유명은 “유학이 중국에서

---

47) 최석만, 위의 논문, 위의 책, pp.363-364.
48) 최석만, 위와 같음.
49) 최석만, 위의 논문, 위의 책, p.362.
50) 최석만, 위의 논문, 위의 책, p.383.
51) 이영찬, 앞의 책 『유교사회학의 패러다임과 사회이론』, p.422.

건강하게 발전하려면 우선 뉴욕, 파리, 동경을 거쳐야 한다. 마치 기독교가 다원적이듯이. 유교에도 토착문화의 제한을 받지 않는 보편성이 있다."라고 말하고 있다.[52] 현대적 재해석이 필요하다는 뜻이다. 또 그는 말하기를 "유학이 대단히 조명을 받는 그런 학문이 되기는 힘들 것이다. 그러나 지식인 사회에서 중시될 것은 예상된다. 미국 학술계, 문화계에서 문화인류학, 철학, 종교학 연구자를 만나보면 알고 싶은 강한 욕구가 있다. 미국에서 발전한 유가전통은 중국에서 봉건적인 잔재를 비판한 뒤 이루어진 유학에 대한 적극적 탐색을 결합해야 새로운 불꽃을 폭발할 수 있다."라고 말하고 있다.[53] 여영시는 말하기를 "예는 법 보다 한 걸음 더 나아가 구체적 개인을 돌볼 것을 요구한다. 이런 형태의 개인주의는 중국인으로 하여금 엄격한 규율에 적응하지 못하게 하였다. … 현대사회의 정치와 법률은 인륜관계의 연장이 아니다. … 동양인은 서양의 법치와 민주주의 역사 경험을 받아들여야 한다."라고 말한다.[54] 또한 동양에서 발달한 개인 수양론에 대해서도 "전통 수양론이 심층심리학, 행동과학으로 보완되어야 한다."고 말한다.[55]

이와 같이 탈현대 이념에 비추어 동양 전통사상을 순수 이념적 차원에서 긍정한다 해도 문제가 그렇게 단순하지 않음을 알 수 있다. 무엇보다 탈현대 논의의 문제점은 우실하의 다음과 같은 지적에 귀를 기울일 필요가 있다. 우실하는 우리 사회에서 포스트모더니즘 논의는 중심국인 서구의 특수한 역사적 상황에서 기인한 논의를 무비판적으로 받아들인 '학문적 오리엔탈리즘'이 작동한 결과라고 보인다고 전제한 다음, "우리의 '뒤틀린 근대'를 보지 못하는 '탈근대 논의'"라고 규정한다.[56]

우리가 탈근대, 또는 포스트모더니즘이라 할 때 근대(현대) 이후 시기라는 시간성을 말하기도 하지만, 근대를 넘어서는 새로운 '문명의 이정표'라는 이념의 성격도 동시에 가지고 있다.[57] 이런 관점에서 우실하는 말하기를 "우리 사회에서의 포스트모더니즘 논의는 '뒤틀린 근대'가 재생산되는 '현실'에 대한 극복을 지향한 것이어야 할 것이다. 우리의 경우에는 외적 강압에 의해 급작스럽게 '동양적 전통'이 '서양적 근대'로 대체되었다."라고 말하고 있다.[58]

또한 강명구는, 권위주의적 관료체계, 권력의 중앙집중화, 부의 극심한 편중 등 각종 문제투성이의 한국사회에서, 탈중심, 탈권위, 탈중앙집중이라는 화두를 잡고 단지 이론적 수준에서 논

---

52) 두유명, 성균관대학교 학이회 역, 앞의 책, 『유학, 제3기 발전에 관한 전망』, p.172.
53) 두유명, 성균관대학교 학이회 역, 위의 책, p.175.
54) 여영시, 김병환 역, 앞의 책 『동양적 가치의 재발견』, p.117; 119; 120.
55) 여영시, 김병환 역, 위의 책, p.153.
56) 우실하, 「포스트모더니즘의 오리엔탈리즘적 성격」, 『동양사회사상』 12집, 2006, p.16(한글파일 원고 페이지임. 이하 같음).
57) 테리 이글턴(T. Eagleton)은 "일반적으로 후기근대주의(Postmodernism)라는 용어가 현대 문화의 한 양식을 직접적으로 지칭한다면, 후기근대성(Postmodernity)이라는 용어는 어떤 구체적인 역사 시기를 암시적으로 지칭한다"라고 말한다. 이글턴, 김준환 역, 『포스트모더니즘의 환상』, 실천문학사, 2000 ; 우실하, 위의 논문, pp.16-17에서 재인용.
58) 우실하, 위의 논문, p.17.

의하는 한국사회에서의 포스트모더니즘은 현실을 도피하는 이데올로기적 성격을 지닐 수도 있다는 점을 지적하고 있다.[59] 뿐만 아니라 강명구는 포스트모더니즘의 논의가 추상적 수준을 벗어나서 우리의 구체적인 현실을 바탕으로 한 문화의 생산과 수용의 조건 안에서 '문화적 실천'과 접합되어야 한다는 점을 지적한 바 있다.[60]

최석만 역시 이런 문제점을 인식하고 있었다. 그는 말하기를 "유교사상은 더욱 열린 체계이지 않으면 안된다. 열린 체계라는 의미는 생생히 살아 움직이는 삶의 다양한 측면에서 제기되는 현대사회의 새로운 문제에 대해 전망할 수 있어야 된다는 것이다. 선험적이고 당위적인 규범을 학습하는 데 머물러서는 안된다."라고 한다.[61] 또 그는 말하기를 "어느 사회나 하나의 이념이 전일적으로 지배하는 사회는 없다. … 우리가 만들어낸 이념형(Ideal Type)으로 다른 나라를, 사상을, 과거를 생각한다. 그 이념형은 우리 스스로가 만들어낸 관념인 것이다. 그런 의미에서 우리는 유교를 책 묶음으로 생각해서는 안된다. 유교는 실제의 생활이었으며 유교를 재해석한다는 것은 관념화되고 신비화되어 있는 모습 뒤의 생활 철학으로서 본래의 자연스런 면목을 직시하는 것이다."라고 한다.[62]

이 논의를 확대하면 유교라는 아이디얼한 타입을 전통시대 배경에 즉해서 해석하지 않고, 이념적 측면만 가지고 논할 수 없듯이 현재 잔존한 유교를 논한다면 마찬가지로 잔존의 역사성과 현실을 도외시하고 아이디얼한 타입으로서의 유교의 원형만 논해서는 곤란하다는 뜻이 된다. 비록 '탈근대', 즉 근대 서구 문명에 대한 비판의 결과 하나의 대안으로 추구하는 것이지만, 현재 실제적 유교의 잔재에 실제적으로 접근하면서 유교 본질을 논해야 균형이 맞지 않을까 한다. 유교와 성리학의 이념을 패러다임으로 논할 수 있을 것이다. 왜냐하면 유교도 이념이므로 '원형 합리성(archetype rationality)'이 있기 때문이다. 그러나 이념의 하부구조를 함께 논하지 않는다면 이념의 구체적 적용, 즉 '현실적 접합성(practical application)'이 없어 공허한 주장에 그칠 가능성이 있다. 탈근대가 전근대의 이념을 재해석할 수 있지만, 탈근대 문화(문명)—이상적 목표로서의 문명—가 바로 전근대 문화일 수는 없기 때문이다.

아무리 근대의 폐해가 있다 하더라도 우리가 일단은 이곳에 발을 딛지 않을 수 없고, 과학에 의한 환경오염도 결국 과학에 의존하지 않으면 안되는 시지프스의 비극을 우리는 이미 벗어날 수가 없다. 전근대 이념과 문화를 통째로 긍정하게 되면 잘못하면 현재 진행되고 있는 전근대적 행위도—이성과 도덕성에서 벗어난(상식을 벗어난) 행위라 할지라도—인정해 주지 않으면 안되는

---

59) 강명구의 말은 강명구, 『소비대중문화와 포스트모더니즘』, 민음사, 1993, p.170. : 우실하, 위의 논문, p.17에서 재인용.
60) 강명구, 「포스트모던 문화 : 문화적 실천과 접합」, 『세계의 문학』 59호(1991년 봄), 민음사 ; 우실하, 위의 논문에서 재인용.
61) 최석만, 앞의 논문 「동북아시아 유교문화권 발전의 내용」, 최석만 외, 앞의 책 『유교적 사회질서와 문화, 민주주의』, pp.26-27.
62) 최석만, 위의 논문, 위의 책, p.358.

딜레마에 봉착하게 된다. 중국의 신유학연구도 정치적 목적을 염두에 둔다면 중국식 사회주의 건설과 경제의 자본주의적 운영 간에 모순이 생길 수도 있다. 개혁 개방 속에는 '인권'과 '자유'의 확대라는 정치적 과제가 들어 있으며, 또한 유가(공자)의 부흥은 전근대의 정치사상, 대외관이 부활할 가능성도 있기 때문에 국제사회에서는 주목하지 않을 수 없다. 북한과 중국의 관계, 북한의 정치행태 등도 구체적으로 말하지 않아도 유교적 전통과 연관이 있다는 사실을 우리는 잘 알고 있다.

우리의 경우도 사회학자의 이념에 치우친 연구는 철학이나 종교론에는 큰 자극이 되지만, 그것이 사회학에 머문다면 '유토피아론'으로 귀착될 위험이 있다.[63] 이미 18세기 이러한 이상적인 소규모 공동체 실험은 행해진 바 있고, 마르크스는 그런 사상을 '공상적 사회주의'라고 불렀다. 또 이 영향을 받은 중국의 강유위는 『대동서』라는 유토피아 사상을 담은 책을 쓴 바 있고, 동시에 '공자교 운동'을 펼치기도 했음을 우리는 잘 알고 있다. 문제는 단순하지 않은 것 같다. 유교의 이념을 현대적 재해석을 하는 과정에서 전근대 한국의 전통문화에 대한 편견을 깼다든가, 동양사상(특히 리기론 등 패러다임)에 대한 계몽적 대중화 등에는 일조를 하였지만, 이상과 같은 문제점과 앞으로 구체적 현실에 합리적 응용이라는 과제가 도사리고 있다. 특히 세계화 시대에 한국사회의 문제(개인의 가치관에까지 영향을 미친다)도 세계적 맥락과 함께 다루어야 하는 '세계화시대의 사회윤리'의 관점(라인홀드 니버의 관점)에서 보면 이러한 아이디얼한 전통 해석은 다소 공허한 느낌을 지울 수 없다.[64]

특히 현재 중국에서 위로부터 기획된 현대신유학 연구 독려는 중국특색의 사회주의 건설과 상관성이 있다. 다시 말하자면 현대신유학의 '중체서용론'의 연장이며 '중화주의'의 부활에 다름 아니다.[65] 그리하여 중화 본위의 문화의식은 서구 가치체계의 본질을 통찰하지 못하게 함은 물론 동아시아 각국(특히 한국)으로 하여금 이상주의적 동양전통 긍정을 통하여 거대한 중화의식 속으로 빨려들게 한다. 지금부터라도 독자적인 문화건설을 해야 하고 그러기 위해서는 전통옹호론에 안주해서는 안된다.

4. 결어

동양사상을 연구하는 한국의 사회학자 그룹의 새로운 연구 방향은 문명론적 관점에 서 있기 때문에 동양사상을 매우 긍정적으로 보고 있다. 마치 중국의 '유학부흥론' 내지는 '중체서용론'

---

63) 홍승표는 최근 『동양사상과 새로운 유토피아』(계명대 출판부, 2010)를 출간하였는데, 시사하는 바가 있다.
64) 고범서, 『포스트모던 시대의 사회윤리』, 소화, 1998 참조.
65) 송종서, 앞의 책 『현대 신유학의 역정』, pp.451-453.

과 취지가 같은 것으로 보여지기도 한다. 물론 한국에서도 '국민윤리 교과'에서 동양사상을 긍정적으로 보아왔다. 이는 민족 전통문화를 옹호하는 입장이기 때문에 그렇게 보지 않을 수 없었다. 그러나 국민윤리 교과는 다른 한편으로는 한국 사회에 잔존한 유교의 폐단을 '한국병'으로 동시에 논하였다. 중국 근대의 신유학연구도 전통 부정의 '전반서화론'이나 '서체중용론', 또는 '중체서용론' 등 절충적인 입장도 있어서 '유학부흥론'과 논전을 벌이며 공존해 왔다. 물론 1984년 이후 지금 중국의 연구 경향은 사회주의 건설에 맞춰져 있어 논전이 이전 보다 자유롭지는 못하다고 한다.

동양사상에 대한 연구는 동양철학자들이 그동안 고전학의 시각에서 많이 하였는데, 이들도 역시 긍정적인 관점이 주조를 이루었다. 한편 일군의 한국 사회학자들은 한국 사회의 유교적 잔재에 대해 매우 비판적 시각을 보여왔다. 이런 상황에서 이러한 사회학자 그룹의 새로운 연구 방향은 매우 흥미롭다. 그리하여 새로운 방향이 어떤 의미가 있는지 또 문제점이나 과제는 무엇인지 고찰하였는데, 요약하면 다음과 같다.

(1) 동양사상을 문명론적 시각에서 보는 것은 결국 이념적 논의가 될 수밖에 없는데, 리기론이나 음양론, 리일분수론 등은 형이상학적 체계, 또는 종교철학적 이론에서 나온 것으로 기호론 내지 상징적 은유법이므로 이것을 사물 '인식의 틀'(혹은 해석의 틀), 즉 '패러다임'으로 삼을 수 있다. 다만 이 기호 내지 상징으로 나타내는 논리는 사유의 세계나 신앙의 차원에서는 적절하지만, 사회학의 경우 현실적 접합성(接合性)이나 적실성(適實性)이 얼마나 될지는 의문이다. 또한 리기론은 '원리와 현상'(리-기), 음양론은 '빛과 그림자'(양-음) 등으로 우리가 일반적으로 사용하고 있는 보편적 인식틀이다. 즉 듀얼리즘(dualism)이다. 이것을 현실적으로 적용할 때 이런 식-'원칙'을 고수하되 '권도(權道)'를 발휘하여 상황에 맞게 처리한다든가, 첨예한 두 입장에서 결정을 내리면서 '부작용을 최소화'하는 방책을 마련한다든가-하는 것이 좋은 방법일 것이다. 그런데 이 정도는 현대사회에서 '과학적 합리성(과학적 수단)'에 의해 반영되고 있다고 할 수 있다. 큰 문명의 줄기를 이것으로 바꾸기는 어려울 것 같다.

(2) 그러나 환경문제 같은 경우 세계관의 문제와 연관된다. 즉 이 자연에 대한 관점을 바꿔야 하기 때문이다. 환경철학에서도 통일체적 세계관이나 유기체적 우주론을 거론하는 이유가 여기에 있다. 서양적 사유방식은 정신과 물질, 인간과 자연, 나와 너, 이런 식으로 이분법적 사고 방식(dichotomy), 대립 갈등관계의 인식틀을 갖고 있다. 여기에서 자연과학이 탄생되었고, 동양은 만물일체적, 통일체적 인식틀을 갖고 있어 자연을 대상화하지 못했다. 이는 종교적, 형이상학적 자연관이다. 근대문명이 환경문제를 낳았다면 전근대의 동양사상의 자연관은 상당히 보완적임이 분명하다. 그러나 현대 문명에서 이 자연과학은 산업화와 밀접한 관련을 갖고 있어 여러 나라가 이미 포기할 수 없는 삶의 방식이 되어 있다. 또 환경재해도 과학기술의 도움 없이는 극복할 수 없을 만큼 현대 문명의 의존도가 상당히 높아졌다. 핵 문제를 생각해 보면 잘 알 수 있다. 과학과 산업화를 버리고 문명 전환을 생각하기 어려운 것은 불문가지다. 남은 방법은 혁명 수행

이나 유토피아를 가꾸는 수밖에 없다. 전자는 불가능하겠지만, 후자는 가능할 것 같다. 최소한의 만족을 위해서.

(3) '리일분수'는 종교가 직관으로 얻어낸 인식 방법이다. 부분과 전체의 유기적 관계를 말하는 것으로 현대 과학에서 입증되었다. 그러나 거시 세계(macro world)에서는, 특히 지구 중력권 안에서는 여전히 기계론적 과학관이 유효하다. 원래 리일분수는 종교 교리로서는 만물의 평등을 강조하는 데 목적이 있었다. 인간 사이의 평등, 인간과 만물의 유기적 연관성 등을 강조하는 것이다. 이것 역시 유기체 우주론에서 나온 형이상학적 명제이다. 부분과 전체의 관계인데, 전체는 부분의 집합이 아니라는 함의이다. 이것을 응용하면 '특수성과 보편성'의 관계, '개인과 사회'의 관계 형식으로 활용할 수 있다. 그러나 이러한 거대 담론은 현실에서 왕왕이 도그마로 화하여 인간에 대한 억압으로 작용할 수 있다. 즉 '리일'을 강조하는 것이다. 정치적으로 이용되거나 종교교리로 사용될 경우 그렇게 된 경우를 역사적으로 우리는 많이 보아왔다. 철학적 사유나 종교적 교리로서는 그 활용이 적절하지만, 현실에 접합시킬 때는 많은 중간 장치, 즉 응용의 기술과 지혜가 필요하다.

(4) 근대 문명의 폐단에 대해 사회학자 그룹은 예민하게 비판하고 그 반동으로서 전근대의 동양사상을 순수 이념으로서 받아들여 전적으로 긍정하려고 하는 입장을 취하는데, 만일 그렇게 되면 전근대의 문물제도를 전적으로 긍정하는 오류를 범하게 된다. 뿐만 아니라 현재에서 전근대적 이념이나 행위 양태를 모방할 경우 비판하지 못하는 딜레마에 빠지게 된다. 전근대의 동양사상은 오늘날 분과학문처럼 나누어져 있지 않아 큰 포괄성을 가지고 있다. 그러므로 사회학자라 해도 전통 동양사상을 철학이나 종교적 입장을 취하지 않아도 연구할 수 있다. 그렇게 되면 사회학자가 철학이나 종교 연구를 하게 되는 셈인데, 이때 철학자나 종교가와 다른 사회학적 연구의 특색을 어떻게 보여줄 것인지가 문제로 등장한다. 여기에서 동양사상에서 얻은 패러다임을 구체적 사회 문제에 한번 적용해 보는 것이 그 적실성을 확인하는 면에서 바람직하다. 예를 들면 통일문제에 한번 적용해 보는 방법이다. 중국은 과거 역사처럼 북한을 자신의 울타리로 계속 생각할 것인지, 그것이 통일에 미치는 영향은? 그 극복 방안은? ―등으로. 여기에 리기론, 음양론, 리일분수론(유기체론) 중 어떤 원리를 적용하면 좋을 것인지 생각해 보는 것이다. 물론 이것은 큰 국제문제라서 쉬운 것은 아니다.

작은 문제로 우리나라 문제에 있어서는 17세기 이후 양반수가 증가하여 한말에 이르러 전인구의 50%에 이르렀는데, 이러한 양반층의 증가는 삶의 조건을 악화시키고, 국민 통합에 장애를 가져왔다. 이런 상태에서 서양의 근대가 그대로 이식됨으로써 주체적 근대화를 하지 못하고 갑자기 산업화, 근대화를 추진하게 되어 '근대적 합리주의' 정신의 결여를 가져왔다. 이것은 사회 안정화에도 치명적이어서 '전통의 좋은 점'을 찾을 여유가 없었다. 지금도 그런 상황인데, 이를 극복하기 위해서 어떻게 하면 좋을까 하는 문제를 한번 생각해 볼 수 있다. 이러한 해결책의 하나로 우리는 '동양사상'을 찾을 수 있다. 사회학자 그룹의 연구는 물론 문명사적 큰 연구이지만,

이런 점에도 약간 기여하리라 본다.

중국의 현대신유학 연구가 근대 중국이 처한 어려움을 극복하기 위하여 문화론을 전개하였고, 오늘날 중국에서 현대신유학 연구를 다시 보는 것도 국가적 목표를 달성하기 위한 것이다. 우리도 한국적 문제 해결이라는 작은 문제부터 접근하는 노력이 필요하리라 본다. 또 중국의 경우 '서체중용론'이라든가 '전반서화론'처럼 전통옹호에 대한 반대 토론도 이루어져 논의가 활발한 점도 타산지석으로 삼을 만하다. 우리도 조금 더 논의를 활발히 했으면 좋겠다. 또 노동, 여가, 가족, 죽음, 노인 등의 문제 외에도 구체적 문제를 더 많이 다루어보는 것이 바람직하다. 이것이 앞으로의 과제가 되리라 본다.

参考文献

〈단행본〉

고범서, 『포스트모던 시대의 사회윤리』, 소화, 1998.

杜維明(뚜웨이밍), 나성 역, 『문명간의 대화』, 2007, 철학과현실사, 2007.

_____, 성균관대학교 학이회 역, 『유학, 제3기 발전에 관한 전망』, 아세아문화사, 2007.

武內義雄, 이동희 역, 『중국사상사』, 여강출판사, 1987.

송종서, 『현대신유학의 역정』, 문사철, 2009.

余英時(위잉스), 김병환 역, 『동양적 가치의 재발견』, 동아시아, 2007.

이동희, 『주자─동아시아 세계관의 원천』, 성균관대학교 출판부, 2007.

이영찬, 『유교사회학』, 예문서원, 2001.

_____, 『유교사회학의 패러다임과 사회이론』, 예문서원, 2008.

易中天(이중텐), 심규호 역, 『백가쟁명』, (주) 에버리치홀딩스, 2010.

최봉영, 『한국인의 사회적 성격 (1)─일반이론의 구성』, 도서출판 느티나무, 1994.

최석만 외, 『유교적 사회질서와 문화, 민주주의』, 전남대학교 출판부, 2006.

_____, 『탈현대와 유교』, 전남대학교 출판부, 2007.

한국철학사상연구회, 『현대중국의 모색』, 동녘, 1992.

_____, 『현대신유학연구』, 동녘, 1994.

홍승표, 『깨달음의 사회학』, 예문서원, 2002.

_____, 『동양사상과 탈현대』, 예문서원, 2005.

_____, 『노인혁명』, 예문서원, 2007.

_____, 『동양사상과 새로운 유토피아』, 계명대 출판부, 2010.

〈논문〉

김병채, 「현대신유학과 중국특색의 사회주의」, 『중국학보』 58집, 한국중국학회, 2008.
김석근, 「현대 일본사회와 유교-로고스와 파토스의 거리」, 『유교문화연구』 1집, 성대 유교문화연구소,
　　　1999.
류석춘 외, 연고집단과 자발적 결사체의 신뢰 비교 연구, 동양사회사상 17집, 동양사회사상학회, 2008.
이상호, 「중국의 신유가 연구는 무엇을 의미하는가」, 『동양철학연구』 17집, 동양철학연구회, 1997.
이승환, 「실용주의 노선 채택 이후 대륙에서의 중국 철학사 연구 경향과 방법론상의 전환」, 『시대와철
　　　학』 7호, 1996.
이영찬, 「한국 사회학계의 유교연구 : 1997~2006」, 『동양사회사상』 17집, 동양사회사상학회, 2008.
이현지, 「동양사회사상과 새로운 세계관의 모색」, 『동양사회사상』 16집, 동양사회사상학회, 2007.
田汝康(티엔루캉), 이재정 역, 『공자의 이름으로 죽은 여인들』, 예문서원, 1999.
차성환, 「글로벌시대 중국 현대 신유학 운동의 의의」, 『담론201』 6호, 2003.
최봉영, 「'사회' 개념에 전제된 개체와 전체의 관계와 유형」, 『동양사회사상』 1집, 동양사회사상학회,
　　　1998.
＿＿＿, 「유교문화의 세계사적 비교」, 최석만 외, 『유교적 사회질서와 문화, 민주주의』, 전남대학교 출
　　　판부, 2006.
최석만, 「현대사회학과 동양사상의 만남」, 『유교문화연구』 1집, 성대 유교문화연구소, 1999.
＿＿＿, 「탈현대시대의 보편적 세계인식 원리로서의 동양의 家」, 최석만 외, 『탈현대와 유교』, 전남대학
　　　교 출판부, 2007.
＿＿＿, 「동북아시아 유교 문화권 발전의 내용」, 최석만 외, 『유교적 사회질서와 문화, 민주주의』, 전남
　　　대학교 출판부, 2006.
＿＿＿, 「전통과 해석과 사회발전」, 최석만 외, 『유교적 사회질서와 문화, 민주주의』, 전남대학교 출판
　　　부, 2006.
＿＿＿, 「회고와 전망 : 동양을 넘어 서양을 넘어」, 『동양사회사상』 16집, 동양사회사상학회, 2007.
홍승표, 「동양철학의 관점에서 본 근대성 비판」, 『동양철학연구』 52집, 동양철학연구회, 2007.
황성만, 「전통문화에 대한 반성과 서체중용론」, 한국철학사상연구회, 『현대중국의 모색』, 동녘, 1992.
황희경, 「현대신유가 사상에 대한 비판적 검토」, 『시대와철학』 2, 1991.

關於栗谷李珥的性理學中惡的問題

崔一凡 | 成均館大 韓國哲學科 教授

在繼承孟子性善說的性理學中，惡的存在是必須要解明的重要問題。惡也和善一樣是人的本性嗎？ 如果不是本性，那麼惡如何存在？ 而且如果有惡存在，那麼人最終是否能實現純善？

栗谷李珥是朝鮮最重要的性理學者之一。他批判另一位著名的性理學者退溪李滉的理氣互發說是二元論，主張氣發理乘一途說和心性情意一路說。也就是說，退溪的理氣互發說是認爲在人的心中善與惡、人心與道心從本質上是對立的理論，而只有根據自己的氣發理乘一途說才有可能定立能消解善惡對立的正確的理論。栗谷對善惡的基本觀點有四：第一，善與惡的根源是相同的。第二，本性中惡并不存在。第三，根據氣發動的過不及本性的體現被歪曲，由此產生惡。第四，通過氣質變化的修養工夫可以把惡轉化爲善。栗谷的這些觀點可以從下面的引文中看出。

> "或以因天理有人欲之說，爲可疑。臣解之曰，天理人欲，初非二本。性中只有仁義禮智四者而已，人欲何嘗有所根脈於性中哉？ 惟其氣有淸濁，而修治汩亂之不同。故性發爲情也，有過有不及，仁之差也則愛流而爲貪，義之差也則斷流而爲忍，禮之差也則恭流而爲諂，智之差也則慧流而爲詐，推此可見其餘。本皆天理，而流爲人欲，故推原其本，則可知天性之善，檢察其末，則可遏人欲之流。"[1]

栗谷的心性論有心統性情和性發爲情兩大原則。性發爲情是說無論是善的感情還是惡的感情都是性的體現。心統性情是說心發用把性體現爲情。因爲性是無爲不能活動，而心是有爲能夠活動。換句話說，在性發爲情的過程中必然要有心氣的介入。所以心氣的狀態直接影響到性發爲情。根據心氣發用的過與不及，性也體現爲過不及之情，卽惡。因此人的本性中惡本來不存在，但是根據心氣的狀態會有惡存在。而且要知道，卽便是惡它在本質上也是善的本性的體現，所以

---

1) 『栗谷全書』卷20，「聖學輯要」2，修己第2上，p.456.

惡的本質仍然是善。栗谷引用程子所說"因天理有人欲"的理由正在於此。對此，栗谷通過本然之理(=仁)和本然之氣(=惻隱之心)及變化之氣(=心之過不及)和變化之理(=貪)的概念進行說明。

有人主張，如果像這樣只是把善惡規定爲感情的節制，就無法說明"善的異質性"(the heterogeneity of the good)。[2] 這個問題是關於善的本質的主題，所以將在其他論文中進行論述。歸根結底，栗谷的性理學中道德上的惡(moral evil)只有通過人的心理的歪曲，卽過不及才能存在。因此，人可以通過自我修養的工夫改變氣質恢復本然之氣，把惡轉化爲善。這就是根據栗谷氣發理乘一途說的人心道心相爲終始說的具體內容。

---

2) 林月惠，『朱子學與朝鮮性理學』「李栗谷的人心道心說」臺大出版中心，2010年，p.324。而且國內學者中也有人批判說，栗谷的性理學中道德和非道德并無區分。卽是說，沒有從本質上區分惻隱之心和一般的感情。(金起賢，「性理學論議的讀法」，『今天的東洋思想』12號，2006，春夏。孫英植，『性理學的形而上學的試論』蔚山大學出版部，2006，p.242。再引用。

율곡(栗谷) 이이(李珥)의 성리학(性理學)에서 악(惡)의 문제에 관한 연구

최일범崔一凡 | 성균관대 한국철학과 교수

1. 서론

이 세상에는 악이 존재한다. 나치의 유대인 대학살, 캄보디아에서 폴 포트의 대학살, 정당하지 못한 정권이 자행하는 고문들은 도덕적 악(moral evil)의 적나라한 예이다. 잔혹한 행위는 인간에 의해서 동물에게도 행해진다. 한편 또 다른 종류의 악이 있다. 즉 지진, 질병, 기근과 같은 자연적 악(natural evil)이 그것이다. 자연적 악에는 기본적으로 '악'이라는 명칭을 붙이는 것이 적절하지 못하다고 생각할 수 있다. 악이란 대개 의도적인 행위를 지칭하기 때문이다. 그럼에도 불구하고 자연재해는 악의 범주에서 고려의 대상이 되어야 한다. 왜냐하면 우리가 인자하고 선한 이에게 복을 주는 신(神)에 대한 믿음을 유지하기 위해서 말이다. 만약 전지전능한 신이 존재한다면 악은 존재를 원하지 않을 것이다. 그러나 악은 계속해서 발생한다. 이것이 악의 문제이다. 종교는, 또한 철학의 문제이기도 하지만, 악의 현존이 어떻게 신의 존재와 양립할 수 있는지 설명할 수 있어야 한다.[1]

선악의 병립은 종교뿐 아니라 성리학의 문제이기도 하다. 만약 순자의 성악설을 따른다면 다른 경우가 되겠지만, 맹자의 성선론을 계승한 성리학에서 악의 존재는 반드시 해결해야 하는 중요한 문제가 아닐 수 없다. 악 또한 선과 같이 본질적인 것인가? 만약 비본질적인 것이라면 악은 어떻게 존재하는가? 또한 궁극적으로 순선(純善)을 어떻게 이룰 수 있는가? 공자는 70세에 "마음이 하고자 하는 대로 해도 법도를 넘지 않았다."고 하며, 유학자들은 이렇게 순선(純善)한 인격을 인간이 성취할 수 있는 최고의 경지로 인식해 왔다. 그것은 선천적으로 부여된 것이 아니라 삶의 과정 속에서 부단한 수양 공부를 실천함으로써 완성되는 것이다. 공자에 의해서 제시된 수양

---

1) Warburton, Nigel, 『철학의 근본문제에 대한 10가지 성찰』, p.55. 자작나무, 서울, 2001.

공부는 "자기 자신을 경(敬)으로써 닦는 것"이고 그것은 또한 자신을 극복하는 것으로도 표현되고 있다. 수양 공부의 주체로서 자아는 긍정적, 부정적 양면을 모두 갖는다. "내가 인(仁)하고자 하면 인이 이른다."는 경우의 자아는 자신의 도덕적 성품을 닦아갈 주체로서 긍정적 자아이지만, "자신을 극복하여 예를 회복해야 한다."고 하는 경우의 자아는 극복되어야 할 부정적 자아인 것이다. 이렇게 자아 속에는 긍정적, 부정적 양면이 모두 내재한다. 어쨌든 중요한 것은 수양공부의 요인들이 모두 자아에 내재되어 있다는 것이다. 선한 자아와 악한 자아의 양립을 성리학에서는 어떻게 설명하는가?

율곡 이이는 조선의 가장 중요한 성리학자 중 한 사람으로서, 특히 또 다른 저명한 성리학자인 퇴계 이황의 이기호발설(理氣互發說)을 비판하여, 기발이승일도설(氣發理乘一途說)과 심성정의일로설(心性情意一路說)을 주장한 것으로 알려져 있다. 그는 퇴계의 이기호발설을 이원론(二源論), 곧 인간의 마음에 본래 선과 악, 인심과 도심의 대립의 묘맥이 존재한다고 보는 이론이라고 비판하고, 자신의 기발이승일도설이야말로 선과 악의 대립을 해소할 수 있는 이론이라고 주장한다. 그는 또한 선악의 문제를 단지 인간의 마음의 차원에서 자연우주의 차원으로 확대하여 해석한다. 즉 우주자연의 기화(氣化)가 오심(吾心)의 발동(發動)과 동일한 현상이라는 주장이 그것이다. 따라서 우리는 율곡의 성리학 체계에서 자연의 악과 도덕의 악이 일관된 문제라는 것을 발견할 수 있다.

2. 율곡 철학의 기본명제

성리학은 기본적으로 이기(理氣)와 성정(性情)의 개념으로써 우주자연과 인간의 존재와 당위를 설명한다. 주요한 명제를 들면, 이기(理氣)의 불리(不離)와 부잡(不雜)의 원리, 이(理)의 무위성(無爲性)과 기(氣)의 유위성(有爲性), 심통성정(心統性情), 성발위정(性發爲情), 심발위의(心發爲意) 등이 있다. 이 명제들은 다른 성리학자들과 같이 율곡에 의해서도 계승되지만, 율곡은 그 위에 이통기국(理通氣局), 기발이승일도(氣發理乘一途), 심성정의일로(心性情意一路) 등 자신의 독창적 명제를 제출하고 이에 근거한 철학체계를 수립하였다.

이(理)는 보편자요 형이상자로서 활동성이 없으며, 기(氣)는 특수자요 형이하자로서 활동하기 때문에 편정(偏正), 통색(通塞), 청탁(淸濁), 수박(粹駁)의 차별이 발생한다는 것, 그리고 이와 기의 속성은 형이상자와 형이하자로서 차별이 있지만, 현실적으로 각각 독립해서 존재할 수 없기 때문에 "떨어지지도 않고 섞이지도 않는"(不離不雜), 혹은 "하나면서 둘이고 둘이면서 하나"(一而二, 二而一)인 관계를 형성한다는 것은 성리학, 특히 주자학에서 일반적인 원리에 속한다. 율곡의 성리학에서도 역시 이러한 이와 기의 속성과 관계는 그대로 인정되는 바, 그것은 다음의 내용에서 볼 수 있다.

이(理)라는 것은 기(氣)의 주재(主宰)요, 기라는 것은 이가 타는 것(所乘)이다. 이가 아니면 기가 뿌리가 없고, 기가 아니면 이가 의지할 데가 없으니, 이미 두 물건도 아니요, 또 한 물건도 아니다. 한 물건이 아니기 때문에 하나이면서 둘이요, 두 물건이 아니기 때문에 둘이면서 하나이다. 한 물건이 아니라는 것은 무엇을 뜻하는가? 이와 기가 비록 서로 떠나지 못한다 하더라도 묘합(妙合)한 가운데서 이는 본래 이요 기는 본래 기니, 서로 뒤섞이지 아니하므로 한 물건이 아니다. 두 물건이 아니라는 것은 무엇을 뜻하는가? 비록 이는 본래 이요 기는 본래 기라 하더라도 혼륜무간(渾淪無間)하여 선후도 없고 이합(離合)도 없어 그것이 두 물건이 됨을 볼 수 없기 때문에 두 물건이 아닌 것이다. 그러므로 동(動)과 정(靜)이 끝이 없고, 음(陰)과 양(陽)이 처음이 없으니 이가 처음이 없기 때문에 기도 역시 처음이 없는 것이다. 이(理)는 하나일 뿐이니, 본래 치우치고 바른 것(偏正)과 통하고 막힌 것(通塞)과 맑고 탁한 것(淸濁)과 순수하고 잡박한 것(粹駁)들의 구분이 없으나, 이를 태운 기는 올랐다 내렸다 하면서 일찍이 쉬는 일이 없고 뒤섞여 고르지 못한다. 이로써 천지만물을 낳아, 어떤 것은 바르고 어떤 것은 치우치며, 어떤 것은 통하고 어떤 것은 막히며, 어떤 것은 맑고 어떤 것은 탁하며, 어떤 것은 순수하고 어떤 것은 잡박(雜駁)하다.[2]

이와 기의 관계는 우주자연 뿐 아니라 인간의 존재 근거이며, 또한 심성정(心性情)의 인식 구조에도 그대로 적용된다. 우주자연에서의 이(理)는 인간 개체에 들어오면 성(性)이 되며, 기의 변화는 심의 지각작용이다. 심의 지각작용에 의해 성(性)이 정(情)으로 발용(發用)되는데, 주자학에서는 이를 심통성정(心統性情)이라는 명제로 나타낸다. 또한 심이 형기에 근거해서 발동하면 인심(人心)이 되고, 성명의 바름에 근거하여 발동하면 도심(道心)이 된다고 하는 인심도심설 역시 인식론의 중요한 명제이다. 율곡이 이러한 성리학의 기본적인 인식론을 수용하고 있음을 우리는 다음을 통해서 볼 수 있다.

천리(天理)가 사람에게 부여된 것을 성(性)이라 이르고, 성과 기(氣)를 합하여 일신(一身)의 주재(主宰)가 된 것을 심(心)이라 이르며, 심이 사물을 감응(感應)하여 외부에 발현(發見)된 것을 정(情)이라고 한다. 성은 바로 마음의 체(體)요, 정은 바로 마음의 작용(用)이며 심은 바로 미발·이발(未發已發)의 총명(總名)이다. 그러므로 심통성정(心統性情)이라고 이르는 것이다. … 정이 발하는 데는 도의(道義)를 위하여 발하는 것이 있으니, 가령 어버이에게 효도하고자 하고 임금께 충성하고자 하는 것과 어린 아이가 우물에 빠져 들어가려는 것을 보고 측은(惻隱)해하며 옳지 않은 것을 보고

---

2) 『율곡전서』 권10, 서2, 答成浩原【壬申】p.197 "夫理者, 氣之主宰也, 氣者, 理之所乘也, 非理則氣無所根柢, 非氣則理無所依著, 旣非二物, 又非一物, 非一物, 故一而二, 非二物, 故二而一也. 非一物者, 何謂也? 理氣雖相離不得, 而妙合之中, 理自理, 氣自氣, 不相挾雜, 故非一物也. 非二物者, 何謂也? 雖曰理自理氣自氣, 而渾淪無間, 無先後無離合, 不見其爲二物, 故非二物也. 是故, 動靜無端, 陰陽無始, 理無始, 故氣亦無始也. 夫理, 一而已矣, 本無偏正通塞淸濁粹駁之異, 而所乘之氣, 升降飛揚, 未嘗止息, 雜糅參差, 是生天地萬物, 而或正或偏, 或通或塞, 或淸或濁, 或粹或駁焉."

수오(羞惡)하며, 종묘(宗廟)를 지나갈 때 공경하는 것을 도심(道心)이라 한다. 구체(口體)를 위하여 발하는 것이 있으니, 가령 굶주리면 먹으려 하고 추우면 입으려 하고 피로하면 쉬려고 하며 정기 (精氣)가 왕성하면 욕망이 일어나는 것을 인심(人心)이라 한다.[3]

3. 기발이승일도설(氣發理乘一途說)과 선악(善惡)의 발생

율곡은, 자신이 성리학의 이기, 심성에 대한 일반적인 명제를 그대로 수용하였음에도 불구하고, 이 명제들에 대한 해석상에서 당시의 거유 퇴계의 관점과 현저한 차이가 있음을 발견하고, 성호원과 편지를 교류하면서 자신의 독특한 성리학 이론을 피력한다. 율곡의 성리학에서 가장 독창성을 드러내는 이론은, 이기론에서 기발이승일도설(氣發理乘一途說)과 심성론에서 인심도심 상위종시설(人心道心相爲終始說)이다. 이 두 가지 이론은 서로 별개의 것이 아니라 내재적으로 상호 연관되어 있다. 율곡의 인심도심설은, 「중용장구서」에서 주자가 말한, '형기의 사사로움에서 발생한 인심과 성명의 올바름에서 근원한 도심'[4]이 상호 전화(轉化)할 수 있다는, 인심도심상위종시설(人心道心相爲終始說)을 가리킨다. 따라서 율곡의 인식론의 핵심적인 문제는 형기(形氣)와 성명(性命)이라는 서로 다른 두 가지 흐름에서 발생한 인심과 도심이 어떻게 상호 전화할 수 있는가를 설명하는 데 있다. 인심과 도심이 상호 전화가 가능하다는 것은 인심과 도심이 비록 두 가지 흐름이기는 하지만 그 근원은 하나라는 원일류이설(源一流二說)과 심(心), 성(性), 정(情), 의(意)가 하나의 길이라는 심성정의일로설(心性情意一路說)을 전제하지 않으면 안될 것이다. 율곡이 사단과 칠정의 근원에 대해서 기발이승일도설(氣發理乘一途說)을 주장하는 이유도 또한 여기에 있다.

이러한 율곡의 일원적(一源的)인 인식론은, 사단(四端)과 도심(道心)은 리가 발하고(理發), 칠정(七情)과 인심(人心)은 기의 발한 것(氣發)이라고 하여, 인심과 도심을 이원적(二源的), 대립적(對立的) 관계로 해석하는 퇴계의 이기호발설(理氣互發說)과는 분명히 다른 철학 체계를 형성한다. 그것은 다음과 같은 율곡의 진술을 통해서 알 수 있다.

인심과 도심이 비록 이름은 둘이나 그 근원은 다만 하나의 마음이다. 그 발하는 것은 혹 이의 (理義)를 위하기도 하고, 혹은 식색(食色)을 위하기도 하기 때문에 그 발함을 따라 이름을 달리한

---

3) 『율곡전서』권14, 인심도심도설. "天理之賦於人者, 謂之性, 合性與氣而爲主宰於一身者, 謂之心, 心應事物而發於外者, 謂之情. 性是心之體, 情是心之用, 心是未發已發之摠名, 故曰心統性情 … 情之發也, 有爲道義而發者, 如欲孝其親, 欲忠其君, 見孺子入井而惻隱, 見非義而羞惡, 過宗廟而恭敬之類, 是也, 此則謂之道心. 有爲口體而發者, 如飢欲食, 寒欲衣, 勞欲休, 精盛思室之類, 是也, 此則謂之人心."
4) 『中庸章句序』"心之虛靈知覺, 一而已矣. 而有人心道心之二名何歟. 以其或生於形氣之私, 或原於性命之正."

것이다. 만약 형이 보낸 편지에 말한 바와 같이 '이와 기가 서로 발한다.'면 이것은 이와 기가 두 물건으로 각각 마음 가운데 뿌리내려, 미발시에 이미 인심과 도심의 묘맥(苗脈)이 있어, 이가 발하면 도심이 되고 기가 발하면 인심이 될 것이다. 그렇다면 우리 마음에는 두 뿌리가 있는 것이니, 어찌 크게 틀린 것이 아닌가?[5]

이 논문에서 내가 다루고자 하는 문제는 인심도심에 관한 이론을 설명하는 것이 아니라 그 속에서 악의 존재 문제를 다루고자 하는 것이기 때문에 율곡 자신의 인심도심설이 퇴계의 그것과 어떻게 다른지에 대해서는 구체적으로 설명하지는 않겠다. 다만 그의 인심도심상위종시설에서 악의 문제가 어떻게 정리되는지 살펴보고자 한다.

먼저 우리가 주목할 것은 "도심(道心)은 순수한 천리(天理)로서 선(善)만 있고 악(惡)은 없지만, 인심(人心)은 천리(天理)도 있고 인욕(人欲)도 있으므로 선(善)도 있고 악(惡)도 있다."[6]는 율곡 자신의 진술이다. 이에 의하면, 율곡은 도심은 순선하고 오직 인심에 의해서 악이 존재한다고 여겼음이 틀림없다. 그런데 우리가 또한 간과할 수 없는 것은, 앞에서 살펴 본 바와 같이, 율곡이 "도심과 인심은 비록 서로 다른 이름을 갖고 있지만 근원은 하나의 마음"이라고 한 것과 순선한 도심이 악을 내포한 인심으로 전화할 수 있고, 또한 반대로 악을 내포한 인심이 순선한 도심으로 상호 전화할 수 있다고 주장하는 것이다. 이는 보기에 따라서 도덕적 상대주의로 보이기도 한다. 왜냐하면 선과 악을 내포한 서로 다른 마음이 상호 전화할 수 있다는 것은 선과 악의 절대성을 포기하는 것으로 보이기 때문이다. 그러나 율곡 철학에서 선악은, 도덕 판단의 본성에 관한 메타 윤리적 견해가 아니라, 도덕을 판단하는 주체로서의 인간의 마음에 직접 관련된 문제이다. 다시 말하면 율곡이 문제 삼는 것은 선악에 대한 기술(description)이 아니라 판단 주체인 마음의 가변성이다. 그가 문제 삼는 것은 도덕 판단 주체인 인간이지 선악에 대한 기술이 아니기 때문이다. 좀 더 구체적으로 말하자면, 율곡이 문제 삼는 것은 선 혹은 악을 행할 수 있는 주체의 심리문제이다.

율곡에 있어서 심은 "그 본체가 담연허명하여 마치 거울이 텅 빈 것과 같고 저울이 평평한 것과 같으나 사물을 느끼면 발동하되 칠정으로 응하는 것"[7]이다. 여기에서 말하는 "심의 본체"는 심의 본래의 체상(體相) 혹은 상태(狀態)를 의미한다. 곧 우리의 마음은 본래 거울이 맑고, 저울이 기울지 않은 것과 같은 깨끗하고 평정한 상태를 유지하고 있다는 것이다. 마음이 이처럼 맑고 기울지 않은 생태를 유지할 때 나의 마음에 구비한 이(理)를 그대로 투영할 수 있다. 반대

5) 『율곡전서』권10, 서2, 答成浩原壬申, p.197. "人心道心雖二名, 而其原則只是一心, 其發也或爲理義, 或爲食色, 故隨其發而異其名. 若來書所謂理氣互發, 則是理氣二物, 各爲根柢於方寸之中, 未發之時, 已有人心道心之苗脈, 理發則爲道心, 氣發則爲人心矣. 然則吾心有二本矣, 豈不大錯乎."

6) 道心, 純是天理, 故有善而無惡, 人心, 也有天理, 也有人欲, 故有善有惡.

7) 『율곡전서』권21, 성학집요 3, 제8정심장, p.480. "心知本體湛然虛明, 如鑑之空, 如衡之平, 而感物而動, 七情應焉者."

로 마음이 투명하지 않고 기울어 있을 때는 이(理)를 올바로 투영할 수 없다. 율곡은 이에 대해서 "대저 이(理)의 본연은 순선(純善)하나 기(氣)를 탈 즈음에 고르지 못하고 가지런하지 않다."[8]고 말하였다. "이(理)는 하나일 뿐이어서 본래 치우치고 바른 것(偏正)과 통하고 막힌 것(通塞)과 맑고 탁한 것(淸濁)과 순수하고 잡박한 것(粹駁)들의 구분이 없으나, 이(理)를 태운 기(氣)는 올랐다 내렸다 하면서 일찍이 쉬는 일이 없고 뒤섞여 고르지 못하기"[9] 때문이다. 다시 말하면 악(惡)은 기(氣)에 의해서 존재하게 된다는 것이다. 단, 기에 의해서 악이 존재한다는 것이 결코 기 자체가 악하다는 것을 의미하지는 않는다. 만약 이(理)는 순선하고 기(氣)는 악하다고 한다면 우리의 본성으로부터 선악이 대립한다고 해야할 것이다. 그러나 율곡이 강조하는 바와 같이 선과 악은 결코 우리의 내면에서 서로 독립된 영역을 확보하여 대립하고 있지 않다. 역시 앞에서 확인한 바와 같이, 율곡은 퇴계의 이기호발설(理氣互發說)에 대해, "이(理)와 기(氣)가 각각 마음 가운데 뿌리를 박아, 미발시에 이미 인심과 도심의 묘맥(苗脈)이 있어, 이(理)가 발하면 도심(道心)이 되고 기(氣)가 발하면 인심(人心)이 된다는 것이다. 그렇다면 이것은 마음에 두 가지 대본이 있다는 것이니 어찌 오류가 아닌가?"[10]라고 크게 비판하고 있는 것이다.

4. 악(惡)은 본질적인가?

기의 활동성에 의해서 악이 존재하지만, 기 자체가 악은 아니라는 것은 무엇을 의미하는 것인가? 그것은 기의 활동성이 이(理)와 상관관계를 통해서 이루어지기 때문이다.

이렇게 만 가지로 고르지 못한 것은 기가 하는 것이다. 그러나 기가 하는 것이라고 해도 반드시 이가 있어 주재(主宰)하니, 만 가지로 고르지 못한 소이(所以)는 역시 이가 마땅히 그러한 것이요, 이가 그렇지 아니한데 기만 홀로 그러한 것은 아니다.[11]

성리학에서 이(理)가 기(氣)를 주재(主宰)한다는 것은 기본적인 전제이다. 그러나 이는 순선하고 기의 활동에 의해서 악이 존재한다면, 기의 활동을 이가 주재한다고 하는 것은 형식논리상 모순이 아닐 수 없다. 더욱이 율곡이 정자의 "사람이 태어남에 기(氣)가 품수(稟受)되니 이(理)에

---

8) 『율곡전서』 권9, 답성호원, p.194. "夫理之本然, 則純善而已. 乘氣之際, 參差不齊."
9) 『율곡전서』 권10, 서2, 答成浩原壬申, p.197. "夫理, 一而已矣, 本無偏正通塞淸濁粹駁之異, 而所乘之氣, 升降飛揚, 未嘗止息, 雜糅參差, 是生天地萬物, 而或正或偏, 或通或塞, 或淸或濁, 或粹或駁焉."
10) 주) 4 참조.
11) 『율곡전서』 권10, 서2, 答成浩原壬申, p.197. "然則參差不齊者, 氣之所爲也. 雖曰氣之所爲, 而必有理爲之主宰, 則其所以參差不齊者, 亦是理當如此, 非理不如此而氣獨如此也."

선악이 있다"는 말을 인용하는데 이르러서는 더욱 혼란스럽게 느껴지기도 한다.

정자(程子)는 말하기를 "사람이 태어남에 기(氣)가 품수(稟受)되어 이(理)에 선악이 있다"고 하였다. 이것은 사람들에게 매우 절실하게 분명히 깨우쳐 주는 곳이다. 그 이른바 '이'라는 것은 기를 타고 유행하는 이를 가리킨 것이요, 이의 본연을 가리킨 것은 아니다. 본연의 이는 본래 순선(純善)하나 기를 타고 유행할 때에 그 나누어짐이 만 갈래로 다르고 기품에 선악이 있으므로 이도 역시 선악이 있다. 대저 이의 본연은 순선하나 이미 기를 탄 즈음에는 고르지 못하고 가지런하지 않음이 있다. 맑고 깨끗하며 지극히 귀한 물건이나 지저분하고 더러우며 지극히 천한 곳에도 이가 존재하지 않는 데가 없다. 그런데 맑고 깨끗한 물에 있으면 이도 역시 맑고 깨끗하며, 지저분하고 더러운 곳에 있으면 이도 역시 지저분하고 더러워진다. 만약 지저분하고 더러운 것을 이의 본연이 아니라고 한다면 옳지만 지저분하고 더러운 물에는 이가 없다고 한다면 옳지 못하다.[12]

율곡이 이와 기의 관계에서 선악의 문제를 말할 때, 이가 기를 주재하기 때문에 기가 하는 것은 모두 이가 하는 것이라고 하는 한편, 기에 선악이 있기 때문에 이에도 선악이 있는 것이라고도 한다. 먼저 이가 기를 주재한다는 것이 무엇을 의미하는지 살펴보기로 한다.

어떤 사람이, "천리로 인하여 인욕이 있다는 설은 의심스럽다." 하므로, 신이 이것을 해석하여 말하기를, "천리와 인욕은 처음부터 두 근본이 아니요, 성(性) 가운데는 다만 인·의·예·지 네 가지가 있을 뿐이니 인욕이 어찌 성 가운데에 뿌리를 박고 있겠는가? 다만 기(氣)에 청(淸)·탁(濁)이 있어서 수치(修治)와 혼란(混亂)이 같지 않기 때문에 성이 발하여 정이 될 때에 지나침과 미치지 못하는 것이 있으니, 인(仁)이 어긋날 때에는 애정이 흘러서 탐욕이 되고, 의(義)가 어긋날 때에는 단제(斷制)가 흘러서 잔인(殘忍)이 되며, 예(禮)가 어긋날 때에는 공경이 흘러서 아첨이 되고, 지혜가 어긋날 때에는 지모(智謀)가 흘러서 사기(詐欺)가 된다. 이것을 미루어 그 나머지를 알 수 있다. 본래 다 천리이지만 흘러서 인욕이 되는 것이므로, 그 근본을 미루어본다면 성의 선(善)함을 알수 있고, 그 말단을 살펴본다면 인욕으로 흐르는 것을 막을 수 있다.[13]

---

12) 『율곡전서』 권9, 答成浩原, p.194. "程子曰, 人生氣稟, 理有善惡. 此曉人深切, 八字打開處也. 其所謂理者, 指其乘氣流行之理, 而非指理之本然也. 本然之理, 固純善, 而乘氣流行, 其分萬殊. 氣稟有善惡, 故理亦有善惡也, 夫理之本然, 則純善而已. 乘氣之際, 參差不齊, 淸淨至貴之物及汚穢至賤之處, 理無所不在, 而在淸淨則理亦淸淨, 在汚穢則理亦汚穢. 若以汚穢者爲非理之本然則可, 遂以爲汚穢之物無理則不可也."

13) 『율곡전서』 권20, 성학집요 2, 수기 제2상, p.456. "或以因天理有人欲之說, 爲可疑. 臣解之曰, 天理人欲, 初非二本. 性中只有仁義禮智四者而已, 人欲何嘗有所根脈於性中哉? 惟其氣有淸濁, 而修治汨亂之不同. 故性發爲情也, 有過有不及, 仁之差也則愛流而爲貪, 義之差也則斷流而爲忍, 禮之差也則恭流而爲諂, 智之差也則慧流而爲詐, 推此可見其餘. 本皆天理, 而流爲人欲, 故推原其本, 則可知天性之善, 檢察其末, 則可遏人欲之流."

여기에서 율곡은 인(仁)과 탐욕(貪慾), 의(義)와 잔인(殘忍), 예(禮)와 아첨(阿諂), 지(智)와 사기(詐欺) 등을 서로 대립적인 개념으로 예시하면서, 양자의 본질은 하나라고 한다. 인과 탐욕은 근원으로부터 상호 대립하는 것이 아니라, 본체와 작용의 관계로서 인이 없다면 탐욕도 존재할 수 없으며 탐욕의 본질은 곧 인이라는 것이다. 인의 본성이 탐욕으로 발용될 수 있는 이유는, 인간의 본성은 인의예지 밖에 없지만, 본성 자신은 무위(無爲)이므로 심기(心氣)의 활동에 의해서 자신을 체현할 수밖에 없기 때문이다. 만약 본성 자신이 활동성이 있어서 자신을 직접 실현한다면 항상 중정(中正)한 도덕 감정만을 발동할 것이다. 그러나 본성은 무위로서 자신을 직접 체현할 수 없고 오직 심기의 활동에 의해서 자신을 체현하므로 심기의 운동 양태의 영향을 받을 수밖에 없다.

심기의 운동이란, 앞에서 살펴본 바와 같이, "사물을 느끼면 발동하여 칠정(七情)으로 응하는 것"[14]이다. 다시 말하면 심기(心氣)는 동(動)과 정(靜)이라는 기의 운동의 양면성을 모두 내포한다. 심기의 본체는 고요하지만 사물을 지각하고 칠정을 발동하는 감응의 기능을 발휘한다는 것이다. 심기가 사물을 지각하고, 지각된 사물에 대해서 칠정으로 감응한다는 것은 심기의 활동이 외재적인 활동과 내면적 활동의 양면성이 있음을 의미한다. 이 중에서 지각된 외물에 대해 발동하는 심기의 내면적 활동, 곧 칠정은 본성의 주재(主宰)를 받는다. 위에서 열거한 인과 탐욕, 의와 잔인 등은 감정이 본성의 주재를 받음을 보여준다. 곧 우리에게 탐욕이라는 악한 감정이나 잔인한 감정이 존재하는 것은 사랑과 정의의 감정이 절도를 잃어서 지나칠 때 발생한다는 것이다. 다시 말하면 잔인, 탐욕 등 악한 감정은 본질적으로 인의(仁義)의 본성에 근원하지만, 감정을 발동하는 심기(心氣)에 "청(淸)·탁(濁)이 있어서 수치(修治)와 혼란(混亂)이 같지 않기 때문에 성(性)이 발하여 정(情)이 될 때에 지나침과 모자람이 있어서" 악의 감정이 발생하게 된다는 것이다. 그러므로 악한 감정도 그 본질은 선한 본성이라는 관점에서 보면 이가 기를 주재한다고 할 수 있고, 본질은 선한 본성이라도 기질의 변화에 의해서 지금 악한 감정이 발동된 현상에서 보면 기에 선악이 있어서 이에도 선악이 존재한다는 것으로 해석된다. 이렇게 이와 기가 상호 작용함으로써 선악이 발생하는 현상에 대해서 율곡은 다음과 같은 비유로써 설명한다.

대저 물이 아래로 내려가는 것은 이(理)요, 이것을 손으로 치면 거슬러 뛰어 오르는 것도 역시 이(理)다. 물이 만약 시종 아래로만 흘러 내려가 아무리 부딪쳐도 뛰어 오르지 않는다면 이(理)가 없는 것이다. 손에 부딪쳐서 뛰어 오른 것은 비록 기(氣)라 하더라도, 부딪쳐서 뛰어 오르는 소이(所以)는 이(理)이니, 어찌 기만 홀로 작용한다고 할 수 있겠는가? 물이 아래로 내려가는 것은 본연지리(本然之理)요, 손에 부딪쳤을 때 뛰어 오르는 것은 기를 탄 이(乘氣之理)다. 기를 탄 이(理) 밖

---

14) 『율곡전서』 권21, 성학집요 3, 제8정심장, p.480. "心知本體湛然虛明, 如鑑之空, 如衡之平, 而感物而動, 七情應焉者."

에서 본연의 이를 따로 구하는 것도 본래 옳지 않거니와 기를 타고서 정상(正常)에 위반되는 것을 가리켜 본연(本然)의 이(理)라고 하는 것도 역시 옳지 않으며, 만약 '정상'에 위반되는 것을 보고서 기(氣)만 홀로 작용하고 이(理)는 없다고 한다면 이것도 역시 옳지 않다.[15]

율곡은 여기에서 물이 항상 아래로 흐르는 속성으로써 이기의 속성을 비유하고 있다. 곧 물은 기(氣)이고 아래로 흐르는 속성은 이(理)이다. 그런데 아래로 흐르는 물을 우리가 손으로 치면 물은 위로 뛰어 오르게 된다. 이 경우 항상 아래로 흐르는 이(理)를 위반하는 현상이 나타나는 바, 이러한 비정상적인 사태의 발생을 어떻게 해석해야 할 것인가? 먼저 물이 위로 뛰어오르는 돌발적 사태가 기에 의해서 발생한 변화라는 판단에는 이의가 있을 수 없을 것이다. 단, 물이 항상 아래로 흐르는 유연한 속성(理)이 없다면 손으로 친다고 해서 위로 뛰어 오르지도 않을 것이라는 추론도 역시 가능하다. 따라서 지금 기(氣)에 의해서 발생한 비정상적인 사태 역시 본질적으로 이(理)의 속성에 의해서 가능할 수 있으며, 따라서 지금 발생한 비정상적인 사태 속에도 역시 이(理)는 내재하고 있다는 것이다. 율곡이 이(理)를 본연지리(本然之理)와 승기지리(乘氣之理)로 구분하는 이유가 여기에 있다.

5. 이(理)의 주재(主宰)와 악(惡)의 존재

본연지리(本然之理)와 승기지리(乘氣之理)의 관계에 대한 율곡의 설명은, 이 양자에 대한 이해가 그의 성리학 이론에서 가장 핵심적인 것임을 알려준다. 율곡은 위에서 인용한 "물의 비유"의 말미에서 다음과 같이 말한다.

이 단락은 가장 깊이 연구해야 할 것이니, 여기에서 얻음이 있으면 이기(理氣)가 서로 떠나지 않는 그 묘리를 알 수 있을 것이다.[16]

율곡이 말하는 이기가 서로 떠나지 않는 묘리(妙理)는 곧 "기를 탄 이(理) 밖에서 본연의 이를 따로 구하는 것은 참으로 옳지 않거니와 기를 타고서 정상(正常)에 위반되는 것을 가리켜 본연(本然)의 이(理)라고 하는 것도 역시 옳지 않으며, 만약 '정상'에 위반되는 것을 보고서 기(氣)만

---

15) 夫水之就下, 理也, 激之則在手者, 此亦理也. 水若一於就下, 雖激而不上, 則爲無理也, 激之而在手者雖氣, 而所以激之而在手者, 理也, 烏可謂氣獨作用乎. 水之就下, 本然之理也, 激而在手, 乘氣之理也, 求本然於乘氣之外, 固不可, 若以乘氣而反常者, 謂之本然, 亦不可, 若見其反常, 而遂以爲氣獨作用, 而非理所在, 亦不可也. (p.204)

16) 같은 곳. "天下安有理外之氣耶. 此段最可深究, 於此有得, 則可見理氣不相離之妙矣."

홀로 작용하고 이(理)는 없다고 한다면 이것도 역시 옳지 않다."는 논리이다. 먼저 "기를 탄 이(理) 밖에서 본연의 이를 따로 구하는 것도 본래 옳지 않다."는 말은 본연지리와 승기지리가 현실적으로 서로 독립해서 존재하지 않는다는 것이다. 다시 말하면, 본연지리는 순선하고 승기지리에는 악이 있을 수 있다면, 우리는 본연지리와 승기지리를 서로 별개의 것이라고 생각할 수 있다. 그러나 율곡은 승기지리 외에 따로 본연지리가 존재할 수 없다고 단언한다. 그러나 본연지리와 승기지리가 별개로 존재하지 않는다는 것이 승기지리를 곧 본연지리로 인식하라는 것은 아니다. 만약 승기지리를 본연지리라고 인식한다면 악을 곧 천리라고 인정하게 되어 선을 추구하는 도덕 판단 자체가 무의미하게 될 것이다. 또한 승기지리가 곧 본연지리라고 인식한다면 본연지리의 존재가 무의미하게 되므로, 이(理)는 형이상자(形而上者)가 아닌 단지 기의 변화 양태에서 추출된 물리적 법칙에 지나지 않게 된다. 이 경우 우리는 존재하는 것은 오직 기(氣)뿐이라는 유물론(唯物論)에 경도된다. 율곡이 "기(氣)만 홀로 작용하고 이(理)는 없다고 한다면 이것도 역시 옳지 않다."고 말하는 이유가 여기에 있다. 율곡은 이기(理氣)의 상호 작용에 대해 보다 심화된 논의를 다음과 같이 전개한다.

인심과 도심은 모두 기가 발동한 것인데, 기가 본연지리(本然之理)를 따르면 기 역시 본연지기(本然之氣)로서 이(理)가 본연지기를 타고 도심이 된다. 본연지리를 따르지 않은 기가 있으면 또한 본연지기가 변화된 것이 있게 된다. 그러므로 이(理) 역시 변화된 기를 타고 인심이 되어 혹 과불급이 있게 된다. 그러므로 혹은 인심이 발동하자마자 바로 도심이 제재하여 과불급이 없게 하는 자가 있고, 혹은 과불급이 있은 후에 도심이 제재하여 중(中)으로 가게 하는 자가 있다 … 기(氣)가 본연지리를 따르지 않는 것은, 이(理)에 근원하기는 하되, 이미 기(氣)의 본연이 아니니 이(理)의 명(命)을 듣는다고 할 수 없다 … 기(氣)의 청명(聽命) 여부는 모두 기(氣)가 하는 것이요 이(理)는 무위이다.[17]

여기에서 우리는 율곡이 본연지기는 본연지리의 주재(主宰)―위에서는 명령을 듣는다(聽命)고 표현되었다―에 순응하는 기의 상태를 가리키고, 본연지리의 주재에서 일탈된 기는 본연지기에 과불급이 발생하여 변화된 기를 가리킨다는 것을 알 수 있다. 일단 본연지기가 변화하면 본연지리의 주재에 순응하지 않아서, 이 경우에 본연지리는 단지 잠재(潛在)의 상태로 존재할 수밖에 없다. 다시 말하면, 본연지기에서 변화된 기는, 그 변화의 본질이 비록 본연지리에 있지만, 본연지리는 단지 잠재될 뿐 체현되지 않는다. 그렇다면 잠재된 본연지리가 갖는 의미는 무엇인가?

---

17) 『栗谷全書』 1, 卷十, 書二, 答成浩原, p.210. "人心道心俱是氣發, 而氣有順乎本然之理者, 則氣亦是本然之氣也. 故理乘其本然之氣而爲道心焉. 氣有變乎本然之理者, 則亦有變乎本然之氣也. 故理亦乘其所變之氣而爲人心, 而或有過不及. 故於纔發之初, 已有道心宰制, 而不使之過不及者焉. 或於有過不及之後, 道心亦宰制, 而使趨於中者焉 … 氣變乎本然之理者, 固是原於理, 而已非氣之本然, 則不可謂聽命於理也 … 氣之聽命與否, 皆氣之所爲也. 理則無爲也."

다만 본연지리가 단지 기의 운동변화에 따라 자신도 변화되고 은폐될 뿐이라면 이(理)의 주재성은 아무런 의미도 없는 것이 아닌가?[18] 그러나 이러한 논의는 이미 주자에 의해서 언급되었으며,[19] 율곡 역시 단순히 이(理)의 주재성을 포기한 것은 아니다. 율곡은 기의 운동변화에 의해 본연지리 또한 변화한다는 것을 인정하면서도[20] 동시에 기의 운동변화는 이(理)의 범주 내에서 이루어진다는 것을 상기시킨다.[21] 이 문제에 대한 설명은 율곡의 기발이승일도에 대한 설명과 함께 진행하기로 한다.

율곡의 철학적 창의성은 이러한 논의들을 기발이승일도(氣發理乘一途)라는 명제를 통해서 논리적으로 해명했다는데 있다. 율곡이 측은지심(惻隱之心)을 예로 들어 기발이승일도에 대해서 설명한 것을 보면 다음과 같다.

(1) 사단 또한 기가 발하고 이가 탄 것이다. 왜냐하면 어린애가 우물에 빠진 것을 본 후에야 측은지심을 발(發)하니 보고 측은해 하는 것은 기(氣)요, 측은의 근본은 인(仁)으로서 이것이 소위 이(理)가 탄다는 것이다.[22]

(2) 비록 성인(聖人)의 마음이라고 해도 느낌 없이 저절로 발동하는 것은 없다. 반드시 느낌이 있어야 발동하니, 느끼는 대상은 모두 외물(外物)이다. 무엇을 말하는가? 부친을 느끼면 효가 발동하고, 임금을 느끼면 충이 발동하고, 형을 느끼면 공경을 발동하니 부친, 임금, 형이 어찌 마음속에 있는 이(理)이겠는가? 천하에 어찌 느낌 없이 속에서 저절로 발동하는 정이 있겠는가? 단지 느낀 것에 바름과 삿됨이 있고, 발동이 지나침과 모자람이 있어서 선악의 나뉨이 있을 뿐이다. 이제 외물을 느끼지 않고도 속으로부터 저절로 발동하는 것을 사단(四端)이라고 한다면 부친도 없이 효

---

18) 이러한 율곡의 이기론의 특성, 곧 기의 이에 대한 영향에 대해서는 후대에 적지 않은 비판이 있다. 대표적인 예로 기정진(奇正鎭)은 『蘆沙集』 권16, 「猥筆」에서 율곡의 기자이(氣自爾)를 비판하여, 기(氣)가 이(理)의 지위를 빼앗았다고 한다.

19) 『朱子語類』 卷4, 「性理」, p.67. "天命之性非氣質則無所寓, 然人之氣稟有淸濁偏正之殊, 故天命之正亦有淺深厚薄之異, 要亦不可不謂之性."

20) 사실은 본연지리가 자체가 변화하는 것이 아니라 본연지리가 아니면 기의 변화 또한 이루어질 수 없으므로, 변화된 기(氣, 혹은 본연지리에 순응하지 않는 氣)의 존재를 가능하게 하는 것 역시 이(理)이며, 일단 기가 변화하면 본연지리를 실현하지는 않는다는 점에서 이(理)의 변화를 말한 것이라는 점에 유의해야 한다. 율곡의 이러한 논리를 이해하지 못하고 요즘 어떤 학자는 율곡이 이(理)의 주재(主宰)를 말하면서 그 속성을 무위(無爲)라고 규정하는 것은 모순이라고 지적하기도 한다.

21) 이 문제에 관해서는 모종삼이 "봄날 연못의 물결"(吹縐一池春水)의 비유(『心體與性體』 第 1冊, 中正書局, 民國74年, p.365.)를 참조하기 바람. 여기에서 모종삼은 성체(誠體)의 신(神)이 물(物)에 순(順)하여 감응(感應)하는 묘용(妙用)을 춘수(春水)에 비유하였다. 곧 본래 춘수(春水)의 물결은 본래 그 자체 구유한 것이 아니지만 바람에 의해서 파랑을 일으키게 된다는 것이다. 만약 물이 아니고 돌이나 나무였다면 바람에 의해서 파랑이 일지는 않을 것이나, 춘수(春水)는 자신이 구유한 맑고 유연한 본성에 의해서 바람이 불면 물결을 일으킨다는 것이다. 여기서 춘수(春水)는 이(理)로, 바람은 기(氣)의 운동(運動)으로 비유되고 있다.

22) 『栗谷全書』 卷十, 書二, 答成浩原壬申, p.198. "四端亦是氣發而理乘之也. 何則. 見孺子入井, 然後乃發惻隱之心. 見之而惻隱者, 氣也. 此所謂氣發也. 惻隱之本則仁也, 此所謂理乘之也."

가 발동하고, 임금이 없이 충이 발동하고, 형이 없이 공경을 발동하는 것이니 어찌 사람의 진실한 정이겠는가? 지금 측은지심으로써 말하면, 어린아이가 우물에 빠진 것을 본 후에 이 마음이 발동하니, 느낀 대상은 어린아이이다. 어린아이는 외물이 아닌가? 어찌 어린아이가 우물에 빠지는 것을 보지도 않고 측은지심을 저절로 발동하겠는가? 가령 있다고 해도 마음의 병에 불과할 뿐이요, 정상적인 정(情)이 아니다.[23]

율곡에 의하면, 소위 기발(氣發)이란 심이 외물(外物)에 대해서 일으키는 지각작용과 그에 수반하는 감정(感情)을 일으키는 심(心)을 가리킨다. 이승(理乘)은 심(心)이 어린아이의 위급한 상황에 대해서 반응하는 측은한 감정이 인(仁)의 본성을 근거로 한다는 것이다. 곧 우리의 삶의 과정에서 나타나는 수많은 양상의 사태들은 모두 기(氣)의 운동에 의해서 이루어지는 것이며, 이(理)가 기에 선재하여 기의 운동을 일일이 지시하는 것은 아니다. 이(理)는 다만 기의 변화에 내재하여(혹은 올라타서) 기의 운동의 근거가 될 뿐이다. 위에서 열거한 측은지심의 예를 들어보면, 어린아이가 위급할 때 우리가 어째서 모두 측은지심을 발동하는가? 맹자는 왜 측은지심이 없으면 사람이 아니라고 말했을까? 우리의 마음에 본성이 존재하지 않는다면 어린이가 위급한 사태에 어떻게 반응하던지 혹은 전혀 반응하지 않더라도 문제가 되지 않을 것이다. 그러나 우리가 가치관이나 도덕의식을 논하자면 당연히 심의 본성을 전제할 수밖에 없다. 따라서 우리가 이(理)의 주재성을 기의 운동변화에 대한 직접적 작용으로 간주한다면, 일종의 운명론에 빠질 것이며 이 경우에는 도덕 판단이 전혀 무의미하게 될 것이다. 그러므로 율곡이 기자이(氣自爾)를 주장하는 데는 일정한 합리성이 있음을 부정할 수 없다.

6. 결론

이상 논의한 율곡의 선악에 대한 기본 관점은 첫째, 선과 악은 근원이 동일하다는 것, 둘째, 본성 속에 악은 존재하지 않는다는 것, 셋째, 기(氣)의 발동(發動)의 과불급(過不及)에 의해 본성의 체현(體現)이 왜곡됨으로써 악이 발생하게 된다는 것, 넷째, 기질변화의 수양공부를 통해서 악을 선으로 전화(轉化)할 수 있다는 것이다. 이제 앞에서 논의한 율곡의 성리학 이론을 다음의 비유로써 정리하기로 하자. 만약 어린아이가 우물에 빠지는 위급한 상황을 목격한 어떤 사람이 몹시

---

23) 『栗谷全書』卷十, 書二, 答成浩原壬申, p.199. "雖聖人之心, 未嘗有無感而自動者也. 必有感而動, 而所感皆外物也. 何以言之. 感於父則孝動焉, 感於君則忠動焉, 感於兄則敬動焉. 父也君也兄也者, 豈是在中之理乎. 天下安有無感而由中自發之情乎. 特所感有正有邪, 其動有過有不及, 斯有善惡之分耳. 今若以不待外感由中自發者爲四端, 則是無父而孝發, 無君而忠發, 無兄而敬發矣. 豈人之眞情乎. 今以惻隱言之. 見孺子入井, 然後此心乃發. 所感者, 孺子也, 孺子非外物乎. 安有不見孺子之入井, 而自發惻隱者乎. 就令有之, 不過爲心病耳. 非人之情也."

지쳤거나 또는 술에 취해서 정상적 판단을 할 수 없다면 측은지심을 발동하지 않을 수 있다. 이렇게 정상적이지 못한 심리 혹은 생리 상태를 율곡은 심기의 과불급(過不及)이라고 표현한다. 정상적인 심리상태라면 본성을 곧바로 실현(곧 측은지심의 발동)하겠지만 비정상적인 상태에서는 비정상적인 반응을 할 수 있으며, 이러한 비정상적인 반응은 인(仁)의 본성을 올바로 실현하지 못하게 된다는 것이다.

율곡의 심성론에는 심통성정(心統性情)과 성발위정(性發爲情)의 두 가지 원칙이 있다. 성발위정(性發爲情)은 선한 감정은 물론이요 악한 감정도 성(性)이 체현(體現)된 것이라는 의미이다. 심통성정(心統性情)은 심(心)이 발용(發用)함으로써 성이 정(情)으로 체현될 수 있다는 것이다. 왜냐하면 성(性)은 무위(無爲)로서 활동할 수 없고, 심기(心氣)는 유위(有爲)로서 활동할 수 있기 때문이다. 다시 말하면 성이 정으로 발현되는 과정에 필연적으로 심기가 개입하며, 심기의 상태는 성이 정으로 발현되는데 직접적인 영향을 미친다는 것이다. 심기의 발용이 중절(中節)하면 선으로 체현되겠지만, 과불급에 따라 성(性) 역시 과불급한 정(情), 즉 악(惡)으로 체현되는 것이다. 따라서 인간의 본성 속에 악은 본래 존재하지 않지만, 심기의 상태에 의해서 악이 존재하게 된다. 또한 비록 악이라고 해도 본질적으로는 선한 본성을 체현한 것이므로 악의 본질 역시 선이라는 것도 알아야 한다. 율곡이 정자(程子)의 "因天理有人欲"을 인용하는 이유가 여기에 있다. 이것을 율곡은 본연지리(本然之理 = 仁)와 본연지기(本然之氣 = 惻隱之心) 및 변화지기(變化之氣 = 心之過不及)와 변화지리(變化之理 = 貪)의 개념을 통해서 설명한다.

이렇게 선을 단지 절제된 감정으로만 규정한다면 "선(善)의 이질성"(the heterogeneity of the good)을 설명할 수 없다는 주장이 있다.[24] 이 문제는 선의 본질에 대한 주제에 해당하므로 다른 논문에서 논의하고자 한다. 결론적으로 율곡의 성리학에서 도덕적 악(moral evil)은 단지 인간의 심리적 왜곡, 과불급에 의해서 존재한다. 따라서 인간은 자아수양 공부에 의해서 기질을 변화하여 본연지기를 회복할 수 있고, 악을 선으로 변화할 수 있다. 이것이 곧 그의 기발이승일도설(氣發理乘一途說)에 의한 인심도심상위종시설(人心道心相爲終始說)의 구체적 내용이다.

---

24) 林月惠, 『朱子學與朝鮮性理學』, 「李栗谷的人心道心說」, 臺大出版中心, 2010年, p.324. 또한 국내학자 중에서도 율곡의 성리학에서는 도덕과 비도덕의 구분이 되지 않는다는 비판이 있다. 곧 측은지심과 일반 감정을 본질적으로 구분하지 않는다는 것이다.(김기현, 「성리학 논의의 독법」, 『오늘의 동양사상』 12호, 2006 봄·여름. 손영식, 『성리학의 형이상학적 시론』, 울산대학출판부, 2006, p.242에서 재인용.

孝道思想的擴大詮釋與現代實踐

董金裕 | 台灣・政治大學名譽教授

　　儒家思想非常注重孝道，但是根據≪說文解字≫的解釋，孝的本義是善事父母；≪論語≫、≪孟子≫所載孔子、孟子論孝，基本上也並未超越家庭父子之間的關係。孝道顯然屬於家庭倫理，其範圍及效用僅及於家庭之間，似乎嫌過於狹隘。不過儒家思想又認為孝是行仁的根本，仁者己欲立而立人，己欲達而達人，希望做到博施於民而能濟眾，來為社會人群提供貢獻。不僅如此，更推展到對萬物的取用有所節制，讓動植物能不斷繁衍而生生不息。經過如此的擴大解釋，孝道已由親親推展為仁民愛物，而成為社會倫理、自然倫理，這種民胞物與的精神，層面並不狹隘，反而十分開闊可取。

　　孝道思想最可貴的是要確實踐履，傳統社會在實踐孝道上，如就家庭倫理的親親而言，子女對父母能提供衣食等生活所需的物質，並且在物質以外，又兼顧精神的層面，讓父母感受到尊重或愉悅。又如就社會倫理、自然倫理的仁民愛物而言，大家能發揮同理心，以人飢己飢，人溺己溺的精神，來關懷協助弱勢者；並且對萬物能夠在取用時有所節制，不濫砍濫伐，不濫補濫殺，避免動植物絕種或瀕臨死亡。凡此都是值得我們尊重而繼續遵循的。不過這些傳統的作法，基本上比較偏於訴諸情感或道德，缺乏強制性，不論在親親或仁民愛物方面，都無法獲得明確有力的保障。因此在現代實踐孝道時，就必須改弦更張或補充加強，配合各國家地區的特性，建立各種養老制度、社會福利制度、保育制度。在感情以外加進理性的因素，在道德訴求之上增添法律的規範，使孝道的實踐獲得確實的保障。

　　本論文即針對孝道如何擴大解釋，以及在現代社會中如何實踐孝道，這兩個問題作探討。先論述儒家思想如何將孝的本義—善事父母，由親親的層面擴大解釋到仁民愛物的層面，使屬於家庭倫理的孝道也成為社會倫理，自然倫理，並將儒家思想推向更開闊的境界。接著再思考傳統的實踐孝道方式在現代社會中，是否完全適用或還有調整的空間？ 認為要使孝道真正落實，傳統作法固然還有值得繼續保留者，但也有必要從建立制度方面著手，以彌補以往採行方式的不足。所作的闡述或提出的見解，是否適當？ 尚請大家提供高見指教。

孝道思想的擴大詮釋與現代實踐

董金裕 ｜ 台灣．政治大學名譽教授

一、前言

注重孝道為傳統社會的美德，自孔子以來即十分重視，據≪論語≫所載，孔門弟子即多次以「孝」為主題向孔子請教。且從漢代以後，歷朝政府無不標榜以孝治天下，對於能躬行孝道者每加以優禮表揚。但孝道的本義為善事父母，其範圍及效用僅及於家庭之間，則是否有過於狹隘之嫌？尤其是在現代這種親屬關係日益淡薄，家庭成員互動愈來愈疏離，反而是人際關係越來越多元，與家庭之外的人接觸更加頻繁的情形下，孝道是否值得我們注重？又即使要注重，又應該怎麼去實踐？確實是很值得探討的課題。

其實，注重孝道的精神，自孔子極力倡導以來，經過許多儒者的闡發，不斷的隨時代的演進而擴充其範圍，已不侷限於家庭，而由親親推廣為仁民愛物，關注到整個社會人群，以至於天地萬物，發揮萬物一體的高尚情操，層面極為開闊。這種闡發詮釋不僅吻合以孔子為代表的儒家思想本意，且能配合時代的潮流，成為一種普世的價值，繼續對世界文明提供貢獻。

惟在實踐孝道方面，由於時代及環境的轉變，型態上已由農業社會轉而為工商社會，觀念上已由安土重遷變成遷徙頻繁。再加上孝道已由家庭推展到社會人群、天地萬物，則傳統的行孝方式顯然已無法因應，而必須作適切的調整。如何在制度上妥為設計，以保證其成效能較為普遍而落實，達成老吾老以及人之老，與夫以其所不忍達之於其所忍[1]的目標，既符應儒家的理想，又能與現代社會接軌，即成為我們應該黽勉以赴者。

以下即針對上述的兩個問題，先探討孝道思想如何由親親擴展至仁民愛物，以合乎現代的潮

---

1) 朱熹集注 ≪孟子．盡心下≫：「人皆有所不忍，達之於其所忍，仁也。」此取其語，意指不忍父母未受適當之照顧，因而能善事父母，以此心意推廣至其他的人、物上。語見≪四書章句集注≫，台北：大安出版社，2005年第1版第5刷，頁522。

流；再就於現代社會中如何踐行孝道，使儒家的理想具體實現。所論是否得當，尚祈方家有以教之。

二、孝道思想的擴大詮釋

孝道的本義為善事父母，屬於親親的層次，其後乃逐漸擴大為仁民愛物，遂由家庭倫理拓展為社會倫理、自然倫理，茲分點述之如下：

(一) 孝道的本義 —— 親親

孝道的本義，據≪說文解字≫對「孝」字的解釋為：

孝，善事父母者，從老省從子，子承老也。[2]

段玉裁注曰：

≪禮記. 祭統≫曰：「孝者，畜也。」[3]

徐灝箋曰：

≪孝經說≫曰：「孝，畜也。畜，養也。」[4]

凡此解說，皆可見孝道的本義為善於奉養父母。試觀≪論語≫所載，諸弟子向孔子問孝，孔子所對答者，如：

孟懿子問孝。子曰：「無違。」樊遲御，子告之曰：「孟孫問孝於我，我對曰：『無違。』」樊遲曰：「何謂也?」 子曰：「生，事之以禮；死，葬之以禮，祭之以禮。」

孟武伯問孝。子曰：「父母唯其疾之憂。」

子游問孝。子曰：「今之孝者，是謂能養。至於犬馬，皆能有養；不敬，何以別乎?」

---

2) 許慎著. 段玉裁注 ≪說文解字≫，台北：黎明文化事業公司，1978年11月4版，頁402。
3) 許慎著. 段玉裁注 ≪說文解字≫，同注2，頁402。
4) 許慎著. 段玉裁注. 徐灝箋 ≪說文解字≫，台北：廣文書局，1972年版，頁2871。

子夏問孝。子曰：「色難。有事弟子服其勞，有酒食先生饌，曾是以為孝乎?」[5]

抑或是孔子論述孝道，如：

子曰：「事父母幾諫。見志不從，又敬不違，勞而不怨。」
子曰：「父母在，不遠遊。遊必有方。」
子曰：「三年無改於父之道，可謂孝矣。」
子曰：「父母之年，不可不知也。一則以喜，一則以懼。」[6]

不論是孔子直接論述孝道，還是答復弟子的問孝，基本上都沒有超乎家庭父子之間的範圍，與孝道的本義相符。即使是《孟子》中的記載，仍然有極大部分屬於這種範圍，如：

壯者以暇日修其孝悌忠信，入以事其父兄，出以事其長上，可使制梃以撻秦楚之堅甲利兵矣。[7]
是故明君制民之產，必使仰足以事父母，俯足以畜妻子，樂歲終身飽，凶年免於死亡。然後驅而之善，故民之從之也輕。今也制民之產，仰不足以事父母，俯不足以畜妻子，樂歲終身苦，凶年不免於死亡。此惟救死而恐不贍，奚暇治禮義哉？王欲行之，則盍反其本矣。五畝之宅，樹之以桑，五十者可以衣帛矣；雞豚狗彘之畜，無失其時，七十者可以食肉矣；百畝之田，勿奪其時，八口之家可以無飢矣；謹庠序之教，申之以孝悌之義，頒白者不負戴於道路矣。老者衣帛食肉，黎民不飢不寒，然而不王者，未之有也。[8]
舜盡事親之道而瞽瞍厎豫，瞽瞍厎豫而天下化，瞽瞍厎豫而天下之為父子者定，此之謂大孝。[9]

凡此所說的孝，也都是指事父母而言，與孝道的本義相符。可見不管是孔子或孟子，所談論的孝道，概括而言，幾乎都是針對親子關係作闡述，而屬於家庭倫理。

(二) 孝道的擴充 —— 由親親而仁民愛物

孝道的本義既然是善事父母，屬於親親的層次，但《論語》卻載：「(有子曰)……君子務本，

---

5) 上引四則皆見朱熹集注《論語. 為政》，同注1，頁72~73。
6) 上引四則皆見朱熹集注　《論語. 里仁》，同注1，頁98。惟第三則屬重出而較略之章，《論語. 學而》載：「子曰：『父在，觀其志；父沒，觀其行；三年無改於父之道，可謂孝矣。』」同注1，頁66。
7) 朱熹集注　《孟子. 梁惠王上》，同注1，頁285。
8) 朱熹集注　《孟子. 梁惠王上》，同注1，頁290。
9) 朱熹集注　《孟子. 離婁上》，同注1，頁403。

本立而道生。孝弟也者，其為仁之本與！」[10]這是因為對父母的愛出自於良知良能，是非常自然的[11]，與仁為自然感情的發露，性質正相一致，故孝可以作為行仁的根本。按所謂仁，《論語》載有子貢與孔子的對話：

子貢曰：「如有博施於民而能濟眾，何如？可謂仁乎？」子曰：「何事於仁，必也聖乎！堯舜其猶病諸！夫仁者，己欲立而立人，己欲達而達人。能近取譬，可謂仁之方也已。」[12]

仁為諸德之總稱，乃是一個抽象的概念；聖則是成德之名，必須有具體的事功表現。所以必須以「能近取譬」的仁之方，達到「己欲立而立人，己欲達而達人」的地步，亦即做到「博施於民而能濟眾」，才可以算是已臻於聖的境界。因此仁與聖並非截然的兩件事，仁為聖的內涵，聖則為仁的實踐，相須而成為一種體用關係。又按《禮記．祭義》記載：

曾子曰：「身也者，父母之遺體也。行父母之遺體，敢不敬乎？居處不莊，非孝也；事君不忠，非孝也；涖官不敬，非孝也；朋友不信，非孝也；戰陳無勇，非孝也；五者不遂，栽及於親，敢不敬乎？」[13]

意謂不管是做什麼，只要是分內所應行的事，即竭盡心力，黽勉以赴，來為社會群體提供貢獻，都包涵在孝的範圍之內。這種孝顯然已不限於父子之間的倫理關係，而擴及於其他的倫理了。

綜上所述，孝為行仁的根本，仁者「己欲立而立人，己欲達而達人」，實踐仁則可以達到「博施於民而能濟眾」的境界。又據孔門之中最以孝著稱的曾子之推衍闡發，孝還可涵蓋「莊」、「忠」、「敬」、「信」、「勇」諸德，幾乎可謂等同於仁了。如此，則屬於親親之道的孝，至此已擴充為仁民矣！

不僅如此，《禮記．祭義》又載曾子嘗引述孔子之言，以為取物宜注重配合時令，作適當的節制，曰：

曾子曰：「樹木以時伐焉，禽獸以時殺焉。夫子曰：『斷一樹，殺一獸，不以其時，非孝也。』」[14]

---

10) 朱熹集注《論語．學而》，同注1，頁62。
11) 朱熹集注《孟子．盡心上》：「人之所不學而能者，其良能也；所不慮而知者，其良知也。孩提之童，無不知愛其親；……親親；……無他，達之天下也。」，同注1，頁495。
12) 朱熹集注《論語．雍也》，同注1，頁123。
13) 戴聖編．鄭玄注．孔穎達疏《禮記正義》，台北：藝文印書館影印嘉慶二十年江西南昌府學開雕重刊宋本第8冊，頁821。
14) 戴聖編．鄭玄注．孔穎達疏《禮記正義》，同注13，頁821。

孝既為行仁之本，濫伐濫殺有害於仁，即有害於作為行仁根本的孝，故孔子以為非孝也。至此，孝道又擴充至愛物矣！

按仁道的具體表現在於忠恕，孔子曰：「忠恕違道不遠，施諸己而不願，亦勿施於人。」[15] 自己既不願受戕害，則可推知人、物也希望能生能活，故其終極目標乃在於使所有的人、物皆能各遂其生，各得其所。此即孟子所謂「君子之於物也，愛之而弗仁；於民也，仁之而弗親；親親而仁民，仁民而愛物。」[16]「萬物皆備於我。反身而誠，樂莫大焉。強恕而行，求仁莫近焉。」[17]而後來張載所強調的「民吾同胞，物吾與也」[18]的精神，正是孝道由親親擴充為仁民愛物的至高境界。

三、孝道的現代實踐

儒家思想的最大特色為不尚空言而注重實踐，孝道思想當然也是如此。惟古人的行孝方式，因時移勢異，到了現代，固然有值得我們參考者，但也有需要改弦更張或補充加強之處。茲分親親與仁民愛物兩方面敘之如下：

(一) 就親親而言

孔子論孝之實踐，依前引孔門師生有關孝道的問答，如「今之孝者，是謂能養」、「有事弟子服其勞，有酒食先生饌」等，屬偏於子女對父母提供物質的奉養；另如「不敬，何以別乎」、「色難」等，則屬於讓父母在精神上感到受尊重或愉悅。再看孟子之論孝，他曾說「世俗所謂不孝者五：惰其四友，不顧父母之養，一不孝也；博奕好飲酒，不顧父母之養，二不孝也；好貨財，私妻子，不顧父母之養，三不孝也；從耳目之欲，以為父母戮，四不孝也；好勇鬥很，以危父母，五不孝也。」[19]雖說是世俗認定的不孝，孟子似乎也認同而加以引述。至於≪禮記．祭義≫則兩度記載曾子之論孝：「曾子曰：『孝有三：大孝尊親，其次弗辱，其下能養。』」「(曾子曰)孝有三：小孝用力，中孝用勞，大孝不匱。思慈愛忘勞，可謂用力矣；尊仁安義，可謂用勞矣；博施備物，可謂不匱矣！」[20] 所說雖不盡相同，但仍有共通之處。

綜合上述孔子、孟子、曾子所言，蓋有兩個共通之處：一為他們都兼重物質、精神兩個層面，二為偏於物質層面的「養」，雖屬世俗之見而將之歸於「其下」、「小孝」，但皆被認可而屬於較基本

---

15) 朱熹 ≪中庸章句．第十三章≫，同注1，頁30。
16) 朱熹集注 ≪孟子．盡心上≫，同注1，頁509~510。
17) 朱熹集注 ≪孟子．盡心上≫，同注1，頁491。
18) 張載撰 ≪張載集．正蒙．乾稱≫，台北：漢京文化事業公司，1983年9月，頁62。
19) 朱熹集注 ≪孟子．離婁下≫，同注1，頁419。
20) 戴聖編．鄭玄注．孔穎達疏 ≪禮記正義≫，同注13，頁820~821。

者。

以我們在現代的實踐孝道而言，第一個共通點仍然值得重視遵循，舉凡可以使父母感到受尊重或心情愉悅的各種舉措皆可採行。至於第二個共通點的「養」，當然指的是子女對父母的奉養，亦即子女採取「反哺」的作法，這也形成了傳統的「養兒防老」觀念。這種觀念雖然不能說是錯誤，但對已無謀生能力的老者而言，卻缺乏明確有力的保障。有太多的因素，舉如未生兒育女，或雖有兒女但其能力不足……等，都會影響到對老者應有照顧。因此「養兒防老」的觀念顯然已經落伍，而必須要改絃易轍，以保證老者在基本的生活需求上無所匱乏。

因此養老制度的建立，便成為我們現代實踐孝道的最佳途徑。各國政府都有必要依據國情，設計出符合國人需求的養老制度，不再是像過去一樣的由子女作個人式的「反哺」，而是由國家整體對曾為社會提供貢獻的老者作集體式的「反哺」，確保老者在物質供應方面能獨立自主。如此，老者不必在生活上乞憐於人，可以很有尊嚴的安度其餘年，也可以獲致精神上的滿足，而達到與第一個共通點相同的目標。

（二）就仁民愛物而言

前已引述≪論語．雍也≫記載孔子回答子貢之問，曾說：「夫仁者，己欲立而立人，己欲達而達人。能近取譬，可謂仁之方也已。」亦即能推己及人則可以達到「博施於民而能濟眾」的地步。另外≪論語．憲問≫又記載孔子回答子路之問，曰：

> 子路問君子。子曰：「修己以敬。」曰：「如斯而已乎?」曰：「修己以安人。」曰：「如斯而已乎?」曰：「修己以安百姓。修己以安百姓，堯舜其猶病諸!」[21]

修己以敬者，己立己達之事；修己以安人、修己以安百姓者，立人達人之事。彼此所講，可相互發明，而皆屬仁民之事。孟子在這方面，也提出了「人溺己溺，人飢己飢」的關懷弱勢者的看法，曰：

> 禹、稷當平世，三過其門而不入，孔子賢之。顏子當亂世，居於陋巷，一簞食，一瓢飲。人不堪其憂，顏子不改其樂，孔子賢之。孟子曰：「禹、稷、顏回同道。禹思天下有溺者，由己溺之也；稷思天下有飢者，由己飢之也，是以如是其急也。禹、稷、顏子易地則皆然。」[22]

---

21) 朱熹集注 ≪論語．憲問≫，同注1，頁222。
22) 朱熹集注 ≪孟子．離婁下≫，同注1，頁418。

「人溺己溺，人飢己飢」的胸懷，建基於能為對方設身處地，具有同理之心，此與推己及人的觀念並無二致。

在愛物方面，≪論語．述而≫記載：

> 子釣而不綱，弋不射宿。[23]

可見孔子之取物有節，其仁愛之心已由人推展至禽獸。孟子的思想承自孔子而有進一步的發揮，首先肯定惻隱之心是每個都具有的，此惻隱之心即為仁之端，曰：

> 人皆有不忍人之心，……所以謂人皆有不忍人之心者，今人乍見孺子將入於井，皆有怵惕惻隱之心。……由是觀之，無惻隱之心，非人也。……惻隱之心，仁之端也。[24]

以此仁之端推而及於愛物，孟子也極力主張取物有節，以期眾民養生喪死而無憾，認為這是推行仁政的始基，曰：

> 不違農時，穀不可勝食也；數罟不入洿池，魚鼈不可勝食也；斧斤以時入山林，材木不可勝用也。穀與魚鼈不可勝食，材木不可勝用，是使民養生喪死無憾也。養生喪死無憾，王道之始也。[25]

此可見孟子實具有長遠的眼光，而非短視務近利者可比。不過孟子並非僅就實利的觀點而有此看法，這是由於對物的關懷，其實也是仁心的自然流露，所以他說：

> 人皆有所不忍，達之於其所忍，仁也。[26]

人情常於其親近者有所不忍，而於疏遠者有所忍，能由親近者推而及於疏遠者，而亦有所不忍，此即仁也。因此當齊宣王見有牽牛過於堂下將被殺以釁鐘者，不忍見其觳觫若無罪而就死地，而以羊易之，孟子即就此一事稱許其有不忍之心，而鼓勵他推擴此不忍之心以施行仁政。[27]

在對人上，不論是孔子所提的「己欲立而立人，己欲達而達人」，或孟子所講的「人溺己溺，人飢己飢」，觀念其實相同。在對物上，孔子、孟子皆注重取物之有節，孟子還對此主張賦與仁的

---

23) 朱熹集注 ≪論語．述而≫，同注1，頁133。
24) 朱熹集注 ≪孟子．公孫丑上≫，同注1，頁328。
25) 朱熹集注 ≪孟子．梁惠王上≫，同注1，頁282。
26) 朱熹集注 ≪孟子．盡心下≫，同注1，頁522。
27) 其詳見朱熹集注 ≪孟子．梁惠王上≫，同注1，頁287~289，文長，不具引。

基礎。凡其所行所言，立意皆非常可取，值得我們尊崇並且認取實踐。但是拿來作自我的要求雖然極為適當，責成大家皆能同遵共守，則未必具有強大的約束力，亦即其屬性為道德的，並不具有強制性。既然如此，其成效也就會大打折扣而無法彰顯了。

因此在仁民方面，社會福利制度的建立，才能普遍提供鰥寡孤獨廢疾等弱勢者的適切照顧，而非由具有善心的個人或慈善團體，作比較零散，甚至於即興式的濟助。在愛物方面，保育制度的建立，才能使草木不被濫砍濫伐，禽獸不被濫捕濫殺，進而使動植物都在妥當照顧下生生不息。所以各國政府也都有必要依據國情，設計出符合國人需要的社會福利制度與保育制度，庶使由親親推而擴之的孝道，在現代實踐時，都能獲得全面而充分的保障，達成真正落實的目標。

四、結語

孝道本來是家庭父子之間的倫理，但經擴大詮釋之後，可由親親推而仁民愛物，其層面已拓展至整個社會人群以至大自然。按我們為了生活的需要，一方面必須營分工式的群體生活，另一方面不能不獲取萬物作為資源，對於人群理應相互扶持，以求共生共榮；對於萬物也該取之有節，而不妨害其繼續繁衍生長。此種觀念在現代尤其具有意義，蓋近一兩百年以來，人們由於自我意識過度膨脹，強者予取予求，弱者任人宰割，造成弱肉強食，貧富差距愈來愈大，使社會騷動不安。對自然界的草木則濫砍濫伐，禽獸則濫捕濫殺，已使許多動植物絕種或瀕於滅亡，嚴重影響生態的平衡，並因此而威脅到人類的生存。注重孝道的精神，不論是「善事父母」或「民胞物與」的精神，正可用來喚醒大家關懷年長者及社會的弱勢族群，注重生態的維持及環境的保護。

孝道思想首重實踐，在這方面，不論是提供必要的奉養，使老者不飢不寒，也兼重精神上的滿足；或者能推己及人，懷抱「人溺己溺，人飢己飢」的胸懷，盡其所能來照顧孤苦無依者，對於萬物又能取之有節。以上傳統所踐行之道，都是我們在今天仍然值得遵循的。不過傳統的實踐方式固然有其可取之處，但也有值得檢討而改善的地方。基本上這些方式大抵是偏於情感的回報或關懷，只是一種道德性的訴求，因而缺少強制性，而無法保證在親親或仁民愛物上獲得充分的實現。因此在現代要實踐孝道，就要補傳統的不足，在情感之外加進理性的因素，在道德訴求之上增添法律的規範，建立適切的養老制度、社會福利制度及保育制度，使孝道的實踐確實獲得保障。

孝道思想在香港现代社会的和谐作用

赵令杨 | 香港大学教授

今年香港的社会，对传统的思想有很大的变化，孝道的问题正逐步受到重视。香港的社会，在殖民地时期英国人统治下，所推行的政策，大多只针对时弊来进行。例如房屋问题，由于分配限制的关系，不得不采取只可与直系亲属共处而被迫放弃照顾长辈的责任。这种不合理的政策倒致三代同堂在香港荡然无存，老年人得不到应有的照顾。

中国家庭一直重视〈孝道〉，然而，〈孝道〉在现代社会怎样和年轻一代产生和谐作用呢？

香港年轻的一代，在离家自建家室之时，认为只要在经济上能按时支持父母，已算是完成儿女的天职。这逐渐成为整个社会的问题，因此要重新推行孝道思想。香港政府目前为了要建立和谐社会，乃大力在全港各社区宣传孝道思想及敬老的观念，希望在年轻的一代能够重燃传统的具有文化内涵及道德。

那要怎样才可以将香港发展成为一个和谐社会呢？这除了管、民共同策划之外，还需要群众一心地齐来推动。如果我们能从下列各方面的发展来推动〈孝道思想〉当可重视人间。

在华人社会中，大家重视中华民族的道德体系，百行以≪孝≫为先，孝的根本解释，乃承前启后，薪火相传。这就是说，〈孝〉的目的，应该是一代传一代，川流不息地，永恒地衍生下去。但在发展过程中，应有一定程度的基础，如：

1. 社会结构 2. 社区文化 3. 教育制度 4. 经济结构 5. 政府角色 6. 社会价值观的形成与认同

在推行上述的项目时，最重要的推动者当然为执政者。因作为执政者的政府，目前拥有丰富的资源。这重要的元素，令它在发展任何一方面的事业都有良好的经济基础而得以进行。

〈孝道〉在香港如房屋问题，一天未能彻底地解决，相信始终未能恢复昔日之光辉。香港如果要像新加坡式的家庭团聚，一定要解决房屋问题，才可达到家庭和谐，才可重建≪孝道≫思想。

孝道思想在香港现代社会的和谐作用

赵令杨 ｜ 香港大学教授

今年香港的社会，对传统的思想有很大的变化。本来一向对长者日常生活不太重视的团体，也开始对长者的问题予以重视，除了医院有老人科的设立外，医学院更纷纷注意到老人科独立设科的重要性。事实上，老人的问题，二十世纪七十年代开始，已成为许多国家关心老人的课题。但因当时仍未达到严重的阶段，故未鸣起警钟而已。

香港的社会，在殖民地时期英国人统治下，所推行的政策，大多只针对时弊来进行。例如房屋问题，在五十年代，肯定是一个非常重要的问题。于是政府积极地兴建屋村，用以来解当时的屋困。这的确解决了社会上的一些居住问题，但随着而来的，当然是人口膨胀的问题。

屋村的兴建，并非是人人居者有其屋，乃不得不采取分配的政策。因此，有长者的家庭，申请居屋的时候，因分配有限制的关系，不得不采取只可与直系亲属共处而被迫放弃照顾长辈的责任。

中国的家庭自古以来重视"团聚"，更重视三代同堂。但这种观念，自二十世纪七十年代以来，因这不合理的政策而致在香港已荡然无存。因为当时香港政府推行屋村政策的时候，没有考虑到其他的细节，更没有进一步考虑到日后的问题。相反地，在邻近的新加坡，他们对这问题就比香港政府来得更周详了。他们在分配房屋的时候尽量照顾到申请者的家庭成员，尽量使到家中的长者能够和年轻的一代共处一室。这一来，年轻者不但可以照顾年长的一代，年长者也在晚年不致感到有被遗弃之感。

中国家庭一直重视〈孝道〉，然而，〈孝道〉在现代社会怎样和年轻一代产生和谐作用呢？

正如上说，中国一向重视三代同堂，对〈孝〉的解释当然是以不孝有三，无后为大的观念。又说：身体发肤，授之父母，不敢毁伤，〈孝〉之始也。这种说法，这种诠释，是否正确，在现代人眼光看来，当然难以服人。但中国社会，一向是忠君爱国，一直是紧紧靠住〈忠孝〉两大支柱的。那〈忠〉重要还是〈孝〉重要呢？ 这当然要视乎时代背景了。〈忠、孝〉在传统的中国社会，是不一定可以两全的。像明代之明成祖〈靖难之变〉后，成祖朝及仁、宣二帝论及伦常之时，从不详论忠之道理，只详述论<孝>之理想。这就是说，忠、孝、孝、忠之演绎乃视乎时代之需要并非追随传统之法规。

香港对<孝>的观念的重新注意，应为近年之事。香港年轻的一代，近数十年来，大多采取独自创立家庭的生活后，摆脱昔日和父母团聚一室的生活。这一来，年老的一代，不单衣、食、住、行都要依靠自己。一有病痛，肯定会感到无助之威。因为年轻的一代，在离家自建家室之时，认为只要在经济上能按时支持父母，已算是完成儿女的天职。但情形是否如此简单，当然还要视各家有各家的问题来处理才可解决。事实上，这种情形，在近三十年来，已并非一个个案的问题，乃整个社会的问题。要重新推行孝道思想，事实上并不是一件轻而易举之事。因为家庭之伦理观念，自年青人离家自建小天地后日趋淡薄。昔日父慈子孝的情怀，虽然仍有点点滴滴的存在，但并不积极主动地去进行。香港政府目前为了要建立和谐社会，乃大力在全港各社区宣传孝道思想及敬老的观念，希望在年轻的一代能够重燃传统的具有文化内涵及道德。

那要怎样才可以将香港发展成为一个和谐社会呢？这除了管、民共同策划之外，还需要群众一心地齐来推动。如果我们能从下列各方面的发展来推动<孝道思想>当可重视人间。

在华人社会中，大家重视中华民族的道德体系，所谓孝、悌、忠、信、礼、义、廉、耻之《八德》也。

《八德》之中，以《孝》为先，孝的根本解释，乃承前启后，薪火相传。这就是说，<孝>的目的，应该是一代传一代，川流不息地，永恒地衍生下去。但在发展过程中，应有一定程度的基础，如：

1. 社会结构
2. 社区文化
3. 教育制度
4. 经济结构
5. 政府角色
6. 社会价值观的形成与认同

有关社会的结构，当然乃指以高度开放的社会而言。这个社会，其统治者乃顺其民意选举而产生出来的政府，其管理政策当然也由人民的意愿而进行。

如其政策不为群众所支持，通过选举的模式，另一团体或政党当可顺着民意起而代之。但应该肯定这个社会的结构，要有强有力的领导，有远见，有决心，才能够确立一个坚固的社会结构，才能够得到社会上群众的信服。当你能够得到群众的支持、拥护的时候，那你可以肯定你所处的社会结构已经坚固，任何势力都不能加以动摇。如果你能够达到这个目的，那你就应该开始建立或创立合乎新时代要求的文化。

中华民族的文化是多姿多彩的，是多元化的。有一段时期，有人说：中国文化发端自黄河流域；又有人说中国文化西来说。不管怎样讲法，结果都给认识中国文化的人加以澄清了，更有一段时期，有人更是强词夺理地说中国文化来自海上，但这说法非常短暂就给中国学者及日本学者共同所否定了。其实要了解中华民族文化的根本，我们非从中华文化的基本做起不可。谈到中华文化，我们当然要重视到修身、齐家、治国、平天下的古训。这些古训虽然都是老教条，但是如果在推行有关文化的时候，我们能够以修身、齐家、治国、平天下作为推行文化的基本概念，作为基本的指标，当可达到更高的境界。在进行推动社区文化的时候，除了要重视精神文明之外，也不应该忽视物质文明的存在价值。二十世纪杰出历史家罗香林教授，在讲述文化之时，就肯定普及教育的重要性。同时也强调道、器并重。罗教授认为中华文化最重要乃在于儒化。在儒化过程之中，中华民族自始到终，都紧紧地依靠传统思想作为发展的路线，都是本着忠、孝基础来强化社会文化的价值。罗教授在论及中国文化新的发展时更强调≪道、器≫并重正是合乎治国、平天下之道。这也是孙中山当时所强调的学说：他说"物质文明与心性文明，相待而后进步。""物质文明"与"器"的含义相当，"心性文明"与"道"的含义相当。换句话说，就是道器相待，然后才能进步，而其作用，就是道器相溶。孙中山最重视学术思想，故极于道器的研究，而为不断致知；孙中山为革命建国的领袖，故极于自强力行，而为不断进步。他主张"以行而求知，因知而进行"，换句话说，就是知行并进。孙中山在新文化的创导上所以伟大，就在"道器相溶"和"知行并进"等方面有伟大的开创和发扬。中国文化今日所以能走上更生的阶段，也就在此。

大家知道，中国自晚清以来革命救国运动，是由孙中山以三民主义的创导所唤起的；民国的成立，是孙中山以三民主义导全国志士，以革命救国的奋斗换得来的；民国四、五年以来一般学者所提倡科学与民主的新文化运动，是孙中山早在前光绪十三年至二十年左右所启示引导而来的；民国十七年的肃清国内割据的军阀，完成了统一局面，颁布三民主义的教育方针，推行各种学术研究，是根据孙中山遗教所做成的；民国二十六年以后的对日抗战，终以得到胜利，而且在抗战中取消一切不平等的条约，也是由于有孙中山的遗教作抗战建国的指针，有全国人民的力行所换得来的，这可知，孙中山"道器双溶"和"知行并进"的学术思想，关系与中国的生存发展，与中国文化的更生迈进的重大了。

总之，中国的学术文化，根植于道器的并重，发育于道器的充满，演变于道器的渐离，受害于道器的阻隔，而更生于道器的双溶与知行的并进。本来，根底樊深，保世滋大。只要能够依照这更生的局势，而努力迈进，不畏艰难，相信否及泰来，前途的光辉是无可限量的。

社区文化的推动，如能在群体之中推动，如能在推动之中达到道器并重，那一定可提高全民的文化程度，提高每一个角落团体对文化的贡献。但文化的提高，有赖教育的普及，这点是非常重要的。没有良好的教育，从农村到城市，众多的人口，一大群、一大群的男男女女，因为无知，没有能力辨别是非，只会盲从，胡乱附和，这的确是可悲的事情。现代教育，不论是小学、中学或大学，都应给予学生一个了解知识真相的机会，也应该给予不同程度学生了解社会的发展的规律。

要清清楚楚使他们明白修身、齐家、治国、平天下的意义，才可使他们不会沦入愚忠、愚孝的陷阱。传统的古语有云：人之初，性本善，就是这个缘故，在推行教育的时候，我们要照顾到不同方面的需要，绝不能采取一言堂的学习方法。社区文化是要群体都能够对当前事物有新的认识，新的了解，而不是进一步地保持传统，维护传统，在推行社区文化过程中，活化社会一切活动，活化过往的历史片段，才能使到群众对事物有新鲜感，才会产生动力，才会引起继续向前的，再创鼎峰的意念；不管如何进行，以和谐的手段进行肯定会得到更高的成效。

教育制度在近年不断的改变。首先是小学考试制度的变了又变直接影响中学教学的发展，继而又直接影响到大学教育的发展。从2010年起大学教育又有一更大的变化，从三年制度划一变成四年制度，在人文学科学，强调通识教育的重要性；但已远远脱离中国传统所重视的修身、齐家、治国、平天下的范畴。但也和西方有关之哲理、道德思维毫无关系。许多时候，有关的通识教育课题都难以自圆其说。这不但未能道出家庭≪孝道≫之所以然。也不能道出怎样建立和谐社会的步骤。如果说，教育可以训练不同程度的人才，了解人生的道理、明确处事的方针。这种教育政策有关部门的主管，应该设法补救这方面的缺点。教育制度如果能够健康地推行，当然可以使整个社会得到有秩序地进行不同形式的活动，可以使整个社会达到<老吾老以及人之老>，<幼吾幼以及人之幼>之和谐社会。政府重视通识教育是正确的。但怎样来推行通识教育，除传统之修身、齐家、治国、平天下外，有关天文、地理、艺术、音乐……等，都应该予以重视。这样，才能够达到通识的目的。

在推行上述的项目时，最重要的推动者当然为执政者。目前香港政府对教育事业的支持，是不遗余力的。因作为执政者的政府，目前拥有丰富的资源。这重要的元素，令它在发展任何一方面的事业都有良好的经济基础而得以进行。这在推动教育，建立社区文化各方面是非常重要的，是有稳固的经济基础，在进行一系列活动时可毫无忧虑的进行，更可安心地计划一些比较长远的预算。在这种良好的气氛下，什么活动都可以在和谐的情形下进行，更可以<礼>待人，更可保证在互相尊重的情形下进行，远到<老吾老以及人之老>，<幼吾幼以及人之幼>的境界。

中国的古代社会，有很多<孝道>的故事，如木兰代父从军和民间流传之二十四孝的故事，至今仍为美谈。可惜这些都已成为过去。

<孝道>在香港如房屋问题，一天未能彻底地解决，相信始终未能恢复昔日之光辉。香港如果要像新加坡式的家庭团聚，一定要解决房屋问题，才可达到家庭和谐，才可重建≪孝道≫思想。

明代重申"孝悌"与《孝经》之普及

舒大刚 ｜ 四川大学教授、《儒藏》主编

　　朱元璋创立的明朝，一改元代"九儒十丐"、贱视仁义的局面，用儒家思想作为移风易俗的有效武器，热情提倡"孝悌"，大力表彰《孝经》，明代社会出现了"虽至贫，不肯弃《诗》《书》不习；至贱者，能诵《孝经》、《论语》，晓知其大义"的局面，为社会秩序的稳定、道德水准的提升，特别是官僚队伍的廉洁，做出了不懈贡献。但是，出于对专制统治的需要，朱元璋在强调孝道时，更多地关注"移孝为忠"的内容，有"忠先于孝、孝服从忠"的趋势，经其继承者发挥，驯致出现了"愚忠愚孝"的极端后果，使人类报主事父的亲亲情感，变成得臣子单方面地无条件服从君父的强制性行为，最终使孝悌之道坠入落后腐败的深渊。

明代重申"孝悌"与《孝经》之普及

舒大刚 | 四川大学教授、《儒藏》主编

　　朱元璋建立的明朝，是由农民起义成功后建立的正统王朝，朱元璋也是一个由中国农民自己扶植起来和塑造出来的皇帝。应当说，朱元璋在思想感情上还是一直保持着与民同其忧乐情感的，他对具有"民本"思想的儒学也并不反感。为争取更多的反元力量，他一改蒙元时期尚武轻文、"九儒十丐"的局面，从举义伊始即重视收罗儒生和利用儒教。《明史·儒林传序》称："明太祖起布衣，定天下，当干戈抢攘之时，所至征召耆儒，讲论道德，修明治术，兴起教化，焕乎成一代之宏规。虽天亶英姿，而诸儒之功，不为无助也。"如朱升、宋濂、刘基诸人，都早早地被他罗至帐下，为他出谋划策。这些儒生也不辜负知遇之恩，为朱元璋最终夺取天下贡献了智慧和奇谋。

　　至正十六年(1356)七月朱元璋被"诸将拥立"为吴国公；九月"如镇江，谒孔子庙，遣儒士告谕父老，劝农桑"[1]，表现出对儒家圣贤的礼敬和对儒学之士的重用。夺取天下之后，又恢复科举考试，"制科取士，一以经义为先。网罗硕学，嗣世承平，文教特盛。大臣以文学登用者，林立朝右。"[2] 特别是元朝后期纲常失度，孝悌不振，出现"元之臣子，不遵祖训，废坏纲常，有如大德废长立幼，泰定以臣弑君，天历以弟鸩兄。至于弟收兄妻，子烝父妾，上下相习，恬不为怪"[3] 等现象，"至于闺阃之间，每多无别……其于父子、君臣、夫妇、长幼之伦，渎乱甚矣"[4]！朱元璋立国之后，特别注意纲常伦理的重振和建设。于是，儒学在经历了蒙元衰微之后，在明代又得到复苏和发展，儒家"孝悌"之道也走出元朝的低谷期，在明代得到进一步的提倡和强调。

---

1) 《明史》卷一《太祖本纪》。
2) 《明史》卷三八二。
3) 朱元璋《北伐檄文》，谷应泰《明史纪事本末》卷八。
4) 徐乾学《资治通鉴后编》卷一八四。

一、朱元璋对孝悌的提倡

无论是出于农民阶级朴素的亲亲情感，还是出于永保万世一统大明江山的政治需要，朱元璋都毫不犹豫地选择了儒家"孝悌之道"来作为维系社会稳定、促进家族和谐的道德力量。洪武元年(1368)即帝位后，立即"恭诣太庙，追尊四代考妣为皇帝、皇后，立太社、太稷于京师，布告天下"[5]，实现了《孝经》所谓"严父配天"、"立身扬名、以显父母"的"大孝"之极至。

自己光显了父母，也要天下读书人树立此种意识。洪武十七年(1384)二月，李昂奉命将科举考试的法规颁行于天下：凡三年举行大考一次，逢子、午、卯、酉年由省城举行"乡试"，辰、戌、丑、未年朝廷举行"会试"。这年九月，在京城乡试中，许多国子监生中举。朱元璋以为："似这等生员，好生光显他父母！"于是下令礼部发布红榜，到考生的原籍张挂，使他的乡亲里人普遍知道，以彰显其光宗耀祖的效果。从此之后，科举之途始重，而在举人家乡张榜表彰，也就形成制度(《礼部志稿》卷七一)。

朱元璋作为一个布衣起家的皇帝，对贫贱父母养育子女之不易有特别深刻的感受，从而对子女应该报答父母养育之恩的孝悌之道更有自己独特的体悟。一天，他看到在后苑庭中的一棵树上一对老乌哺子将雏的殷勤景象，使他顿生恻仁之心，大起孝悌之思。于是写下一首语浅情深的《思亲歌》：

> 苑中高树枝叶云，上有慈乌乳雏勤。
>
> 雏翎少干呼教飞，腾翔哑哑朝与昏。
>
> 有时力及随飞去，有时不及枝内存。
>
> 呼来呼去羽翎硬，万里长风两翼振。
>
> 父母双飞紧相随，雏知返哺天性真。
>
> 歔欷慈乌恼恻仁，人而不如鸟乎，将何伸？将何伸？
>
> 吾思昔日微庶民，苦哉，憔悴堂上亲有似，不如鸟之至孝精。
>
> 歔欷，歔欷，梦寐心不泯！
>
> ——《明太祖文集》卷一二

你看那庭中树上，一对老乌为哺育小鸟儿，辛勤捕食，朝夕不息；等小鸟羽毛稍干，羽翼稍丰，鸟妈妈、鸟爸爸又帮助小鸟儿练习飞翔，不辞辛苦。而小鸟儿也颇知报恩，捕到食物后，竟然知道反哺于鸟妈、鸟爸。这真是一幅老乌将雏、小鸟反哺的真情图景呵！

---

5) 洪武元年《即位诏》，《明太祖文集》卷一。

乌知慈幼，鸟知返哺，难道人类连鸟兽都不如，竟然不知道孝亲敬长么！他回想起自己那早死的父母，辛苦一辈子，最后竟落得冻饿而死，没有享受到他当皇帝后的一天清福，真是令他梦寐难安，伤悼不已！

也许正是对贫贱父母悲惨遭遇的哀悯和歉疚，朱元璋立国后，对孝悌之道特别强调和提倡。在洪武初年所发的许多诏书中，他常常强调"孝亲忠君"，借以重树"忠孝"的社会风尚和士君子人格。

在朱元璋看来，前代名臣之所以成功、名垂青史，也就在于他们能够以"忠孝"自勉，以做忠臣、做孝子为自己人生的最高境界。他在谕布政使诏中说：

"朕每观前代名臣传记，人各设施，皆以律身保命为务，然后孝于亲而忠于君。"

他于是要求地方官员，首要任务就是宣扬"孝亲忠君之道"："其布政司官当方面，承朕命宣教化、布威德，若肯除奸去伪，岂虑孝亲忠君之道不致哉？"[6]

出于对"忠孝"的强调，朱元璋对以"忠孝"教子的人，十分称赞，并予以重赏。洪武四年(1371)，御史台管局官员宇文桂因事被拘问，发现他的囊中书信多至百封，这些书信不谈政事，不讲孝悌，"悉系浙右儒吏奖誉之言，或是或非，皆欲祸人"。

可难得的是，其中有一封家书却不一般，乃是平凉县尹王轸之父托宇文桂转交给儿子的家书，这封家书与其他"皆欲祸人"的信件不一样，王父在信中谆谆告诫儿子说：

凡事须清心洁己，以廉自守，食贫处俭，儒者之常慎，勿以富贵为念……治民以仁慈为心，报国以忠勤为本，处己当以谦敬，学业更须勉力。暇日即以性理之书及群经留玩，自然所思无邪；更须熟读新律，自然守法不惑云云。[7]

这封教儿子"清心洁己"、"以廉自守"的家书，令朱元璋龙颜大悦，因为他不是教儿子如何去钻营、谋利，而是教他"以仁慈"治民，以"忠勤"报国，"以谦敬"处己，多多浏览"群经"、"熟读新律"，这些都是这位刚刚建国、百废待举的开国皇帝所迫切需要的。于是朱元璋对之大为称赏，立即颁令天下予以褒奖，还赐以银、绢、良药等物，以示鼓励[8]。

虽说朱元璋自少没有读过什么书，但却对《孝经》非常熟悉，不仅耳熟能详，而且还顺口成诵，随文称引。他在《翰林承旨诰》别出心裁地将今之"翰林院官"比附为古之"五经博士"，说"于斯之职，非博通今古，己身己修，己家己齐，善恶之人善恶，口无择言，行无颓迹"不能为[9]，这

---

6) 朱元璋《谕山西布政使华克勤诏》，《明太祖文集》卷二。

7) 叶盛《水东日记》卷一一、周召《双桥随笔》卷二。

8) 朱元璋《赐平凉县尹王轸父谕》，《明太祖文集》卷八。

9) 朱元璋《翰林承旨诰》，《明太祖文集》卷四。

里就化用了《大学》"修身齐家"、《孝经》"口无择言，身无择行"等内容。

又有诏敕说："朕闻古之为士者，志在匡君济民、立身扬名，崇父母、彰祖宗，必欲为世之杰者也。"[10] 也化用了《孝经》"立身行道、扬名后世、以显父母"的文句。

朱元璋还远师《周官》"教治政令"之遗意，作《教民榜文》，颁布天下闾里；还御制《大诰》三编，颁布天下学较，宣扬劝耕睦民、亲亲敬长等道德教条。

他甚至认为，就是像孔子那样的圣贤，也是因为他们能够"出弟入孝，谨以事君"，所以才能"流今皆经而书，历代崇其德而先师焉"[11]。

他悲叹前代"不才者众，忠孝者寡"[12]。劝导士子文人，无论是居家事学，还是出仕为宦，都要以"患不能忠君"、"患不能尽孝"为念，只要常存"忠孝"之念，唯恐不能为不能精，就会成为一个永远没有忧患的人，那才是真正的聪明人："昔智人患此，而豁然无患矣，此其所以智也。"[13]

为加强"忠孝"教育，朱元璋下令将历代孝子、忠臣事迹辑录出来，亲自作序，揭其"父母之亲天性也，加以笃明，是增孝也"的真理[14]；还将奸臣传也辑录出来，编为《相鉴奸臣传》，以为天下后世之警示。

朱元璋判定人好坏的标准，不是他的品德和操守如何高尚，而在于他是否"尽忠尽孝"。他对汉代高隐严光就持批评态度，说"当国家中兴之初"，严光却"栖岩滨水，以为自乐"，而不是象名臣耿弇、邓禹那样："生禀天地之正气，孝于家而尊于师，忠于君而理于务"。在他看来，耿、邓能行"忠""孝"，那才是真正的"济人利物"之"正大之贤"[15]。

对于不忠之人，他自然要严惩不贷，诛及九族；对于不孝之人，他也是痛加责罚，决不宽贷的。曾经有执法官问他，能否答应"捶父凌母"犯人的亲属用"印律成千，诵声琅然"方式为之赎免呢？朱元璋坚决地说："《经》云：'五刑之属三千，而罪莫大于不孝。'虽古圣人，亦恶其恶！"[16]

从以上引述中，我们不难发现，朱元璋重视"孝悌之道"，几乎到了用"孝悌"来衡量一切善恶美丑的程度。

同时我们还会发现，朱元璋讲孝悌时常常是"忠孝"连言，而且"忠"在"孝"先、"孝"由"忠"显。"孝悌之道"已经不再是通过强调父子之亲、骨肉之爱等血缘亲情，进而推及忠君爱民的善良情感，而是甚至主要是以"忠君敬长"为主导的政治隶属关系。

《孝经》提倡"事亲孝故忠可移于君"的"移孝为忠"的顺序，在朱元璋这里已经被颠倒过来——

10) 朱元璋 《谕恋阙臣僚敕》，《明太祖文集》 卷七。
11) 朱元璋 《国子祭酒诰》，《明太祖文集》 卷四。
12) 朱元璋 《谕恋阙臣僚敕》，《明太祖文集》 卷七。
13) 朱元璋 《谕年幼承敕郎曹仪及给事中等省亲》，《明太祖文集》 卷七。
14) 朱元璋 《相鉴贤臣传序》，《明太祖文集》 卷一五。
15) 朱元璋 《严光论》，《明太祖文集》 卷一〇。
16) 朱元璋 《诵经论》，《明太祖文集》 卷一〇。

成为"先忠君乃能孝亲"了。"父子之道天性"、"孝莫大于严父"的原始亲亲伦理，在朱元璋的词典中，实际变成了"君臣之道天性"、"孝莫大于忠君"的政治守则了。

这里我们必须指出的是，由于朱元璋对"忠大于孝"、"下尽心于上"的过分强调，孝悌这种本来具有"上行下效"对等情怀的伦理，在明代却被片面地扭曲，成为单方面的子对于父、臣对于君的奴隶道德，因而一本带有浓厚愚忠愚孝气息的《二十四孝》，在此时便得到广泛的传播，其普及程度甚至超过了《孝经》本身。

二、明代后继君王对孝悌的力行

当然，作为开国之君的大明太祖如此宣扬"忠孝"，自然也会产生一些正面影响，即使是威严幽邃的禁宫和高高在上的皇族，也不能不在孝悌上有所表现。朱元璋的马皇后率先积极响应，亲撰《劝世书》，在《嘉言篇》中多引《孝经》之言，皇太子、汉王、赵王皆再拜恭受，退而焚香启诵，惕然悚敬，咸称"母仪万方，化行四海"[17]。

从此之后，"列圣继承，有隆勿替"[18]。明朝对皇后德行，首先考察的就是孝行，她们死后立谥法，都要冠以一个"孝"字，如太祖高皇后"孝慈"，成祖徐皇后"仁孝"，仁宗张皇后"诚孝"，宣宗孙皇后"孝恭"、英宗钱皇后"孝庄"、周太后"孝肃"，等等。试想，一个儿媳无论她多么漂亮，多么能干，如果她对父母、公婆不能孝顺，对兄弟姊妹不能友爱，那还算个好儿媳么？特别是一个身居皇后、皇妃位子的后妃们，如果她们不能孝亲睦族，那还能够母仪天下、化民成俗么？无怪明朝要一丝不苟地考察后妃们是否仁孝了。

明朝历代皇帝、各位亲王，都要以孝道相勖勉。永乐帝除委人编纂儒家修身要枢、政治典范的《四书五经大全》，以为士子读书的标准外，还命令文学侍从们编纂"《传心要语》一卷、《孝顺事实》十卷、《为善阴骘》十卷"，用以劝孝劝悌、教仁教忠，这些书在明代一朝为后世所遵用。

《明史·选举志一》说载："万历中，定宗室子十岁以上俱入宗学。……令学生诵习《皇明祖训》、《孝顺事实》、《为善阴骘》诸书，而《四书》、《五经》、《通鉴》、《性理》，亦相兼诵读。"

朱鸿说："太祖高皇帝廓清寰宇，首以六事为训。成祖文皇帝继统，刊行《孝顺事实》，颁示天下。列圣相传，益隆孝治。"[19]所谓"六事"，即《周礼》之六行："孝、友、睦、姻、任、恤。"

---

17) 虞淳熙《孝经集灵》，朱鸿《孝经总类》亥集。
18) 沈淮《孝经会通自序》，朱鸿《孝经总类》卷酉集。
19) 朱鸿《孝说》，《孝经总类》巳集。

要求对亲人孝悌，对朋辈友爱，对邻里和睦，对亲戚亲和，遇事有担待，遇弱能仁恤，这是朱元璋首先告诫天下之人应当做到的。他儿子朱棣当皇帝后，又特别将古今贤达之人的孝悌事迹类编起来，以为天下人之榜样。由于这两位为大明定立制度、确立传统的皇帝的提倡，后来继世之君都转相传承，使大明的"孝治"越发突出。

分封在外的藩王们，也多能以忠孝相表率，明代诸王中，有"性孝友恭谨"、"以孝闻"（《明史·诸王列传》"秦愍王樉传"）之称的不乏其人。这些藩王及其后继者，或"以贤孝闻"、"孝友好文学"、"以节孝旌"、"以仁孝闻"（同前"晋恭王㭎传"）；或"以孝行闻于朝"、获"赐祠额曰'崇孝'"、"事其父以孝闻"（同前"周定王橚传"）；或"事母至孝"、"以仁孝著称，武宗表曰'彰孝之坊'"（同前"楚昭王桢传"）。

特别是洪武十一年获封于蜀的献王朱椿，更是诸王中恭行忠孝的模范。蜀献王椿喜好读书、能做学问，"博综典籍，容止都雅"，有"蜀秀才"之称；他就封于蜀之后，聘请当代大儒方孝孺为其师傅，兴办郡学，资助清贫学者，倡行教化，史称"以礼教守西陲"，"蜀人由此安乐日益殷富，川中二百年不被兵革，椿力也"（同前"蜀献王传"）。

蜀献王还"以孝率民"，"摹印《孝经》，颁于境内"。又有人以元邹铉的《寿亲养老新书》来献，蜀献王"览之终卷"，见其中"扶衰防患之具、道志怡神之说，咸备载而无遗"，甚有功于民众增孝继志，于是再度刻行此书[20]，以广其传。

三、明代《孝经》的普及

上有所倡，下必随之。有皇帝号召于上，就必有臣工响应于下，于是"忠孝"在明代得到空前提倡，父之教子，妇之勖夫，皆以"忠孝"为本。嘉靖时议礼名臣杨爵"家书二十五则，谆谆以忠孝勖其子孙，未尝一言及私"[21]。

《孝经》这部言孝教孝的经典，在明代也被推崇到无所不能、无所不验的神圣甚至神秘的地步，被推为"不可思议"的"极灵极变之书"，似乎一提倡《孝经》，就自然会出现祥光瑞景，可以消灾弥难，异端邪说自然而息。

一代名儒陈继儒说：

> 余尝观六朝高人名士，崇信《孝经》，或以殉葬，或以荐灵，病者诵之辄愈，斗者诵之辄解，火者诵之辄止，盖《孝经》之不可思议如是。

20）方孝孺《寿亲养老新书序》，《逊志斋集》卷一二。
21）《四库全书总目》卷一七五 《杨忠介集提要》。

若使家诵户读，童而习之，白首而不已焉，上非此无以举，下非此无以学，孝感所至，能令醴泉出、异草生、犬豕同乳、乌鹊同巢、盗贼弛兵、过而不敢犯孝子乡。则《孝经》一卷，未必非吾儒极灵极变之书。何至浮屠、老子旁行祸福之说于天下？经正则庶民兴，其惟《孝经》乎![22]

明代推崇"四书"，有以《四书》代替《五经》的倾向，但是对《孝经》却并不忽视和放弃。不仅没有放弃，而且还认为《孝经》是《四书》的根本、是《六经》之总会，故于教学最宜摆在优先的地位。

余时英《孝经集义自序》就分析《四书》说：昔者，夫子与群弟子论求"仁"者不一而足，可是《论语》的首篇却归结为"孝弟也者，其为仁之本欤"。《孟子》七篇，所讨论的无非"仁义"，可是孟子在解释什么是仁义本质特征时，却总归于"事亲"(孝)和"从兄"(悌)。《大学》也强调"孝"是"事君"的前提，是"治国平天下"的关键。《中庸》也认为"为政"在于"修身"，最终也归结到"亲亲为大"。于是他总结说："由是而观，则知《四书》固道德之蕴奥，若《孝经》一书，又所以立其本而养正焉者也。"[23] 从而证明《孝经》是《四书》原理的根本，是立身行道首先应当培养的正道所在。

曹端撰《孝经述要自序》，又从"孝悌"与"仁德"关系的角度进行了论证："性有五常，而仁为首；仁兼万善，而孝为先。盖仁者孝所由生，而孝者仁所由行也。是故君子莫大乎尽性，尽性莫大乎为仁，为仁莫大乎行孝。行孝之至，则推无不准，感无不通。……'孝'云者，至德要道之总名也；'经'云者，持世立教之大典也。然则《孝经》者，其《六经》之精义奥旨欤？"(《曹月川集》)

《六经》是讲五常之性(即仁、义、礼、智、信)的，而五常中又以仁德最为首要。仁是各种善德的总合，而孝又是仁的发端。仁是从亲亲这种基础的德行推广开来的("老吾老以及人之老")，孝悌就是行仁的最先途径。君子就是要懂得推广自己的本性，而推广本性就是要体悟到仁德，而行仁最关键的就是孝悌。同理可推，孝悌就是仁义的核心精神，而《孝经》就是《六经》精义和奥旨所在。

既然《孝经》涵摄了《六经》"精义奥旨"，是"立本""养正"之书，那么只要《孝经》推广了、流行了，《六经》之义、《四书》之蕴也就尽在其中了。从前汉儒强调"游文于《六经》之中，留意于'仁义'之际"，朱子强调"为学先须从《四书》始"，现在看来，只要通过熟读《孝经》，这些深奥的大道理就能迎刃而解了。

于是王袆《孝经集说序》云："孝者，天之经，地之义，而百行之原也；自天子达于庶人，尊卑虽有等差，至于为孝，曷有间哉？《五经》、《四子》之言备矣，而教学必以《孝经》为先，则以圣言虽众，而《孝经》者实总会之也。是书大行，其必人曾参而家闵损，有关于世教甚

---

22) 陈继儒 《沈易之孝经旁训序》，《经义考》卷二二七。
23) 余时英 《孝经集义自序》，《经义考》卷二二八。

重，岂曰小补而已！"[24]

当时藏书之家也想仿照南朝人的做法，想将《孝经》列居群书之首。嘉靖九年(1530)崔汲"作小楼于家塾之尾"，请问其父铣应该"贮何书"？ 崔铣对他说，只要藏"数卷"有用之书即可矣，遂作《数卷楼记》："取《孝经》、《四书》、《易》、《书》、《诗》、《春秋》、《仪礼》、《小戴礼》、《周礼》，曰此本言也；取程氏三书《易传》、《程志》、《文略》，曰此干言也；取《左氏传》、温公《通鉴》、《宋元纲目》、《文章正宗》、《选诗》，曰此支言也。"这里就是将《孝经》置于众经之首、群籍之端的地位[25]。陆德明《经典释文》曾说："王俭《七志》，《孝经》为初"，崔氏此说即其翻版。

针对宋人以《孟子》代替《孝经》的做法，祝允明觉得应当予以纠正，提出科举考试应以《孝经》取代《孟子》，与《论语》共同处于必读必考的地位："《五经》之外，《孝经》、《论语》同出孔门，与《五经》者均也。自宋以来，始有《四书》之目，本朝因之，非敢妄议。然愚谓《大学》、《中庸》终是《礼记》之一篇，《孟子》之言，羽翼孔氏，终然是子部儒家之一编耳。古人多有删驳，国初亦尝欲废罢。故愚以为，宜以《学》、《庸》还之礼家，《论语》并引《孝经》同升以为一经，《孟子》只散诸论场为便。"[26]

明人对于民间教化，也是首以《孝经》为教。隆庆中，叶春及《惠安政书》所举《明伦五条》，第一条说："一、孝顺父母，乃高皇帝口授吾民第一义，欲尽斯道，宜如《孝经》。《孝经》曰：'用天之道，因地之利，谨身节用，以养父母，此庶人之孝也。'盖分之能为者如此。嗟夫，父母之德，岂有极哉！"[27]

叶氏在其书《社学篇》中，制定教学之规时，也是以《孝经》为首的："年小者只教一二句而止，或教《孝经》、《三字经》，不许用《千字文》、《千家姓》、《幼学诗》等书。以次读《大学》、《中庸》、《论语》、《孟子》，然后治经。"(同上)

可见，由于"高皇帝"朱元璋的提倡，明代社会无论是正风俗、明人伦，还是幼儿启蒙昧、学诗礼，《孝经》都在首先必读必讲之列。

更有进士王立道著论，欲将《孝经》与《尚书》、《论语》并为"三经"："纪言专乎右史，六经莫古于《尚书》；立教昉于素王，四子独尊夫《论语》。暨《孝经》垂训于千古，由曾参请益于一时。诵其言，莫非洋洋之圣谟；资其理，足成荡荡之王道"云云[28]。以为《尚书》是六经中最古老的，《论语》是四书中最首要的，而《孝经》则是儒者垂训立极最切紧的。只要读此三经，就可以知道圣人的深谋远虑，实现普天同庆的王道政治。

---

24) 王祎 《孝经集说序》，《王文忠集》 卷五。
25) 崔铣 《数卷楼记》，《洹词》 卷六 《休集》。
26) 祝允明 《贡举私议》，《怀星堂集》 卷一一。
27) 叶春及撰 《惠安政书》 《石洞集》 卷七。
28) 王立道 《拟宋范祖禹进三经要语表》，《具茨集》 文集卷八。

在明代，只要《孝经》不丢，勤加研习，也就会有进身出仕的机会。谢应芳于元末避乱于新郑，颠沛流离之中耽误了对儿孙的《九经》教育，但他却凭借自己的记忆，向儿辈教习了《论语》、《孟子》、《孝经》诸书。他有诗记其事曰："阿翁眠食龟头舍，儿子耕耘犊鼻裈。记得《孝经刊误》本，尚能口授教曾孙。"[29]

他于战乱之中，坚持校勘经典、研习儒籍，当时有人不理解，劝他"勿自苦"，他却坚信《孝经》乃"圣教"所在，是"显亲扬父母"的资本，于是又有诗记道："龙钟去年冬，修书辨鱼鲁。吾儿念吾衰，劝我勿自苦。吾尝责吾儿，曾读《孝经》否？ 圣人教斯民，扬名显父母。穷达固有命，劬劳何敢负？ 芟夷兔园册，于道或小补。方诵《蓼莪》篇，安知又初度？ 存顺没吾宁，全归冀朝暮。"[30]

洪武初，正是这种看似浅薄、简单的教育，帮助谢应芳的子孙谋得了功名。当地方官以"通经"推荐其孙谢垲时，垲以未通《六经》欲辞，应芳乃作诗勉之："猗欤古圣贤，遗言存简编。《孝经》及《论语》，《孟子》书七篇。载道继六籍，煌煌日星悬。斯文觉斯民，千有五百年。汝生家避兵，《九经》失青毡。借书二三策，教汝朝暮间。大哉孔孟学，曾如管窥天。还乡愿卒业，奈汝多迍邅。……天朝恩惠宽，茅拔茹或连。立身报君亲，慎勿违至言。"[31] 殊不知谢垲深通《孝经》《论语》，正好迎合了朱元璋强调"忠孝"的圣怀，果然一举而中。

谢应芳高兴之余，又写一诗给孙儿，要他学习赵普尽忠效主，以"半部《论语》治天下"："龙门一跃去年秋，径著青袍赴远游。半部《鲁论》堪辅世，政须忠荩继前修。"[32] 得意之中，他没有忘记将这一经验传授给他的朋友们："西北风高寒露零，牵萝补屋捷柴荆。看云长日乌皮几，夜夜教儿读《孝经》。"[33]

与此一情形相同的，还有东阿儒学训导黄珏。珏"生于元季兵乱之际，稍长而端重喜学，时举家窜匿岩谷中，山长公爱之，取瓦石书《孝经》、《论语》授之，手捧瓦石诵不辍口"[34]。

《孝经》既可以劝善，又可以助人发身入仕，还可自娱，故一些安贫乐道之士，也就以讲授《孝经》为乐，明代著名书画鉴赏家长洲人朱存理即其人也。朱氏自记说：弘治二年(1489)，避暑于"溪南东郭主人"之二松下，"携书一束、琴一张、酒一壶，竹床石鼎"居焉。溪上之人知有博学之人在其松下，于是"有童冠数人来，以予讲《孝经》、《论语》之书"。朱氏为之讲授，自谓"予得以孔子之说导夫人，而吾乐在于斯焉"[35]！

---

29) 谢应芳 《索居无聊，自七月既望至中秋前九日，腹稿得小诗十首，不追琢，不诠次，大率皆眼前事，无远兴也。然胸中芥蒂有消释未尽者，或见于词，可笑》，《龟巢稿》卷一七。

30) 谢应芳 《冬至前一日写怀二首》，《龟巢稿》卷一七。

31) 谢应芳 《洪武乙丑秋，新郑县学以通经荐吾孙垲，移文本县，征赴吏部。垲于六经有望洋之叹，且欲辞而不可得，予以孔孟之书列乎九经，垲尝受业，故临别示此数语勖之》，《龟巢稿》卷一七。

32) 谢应芳 《示孙垲四首》之一，《龟巢稿》卷一七。

33) 谢应芳《赠詹伯远》，《龟巢稿》卷一七。

34) 杨士奇 《东阿县儒学训导黄先生墓表》，《东里文集》卷一五。

至于乡里塾师，亦多以《孝经》为教学之本。葛昕回忆说："余为诸生时，犹及见蒙少必读《小学》，而《孝经》一书，即穷乡塾师，亦知令其徒童而习之。"[36]

朱鸿也说："或疑《孝经》乃童蒙习读之书，世有以浅近忽之者。殊不知童蒙虽未晓道理，然良知良能固自在也。开蒙而先授以《孝经》，则四德之本、百行之原，教从此生、道从此达，由是而为贤为圣，胥此焉出矣。若舍《孝经》而遽读他书，何能进步？此《孝经》所以为彻上彻下之书，所当先务者也。"[37]

由于科举以《四书集注》发题，故士子非《四书》不读；而制行又以《孝经》为准，故儒者亦舍《孝经》而无观。泰州王艮"七岁受书乡塾，贫不能竟学，父灶丁冬晨犯寒役于官，艮哭曰：'为人子，令父至此，得为人乎？'出代父役，入定省惟谨"，这无疑是一个知道孝顺的青年。可是"艮读书止《孝经》、《论语》、《大学》，信口谈说"[38]。后因师从王守仁，乃稍稍改变这一习气。王艮、王畿是王守仁两大弟子，王艮早年学习尚且局限到"止读《孝经》《论语》《大学》"三书的地步，其他寻常儒士之唯《孝经》、《四书》是守，亦可知矣！

上层士大夫推重圣化《孝经》，下层民众就进一步迷信神化《孝经》，就像当时普遍盛行的佛、道二教诵经、念佛一样，一些人也将《孝经》作为祈福禳祸乃至超度亲人亡灵的经典。

永乐初，高凉梁惟正新婚初别，留在家中的夫人就夜夜为之念诵《孝经》为之祝祷，王恭有诗记其事说："清门女大初嫁夫，射中金屏与梦符。勉郎也似乐羊妇，怀节偏同曹大家。郎骑骢马西台客，妾向空闺侍姑侧。朝吟刘向《列女》篇，夜诵曾参《孝经》策。愿为王雎不顾情，愿夫天路受恩荣。铜鱼山崩海水竭，世上应磨贤妇名。"[39]

洪武时期，候官处士林德"自恨旷学"，临死之际，"切切嘱其诸子"，不要和尚、道士念经，而要诸子"日诵《孝经》、《论语》于灵座侧"[40]，以便自己的亡灵能够安然升入天国。

与宋代一样，明代无论是皇室、亲王，还是民间草野；无论是大人君子，还是女子妇人，只要稍有条件，莫不以《孝经》、《论语》为发蒙的幼学教材。明清时期的许多著名人物，都是幼习《孝经》，少年立志，遂致有所成立。

如王冕之"六岁通《论语》、《孝经》大义"[41]；金幼牧弟幼孚"方髫乱时"其父"教以《孝经》《论语》，不数过辄能背诵"[42]；向宝"五岁能诵《孝经》，七岁通《四书章句》"[43]；宋礼"自幼

---

35) 朱存理《傯松轩记》，《楼居杂著》。
36) 葛昕《刻孝经引》，《集玉山房稿》卷六。
37) 朱鸿《孝经质疑》，《孝经总类》已集。
38) 《明史》卷二三《儒林二》。
39) 王恭《高凉梁惟正贤妇歌》，《白云樵唱集》卷二。
40) 梁潜《林处士墓表》，《泊庵集》卷一〇。
41) 吕升《故山樵王先生行状》，《竹斋集》卷末。
42) 金幼牧《亡弟幼孚征士墓志铭》，《金文靖集》卷九。
43) 金幼牧《向公神道碑铭》，《金文靖集》卷九。

聪敏，母曾氏教以《孝经》、《小学》"[44]；国子祭酒李懋"七岁，《孝经》《小学》《四书》皆已成诵"[45]；蔡毅中"五岁通《孝经》，父问读书何为，对曰：欲为圣贤耳。"[46]

都御史陈智"自幼岐嶷异常儿……尝读《孝经》，至'立身行道，扬名于后世，以显父母'，师为释其义，即拱手曰：'智敢不勉。'"[47]

朱用纯"晨起谒家祠退，即庄诵《孝经》数遍，手书其文教学者。置义田，修墓祭，赡宗族，友爱诸弟，白首无间"[48]，等等，不胜枚举。

用儒家经典来教育小儿，用传统孝道来激励士气，许多地方、许多家族已经相沿成俗，形成一时风气，虽高阳酒徒、闺门弱女也不例外，这大大地改善了地方风俗和社会治安。

泰和人张源春，性"酷嗜酒，然甚爱其女"，稍一停杯息盏，"辄呼其女而教之，《孝经》《论语》，皆其口授也"[49]。

明初"三杨"之一的杨士奇也是泰和人，他在《石冈书院记》记载故乡风俗说："吾尝窃谓吾郡之俗，所为可重非他郡所及者，其民务义修礼，尚气节，虽至贫，不肯弃《诗》《书》不习；至贱者，能诵《孝经》、《论语》，晓知其大义。凡城郭闾巷、山溪林谷之中，无不有学。富贵者遇逢掖士(儒生—引者)，必敬礼之，不敢慢易；而尤重世族，苟其世贱，后虽贵盛，人固不愿与齿，而彼亦不敢以其贵盛加人——吾乡之俗如此。"[50]

"虽至贫，不肯弃《诗》《书》不习；至贱者，能诵《孝经》、《论语》而晓其大义"——这是多么珍贵的乐学尊教的传统呵！有了《诗》《书》之仁义、《孝》《论》之德行，何愁而不治？用于家则家理，移于乡则乡安，治于国则天下太平。

《孝经》曰："移风易俗，莫善于乐；安上治民，莫善于礼。"又说："教民亲爱，莫善于孝；教民礼顺，莫善于悌。"泰和一方之善风美俗之形成，不能不说与崇儒贵孝有莫大关系。

经开国之君朱元璋的大力提倡、明代后继之君的身体力行，儒家的"孝悌"之道在明代又得到大力复苏和推广，《孝经》也在明代得到更大范围的普及。但是，也是由于朱元璋对"孝悌"之道的片面理解和强调，使孝悌这一亲亲情感，向忠君报主方面严重倾斜，导致了明清以来愚忠愚孝思潮的产生和盛行。明代，无疑是孝悌文化在经历了元代破坏后的复苏时期，但也可视为儒家孝悌观念被专制君主利用和误导，因而产生消极影响的重要转折点。

44) 梁潜 《宋伯循墓表》，《泊庵集》 卷一〇、杨士奇 《宋东斋墓志铭》《东里集》 续集卷三五。
45) 彭琉 《安成李懋时勉行状》，《古廉文集》 卷一二。
46) 《明史》 卷二一六 《蔡毅中传》。
47) 王直 《都御史陈公墓表》，《抑庵文集》 后集卷二六。
48) 黄嗣东 《道学渊源录》 卷八三。
49) 梁潜 《萧母张氏孺人墓志铭》，《泊庵集》 卷一一。
50) 杨士奇 《石冈书院记》，《东里文集》 卷二。

"孝"与中国人的安身立命之道

李翔海 ｜ 南开大学中国文化发展研究中心教授

　　"孝"是一个在中国传统文化中具有重要地位、在中国现代思想史上也一直受到持续关注并颇富争议性的问题。同五四新文化运动以来人们一度主要是以批判性的眼光来看待"孝"形成鲜明对比，在今天，学术界已经对"孝"的积极意义给予了较多的关注。但是，相关研究由于主要是把"孝"仅仅看作是一种社会伦常意义上的道德规范，因而对其深层内涵特别是所牵涉问题的复杂性尚缺乏充分的把握。本文尝试从中国人的安身立命之道或曰终极关怀的视角对"孝"的问题展开讨论，以期从一个侧面进一步深化对"孝"的认识。

　　在传统中国社会之中，"孝"可谓极受尊崇。它不仅被称为"百善之首"，而且曾经不止一个王朝明确号令"以孝治天下"，在一定意义上可以说是成为了"国策"。然而，在五四新文化运动时期，陈独秀、鲁迅、胡适特别是吴虞等人立足于传统社会中"家"与"国"之间的紧密关联，从"家庭"与"社会"这两大层面对儒家所推重的"孝"提出了颇为尖锐的批评。但这样的认识是有局限的。在中国文化中，"孝"不仅具有社会性的道德伦常规范的意义，而且还有着更为深刻的文化内涵。"孝"的根本精神是"报本反始"，即一种受恩思报、得功思源的感恩戴德之情。它包括了三个具体的向度，即为个体生命之本的祖先尽孝、为社会生命之本的圣贤尽孝与为类性生命之本的天地尽孝。

　　践行孝道的上述三个面相，正与儒家的安身立命之道的三条路径相吻合。儒家的安身立命之道具体展开为以下三个向度。第一，通过道德人文精神的向上贯通而达到"与天合德"的理想境界。第二，通过个体生命与群体生命的关联，以使自我融入社会的方式来使自我生命获得恒久的价值与意义。第三，通过自我生命精神与先祖以及子孙之生命精神的契接，而体认一己生命之永恒的意义。在传统中国社会中，如果说上述两个方面还主要是与作为社会精英的"士"阶层有更直接的关系，第三个方面则是关联于包括普通的"愚夫愚妇"在内的所有中国人的。

　　儒家式的安身立命之道至少包括了以下两个方面的基本特质：第一是以生命典范贯通天地万物的世界图式。第二是将仁道精神看作是天地万物之根本属性的德性论。儒家正是在一个生机主义的万物一体的世界图式中，通过德性生命精神在人与天地、人与社会以及人之先祖和后昆之间的贯通契接来寻求人生的终极价值与意义。而孝德也同样体现了这样的精神。它不仅把天地万物也看作是拟人的、有生命的存在，而且也同样落脚于德性生命精神的贯通与契接。因此，"孝"在归根结底的意义上正体现了儒家安身立命之道的基本精神特质，构成了传统中国人安身立命的一种重要方式，适足以吾性自足的形态与基督教皈依于外在上帝的终极关怀形成鲜明的对比。因此，仅仅通过揭露"孝"作为社会性的道德伦常规范的弊病并不足以彻底否定"孝"。面对多元文化的冲击，如何在现代中国社会中在"安身立命"的层面发挥"孝"的积极作用，是应当进一步予以探讨的一个重要问题。

"孝"与中国人的安身立命之道

李翔海 | 南开大学中国文化发展研究中心教授

　　"孝"是一个在中国传统文化中具有重要地位、在中国现代思想史上也一直受到持续关注并颇富争议性的问题。同五四新文化运动以来人们一度主要是以批判性的眼光来看待"孝"形成鲜明对比，在今天，学术界已经对"孝"的积极意义给予了较多的关注。但是，相关研究由于主要是把"孝"仅仅看作是一种社会伦常意义上的道德规范，因而对其深层内涵特别是所牵涉问题的复杂性尚缺乏充分的把握。本文尝试从中国人的安身立命之道或曰终极关怀的视角对"孝"的问题展开讨论，以期从一个侧面进一步深化对"孝"的认识。不当之处，敬请批评指正。

一、

　　如所周知，在传统中国社会之中，"孝"可谓极受尊崇。它不仅被称为"百善之首"，而且曾经不止一个王朝明确号令"以孝治天下"，在一定意义上可以说是成为了"国策"。期间虽然也偶尔有个别人发出过"非孝"的声音，如东汉王充就曾经有"夫妇不故生子，以知天地不故生人"(王充：≪论衡·物势篇≫)的说法，孔子第二十代孙孔融进一步发挥此说，提出了"父母于子无恩"论，认为"父之于子，当有何亲？论其本意，实为情欲发耳！子之于母，亦复奚为？譬如寄物瓶中，出则离矣！"(≪后汉书·孔融传≫)，但由于儒家思想长期以来作为中国传统社会占主导地位的意识形态已经堪称根深蒂固，因而这样一些"闲言碎语"并不足以动摇"孝"的地位。然而，在五四新文化运动时期，在中国文化传统遭到激烈批判的同时，作为中国文化传统的核心内容之一，"孝"也受到了猛烈的抨击。新文化运动的一些领袖人物如陈独秀、鲁迅、胡适等都曾先后著文，对"孝"提出了批判。这其中对"孝"的抨击最为集中、亦产生了最为广泛的社会影响的当属被胡适誉为"四川省'只手打孔家店'的老英雄"的吴虞。他先后发表了≪家族主义为专制主义之根据论≫、≪说孝≫等文章，明确指出，以孔子为代表的儒家"他们教孝，所以教忠，也就是教一般人恭恭顺顺的听他们一干在上的人愚弄，不要犯上作乱，把中国弄成一个'制造顺民的大工厂'。孝字的大作用，便是如此！"[1]不仅如此，由于"孝之范围，无所不包，家族制度与专制政治，遂胶固而不可以分析。而君主专制所以利用家族制度之故，则又以有子之言为最切实。有子曰：孝弟也者，为人之本。其为人也孝弟，而好犯上者鲜；不好犯上而好作乱者，未之有也。其于消弥犯上作乱之方法，惟恃孝弟以收其成功"。由此，"儒家以孝弟二字为二千年来专制政治与家族制度联结之根干，而不可动摇。"他由此得出结论说，"是则儒家之主张，徒令宗法社会牵掣军国社会，使不克完全发达，其流毒诚不减于洪水猛兽矣。"[2]吴虞的相关论断，显然是立足于传统社会中"家"与"国"之间的紧密关联，从"家庭"与"社会"这两大层面对儒家所推重的"孝"提出了颇为尖锐的批评。同样，在今天，不少论者也是集中在"家庭"与"社会"两个层面来对"孝"在现代社会中所可能具有的积极意义作了申说，认为如果"孝"的积极作用得到良好的发挥，在今天不仅可以起到和睦家庭的作用，而且在一定程度上还可以促进社会的和谐、推进社会的发展。

从这样的层面来看待"孝"的问题无疑是有道理的。许慎在≪说文解字≫中依据小篆的字形结构，将"孝"解释为"善事父母者"，认为它是"从'老'省，从'子'，子承老也"。在今天看来，这一说法是有更为悠久的历史渊源的。根据目前学界的研究，在金文中，"孝"字上半部很像一个头发稀疏、弯腰驼背的老人，年少之人以头承老人手行走或年少之人搀扶老人行走，就构成了"孝"字。这显然与≪说文解字≫所谓"子承老"、"善事父母"之义是相吻合的。因此，"孝"字特别是它所立足的"孝行"肯定是与"善事父母"直接相关联的。而由于在传统中国社会中，"家国一体"构成了其基本结构，与君、国相关联的"忠"德被看作是"孝德"的自然延伸，"求忠臣必于孝子之门"，因而，"孝"也就成为不仅作用于家庭与家族、同时也作用于国家的伦理规范。

但是，我们却并不能由此就将"孝"的意涵仅仅框限于"善事父母"。尽管时至今日，关于"孝"究竟起源于何时的问题学界尚存在着见仁见智的争论，但有一点则是确定无疑的："善事父母"不仅不是"孝"仅有的意涵，而且在早期，甚至就不是"孝"的主要意涵。从其起源来看，"孝"与在中国文化中源远流长的祖先崇拜有着直接的关系，对"鬼神"即已经去世的先祖的祭祀构成了其中的主体内容。对此，我们不仅在现存的西周时期的一些青铜器铭文中可以清楚地看到[3]，而且在≪论语≫所记载的孔子对于大禹"菲饮食而致孝乎鬼神"(≪论语·泰伯≫)的赞辞中亦可窥见端倪。这就说明，"孝"的意涵明显地要大于"善事父母"。那么，为什么对祖先的祭祀与"善事父母"这两种在具体内容上并不完全相同的行为又都可以被归结在"孝"的德目之下呢？这乃是因为它们在归根结底的意义上都体现了作为"孝之为孝"之根本特质的"报本反始"的精神。

---

1) 吴虞：≪说孝≫，载赵清等编：≪吴虞集≫，四川人民出版社 1985年版，第173页。
2) 吴虞：≪家族制度为专制主义之根据论≫，载赵清等编：≪吴虞集≫，第63~64页。
3) 参见张继军：≪先秦道德发生论≫，博士论文打印稿，第133页，黑龙江大学，2006年。

二、

正如人们已经注意到的，在中国文化传统中，"报本反始"是一个深具儒家特色的观念。它所表达的是一种受恩思报、得功思源的感恩戴德之情。《礼记·郊特牲》："唯社，丘乘共粢盛，所以报本反始也。"这句话中至少包含了以下两层意思：第一，在中华先民的观念中，谷物是土地所赐与的，谷物的生长与丰收，体现了土地对于人类的恩德；第二，与此相关联，在祭祀土地的时候，人们之所以把谷物盛在祭器内以让都城周边的井田"共享"，正是要将谷物得以生长的功德归之于土地并示报答其恩惠之意。同样，在先民的观念中，子女的生命也是父母所给予的，亦体现了父母的恩德，因而同样应当以"报本反始"的态度去对待父母，由此，"善事父母"就成为"孝"德的题中应有之义了。而由于父母的生命又是源自于先祖的，因而，"慎终追远"（《论语·学而》）的结果自然是要将祭祀先祖包括在"孝"的要求之中了。正如孔颖达在《五经正义》中所指出的，"凡祭祀之礼，本为感践霜露思亲，而宜设祭以存亲耳，非为就亲祈福报也"（孔颖达：《礼记正义·礼器》）。由此，祭祀祖先与善事父母虽然在行为的具体内容上并不完全相同，但是，由于它们都秉承了同样的"报本反始"的精神，因而就都可以看作是体现了孝德的孝行了。

在一定程度上，祭祀祖先、善事父母，并进而"慎终追远"乃至"继志述事"，堪称是在个体生命本位的意义上较为彻底地体现了自我生命的根源意识，因而它们构成了作为道德伦常规范的"孝"的主体内容。但这些却并非"孝"的全部内涵。人是物质与精神的综合体，人的生命也包括了肉体生命与精神生命两个方面。而人之精神生命的成长又是与在社会氛围之中接受作为人类精神之外化成就的文化的熏陶与濡染密不可分的。在这个意义上，人的生命存在又可以看作是文化性的存在、社会性的存在。因此，"报本反始"之"本"与"始"如果仅仅停留在个体生命之"祖"上，对于人的整体生命存在言，就是于义有缺的。只有涵括了"社会"或"文化"的层面，才能更充分地体现出人之精神生命的本质。不仅如此，作为有着强烈的超越祈向的存在者，人不仅会追问"我"是从哪里来的，而且同样会追问"我们"是从哪里来的。这就走向了对作为一个类而存在的人的"类性生命"之所从出的终极根源即类性生命之本的探寻。不同于西方基督教传统认为人是由上帝创造的，中国文化传统则把天地视为人的类性生命之本。早在《诗经》中就已经有了"天生烝民，有物有则"（《诗·大雅·烝民》）的观念。《礼记·哀公问》也指出，"天地不合，万物不生；大婚，万世之嗣也。"《易传》更是明确指出："有天地然后有万物，有万物然后有男女，有男女然后有夫妇，有夫妇然后有父子，有父子然后有君臣，有君臣然后有上下，有上下然后礼义有所错"（《序卦传》）。这显然是把天地看作是包括人类在内的万事万物之所以得以产生并得到养育的终极根据。

"孝"正是在感恩报德之中将生命的终极"本"、"始"指向了天地。在谈到郊祭即对于天地的祭祀时，《礼记》指出："万物本乎天，人本乎祖，此所以配上帝也。郊之祭也，大报本反始也。"（《礼记·郊特牲≫)这就是说，正是由于天地为万物之所以存在的根源，祖先则是个人生命之所以存在的根源，所以祭天地时以祖先配享。而对于天地的祭祀，正体现了对报本反始的尊崇。正像人们应当对自我生命之所从出的祖先尽孝一样，对于作为包括人类之生命在内的万事万物之终极根源的天地，也理当抱持崇德报恩的感激之情，从而也为天地"尽孝"。

由此，建立在报本反始基础上的"孝"就事实上指向了三个具体的向度：作为个体生命之本的祖先、作为社会生命或文化生命之本的圣贤与作为类性生命之本的天地。正是对三者尽孝的统一而非其中的某一方面，构成了中国文化传统中"孝"的完整内容，从而全面地影响了传统中国人的说明存在形态。正如≪大戴礼记≫在谈到与"孝"具有紧密之内在联系的"礼"时所指出的："礼有三本：天地者，性之本(引者按：即生之本)也；先祖者，类之本也；君师者[4]，治之本也。无天地焉生？无先祖焉出？无君师焉治？三者偏亡，无安之人。故礼，上事天，下事地，宗事先祖，而隆君师，是礼之三本也。"(≪大戴礼记·礼三本≫)这里不仅指出了天地、先祖与君师(圣贤)是礼之"三本"，而且强调，"三本"如果缺少了某一方面，就不足以安顿民人。因此，只有抱持"报本反始"的情怀，既尽到善事父母、祭祀先祖、继志述事等家族义务，又行仁践义而履行好自我的社会责任，并通过"赞天地之化育"的方式而达致"与天地参"之境，才堪称是完整而无"偏亡"的"孝德"与"孝行"。

三、

颇有意味的是，人们践行孝道的上述三个面相，正与儒家的安身立命之道或曰终极关怀的三条路径相吻合。这里所谓"终极关怀"，即对于人之所以为人、人生之终极价值与意义等人生之根本问题的关切。如所周知，这些问题又总是与人的生死问题关连在一起。死乃人生之大限，就人作为一个孤立的生命体而言，死不仅意味着生命的消失，同时也划定了人生之价值与意义的极限。但是，人的超越本性决定了他必定不会甘心于让生命的意义完全为自我有限的生命存在所框限。因此，当人对自己的生命有了明确的自我意识、对"我"与"非我"有了明确的区分之后，他不可能不进而深切关注"死"的问题，并由此而触发对于人生意义的进一步思考，以图透过有限的生命存在追寻到无限的生命意义。在相当程度上，这是人作为一个有着自觉的超越追求的类存在区别于其他动物的一个重要特质，也是人类社会总是有宗教存在的一个重要原因。由于超越死亡以获得恒久的生命意义乃是人作为一个生命存在体最为内在的生命祈向，因而作为人之"终极关怀"的宗

---

4) 这里的"君师"显然可以看作是人的社会生命或文化生命这一向度的代表。对此，本文以"圣贤"替代之。这主要是基于两方面的考虑：其一，按照儒家的观念，惟圣者才能为王，故"君"本即应是"圣"，而"师"则肯定是贤者，因而君师本来即是圣贤；其二，世移时易，在今天再称"君师"已不合时宜，而改称"圣贤"则恰能如其实。

教，就不能不将追求永生或不朽的问题作为自己理论系统的核心问题。在这方面，东方的佛教与西方的基督教可以说是代表了对这一问题的两种基本的回答。

对于佛教而言，它强调人的灵魂是永恒不灭的，因而同一个灵魂可以不断地驻足而又离开不同的肉体，以在不停的轮回转世中不断修炼，最后终于得以证成正果，涅槃成佛，求得永生。基督教则告诫，只有通过上帝的救赎，带着"原罪"来到俗世的人们才有可能得到拯救。当俗世的末日最终来临的时候，不论是已死的人的灵魂还是活着的人，都莫不要接受上帝最后的审判，并由上帝决定是进入永恒的天堂(千年王国)，还是打入永恒的地狱。虽然基督教与佛教一样，可以说都有灵魂不灭的思想，但两者仍然存在着某种程度的差别：比较而言，佛教对生命个体的自我修炼更为注重，而基督教则更为充分地强调了上帝对于人是否能够得到拯救的决定性作用。

儒家的安身立命之道或曰终极关怀则走上了一条与上述两个路向均不相同的道路。由于在儒家思想中并不存在所谓现实世界与超越世界的两分，因而它也没有采取从一个即起即灭的世界进入另一个永恒之世的方式，来解决人之永恒或不朽的问题。儒家并不关心所谓"灵魂是否不灭或不朽"的问题。由于它把人的本质界定为一种与道德精神相关联的属性，因而它所谓不朽实际上指的是一种道德人文精神的长存不灭。同其他文明形态一样，在原初的中国文化中也曾经有过原始宗教占主导地位的时期，延至殷商也依然是一切以听从天命为中心的。但在经过了"小邦周"取代自以为"天命永驻"的"大邑商"的历史巨变之后，以突显人之自觉性与自主性为基本价值取向的文化变革的进程亦随之开启。以殷周之际的"宗教人文化"[5]为源头，通过春秋战国时代"超越的突破"[6]为之奠定基本的精神方向，经过两汉、魏晋、隋唐的长期发展，到宋明时期终于集其大成，在以生命意义的安顿为中心主题的中国文化传统中，逐渐形成了一套立足于吾人之自我，在人性自足而不需要上帝眷顾的前提下，充分凸显人之终极价值与意义的价值系统。因此，在春秋战国之后的中国文化传统中，不仅没有出现类似于西方的以人格神信仰为基本特征的宗教系统，而且随着立足于人性自足的终极关怀价值系统的确立，人格神意义的"上帝"在中国文化的精神理念层面不得不最终退隐。这其中的一个关键之点正在于：在中国文化中，人之至高无上的珍贵性与吾性自足的完满性早在其轴心时代——春秋战国时期就已确立。由儒家和道家共同完成的中国文化之"超越的突破"，其基本的精神指向就是要实现对传统天命观的革命，以充分凸显人自身的价值与意义。因此，作为中国文化传统的两大主干，儒家与道家对人性的具体认识虽有不同，但在强调人具有自我作主的完满性、强调人可以不归依于"上帝"而是依凭自我以获得生命之终极意义这一理论关节点上，他们却保持了明显的一致性。不同于西方文化中人神二分对立的世界模式，在中国文化中，超越世界与现实世界是融而为一的。人通过向内在的人格世界的不断开拓，就可以不断提高自己的生命境界、升华自我的生命精神，最终实现上达天宇、横括万物的一体贯

---

5) 参见徐复观在《中国人性论史》(先秦篇)一书中的有关论述，台北商务印书馆1984年版。
6) 参见陈来在《古代宗教与伦理－儒家思想的根源》一书中的有关论述，北京三联书店1996年版。

528 | 제4부_孝道思想在現代社會的實踐方向和和諧問題

通，使一己之生命由有限而融入无限、由短暂达于永恒，以在"天地与我并生，而万物与我为一"和"赞天地之化育"、"与天地参"的生命情怀中，充分地感受到自我生命之永恒的价值与意义。在这个意义上，相对于把人生终极价值与意义最终托付给上帝的基督教而言，儒家终极关怀的一个最基本的特色，恰恰就在于充分肯定人在归根结底的意义上能够"自我做主"，通过不断的道德修养与内在人格世界的开拓，立足于现实世界就能获得安身立命的依归。正因为此，在明朝中后期，西方传教士开始进入中国之后，真可谓惊诧莫名：在世界上竟然会有这么大一群人，他们不信仰超越的上帝，却能够在凡俗的现实世界中找到自己生命的价值与意义。

四、

概括而言，儒家的安身立命之道或曰终极关怀又具体展开为以下三个向度。

第一，通过道德人文精神的向上贯通而达到"与天合德"的理想境界。正如前文已经指出的，不同于基督教认为人是上帝造的，儒家则把并不具有自觉意识的"天地"看作是人类生命所从出的最终根源。由此，人与天地之间体现了一种在归根结底的意义上一体化的内在关联。作为儒家重要经典之一的《周易》从两方面突显了天地万物对人的内在性。其一，天地万物构成了人之所以为人的存在前提。前引《序卦》所谓"有天地然后有万物，有万物然后有男女"的说法显然是把天地万物的存在看作是人、人类社会存在的前提。《说卦》指出："昔者，圣人之作易也，将以顺性命之理。是以立天之道曰阴与阳，立地之道曰柔与刚，立人之道曰仁与义。兼三材而两之，故易六画而成卦。分阴分阳，迭用柔刚，故易六位而成章。"这也清楚地说明，天地人及其运行律则是融为一体的，人在存在形态上是不外于天地宇宙。其二，天地宇宙亦是人的价值之源，人之所以为人所应具的德性是"法天效地"的结果。《乾·象传》"乾道变化，各正性命"的论断，直接揭示了作为天之表征的乾道与万物之本性的关系：正是天道的变化为万物本性的贞定确立了根据。这也就为人在德性上效法天地提供了可能。由此，《易传》进而明确将"裁成天地之道，辅相天地之宜"（《泰·象辞》）指认为是人的责任与义务。这样，《周易》事实上是将天地之德看作人之德性的形上根据。这从《系辞》"生生之谓易"与"天地之大德曰生"的论断中即可清楚地见出："生"不仅是天地之基本的存在形态，而且更是天地之最高德性，正是天地宇宙所昭示的"大德"为人类提供了价值的源头。这样，在儒家看来，人之所以不同于一般动物的根本之所在是人具有德性生命精神，而天地作为人类生命之本，也正以其"生生"（即不断创发新的生机与活力）之"大德"，体现最高程度的德性生命精神。人生的基本使命就在于在与他人、与社会乃至天地宇宙的互动关系中，既成就一个具有内在仁德的自我，亦通过"赞天地之化育"而成就一个为大化流行的德性精神所充满的世界。人的生命本身虽然是有限的，但在追寻生命意义的过程中，只要能够使自我的德性生命精神与生生不息的天地精神相贯通，就可以超越有限而融入无限，从而获得安身立命的依归。

第二，通过个体生命与群体生命的关联，以使自我融入社会的方式来使自我生命获得恒久的价值与意义。作为一个以人之生命意义的安顿为主题的思想系统，中国文化对于生命的安顿涵括了"个体生命"与"群体生命"两种形态。由于个体生命总是无法突破生命的自然限制，无法超越具体的时间与空间而获得恒久的存在，而由一代又一代人所组成的以群体生命的形态存在的"社会"却是在生命的不断绵延中体现出了永恒相续性，因而将有限的"小我"的个体生命融入到具有无限绵延之可能性的"大我"的群体生命之中，就构成了中国文化传统中解决人之终极关怀、安顿人之生命意义的一种重要的方式。在这一过程中，当自我生命所成就的德业已经足以使自我融入历史、足以使自我的生命精神与民族的生命精神之流相贯通时，就可以使个体生命在与群体生命的"慧命相承"的关联中跨越短暂而契入永恒，从而获得安身立命的依归。正是有见于此，中国文化传统突显了"立德、立功、立言"对于人之生命存在的重要意义，将这三件事看作是人生之"三不朽"（参见《左传·襄公二十四年》）亦即使短暂的生命获得永恒的意义的三种方式。而由于中国文化传统是以儒家思想作为主流意识形态的，因而，在"三不朽"中，中国文化事实上更为注重的是"立德"即以自己的躬行践履为他人和社会树立道德的榜样和"立言"即为他人和社会留下足以"载道"之言。至于建立事功，则在归根结底的意义上被视为道德实践的自然结果，而非某种独立的追求。当然，无论如何，三者同时构成了将有限的"小我"的个体生命融入到具有无限绵延之可能性的"大我"的群体生命之中，以解决人之终极关怀的一种具体的方式。

第三，通过自我生命精神与先祖以及子孙之生命精神的契接，而体认一己生命之永恒的意义。在传统中国社会中，如果说上述两个方面还主要是与作为社会精英的"士"阶层有更直接的关系，第三个方面则是关联于包括普通的"愚夫愚妇"在内的所有中国人的。不同于基督教，儒家不追求通过上帝的拯救来求得个人生命的永生。它把生命的本质看作是一种生生之德的绵延与体现，不仅将自我生命看做是对祖先生命的延续，而且子孙后代的生命也是一己生命之延续。一方面是做长辈的要以自己的德性生命为晚辈树立足以师法的榜样，另一方面则是做子女的要继承先辈的志业并将之发扬光大。由此，在祖先与子孙后代之间就构成了一个不断延续、不断发展的生命链条，生命在时间中的绵延同时也就成为一个长辈与晚辈之间的德慧生命流动不已的过程。这样，正是在自我生命精神与先祖以及子孙之生命精神不断契接的过程中，个人就可以真切地感受到一己生命的源远流长与流衍无穷，从而体认"吾性自足"的生命价值。在这个意义上，我们可以说，17世纪末、18世纪初罗马教廷与清廷之间愈演愈烈的"礼仪之争"，所争其实并不仅在礼仪，而实质上是两种终极关怀价值系统的碰撞。对于儒家传统下的中国民众而言，祭拜祖先不仅是习俗而且包含了由此而安顿自我生命意义的文化内涵。而对于西方传统的基督徒而言，祭拜只能留给上帝，而且任何形式的偶像崇拜都是对上帝的不敬。因此，分别承载了各自"终极关怀"的中国文化传统中的"祖宗崇拜"与西方文化传统中的归宗于上帝之间的冲突可以说是在所难免的。

五、

进而言之，儒家终极关怀的三条路径之所以与人们践行孝道的三个面相是相吻合的，乃在于两者的根本精神是贯通一致的。从上面的论述中不难看出，儒家式的终极关怀至少包括了以下两个方面的基本特质。

第一是以生命典范贯通天地万物的世界图式。正如不少论者已指出的，中国文化看待天地宇宙以及万物的基本范式就是"生命典范"的，即自觉地把天地宇宙以及万物均看作是类人的存在、有生命的存在。这在《周易》中即已奠定了基本精神方向。《周易》借助于卦爻符号，建构了一个纵贯天、地、人，横阔时、空与变化而又一体相连的整体宇宙系统。贯通这个系统的基本范式正是生命典范。《周易》不仅肯定了天地宇宙、万事万物是处于永恒变化、运动过程中的，而且鲜明地将"易"解释为生命的流行。《系辞》"生生之谓易"的界定就明确地说明，变易的本质特征正是生命的大化流行。正是借助于生命典范，《周易》建构起了一个涵容天地人"三材"、足以"曲成万物"、"范围天地"而又以"道"一以贯之的机体网络系统。《系辞》明确指出："夫易，广矣大矣！以言乎远，则不御；以言乎迩，则静而正；以言乎天地之间，则备矣。夫乾，其静也专，其动也直，是以大生焉。夫坤，其静也翕，其动也辟，是以广生焉。广大配天地，变通配四时，阴阳之义配日月，易简之善配至德。"

沿着《周易》哲学所开辟的基本精神方向，以儒家和道家为主体的中国哲学进一步丰富和发展了这一以生命典范贯通天地万物的世界图式，形成了"生机主义的万物一体论"。在这一世界图式中，人、人类社会与自然界既各自构成了相对独立的系统，又共同构成了一个紧密相连的整体。它们之中莫不包含了某种内在的生命力量亦即"道"或"天道"。"道"或"天道"构成了万物的存在根源，同时也是贯通万物的内在本性。以生命体存在的万物统领于"道"或"天道"，共同构成了充满生机的大化流行。由于大宇长宙的大化流行、生生不已被看作是一个自然而然、没有主宰亦不需主宰的永恒过程，因而这个世界图式中就不可能给西方式的具有位格的上帝留下存身之地，在成熟形态的中国哲学中就不可能保有人格神的地位。由此，被看作生命之终极根源的"天"或"道"得以取代西方文化中上帝的位置，成为终极关怀所依托的"终极实在"。

第二是将仁道精神看作是天地万物之根本属性的德性论。如所周知，"仁"是孔子思想系统中的核心范畴。在宽泛的意义上，可以把"仁"看作是从立足于对生命的自我肯定而生发出的对他者生命的肯定与培护之情。在中国文化看来，"仁"既是人之所以为人的本质之所在，又是社会之所以能够存在的基本规范，而天地也以其不断创造、发育、培护出新的生机与活力而表现了"仁"的最高形态----生生之德。由此，不仅人世间的一切均被看作是充满生机与活力的，而且上达于天宇、横阔于万物，也无一不被大化流行的生生之意所充满。立足于仁之通内外、贯天人的感通遍润的发用，中国文化追求一种人之自我身心、个人与他人、个人与社会、人与自然、人与超越之天道的普遍和谐。人作为天地之间唯一具有主观能动性因而最为珍贵的存在者，其重要的存在使命就是不仅要更为充分地实现天地之道，促成和谐、消除不和谐状态，而且使天地之"仁德"通过人而发扬光大[7]。≪论语≫所谓"人能弘道，非道弘人"，≪孟子≫所谓"尽心知性以知天"、所谓"践形"，≪中庸≫所谓"唯天下至诚，为能尽性；能尽其性，则能尽人之性；能尽人之性，则能尽物之性；能尽物之性，则可以赞天地之化育；可以赞天地之化育，则可以与天地参矣"，所言明的就是这个道理。张载所谓"为天地立心，为生民立命，为往圣继绝学，为万世开太平"堪称是十分典型地代表了儒家思想对于人之使命的基本体认：人之所以为人的存在之理要求，人不仅要通过效法天地而成就自己作为人的仁德，而且还有着内在的义务与责任将其德性施之于天地万物，以切实尽到参赞化育之责，充分地实现天地生生之德，使大宇长宙更趋于"生生而和谐"。在这里，张载不仅鲜明地展示了天下一家、民胞物与的仁者气象，而且道出了一个挺立于大宇长宙之间的仁人志士的"天地情怀"。

因此，可以认为，儒家正是在一个生机主义的万物一体的世界图式中，通过德性生命精神在人与天地、人与社会以及人之先祖和后昆之间的贯通契接来寻求人生的终极价值与意义。而孝德也同样体现了这样的精神。它不仅把天地万物也看作是拟人的、有生命的存在，而且也同样落脚于德性生命精神的贯通与契接。在这个意义上，我们说，"孝"在根本精神上与儒家的终极关怀是混融为一的，或者说，"孝"在归根结底的意义上正体现了儒家终极关怀的基本精神特质。在谈到三祭之礼的宗教性意蕴时，第三代现代新儒家的重要代表蔡仁厚先生曾经指出："'天地'，是宇宙生命之本；'祖先'，是个体生命之本；'圣贤'，是文化生命之本。通过祭天地，人的生命乃与宇宙生命相通，而可臻于'万物皆备于我'、'上下与天地同流'的境界。通过祭祖先，人的生命乃与列祖列宗的生命相通，而可憬悟一己生命之源远流长及其绵延无穷之意义。通过祭圣贤，人的生命乃与民族文化生命相通，而可真切地感受慧命相承、学脉绵流的意义。总括起来，中国人对于生化万物、覆育万物的'天地'，自己生命所从出的'祖先'，以及立德立功立言的'圣贤'，并此三者而同时加以祭祀，加以崇敬。这种回归生命根源的'报本返始'的精神，确确实实是'孝道伦理'的无限延展；而其中所充盈洋溢的'崇德''报功'的心情，亦未尝不可视为一种不容其已的'责任感'之流露。（盖面对天地而想到创发宇宙继起之生命，面对祖先而想到光大祖德而垂裕后昆，面对圣贤而想到承续而且发扬仁道文化，这实在都是责任感的不容已己。）"[8] 可以说，"孝"在相当程度上正是中国人寄托其终极关怀的一种重要方式。

明白了这一点，就不难对于"孝"所具有的复杂性有一个清楚的认识。由于"孝"是一个本身有着丰富的义涵同时又在传统社会中涉及面非常广泛的问题，因此，在它的旗号之下，既包含了高妙的理想性境界，也不乏感人至深的美德美行，但同时也存在着某些并不美好甚至颇为丑陋的东

---

7) 参见李翔海：≪生生和谐—重读孔子≫，四川人民出版社1995年版，第125~126页。
8) 蔡仁厚：≪孔孟荀哲学≫，台湾学生书局1984年版，第143页。

西。五四新文化运动时期的"非孝"的确堪称是触及到了传统社会中与"孝"或多或少有着内在关联的真实一面。它对于我们超越单向度的传统视野更为全面的对"孝"加以审视特别是更为清楚地认知其问题无疑具有重要意义。但是，正如我们前文的讨论所显示的，即使把"孝"仅仅看作一种社会性的道德伦常规范，这也并不是它的全部内容。而由于"孝"还构成了中国人寄托其终极关怀的一种重要方式，试图仅仅通过揭露其作为社会性的道德伦常规范的弊病就将其在中国文化中连根挖断，显然不能看作是一种具有厚重历史感的深长之思。在成熟形态的中国文化传统中，没有出现基督教式的人格神信仰的宗教，这可以说是中国文化区别于西方文化的一个重要特征。正如前文已经指出的，之所以如此，是与儒家思想以自身的方式为传统社会的中国人提供了终极关怀、从而充任了中国文化系统中的宗教性功能直接相关的。而"孝"则是其中的一个重要组成部分。终极关怀不仅构成了一个文化系统最内在的根核，而且一个文化系统最具特质的成分也总是与其终极关怀密切相关。就中华民族而言，在某种程度上似乎可以说，在儒学的现代衰败之后，时至今日它是真正成了一个没有宗教的民族。但没有宗教并不等于中华民族的生命存在形态中没有宗教性的祈向。对自我生命终极归依的追寻，既是今日不少人或皈依佛门或信仰基督的重要原因，也是一些独立独行之士依然从自我生命的根处回归儒学的基本缘由。如果说，在传统中国社会之中，儒学及其所影响下的"孝"的确起到了某些宗教性的作用，而且宗教作为文化系统的一个重要组成部分，对于现代社会人生依然有其不可或缺的作用于功能，那么，当代中国文化中宗教性功能的结构性空缺就是应当引起关注的。而作为传统中国人安身立命的一种重要方式并对传统的中国人产生了深刻影响的"孝"及其所依托的儒家思想，有没有可能依然在现代中国人的生命存在中发挥某种安身立命的作用？如果有可能的话，它们又将以何种方式、在何等程度上起到这种作用呢？这是我们今天反思"孝"及其所代表的儒家终极关怀的时候应当驻足深思的一个问题。

孝道思想与现代社会和谐

蔡方鹿 | 四川师范大中国哲学与文化研究所所长

一、孝道思想的源流影响及孔子提倡孝道

源于宗法血缘家族关系及其社会制度的孝文化是中华文化的重要组成部分，又对后世的孝文化思想产生了深远的影响。孝道文化是孔子儒家思想的基本道德准则。孔子创以"仁"为核心的儒学思想体系，又承先启后，继承以往的孝文化并加以发展，提出系统的孝道思想，把养亲与敬亲结合起来。孟子强调"老吾老以及人之老"，把孝亲敬老的人伦道德观念传播开来。《孝经》承继以往丰富的儒家孝文化思想，以孔子思想为本，将先前孝道思想系统化，认为孝是天经地义的纲纪，是治理天下的根本法则，经两千多年岁月的流逝，已深深地融入中华民族共同的文化、共同的心理素质之中，成为中华民族精神的重要组成部分。在当前提倡和弘扬孝道思想，对于纠正不良社会风气，构建和谐社会，具有重要的现实意义和价值。

从文明发展史和人类社会生存及发展的需要的角度看，儒家提倡的孝道，客观地反映了人类社会生存与发展的本质，具有极大的普适性。因而孝道及《孝经》不仅在中国，而且在日本、韩国等东方国家产生了重要影响。

二、孝道与现代社会和谐

当今的中国正处于社会转型时期，利益关系和价值取向的多元化，使得一些子女受西方极端个人主义思想的影响，只顾自己，忽视父母，更有甚者孝道沦丧，家庭伦理失范，这对构建和谐社会极为不利。

以上这些现象的产生，也是与我们社会生活的变迁和教育的脱节分不开的。"五四"以来，一些持激进观点的人对传统孝亲观念持怀疑甚至否定态度。当时吴虞撰《说孝》和《家庭制度为专制主义之根据》两篇文章，批判孝道。鲁迅在《我们现在怎样做父亲》一文中批判了孝的观念。对

孝道否定大于肯定，抛弃大于扬弃，具有片面性。当年批判之偏颇而留下遗患。

国学大师任继愈先生指出："'五四'以来，有些学者没有历史地对待孝这一社会现象和行为，出于反对封建思想的目的，把孝说成是罪恶之源，是不对的，因为它不符合历史实际。"任先生肯定孝道作为中华民族的基本传统道德行为准则之一，认为这是区别人与禽兽的标志。指出孝的思想体系对中华民族的团结、发展，增强民族凝聚力，形成民族价值观的共识，几千年来起了积极作用，功不可没。

我们应把弘扬孝道思想与构建现代和谐社会结合起来，面对社会老龄化现象对孝道提出的新课题，要把尽孝道贯彻到家庭养老、敬老的实践中，并辅之以行政和法律手段，以约束和惩治不尽赡养父母义务以至于虐待父母的行为。在整个社会加强返本报恩的孝道教育，树立尊老爱幼的社会风尚，营造孝敬父母、表彰孝道的社会氛围，探讨孝道思想与现代社会的和谐以及实践方向。首先从家庭、学校做起，逐步推广到社会。这项工作应由大家都来做，使之发挥更大的社会效应。

孝道思想与现代社会和谐

蔡方鹿 | 四川师范大中国哲学与文化研究所所长

孝道文化是中华文化的重要组成部分，也是孔子儒家思想的基本道德准则。数千年来一直指导着人们的思想和行为，在历史上产生了重大影响和作用，对今天也具有重要的指导意义。弘扬孔子儒家孝道思想，是弘扬中华民族传统美德，加强素质教育，陶冶良好的社会风气不可缺少的内容。

孔子祖述尧舜，宪章文武，崇尚"礼义"和"仁义"，创以"仁"为核心的儒学思想体系。又承先启后，继承以往的孝文化并加以发展，提出系统的孝道思想。孟子强调"老吾老以及人之老"，把孝亲敬老的人伦道德观念传播开来，经两千多年岁月的流逝，已深深地融入中华民族共同的文化、共同的心理素质之中，成为中华民族精神的重要组成部分。在当前提倡和弘扬孝道思想，对于纠正不良社会风气，构建和谐社会，具有重要的现实意义和价值。

一、孝道思想的源流影响及孔子提倡孝道

孝道思想源远流长，值得认真的研究和探讨。源于宗法血缘家族关系及其社会制度的孝文化是中华文化的重要组成部分，又对后世的孝文化思想产生了深远的影响。

中华民族一向以提倡孝道著称于世，孝文化的产生和发展由来已久，殷商时期是否存在着孝的观念，尚有不同的见解，但从西周开始，则明确出现了孝的观念，这从西周青铜器的铭文中孝字已大量出现，可得到证明。(参见查国昌：《西周"孝"意试探》，载北京：《中国史研究》1993年第2期)在早期典籍《易经》、《尚书》和《诗经》里，都有关于孝的论述。孝的观念在当时已经流行。关于"孝"字，《尔雅·释训》云："善父母为孝，善兄弟为友。"《说文》云："孝，善事父母者，从老省，从子，子承老也。"《广雅·释言》云："孝，畜也。"表明"孝"起源于畜养父母，子为父母双亲养老为"孝"，"孝"当为善侍父母的行为。春秋以来，西周形成的孝观念得到进一步发

展，在反映春秋时期社会政治、思想面貌的《左传》、《国语》里已出现了比较成熟的孝道思想。如季文子说："孝敬忠信为基德，盗贼藏奸为凶德。"（《左传》文公十八年）不仅把孝与忠联系起来，作为基德的内涵，而且提出敬，以丰富孝的观念。《国语》亦称："事君以敬，事父以孝。"（《晋语一》）晏婴进而把孝纳入君臣、父子、兄弟、夫妻等整个社会伦理关系的体系中加以说明，他说："君令臣共，父慈子孝，兄爱弟敬，夫和妻柔，姑慈妇听，礼也。君令而不违，臣共而不二，父慈而教，子孝而箴，兄爱而友，弟敬而顺，夫和而义，妻柔而正，姑慈而从，妇听而婉，礼之善物也。"（《左传》昭公二十六年）认为礼包括了父慈子孝等基本规范，而父慈而教，子孝而箴等则是这些伦理规范的表现。在这个伦理道德规范的体系中，君与臣、父与子、兄与弟、夫与妻等是对应的两个方面，双方缺一不可，通过各自按己方的要求去做，而共同体现了礼的原则。

孔子继承以往的孝文化并加以发展，提出了系统的孝文化观和关于孝的行为规范原则。他把养亲与敬亲结合起来，强调："今之孝者，是谓能养。至于犬马，皆能有养，不敬，何以别乎？"（《论语·为政》）以敬把人与犬马之养区别开来，敬亲是人所独有的。孔子主张"弟子入则孝，出则弟"（《论语·学而》），其弟子子夏亦说，"事父母，能竭其力。"（同上注）把弟子对父母的孝和对兄长的悌作为仁与礼的规范要求，并对此作了充分的论述。曾子在孔子弟子中孝行最著，为能通孝道者，他提出"慎终追远"的思想，指出："慎终追远，民德归厚矣。"（同上注）朱熹注曰："慎终者，丧尽其礼。追远者，祭尽其诚。"（《论语集注·学而》）慎终即指在丧礼时要尽其礼，追远即指在祭礼时要尽其诚。在丧祭仪式中表达对父母的深厚感情和追思父母的养育之恩，就能使民德归于深厚，陶冶良好的社会风气。

孔子提倡孝道，要求以礼事亲，他说："生，事之以礼；死，葬之以礼，祭之以礼。"（《论语·为政》）不论是父母健在，还是故去，都要"事之以礼"。"父母之年，不可不知也。一则以喜，一则以惧。"（《论语·里仁》）子女要关心父母身体和年龄，一方面为父母的健康高寿而欣喜，另一方面又为父母的逐渐衰老而担忧。所以孔子主张"父母在，不远游。游必有方"（同上注）。子女时刻牵挂父母则为孝。

孔子提倡的孝道与其"仁"学思想体系紧密联系。当宰我对孔子说，三年之丧在我看来，一年就已经算长久了。孔子对此曰："予之不仁也！子生三年，然后免于父母之怀。夫三年之丧，天下之通丧也。予也有三年之爱于其父母乎？"（《论语·阳货》）批评宰我由其不仁，所以未能尽孝道。指出子女生后三年，才能免于父母的怀抱；与此相应，当父母逝后，子女也应守三年之丧，以回报其亲。可见孔子是把孝与仁联系在一起，孝是仁的体现，不孝则不仁。进而，有子把孔子提倡的孝悌直作为"仁之本"，而予以高度重视。子曰："弟子入则孝，出则弟"，有子曰："其为人也孝弟，而好犯上作乱者，鲜矣；不好犯上，而好作乱者，未之有也。君子务本，本立而道生。孝弟也者，其为仁之本与！"（《论语·学而》）认为孝悌乃仁之本，君子于此根本上用力，则可实现仁。这表达了孔子孝为仁之本的思想。

孔子的孝道思想作为儒学孝文化观的基础，对后世产生了广泛而深刻的影响。孟子继承孔子，强调孝子不仅要养亲，而且要尊亲。指出："孝子之至，莫大乎尊亲；尊亲之至，莫大乎以天下养。"（《孟子·万章下》）把尊亲与养亲结合起来。荀子则在孝道中强调道义的原则，他说："入孝出弟，人之小行也。上顺下笃，人之中行也。从道不从君，从义不从父，人之大行也。"（《荀子·子道》）认为人们不仅要做到在家孝敬父母，外出尊敬年长的人，对上顺从，对下诚恳，而且在君臣、父子关系中，要贯彻道和义的精神，这体现了孝的大义。这一思想亦对后世产生了重要影响。

孝道思想影响深远，值得深入探讨和研究。儒家孝道思想不仅要求人们事父母以孝，事兄长以悌，而且把家庭父子关系运用于国家君臣关系，把孝亲与忠君直接相连。但也主张，对君主的不义行为，须加以一定的规劝和约束，而非一味的尽忠。这是对荀子在孝道中强调道义原则的继承，这在当时君主制的社会条件下，具有一定的必然性和理由，既以儒家伦理来维护社会秩序的稳定和长治久安，国家君臣关系是家庭父子关系的放大；又以"义"为标准来规范君臣相互关系及行为，这体现了儒家亲亲与尊尊同体并用的政治伦理思想的原则。

此外，儒家强调尽孝道的普遍性，无论地位高低，是何阶层，上自天子，下至庶民百姓，都须事父母以孝，充分尽为人子的责任和义务，不得有不及者。并对孝道的原则、内容，如何尽孝的方式、孝子事亲的行为举止等各个方面，作了较为详尽的阐释，这些对后世产生了重要的影响。

《孝经》承继以往丰富的儒家孝文化思想，以孔子思想为本，将先前孝道思想系统化，强调孝贯通于天、地、人，认为"夫孝，天之经也，地之义也，民之行也。"（《孝经·三才章》）要求人们孝父母，敬兄长，不论地位高低，是什么阶层，上自天子，下自庶民，都必须事父母以孝，尽为人之子的责任和义务，并对孝道的原则、内容、尽孝的方式、孝子事亲的行为举止等各个方面，作了详细的论述。提出"明王之以孝治天下"（《孝经·孝治章》），以孝道作为治理天下的原则，扩大了孝文化观念的影响和运用范围。

孔子"所重，民、食、丧、祭"（《论语·尧曰》），祭祀祖先为孔子所重视。与《论语》中提出"慎终追远"，在祭祀祖先时要尽其诚的思想相应，《孝经》也非常重视通过祭祀祖先来宣扬和体现孝道。不仅主张"为之宗庙，以鬼享之；春秋祭祀，以时思之"（《孝经·丧亲章》），而且提出祭祀祖先的原则。即"宗庙致敬，不忘亲也；修身慎行，恐辱先也。宗庙致敬，鬼神著矣。孝悌之至，通于神明，光于四海，无所不通。"（《孝经·感应章》）在祭祖活动中，重视参加者的主观感受和追思，使孝敬之情通于神明，通过祭祀表达对祖先和亲人的敬意，思念先祖的开拓之功和父母对子女的养育之恩，如此可以与祖先的神明沟通，而追古思今，使孝道达于天下。可见祭祀祖先不仅为孔子所重视，而且是中华孝道文化的组成部分。

《孝经》在承继以往丰富的孝文化思想的基础上，引用了《尚书》、《诗经》、《左传》、《国语》、《论语》、《孟子》、《荀子》等书里的一些文字，将其系统化，加以综合发展，集先前孝道文化之大成。认为孝是天经地义的纲纪，是治理天下的根本法则，把孝亲与忠君直接联系起来，以孝劝忠，又以义为标准来规范忠孝的行为。其忠君的观念引申出来，并不仅仅是忠于君主个人，还包括忠于国家，因在当时的社会制度下，君往往是代表国家的象征。《孝经》中反映的忠孝观念对于中华民族爱国主义思想流传，起到了一定的积极作用。《孝经》中提倡的养老、敬老、尊老、亲老、送老思想，也反映了社会的文明和进步，对中华民族尊老敬老传统美德的形成，起到了重要作用，值得进一步提倡和发扬。

自《孝经》问世以来，即产生了重要影响，最早引用《孝经》的文献是《吕氏春秋》(战国魏文侯作《孝经传》未有定论)，该书的《察微篇》和《孝行览》都有对《孝经》文字的引用。其后，汉文帝时，《孝经》置博士，被立于学官，受到人们的重视。汉代提倡孝道，自汉惠帝以后，历代皇帝的谥号都加"孝"字。如孝惠帝、孝文帝、孝武帝等。此外，历史上有不少皇帝都曾御注《孝经》，如晋元帝作《孝经传》，晋孝武帝作《总明馆孝经讲义》，梁武帝作《孝经义疏》，梁简文帝作《孝经义疏》，唐玄宗作《孝经注》，清世祖顺治作《孝经注》，清世宗雍正作《孝经集注》等。这表现出统治者对《孝经》的重视。历代学者注《孝经》的更是不计其数，据清初学者朱彝尊(1629～1709)《经义考》所记载的历代注《孝经》的著作，就有285部之多，这还不包括朱彝尊以后注《孝经》的著作。历代著名学者及思想家如孔安国、郑玄、王肃、韦昭、何晏、皇侃、陶弘景、刘炫、陆德明、孔颖达、贾公彦、邢昺、司马光、王安石、范祖禹、朱熹、许衡、吴澄、宋濂、曹端、王阳明、罗汝芳、黄道周、毛奇龄、李光地、邵懿辰、皮锡瑞等，都曾为《孝经》作注或考释。除儒家学者外，释、道等诸家人物都有为《孝经》作注者，如南朝齐、梁道士，道教思想家陶弘景著有《集注孝经》一书；南朝宋僧人慧琳著有《孝经注》一卷，其《辨正论》曰："《孝经》者，自庶达帝，不易之典。"(朱彝尊：《经义考》卷二百二十三，《孝经二》引，台湾中央研究院中国文哲研究所古籍整理丛刊③1998年4月版，第六册，第836页)认为《孝经》对于庶民以至帝王而言，都是"不易之典"。其他如释氏慧始作《孝经注》，释氏灵裕作《孝经义记》。这表明儒家孝道思想在流传的过程中，已影响了中国文化的各家各派，贯通于儒释道三教之中，体现了华夏文化的本质和共同的价值取向。这也是《孝经》对后世产生的重要影响。

从文明发展史和人类社会生存及发展的需要的角度看，儒家提倡的孝道，客观地反映了人类社会生存与发展的本质，具有极大的普适性。因而孝道及《孝经》不仅在中国，而且在日本、韩国等东方国家产生了重要影响。自隋唐时《孝经》传入日本后，受到了广泛重视，被确定为学者必修的书目；孝谦天皇曾下诏令各户须家藏一本《孝经》，勤于诵习。幕府将军也把《孝经》作为启蒙的必读书。太宰纯刊印《孝经》，称"孝者，百行之本，万善之先，自天子至庶人，所不可一日废也。夫孝不可一日废，则《孝经》亦不可一日废也。"扩大了《孝经》在日本的影响。新罗统一朝鲜后，于公元682年设立国学，以儒家经典《论语》、《孝经》为必修课。可见《孝经》所提倡的孝道，不仅是中华文化的精华，也是贡献给世界文化的一笔财富。孙中山先生曾说："《孝经》所讲的孝字，几乎无所不包，不所不至，现在世界上最文明的国家，讲到孝字，还没有像中国讲得这么完全。"（见严协和：《孝经白话注释》，西安：三秦出版社1989年版，第4页）这也体现了中国文化的一个特质。

儒家孝道思想提倡子女对养育了自己的父母尽孝道，并强调尽孝道的普遍性，无论地位高低，是何阶层，上自天子，下至庶民百姓，都须事父母以孝，充分尽为人子的责任和义务，不得有不及者，要求天下所有人都须尽其所能来养老、敬老、尊老、亲老、送老，这反映了社会的文明和进步，对中华民族尊老敬老传统美德的形成，起到了重要作用。《孝经》主张通过各种方式来表达对父母的深厚感情和追思父母的养育之恩。这种子女对于赡养父母的义务责任感，浓厚感人的亲情，不仅体现了中华民族尊老敬老的传统美德，而且也是人类本质的体现，而超越了中国及东方文化的范畴。这对于使民德归于深厚，陶冶良好的社会风气，亦具有重要的现实意义。

当然，《孝经》中也存在着一些糟粕，如把孝等级化，划分为五个等级，使之具有了封建等级社会政治伦理关系的性质。在忠孝关系上，尽管以孝劝忠，移孝为忠，在一定程度上是以义为标准来规范忠孝的行为，忠君的观念也不仅是忠于君主个人，还包括忠于国家，然而《孝经》更重视忠君，即使君主有不义的行为，臣子可以谏诤，但要求在下者对君长必须"以孝事君则忠，以敬事长则顺。忠顺不失，以事其上"，仍是以下对上、百姓对君主尽忠为主。其"以孝治天下"的主体仍是天子，由天子将"德教加于百姓，刑于四海"，目的是为了让天下人顺从其统治，安于在自己所处的等级内尽孝，不得僭越，以利于封建宗法等级社会制度的稳固。

如上所论，儒家倡导和宣扬孝道，主张以孝来规范家庭伦理，调整家庭社会人际关系，体现了儒家关于孝道的主要思想；《孝经》不仅在中国，而且在日本、韩国等东方国家产生了重要影响，长期成为支配人们思想行为的准则和评判人们道德是非的标准。近代以来，包括孝道在内的中国文化受到了西方文化的强烈冲击，社会制度也发生了变化，但《孝经》中所体现的中华民族尊老敬老的传统美德，以及所引申的忠于国家的观念，仍然值得充分肯定并在新形势下加以综合创新，发扬光大。对《孝经》中存在着糟粕，也应批判清除，加以克服。此外，对孝道与伦理道德文化的关系，也应进一步加强研究，为精神文明建设提供借鉴。

二、孝道与现代社会和谐

当今的中国正处于社会转型时期，利益关系和价值取向的多元化，使得一些子女只顾自己，忽视父母，更有甚者孝道沦丧，家庭伦理失范，这对构建和谐社会极为不利。如今人们的物质生活虽然越来越富足（也有一些贫困地区），但孝亲意识却越来越淡薄。在城乡有的地方，孝道缺失现象较为严重。有少数子女不孝父母，使年老父母亲生活质量较差，有病也得不到很好的治疗。尤其在农村一些地方，吃的较差的是老人，住的较差的是老人，在田里干活的是老人，照看孙辈的是老人，如此人们感叹，孝道衰落让人担忧。在有的地区，虽然尽孝道的子女比不尽孝道的为多，但也有一些人在尽孝事父母方面做的较差，从而影响了家庭与社会的和谐，以致影响了社会的稳定。

至2005年底，中国60岁以上老年人口近1.44亿，占总人口的比例达11%。当前，中国老年人口正以年均约3%的速度增长。在日渐进入老龄化但经济经尚欠发达的社会发展阶段，主要由独生子女构成的年轻人群体将比过去承担更多的家庭责任。但有的年轻人面对各种诱惑，失去了抵御能力，贪图享受、追求时尚、相互攀比；还有的则是与父母关系淡漠，缺少沟通。因此，加强社会与学校的现代孝道教育，在新形势下把儒家孝道思想发扬光大，对构建和谐社会将起到重要作用。

宣传和弘扬孝道思想，重要的一点是要把事父母以孝贯彻落实到人们日常家庭生活的实践中去，也就是说，构建和谐社会要从家庭和谐入手，家庭和谐要落实到家庭尽孝道上。

家庭和谐与社会和谐是一致的。构建和谐社会是现实社会发展的客观需要，也是民众愿望的反映和表达。和谐社会应当发端于家庭，由家庭和谐推广发展为社会和谐。家国一体，家庭是社会的细胞，国家是家庭的放大，家庭和谐是社会和谐的基础，无数个和谐的家庭，就构成了一个和谐的社会和国家。社会和谐又为家庭和谐提供基本的环境与条件。子女尽孝道有利于家庭、社会代际关系的协调处理。家庭内部的关系颇为复杂，诸如存在着父母子女之间的关系，兄弟姐妹关系，婆媳关系，姑嫂关系，妯娌关系等等，这些关系都需要处理好，家庭才能和谐。但众多关系中主要是家庭代际关系，而孝道则是处理家庭代际关系的核心。≪三字经≫强调"为人子"要"孝于亲"，并要首先做到"首孝悌，次见闻"，在孝悌之道弄明白之后再来扩展见闻，知数识文。可见把孝敬父母放在掌握知识之上。孔子教导学生要做到"弟子入则孝，出则弟"（≪论语·学而≫），是说学生回到家要孝敬父母，出门在外要尊敬长辈。儒家的孝道不仅局限于父子之间，还推己及人，将其扩大到家族亲戚之间和社会。比如，主张在家孝敬父母，出外尊敬长者，把家庭敬老观念推广到社会。孟子说："老吾老以及人之老"（≪孟子·梁惠王上≫），即在赡养孝敬自己的长辈时不应忘记其他与自己没有亲缘关系的老人，要将尊敬长者推广到整个社会中去，一家敬老则一家和睦相处，整个社会敬老则社会和谐，再加上"幼吾幼以及人之幼"，在抚养教育自己的孩子时不应忘记关心照顾其他与自己没有血缘关系的小孩，形成一种敬老抚幼的社会风气和良风美俗，这样"天下可运于掌"（同上注），国家就容易得到治理。可见在孟子看来，尽孝道与社会治理是紧密联系在一起的，提倡把家庭和谐推广至社会、国家。因为任何社会，如果孝道不存，孝心丧失，都将造成严重的社会问题。所以汉代社会特别重视孝道，不仅把≪孝经≫作为"七经"之一，予以重视和推崇，而且连皇帝的谥号都以"孝"字相称，以表尊崇孔子，以孝治国，提倡尊老、养老的风气。自汉代以来，儒家的尊老、敬老、养老的观念植根于家庭社会之中。"老吾老以及人之老"，成为人们奉行的行为规范，要求人们不仅要孝敬自己的父母，而且也要用同样的感情去敬爱天下的老人。

这些年，由于受西方极端个人主义思想的影响，子女养亲敬亲的责任和义务感有所淡化。随着社会生活的变化，尤其是拜金主义价值观的侵蚀，一些人的个人主义、功利主义思想意识急剧膨胀，自我中心，自私自利盛行，把人格降低为待价而沽、卖身投靠的商品和工具。虽然这种工具理性的价值导向不能说完全没有道理，但其危害和片面性也是显而易见的，助长了贪婪和私欲以及不端行为。出现有才无德，只图自己享受，不顾父母死活的"不孝子"。认为老人只有消费，没有生产，是一种累赘、一种负担，敬老观念日渐淡薄，甚至骨肉至亲，也不喜欢家中有随时需要照顾的老人同住。只有少数需要老妈妈帮忙看家、煮饭、洗衣服、带孩子的，才愿意与老人同住。再就是父母本身有钱，不构成子女的负担，儿女才乐意与他们同住，亲自奉养。这些人心中只有自我，或放大了的自我，即妻子与儿女，没有父母，不尽人子之责，不赡养扶助父母，以至歧视、虐待父母，甚至出现个别虐杀父母的"逆子"、"恶媳"。这不仅破坏了家庭的和睦友爱，给父母在经济上造成极大困难，在精神上造成极大痛苦，而且败坏了整个社会的道德风气和敬老传统。这与中国儒家伦理历来倡导的养亲、尊亲、敬老的传统美德形成了强烈的反差，也是我们当前贯彻发扬儒家孝道思想亟须解决的现实问题。

以上这些现象的产生，也是与我们社会生活的变迁和教育的脱节分不开的。"五四"以来，在中国处于从传统社会向现代社会的过渡时期，一些持激进观点的人对传统孝亲观念持怀疑甚至否定态度，以至于造成了相当大的影响。当时吴虞撰≪说孝≫和≪家庭制度为专制主义之根据≫两篇文章，批判孝道，称"孝教忠顺之事，皆利于尊贵长上，而不利于卑贱"，认为孝道经儒家理论的强化，成为家庭专制和君主专制的理论根据，其根本意图是维护封建专制和不平等，使得社会陋习盛行，塑造虚伪人格，阻碍了社会发展，宣扬"孝"不是儒家的本义，只是维护君尊臣卑的权术而已。

鲁迅对传统孝道亦是持否定态度。鲁迅在≪我们现在怎样做父亲≫一文中批判了孝的观念，他说："'三年无改于父之道可谓孝矣'，当然是曲说。"在父子关系上，鲁迅主张以幼者为本位，批评以长者为本位。他说"本位应在幼者，却反在长者"，认同"父子间没有什么恩"这句话，认为父强调对子有"恩"，强调子女要"孝"，只是"长者本位和利己思想"和权利思想在作怪。鲁迅认为父对子没有恩，子对父也无恩可报；父对子没有债，子对父也无债可还。父与子是平等的朋友关系，而不是其他。主张以父子之爱代替父子之恩。"倘如旧说，抹煞了'爱'，一味说'恩'，又因此责望报偿，那便不但败坏了父子间的道德，而且也大反于做父母的实际的真情，播下乖剌的种子。"可见鲁迅对尽孝道的子女报答父母养育之恩的思想持反对态度。

鲁迅先生对孝道的态度，否定大于肯定，抛弃大于扬弃，具有片面性。数千年来，孝道的奉行，对家庭和谐、国家稳固、国民性格塑造起着不可替代的作用，不能将其看作是专门限制家庭子女的桎梏。然而"五四"以来对孝道的批判和抛弃，正如泼水也泼掉了婴儿一样，放弃了传统孝道的普世价值，使我们丢掉了自己民族精神家园。现代孝道之缺失，出现种种不赡养父母、虐待父母，以至杀父弑母等忤逆不孝的行为，可见当年批判之偏颇而留下遗患。

国学大师任继愈先生指出："'五四'以来，有些学者没有历史地对待孝这一社会现象和行为，出于反对封建思想的目的，把孝说成是罪恶之源，是不对的，因为它不符合历史实际。"（参见任继愈：《谈谈孝道》，载《光明日报》2001年7月24日《理论周刊》版）明确反对把孝说成是罪恶之源，而是主张"把几千年来以家庭为基地培育起来、深入到千家万户"的传统孝道观念"融入到以德治国的大潮，从理论到实践进行再认识。这一课题关系社会治乱，更关系到民族兴衰。只要群策群力，假以时日，深入研究，必有丰厚的成绩"（同上注）。任先生肯定孝道作为中华民族的基本传统道德行为准则之一，认为这是区别人与禽兽的标志。指出孝的思想体系对中华民族的团结、发展，增强民族凝聚力，形成民族价值观的共识，几千年来起了积极作用，功不可没。

所以，我们应把弘扬孝道思想与构建现代和谐社会结合起来，面对社会老龄化现象对孝道提出的新课题，要把尽孝道贯彻到家庭养老、敬老的实践中，并辅之以行政和法律手段，以约束和惩治不尽赡养父母义务以至于虐待父母的行为。在整个社会加强返本报恩的孝道教育，树立尊老爱幼的社会风尚，营造孝敬父母、表彰孝道的社会氛围，大力提倡敬本的孝心理，并将礼法的外在约束与仁义的内在自觉统一起来，为修身齐家治国平天下、构建和谐友好型社会服务。因而，从孝亲出发，由家而族（宗族、本民族），由族而乡（乡土、家乡）由乡而国，孝敬父母，关爱宗亲民族，热爱家乡，进而升华到热爱整个中华民族和国家，不断丰富其内涵。当此经济、文化快速发展，思想文化观念呈现多元并存的情形，我们应继往开来，要有计划地弘扬孔子儒家优秀文化精神，重建文明精神，重整道德标准，用孔子的思想作为整个国学的精神轴心，建立共同的价值观，增强民族的团结，确认民族的自信。在新的时代，大力发展以孝道为本的教育，灌输爱国爱家的传统美德，把青少年和学生培养成具有孝敬父母美德的优秀中华民族素质的下一代，作为国家精神文明建设的未来和方向，与国家的经济、科技等物质文明建设同步发展，这是非常重要的。从这个意义上讲，我们今天大力研究和提倡孝道，继承和发扬孔子儒家孝道思想，加强精神文明建设，以促进经济、社会发展的顺利进行，就显得更具时代意义。我们应以弘扬优秀传统文化为己任，在新时代把孔子思想发扬光大。我们应该要做的事情是：开展各项活动，将孔学道理融入日常生活中，以弘扬和普及孔学；把儒学经典、孔学课本作为孝道教育的教材，探讨孝道思想与现代社会的和谐以及实践方向。首先从家庭、学校做起，逐步推广到社会。这项工作应由大家都来做，使之发挥更大的社会效应。

同时发扬儒家"协和万邦"（《尚书·尧典》）、"亲仁善邻，国之本也"（《左传·隐公六年》）的求得世界的普遍和谐，与邻为伴、与邻为善的和平友好的对外邦交思想，与各国、各民族携手共建和谐亚洲、和谐世界，为世界和平与各国友好合作做出积极的贡献！

天經地義：儒家"孝"論存在正當性的三次哲學論證

曾振宇 | 中国孔子研究院教授、山東大學儒學高等研究院教授

在儒家思想史上，以孔子儒家為代表的原始儒家在倫理學意義上探討了"孝應如何行"，卻未進一步論證"孝存在何以可能"這一關鍵性問題，也就是"孝"存在之正當性問題。≪孝經≫與≪春秋繁露≫的作者先後從天人關係的層面上，將"孝"論證為"天之道"的自我展現與自我運動。朱熹繼而從"理"形而上高度為孝存在之正當性辯護。"人理"出於天理，通人理也就是通天理。天理渾然不可分，天理與仁、義、禮、智、信、孝的關係不是本原與派生物之間的關係，而是本原與屬性之間的關係。仁義禮智孝並非由理"旋次生出"，理是人倫道德的"總名"，仁義禮智信孝則是天理之"件數"。經過儒學史上的三次論證，儒家孝論存在之正當性得以確立，思辨性不斷增強。儒家孝論不僅實現了"形式上的系統"，也實現了"實質上的系統"

天經地義：儒家"孝"論存在正當性的三次哲學論證

曾振宇 | 中国孔子研究院教授、山東大學儒學高等研究院教授

一. "天之經，地之義"：《孝經》作者的初步論證

　　《孝經》祖本可能在春秋晚期已經形成，後來又經過了幾代儒家人物的增刪、潤色與整理。《孝經》非一人一時之作，其時間跨度從春秋晚期到戰國晚期，至少有三百年之久[1]。孝作為倫理範疇是否可能？ 何以可能？ 令人欣慰的是，《孝經》作者開始涉及到了這一問題，並且作了初步的哲學論證。《孝經·三才章》說："曾子曰：'甚哉，孝之大也！'子曰：'夫孝，天之經也，地之義也，民之行也。天地之經，而民是則之。則天之明，因地之利，以順天下。是以其教不肅而成，其政不嚴而治。'""夫孝，天之經也，地之義也"是一結論性表述，中間的論證過程卻付諸闕如。可喜的是，關於孝何以是"民之行"，《孝經·聖治章》作了初步論證："曾子曰：'敢問聖人之德，無以加於孝乎？'子曰：'天地之性，人為貴。人之行，莫大於孝。孝莫大于嚴父，嚴父莫大于配天，則周公其人也。昔者，周公郊祀後稷以配天，宗祀文王於明堂，以配上帝。是以四海之內，各以其職來祭。夫聖人之德，又何以加於孝乎？ 故親生之膝下，以養父母日嚴。聖人因嚴以教敬，因親以教愛。聖人之教，不肅而成，其政不嚴而治，其所因者本也。父子之道，天性也，君臣之義也。父母生之，續莫大焉。君親臨之，厚莫重焉。故不愛其親而愛他人者，謂之悖德；不敬其親而敬他人者，謂之悖禮。以順則逆，民無則焉。不在於善，而皆在於凶德，雖得之，君子不貴也。君子則不然，言思可道，行思可樂，德義可尊，作事可法，容止可觀，進退可度，以臨其民。是以其民畏而愛之，則而象之。故能成其德教，而行其政令。'"這段話有兩點值得注意：其一，孝已取代仁範疇上升為哲學最高範疇和倫理學意義上總德目。在孔子儒家哲學邏輯性結構中，仁是哲學第一概念，孝是仁論思想體系中的內涵之一，是仁這一總德目下的小德

---

1) 1973年，河北定州市八角4號西漢中山懷王劉修墓出土了一批竹簡。其中《儒家者言》有一部分簡文與《孝經》有關係，劉修死于漢宣帝五鳳三年(前55)，因此，這極有可能是一種未經劉向整理校訂過的古本《孝經》。

目。《聖治章》顯然已不代表孔子思想，可能是戰國時代儒家的作品；其二，孝是人之本性，以孝治天下是循人之天性而行的社會化體現。先秦時代的大多哲學家都把自己的思想體系"大廈"建立在人性論基石之上。譬如，孟子的"不忍人之政"建基於"不忍人之心"之上，"性善說"是"仁政"的哲學根據。在思維方式上，《孝經》作者顯然也沿襲了這一做法。在"孝是人之本性"命題前提下，進而可以推導出兩點：一是孝為價值理性，價值理性是"某一價值體系之內各種行動信條的合理狀態，以及行動者依從某一價值體系的所作所為的合理狀態[2]。" 二是以孝治天下獲得了形而上的證明。"昔者明王之以孝治天下也，不敢遺小國之臣，而況于公、侯、伯、子、男乎？故得萬國之歡心，以事其先王。治國者，不敢侮於鰥寡，而況於士民乎？故得百姓之歡心，以事其先君。治家者，不敢失於臣妾，而況于妻子乎？故得人之歡心，以事其親。夫然，故生則親安之，祭則鬼享之，是以天下和平，災害不生，禍亂不作。故明王之以孝治天下也如此[3]。" 孝既然是宇宙間根本大法，自然也就是人類社會的根本法則。遵循了這一價值理性，就可導致"天下和平，災害不生，禍亂不作。"在這種論證過程中，已經顯露出了一絲天人感應的端倪。

如果說"人之行"是從人性論角度論證孝道存在的正當性，那麼，《孝經·五行章》則是從社會法律制度層面論證其正當性："子曰：'五刑之屬三千，而罪莫大於不孝。要君者無上，非聖者無法，非孝者無親。此大亂之道也。'""五刑之屬三千"源出於《尚書·呂刑》："墨罰之屬千，劓罰之屬千，剕罰之屬五百，宮罰之屬三百，大辟之罰二百，五刑之屬三千。"在應當處以五種刑法的三千條罪行中，最嚴重的罪行是不孝。在現代人看來僅僅涉及刑法與民法的不孝罪，在古代中國卻被視為"大亂之道"。既然如此，其存在之合法性與正當性也就成立了。

二. 以"天"論孝：儒家"孝"哲學論證的深化

《孝經》雖然已經開始對儒家孝論存在的正當性進行論證，但這種哲學論證還是初步性的，作進一步哲學論證的是漢代大儒董仲舒。董仲舒認為，人與物相比較，具有兩大特點：一是偶天地，二是具有道德觀念。在他看來，倫理道德觀念的產生並非是人類社會發展到一定階段的精神產物，倫理道德觀念源出於天："何謂本？曰：天地人，萬物之本也。天生之，地養之，人成之。天生之以孝悌，地養之以衣食，人成之以禮樂，三者相為手足，合以成體，不可一無也。無孝悌則亡其所以生，無衣食則亡其所以養，無禮樂，則亡其所以成也[4]。" 孝等倫理觀念是人之所以為人的根本所在，孝是"天生之"，是萊布尼茨哲學意義上的"預定和諧"。董仲舒在《立元神》一

---

2) 參見張德勝等：《論中庸理性：工具理性、價值理性和溝通理性之外》，《社會學研究》 2001年第2期。
3) 《孝經·治章》《十三經注疏》 本，中華書局1980年版。
4) 《春秋繁露·立元神》 蘇輿撰、鍾哲點校：《春秋繁露義證》，中華書局1992年。

文中從正反兩方面論述"崇本"的重要性："舉顯孝悌，表異孝行，所以奉天本也。秉耒躬耕，採桑親蠶，墾草殖穀，開闢以足衣食，所以奉地本也。立辟雍庠序，修孝悌敬讓，明以教化，感以禮樂，所以奉人本也。"天本之孝與人本之孝似乎有重複雷同之處，其實不然。天本之孝旨在彰顯孝的形而上根據，人本之孝在於說明人類社會應該將這種先在性的孝發揚光大。不僅如此，人的喜怒哀樂性情也是源於天："為生不能為人，為人者天也。人之人本於天，天亦人之曾祖父也。此人之所以乃上類天也。人之形體，化天數而成；人之血氣，化天志而仁；人之德行，化天理而義；人之好惡，化天之暖清；人之喜怒，化天之寒暑；人之受命，化天之四時。人生有喜怒哀樂之答，春秋冬夏之類也。喜，春之答也；怒，秋之答也；樂，夏之答也；哀，冬之答也。天之副在於人。人之情性有由天者矣[5]。" 如果說"人之德行"源自"天理"，由此而來衍生的一個問題是：孝由"天生"如何可能？ 董仲舒從陰陽與五行理論兩個方面進行了論證：

其一，陰陽理論。陰，《說文解字》雲："暗也，水之南山之北也"。徐鍇《說文解字系傳》雲："山北水南，日所不及"。陽，《說文解字》雲："高明也"，劉熙《釋名·釋山》："山東曰朝陽，山西曰夕陽，隨日所照而名之也。" 由此可知，陰與陽本意是指日之向背，並無任何哲學意蘊。梁啟超先生撰有《陰陽五行說之來歷》一文，考證了《詩》、《書》、《儀禮》、《易》四經中有陰、陽二字的文字及其含義。他發現《儀禮》中未出現"陰"、"陽"二字；《詩》中言"陰"者八處，言"陽"者十四處，言"陰陽"者一處；《書》中言"陰"、言"陽"者各三處；而《易》中僅"中孚"卦九二爻辭中有一"陰"字。他認為這些典籍中"所謂陰陽者，不過自然界中一種粗淺微末之現象，絕不含何等深邃之意義[6]"。迨至西周，陰陽開始作為對偶概念出現於典籍中。周太史伯陽父論地震"陽伏而不能出，陰迫而不能蒸"，此處之陰陽已非"自然界中一種粗淺微末之現象"，而是一解釋自然和社會現象的哲學範疇。人們把宇宙間一切對立的現象，如天地、晝夜、炎涼、男女、上下、勝負等等抽繹為陰與陽，它是從個別的、具體的物體中抽象出來的一般性質，是理性認識的物件。除此之外，《國語》、《左傳》中還有不少與"陰陽"觀念有關的記載。譬如：

"於是乎氣無滯陰，亦無散陽。陰陽序次，風雨時至；嘉生繁祉，人民和利；物備樂成，上下不罷，故曰'樂正'[7]。"

"故天無伏陰，地無散陽，水無沈氣，火無災燀；神無閑行，民無淫心；時無逆數，物無害生[8]。"

"天道皇皇，日月以為常。明者以為法，微者則是行。陽至而陰，陰至而陽；日困而還，月盈而匡[9]。"

---

5) 《春秋繁露·為人者天》。
6) 梁啟超：《陰陽五行說之來歷》，《古史辨》第五冊，上海古籍出版社1982年版。
7) 《國語·周語下》。
8) 《國語·周語下》。
9) 《國語·周語下》。

"因陰陽之恒，順天地之常[10]。"

"古之善用兵者，因天地之常，與之俱行。後則用陰，先則用陽[11]。"

　　《國語》、《左傳》中出現的"陰陽"，已是比較成熟的陰陽思想。我們藉此可以推斷，帶有哲學含義的陰陽觀念至遲在西周末年已經萌生。在陰陽理論的邏輯演變過程中，《易傳》起著一個比較特殊的作用。《易傳》以陰陽氣論解讀《周易》，進探討宇宙生成及其運動變化內在規律，進而提出"一陰一陽之謂道"命題。援陰陽入易學，《周易》由此在體系上圓通而具理性。《莊子‧天下》篇在論述六家要旨時說："易以道陰陽"。司馬遷在《史記》中又說："易以道論"。《易傳》則說："生生之謂易"，"觀變於陰陽而立卦"。幾位先哲都強調《周易》是以陰陽之道，解釋宇宙世界的規律和本質。董仲舒進而用陰陽學說來闡釋倫理道德觀念的正當性與合法性。"王道之三綱，可求於天[12]。""三綱"概念由來已久，有的學者認為"三綱"思想可上溯至《韓非子》，《韓非子‧忠孝》雲："臣之所聞曰：'臣事君，子事父，妻事夫，三者順則天下治，三者逆則天下亂，此天下之常道也。'" 這一觀點可能是一誤讀，董仲舒的"三綱"思想的源頭應當是孔子所言"君君、臣臣、父父、子子"，君臣、父子皆應循"道"，此處之道也就是天道。《白虎通‧綱紀》篇從陰陽學說角度對董仲舒的"三綱"作了解釋，這一詮釋與孔子和董仲舒思想在邏輯上是貫通無礙的，"君臣、父子、夫婦，六人也，所以稱三綱何？ 一陰一陽謂之道，陽得陰而成，陰得陽而序，剛柔相配，故六人為三綱。"董仲舒認為，陰陽之道包含兩個方面的內涵：其一，陰陽相合，"凡物必有合。合，必有上，必有下，必有左，必有右，必有前，必有後，必有表，必有裏。有美必有惡，有順必有逆，有喜必有怒，有寒必有暑，有晝必有夜，此皆其合也。陰者陽之合，妻者夫之合，子者父之合，臣者君之合，物莫無合，而合各有陰陽[13]。""合"即對偶，《春秋繁露‧楚莊王》雲："百物必有合偶"。父子之合源自陰陽之合，"合"意味著亙古不移和互為前提，父子關係由此獲得了存在神聖性；其二，陰陽相兼。"陽兼于陰，陰兼于陽，夫兼于妻，妻兼于夫，父兼于子，子兼于父，君兼於臣，臣兼於君。君臣、父子、夫婦之義，皆取諸陰陽之道[14]。" 陰陽之氣無所不在，陰陽之道無所不攝。父子之義出自陰陽之道，陰陽不可易，父子之義也不可易。既然如此，以表徵父子倫理關係為代表的孝等倫理道德體系，從而也就獲得了形而上的證明。

　　其二，五行理論。五行生克理論可能早在春秋時代就已經出現。值得注意的是，董仲舒思想體系中的五行學說與眾不同。首先，五行的排列次序不同。《尚書‧洪范》篇為一水、二火、三

---

10)《國語‧周語下》。

11)《國語‧周語下》。

12)《春秋繁露‧基義》。

13)《春秋繁露‧基義》。

14)《春秋繁露‧基義》。

木、四金、五土，≪素問≫、≪淮南子≫五行排序與≪尚書≫雷同。但是，董仲舒將五行排列為：一木、二火、三土、四金、五水；其次，董仲舒別出心裁地構建了"五行相生"和"五行相受"理論。五行相生為："木，五行之始也；水，五行之終也；土，五行之中也。此其天次之序也。木生火，火生土，土生金，金生水，水生木，此其父子也[15]。"五行相受為："木居左，金居右，火居前，水居後，土居中央，此其父子之序，相受而布。是故木受水，而火受木，土受火，金受土，水受金也。諸授之者，皆其父也；受之者，皆其子也。常因其父以使其子，天之道也[16]。"五行並不單純地指謂宇宙生成論意義上的五種質料，實際上它還蘊涵更多的人文象徵。五行就是五種德行，而且這種德行是先在性的。"故五行者，乃孝子忠臣之行也。五行之為言也，猶五行與[17]?"具體就父子關係而言，孝存在的合法性何在呢？≪孝經≫曾經說"夫孝，天之經，地之義"，但是≪孝經≫作者並未具體論證孝何以是"天之經，地之義"？漢代董仲舒對這一問題作了形而上闡述，這是儒家孝論邏輯進程上的一大躍進："河間獻王問溫城董君曰：'≪孝經≫曰："夫孝，天之經，地之義"，何謂也?'對曰：'天有五行，木火土金水是也。木生火，火生土，土生金，金生水。水為冬，金為秋，土為季夏，火為夏，木為春。春主生，夏主長，季夏主養，秋主收，冬主藏。藏，冬之所成也。是故父之所生，其子長之；父之所長，其子養之；父之所養，其子成之。諸父所為，其子皆奉承而續行之，不敢不致如父之意，盡為人之道也。故五行者，五行也。由此觀之，父授之，子受之，乃天之道也。故曰：夫孝者，天之經也。此之謂也[18]。'"董仲舒從陰陽五行、天人感應哲學出發，認為五行理論中蘊涵父子之道。換言之，父子之道出自五行相生理論。所以五行又可稱之為"五行"，"五行"即五種德行。何謂"地之義"？董仲舒解釋說："地出雲為雨，起氣為風。風雨者，地之所為。地不敢有其功名，必上之於天。命若從天氣者，故曰天風天雨也，莫曰地風地雨也。勤勞在地，名一歸於天。非至有義，其孰能行此？故下事上，如地事天也，可謂大忠矣。土者，火之子也。五行莫貴於土。土之於四時無所命者，不與火分功名。…忠臣之義，孝子之行，取之土。…此謂孝者地之義也[19]。"土是火之子，土生萬物而不爭功，將功名歸之於天。土有忠孝之德，所以"孝子之行"源自土德。從這些論述中，我們不難看出董仲舒的證明多少有點倒果為因、循環論證，但是，力圖從形而上高度論證孝存在之正當性，卻是董仲舒非常明確的奮鬥目標。而且因循董仲舒這一思維模式，父子之間的諸多倫理規範可以得到圓融無礙的詮釋：

---

15) ≪春秋繁露·五行之義≫。
16) ≪春秋繁露·五行之義≫。
17) ≪春秋繁露·五行之義≫。
18) ≪春秋繁露·五行對≫。
19) ≪春秋繁露·五行對≫。

子女為何要孝敬父母? "法夏養長木,此火養母也[20]。"

父子之間為何要相隱? "法木之藏火也[21]。"

子女為何應諫親? "子之諫父,法火以揉木也[22]。"

子為何應順于父? "法地順天也[23]。"

主幼臣攝政,何法? "法土用事于季孟之間也[24]。"

漢以孝治天下,何法? "臣聞之于師曰:'漢為火德,火生於木,木盛於火,故其德為孝,其象在≪周易≫之≪離≫'。夫在地為火,在天為日。在天者用其精,在地者用其形。夏則火王,其精在天,溫暖之氣,養生百木,是其孝也。冬時則廢,其形在地,酷熱之氣,焚燒山林,是其不孝也。故漢制使天下誦≪孝經≫,選吏舉孝廉[25]。"

既然以孝為代表的倫理道德觀念起源於天,是"天之道"在人類社會的外現。那麼,如何協調天人之道,人之道如何遵循天之道而行,就成為人類自身必須正確認識與處理的現實問題。董仲舒在≪治水五行≫與≪五行變救≫中探索了這一問題,他認為,在"土用事"的72天中,人事應該循土德而行,"土用事,則養長老,存幼孤,衿寡獨,賜孝弟,施恩澤,無興土功[26]。" 實際上,在倫理道德層面"法天而行",已不再是一個"是否可能"的哲學認識論問題,而是一個形而下的、勢在必行的社會現實問題。按照董仲舒天人感應的宇宙模式理論,地震、水雹之災、日月之食從來就不是一個單純的自然現象,而是賦予了眾多的人文意義。譬如,假若狂風暴雨不止,五穀不收,其原因在於"不信仁賢,不敬父兄,淫泆無度,宮室榮[27]。" 諸如此類的自然災害是天之"譴告",是"天"以他獨具一格的形式警告人類。因此,如何改弦更張,使人之道完整無損地循天之道而行,成為人們自我救贖的唯一出路:"救之者,省宮室,去雕文,舉孝悌,恤黎元[28]。"

三. 以"理"論孝:朱熹孝論的哲學意義

以張載為代表的氣本論哲學和以二程、朱熹為代表的理本論哲學,二者營壘分明,觀點多有抵

---

20) ≪白虎通·五行≫。

21) ≪白虎通·五行≫。

22) ≪白虎通·諫諍≫。

23) ≪白虎通·五行≫。

24) ≪白虎通·五行≫。

25) ≪後漢書·荀爽傳≫。

26) ≪春秋繁露·治水五行≫。

27) ≪春秋繁露·五行變救≫。

28) ≪春秋繁露·五行變救≫。

牾。張載哲學經常受到朱熹的批評，"《正蒙》之言，恐不能無偏[29]。"但是，觀點的對立並不等同于思維路向的迴異。張載從哲學本體的高度論證倫理道德之起源，為人倫道德的合法性尋求終極性哲學說明；二程和朱熹的理本論哲學也是將人倫道德與哲學本體相"掛搭"，為人倫道德尋覓哲學依據。二者雖然哲學立場不同，但都否認人倫道德是歷史發展到一定階段而產生的社會意識形態，而是將其看成是哲學本體先驗性內在屬性的澄明與凸現。

二程認為，"人倫者，天理也[30]。"人倫道德源于天理，是天理的社會化外現。何謂"人倫"？孟子曾經有一界定："人之有道也，飽食煖衣，逸居而無教，則近於禽獸。聖人有憂之，使契為司徒，教以人倫：父子有親，君臣有義，夫婦有別，長幼有序，朋友有信[31]。""人倫明於上，小民親於下[32]。"仁義禮智是天理內在的屬性，外顯於社會關係準則上則具體體現而為人倫道德觀念。在理學發展史上，正是由於二程將倫理範疇、倫理觀念與哲學本原理論相統一，才標誌著宋代理學的最終確立。基於此，二程詳盡論述了儒家倫理與天理的內在關係："視聽言動，非理不為，即是禮，禮即是理也。不是天理，便是私欲。人雖有意於為善，亦是非理。無人欲即皆天理[33]。"人的視聽言動，離不開禮之規範，這個禮就是天理。仁義禮智是禮之具體規定，合禮之言行就是天理之流行，凡"非禮"即是"私欲"。"父子君臣，天下之定理，無所逃於天地之間[34]。"父慈子孝，兄友弟悌，君尊臣卑，既然都是"天下之定理"，自然有其當而不可易之理，依循"天下之定理"而行，也就成了人類順應天理之表現。"禮者，理也，文也。理者，實也，本也。文者，華也，末也[35]。"禮是文，理是本；禮是理之社會化表達。基於此，程頤進而提出應注重後天道德化踐履，不斷自我超越，實現理想人格境界——聖人。"聖人，人倫之至。倫，理也。既通人理之極，更不可以有加[36]。""人理"出於天理，通人理也就是通天理。聖人是儒家設計出來的理想人格境界，要臻於這一生命境界，就必須循"仁"而行："仁，理也。人，物也。以仁合在人身言之，乃是人之道也[37]。"仁是天理之體現，以仁合人，就是將天理與人道相結合，這正是二程宣導"人倫者，天理也"思想之目的。從形而上學高度為人倫道德的存在正當性進行論證，二程哲學的這一思維方式和觀點，無疑深刻地影響了朱熹思想的發展走向。朱熹同樣認為，宇宙本根先驗性地呈現出某種道德特性，人類社會倫理道德觀念及其價值體系存在之合法性可從哲學高度得到論證。換言之，在朱熹思想體系中，理既是宇宙起源之實然，又是人倫道德應然之本源。細而論

---

29) 朱熹：《答潘子善》，《朱熹集》卷六十，四川教育出版社1996年版，第3126頁。
30) 《河南程氏外書》卷七，《二程集》，中華書局1981年版，第394頁。
31) 《孟子·滕文公上》。
32) 《孟子·滕文公上》。
33) 《河南程氏遺書》卷十五，《二程集》，第144頁。
34) 《河南程氏遺書》卷五，《二程集》，第77頁。
35) 《河南程氏粹言》卷一，《二程集》，第1177頁。
36) 《河南程氏遺書》卷十八，《二程集》，第182頁。
37) 《河南程氏外書》卷六，《二程集》，第391頁。

之，在朱熹思想體系中，作為人倫道德應然之本源的理，可從兩方面解讀：

1. "理便是仁義禮智"

朱熹認為，天理是一"穀種"，是一百無欠缺的自在之物，人倫道德自然也是這一宇宙大"種子"的內在屬性之一。"所論'仁'字，殊未親切，而語意叢雜，尤覺有病。須知所謂心之德者，即程先生谷種之說。所謂愛之理者，則正所謂仁是未發之愛，愛是已發之仁耳。只以此意推之，更不須外邊添入道理，反混雜得無分曉處。若於此處認得仁字，即不妨與天地萬物同體。若不會得，而便將天地萬物同體為仁，卻轉見無交涉矣。仁、義、禮、智，便是性之大目，皆是形而上者，不可分為兩事[38]。""理者物之體，仁者事之體。事事物物，皆具天理，皆是仁做得出來。仁者，事之體。體物，猶言幹事，事之幹也[39]。" 理是本體，仁是理在人倫關係中的具體落實；天下萬物都完美無缺地凸現天理之本質，天下萬事都以仁為準則。從這一邏輯思路出發，理成為人倫道德之終極根據，而仁義禮智信"五常"則是天理之分名。"天理既渾然，然既謂之理，則便是個有條理底名字。故其中所謂仁、義、禮、智四者，合下便各有一個道理不相混雜。以其未發，莫見端緒，不可以一理名，是以謂之渾然。非是渾然裏面都無分別，而仁、義、禮、智卻是後來旋次生出四件有形有狀之物也。須知天理只是仁、義、禮、智之總名，仁、義、禮、智便是天理之件數[40]。" 天理渾然不可分，天理與仁義禮智信"五常"的關係不是本原與派生物之間的關係，而是本原與屬性之間的關係。仁義禮智並非由理"旋次生出"，理是人倫道德的"總名"，仁義禮智信則是天理之"件數"。二程曾指明"人倫者，天理也"，這已從哲學高度將人倫定性為天理內在之屬性，朱熹只是在二程思考基礎上繼續深入論證。"問：'既是一理，又謂五常，何也?' 曰：'謂之一理亦可，五理亦可。以一包之則一，分之則五。' 問分為五之序，曰：'渾然不可分[41]。'""一理"是人倫道德之總名，"全無欠闕[42]"，故可"包之"；"五常"是天理之澄現，"理，只是一個理。……且如言著仁，則都在仁上；言著誠，則都在誠上；言著忠恕，則都在忠恕上；言著忠信，則都在忠信上[43]。" 仁義禮智是天理落實在每一人倫關係上的"一個道理"，如果豁然貫通，"便都是一理[44]。""五常"作為天理內在屬性，本身無形無象，須借助於事親、從兄等具體道德行為才能表露出來："理便是仁義禮智，曷常有形象來? 凡無形者謂之理，若氣，則謂之生也[45]。""仁義只是

---

38) 朱熹：《答周舜弼》，《朱熹集》卷五十，第2464頁。
39) 《朱子語類》卷九十八，黎靖德編：《朱子語類》，中華書局1986年版，第2510頁。
40) 朱熹：《答何叔京》，《朱熹集》卷四十，第1885頁。
41) 《朱子語類》卷六，第100頁。
42) 《朱子語類》卷六，第100頁。
43) 《朱子語類》卷六，第100頁。
44) 《朱子語類》卷九十八，第2519頁。
45) 《朱子語類》卷八十三，第2168頁。

理，事親從兄乃其事之實也[46]。" 理是體，事親從兄是用，仁義道德通過具體的道德化行為表現出來。"灑掃應對是事，所以灑掃應對是理[47]。" 二程嘗言灑掃應對是"形而上"，朱熹進一步解釋說：灑掃應對蘊涵著"所以灑掃應對"之理，因此理具有客觀實在性。仁義禮智信之體是實，其發見為用也是實。他把道德原則歸結為實有，而以此來規範人們的思想言行，這是其天理自然思想在人倫道德領域裏的貫徹。"理一也，以其實有，故謂之誠；以其體言，則有仁、義、禮、智之實；以其用言，則有惻隱、羞惡、恭敬、是非之實。故曰五常百行非誠，非也。蓋無其實矣，又安得有是名乎[48]？" 朱熹以"誠"訓"理"，意在說明理是一"實有"。有其實，故有其名。朱熹把以仁義禮智信為內涵的理實有化，目的在於為儒家倫理的合法性尋求哲學依據。

二程嘗言："天子之理，原其所自，未有不善[49]。" 既然理先驗性地彰顯出"善"這一道德特性，社會倫理道德規範中的仁義禮智信價值觀念又是天理內在屬性之澄明。那麼，沿著這一致思路向推導下去，有生命的和無生命的宇宙萬物都應先在性地稟受道德屬性。"天地以生物為心者也。而人物之生，又各得夫天地之心以為心者也。故語心之德，雖其總攝貫通，無所不備，然一言以蔽之，則曰仁而已矣。請試詳之，蓋天地之心，其德有四，曰元、亨、利、貞，而元無不統。其運行焉，則為春、夏、秋、冬之序。而春生之氣，無所不通。故人之為心，其德亦有四，曰仁、義、禮、智，而仁無不包。其發用焉，則為愛恭宜別之情，而惻隱之心，無所不貫。故論天地之心者，則曰乾元、坤元，則四德之體用，不待悉數而足。論人心之妙者，則曰仁，人心也。則四德之體用，亦不待偏舉而該。蓋仁之為道，乃天地生物之心，即物而在。情之未發，而此體已具；情之既發，而其用不窮。誠能體而存之，則眾善之源、百行之本，莫不在是[50]。" 張載之氣與朱熹之理，究其本質，其實兩者在哲學性質上有相通之處。理與氣都是活潑潑的、充滿"生氣"的世界本原，理與氣都是"天地之心"存在之哲學依據。正因為理具有此哲學"基因"，才能證明"天地之心"的客觀實有性，有了"天地之心"，便有了天地之德"元亨利貞"。與此相對應，人倫之德顯現為仁義禮智。人倫之德是天地之心在人心中的外現，因此人在本質上都完好無損地先在性稟受了仁義禮智四德。"且以仁言之：只天地生這物時便有個仁，它只知生而已。從他原頭下來，自然有個春夏秋冬，金木水火土。故賦於人物，便有仁義禮智之性[51]。" 朱熹將五行、四時和五常相配搭，揭示這三者只不過是天理在不同界域的存在證明。"緣他本原處有個仁愛溫和之理如此，所以發之于用，自然慈祥惻隱[52]。" 春華秋實、父慈子孝，其間道理都一樣，皆蘊涵一"仁愛

---

46) 朱熹：《答石子重》，《朱熹集》卷四十二，第1992頁。
47) 朱熹：《答石子重》，《朱熹集》卷四十二，第1989頁。
48) 朱熹：《答鄭子上》，《朱熹集》卷五十六，第2876頁。
49) 《朱子語類》卷八十三，第2159頁。
50) 朱熹：《仁說》，《朱熹集》卷六十七，第3542頁。
51) 《朱子語類》卷十七，第383頁。
52) 《朱子語類》卷十七，第383頁。

溫和之理"。楊時曾就孟子思想與人論辯，楊時問對方：見到孩童跌落井中，心中為何會滋生惻隱之情？ 對方答："自然如此。"楊時不滿意對方這一答復，他認為應當一直追問下去。譬如，人有惻隱之心是否可能？ 何以可能？ 窮根究底到盡頭，就會發現源頭活水乃是天理。"蓋自本原而已然，非旋安排教如此也[53]。" 既然"天下無性外之物[54]"，既然天地萬物都先在性稟具仁義禮智信"五常"之德，至少在邏輯上承認禽獸也稟受了"五常"成為無法回避之問題。對於這一問題，朱熹作了如下回答："問：'性具仁義禮智？' 曰：'此猶是說成之者性。'"上面更有"一陰一陽"，"繼之者善"。只一陰一陽之道，未知做人做物，已具是四者。雖尋常昆蟲之類皆有之，只偏而不全，濁氣間隔[55]。既然"人物之性一源"，當然禽獸也具"五常"之德。人獸之別僅僅在於：人能稟受"五常"之全體，禽獸由於氣稟有別，只能得"五常"之偏："氣相近，如知寒暖，識饑飽，好生惡死，趨利避害，人與物都一般。理不同。如蜂蟻之君臣，只是他義上有一點子明。虎狼之父子，只是仁上有一點子明，其他更推不去。恰似鏡子，其他處都暗了，中間只有一兩點子光[56]。" 朱熹將"性"比喻為日光，人性得"性"之全和形氣之"正"，受日光大；物性得"性"之偏，受日光小，因而只"有一點子明"。"性如日光，人物所受之不同，如隙竅之受光有大小也[57]。" 虎狼有"仁"，蜂蟻有"義"，儘管只"有一點子明"，但畢竟"有一兩點子光"。在邏輯學意義上，有什麼樣的大前提，就將推導出什麼樣的結論。"理無不善[58]"，既然設定天理先在性地彰顯出道德特性，就必然會得出人類和動物同樣皆具有道德屬性的結論來。而假定要否定這一結論，首當其衝的是，你必須否定導致這一結論的邏輯前提。

2. "性即理"

"性"字最遲在《尚書·召誥》篇已出現："王先服殷禦事，比介於我有周禦事，節性，惟日其邁。王敬作所，不可不敬德。" 性即性情[59]，孔子嘗言："天生德於予"。孟子繼而提出"盡心 —— 知性 —— 知天"邏輯結構，《中庸》開宗明義，提出"天命之謂性"，即性為天之所命或天所賦予。"天"既含有主宰之意，也蘊涵倫理道德意義。思孟學派與孔子思想不同之處就在於：思孟學派有意識地增強儒家思想的哲學思辯色彩。孔子當年只是在道德實踐範圍內探討人性問題，《中庸》作者則將其提升到哲學本體高度。他們所說的"性"不單純指人性，也指物性，是一個外延比

---

53) 《朱子語類》 卷十七，第383頁。
54) 《朱子語類》 卷四，第56頁。
55) 《朱子語類》 卷四，第56頁。
56) 《朱子語類》 卷四，第57頁。
57) 《朱子語類》 卷四，第58頁。
58) 《朱子語類》 卷四，第68頁。
59) "節性"一說在郭店竹簡《性自命出》中也有記載："凡性，或動之，或逆之，或節之，或厲之，或出之，或養之，或長之。凡動性者，物也；逆性者，悅也；節性者，故也；厲性者，義也；出性者，勢也；養性者，習也；長性者，道也。"

較大的哲學範疇。朱熹釋"天命之為性，率性之為道，修道之為教"："性，即理也。天以陰陽五行化生萬物，氣以成形，而理亦賦焉，猶命令也。於是人物之生，因各得其所賦之理，以為健順五常之德，所謂性也[60]。"在理與性關係上，朱熹認為性源於理，"性者，渾然天理而已[61]。"在朱熹哲學邏輯結構中，無極是指理的本然狀態，無極即理，因而理被解釋為性之源泉。在朱子哲學中，有"理之性"和"氣質之性"之分，"理之性"先驗蘊涵"健順五常之德"，這一觀點顯然是對思孟學派思想之深化。"五常"一詞雖然在≪中庸≫始終沒有出現，但為人倫之德尋求形而上學支援卻是自思孟學派以來儒家一以貫之之傳統。"性即理"命題並不是朱熹的發明，第一次提出這一命題的人是程頤。"性即理也，所謂理，性是也。天下之理，原其所自，未有不善[62]。""伊川先生言，性即理也。此一句自古無人敢如此道。心則知覺之在人而具此理者也。橫渠先生又言，由太虛有天之名，由氣化有道之名，合虛與氣有性之名，合性與知覺有心之名，其名義亦甚密，皆不易之至論也[63]。"朱熹對二程的這一哲學命題給予了高度評價："伊川'性即理也'四字，顛撲不破，實自己上見得出來[64]。""伊川'性即理也'，自孔孟後，無人見得到此[65]。"在另一哲學層面上，二程"性即理也"命題實際上也是對≪中庸≫"天命之謂性"思想的繼承與發揮。思孟學派"天命"的內涵為"誠"，二程只不過是將"誠"偷換成了"理"而已。朱熹對"性"的來源問題非常重視，"'論性不論氣，不備；論氣不論性，不明。'蓋本然之性，只是至善。然不以氣質而論之，則莫知其有昏明開塞，剛柔強弱，故有所不備。徒論氣質之性，而不自本原言之，則雖知有昏明開塞、剛柔強弱之不同，而不知至善之源未嘗有異，故其論有所不明。須是合性與氣觀之，然後盡。蓋性即氣，氣即性也。若孟子專於性善，則有些是'論性不論氣'；韓愈三品之說，則是'論氣不論性[66]'。"如果不瞭解"性"源於何處，當然也不可能瞭解理之源頭；不瞭解性之來源，也就無法參悟性之本質。因此，孟子、荀子和韓愈對性的理解都有偏差，"今乃以其習熟見聞者為餘事，而不復精察其理之所自來，顧欲置心草木器用之間，以伺其忽然而一悟，此其所以始終本末判為兩途而不自知其非也[67]。"朱熹認為，只有程頤"性即理"命題，真正說透了性之本質。

朱熹認為，性先驗蘊涵仁、義、禮、智、信"五常"。"窮理，如性中有個仁義禮智，其發則為惻隱、羞惡、辭遜、是非[68]。""然嘗聞之，人之有是生也，天固與之以仁、義、禮、智之性…[69]。"

---

60) 朱熹：≪四書章句集注≫(中庸章句)，中華書局 1983年版，第17頁。

61) ≪朱子語類≫ 卷九十五，第2427頁。

62) ≪河南程氏遺書≫ 卷二十二上，≪二程集≫，第292頁。

63) 朱熹：≪答徐子融≫，≪朱熹集≫ 卷五十八，第2962頁。

64) ≪朱子語類≫ 卷五十九，第1387頁。

65) ≪朱子語類≫ 卷五十九，第1387頁。

66) ≪朱子語類≫ 卷五十九，第1387~1388頁。

67) 朱熹：≪雜學辨‧呂氏大學解≫，≪朱熹集≫ 卷七十二，第3792頁。

68) ≪朱子語類≫ 卷九，第155頁。

69) 朱熹：≪甲寅行宮便殿奏劄二≫，≪朱熹集≫ 卷十四，第546頁。

"臣又嘗竊謂自天之生此民，而莫不賦之以仁、義、禮、智之性，敍之以君臣、父子、兄弟、夫婦、朋友之倫，則天下之理，固已無不具於一人之身矣[70]。" 從 "天固與之"、"莫不賦之" 等表述可以看出，仁、義、禮、智之性是一種確定不移的客觀實在，這一客觀實在不是通過哲學或邏輯論證獲得其存在合理性，而是通過人人具有的 "良心"、"良能" 獲得心理上的印證。此外，朱熹對性範疇所作的界定，過於注重其倫理性而忽略其中的自然性。因此，從性與 "五常" 邏輯關係分析，性應是屬概念，仁、義、禮、智、信是種概念。"性是實理，仁義禮智皆具[71]。" "性是理之總名，仁、義、禮、智皆性中一理之名。惻隱、羞惡、辭遜、是非是情之所發之名，此情之出於性而善者也[72]。" 既然性範疇之內涵是仁、義、禮、智，那麼將朱熹之人性論，歸納為 "性善說" 並不為過："性無不善[73]。" "性不可言。所以言性善者，只看他惻隱、辭遜四端之善則可以見其性之善，如見水流之清，則知源頭必清矣。四端，情也，性則理也。發者，情也，其本則性也，如見影知形之意[74]。" "人之性皆善。然而有生下來善底，有生下來便惡底，此是氣稟不同[75]。" 性出自天理，是天理在人心之彰顯。因此從天理層面評價，性純粹是善。性惡源自氣稟，是氣之偏。氣稟之惡恰恰從反面證明性即理、性在本質上是善。

通而論之，朱熹思想體系中的 "性"，其哲學特點可歸納為三點：

其一，性形而上、無形、不可見、不可言說。"性不是卓然一物可見者[76]。" 理是形而上的哲學最高概念，作為天理之流行的性同樣也具有形而上之特徵。"性者，人之所得於天之理也；生者，人之所得於天之氣也。性，形而上者也；氣，形而下者也。人物之生，莫不有是性，亦莫不有是氣[77]。" 性源於理，性與理一樣具有先在性和永恆性特點。生命個體消亡，性仍然永恆存在。"道即性，性即道，固只是一物[78]。" "性猶太極也，心猶陰陽也。太極只在陰陽之中，非能離陰陽也。然至論太極，自是太極；陰陽自是陰陽。惟性與心亦然。所謂一而二，二而一也。韓子以仁義禮智信言性，以喜怒哀樂言情，蓋逾於諸子之言性。然至分三品，卻只說得氣，不曾說得性[79]。" "性是形而上者，氣是形而下者。形而上者全是天理，形而下者只是那查滓。至於形，又是查滓至濁者也[80]。" 道與太極皆是天理之別名，以道、太極比喻性，旨在說明性也具有形而上特性。此外，朱熹一再申明：性是天理，氣是渣滓，形是渣滓中之渣滓。基於此，實際上又可以

---

70) 朱熹：《經筵講義》，《朱熹集》卷十五，第572頁。
71) 《朱子語類》卷五，第83頁。
72) 《朱子語類》卷五，第92頁。
73) 《朱子語類》卷五，第92頁。
74) 《朱子語類》卷五，第89頁。
75) 《朱子語類》卷四，第69頁。
76) 《朱子語類》卷五，第83頁。
77) 朱熹：《孟子集注》卷十一，《四書章句集注》，第326頁。
78) 《朱子語類》卷五，第82頁。
79) 《朱子語類》卷五，第87~88頁。
80) 《朱子語類》卷五，第97頁。

推導出：理不可見、無形跡、不可直觀把握。性同樣也是無形跡、不可直觀體領："只是窮理、格物，性自在其中，不須求，故聖人罕言性[81]。""論性，要須先識得性是個甚麼樣物事。程子'性即理也，'此說最好。今且以理言之，畢竟卻無形影，只是這一個道理。在人，仁義禮智，性也。然四者有何形狀，亦只是有如此道理[82]。" 性無形影，也不可言說。"性不可說，情卻可說。所以告子問性，孟子卻答他情。蓋謂情可為善，則性無有不善[83]。" 性是未發，情是已發。性不是一具有空間特性的存在，所以"性不可說"。性只存在于仁義禮智四德中，只能通過後天社會化道德踐履，才能感悟"性"的形而上特質。性與理一樣，是"無"，但不是絕對的虛無。

其二，性是普遍性的、無所不在。性是理在人心之彰顯，理是先驗性的，超越時空，性也具備這一哲學特點："因看《語錄》'心小性大，心不弘於性，滯於知思'說，及上蔡雲'心有止'說，遂雲：'心有何窮盡？只得此本然之體，推而應事接物，皆是。故於此知性之無所不有，知天亦以此[84]。" 在朱熹理本論哲學中，理是先驗性的宇宙本原，氣是質料。性因為屬於理之內在"基因"，因而也獲得了與理同樣的先驗性特質。性先於氣而存在，氣有消亡之時，性卻永恆固存。"須知未有此氣，已有此性。氣有不存，性卻常在。雖其方在氣中，然氣自氣，性自性，亦自不相夾雜。至論其遍體於物，無處不在，則又不論氣之精粗而莫不有是理焉[85]。" 不可"指氣為性"，氣是有方所的實存，"指氣為性"將導致性"下墜"為一具體的存在。在朱熹看來，性與理一樣，是普遍性的，無處不在。不論有生命的人類、動物，還是無生命的山川河流，都有"性"。"天下無性外之物，而性無不在[86]。" 二氣五行，因氣稟之不同，天下萬物性質殊異，人所稟氣較明，動物所稟氣較暗。"人物性本同，只氣稟異[87]。" 但是，"性"作為一圓滿之"全體"，先在性地存在於萬物之中是不言自明之事實。因此，天下"無性外之物。""天下無無性之物。蓋有此物，則有此性；無此物，則無此性[88]。" 由此可以看出，朱熹哲學中的"性"，既指人之性，也指物之性。性分而為人性、物性，合則為一。人性、物性相同點在於：性緣起於理，理同而性同。"人物之生，同得天地之理以為性，同得天地之氣以為形；其不同者，獨人于其聞得形氣之正，而能有以全其性，為少異耳。雖曰少異，然人物之所以分，實在於此[89]。""性者，人物所得以生之理也。故者，其已然之跡，若所謂天下之故者也[90]。""問：'枯槁之物亦有性，是如何？'曰：'是他

---

81) 《朱子語類》卷五，第83頁。

82) 《朱子語類》卷四，第63~64頁。

83) 《朱子語類》卷五十九，第1380頁。

84) 《朱子語類》卷九十九，第2540頁。

85) 《答劉叔文》，《朱熹集》卷四十六，第2243~2244頁。

86) 朱熹：《太極圖說解》，《周子全書》卷一，中華書局1990年版，第5頁。

87) 《朱子語類》卷四，第58頁。

88) 《朱子語類》卷四，第5頁。實際上，二程和張載都主張"天下無性外之物"，但哲學立場有所不同。

89) 朱熹：《孟子集注》卷八，《四書章句集注》，第293~294頁。

90) 朱熹：《孟子集注》卷八，《四書章句集注》，第297頁。

合下有此理，故雲天下無性外之物[91]。" 天下人與物之所以"性本同"，是因為人與物皆是天理之派生物。理、性是普遍性的，無所不在，所以枯槁之物也有性，性是天下萬物共同本性。

其三，性是未發、未動。從"性即理"命題出發，包涵仁義禮智四德的性實質上又是絕對的倫理範疇，它不依賴于時空條件而先在性地存在。"理者，天之體；命者，理之用。性是人之所受，情是性之用[92]。""情之未發者，性也，是乃所謂中也，天下之大本也。性之已發者，情也，其皆中節，則所謂和也，天下之達道也。皆天理之自然也[93]。" 性與命同，皆是指天理"流行而賦於物者言之[94]"，性是人與物之所以存在之根據，性具有"虛"、"靜"、"中"之特點。儘管朱熹說性如同"一個根苗"，能生出君臣之義、父子之仁，但性是"虛[95]"。因此，性是未發、未動，情是已發、已動，情之發皆合禮則為和。"性對情言，心對性情言。合如此是性，動處是情[96]。" 性是體，情是用；性深微不發，通過現象的意識活動來彰顯。情則是一意識現象的範疇，情是性的外現，性是情的終極性根源。"心如水，性猶水之靜，情則水之流，欲則水之波瀾，但波瀾有好底，有不好底[97]。" 朱熹仿效程頤以水喻性，性如同"水之靜"，情如同"水之流"，人欲則如同"水之波瀾"，就其"寂然不動"而言，性是先驗性的、超越時空的，但其內涵又是具體的："孟子說：'惻隱之心，仁之端也'一段，極分曉。惻隱、羞惡、是非、辭遜是情之發，仁義禮智是性之體。性中只有仁義禮智，發之為惻隱、辭遜、是非，乃性之情也[98]。" 又說："以人之生言之，固是先得這道理。然才生這許多道理，卻都具在心裏。且如仁義自是性，孟子則曰'仁義之心'；惻隱、羞惡自是情，孟子則曰'惻隱之心，羞惡之心'。蓋性即心之理，情即性之用。今先說一個心，便教人識得個情性底總腦，教人知得個道理存著處。若先說性，卻似性中別有一個心。橫渠'心統性情'語極好[99]。" 仁義禮智之性作為一絕對的倫理觀念，不可言述、在天地之先而永恆長存，它通過人之情得以外顯。現實生活中的生命個體因氣稟不同，稟受之理之性不一，或全或偏，因而外現之情自然也有所不同。理作為一自本自根的宇宙本原，無處"安頓"與"掛搭"，只能借氣而"安頓"。與此同時，作為形而上的性也具有與理同樣的性質，也必須借氣而"安頓"："蓋天下無性外之物，本皆善而流於惡耳。如此，則惡專是氣稟，不幹性事，如何說惡亦不可不謂之性？曰：'既是氣稟惡，便也牽引得那性不好。蓋性只是搭附在氣稟上，既是氣稟不好，便和那性壞了'[100]。""'才

---

91) 朱熹：《孟子集注》卷八，《四書章句集注》，第326頁。
92) 《朱子語類》卷五，第82頁。
93) 朱熹：《太極說》，《朱熹集》卷六十七，第3536頁。
94) 《朱子語類》卷五，第82頁。
95) 《朱子語類》卷五，第88頁。
96) 《朱子語類》卷五，第89頁。
97) 《朱子語類》卷五，第93~94頁。
98) 《朱子語類》卷五，第92頁。
99) 《朱子語類》卷五，第92頁。
100) 《朱子語類》卷九十五，第2429頁。

說性時，便已不是性'者，言才謂之性，便是人生以後，此理已墮在形氣之中，不全是性之本體矣，故曰'便已不是性也'，此所謂'在人曰性'也。大抵人有此形氣，則是此理始具於形氣之中，而謂之性。才是說性，便已涉乎有生而兼乎氣質，不得為性之本體也。然性之本體，亦未嘗雜。要人就此上面見得其本體元未嘗離，亦未嘗雜耳。'凡人說性，只是說繼之者善也'者，言性不可形容，而善言性者，不過即其發見之端而言之，而性之理固可默識矣，如孟子言'性善'與'四端'是也[101]。"氣是理之質料，人、物因氣而生，性也是通過氣而尋求"安頓"與"搭附"。但是，這一表述並不意味著性不離氣，也不可等同於佛教所說的"別有一件物事在那裏[102]"。實際上，在朱熹哲學體系中，"性只是此理[103]"並非等同於"性是理"，而是意味著性源於理，性是理在人心之展現。因為性與理這一邏輯關係，因此性與理一樣，無形、抽象、靜止，性是沒有方所的絕對存在。

四．結語

通過反反復復的"找"（馮友蘭語），我們終於發現了深藏於儒家孝論背後的邏輯線索，也就是馮友蘭所說的"恢復一條龍出來[104]"：以孔子儒家為代表的原始儒家探究了"孝應如何行"，卻未回答"孝存在何以可能"這一更加關鍵性問題，也就是孝論存在正當性問題。《孝經》與《春秋繁露》的作者先後從天人關係的層面上，將"孝"論證為"天之道"的自我展現與自我運動，是"天"這一宇宙絕對法則在人類社會的外現。朱熹起而踵之，在"理"形而上高度為孝存在之正當性辯護。"理便是性"，仁、義、禮、智、孝等倫理道德觀念先驗性地包容於理本體之中，並因為理之先驗存在而獲得形而上證明。歷經前後三次哲學論證，儒家孝論的思辨性增強了，邏輯性提高了，孝由一普通的倫理範疇上升為哲學範疇，儒家孝論不僅實現了"形式上的系統"，也實現了"實質上的系統"。

101）《朱子語類》卷九十五，第2430頁。
102）《朱子語類》卷五，第92頁。
103）《朱子語類》卷五，第83頁。
104）參見馮友蘭：《中國哲學史新編》第一冊"全書緒論"，人民出版社1982年版，第38页。

Respect Only Yourself?
What Confucian Awe Could Mean for Today

顾 彬 | Bonn University

孔子经常提到"敬"。我们今天应该怎么理解这个概念，这是一个很大的问题。因为论语主张的敬畏意思都不一样，所以我们没有办法下一个统一的定义。

虽然"敬"可以看成一个非常重要的道德原则，但是它不属于四端。在欧洲哲学也是这样，它不算四个主要道德之一。另外，跟中国不一样，欧洲思想家除了古代希腊哲学家以外到了20世纪以后才开始多思考敬畏的问题。靠歌德对敬畏的理解，德国哲学家把敬畏变成一个重要的哲学课题。他们的认识帮助我们多了解孔子常用的"敬"这个汉字的意义。从他们的角度来看儒学的敬畏包括一个对家，国家，宗教和修养固定的态度。

因为现代性(modernity)允许人完全依赖自己走他自己的路，现代人(modern man)不再重视敬畏。不过，如果我们从孔子或从歌德的角度来看现代人的困惑，我们会发现，他的困惑跟失去敬畏的事实有密切的关系。只有敬畏可以帮助人类再发展真正的文化，修养，共同体等。

虽然报告是英文写的，作者要用中文发言。

Respect Only Yourself?
What Confucian Awe Could Mean for Today

Wolfgang Kubin | Bonn University

> We don't need no education,
> We don't need no thought control.
>> (Pink Floyd: Brick in the Wall)

> If there's no God, fine, then I am God.
>> (Gu Cheng 1993 in Berlin)

> Michael, crowning and knighting himself with a magic sword, declares,
> "I am the Primeval Self in you and I"
>> (Sharon Mesmer: Dang Latex Michael Jackson)

Traditional virtues do not have a real market nowadays; at least it seems so in the East as well as in the West. So it might look very odd that I come up with an old issue which can be easily criticized today as either a demand for servile subordination, or as belonging to the realm of metaphysics which are out of date for many contemporary scholars, just as traditional values are for contemporary youth.

I am going to talk about something which in English is called "awe," in German "Ehrfurcht," and in Chinese *jing* 敬. The Chinese term can be found in the *Analects* (Lunyu) of Confucius (551-479) more than twelve times, but it does not rank with the "four fundamental principles" (siduan 四端: humanity *ren*, rectitude *yi*, propriety *li*, and wisdom *zhi*) in Confucian thought, just as awe is not counted among the four cardinal virtues (wisdom, bravery, composure and justice) in European philosophy. Its place in Chinese history (of the mind) and in modern German philosophy can still be regarded as firm and high. Therefore it might come as a surprise that this key term of Confucianism appears to be neglected in Chinese studies abroad.[1]

If we can trust the study of Chinese characters by Li Leyi, we have to regard the character *jing* as a picture of doglike manner.[2] In German we would say "hündisch", and by characterizing a person as such, we would imply that he or she lacks self-respect and wants only to please his or her master. In this respect "awe" would be considered a poor attitude towards one's self and others. From this aspect we can understand why the youth of the May Fourth Movement (1919) in Peking once criticized Confucianism so heavily and wanted the Confucian shop closed down (dadao Kongjia dian, 打倒孔家店): According to their theory, if one wants to become the real master of one's own life, one must follow his or her insight of oneself alone.

Any revolution since 1789 intended nothing else but to overthrow authoritarian structures and to establish itself as the new master of others and of oneself. As I have tried to show in many recent articles, such a view of oneself as a rebel in spirit and in life is far too optimistic, for very often the revolutionaries do nothing else than replace the criticized for their own sake. Thus Friedrich Nietzsche (1844-1900) after his announcement of "God's Death" turns himself into Jesus, and Mao Zedong (1893-1976), after clearing away the old saints in Chinese temples, becomes the new saint in the very same surroundings once condemned by him. In any case where the rebels were once successful, they raised demands for a new kind of awe of them which goes hand in hand with the phenomenon of self-exaggeration. No Confucius (551-479) for example would ask for the title of "greatest leader" (weida lingxiu), but Mao Zedong does so.

I.

In philosophy awe is a very early and at the same time a very late term. We do find it in ancient Greek philosophy. In the dialogues of Plato it is called *eusebeia* (εὐσεβεία) and has a religious background, as its opposite *asebeia* means ungodliness. And we find it in ancient Chinese philosophy, too, perhaps more often than in Greek, anyhow not only in *Lunyu*. But strangely enough we do not come across it again in Europe until the 20th century. Perhaps since

---

1) The brilliant study of David L. Hall and Roger T. Ames: Thinking through Confucius. Albany: State University of New York Press 1987, does not mention this term in its index at all! The same is true for the glossary of key terms in Chun-chieh Huang: Konfuzianismus: Kontinuität und Entwicklung. Studien zur chinesischen Geistesgeschichte. Tr./ Ed. by Stephan Schmidt. Bielefeld: transcript 2009.

2) Li Leyi: Hanzi yanbian wubai li (Tracing the Roots of Chinese Characters): 500 Cases. Peking: Beijing yuyan xueyuan 1992, p.112.

Cicero (106-43) it was replaced by *pietas*, a term that incidentally comes close to its Chinese counterpart *xiao* 孝, as it maintains loyalty not only towards the family but also towards the state.

It is true that Johann Wolfgang von Goethe (1749-1832) had some important things to say about awe that, by the way, was never really defined in a very satisfactory way, but he did not elevate it into real philosophical theory which of course was not his duty at all. It is not before the beginning of the 20th century that awe, at least in Germany (or should I say in German speaking countries?), gains a very important position among conservative thinkers. Partially this was a response to the crisis that was felt since modernity has raised its head, but it also has to do with both World Wars, which were always at the bottom of the reflections of German philosophers since 1918 and especially after 1945.

Take Peter Wust (1884-1940) for instance, who taught at Münster University and could not foresee the end of WW II, but who belonged to clerical circles against Adolf Hitler. He understood awe as "the mother of all moral life", as a certain form of being (Seinshaltung), as the highest stage of all education, and as a way to see the deeper meanings of life. For him *hybris* was typical for that kind of modernity which did not acknowledge any limit. In this respect awe was for him the precondition of any true culture and epistemology.[3]

Or consider Otto Friedrich Bollnow (1903-1991), the representative of intercultural hermeneutics[4], who first aligned himself with the Nazis, then started reflecting upon awe in 1939, and finally declared his research as a means to cope with the barbarian years between 1939 and 1945. For him awe should be the essential trait of life, as it leads into the secrets of being, offering an insight into the holy aspect of god and man.[5]

But much earlier than Wust and Bollnow — not to speak of others — and with greater impact on his contemporaries and posterity was the Nobel laureate of 1952 Albert Schweitzer (1875-1965) with his theory of "awe of life" ("Ehrfurcht vor dem Leben") which he began developing in 1915.[6] The starting point of his thinking was the cognition that any kind of life continues its existence at the costs of other lives. What one has to do therefore is to reduce one's destroying forces

---

3) Marc Röbel: Staunen und Ehrfurcht. Eine werkgeschichtliche Untersuchung zum philosophischen Denken Peter Wusts. Berlin: LIT 2009, pp.203-290.

4) Cf. Wolfgang Gantke: Otto Friedrich Bollnows Philosophie interkulturell gelesen. Nordhausen: Bautz 2005.

5) Otto Friedrich Bollnow: Die Ehrfurcht. Wesen und Wandel der Tugenden. Würzburg: Königshausen & Neumann 2009 (= Schriften Vol. II).

6) Albert Schweitzer: Die Ehrfurcht vor dem Leben. Grundtexte aus fünf Jahrzehnten. Ed. by Hans Walter Bähr. Munich: Beck 1991 (6thedition); Claus Günzler: Albert Schweitzer. Einführung in sein Denken. München: Beck 1996, pp.88-166; Harald Steffahn: Albert Schweitzer. Reinbek bei Hamburg: Rowohlt 2000, pp.92-104.

as much as possible and to help others to live their life as securely as possible. This kind of awe of life also includes animals. It allows taking everything into consideration which is not one's self. In this respect a human being who follows these principles is quite different from modern man who is only capable of encountering himself[7]. As a typical example of reflecting solely upon one's self without paying any attention to others or society, consider the frequent demands of elder people in Germany to close down kindergartens or playing fields in their vicinity because of too much noise caused by children (a demand that German courts often follow).[8] I see no need to go into detail here and to show that the philosophy of awe quite naturally includes the awe of children as well.

Albert Schweitzer once complained that occidental philosophy did not really embody morality in its history. That is why he pleaded for a renaissance of ethics, also through the help of Chinese philosophy, especially through Confucius and Meng Zi (372-281). In *his History of Chinese Thought* (1937ff) which mentions awe very, very often, he understood Confucians as representatives of that kind of enlightenment that was formed by Europe in the 18th century but finally given up.[9]

How do we define awe from a German perspective? First let me say that this term is not given a very prominent place in German philosophical or theological reference books. This is very strange. Those among German thinkers who come closest to a relatively clear and useful definition of awe are Goethe and Bollnow. But what they define is of course not *awe* or *jing*, but *Ehrfurcht* which in German is a rather late word. It was first constructed by the German reformer Philipp Melanchthon (1497-1560) from the Latin word *referentia* and originally used as an adjective (*ehrfürchtig*, i.e. reverent). As a noun it cannot be found before 1698. After its first appearance in the oeuvre of the Baroque poet Andreas Gryphius (1616-1664) it becomes common after 1741. This rather short history of *Ehrfurcht* is quite different from its English counterpart *awe*, which is already existent in Old English many centuries prior to this.

More clearly than English *awe* or Chinese *jing*, German *Ehrfurcht* displays in a very obvious manner the two aspects of the necessary attitude towards the object of worship: the honour (Ehre) one offers and the fear (Furcht)[10] one feels in front of someone who is higher than one

---

7) According to my feeling for the German language the male form also includes women and children.

8) Cf. General Anzeiger (Bonn) October 22, 2010, p. 18. Corollary to this are certain hotels which do not allow children and demands from airline passengers for child-free flights see Die Welt October 30, 2010, p.R3.

9) Albert Schweitzer: Geschichte des chinesischen Denkens. Ed. by Bernhard Kaempf and Johann Zürcher. Epilogue by Heiner Roetz. Munich: Beck 2002.

10) As for fear in Chinese thought s. Rolf Trauzettel: Chinesische Reflexionen über Furcht und Angst: Ein Beitrag zur Mentalitätsgeschichte im Mittelalter und in der frühen Neuzeit, in: Saeculum 43.4 (1992), pp.307-324.

self. In this sense a German dictionary of philosophy defines *Ehrfurcht* this way.[11] It is

> [···] the ability to feel the high, great, magnificent which one when aspiring knows one self related to. It is the authority for the experience of any value any how. Here the meaning of life and of becoming man is revealing itself. In its highest form it is at the same time the awe of one self, of the superior of one's own life.

In order not to misunderstand the awe of one self, it is necessary to point to the difference between true and false awe of one self. In modernity awe of one self means the highest kind of self exaggeration that does not accept any one else next to one's own person. This is the false sense of awe. The right awe of one self only acknowledges what a higher being has provided us with. What we then honour in us is not us ourselves but something sacred that is bestowed upon us.

It is in this sense that in Goethe's novel *Wilhelm Meisters Wanderjahre*, under the influence of *The Canon of Filial Piety* (Xiaojing),[12] the awe of one self is called the highest form of awe.[13] It is an awe that implies the awe of god above, of the weak beneath, and of anything that is equal to us. One has to keep in mind that any of these four kinds of awe have to be learnt by men and are not given from birth. So the education of children to be reverential plays an important role in their upbringing.

Awe in the German sense is of a double nature: One honours someone and at the same time one is afraid of him. We should, however, not misunderstand the fear that is implied in *Ehrfurcht*. It is not real fear but a kind of distance from someone to whom one wants to show respect. So the other is not really threatening, but rather friendly. Otto Bollnow has paid special attention to this "tension of feelings" experienced during worship.[14] His insights help us also to better understand the religious dimensions of Confucius' sayings, as we shall see in a while.

---

11) Translated from Georgi Schischkoff (Ed.): Philosophisches Wörterbuch. Stuttgart: Kröner 1965 (17th edition), p.123. Usually I do not quote dictionaries, but as the definition is short and precise, I made an exemption.

12) Goethe read this Chinese classic of uncertain origin (probably 1st century B.C.) in Latin translation (1711), see Ingrid Schuster: Faszination Ostasien. Zur kulturellen Interaktion Europa-Japan-China. Aufsätze aus drei Jahrzehnten. Bern: Peter Lang 2007 (= Canadian Studies 51), pp.221-225.

13) Erich Trunz (Ed.): Goethes Werke (Hamburg Edition, 14 Vol.). Munich: Beck 1998. Vol. 8, p.157 (Wilhelm Meisters Wanderjahre 2.1). As for the deliberations of awe in general cf. pp.154-158. Cf. also Röbel, op. cit., pp.389-392.

14) Cf. Bollnow, op. cit., pp.34, 36f, 41.

For Bollnow awe and the sacred are inseparable. Holy is not only God outside of us—if man is the perfect likeness and image of God, there must be something sacred in every single person. In this sense having awe enables man to understand the secrets of existence, and all those who lack it cannot really grasp the mystery of life.

II.

The Chinese word now used for awe, *jing*, can basically not be found on oracle bone inscriptions. The reason is quite simple. Although the inscriptions on oracle bones often dealt with sacrifices, men during the Shang dynasty (1600-1046) had not yet learned to express their inner attitude towards their own actions. But the bronze inscriptions of both Zhou dynasties (1046-771, 770-256) do list the characters of *jing* and *wei* 畏 (to fear). And though the binomial *jingwei* 敬畏, which is now used in modern Chinese to express awe, can of course not be found in bronze inscriptions, it does appear, however, already at the end of antiquity in written documents like *Guanzi* and *Shiji* where it is said to bear the meaning of "honour" and "fear"![15] If this is true, *jingwei* would come close to German *Ehrfurcht*, as both words share "honour" and "fear" in the same sequence. But scholars like Zang Kehe (East China Normal University, Shanghai) see things differently.[16] This eminent teacher of oracle bone and bronze inscriptions understands *jingwei* as it is documented in the early classics as "circumspect and cautious" (谨慎小心). The same, he says, is true for the ancient meaning of *jing* which does not express a kind of "estimation", but something like "care".

As the *Analects* of Confucius make use of *jing* rather often, let us have a look at *Lunyu* and investigate our findings for further evidence. I want to approach it from different angles and keep in mind what German philosophers had to say much later.

According to *Lunyu* II.7[17] the virtue of *jing* allows to make and to discover a difference between man and animal. There we read:

子游问孝。子曰："今之孝者，是谓能养。至於犬马，皆能有养。不敬，何以别乎?"

---

15) Cf. Luo Zhufeng (Ed.): Hanyu Dacidian. Shanghai: Hanyu Dacidian 1990. Vol. 5, p.488.
16) So in his correspondence with me during Octobre 2010.
17) I count according to James Legge whose translations I also quote by making use of modern Hanyu pinyin.

Zi You wen xiao. Zi yue: "Jin zhi xiao zhe, shi wei neng yang. Zhiyu quanma, jie neng you yang. Bu jing, heyi bie hu?"

Zi Zou asked what filial piety was. The Master said, 'The filial piety of now-a-days means the support of one's parents. But dogs and horses likewise are able to do something in the way of support; —without reverence, what is there to distinguish the one support given from the other?'

It seems quite obvious that here *jing* must mean more than "care", because when one feeds one's animals, it is enough to be "circumspect" or— to follow Legge's translation— when even animals can feed their descendants and might even feed their own parents, they will of course not be able to behave in a reverential manner. Thus, the only way not to treat one's father or mother like pets or domestic animals is to show them one's reverence. Otherwise there would indeed be no difference between feeding cattle and feeding men.

In the context of the quotation above *jing* is bound to family norms, it describes the right attitude of children towards their heads of family. We find the same evidence in IV.18. The relationship in the above case would then be the relationship between beneath and above. As family and state are two sides of one coin in Chinese thinking the same must be true in politics: *jing* is the right manner in which common people interact with their superiors. See for instance II.20:

Ji Kangzi wen: "Shi min jing zhong yi quan, ruzhihe?" Zi yue: "Lin zhi yi zhuang, ze jing; xiaoci, ze zhong; ju shan er jiao buneng, ze quan."

季康子问："使民敬忠以劝，如之何?"子曰："临之以庄，则敬；孝慈；则忠；举善而教不能，则劝."

Ji Kangzi asked how to make the people revere their ruler, to be faithful to him and to compel themselves to virtue. The master said, 'Let him preside over them with gravity; —then they will revere him. Let him be filial and kind to all; —then they will be faithful to him. Let him advance the good and teach the incompetent; —then they will eagerly seek to be virtuous.'

Similar passages can be found in *Lunyu* again and again (XIII. 4, 19; XV.32). For the sake of a prosperous state there has to be a firm bond between a ruler and his people. This bond depends upon the right behaviour of the king or duke. The honour, the reverence (jing) that are given to him, are the immediate result of his self discipline which here is called "gravity" (zhuang). Thus the people do not revere those above in a blind way, but according to their achievements. Or to say it in the modern way: The ruler has to earn the respect of his subjects.

Jing not only characterizes the desired attitude in the realms of family and state, but also concerning religion. The most well-known, but most misunderstood quotation is the following (VI.20):

Fan Chi asked what constituted wisdom. The Master said, 'To give one's self earnestly to the duties due to men, and, while respecting spiritual beings, to keep aloof from them, may be called wisdom.' He asked about perfect virtue. The master said, 'The Man of virtue makes the difficulty to be overcome his first business, and success only a subsequent consideration; – this may be called perfect virtue.'

Fan Chi wen zhi. Zi yue: "Wu min zhi yi, jing guishen er yuan zhi, ke wei zhi yi." Wen ren. Yue: "Renzhe xian nan er hou huo, ke wei ren yi."

樊迟问知. 子曰："务民之义，敬鬼神而远之，可谓知矣." 问仁。曰："仁者先难而后获，可谓仁矣."

The origin of the rites (li 礼) has to do with ancestor worship.[18] The rites regulated how one had to behave in a temple and how one had to treat what was regarded as sacred. In this respect *li* (礼), which is homophone with *li* (离, keep off), is a kind of *tabu mana* which requires one to keep well away from the object of reverence.[19] Wisdom for Confucius therefore is to know how far one has to stay away from the gods (guishen) when paying respect to them. That is why rites and awe are inseparable. Rites cannot go without worship (Cf. III.26).

It is true that in politics and in religion the direction of *jing* is one-sided; it is the direction from beneath to above. But as soon as *jing* is exhorted as the right attitude of a gentleman (junzi), the direction is changed from above to beneath. See for instance XII.5:

司马牛忧曰："人皆有兄弟，我独亡." 子夏曰："商闻之矣。死生有命，富贵在天。君子敬而无失，与人恭而有礼，四海之内，皆兄弟也。君子何患乎无兄弟也?"

---

18) Peter Leimbigler: Der Begriff *li* als Grundlage des politischen Denkens in China. Ein Beitrag zur Begriffsgeschichte ethisch-politischer Termini, in: Hans Link et. al. (Ed.): China. Kultur, Politik, Wirtschaft. Tübingen: Erdmann 1976, pp.199-209.

19) For this kind of "turning away and turning to" (Abkehr und Hindrang) s. Röbel, op. cit., pp.386f, 391, 393.

Sima Niu you yue: "Ren jie you xiongdi, wo du wu." Zi Xia yue: "Shang wen zhi yi. Siwang you ming, fugui zai tian. Junzi jing er wu shi, yu ren gong er you li, sihai zhi nei, jie xiongdi ye. Junzi he huan hu wu xiongdi ye?"

Sima Niu, full of anxiety, said, 'Other men all have their brothers, I only have not.'
Zi Xia said to him, 'There is the following saying which I have heard: —
"Death and life have their determined appointment; riches and honours depend upon Heaven."
'Let the superior man never fail reverentially to order his own conduct, and let him be respectful to others and observant of propriety: — then all within the four seas will be his brothers. What has the superior man to do with being distressed because he has no brothers?'

Here *Jing* is only one virtue among others in order to make friends "all over the world". How should we understand this Chinese character? The translation above speaks of "reverence," other common translations speak of "self-respect" (William Edward Soothill) and of "prudence" (Richard Wilhelm). What is right? Probably "care", so it seems. We do not know what the object of *jing* here is, it might be a god, it might be a king or it might be also a friend, an equal. In the latter case we would translate it as "care [in one's attitude towards someone else]. Be it as it were, *jing* represents the right attitude towards "the other" and this attitude turns the world into a home full of brothers.

As a virtue awe (jing) has to be learnt by man. In this respect Confucius and Goethe are of the same opinion.[20] The *Analects* (XIV.45) have the following to say:

子路问君子。子曰："修己以敬。"曰："如斯而已乎?"曰："修己以安人。"曰："如斯而已乎?"曰："修己以安百姓。修己以安百姓。尧舜其犹病诸。"

Zilu wen junzi. Zi yue: "Xiu ji yi jing." Yue: "Rusi eryi hu?" Yue: "Xiu ji yi an ren." Yue: "Rusi eryi hu?" Yue: "Xiu ji yi an baixing. Xiu ji an baixing. Yao, Shun qi you bing zhu."

Zilu asked what constituted the superior man. The Master said, 'The cultivation of himself in reverential carefulness.' 'And is this all?' said Zilu. 'He cultivates himself so as to give rest to others', was the reply. 'And this is all?' again asked Zilu. The Master said: 'He cultivates himself so as to give rest to all the people. He cultivates himself so as to give rest to all the people: — even Yao and Shun were still solicitous about this.'

---

20) As for Goethe s. Goethe op. cit., p.154.

The primary matter of self cultivation is jing. It is the basis of peace in the world (tianxia), including the aristocracy (ren 人) and the common people (baixing 百姓). Though no object is given, we can assume that one has to learn to be careful in one's service for these two layers of society. As even the mythical emperors Yao and Shun were concerned about the difficulty to practice true jing, to learn jing is a task for one's whole life, a task which will never stop.[21]

What modernity means can be summarized by a well-known saying of Georg Wilhelm Friedrich Hegel (1770-1831): "We do not bow our knees any more!" In this sense it is quite understandable why modern man, when speaking, is only speaking of himself, is praising himself all the time. That is why the German philosopher Peter Sloterdijk (b. 1947), when commenting upon Nietzsche, once said that any speech in modern times is self-praise. This kind of self-respect would not be quite wrong if its true object were still something sacred as demanded by Goethe and Wust. But what man is praising is his unique individuality that makes him so different from anyone else and ultimately unable to live with others in any kind of community.

Modernity is also the epoch where man is said to be no longer the master in his own home (Sigmund Freud). He is split up into many personalities and does not experience himself as a complete person. He is this person and wants to become that person (Romano Guardini).

Without going too much into moralizing here it may be allowed to hint at the fact that depression has become an endemic disease and that more men die through suicide than by car accident. Man is less able and willing to build up a strong community. Happiness, however, is still the aim of modern man and society. It is in this respect, I think, that the notion of awe as it is represented by Confucius and by philosophers like Wust should be reconsidered. For both thinkers awe is the basis through which man becomes true man, forms a community, creates culture and thus gains happiness.[22]

---

21) Richard Wilhelm (Tr.): Kungfutse. Gespräche. Jena: Diederichs 1910, p.167f, speaks of the incompleteness Yao and Shun were aware of when they were applying themselves to reverence!
22) Röbel: op. cit., pp.292f, 296, 405ff, 414-429.

제5부

儒商精神在當代企業文化的影響和實踐

유상정신의 현대기업문화에 대한 영향과 실천

從陽明學觀點看靑岩的儒商精神

鄭仁在 | 西江大學校 名譽敎授

　　本文主題是闡明韓國現代企業家靑岩朴泰俊的儒商思想的面貌矣。在吾等社會特別關心于公正性，乃社會正義問題也。以儒家哲學言之，則義的問題也。義與利常有密接關係而亦有相反特徵，皆以爲個人私利與公的正義互有矛盾。儒家倫理強調先義後利，滅私奉公的態度，以爲民爲國奉事也。然在資本主義社會下，吾人生活在追求個人利益中。有時過度追求私利私慾，以發生社會問題。故以傳統儒家精神如何治療產業社會病廢，由是發生儒商的論議。

　　儒商之詞在中國邓小平改革開放以後，1990年初開始使用，邓小平爲中國經濟發展欲輸入新鮮血液，其後中國學者開始研究淸廉企業家的儒學精神謂之儒商。靑岩朴泰俊早已有儒商精神而吾人不知其思想已。今欲明由陽明哲學觀點看靑岩的儒商精神也。靑岩在多方面與王陽明類似，其中有親民思想、致良知、知行合一、異業同道、狂者的性格、事上磨煉、天地萬物爲一體等等。

　　陽明討伐山中盜賊，在寄門人書信中，曰："破山中賊易，破心中賊難。"靑岩在將校服務時節，決不屈服於高位，不當壓迫而亦不陷於請託誘惑。靑岩每日鑑自身而擊破心中賊也，以此每天發揮其心中良知矣。靑岩建設浦港製鐵所及浦項工大以報國也。陽明流配於龍場而超脫生死，曰："吾惟俟命而已。"靑岩亦類似經驗。靑岩在建設浦港製鐵所前日對其妻曰："吾不在此世之人，吾已俟命而覺悟捨生取義。"亦對其建設要員曰："以先祖之血吾等建設製鐵所，故若有失敗，則吾等當溺死於右面迎日灣，是謂右向右精神也。"陽明有狂者的性格，靑岩亦有狂者精神，曰："作任何事，若不爲狂者，則無一事能成功也。"

　　靑岩曰："鐵爲產業之米穀也。"以此轉換農業共同體爲產業社會。在農業經濟朱子學者仍有以士農工商區分其職業，而德本財末，士農本業而商工末業的本末論。然王陽明提示異業同道論，而主張四民平等論。靑岩亦批評朝鮮時代朱子學的四民本末論，而以陽明的四民平等觀，對工人曰："以自主管理拂拭朝鮮時代職業意識。"而肯定本人職業，勤勞者自身，開拓自己命運，以確立主體人格。靑岩將技術者昇爲聖人境地，而設機聖制度。

　　王陽明在〈大學問〉曰："大人者以天地萬物爲一體者也。依萬物一體觀，天下如何之物？　皆相互依存而互相感通以生。"大人以仁的心情感通天下萬物，故不忍人之心通於幼者及禽獸植物，甚至瓦石等。青岩亦有以機械爲有機體的哲學，曰："吾以工場全體爲生命體。"故在作業整備中，每機械卽刻知道保護自己的工人。青岩交替24萬個螺絲中換了400個，因不良螺絲會破壞工場有機體故也。

菁岩在祖國近代化中，以製鐵報國，敎育報國的使命感，建設浦港製鐵與浦項工大，青岩自身以滅私奉公的儒家姿勢嚴密區分公私，以完成巨大企業也，此爲儒商精神的典範也。

양명학 관점에서 본 청암의 유상(儒商)정신

정인재鄭仁在 | 서강대학교 명예교수

1. 서론

우리사회는 지금 공정성이라는 화두와 함께 『정의란 무엇인가?』라는 책이 장안의 지가를 올리고 있다. 공정성과 정의란 용어는 둘 다 유가의 의(義)를 다른 말로 표현 한 것에 지나지 않는다. '의'는 리(利)와 상대되는 말로써 서로 매우 밀접한 관계를 가지고 있으면서도 상반되는 특징을 가지고 있다. 개인의 이익〔私利〕과 공적인 정의〔公義〕는 언제나 모순관계처럼 다루어져 왔다. 산업사회가 등장한 이후 개인의 사적인 소유를 정당시하는 자본주의에 기반을 둔 자유주의와 사회의 공적인 분배를 강조하며 시장 질서를 무시하는 사회주의가 첨예한 대립과 갈등을 하고 있다. 사적인 소유와 공적인 분배의 문제는 우리사회가 해결해야 할 절실한 과제이기도 하다. 이 양자를 알맞게 잘 조절하여〔中〕 그것은 누구나 다 인정할 수 있는 공정한 규범〔道〕의 필요성을 동반하는 것이기도 하다. 이것은 『중용』의 정신을 다른 말로 표현한 것이며, 중용은 유가의 핵심적 철학이기도 하다.

유교는 전통적인 농업사회에 기반을 둔 규범이므로 개인의 이익과 공적인 정의 문제에서 늘 후자를 중시하여왔다. 따라서 지도자는 선의후리(先義後利), 멸사봉공(滅私奉公)의 자세로 백성을 위하고 국가를 돌보아야 한다는 생각을 가지고 있었다. 그러나 우리는 이미 산업화된 현대에 살고 있으며 자본주의 체제하에서 개인의 사적인 이윤추구를 정당시하는 사회에서 생활하고 있다. 그러므로 과도한 사익추구는 어떤 때는 공무원과 결탁하여 부정한 방법으로 돈을 버는 사례도 생겨나기도 하였다.〔滅公奉私〕 이런 병폐를 어떻게 바로 잡을 것인가의 윤리적 문제가 발생한 것이다. 이러한 현대 산업사회의 부정부패 문제를 전통적 유교의 가치를 가지고 어떻게 해결할 수 있는가를 논하는 것이 바로 유상(儒商)에 관한 논의인 것이다.

'유상'이란 용어는 1990년대 초기부터 사용되기 시작한 말이다. 그것은 떵샤오핑〔鄧少平〕의 개혁개방이후 중국의 경제발전이후에 건전한 시장경제를 발전시키기 위한 방안으로 생겨난 개넘이기도 하다. 덩샤오핑은 여러모로 한국의 경제성장을 모델로 삼았던 것 같다. 그의 주도로 일으킨 향진기업은 바로 우리의 새마을 운동을 연상케 하는 것이며 기간산업을 일으키기 위하여 제철소를 세우려고 일본을 방문하기도 하였다.

이나야마 회장에 의하면 덩샤오핑이 뜻밖에 포철이야기를 꺼내더니 중국에도 포항제철 같은 것을 지어 달라고 부탁하였다고 한다. 이에 대하여 이나야마 회장은 "내가 덩샤오핑의 제의에 대하여 불가능하다고 했더니 '그게 그렇게 불가능한 요청인가요?' 하고 되묻더군요, 나는 이렇게 대답했지요, '제철소는 돈으로 짓는 것이 아닙니다. 사람이 짓습니다. 중국에는 박태준이 없지 않습니까? 박태준 같은 인물이 없으면 포항제철소를 만들 수 없습니다.'고 했더니 덩샤오핑은 골똘히 생각하다가 '그러면 박태준을 수입하면 되겠군요.'라고 합디다."[1]

중국은 경제 발전의 원동력이 되는 제철소를 세우기 위하여 박태준을 수입하려고 한 것이다. 박태준을 수입한다는 것은 바로 그의 청렴한 도덕의식을 중국에 심겠다는 말이다. 그것은 산업화 과정에서 생긴 부정부패의 사슬의 고리를 끊어 버리고 깨끗한 기업을 만들어 나가기 위하여 반드시 필요한 정신인 것이다.

중국은 이러한 깨끗한 기업가를 전통적인 유가의 정신에서 그 모델을 찾으려고 하였다. 중국의 해외 및 국내 학자들이 이에 호응하여 만들어내어 사용한 개념이 바로 '유상(儒商)'이다. 해외의 위잉스(余英時), 청충잉(成中英), 뚜웨이밍(杜維明) 등이 바로 그 장본인들이다. 위잉스는 막스 베버의 자본주의 정신을 프로테스탄트 윤리의 직업관으로 설명한 사명[calling]개념을 원용하여 중국의 유가윤리와 명청시대 상인들의 직업관을 조명하였다. 특히 양명학의 이업동도(異業同道)에 입각한 상인들의 정신을 찾아내어 상인들이 선비 못지않은 자부심과 사명감을 가지고 상업에 종사한 사실을 밝혀 낸 책이 바로 『중국근세 종교윤리와 상인정신』[1987]이었다. 필자도 1993년에 이 책을 번역 출간하였으나 너무 시기상조였는지 세인의 관심을 끌지 못하였다.

중국은 이러한 학자들의 연구의 영향으로 중국각지에서 '유상'에 관한 국제회의를 개최하기도 하였으며 『유상독본』(儒商讀本) 인물편 내성편 외왕편 3권으로 나누어 출간 하였다.[1999년] 그리고 현대기업가를 중심으로 『유상열전』을 출간하기도 하였다.[1995] 이어서 이를 체계화하여 "유상학"[1996]이라는 개념을 만들어 내어 출판도 하고 대학 교과에도 유상학과가 생길 정도로 유행하고 있다. 2004년에는 『유상과 21세기』라는 논문집이 단행본으로 출간되어 그 관심과 열기를 가늠할 수 있게 해주었다. 필자도 이들의 작업을 부러워하면서 일찍이 중국의 유상을 소개한 적이 있다. 그러나 등잔 밑이 어두웠던 것이다. 청암 박태준의 깨끗한 기업가 정신이 바로 덩샤오핑이 수입하고 싶었던 것이며 그것을 전통적 유가의 정신에서 찾아낸 것이 바로 '유상'이었다는 사실을 안 것은 아주 최근에서였다.

---

1) 박태준, 〈62덩샤오핑 일화〉, 「쇳물은 멈추지 않는다」, 중앙일보, 『남기고 싶은 이야기들』.

청암과 유교를 연결시킨다는 것은 매우 어려운 과제였다. 농업사회를 기반으로 만들어진 유학 그 자체가 근대 산업사회에서 잘 맞지 않는 점들이 많이 있는데다가 청암은 유교를 국가의 이념으로 삼은 선비들을 부정적으로 보았기 때문이다. 우리나라 전통유학은 주자학을 국가의 이데올로기로 삼은 조선시대의 양반중심의 유학을 말한다.

사농공상(士農工商)에서 공업 상업도 모두 본업(本業)이라고 주장하는 양명학은 주자학을 비판하였는데 우리나라에서는 이러한 양명학을 이단으로 배척하였던 것이다. 따라서 백성들은 공상에 종사하는 것을 천시하여 산업의 발달을 저해하였다.

현상윤은 조선시대의 『유교공죄론』(儒敎功罪論)에서 유교가 산업능력을 저하시킨 이유를 이렇게 말하였다.

"유교는 사농계급에 비하여 공상계급을 천시하였다. 이것은 원래 사유(士儒)는 양심을 지키고 충실을 힘씀에 반하여 상공(商工)은 모리(謀利)를 힘쓰고 기만(欺瞞)을 일삼는다는 데서 기인된 것이다. 군자는 야인(野人)을 다스리고, 야인은 군자를 양(養)한다는 관념에서 사인(士人)이나 양반계급은 직접 산업에 종사하기 좋아하지 아니하고 … 그리고 보니 자연 국민의 산업에 대한 능력과 열의가 저하되고 산업이 퇴폐하여 인민의 생활이 곤고하지 않을 수 없다."[2]

전통적 유교사회는 공상계층을 말업(末業)으로 간주하여 산업능력의 저하를 초래하였던 것이다. 이러한 사고는 주자학적 이념을 가진 양반계층이 더 부채질을 하였던 것이다. 그러나 명청시대의 상인들의 자부심을 일깨워준 양명학은 그렇지 않았다.

청암이 어렸을 적에 일본에 건너가서 와세다 대학 공대를 다니기 전 젊어서 들은 일본 양명학자 야스오카의 강연은 일생 그의 마음을 사로잡았던 것이 아닌가 생각한다. 청암이 양명학을 공부하였다는 말은 들어보지 못하였다. 그러나 청암의 생애와 사상은 왕양명의 생애와 그 정신과 매우 비슷한 점이 많이 발견된다. 두 사람 모두 군인으로서 활동하였다는 점, 사민(四民)의 직업을 평등하게 본 점〔異業同道〕, 죽음을 무릅쓰고 일에 열중한 점〔狂者精神〕, 천지만물을 하나의 본체로 생각한 점〔萬物一體論〕, 한 점 부끄럼 없이 양지를 기업에 실현시킨 점〔事上磨鍊〕 등은 너무도 유사하다. 이런 공통적인 요소가 현대중국이 논하는 유상보다 한걸음 앞서게 만든 것이며 또한 청암의 기업가 정신이 유상의 면모를 잘 보여주고 있다고 생각하여 이를 중심으로 본고를 전개해 나가려고 한다.

---

2) 현상윤, 『조선유학사』, 민중서관, 1970.

2. 주자학과 양명학

우선 청암의 기업정신을 알기 위하여 청암이 비판적으로 보았던 전통적 주자학과 그가 젊었을 때 감명을 받은 양명학의 차이점이 무엇인가에 대하여 살펴보기로 한다. 사실 주자학과 양명학은 둘 다 공부하는 목표는 같았다. 그러나 그 방법이 달랐던 것이다. 두 학문 모두 도덕적으로 성숙한 사람 즉 성인(聖人)이 되겠다고 하는 점에서는 공통적이었다. 따라서 주자학이나 양명학 모두 성학(聖學)이었다.

주돈이(周敦頤)의 『통서』는 이렇게 말하였다. "성인은 천도를 희구하고 현인은 성인이 되기를 바라며 선비는 현인이 되기를 갈구한다. 이윤(伊尹)과 안회(顔回)는 위대한 현인이다. 이윤은 황제를 요순(堯舜)같은 성군으로 만들 수 없다면 그것을 수치로 생각하였다. 더욱이 그는 한 사내라도 제 자리를 잡지 못한 사람이 있으면 언제나 자신이 시장에서 매를 맞는 것처럼 느꼈다. 이것은 공직에 있는 사람이 가져야 할 이상적 귀감이다. 안회는 그를 모욕한 사람에게 결코 분노하지 않을 만큼 자제력이 강한 사람이었다. 또 그는 두 번 같은 잘못을 저지르지 않았다. 그의 행동은 3개월 동안 인(仁)의 도덕적 원리를 벗어나지 않았다. 우리는 이윤이 지향했던 바를 지향하고 안회가 배웠던 바를 배워야 한다. 만일 우리가 이 두 사람을 넘어 서면 성인이 될 것이고 그들의 경지에 도달한다면 현인이 될 것이며 그들에게 못 미친다면 그래도 훌륭한 이름을 남기게 될 것이다."[3]

이윤은 은(殷)나라 탕왕을 도와 하(夏)나라 폭군인 걸왕을 토벌하고 이상적 도덕정치를 실현한 유명한 신하이다. 안연은 공자의 제자로서 가난한 동네에 살면서도 그 배우는 즐거움을 잃어버리지 않았던 현인이다. 성인이 되려는 열망은 주돈이로부터 그 이후 신유학자들[주자학, 양명학 모두]에 이르기까지 모두 공통적 목표였다.

정이(程頤)의 제자 윤순(尹淳)은 성인에 이르는 방법에 대하여 질문하였다. "성인은 배울 수 있는가?" "그렇다" "요점이 있는가?" "있다" "그것은 무엇인가" "욕망을 없애는 것이다" 성인이 되는 길은 자신의 사적인 욕망[私慾]을 없애는 것이다. 청암이 젊은 시절 "사욕을 비우지 않으면 지도자가 될 수 없다"고한 야스오카의 강연은 그의 가슴에 공명을 일으켰다.[4] 이러한 공명이 그가 일생동안 지니고 있었던 화두이기도 하다. 이렇게 보면 청암도 일생동안 성학(聖學)을 염두

---

3) 『宋元學案』 卷11, 濂溪學案 上, "聖希天, 賢希聖, 士希賢. 伊尹顔淵, 大賢也. 伊尹恥其君不爲堯舜, 一夫不得其所, 若撻於市. 顔淵不遷怒, 不二過, 三月不違仁, 志伊尹之所志, 學顔淵之所學, 過則聖, 及則賢, 不及則亦不失於令名(志學 第10)."

4) 이대환, 『박태준』, 현암사, 2004년, 49쪽. 박태준은 야스오카의 명성은 어렴풋이 알고 있었다. 양명학과 중국고전을 두루통달하고 … 야스오카의 강연에서 전후 일본을 이끌어나갈 지도자의 덕목에 초점을 맞추었다. "나라를 이끌어 가는 리더쉽이 갖춰야 하는 제일의 덕목은 사욕을 비우는 것입니다 사욕을 비우는 것이 가장 어렵고 중요합니다. 사욕을 비우지 못한 지도자는 자신의 지식과 비전을 자신의 행동과 일치시킬 수 없습니다."

에 두고 살았던 기업인〔儒商〕이었다고 할 수 있다.

이러한 성학이 요순으로부터 공자·맹자까지 전해지다가 천년 동안 끊어졌었는데 북송의 주돈이가 이 도(道)를 이어받고 정호·정이 형제 등 그리고 주자가 도통(道統)을 계승하였다는 도통설이 주자학의 핵심으로 자리잡게 되었다. 주자학을 통치이념으로 삼았던 조선시대는 주자학을 정통으로 보고 불교나 노장을 이단으로 배척하였다. 심지어는 양명학조차도 불교와 가까운 심학(心學)이라 하여 이단으로 배척하였다.

따라서 양명학은 하곡 정제두〔1639-1736〕가 목숨을 걸고 연구하지 않았더라면 우리의 유학은 양명학 불모지가 될 뻔 하였다. 하곡은 "제가 왕양명의 설에 애착을 가지는 것은 남보다 특이한 것을 추구하려는 사사로운 마음에서 나온 것이라면 결연히 끊어버리기도 어려운 것도 아닙니다. 그러나 우리가 학문하는 것은 무엇을 위한 것입니까? 성인의 뜻을 찾아서 실지로 얻음이 있고자 할 뿐입니다. 이제 성학(聖學)의 바른 길이 어디에 있는지 분별하지 않고 버려둔다면 한 평생을 헛되이 보내게 될 두려움이 마음속에 간절해지고 본 즉 이 의혹이 풀리기 전에야 버려 둘 수 있겠습니까?"[5] 하곡은 양명학도 성학이라는 확고한 신념하에 공부를 한 것이다.

그러나 조선시대 후기의 주자학자들은 이 도통설을 더욱 공고히 하여 위정척사(爲正斥邪), 즉 주자학의 정통을 지키고 사악한 것을 물리친다는 명목 하에 쇄국정책을 취하였고 외국문물이 들어오는 것을 철저히 배척하였다. 일본이 양명학적 개방정신으로 외국문물을 받아들여 근대화 한 것과는 대조되는 점이기도 하다.

이러한 성학을 배우려면 학교가 있어야 하는데 주자는 흰 사슴이 뛰놀던 아름다운 골짜기에 서원을 세워서 가르쳤는데 이것을 '백록동서원'(白鹿洞書院)이라고 한다. 조선시대에 주세붕이 '소수서원'을 세운 것이 최초였는데 임금님이 편액을 내려 주었다고 하여 이것을 사액서원이라고 한다. 이것은 국가의 허가를 받은 공식적인 교육기관이 된 것이다. 그 뒤에 유명한 인물을 배향하는 서원들이 많이 생겨났다.

오늘날도 영남의 대표적인 유림 퇴계를 위하여 세운 도산서원이 남아있는가 하면 기호학파의 거두인 율곡을 위하여 세운 자운서원 등이 남아있다. 그러나 양명학자 하곡 정제두가 세상을 떠났을 때 그의 제자들이 두 번이나 서원을 세워 달라고 간청하였으나 영조에 의하여 거절당하였다. 하곡학파 신대우(申大羽)는 세 사람이 앉으면 더 이상 자리가 없는 한 평 남짓한 방에서 공부를 하여 하곡학을 이어갔다. 오늘 우리는 하곡서원을 강화에 세우는 것을 목표로 하여 하곡학 연구원을 열어 강의를 하고 있다.

강의를 하려면 그 기본적인 경전(經典)이 있어야 하는 데 그것이 바로 『사서(四書)』이다. 신유학에서는 오경보다 사서를 더 중시하였다. 마치 그리스도교 신자들이 구약보다 신약을 더 중히

---

5) 정제두, 『하곡집』 권1, 「박남계에게 답하는 글」 정묘.

여기는 것과 비슷하다. 양명학은 이『사서』에 대한 해석을 주자학과 달리하였다. 특히『사서』중에서『대학』의 삼강령과 팔조목 중에서 주자는 삼강령의 두 번째 항목을 '신민(新民)'으로 고쳤는데 양명은 고본대학 그대로 '친민(親民)'을 주장하였고 팔조목 중의 격물치지에 대한 전이 빠졌다고 하여 주자가 이것을 보충하였는데 양명은 그것을 비판하고 달리 해석하였던 것이다.

주자에서의 신민은 백성을 계몽의 대상으로 보아 백성을 새롭게 만든다는 것이다. 그러나 양명에서의 친민은 백성의 고통을 함께 느끼는〔感通〕데서 그들을 가까이 한다는 것이다. 격물치지도 주자는 마음 밖의 사물을 연구하여〔格物〕지식을 넓힌다〔致知〕고 해석하였는데 양명은 마음속의 잘못된 일을 바로잡아〔格物;格=正 物=事〕사사물물에 양지를 실현한다〔致良知〕로 풀이하였다. 예를 들어 우물에 빠지려는 어린아이를 구해주려는 마음은 그 광경을 목도한 사람과 어린아이와 감통되어 그 고통을 함께 느껴 구해주는 것처럼 백성의 고통을 외면하지 않고 그들과 감통하는 것이 친민이다. 그런데 어린아이를 구하려는 마음보다 어린아이 아버지에게 보상을 바라며 사귀려하거나 마을 사람에게 자랑하려는 마음이 있으면 이것은 사욕이다. 이것을 바로잡아 바른 데로 돌이는 것이 격물이다. 사실 성학을 목표로 하는 점에서는 주자학이나 양명학은 같았지만 그곳에 이르는 길은 이와 같이 달랐던 것이다.

주자는 그 구체적인 공부 방법을 안과 밖으로 나누어 마음 밖에서 격물궁리하고 마음 안에서 덕성을 함양하는 길을 가르쳐 주었다. 양명은 치양지(致良知) 한 가지 방법을 가르쳐 주었다. 그래서 주자학은 번거롭고 복잡하지만 양명학은 간단하고 쉬운 방법이라고 후세에 평하였다. 특히 산업화 시대에 주자학처럼 복잡한 공부를 하려면 그것을 가지고 일생을 하여도 모자라지만 양명학의 간단하고 쉬운 방법은 어느 직업에 종사해도 더 잘 통할 수 있다. 그런 면을 양명후학 중에서 상인들과 기술자들도 많이 있었다고 한 것만 보아도 알 수 있다. 그것은 자기의 직업에 종사 하면서 양지를 실천하였기 때문이다. 실천력이 강한 것이 양명학의 특징이기도 하다.

주자학은 지행의 문제에서 먼저 대상을 알고 나서 그 뒤에 실천한다고 하여 선지후행(先知後行), 혹은 지행병진(知行竝進)을 주장하였다. 이것을 알고도 행하지 않는 문제가 종종발생하기도 하였다. 왕양명은 이러한 문제를 비판하고 지행합일(知行合一)을 주장하였다. 이 때 말하는 지(知)는 무엇을 대상화하여 아는 지식의 지가 아니라 무엇을 행할 줄 아는 양지(良知)의 지(知)이다. 효도가 무엇인지 아는 도덕지식이 아니라 효도할 줄 아는 양지를 부모에게 실행하면 이것이 바로 지행합일인 것이다. 윤리경영을 지식으로 아는 것이 아니라 윤리적으로 경영할 줄 아는 것이 바로 기업인의 지행합일인 것이다. 윤리적으로 경영할 줄 안다는 것은 바로 자신을 속이지 않는 양지를 기업경영의 실제 활동에 실현하는 것을 말한다. 이것을 다른 말로 표현하여 치양지라고 하는 것이다.

오늘날 산업사회에서 기업경영을 하는 일이 오늘날 국가를 다스리는 일 못지않게 중요하다는 것은 너무도 잘 아는 사실이다. 그러나 과거의 농업사회에서는 상인의 지위가 사농공상(士農工商) 중에서 맨 끝을 차지하고 있었다. 사실 전통 유교사회에서 국가의 공적인 임무를 담당하는 사람은 선비〔士〕들이었고 상인은 사적인 이익을 추구하는 사람에 지나지 않았다. 그러므로 유교는 덕이 있는 선비가 하는 일은 의로운 일인데 비하여 재물을 중시하는 상인들은 이익을 추구하는 소인이라고 생각하였다. 『대학』의 덕이 근본이요 재물은 말단이다〔德本財末〕라는 사상과 『논어』의 군자는 정의에 밝고 소인은 이익에 밝다〔君子喩於義, 小人喩於利〕는 중의경리(重義輕利) 사상은 사민 중에서 공상업을 말업(末業)으로 간주하였다 주자학에서는 그것을 그대로 이어 받았으며 선비만이 공부를 하여 성인이 되는 것이 가능하지만 이익을 찾는 상인은 불가능하다고 본 것이다. 조선시대의 주자학은 양반만 성학을 할 수 있으므로 상인이 되는 것을 수치로 생각하였다.

그러나 양명학은 사민이 수행하는 각각의 역할을 중시하여 "각기 직업을 달리 하지만 성학의 길을 같이 한다"는 이업동도(異業同道)의 사상을 제시하여 사민의 평등을 주장하였다. 자신이 어느 일에 종사하든 간에 성학을 목표로 하면서 살아가는 것은 마찬가지라는 말이다. 명청 시대의 상인들 중에서는 '도덕적인 면에서 내가 어찌 선비만 못하겠는가?'라는 자부심도 가지고 있었다고 한다. 동양이 룻소라고 일컬어지는 양명학자 황종희는 그의 『명이대방록』에서 공업·상업도 모두 본업이라고 분명히 밝히기도 하였다. 중국의 상인들은 본업에 종사한다는 프라이드를 가지고 있었다고 한다.

그러나 주자학을 공부한 조선시대의 한 선비가 북쪽에 유배를 가서 굶어죽을 지경이 되자 하인을 시켜 소금과 쌀을 교역하는 장사를 하였는데 그는 차라리 농부가 되어 농사를 짓는 것이 더 낫다고 하고 상인이 된 것을 몹시 부끄러워했다는 기록도 있다. 조선시대 실학자 유수원(柳壽垣)은 『우서(迂書)』에서 이런 세태를 날카롭게 비판하고 사민이 평등함을 주장하기도 하였다.

사민 본말론과 그 평등론은 기본적으로 주자학과 양명학이 가지고 있는 철학사상의 차이에서 비롯되는 것이다. 주자학은 본성이 즉 이치이다.〔性卽理〕이기(理氣)론에서 이(理)는 형상(形上) 실체요 기(氣)는 형하(形下)의 작용이라고 주장한데 대하여 양명학은 마음이 즉 이치〔心卽理〕이며 이기(理氣)는 하나라고 역설하였다. 전자는 이(理)와 기(氣), 마음과 본성을 둘로 나누어 본성은 천리(天理)요 마음은 기(氣)의 작용이라고 보았다. 후자는 이기(理氣)는 물론 마음과 본성을 구분하지 않고 마음이 바로 천리라고 본 것이다. 마음이 본체인 동시에 작용인 체용일원(體用一源)의 구조를 가지고 있다.

주자학에서의 마음은 언제나 본성인 천리를 간직하여야 인욕(人欲)에 빠지지 않게 된다. 본업에 종사하는 지배계층인 양반은 이익을 추구하는 상공업적 말업의 유혹에 빠지지 않아야 한다고 간주한 것이다. 이것은 본말론이 낳은 폐해의 극치인 것이다.

그러나 양명학에서는 마음이 바로 천리이므로 마음은 자율적 도덕의 주체이다. 따라서 시비 판단을 마음의 양지가 한다. 이러한 마음을 사농공상, 모든 백성이 다 가지고 있으며 따라서 자기가 어떤 직업에서 일을 하건 양지인 천리를 실현하기만 하면〔致良知〕누구나 다 성인이 될 수 있다고 확신하였다. 주자학은 성인이 되는 길을 제한적으로 생각하였는데 양명학은 모든 사람이 평등하게 성인이 될 수 있다고 개방한 것이다. 여기서 유상이 탄생할 가능성이 있는 것이다.

청암이 야스오카에게서 양명학을 처음 접한 것은 사실이지만 두 사람은 한 참 뒤의 사업상의 일에서 만났다. 그러므로 청암이 양명학의 이론을 강의로 들은 것이 아니라 현장에서 직접 체험하는 가운데서 그 정신을 체득한 것이라고 보는 것이 좋을 것 같다. 그러나 청암과 야스오카의 관계는 아주 가까운 사이였음을 틀림없다.

청암이 야스오카를 직접 만난 것은 20년이 지난 뒤 1964년 1월 박정희 대통령의 밀명을 받고 한일 협정 막후 접촉을 위해 도쿄에 갔을 때였다. 청암은 박철언과 야스오카의 제자인 야기노부오의 안내를 받아 야스오카의 사무실을 방문했다. "어서 오세요. 먼 곳에서 찾아온 벗을 만난 기분입니다." 회갑에 이른 야스오카는 서른일곱 살의 젊은 나를 오랜 친구처럼 정답게 맞아 주었다. 우리는 세계정세와 동북아 문제를 포함해 한일관계의 현황과 미래에 대해 광범위한 대화를 나누었다.

이날 야스오카가 한일관계를 한마디로 요약한 것이 내 기억에 오래 남아있다. "한일양국은 일의대수(一衣帶水)의 관계입니다." 일의대수 그러니까 한 가닥의 띠와 같은 좁은 물을 사이에 둔 관계라는 말이었다. 현해탄을 한 가닥의 띠로 보는 절묘한 표현이었다.[6] 청암은 이렇게 나이를 초월하여 야스오카와 정감어린 대화를 나눈 것이다.

청암은 "나의 생애에서 가장 잊을 수 없는 일들은 포항종합제철의 탄생과 발전 과정에 담겨져 있다. 오늘의 포철이 있기까지는 수많은 사람들의 피나는 노력과 격려가 있었지만 일본의 주자학, 양명학의 대가인 야스오카 세이도꾸〔安岡正篤〕선생을 잊을 수 없다. 야스오카 선생은 내가 일본에 유학할 당시부터 존경해 오던 학자로 한일 국교정상화 과정에서도 일본 재계와 정계에 적잖은 영향력을 발휘했었다. 공교롭게도 야스오카 선생은 내가 맡은 포철의 탄생에도 더 큰 역할을 담당했다"[7]고 하였다.

그리고 구체적으로 그 과정을 이렇게 서술하였다. "김학렬 부총리가 '일응(一應)'을 뺀 서류를 새로 받아 오라고 우겼다. 그래야 확실하다는 거였다. 기가 막혔다. 부글부글 끓는 속을 달래며 다시 도쿄로 건너갔다. 그러나 이나야마의 비서는 사장과의 연락을 거절했다. 할 수 없이 야스오카 선생을 또 찾아갔다. 휴가 중인 사람에게 연락하려니 그도 주저할 수밖에 없었으나 나의 간절한 요청을 매몰차게 물리치지 못하였다. 야스오카 선생의 주선으로 이나야마 비서가 전화로 사장의 허락을 받아 '일응'을 뺀 서류를 새로 만들어 보내왔다. 이젠 내가 마라톤에 나설 차례였다. 이나야마 사장은 하코네에 후지제철 나가노 사장은 히로시마에 니혼 강관 아카사카 사장은 도쿄에 각각 흩어져 있었다. 나는 하루 반 동안 세 곳을 돌아다니며 사인을 모두 받았다."[8] 너무도 생생하게 위기를 극복한 이야기를 들려주고 있다.

---

6) 박태준, 「1964년의 일본열도」, 『쇳물은 멈추지 않는다』, 중앙일보, 『남기고 싶은 이야기들』.
7) 박태준, 「포철건설 도와준 야스오카 선생」, 『신종이산가족』, 34쪽.
8) 박태준, 「34 다시받은 문서」, 『쇳물은 멈추지 않는다』, 『남기고 싶은 이야기들』, 중앙일보.

청암은 또 야스오카 선생의 역할을 이렇게 말하였다. "일본과 손을 잡으면 대일청구권자금을 포항제철 건설자금으로 활용할 수 있겠다는 생각으로 팔번 제철의 도산가관 사장, 부사제철의 영야중웅 사장, 일본강관의 적판무 사장 등 '일본철강연맹'의 주력사들을 두루 방문, 자본공여 교섭을 벌였을 때 야스오카 선생은 일본 재계 실력자들에게 나를 도와 줄 것을 권유했을 뿐만 아니라 제자들을 동원 관계의 대신들을 만날 수 있게 해 주었다. 이러한 노력들이 주효해서 일 본철강연맹으로부터 한국에 제철소를 건설하는 것이 타당성이 있으며 자본과 기술을 지원하겠 다는 내용의 약정서를 얻어 내는데 성공했다. … 이들 일본의 제철사장들이 나를 도와 준 것은 야스오카 선생의 영향이 컸다고 믿고 있다."[9]

청암과 야스오카는 이렇게 밀접한 관계를 이루고 있었음을 알 수 있다. 그래서 야스오카의 제자인 하야시 히데유끼〔林繁之〕는 "박태준 회장과 야스오카 세이도꾸〔安岡正篤〕선생과의 교분 도 국적과 연령 차이를 초월한 그야말로 '금란지음'〔金蘭知音〕과 같은 것이었다."[10]라 하였다. 야스오카는 청암의 존경하는 학자에서 서로가 마음속까지 알아주는 친구사이가 된 것이다. 야스 오카는 일본에서 학자로서의 불후의 업적을 남긴 입언〔立言〕자라면 청암은 한국의 근대화 과정 에서 불후의 업적을 남긴 입공〔立功〕자라고 말할 수 있다.

3. 청암의 양명학적인 면모

청암은 여러 가지 면에서 왕양명과 닮은 점이 많이 발견된다. 그 중에서 친민 사상, 지행합일, 이업동도 등 많이 있다. 왕양명과 청암의 광자(狂者)적 성격은 판에 박은 듯 거의 똑같다고 볼 수 있다.

왕양명은 한 점 스스로 속이지 못하는〔不自欺〕양지를 바탕으로 신호(宸豪) 등 각지의 반란군 을 토벌한 장군이기도 하였는데 청암도 생사를 넘나드는 6. 25전쟁에 참전하고 난 뒤에는 터럭 만큼의 부정부패를 용납하지 않은 군의 지휘관으로서 면모를 보여 주었다.

왕양명이 민중을 사랑하는 '친민'(親民) 철학의 실천에 관해서는 탁월한 성과가 있었다. 그것 은 모두 군사와 관계있는 것들이다. 양명은 부임한지 단지 14개월 만에 수십년 동안 민중들을 괴롭혀 왔던 대도적을 차례차례 절멸시키었다. 그의 용병술은 신속하였고 계책을 상세하고 사후 처리 역시 주도면밀하여 제1등급이었다.

양명은 삼리의 도적 무리들을 정벌하려 가는 도중 문인에게 보낸 서신에서 이렇게 말하였다. "산중의 도적 무리들은 격파하기 쉬우나 마음속의 도적은 격파하기 어렵다."〔破山中賊易, 破心中

---

9) 박태준, 『나의 경영필학』, 81-82쪽.
10) 박태준, 「금란(金蘭)과 지음(知音)」, 『신종이산가족』, 275쪽.

賊難〕양명은 난이 평정되면 반드시 현의 행정기관을 설치하였으며 또 향약을 열어 민중을 위로하고 지방을 안정시켰으며 또한 학교를 열어 그 자제를 교육시키었다.[11]

이대환은 "그가 국방부 인사과장으로 근무한 기간은 정확히 1956년 11월 1일부터 1957년 10월18일까지였다. … 국회를 나가든 사무실을 지키든 박태준은 따분하고 괴로웠다. 부패한 정치권력이 전횡을 부리는 시대, 국방부 인사과장 자리는 온갖 청탁이 드나드는 출입구와 다름없었다. 그것은 무엇보다 자신과의 투쟁을 요구했다. 셋방살이 장교를 유혹하는 금품에 넘어가지 않기, 부당한 압력과 청탁에 굴복하지 않기. 이는 바로 자기와의 가혹하고 치열한 투쟁이었다.[12]

청암은 자기와의 치열한 투쟁에서 "마음의 적"〔心中賊〕을 격파한 것이다. 부정부패와의 투쟁은 25사단 참모장시절의 "가짜 고추 가루 사건" 척결에서도 그대로 드러났다.[13] 청암은 업자의 어떠한 유혹에도 넘어가지 않고 상부의 어떠한 위협에도 굴복하지 않는 맹자가 그린 대장부였다. 이대환에 의하면 "박태준 대령은 … 혼탁한 세상의 장교로서 현재 자신을 지켜내는 원동력이 무엇인가를 자문하곤 했다. 대답은 늘 똑 같았다. 군인으로서 명령에 따라 움직일 수밖에 없지만 최소한 두 가지는 반드시 지킨다. 하나 어떤 경우에도 비리와 부패의 유혹에 넘어가지 않으며 내 앞에 닥쳐오는 그것들을 반드시 물리쳐야 한다. 둘 정권 실세와 결탁된 부패한 군 고위 실력자들 곁으로 다가서지 말아야 한다"[14]는 것이다.

청암은 "마음의 도적"을 물리칠 각오를 이렇게 아침마다 거울을 보면서 다짐하였던 것이다. 아니 청암 자신의 마음속에서 빛나는 양지가 드러나도록 매일 확인한 것이었다. 이러한 정신은 포항제철소를 지어 제철보국을 하고, 포항공대와 유치원, 초등학교, 중학교, 고등학교를 세워 교육보국을 한 일로 이어진다.

위에서 양명이 언급한 대로 삶에 대한 집착과 죽음에 대한 공포가 조금이라고 남아 있다면 큰일을 할 수 없는 것이다. 양명이 나이 35세 때 무종이 즉위하자 조정의 정권은 환관들에 의해 장악되었다. 남경의 감찰어사 대통 등이 부당함을 간하자 칙명에 의해 체포되어 투옥되었다. 이때 양명은 의분이 끓어올라 항소를 올려 그를 구하려고 하였으나 당시 환관의 수장인 유근(劉瑾)의 노여움을 사서 그 역시 칙명에 의해 투옥되어 곤장 40대를 맞고 거의 죽을 번 하다가 겨우 깨어났다. 얼마 후 귀주(貴州) 용장에 역승(驛丞)으로 귀양가게 되었다. 다음해 여름 귀양길에 올랐는데 유근은 사람을 보내어 양명을 죽이려고 하였다. 양명은 죽을 고비를 몇 번 넘기고 용장에 가까스로 도착하였다. 그 때 그의 나이 37세 되던 봄〔1509년〕이었다.

용장은 귀주 수문현(修文縣) 경내에 있는데 그곳은 온 산이 모두 가시나무로 뒤덮여 있으며

11) 채인후 지음, 황갑연 옮김, 『왕양명철학』, 서울 서광사, 1996년, 296쪽.
12) 같은 책, 124쪽.
13) 같은 책, 125-130쪽.
14) 같은 책, 135쪽.

독충과 풍토병, 뱀들의 침범이 잦은 곳이었다. 더욱이 그곳 원주민과는 말도 통하지 않았다. 유근의 미움이 계속되어 언제라도 암살될 가능성이 남아 있었다. 양명은 이때 세속의 명예나 모욕(榮辱), 이해의 득실 등의 문제는 이미 초탈하였고 단지 사느냐 죽느냐의 일념(一念)만이 가슴에 남아 있었다.

그는 돌로 만든 관(石棺)에 묻힐 각오를 하고 밤낮으로 꼿꼿한 자세로 그 앞에 앉아 있었다. "나는 단지 하늘의 명을 기다릴 뿐이다"(吾惟俟命而已)라고 다짐하였다. 그리고 나서야 마음이 환히 통하고 맑아지게 되었다. "하늘의 명을 기다린다."(俟命)는 말은 현실의 모든 집착을 버리고 천명을 기다린다는 말이다. 그것은 현실의 영욕과 득실 및 생사에 얽매어 있는 마음을 깨끗이 씻어내고 생명의 깊은 곳으로부터 솟아나는 광명의 빛을 발현하기 위함이었다. 열악한 주변 환경으로 인하여 그를 따르는 사람들은 병으로 쓰러졌다. 양명은 그들을 위해 나무를 하고 물을 긷고 밥을 짓고 또 시가(詩歌)를 낭송해주고 노래를 부르고 때로는 농담으로 그들을 위로하였다. 그날 밤 그는 홀연히 깨달아 무엇인가 부르짖으며 일어나자 따르는 사람들이 모두 놀랐다.[15]

그가 깨달은 내용은 심즉리(心卽理)였고 지행합일(知行合一)이었다. 그것은 주자학과 전혀 다른 신유학의 코페르니쿠스적인 전환이었던 것이다. 여기서 독자적인 양명학이 탄생된 것이다. 그것은 석곽 앞에서 목숨을 건 각오에서 나온 깨달음인 것이다.

이와 비슷한 체험은 청암의 포항제철 건설 과정 중에도 일어났다. "모두 우향웃!" 1968년 6월 15일 새벽 4시 비상 소집된 포항제철 건설요원들은 긴장한 표정이었다. 수평선 너머로 붉은 태양이 막 솟아오르고 현장 건설 사무소 오른 쪽 아래로는 영일만의 짙푸른 파도가 일렁이고 있었다. 나는 이렇게 외쳤다. '우리 선조들의 피의 대가인 대일 청구권 자금으로 짓는 제철소요 실패하면 역사와 국민 앞에 씻을 수 없는 죄를 짓는 것입니다. 그때는 우리 모두 저 영일만에 몸을 던져야 할 것이요' 소나무가 듬성듬성 서 있는 모래벌판에 종합제철소를 세운다는 무리한 도전은 이렇게 시작되었다.

우리는 일을 그릇 칠 경우 본부 오른쪽에 보이는 영일만에 빠져 죽겠다는 각오를 '우향우 정신'이라고 표현했다. 어떠한 일이 있어도 물러서지 않겠다는 의지로 현장 사무소를 '롬멜하우스'라고 이름 지었다. … 그해 4월1일 고작 39명의 건설요원과 함께 포항으로 떠나기 전날 밤 나는 집사람을 불러 이렇게 말했다. "이제 나라는 사람은 이 세상에 없는 것으로 생각해주시오" 나는 실제로 죽음까지 각오하고 덤볐다. 종합제철 완공 때까지 줄곧 효자동 사택에서 독신 생활을 하는 바람에 나에게는 "효자사 주지"라는 별칭까지 붙었다. 당시 현장풍경은 바다 바람이 어찌나 거세게 부는지 모래가 휘날려 모래 안경을 써야 했다. 입, 코, 귀에 모래가 들어가 서걱서걱해서 도부지 견딜 수 없는 지경이었다. 국제부흥개발은행(IBRD)까지 '안 될 일'이라고 등을 돌린 제

---

15) 채인후 지음, 황갑연 옮김, 『왕양명 철학』, 28-29쪽.

철소였다. 모래 바람에 눈을 비비면서 허허벌판을 직적 본 박정희 대통령은 혀를 찼다. "여보게 박사장 이거 어디 되겠나?" … 그러나 나는 군데에서 단련된 "하면 된다", "안 되면 되게 하라"는 정신으로 밀어 붙였다. … 24시간 돌판 공사가 시작되자 현장은 전쟁터나 다름없었다. 감독 요원들은 현장에서 숙식을 해결해야 했고 피로가 겹친 레미콘 운전사들은 잠깐 대기 중에도 곯아떨어지기 일 수였다. 나는 하루 3시간 수면으로 버티며 잠든 기사들의 머리를 지휘봉으로 쳐가며 독려했다. … 자금과 기술이 부족한 상황이라 정신력과 몸뚱이로 버틸 수밖에 없는 상황이었다.[16]

왕양명의 용장에서의 깨달음은 석곽 앞에서 목숨을 건 각오에서 나온 것이다. 청암의 포항제철 건설 성공은 죽음까지 각오한 청암의 '우향우 정신'에서 이룩된 것이다. 양명의 철학정신과 청암의 포철건설의 정신이 일맥상통하는 것은 두 사람 모두 목숨을 건 사명(俟命)의 사명감(使命感)에서 나온 것이라 할 수 있다. 양명이 불후의 입언(立言)을 하였다면 청암은 불후의 입공(立功)을 한 것이다. 이것은 모두 두 사람 다 광자(狂者)적 성격을 가졌기 때문이라고도 할 수 있다.

광자는 미치광이를 가리키는 말이다. 양명은 광자적 성격을 가진 성현이었다. 청암도 마찬가지였다. 청암은 "사람은 미치광이라는 말을 들을 정도가 아니면 아무것도 이룰 수 없다 죽어도 공장만은 지어야 한다는 절체절명의 사명감으로 우리는 뭉쳐 있었다. 그래서 사람들은 이 공사현장을 '신앙촌'이라 부르기도 했다."[17]고 말하였다.

양명의 일생은 세간(世間)에 대한 봉사일 뿐 세인(世人)에 대한 아첨이 아니었으며 또한 자신에 대한 자긍심을 가지고 세간의 모든 일에 적극적이었으며 세상을 등지는 은자(隱者)의 태도를 취하지 않았다. 빈천·부귀·환난에 처하더라도 자기의 본분을 지키면서 모든 것을 자신의 자득(自得)으로 여기지 않음이 없었다. 이러한 그의 참되고 인자한[眞誠惻怛] 정신과 맑고 깨끗한 인품은 양명이라는 두 글자에 부끄럽지 않았다. 양명은 불의에 대하여 항소를 올려 임금에게 간청하였기 때문에 귀양도 갔었고 그 후에는 반란을 평정하기도 했으며 또한 온갖 모함과 훼방이 뒤따랐지만 태연하게 대처하였다. 그의 제자들도 많은 곤욕을 당했지만 역시 태연자약하게 외로움에 입각하여 처세하였고 자신의 결정에 아무런 후회도 하지 않았다.[18] 이것은 모든 것을 긍정적, 진취적으로 보는 양명의 미치광이의 성격을 잘 표현한 글이다.

청암은 "사람은 무슨 일을 하든지 미치광이라는 말을 들을 정도가 아니면 아무것도 이룰 수 없다. 실패한 사람의 말을 들어보면 실패의 논리가 정연하다. 나는 돈이 없고 학벌도 없고 아는 것도 없고 뒤를 보아주는 사람도 없고 그러니 나 같은 사람은 실패할 수밖에 없다. 이 부정의 논리를 긍정의 논리로 바꿔 놓는 사람은 자기 뜻을 이루고 자아를 실현할 수 있다. 우리 회사

---

16) 박태준, 「포항제철 건설」, 『쇳물은 멈추지 않는다』, 중앙일보, 『남기고 싶은 이야기들』.
17) 위와 같음.
18) 채인후 지음, 황갑연 옮김, 『왕양명 철학』, 330쪽.

설립당시에도 실패의 논리만 무성하였다. 한국에는 수천억 원이 소요되는 제철소의 건설은 시기상조다 자본도 없고 철광석도 없다, 석탄도 없고 기술도 없으며 시장도 없다는 정연한 실패의 논리만 존재하였다. 그러나 우리는 이것을 성공의 논리로 되돌려 승화시켰다. 여기에 우리의 제철보국의 창업정신이 숨어 있는 것이다. 철강자립만이 조국의 경제자립을 이룩할 수 있다는 개척자적인 정신으로 집념을 불태워 오늘을 있게 한 것이다."[19]

부정의 논리를 긍정의 논리로 바꾸어 세계철강계의 신화를 창조한 것은 바로 청암의 적극적이며 진취적인 광자 정신의 발로였다. 청암은 "포항제철의 지난 15년을 만약 드라마로 엮는다면 특히 젊은 세대들에게는 우리를 광인집단(狂人集團)이라고 보는 평가도 나올 수 있을 것이다. 지금도 여기저기 메모해 놓은 것을 보면 이런 때에는 제 정신이 아니었구나! 이런 경우에는 육체적 정신적으로 어떻게 견디어 나갔을까 하는 감회(感懷)가 들 정도로 어렵게 지내온 것이 과거 우리의 15년이었던 것이다. … 우리 나름대로의 철학과 신념을 확고히 가지고 노력해 오면서 작게는 회사에 크게는 국가에 봉사해 왔다고 믿는 것이다."[20] 광인 집단이라 하여 정말로 미친놈의 집합소를 말하는 것이 아니라 진취적 신념과 열정을 가지고 참으로 일에 미친 건전한 집단을 가리키는 것이다. 그것은 일에 목숨을 걸고 일에 열정을 쏟고 일에 보람을 찾은[21] 광자적 플러스알파 정신이 포스코를 세계적 기업으로 만든 것이다.

보통 사람들은 이미 있는 낡은 것을 지키기에만 급급한데 청암은 항상 새로운 것에 대한 호기심과 정열을 잃지 않고 꾸준히 정진하는 일꾼이라고[22] 김옥길은 청암의 꾸준히 정진하는 광자적 성격을 알려주었다.

이병철은 "내가 알기로 박회장은 겉으로 칼날처럼 차고 날카롭지만 더 없이 따뜻한 사람이다. … 그의 아호가 청암이 아니었던가 항상 범접할 수 없는 푸르름을 발하면서도 풍상우로를 안으로 용해하는 너그러운 바위처럼 외유내강의 조화가 박 회장의 특징의 하나이며 그것이 포철 인을 일사불란한 애사심으로 뭉치게 하는 마력이 아닌지 모르겠다. 신앙이 무엇이냐고 물으면 서슴없이 철(鐵)이라고 대답한다. 청암은 군인의 기(氣)와 기업인의 혼(魂)을 가진 사람이다. 경영에 관한 한 불패의 명장이다."[23]라고 하여 기와 혼이 결합된 경영자라고 하였다.

기를 가졌기에 매사에 적극적이었으며 혼을 가졌기에 맑고 깨끗한 정신을 가지고 있었다. 존 헤일리는 "한 마디로 그는 지도자에게 필요한 모든 것을 갖춘 인물이었다. 어떤 사람은 이러한 품성이 지위에서 나오는 것이라고 하고 또 다른 사람은 그가 가진 정치적 경제적 파워 때문이라고 말할지 모른다. 그러나 내가 본 바로는 그의 이러한 성품은 박태준이라는 인물 속에 내재

19) 박태준, 『제철보국의 의지─박태준회장 경영어록』, 포항종합제철주식회사, 15쪽.
20) 박태준, 위와 같음, 28쪽.
21) 포스리, 『위기극복의 길 포스코에서 찾는다』, 50-224쪽.
22) 김옥길, 「꾸준하고 변함없는 일꾼」, 박태준 저, 『신종이산가족』, 221쪽.
23) 이병철, 「경영자의 살아있는 교재」, 위와 같음, 238쪽.

된 인간성 자체일 뿐 그의 지위에서 나온 것이 아니었다."[24] 이러한 말은 청암을 깊이 꿰뚫어 본 사람의 통찰이다. 지위가 아닌 일에 미친 광자적 성격 자체에서 우러나온 인간성을 보았던 것이다.

그래서 청암은 포항공대 입학식에서 "인류의 역사는 현실에 안주하는 다수의 방관자가 아니라 개척자적 용기를 가지고 새로운 가능성에 끊임없이 도전해온 소수의 선각자들에 의해 발전되어 온 것임을 우리는 잘 알고 있습니다."[25]라고 하였다. 개척자적 용기를 가진 일에 미친 광자적 성격을 가진 선각자 등이 인류의 역사를 이끌어 간다는 말이기도 하다. 개척자적 용기는 바로 끊임없는 창업정신에서 나온 것이다

청암은 "우리가 최단 시간 내에 세계 철강업계의 총아로 급성장하게 된 성공의 원동력은 무엇보다도 제철보국의 창업정신에서 연유된 것이다. 그동안 회사가 달성한 공기단축 정상조업도의 조기달성 흑자경영 등 유형적 가시적 전통은 창업정신을 이어온 무형적 전통의 소산인 것이다"라고 하였다. 시대의 요구에 맞추어 늘 새로운 일을 해나가는 창업정신이야 말로 유형의 거대한 업적을 낳게 한 것이다.

4. 왕양명의 이업동도(異業同道)와 청암의 사명(使命)의식적 직업관

"철은 산업의 쌀이다"라고 외친 청암은 우리나라 조국 근대화 과정에서 농업사회를 산업사회로 획기적인 전환을 마련한 지행합일의 사상가이다. 과거 농촌사회에서는 "농업이 천하의 커다란 근본이다"〔農者天下之大本〕라고 하여 농업이 생산력의 근본이고 공업과 상업은 생산을 유통시키는데 불과한 말업(末業)이라고 보았다. 그런데 청암은 이러한 사고방식을 근본적으로 바꾸어 놓았다. 오히려 공업 상업이 산업화의 근본이라 생각하고 포항제철을 건설하여 우리나라 현대산업의 초석을 놓은 것이다.

청암은 "왜 이탈리아 반도에는 일찍이 로마문명이 꽃피고 세계를 정복한 영광이 있었는데 한반도에는 가난과 굴종의 역사가 점철되어야 했는가?"의 문제를 던졌다. 청암은 그 이유를 우리 조상들이 삼간초옥에서 안빈낙도(安貧樂道)로 자위하며 살아온데 기인한다고 보았다. 그리고 유교사상에 입각하여 벼슬길이 아니면 누구도 미지의 세계로 뛰쳐나가지 못한데서 무사안일과 침체의 역사가 계속된 것이라고 보았다.[26]

그렇다. 농업사회는 땅을 기반으로 살았으므로 상인처럼 방방곡곡 각지를 돌아다닐 기회가

---

24) 존 헤일리, 「시대를 창조하는 사람」, 같은 책, 284쪽.
25) 박태준, 「용기있는 선택」, 『신종이산가족』, 175쪽.
26) 박태준, 「신종이산가족」, 『신종이산가족』, 10쪽.

거의 없었다. 미지의 세계를 향한 해외 진출은 꿈에도 생각지 못하였던 것이다. 그것은 농업을 기반으로 생성된 유학, 특히 주자학적 사고가 그러한 길을 좀처럼 허용하지 않았다. 이에 비하여 같은 유학이라고 하여도 상인을 긍정적으로 생각한 양명학은 이와 달랐다. 그런데 우리나라는 양명학을 이단으로 몰아붙이고 주자학만 숭상하는 바람에 상공업에 대하여 부정적인 생각을 하게 된 것이다.

조선시대 어떤 선비는 귀양을 가서 부득이 장사를 하면서도 이를 매우 부끄럽게 여기며 차라리 농사를 짓는 농부가 되었으면 좋겠다고 한 사례도 있다.[27] 조선시대의 이른바 "실학"자들도 대부분 농업에 기반을 둔 토지개혁 등에 관심을 가지고 있었지 상업에 주목한 실학자는 박제가(朴齊家), 유수원(柳壽垣) 등 몇 명에 불과하였다. 그런데 중국은 우리와 달랐다. 조선시대와 같은 시대인 명청(明淸)의 상인들은 그 활동이 매우 활발하였으며 이를 사상적으로 긍정하여 수용하는 철학이 바로 양명학이었다.

왕양명은 직업은 달리해도 유학의 정신[道]은 같이한다는 이업동도(異業同道)의 사상을 전개하여 새로운 사민론[新四民論]을 주장하였다. 양명은 이렇게 말하였다.

> "옛날에는 4민[즉 士·農·工·商]은 직업을 달리하였으나 도(道)를 같이 하였다. 그들이 마음을 극진히 한 것은 한 가지였다. 선비[士]는 이것[道]을 가지고 수양하고 다스렸으며 농부는 이것을 가지고 갖추어 길러냈으며 공인[工]은 이것을 가지고 도구를 이롭게 하였고 상인은 이것을 가지고 재화를 유통시켰다. 각기 그 자질에 가까운 곳, 힘이 미치는 곳에서 생업을 삼고 그 마음을 극진히 발휘할 것을 추구하였다. 그 귀결은 요컨대 사람을 살리는 길[道]에 유익한 것은 하나였을 뿐이다."[28]

이러한 이업동도의 정신의 가장 새로운 것은 선비, 농부, 공인 상인이 '도'[道]앞에서는 완전히 평등한 위치에 처해 있으며 결코 높고 낮은 구분을 가지고 있지 않다는 것을 긍정한데 있다고 여영시는 밝혔다.[29] 이업동도 사상은 특히 공상인들에게는 매우 반가운 말이었다. 기술자와 노동자들[工]은 자기 직업에 자부심을 가지게 되었으며 상인들은 더욱 자기 직업을 자랑으로 생각하였다. 심지어 유학을 버리고 장사 길로 나가는[棄儒就賈] 사람도 생기었다. 그래서 "훌륭한 상인이 어찌 큰 유학자에게 지겠는가?"[良賈何負閎儒]라든가 "상인이 어찌 선비보다 뒤처질 것인가?"[賈何後于士] 등의 말은 이전의 상인은 생각조차 감히 할 수 없었던 것이다.[30]

---

27) 인터넷 고전해설.
28) 왕양명, 『양명전서』 제25권, 여영시 저, 정인재 역, 『중국근세종교윤리와 상인정신』, 1993년, 대한교과서 주식회사 176쪽에서 재인용.
29) 여영시, 『중국근세종교윤리와 상인정신』, 178쪽.
30) 위와 같음, 185쪽.

서양 사람들이 직업의 귀천을 따지지 않고 자기 하는 일은 하느님이 이곳에 불러서〔rufen〕 일한다고 하여 직업의 의미가 Beruf라고 하였다. '이업동도' 사상은 결코 이에 뒤지지 않는 것이다.

양명후학의 태주학파 창시자 왕간은 "성인의 도가 일반백성들이 일상생활에서 살아가는 것과 무엇이 다르겠는가? 일상생활에서 무용한 것은 모두 이단이다"라고 하였다. … 왕간의 학문은 일상적인 것에서 지극히 큰 의미를 찾아 내었다. 그 당시 왕간의 말을 듣고 깨달아서 배움을 얻은 사람이 몇 명 있는데 나무꾼 주서, 옹기장이 한정, 농사꾼인 하정미 등이 유명하다. 이 가운데 한정은 글자도 모르는 사람이었는데 왕간의 말을 듣고 민중들을 교화시키겠다고 마음먹은 후 기술자〔工人〕, 상인, 노동자 노비들을 모아서 가르쳤는데 이 가르침에 감화를 받은 사람이 수천 명이 넘었다고 한다.[31] 이것 역시 성인의 도가 모든 직업을 가진 사람들에게 똑같이 실현될 수 있음을 말한 것이다. 따라서 성인의 도를 실현하는데 직업의 귀천이 없는 것이다. 그래서 황종희는 『명이대방록』에서 공상(工商)도 모두 본업이라고 하였다.[32]

그러나 조선시대에는 이러한 사상이 들어오지 못하였다. 조선시대 선비들은 벼슬〔仕〕을 준비하거나 초야에 은둔하여 현실과 거리가 먼 생활을 하였다. 박지원(朴趾源)의 『양반전』은 이런 면모를 잘 이야기 해주고 있다. 양반들은 권력지향적인 벼슬길에 나아가는데 의미를 두고 생산하는 일에는 전혀 관심을 두지 않았다. 과거에 급제하여 입신양명(立身揚名)하는 것을 목표로 삼았지 남을 위한 희생정신과 봉사정신은 찾아보기 힘들었다. 사(士)는 높고 공상은 천하다는 생각하에서 생산직에 종사하는 것을 꺼리었다. 그것은 오늘날 골방에서 고시 공부하는 사람들의 전신이었다.

청암은 이러한 직업관을 철저히 비판하면서 "우리나라 역사를 뒤돌아보면 국가발전을 가로막는 부정적 요소들이 대부분 조선시대 뿌리내린 것을 알 수 있습니다. 양반들이 사농공상(士農工商)이라는 논리에 따라 생산 활동 에 종사하는 양반들을 경멸하고 쓸데없이 허례허식에 힘을 쓴 결과 나라의 생산 활동과 무역활동이 위축되었던 것입니다."[33]고 하여 조선시대 양반들이 공상에 종사하는 사람들을 경멸한 결과 산업능력의 저하를 가져왔다고 지적함과 동시에 "사회 지도층인 선비들은 생산에 종사하는 계급을 철저히 천시함으로써 국가경제의 저변형성을 저해해 왔다. 그러한 결과 기어코 나라를 빼앗겼다."[34]고 하여 망국의 원인을 생산을 무시한 지도자 계층인 선비에게 돌리었다. 참으로 옳은 지적이었다.

그리고 계속하여 "일제 식민정치 하에서도 이조적(李朝的) 행동 패턴에 대한 반성 없이 오직 자기만이라도 살아야겠다는 맹목적 생존본능에 의하여 무작정 일본인의 밑에 들어가서 일하는

---

31) 정인보 지음, 홍원식 · 이상호 옮김, 『양명학연론』, 한국국학진흥원, 176쪽.
32) 황종희 저, 전해종 역, 『명이대방록』, 삼성문고.
33) 김창호, 『플러스 알파 리더십 관련사례모음』, 포스코경영연구소, 2009년, 29쪽.
34) 박태준, 『나의 경영철학』, 1985년, 104-105쪽.

사람이 많았다. 식민백성으로서 그들은 직업전선에서도 어디까지나 노동제공자 또는 조수의 역할 밖에 하지 못했으며 언제나 비인간적 감독과 압박을 당하다 보니 이를 회피하기 위한 요령만 늘어난 것이 우리의 현실이었다. 이러한 역사의 소산으로 인하여 내가 제1인자가 되어야 되겠다는 직업에 대한 긍지는 자라지 못하고 오직 남을 지배할 수 있는 지위를 확보해 보고만 싶었던 것이다."[35]라고 하여 일제시대 우리나라 사람들이 일본인의 비인간적 압박 때문에 자기 직업에 자부심을 잃었다고 그 원인을 분석하였다.

청암은 "그러한 자세는 오늘날에도 변한 것은 아니었다.", "이것이 해방 후에도 그대로 답습되어 거의 대부분의 학도들은 공인(工人)이 되는 길인 자연과학분야보다는 남을 지배하는 정치나 법률분야를 택했다. 내 아들 만은 어떤 일이 있더라도 사장 판검사 장군 정치가를 만들어 남을 지배함으로써 행복하고 부유하게 살아보게 하겠다는 생각이 사회 깊이 뿌리내리고 말았던 것이다."[36]라고 현재 우리들의 정신 상태를 고발하였다.

청암은 "자기 직업을 자신에 대한 신의 소명(召命)이라고 믿으며 자기 직업에 충실 하는 것이 곧 신이 나에게 부과한 의무를 다하는 것이라는 근대 프로테스탄트이 직업윤리를 확연히 보여주은 물중을 나는 〔"저는 커서 목수가 될래요"라고 말한〕 이 어린이에게서 보았던 것이다. 이웃 일본에는 몇 대를 이어 내려오는 횟집이 비일비재하고 태평양 전쟁 당시 이야기지만 포탄이 떨어지는 다급한 상황에서 30년 묵은 다시다 국물을 담은 항아리를 부둥켜 않고 비좁은 방공호 속으로 피신하여 동경제일의 오랜 맛을 보존하여 물려줄 수 있었다는 식당주인 이야기 등은 우리에게 시사하는 바가 크다. 한 가지 분야를 아버지에서 아들로 또 그 아들로 전승 발전시키는 가운데 기술의 극치가 꽃피지 않겠는가? … 우리에게 시급히 요청되는 것은 자기의 직분에 따라 작은 일에도 충실할 수 있는 참된 직업인이 많이 나오는 것이라고 생각한다."[37]고 하였다.

청암은 그러한 생각을 진작시키기 위하여 자주관리에 대하여 신앙적 확신을 가지고 이렇게 말하였다. "궁극적으로는 자주관리 활동을 통하여 이조시대적(李朝時代的) 직업의식을 불식하고 자기 직업에 대한 긍지를 지닌, 근로자 스스로 자신의 운명을 개척해 나가는 주체적 인간상을 확립해 보자는 것이 자주관리에 대한 본인의 기본 철학입니다."[38]

이러한 자주관리의 철학을 통하여 청암은 포항제철 회사 안에 기술자를 성인의 경지까지 높이는 기성(技聖, saint technician)제도를 창안하여 실행하기도 하였다.[39] 성(聖)이라는 말은 아무에게나 붙이는 것이 아니라 인류 역사 발전에 위대한 공헌을 한 사람들에게 영광을 돌리기 위한 것이다. 그래서 과거에는 위대한 시를 남긴 두보(杜甫)같은 인물이 시성(詩聖)으로 추앙받기도 하

---

35) 위와 같음, 105쪽.
36) 위와 같음, 105쪽.
37) 박태준, 「목수가 될래요」, 『신종이산가족』, 4쪽.
38) 박태준, 「자주관리는 국민정신 개혁운동」, 『신종이산가족』, 158쪽.
39) 24 기성제도 창안 시행.

였다.

그런데 포철은 그 만큼 기술자의 능력을 인정하여 그를 높이 받든다는 의미에서 기성제도를 시행하였던 것이다. 쇳물만 보아도 그 순도를 바로 알아볼 수 있는 최고 기술자야말로 그 영광을 차지하는 것이 당연한 일인지도 모른다. 그러나 그 제도가 폐지되었다고 들었다. 이제는 많은 기술자들이 상당히 높은 수준의 기술 역량을 갖추었다는 말로 들리기도 한다.

사실 과거의 성인은 현인과 달라 그 도덕성이 우선되어야 한다. 현인의 능력에다 도덕성을 플러스 한 것이 성인이다. 기성도 탁월한 기술만 있다고 되는 것이 아닐 것이다. 일에 대한 사명감과 책임감이 동반된 도덕성이 뒷받침이 되었을 때 비로소 되는 것이리라. 그래서 포항제철에는 일 속에서 살다가 일속에서 숨겨간 장인(匠人) 김준영 이사의 이야기[40]와 어느 직원은 일에 대한 책임감으로 인하여 하루만 같이 있어 달라는 부인의 임종도 보지 못하였다는 일화는 눈시울을 적시게 만들었다. 자기 직업에 대한 사명감과 자부심 없이는 불가능한 일이었다.

그것은 평생직장을 강조해온 청암의 경영철학이 직원들의 마음을 사로잡았기 때문이라고 생각한다. 청암은 월급 몇 푼에 이리저리 직장을 옮겨 다니는 사람 또 전문성을 상실하고 겉으로만 화려한 채 형식에 얽매이는 사람을 제일 싫어하였다.[41] 그래서 청암은 사람을 뽑을 때 평생 근무할 결의를 가진 사람을 선택해야 한다. … 평생직장이라는 각오로 일하는 사람의 기여도가 더 클 것으로 생각한다."[42]고 하였다. 평생직장을 하느님이 불러 이곳에서 일한다고 생각하는 소명의식을 가진 사람을 귀하게 여긴다는 말이다. 이것이야 말로 직업을 달리해도 성인의 도를 실천하는 것은 같다고 한 왕양명의 이업동도의 정신과 합치하는 것이리라.

5. 왕양명의 만물일체설과 청암의 철(鐵)과 일체가 된 세계관

포항제철소나 광양제철소를 직접 가본 사람이라면 누구나 제철소와 주변 자연 환경이 너무 깨끗하게 정리 정돈되어 살아있음을 느꼈을 것이다. 게다가 제철소는 공장주위에 나무를 심어 도무지 딱딱한 철 냄새가 풍기지 않는다. 사택주변도 마찬가지여서 숲속의 주택단지이었다. 이것은 공장전체를 하나의 유기적인 생명체로 보는 청암의 생태철학이 낳은 결과인 것이다. 이것은 서구의 생태철학 논문에까지 단골처럼 등장하는 왕양명의 만물일체설(萬物一體說)보다 한 걸음 나아간 것이다.

왕양명은 『대학문』에서 이렇게 말하였다.

---

40) 호항제철주식회사, 『창업정신과 경영철학』, 48-58쪽.
41) 박태준, 「내가 가장 싫어하는 사람」, 『나의 경영철학』, 90쪽.
42) 위와 같음, 91쪽.

"대인(大人)은 천지 만물을 한 몸〔一體〕으로 여기는 사람인지라, 천하를 한 집안처럼 보고, 중국을 한 사람처럼 본다. 형체를 사이에 두고 너와 나를 나누는 자는 소인이다. 대인이 천지 만물을 한 몸으로 여길 수 있는 것은 그것을 의도해서가 아니라 그 마음의 어짊〔仁〕이 본래 그와 같아서 천지 만물과 하나가 되는 것이다. 어찌 대인뿐이겠는가? 비록 소인의 마음이라고 하더라도 또한 그렇지 않음이 없지만, 자기 스스로 작게 만들었을 뿐이다."[43]

만물일체관은 이 세상의 어떤 존재도 홀로 존재하는 것이 아니라 서로 다른 모든 존재자들과 감통(感通)하면서 유기체의 생명력을 유지하게 되는 것이다. 대인은 천지 만물과 서로 감통할 수 있는데 소인은 그렇지 못하다 그것은 육체적인 이기심으로 너와 나를 나누기 때문이다. 그러나 대인의 마음은 사랑〔仁〕이 만물과 하나가 되게 만드는 것이다. 양명학에서는 사랑〔仁〕을 단지 사람과 사람 사이의 사랑만을 뜻하는 것이 아니라 천지가 만물을 낳는 핵심〔天地生物之心〕이라고 보았다. 그래서 복숭아 씨앗을 도인(桃仁)이라고 하고 은행 알을 행인(杏仁)이라고 하였던 것이다. 그리고 한의학에서는 기(氣)가 통하지 못하여 손발이 마비되는 병을 불인병(不仁病)이라고 불렀다. 그것은 신체에 생명의 핵심인 사랑〔仁〕이 어디엔가 막혀 통하지 않기 때문이다. 그것은 마음도 마찬가지 여서 타인의 고통에 무관심한 사람을 마목불인(痲木不仁)하다고 일컬었다. 양명의 말은 이렇게 계속된다.

"그러한 까닭에 어린아이가 우물에 빠지려는 것을 보면 반드시 두려워하고 근심하며 측은해 하는 마음이 일어나는데 이것은 그의 사랑〔仁〕이 어린아이와 더불어 한 몸이 된 것이다. 어린아이는 오히려 인간과 동류이다. 새가 슬피 울고 짐승이 사지(死地)에 끌려가면서 벌벌 떠는 것을 보면 반드시 참아내지 못하는 마음이 일어나는데, 이것은 그의 사랑〔仁〕이 새나 짐승과 더불어 한 몸이 된 것이다. 새나 짐승은 오히려 지각이 있는 것이다. 초목이 잘려져 나간 것을 보면 반드시 가여워서 구제하고 싶은 마음이 일어나는데, 이것은 그의 사랑〔仁〕이 초목과 더불어 한 몸이 된 것이다. 초목은 오히려 생의(生意)가 있는 것이다. 기왓장이 무어지는 것을 보면 반드시 돌아보고 아까워하는 마음이 있는데 이것은 그의 사랑〔仁〕이 기왓장과 더불어 한 몸이 된 것이다. 이렇게 한 몸으로 여기는 사랑〔仁〕은 비록 소인의 마음이라 하더라도 또한 반드시 이것을 지니고 있다. 이것은 바로 하늘이 명령한 본성에 뿌리를 두고 있으며 자연히 영명(靈明)하고 밝아서 어둡지 않은 것이다. 그런 까닭에 그것을 밝은 덕〔明德〕이라 부른다."[44]

왕양명은 여러 가지 예를 들어서 사랑〔仁〕이 인간 사이뿐만 아니라 금수, 식물 심지어 무생물

43) 왕양명 지음, 정인재 · 한정길 옮김, 「대학문」, 『전습록』, 청계출판사, 2007년 2판, 934쪽.
44) 위와 같음, 934쪽.

인 기왓장까지 감통하여 나와 한 몸이 됨을 설명하였다. 그러므로 사랑(仁)을 널리 베풀어 대중을 구제하는 것이 성인의 공덕이다. 그러므로 양명은 『대학』의 삼강령 중에서 주자가 신민(新民)으로 고친 것은 잘못되었다고 비판하고 『대학고본』대로 친민(親民)을 주장하였다. 이것은 백성〔民〕과 사랑의 감통을 통하여 한 몸이 되는 리더를 가장 훌륭하게 생각하였기 때문이었다.

왕양명은 생물뿐만 아니라 무생물인 기왓장까지도 하나의 유기체로 보고 나와 한 몸이라고 생각하였다. 현대인들은 기계적 자연관에 의하여 자연을 파괴하고 환경오염을 일으키는데 이것은 자연과 한 몸이라는 마음이 없기 때문에 생긴 것이다. 그래서 지구를 한 유기체로 생각하는 서구의 환경론자 생태학자들이 왕양명의 철학에 관심을 기울이고 있는 것이다.

청암에게는 기왓장 보다 더 단단한 기계까지도 하나의 유기체로 보는 철학이 있다. 청암은

"나는 공장전체를 하나의 생명체로 여기고 있다. 전혀 생명이 없는 설비부품들이 하나씩 제자리에 앉게 되고 드디어 준공버튼을 눌러 거대한 설비가 굉음을 내며 움직이는 것을 볼 때 나는 건설 역군들이 혼을 불어 넣은 기계가 살아서 숨 쉬는 것이라고 생각하게 된다. 그리고 조업이나 정비 중에도 이들 기계들은 자기를 돌보아 주는 사람들을 금방 알아차리게 되며 그 결과에 따라 엄청난 능률의 차이를 보여주는 것이다."[45]

청암은 기계를 살아서 숨 쉬는 유기체로 본 것이다. 진흙에 혼을 불어넣어 사람이 되었다고 하듯이 쇳덩어리에 혼을 불어넣어 살아서 작동하는 기계가 된 것이다. 이것은 근세의 기계적 자연관을 유기체적 자연관으로 바꾸어 놓은 대전환인 것이다.

청암은 "흔히 제철소의 상징이라고 하는 용광로의 경우 주식으로 철광석과 석탄을 부식으로 석회석, 규석, 망간 등을 먹고 생산 활동을 하는데 사람도 적당한 양의 음식물을 골고루 섭취하여야 잘 성장하고 왕성한 활동에너지를 얻을 수 있듯이 용광로도 주식과 부식의 메뉴를 잘 짜서 먹여주어야 하며 혹시 배탈이 나지 않는지 항상 생명체처럼 여기고 사랑으로 돌보아 주어야 한다. 설비를 아끼고 기계를 사랑하는 고참 사원들은 공장을 한 바퀴 돌면서 기계의 소리를 듣고 대화를 나누어 그들의 아픈 곳을 금방 알아낸다. 나는 기계를 생명체처럼 다루어 줄 때만이 사람과 설비가 호흡을 같이 하게 되고 이들이 진정한 하모니를 이룰 때 조국 근대화의 우렁찬 교향곡이 계속 된다고 항상 믿고 있다."[46]고 하였다.

숙련된 기성들은 기계의 소리를 듣고 이상 유무를 금방 알아차리는 것은 마치 명의가 환자의

---

45) 박태준, 「공장과 화음」, 『신종이산가족』, 5-6쪽.
46) 위와 같음, 6쪽.

아픈 곳을 정확히 알아내는 것과 마찬가지라는 말이다.

청암은 "우리가 여일하게 견지해온 숭고한 제철보국의 사명감을 견지하여 우리의 일터를 온전히 지키고 키워서 행복과 번영을 우리 함께 구가할 수 있는 기틀을 다져 나가야 하겠습니다. 그동안 여러분들의 손때가 묻은 기계설비 하나하나, 여러분의 손으로 생산된 제품 한 조각도 모두 애정이 깃들지 않은 것이 없을 것입니다. '농작물은 주인의 발자국 소리를 듣고 자라고 과일은 주인이 씌어준 봉지 속에서 아름다운 빛깔로 익어간다'는 말과 같이 공장의 설비들은 바로 여러분의 손길로 정상조업도 유지하게 되고 생산제품 또한 바로 이러한 여러분의 정성으로 높은 품질을 유지할 수 있습니다. 우리 회사는 설비의 특성상 여러분의 정성어린 손길과 주의력이 잠시만 흐트러져도 상상할 수 없는 사태가 야기될 수도 있습니다."[47] 말없는 농작물이지만 주인의 발자국소리를 듣고 커가듯 말없는 기계도 일하는 사람의 정성에 따라서 잘 유지되고 여기에서 좋은 제품도 생산된다는 것이다. 이렇게 사람과 기계가 한 몸〔一體〕이 되어 공장전체가 유기적으로 돌아가는 것이다.

청암은 24만개의 볼트를 하나하나 확인하여 400여개를 모두 교체하였다. 잘못 조인 볼트는 유기체를 순식간에 망가트릴 수도 있기 때문이었다. 청암은 "73년 6월 8일 포철은 화입식(火入式)을 했다 꼬박 21시간이 흐른 다음날 오전 7시 30분 드디어 첫 쇳물이 쏟아져 나왔다. 철기둥에 올라선 우리는 누가 먼저 랄 것 없이 젖은 눈으로 '만세'를 불렀다."[48]고 하였다. 여기서 청암과 직원들의 마음은 이미 쇳물과 일체가 되었기에 환호성이 터진 것이다. 공장전체가 생명체로 변하여 이미 하나가 된 것이다.

그런데 여기서 꼭 필요한 것이 하나 있다. 그것은 바로 수신(修身)이다. 수신은 글자 그대로 몸을 닦는 것이다. 『대학』의 수신, 제가, 치국, 평천하에서 말하는 수신은 바른 마음을 체화(體化 embodiment)하는 것이다. 체화한다는 것은 바른 생각을 늘 몸이 실천하도록 습관화하는 것을 말한다.

청암의 목욕론도 깊은 의미가 담겨 있었던 것이다. 청암은 "목욕을 자주하지 않으면 내의가 조금 더러워도 좀 더 입고 지내자는 식이 된다. 이러한 습성이 일을 깔끔하게 마무리 짓는 것과 깊은 상관관계가 있다고 생각한다. 사람은 몸가짐이 단정해지면 저절로 자기 주변을 청결히 하고 가지런히 정돈하기 마련이다. 반면에 자기 몸가짐이 불결하면 주변의 더러움에 둔감해지고 이러한 타성이 붙으면 전혀 규율감을 상실한 인간이 된다. 이것은 공장에서도 마찬가지이다. 작업자가 단정하면 공장이 청결해지고 공장이 청결하면 제품이 완전무결해진다. 반대로 자기 몸하나도 단정하게 가지지 못하는 작업자는 자기가 만지는 정밀한 기계를 하자 없이 제대로 정비할 수 없고 또한 온전한 제품을 만들어 낼 수도 없는 법이다. 공장 환경이 지저분하면 기계에

---

47) 박태준, 「농작물은 주인의 발자국 소리로 자란다」, 『신종이산가족』, 124쪽.
48) 박태준, 「첫 쇳물 첫 사고」, 『쇳물은 멈추지 않는다』.

녹이 슬었거나 먼지가 앉았거나 사소한 고장쯤은 눈에 잘 띄지도 않고 작업자들도 무관심하게 지나치게 되어 대형 설비사고의 불씨가 된다."[49]고 하였다.

사실 몸과 마음은 분리되어 있지 않다. 그러므로 목욕을 하여 몸을 깨끗이 한다는 것은 바로 우리의 마음가짐을 바르게 하는 첩경이기도 한 것이다. 나의 몸가짐이 바로 주변 환경과 밀접한 관계를 갖는 것은 바로 나와 주변 환경은 한 몸이기 때문이다. 주변을 깨끗이 하는 것은 바로 나의 몸가짐을 깨끗이 하였을 때 가능한 것이다. 한 치의 오차 없이 늘 남쪽을 가리키는 지남침처럼 청암의 마음에는 언제나 올바름을 지향하는 양지가 있기에 사욕을 물리치고 깨끗한 몸가짐으로 우리나라의 근대화에 주요한 역할을 한 것이라고 생각한다.

6. 마무리

청암의 사상은 여러 가지 면에서 왕양명의 철학과 비슷한 점이 많이 발견된다. 그것이 청암과 금란지교를 가졌던 야스오카의 영향인지는 알 수 없다. 필자가 생각건대 청암의 철학은 모두 삶의 현장에서 청암 스스로 체득한 것이라고 본다. 양명과 청암은 군인이었으며 일에 미치광이가 된 광자적 성격을 가지고 있고 직업의 사명의식이나 만물을 나와 하나의 몸으로 보는 유기체적 세계관이 모두 유사하였다. 양명의 철학이 주자학과 달리 역동적이며 생동감 있고 이성과 정감이 합치된 인격을 가지고 있었는데 청암도 냉철한 이성으로 모든 일을 판단하되 따뜻한 정감으로 사람들을 대하였다고 하는 것이 청암을 아는 사람들의 한결같은 이야기이다. 끓어오르는 벌건 쇳물 같은 열정을 가지고 일을 하면서도 결코 사리판단의 냉정함을 잃지 않는 사상가라고 말하고 싶다.

청암은 조국 근대화의 한 가운데서서 제철보국, 교육보국이라는 사명감을 가지고 살아온 분이다. 청암 개인은 멸사봉공의 자세로 공적인 것과 사적인 일을 엄격히 구분하여 조그만 것도 사적인 것을 공적인 일에 개입시킨 일이 없다. 그러나 포항제철이라는 기업만큼은 공과 사를 겸용한 형태를 취하였다. 대부분의 국영기업이 적자에 허덕이는 것은 국가에서 모두 적자를 메워주기 때문이고 사적인 기업은 자기 이윤의 최대화를 위하여 공적인 데 신경을 쓰지 않는다. 그러나 포철은 사적인 기업과 마찬가지로 경제적인 원칙에 따라서 최소의 비용으로 최대의 효과를 내는 기업이면서 공적으로 사원의 복지와 인류의 미래를 생각하는 공기업의 경영철학을 가지고 있다.

이것은 달리 말해 실심실학(實心實學)의 하곡학 정신과 일맥상통하는 것이다. 청암은 결코 이

---

49) 박태준, 「품질과 목욕론」, 『신종이산가족』, 8쪽.

데올로기의 명분에 사로잡혀 일한 적이 없었다. 명분에 사로잡히면 맹목적 추종만 있을 뿐이다. 청암은 무조건 실용이면 다 된다는 생각도 하지 않았다. 사명감과 도덕성이 결여된 실용은 공허한 것이다. 맹목적 명분과 공허한 실용을 모두 비판하고 진실 그대로를 말하는 것이 실심실학이다. 다시 말해 거짓 없는 마음, 자기를 속이지 않는 마음이 실심이요, 이러한 마음으로 일을 해나가는 것이 실업(實業)이다. 청암의 경영철학은 바로 실심실학의 발현이라 해도 과언이 아니라고 본다. 청암은 우리사회의 살아있는 유상(儒商)이라 불러도 과언이 아닐 것이다.

從19世紀末到20世紀初韓國人的儒學認識

朴洪植 ┃ 大邱韓醫大學校

19世紀末20世紀初，韓國的代表人物柳麟錫、俞吉濬、朴殷植、張志淵、金昌淑、安廓等所認識的儒學是，"根據時代相以其時代的程度論難其時代的特點"。其中還包含着各自的時代精神。他們共同地處於西洋的衝擊和國家喪失的危機以及國權喪失的危機，對儒學表現出各自不同的認識。

對於柳麟錫來說，儒學尚是韓國人正體性的基礎。柳麟錫認爲，無論在哪個時代都不能捨棄儒學，它是人們必須要遵守的人生最寶貴的價值。

俞吉濬沒有肯定儒學的文化正統性或正體性的一面。他把儒學認識爲倫理道德，將它納入多樣性文化的一部分。俞吉濬爲了適應已經變化的時代狀況，將儒學推到了邊緣。

朴殷植自認爲自己是儒學者，在肯定儒學和儒學者的存在的同時，把儒學和儒學者認識爲"求新"和"改良"的對象。

張志淵作爲一名舊韓末的儒教知識人，展開了脫儒學的女性觀。這不但反映出儒教知識人的"求新"的側面，而且是韓國儒學史上的轉換點。這是具有深刻的意義的。

金昌淑則把儒學認識爲貫通時代精神的大義和儒生精神。金昌淑自覺地將繼承韓國儒學的傳統爲己任，幷對此進行了實踐。金昌淑在獨立以後設立了成均館大學校，繼承了韓國儒學之脈，完成了"韓國教育的正統性回復"這一大業。

安廓將儒學認識爲儒學和漢文的兼稱，卽"漢文儒教"。安廓把"漢文儒教"稱之爲"儒教腐林"、"漢文桎梏"，還將它規定爲"朝鮮人的大怨讎"進行了否定。

19세기 말 20세기 초 한국인의 유학인식

박홍식 朴洪植 | 대구한의대학교 일본학과 교수

I. 서론

〈성균관스캔들〉[1]은 2010년 8월 30일 한국의 KBS2에서 방영을 시작하여 11월 2일 종료된 T.V. 드라마이다. 시청률이 10% 정도였으며 마지막 회가 방영된 2일 오전 기준, 시청자 게시판 글이 17만 여건이 넘었다고 한다.[2]

〈성균관스캔들〉은 조선 500년 동안 대한민국 최고교육기관으로서 유학이념을 교육목표로 유학을 주요 교과내용으로 하여 청년들을 교육하였던 '성균관'을 소재로 한 드라마이다. 유학은 19세기말 서양의 충격이후 유교문화국가인 한국에서 역사의 중심에서 멀어져갔고 대중들의 기억 속에서조차 희미해져 갔다. 그런데 21세기 유학의 핵심 교육기관이었던 '성균관'이 '스캔들'의 조명을 받아 대중들의 환호 속에 새롭게 오늘의 역사 현장으로 재등장한 것이다. 19세기 이후 유교 관련 소재가 이렇게 많은 대중들의 관심들 받기는 한국에서 드문 일이다.

〈성균관스캔들〉의 기획의도를 보면 성균관(유교)의 과거와 오늘이 실감나게 교차하고 있음을 볼 수 있다.

> 치열한 젊음, 청춘 성장드라마, 성균관(成均館)
>
> 사극의 새로운 무대, 성균관(成均館)
>
> 모르는 사람은 없다
>
> 그러나 제대로 아는 사람 또한 없는 그곳, 성균관.
>
> 언제나 배경에 머물러 있던 그곳,

---

1) KBS2 (월, 화) 오후 09:55~ , 2010년 8월 30일~2010년 11월 2일 방송종료, 총 20부작.
2) '성균관 스캔들' 종영…이 드라마가 남긴 것은?, 〈스포츠월드〉, 2010.11.03.

이번엔 주인공이다.

글 읽는 소리 낭랑하게 들려오는 명륜당이 성균관의 전부는 아니다.

불꽃이 튀는 정치 투쟁의 장이며,

목숨 걸고 절대권력 군왕에게 직언을 하던 벽서가 나붙고,

범인을 잡고자 숨 막히는 추격전이 벌어지는 땀이 나는 곳이다.

무엇보다 모든 금기를 넘어 벗과 사랑 앞에 당당하고자 했던

탐 날만큼 싱그러운 젊음이 넘실대는 그 곳 성균관

500년 역사를 자랑하는 국학, 성균관을 사극 역사상

처음으로 재조명하고 우리시대 배움의 의미를 묻는다.[3]

오늘날 유교를 모르는 사람은 없다. 그러나 제대로 아는 사람 또한 없다. 19세기 말부터 20세기 초 유학은 어떻게 역사의 중심에서 사라지고 대중들의 관심에서 멀어져갔던 것일까. 이에 관한 논의는 그 동안 적지 않게 진행되어 왔다. 본 논문에서는 이러한 문제들을 당시 유학 지식인들의 입을 통해서 재조명 해보고자 하는 것이다. 그 당시 제기되었던 유학의 문제들이 오늘날은 어떻게 해석될 수 있는가 하는 점을 집중적으로 살펴보고자 한다. 그러면 근세기 한국의 유학적 지식인들의 유학에 대한 인식을 재조명하는 것은 오늘날 어떠한 의미를 지닐 수 있을까? 이에 대해서는 다음과 같은 신문기사의 한 대목—〈중국, 고전교육 89년만의 부활〉—에서 단서를 찾아 나서는 것이 좋을 것이다.

중국 어린이들이 다시 사서(四書)와 오경(五經)을 소학교(초등학교)에서 배우기 시작했다. 1912년 1월 19일 소학교 내 '경전교육 폐지령'이 나온 지 89년만의 부활이다. 고전 교육이 되살아난 것은 장쩌민(江澤民)주석의 강력한 권고 덕분이다.

江주석은 올해 초 열린 중앙선전 공작회의에서 "여러 분 중 최근 몇 년 사이에 고전을 읽은 적이 있는 사람은 손들어 보라"고 말했다. 수 백 명의 당 간부들이 모여 있었지만 단 한 사람도 손을 드는 사람이 없었다.

그러자 江주석은 "마오(毛澤東)주석께서는 고전을 손에서 놓지 않았다. 옛 사람들의 생각을 치국의 거울로 삼기 위해서였다."고 강조했다. 江주석은 이어 "덕(德)"으로 나라를 다스리자(以德治國)고 강조한 뒤 "시간이 나면 중용(中庸)부터 한번 읽어보라"고 권고했다.

이때부터 당 간부들 사이에 고전 읽기 바람이 조용히 불기 시작했다. 경전 내 고사 성어나 구절을 대화에 인용하는 바람에 이른바 경전화법(經典話法)까지 유행했다.

---

3) 「'성균관 스캔들' 기획의도」, KBS 홈페이지, KBS2.

국무원 교육부도 재빨리 움직였다. 각 소학교에 전문을 보내 "아이들에게 고전 읽기를 권장하라"고 주문했다. 그 결과 베이징(北京)만 해도 약 25개 소학교에서 사서오경 강좌를 개설했다. 전국적으로 약 1백 만 명의 학생들이 사서오경 교육을 받고 있다.[4]

사회주의 국가 중국에서도 유교경전 교육은 1912년 1월 19일 소학교 내 '경전교육 폐지령'이 나온 지 89년 만에 '고전 읽기 교육'으로 부활하였다.

한편 2009년 9월 24일 오후 중국 북경 인민대회당. 세계에서 몰려든 유학관련 전문가 300여 명이 참가한 가운데 〈공자탄신 2560주년 국제유학연합회 국제학술대회 및 국제유학연합회 회원대회 개막식〉이 열렸다. 중국 국가국력 4위로 평가받는 자칭린(賈慶林) 중국인민정치협상회의 주석이 직접 참석하여 개막연설을 하였다. 자칭린은 '유학을 깊이 있게 연구하여 중국의 현실 문제 해결에 적극 활용하자'고 역설하였다. 다음날 인민일보는 관련기사를 크게 보도하였다.

이어 9월 28일 오전 공자(孔子)의 고향인 산둥(山東)성 취푸(曲阜), 공묘(孔廟)의 대성전(大成殿) 앞뜰. 공자 탄생 2560주년을 기념하는 석전대제(釋奠大祭)가 거행됐다. 공자의 후손을 비롯해 중국 정부 관계자와 전 세계 유학자 등 1000여 명이 참석했다. 9월 27일 제25회 공자문화제 개막식장에서는 인민해방군 가극단의 창작무용극 '공자'가 초연됐다.

40여 년 전 문화혁명(1966~1976) 때 공자는 타도 대상이었다. 당시 중국 공산당은 '사구타파(破四舊; 옛 풍속, 옛 사상, 옛 관습, 옛 문화 타파)' 운동으로 전통과 도덕을 말살운동을 전개하였다. 문혁 말기에는 '비공(批孔)운동'으로 공자를 격렬하게 공격했다. 공자의 사상이 농민에게 순종을 강요하고, 혁명을 반대하며, 노예제를 옹호하는 '반동사상'이라고 생각하였기 때문이다. 그러나 덩샤오핑(鄧小平)이 중국적 사회주의로서 '샤오캉(小康)사회'와 사회주의 현대화를 기치로 내걸면서 유가사상은 부활의 기반을 마련하였다. '샤오캉(小康)사회'[5]란 다름 아닌 유학에서 말하는 현실적 이상 정치 사회인 것이다.

2009년 10월 1일 중국국가주석 후진타오(胡錦濤) 중국국가주석은 베이징에서 열린 중화인민공화국 성립 60주년 기념식에서, "사상해방, 개혁 개방, 과학발전을 추진하고 '전면적인 샤오캉 사회(小康)'를 실현할 것"이라고 하였다.

사회주의 국가 중국에서 공자의 부활은 공자학원(孔子學院)의 탄생과 더불어 국가적 힘을 받고 있다. 2009년 7월 한국의 한 대학교 '공자학원(孔子學院)' 개원식에 직접 참석한 리창춘(李長

---

4) 「중국, 고전교육 89년만의 부활」, 『중앙일보』, 2001년 8월 7일, 11면. 한편 2006년 중국에서 발간된 논어 해설 『논어심득』(저자, 위단于丹)은 수백만부가 팔려 '논어열풍', '위단 심드롬'을 일으켰다. 이것은 '고전교육'으로서 유교경전 읽기를 다시 시작한 지 불과 5년만의 일로서 주목할 만한 중국 사회문화의 변화상이다.

5) 유가 경전인 『예기(禮記)』, 「예운(禮運)편」은 '샤오캉(小康)사회'를 이렇게 말하고 있다. "자신의 부모를 잘 섬기고, 자기 자식을 잘 기른다. 자신을 위해 힘써 재물을 모은다. 예의를 기본으로 삼아 임금과 신하의 도를 명확히 하고, 부자의 정을 돈독히 하며, 형제와 부부간을 화목케 한다."

春, 권력서열 5위) 중국 공산당 정치국 상무위원은, "공자학원은 '다른 나라와의 교류융합·공동 번영을 통한 조화로운 세계'라는 공자의 가르침에 따라 전 세계에 세워지고 있다."라고 하였다. 공자 학원은 2004년에 대한민국 서울에서 처음 생겨진 후 2009년 11월 현재 2009년 11월까지 세계 84개국 282곳이 되었다.

사회주의 국가 중국 현실에서 '고전교육'으로 부활한 '유학', '중국문화의 상징'으로 부활한 '공자'는 이제 전 세계로 달려가고 있다. 21세기 유학 종주국 중국에서 나타난 이러한 변화는 유교문화의 전통이 강한 한국에게 유학과 공자를 어떻게 새롭게 조명해야만 하는가하는 진지한 과제를 던져 주고 있다. 부활한 유학과 공자가 21세기 새로운 한중관계와 동아시아 관계를 맺어 주는 중요한 문화적 가교가 될 수 있다는 기대만으로도 19세기말 20세기 초 한국 유학지식인 들이 고민하였던 유학인식에 대한 재조명은 충분한 현재적 의미를 지닐 수 있다.

본 논문에서는 19세기말 20세기 초 한국의 대표적인 인물이었던 의암 유인석(毅菴 柳麟錫, 1842~1915), 구당 유길준(矩堂 俞吉濬, 1856~1914), 백암 박은식(白巖 朴殷植, 1859~1925), 위암 장 지연(韋庵 張志淵, 1864~1921), 심산 김창숙(心山 金昌淑, 1879~1962), 자산 안확(自山 安廓, 1886~ 1946)을 대상 인물로 설정하였다. 이들은 공통적으로 서양의 충격[6]과 국가상실의 위기 그리고 국권상실의 시대상황에 처하여 유학에 대하여 각자 다른 인식을 보여주었다. 그들을 통하여 당 시 한국의 지식인들이 유학에 대한 다양한 인식을 살펴보기로 한다.

II. 한국문화 정체성으로 인식된 유학과 일개 윤리도덕 양식으로 인식된 유학

19세기말 한반도의 대내외적인 사회변화는 전통적인 유교적 가치관을 근본적으로 동요시키 기에 충분한 것이었다. 바로 그 시대의 초반부를 살았던 대표적인 지식인이 유인석과 유길준이 다. 여기서는 유인석과 유길준의 유학 인식에 대한 특징을 살펴보고자 한다.

1. 유인석의 문화적 정체성으로의 유학 인식

의암 유인석(毅菴 柳麟錫, 1842~1915)은 구한말 위정척사파의 거유(巨儒)였던 화서 이항로(華西 李恒老, 1792~1868)의 제자이다. 그는 당시 대표적인 지식인으로서 의병장이며 독립 운동가였다. 유인석의 유학인식을 이해하는데 중심자료가 되는 『우주문답宇宙問答』[7]은 그의 말년 저술로서

---

6) 蒙培元도 「유학의 현대적 의의와 핵심 가치」라는 글에서 근대유학의 전개를 3단계로 나누어 설명하면서 제1단계를 '동서 문화 충돌의 시기'로 설정하였다. 제2단계는 동서가 서로 이해하는 시기, 제3단계는 다원화시기로 나누었다. 『동양철학의 재인식』(한국동양철학회 2010 국제학술대회 논문발표집, 2010, 11. 5~6.) 참조.

1913년 작품이다.

먼저 유인석의 동서 문화에 대한 인식을 살펴보기로 하자. 그는 당시 시대가 변하여 서양이 왕성하여 그들의 법이 통용되는데 조선의 사회는 그렇지 않은 면이 있다고 하였다. 시대적 변화에 비추어 볼 때 서학수용은 정당한 것이지만 전통적인 유교 윤리를 포기할 수 없다는 입장이다.

> 옛날 중국에는 무력을 떨치기도 하고 그치기도 하여, 전쟁을 하기도 하고 쉬기도 한 것은 때에 따른 것이었는데, 오늘날의 시세는 무력을 숭상하지 않을 수 없게 되어 있다. 서양의 전쟁기술과 병기와 그 밖의 장점을 취하고, 또 그런 방식으로 계속하여 서양의 것들을 취하는 일은 실로 부득이한 것이니, 이것이 이른바 '겨울에는 가죽옷을 입고 여름에는 갈포옷을 입는다.'는 것이다. 만일 시세에 따라 우리나라가 되는 까닭을 그만두고 윤상대도와 성현정교와 의발중제와 모든 예의를 버린다면 이것이 이른바 '의복을 벗고 알몸이 된다.'는 것이다.[8]

유인석은 한국인의 정체성이 윤상대도와 성현정교와 의발중제와 모든 예의에 있다고 하였다. 그는 한국인의 정체성을 윤리적 가치에서 찾았다. 물론 그것은 유학의 윤리적 가치론이다. 그는 당시 개화론자들의 서학수용 형태가 한국인의 정체성을 내던져 버리는 양상이 있다고 판단하였다. 그는 이것을 지적하고 비판한 것이다. 서학의 수용자체를 무조건적이며 전면적으로 부정한 것은 아니다.

한국인의 문화적 정체성에 대한 유인석의 의식은 유교적인 전통에 대한 문화적 자존심으로 이어진다. 그는 조선이 소중화(小中華)와 예의를 지닌 문화국가라는 자존심을 자주 표출하였다. 그는 문화국가로서의 뿌리 깊은 조선의 전통에 대한 애정과 자긍심을 버리지 않았다. 다음은 이러한 그의 생각을 잘 보여준다.

> 조선에 서양법을 쓸 수 없는 것이 또한 중국과 같으니, 조선은 소중화로 예의의 나라이기 때문이다. 나무 한 그루가 양지쪽 비탈에 서서 뿌리를 내린지 오래 되었다. 뿌리에 줄기가 붙고 줄기에 잎사귀가 우거지면서 아름다운 모습을 이루었다. 그런데 그 줄기와 잎을 잘라내어 그늘에 있는 나무에 접목한다면 되겠는가. 뿌리와 줄기가 모두 말라 죽을 것이다. 중국과 조선이 서양법을 쓰는 것이 이것과 무엇이 다르겠는가. 또 서양법이 비록 그 나라에서는 좋을지 몰라도 중국과 조선

---

7) 「宇宙問答」은 『毅菴 柳麟錫의 思想』(서준석・손승철・신종원・이애희 공역, 종로서적, 1984)이라는 제목으로 완역 되었다. 이 번역서에는 「우주문답」의 내용을 35개의 주제를 붙여 독자들의 이해에 편의를 제공해 주고 있다. 필자도 이 역서의 도움을 받았다.

8) 『宇宙問答』, "昔中國, 奮武偃武, 貫革作息, 隨時也, 當今時勢, 不得不尙武崇兵. 取西之兵技兵器, 及他所長, 又或推 此類爲取, 固有不得已者, 是所謂冬裘夏葛也. 如曰 從時而棄我所以爲國, 棄倫常大道, 棄聖賢正敎, 棄衣髮重制, 棄凡 禮義所在, 是所謂脫衣服裸身也."

에서는 좋을 수 없다. 중국과 조선은 스스로 훌륭한 점이 있기 때문에 그들을 훌륭하다고 할 수는 없는 것이다.[9]

유인석은 오랜 전통과 상당한 수준에 이른 조선의 문명은 이질적인 서양문명과 쉽게 동화되거나 조화를 이룰 수 없는 면이 있다고 보았다. 그는 유교적 전통을 고수하여 파생될 수 있는 폐해가 개화를 통하여 나타난 것과는 비교할 수 없이 적다는 주장을 하였다. 또한 구법을 써서 나라가 망하는 것은 바르게 하다가 망하고 깨끗하게 하다가 망하는 것이며, 개화의 경우에는 극악하고 더럽게 망하는 것이라고 주장하였다.

천지에 다른 성정이 있어 사람이 그것을 얻어 성정을 삼았다. 무릇 천지 사이의 모든 인류가 다 이 성정을 얻어 품격의 차이와 득실이 있게 되었다. …… 지금 공자의 가르침을 폐하면 그 가진 바의 성정을 잃게 된다. 지금 서양을 사모하고 기독교의 학문을 배운다면 서양의 성정으로 변할 것이다. 중국과 조선의 성정이 서양의 성정으로 변하게 되면, 선이 불선으로 되어 선하지 못한 것에 화하게 되고, 서양의 성정으로 화하게 되면, 그들에게 마음을 빼앗기지 않는 자가 적어서 결국 그들과 같은 사람이 될 것이다.[10]

위에서 유인석은 각 지역마다 고유한 문화적 정체성이 있으며 지리환경에 따른 인간의 독자적 정서가 있음을 인정하였다. 또한 그는 한국인의 고유한 유학적 정체성과 독자성을 지키는 것이 한국적인 가치관을 지켜 나아갈 수 있는 것이라고 믿었다. 기독교는 한국인의 정서와는 이질적이어서 한국인의 주체성을 지키는데 방해가 된다고 이해한 것이다. 그는 종교의 구체적인 교리에 대한 고찰보다는 서양과 동양의 문화적 고유성과 차별성에 입각해서 기독교를 거부한 것이다. 유인석에게 있어서 아직 유학은 서양 문물이나 기독교의 유입과 유행이라는 시대변화와 관계없이, 유효한 문화 양식이며 한국인의 문화적 정체성으로서 남아 있었다.

2. 유길준의 일개 윤리도덕 양식으로서의 유학 인식

구당 유길준(矩堂 俞吉濬, 1856~1914)은 우리나라 최초의 일본 유학생이며 동시에 최초의 미국유학생으로 개화사상을 대표할 만한 『서유견문』이라는 저술을 남겨놓고 있다. 『서유견문』은

---

9) 『宇宙問答』, "朝鮮 不可爲西法, 亦猶中國, 朝鮮小華禮義之國也. 有木於斯, 立陽崖而托根, 久矣. 根而株榦, 株榦而枝葉苑然盛美矣. 剪其枝葉, 取枝榦於陰崖之殊木而附之得乎. 幷根株榦而枯矣. 中國朝鮮之爲西法, 何以異於是乎. 且西法在其國爲乎, 在中國朝鮮, 非可爲好也. 中國朝鮮, 自有所壯, 不足壯此也."

10) 『宇宙問答』, "天地有正性情, 人得之而爲性情. 凡爲人類於天地之間者皆得是性情, 有稟格之異而有得失也. …… 今廢孔子之敎, 則失其所有之正性情也. 今慕西洋而學耶蘇之學, 則化西洋之性情. 以中國朝鮮之性情, 化西洋之性情, 善化乎不善, 化乎不善化矣, 其爲西洋之性情, 則鮮有不心奪於彼, 而爲作彼人也."

1885년에 시작하여 1889년에 완성하고, 1895년에 출간되었다.

　유길준이 남긴 저술 가운데 유학에 관한 내용을 찾기는 쉽지 않다. 그것은 아마도 그가 개화와 서학에 관심과 정열을 쏟은 나머지, 동양의 전통적 지식체계인 유학은 관심의 영역에서 멀어진 것이기 때문일 것이다. 그 가운데 유길준이 지녔던 유학 전통에 대한 입장을 단적으로 보여주는 사례로는 단발령에 관련한 일이 있다. 곧 1895년11월 내부대신으로 있었던 유길준은, 당시 위정척사파의 대표적인 유학자로 단발령을 결사반대 하였던 면암 최익현(勉菴 崔益鉉, 1833~1907)의 체포라는 강제력까지 동원한 단발령 시행에 적극적이었던 것으로 알려져 있다. 그는 유학의 전통적인 의발제도를 부정하는 최전선에 서 있었다.

　유길준의 유학에 대한 기본적인 입장을 알아보는 데에는 1908년에 쓴 「시대사상」이라는 짧막한 글이 좋은 자료가 된다.

　대개 중국 고대 당우의 시대에는 도덕으로써 천하에 임하였고, 하은주 3대에는 그것을 계승하였으나 주나라에 이르러 종식되었다. 이것을 도덕정치시대라고 일컫는다. 진나라는 법령으로써 천하를 속박하였는데, 한나라가 그것을 이어 후세에는 모두 그렇게 되었으며, 오늘에 이르기까지 변하지 않았으니, 이것을 법령정치시대라고 말한다. 그러나 중국의 유학자들은 시대의 진화와 정치의 제의에 어두워서 법령의 시대에 처해서도 도덕으로써 문치하고자 하여 2천여 년 간 크고 작은 것이 호도되고, 산만하여 기강이 없어졌다. 그리하여 스스로 썩어 점차 쇠약해지는 지경에 이르러, 이른바 경장은 한때 왕조의 성을 바꾸는데 지나지 아니하였으니, 그 사상도 의연히 똑같은 것을 반복한 것에 지나지 않았다. 제국주의를 용납함에 이르러서는 모든 백성이 노예가 되어 녹을 구하고 영화를 구하기에 정신이 없어 그들에게 잘 보이고 충성을 꾸미면서도 마음이 편안하여 부끄러움을 모르니, 이것은 어찌된 까닭인가? 도덕은 사회를 다스리는 윤리로서 범위가 제한이 없고, 법령은 국가의 정치를 행하는 도구로서 범위가 제한이 있다. …… 사상의 근원은 시대의 수요에서 출발한 것이다. 춘추시대에는 윤리가 거의 끊어질 지경이 되었다. 그러므로 공자가 강상으로서 그 도의 근본을 삼았다. ……

　이로써 본다면 옛날 도덕의 정치는 또한 시대의 수요이며, 그 뒤의 법령의 정치도 시대의 수요이며, 그 뒤의 법령의 정치도 시대의 수요이며 또한 모두 시대의 사상이다. 그렇다면 오늘날의 정치는 오로지 법령을 쓰면서 도덕을 돌아볼 것인가. 아니다. 도덕의 사상은 보편사회에서 다만 개인의 교육에 맡겨 놓은 것으로 족하다. 그러므로 국가는 다만 법령을 써서 그 행정을 제한해야 된다. 이것이 한 등급 진보한 것이라 할 수 있다. 그러나 지금의 시대에는 사람들이 점차 법령의 정치에 익숙해져서 서로 의지하면서 생활을 영위해 가기 때문에 문명국가는 오로지 여기에 주력하지 않고 또한 기술의 정치에 진입하여 부국강병의 사업을 도모하게 되었다. …… 서구 천하의 백성들은 기술로 돌아갔다. 그러므로 오늘날 시대의 수요는 이것이며, 사상도 또한 이것이다. 또 동포를 돌아보건대, 이 이상인 사람이 충분히 있는가. 도덕의 정치는 이미 무너졌으며, 법령정치의 후대 사람도 기술의 정치 같은 것은, 그 이름을 들어에 자가 또한 드물다. 이것이 외국인들이 우리를 불쌍히 여겨 앞을 다투어 와서 대신하고 있는 까닭이니, 얼마나 부끄러운 일인가? 가만히 이천만 형제에게 원하노니, 한 마음으로 단결하고 힘써 분발하여 밤낮으로 부지런히 모두 이것을 익히고, 도덕의 마음으로 정치 출발의 근본으로 삼고, 법령의 권력으로 정치를 확장하는 도구를 삼고, 기술의 재예를 써서 정치를 실현하는 사업으로 삼는다면 문호가 날로 전전될 것을 기대할 수 있을 것이다. …… '공자의 성인됨이 때에 나아간 사람임에 있음'을 공자의 학문을 하는 자들은 생각하여야 한다.[11]

유길준은 사상을 역사적인 시대의 산물로 파악하였다. 따라서 그는 전통적인 유학사상을 절대로 권위로 인정하기 보다는 시대적 상황 속에서 객관적으로 이해하고자 하였다. 유길준은 역사의 진보단계를 도덕정치시대, 법령정치시대, 기술정치시대인 3단계로 구분하였다. 그는 도덕의 절대적 권위와 불변성을 강조하는 전통적인 유학적 사유에서 벗어나고자 하였다. 그는 도덕주의에 기반한 유학의 이상주의도 일종의 시대적 요청에 의한 것임을 말하였다. 나아가 역사적으로 볼 때 유학이 시대적 요구에 부응하지 못한 면이 있음을 지적하였다. 법령정치시대로 접어든 당대에 필요한 사상은 기술정치시대에 적합한 것이어야 한다는 것이다. 그는 도덕이 사회에 필요한 것임을 인정하면서도, 보편사회에서의 도덕은 국가를 움직이는 핵심적 기능은 될 수 없고 개개인의 각성에 의존하지 않을 수 없다는 입장을 취하였다. 그리하여 그는 "도덕의 정치는 이미 무너졌다."고 단언하였다.

유길준은 시대적 변화와 시대적 요청에 대한 국민적 각성이 국가발전의 원동력이라는 계몽주의적 인식을 보여 주었다. 그가 위의 인용문 말미에서 유학자들에게 공자의 성인됨을 예로 들어, 사상이란 시대적 산물이라는 메시지를 던진 것은 계몽적 사상가로서의 단면을 보여준다.

유길준이 「시대사상」보다 1년 전에 쓴 것으로 알려진 「사경회취지문」이라는 글이 있다. 그는 이 글에서 유교와 기독교를 비교하여 다음과 같이 언급하였다.

---

11) 『大東學會月報』第一號, 隆熙 二年 二月 二十五日. 『兪吉濬全書』권4, 兪吉濬全書編纂委員會 編, 一潮閣, 1995, 285쪽. "盖唐虞, 以道德臨天下, 三代繼之, 至周而息, 此謂道德政治時代, 秦以法令束天下, 漢因之, 而後世化之, 迄今不變, 此謂法令政治時代, 然支那之儒, 昧於時代之進化, 政治之制宜, 處法令之世, 而欲文以道德, 二千餘年間, 大小糊塗, 漫無綱紀, 則自致其腐朽, 而漸臻衰弱之境, 其所謂更張, 不過一時之王朝易姓, 其思想, 則依然一轍, 如城門之軌, 甚至容帝臨國, 萬姓爲奴, 乞祿詡榮, 獻媚粧忠, 而恬不知恥, 是曷故焉, 道德者, 社會相治之倫, 而範圍無閾, 法令者, 國家爲政之具, 而圈套有限 …… 思想之源, 出於時代之需要焉, 春秋之世, 彝倫幾於杜絶, 故孔子, 以綱常宗其道 …… 由是觀之, 昔者道德之政治, 亦時代之需要, 後來法令之政治, 亦時代之需要 而亦皆時代之思想, 然則今日之政治, 專用法令, 而顧道德也, 曰否, 道德之思想, 普遍社會, 唯放任于個人之敎育, 足矣, 故國家只用法令, 以圈限其行政也, 此可謂一級之進步, 而今之時代, 則人階嫻熟於法令之治, 而相依爲活, 故文明之國, 不專主是, 又進而入于技術之治, 圖富强之業, …… 歐天下之民, 而歸之技術之中, 故今日時日時代之需要, 此也, 則思想, 亦此也, 顧吾同胞, 有足以上人者乎, 道德之治已壞, 而法令之治後入, 至若技術之治, 則知其名者, 亦鮮矣, 此所以外國之人, 憫我泄泄來而代之, 其不亦可羞之甚者乎, 窃願二千萬兄弟, 一心協和, 并力奮發, 日夜孜孜, 學而習之, 以道德之心, 爲出治之本, 以法令之權, 爲張治之具, 而技術之才藝, 用之爲行治之事業, 則庶乎文化日進 …… 孔子聖之時者, 學其道者, 其思之."

공자의 교를 들어 아구주(我救主)의 종지(宗旨)와 대관(對觀)하건대 도덕의 의의가 왕왕 서로 들어맞는 구절이 있은즉 양교가 서로 근사하다고 말하지만 그러나 공자는 정치도덕의 성(聖)이요 아구주(我救主)는 종교도덕의 신(神)이라. 그러므로 공자는 그 말이 오로지 현세인사를 교정하기는 데에 있어 사리상으로 만세불역할 논설이 있으므로 이것은 정치원법의 원리일 뿐만 아니라 공자의 대경대의(大經大意)도 그 밖에는 있지 아니하심 이어니와 아구주는 우주만세를 일시(一視)하사 일체 인류의 죄를 구제하기 위하여 박애지선(博愛至善)한 종지를 세우심이라. 이런 까닭으로 공자교는 현시(現時) 인사의 도덕이니 인사교(人事敎)라 종교가 아니며 아구주의 교는 신인(神人)을 통하는 만세도덕이니 인간이 생겨나기 이전과 이후 만세의 대일통 종교이다. 그 방면이 다르며 그 주목적이 크게 다른 것이다.[12]

유길준은 유교인 공자교를 현세의 인간사회에 국한된 하나의 도덕과 정치원리로서 규정하고, 기독교를 인간과 우주를 포섭할 수 있는 보편적 종교로서 받아들인 것이다. 그는 기본적으로 종교의 자유를 받아들였다. 그는 사람마다 자기 마음에 기쁘고 즐겁게 느껴지는 종교를 믿고 의지하면서 국법을 받드는 한, 사람들 마음이 좋아하는 것을 억지로 빼앗고 사람들 몸이 귀의하는 것을 억지로 막아서는 안 된다[13]고 생각하였다. 유길준은 종교적으로 피차 구분하여 한 쪽을 금지하는 것은 국가의 정치에 조그마한 이익도 되지 않을 뿐만 아니라, 도리어 커다란 피해를 주는 것으로 간주하였다. 그는 국익의 입장에서 종교의 자유를 적극 지지하였다. 유길준은 이러한 입장을 견지하였을 뿐만이 아니라 그 자신이 기독교를 신봉하는 위치에 서 있었다.

이렇게 볼 때, 유길준에게서는 전통적 유학자들의 유학 정통론은 완전히 소멸되어 버렸다. 유학은 유길준에게 있어서는 인간과 자연의 원리를 설명해주는 이념체계가 아닌 일개 도덕적 정치적 원리로 남게 되었다. 이것은 도덕에 더 이상 사회현실의 문제를 해결하는 중추적 기능을 부여하지 않았던 그의 역사인식에 비추어 볼 때, 유학이 현실 문제해결의 기능과 존재가치를 실질적 의미를 상실하였음을 의미한다.

유인석의 경우 유학은 아직 한국인의 정체성의 기반으로 인식되고 있었다. 유인석의 경우에 정체성으로서의 유학은 어떠한 시대적 변화의 상황에서도 잃어버려서는 안 되며 반드시 지켜내야 할 가장 삶의 소중한 가치로 남아 있었다.

반면 유길준은 유학으로부터 문화적 정통성이나 정체성적인 면을 인정하지 않았다. 그는 유학을 일개 윤리 도덕으로서 인식하여 유학을 다양한 문화의 일부로 편입시켰다. 유길준은 이제 변화된 시대상황에 적응하기 위하여 유학을 변방으로 밀어낸 것이다.

한편 유인석은 인간의 윤리적 가치와 도덕적 이념들을 인간의 생존조건과 일치시켰다. 그는

---

12) 「査經會趣旨文」, 『兪吉濬全書』 권2, 396~398쪽.
13) 「人民의 權利」, 『兪吉濬全書』 권1, 『西遊見聞』 제4편, 144쪽.

서양의 문물(일본의 문물도 서양의 문물과 동일시 됨)이 이러한 가치의식과 행동양식을 붕괴시키는 것으로 이해하였다. 이것은 유인석이 서양문물에의 개방을 문화적 충돌로 받아들인 것을 의미한다. 왜냐하면 조선 문화의 전통은 그 만큼 뿌리 깊고, 전통적 지식인들이 지니고 있었던 자긍심과 자부심은 개화에 대한 저항만큼 강한 것이었기 때문이다. 물론 유인석의 사상적 뿌리는 유학(성리학)이었다.

유길준은 서양의 과학 기술도입을 통한 국력배양이 우선적 고려의 대상이었다. 유길준은 조선사회의 전면적 개방과 개혁을 통해서만이 국제적 교통의 시기에 국가적 생존을 담보해 낼 수 있다고 생각하였다. 따라서 유길준은 전통적 이념이나 가치관에 대한 고려나 외래문물과의 조화보다는 개방과 개혁이라는 당위적 명제가 절실하다고 인식한 것이다. 이러한 인식위에서 서양의 문물과 제도에 의한 전면적인 사회변화를 모색하였다. 이 과정 속에서 유길준은 유학을 사회의 변방으로 인식하게 되었다.

III. 구신(求新)의 대상으로 인식된 유학

1. 유학과 유학계의 구신과 개량을 주창한 백암 박은식

백암 박은식(白巖 朴殷植, 1859~1925)은 구한말 유학자로서 주목할 만한 저술을 남겼고,[14] 언론인으로서 『황성신문』의 주필로 활동했으며, 대동교(大同敎)를 창건하였고, 애국계몽운동과 함께 독립운동을 전개하여 대한민국임시정부 제2대 대통령을 지냈다.

박은식은 스스로 "나는 大韓 儒敎界의 一分子라. 나의 先祖와 나의 平生이 孔子의 恩賜를 받음이 막대하다"[15]고 언명하였다.

박은식은 1901년 미간(未刊) 소고본(手稿本)으로 알려져 있는『겸곡문고謙谷文稿』에 실려 있는 「상의재민상서上毅齋閔尙書」에서 다음과 같이 말하였다.

만일 가로되 지금 세상에 태어나서 新學問을 하는 것이 옳지 舊學問을 어다다 쓸 것인가 한다면 저도 근일에 新文字를 역시 읽어서 어렴풋이 짐작하고 있습니다. 그 이전에 發하지 못한 것을 發하여 時宜에 適合한 것은 어찌 배우지 않아서 되겠습니까. 단지 천하의 일은 千變萬化할지라도

---

14) 박은식이 남긴 저술은 저서가 19권, 논설 및 기타 글이 122편, 그리고 序, 跋, 詩, 書, 祭文, 墓碣銘, 飜譯의 글이 전한다(박은식의 저작 목록은 신용하, 『박은식의 사회사상연구』 부록, 서울대학교출판부, 1982, 참조).『朴殷植全書』는 1975년 檀國大學校 附設 東洋學研究所에서 발간되었다. 본 논문에서도 이『朴殷植全書』(上, 中, 下 3권으로 되어 있다. 이하『전서』라 부른다)를 참고로 하였다. 박은식의 저술 가운데 유학관련으로는『王陽明實記』,「儒敎求新論」이 대표적인 것이다.
15) 「유교구신론」,『전서』下, 44쪽.

身心이 근본이 되는 것이니 身心이 다스려지지 않으면 어떻게 變化에 應할 수 있으며 무엇을 가히 할 수 있겠습니까. 身心을 다스리고자 하면 우리 孔孟의 書를 버리고서 무엇으로써 할 수 있겠습니까.[16]

박은식은 시대가 전통적인 구학문을 요구하지 않고 신학문을 요청하고 있다는 것을 인정하였다. 그는 학문의 역할이란 사회와 인류세계에 막중한 영향을 끼치며 학자의 사회적 책무에 대한 의식도 가지고 있었다. 그럼에도 불구하고 박은식은 사회변화에 주체적으로 대응하기 위해서는 개개인의 가치관 확립이 필요 불가결함을 인정한 것이다. 박은식의 가치관 확립은 공자와 맹자의 유학 경전에 대한 독서와 교양을 떠나서는 불가능하다고 하였다. 박은식은 당시 흔들리는 유학은 공외적인 위상을 재건하기 위한 작업이 필요하다고 생각하였다. 이에 박은식은 이후 1904년에 발간한 『학규신론學規新論』에서 「논유지종교論維持宗教」라는 장을 만들어 한국의 종교를 유교로 규정하고 이를 유지 보급시킬 것을 말하기도 하였다.

한편 박은식은 유학이 시대의 변화에 대응하고 대외적인 위상을 확고하게 하기 위해서는 한국유학의 자체적인 대 혁신이 불가피하다고 판단하였다. 이러한 생각은 박은식이 『서북학회월보』 제1권 제 10호에 게재한 「유교구신론(儒教求新論)」에 극명하게 표출되었다. 박은식은 19세기와 20세기는 서양문명이 크게 발달하는 시기이나 장래 21세기는 동양문명이 크게 발달할 것이라고 보았다. 공자의 가르침인 유교도 장차 전 세계에 크게 드러날 때가 있을 것이니 유교 지식인들은 시대적 통찰력을 가지고 분투해야한다고[17] 하였다.

박은식은 유교를 새롭게 변화시킴으로써 새로운 시대, 새로운 세기의 가치관으로 거듭날 수 있다고 믿었다. 박은식은 당시 유학이 인도의 불교나 서양의 기독교와 같이 발전하지 못하고 극도로 침체되고 부진한 사실에 대하여 스스로 부끄러워하였다. 그는 유교의 부진을 진단하여 '개량(改良), 구신(求新)' 하는 것을 자신의 역사적 소명감으로 인식하였다. 박은식의 유학 인식의 핵심 명제는 '유교구신(儒教求新)'이었다.

박은식은 「유교구신론」에서 유교의 침체와 부진의 근본적 원인을 3가지로 진단하였다.

첫째는, 유교계(儒教派)의 정신이 오로지 제왕측(帝王側)에 있고 인민사회(人民社會)에 보급할 정신이 부족함이다.

둘째는, 철환열국(轍環列國)하여 천하를 바꾸겠다는 주의(主義)를 찾지 않고 '비아구동몽(匪我求童蒙)이라 동몽(童蒙)이 구아(求我)'라는 주의(主義)를 고수하는 것이다.

셋째는, 한국유교에서 간이직절(簡易直切)한 법문을 요구하지 아니하고 지리한만(支離汗漫)한 공

---

16) 『전서』 中, 369~370쪽. 신용하, 『박은식의 사회사상연구』, 12쪽 재인용.
17) 『전서』 下, 48쪽.

19세기 말 20세기 초 한국인의 유학인식 | **609**

부만을 숭상하였기 때문이다.[18]

첫째 문제를 해결하기 위해서는 공자의 대동주의(大同主義)와 맹자의 중민주의(重民主義)를 계승 발전시켜야 한다고 하였다. 박은식은 이미 민지(民智)가 개발되고 민권(民權)이 신장된 시대임을 인식하지 못한다면 유교의 발달은 기대할 수 없고 옛 것을 지켜 나갈 수 없다고 하였다.

둘째 문제를 해결하기 위해서는 유학자들이 고루함을 떨쳐버리고 세상 물정과 세상의 경고에 귀를 기울이고 적극적으로 대중 속으로 뛰어 들어야 한다는 것이다. 세계의 문호가 널리 열리고 인류가 경쟁하는 시대임을 자각하지 못하고 옛날과 같이 폐쇄적인 생활을 고수하고 문호를 개방하지 못한다면 천지를 다른 사람들이 점령할 것이다. 그 때 가서는 도리가 없으니 '유교구신'이라는 진취적 방법을 실천하는 것이 마땅한 시대적 요청이라고 하였다.[19]

셋째, 당시는 이미 각종 과학이 나날이 발달하고 인생 사업이 날로 신속하게 변화하는 시대이므로 신세대 청년들에게는 지리한 학문보다 간이직절한 학문을 제시하여야 한다는 것이다. 박은식은 이러한 요구에 부응하는 유학사상을 양명학이라 하였다. 박은식은 시대가 요구하는 대안 유학을 양명학에서 찾았던 것이다.

새로운 대안유학을 양명학에서 찾게 된 철학적 사유의 전변(轉變)을 박은식은 이렇게 말하였다.

余도 幼時로부터 오즉 朱學을 講習하고 尊信하야 晦庵의 影幀을 書室에 私奉하고 每朝에 瞻拜한 事實도 있었다. 四十歲 以後에 世界學說이 輸入되고 言論 自由의 時期를 만나매 余도 一家 學說에 膠泥되었든 사상이 저윽이 變動됨으로 우리 先輩의 嚴禁하든 老莊楊墨申韓의 學說이며 佛教와 基督의 教理를 모다 縱寬케 되었다.

因하여 一種觀念이 發生하기를 現今은 科學의 實用이 人類의 要求가 되는 時代라 一般 靑年이 마땅히 此에 用力할 터인데 人格의 本領을 修養하고자 하면 哲學을 또한 廢할 수 없다. 東洋의 哲學으로 言하면 孔孟 以後에 朱王 兩氏가 互相 對峙하였는데 今日에 至하여는 靑年學者들이 朱學의 支離活繁은 用力하기 難하고 王學의 簡易直截이 必要가 될듯하여 陽明實記란 一冊을 著述하야 學界에 提供하였으나 王學의 眞理에 대하여는 實驗의 自得이 없었다.[20]

위의 글은 박은식이 돌아가던 해에 쓴 글이다. 박은식은 청년기 때부터 만년까지 유학의 가치를 인정하고 있었으며, 유학은 그의 철학사상의 뿌리를 이루고 있었다. 또한 박은식은 대안 유학을 양명학에 찾았고 양명학을 천명하기 위해 노력의 일환이 명저 『왕양명실기王陽明實記』

---

18) 「儒教求新論」, 『전서』下, 44쪽.
19) 「儒教求新論」, 『전서』下, 46쪽.
20) 「學의 眞理는 疑로 좇아 求하라」, 『전서』下, 197~198쪽.

를[21] 남겼다.

결국 박은식에 있어서 여전히 유학—대안유학으로서 양명학—은 학문적 가치를 인정받고 있었다. 또한 개혁과 개선 대상이기는 하지만 유학자(유림계)도 그 존재가치조차 부정된 것은 아니다. 그것은 유림에 대한 혁신을 말하기 전에 다음과 같이 말한 대목에서 알 수 있다.

> 원래 儒林은 멀리는 공자, 맹자, 程子, 朱子의 '지난 성인을 잇고 앞으로 올 학문을 열어 주는' 연원을 접하며 가까이는 조선의 수많은 철인들이 口傳心授하신 統緒를 이어서, 綱常이 이들에 의뢰하여 유지되고 의리가 이들에 의지하여 扶植하니 참으로 국가의 元氣요 人民의 師表라.[22]
>
> 유림가의 구습은, 그 原質이 원래 아름다우므로 오직 그 고루한 식견을 고치고 時務學問으로 그 지식을 열고 넓혀 갈 것 같으면 體用이 완전하고 文質이 모두 갖추어져서 국가와 인민의 행복을 성취할 수 있을 것이다. …… (따라서 이들 집단) 사람들을 해치는 것이 어찌 본심이겠는가. 다만 유래한 습관이 풍속을 이룬지가 오래되어 자못 세간에 전염병이 되어 만연되어 그치지를 아니하여 온 나라가 同狂함에 이른 것이다.[23]

박은식은 과거 조선시대의 유림들이 사회의 중추적 기능을 하는 중심적 집단이었음을 인정하였다. 그러나 20세기에 이르러 유림들은 쇠퇴하고 분열되고, 현실적 실용적 문제 해결에 대한 의식도 희박해져 인민 대중의 사표가 되지 못함은 자명한 현실이 되었다. 그럼에도 불구하고 유림들은 잘못된 옛 관습만을 독실하게 지키는데 빠져 구신(求新)의 시의(時宜)를 찾지 못하고, 예의(禮義)만을 공담(空談)하고, 경제를 강론하지 않는다. 이러한 유림의 행동은 공자가 보여 주었던 현실적, 실천적, 실용적, 구신적(求新的) 정신과는 거리가 있다는 것이다. 따라서 유림은 '개량'되고 '구신'되어야 할 대상이라는 것이다.

이렇게 볼 때 박은식은 본인 스스로도 유학자로 인식하고 있었고, 유학과 유학자의 존재가치를 인정하면서, 동시에 유학과 유학자를 '구신'과 '개량'의 대상으로 인식하였다.

2. 유학적 여성관의 '구신(求新)'을 시도한 장지연

위암 장지연(韋庵 張志淵, 1864~1921)은 한국최초의 유학철학사라고 할 수 있는 『조선유교연

---

21) 『王陽明實記』가 당시 뜻있는 지식인들에게 적지 않은 반향을 불러일으킨 것으로 전한다. 곧 당시 독립 운동가였던 석주 이상룡(石洲 李相龍, 1858년~1932)은 『王陽明實記』를 읽고, "대개 양명학은 비록 퇴계 문도의 배척을 당했으나 그 법문(法門)이 직절하고 간요하여 속된 학자들이 감히 의론할 수 있는 바가 아니다. 또 그 평생의 지절은 빼어나고 정신은 강렬하였다"면서 "세상의 구제를 자임하였다"라고 하였다 한다. 이덕일, 〔國恥百年〕(12) '해외에 독립운동기지를 건설한 사대부들'(『매일신문』, 2010년 3월 22일) 재인용.

22) 「舊習改良論」, 『전서』 下, 9쪽.

23) 「舊習改良論」, 『전서』 下, 11쪽.

원』[24]의 저자로 널리 알려져 있으며 한국의 유교사회가 붕괴되고 개화기로 접어드는 시기에 살았던 인물이다. 일반인들에게는 을사보호조약의 체결을 통탄하면서 쓴 「이 날에 목을 놓아 통곡하노라('是日也放聲大哭')」라는 논설로[25] 유명하다.

장지연은 세계여성사로 평가[26] 받기도 하는 『여자독본』을 저술하여 여성교육의 중요성을 일깨운 보기 드문 유교적 지식인이었다. 장지연은 『여자독본』을 통해 남존여비의 유교문화의 여성관의 '구신'을 시도하였다.

장지연의 유학적 학문 노정은 영남유학으로부터 근기남인의 실학파의 경세 유학으로 변화되었다는 평가를 받는다.[27] 장지연은 35세를 전후하여 당시 유교 지식인의 문제를 다음과 같이 파악하였다.

근세에 이른바 유학의 무리는 큰 관을 쓰고 넓은 띠를 두르고는 입에서 나오는 것은 모두 경전의 문자요 마음에 구하는 것이 반드시 성리학의 찌꺼기다. 그러나 스스로 나는 공자의 무리라고 칭하는 자들의 실제를 살피면 사이비 장식이요 꼭두각시의 가면일 뿐이다. 다만 고전·훈고(訓詁) 따위에 함몰되어 때에 따라 변통하는 뜻을 알지 못하고 오늘날에도 세도(世道)를 만회하여 요순시절로 돌아가려고만 하니 이는 꼬불꼬불한 길을 다시 돌아가자는 것일 뿐으로 공자의 대도를 알지 못한 것이다 ··· 만약 공자가 지금의 세상에 산다고 해도 반드시 지금의 풍속에 말미암아 옛 도를 행할 것이니 어찌 요즈음 유학자가 옛날 제도에만 기대어 시세가 변화함을 알지 못하는 것과 같으랴.[28]

장지연은 당시 유교지식인의 가장 큰 문제는 무엇보다 성리학의 말학에 빠져 '시세의 변함을 알지 못하는 것'이었다. 개화한 유교지식인 장지연과 전통적인 유교지식인과의 의식의 차이는 장지연이 1898년 최익현의 상소문을 공박한 다음의 글에서 잘 드러난다.

지금 그 장황한 수백 마디의 말은 두 개의 문단이 있을 뿐인데 의장(衣章)을 바꿀 수 없다는 것을 말한 부분은 신도 무방한 말이라고 생각하나 그 밑의 문단에 쓰기를 '진실로 스스로 높이고 싶다면(皇統이 끊어진지 오래인 때이므로) 임기응변의 권도로써 황제라 칭하는 것이 그다지 의리에

---

24) 이 책은 장지연의 사후 그의 아들 張在軾의 발행으로 匯東書館에서 1922년 12월 간행되었다. 번역본은 유정동번역본(삼성문화문고 59(상), 134(중), 135(하), 삼성문화재단, 1975, 1979, 1979)과 조수익 번역본(솔, 1998)이 있다.
25) 『황성신문』 논설, 1905년 11월 20일. 장지연은 이 논설과 『五件條約請締顚末』이라는 잡지로 인해 그 날로 일제에 의해 체포되었으며 신문도 정간을 당하였다.
26) 박용옥, 『한국 여성 근대화의 역사적 맥락』, 지식산업사, 2003, 298쪽.
27) 이러한 분석은 李薰玉, (「張志淵의 변혁사상의 형성배경과 전개」, 『韋庵 張志淵의 思想과 活動』, 천관우외, 민음사, 1993), 천관우(「장지연과 그 사상」, 『韋庵 張志淵의 思想과 活動』, 42쪽) 등에서 동일한 관점을 보여 준다.
28) 「공자탄일」, 『위암문고』. 구자혁, 『장지연』, 근대인물한국사, 동아일보사, 1993, 38쪽, 재인용.

해로울 것이 없는데 구차하게 유럽이나 서양 각 나라들의 예를 의거하고 모방했으니 운운' 했으니 아아 그 고루하고 사리에 어두운 식견이 이 지경에 이르렀단 말입니까? 우리나라는 단군·기자 이래로 여러 나라로 분열되어 능히 황제를 칭할 수 있는 권세를 갖지 못했으나 그 인문(人文)은 기자가 교화를 펴던 날부터 이미 열리기 시작했습니다. 우리 성조(聖祖)에 이르러 정치와 교화 및 예악과 문물이 참으로 여기에 있다고 하리니 설령 공자가 오늘날을 산다하여도 주(周)나라를 좇은 문명의 성함에 찬탄할 것입니다.[29]

장지연이 최익현의 상소문 「사선유사소(辭宣諭使疏)」을 읽고 감동하여 「독최익현사선유사소(讀崔益鉉辭宣諭使疏)」를 쓴 것이 1896년이었다. 그런데 채 2년도 지나지 않아 장지연은 최익현의 현실에 대한 견해를 '고루하고 사리에 어두운 식견'이라고 비판하였다. 1898년 당시 최익현은 64세 노년의 나이였으며 장지연은 35세 장년의 나이였다. 30여년 나이의 차이는 급변하는 현실만큼 두 사람의 시각 차이를 드러냈다. 또한 그 차이는 유교지식인으로서의 장지연이 개화한 유학적 지식인의 모습을 보여주는 것이라 할 수 있다.

구한말 한국 사회의 변화 가운데 가장 눈에 띄는 것의 하나는 '남존여비'로 통칭되는 조선의 전통적 여성관의 동요와 붕괴이다. 남존여비의 유교적 여성관의 변화를 사회적 운동으로 전개시킨 것은 동학이었다. 동학의 남녀평등의 여성관은 동학을 창도했던 수운 최제우의 '가화론(家和論)'에서 비롯되어 2대 교주였던 해월 최시형을 거치면서 구체화된 것으로 파악된다. 최시형은 1890년 11월 스스로 〈내칙(內則)〉과 〈내수도문(內修道文)〉을 만들어 반포했다. 그는 한국근대사에서 남녀평등사상을 농촌사회에 뿌린 내린 여성운동 및 인간해방운동의 선구자로 평가된다.[30]

남존여비의 유교적 여성관에서 남녀평등의 여성관으로의 변화를 사회제도적으로 선도한 것은 외국 선교사의 손에 의해 이 땅에 처음으로 세워진 여성전문교육기관이다. 곧 유교문화에 의해 한국 사회에 드리워졌던 금녀(禁女)의 성차별 장벽이 무너진 것은 최초의 여성교육기관인 이화여자고등학교가 세워진 1886년이었다.

또한 유교적인 전통적 여성관을 근대적 여성관으로 변화시키는데 계몽적 역할을 하는 데 큰 기여를 한 것은 『독립신문』과 『황성신문』 등 당시의 신문이었다.

부인네들이 자식을 낫커드면 그 자식 기르는 법과 가라치는 방책을 알 터이니 학교에 가기전에 어미의 손에 교육을 만히 받을터라 그런즉 녀인네 직무가 사나희 직무보다 덜하지 아니하고[31]

---

29) 「변찬정최익현논황례소」. 구자혁, 앞의 책, 53쪽, 재인용.
30) 박용옥, 『한국 여성 근대화의 역사적 맥락』, 138쪽.
31) 『독립신문』 사설, 1896. 1. 12.

위의 인용문은 1896년에 『독립신문』 사설 내용의 일부이다. 이 사설은 이어서 여성교육이 중요한 까닭은 여성이 국민의 절반을 처지하고, 2세 국민을 낳고, 2세 국민의 교육을 담당하기 때문이라고 하였다. 『황성신문』은(1898년 9월 8일자) 여성이 독립적 인격을 갖추지 못하고 압제를 받는 원인의 하나가 교육을 받지 못해 경제적으로 자립하지 못하기 때문이라고 하였다. 이러한 여성의 중요성과 여성교육의 필요성에 대한 시각은 대체로 당시 개화 지식인들이 지녔던 공통적 의식이었다.

구한말 한국 사회의 대내외적 위기는 개화된 유교지식인들로 하여금 국가 사회의 위기를 극복하기 위한 대안을 찾게끔 하였다. 구한말 각성된 일부 유교지식인들이 국란 극복의 대안으로 생각한 것 가운데 하나가 여성문제였다. 가정과 사회에서의 주부와 여성의 역할에 대한 중요성을 인식하고 이를 계몽시키고자 하였다.

대한민국 임시정부 2대 대통령을 지냈으며 장지연과 함께 『황성신문』의 주필로도 활동했던 구한말의 사상가 백암 박은식도 여성교육의 필요성을 강조하면서 다음과 같이 말하였다.

부인이 학문이 없으면 가정교육을 알지 못하며 자녀의 덕성을 배양치 못하나니 이로 보면 여자계에 교육이 완전할 수 없는지라. 하물며 오늘날은 인권 경쟁하는 시대라 소수가 다수를 대적치 못하며 야매자가 문명자를 대항치 못하는 것은 이러한 세(勢)라. 우리 대한 인구가 2천만이나 여자가 그 반수이니 만약 반수의 여자가 모두 교육이 없어 야매한 자가 되고 일천만 남자 중에도 교육이 완전치 못하여 문명한 자가 소수이면 어찌 남녀가 일치로 개명한 다수의 다른 국민을 대적할 능력이 있으리오. 그런즉 여자교육의 필요는 인종의 생존 상 제일 긴요한 관문이라 가히 이를지라.[32]

그런데 장지연은 여성 특히 주부의 역할에 대해 주목하였다.

그런즉 가정이란 반드시 주부로서 주인을 삼아야 한다. 저 남자들은 밖에 나가 여러 가지 사업을 구해 행하므로 그 가족은 전적으로 주부의 손에 맡겨지게 된다. 주부된 자는 그 책임이 크다.[33]

장지연은 주부의 제일 큰 책임은 율곡의 모친인 신사임당처럼 자녀교육을 철저히 하는 것이라고 하였다. 그는 가정교육 담당주체로서의 주부의 역할뿐만이 아니라 여성교육 전반에 대하여도 개화된 선지식의 전형을 보여주었으니 여성학에 대한 최초의 독립저서라고 할 수 있는 『여자

---

32) 朴殷植, 「文弱之弊는 必喪其國」, 『西友』, 第10號, 隆熙元年 : 1907, 5쪽. 박용옥, 『한국 여성 근대화의 역사적 맥락』, 302~303쪽, 재인용.
33) 張志淵, 『韋庵文庫』 권8, 社說上, 「家庭博覽會」, 국사편찬위원회, 1956, 374쪽.

독본』[34]을 저술하였다. 『여자독본』에 대한 당시의 아래와 같은 흥미로운 광고문은 이 책에 대한 이해와 함께 당시의 여성관을 이해하는데 조그만 단서가 될 수 있다.

우리 대한 여학이 오래도록 없었다. 비록 상등부인이라 하더라도 지식이 허탄한 언문책에 불과 하더니 근자 문명에 유의하여 여자학교가 곳곳에 발기하나 완전한 교과서가 없어 식자의 개탄하는 바라. 고로 이 책 2권은 여자의 지식 개발하기 위하여 찬집했는데 국문으로 순용하고 한문으로 방주하여 상권은 본국 고대 유명한 부인의 역사요, 하권은 동서 각국 유명한 부인의 역사이오 나……[35]

『여자독본』은 한글로 쓰였으며 상·하 2권으로 구성되어 있다. 상권에서는 모두 40명의 한국의 대표적 여성상을 소개하고 있다. 하권은 총 56과로서 동서고금의 훌륭한 외국인 여성 28명의 행적을 소개하였다.
『여자독본』에 나타난 장지연의 여성관은 상권 총론에 집약되어 있다.

〈총론 일과〉

여자는 나라 백성 된 자의 어머니 될 사람이라. 여자의 교육이 발달된 후에 그 자녀로 하여금 착한 사람을 이룰지라. 그런 고로 여자를 가르침이 곧 가정교육을 발달시켜 국민의 지식을 인도하는 모범이 되느니라.

〈총론 이과〉

어머니 된 사람은 누가 그 자식으로 하여금 착한 사람이 됨을 원치 아니 하리오마는 매양 애정에 빠져 그 자식의 악한 행실을 기르나니, 아버지 된 사람은 그 자식으로 하여금 멀리 학교에 보내고자 하여도 그 어머니나 혹 그 조모가 애정에 못 이겨 반대하는 경우가 많으니 다 여자의 학문이 없어서 그러함이니라. (원문의 고어체를 필자가 현대어로 고친 것임)

유교사회의 전통적인 여성교육서인 『내훈(內訓)』이 유교의 부덕(婦德)에 대한 내용을 다루었다면 『여자독본』은 탈유교적인 근대적 여성관을 제시하였다. 곧 장지연은 사회 정의와 애국정신, 뛰어난 개인적 능력을 지닌 여성을 소개하여 여성관의 변화를 시도하였다고 할 수 있다.[36] 사실

---

34) 『여자독본』의 간행은 1908년 4월 1일 인쇄, 4월 5일 발행한 것으로 전해진다. 『여자독본』에 관한 상세한 설명은 박용옥, 『한국여성 근대화의 역사적 맥락』, 제8장 1905~1910년, 서구 근대여성상에 대한 이해와 인식 ─ 장지연의 『여자독본』을 중심으로 ─ (지식산업사, 2003) 이 좋은 참고가 된다.

35) 兪吉濬 譯述, 『普魯士國厚禮斗益大王의 七年全史』(隆熙2 : 1909)의 끝 장에 게재된 광고 및 『大韓每日申報』, 1908年 4月 28日~5月 16日字의 廣告. 박용옥, 『한국 여성 근대화의 역사적 맥락』, 308쪽, 재인용.

36) 박용옥, 앞의 책, 338쪽 참조.

『여자독본』에는 전통적인 '남존여비'라든가 '여필종부(女必從夫)' 같은 성차별적 여성관을 소개한 내용의 글은 없다. 장지연은 『여자독본』을 통하여 자주적, 독립적이며 현명한 의식을 지니고 사회와 국가 발전에 기여할 수 있는 개인적 능력과 실력을 지닌 여성상을 고취시키고자 하였다. 특히 서구여성의 경우에는 개인적 능력으로 애국심을 몸소 실천한 여성을 10인 선정하여 소개하였다.

장지연은 조선의 독립과 발전에 여성의 힘이 필수불가결함을 인식하고 『애국부인전』과 같은 재미있는 실화 소설형식을 빌어 이러한 점을 대중들에게 전달하고자 하기도 하였다.

장지연의 여성관은 『여자독본』과 더불어 『애국부인전』에 잘 나타나 있는데, 장지연이 쓴 수많은 저술 가운데 한글로 쓴 것은 유독 이 두 저서뿐이다. 이 점은 유교지식으로서의 장지연의 지식기반이 한문세계였음을 보여준다. 반면에 장지연이 유교적 지식기반을 탈피하여 한글을 사용하여 저술한 책이 『여자독본』과 『애국부인전』 뿐이라는 사실은 전통적 한문 유교문화의 구태를 탈피하는데 가장 중요한 출발점을 새로운 여성상의 수립에서 찾았다고 할 수 있다.

구한말은 변화하는 국내외의 상황에 대한 유교지식인들의 치열한 고민과 몸부림이 쌓여있는 곳이다. 그 시세 변화의 격랑을 헤쳐 나간 사람 중의 하나가 장지연이며, 소용돌이의 하나가 여성문제였다. 유교지식인으로서의 장지연이 보여준 여성관이 과연 당시에 선도적이며 최신의 이론을 보여주었는가 하는 질문에 대해서는 확답할 수 없다.

이를테면 앞서 지적한 동학 외에 『독립신문』 논설에서는 다음과 같이 천명하고 있다.

우리가 이 신문을 출판하기는 취리하려는 게 아닌 고로 값을 헐하도록 하였고, 모두 언문으로 쓰기는 남녀 상하 귀천이 모두 보게 함이요, 또 구절의 띄어쓰기는 알아보기 쉽도록 함이라. …[37]

하나님이 세계 인생을 낳으실 때에 사나이나 여편네나 사람은 다 한가지라. 여자도 남자의 학문을 교육받고 남자와 동등권을 가져 인생에 당한 사업을 다 각기 하는 것이 당연한 도리어늘, 동양 풍속은 어찌하여 여자가 남자에게 압제만 받고 죽은 목숨같이 지내는지…

총명이 한갓 남자에게만 있는 것이 아니라 여자도 또한 총명한 재질인, 학문과 동등권을 가져 남자를 더욱 이롭게 도울지라.[38]

위의 『독립신문』 사설은 모두 서재필(徐載弼, 1866-1951)이 쓴 것이다. 서재필은 남녀평등을 주장하여 남녀는 평등한 대우를 받아야 한다고 하였다. 서재필은 우리나라 여성들이 남성들의 압제를 벗어나서 동등한 권리를 가질 것을 주장하고 축첩제도(蓄妾制度)·과부개가(寡婦改嫁) 금지 등을 반대하였다. 그는 여상들 자신부터 동등권을 요구하고 사회활동에 적극 참여할 것을 요구

---

37) 『독립신문』, 1896년 4월 7일, 제1호 논설.
38) 『독립신문』, 1898년 1월 4일, 사설.

한 것으로 알려져 있다.[39]

남녀동등권에 입각한 여성관이 장지연에게서 비롯된 것은 아니다. 장지연이 활동한 일제 강점기에는 여성의 사회참여와 여성 역할의 중요성에 대한 계몽적 단계를 넘어서서 여성들의 직접적인 애국활동과 사회운동이 진행되었던 시기이다. 이를테면 경상북도에서는 구한말 국채보상운동과 애국부인회 활동 등이 조직적으로 전개되었다.[40] 또한 "가족 내의 성별 관계를 왜곡하는 담론을 구성하여 온 것은 유교 가족의 한계이다"[41]라는 비판에서 자유롭지 못한 것이 전통적인 유교의 여성관이었다.

장지연이 여성문제에 있어서 시대를 선도하는 위치와 역할에 서 있지 못하였다는 한계를 가지고 있는 것은 사실이다. 그러나 장지연이 구한말 대표적 유교지식인으로서 탈유교적인 여성관을 전개하였다는 점은 유교지식인의 '구신(求新)'이라는 측면과 한국 유학사의 전환이라는 점에서는 그 의미가 적지 않다.

Ⅳ. '선비정신'으로 인식된 유학과 '한문유교(漢文儒敎)'로 인식된 유학

1. 심산 김창숙의 선비정신으로 인식된 유학

심산 김창숙(心山 金昌淑, 1879~1962)은 영남유학의 맥을 이은 유학자로서 독립운동가로서 그리고 근대교육기관으로서의 성균관대학교 창설을 주도하여 초대 총장을 지냈으며 평생을 대의(大義) 정신으로 일관한 이 땅의 마지막 '선비'[42]였다.

"통일이 안 되서……, 유림이 잘해 나가야……"[43]

(김창숙이 1962년 5월 10일 서울 국립중앙의료원에서 숨을 거두기 직전 마지막으로 한 말)

김창숙은 동강 김우옹(東岡 金宇顒, 1540~1603)의 13대 주손이다. 심산은 중국에 있을 때의 자

---

39) 서재필에 대한 내용은 주로 宋建鎬의 「徐載弼의 自主的 近代化思想」(『韓國의 近代思想』, 삼성출판사, 1985)를 참조하였다.

40) 최미화, 「한말 이제 강점기의 경북지역 여성운동」, 『경북여성사』, 경북여성정책개발원, 2004.

41) 이숙인, 「유교 가족 담론의 여성주의적 재구성」, 『동아시아와 근대, 여성의 발견』, 성균관대학교 동아시아 유교문화권 교육·연구단 편, 청어람미디어, 2004.

42) 언론인 송건호(宋建鎬, 1927~2001)는 심산 김창숙 선생을 평하면서, "심산처럼 자기가 세운 유교의 대의(大義)에 철저한 사람도 없었을 것이다. 이 땅의 마지막 '선비'로서 그 생애를 마친 분이 아닌가 한다."고 하였다. 「한국현대인물사」, 『송건호전집』 Ⅱ, 한길사, 2002, 94쪽.

43) 『벽옹일대기』, 심산기념사업준비위원회편, 327-328쪽, 태을문화사, 1965.

호이다. 일제 강점기 감옥에 잡혀 혹형을 받아 하체가 자유스럽지 못하게 되었으므로 사람들은 벽옹(躄翁)이라 불렸으며, 그도 개의치 않고 또한 그것으로써 스스로를 불렀다.[44]

김창숙은 가학으로 볼 때 퇴계 이황과 남명 조식의 영남유학 전통을 이어받은 셈이 된다. 실지로 심산은 62세 때인 1940년 생질 이태환(李泰桓)에게 보낸 편지에서 "내가 평생 퇴계 선생을 배우기를 소원하였으면서도 미치지 못하고 있는데"라고 말한 바[45] 있다. 또한 심산은 한 발문의 글에서 남명을 산해부자(山海夫子)로 높여 부르며 남명의 학문을 높이 평가[46]하였다.

심산은 59세 때인 1937년에 한 편지글에서,

무릇 우리 유가의 학문이란 높고 멀어 실천하기가 어려운 것이 아니라네. 먼저 낮고 가까운 데서부터 발판을 삼고 순서에 따라 점진하게 되면 마침내 높고 먼 곳에 이르게 될 날이 반드시 있을 걸세. 이는 노인들이 늘 하는 말이라 그리 신기할 것이 없네만 소위 신기하다는 것은 곧 우리 유가의 위기(爲己)의 학문이 아니니 슬기로운 자네는 부디 명심하게.[47]

라고 썼다. 이 편지글은 김창숙이 유학을 실천을 중시하는 '위기(爲己)의 학문'으로서 인식하였음을 보여준다.

성인의 글을 읽고도 성인들의 난세를 구하던 뜻을 해득하지 못하는 자는 곧 거짓 선비(僞儒)이다. 오늘날 나라를 도모하는 자는 반드시 먼저 이러한 거짓 선비를 제거한 연후에야 비로소 치국평천하의 방법을 더불어 논할 수가 있다.[48]

위의 글은 19세기말 외세의 침략이 날로 노골화되어 나라의 존망이 위태롭던 시기에 김창숙이 한 말이다. 김창숙은 "세속의 선비가 한갓 성리(性理)의 깊은 뜻을 말할 뿐, 나라를 구제하는 시급한 일은 강구하지 않음을 병통으로 여겨 탄식하면서"[49] 이처럼 말한 것이다.

김창숙은 국가 위기를 당하여 실천유학으로 나아가는 것이 유학을 배운 참된 선비의 자세라

---

44) 「심산옹약전」,(「심산유고부록」), 국역심산유고간행위원회, 『國譯 心山遺稿』, 성균관대학교 대동문화연구원, 1979, 830쪽. 『심산유고』는 심산의 시문집이다. 원래 심산선생의 친필로 된 「心山謾草」・「躄翁謾草」 등 초고가 산만한 고본 그대로 있던 것을 重齋 金榥(1896~1978)옹이 편차하여 비로소 문집체재를 갖추게 되었다. 뒤에 1973년 국사편찬위원회에 의해 한국사료총서 제18집 『심산유고』가 간행되었다. 『국역심산유고』는 국사편찬 위원회편 『심산유고』를 우리말로 옮겨 독립된 1책으로 옮긴 것이다(이우성, 『국역심산유고』 「해제」에 따름).
45) 『국역심산유고』, 307쪽.
46) 「澗翠堂鄭公遺稿跋」, 『국역심산유고』, 406쪽.
47) 「족질 현기에게 답함」, 『국역심산유고』, 377쪽.
48) 「벽옹칠십삼년회상기」, 『국역심산유고』, 683쪽.
49) 『국역심산유고』, 683쪽.

고 인식하였다. 곧 구국의 길로 나아가는 것만이 참된 선비의 유일한 선택이라고 인식하였다.

1909년 일진회(一進會)의 송병준(宋秉畯), 이용구(李容九) 등이 일본통감 이등박문(伊藤博文)의 사수를 받아 한국 조정에 상서하고 또 일본 정부에 편지를 보내서 한일합방론을 주장하였다. 이에 김창숙은 "이 역적들을 성토하지 않는 자도 또한 역적이다"라고 하여 고을 향교에 사람들을 모아놓고 다음과 같이 제안하였다.

국가의 위급함을 판단하는 일은 비록 벼슬 없는 선비라도 말할 의리가 있는데, 이것은 주자(朱熹, 1130~1200)의 가르침이다. 우리들이 의리상 일진회 역적들과는 한 하늘밑에 있을 수 없으니 이것을 성토하지 않으니 이것을 성토하지 않으면 나라에 사람이 있다고 이를 수 있겠는가. 우리들이 아울러 백면서생으로서 손에 한 치되는 병기도 없으니 비록 놈들의 고기를 씹고 놈들의 가죽을 깔고 싶어도 실상 행할 수 없는 형편이다. 하물며 근래 조정에서는 유생들이 상소해서 국사를 말하는 것을 허락하지 않는다. 지금 역적을 성토하는 방도는 중추원에 건의하는 한 가지 길뿐인데 여러분의 의론에는 과연 어떻게 생각하는가.[50]

이렇게 하여 김창숙은 건의서를 작성하여 중추원과 경성 각 신문사에 투고하여 그 전문(全文)이 각 신문에 등재되었다.

또한 김창숙은 1910년 봄, 고을 청천서원(晴川書院)에 사립 성명학교(星明學校)를 세웠다. 이에 고을과 도내에 완고한 유림으로서 신교육을 반대하는 사람들은 "김창숙이 나오자 청천이 망했다"라고 공격하였다. 여기에 대해 김창숙은 이렇게 응대하였다.

이 점은 걱정할 것이 없다. 내가 어찌 우리 조상을 잊고 유림을 저버릴 자인가. 한 때 유림의 뜻을 순종해서, 사방에서 배우러 오는 선비를 거절하기보다는 새로 진출하는 영걸한 인재를 양성해서 거의 딴 시대의 두루 통달하는 선비(通儒)가 있기를 기대함이 낫지 않겠는가?[51]

실천유학에 투철하고자 하였던 심산은 이제 '변화하는 시대에 두루 통달하는 선비'를 '새로운 선비상'으로 인식하기에 이른 것이다. 또한 그는 스스로 그런 '선비'가 되고자 하였다.

김창숙은 1910년 경술국치를 당하여 "나라가 망했는데 선비로서 이 세상에 삶이 큰 부끄러움이다"[52]라고 말하고 상당 기간을 방황하였다. 김창숙은 모친의 훈계로 나라 잃은 슬픔과 자책감을 달래는 데에는 무려 3년여의 시간이 필요했다. 이후 심산은 5년여를 독서에 전념하였다.

---

50) 『국역심산유고』, 686쪽.
51) 『국역심산유고』, 692~693쪽.
52) 『국역심산유고』, 693쪽.

1919년 3월, 김창숙은 독립선언서를 읽고 통곡하여 말하였다.

우리 한국은 유교의 나라이다. 진실로 나라가 망한 원인을 궁구 한다면 바로 이 유교가 먼저 망하자 나라도 따라서 망한 것이다. 지금 광복운동을 인도하는 데에 오직 세 교파가 주장하고 소위 유교는 한 사람도 참여하지 않았다. 세상에 유교를 꾸짖는 자는 '쓸 데 없는 유사(儒士), 썩은 유사는 더불어 일하기에 부족하다'할 것이다. 우리들이 이런 나쁜 명목을 덮어썼으니 무엇이 이보다 더 부끄럽겠는가.[53]

한국을 유교의 나라라고 생각하는 김창숙은 유교 지식인의 한 사람으로서 3·1운동 참여하지 못한 유학자들에 대해 비판과 함께 스스로를 반성하였다. 이후 유교 지식인으로서 김창숙이 제일 먼저 착수한 구국 독립운동은 파리 평화회의에 유교인을 대표로 파견하여 우리나라의 독립 문제를 의제에 상정토록 하고자 한 일이었다. 이것은 이른바 「파리장서」 혹은 제1차 유림단 사건으로 불리운다. 「파리장서」는 심산이 주동이 되어 면암 곽재우를 중심으로 한 영남유림과 지산(志山) 김복한(金福漢, 1860~?)을 축으로 한 기호유림 137명의 연명으로 된 글이다.[54] 이후 김창숙은 중국을 중심 활동 무대로 하여 본격적으로 독립운동에 투신하게 되었다.

김창숙은 중국에서 1927년 6월 일본 형사에 체포되어 일본영사관 내의 감옥에 감금되었다. 그들은 심산을 일본 장기(長崎)로 이송하였다. 거기서 다시 하관(下關)으로 압송하고 여기서 또 부산을 거쳐 대구 경찰서에 감금하고 혹독한 고문으로 심문하였다. 이때 김창숙은 웃으면서, "너희들이 고문으로 사정을 알고자 하느냐? 나는 비록 고문으로 죽는 한이 있더라도 맹세코 난언(亂言)하지 않을 것이다"라고 하였다. 이어서 심산은 종이와 붓을 달라하여 다음과 같은 시 한 구절을 써 주었다.

광복을 도모한지 십년 동안에
성명(性命)과 신가(身家)는 도시 상관하지 않았네.
뇌락(磊落)한 평생은 백일(白日)과 같은데

---

53) 『국역심산유고』, 698쪽.
54) 김창숙은, 「파리장서」를 면우 곽종석이 쓴 것이라고 밝히고 있다(『국역심산유고』, 703쪽). 그러나 그 지은이에 대해서는 다른 의견도 있다. 근래 연구에 면우는 파리에 보내는 글을, 회당 장석영은 일본총독에게 보내는 글을, 「국내통고문(國內通告文)」은 공산(恭山) 송준필(宋浚弼, 1869~1943)이 쓴 것이라는 주장도 있다(유명종, 「공산 송준필의 성리학」, 『한중철학』 제4집, 한중철학회, 1999, 149~150쪽). 한편 지산 김복한의 충청도 유림쪽에서도 파리에 보낼 글을 준비하였었다. 그러나 충청유림이 파리에 대표로 보내기로 한 임경호(林敬鎬)가 심산을 만나게 되었다. 이 두 사람이 의논한 결과 면우의 문안을 채택함과 아울러 심산을 유일한 대표로 파리에 보내는 것에 대해 합의를 보았다. 이러한 경위로 볼 때 "「파리장서」는 영남과 충청도의 유림의 연합으로 이루어지게 되었다"라는 지적(이우성, 「심산의 민족독립운동」, 『심산 김창숙의 사상과 행동』 69~70쪽)은 적절하다고 할 수 있다.

무엇하려 형신(刑訊)은 이다지도 다단(多端)한가.[55]

일본 고등과장 성부문오(成富文五)란 자는 이 글을 보고서는 절을 하면서 말하였다.

내가 비록 일본 사람이지만 선생의 대의(大義)에 절하지 않을 수 없습니다. 선생이 이미 선명과 신가를 모두 관계치 않는 데로 돌렸으니 참으로 고문으로서는 그 의지를 빼앗을 수 없습니다. 그러나 사정을 캐려고 형벌을 가함은 형세이니 간혹 면할 수는 없을 것입니다.[56]

대의 정신에 충실하고자 하였던 김창숙은 변호도 거부하였다. 이후 김창숙은 독립운동으로 말미암아 수감생활을 반복하다가 1945년 8월 7일 비밀운동기관인 「건국동맹(建國同盟)」관계로 성주경찰서에 잡혀갔다가 왜관서(倭館署)로 옮겨갔다. 그러나 곧 8월15일 독립을 맞아 풀려 나오게 되었다.

1946년 전국 유림 각 파가 성균관에 모여 합동대회를 조직하고 회명을 유도회총본부(儒道會總本部)라고 정하고 김창숙을 위원장에 추대하였다. 다음은 김창숙의 취임사이다.

우리나라는 곧 유교 국가이다. 나라의 성쇠는 반드시 유교의 성쇠로써 판단된다. 이것을 수 천년의 역사에서 증명할 수 있다. 비록 한말의 가까운 역사로 말하더라도 더욱 뚜렷하다. 지금 나라는 새로 일어나고 유교 또한 다시 일어나니 하나는 국가를 위하여 축하하고 하나는 유교를 위하여 축하할 일이니 어찌 성스럽지 아니한가. 제공은 이미 유도회 총본부를 나라의 중앙에 창립하였고 이어서 지부를 각 지방에 설립하여서 이것으로써 전국 유림을 통일하고 이것으로써 크게 유교문화를 천명하고 이어 우리의 유교문화를 세계 여러 나라에 선양하여 우리의 새로 일으킨 국가나 유교를 천하 만세 역사에 남길 것이니, 어찌 다행함이 아니겠는가. 원컨대 제공과 더불어 한 가지로 이것을 힘써 나가자.[57]

여기서 평생 일관되게 '한국을 유교국가'로 보고 스스로를 유교인으로 자임하였던 김창숙이 유학에 대한 신념을 굳게 지키고 있음을 볼 수 있다. 위에서 특히 눈에 띄는 부분은 김창숙이 주체적인 유교문화를 민족문화로 파악한 점과, 민족문화로서의 유교문화를 세계사적인 시각에서 인식하고 있다는 점이다.

김창숙은 1946년 5월 유도회총본부 총회를 성균관에 소집하여 유교 부흥의 중요한 안건으로

---

55) 『국역심산유고』, 768쪽.
56) 『국역심산유고』, 768쪽.
57) 『국역심산유고』, 798~799쪽.

성균관대학 설립문제를 제기하였다. 김창숙은 일본사람들에 의해 경학원으로 개칭된 성균관의 이름을 되찾고 재단법인을 설립하려고 하였다. 김창숙은 총회에서 이 문제가 가지는 역사적 의미를 다음과 같이 정의하였다.

성균관은 곧 우리나라의 유학을 높이 장려하던 곳이다. 유교가 쇠퇴하면 국가도 따라서 망하고 나라가 망하면 국학도 역시 폐한다. 지금 학생 몇 몇 사람이 강개하여 유학을 부흥할 뜻이 있어 명륜전문학원을 사사로이 세웠으나, 재정이 궁핍하여 유지할 방법이 없어서 길가에서 호소하다가 장차 해산하게 되었으니 어찌 우리 유교인이 수치가 아니겠는가? 진실로 건국의 대업에 헌신하고자 한다면 마땅히 우리 유학문화의 확장에서 시작할 것이오, 진실로 우리 유학문화를 확장하고자 하면 마땅히 성균관대학의 확립으로써 급무를 삼을 것이다. 진실로 성균관대학을 창립코자 한다면 마땅히 전국 유교인의 힘을 합함으로써 이루어질 것이다. 장차 전국 유교인이 합치느냐 못하느냐는 성균관대학이 성립되느냐 못하느냐를 점칠 것이오, 장차 성균관대학이 설립되느냐 못하느냐는 건국대업의 늦느냐 빠르냐를 점칠 것이다.[58]

김창숙은 한국문화의 정통성을 유학에서 구하였으며, 국가 흥망의 관건이 교육에 달려있다고 보았으며, 한국 교육의 정통성을 성균관대학의 존립에서 찾았다. 김창숙은 같은 해 9월 25일 문교부로부터 성균관대학 설립 허가를 얻어 초대학장에 취임하였다. 이후 김창숙은 이승만 정권의 독재에 대의로 맞서 항거하였다.

김창숙에 있어서 유학은 시대정신을 통관하는 대의와 선비정신으로 인식되었다. 또한 김창숙은 전 생애를 스스로 한국 유학의 전통을 이어가는 선비로서 자임하여 이를 실천하였다. 이로써 김창숙은 독립 이후 성균관대학교를 설립함으로써 한국유학의 맥을 잇고 한국 교육의 정통성 회복이라는 대업을 이룩하였다.

2. 안확의 '조선인의 대원수'로 인식된 '한문유교漢文儒敎'

자산 안확(自山 安廓, 1886~1946)은 서울에서 태어났으며 문학, 철학, 역사, 언어, 음악, 체육 다방면에 걸쳐 국학관련 저술을 140여 편 남겼다. 그 가운데에서 『조선문학사朝鮮文學史』(1922), 『조선문명사朝鮮文明史』(1923) 등은 통사적 체계로 쓴 해당부문 최초의 저술이라는 평가를 받는다.

안확이 유학에 관하여 쓴 글은 1932년 4월 『朝鮮』174호에 발표한 「安晦軒의 事蹟」과, 같은 해 8월 『朝鮮』176호에 발표한 「儒敎의 進化와 新儒」, 「安子의 道學과 後儒」가 있다. 이 글들은 안확의 표현을 빌려 말한다면 모두 "可否善惡을 評述치 안이하고 오직 思想의 變遷된 一端을

---

58) 『국역심산유고』, 820~821쪽.

紹述한" 것[59]이다. 안확에게 있어 유학에 대한 애정이나 유학의 시대적 역할에 대한 기대는 관심 밖으로 놓여졌다. 이 글들은 안확이 객관적인 학자적 입장에서 유학에 대한 관심을 표현한 것이다.

안확의 경우에는 "유교는 조선인의 대원수"[60]라고 하여 유학사상과 단절하였다.

> 우리 朝鮮民族이 漢文儒教에 물들어 온갖 폐단이 생겨나 필경 慘狀을 作하였으니 어찌 가련하지 않으리오 ……
>
> 오호라 신성한 정신을 잃어버리고 儒教腐林에서 방황하는 이천만 단군자손이여 내가 유교정벌에 선봉을 擧하노니 일제히 奮起하여 한문질곡을 타파하고 고유의 문학과 신성의 정신을 발휘하여 자손만세의 행복을 누리게 할지니라.[61]

안확은 유학뿐만이 아니라 한문(漢文)문화에 대하여 반대 의사를 나타냈다. 이 점은 일반적인 유학비판자들과 비교된다. 한국의 유학문화를 언어적인 관점에서 비판하고 부정한 것은 안확의 문화 비평이 지니는 매우 독특한 방식이다. 이 점에서 볼 때 안확이 사용한 '한문유교(漢文儒教)' 라는 용어는 주목할 만한 안확의 독자적인 개념어가 될 수 있다. 그러면 왜 안확이 유학과 한문을 겸칭한 '한문유교(漢文儒教)'를 '유교부림(儒教腐林)', '한문질곡'이라고 부르며 적극 비판하고 부정하였을까? 그 이유에 대한 답변은 위 인용문에 나타난, '이천만 단군자손', '고유의 문학과 신성의 정신을 발휘'라는 표현에서 찾을 수 있다. 곧 안확은 '한문유교(漢文儒教)'가 '이천만 단군자손의 고유의 문학과 신성의 정신을 발휘'하는데 커다란 장애가 되었다는 것이다. 안확은 유학이나 한문의 문화적 가치나 학문적 의의 자체를 부정한 것은 아니다. 안확의 주장은, 외래문화로서의 유학과 외국어로서의 한문에 매몰되어 주체성을 상실한 채, 한국인의 얼을 담아내는 한국어(한글)를 통한 한국인의 고유한 문화를 창조해 내는데 소홀한 한국문화와 한국인에 대한 자성과 분발을 촉구한 것으로 이해할 수 있다. 안확이 한국 유학 비판을 통해 적극적으로 지적하고자 한 문제의 핵심은 '민족주체성 자각' '자주적 문화 건설'에 놓여 있다고 하겠다.

따라서 한국의 유학전통에 대해 적극적 부정을 표시한 안확이 서양 문물에 대한 찬양론자로 나아갈 수는 없는 것은 당연한 귀결이다.

> 救我의 道는 事大主義로 흐르니 서양의 모 인사가 연구차 입국하여도 시킨 대로 되지 않을까 걱정하여 지나친 환대를 하며 모 策士가 입국하여 古美術을 讚慰하면 그 속마음이 어떠한 가는

---

59) 「儒教의 進化와 新儒」, 『자산안확국학논저집』 4권, 여강출판사, 1994(이하 『논저집』이라 부른다), 175쪽.

60) 「朝鮮의 美術」, 『學之光』 5호(1915. 5), 51쪽. 『논저집』 5권, 129쪽.

61) 「朝鮮의 文學」, 『논저집』 4권, 227쪽.

살피지 아니하고 천사같이 믿더라. 자각이 없으면 외계에 현혹함은 정한 이치라. 물질문명에 맹종하야 황금만능주의는 도처에 흘러 넘쳐 詩人이든지 小說家든지 학자든지 금전에는 머리를 삼천번이나 조아리니 이런 까닭으로 사기와 협잡이 넘쳐나고 人道에 위배되는 소식은 각 신문지상에 매일 오르더라.[62]

위의 글은 안확이 3 · 1운동 이후 전개된 문화 운동의 소용돌이 속에 비춰진 조선사회의 단면을 지적한 것이다. 안확은 당시 한국사회의 서양문화에 의한 사대주의와 서양의 물질문명과 황금만능주의에 대한 맹목적 추종을 비판하였다. 안확은 '한문유교(漢文儒敎)'뿐만이 아니라 서양문화에 대한 사대주의나 서양의 물질문명과 황금만능주의에 대한 맹목적 추종 등을 한국인의 주체성과 인도(人道)라는 관점에서 비판하고 부정하였다.

오늘날 인종경쟁이라 민족경쟁이라 하는 것은 其實 일면으로 볼 것 같으면 정치적 현상이라고 할 수 있으나, 일층 그 근저를 대하여 보면 민족성경쟁이라 필경 민족사상을 보급하여 同化 작용에 귀착한다. 그러므로 모든 나라들이 자국사상을 발휘하여 각각 민족성을 경쟁함에 활발한 것이다. ……

요컨대 나의 희망은 聖火가 烈燃한 大牧師의 설법도 隨喜치 않고 萬千의 擧衆을 殺活하는 대정치가의 웅변도 감탄치 않고 저 健筆이 天荒을 破하는 대문학가의 저작도 悅服치 않는다. 오직 고대하고 축원하는 바는 위대한 사상을 赤心에서 발하여 독특한 이상으로 세계를 동화하게 하는 것이 제일 心叩함이다.[63]

위의 글을 보면 안확의 근본적인 관심사항은 세계 인류에 공헌할 수 있는 자주적인 한국사상의 창출에 있다고 할 수 있다. 따라서 안확의 학문적 관심은 민족성[64]에 바탕을 두면서 자주성, 독자성, 인류보편성을 지향하고자 하는 데에 초점이 맞추어질 수밖에 없었다.

안확이 한국의 '한문유교(漢文儒敎)'나 서양문물의 어두운 면을 비판한 것은, '시대상에 의하여 그 시대의 특점(特點)을 그 시대의 정도(程度)로써 논란할 뿐이다'[65]라는 관점에 입각해서 당시 시대상황과 사회 상황을 비판하고 나아갈 방향을 모색한 것이다.

그리하여 안확은 한국의 '한문유교(漢文儒敎)' 전통과 서양문물의 부정적 측면을 극복할 수 있는 길은 민족주의적 · 자주적인 문화 건설에 있다고 보고 이 방면에 매진하였다.[66]

---

62) 『朝鮮文學史』 134쪽. 『논저집』 2권, 144쪽.
63) 「朝鮮의 文學」, 『논저집』 4권, 228쪽.
64) 안확은 「朝鮮人의 民族性」(『朝鮮文學史』 附編, 136~175쪽. 『논저집』 2권, 146~185쪽)라는 글에서 한국인의 민족성을 가지로 분석하였다. 곧 祖上崇拜, 組織的 精神, 禮節, 淳厚多情, 平和樂天, 實際主義, 人道正義 7가지이다.
65) 「三國時代의 文學」 (3), 『朝鮮日報』 1931. 4. 10-18. 『논저집』 4권, 387쪽.

결국 안확의 유학에 대한 비판과 부정은 그에게 있어서는 자주적 민족적 주체적 문화건설 과정의 일부가 된다. 따라서 안확이 행한 한국 유학에 대한 비판은 중국문화에 대한 종속적인 측면에 대한 거부이며 한국 유학사회가 지녔던 비민주적 요소에 대한 부정이었다.

안확은 1930년에 쓴 「조선민족사(朝鮮民族史)」라는 글에서는 당시를 '신자각(新自覺)과 웅비시대(雄飛時代)'로 정의하면서 다음과 같이 말하였다.

> 오늘날은 槿園長夜의 千年 꿈을 깨어나서 通世界의 새로운 공기를 흡수하고 미증유의 大自覺을 짓는 시대라. 민족을 민족으로 알며 생활을 생활로 깨쳐가니 이 新自覺 시대가 얼마의 기한을 겪어갈지 모르나 각성의 限이 찬 미래시대에 가서는 자각하니 만큼 세계적 웅비를 해볼지니 장차는 설혹 세계가 다 잠잘지라도 오직 조선족은 대 활보로 생동하리라 생각한다.[67]

'조선인의 대원수'로 인식된 '한문유교(漢文儒敎)'에 대한 안확의 유학 비판은 그 목적이 외래문화에 대한 국수적 배타에 있었던 것이 아니라 자국문화에 대한 주체적 각성과 고유문화 창달에 있었다. 이를 위하여 안확은 '대자각(大自覺)'과 '신자각(新自覺)'을 강조하여 『자각론(自覺論)』을 저술하였다.

V. 결론

21세기 오늘날 유학 사상이 한국 민족 문화의 유일한 정체성이라는 것을 주장하는 것은 공감을 주지 못한다. 그러나 유학을 떠나서 한국 민족 문화의 전통을 논의하는 것도 불가능하다는 것은 인정된다.

19세기말 20세기 초 한국의 대표적인 인물이었던 의암 유인석, 구당 유길준, 백암 박은식, 위암 장지연, 심산 김창숙, 자산 안확 등이 인식하였던 유학은, '시대상에 의하여 그 시대의 특점(特點)을 그 시대의 정도(程度)로써 논란한 것'이라는 사실을 잊어서는 안 된다. 동시에 거기에는

---

66) 한편 안확은 국악 연구에도 적지 않은 업적을 남기고 있다. 안확의 글 중에 "내가 칠년 전에 중국 북경에 가서 악기를 조사하여 보았으나 거기는 청조 때의 유품인 最近品 밖에 없고 조선은 4천년 전 유물이 많이 있다. 이것이 얼마나 자랑할 만한 것인지 나는 자다가 생각하여도 기절할 일이다"(「世界人이 欽歎하는 朝鮮의 雅樂」, 논저집 5권, 142쪽). 안확의 이러한 언급은 전통에 대한 일정한 안목이 없으면 쉽게 말할 수 있는 것은 아니다. 안확의 국악연구가 어느 정도의 성과를 거두었는가는 필자의 역량 밖의 일이다. 그러나 이러한 언급을 통해서도 안확의 民族主義的 · 自主的 문화에 대한 관심과 열정을 확인할 수 있다.

67) 「朝鮮民族史」, 『新生』 24호, 1930. 10. 『논저집』 4권, 102쪽. 한편 이 글은 안확이 1920년 중 · 후반에 형성된 민족운동을 지지하는 배경에서 쓴 것으로 이해되기도 한다. 곧 이 글은 안확이 "新幹會의 성립을 일단 그가 주장해마지 않던 自覺的 統一의 실현의 바로 그것으로 보고 있었던 것(「안확의 생애와 국학세계」, 이태진. 『논저집』 권6, 35쪽.)"에서 비롯되었다는 것이다.

각자의 시대정신이 있었다. 그들은 공통적으로 서양의 충격과 국가상실의 위기 그리고 국권상실에 처하여 유학에 대하여 각자 다른 인식을 보여주었다.

유인석의 경우 유학은 아직 한국인의 정체성의 기반으로 인식되고 있었다. 유인석의 경우에 정체성으로서의 유학은 어떠한 시대적 변화의 상황에서도 잃어버려서는 안 되며 반드시 지켜내야 할 가장 삶의 소중한 가치로 남아 있었다.

유길준은 유학으로부터 문화적 정통성이나 정체성적인 면을 인정하지 않았다. 그는 유학을 윤리 도덕으로서 인식하여 유학을 다양한 문화의 일부로 편입시켰다. 유길준은 변화된 시대상황에 적응하기 위하여 유학을 이제 변방으로 밀어냈다.

박은식은 본인 스스로도 유학자로 인식하고 있었고, 유학과 유학자의 존재를 인정하면서, 동시에 유학과 유학자는 '구신'과 '개량'의 대상으로 인식하였다. 박은식은 유학의 '구신'과 '개량'을 위한 방법론을 제시하였으니 그것이 「유교구신론」이다. 또한 박은식은 '구신'과 '개량'된 유학을 양명학에서 찾았으며 『왕양명실기』를 저술하여 유학 '구신'의 대안으로 삼았다.

장지연이 주장한 여성관의 '구신'은 여성문제에 있어서 시대를 선도하는 위치와 역할에 서 있지 못하였다는 한계를 가지고 있는 것은 사실이다. 그러나 장지연이 구한말 유교지식인으로서 탈유교적인 여성관을 전개하였다는 점은 유교지식인의 '구신(求新)'이라는 측면과 한국 유학사의 전환이라는 점에서는 그 의미가 적지 않다.

김창숙에 있어서 유학은 시대정신을 통관하는 대의와 선비정신으로 인식되었다. 김창숙은 전 생애를 스스로 한국 유학의 전통을 이어가는 선비로서 자임하여 이를 실천하였다. 이로써 김창숙은 독립 이후 성균관대학교를 설립함으로써 한국유학의 맥을 잇고 한국 교육의 정통성 회복이라는 대업을 이룩하였다.

안확은 유학을, 유학과 한문을 겸칭한 '한문유교(漢文儒教)'로 인식하였다. 안확은 '한문유교(漢文儒教)'를 '유교부림(儒教腐林)', '한문질곡'이라고 부르며 '조선인의 대원수'로 규정하여 부정하였다. 안확의 한국 유학 비판은 그 목적이 외래문화에 대한 국수적 배타에 있었던 것이 아니라 자국문화에 대한 주체적 각성과 고유문화 창달에 있었다. 이를 위하여 안확은 '대자각(大自覺)'과 '신자각(新自覺)'을 강조하여 『자각론(自覺論)』을 저술하였다.

오늘날 유교적 가르침은 교양적 지식도 중요하지만 그 못지않게 정신적인 메시지가 더욱 실감 있게 다가올 수 있다. 시대적 사명에 대한 통찰력을 갖고 역경을 만나거나 죽음에 직면하여서도 대의를 지키고 불의에 굴하지 않고 소명을 실천하는 지식인이 우리 시대의 표상이 될 수 있다. 그러한 점에서 김창숙은 우리에게 현대적 지식인상으로 다가온다. 근현대사에서 지식인이 보여주고 가야할 길에서 한 번도 흐트러지는 자세를 보여주지 않고 흔들리지 않는 신념과 기개 그리고 시대적 소명을 일관되게 실천한 김창숙은 지금도 우리에게 바람직한 지식인의 표상이다. 그렇다면 김창숙이 자리한 선비정신의 뿌리가 유학이라고 하더라도 그것은 큰 문제가 될 수 없다.

박은식은 19세기와 20세기는 서양문명이 크게 발달하는 시기이나 장래 21~22세기는 동양문명이 크게 발달할 것이라고 보았다. 공자의 가르침인 유교도 장차 전 세계에 크게 드러날 때가 있을 것이니 유교 지식인들은 시대적 통찰력을 가지고 분투해야 한다고[68] 하였다.

박은식이 시대를 통찰하여 인류문화에 있어서 시대를 초월한 유학의 보편성과 문명사의 변화를 확신하여 미래 동서 문명의 변화를 예언한 것인지는 확인할 수 없다. 다만 분명한 것은 박은식이 말한 시대가 21세기 오늘에 도래하였다는 사실이다. 또한 박은식의 유학에 대한 인식은 문명사적인 관점에서 미래지향적이었으며 유학적 진리에 대해 확고한 신념을 지녔다는 점이다. 이러한 점은 21세기 오늘날에도 유학에 대한 문명사적 인식을 정립하는 데 필요한 자세가 될 수 있다.

參考文獻

1.

『朴殷植全書』, 檀國大學校 附設 東洋學硏究所, 1975.
『兪吉濬全書』, 兪吉濬全書編纂委員會 編, 一潮閣, 1995.
『自山安廓國學論著集』, 여강출판사, 1994.
『張志淵全集』, 檀國大學校 附設 東洋學硏究所, 1989.
『韋庵文稿』, 국사편찬위원회, 1956.
『國譯 心山遺稿』, 성균관대학교 대동문화연구원, 1979.
『벽옹일대기』, 심산기념사업준비위원회편, 태을문화사, 1965.
『宇宙問答』(『毅菴 柳麟錫의 思想』), 서준석·손승철·신종원·이애희 공역, 종로서적, 1984.

2.

장지연 저, 유정동 번역, 『조선유교연원』, 삼성문화문고 59(상), 134(중), 135(하), 삼성문화재단, 1975, 1979, 1979.
천관우 외, 『韋庵 張志淵의 思想과 活動』, 민음사, 1993.
신용하, 『박은식의 사회사상연구』 부록, 서울대학교출판부, 1982.
蔡壎역 『西遊見聞』, 『韓國名著大 全集』, 大洋書籍, 1982.
허경진 옮김, 『서유견문』, 한양출판, 1995.
한국철학회, 『한국철학사』 하, 동명사, 1992.
이택후저, 김형종 역, 『중국현대사상사의 굴절』, 지식산업사, 1992.
위단(于丹)지음, 임동석 옮김, 『논어심득』, 에버리치홀딩스, 2007.

---

68) 「유교구신론」, 『전서』 下, 48쪽.

금장태·고광식 공저『유학근백년』, 박영사, 1984.

황병태,『유학과 현대화』, 우석, 2001.

정범진,『백번 꺾어도 꺾이지 않은 민족의 자존』－김창숙의 생애와 선비정신, 성균관대학교출판부, 1997.

박용옥,『한국 여성 근대화의 역사적 맥락』, 지식산업사, 2003.

구자혁,『장지연』, 근대인물한국사, 동아일보사, 1993.

김의환 외,『근대조선의 민중운동』, 풀빛, 1982.

윤사순,『한국유학사상론』, 열음사, 1986.

한국역사연구회,『한국역사』, 역사비평사, 1992.

한국철학사상연구회,『논쟁으로 보는 한국철학』, 예문서원, 1995.

강재언,『한국의 근대사상』, 한길사, 1988.

강만길,『한국근대사』, 창작과 비평사, 1989.

강재언,『한국의 개화사상』, 비봉출판사, 1989.

이광린,『한국개화사상연구』, 일조각, 1992.

숭실대학교 부설 한국기독교문화연구소,『한국근대화와 기독교』, 1992.

천관우,『한국사의 재발견』, 일조각, 1993.

3.

李薰玉,「張志淵의 변혁사상의 형성배경과 전개」,『韋庵 張志淵의 思想과 活動』.

천관우,「장지연과 그 사상」,『韋庵 張志淵의 思想과 活動』.

윤남한,「장지연의 생애와 자강사상」,『韓國의 近代思想』, 삼성출판사, 1985.

宋建鎬,「徐載弼의 自主的 近代化思想」,『韓國의 近代思想』, 삼성출판사, 1985.

이지형,「심산과 한국유림」,『심산 김창숙의 사상과 행동』, 성균관대학교 대동문화연구원, 1986.

송항룡,「심산과 유학사상」,『심산 김창숙의 사상과 행동』, 성균관대학교 대동문화연구원, 정병련,「화
　　　서 이항로의 철학사상,『한국철학의 심층분석』, 전남대학교 출판부, 1995.

유명종,「유인석 의병활동과 그 사상」,『한국유학연구』, 이문출판사, 1988.

이병도,「화서 이항로」,『한국유학사』, 아세아문화사, 1987.

정옥자,「雲養 金允植의 開化論과 文學」,『조선후기지성사』, 일지사, 1933.

金貞美,「19세기말 石洲 李相龍의 철학사상과 사회운동」,『朝鮮史研究』제7집, 朝鮮史研究會, 1998.

이숙인,「유교 가족 담론의 여성주의적 재구성」,『동아시아와 근대, 여성의 발견』, 성균관대학교 동아시
　　　아 유교문화권 교육·연구단 편, 청어람미디어, 2004.

최미화,「한말 일제 강점기의 경북지역 여성운동」,『경북여성사』, 경북여성정책개발원, 2004.「중국, 고
　　　전교육 89년만의 부활」, 중앙일보, 2001년 8월 7일, 11면.

박홍식,「구한말의 이상주의와 현실주의」『한중철학』제4집, 1999.

박홍식,「삶의 질 향상과 유교문화－20세기초 한국 유교지식인 장지연을 중심으로」,『유교사상연구』제
　　　31집, 2008.

박홍식,「심산 김창숙의 유교정신과 구국운동」,『한국학논총』26집, 계명대학교 인문학연구소, 1999

박홍식,「박은식과 안확의 철학사상 대비」『동양철학연구』23집, 동양철학연구회, 2000.

现代学问的问题和儒学上克服原理

李基東 | 成均館大學校 教授

科学与产业的快速发展使越来越多的现代人享受到富裕的生活，但与之相反，人们的心灵却越来越得不到依傍，灵魂亦是无所慰藉。心灵日渐贫困的现代人在精神层面上比起古代人变得更加的不幸了。忧郁症患者逐日增加，自杀率节节攀升，综合这些方面来看，现代人最终也不能说比古代人幸福。那么，现代人如此不幸的原因是什么呢？解决这些不幸的方法又在哪里呢？

支配现代人生活的价值观是基于西欧近代流行的合理主义思考方式而形成的，西欧的近代文化是以否定神为出发点的，因此现代文化是在否定神的前提下成立的。神就如同树木的根，否定了神的存在就如同不承认树木有根的存在，而这棵树也会因此变得空洞无力。如果不承认竹子的根在地下紧紧相连，那么剩下的就只是地面上能看到的枝干和叶子。同理，如果不承认所有的人都有一颗紧紧连在一起的天心，那么人类存在的本质只是我们眼睛看到的身体而已。如果将人身体的各有区别，分别独立看作是人的本质，那么就会认为人是各自独立的个体。西方的个人主义就是在这种思考方式下成立的，个人主义成立以后，人类社会的构成细胞就是个人，家庭构成的基本单位也是个人，国家构成的基本单位也是个人。父母和子女要用个人与个人的关系来理解，夫妇亦要用个人与个人的关系来理解。

个人主义成立以后，以西欧为中心的人类社会产生了飞跃式的发展，因而越来越富裕，但随之而产生的精神层面的问题也越来越多。一种是在他人与我竞争，必须斗争的不安定的关系中产生；另一种是在不断扩大的欲望与为了为满足这种欲望的努力中产生。

为了解决现代人的这些问题最好方法就是复兴儒学。

儒学的核心是中庸。人活在世不只用身体生活，也要用心来生活，缺一不可。但是人类在追求这两者完美结合的生活时，如果偏向其中的任何一方，都会产生副作用。偏向其中一方的情形孔子称之为异端，并说执著于异端是有害的。孔子所追求的中庸式的生活中，最理想的情形是身与心完美结合的生活。精神生活富足，物质生活贫困，不期；物质生活富足，精神生活贫困，亦不图。"身"的生活需要财物，"心"的生活需要好的教育。身与心完美结合的生活方法在儒学里被分为了≪小学≫和≪大学≫。通过≪小学≫确保物质生活的富足，同时为追求精神生活做好铺垫；通过≪大学≫确保精神生活的富足。通过这两个知识系统，儒学就能克服现代社会存在的问题。

由此看来，现今社会不得不迎接知识的大转换。但是，只明白这个道理不去实践，就没有了现实意义。

无论有多么好的理论和方法，如果不在现实生活中实践，就没有任何意义。而到现实生活中去实践的任务就肩负在我们在座的诸位肩上！

현대 학문의 문제와 유학적 극복원리

이기동李基東 | 성균관대학교 교수

I. 머리말

과학이 발달하고 산업이 발달하여 풍요로움을 누리고 있는 현대인들 중에는 지금이 가장 행복한 시대라고 생각하는 사람이 많은 것 같다. 물론 아직도 지구상에는 기아에 허덕이는 극빈자들이 많다. 그러나 본 논문에서 다루는 현대인의 삶은 구미, 일본, 한국 등에서 문명의 이기를 한껏 누리고 사는 사람들의 삶을 주 대상으로 삼기로 했다.

현대인들은 과거 어느 시대와도 비교할 수 없을 정도로 급속도의 발전을 이룬 현대에 살면서 온갖 행복을 구가하고 있다. 교통이 발달하여 지구 곳곳을 이웃 동네를 드나들 듯 드나들게 되었으며, 세계 곳곳에 있는 온갖 진귀한 음식들은 맛볼 수 있게 되었다. 그리고 고품질의 옷을 입고 호화로운 저택에서 화려하게 살아가고 있다. 또 온갖 상품들이 즐비하게 진열되어 있어 옛날처럼 일일이 장만하지 않더라도 간단히 손에 넣을 수 있는, 참으로 편리한 세상이 되었다.

그러나 곰곰이 생각해보면 현대인들이 반드시 과거의 사람들보다 행복하다고는 하기 어렵다. 현대인들이 살기 좋아진 것은 몸의 삶에 국한된다. 현대인들은 몸의 삶을 풍요롭게 하기 위해 힘쓴 대신, 마음이라는 것을 방치하고 말았다. 그 결과 대부분의 현대인들은 마음이 황폐해지고 영혼이 고달프게 되었다.

현대인들은 물질적 경쟁에 몰두하느라 마음이 각박해지고 말았다. 옛날의 우리 선인들은 길을 가다가 남의 집에 들러 하룻밤 묵어 갈 수 있는 여유가 있었지만, 지금 사람들은 그런 여유가 없다. 이런 모습을 우리의 선인들이 본다면 아마도 인간이 아니라고 비난할 지도 모른다.

마음이 각박해진 현대인들은 정신적으로는 옛사람들보다 더 불행한 것으로 보인다. 우울증에 시달리는 사람이 늘어가고 자살율도 차츰 증가한다. 이러한 점들을 종합적으로 고려한다면 현대인들이 과거의 사람들보다 결코 행복하다고 할 수는 없을 것이다. 그렇다면 현대인들이 이처럼 불행하게 된 원인이 어디 있으며, 또 이 불행을 해결할 수 있는 방법에는 어떤 것이 있는지 한번 짚어볼 필요가 있다.

Ⅱ. 현대인의 삶과 문제점

현대인들의 삶을 지배하는 가치관은 어떻게 형성된 것이며, 그러한 가치관에서 나타나는 삶의 방식과 내용은 어떠한 것이며, 그리고 현대인의 삶에서 나타나는 문제점에는 어떤 것들이 있을까?

1. 현대인의 가치관

현대인들의 삶을 지배하는 가치관은 서구 근세에 대두된 합리주의적 사고를 바탕으로 하여 이루어진 것이다. 르네상스 운동을 통해 신으로부터 해방된 서구인들이 과학기술을 발달시키고 산업혁명을 일으켜 전 세계를 지배하게 되자, 서구에게 침략을 당한 한국, 중국, 일본 등 동양의 국가들은 서구인들의 문화와 서구인들의 삶의 방식을 모방하기에 바빴다. 그리하여 스스로 고유의 사상과 가치관을 버리고 서구의 그것을 따랐으므로, 서구의 가치관과 삶의 방식이 현대인들 공통의 삶의 바탕이 된 것이다. 그렇다면 신으로부터의 해방에서 구축된 현대인의 가치관의 특징과 내용은 어떠한 것일까?

1) 神의 부정과 神의 이용

서구의 근세는 神을 부정하면서 출발한다. 르네상스는 神의 속박에서 벗어나 자유로운 인간의 삶을 추구하는 운동이었다. 이러한 운동은 과거 중세 때의 교회의 횡포에 대한 반발로 시작된 것이다.

神의 속박에서 벗어나는 것은 결국 神을 부정하는 데로 귀결되지 않을 수 없다. 현대문화는 神을 부정하고서 성립된 문화다.

神은 나무의 뿌리와 같은 존재이기 때문에 神을 부정하고 나면, 뿌리 없는 나무처럼 허전하고 외로워진다. 이를 해결하기 위해서 인간은 다시 神을 만든다. 인간이 만든 神은 원래의 神과 다르다. 원래의 神은 지상의 대나무들을 지하에서 하나로 연결시키고 있는 하나의 뿌리와 같은 것이다. 그러므로 원래의 神을 인정하고 그 神의 품에서 살면, 모든 것을 다 형제로 여기게 된다. 그러나 인간이 神을 만들면 그렇지 않다. 인간이 만든 神은 만든 사람 속에만 들어 있는 神이므로 남과 하나로 연결되는 神이 아니다. 인간이 만든 神은 자기에게 편리하게 만든 것이기 때문에 그 神은 언제나 만든 사람을 위해서 봉사한다. 말하자면 자기 합리화를 위해 충실하게 봉사해주는 자기의 臣下인 셈이다.

종합적으로 말하면 현대인에게 神은 두 가지 모습으로 등장한다. 하나는 현대인들에게 부정된 神이고, 다른 하나는 현대인들에게 이용되기 위해 만들어진 神이다.

2) 개인주의와 물질주의

지하에서 하나로 연결되는 대나무의 뿌리를 인정하지 않으면 남는 것은 지상에 뻗어나 있는 줄기와 가지와 잎뿐이다. 마찬가지로 모든 인간에게 공통으로 연결되어 있는 한마음을 인정하지 않으면 인간존재의 본질은 눈에 보이는 몸뿐이다. 마음이 있다 하더라도 그 마음은 몸에 들어있는 것이고 몸이 생기고 난 뒤에 성립된 몸의 한 요소로 이해될 뿐이다. 사람의 몸은 각각 구별되는 독립된 개체이므로 몸을 본질로 간주하면 사람은 각각 독립된 개체로 간주된다. 서구의 개인주의는 이러한 사고방식에서 성립되었다. 개인주의가 성립되고 나면 인간사회를 구성하는 세포는 개인이다. 가정을 구성하는 기본 단위도 개인이고 국가를 구성하는 기본단위도 개인이다. 부모와 자녀도 개인과 개인의 관계로 이해되고, 부부도 개인과 개인의 관계로 이해된다.

개인주의는 몸이라는 물질을 기준으로 판단하는 것이므로 개인주의는 물질을 중시하는 물질주의로, 물질주의는 또 자본을 중시하는 자본주의로 이어질 수밖에 없다. 개인주의, 물질주의, 자본주의가 현대문화를 떠받치고 있는 바탕이 되는 이유는 이 때문이다.

3) 과학과 산업의 발달

몸을 인간의 본질로 간주하고 중시하게 되면, 사람은 몸을 위해서 강력해진다. 그리하여 몸에 필요한 것을 추구하기 위해 최선을 다하게 되는 것이다. 몸의 삶을 위해 당장 필요한 것은 의식주이다. 그래서 현대인은 의식주의 해결을 위해 최선을 다한다. 그 결과 산업이 폭발적으로 발전했다.

그리고 현대인은 몸을 유지하기 위해 의학과 무기개발에 주력한다. 산업과 의학, 무기개발 등을 추구하는 바탕이 과학이므로 현대의 과학은 비약적으로 발전했고 또 발전하고 있다.

이러한 발전의 덕분에 현대인들은 과거 유례를 찾을 수 없을 정도로 풍요롭게 살게 되었다.

그러나 현대인들은 풍요롭고 행복한 것만은 아니다. 현대인이 행복하다고 생각하는 것은 몸의 삶에 국한된 것이다. 마음의 문제로 들어가 보면 현대인의 삶에는 많은 문제점들이 있다. 그 문제점들은 이제 심각한 수준에 이르고 있다. 그렇기 때문에 이제 현대인들의 삶의 내용과 그러한 삶에서 나타나는 문제점들을 짚어보고 그 해결방안을 찾지 않으면 안 될 것으로 보인다.

2. 현대인의 삶의 내용

개인주의를 바탕으로 영위되는 현대인의 삶은 크게 다음의 두 가지 형태로 나타난다. 첫째는 남과 내가 경쟁해야 하고 투쟁해야 하는 불안한 관계를 해소하는 것이고, 둘째는 끝없이 커지는 욕심을 끝없이 채우는 것이다.

1) 현대인의 불안과 생존의 문제

현대인의 밑바닥에 깔려있는 정서는 불안이다. 왜냐 하면 현대인에게서 나타나는 삶의 방식은 투쟁이기 때문이다. 현대인의 이 불안한 마음을 해결하는 방식에는 다음의 세 가지로 요약된다.

첫째, 너 죽고 나 살기이다. 현대인들은 다른 사람을 만나는 것을 불안하게 생각한다. 그렇다면 다른 사람과 함께 있을 때 불안하지 않을 수 있는 최선의 방법은 무엇일까? 그것은 다른 사람을 죽이고 혼자 있는 것이다. 상대가 없어지면 불안할 까닭이 없기 때문이다. 독일인들이 유태인들을 죽이려고 했던 사실, 일본인들이 한국인들을 죽이려고 했던 것, 또 영국인들이 아메리카 원주민들을 거의 다 죽였던 이유가 바로 불안 때문이었다.

둘째, 상대를 종속물로 만드는 것이다. 상대를 종속물로 만들면 상대를 죽이는 것보다 훨씬 더 유리해진다. 그래서 현대는 약소국을 침략하여 식민지로 만드는 제국주의 정책에서 시작되었다.

셋째, 협상을 통한 공존의 방법을 모색하는 것이다. '너 죽고 나 살기'를 할 수 없고, 상대를 종속물로 만들 수 없을 때 현대인들은 더욱 불안해진다. 이러한 불안을 해결할 수 있는 마지막 선택은 협상뿐이다. 협상을 해서 모두가 다 살 수 있는 방법을 모색하는 것이 현대인들이 취할 수 있는 마지막 선택인 것이다. 그렇게 해서 찾아낸 것이 규칙이고 법이다. 그리고 규칙과 법을 만드는 도구는 인간의 이성이다. 여기서 말하는 이성이란 인간의 생각하는 기능과 판단하는 기능을 말한다.

모든 사람이 규칙과 법을 지킬 때 비로소 현대인들은 안심을 한다. 현대인들에게 규칙과 법은 삶을 보장할 수 있는 마지막 보루인 셈이다. 현대인들에게 규칙과 법을 지키는 것은 무엇보다도 중요하다. 현대인들의 善의 개념은 법과 규칙에서 나온다. 법과 규칙을 따르는 것이 善이고 위반하는 것이 惡이다. 그리고 법과 규칙은 시대에 따라 달라지기 때문에 善의 내용도 시대에 따라 달라진다. 이러한 관점에서는 갓난아이나 어린아이를 善한 자로 볼 수 없다. 교육을 받고 규칙을 지킬 수 있는 정도로 자란 뒤에 비로소 善하게 될 수 있고 아름다운 행동을 할 수 있다고 생각한다. 그러므로 현대인들에게 정의되는 아름다움이란 법과 규칙을 지키는 데서 찾아진다.

2) 무한 욕심을 추구하는 삶

현대인은 남과 경쟁하고 투쟁하는 삶을 본질적인 것으로 간주하므로 현대인이 생각하는 마음의 본질은 경쟁심이다. 경쟁심은 남과 싸워 이기고자 하는 마음이므로 욕심으로 정의할 수 있다. 그러므로 현대인에게는 욕심을 제거한다는 말은 성립되지 않는다. 욕심을 제거하면 마음이 없어진다고 생각하기 때문이다.

현대인의 삶은 욕심을 채우는 삶이다. 현대인의 삶은 욕심을 채우는 과정으로 이어진다. 끊임없이 돈을 향해 달리고, 명예를 향해 달린다. 현대문화는 인간의 온갖 욕심을 채우는 향락문화를 꽃피운다. 현대인들은 진귀한 음식을 먹고, 명품 옷을 입으며, 고급 주택에서 살고, 性的 향락을 최대한도로 추구하는 것을 가장 바람직한 삶으로 생각한다. 현대인의 학문은 이러한 삶을 성취할 수 있는 방법들을 찾는 것을 주 내용으로 하고 있다.

3) 현대인의 학문과 그 성격

현대의 학문이란 현대인들의 삶에 나타나는 문제의 해결책을 찾는 것이다. 현대인들에게 가장 먼저 문제가 되는 것은 사람들이 공존할 수 있는 사회를 만드는 것이다. 이를 해결하기 위해 현대인들은 규칙, 예절, 윤리, 교양, 예술 등을 만들어내는데, 이런 것들이 학문의 중요한 내용이 된다. 규칙, 예절, 윤리, 교양, 예술 등은 시대에 따라 늘 바뀌는 것이기 때문에 이를 추구하는 학문의 내용 또한 매우 복잡해진다.

현대인들의 삶은 욕심을 무한히 추구하는 것으로 이어지므로, 욕심을 추구하는 방법 또한 학문의 중요한 내용이 된다. 욕심을 추구하는 방법 중의 대표적인 것이 경제학, 경영학, 과학, 의학 등이다.

그런데 욕심을 추구하는 일은 남과 부딪히기 쉽고 그러다가 보면 서로 다치기 쉽다. 그렇기 때문에 욕심을 추구하되 남을 다치지 않고 추구하는 방법을 찾지 않으면 안 되는데, 그 방법이 바로 법학이다.

따라서 현대인의 삶의 방식은 법에 저촉되지 않는 범위 내에서 욕심을 무한대로 추구하며 경쟁하는 것이다. 이른바 페어플레이가 그것이다.

그러므로 위에서 논의한 학문의 성격으로 보면, 전통적 학문의 내용인 '욕심 비우기'는 학문의 영역에 들어가지 못한다. 따라서 수양이나 참선 그 자체는 학문의 영역이 되지 못한다.[1] 다만, 그것이 욕심을 채우는 수단이 되는 경우는 학문의 영역으로 포함될 수도 있다.[2] 또한 학문이 인격을 수양하기 위해서가 아니라 생존을 위한 수단이기 때문에 학문적으로 살아남는 방법 중의 하나는 남이 하지 않는 분야를 골라 열심히 그것에만 집중하는 것이다. 이것이 바로 학문의 프로정신이다.

현대인의 학문에는 존경심이 들어가지 않는다. 현대인의 인간관에서 보면 인간의 가치에 우

---

1) 『大學』에서는 "自天子以至於庶人壹是皆以修身爲本"이라 하여 수신이 모든 사람이 공통적으로 추구해야 할 학문의 내용으로 삼았으나, 현대의 학문에는 수신의 내용이 포함되지 않는다. 이러한 의미로 본다면 전통적 학문은 오늘날의 학문개념으로 보면 학문이 아니다.

2) 참선을 연구하여 박사학위를 취득하더라도 실지로 참선을 할 필요가 없다. 참선이나 명상이 학문의 영역이 되기 위해서는 그것이 실생활에 도움이 된다는 증명을 하면 된다. 그렇지 않으면 그 자체가 학문의 영역이 될 수는 없다.

열이 있을 수 없다. 현대인의 삶은 기본적으로 경쟁이므로 경쟁에서 이긴 힘센 사람이나 돈 많은 사람은 부러움의 대상은 될 수 있어도 존경의 대상은 되지 않는다. 따라서 현대의 학문에는 존경심이라는 개념이 없다. 공자나 맹자를 논할 때도 공구, 맹가 등으로 이름을 부르고, 목은 선생은 이색, 퇴계 선생은 이황, 율곡 선생은 이이 등으로 부른다. 이처럼 사람의 이름을 써야 정밀한 학문이 된다면 조선시대 이전에는 학문이 없는 것이 되고 만다.

이처럼 학문까지도 인격수양의 수단으로 삼지 않는 현대인의 삶에서는 많은 문제가 노출된다. 그 문제점들을 잠시 짚어보기로 하자.

3. 현대인의 삶에서 나타나는 문제점

현대인은 육체적으로는 과거 유례가 없을 정도로 행복한 삶을 구가하고 있지만, 정신적으로는 많은 문제에 봉착해 있다. 이는 현대인의 가치관과 삶의 방식의 잘못에서 비롯된다.

1) 현대인의 가치관에서 오는 문제점

현대인들은 인간존재를 각각 구별되는 개체적 인간으로 보기 때문에, 현대인들에게서 다음과 같은 문제점이 나타난다.

첫째, 현대인들은 고독하다. 현대인들은, 남과 함께 있어도 본질적으로 하나가 되지 못하기 때문에, 원초적으로 고독하다. 과거에는 그렇지 않았다. 결혼을 하여 부부가 되면 일심동체가 된다. 일심동체가 되면 더 이상 개체가 아니다. 일심동체가 된 상태에서는 고독하지 않다. 그러나 현대인은 결혼을 하더라도 개인과 개인이 한 집에 있는 것에 불과하다. 따라서 현대인은 결혼을 하더라도 이혼의 가능성을 늘 가지고 있다. 그러므로 현대인의 고독은 절대적이다.

둘째, 또 개체의 입장으로 살아가는 현대인은 원초적으로 초라하다. 10명이 있으면 10분의 1에 해당하고, 100명이 있으면 100분의 1에 해당하며, 70억이 있으면 70억 분의 1에 해당하는 왜소하고 초라한 존재다. 초라한 현대인에게는 존엄성이 없다.

셋째, 현대인은 얄팍하다. 왜소하고 초라할수록 깊이를 추구할 수 없다. 얄팍한 현대인들은 뿌리를 상실하고 살아가는 부평초 같은 존재다. 얄팍한 현대인들은 중심을 잡기 어렵기 때문에 다른 사람에게 기대지 않으면 안 된다. 연예인이나 스포츠맨 등의 팬이 되어 그들에게 기대면서 살아가는 것이 현대인들의 삶의 모습니다.

넷째, 현대인들은 스트레스에서 벗어나기 어렵다. 삶이 경쟁이기 때문에 삶은 언제나 긴장을 동반한다. 이러한 의미에서 본다면 현대인들의 스트레스는 숙명적이다.

다섯째, 현대인들은 생로병사의 숙명적 고통에서 벗어나지 못한다. 먼 훗날의 일을 생각할 여유가 생길 정도로 풍요로워진 현대인들은 먼 훗날 늙고 병들어 죽어 없어질 자신의 모습을 생각하고 숙명적인 슬픔에 빠져들지 않을 수 없다.

여섯째, 현대인들은 허무주의와 쾌락주의에서 벗어나기 어렵다. 사람이 인생의 무상함에 대해 허무함을 느끼면 더 이상 착실한 삶에 의미를 가지지 못한다. 그리하여 즉흥적으로 살게 되고 쾌락에 빠지거나 방탕하게 된다.

2) 현대인의 삶의 방식에서 오는 문제점

현대인의 삶의 방식에서 오는 문제점으로 다음과 같은 것을 들 수 있다.

첫째, 현대인들의 인간관계는 끊임없는 경쟁 관계이기 때문에 불안하다. 불안초조는 현대인들이 안고 가야할 원초적인 짐이다.

둘째, 현대인들은 긴장한다. 현대인들의 끝없는 경쟁은 현대인들을 긴장하게 만든다. 현대인들은 긴장 때문에 여러 가지 신경성 병을 앓고 있다.

셋째, 긴장으로 이어지는 현대인들은 늘 피곤하다. 불안·긴장·피곤은 현대인의 삶을 표현하는 세 요소인 것이다.

넷째, 현대인의 삶은 약육강식의 무한 경쟁이기 때문에 약자와 약소국의 비극을 해결하기 어렵다.

다섯째, 현대인의 삶의 방식에서는 근본적인 평화를 구축할 수 없다. 현대인들이 구축하는 평화란 협상을 통해 찾아낸 공존의 방식이기 때문에 협상의 필요성이 없을 정도로 서로간의 힘의 균형이 무너지면 평화는 지켜지지 않는다.

3) 현대인의 욕심 채우기에서 오는 문제점

현대인의 '욕심 채우기'로 일관하는 삶에서는 다음과 같은 문제점들이 생겨날 수 있다.

첫째, 현대인들은 몸에 필요한 물질을 한없이 추구하는 천박한 욕심쟁이로 전락하고 말았다. 현대인들에게는 이제 과거에 있었던 풍류나 멋을 찾기 어렵다. 옛날의 사람들은 인심이 훈훈했다.

둘째, 물질주의를 바탕으로 하여 살아가는 현대인들은 각자 소유하고 있는 물질의 다과에 따라 평가받는 존재가 됨으로써 가진 자의 횡포에서 벗어나기 어렵게 되었다.

셋째, 욕심 채우기로 일관되는 현대인은 욕구불만의 고통을 감당하기 어렵다. 욕심 채우기로 일관되는 현대인의 삶은 욕심을 못 채운 경우와 채운 경우의 두 가지로 귀결된다. 이 중에서 욕심을 못 채운 경우는 욕구불만이라는 고통을 맛보게 된다. 그런데 욕심을 채운 경우는 어떠한가? 욕심을 채운 경우는 행복할 것으로 기대되지만, 그렇지 않다. 욕심은 채우는 순간 바로 커지기 때문에 욕심은 채우면 채울수록 더 큰 욕구불만이 된다. 그렇기 때문에 욕심을 채우는 삶은 어떠한 경우라도 고통과 불행으로 귀결된다.

넷째, 욕심 추구로 일관하는 현대인은 욕심의 노예로 전락한다. 욕심에 끌려가는 노예가 된 현대인들은 욕심의 노예상태에서 벗어나기 어렵다. 현대인들은 일생동안 욕심에 봉사한다.

다섯째, 욕심은 원래의 마음이 아니라 도중에 외부에서 들어온 마음이라는 점을 감안한다면 욕심의 노예로 살아가는 현대인의 삶은 참된 삶이 아니라 가짜의 삶이다. 가짜의 삶을 살면서 현대인들은 가짜의 행복을 추구는 어리석음에서 벗어나기 어렵다.

오늘날에는 전 세계적으로 이러한 문제점들이 표면에 드러나고 있다. 이러한 현상들이 표면에 노출된다는 것은 이제 현대문화에 파멸을 향하는 신호가 켜진 것으로 볼 수 있다. 이제 이를 해결하기 위한 방안들을 찾지 않으면 안 될 때가 되었다.

이를 해결하는 근본방안은 현대인들의 가치관과 삶의 방식의 밑바닥에 깔려 있는 서구근대 합리주의에서 벗어나지 않으면 안 된다. 그리고 그간 방치해 두었던 한마음을 도로 찾아야 한다. 이러한 시도는 의식세계에 일대 전환이 일어나는 것이고, 문화사적으로도 일대 전환점을 맞이하는 것이 된다. 그리고 학문의 내용에도 천지개벽이 일어나는 것이다.

지상의 대나무가 뿌리의 뜻을 알아서 뿌리의 뜻으로 사는 것이 지상의 과제이듯이, 사람들이 한마음을 알아서 한마음의 입장에서 사는 것은 지상의 과제이다. 그렇기 때문에 학문의 내용은 예외 없이 한마음을 찾아가는 한 가지로 통일되어야 한다. "천자에서 서인에 이르기까지 한 결같이 이 모두가 수신을 근본으로 삼아야 한다."[3]고 한 『大學』의 말씀이 바로 이를 말한다.

한마음을 찾아야 한다는 과제를 가지고 보면 사람의 가치는 천차만별이다. 사람의 가치는 그가 얼마만큼 한마음에 가까이 가 있는가, 그리고 그가 얼마만큼 한마음을 실천하는가에 달려 있다. 우리말에 '속이 깊은 사람'이란 말이 있다. 이는 사려 깊은 사람이란 말과도 다르다. 이는 '한마음에 많이 다가간 사람'이란 뜻이다. 이는 서양의 언어로 번역하기 어려울 것이다.

사람은 한마음에 다가간 만큼 남을 사랑한다. 완전히 한마음에 가 닿은 사람은 남을 자기 자신처럼 사랑한다. 그러한 사람은 남을 인도하여 한마음에 다가가게 할 수 있다. 그러한 사람에 대해서는 다른 사람들이 자녀가 부모를 좋아하듯 좋아하게 되고, 존경하게 된다. 학문의 목적은 그런 사람처럼 되는 것이므로 학문은 그러한 사람을 존경하는 데서 출발한다. 존경심이 없이 추구하는 학문은 학문의 탈을 쓰고 있을 뿐 참다운 학문이 아니다. 그러한 학문은 죽은 학문이다.

이제 학문에 일대 변혁이 일어나야 한다. 더 이상 목은 선생을 이색이라 하고, 퇴계 선생을 이황이라 부르는 학문적 태도는 지양되어야 할 것이다. 이제 이러한 관점에서 '유학적 극복원리'를 논해보기로 하자.

Ⅲ. 유학적 극복원리

유학의 핵심은 중용이다. 인간은 몸과 마음을 가지고 살아간다. 이 중에서 어느 하나라도 없으면 인간이 아니다. 그런데 사람들이 이 둘의 조화로운 삶을 추구하지 못하고 어느 하나에 치

---

3) 원문은 이미 주 1)에서 언급하였으므로 여기서는 생략하기로 한다.

우치게 되면 부작용이 따른다. 이처럼 어느 하나에 치우친 것을 공자는 異端이라 했다. 그리고 異端에만 몰두하면 해롭다고 했다. 그러면 몸과 마음이 조화를 이루는 바람직한 삶은 어떠한 삶일까? 그것은 중용적 삶이다. 그리고 그러한 삶을 추구하는 것이 유학이다.

1. 중용의 내용

1) 中庸의 정의

中庸이란 서로 다른 두 요소를 조화를 이루는 상태로 다 포괄하는 것이다. 어느 하나가 소외되거나 무시되면 그것은 중용이 아니라 異端이 된다. 공자는 "異端을 오로지 추구하면 해가 될 뿐이라"[4]고 했다. 異端을 추구하는 것은 필요한 두 요소 중에서 어느 한 요소만을 추구하는 것을 말한다. 예를 들면, 사람은 몸과 마음을 가지고 살아가는 존재다. 그런데 이 중에서 어느 하나만을 중시하면 다른 하나가 소외되어 삶이 원만하게 영위되지 않는다. 가장 바람직한 삶은 삶의 두 요소가 고루 충족될 때이다. 이런 상태가 되는 것이 중용이다. 공자는 이런 중용적 삶을 지향했고, 그런 삶을 성취하는 방법을 학문으로 추구한 것이다.

공자가 말한 중용은 몸과 마음의 두 요소를 포괄하는 것일 뿐만 아니라, 인간의 삶에서 나타나는 서로 다른 두 요소를 두루 다 포괄한다. 복고사상과 발전사관, 만물일체사상과 개체적 독립사상, 신비성과 합리성, 절대성과 상대성, 종합성과 분석성, 보편성과 구체성 등등의 서로 상반되는 두 요소가 모두 조화를 이루면서 통합되는 것이 중용이다.

中의 뜻에는 '속'이라는 뜻과 '가운데'라는 뜻, 그리고 '적중한다.'는 뜻의 세 가지가 있다. '속'은 사람의 마음속을 의미한다. 사람의 마음속에는 모두 하나로 통하는 한마음이 있다. 그 한마음이 仁이다. 두 사람이 이익금을 분배하기 위해 마주하고 있을 경우 욕심으로 판단할 때는 서로 많은 이익을 차지하기 위해 대립한다. 욕심이 크면 클수록 그 대립은 첨예해진다. 극단적으로 대립하면, 한쪽 사람은 자기가 100을 가지고, 상대는 0을 갖기를 바랄 것이고, 상대편 사람은 반대로 자기가 100을 가지고 상대는 0을 갖기를 바랄 것이다. 그러나 한마음을 회복하여 한마음으로 판단하게 되면 서로 마주하고 있는 두 사람이라도 상대가 대립의 관계에 있는 것으로 보이지 않는다. 근본적으로 두 사람은 서로 하나인 것이다. 그렇게 되면 자기가 다 가지기를 바라지 않는다. 둘의 입장이 골고루 반영된 가장 공평한 액수를 가지려 할 것이다. 그리고는 이익금을 나누는 것을 아무 주저함이나 어려워함이 없이 과감하게 추진할 것이다. 이렇게 하는 것이 中庸이다. 이에서 보면 中庸에는 세 요소가 있음을 알 수 있다. 먼저 한마음이 되는 것이 '속'이라는 뜻의 中이고, 100과 0의 사이에 공평한 지점이 '가운데'라는 뜻의 中이며, 거침없이 시행하는 것이 '적중시킨다.'는 뜻의 中이다. 한마음이 되는 것은 仁이고, 100과 0 사이의 공평한 지

---

4) 『論語』「爲政篇」: 攻乎異端, 斯害也已.

점을 찾는 것은 智이며, 과감하게 추진하는 것은 勇이므로 중용을 실천할 수 있는 세 요소가 이른바 智仁勇이다. 庸은 用과 같은 뜻으로 '두루 통용되는 것'을 의미한다. 사람이 智仁勇의 세 요소를 가지고 가장 中을 실행하면 모두에게 통용되어 널리 쓰인다는 뜻에서 庸이라 한 것이다. 그러므로 庸은 中을 표현하는 형용사적 표현에 불과하다.

2) 몸과 마음의 조화

공자가 추구하는 중용적 삶 중에서 으뜸이 되는 것은 몸과 마음의 조화로운 삶이다. 마음은 넉넉하지만 몸의 삶이 소외되는 것도 바람직한 삶이 아니며, 몸의 삶이 충족되지만 마음이 황폐하게 되는 것도 바람직한 삶이 아니다. 바람직한 삶은 건전한 마음으로 건강하게 사는 것이다. 공자는 위나라에 갔을 때, 위나라의 백성들이 많은 것을 보고 감탄하면서 제자 와 다음과 같은 문답을 나눈 적이 있다. 『論語』에 나오는 전문을 소개하면 다음과 같다.

공자께서 위나라로 가실 때 염유가 수레를 몰았다. 그때 공자께서 말씀하셨다. "많구나!" 염유가 말했다. "이미 많으면 또 무엇을 더해야 합니까?" "부유하게 해주어야 한다." "이미 부유하게 된 뒤에는 또 무엇을 더해야 합니까?" "가르쳐야 한다."[5]

몸의 삶을 충족하기 위해서는 재물이 있어야 하고, 마음의 삶을 넉넉하게 하기 위해서는 교육이 제대로 되어야 한다. 그러므로 공자가 위나라에 갔을 때 위나라의 백성들이 많은 것을 보고, 경제와 교육의 필요성을 강조한 것이다. 여기서 말한 교육은 오늘날 경쟁력을 확보하기 위한 교육과는 내용이 다르다. 교육의 궁극적 목표는,『中庸』에 있는 "도를 닦도록 하는 것을 일컬어 가르침이라 한다(修道之謂教)"라고 한 말을 참고해보면, 道를 닦도록 유도하는 것임을 알 수 있다.

이에서 보면 공자가 말하는 중용의 내용은 우선 마음과 몸의 조화로운 삶을 의미하는 것임을 알 수 있다. 그런데 공자에 의하면, 몸과 마음의 조화를 이루는 방법은 다음과 같다. 먼저 몸의 삶을 확보하고 다음에 온전한 마음을 회복하는 것이지만, 마음의 회복이 근본이고 몸의 삶의 확보가 지엽이다. 그렇기 때문에 몸과 마음 중에서 어느 하나만 붙잡아야 하는 극한 상황에서는 몸을 버리고 마음을 붙잡아야 하는 것이다.[6]

몸과 마음의 조화로운 삶은 마음이 주인이 되고 몸이 종이 되어, 몸이 마음의 지시에 따라 움직임으로써 전체적으로 조화를 이룰 때 확립된다.

---

5) 『論語』「子路篇」: 子適衛, 冉有僕. 子曰庶矣哉! 冉有曰旣庶矣, 又何加焉. 曰富之. 曰旣富矣, 又何加焉. 曰教之.
6) 공자는 『論語』衛靈公篇에서 이를 "뜻 있는 선비나 어진 사람은 몸의 삶을 구해서 인을 해침이 없고, 몸의 삶을 희생해서라도 인을 이룬다(志士仁人 無求生以害仁 有殺身以成仁)"고 표현했다.

3) 현대인의 딜레마

그런데 오늘날은 중용적 삶을 추구하는 데 많은 어려움이 있다. 오늘날은 경쟁이 너무 치열한 나머지 우선 몸의 삶을 확보하는 것만 해도 여간 어려운 일이 아니다. 그러므로 진리를 찾기 위해서는 일단 몸의 삶을 충족시켜야 하지만, 그것이 너무 어렵기 때문에 진리를 추구하는 삶으로 옮겨가기 어렵다는 데 문제가 있다. 섣불리 진리를 추구하기 위해 경쟁에 소홀했다가는 경쟁에서 지고 말기 때문이다. 여기에 현대인의 딜레마가 있다. 경쟁에서 이기려 하면 진리를 추구할 수 없고, 진리를 추구하려 하면 경쟁에서 지고 만다는 것 때문에 어쩌지 못하고 쩔쩔매는 것이 현대인이다. 그렇다면 현대인은 이 딜레마에서 빠져 나오지 않으면 안 된다.

현대인이 딜레마에서 빠져 나오는 최선의 방법은 경쟁에서 지지 않으면서 동시에 진리에 도달하는 방법을 찾아내는 것이다. 경쟁은 의식세계에서 이루어지고 진리는 의식을 초월할 때 찾아온다. 의식을 초월하여 진리를 회복하면, 진리의 힘으로 남과의 경쟁에서 지지 않을 수 있는 능력이 저절로 터득되지만, 진리를 얻기까지가 문제. 진리를 얻는 노력을 하는 동안에는 경쟁에 전력투구하지 못하기 때문에 진리를 얻기 전에 이미 경쟁에서 지고 말 것이다. 이 문제를 해결할 수 있는 방법을 우리는 易學에서 찾아낼 수 있다.

『周易』은 삶의 현장에서 부딪히는 모든 상황에서 취해야 하는 최선의 방법을 바로 찾아 준다. 『周易』은 진리를 얻기 전이라도, 진리의 힘으로 남과의 경쟁에서 지지 않을 수 있는 능력을 바로 갖게 해준다.

이에서 보면 공자의 학문의 과정은 다음과 같이 요약할 수 있다. 공자의 학문 과정은 먼저 몸의 삶을 확보할 수 있는 방법을 추구하고, 다음으로 마음공부를 통하여 한마음을 찾는 방향으로 나아가는 것으로 정리된다. 그리고 마음공부를 하는 동안 몸의 삶의 확보에 철저하게 추구하지 못할 때 나타나는 문제점은 『周易』이란 책을 통해서 해결하면 된다.

『周易』은 또한 진리를 얻는 과정에서만 필요한 책이 아니라 진리를 얻는 방법에 있어서도 대단히 긴요한 책이다. 그러므로 공자는 『論語』 "나에게 몇 년의 세월을 더 주셔서 오십 살쯤 되어 『周易』을 다 공부하면 큰 허물은 없을 것이라"[7]고 했고, 『史記』에는 공자가 『周易』 공부에 몰두하여 『周易』이란 책을 엮어 맨 가죽으로 된 줄이 세 번이나 끊어졌다고 기록하고 있다.

유학의 체계에서 보면 몸의 삶을 확보하는 방법은 소학이다. 따라서 유학은 소학에서 시작한다.

2. 육체적 삶의 확보와 소학

공자의 학문의 내용은 먼저 소학에서 출발한다. 몸의 삶을 확보하는 것[8]이 소학의 내용이

---

7) 子曰加我數年, 五十以學易, 可以無大過矣.
8) 공자는 몸의 삶을 확보하는 것을 삶의 기본적 요건으로 삼았다. 그렇기 때문에 유학에서는 아무리 성스러운 직업에 종사한다 하더라도 독신으로 살 것을 강요하지 않는다. 독신으로 사는 것은 몸의 삶이 단절되는 것이다.

고, 경쟁력을 확보하는 것이 소학의 내용이며, 대학을 위한 준비를 하는 과정이 또한 소학의 내용이다.

1) 소학의 내용과 禮

소학의 내용에는 활쏘기와 말 타기 등, 체력을 단련하는 체육을 위시하여 문자공부와 산수공부 및 예절공부 등을 두루 포함한다. 오늘날의 학문 개념으로 말하면 몸을 단련하는 체육, 정치학·경제학·경영학·법학·교육학 등의 사회과학, 물리학·수학·생물학 등의 자연과학, 농업·임업·수산업 등의 일차산업에 대한 학문, 공학·의학·천문학·지리학, 그리고 인문학 중에서도 예절교육이 특히 소학에 포함되는 학문분야일 것이다.

그러나 공자 당시에는 학문이 오늘날처럼 다양하게 분류되지 않았다 하더라도 한 사람이 다 다룰 수 있는 것은 아니었다. 그러므로 공자가 주로 관심을 갖고 추구했던 분야는 소학 중에서도 주로 禮에 관한 것이었다.

禮는 사회를 안정시키는 지름길이기도 하고, 또 사람이 사회에서 남과 어울려 살아갈 수 있는 가장 빠른 방법이기 때문이다.

다른 사람과 식사를 할 때 혼자서 배불리 먹으려 하지 않으며, 손으로 집어먹지 않으며, 먹던 고기를 접시에 올려놓지 않으며, 부모를 모시고 있을 때 겨울이 오면 부모를 따뜻하게 하여 드리며, 아침에 문안 인사를 드리며, 남의 집을 방문할 때 먼저 기침소리를 내어 알리며, 문 밖에 신이 두 켤레 놓여 있을 경우 목소리가 들리면 들어가지만, 들리지 않으면 들어가지 않으며, 문 안으로 들어설 때는 아래쪽을 바라보며, 문의 손잡이는 두 손으로 잡으며, 두리번거리거나 사방을 둘러보지 않으며, 들어갈 때 문이 열려 있었으면 열린 채 놓아두지만, 닫혀 있었으면 뒤에 따라 들어오는 사람이 없을 경우 닫는 등이 모두 예의 내용에 속하며, 나아가서는 관혼상제 등의 통과의례와 사회의 모든 제도와 질서를 준수하는 행동양식이 모두 禮에 속한다.

사회의 안정을 위해서는 禮가 아무리 복잡하다 하더라도 그것을 지켜야 하기 때문에 禮를 익히고 지키는 것이 그만큼 중요한 것이었고 공자 사상에서도 일차적으로 강조하는 것이었다.

공자에게 禮의 모델이 되었던 것은 주공이 제작한 禮이었다. 주공은 요순시대의 禮와 하나라, 은나라의 禮를 참고하여 가장 완벽한 禮를 만들었기 때문에 공자의 일차적인 목표는 주공의 禮를 터득하고 전파하는 것이었다. 공자의 교육은 이 주공의 禮를 가르치는 일에서 출발한다.

2) 禮의 정의와 한계

禮의 성격은 두 가지로 정의된다. 그 중 하나는 사회의 안정과 인간이 서로 조화롭게 살 수 있기 위해 만든 것이다. 이때의 禮는 인간의 행위를 억제하는 성격을 갖는다. 이러한 의미에서 보면 인간은 禮를 알아서 행할 수 있어야 사회생활을 할 수 있는 자격을 갖는다.[9] 이러한 의미의 禮가 절정에 달한 것은 荀子에 의해서였다.

이와 반대로 禮를 인간의 본질적인 삶에서 나오는 자연스러운 행위원리로 보는 경우가 있다. 욕심을 갖지 않은 본래적인 삶을 사는 사람은 언제나 남과 화합한다. 그런 사람은 남에게 좋은 일이 있을 때 자기에게 좋은 일이 생긴 것처럼 좋아하며 축하한다. 이런 모습이 다른 사람에게 좋게 보이므로 다른 사람들도 그와 같은 방식을 따라하게 되었는데, 그것이 禮다. 이 경우의 禮는 속에서 우러나오는 본래적인 것이다. 이러한 禮의 성격을 가장 잘 설명한 사람이 맹자다.

이처럼 두 성격을 가진 禮는 다음과 같은 문제점이 있을 수 있다.

첫째는, 禮가 너무 복잡하다는 것이다. 禮가 너무 복잡하기 때문에 禮를 다 터득하기가 너무 어렵다는 데 문제가 있다.

둘째는, 규칙의 성격을 가진 禮에서 나타나는 문제점인데, 禮가 사람의 삶을 구속한다는 것이다. 사람은 근본적으로 자유롭고 싶기 때문에, 禮에 의한 구속이 지속되다가 폭발하게 되면, 걷잡을 수 없는 무질서로 이어진다는 데 문제가 있다.

셋째는, 인간의 본질적인 삶에서 나오는 禮를 욕심을 가진 사람이 행할 때 겉과 속이 다른 행동이 되므로, 禮를 행하는 사람 자신도 거북하지만, 그를 바라보는 사람의 눈에도 부자연스럽게 보인다. 또 이러한 禮는 욕심 많은 사람이 욕심을 감추고서 행할 수 있기 때문에 위장을 할 수 있다는 문제점도 있다.

넷째는, 두 성격의 禮가 하나로 통일되지 않기 때문에, 禮를 시행할 때 혼선이 빚어질 수 있다는 문제점이 있다.

이러한 문제점의 해결을 위해 공자는 다음과 같은 방법을 제시했다.

첫째는 복잡한 禮를 일일이 다 추구하기보다는 예의 근본을 알고 터득하면 된다는 것이다. 林放이 禮의 근본에 대해 물었을 때, 공자는 "좋구나. 질문이여![10]"라고 답하여 예의 근본에 대한 파악이 중요하다는 것을 언명한 바 있다. 禮의 근본은 五倫으로 거슬러 올라가기 때문에 五倫을 다 이해하면 禮가 저절로 터득된다. 또 五倫의 근본은 性이고, 性은 天命이기 때문에, 性을 알고 천명을 알면 모든 예는 저절로 통하게 된다. 공자가 증자에게 "참아. 나의 도는 하나를 가지고 모든 것을 다 꿰뚫었다"[11]고 한 의미도 여기에 있다. 그 이유를 증자는 忠과 恕로 풀이했다. 忠이나 恕는 모두 性을 표현하는 다른 말인 점에서 같은 맥락으로 이해할 수 있다.

둘째는, 우선 규칙의 성격을 가진 禮를 행하면서도 거기에 그치지 않고 그 禮가 본마음에서 우러나온 禮와 일치한다는 것을 자각함으로써 禮로 인한 얽매임에서 벗어날 수 있음을 밝히고 있다. 그러나 이러한 자각은 욕심을 완전히 제거한 뒤에야 가능한 것이다. 공자는 이런 경지를

---

9) 공자는 『論語』「泰伯篇」제 8장에서 "禮에서 선다(立於禮)"라고 하여, 禮를 행할 수 있을 때 비로소 한 사람의 사회인으로서 독립할 수 있다는 것을 밝힌 바 있다.

10) 『論語』「八佾篇」: 林放問禮之本, 子曰 大哉, 問.

11) 『論語』「里仁篇」: 子曰 參乎! 吾道一以貫之.

70세가 되었을 때 찾아온 從心所欲不踰矩[12]로 설명한 바 있다.

셋째는, 겉으로는 禮를 행하지만 마음속은 전혀 禮를 행하는 마음이 아닌 경우가 있을 수 있는 문제점은, 끊임없이 수양을 하여 진리에 도달하는 순간 모두 해소된다.

3) 五倫의 내용

五倫은 인간의 다섯 가지 관계에서 행해야 할 행동원리이다. 모든 인간관계를 유형별로 분류하면 다섯 가지 범주로 정리되는데, 그것은 부자관계, 부부관계, 군신관계, 장유관계, 붕우관계이다. 이 다섯 유형의 인간관계에서 행해야 할 행동원리를 안다면 사람의 모든 예는 저절로 찾아진다.

○ 부자유친(父子有親)

親은 '하나가 된다.'는 뜻이므로, 부자유친이란 부모와 자녀는 하나 됨을 유지해야 한다는 것이다. 사람은 몸으로 보면 각각 남남의 관계로 보이지만, 마음으로 보면 원래 하나로 연결되어 있는 관계이다. 그렇기 때문에 사람과 사람이 만날 때는 남남처럼 대하지 않아야 하는 것이 본래적인 것이고 바람직한 것이다. 그러나 현실적으로 그렇게 하기 어렵다 하더라도 적어도 부모와 자녀의 관계에서는 하나 됨의 관계를 유지해야 한다. 부모와 자녀가 하나 됨의 관계를 유지할 때 비로소 모든 인간과의 하나 됨의 관계를 회복할 수 있는 실마리가 되는 것이다.

○ 부부유별(夫婦有別)

남편과 아내 사이에 구별이 있다는 말은, 남편은 자기 아내와 다른 여자를 구별해야 하며, 아내는 자기의 남편과 다른 남자를 구별해야 한다는 뜻이다. 부부는 사랑으로 맺어지지만 남녀 간의 사랑은 원래 조건적이기 때문에 불안하다. 이러한 불안을 해소할 수 있는 원리가 바로 부부유별이다. 부부간의 사랑을 조건적인 사랑에서 무조건적인 사랑으로 승화시키는 것이 결혼이기 때문이다.

이 외에 남편과 아내의 하나 됨은 남편과 아내의 관계가 서로 다른 음양의 관계라는 것을 자각하여 서로 다르다는 것을 이해할 때 원만하게 유지될 수 있다는 의미로도 해석된다.

○ 군신유의(君臣有義)

임금과 신하는 윗사람과 아랫사람의 관계를 대표해서 하는 말이다. 임금과 신하 사이에 의로움이 있다는 말은, 상하관계에 있는 사람들의 상하관계는 조건적이고 임시적인 관계라는 것을

---

12) 공자는 『論語』「위정편」에서 "70세가 되었을 때 마음이 하고자 하는 바를 따르기만 하면 그것이 모두 법을 넘지 않았다(七十而從心所欲不踰矩)"라고 말한 적이 있다.

뜻한다. 윗사람이나 아랫사람이 원래 윗사람이고 아랫사람인 것은 아니다. 원래 평등하고 동등한 관계이었으나, 어떤 집단이나 사회를 원만하게 만들기 위해서, 가장 원만한 집단인 가정의 모양을 본받아, 부모의 역할을 할 사람을 추대하여 임금으로 만들고, 자녀의 역할을 할 사람을 골라 신하로 만든 것일 뿐이다. 그러므로 여기에는 조건이 있다. 임금이 임금의 역할을 원만하게 해나갈 때에는 자녀가 부모를 따르듯이 신하는 임금을 받들어야 하지만, 임금이 임금의 역할을 잘하지 못할 때는 그 임금을 축출하고 다른 적임자를 다시 임금으로 추대해야 한다는 원리가 바로 군신유의이다. 義는 임시적이고 조건적인 성격을 가지고 있다.

○ 장유유서(長幼有序)
모든 인간관계가 경쟁하는 관계라면 연장자와 젊은 사람의 관계에서도 모든 것을 경쟁하여 결정해야 할 것이다. 그러나 사람과 사람의 관계는 본래 하나로 연결되어 있는 관계이므로, 적어도 연장자와 젊은 사람의 관계에서는 젊은 사람이 양보하는 것이 마땅한 방식이다.

○ 붕우유신(朋友有信)
태어나면서부터 친구를 사귄 사람은 없다. 친구는 필요에 따라서 성립된 관계이므로 필요에 따라서 다시 헤어질 가능성은 얼마든지 있다. 그러므로 친구 관계를 원만하게 유지하는 방법은 신의를 가지는 것이다. 그렇기 때문에 친구 사이에서 가장 요구되는 신의이다. 욕심을 채우기 위해서 맺어진 관계는 욕심을 채우지 못하게 될 때 저버리게 되므로 친구 관계는 본심으로 맺어진 관계이어야 바람직하다.

이상에서 우리는 五倫을 살펴보았거니와, 五倫을 터득하는 데까지가 소학의 영역에 속한다. 五倫은 외부로 드러난 윤리이기 때문이다. 五倫의 바탕은 性인데, 性은 형이상학적 개념이기 때문에, 性을 알고 性을 실천하는 방법을 강구하는 것은 대학의 영역에 들어간다.

3. 정신적 삶을 확보하는 대학공부

소학적 방법으로 몸의 삶이 확보되면 다음으로는 대학을 통해서 정신적 삶이 추구되어야 한다. 그런데 정신적 삶을 추구하는 것은 특별한 계기가 있기 전에는 어렵다. 왜냐 하면 대부분의 사람들은 소학적 삶에 익숙해져 버리기 때문이다. 대학을 하게 되는 특별한 계기는 대개 자기의 유한성에서 오는 비극을 자각할 때 찾아온다. 자기의 유한성에서 오는 비극을 자각하는 것 중에서 가장 전형적인 것은 자기의 죽음을 예견해 보는 것이다.

1) 대학의 출발과 존경심

사람들은 한번쯤 지금까지 살아온 내용을 돌아보고 또 살아갈 남은 세월에 대해서 생각해 보는 것이 좋다. 왜냐 하면 자기의 인생은 남이 책임져줄 수 있는 것이 아니기 때문에, 궁극적인 행복을 추구하지 않다가 나중에 큰 불행을 당하게 되더라도 돌이킬 수 없을 것이기 때문이다.

사람들은 나름대로 열심히 노력해왔다. 노력한다는 것은 남과의 경쟁에서 이기기 위한 것이었다. 남에게 이겨서 남보다 많은 재물을 모으고 남보다 높은 지위와 명예를 얻어야 제대로 살아갈 수 있다고 생각했기 때문이다. 그런데 이와 같은 삶이 앞으로도 계속된다면 어떻게 될 것인가? 그것을 미리 한번 예측해 볼 필요가 있다. 세월이 흘러 최후의 순간에 서 있을 자신을 한번 예측해 볼 필요가 있다. 그 순간에 서서 살아온 생애를 되돌아보면 아마도 열심히 노력하며 살아왔다고 생각될 것이다. 그리고 그 노력의 대가로 많은 재물을 모았고 명예와 지위도 얻었다고 생각될 것이다. 그러나 그렇다고 해서 참으로 행복한 인생이었다고 행복해하면서 숨질 수 있을 것인가? 아니면 그러한 것들이 아무 의미 없는 것이라는 허무한 생각이 들어 살아온 한평생을 후회하게 되지나 않을까? 아마도 행복하게 인생을 마감할 수 있을 것이라는 생각이 든다면 지금까지와 마찬가지의 방법으로 살아가면 될 것이다. 그러나 크게 후회하게 될 것으로 예상된다면 어떻게 될 것인가? 아무리 뉘우치고 후회하며 다시 살아보려고 해도 어쩔 수 없다. 청춘은 두 번 오지 않고, 인생은 두 번 살 수 없다. 그러므로 지금 그것을 예측해보고 대비하지 않으면 안 된다.

인생의 마지막 순간에 크게 후회하게 되는 인생은 잘못 산 인생임에 틀림없다. 이를 안다면 지금과 같은 방법으로 계속 살아갈 수는 없을 것이다. 그렇게 되면 지금까지 궤도 위를 달려온 기차가 그 궤도를 탈선하는 것처럼, 지금까지와 같은 방법의 삶에서 이탈하지 않을 수 없다. 그렇다고 해서 바로 바람직한 인생길이 찾아지는 것도 아니다. 그래서 방황할 수밖에 없다. 이 방황은 인생에서 매우 값진 경험이기 때문에 특히 '철학적 방황'이라 이름 붙이는 것이 좋겠다.

그런데 사람들 중에 철학적 방황을 하는 사람이 많지 않은 것은 무슨 까닭일까? 그것은 아마도 자기의 삶이 까마득히 남았다는 착각 때문에 아예 생각조차 하지 않고 있는 경우일 것이다. 그러나 지나간 수십 년의 세월이 두세 달처럼 짧게 느껴진다면 남은 세월도 금방 다가오고 말 것이다.

만약 병원에 가서 진단을 받아본 결과 불치병에 걸려 두세 달 정도밖에 더 살 수 없다는 진단이 나온다면 아마 더 이상 다니던 학교나 다니던 회사에 계속 다닐 수 없을 것이다. 그런 것들이 아무 의미도 없을 것이기 때문이다. 아마 가야 할 곳을 찾지 못해 방황을 하게 될 것이다.

철학적 방황을 하게 되는 경우도 마찬가지이다. 남은 자기의 삶이 두세 달 정도로 느껴지게 된다면 방황하지 않을 수 없다. 그런데도 사람들이 절박하게 느끼지 않는 것은 두세 달 남은 사람이 진단을 받아보지 않았기 때문에 그 사실을 모르고 지내는 것과 같은 경우이다. 자기의 삶에 대한 진단은 자기가 해야 하는 것이다. 자기의 지나온 세월의 빠름을 직시하고 그것을 미루어 남은 자기의 삶에 대해 곰곰이 생각해보는 것이 바로 자가진단을 하는 방법이다. 자가진단이 철저할수록 사람들은 철학적 방황을 하지 않을 수 없다.

철학적 방황을 하기 전의 삶에서는 경쟁에서 이기기 위해 늘 바깥 세상의 일이나 다른 사람들에 관심이 많았지만, 철학적 방황을 한 뒤로는 바깥일에는 관심이 없어지는 대신 자기의 삶이나 자신의 내면에 관심을 가지게 된다. 그러나 자기와 마찬가지로 방황하고 있는 사람을 만나면 예외적으로 관심이 간다. 이는 불치병에 걸려 두세 달 밖에 살 수 없는 사람의 경우와도 같을 것이다. 그는 세상의 다른 일에 관심이 없다가도 자기와 같은 병에 걸려 자기 옆에 와서 고개를 떨어뜨리고 있는 사람을 만나면 그에게는 관심이 갈 것이다. 그렇다 하더라도 그러한 사람에게 매력을 느낄 수 있는 것은 아니다. 그도 바른 길을 몰라 헤매고 있는 불쌍한 존재이기 때문이다.

그런데 옆에서 고개를 떨어뜨리고 있던 그 사람이 어느 날 싱글벙글하며 나타났다면 어떨까? 무슨 좋은 일이 있는지 묻지 않고는 못 배길 것이다. 그런데 그의 답변이 어느 산에 가서 무슨 풀뿌리를 캐먹고 나왔다고 한다면 어떨까? 그에게 매달려 나에게도 가르쳐달라고 애원하지 않을 수 없을 것이다.

철학적 방황의 경우도 이와 마찬가지이다. 철학적 방황을 하던 사람이 절대로 후회하지 않을 진리의 삶을 발견하고 행복한 미소를 지으며 나타났다면 역시 그를 놓칠 수 없을 것이다. 그에게 매달려 진리의 삶을 찾게 해달라고 애원하지 않을 수 없을 것이다. 그가 공자였다면 어떨까? 철학적 방황을 하기 전에 만났던 공자와 철학적 방황을 하다가 만난 공자는 전혀 다를 것이다. 전에 알던 공자는 2500년 전에 살았던 한 인물에 불과했지만, 철학적 방황을 하다가 만난 공자는 자기를 구제해줄 구원자로서 다가올 것이다. 이 경우에는 공자를 존경하지 않을 수 없을 것이다. 그리고 공자에게 매달려 공자가 찾아낸 방법을 가르쳐 달라고 조를 것이다. 이때 공자가 가르쳐 준 방법이 바로 대학이다. 이러한 의미에서 본다면 존경심이 동반하지 않은 학문은 대학이 아니다.

대학의 길은 지금까지 걸어온 경쟁의 방향과 반대의 방향으로 열려 있다. 경쟁의 방향은 주로 몸에 필요한 것을 추구하는 방향이었다면 배움의 길은 몸에 필요한 것은 대충 추구하고 마음을 찾아 가꾸는 방향으로 나아가는 길이다. 대학의 길이란 주된 삶의 내용이 몸 가꾸기에서 마음 가꾸기로 전환하게 되는 길이다.

공자가 말하는 대학의 길은 명덕을 밝히는 수양공부로부터 시작된다.

2) 德을 밝히는 수양공부

德은 마음의 능력이다. 한마음을 왜곡시키지 않고 곧바로 실천할 수 있는 마음의 능력이 德이다. 그러므로 德을 밝히는 것은 한마음을 찾을 때 가능해진다. 그렇기 때문에 대학은 마음을 찾는 데서부터 시작된다. 대학을 한다고 해서 몸을 완전히 방치하는 것은 아니다. 대충 먹고 대충 입고 대충 자면 된다. 그리고는 마음에 관심을 갖고 마음을 가꾼다. 마음을 가꾸는 것은 어려운 일이다. 또 오랜 시간이 걸리기도 한다. 그렇다고 힘든 길은 아니다. 그것은 기쁜 길이다. 공자는 이러한 기쁨에 대해서 "배우고 때맞게 익히니 또한 기쁘지 아니한가!"[13)]라고 감탄한 바 있다.

그러면 마음을 가꾸는 방법에는 어떤 것들이 있을까?

먼저 실천적 방법으로는 효(孝)의 실천을 통한 방법과 충서(忠恕)의 실천을 통한 방법이 있고, 학문적 방법으로는 순정을 확충하는 성의(誠意)의 방법, 욕심을 억제하는 지경(持敬)의 방법, 격물치지를 통해 천명을 인식하는 방법 등이 있는데, 특히 격물치지의 방법으로는 『시경』·『예기』·『서경』·『춘추』·『주역』 등의 경전공부가 있다.

대학의 수양공부를 통해서 욕심이 완전히 소멸되면 마음속에는 변하지 않는 본심으로 가득 채워진다. 본심은 모든 존재가 다 가지고 있는 공통의 마음이고 우주에 가득한 우주의 마음이다. 욕심은 사람이 원래부터 가지고 있었던 것이 아니다. 갓 태어났을 때는 욕심이 없었다. 그 때도 배고프면 젖 달라고 울고, 배부르면 젖 먹기를 그쳤으며, 피곤하면 쉬었지만, 그러한 움직임을 주도한 것은 욕심이 아니었다. 그것은 자연이었고 우주에 충만해 있는 우주적 생명력이었다. 우주적 생명력은 우주에 있는 모든 존재에게 똑같이 작용한다. 그 우주적 생명력으로 움직이는 갓난아이는 우주의 모습이었다. 그 갓난아이는 남이 잘 된다고 해서 배 아픈 일이 없었으며, 생로병사의 고통도 없었다. 그랬던 그 아이가 자라면서 차츰 욕심을 가지게 된 것이다.

욕심으로 살아가는 사람은 '경쟁하느라 긴장하면서 피곤하게 살아가는 바보'다. 그리고 쓸쓸하게 늙고 절망적으로 죽어야 하는 불쌍한 존재이다. 이제 마음을 가꾸어 본마음을 얻으면 이러한 비극에서 벗어난다. 비극에서 벗어나는 삶이 진리의 삶이다. 그렇다면 진리의 삶은 어떤 내용일까?

① 여유 있는 삶

본래의 마음은 모두의 마음이고 우주의 마음이다. 그 마음은 변함이 없다. 그러한 마음을 소유하면 남과 나의 구별이 없고 과거와 미래의 차이가 없다. 내 마음을 우주의 마음으로 가득 채우면 나는 이제 우주이고 하늘이고 만물이다. 나는 이제 모든 것을 우주의 마음으로 바라보고 우주의 마음으로 판단한다. 우주의 마음에서 바라보면 만물이 모두 내 몸이 된다. 이제 남이 잘 되는 것을 보아도 배가 아프지 않고, 기쁘기만 하다. 그래서 만사에 여유가 생긴다.

② 느긋한 삶, 건강한 삶

우주의 마음으로 사는 사람은 남과 경쟁할 일이 없기 때문에 언제나 느긋하다. 더 이상 긴장할 일이 없고, 더 이상 피곤할 일이 없다. 배가 아플 일도 없고 혈압이 올라갈 일도 없다. 전에는 남에게 지지 않기 위해서 졸려도 자지 않았고, 피곤해도 쉬지 않았지만, 이제는 그럴 일이 없다. 그래서 늘 건강하다. 느긋한 마음으로 건강하게 살아가는 것이 바로 진리로 살아가는 삶이다.

---

13) 『論語』「學而篇」: 子曰學而時習之, 不亦說乎.

③ 성공하는 삶

욕심이 많은 사람이 남과 경쟁하지 않고 느긋하게 대처하면 경쟁 사회에서 도태되고 말 것이지만, 우주의 마음으로 살아가는 사람은 그렇지 않다. 그는 하는 일마다 성공을 할 것이다. 경쟁 사회에서 살아가는 사람은 긴장하지만, 한마음으로 사는 사람은 남을 경쟁상대로 생각하지 않기 때문에 다른 사람에게 부모님 같은 얼굴로 비쳐질 것이다. 그렇기 때문에 사람들은 부모를 좋아하듯 그를 좋아할 것이고, 그 때문에 그가 하는 일은 다 성공을 할 것이다.

④ 늙음이 자람으로

개체의 입장에서 보면 늙음은 청춘의 상실이다. 그것은 쓸쓸한 일이다. 그러나 진리를 얻으면 달라진다. 우주의 입장에서 바라본다면, 하늘의 입장에서 모두와 한마음이 된 상태로 바라본다면, 모두를 자라게 하는 것이 희망이다. 모두의 자람은 먼저 자란 개체의 늙음을 의미한다. 이 몸이 나라고 생각할 때는 이 몸의 늙음이 늙음이지만, 전체의 입장에서 바라보면 이 몸의 늙음은 전체가 자라는 한 현상일 뿐이다. 그래서 전체의 입장이 되면 늙음은 없어지고 자람만 있게 된다. 그것은 기쁜 일이다. 진리란 바로 이런 것이다. 진리를 얻기 전에는 쓸쓸하게 늙어갔지만, 진리를 얻고 난 다음에는 기쁘게 늙어간다.

⑤ 죽음이 영원한 삶으로

몸을 나로 생각하고 사는 사람에게 있어서 죽음은 곧 자기의 전부를 상실하는 절망으로 다가온다. 그것보다 더 슬픈 일이 없다.

그러나 진리를 얻은 뒤에는 달라진다. 전체의 입장에서 모두를 살리는 관점으로 바라본다면 개인이 늙어죽는 것은 모두가 사는 방식임을 알게 된다. 늙은 사람이 죽지 않고 남아 있다면 지구가 콩나물시루처럼 바뀔 것이다. 그렇게 되면 한 사람도 남김없이 모두 다 죽고 말 것이다.

이러한 관점에서 보면 개인이 늙어서 죽는다는 현상은 바로 전체의 사는 현상이다. 그러므로 전체의 입장에서 바라보는 사람에게는 죽는다는 현상은 없다. 오로지 삶만이 있을 뿐이다. 자기의 몸이 죽는 현상도 삶의 한 현상으로 파악된다. 그것은 절망이 아니다. 그것은 희망사항이다.

⑥ 이 세상이 바로 천국

늙어서 죽기를 희망하고 있을 때 병균이 침입하여 죽게 되었다면 그 병균은 희망을 이루어주는 고마운 존재이다. 병균조차도 고마운 존재로 보인다면 이 세상에 고맙지 않은 존재가 있을까? 이 세상에는 고맙지 않은 존재가 하나도 없다. 이 세상은 축복으로 가득 차 있는 낙원이요 천국이다. 이 세상의 모든 존재는 우주의 주인공으로서 각각의 역할을 충실히 하고 있다. 욕심의 눈으로 보면 이 세상은 약육강식으로 일관하는 아비규환의 지옥이지만, 진리의 눈으로 보면 이 세상은 천국이다. 천국은 죽어서 가는 곳이 아니다. 지금 여기가 천국이고 이 순간이 천국이다.

이상이 진리의 내용이다. 진리란, 여유를 가지고 느긋하고 건강하게 살고, 하는 일마다 성공을 하며, 기쁘게 늙고 희망으로 이어지는 것이다.

3) 親民을 통한 이상사회의 건설

수양철학을 하여 인을 회복하고 천명을 알게 됨으로써 자신의 모든 고통과 갈등을 극복하면 다음으로는 아직도 고통과 갈등을 극복하지 못하고 있는 다른 사람들을 구제하는 길로 나아가게 된다. 천명의 입장에서 보면, 남이 남이 아니라 나로 바뀌고 남의 고통과 갈등이 나의 고통과 갈등으로 바뀌기 때문이다. 공자가 군자의 모습을 설명하여 "자기를 수양하여 남을 편안하게 하고, 자기를 수양하여 모든 백성을 편안하게 한다."[14]는 것이 이러한 의미이다. 공자가 仁의 내용을 질문 받았을 때 공자가 "남을 사랑하는 것이다(愛人)"라고 대답하였는데, 이때의 '남'이란 '자기'로 바뀐 '남'을 의미한다. 따라서 仁은 자식을 사랑하고 자식을 위하여 헌신하면서도 남을 위하여 헌신한다고 생각하지 않는 부모의 마음과 같다. 이렇게 되는 것이 친민(親民)이다. 친(親)은 하나가 된다는 의미이고 민(民)은 다른 사람을 의미하므로 친민(親民)이란 '남과 하나가 된다'는 뜻이 된다. 친민이 되면 남의 고통을 구제해야 하는 새로운 고통을 가지게 된다. 물론 이 새로운 고통은 자신이 가지고 있었던 그 이전의 고통과는 성격이 다른 것이다.

스스로가 터득한 수양방법이 학문이었다면, 남을 구제하는 방법 역시 학문적인 방법일 수밖에 없다. 친민이 되어 남을 구제하는 것 역시 학문의 범주에 들어가는 것은 이 때문이다.

수양을 통하여 개인의 모든 갈등과 고통이 해결된 뒤 남의 갈등과 고통까지를 해결한다면 이 세상은 일체의 고통과 갈등이 없는 낙원이 된다. 공자가 추구한 궁극적인 목적은 바로 이러한 낙원을 건설하는 것이었다. 이를 『대학』에서는 '지극히 좋은 세상을 건설하여 거기에 머물러 사는 것(止於至善)'이라 했고, '이 세상을 평화롭게 하는 것(平天下)'이라 했다. 이러한 최종의 목표는 근본적으로는 개인의 수양에서 출발할 수밖에 없다. 그러므로 『대학』에서는 지어지선은 명명덕과 친민을 통하여 가능한 것이고, 평천하는 수신을 통하여 가능한 것으로 설명되고 있다. 공자 스스로도 왜 정치에 가담하지 않느냐는 질문을 받았을 때 개인적 인격의 완성이 바로 정치라고 답변하고 있다. 개인적 인격이 완성되면 저절로 그 개인의 가정이 정돈되고 그 나라가 평화로워지며 나아가 세계의 평화가 달성된다.

개인의 수양이 대학의 범주에 들어가기 때문에 개인의 수양으로 시작되는 세계의 평화도 또한 대학의 범주에 들어간다.

---

14) 공자는 『論語』「憲問篇」에서, 군자에 대해 설명할 때, 修己以敬, 修己以安人, 修己以安百姓 등으로 설명했다.

Ⅴ. 맺음말

우리는 지금까지 바람직한 학문의 내용과 방법에 대해 논의해 왔다.

그 결과 바람직한 학문은 대학이고 대학은 존경심에서 출발하며, 대학의 내용은 자기의 수양이 중심이라는 것을 알았다. 이러한 내용의 학문은 현대인들의 문제점을 해결하는 방법이 될 수 있다.

이러한 입장에서 볼 때 오늘날의 학문은 대전환점을 맞이하지 않으면 안 된다는 사실도 알았다. 그러나 알기만 하고 실천에 옮기지 않으면 또한 의미가 없다.

공자는 『중용』에서 다음과 같이 말한 바 있다.

문무의 정치방법이 책에 다 기록되어 있지만, 그런 정치방법을 실행할 수 있는 사람이 나타나면 그런 정치가 실행되고, 그런 정치방법을 실행할 수 있는 사람이 나타나지 않으면 그런 정치는 실행되지 않는다.[15]

아무리 좋은 이론이나 방법이 있다 하더라도 그것을 실행에 옮기는 사람이 없으면 효과가 없다.

지금까지 우리가 아무리 바람직한 학문의 내용과 방법을 논의하고 밝혔다 하더라도 사람이 그것을 실행에 옮기지 않는다면 의미가 없다. 실행에 옮기는 것은 오직 우리들의 몫이다.

---

15) 『中庸章句』 제20장 : 文武之政, 布在方策, 其人存則其政擧, 其人亡則其政息.

現代社會的問題與儒家思想的現實意義
一 以個人與社會的關係為中心 一

李哲承 | 诚信女大

源於利己心的個人主義思潮的擴散是當今社會的現實。這種個人主義的邏輯基礎是，不管在什麼名分下，一個人生來就有的自由、平等、博愛、生命、財產和所有固有的權利都不能被侵犯。因此，個人主義的擴散對作為獨立人格體的個人發揮主體性方面是有幫助的。

然而，由於利己心從根本上說是有利於自己的慾望，所以可稱為以自我為中心的心裡狀態。這種以自我為中心的態度必然形成把他人看做周邊或半周邊的排斥氛圍。這種利己心很自然地造成了以排他性的競爭意識來對待他人的現象。

現在很多國家接受了新自由主義理念，形成了因這種利己心的排他性競爭意識的擴散而造成的貪欲文化，產生了包括兩極化在內的很多社會矛盾問題。

重視道德性的儒學家批判性地看待利己慾望。儒家思想試圖通過實現公義，來克服利己心的獨佔或利己心之間的衝突問題。儒學家希望通過互相尊重而形成追求共同文化的和諧思想來克服因排他性競爭意識而引起的社會矛盾問題。這種和諧思想與相互排斥的鬥爭或喪失自身主體性而被他人同化的同一化是有區別的。作為在與絕對主義的劃一化或相對主義的無責任感相區別的多樣性中追求統一性的和諧思想，在治愈現代社會問題方面能夠起到有意義的作用。

儒家思想把由中心主義派生的中心和周邊、中心和半周邊，以及周邊之間出現的矛盾現象診斷為由特權層引起的社會病理現象。儒學家試圖通過個人倫理的'忠'和社會倫理的'恕'的有機關係來解決這個問題。即他們想通過傳統的忠恕觀來形成沒有排斥的共同體文化。

現在世界上與其繼續堅持以利己主義和排他性競爭意識為基礎的新自由主義理念，倒不如形成向健康方向發展的互相尊重、共同追求和平的共同體文化。這表明文明範式將轉換為個人和社會有機關係的方向。因此，儒家思想與其說與積極提倡利己心的資本主義理念相和解，倒不如說在治療資本主義文明產生的問題方面發揮作用。儒家思想在形成這種新的健康的共同體文化方面能夠起到積極的作用。

현대 사회의 문제와 유가사상의 현실적 의미[*]
― 개인과 사회의 관계 윤리를 중심으로 ―

이철승 李哲承 | 성신여자대학교

I. 들어가는 말

오늘날 세계는 이기심에 근거한 개인주의의 사조가 확산되고 있는 실정이다. 이러한 개인주의의 확산은 독립된 인격체로서의 개인이 주체성을 발휘하는 측면에 도움이 될 수 있다. 특히 이것은 가부장적 종법 질서로 무장한 가문 중심의 집단의식이 빚어내는 개인의 인권 침해를 극복하는 면에 도움이 된다. 이러한 관점은 한 인간이 태어날 때부터 갖는 자유, 평등, 박애, 생명, 재산, 소유 등 고유한 권리가 어떠한 명분으로도 침해되어서는 안 된다는 논리를 바탕으로 한다. 이들의 의식 속에서 집단이란 더 이상 이들의 삶을 안정되게 보장하는 보금자리가 아니다. 이들은 집단을 자유의 확장태가 아니라, 자유를 억압하고 구속하는 틀이라고 생각한다. 따라서 이들은 질곡으로 얼룩진 집단의식에 기대거나 안주하는 수동적인 자세가 아니라, 집단으로부터 독립하여 스스로가 기획하고 펼치는 주체적인 삶의 태도를 지향한다.

그러나 이러한 개인주의의 확산은 현대 사회에서 다양한 문제를 발생시킨다. 인간은 기본적으로 사회 속에서 다른 사람들과 관계하면서 살아가는 존재이다. 과거 봉건 사회에서 비일비재하게 나타났던 집단의식의 문제가 있다고 해서 집단 자체가 불필요한 것은 아니다. 여전히 개인은 집단과 유기적으로 관계하며 살아야 한다. 오늘날 개인주의 사조의 확산은 개인과 개인, 개

* 이 글은 필자의 「'유교자본주의론'의 논리 구조 문제」(『중국학보』 제51집, 한국중국학회, 2005), 「선진 유가에 나타난 '어울림' 사상의 논리 구조와 현실적 의미」(『동양철학연구』 제46집, 동양철학연구회, 2006), 「'세계화'시대 '유교공동체주의'의 의의와 문제」(『시대와 철학』 제18권 3호, 한국철학사상연구회, 2007), 「유가철학에 나타난 충서(忠恕)관의 논리 구조와 현실적 의미」(『중국학보』 제58집, 한국중국학회, 2008), 「주희와 왕부지의 욕망관 분석―『논어집주』와 『독논어대전설』의 내용을 중심으로―」(『동양철학연구』 제61집, 동양철학연구회, 2010) 등에서 취급한 내용 가운데, 본 주제와 관련된 부분을 참고하여 새롭게 작성한 것임을 밝힌다. 따라서 필자는 위 논문들에서 본 주제와 관련된 주요 선행 연구를 대부분 검토하였으므로, 이곳에서는 이와 관련하여 별도의 언급을 자제하고자 한다.

인과 집단, 집단과 집단 사이에 적지 않은 문제를 드러낸다.

특히 이러한 개인주의가 이기심을 적극적으로 권장하는 토대 위에 형성된 것이기에 이기심에 의해 빚어지는 문제가 적지 않을 뿐만 아니라 심각하다. 이기심이란 기본적으로 자신을 이롭게 하고자 하는 욕망이기 때문에 자기중심주의적인 심리 상태라고 할 수 있다. 삶에서 이러한 자기중심주의적인 태도는 필연적으로 배제의 분위기를 형성하여 다른 사람을 주변이나 반주변부로 여기도록 유도한다. 이러한 이기심은 자연스럽게 타인을 배타적 경쟁의식으로 대하도록 안내한다.

이와 같이 각각의 개인이 배타적 경쟁의식으로 무장하여 사회를 구성하면 사회 구성원들은 각자가 이기심을 극대화하거나, 혹은 이기심과 이기심의 충돌로 인해 갈등이 증폭될 수 있다. 이러한 사회는 약육강식이 지배하는 동물의 세계와 유사한 형태를 띤다. 비록 사회계약설의 토대 위에 최소 도덕으로서의 법을 통해 사회 질서를 확립할 수 있다는 신념이 있을지라도, 현실 사회에서는 그러한 신념이 고르게 집행되는 방면에 한계가 있다. 왜냐하면 법 적용이란 기본적으로 사회 구성원들 각자가 요구하는 이기적 욕망의 크기나 질적 차이를 평등하게 조절하여 반영하는 것이 아니라, 여러 내용 가운데 일부의 공약수를 추출하여 적용하기 때문이다. 이것은 법이나 제도는 인간의 의식 저변에 흐르는 모든 내용을 본질적으로 담아내는데 한계가 있음을 말한다.

따라서 이기심을 토대로 하는 개인주의의 확산은 필연적으로 이기적인 욕망을 많이 채운 사람과 그렇지 않은 사람들 사이에 소외를 비롯한 여러 갈등 상황이 도래할 수 있다. 이러한 갈등은 시간의 흐름과 비례하여 양극화를 비롯한 대립적 상황의 만연으로 인해 평화로운 공동체 문화를 형성하는 면에 장애가 될 수 있다.

본 논문은 이기심의 약화와 공적 의로움과 어울림을 중시하는 전통적인 유가사상이 현대 사회에 나타나는 이러한 다양한 문제에 대해 사상적 대안의 역할을 할 수 있는지를 조명하여, 유가사상의 현실적 의미를 드러내는데 목적이 있다.

II. 이기심과 의로움

살아 있는 인간은 누구나 하고자 하는 것이 있다. 그 하고자 하는 것은 욕망이다. 이 욕망에는 배고프면 먹고 싶고 잠이 오면 자고 싶으며 성적인 문제를 해결하고자 하는 것과 같이 본능적으로 작용하는 생물학적인 부분이 있다. 이 생물학적인 욕망은 인간에게만 해당하는 것이 아니다. 동물들도 이러한 생물학적인 욕망을 추구한다.

이러한 생물학적인 욕망 가운데 식욕과 수면욕은 주로 태어나면서부터 발현되는 것으로 개체 보존과 관련이 깊고, 성욕은 태어난 후 일정한 기간이 지나면서 형성되는 것으로 종족 보존과 관계가 깊다.

이와 같이 생물학적인 욕망은 자신의 생존을 유지하는 방향으로 발현되는 경향이 있다. 이것은 자신의 생물학적인 욕망의 발현을 다른 존재의 생물학적인 욕망의 발현보다 우선적인 것으로 여김을 의미한다. 곧 인간은 이성이 개입되기 전의 본능 상태에서 자신의 욕망을 다른 존재의 욕망보다 먼저 채우려고 하는 존재이다. 이 때문에 이러한 생물학적인 욕망의 발현은 자기중심주의적으로 흐르는 경우가 많다.

또한 인간에게는 개념과 판단과 추론 등이 동원되면서 갖게 되는 이성적 욕망과 가치 있는 삶을 이루고자 하는 도덕적 욕망이 있다. 이성적 욕망이나 도덕적 욕망의 내용은 사람마다 다를 수 있다. 이 때문에 인간은 각자가 추구하는 욕망의 방향이 같은 경우도 있고, 다른 경우도 있다. 각자가 추구하는 욕망의 내용이 다를 수 있기 때문에 사람들은 시간과 장소에 따라 생물학적인 욕망을 통제의 대상으로 삼기도 하고, 권장의 대상으로 삼기도 한다. 이성의 방향 역시 통제의 대상으로 삼기도 하고, 확산의 대상으로 삼기도 한다. 인간은 상황에 따라 이러한 욕망의 발현과 통제 과정에 자기만을 위하는 이기적인 면을 드러내는 경우도 있고, 타인을 먼저 배려하며 자기의 이익을 양보하는 이타적인 면을 드러내는 경우도 있다.

오늘날 세계의 많은 사람들이 선호하고 지지하는 신자유주의 이념은 이기심을 긍정적으로 생각한다. 그들은 이기심을 적극적으로 권장하며 각자의 이익을 확대시키기 위해 노력한다. 그런데 이기적 욕망이 충족되기 위해서는 욕망 대상이 풍부하게 있어야 한다. 예컨대 어느 장소에 여러 개의 물건이 있거나 혹은 하나의 물건이 있는데, 그 물건을 갖고자 하는 사람 역시 한 명일 경우라면 특별한 문제가 발생하지 않을 것이다. 그러나 그곳에 하나의 물건이 있는데, 여러 사람들이 각각 그 물건을 절실하게 갖고자 한다면 그 물건을 차지한 사람과 그렇지 않은 사람들 사이에 갈등이 존재할 수 있다. 특히 그들 사이에 모두가 동의할 수 있는 합리적인 방안이 성립되지 않은 경우라면, 그들 사이의 갈등 폭은 더욱 확대될 것이다. 비록 그들이 외형적으로 동의할 수 있는 기준이 마련되어 있을지라도, 그것을 차지하지 않은 사람들의 심리 상태는 불편할 수 있다.

이것은 이기심과 이기심의 충돌에 의해 필연적으로 나타날 수밖에 없는 문제이다. 이러한 이기심끼리의 충돌은 많은 사람들에게 중첩적으로 적용되어 사회적 갈등 문제의 기폭제 역할을 한다. 현대 사회에서 광범위하게 나타나는 이러한 문제를 근원적으로 해결하지 않는다면 사회의 불안은 더욱 확대될 것이다.

유가사상은 이러한 이기적인 욕망의 확산을 경계해야 할 대상으로 여긴다. 공자[1]와 맹자[2]

---

1) 『論語』,「憲問」, "見利思義."
2) 『孟子』,「梁惠王上」, "王曰 '何以利吾國'? 大夫曰 '何以利吾家'? 士庶人曰 '何以利吾身'? 上下交征利而國危矣. 萬乘之國弑其君者, 必千乘之家; 千乘之國弑其君者, 必百乘之家. 萬取千焉, 千取百焉, 不爲不多矣. 苟爲後義而先利, 不奪不饜. 未有仁而遺其親者也, 未有義而後其君者."

와 순자[3]를 비롯한 선진 유학자는 물론 이정[4]과 주희[5]와 왕부지[6] 등 대부분의 전통 유학자들은 이러한 이기적인 욕망의 확산이 건강한 공동체 사회의 유지에 장애가 되는 것으로 생각한다.

비록 유가 내부에 인간의 본성을 도덕성으로 여기는 맹자와 이기적인 욕망으로 여기는 순자 사이에 관점 차이가 있지만, 맹자와 순자를 비롯한 대부분의 유학자들은 이기심의 확장에 대해 비판적인 관점을 유지한다. 유학자들은 이기심의 확장을 사회 분열의 주요 원인으로 생각한다. 그들의 관점에 의하면 자신의 이익 확대는 타인의 이익 침해로 연결된다. 왜냐하면 이기심이란 타인과 공유하는 것을 전제하지 않고, 오로지 자신만의 이익을 추구하는 심리상태에서 연유하기 때문이다. 이러한 이기심은 반드시 소유와 관련된다. 어떤 것에 대한 자신만의 점유를 통한 소유는 다른 존재에 대한 승리감의 확인이다. 다른 존재에 대한 승리감의 확인은 자신의 성취욕을 증가시킨다. 성취욕은 삶의 활력에 도움이 된다. 그러나 이러한 의식은 타인도 동일하게 가질 수 있다. 타인 역시 이러한 이기심의 발현을 통해 그 자신의 삶을 확장하고자 한다.

문제는 사회란 혼자만 존재하는 것이 아니라, 둘 이상이 모여 구성된다는 점이다. 둘 이상이 모인 사회에서 서로의 이기적인 욕망 추구 과정에 어느 한 쪽이 양보를 하지 않을 경우, 그 사회는 순자가 지적한 것과 같이 편견과 위험과 어그러짐과 어지러움이 만연하여 싸움과 분란이 일어나 사회적 갈등이 증폭될 수 있다.[7]

이 때문에 유학자들은 이러한 사회의 문제를 치유하기 위해 공공의 의로움을 실현해야 할 것으로 생각한다. 공공의 의로움이란 이기심이나 탐욕과 대칭되는 개념으로 고르게 분배하여 이치에 맞는 옳음을 의미한다.[8]

이 공공의 의로움을 중시하는 사람들은 어떤 것에 대해 어느 한 사람이 독점하는 것을 허용하지 않는다. 그들은 한 사람만의 이익보다 여러 사람들이 이익을 공유해야 할 것으로 생각한다. 그들에 의하면 공공의 의로움이 전제될 때 이익이 공정하게 분배될 수 있기 때문에 민중들

---

3) 『荀子』,「大略」, "義與利者, 人之所兩有也……義勝利者爲治世, 利克義者爲亂世. 上重義則義克利 ; 上重利則利克義. 故天子不言多少, 諸侯不言利害, 大夫不言得喪, 士不通貨財."

4) 『二程集』卷十七,「河南程氏遺書」, "義與利, 只是箇公與私也." 『二程集』卷三,「周易程氏傳」, "利者, 衆人所同欲. 專慾益己, 其害大矣. 慾之甚, 則昏蔽而忘義理; 求之極, 則侵奪而綴仇怨." 『二程集』卷十六,「河南程氏遺書」, "不獨財利之利, 凡有利心, 便不可."

5) 『朱子語類』二冊, 卷三十七, "'正其誼不謀其利, 明其道不計其功.' 正其誼則利自在; 明其道則功自在. 專去計較利害, 定未必有利, 未必有功." 『朱子語類』一冊, 卷二十七, "義者, 宜也. ……君子只理會義, 下一截利處更不理會."

6) 王夫之, 『尙書引義』卷二, "立人之道曰義, 生人之用曰利. 出義入利, 人道不立 ; 出利入害, 人用不生."

7) 『荀子』,「性惡」, "今人之性, 生而有好利焉, 順是, 故爭奪生而辭讓亡焉, 生而有疾惡焉, 順是, 故殘賊生而忠信亡焉, 生而有耳目之欲, 有好聲色焉, 順是, 故淫亂生而禮義文理亡焉. 然則從人之性, 順人之情, 必出於爭奪, 合於犯分亂理而歸於暴." 『荀子』,「性惡」, "今人之性惡, 必將待師法然後正, 得禮義然後治. 今人無師法, 則偏險而不正, 無禮義, 則悖亂而不治. 古者聖王以人之性惡, 以爲偏險而不正, 悖亂而不治, 是以爲之起禮義·制法度, 以矯飾人之情性而正之."

8) 四川大學歷史係古文字研究室, 『甲骨今文字典』, 巴蜀書社, 1993, 971-972쪽 참조. 周桂鈿 編著, 『中國傳統哲學』, 北京師范大學出版社, 1990, 232-233쪽 참조.

에게 평화가 유지될 수 있다. 그들은 이러한 사회를 이상적인 정치가 실행되는 것이라고 생각한다.[9]

따라서 그들은 사적인 소유의식의 확대보다 공유의식과 향유의식의 확대를 통해 균등한 사회를 구성하고자 한다. 그런데 공유의식과 향유의식의 실현은 이기심의 확장태인 탐욕의 극복을 통해 이루어 질 수 있다. 이것은 법이나 제도를 통해 형성하기보다 도덕성의 발휘를 통해 이루는 것이 바람직함을 의미한다. 공자가 사적 이익 추구의 상징인 소인과 대비되는 이상적 인격체인 군자의 덕목으로 공공의 의로움을 중시한 점,[10] 맹자가 양혜왕에게 이익보다 인(仁)과 공공의 의로움이 중요하다고 강조한 점,[11] 순자가 사적인 이익보다 공공의 의로움을 중시한 점,[12] 주희가 사적 이익의 제거와 공공의 의로움을 포함한 도덕성의 보존을 중시한 점,[13] 왕부지가 비록 사적 이익의 처리 문제에서 성리학자들과 의견 차이를 드러내지만 공공의 의로움을 사회 평화의 근거라고 생각한 점[14] 등은 도덕성의 실현을 통해 건강한 공동체 사회가 형성될 수 있음을 지적하는 것이다.

유가사상은 비록 학자들에 따라 도덕성의 기원에 대한 견해 차이가 있을지라도, 도덕성의 실현을 통해 건강한 공동체 사회를 구성하고자 한 점에서 공통점이 있다. 이것은 인의예지(仁義禮智)로 상징되는 도덕성의 추구 여부가 유학의 정체성을 규정하는 근거 가운데 하나가 되고 있음을 말해준다.

곧 유학자들은 비록 도덕성의 선험성 여부 문제에서 학자들에 따라 관점의 차이를 드러낼지라도, 그들이 모두 인의예지의 도덕성을 현실 사회에서 구현하고자 하는 점에서 공통성을 보인다.

이것은 이기심의 확산에 의해 다양하게 나타나는 복잡한 문제를 합리적으로 해결하기 위해 법치주의를 선호하는 현대 사회의 많은 사람들의 관점과 차이를 드러낸다. 유가사상은 법치주의적인 관점으로는 현대 사회에서 발생하는 문제의 근거를 해결할 수 없을 것으로 생각한다. 왜냐하면 법이 비록 예방적인 부분이 없지는 않지만, 법이란 기본적으로 결과에 대한 심판의 역할을 하는 것이기에 문제의 동기를 근원적으로 해결하는 측면에 제한이 있기 때문이다. 유가사상에 의하면 강제성을 띨 수밖에 없는 법 적용의 문제는 인간을 자율적인 존재가 아니라 타율적인

---

9) 『國語』,「晉語二」, "夫義者, 利之足也 ; …… 廢義則利不立. …… 反義則富不爲賴." 『春秋左傳』,「成公」, "禮以行義, 義以生利, 利以平民, 政之大節也." 『周易』,「乾卦」, "利者, 義之和也."

10) 『論語』,「里仁」, "君子喩於義, 小人喩於利"

11) 『孟子』,「梁惠王上」, "王何必曰利? 亦有仁義而已矣."

12) 『荀子』,「大略」, "重義輕利"

13) 『孟子集注』 卷二,「梁惠王章句下」, "遏人欲而存天理."

14) 『讀論語大全說』,「憲問」, "克己以復禮, 而實秉禮以克己也." 『讀論語大全說』,「憲問」, "蓋必使吾心之仁泛應曲當於天下而無所滯, 天下事物之理秩然咸有天則於靜存之中而無所缺, 然後仁之全體大用以賅存焉. 存養與省察交修, 而存養爲主, 行天理於人欲之內, 而欲皆從理, 然後仁德歸焉."

존재로 여기면서 인간의 능동성과 자발성을 제약하는 역할을 한다. 그러나 유가사상에서 강조하는 도덕성의 자각은 문제를 해결하는 주체를 외부가 아니라 내부로 여기기에 능동성과 자발성의 발현에 의한 진취적인 문화의 형성에 이바지할 수 있다. 따라서 이러한 도덕성에 대한 자각은 사회를 역동적인 방향으로 안내하는 역할을 할 뿐만 아니라, 각자의 자긍심을 확대하는 역할을 할 수 있다. 이러한 방법은 법치를 통해 형성되는 강압적이고 경직된 질서의식보다 더욱 유연하고 활발한 사회질서의식의 확립에 도움이 될 수 있다.

이기심의 확산 문제에 대한 공공의 의로움에 관한 유가사상의 이러한 관점은 다양한 문제가 빈번히 발생하고 있는 현대 사회의 문제를 본질적으로 해결하는 면에 하나의 의미로 작용할 수 있다.

Ⅲ. 밀어내기와 어울림

밀어내기는 신자유주의 이념이 여전히 득세를 하고 있는 오늘날, 신자유주의 이념을 지탱해주는 지렛대의 역할 가운데 하나이다. 그런데 이러한 밀어내기의 주체는 대부분 자신이고, 타인은 밀려감의 대상이 된다. 여기에는 상호 양보나, 혹은 일방의 양보가 미덕이 되지 않는다.

따라서 이러한 밀어내기가 일반적인 모습을 띠는 사회는 배타적 경쟁에 의한 약육강식의 경향이 강하게 나타난다. 이러한 사회에서는 어떤 문제에 대해 서로가 서로를 믿고 의지하며 인격적으로 해결하기보다 서로를 불신하는 풍조 속에 법에 의지하여 문제를 해결하는 경향이 짙다. 이러한 사회에 만연한 배타적 경쟁의식은 홉스가 지적한 '만인의 만인에 대한 투쟁'의 양상으로 전개되는 경우가 적지 않다.

이러한 사회에서는 경쟁력이 강한 사람들에 대한 많은 혜택이 제공되는 것과 달리, 경쟁력이 약한 사람들에 대한 배려가 적다. 법과 제도를 비롯해 많은 국가의 정책들이 사회적 약자를 배려하기보다 강자들의 이익을 확대하는 쪽으로 펼쳐지는 경우가 많다. 이 때문에 강자들의 삶은 윤택하지만, 사회적 약자들의 삶은 소외로 인해 곤궁하다. 기회의 균등도 형식적이다. 실질적으로는 기회의 불균등이 확대된다. 따라서 공정한 경쟁과 공정한 결과를 기대하기가 어렵다. 이러한 면이 사회 구조적으로 장기화되면서 부나 가난의 세습이 증가한다. 자유주의의 이론 근거인 천부인권론에 의한 자유와 평등과 생명과 재산의 소유가 실질적으로 공정하게 집행되지 않는다.

오늘날 우리 사회에서 팽배하게 나타나고 있는 비슷한 능력을 가지고 있는 사람들이 같은 일일을 하면서도 정규직과 비정규직의 임금 격차를 비롯한 각종 대우에 현격한 차이가 나는 것 또한 이러한 경쟁의식이 반영되고 있는 사회 현상이다. 이른바 '20 : 80', '88만원 세대' 등의 말은 이러한 배타적 경쟁의식을 토대로 하는 신자유주의 이념의 사회에서 일반적으로 나타나는 그늘진 모습을 반영하고 있는 상징어이다. 이러한 모습의 장기화는 사회적 혼란을 가중시키는 원인으로 작용한다.

유가사상은 이러한 배타적 경쟁의식을 비판적으로 바라본다. 유학자들은 배타적 경쟁의식이 확대되면 사회는 결국 분열되어 파멸에 이를 것이라고 경계한다. 유학자들은 이러한 문제에 대한 대안으로 어울림 사상을 제시한다.

어울림이란 서로 응하는 상태,[15] 잘 어우러지는 피리 소리,[16] 고대에 조리할 때 쓰는 그릇〔盉〕[17] 등의 사전적인 뜻이 있다. 그러나 이것은 사상적인 측면에서 서로 다른 성향의 사람들이 각자의 특성을 배제하지 않고 존중하면서도, 각자의 길로 가지 않고 함께 공동의 문화를 형성하기 위해 협의하고 합의하는 과정에서 형성되는 조화, 협조, 화합, 온화, 화해, 평화 등의 상태를 의미한다. 이 때문에 이것은 나의 이익을 위해 상대를 배제시키는 배타적 경쟁이나, 자신의 고유한 특성을 버리고 상대에게 귀속되는 동일화와 다르다.[18]

유학자들은 '화(和)' 개념을 통해 이러한 어울림 사상을 드러낸다. 유학자들이 중시하는 『춘추좌전』에는 이 어울림 사상을 이해할 수 있는 내용이 풍부하게 담겨 있다.

제후가 사냥터에서 돌아왔을 때, 안자가 천대에서 경공(景公)을 모시고 있었는데 자유〔梁丘據〕가 달려와 천대에 이르자, 제나라 경공이 "오직 양구거만 나와 어울리는구나"라고 말하자, 안자가 "양구거 또한 동일화인데 어떻게 어울림을 얻었다고 할 수 있습니까?"라고 했다. 경공이 "동일화와 어울림은 다른가?"라고 묻자, 안자가 "다릅니다. 어울림은 국을 끓이는 것과 같아서 물·불·식초·젓갈·소금·매실로 생선과 고기를 삶아 불을 때어 익히고 요리사가 그것들을 잘 조절하여 맛을 알맞게 하고 모자란 것을 보충하며 지나친 것을 덜어내니, 군자는 그것(국)을 먹고서 그 마음을 평안하게 합니다. 임금과 신하 또한 그와 같아서 임금이 옳다고 하더라도 옳지 않은 것이 있으면 신하는 옳지 않은 점을 말하여 옳은 것을 이루게 하고, 임금이 옳지 않다고 하더라도 옳은 것이 있으면 신하는 옳은 점을 말하여 옳지 않은 것을 제거하도록 합니다. 이 때문에 정치가 평화로워져서 서로의 영역을 침범하지 않으니 백성들도 다투는 마음이 없습니다. 그러므로 『시경』에서는 '또 양념이 잘 갖추어진 국이 있으니, 이미 각각의 역할을 경계하여 맛을 조절하였다. 모두 말이 없으니, 이에 다투는 사람도 없다'라고 하였습니다. 선대의 임금이 다섯 가지 맛으로 맛을 조절하고, 다섯 가지 소리로 소리를 조절한 것은 그 마음을 평화롭게 하고, 그 정사를 이루기 위함입니다. 소리 또한 맛과 같아서 1기, 2체(文舞와 武舞), 3류(風·雅·頌), 4물(四方에서 생산한 물건들로 만든 악기), 5성(宮·商·角·徵·羽), 6율(黃鐘·太簇·姑洗·蕤賓·夷則·無射), 7음(宮·商·角·徵·

---

15) 許愼 撰, 段玉裁 注, 『說文解字注』, 天工書局印行, 中華民國 76年, 57쪽 참조.
16) 김성재, 『갑골에 새겨진 신화와 역사』, 동녘출판사, 2000, 629쪽 참조.
17) 四川大學歷史係古文字研究室, 『甲骨今文字典』, 巴蜀書社, 1993, 73쪽 참조.
18) 이철승, 「선진 유가에 나타난 '어울림'사상의 논리 구조와 현실적 의미」, 『동양철학연구』 제46집, 2006, 77~78쪽 및 80쪽 참조.

羽・變宮・變徵), 8풍(八方의 바람), 9가(六府와 三事, 곧 水・火・木・金・土・穀 및 正德・利用・厚生)가 서로 어울려 음악을 이루고, 맑음과 흐림, 작음과 큼, 짧음과 김, 빠름과 느림, 슬픔과 즐거움, 굳셈과 부드러움, 더딤과 빠름, 높음과 낮음, 나아감과 들어옴, 빽빽함과 성김 등이 서로 어울려 가지런해지니, 군자는 그것을 듣고 그 마음을 평안하게 합니다. 마음이 평안하면 덕이 온화해집니다. 그러므로 『시경』에서는 '덕의 소리에 흠결이 없다'고 했습니다. 그런데 양구거는 그렇지 않아서 임금이 옳다고 하는 것을 양구거 또한 옳다고 하고, 임금이 옳지 않다고 하는 것을 양구거 또한 옳지 않다고 하여 마치 물로써 물을 조리하는 것과 같이 하니 누가 그것을 먹겠으며, 금과 슬이 오로지 하나의 소리만 내는 것과 같이 하니 누가 그것을 듣겠습니까? 동일화해서는 안 되는 것이 이와 같습니다."고 하였다.[19]

안자(晏子)의 관점에 의하면 어울림이란 여러 음식 재료들이 각각의 특성을 잃지 않으면서도 서로 골고루 섞이어 하나의 맛있는 국을 끓이는 것과 같을 뿐만 아니라, 여러 악기와 다양한 음성이 조화를 이루어 아름다운 음악을 창출하는 것과 같다. 이러한 어울림은 자기중심주의적인 관점에서 상대를 밀어내는 배타적 경쟁이나 자기의 고유한 특성을 배제한 채 상대의 관점에 맹목적으로 동화되는 획일화의 논리와 차이가 있다. 어울림의 이러한 성향 때문에 안자는 임금 말의 옳고 그름을 주체적으로 따지지 않고 무비판적으로 임금 말을 따르는 양구거의 태도는 어울림이 아니라, 동일화의 모습이라고 지적한다. 안자는 자신의 주체적인 관점에 의해 임금 말의 옳고 그름을 분별한 후, 옳은 것은 수용하지만 옳지 않은 것에 대해서는 비판적인 관점을 유지하는 것을 어울림으로 생각한다.

곧 안자의 이러한 관점은 구체적인 특성을 배제한 채 절대적인 보편 원리에 무조건적으로 복종하는 태도나, 상대주의적인 관점에서 제한적인 보편성조차 용인하지 않는 태도와 구별된다. 어울림이란 운동하지 않는 초시공의 절대 보편 원리에 의해 역동적으로 변화하는 구체적인 상황이 재단되는 것을 말하는 것이 아니다. 어울림이란 끊임없이 변화하는 구체적인 것들이 모여 특수한 상황을 만들고 특수한 여러 상황이 균등한 자세로 상호 교류하면서 민주적인 협의와 합의 과정을 통해 공동으로 추구할 가치를 함께 지향하는 것이다. 이와 같이 어울림의식은 다양성 가운데 통일성을 지향하고 있다.

이러한 어울림을 통한 통일성의 지향은 현대 사회에서 나타나는 온갖 형태의 분열과 갈등의

---

19) 『春秋左傳』,「昭公20年」, "齊侯至自田, 晏子侍于遄臺, 子猶馳而造焉. 公曰唯據與我和夫! 晏子對曰據亦同也, 焉得爲和? 公曰和與同異乎? 對曰異. 和如羹焉, 水, 火, 醯, 醢, 鹽, 梅, 以烹魚肉, 燀之以薪, 宰夫和之, 齊之以味, 濟其不及, 以洩其過. 君子食之, 以平其心. 君臣亦然. 君所謂可而有否焉, 臣獻其否以成其可; 君所謂否而有可焉, 臣獻其可以去其否. 是以政平而不干, 民無爭心. 故詩曰亦有和羹, 旣戒旣平. 鬷假無言, 時靡有爭. 先王之濟五味, 和五聲也, 以平其心, 成其政也. 聲亦如味, 一氣, 二體, 三類, 四物, 五聲, 六律, 七音, 八風, 九歌, 以相成也; 淸濁, 小大, 短長, 疾徐, 哀樂, 剛柔, 遲速, 高下, 出入, 周疏, 以相濟也. 君子聽之, 以平其心. 心平, 德和. 故詩曰'德音不瑕.' 今據不然. 君所謂可, 據亦曰可; 君所謂否, 據亦曰否. 若以水濟水, 誰能食之? 若琴瑟之專壹, 誰能聽之? 同之不可也如是."

상황을 합리적으로 조율하여 문제를 근원적으로 해결하는 면에 의미 있게 적용될 수 있다.

많은 전통 유학자들은 이러한 어울림 사상을 중시한다. 특히 공자의 사상이 깊게 반영된 『논어』의 「학이편」에 있는 "예의 쓰임은 어울림을 귀한 것으로 여긴다. 선왕의 도는 이것을 아름다운 것으로 여겼고, 크고 작음은 이것으로 말미암는다"[20]고 하는 것과 「자로편」에 있는 "군자는 어울림을 추구하되 동화되지 않고, 소인은 동화되되 어울림을 추구하지 않는다"[21]고 하는 내용이 대표적이다. 이론의 근거를 관계의 윤리성에 두고 있는 유학자들은 『논어』에서 중시되는 이러한 수평적 의식이 반영된 어울림 사상을 삶의 지혜로 여긴다. 특히 공자의 뜻을 계승하고자 하는 맹자는 농경 사회에서 필수불가결한 하늘의 운행과 땅의 형세를 제대로 파악하는 것 못지 않게 사람들 사이의 어울림을 매우 중요하게 생각했다. 그는 "하늘의 때는 땅의 이로움만 못하고, 땅의 이로움은 사람들 사이의 어울림만 못하다"[22]고 지적하여, 어울림의식이야말로 우리가 깊게 간직하고 곱게 가꾸어 고귀하게 발현시켜야 할 덕목이라고 생각했다. 순자 역시 어울림 사상을 중시한다. 그는 "세상의 어울림으로 인하여 문무의 일이 완수되고 부수적인 것과 주된 것의 의로움이 밝혀진다"[23]고 지적하여, 어울림을 사회의 고른 성취를 위한 사상적 가치로 여기고 있다.

전통 유학자들의 어울림에 대한 이러한 관점은 왕, 대부, 선비 등 신분 질서에 따라 어울림의 대상이 달라지는 것이 아니라, 신분의 높고 낮음과 학식의 깊고 엷음 및 부자와 가난한 자를 막론하고, 누구든지 "민중과 함께 즐겨야 한다"[24]고 주장하는 내용을 통해 사회적 갈등 문제를 해결하는 사상적 근거 역할을 한다.

전통 유학자들의 어울림에 대한 이러한 관점은 오늘날 지역, 종교, 인종, 학벌, 성별, 빈부, 이념, 연령, 지위, 직업 등 다양한 요인의 근저에 자리 잡고 있는 자기중심주의적인 '패거리 문화 심리 구조'로 인해 타인을 동일화의 대상으로 삼거나 밀어내기의 대상으로 삼으면서 발생시키는 온갖 형태의 소외를 통한 사회적 갈등 문제를 해결하는 면에 사상적으로 기여할 수 있다.

IV. 특권층과 공동체

자유와 평등을 양립할 수 없는 관계로 여기면서 국가의 역할을 부르주아의 자유 확대를 위한 도구로 여기는 자유주의 사조의 영향을 강하게 받은 신자유주의 이념이 여전히 위력을 떨치고

---

20) 『論語』, 「學而篇」, "禮之用, 和爲貴. 先王之道斯爲美, 小大由之."
21) 『論語』, 「子路篇」, "君子和而不同, 小人同而不和."
22) 『孟子』, 「公孫丑章句下」, "孟子曰天時不如地利, 地利不如人和."
23) 『荀子』, 「儒效篇」, "因天下之和, 遂文武之業, 明枝主之義."
24) 『孟子』, 「梁惠王章句下」, "此無他, 與民同樂也. 今王與百姓同樂, 則王矣."

있는 오늘날, 지구촌 곳곳에는 다양한 형태의 갈등이 끊임없이 발생하고 있다.

이러한 문제들은 사회를 평화와 안정이 아니라, 다툼과 분열과 불안의 모습으로 유도한다. 이러한 불안한 사회를 조성하는 원인 가운데 하나는 이기심의 확산에 근거한 배타적 경쟁의식의 강화로 인해 형성되는 중심과 반주변, 중심과 주변, 반주변과 주변, 중심과 반주변과 주변이라는 사회 구조의 고착화 경향이라고 할 수 있다.

이러한 사회 구조에서는 중심의 영역에 해당하는 사람들은 소수이면서도 많은 혜택을 누리는 경향이 있고, 반주변이나 주변에 속하는 사람들은 다수를 차지하면서도 적은 혜택을 받는 경우가 많다.

특히 자본이 사회의 흐름을 주도하고 있는 자본주의 사회에서 이러한 모습이 팽배하다. 이러한 사회에서는 권력 또한 자본과 밀접하게 관계하는 경우가 적지 않다. 국가의 법과 제도 역시 형식적으로 평등 이념을 반영하고 있을지라도, 실질적인 운영 과정에서 자본에 우호적인 경우가 있다.

이러한 사회 구조가 장기화할 경우, 중심과 반주변과 주변의 관계가 역전될 확률은 축소되고, 고착될 확률이 증가한다. 이러한 사회 구조가 고착될 경우, 부나 가난의 세습으로 인해 기회의 균등 논리가 성립되기 어렵게 된다. 중심의 영역에 있는 사람과 주변의 영역에 속한 사람은 태어난 순간부터 환경의 영향을 받는다. 이러한 환경의 차이로 인해 그들은 성장 과정에서 겪는 경험의 내용이 다르다. 중심의 영역에 해당하는 사람은 적은 노력에도 많은 것을 차지할 수 있고, 주변에 속한 사람은 많은 노력에도 결실이 적을 수 있다. 이러한 사회에서는 이른바 '개천에서 용난다'고 하는 말이 현실화되기가 점점 어려워진다. 곧 이러한 사회에서 사회적 강자들은 자신의 능력보다 많은 결과를 가져갈 수 있지만, 사회적 약자들은 자신의 능력보다 적은 대우를 받는 경우가 비일비재하다. 이것은 사회적 약자들이 반드시 게으르거나 무능력 때문에 그런 것이 아니다. 오늘날 우리사회에 팽배해 있는 재벌과 서민 사이뿐만 아니라, 정규직과 비정규직 사이에 나타나고 있는 임금 격차를 비롯한 여러 차별은 이러한 사회 분위기를 반영한다고 할 수 있다.

많은 사람들은 이러한 사회를 불공정하다고 생각한다. 이 때문에 이러한 사회에 대해 사회적 약자들이 불만을 갖는 것은 자연스러운 현상이다. 이와 같이 불평등한 사회 구조를 개선하지 않을 경우, 이러한 사회에서는 건강한 문화가 형성되기 어렵다. 이러한 사회에서는 온갖 비리와 부조리가 발생할 수 있다. 왜냐하면 이러한 사회에서는 동기나 과정보다 결과를 중시하는 경향으로 인해 정당한 방법으로 목적을 성취하는 것보다 비정상적인 방법으로 목적을 이루고자 하는 심리가 팽배할 수 있기 때문이다.

유가사상은 이러한 사회 구조에 비판적이다. 유학자들은 이러한 사회 구조를 개선하지 않을 경우, 민중의 삶이 더욱 피폐하게 되어 사회적 혼란이 가중될 것으로 생각한다. 따라서 유학자들은 이러한 문제를 근원적으로 해결하기 위한 대안을 제시한다.

공자는 "정치는 바름이다"[25]라고 주장한다. 이것은 그가 정치란 바른 도덕성에 근거해야 사회가 균형적으로 발전할 것이라고 생각하는 것이다. 그는 바람직한 사회란 어느 일부의 특수층에게 혜택이 집중되기보다 여러 사람들에게 혜택이 고르게 돌아가도록 하는 것이라고 생각한다. 공자가 "적음을 근심하지 않고 고르지 않음을 근심하며, 가난함을 근심하지 않고 편안하지 않음을 근심한다. 일반적으로 고르게 되면 가난함이 없고, 조화롭게 되면 적음이 없으며, 편안하면 기울어짐이 없다"[26]고 지적한 내용은 불평등과 불안을 적음과 가난함보다 더 큰 문제로 인식하고 있음을 보여준다. 왜냐하면 인간의 삶이란 절대적 빈곤보다 상대적 빈곤이 박탈감과 소외감을 더 증가시키기 때문이다.

특히 상대적 빈곤의 주된 원인이 자신에게 있는 것이 아니라, 사회의 구조에 있다면 이러한 소외감은 더욱 깊어질 것이다. 이 때문에 공자는 "나라에 도가 있는데도 가난하거나 천하게 되는 것은 부끄러운 일이다. 나라에 도가 없는데도 부유하거나 귀하게 되는 것도 부끄러운 일이다"[27]고 지적하여, 부유하거나 귀하게 되는 과정의 정당성 확보가 사회 규범의 중요한 척도임을 지적한다.

곧 그의 관점에 의하면 정당한 질서의식이 확립된 사회라면 부유함과 가난함이 커다란 문제가 되지 않을 수 있지만, 정당하지 않은 기준에 의해 부유함과 가난함과 같은 불균등이 확대된다면 그러한 사회는 병든 사회이다. 그가 "거친 밥을 먹고 물을 마시며, 팔베개를 하고 잠을 자더라도, 즐거움이 그 안에 있다. 의롭지 않게 부유하거나 귀하게 되는 것은 나에게 뜬 구름과 같다"[28]고 지적한 내용은 부유하거나 귀하게 되는 과정이 떳떳해야 함을 강조하고 있는 글이다.

공자의 이러한 관점은 효율성의 강화라는 이름으로 동기의 순수함이나 과정의 성실함보다 결과의 도출을 중시하는 실용주의적인 관점과 차이가 있다. 목적보다 수단을 중시하는 실용주의적 관점은 현대 사회에서 중요하게 여겨지는 사조 가운데 하나이다. 그런데 현대 사회에서 많은 사람들이 채택하고 있는 실용주의는 실리주의를 기반으로 한다. 실리주의는 결국 타인의 이익보다 자신 혹은 자신이 속한 집단의 이익을 중시하기 때문에 배타성을 띠는 경우가 많다. 이러한 배타적인 실리주의의 만연은 결국 사회의 양극화를 확산시키는 근거로 작용한다. 실리주의에 익숙한 사람들은 사회의 양극화 문제에 대해서도 책임의식을 갖지 않는 경우가 많다. 왜냐하면 그들은 사회적 환경에 의해 자신들의 부가 축적되는 것으로 생각하기보다 자신들의 능력과 노력으로 이익을 확보한 것이라고 생각하기 때문이다. 이 때문에 그들은 사회적 약자들에 대한 배려심이 적다. 그들은 이 문제에 대해 대부분 윤리적인 태도로 임하기보다 법치주의적인 관점으로

---

25) 『論語』, 「顏淵」, "政者, 正也."
26) 『論語』, 「季氏」, "不患寡而患不均, 不患貧而患不安. 蓋均無貧, 和無寡, 安無傾."
27) 『論語』, 「泰伯」, "邦有道, 貧且賤焉, 恥也. 邦無道, 富且貴焉, 恥也."
28) 『論語』, 「述而」, "飯疏食飮水, 曲肱而枕之, 樂亦在其中矣. 不義而富且貴, 於我如浮雲."

접근한다. 따라서 그들 가운데 상당수는 자신들의 행위 기준을 법을 지켰는지의 여부에 둔다. 그들은 법 자체에 내재된 문제점에 대해 관심을 집중시키지 않는다.

그러나 공자를 비롯한 유학자들은 이러한 실용주의적 태도에 반대한다. 유학자들은 법치주의적인 관점이 아니라, 도덕적인 관점으로 이 문제에 접근한다. 유학자들은 자신의 도덕성을 전제로 한다. 그들은 자신의 인격을 먼저 닦은 다음, 그 인격으로 타인을 대할 때 사회가 평화로워질 것이라고 생각한다.

곧 실용주의자들이 개인과 사회의 관계를 별개의 영역으로 여기면서 개인주의적인 관점이 강한 것과 달리, 유학자들은 개인과 사회를 유기적인 관계로 설정하면서 개인의 인권에 비례하여 건강한 공동체 문화를 중시한다.

유학자들은 충서(忠恕)관을 통해 이러한 문제를 정립한다.[29] 여기에서 '충'이란 자신의 내면에 간직된 진실한 마음을 다하는 것이다. 이 때 진실한 마음이란 사사로운 욕심이 아니라, 공공의 의로움이다. 그러므로 충이란 자기 자신에게 갖추어진 공공의 의로운 마음을 다 발현하는 것이다. 이것은 인격 수양과 관련이 깊은 것으로 개인 윤리에 해당한다고 할 수 있다.

또한 '서'란 자기 자신에게 갖추어진 공공의 의로운 마음을 다 발현하는 것을 자신에게 한정시키지 않고, 타인에게 미치는 것을 의미한다. 이것은 자신을 존중하는 마음으로 타인을 존중하는 것을 의미하는 것으로 사회 윤리에 해당한다. 곧 이것은 타인을 자신의 이익 대상으로 여기지 않고 공의로운 질서를 구축하는 동반자로 생각하는 것이다. 공자가 "자기가 하고 싶지 않은 것을 다른 사람에게 베풀지 마라"[30]라고 한 말은 이러한 의미를 담고 있다.

개인과 사회의 유기적인 관계 윤리를 반영하는 이러한 충서관은 타인을 배제의 대상이 아니라 끌어안으며 함께 가야 할 어울림의 대상으로 여긴다. 이것은 자본주의 사회에서 비일비재하게 나타나는 '내가 잘 되기 위해 타인을 밀어내야 한다'는 배타적인 경쟁 논리와 차이가 있다. 자본주의 사회에서 일반화되고 있는 배타적인 경쟁 논리는 승자 독식의 논리로 이어지고, 승자 독식의 논리는 결국 승자도 망할 수밖에 없는 한계를 지닌다. 왜냐하면 승자가 장기적으로 생명력을 유지하기 위해서는 승자가 만든 상품을 소비할 패자들이 지속적으로 양산되어야 하는데, 승자 독식이 장기화될수록 패자의 구매력이 약화되고 결국에는 승자의 상품을 소비할 수 없는 지경에 이르게 되어 상품 생산이 중단될 수밖에 없기 때문이다. 이것은 이기심에 근거한 배타적 경쟁을 강조하는 (신)자유주의 이념이 영원히 지속될 수 없는 한계가 있음을 드러내주는 것이다.

이러한 자유주의의 한계에 대해 유가사상은 대안을 제시한다. 그것은 소수의 특권층 중심의

---

29) 『論語』, 「里仁」, "子曰參乎! 吾道一以貫之. 曾子曰唯. 子出, 門人問曰何謂也? 曾子曰夫子之道, 忠恕而已矣." 『論語』, 「衛靈公」, "子曰賜也. 女以予爲多學而識之者與. 對曰然. 非與. 曰非也. 予一以貫之."

30) 『論語』, 「衛靈公」, "子貢問曰有一言而可以終身行之者乎. 子曰其恕乎. 己所不欲, 勿施於人."

문화가 아니라, 다수의 민중이 함께 하는 건강한 공동체 문화의 구축이다. 공자가 "자기가 서고 싶으면 다른 사람을 세워주고, 자기가 도달하고 싶으면 다른 사람을 도달하게 하라"[31]고 지적한 말과 맹자가 "나의 노인을 노인으로 섬겨 다른 사람의 노인에게까지 미치고, 나의 어린이를 어린이로 사랑하여 다른 사람의 어린이에게까지 미친다면 세상을 손바닥 위에 놓고 움직이듯이 쉽게 다스릴 수 있다"[32]고 지적한 내용은 (신)자유주의 이념이 추구하는 이상 세계와 구별되는 유가의 충서관이 반영된 바람직한 공동체의 모습이다.

따라서 사회의 균형적인 발전을 통해 건강한 공동체 문화를 추구하는 유가의 이러한 사상은 현대 사회에 팽배한 불균등한 문제를 해결하는 면에 생산적으로 기여할 수 있다.

V. 맺는 말

오늘날 많은 나라에서 수용하고 있는 자본주의 문명은 현재 많은 문제를 드러내고 있다. 특히 개인의 이기심에 근거한 배타적 경쟁의식의 확산은 탐욕의 문화를 형성하여 양극화를 비롯한 사회적 갈등 문제를 양산하고 있다. 이러한 사회에서는 많은 혜택을 누리는 소수와 적은 혜택을 받는 다수 사이에 갈등의 골이 깊어지고 있다. 사상가들은 이러한 문제를 해결하기 위해 다양한 방안을 모색한다. 전통의 농경 사회에서 형성되고 발전된 유가사상은 이러한 문제와 무관한 것인가? 사적 소유의식은 삶의 질을 향상시키는데 반드시 필요한 것인가? 다음의 예를 보자.

약 200여 명의 사람들이 무리를 지어 살고 있다. 그들의 주위는 온통 밀림뿐이다. 밀림 속에서 그들은 들짐승, 날짐승, 물고기 등을 잡아먹으며 살고 있다. 그런데 그들에게는 소유의식이 없다. 사냥에 나갔던 사람이나, 사냥에 나가지 않고 마을에 있던 사람을 가리지 않고, 모두가 잡아온 사냥감을 골고루 나누어 먹는다. 어느 한 사람이라도 사냥감을 독차지하는 경우가 없다. 그들에게서 음식 때문에 싸우는 일은 찾아볼 수 없다. 또한 그들 가운데 옷을 입은 사람은 한 명도 없다. 어린이, 청년, 장년, 노인 가운데 누구도 옷을 입지 않는다. 남성뿐만 아니라, 여성들도 실오라기 하나 걸치지 않는다. 그들은 누구도 그러한 자신들의 모습에 대해 부끄러워하지 않는다. 그들의 얼굴은 한 없이 맑다. 그들은 항상 웃는다. 그리고 서로를 배타적 경쟁 대상으로 여기지 않고, 함께 하는 대상으로 여긴다. 그들은 숫자 개념도 없고, 문자를 사용하지도 않는다. 이 때문에 그들은 다른 사람들의 나이를 모를 뿐만 아니라, 자신의 나이도 모른다. 그래도 불편하지 않다. 그들은 해가 비칠 때, 서로 무리를 지어 사냥을 하기도 하고 놀기도 하며, 강에서 수영을 하기도 하고 그늘에

---

31) 『論語』, 「雍也」, "夫仁者, 己欲立而立人, 己欲達而達人."
32) 『孟子』, 「梁惠王上」, "老吾老, 以及人之老. 幼吾幼, 以及人之幼. 天下可運於掌."

서 낮잠을 즐기기도 한다. 사냥감은 불을 지펴 구워 먹는다. 밤에는 잠을 잔다. 그들의 일상은 이와 같이 자연의 질서에 순응하며 평화로운 어울림을 향유한다.

이상은 2010년 1월 8일 밤에 한국에서 방영된 문화방송(MBC) 다큐멘터리 '아마존의 눈물'의 내용 가운데 일부를 간략하게 묘사한 것이다. 여기에 등장하는 '조에족'은 1987년에 세상에 알려졌다.

이들의 삶에 대한 평가는 사람에 따라 다를 수 있다. 그러나 이들은 우리들에게 이기심에 근거한 사적 소유가 없어도 평화롭게 살 수 있음을 보여준다. 이들이 잡아온 사냥감을 소수가 독차지하지 않고 구성원 모두에게 균등하게 분배하기 위해 노력하는 모습, 서로 차별하지 않고 모두가 함께 평화롭게 어울리는 모습 등은 건강한 문화라고 할 수 있다. 이러한 문화는 자신의 이익 확대를 위해 상대를 밀어내려는 문화와 차이가 있다. 이러한 문화는 인류가 추구할 건강한 공동체 문화가 무엇인지에 대해 많은 시사점을 주고 있다.

유가사상은 자연주의적인 삶을 선호하지 않지만, 불균등한 구조에 의해 고통받는 사람들이 증가하는 사회 역시 선호하지 않는다. 유가사상은 서로가 서로를 따뜻하게 배려하여 평화로운 공동체 문화의 형성을 선호한다. 유가사상은 이기심을 적극적으로 권장하는 자본주의적인 이념과 화해하기보다 자본주의 문명이 발생시키는 문제를 치유하는 면에 풍부하게 기여할 수 있다.

이제 세계는 이기주의와 배타적 경쟁의식을 토대로 하는 신자유주의 이념의 지속보다 서로가 서로를 보듬으면서 함께 평화를 추구하는 건강한 공동체 문화를 형성하는 방향으로 나아가야 할 때다. 이것은 개인주의에서 개인과 사회의 유기적인 관계의 방향으로 문명의 패러다임이 전환할 때임을 말한다. 유가사상은 이러한 새로운 건강한 공동체 문화를 형성하는 방면에 적극적인 역할을 할 수 있다.

參考文獻

『國語』.

『論語』.

『孟子』.

『荀子』.

『周易』.

『春秋左傳』.

王夫之, 『讀論語大全說』.

_____, 『尙書引義』.

程顥·程頤, 『二程集』.

朱熹, 『孟子集注』.

＿＿, 『朱子語類』.

四川大學歷史係古文字硏究室, 『甲骨今文字典』, 巴蜀書社, 1993.

周桂鈿 編著, 『中國傳統哲學』, 北京師范大學出版社, 1990.

許愼 撰, 段玉裁 注, 『說文解字注』, 天工書局印行, 中華民國 76年.

김성재, 『갑골에 새겨진 신화와 역사』, 동녘출판사, 2000.

이철승, 「'유교자본주의론'의 논리 구조 문제」, 『중국학보』 제51집, 한국중국학회, 2005.

＿＿＿, 「선진 유가에 나타난 '어울림' 사상의 논리 구조와 현실적 의미」, 『동양철학연구』 제46집, 동양
　　　철학연구회, 2006.

＿＿＿, 「'세계화'시대 '유교공동체주의'의 의의와 문제」, 『시대와 철학』 제18권 3호, 한국철학사상연구
　　　회, 2007.

＿＿＿, 「유가철학에 나타난 충서(忠恕)관의 논리 구조와 현실적 의미」, 『중국학보』 제58집, 한국중국학
　　　회, 2008.

＿＿＿, 「주희와 왕부지의 욕망관 분석-『논어집주』와 『독논어대전설』의 내용을 중심으로-」, 『동양철
　　　학연구』 제61집, 동양철학연구회, 2010.

孔教儒家思想對人類社會的偉大貢獻
— 在韓國首爾儒學思想國際學術會議上的講話 —

湯恩佳 | 香港孔教學院院長

孔子的學說是根據在二千五百多年前他的一生所見、所聞、所思，通過不少憂患、磨練和奮鬥所體會出來的哲理，而其中所包含的哲學、宗教、教育、法律、政治、經濟等各種思想，流傳至今，其影響力跨越國界、跨越時代。

一、孔子思想的偉大價值惠及全人類

孔子思想的光輝，超越時空，深刻地影響了全球的發展，對人類精神文明作出了不可或缺的貢獻。孔子是人類歷史上最偉大的思想家，儒家學說的創始人，是孔教的創教教主，是中華民族的精神導師，集中華文化之大成，整理《詩》、《書》、《禮》、《樂》、《易》、《春秋》等六經，並將中華文化的精華濃縮在《論語》一書裏。在孔教儒家思想之指導下，中華民族成為最熱愛和平的民族。而儒教儒學的價值在韓國、日本、新加坡、印尼及港臺地區也得到了印證。

二、弘揚孔子思想，重建人類道德觀

孔子是人類歷史上最早的人本主義思想家。孔子尊重人的生命，重視人的價值及人倫道德。人的生存、價值、尊嚴、教育，以至家庭和社會組織成了儒學一貫關心的課題。在經濟全球化的今天，儒學仍然是人類精神文明建設的基礎。我們應當弘揚儒學，通過文明對話、交流與傳播，使之成爲全球人類精神文明的重要組成部分。

三、弘揚孔子思想，解決當代經濟及社會問題

次按危機及引發的全球金融海嘯，病徵是「經濟」，其病因卻是「道德」。在孔教儒家看來，要根

本解決此病症，就必須從道德入手。孔教儒家文化的最核心內涵就是道德。在戰勝金融危機的過程中，必須弘揚儒家的仁者愛人、以義制利、誠實守信、以人爲本、以德爲重、以和爲貴、中庸之道等精神，也只有這樣，人類社會建設才能走上真正可持續發展的道路。

四、弘揚孔子思想，建設世界和平

儒教是最符合人性的宗教，因而可以超越國界，超越時空，超越民族，成爲全人類寶貴的精神財富。孔子儒家思想"和而不同"的原則，不強求各種文化在內容上和形式上的相同，而是承認各種文化在內容上和形式上的各自具有不同的特色，只要堅持"和爲貴"的原則，採取寬容的態度，就能保護和發展世界各族人民的民族文化，避免世界文化的單一化和平面化，按照"和實生物"的原理，達致世界多元文化共存共榮。

孔教儒家思想對人類社會的偉大貢獻

－ 在韓國首爾儒學思想國際學術會議上的講話 －

湯恩佳 | 香港孔教學院院長

各位同道、各位嘉賓：

韓國是最具有儒家文化色彩的國家，長期以來，其儒家文化的保存，遠比中國大陸多得多，是孔教的光輝典範。在韓國，以成均館為代表的儒家文化陣地，秉承優良傳統一代接一代的從未曾間斷過。弘揚孔聖道德去教誨世人，使今天韓國人民仍然維持仁、義、禮、智、信的孔教德行，保留著儒家文化的生活形態。目前在韓國大約數百座鄉校和書院，都是韓國的儒學教育機構，鄉校還承擔著地區傳統文化生活中心的功能。鄉校開設忠、孝、禮儀體驗教育課程，學生必須穿著傳統韓服上課，學習書法、茶道，體驗傳統遊戲，踐行傳統禮儀，欣賞傳統音樂，舉行祭祀，舉辦傳統婚禮及傳統成年禮。韓國人能在其中體會到儒教的生活方式與儒教的價值觀念。今天，本人應邀前來參加由成均館大學、韓國儒教學會、國際儒學聯合會聯合主辦的儒學思想國際學術會議，感到非常榮幸，謹此代表香港孔教學院祝會議取得圓滿成功。

孔子是一位成就和貢獻非常偉大、人格非常崇高的思想家、教育家。雖然他的學說是根據在二千五百多年前他的一生所見、所聞、所思，透過不少憂患、磨練和奮鬥所體會出來的哲理，但其中所包含的哲學、宗教、教育、法律、政治、經濟等各種思想，流傳至今，其影響力跨越國界、跨越時代。

孔子在哲學思想和教育理論的成就和地位，並不只是在中國備受尊崇。在很多國家，對世界哲學思想史有認識的學者們，都一致公認孔子的崇高學術地位。因爲孔子的學說，包含著深刻的哲理和人生真諦，其思想底蘊涉及到宇宙論、知行論、政治論、教育論，以至於自然知識、人倫道德、求學之道等。不論古今中外，都因而產生了非常深遠的影響。不少國際文化和教育組織，對孔學都作出深入和長期的研討和分析，所出版的叢書，洋洋大觀，堪稱是人類精神文明、文化教育的一大寶庫。

在韓國，較爲系統地吸收了儒家文化的思想成份，使之與現代文明融爲一體。他們尊重孔子，重視儒家文化的傳統至今未變。儒學已成爲韓國民族文化中充滿活力的有機組成部份。≪明成皇后≫與≪大長今≫兩部電視連續劇,讓中國大陸人民看到了明成皇后與大長今這兩位儒家文化培養起來的偉大女性,在她們身上完全體現了儒家的道德精神。在中國,由於長期以來割裂了自己的傳統文化,體現儒家精神的文學作品則很難見到。

今天,我們應該充分認識孔教儒家思想對人類社會的偉大貢獻,並努力加以宣揚。

一、孔子思想的偉大價值惠及全人類

孔子思想的光輝,超越時空,深刻地影響了全球的發展,對人類精神文明作出了不可或缺的貢獻。孔子是人類歷史上最偉大的思想家,儒家學說的創始人,是孔教的創教教主,是中華民族的精神導師,集中華文化之大成,整理≪詩≫、≪書≫、≪禮≫、≪樂≫、≪易≫、≪春秋≫等六經,並將中華文化的精華濃縮在≪論語≫一書裏。孔子建立起人類思想最完整的體系,中國哲學發展史上第一次提出仁學、人性理論、認識論、中庸論。孔子主張"仁者愛人",倡導仁、義、禮、智、信五種基本道德,在人類歷史上首次建立了有系統的道德理論,在人際關係中主張"以德服人",在社會生活中主張"爲政以德",在自己的生活中身體力行。孔子是人類最早設立"私學",聚徒講學,從而被尊爲萬世師表、先師聖人。孔子是最具民主思想的政治家,最早提出"選賢與能"的自由選舉。孔子畢生的努力,是在於用正道去引導統治者,而不是作爲統治者之鷹犬。中國最偉大的民主革命家孫中山先生所說最爲中肯,他說,三民主義源於孔孟學說。孔子作爲先師聖人,以啟迪民智,教化民眾為己任,最具有科學精神。

漢武帝時採納董仲舒建議,實行"獨尊儒術"的政策,標誌著儒教從此成爲國教,影響了中國約兩千年的國情。從漢代直至清朝中期,儒教維持著中國國教的地位,儒家思想一直是中華民族的主導思想。在弘揚儒教的神州大地,歷代都出現大儒,如孔子、曾子、顏子、子思、孟子、董仲舒、韓愈、周敦頤、張載、程顥、程頤、朱熹、陸九淵、王陽明、王夫之等偉大的儒家。從西漢至鴉片戰爭時期,中國的人口基本上保持在全世界人口的三分之一以上,可以說,在這漫長的歷史時期,全球三分之一以上的人,都是儒教信徒。在17世紀中葉以前,中國一直走在世界的最前列。須知道千多年前,我國就有造紙術、印刷術、指南針和火藥四大發明,而在大清帝國極盛時期(1800年),中國的產品更占全球總量的33%。全世界最重要的科技成果300項,其中絕大部分是中國人發明的,中國每年生產的社會財富佔全球的三分之一以上,正體現了儒教對社會發展的積極作用。在中國歷史上,凡是尊孔的時代,都是天下大治;凡是反孔或淡化孔子的時代,都是天下大亂,甚至人亡政息,這是歷史發展的必然。反孔批儒不僅導致自己的敗亡,而且給中華民族帶來巨大的災難,這是極爲重要的歷史教訓。

在孔教儒家思想之指導下,中華民族成為最熱愛和平的民族。儘管中華民族在十七世紀中葉以前一直走在世界的前列,在相當長的時期內為世界上最強大的國家,但中華民族一直在遵守孔教儒家"和而不同"的外交方針，不主張靠武力去征服周邊的各民族，而是用道德去感化他們，用儒家文化去教導他們。結果，一個偉大的奇跡產生了：生活在華夏民族周邊的各民族，在儒家文化的感染下，他們紛紛投入到中華民族的大家庭中，造就了當今世界上人數最多的民族。有人稱中華民族是"驕傲到不肯打仗的民族"。確實如此，出於天朝的尊嚴，出於民族的自豪感，我國人民會把對弱小民族和國家的欺凌作為一種恥辱。

本人自1982年起，開始了弘揚孔儒思想的歷程。當時中國仍處於左傾思想佔上風的時代。我宣揚孔儒思想的言論常常遭到左傾教授及各階層人士的指責。我在與他們的辯論中，激動得雙手發抖。可是，經過鄧小平先生開創的三十一年改革開放，今天的情形完全不同了。弘揚中華傳統文化，特別是孔儒思想已得到國家領導人及全國人民的認同，左傾思潮大部分消失了，這是可喜可賀的大好事。如果說，我的推動，可以影響國家政策，對此，我心中非常感動。本人作為香港孔教學院院長，長期以來帶領學院同仁，忠實踐行孔儒的教導，按孔教的行為標準行事做人，宣傳孔教思想，竭誠盡力，使孔教在香港與其他五大宗教平起平坐，充分發揮了孔教教化民眾、慰藉人心、穩定社會、促進國家統一的功能。

儒教儒學的價值在韓國、日本、新加坡、印尼及港臺地區也得到了印證。日本以王陽明思想作為精神武器，推行明治維新，長期以來弘揚儒家思想，竭力保護自己的傳統文化，儒釋道及神道教信徒約佔90%以上。日本從來沒有發動大規模的打倒及破壞傳統文化的運動，從而保持了團結，從來沒有發生勾結外國人來打自己同胞的現象，全國上下一心，一直走在亞洲的最前列，成為儒教資本主義的典範。可幸，在鄧小平先生領導改革開放後，中國的發展也有了神速的進展，今日已再次走在亞洲的前列。現代的日本文化許多是從封建時代繼承下來的，有不少的內容是從中國封建社會傳過去的，但日本人從來沒有將傳統文化貼上"封建"標籤加以毀謗。很多年前，美國歷史學家賴肖爾(E. O. Reischauer)說過："在某種意義上來說，幾乎一億日本人都是'孔孟信徒'"。事實上，直到現在，日本的高中課程還是要學習《論語》，並納入考試範圍。

二、弘揚孔子思想，重建人類道德觀

孔子是人類歷史上最早的人本主義思想家。孔子尊重人的生命，重視人的價值及人倫道德。人的生存、價值、尊嚴、教育，以至家庭和社會組織成了儒學一貫關心的課題。儒學明確斷言，管理、治理的核心是人，管理的主體和客體都是人。以性善論為基礎的人性管理模式，充分體現了儒家管理思想的人本主義性質。孟子認為，人具有先天的「善端」，即善的萌芽，人的善端表現出來就有善心和善德。人所具有的這種善德是人從事一切有利於社會行為的內在依據。「仁者愛人」，是孔子關於「仁」的最本質的概括。儒家認為治國以民為本，因此，施仁政就必須「修己以安人，修己以安百姓」，孔子認為「修己」是手段，「安人」才是目的，這說明仁政的實質應為天下百姓謀求利益。

孔子主張：「君子義以為上」(《論語．陽貨》)將正義作為君子的最高行為標準。有人把儒家說成祇要義不要利，而商人只要利不要義，互不相容，這完全是一種誤解。儒家的「以義制利」將這兩者很好地統一起來。當「義」和「利」發生矛盾時，應該把「義」放在首位，按照「見利思義」(《論語．憲問》)的原則去做，不能「見利忘義」，不能為了個人私利而不顧社會的整體利益。信，則是人的立身之本。

儒學是人類精神文明的寶貴遺產，載負著人類最完善的精神價值體系，在經濟全球化的今天，仍然是人類精神文明建設的基礎。我們應當弘揚儒學，通過文明對話、交流與傳播，使之成為全球人類精神文明的重要組成部分。《論語》就是全人類的聖經，《論語》中的許多至理名言，諸如："和為貴"、"和而不同"、"仁者愛人"、"己欲立而立人"、"己所不欲，勿施於人"等等，成為中國乃至全人類共同的道德信條。只要我們深入《論語》，理解和貫徹實踐孔子儒家的道德精神，在中國復興孔教儒家思想，甚至一定能徹底消滅左傾思潮的後遺症。

三、弘揚孔子思想，解決當代經濟及社會問題

2008年從美國開始，爆發了人類史上罕見的全球金融海嘯，給世界經濟帶來了巨大的災難。其破壞力比1997的金融風暴更為可怕、更為凶殘！它向全世界響起了警號：以利益掛帥的核心價值，以物慾為動力的市場機制，以破壞環境、攻伐自然為目標的發展模式，以金融衍生為特色的虛擬經濟策略，這些都應劃上句號！

早前，美國知名的那斯達克證券交易所前主席馬多夫(Bernard Madoff) 的大規模詐財案，轟動全世界，很多大銀行及投資機構也中了他的圈套，損失幾達六百五十億美元。他利用別人對他的信用，掠奪天文數字的不義之財，甚至連同鄉的猶太人也不放過，行為實在可恥！後來，又有美國德州(Texas)金融業大亨斯坦福(Robert Stanford)，誘騙投資者買存款證，涉及款項達八十億美元。所謂「時窮節乃現」。今日就是許多人要選擇做小人抑或做君子的時刻。

還有英國，單是2009年上半年，當地的詐騙涉案金額已高達六億多鎊(約八十一億港元)，有一百六十多宗，是近二十年來最高。前一段日子，英國再揭發涉及八千萬英鎊(約十億港元)的「龐茲騙局」(Ponzi Scheme)，為英國史最大的詐騙案，受害人多達六百多人，當中包括不少社會知名人士，許多受害者更因破產而被逼自殺。騙徒利用人的貪念，以高回報的投資作幌子，吸引高收入人士跌入陷阱，連女星與富豪也上釣。後來，又發生了"英國版馬多夫"倫敦金融交易員萊文(N. Levene)騙取25億美元後潛逃的駭人新聞。

自從金融海嘯爆發以來，不時都聽到世界各地的富豪，因受不住負債的壓力而自殺的消息。例如德國第五大富豪跳軌，美國房地產商人吞槍等，金融海嘯的破壞力實在令人感到可怕。美國雖

曾是經濟管理學理論非常先進的國家，同時，講求民主法治，各方面的法律法規非常完善。但是，華爾街金融家缺少道德，他們的投機、誤導、欺騙和不負責任，導致了今次的嚴重金融海嘯。這說明，單靠法治與知識並不能確保一個社會的正常運行，還必須是按儒家的「仁智統一」的思想，在法治基礎上，加上孔教儒家道德的力量，才足以使社會處於健康的狀態。

次按危機及引發的全球金融海嘯，病徵是「經濟」，其病因卻是「道德」。在孔教儒家看來，要根本解決此病症，就必須從道德入手。

孔教儒家文化的最核心內涵就是道德。具體說來，就必須以孔儒思想中「天地人三才貫通」作基礎去改革世界經濟秩序，重建人類核心價值；用「義利合一」的商業倫理來取代西方的利益掛帥價值觀；用儒家「兼濟天下」及「內聖外王」的儒商互利原則來取代西方「理性經濟」(Rational Economics)及民族主義(Racism)和國族主義(Nationalism)背景底下進行擴張和霸道式的市場侵佔。只有立足在儒商文化的模式基礎上，才能創造出和平及良性的共融雙贏(Win - Win)的商業規範和秩序；也只有這樣，人類社會建設才能走上真正可持續發展的道路。

所謂：「其進也銳，其退也速。」今次世界金融海嘯的損失，我相信，需要很長的時間才能彌補。這實在很令人痛心。

通過以上對比與分析，我們就可以知道，如果全世界人民遵守孔子儒家的道德，就不會發生金融海嘯。即使發生了金融海嘯，世界人民按照孔子儒家的教導，也能及早走出金融海嘯的困境。在戰勝金融危機的過程中，必須弘揚儒家的仁者愛人、以義制利、誠實守信、以人為本、以德為重、以和為貴、中庸之道等精神。

四、弘揚孔子思想，建設世界和平

在宗教領域，儒教就是孔子貢獻給人類的精神珍品。儒教是屬於全人類的，因為，儒教是最符合人性的宗教，因而可以超越國界，超越時空，超越民族，成為全人類寶貴的精神財富。孔子儒家思想"和而不同"的原則，不強求各種文化在內容上和形式上的相同，而是承認各種文化在內容上和形式上的各自具有不同的特色，只要堅持"和為貴"的原則，採取寬容的態度，就能保護和發展世界各族人民的民族文化，避免世界文化的單一化和平面化，按照"和實生物"的原理，達致世界多元文化共存共榮。

解決國與國的利益衝突、民族與宗教矛盾等全球危機，最為重要的乃是要有一種能夠真正代表人類平等利益，能夠超越國家、地區、民族、宗教領域而又為世界大多數人所接受，從而能夠化解仇恨，緩和矛盾，促進對話，和平共處，共同進步的根本原則。我們認為，這些根本原則就是孔子的"仁者愛人"、"忠恕之道"、"和而不同"。這三大原則是中國傳統儒家人文精神的精髓，是孔教的基本教義，也是治理世界錯綜複雜的各種矛盾，維持人類和諧安寧的靈丹妙藥。

建設"大同"世界是孔教儒家的最高理想。"大同"世界是和平、公義的世界。要明白孔子思想，當會發現，"大同"世界是可以在人世間實現的。然則，"大同"世界是怎樣建成的呢？其實，"大同"世界就是"大道"的體現，"大道"成則"大同"世界現；而孔教的"大道"，卻可以用"忠恕"兩字一以貫之。"忠"即"誠意"、"正心"、"盡己"、"敬事"，所謂"君子敬而無失，與人恭而有禮"。如果每個人都以"忠"為行事準則，則人人手足情深；每一國如果都以"忠"為外交原則，則國與國之間便可以和睦互助。而"恕"即是孔子所說的"己所不欲，勿施於人"。

　　"和"的原理是中國人把握宇宙、理解人生的一種主要觀念。"和"是包含著矛盾和差別的辯證的同一性，"和"是不同要素之間相互作用、相互補充和相互限制，從而產生新的事物。事物存在和發展的原因是"和"而不是"同"。因為"同"取消了事物之間和事物內部的相互作用，因此也取消了事物存在、發展的根據。

　　我們提倡"和而不同"的精神，目的是要解決當今世界的各種矛盾衝突，發揮它在維護民族團結，促進世界和平的重大作用。在地球村裡，任何一個民族的利益都不能離開人類的共同利益。當今世界的政治、經濟、生態的發展都是全球性的，人類在互愛中共存，在互仇中俱損。發達國家與發展中國家，都要互相依賴。同樣道理，同一地區相近或相鄰的各國各族之間，也是共同利益大於它們之間的分歧與矛盾。和則兩利，鬥則兩傷。真正為本民族利益著想的人，必定是主張睦鄰友好的人。冤家宜解不宜結，歷史的紛爭只能通過談判、妥協、諒解來解決，而不能訴諸武力。歷史大儒張載說過："仇必和而解"。離開此理，仇恨解決永無出路。

　　孔教學院現在及將來要做的重點工作是：

　　第一、籌建孔子紀念堂，以此作為向海內外宣傳孔教儒學的基地。

　　第二、孔教學院已經向香港特區政府申請定萬世師表孔聖誕日為教師節及公眾假期。

　　最後願我們齊心合力弘揚孔子思想，為人類和平，為千秋萬代的子孫福祉作出貢獻！懇請在座各位給予精神上的大力支持！如同心同德表示贊成，則請熱烈鼓掌。

儒学思想对当代中国私营公司企业文化的影响

赵毅武 ｜ 北京纳通医疗集团总裁

中国私营经济已经由数量扩张型转到了数量和质量并行发展的重要阶段。企业规模和外部环境发生了变化，原有的企业文化正在成为进一步发展的障碍，需要具有一定高度的思想理论进行指导。而中国私营企业存在的社会环境，决定了它会受到中国传统文化尤其是儒学思想的影响。在这里我们介绍了两个企业文化建设比较成功的私营企业，来考察儒学思想在企业文化建设中发挥的作用。

海底捞餐饮有限公司是一家大型跨省直营餐饮品牌连锁火锅店，经过16年艰苦创业，发展至今，拥有7000余名员工，年营业额过亿元。海底捞提倡以人为本、平等信任、激励进取、育人为先的企业文化，在管理经营中注重"仁"、"义"的贯彻，讲平等，讲尊重，讲信任。海底捞提倡的原则是"员工第一"，他们认为：只有让员工先满意了，员工才会真正让顾客满意。企业对员工讲"仁"、讲"义"，员工自然会同样回报企业。

华为技术有限公司创业22年至今，已成为全球领先的电信解决方案供应商，2009年，华为销售额突破了300亿美金，成为全球第二大通信设备供应商。华为的产品与解决方案已经应用于全球100多个国家和地区，在海外设立了20个地区部和100多个分支机构；在美国、印度、瑞典、俄罗斯及中国等地设立了12个研究所和31个培训中心。

华为公司经过多年的奋斗历练，在核心价值观中确立了"至诚守信"理念。华为倡导公司对员工诚信，员工对公司诚信，最终是对客户和社会的诚信。任正非认为，诚信的本质在于责任，有诚信的员工和公司是负责任的，不只对自己负责，对公司负责，同时要对社会负责任。这种诚信文化是华为不断创造出辉煌业绩的重要原因之一。

由此，我们可以看到"仁义诚信"思想在企业文化建设中的成功应用。儒家的核心思想就是"仁"，根本之道就是"仁道"。"义者宜也"，"义"的基本涵义，就是合乎仁道，追求合理、适时、正义、公正。儒家先贤们提出"义"的概念，是要给所有的社会活动、生产活动确定一个最基本的原则，在价值观上确定最基本的标准，使具有不同文化、教育、种族背景的人共同遵循。"诚"是

≪中庸≫的一个基本理念。"诚者，天之道也；诚之者，人之道也。""信"的基本涵义是守信，言行一致，忠于诺言。总之，诚信应是人与人之间交往最基本的准则，是立身之本，也是立业、立国之本。

"仁"和"义"是必须遵守的社会公义，诚信是一个健康的、健全的市场经济的灵魂。因此，在当代企业文化建设中，"仁义诚信"是我们要强调的基本原则。而这尤其适用于发展到一定规模、处于成长期的私营企业。

我们高兴地看到：在儒学教育日益受到重视的今日中国，儒学思想正被越来越多的成功的私营企业奉为圭臬，这不仅说明了儒学思想本身的强大生命力，而且说明儒家思想对于引导市场经济的健康发展，乃至促进和谐社会的建设都是非常有益的。

儒学思想对当代中国私营公司企业文化的影响

赵毅武 | 北京纳通医疗集团总裁

第一部分：当代中国私营公司企业文化建设现状

企业文化的定义

美国哈佛大学教育研究院的教授特雷斯·迪尔和艾伦·肯尼迪说："企业文化是一个企业所信奉的主要价值观"。他们认为，企业文化由价值观、英雄人物、习俗仪式、文化网络、企业环境共同构成。(特雷斯·迪尔和艾伦·肯尼迪，1982，《企业文化—企业生存的习俗和礼仪》)

中国私营经济发展现状

中国私营经济自1990年以后高速发展，目前，有私营企业789万个，私营经济占中国GDP的56%，在城镇就业中，私营经济提供的岗位占70%左右。经济危机之前，私营经济的增长速度在20%—30%左右，高于全国GDP的增长速度。目前，私营经济已经由一个数量扩张型的发展转到了数量和质量并行发展的一个重要阶段。私营经济数量还在发展，但已经到了一个质量提高的重要阶段。

目前中国私营经济发展面临一些问题，在通货紧缩的压力下，在加入WTO之后，市场竞争加剧，企业面临很大的压力，虽然私营经济初步发展起来，然而问题不可小视。一是目前私营经济呈现出早期市场经济征候，主要表现在市场秩序存在一些混乱现象，劳资矛盾呈加剧之势；二是"小富即安"的思想比较普遍，不少私营公司缺乏进一步发展的动力；三是融资渠道不畅，企业发展后劲不足；四是企业经营管理需要改善。

当代中国私营公司企业文化建设现状

如果把中国私营企业的发展分为创业期(资本，机遇)、成长期(管理，市场)、平稳期(企业文化，管理)的话。中国的很多私营企业在经历了激烈的市场竞争的考验后，都已经具备了相当的市场生存能力，即已经走过了创业期，向着成长期和平稳期发展。企业规模发生了变化，由小型成长为中型，有的甚至成长为大型企业，企业所面临的市场环境也发生了变化，由不太规范变得较为规范。但是，很多私营公司在早期小规模状态下和市场还不规范的环境下，形成了自己的企业文化，这种文化早期在企业发展中曾经起到了重要的作用，但在企业规模和外部环境变化之后，企业原有的文化正在成为企业进一步发展的障碍。

1. 企业文化处于低层次、追求单一经济效益的状态。

中国私营企业的成长过程大多含辛茹苦，财富的积累来之不易，艰难的创业经历使大多数人自然具有一种效率观、效益观，对于工作效率、经济效益的玩命追求是很多私营企业文化的核心，这相对于无效率概念、无效益意识的情况来讲是一种进步，但是对效率、效益的过分追求，特别是对于股东利益的过分追求，往往使私营公司的企业文化观处于一种低层次状态，进而束缚和危害企业的长远发展。这一点在私营房地产行业和煤炭行业表现最为突出，这些领域的不少私营企业为了追求利益最大化，置顾客利益、员工利益、社会责任于不顾，甚至置顾客和员工的健康和生命于不顾。最近的假奶粉事件、假疫苗事件、矿难事件都是具体的证明。这种文化倾向将会严重影响中国私营企业的健康发展。中国私营公司的企业文化必须尽快超越这一层次，进入到更高的层次。

2. 企业文化的形成具有一定的自发性，难以进行自觉的变革。

对于大多数中国私营公司来说，现有的贯穿于企业经营的价值理念，许多是在长期经营中自发地形成的，带有比较浓厚的狭猎的经验色彩，零碎而不稳定。有的私营企业虽然在文字上提出系统的、较为先进的企业文化理念，诸如经营理念、经营使命、经营价值观等，但往往停留在形式上，说的是一套，做的又是一套。企业文化的形成与超越，首先需要企业家根据企业内外环境的变化，对企业发展的重要问题作出系统的重新思考和认识，并将这种思考和认识系统表达出来，中国大部分私营企业领导人显然还没兴趣去做这种短期内难以带来经济效益的功课，所谓的企业文化建设，多是装装门面，跟跟时尚而已。私营公司企业家对于企业文化的这种"叶公好龙"式的态度，直接导致了私营企业文化的形成的自发性，增加了企业文化变革和重塑的难度，使企业难以形成真正有力的、与时俱进的信仰支撑体系和文化传播体系，因而降低了企业文化应有的作用。

3. 企业文化理念多而杂，缺乏明确的核心。

在中国私营公司的企业文化理念体系中，所用到的主题词至少有几十个，诸如企业精神、核心价值观、核心理念、企业宗旨、企业愿景、企业品性、经营理念、管理理念、企业道德、企业使命等等。其中不同主题词表达的可能是同一种内容，同一主题词表达的也可能是不同的内容，这种文化基本概念上的不统一导致了文化建设过程中的一定障碍。究其原因，是私营企业在文化建设中过于强调个性化的结果。个性化在文化建设中有一定的意义，但为个性而个性就会走入误区，成为一种形式性的东西。

4. 企业文化建设存在问题，但也有亮点。

中国私营公司的企业文化建设存在一些问题，但也有许多亮点。私营公司的性质决定其具有自身的优势，私营公司具有强烈的竞争意识、市场意识、创新意识、效率意识以及人才意识，市场竞争的巨大压力使得他们必须不断进取，不断追求。有些私营公司善于在实践过程中不断总结，不断提升，与时俱进，重视通过企业文化建设来强化公司的管理，取得了优异的成绩，成为私营公司中的佼佼者。

第二部分：儒学思想对私营公司企业文化建设的影响

在这里我们介绍两个企业文化建设比较成功的企业，从中可以看到儒学思想所产生的影响。

海底捞餐饮有限责任公司

海底捞餐饮有限责任公司以经营川味火锅为主、融会各地火锅特色于一体，是一家大型跨省直营餐饮品牌火锅店。自1994年创立后，经过16年艰苦创业，不断进取，海底捞从一家不知名的小火锅门店起步，发展至今，拥有7000余名员工、4个大型配送中心与占地约20余亩的大型生产基地、总经营面积超过五万平方米的36家直营分店，并以每年平均开拓7个店的速度发展。

其创办人张勇生于1971年，1988年从技校毕业后，在四川拖拉机厂做了6年工人，1994年创立了第一家"海底捞火锅"，取得成功。他的管理实行"以人为本"，对员工给予充分的信任与尊重，调动员工积极性，从而造就了这个餐饮界"神话"。

海底捞餐饮有限公司以它近乎"变态"的服务和植根于中国传统文化的管理理念而著名。海底捞在食客中以"等位"而著名，等位时间经常漫长到两个小时以上，但等位区并无通常所见的抱怨和焦急。等位的顾客可以享受很多免费服务项目，都说对这种贴心服务感到"受宠若惊"，感慨"终于找到了做上帝的感觉"。细观其企业文化，不难发现其中处处闪现着儒家思想的影响——以人为本、平等信任、激励进取、育人为先。

张勇认为，人是海底捞的生意基石。"人与人之间是平等的"，这是张勇经常和员工讲的一句话。平等的意识将激发员工更大的工作热情，把海底捞当作自己的事业来做。从如何解决"怎样才能让员工把海底捞当家"这个简单而关键的问题出发，依据"老吾老以及人之老，幼吾幼以及人之幼"的理念，找到了"把员工当成家里人"这个简单却经常被人忽视的正确答案，并遵循这一理念，做出了很多创新性的举措：

员工住的都是正规住宅，有空调和暖气，电视电话一应俱全，还可以免费上网，公司雇人给宿舍打扫卫生，换洗被单；

在员工家乡建立寄宿学校，解决员工的子女教育问题；

鼓励夫妻同时在海底捞工作，而且提供有公司补贴的夫妻房等等。

海底捞的财务基础制度设计的出发点，是"人性本善"。比如全体员工拥有免单权，这样可以激发对方的被信任感，拔高员工的道德水准，鼓励其为荣誉感而努力与尽力。当然，基于"人性本善"的充分授权背后仍然有严谨的财务原则。并不是说有了精神激励就不需要制度了，只是不以制度约束为主，当个人约束不住自己的时候，才用制度来做补充。

海底捞推行"育人为先"的人才培养战略。不以利润为第一关注点，而是以人才培养为重点。本着"己欲立而立人，己欲达而达人"的原则，海底捞的成长以员工的成长为基础，公司与员工共同发展。他们认为"对管理者最好的培训就是使用，让他在错误中成长"。

激励员工积极向上，将"双手改变命运"的价值观在海底捞变成现实。海底捞设立员工晋升级别：一级、二级、先进、标兵、劳模、功勋。功勋级员工的收入和店长不相上下。用物质与精神相结合的激励机制促进员工成长，因为海底捞的员工多数来自农村，由于地域和条件的特殊性，他们普遍内心有骨气但又比较自卑，他们重视名誉，渴望得到他人的认可和尊重。所以对他们的尊重关爱和教育鼓励很重要。通过树立"标兵"、"先进员工"、"优秀员工"这些催人上进的称号，有效地激发了员工们的工作热情和积极性。员工们把能得到这些称号，看得比奖金还重要。一个企业不重教化、不重精神力量是办不好的，儒家的一个重要思想就是教化为先。

华为技术有限公司

华为技术有限公司已成为全球领先的电信解决方案供应商。1988年创立时，创业资本10万元，初始业务为代理销售香港一家公司的交换机，随后研发并推出了农村电信数字交换系统解决方案，开始了其以研发为依托的迅猛扩张。到2008年，华为被商业周刊评为全球十大最有影响力的公司，2009年，华为销售额突破了300亿美金，超过诺基亚、西门子和阿尔卡特朗讯，成为仅次于爱立信的全球第二大通信设备供应商。华为的产品与解决方案已经应用于全球100多个国家和地区，在海外设立了20个地区部和100多个分支机构；在美国、印度、瑞典、俄罗斯及中国等地设立了12个研究所和31个培训中心。

任正非是华为的创始人，他生于1944年，被人们称为"中国最具影响力的商界领袖"。华为是中国本土企业自主创新和全球化运营的一个典范。任正非对企业的宏观战略有清晰的认识，他以自己独特的思想认识影响、指导企业的发展。华为已树立起自己独具特色的企业文化，这种文化之中蕴含着总裁任正非穿透企业纷繁复杂表象的深邃的思想力。从产品营销到技术营销再到文化营销，华为做得有条不紊。任正非对企业目标的界定，对企业管理的创新，对智力价值的承认，可以说都开创了中国私营公司之先河。

　　22年时间，华为飞速成长，无论是业绩还是企业文化，都处于一个高速发展变化的过程。现在我们来看华为的企业文化核心价值观，逐条分析，从中可以看出儒学思想的影响。

	华为企业文化核心价值观	儒学思想影响
成就客户	为客户服务是华为存在的唯一理由，客户需求是华为发展的原动力。我们坚持以客户为中心，快速响应客户需求，持续为客户创造长期价值进而成就客户。为客户提供有效服务，是我们工作的方向和价值评价的标尺，成就客户就是成就我们自己。	华为核心价值观的第一条是"成就客户"，同样是"己欲立而立人，己欲达而达人"精神的体现，华为作为世界级企业，致力于谋求和谐的发展环境，与友商和谐共处，为客户竭尽所能，彼此成就。
自我批判	自我批判的目的是不断进步，不断改进，而不是自我否定。只有坚持自我批判，才能倾听、扬弃和持续超越，才能更容易尊重他人和与他人合作，实现客户、公司、团队和个人的共同发展。	先贤曾子说："吾日三省吾身，——为人谋而不忠乎？与朋友交而不信乎？传不习乎？"每天多次进行自省。对应于此，华为奉行的是"自我批判"的核心价值观，把自我批判作为一种武器，一种精神，籍此战胜困难，摆脱危机。
开放进取	为了更好地满足客户需求，我们积极进取、勇于开拓，坚持开放与创新。任何先进的技术、产品、解决方案和业务管理，只有转化为商业成功才能产生价值。我们坚持客户需求导向，并围绕客户需求持续创新。	进取的价值观恰恰符合儒学所倡导的积极进取的理念，《周易·乾卦·象言》有"天行健，君子以自强不息"的说法，提倡"刚健"观念和"自强不息"的原则。《大学》引《汤之盘铭》文有"苟日新，日日新，又日新。"句子，意思就是要天天更新自己，不能静止不变，每天都要有新的提高。任正非强调进取的重要性，说："在产品和解决方案领域要围绕客户需求持续创新。"持续创新，就是"日日新"。
至诚守信	我们只有内心坦荡诚恳，才能言出必行，信守承诺。诚信是我们最重要的无形资产，华为坚持以诚信赢得客户。	儒家视诚信为修身养德和治国立业的重要条件，尤其是商业的根本。《论语·为政篇》里说："人而无信，不知其可也。"《中庸》里说："诚者，天之道也；诚之者，人之道也"，把诚信视为天地万物之道，极言诚信不可或缺的重要性。任正非说："华为十几年来铸就的成就只有两个字——诚信，诚信是生存之本、发展之源，诚信文化是公司最重要的无形资产。"可见其对诚信的重视程度。
团队合作	胜则举杯相庆，败则拼死相救。团队合作不仅是跨文化的群体协作精神，也是打破部门墙、提升流程效率的有力保障。	《国语·郑语》："夫和实生物，同则不继。"中国传统文化不但主张"和"，而且提倡"和而不同"，强调统一之中的差异、和谐之中的多样，在寻求一致的同时也包容个性。孔子在《论语·子路》中更把"和""同"思想提炼为道德箴言，叫做"君子和而不同，小人同而不和"。"和"是不同的东西相参合，"同"是相同的东西相结合。华为所提倡的"团队合作"恰恰是这种思想的体现，强调互相配合，团队协作。
艰苦奋斗	我们没有任何稀缺的资源可以依赖，唯有艰苦奋斗才能赢得客户的尊重与信赖。奋斗体现在为客户创造价值的任何微小活动中，以及在劳动的准备过程中为充实提高自己而做的努力。我们坚持以奋斗为本，使奋斗者得到合理的回报。	《周易》中说："君子终日乾乾，夕惕若，厉无咎。"说人不仅要整天自强不息，发奋有为，而且一天到晚都要心存警惕，好像随时会有危险发生一样，才能免除灾祸，顺利发展。在《论语·雍也》中孔子说过："仁者先难而后获，可谓仁矣。"都是讲必须先有付出，经过努力才会有所收获，强调了艰苦奋斗的必要性。这正是华为所提倡的核心价值观之一，也是当代私营公司获得发展的必要条件。

华为现在的企业文化已不是原始的华为文化，是经过了一个巨大改造的。我们来看看华为早期的企业文化。华为的第一次创业是靠企业家行为，为了抓住机遇，不顾手中的资源，奋力牵引，凭着他们的艰苦奋斗，远见卓识和超人胆略，使公司初具规模。创始人的个人性格、人生经验、价值理念和做事风格深刻地影响着企业的文化氛围，构成了企业最本源的文化基因。

华为创建之初，条件十分艰苦，只是一个小小的代理商。军人出身的任正非，自身带有浓厚军事色彩并且强调斗争性的个人色彩，这一点对华为影响颇深。他曾经对"土狼"时代的华为精神作了经典概括。他说："发展中的企业犹如一只狼。狼有三大特性，一是敏锐的嗅觉，二是不屈不挠、奋不顾身的进攻精神，三是群体奋斗的意识。企业要扩张，必须要具备狼的这三个特性。""狼性"就这样被作为华为精神延续下来。

这是华为在创业初期所采取的措施，在市场竞争激烈的环境下要求员工像狼一样"虎口夺食"，这种文化在创业阶段确实发挥了很大作用，华为公司籍此迅速成长起来。然而，"狼性文化"是一柄锋利的双刃剑，狼性中同样深藏着固有的狼性弱点：狡黠，残酷无情，攻击性过强，为达到目的不择手段等等。在这种"狼性文化"的熏染下，企业及员工容易在文化中迷失。

自2000年开始，华为面临"二次创业"转型期，意识到了"狼性文化"所造成的后遗症有多严重。走向世界的华为，需要一种全新的企业文化理念支撑，使它成为依靠成熟体制和管理的国际性大企业。这种企业文化理念来自哪里？

下面摘要引述中国长江商学院院长项兵的文章来说明：

在流程变革最艰难的1999－2000年间，IBM管理顾问对华为管理存在的问题做出了阶段性总结：华为没有时间把事情一次性做好，却有足够的时间将事情一做再做。华为公司等级森严，缺乏沟通文化，导致试图通过各种组织调整和会议来解决问题。这使任正非意识到，华为过去赖以成功的企业文化中的某些因素现在变成了管理变革的阻碍。

任正非认为，管理变革的困难真正出现在"体用之争"层面。华为引入IBM的管理方法被看作是纯粹西方的现代管理理念，但公司内部的思维方式仍然是"中国式"的，或者说是"过去的华为式"的。这种"中学为体、西学为用"思维方式在员工层面形成了"体用割裂"的行为方式，这种看起来不符合规范的行为习惯解决起来非常困难。不过，任正非同样反对"全盘西化"，他认为这是从一个极端走向另一个极端，与"中学为体、西学为用"一样，都不是也不可能是国际化的正确选择。在2000年，任正非提出了著名的"灰色理论"，这既是他哲学思维的体现，也是华为文化变革方向的概述：

灰色就是黑与白、是与非之间的地带；灰色的含义就是不走极端，在继承的基础上变革，在稳定的基础上创新，在坚持原则和适度灵活中处理企业中各种矛盾和悖论。

华为在2002年初对总监级以上的高级管理者进行了为期几天的封闭培训，邀请北京大学哲学系和中国社会科学院的8名学者讲授东方文化与哲学思想及新教伦理与资本主义精神等西方哲学思想。任正非希望借此开拓高层的视野，重塑他们的思维模式，为管理变革的深入推进打下思想基础。

任正非相信，日本、韩国等亚洲企业走向世界级的过程中，都曾经历过企业文化变革的痛苦历程，也曾经为跨越文化障碍交过高昂学费。因此，只有建立符合世界级企业需要的企业文化，华为的业务流程变革才能真正取得成功。

在选择自己的企业文化问题上，任正非强调东方智慧固然重要，但要实现华为的国际化，必须实现"道术合一"；华为要超越"体用之争"，把企业文化融入到制度才是企业文化传承的最佳方式。而这种企业文化与制度的融合过程本身就需要一种新的催化剂——人的职业化。

任正非说：与国际对手间的巨大差距，如果不首先建立起与国际接轨的流程化组织和职业化的员工队伍的话，则不可能在高端的产品及市场领域与竞争对手抗衡，更无法实施收购兼并策略，因为一群青纱帐里走出来的"农民"绝不可能去运营国际化的现代企业，也无从去消化买回家来的"西式大餐"。

从以上介绍可以看到，无论是前面谈到的海底捞还是华为，他们的共同点就是注意运用儒学的一些思想精华来指导企业文化建设，构建企业核心价值观，事实证明，他们是成功的。从中可以清楚地看到，当华为度过初创期，处于成长期的时候，任正非用儒学思想来教育员工、指导企业文化建设，成功完成了"二次创业"阶段的思想转变，促进了华为的发展壮大。而海底捞的张勇，一直重视把儒学思想贯注于企业的管理原则之中，体现在企业管理的多个方面，取得了很大成功。

华为和海底捞都是中国企业，他们的员工都来自于中国，都生活在中国人群构成的环境中，他们拥有共同的价值观和传统文化的基础。因此，企业引入中国传统文化特别是儒家的一些有价值的重要理念来指导企业文化建设及管理，不仅具有必然性，而且实践证明，具有很大的成效性。

第三部分：仁义诚信 —— 儒学核心思想在企业文化建设中的应用

关于仁义思想的应用

儒家的核心思想就是"仁"，儒家的根本之道就是"仁道"。孔子讲"仁者爱人"，就是要有仁爱之心，孟子称之为"恻隐之心"。至少在思想观念上，孔孟是主张人人平等的，并要求推己及人，由衷奉行。

"义者宜也"。"义"是指合乎"仁"的行为，是"仁"的体现。"义"的基本涵义，就是合乎仁道，追求合理、适时、正义、公正。"义"在一些儒家那里上升为一种世界观范畴，它是世界万物发展所遵循的正道。天地有大义，社会有大义，人伦道德有大义，无此大义，天地无以运行、社会无以延续、人伦无以存在。承认有这样一个"义"的存在，就是承认人们看待自然世界与人类社会存在着取得共识的可能。这个共识不仅要顾及人类作为一个高等生命体的存续，也要顾及人类所处的外部世界。儒家先贤们提出"义"的概念，是要给所有的社会活动、生产活动确定一个最基本的原则，在价值观上确定最基本的标准，使具有不同文化、教育、种族背景的人共同遵循。

海底捞的创业发展就是一个很好的证明。海底捞在管理经营中注重"仁"、"义"的贯彻，讲平等，讲尊重，讲信任。与其他服务行业"顾客至上"的原则不同，海底捞是"员工第一"，他们认为：只有让员工先满意了，员工才会真正让顾客满意。企业对员工讲"仁"、讲"义"，员工自然会同样回报企业。这一独特的企业文化所形成的凝聚力，使海底捞员工流动率一直保持在10%左右，大大低于中国餐饮业的员工平均流动率28.6%。

关于诚信思想的应用

"诚"是≪中庸≫的一个基本理念。"诚者，天之道也；诚之者，人之道也。"（≪中庸·二十章≫）。"诚"并且具有能不断化育万物的特点，"唯天下至诚为能化"（≪中庸·二十三章≫），"故至诚无息"（≪中庸·二十六章≫）。反之，如果做不到"至诚"，那就会失去一切。"不诚无物"（≪中庸·二十五章≫）。"信"的基本涵义是守信，言行一致，忠于诺言。孔子说："敬事而信"，"信则人任焉"。总之，诚信应是人与人之间交往最基本的准则，是立身之本，也是立业、立国之本。

市场经济是交换经济，一切商品的交换活动，形式上都要求交换双方诚实守信、履行合同。诚实守信本应是市场经济的一种伦理原则。市场经济又是竞争经济，竞争不仅是物质、技术的竞争，商品质量的竞争，人才资源的竞争，更是企业品牌与信誉的竞争。对商品生产或经营者来说，诚实守信的良好企业形象和卓著的商业信誉，无疑是一笔巨大的无形资产。反之，缺乏良好的信用系统，不仅不利于企业运作水平的提高，而且很难在市场竞争中立于不败之地，或许能够得小利于眼前，但将失大利于未来。

华为公司经过多年的奋斗历练，在核心价值观中确立了"至诚守信"理念。任正非说"我们只有内心坦荡诚恳，才能言出必行，信守承诺，诚信是我们最重要的无形资产，华为坚持以诚信赢得客户。"华为倡导公司对员工诚信，员工对公司诚信，最终表现为对客户和社会的诚信。任正非认为，诚信的本质在于责任，有诚信的员工和公司是负责任的，不只对自己负责，对公司负责，同时要对社会负责任。这种诚信文化是华为不断创造出辉煌业绩的重要原因之一。

综上所述，"仁"和"义"是必须遵守的社会公义，诚信是一个健康的、健全的市场经济的灵魂。因此，在当代企业文化建设中，"仁义诚信"是必须要强调的根本原则。而这尤其适用于处于规模扩大期的企业，也就是面临"二次创业"关键期的私营公司。处于时下社会转型期的中国私营公司，生存颇为不易。对手的竞争、市场的挑选、政治经济环境的变化以及很多不确定因素，使它们要承担的风险和经历的磨难比其他类型的企业都要多很多。如果说创业阶段的私营公司基本上是企业家靠机会、勇气、悟性、能力而成功的，那么随着企业不断发展、市场变化以及管理模式的转变，私营公司的管理需要提升，那些还停留在原来的思维惯性，采用旧的管理模式，或者小富即安、不思进取而跟不上时代发展的企业便逐渐被市场淘汰。而只有已经意识到必须由以前的粗放式管理向科学化管理转变、大规模的企业变革需要文化变革支撑、企业内部管理需要提升的企业家们，才能抓住机会，与时俱进，目光向内，抓好自身的企业文化建设。他们把更多的精力集中在员工队伍建设上，重视对人的精神管理，把"仁义诚信"四字作为企业文化建设的基本原则。

我们高兴地看到，在儒学教育日益受到重视的今日中国，儒学思想正被越来越多的成功的私营企业奉为圭臬，这不仅说明了儒学思想本身的强大生命力，而且说明儒学思想对于引导市场经济的健康发展，乃至促进和谐社会的建设都是非常有益的。

论程颢、戴震人性学说在儒家人性论中的地位

解光宇 | 中國安徽大學儒學研究中心教授

孟子的"性善说"和荀子的"性恶说"是两条贯串着儒家人性学说发展的线索。人性善恶争论的过程，实质上是"性"与"情"这对范畴发展和演变的过程。

孟子虽然没有提出"情"的概念，但在论述性时透露出关于"情"的思想。他从人性善出发，认为人皆有"恻隐之心"、"辞让之心"、"羞恶之心"和"是非之心"，这"四端"就是仁义礼智，恻隐、羞恶、是非与辞让就是"情"。既然人性是善的，那么情也善。荀子首次明确地提出"情"的概念，由于人性恶，其表现的情欲也恶。董仲舒的"性仁情贪，性有三品"，明显具有调和性的善恶色彩。李翱在性与情的关系上，以性善说为基础融汇佛家"灭情见性"的思想，从而提出"灭情复性说。"二程提出"气禀说"和"定性说"，为解决人性善恶问题、性与情关系问题作出了重大的理论贡献。由李翱的"复性"到二程的"定性"，使儒家人性学说成为封建社会人性学说的定论，对以后的思想家们产生了很大的影响。

戴震人性学说基本观点是"性成于阴阳五行，理义根于性"，万物皆由"阴阳五行"、"气化流行"自然生成的，人性也不例外，认为"血气心知，性之实体也"。戴震不仅以"血气心知"之性反对"天命之性"，还以情欲为性反对以理为性。所以，"天理"与"人欲"不仅不是对立的，而是互相统一的，是"理存于欲"。他旗帜鲜明地提出："有欲而后有为，有为而归于至当之不可易谓理。无欲无为，又焉有理?"充分肯定了人的正当欲望和要求，表达了"体民之情，遂民之欲"的良好愿望。他的"理存于欲"的人性学说，矛头直指封建纲常伦理，动摇了以"天理"为性的封建人性学说基石，说明了无论怎样调和性善和性恶，都不能维持儒家人性学说的自我调节，预示着儒家人性学说以及整个封建伦理学说行将崩溃，因而戴震的人性学说标志着古代人性学说的终结。

论程颢、戴震人性学说在儒家人性论中的地位

解光宇 │ 中國安徽大學儒學研究中心教授

一、

纵观整个古代儒家人性学说的发展历程，可以看出，孟子的"性善说"和荀子的"性恶说"是两条贯串着儒家人性学说发展的线索。虽然后继者大部分都继承"性善"思想，但在论述"情"的方面发展了"性恶"的思想。中国哲学史上人性善恶争论的过程，实质上是"性"与"情"

这对范畴发展和演变的过程。

孟子虽然没有提出"情"的概念，但在论述性时透露出关于"情"的思想。他从人性善出发，认为人皆有"恻隐之心"、"辞让之心"、"羞恶之心"和"是非之心"，这"四端"就是仁义礼智，恻隐、羞恶，是非与辞让就是"情"。既然人性是善的，那么情也善。

荀子首次明确地提出"情"的概念。荀子说："性者，天之就也；情者，性之质也；欲者情之应也。"（《正名》）荀子把性、情、欲三者联系在一起，认为情欲是性的表现。"情"表现在哪些方面呢？荀子提出"六情说"："性之好、恶、喜、怒、哀、乐谓之情。"（《正名》）特别是"好"，往往表现为恶的欲望，即所谓"目好色，耳好声，口好味，心好利，骨体肤理好愉佚"（《性恶》），就是说人"生而好利焉"，"生而有耳目之欲，有好声色焉"，如果"从人之性，顺人之情，必出于争夺，合于犯分乱理而归于暴"（《性恶》），因此，人性恶其表现的情欲也恶。

董仲舒的"性仁情贪，性有三品"，明显具有调和性的善恶色彩。他认为，人一生下来就具有"性"和"情"："身之有性情也，若天之有阴阳也。言人之质而无其情，犹言天之阳而无其阴也"（《春秋繁露·深察名号》）。董仲舒"性仁情贪"观点："身之名取诸天，天两，有阴阳之施；身亦两，有贪仁之性。"（同上）就是说天有阴阳，表现在人性上也有阴阳两种属性，即性是阳的体现，其属性为"仁"，情是阴的体现，其属性为"贪"，这就是所谓"性仁情贪"。所以他认为孟子的性善说有缺陷，"谓性已善，奈其情何?"（同上），也不同意荀子性情皆恶的观点，认为情虽然恶，但是性"仁"，恶的情最终要受到性的控制。他根据人所禀受情欲的多少而划分了三种人性，第一类是情

欲极少的"圣人之性"；第二类是情欲极多的"斗筲之情"；第三类是仁贪对半、可以为善也可以为恶的"中民之性"。

董仲舒"性三品"的提出，理论上旨在调和性善和性恶、性与情的矛盾，实践上一方面把具有所谓"圣人之性"的封建统治者提高到"治人者"的宝座；另一方面则把下层劳动人民定为"斗筲之性"，只能充当"治于人"的角色。

董仲舒关于"性仁情贪"和"性三品"的人性学说，虽然遭到刘向"性情均有善恶"和扬雄"性善恶混同"等观点的反对，但唐代的韩愈、李翱却在此基础上加以发挥，使之更加精致。

韩愈认为，不能把性和情截然分开，应该将性与情并提。他说："性也者，与生俱生也。情也者，接于物而生也。"(≪韩昌黎集·原性≫)并且指出性的内容有五，即仁义礼智信；情的内容有七，即喜怒哀惧爱恶欲。韩愈在论述性情的基础上，把人性也分为上中下三品："性之品有上中下三，上焉者，善焉而已矣；中焉者，可导而上下也；下焉者，恶焉而已矣。"(同上)性有三品，性情相应，情也依附而分为三种，即上品的性必发为上品的情，它基本上符合五德；中品的性必发为中品的情，它于五德虽然有违背或不足，但其中包含有合乎五德的地方；下品的性则必发为下品的情，它从本质上是与五德相违背的。性与情一一对应，二者紧密相联。韩愈性情相关联的思想则是对董仲舒割裂性情关系的修正，为李翱的"灭情复性"作理论上的准备。

李翱在性与情的关系上，以性善说为基础融汇佛家"灭情见性"的思想，从而提出"灭情复性说。"

佛家的"灭情见性"，实质是禁欲主义，认为人的情感欲望是可恶的："人我是须弥，邪心是海水，烦恼是波浪，毒害是恶龙，虚妄是鬼神，尘劳是鱼鳖，贪瞋是地狱，愚痴是畜生。"(≪坛经·疑问品≫)人的佛性正是被这些情感欲望所掩盖，成佛之途，就必须灭掉一切情感欲望，断执去惑，方能恢复本心："除人我，须弥倒；去邪心，海水竭；烦恼无，波浪灭；毒害忘，鱼龙绝。自心地上，觉性如来，放大光明，外照六门清净，能破六欲诸灭。自性内照，三毒即除，地狱等罪一时消灭。'(≪坛经·决疑品≫)

李翱在反佛之余，觉察到佛性说与儒家修心养性说有共同点，注意"以佛理证心"，援佛入儒，以儒融佛。在论述性与情的关系时，李翱认为："人之所以为圣人者，性也，人之所以惑其性者，情也。喜、怒、哀、惧、爱、恶、欲七者，皆情之所为也。情皆昏，性斯匿矣。非性之过也，七者循环而交来，故性不能充也。水之浑也，其流不清；火之烟也，其光不明；非水火清明之过。沙不浑，流斯清矣；烟不郁，光斯明矣。情不作，性斯充矣。"(≪复性书≫)这就是说，每一个人的本性，都是先天符合封建道德标准，都有做圣人的可能性。为什么有人不能成为圣人呢？这是受到情感欲望干扰的缘故。人的七情不断从各个方面干扰人的本性，使善性不能得到扩展，就象夹杂着泥沙的水，泥沙沉淀，水就清了；就象夹杂着烟的火，去掉烟，火光就显露出来了。去掉情，人的善性就可以得到扩展。所以，情是性之累，只有"灭情"才能"复性"。

在如何复性问题上，李翱也把佛教的修养方法搬了过来。"或问曰：'人之昏也久矣，将复其性者，必有渐也，敢问其方’。曰：‘弗虑弗思，情则不生。情既不生，乃为正思。正思者，无虑无思也。’”(≪复性书≫)不难看出，李翱提倡无思无虑，以静息一切念虑为主要修养方法，这与佛家的“静虑”、“禅定”的修养方法并没有什么不同。

不过，李翱的人性学说尚有许多问题不能自圆其说。如在闻睹与思虑的问题上，就简单地割裂感性与理性的关系。人的感官功能是客观存在的。李翱也承认人的感官作用：“不闻不睹，是非人也”(≪复性书≫)。但李翱又认为“视听昭昭而不起于见闻者，斯可矣”(≪复性书≫)。既然“不闻不睹是非人”，那么为什么认识又“不起于见闻”呢?

同样，在性与情的关系上，既然性善情恶。那么又是怎样得出“情不自情，因性而情，性不自性，由情以明”(≪复性书≫)的结论呢？显然李翱的人性学说尚不成熟。但是扼杀人的情感欲望，采取禁欲主义的方法来“灭情复性”，却为宋明理学“存天理，灭人欲”开了先河。理学家们把封建纲常义理看作是“天理”，把人的情感欲望谓之“人欲”。“理”和“欲”是对立的，要维护封建的纲常义理，就必须克服“人欲”。怎样才能做到“存理灭欲”呢？这就是程颢在≪答横渠先生定性书≫中所要解决的问题。

二、

≪答横渠先生定性书≫是程颢和张载讨论“定性”问题的一封书信，后人称之为≪定性书≫。朱熹的语录中有一条云：“≪定性书≫说得也诧异。此性字是个心字意。”(≪朱子语类≫卷九十五)即是说“定性”的实质就是“定心”。张载希望得到“定性”，但“犹累于外物”，以致于不得不动。程颢回答说：“所谓定者，动亦定，静亦定，无将迎，无内外。苟以外物为外，牵己而从之，是以己性为有内外也。且以性为随物于外，则当其在外时，何者为在内？是有意于绝外诱而不知性之无内外也，既以内外为二本，则又乌可遽语定哉?”(≪定性书≫)张载累于外物不能定性，“以性为有内外”，导致“以外物为外，牵己而从之。”这样，己性为内，外物为外，外物引诱己性，使己性逮于外物而不能定。程颢认为，必须认识己性与万物一体，无所谓内外之分。“仁者浑然与物同体”，“天地之用，皆我之用”，只有认识己性与万物一体，才能做到“动亦定，静亦定。”

己性与万物一体，己性无内外，这不是一般人能做到的，只有那些圣人才能做到：“夫天地之常，以其心普万物而无心；圣人之常，以情顺万物而无情。故君子之学，莫若廓然而大公，物来而顺应。”(≪定性书≫)天地化生万物，天地之心也就是万物之心，万物与天地一体。圣人之情顺应万物，圣人之心好象一面镜子，能照一切东西。在这里可以看到佛老的痕迹：“圣人用心若镜，不将不迎，应而不藏，故能胜物不伤。”(≪庄子 · 应帝王≫)“圣人之情，应物而无累于物者也。”(何劭≪王弼传≫)“善知识，我此法门，从上以来，先立无念为宗，无相为体，无往为本。无相者，于相而离相。无念者，于念而无念。”(≪坛经 · 定慧品≫)

那么，一般人与圣人的根本区别在何处呢？"人之情各有所蔽，故不能适道，大率患在于自私而用智。自私则不能以有为为应迹，用智则不能以明觉为自然。"(≪定性书≫)一般人与圣人的根本区别在于一般人"自私"、"用智"，圣人则"廓然而大公"。一般人的思想行为都是以自己的利益为出发点，出于自私的动机，都是有所为而为，而不是对于事物的自发反映，故"自私则不能以有为为应迹。"

"自私"、"用智"是不知"性之无内外也。"如果以"内外为二本"，这就必然"累于外物"，不能抵御外物对己的诱惑。所以"定性"必须做到"与其非外而是内，不若内外之两忘也。两忘则澄然无事矣。无事则定，定则明，明则尚何应物之为累哉！圣人之喜，以物之当喜，圣人之怒，以物之当怒，是圣人之喜怒，不系于心而系于物也。"(≪定性书≫)张载以己性为内外，这样永远达不到"定性"的精神境界。若想"定性"，就必须"内外之两忘也"，以"内外为一本。"

上述可见，程颢关于"定性"的论述，并不象李翱那样简单地割裂性与情的关系，生硬地"灭情复性"，而是承认情感欲望的客观性，让人情顺应万物。所谓"内外为一本"，就是以封建义理纲常为内的"天理"，统帅人的情感欲望，情动不能超越封建纲常义理所规定的范围。只有这样，方能"澄然无事"，"无事则定，定则明"，情就不会有应物之累了，这就是"定性"的实质所在。

三、

中国古代儒家人性学说发展到程朱阶段可以说到了顶点。二程提出"气禀说"和"定性说"，为解决人性善恶问题、性与情关系问题作出了重大的理论贡献。由李翱的"复性"到二程的"定性"，使儒家人性学说成为封建社会人性学说的定论，对以后的思想家们产生了很大的影响。朱熹不仅继承二程的"性即理也"的思想，而且非常赞赏把性区分为"天命之性"和"气质之性"，认为这种区分解决了前人人性学说的种种矛盾和缺陷，"极有功于圣门，有补于后学"，"有功于名教。"朱熹关于人性问题的论述，大都在二程"天命之性"与"气质之性"的基础上加以发挥的。正如南宋著作郎李道传所评说的那样："孔孟既没，正学不明。……至于本朝，河、洛之间，大儒并出，于是孔、孟之学复明于世。……近世儒者又得其说而推明之，择益精，语益详。"(≪宋史记事本末≫卷八十)由于朱熹的"择益精、语益详"，从而建立了理学体系，成为理学集大成者。

具有唯物主义倾向的哲学家们，在批判二程"天命之性"的同时，注意吸收"气质之性"的合理思想。王廷相认为："性与气相资而有，不得相离。"(≪答薛君采论性书≫)颜元认为："非气质无以为性，非气质无以见性。"(≪存性编≫卷一)戴震认为："血气心知，性之实体也。"(≪孟子字义疏证≫)他们的共同点是否认"天命之性"，肯定"气质之性"，认为人的情感欲望都是合理的，不应予以扼杀。其中最具批判和战斗精神的，要数戴震的"血气心知，性之实体"说了。

程朱理学不仅将人性分为"天命之性"和"气质之性"，又将"天命之性"称为"义理之性"。"义理之性"是至善的，所以又叫做"道心"；"气质之性"是理与气相杂而成，有善有恶，又称"人心"。"道心"是"天理"，"人心"产生不善叫"人欲"，从而引伸出"天理"和"人欲"的对立，这样就可以理直气壮地用"道心"来主宰"人心"，用"天理"来克制"人欲"，故得出"存天理，灭人欲"的结论。

对程朱"存理灭欲"人性学说的批判，戴震作有突出贡献。戴震人性学说基本观点是"性成于阴阳五行，理义根于性"，万物皆由"阴阳五行"、"气化流行"自然生成的，人性也不例外；"在人言性，但以气禀言"，"举凡品物之性，皆就气类别之，人物分于阴阳五行以成性。舍气类，更无性之名。"(≪孟子字义疏证≫)肯定"性"是事物赖以相互区别的自然物质特性。人性是由"气类"生成的，其具体表现形式就是"血气心知"。他说"血气心知，性之实体也。"(同上)程朱所谓"义理之性"并不是先天存在的，而是"心知"的活动，是后天的认识。所以戴震说"言理义之为性，非言性之为理"(同上)，"血气心知"才是性的唯一的内在规定性。

戴震不仅以"血气心知"之性反对"天命之性"，还以情欲为性反对以理为性。他说："人生而后有欲、有情、有知，三者血气心知之自然也。"(同上)"欲"是指人对声色嗅味的要求，"情"是指人的喜怒哀乐的表现，"知"则是指人辨别美丑是非的能力。戴震不是把"情欲"排斥于性之外，而是将之直接纳入性之中。因此他说："有血气，则所资以养其气者，声色嗅味也"。"口之于味，目之于色，耳之于声，鼻之于嗅，四肢之于安佚之谓性。"(同上)即声色嗅味，饮食男女，穿衣吃饭等人欲都看成是人的自然而正常的要求，这种要求并不是恶。相反，在人特有的"心知"指导下，能够使欲望得到合乎自然规律地发展，这就是"善"。所谓人性善，并不是先天具有善，而是性中之"心知"能认识理，故人性善。从这个观点出发，戴震认为善恶的区别不在于能否"存天理，去人欲"，而在于有没有理智地指导情欲。如果情欲合乎自然发展，就一定是善而不是恶。他进而用"物"和"则"来说明"理"和"欲"的关系。他说："理者，存于欲者也"，"欲，其物；理，其则也"，又说"欲者血气之自然"，"由血气之自然而审察之，以知其必然，是之谓理义。"(同上)所以，"天理"与"人欲"不仅不是对立的，而是互相统一的，是"理存于欲"。他旗帜鲜明地提出："有欲而后有为，有为而归于至当之不可易谓理。无欲无为，又焉有理?"(≪原善≫)充分肯定了人的正当欲望和要求，表达了"体民之情，遂民之欲"的良好愿望。

戴震"理存于欲"的思想为"卑贱者"的生存权提供了论据。当时的人民"饥寒号呼，男女哀怨，以至垂死冀生"，而统治者仍施以暴政，其中程朱理学被充当他们的"忍而残杀之具。"成千上万的受压迫人民，就是在理学这把软刀子残害下含怨而死。戴震所在的古徽州，这种情况比比皆是，尤其是妇女更为深受其害。根据"存天理，去人欲"的理论，程朱理学提出了妇女"饿死事小，失节事大"的命题，强调妇女"从一而终，以顺为正"，严重损害妇女个性发展和对正当生活的追求，把对妇女的束缚推向极端，使妇女坠入黑暗深渊的最底层。据有关史料记载，徽州有一姓蒋的烈女，十八岁夫死，她决心自绝表示节烈，先是自缢殉夫被救，接着绝食五日又未死成，又用斧头自击头部仍未绝命，最后终于跳楼而亡，"完其名节"。歙县岩寺徽商谢绪之妻蒋氏，十九岁丈夫在外病故，为殉夫跳楼自尽，竟把楼下石板撞为两截，血溅断石，尸横当街，惨不忍睹，竟然还有

"以朱子为亲"的道学先生摇头晃脑，唱出一组≪断石吟≫！作为"程朱阙里"的古徽州，节妇烈女"当他省之半"，民间守寡者，有的婆媳同守，有的妯娌同守，甚至有祖孙四代同守。歙县城曾有一座"孝贞烈坊"，就集中表彰了府属"孝贞节烈妇女六万五千零七十八口"！(参见≪徽州社会科学≫1995年 第3期 第73页)戴震悲愤地控诉程朱理学："尊者以理责卑，长者以理责幼，贵者以理责贱，虽失，谓之顺；卑者、幼者、贱者以理争之，虽得，谓之逆。于是下之人不能以天下之同情、天下之同欲达之于上；上以理责下，而在下之罪，人人不胜指数。人死于法，犹有怜之者，死于理，其谁怜之？呜呼！"(≪孟子字义疏证≫)"酷吏以法杀人，后儒以理杀人"(≪与某书≫)。

　　戴震对程朱理学的揭露和批判，表明他在一定程度上看到了程朱理学的伪善而残忍的本质，表达了人民反封建专制和礼教的情绪，以及要求砸烂理学这个封建精神枷锁的强烈愿望。同时，他的"理存于欲"的人性学说，矛头直指封建纲常伦理，动摇了以"天理"为性的封建人性学说基石，说明了无论怎样调和性善和性恶，都不能维持儒家人性学说的自我调节，预示着儒家人性学说以及整个封建伦理学说行将崩溃，因而戴震的人性学说标志着古代人性学说的终结。

儒家倫理實踐

黎建球 ｜輔仁大學 哲學系教授

　　有鑒於近年來社會風氣鉅幅變遷，傳統倫理道德之價值幾乎被世人所遺忘。為矯時弊，本文擬就儒家倫理之實踐入手。儒家以倫理建構一套修身齊家治國平天下的架構，教育著人們自內而外，由己及人，而後臻於至善。

　　文中將倫理實踐分就人格與生活兩大部分著眼。人格的實踐從三達德以至八德等德目的修持起始，透過生命禮俗的五個歷程、修齊治平的四個理想、五種人際關係以及就人在宇宙中所處的地位等四個層面加以探討。

　　至於生活之實踐，必須落實於日常生活之體悟，本文將就：一、消極性生活實踐的原則物質生活的重建；二、積極性生活實踐的原則 —— 精神生活的建構。兩大生活領域加以深入探究如何於生活中實踐倫理。

　　最後則從倫理兩難的抉擇來總結當前社會在人格與生活面向上倫理實踐的困境。畢竟儒家對於倫理道德的堅持，經常必須面對難以兩全的抉擇。如何在現代生活中獲致完美的協調，端賴對於實踐的認知與堅持。

儒家倫理實踐

黎建球 ｜ 輔仁大學 哲學系教授

（壹）前言

　　海峽兩岸在經歷了數十年成功的經濟及政治發展後，逐漸呈現了倫理道德的問題，這些問題包含了個人的修養及社會公民的素質，在陳述這些問題前，我們先來看幾則新聞：

　　台中縣一名林姓男子沒有工作，卻謊稱他跟公家單位很熟，先騙取急需工作民眾的信任，再要求他們繳交保險金等費用，等到拿到錢後就立刻落跑，被害人不但工作沒著落還被騙錢。林嫌犯靠著同樣手法，靠著一張嘴，3年來騙了30多位民眾，警方根據線報埋伏，終於把這名沒有良心的騙子逮捕到案。（2010/03/21 20:26）

　　河南省鄭州市一名流浪漢因偷鞋被抓，失主不單對其拳打腳踢，還要他舔鞋底。失主的行徑引起眾怒，圍觀市民報警將他拘捕，網民還稱他為"缺德哥"，指摘他"喪失了做人的道德底線"。（香港明報2010/08/04）

　　去年從瀋陽一所職業技術學校畢業的學生小劉這周將開始他的廚師生涯，這是他畢業以來的第三份工作。雖然與所學的模具製造專業毫不相幹，但是小劉相信廚師培訓結束上崗之後，每個月可以比當技工多賺500元左右。他認為這麼做無可厚非，當時找工作是想先找個地方"落腳"。現在選擇跳槽，也只是為了找到更適合自己的工作，這次與他一塊兒辭職過來參加廚師培訓的同事就有好幾個。（2010/08/16 中國青年報）

　　台北縣新莊市的男子陳昱安認為爸媽都偏心只疼兩個弟弟，自己要求分產卻被爸爸趕出家門，前晚他竟埋伏在家門外，狂刺父親百刀致死，期間砍累了甚至一度喝水休息；警方在他房間發現殺人筆記本，「我從24歲起就計畫殺害爸媽」，冷血程度連員警也吃驚。（2010/09/15自由時報）

　　近幾年，落馬的領導幹部日漸增多，負面影響很大。而正面典型樹立較少，又多是突出政績，缺乏對領導家庭和諧的宣傳。許多幹部的墮落沉淪就是從家庭道德缺失開始的。據相關資料統計，近年來查處的貪污腐敗分子，95%都存在養"情人"、包"二奶"等問題。這不僅僅是個別幹部家庭道德缺失問題，它往往伴隨著權色交易和腐敗，已成為影響社會健康發展的惡疾。最近，有的地方將"孝敬父母"、"忠于配偶"等納入幹部考核內容，得到了幹部群眾的廣泛讚同和支援。尊老愛幼、夫妻和諧，是中華民族的傳統美德，也是對為官從政者最基本的道德要求。私德連著公德，"家德"折射"官德"。一個不能清白為人者，何以清白為官？ 一個不能善待父母者，何以善待百姓？ 一個對家庭缺乏道德責任感的人，怎麼能指望他對國家履責、對社會負責、對人民盡責？(2010/08/23人民網--)

輔仁大學前董事長、天主教樞機主教單國璽也批評，現今社會「居上位者堂而皇之貪贓枉法、文飾其非」，不但為私利結黨營私，還能趾高氣揚逍遙法外，難怪大家要說「台灣社會沒有是非」，又怎麼能培養下一代道德觀與社會價值觀？ 是社會發展的一大隱憂。(2010/09/03 聯合報)

從以上這些案例中我們可以發現倫理實踐比倫理講授更為重要，如可實踐？

(貳) 人格實踐

中國人的倫理生活是先設定了一個理想國，在這一個理想國中所擁有的各項狀況，並以此狀況之條件為人世間生活的理想模式，例如孔子就言必稱堯舜，憲章文武，就是指出三代聖王之制度及周朝文武諸王之典範，而訂出了一些基本德目，在這些德目之下再訂出若干細目或生活準則，就構成了歷代的倫理規範：

一、德目：

孔子以三達德(智、仁、勇)，孟子以四德(仁、義、禮、智)，漢儒以五德(仁、義、禮、智、信)，孫中山以八德(忠、孝、仁、愛、信、義、和、平)為德目。

二、實踐要項：

相應於這些德目之下，歷代都有不同的實踐要項，但大都以《中庸》二十章所說的「天下之達道五，所以行之者三」中的君臣、父子、夫婦、兄弟、朋友五倫為規範的內容。更有的以三綱說(君為臣綱、父為子綱、夫為婦綱)為更嚴格的倫理規範，但一般而言，大學八條目(正心、誠意、格物、致知、修身，齊家、治國、平天下)中之完美的道德生活模式，為普遍的理想。即使在與西方的模式比較時，也毫不遜色。

三、實踐方法：

中國倫理生活的實踐方法，可從下列四種方式來討論，一種是就生命的五個歷程來討論，一種是就修齊治平的四個理想來探討，一種是就五種人際關係來討論，一種是就人在宇宙中所處的地位來研究。

(一) 生命禮俗：在生命的不同歷程中，都有不同的禮俗：

1、生禮：

嬰兒的誕生帶給家庭許多的歡樂，但在家族的意義中，嬰兒的出世卻代表家族生命的生生不息，因此要祭告祖先，祈求祖先保佑嬰兒的健康及未來的幸福。

2、冠禮：

儀禮記載子女十六而笄，二十而冠，表示子女長成可以婚嫁，可以進入社會，為家族、社會開創一番事業而行冠禮，加冠之後，就要脫離兒童時期，為一個成年人。

3、婚禮：

子女成婚代表家族的希望，因著婚禮，家族可以生生不息，社會關係可以更和諧，不祇是兩姓合婚，更是社會關係的發展，因此，婚禮的禮俗非常繁複，要求也眾多。

4、喪禮：

人死之後，家人要敬謹的守喪，守制，這不但代表對死者的尊崇，也代表家族和死者的關係，喪禮之寧戚連孔子也以之為非常嚴肅的事情。

5、祭禮：

祭禮代表子女的孝思不匱，家族精神的連綿不絕，藉著祭禮，子孫懷念先人的德業，與效法之心；藉著祭禮，相信生命之永恒，家人終有相遇之時，祖德配天的觀念，更是祈求祖先保佑子孫，永世其昌。

(二) 修齊治平：

修身、齊家、治國、平天下的道德生活，包括了對個人的要求，社會生活的展開及人生的理想：

1、修身：

≪中庸≫說：「自天子以至於庶人，壹是皆以修身為本。」(一章)修身是中國人立身處世的基本原則，除了以正心、誠意、格物、致知為修身的內含外，也看重慎獨的工夫，並以成為君子，希聖希賢為修身的目標。

2、齊家：

家庭中所發展出來的道德生活，包含對祖先的祭祀之誠，守祖先德業之篤，對父母之孝思不匱，夫妻之相敬相愛，對子女的慈愛，兄弟姐妹之友悌都是指出家庭和樂，萬事才有興旺的可能。

3、治國：

中國人的政治理想，首以德治為目標，德治求不到，才求禮治，禮治求不到，才求法治，德禮法是治國的三部曲，但在治國的內含上，仁政、公義、民本、講禮都是基本，更重要的，在仁民愛民之餘，必須能體上天有好生之德。

4、平天下：

世界大同的理想，是所有中國思想家共同的期望，儒家的禮運大同，道家的理想社會，墨家的兼愛，法家的治術，都是在追求大一統之後的世界太平。

(三) 五倫：

五倫是五種人際關係，是以君臣、父子、夫婦、兄弟、朋友這五種彼此相對的關係作為人生哲學的內含，這也是有人以中國人生哲學為倫理學的理由，孟子說：「逸居而無教，則近乎禽獸，聖人有憂之，使契為司徒，教以人倫：父子有親，君臣有義，夫婦有別，長幼有序，朋友有信。」(滕文公上)孟子以為這五種人際關係雖然有的是生而就存在的，有的卻是後天才存在的，但所有的人際關係都必須經由敬導、學習，人際關係才能融合、圓熟、即使就現代意義言之，人際關係發展的主要目的，一在求自我實現，一在求人我之間的合一，因此，這五倫，事實也就是人生現實的五種情境：

1、就父子有親而言：

父母與子女的關係必須建立在親密而和諧的關係上，因為子女第一個與人相處的經驗就是家庭，在家庭中學會和長輩相處，就會遵守社會規範及法律，在家庭中學得信任，在社會中也就會信任別人，父母對子女的愛，使子女感受到安全，也就可以在人生中尋求幸福。

2、就長幼有序而言：

兄弟姐妹的關係，教導了合作與服從的觀念，人的權利與義務的觀念在父子關係中很難獲得完全的發展，但在兄弟姐妹的關係中，彼此獲得父母的愛都是相等的，彼此都有權利享受家庭的賜與，也必須為家庭同盡義務彼此如都能謹守分寸，家中自有和諧，也有良好的互動關係。

3、就夫婦有別而言：

夫婦的結合，是社會關係發展的良好結果，兩性的歡娛，兩性的聯姻，都是使親密而和諧的關係得到更多的良果，更因兩個家庭的結合，使得社會角色得到更多的適應。夫婦關係在現代來說，已不再是男尊女卑，而是兩性平等，更由於社會開放，夫妻之間的權利及義務已有了大幅度的調整，每一個人皆有其社會責任，也都有其在家庭中所扮演的角色。

4、就朋友有信而言：

朋友相處，朋友就是社會上個人理想發展，延伸的對象，在不同的階層中，有不同的相處之道，但都必須以信任、信用為基礎，朋友相交如果都以爾詐我虞，則社會基礎必然會有危機，甚至遭到崩潰，祇有以信，才不會有懷疑、衝突及矛盾。

5、就君臣有義而言：

國家與人民的關係，在現代社會已是密不可分，雖然有人為了發展個人主義而否決國家的價值，但國家都是一個人永遠無法脫卸的關係，國家與人民的權利與義務，是依賴法律來訂立，但徒法不足以自行，祇有從積極的遵守法律的精神，人與人的關係，人民與國家的關係，才能獲得完整的發展，社會正義也才能由此而生。

(四) 時空座標：

就人生命的意義而言，究竟人在時空的座標應如何衡量？ 這不但涉及個人的信念，也涉及個人對現實環境的認知及價值體系的建立，一個人如果相信時空無限，肉體死亡之後仍然繼續有生命的存在，則對人生的價值就可能定在樂觀而積極的意義上，如果他以為人死如燈滅，死後無知，時空也是有限的，則生命為他來說，可能祇是現實而立即的，消極而悲觀的心態自然會有的，更有的人不在乎時空之有限無限，祇把握目前，祇求取目前的意義與價值，雖然有可能走向享樂主義，但也有可能走向積極進取。因此，時空座標的認定是關係到個人的認知及信念，現實的生活中，人信念會改變，人的認知也會改變，如何建立有效的座標，反倒是人生中最重要的方法，這也可以說明，人生哲學對人的意義與價值。

(參) 生活實踐

人格的實踐要在生活中實踐，一般來說有消極性的和積極性的生活實踐，所謂消極性的實踐就是要重建物質生活的價值與意義，而訴謂積極性的實踐則是精神生活的建構。

一、 消極性生活實踐的原則 —— 物質生活的重建

物質生活的需求是無度的，但物質本身的生產卻是有限的，在無度的需求及有限的供給下，必須有適當的調節，才有可能產生獨立自主的精神。

（一）須確定需要：

不確定的需要，會形成浪費，這種浪費有二種狀況：一則是不瞭解物質文明的能力，一則會過份消耗物質產品，不論過與不及，皆是對現代文明發展的不敬，因此，確定需要乃為首要條件。

確定需要可從二方面伸言：

1、確定個人的能力及容量：

沒有人可以無窮的需求一切物質，每個人就其身體的狀況而言，都是有限的，只有確定個人的能力及容量，才有可能平均分配，使得每一個人皆能適得其所。例如，每一戶人家最多只需要全戶人口數之房屋數口，超過此限，就會造成社會排擠效應，形成了供需不協調的場面，即使從投資的角度而言，快速的轉換，是可以造成財力的累積，但快速交換的前提則在物暢其流，如果延滯了流速就會形成浪費。

2、瞭解意義及目的：

物質雖有部份可以適用及累積，但物質的過份累積，反而形成浪費，因此，在使用有機物質時，必須明白有機物質的限度及個人的意義。例如，蛋白質如果無限或無度的攝取，必會造成脂肪及膽固醇的累積，而使得個人身體健康的受損。

同樣的，無機物質的累積會造成個人使用空間的狹小，無機物質使用的目的，在於增進個人生活的豐富及能力的發展，如果過份的累積，就會形成負擔。

因此，物質生活的重建，首須確定需要，如此，可在有限的條件下，造成無限的機會。

（二）簡單夠用：

物質文明的發展極為快速，人類僅止於適應其速度也即所不逮，更遑論領導其發展，由於文明的發展為集體之成果，而非個人之傑作，社會發展的分工愈精細，個人可能的貢獻，就愈為狹小，最後，就淪入於小螺絲釘之浩嘆，因此，在面對如此龐大、複雜之物質文明中，人類必須返樸歸真，從簡單的方式入手，才有可能令人有所適從。

簡單夠用的物質生活是一個可以建構的目標，雖然簡單夠用的標準及尺度，因人而異，但在文明發展的過程下，中度的標準，常是適切的，高度文明的發展，雖可刺激高度的生產及消費，但也在高度的耗費資源，加速生存環境的惡化，而中度的發展及消費，總可保留個人的自主性及位格際的互動關係，因此，在選擇物質事物之時，總須三思而後行：思其急迫性、思其可用性、思其負擔性。思其急迫性，是思考是否必須購置，消耗性產品雖有其使用時限及次數，但仍有其最高使用期限，在此之前的替換及維護，則為其必須；思其可用性，則為對己有益而須使用之產品，因為廠商之促銷或個人之一時心動，而購進之產品，其可用性常為低盪，結果就形成浪費；思其負擔性，則為超越個人能力負擔所購置之產品，必會引發令人困擾的後遺症。

因此，夠用的物質條件，正足以保持適度的個人自主性，不然，隨波逐流的結果，人就在物質中迷失。

(三) 適當的使用及善待資源：

地球只有一個，資源甚為有限，適當的使用資源，可使資源有效的為人類服務，而不會造成對人的傷害，由於所有的物質，本身皆具有能量，不論大小，皆會發散對人體有益或有害之能量□，因此，適當且正確的使用資源，不但可增進人類的發展，且可減少對人體的傷害，但在現階段的科技發展中，雖比過去進步，但就整個世界之現狀而言，今日之科技仍只是初露曙光而已，不經意的自豪會斷喪更具潛力的發展；過份的自大，將快速消耗資源，而無以自拔，地球的生態，原來就具有自我恢復系統(或稱之為生態平衡系統)，快速的破壞，使得地球的生機無以銜接，生態平衡中斷，結果是賴地球以維生的人類也將失去生機。例如石油的大量使用及依賴，不但使得生態遭到破壞，更使得其他替代性能源的無法使用；又如塑膠器材的泛濫，造成了永久性生態的沉淪。

因此，適當的使用及善待資源，就在保護人類自己，使得人類得以在地球更生系統中，獲得生存的發展。

因此，就物質生活的重建而言，正確的面對生存條件、善用大地資源、建立獨立自主的生活模式是其基本內含，而就物質生活的調適而言，不僅在於面對物質生活而已，其內在的意義及價值，則更具討論之餘地，而物質生活的重建僅為簡樸生活的消極性原則，也只是指出其被動性及外在性而已，而簡樸生活的主動性及內在性則應為更高層級及更具積極性之目標。

二、積極性生活實踐的原則 —— 精神生活的建構

倫理雖為價值之一種，卻是價值中之高層，洛滋(H. Lotze 1817-1881)曾以層級性的對應觀念來指出倫理的位階，同樣的，哈特曼(N. Hartman)在獨自建構價值體系之時，也並未疏忽倫理的需要，而不論建構於何種概念之哲學體系，對於精神生活的建構，其目標是一致的，如果哲學家仍是扮演社會發展過程中的批判性角色，則哲學家必不會漠視今日社會中的症狀及試圖指出因應之道。

從西方的蘇格拉底到今日西方哲學的發展，莫不是批判及建構的雙向進行；同樣的，從中國的孔子以迄於今之不同門派，何嘗不是由不同的觀念及方法中為人類的困惑解套嗎？而歸根結底的理由，乃在於物質生活的發展永遠不能滿足於精神生活的要求，如果精神生活的需要不幸落入物質生活的條件中，人類的苦悶及思於解脫就成了人類痛苦的旅程，相反的，如果精神生活的修練能提升物質生活的能量及品質時，則人類的發展就成了快樂的果實，因此，精神生活的建構就成了生活實踐的積極性及必要性條件。

精神生活所以能成為簡樸生活的積極性條件，乃是因為簡樸生活在面對物質生活時，必須有一更內在更積極的選擇方式，才能使簡樸生活有更深的意義，不然，只是消極的削減或刪除物質生

活的享受，又如何能算是真正的簡樸生活？因此，生活實踐的積極性原則，乃在生活實踐之餘，能使人有更高尚的修養及提昇，以使這萬物之靈，能更具有尊嚴與信心。

(一) 精神生活的選擇條件

精神生活雖可為生活實踐的積極條件，但不是所有的條件都具有生活實踐的積極性，同樣的，生活實踐雖可能是應付現代社會的萬靈丹，必須在生活實踐內有更積極的意義，此生活實踐，才有可能成為現代文明社會生活的指標。

(1) 向上追求的精神。精神生活的內容是無可止盡的，非只有生活品味、生活常識及技能之陶冶而已，生活實踐的真實含義，乃是藉由外在生活之制約，而能達到豐富心靈之目的，而此豐富之心靈，就在充實性靈、建構理想，達到完美。因此，不論是藝術、知識、修養之修練，或是宗教心靈及情操的培育，都是向上追求的精神的表現，向上追求的真實含義則在調整個人的價值觀，這包括：

A、生活的增進，不期望再如同過去一般的隨著社會的表象過日子，而是期望能如個人心靈的期望去生活。

B、觀念的改變，生活實踐或心靈改革的最大困難就是觀念的改變，個人習慣的觀念，要有大幅度的調整，必須有一整體、完全的認識，才有可能。

C、更好的精神、更新的精神常是一個時代進步的象徵，但更新並不一定更好，而簡樸生活的最大敵人就是比新，而不是比好，好是精緻，好是內容的完善，好是智慧的發展。

因此，簡樸生活向上追求的精神，乃是追求更好、更精緻、更完美、更完整的觀念及生活，也才會更有意義。

(2) 向下發展的能力，是面對現代生活不可或缺的力量，而所謂向下發展，乃是建立不可動搖的基礎，易經乾卦文言說：天行健，君子以自強不息。就是指明基礎之健，君子以自強求其健，如此，不論泰山崩於前，或大川奔於後，皆能有穩定而健康的方向，而這樣的能力，包括：

A、基本能力的培養，現代人之所以容易在紛雜的世界中迷離，基本上就是能力的不足，一則是不知道自己所要的，二則也是不知道個人該如何選擇，三則是不知道選擇後的後果如何，因此，面對現代社會的基本能力的培養是刻不容緩之事。

B、生活內容的完美，現代人的生活極為單調，除了面對每日的物質需求之外，似乎少有其他更動，因此，擴大視野(特別是人文視野)，增進關係，發展智能，提升性靈是面對現代社會的重要方向。

從上所言，精神生活的指標，就是要在物質生活中找到平衡，簡樸生活中看到方向，而精神生活中向上追求的精神及向下發展的能力，足以建構這個目標，從另一方面言，這種指標的建立，須靠心靈的改革，或精緻的生活來達成，這種精緻的生活，可如下述：

(A) 精緻生活的內含：

生活實踐的真實含義，就在尋求精緻的生活，而精緻生活的目的，就在提昇人的價值及尊嚴、發展人的能力、建立人類更具高尚品質的未來。

(B) 致力於存在的體驗，由於人類的生活各式各樣，千變萬化，每一種不同的存在樣態，都代表了一種心靈境界，不能體驗到他人的存在，就很難理解及同情他人的境遇，也很難有平等及同位階的相處，特別是在下列現實下的相處：

a、整體性的存在，現代科技的複雜，早已將知識及人類分得支離，似乎知識及人性只是某一學說的註腳而已，而不是將人視為一整體性的存在，柏拉圖所言人的生命是整體大於部份的總合，無異在指稱，現代的生活，不足以表達整體性存在的需求。

b、完型的發展，存在的目的，不只是為單一肢體的存在及發展，而是完整人格、人性的發展，西方知識論以及心理學上的完型理論，都在指稱知識及心理的建構都必須將人視為人，將人視為一個具有完整知、情、意的人，而由此完整性意義去達成人的目標。

c、學習面對焦慮及痛苦，存在的目的雖在不斷攀升，但存在本身因著整體性及完善性要求下的不足時，痛苦及焦慮，勢所難免，不能面對存在的焦慮及痛苦，勢難有一健康正確的生活態度及方法。

(C) 擴展心靈空間，是生活實踐內容充實的另一內含，也是精緻生活中更內在的層面，心靈空間的擴展，不只是在於觀察事物的容受度，更在於生命力的延伸：

a、恢宏氣度的培養，現代社會的最大弊病，就在於氣度的狹小，喜歡比較，不願被領導，什麼都要贏，結果是為了達到目的，不擇手段，因此，尊重、謙讓、容許別人可以比自己好等都可以成為培養氣度的基本條件。

b、高尚氣質的修練，也是現代社會的急務，現代社會品味的世俗化，使得生活品質低劣，如開高級車口吐檳榔汁，西裝革履口出低俗之言等等皆是文明社會的反向作為，而簡樸生活的目的，不只在於外在生活的選擇，更在於豐富心靈的方式。

c、甘願的精神，人的痛苦，常是來自於不甘願，由於不甘願，使得人不肯努力，也使得人不肯與人和諧相處，雖然，比較是人之常情，但先天及現實環境的差異，使得每人有其不同的發展，認清個人的特質，接受並努力去發展自己的特色，才是有尊嚴的人的作為。

(D) 位際發展，生活實踐的目的，在觀照人內在的需要及深度，而現代生活常因工作的緊張與繁忙，而忽略了人際的關係，大至於國與國間的溝通，小至於親子間的溝通，都常因不必要的誤會而造成了疏離。

a、位格尊嚴的重視，是人在現世生活中，得到自我肯定及積極參與社會的方法，沒有位格，就沒有尊嚴，有了位格尊嚴，才有人生實在的內含，而位格尊嚴的獲得，不只是對他人的尊重，更是個人在誠心正意的修養下所獲得的。

b、人際寬容的發展，人際的良性發展，來自對個人及他人的尊重及寬容，以人溺己溺之心，設身處地的思考來達成，現代哲學及心理學在人際關係中所強調的同理心及積極傾聽的方法，事實上都是這種人際寬容精神的展現。

c、人生責任的實踐，位際的發展，在增進生命的意義與充實生活的內涵，而這些全都需要具體的實踐，沒有承擔的勇氣與實踐的決心，則不可能建構充實的內含，也不可能發展出完整而健康的簡樸生活。

(E) 成熟的愛及能力，是使個人在選擇簡樸生活時，有更大的動力及穩定的情緒，在前述的條件中，不可否認的是現實生活的引誘，常使人的判斷失去了依靠，沒有基本動力的驅使，任何行為將失去力量，而愛應是所有行為的基本能力，因為愛的基本內含是建立在共同的價值及尊嚴上。

a、尊重及瞭解的學習，是使個人的限制(Boundary)不但不是阻力，而是一種助力，是使人藉由此限制，而體會到人性的困難，彌補了人性的缺失，使人深刻的體會到人類生命的不完滿，使人有可能走向完美的發展。

b、深刻表達及接受的能力，愛是需要去表達及接受的，由於傳統社會及社會次文化的發展，常將愛的意義狹化，而忽視位際關係的發展，就是在表達與接受的過程中，逐漸增進及圓滿，因此，善於表達及能於接受個人及他人的關懷時，人際的關係，就已獲得了具體的改善。

c、建立禍福與共、生命一體的理想，愛的責任，是努力推動差異性的消解，共同性的提升，只有在愛的發展中，差異性才能得到接受，共同性才能具體，不然，差異愈擴大，共同愈減低，則人類世界將永無寧日。

因此，在生活實踐中的積極面，就在建立精緻的生活，並以此精緻生活建立簡樸生活的內含，使得簡樸生活成為人類心靈改革的力量。

(肆) 倫理兩難的抉擇

儒家倫理雖是中國人生活的圭臬，但倫理的兩難卻是層出不窮，例如：忠孝兩全、義利之爭、親情困擾、社會參與等等都是兩難。

因此，在做抉擇時不祇是依賴現實的壓力，更須有基本的原則，儒家倫理雖是由生活經驗中所累積出來的原則，但此原則須有更大的能力及內含可以適應複雜的現代社會，我們在檢視儒家倫理時，發覺在上述的報告中已有清晰的及完整的理論基礎，問題在於面對實際狀況時如何有效的運用而已。

下面提供兩個例子來說明：

一個小學五年級的女孩放學回家時，對母親氣堵堵的說：「老師好討厭。」妳如果是她的母親，妳會如何回應？ 這有二種方式：

傳統的母親：「小朋友，怎麼可以批評老師?」

會聆聽的母親：「小朋友，說說看老師是如何的討厭?」

小朋友回答：「老師給了好多功課做不完。」

傳統的母親：「小朋友，老師給的功課不是要做完?」

會聆聽的母親：「小朋友，妳在担憂什麼?」

小朋友回答：「我怕會沒有時間看卡通。」

在這一個例子中，明顯可以看出，會聆聽的母親找到了小朋友困擾的癥結，如果孩子的困擾一直得不到紓解，小朋友的困擾就有可能成了病症。從這裡可以看出在實施儒家倫理時，不能在貫徹傳統的方法時祇有教導、祇有訓示而沒有其他的輔助方法，紅花是要有綠葉來襯托的。

一位丈夫堅信他是家中的老大，任何事必須由他決定或他同意才可以去做，如果沒有他的同意，他則會暴跳如雷、惡言相向甚至使用暴力，以至於使得全家人都對他甚為畏懼，他也非常得意他在家中的權威，但有一次，當他那學有專精且已在企業界擔任高階主管工作的獨子，向他請求同意他可以和他的女朋友成婚時，他竟暴跳如雷，大聲叱責他的兒子不顧及他對他女朋友的學歷、家世、態度及穿着的厭惡，揚言他如果敢娶她一定會把他趕出家門且永遠不准他回家，但沒有想到他的獨子這次居然不聽他的話，搬出去、娶了她且不再回來，如此僵局過了數年，他的獨子生了小孩，家庭生活快樂，而當事人的家庭除了他之外全家人和他的獨子及他的獨子的家人都相處得和樂融融，也因此格外顯得他的不近人情及孤僻。

當事人來談話時一直有個問題，他似乎並未察覺他的想法或是觀念是否適合和他的家人相處的方式(在此處必須理解，這位父親的老大觀念未必是錯，我們以為他錯的理由，祇是因為社會發展出來的一種適合大眾的價值觀，但這種價值觀不一定適合每一個人，因為在自由主義的定義下，個人是有權利拒絕社會化的，也因此在一份關係中，彼此接受的方式，不祇在社會發展出來的的價值觀，而是互相可以認同、互相可以接受的方式，這種方式不一定是社會價值觀，例如：斯巴達式的教育[1]不是每一個人都能接受，但也不是每一個人都不能接受，同樣的民主式的教育也不是所有的人都會認同)，他一直深陷在自我的假設與觀念中，而在與家人相處的歲月中，也一直未察覺家人對他管教方式的意見，甚至在家人的抗議中也未察覺問題的嚴重性，以致於導致狀況的發生。

這個例子更說明多少的義庭在道學的面貌下遭到傷害，甚至破碎。

因此，在現代實踐儒家倫理時必須特別着其實踐的真義。

---

1) 維基百科：巴達教育(希臘語：$A\gamma\omega\gamma\eta$) 是一種嚴格的教育和培訓制度，它面向所有斯巴達公民，只有亞基亞德世系和歐裏龐提德這兩個王室世系的長子例外。這種訓練需要離開家庭進行，包括學習秘密行動、培養對團體的忠誠、軍事訓練、打獵、舞蹈和社交預備。古希臘的$A\gamma\omega\gamma\eta$一詞有許多含義，其中包括捉住和誘拐，但在此大致意味著知道、引導或訓練。

儒学的另一种形态

— 叶适哲学思想研究 —

杨国荣 | 华东师范大学 哲学系教授

宋明时期，除了主导性的理学思潮之外，儒学的衍化还存在另一些趋向，事功之学便是其中之一。从理论上看，尽管理学与事功之学同属儒学，但后者往往对前者持批评和质疑的立场，与之相联系，事功之学对儒学的理解和阐发，也表现出不同的特点。这里主要以叶适为对象，对此作一具体的考察。如所周知，叶适之学，以事功为主导。就内在哲学趋向而言，事功之学包含二个基本之点，即关注现实的世界和现实的社会生活，强调实际的践行并注重践行的实际结果。在叶适那里，以上二个方面通过物、道、势与人的关系以及成己与成物之辨，得到了具体而多层面的展开。对以上问题的阐述，既包含了多重的理论意蕴，又展示了儒学演进中不同于心性之学的历史趋向。

相对于理学对内在心性的关切，叶适更为注重现实的经世活动。在更深沉的层面，践行过程（事）的意义涉及人的活动与物之"用"的关系。这里所说的"用"，指作用、功用，属广义的价值之域。物作为对象，其存在不依赖于人，然而，物所具有的价值意义，却是通过人的活动（极其劳）而呈现，并在人的活动过程中获得现实的形态：离开了以"极其劳"为形式的人类活动，物的价值意义（对人之用）便无从展示。如果说，"以物用而不以己用"着重肯定了人对物的依存性，那么，物之"用"与人的活动之间的以上关系则表明：物的价值意义形成于人的知行过程。叶适的后一看法既注意到了人的活动的价值创造内涵，又有见于物的价值规定与知行过程的相关性。

作为以事功为重的思想家，叶适所关注的行动过程，更多地涉及社会历史领域，后者与"势"相联系。在叶适看来，历史的演进过程中存在着"势"，"势"固然不随个人的意愿而改变，但人却可以通过把握"势"，顺"势"而为，在此意义上，叶适强调"势"在己而不在物。

"势"作为一种必然的趋向，更多地体现于宏观层面的社会历史过程，在个体之域，人的知与行则关联着成就自我的过程。尽管叶适对理学家仅仅关注心性问题提出了种种批评，但他并未由此完全忽视成己的问题。

与注重成己相应，叶适提出了"全我"的要求。"我"之为"我"的内在规定，首先表现为"志"，"志"

既包含意向（指向一定的目标），又包含意愿，二者从不同的方面体现了个体性的规定。然而，"我"又不仅仅限于个体性的方面，而是涉及普遍之维。在叶适看来，"我"的完整体现（"全我"）既包含"致命"，也涉及"遂志"。从成就自我的层面看，二者的统一意味着：成己过程以个体性规定与普遍性规定的双重发展为其内容。与之相联系，成己（成就自我）与成物（成就世界、成就他人）彼此交融，这种互融互动在更广的层面展开为"内外交相成"的过程，它既体现了儒学内圣外王的理论进路，又使这一进路获得了具体而丰富的内容。

儒学的另一种形态

— 叶适哲学思想研究 —

杨国荣 | 华东师范大学 哲学系教授

宋明时期，除了主导性的理学思潮之外，儒学的衍化还存在另一些趋向，事功之学便是其中之一。从理论上看，尽管理学与事功之学同属儒学，但后者往往对前者持批评和质疑的立场，与之相联系，事功之学对儒学的理解和阐发，也表现出不同的特点。这里主要以叶适为对象，对此作一具体的考察。如所周知，叶适之学，以事功为主导。就内在哲学趋向而言，事功之学包含二个基本之点，即关注现实的世界和现实的社会生活，强调实际的践行并注重践行的实际结果。在叶适那里，以上二个方面通过物、道、势与人的关系以及成己与成物之辨，得到了具体而多层面的展开。对以上问题的阐述，既包含了多重的理论意蕴，又展示了儒学演进中不同于心性之学的历史趋向。

一、物与人

相对于理学对内在心性的关切，叶适更为注重现实的经世活动。他曾对理学家提出如下批评："专以心性为宗主，虚意多，实力少，测知度，凝聚狭，而尧舜以来内外交相成之道废矣。"(《习学记言》卷十四) 在此，"虚意"与"实力"被视为二个彼此相对的方面："虚意"以心性为宗主，"实力"则超越心性之域而指向自然与社会的现实领域。

"实力"的作用对象，具体表现为外在之物。与拒斥虚意相联系，叶适首先肯定了物的实在性。按叶适的理解，物与人并非彼此悬隔，人的观念也不能远离于物："人之所甚患者，以其自为物而远于物。夫物之于我，几若是之相去也。是故古之君子，以物用而不以己用。喜为物喜，怒为物怒，哀为物哀，乐为物乐。"(叶适：《大学》，《叶适集》，中华书局，1983，第731页) 从存在形态看，人本身也属广义的物，这种本体论上的联系，规定了物对人的制约以及物对于人的活动的本原性，所谓"以物用而不以己用"，便强调了这种制约关系与本原关系。

从人的知、行过程看，"以物用而不以己用"首先涉及致知活动与物的关系。无视外在之物而仅仅从一己之见出发，总是无法避免"伤物"："自用则伤物，伤物则己病矣。"(同上)从认识论上看，"伤物"意味着偏离乃至扭曲外部对象。惟有始终以物为本，才能真正达到对事物之知："是故君子不以须臾离物也，夫其若是，则知之至者，皆物格之验也。有一不知，是吾不与物皆至也。"(同上)不难看到，在这里，物与知呈现互动的关系：知之获得，表征着物已被把握(物格)，知的缺乏，则表明相关之物尚未进入认识之域，因物而知和与物皆至，构成了致知过程的相关方面。

面向物、本于物，并不仅仅限于致知过程，作为注重事功的思想家，叶适对人与物的关系作了更广的理解：

> 会之以心，验之以物，其行之以诚，其财(裁)之以义，其聚为仁，其散为礼。本末并举，幽显一致，卓乎其不可易也。(《进卷》，《叶适集》，第694页)

"会之以心"所肯定的，是知行过程中内在意识活动及观念的作用，"验之以物"则强调了关于物之知需要以物本身加以验证。值得注意的是，在叶适看来，上述活动("会之以心，验之以物")同时又与人之行相联系，所谓"行之以诚"，便表明了这一点，而义、仁、礼则从更深的层面体现了知与行的关联：义、仁、礼既是人应当努力达到的品格，又是引导人践行的规范，作为普遍的规范，义、仁、礼的意义和作用乃是通过人之行而得到体现。正是基于以上看法，叶适将物与事沟通起来，把"验之以物"同时理解为"验之以事"："无验于事者，其言不合。"(同上)"物"主要表现为对象性的存在，"事"则与人的活动或人的践行相联系，与之相应，"验于事"也意味着通过人的活动以验证知与言。在这里，不离于物、以物为本已不仅仅表现为对物的静观，而是进一步以注重人的活动或践行过程(事)为其内在指向。

践行过程(事)的意义不仅仅表现为对知与言的验证，在更深沉的层面，人的活动涉及物之"用"：

> 盖水不求人，人求水而用之，其勤劳至此。夫岂惟水，天下之物未有人不极其劳而可以致其用者也。(《习学记言》卷三)

这里所说的"用"，指作用、功用，属广义的价值之域。物作为对象，其存在不依赖于人，然而，物所具有的价值意义，却是通过人的活动(极其劳)而呈现，并在人的活动过程中获得现实的形态：离开了以"极其劳"为形式的人类活动，物的价值意义(对人之用)便无从展示。如果说，"以物用而不以己用"着重肯定了人对物的依存性，那么，物之"用"与人的活动之间的以上关系则表明：物的价值意义形成于人的知行过程。叶适的后一看法既注意到了人的活动的价值创造内涵，又有见于物的价值规定与知行过程的相关性。

作为物之"用"所以可能的前提，人的活动本身又依循于道。在本体论上，道与物彼此关联："物之所在，道则在焉，物有止，道无止也。非知道者，不能该物，非知物者，不能至道。道虽广大，理备事足，而终归之于物，不使散流。"(《习学记言》卷四十七)一方面，道内在于物，故唯有通过物才能达到道；另一方面，道不限于特定之物，而是超越了特定事物的限制，故唯有把握了道，才能进而涵盖万物。道与物的不可分离，同时也规定了"以物用"与合乎道之间的相关性。从历史上看，社会领域的活动，总是以道为依归，而道自身则体现于这一过程："道不可见。而在唐、虞、三代之世者，上之治谓之皇极，下之教谓之大学，行之天下谓之中庸，此道之合而可名者也。其散在事物，而无不合于此，缘其名以考其实，即其事以达其义，岂有一不当哉!"(《进卷》，《叶适集》，第726页)从平治天下，到道德教化与道德实践，人的活动多方面地受到道的制约。

在中国哲学史中，广义之"道"既指天道，也指人道。天道表现为宇宙、自然的法则，属"必然"，人道则包含理想、规范等义，便相应地表现为"当然"。从"必然"和"当然"的关系看，道既涉及世界是什么、世界如何存在，又关乎人应当做什么、应当如何做。从天道的视域看，这个世界既是多样性的统一，又处于变化的过程中，而天道本身便表现为世界的统一性原理与世界的发展原理。在人道的层面，问题则涉及人自身以及人所处的社会应当如何"在"。可以看到，以道为视域，世界"是什么"和人应当"做什么"、世界"怎么样"与人应当"如何做"等问题，内在地关联在一起。叶适对道与人及其相互关系的理解，也涉及以上方面。

物作为实然，主要构成了人的知行活动展开的现实背景，道作为必然与当然的统一，则更多地呈现了规范的意义。以规范为内涵，道同时构成了最高的评判准则："且学者，所以至乎道也，岂以孔、佛、老为间哉? 使其为道诚有以过乎孔氏，则虽孔氏犹将从之。"(《老子》，《叶适集》，第707页)从天道的层面看，此所谓"道"涉及世界的终极原理以及对这种原理的把握，就人道的层面而言，这里的"道"则以社会历史的一般法则和社会文化理想为内容，作为二者的统一，它超乎特定的学派、学说，呈现普遍的形态。在这里，叶适既肯定了道的至上性，又强调了其普遍的规范、引导意义：唯有合乎道，才应在知行过程中加以接受、认同。

道的规范作用，不仅仅在于积极意义上对知行活动的引导，而且也在消极的层面表现为限定。正如"物"从存在的背景上制约人的知行一样，道也为人的行动规定了一个界限。作为必然与当然的统一，道固然超乎特定之物，具有普遍性，但就其与人的知行活动的关系而言，它同时又呈现限定的意义："道者，限也，非有不通而非无不通也。"(《习学记言》卷四十四)在人的行动过程中，一旦偏离或违背了道，便难以达到预期的目标，在不能离道而行在一意义上，道无疑构成了对行动的限定。从现实的知行过程看，知所"止"往往构成了一般的原则，而这一原则又与道相联系："人以止为本，道必止而后行。"(《时斋记》，《叶适集》，156页)这里的"止"，便是指在道所允许的界限内行动(止于道)。如果说，循道而行主要从肯定的方面表现了道对行的规范意义，那么，以道限行或止于道则进一步从否定之维强化了这一点。

二、势与人

作为以事功为重的思想家，叶适所关注的行动过程，更多地涉及社会历史领域。物与道所关联的，是宽泛层面的践行，在社会历史领域，人的活动则更直接的与"势"相联系。在叶适看来，历史的演进过程中存在着"势"，以封建制（分封制）与郡县制的更替而言，其间便包含内在之"势"："夫以封建为天下者，唐虞三代也；以郡县为天下者，秦汉魏晋隋唐也。法度立于其间，所以维持上下之势也。唐虞三代必能不害其为封建而后王道行，秦汉魏晋隋唐必能不害其为郡县而后伯政举。"（《法度总论一》，《叶适集》，第787页）这里重要的，并不是分别将封建制与王道、郡县制与伯政对应起来，而是肯定二者在不同历史时期的存在，都与一定之势相联系。

叶适的以上看法与柳宗元的观点有相通之处。在谈到封建制时，柳宗元便认为："彼封建者，更古圣王尧舜禹汤文武而莫能去之，盖非不欲去之也，势不可也。"（柳宗元：《封建论》）不过，柳宗元首先将"势"与个人的意志或意愿区分开来："故封建非圣人意也，势也。"（同上）比较而言，叶适更直接地赋予"势"以必然的性质，所谓"必能不害"已表明了这一点，在以下论述中，他对此作了更具体的阐释："迫于不可止，动于不能已，强有加于弱，小有屈于大，不知其然而然者，是之谓势。"（《春秋》，《叶适集》，中华书局，1983，第731页）在此，"势"既作为外在力量超越了个体的意愿，又表现为一种"不可止、不能已"，"不知其然而然"的必然趋向。

历史过程中的"势"作为一种必然的趋向，同时又影响着历史过程本身的演进。欲治理天下，便必须把握历史过程中的这种势："故夫势者，天下之至神也。合则治，离则乱；张则盛，弛则衰；续则存，绝则亡。臣尝考之载籍，自有天地以来，其合离张弛绝续之变凡几见矣，知其势而以一身为之，此治天下之大原也。"（《治势上》，《叶适集》，第639页）在这里，叶适一方面承认"势"作为必然趋向不以人的意愿为转移，另一方面又肯定了人在"势"之下并非完全无能为力，所谓"知其势而以一身为之"，也就是在把握"势"之后进一步运用对"势"认识以治天下。

要而言之，"势"固然不随个人的意愿而改变，但人却可以通过把握"势"，顺"势"而为，在此意义上，叶适强调"势"在己而不在物：

> 古之人者，尧、舜、禹、汤、文武、汉之高祖、光武、唐之太宗，此其人皆能以一身为天下之势，虽其功德有厚薄，治效有浅深，而要以为天下之势在己不在物。夫在己不在物，则天下之事惟其所为而莫或制其后，导水土，通山泽，作舟车，剡兵刃，立天地之道，而列仁义、礼乐、刑罚、庆赏以纪纲天下之民。（《治势上》，《叶适集》，第637页）

在这里，人的顺势而为既表现为根据社会的需要变革自然对象，所谓"导水土，通山泽，作舟车"，等等，又体现于社会领域的道德、政治、法律等活动，所谓"列仁义、礼乐、刑罚、庆赏以纪纲天下之民"。通过因"势"而行、顺"势"而为，天下便可得到治理，在叶适看来，历史上的唐虞、三代、汉唐之治，便是通过不同时代的君王"以一身为天下之势"而实现的。相反，如果不能顺势而为，以致"势"在物而不在己，那就很难避免衰亡："及其后世，天下之势在物而不在己，故其势之至也，汤汤然而莫能遏，反举人君威福之柄，以佐其锋，至其去也，坐视而不能止，而国家随之以亡。夫不能以一身为天下之势，而用区区之刑赏，以就天下之势而求安其身者，臣未见其可也。(《治势上》，《叶适集》，第637-8页)

人与势的以上关系，可以看作是人与物、人与道的关系之引申。如前所述，就人与物的关系而言，物作为实在的对象，构成了人的知行过程展开的现实背景，这一事实决定了人应当"以物用而不以己用"。然而，人又可以通过"极其劳"而赋予物以价值意义，换言之，在"以物用"(以物为根据)的前提下，人能够在作用于对象的过程中，使物为人所用。在此，人以物为用(从物出发、以物为本)与物为人所用(通过人的活动实现物的价值意义)呈现互动的过程。同样，从道与人的关系看，道内在于物，表现为普遍必然的法则与当然之则，作为必然与当然的统一，道具有超乎人的一面，但同时，人又能够以道规范自己的知行活动，或循道而行，或以道限行。在人与势的关系上，也可以看到类似的特点。一方面，"势"表现为一种"不可止、不能已"，"不知其然而然"的必然趋向，另一方面，人又可以因"势"利导、顺"势"而为，在把握"势"以后通过自身的实践以实现价值理想和价值目标。不难看到，在顺势而为的过程中，"以物用而不以己用"与"势在己不在物"呈现了某种统一性。

从顺"势"而为的视域看，"势"的运用又涉及"机"与"时"。对叶适而言，与物的价值意义唯有通过人的知行过程才能呈现相近，"机"与"时"的作用，也只有通过人自身的活动才能得到展示和实现，他曾对空谈"机"与"时"的人提出了批评：

> 事之未立，则曰"乘其机也"，不知动者之有机而不动者之无机矣，纵其有机也，与无奚异！功之未成则曰"待其时也"，不知为者之有时而不为者之无时矣，纵其有时也，与无奚别然！(《应诏条奏六事》，《叶适集》，第839页)

这里所说的"机"与"时"，近于一般意义上的时机、机会、机遇，等等，它首先表现为实践过程中的具体条件，或各种条件在某一时间段中的汇聚，这种条件同时具有正面或积极的价值意义，(为达到某种价值目标或实现某种价值理想提供前提)。作为达到某种价值目标的条件，时机的作用和意义，只有在人的实践过程中才能得到现实的呈现，在相当程度上，时机本身也是在人的知行过程中形成或创造的。如果仅仅谈论等待时机，而始终不参与实际的践行活动，那么，时机也就失去了其现实的意义，虽有而若无，所谓"不动者之无机"、"不为者之无时"所强调的，便是这一点。与"不动"、"不为"相对，顺势而为意味着在知行的过程中创造时机或抓住时机，并根据时机所提供的条件，达到自己的价值目的。当叶适肯定"势在己不在物"时，其中也蕴含着将运用"势"

与把握时机联系起来的意向，而二者的这种联系，又是通过社会历史领域的践行过程而实现。

三、人与己

"势"作为一种必然的趋向，更多地体现于宏观层面的社会历史过程，在个体之域，人的知与行则关联着成就自我的过程。尽管叶适对理学家仅仅关注心性问题提出了种种批评，但他并未由此完全忽视成己的问题。

孔子曾提出克己的要求："克己复礼为仁。一日克己复礼，天下归仁焉。"(≪论语·颜渊≫)在解释孔子的这一观念时，叶适指出："克己，治己也，成己也，立己也。己克而仁至矣。"(≪习学记言≫卷四十九)在此，"克己"具体地被理解为治己、成己、立己。治己侧重的是途径与方式，成己与立己则表现为目标，其实质的内容乃是自我的完成与自我的成就。值得注意的是，叶适没有仅仅在消极的意义上将"克己"归结对自我的否定、限制，而是首先从积极的意义上赋予克己以完成自我、成就自我的内涵。通过对克己的如上阐释，叶适同时把成己与立己提到引人瞩目的地位。

"己"即"我"，与注重成己相应，叶适提出了"全我"的要求："刚者，我也；命者，天之所以命我也；志者，我之所以为我也。见掊于物，坐而受困，致命、遂志，所以全我也。"(≪习学记言≫卷三)"我"之为"我"的内在规定，首先表现为"志"，"志"既包含意向(指向一定的目标)，又包含意愿，二者从不同的方面体现了个体性的规定。然而，"我"又不仅仅限于个体性的方面，而是涉及普遍之维，所谓"命"，便在形而上的层面表现为一种超乎个体的力量。在叶适看来，"我"的完整体现("全我")既包含"致命"，也涉及"遂志"。从成就自我的层面看，二者的统一意味着：成己过程以个体性规定与普遍性规定的双重发展为其内容。

以自我的完成为指向，成己过程离不开个体精神的升华，后者包含自我之"觉"。在解释"觉"时，叶适指出：

> 所谓觉者，道德、仁义、天命、人事之理是已。夫是理岂不素具而常存乎其于人也？岂不均赋而无偏乎？然而无色、无形、无对、无待其于是人也，必颖然独悟，必渺然特见其耳目之聪明，心志之思虑，必有出于见闻觉知之外者焉。不如是者，不足以得之。(≪觉斋记≫，≪叶适集≫，第141-2页)

从社会的视域看，"人事"等理作为历史地形成的当然之则，具有超越于特定个体的一面：当个体来到这个世界时，这种"理"已存在于社会，在此意义上，可以说，"理岂不素具而常存乎其于人"。当然，这里更值得注意的是将道德、仁义、天命、人事之理视为"觉"的内容，由此同时表明了"觉"与自我境界提升的关系。在叶适看来，作为自我精神升华的一个重要方面，"觉"首先表现为个体的"独悟"，独悟既体现了"觉"以个体努力为前提，也表明所"觉"所"悟"总是落实于个体自身。这样，个体境界的提升一方面离不开普遍之理（"觉"以道德、仁义、人事之理为内容），另一方面又依赖于个体自身的努力（包括独悟）。从具体的内容看，"觉"和"悟"既涉及见闻思虑，但又不限于感性之知与理性之思而关涉更广的层面，所谓"必有出于见闻觉知之外者焉"。尽管叶适没有指出"出于见闻觉知之外者"具体为何，但从自我涵养的视域看，它无疑包括自我体验、领悟，等等，其中关涉情意之维。

在注重个体之"觉"的同时，叶适对个体间的感通也予以了相当的关注，从他对"常心"的理解中，便不难注意到此点："天有常道，地有常事，人有常心。何谓常心？ 父母之于子也，无不用其情，言不意索而传，事不逆虑而知，竭力而不为赐，有不以语其人者，比以告其子，此之谓常心。"（《进卷》，《叶适集》，第697页）这里的人之常心，近于人之常情，从人之常情的维度看，亲子之间的关系，无疑更为切近或亲近，二者不仅灵犀相通，常常无需推论、转达便可相互理解和沟通，而且彼此没有隔阂，可以告知不便让他人知道之事。上述意义的常心，同时表现为情感之域的共通感，它既使个体之间在情感上彼此相契，也赋予自我的精神世界以超乎个体的普遍内容。从共同感的层面看，人之常心当然并不限于亲子之情，儒家所谓人同此心、心同此理，事实上已从更广的视域注意到了个体之间在精神、观念上的相通性，叶适将"人有常心"与"天有常道，地有常事"联系起来，无疑也注意到了"常心"作为共通感所具有的普遍内涵。

自我之觉与常心感通分别从个体性与普遍性维度，展示了成己过程的相关方面，二者同时涉及内外之辨。在谈到如何"至于圣贤"时，叶适指出：

> 耳目之官，不思而为聪明，自外入以成其内也；思曰睿，自内出以成其外也。故聪入作哲，明入作谋，睿出作圣，貌言亦自内出而成于外，古人未有不内外交相成而至于圣贤。（《习学记言》卷十四）

"圣贤"即完美的人格，作为达到这种理想人格的过程，"至于圣贤"同时以成己为指向。这里再次涉及耳目之官与心之思虑，不过，其侧重之点不在于强调二者的不同职能，而在于从内外关系上，肯定二者的相关性。基于耳目之官的见闻，提供了有关外部对象之知，从而使内在的思虑活动获得了现实的内容，内在的思虑、智慧，又通过与感官活动相联系的知行、言行过程而得到呈现并作用于外，二者的互动，具体表现为"内外交相成"。从更广的视域看，"外"与感性的存在（耳目之官、广义之身）相联系，"内"则涉及理性的规定（心、精神），二者不仅仅具有认识论的涵义，而是同时包含本体论、价值论的向度，它所涉及的，是人的具体存在形态：当人仅仅展现其中一个方面时，他便是一种片面的存在，难以"至于圣贤"。与之相联系，"内外交相成"同时意味着：成己过程以感性存在与理性规定的统一为其题中应有之义。

以"至于圣贤"为目标，成己的过程并不仅仅表现为精神之境的提升，作为倡导事功的哲学家，叶适对践行活动的注重，也体现于个体的成己过程。按其理解，成己并不是一个空谈心性的过程，它离不开自我的身体力行。由此，叶适主张"果行而育德成己"："于其险也，则果行而育德成己也；于其顺也，则振民而育德成物也。"（≪习学记言≫卷一）"险"与"顺"可以视为不同的践行背景，"果行"表现为坚定而切实的践履，德性的提升（"育德"）和自我的完成（"成己"）则基于这一过程；与"果行而育德成己"相联系的是"振民而育德成物"。孟子曾主张："穷则独善其身，达则兼善天下。"（≪孟子·尽心上≫）"险"则育德成己与"顺"则育德成物，与孟子的以上思想呈现某种相通性。从具体内涵看，"成物"表现成就世界与成就他人，"振民"则展开为更广领域的践行活动，它与前文所讨论的循道而行、顺势而为相联系，既在实质上构成了社会历史领域中践行活动的具体内容，又与"果行而育德成己"相呼应，表现为成就世界与成就他人（成物）的前提。

不难看到，在以上理解中，成己（成就自我）与成物（成就世界、成就他人）彼此交融，个体的"果行而育德"与社会历史领域的循道而行、顺势而为的"振民"过程也合而无间，这种互融互动既在更广的层面展开了"内外交相成"的过程，[1] 也以更为综合的形式将叶适的事功思想具体化了，它既体现了儒学内圣外王的理论进路，又使这一进路获得了具体而丰富的内容。

---

1) 如本文开始时所论，叶适曾对理学提出如下批评"专以心性为宗主，虚意多，实力少，测知度，凝聚狭，而尧舜以来内外交相成之道废矣。"这里的"内外交相成"，便已包含成己与成物、德性涵养与经世事功的统一。

原始儒家学说的德性政治特色及其弱化

杨朝明·胡培培 ｜ 中国孔子研究院

　　原始儒学是指以孔子为代表的早期儒家所创立的思想学说。孔子"祖述尧舜，宪章文武"，其思想多是对先王之道的一种"损益"、"变革"。针对春秋末期"诸侯力争"、社会失序的现实，孔子深化、发展了先王时期"以德配天"、"敬德保民"的思想，倡导以德治国、仁礼相结合的"德性政治"思想。孔子之后，先秦儒家，尤其是子思、孟子、荀子等儒学大师秉承了这一思想，以致崇德治、倡教化、重民本的思想构成了原始儒家学说的基本要义。

　　秦代，中央集权帝国形成，学术与政治开始挂钩。西汉中期，儒学成为"官方"学术，原始儒家学说的"德性"政治特色开始消减，呈现出依附皇权的"威权政治"色彩。对于汉代儒学的这种转变，我们应放置于当时具体的大背景下看待。西汉君主独尊，儒学在汉代处于被利用的状态，在王权专制统治之下，儒家要想有所作为，儒学要不断发展，就必须与皇权相结合，甚至有时要屈从于皇权。迫于此，汉代儒者中的"通达时变"者，如叔孙通、董仲舒等开始对儒学作出了适度地调整改变，由此不可避免的造成了原始儒学真精神的流失。

　　理解原始儒学由"德性政治"向汉代儒学"威权政治"的转变过程，其意义体现在两大方面：一方面有助于我们客观地评价孔子与儒学，有利于学术上的正本清源；另一方面在了解儒学特质的基础上，正确把握儒家学说与现实政治的关系，可以更好地发挥孔子与儒学的当代社会价值。在大力弘扬传统文化的今天，我们发现，原始儒家学说的真精神大多都具有普世价值。因此，如何把原始儒家的真精神发挥出来？或者说，怎样在应对西方文化的挑战和冲击中，尽可能地降低儒学被异化的程度？这是当今的我们应着重考虑的问题。

　　认真分析，我们认为，正确发挥儒学的现代价值，首先必须正确认识儒学最初的"本"。在摆脱疑古思潮的束缚下，从正确研读中国原典出发，把儒家经典放到上古文明发展的大背景下认真探究，进而去贴近原始儒家的真义，把握住原始儒学思想的真精神。在此基础上，继承儒学之精神，还要勇于"开新"，要将正本清源与"开新"有效的结合起来。儒家文化本身就有"贵和"的特点，面对西方文化的冲击，我们要在保持儒家文化主体性的同时，以"贵和"的态度，以"和而不同"的原则，接纳、吸收外来文化精华，这样才能实现文化间的有效互补，才能更好的发扬孔子自身的智慧。

原始儒家学说的德性政治特色及其弱化

杨朝明 · 胡培培 ｜ 中国孔子研究院

　　儒学乃是一门治世之学，然而，人们谈起儒学在当代的社会价值，却往往有不少非议。究其原因，很大程度上是人们忽略了原始儒学与后世儒学的主要差别。大略言之，原始儒家学说是一种以民为本、重教化、倡礼义的德性思想，这与后来被扭曲理解后的片面强调上下、尊卑等级差异的思想观念截然不同。本文从原始儒学的形成、内涵特色出发，进而对儒学在汉代的发展流变进行分析探讨，突出先秦儒家德性政治思想在后世的弱化过程，以期能在此基础上，正确认识先秦儒学的价值与意义。

一、原始儒家学说的"德性政治"特色

　　原始儒学是指以孔子为代表的早期儒家所创立的思想学说。孔子"祖述尧舜，宪章文武"，承续了上古文明的精华而创立了儒家学派。因此可以说，原始儒学在很大程度上是对先王之道的一种"损益"、"因革"，这是儒家不同于先秦其他诸子各家的一个重要方面，也是我们正确定位原始儒家思想内涵的基本前提。

　　孔子创立了儒家学派，但在此之前，社会上早已有"儒"的存在。甲骨文中儒作"需"，似以水冲洗沐浴濡身之形，可见，"濡"应是儒字的本义。[1] 儒者是指殷商时期专门为人相礼，祭神事祖的一类特殊人员。他们在从事本职行业之时，必须先进行斋戒，即"儒有澡身而浴德"（《礼记·儒行》），以表示对先祖上天的尊敬与虔诚。西周春秋时期，这些儒者广泛存在于社会中，他们所操乃"君子之节"，他们所学被称为"君子之学"（《张家山汉简·奏谳书》"柳下季断案"引《鲁法》）孔子是这些儒者中的一员，但还有别于这些儒者。《论语·雍也》载："子谓子夏曰：'女为君子

---

1) 徐中舒：《甲骨文中所见的儒》，《四川大学学报》，1975年第四期。

儒，毋为小人儒。'"孔子所说"小人儒"，应是指这些单从事于相礼的人员。而所谓的"君子儒"，应该是"以道得民"(《周礼·大宰》)的"儒"，他们是以追求先王之道为自身宗旨和目标的儒者，即我们所说的儒家。

孔子生于"诸侯力争"、社会失序的春秋晚期，对"大道之行""天下为公"的"明王之治"自然心向往之。而周公作为王道思想的集中体现者，又为孔子最为推崇，所以扬雄说："孔子，习周公者也。"(《法言·学行》)追求先王之道的治世理念和春秋时期特定的历史环境铸就了原始儒家思想的本色。

孔子对先王之道有深刻的领悟和了解，以致在思考治世、救民问题上，他更多的承继、发展了周代先王的德政思想。"以德配天"、"敬德保民"是西周德治思想的基本要义。"王敬作所，不可不敬德。"(《尚书·召诰》)"民可近，不可下；民惟邦本，本固邦宁。"(《尚书·五子之歌》)德治的思想在三代时期占有及其重要地位。只是，这时所谓的"德"、"民"与"天命"紧密相连，"王其德之用，祈天永命"(《尚书·召诰》)，统治者敬德保民的原因多是出于天命的制约，以致以德治国、"用康乂民"，多多少少的夹杂了一些宗教信仰的成分。

孔子继承了这一思想，并进行了一定的深化、发展。比之周公，孔子更注重现实中人的因素，将原先具有宗教成分的德政思想转化为个体自发的一种精神需要，德性的展现是为了体现个体生命的价值所在。以致于孔子在提倡"为政以德"的治国理念时，更多的是强调为政者自身的修养，提倡以"君子之德风"去教化民众，以"其身正，不令而行"的原则实现"上行下效"的目的。具体到普通民众，孔子也认为修德是每个个体应尽的义务，他说："德之不修……是吾忧也。"(《论语·述而》)强调人人修德，以便成为言行忠信的君子。

如果把孔子的德治思想具体化，实又可分为仁、礼两大部分。仁、礼作为孔子思想的核心，是基于更好地实现"天下有道"而创立的政治方案。"仁者，人也"，在充分尊重社会个体的前提之下，去主动地爱人。对为政者而言，"节用而爱人"、"使民如承大祭"，以民众的利益为根本出发点，以此为指导思想，去"博施于民而能济众"，"修己以安百姓"，由此达到理想中的升平之世。作为社会上的一份子，以"己所不欲毋施于人"、"己欲达而达人"的心态与人相处，人人自然也就能够和睦相待。

礼治是西周政治文化的最大特色，作为这一时期维持社会秩序的一个重要方面，在孔子之时，礼同样被赋予了德的内涵。一方面，礼对个人修养的塑造极为重要，"不学礼，无以立"(《论语·季氏》)，礼作为立身处世之根本，需要不断地努力学习，以便"约之以礼，亦可以弗畔矣夫！"(《论语·雍也》)实现社会的有序。另一方面，孔子提倡的"礼"与"仁"密切相联。孔子说："人而不仁，如礼何？人而不仁，如乐何？"(《论语·八佾》)徒有空洞的形式而没有仁的内涵，这样的礼往往是不可取的。在这种思想指导下下，孔子所说的礼，注重的更多的是以礼治国的精神。孔子说："能以礼让为国乎？何有？不能以礼让为国，如礼何？"(《论语·里仁》)以礼治国，实现社会的和谐有序成为孔子强调礼的根本内涵。

孔子提倡德治，自然不是对刑罚一味的排斥。孔子认为，三代时期的"圣人之治"都是"刑政相参"的，如有"邪民"不"从化"，就需要"待之以刑"。在孔子看来，"以德教民，而以礼齐之"是政治的最高境界，其次则是"以政焉导民，以刑禁之"。如果"化之弗变，导之弗从，伤义以败俗"(《孔子家语·刑政》)，刑罚就派上了用场。在这里，刑之用乃以德为前提，刑只适用于愚顽不化、不守法度的人。德刑相参，以德为本，注重教化是孔子，也可以说是原始儒家学说的真谛。

孔子之后，儒家的德性政治思想被弟子后学多有所继承、发展，关于这一点，在子思、孟子、荀子身上表现的最为明显。子思少时便有"昭圣祖"之心，所传自然是孔子思想的真谛。子思注重修身，认同"为政在人，取人以身，修身以道，修道以仁"(《中庸》)，"修身"是"修道"的根本，这是对为政者的根本要求，也是君子不可以不做的日常法则。在此基础上，子思还提倡尊贤重德，将孔子提倡的"仁"进一步外推为"义"，说："义者，宜也，尊贤为大"(《中庸》)，要求为政者重视贤者。

此外，子思思想中还有忠"道"、"以德抗位"的特征。他曾说："道伸，吾所愿也，今天下王侯其孰能哉，与屈己以富贵，不若抗志以贫贱。屈己则制于人，抗志则不愧于道。"(《孔丛子·抗志》)为了追求道，子思不惜多次违抗君主之命，甚至宣言"恒称其君之恶者，可谓忠臣矣。"(《郭店楚墓竹简·鲁穆公问子思》)，这种"执道以抗君"的精神多少体现了原始儒家思想的真精神。

孟子承接子思之学，与子思一道被后世称为"思孟学派"，孟子在延续原始儒学的发展上，作出的重大贡献就是"行仁政"、"重民本"。孟子提倡"以德行仁者王"(《孟子·公孙丑上》)，对此，他从人性出发，认为"人皆有不忍人之心。先王有不忍人之心，斯有不忍人之政矣。以不忍人之心，行不忍人之政，治天下可运之掌上。"(《孟子·公孙丑上》)从而论证统治者应该以仁政治民，这样才能够王天下。爱民、保民是施仁政的一个必要条件，同时也是施仁政的一个具体表现。《孟子·梁惠王上》载："如有不嗜杀人者，则天下之民皆引领而望之矣。诚如是也，民归之，由水之就下，沛然谁能御之？"在承认人民自身价值的前提下，孟子认为"人皆可以为尧舜"(《孟子·告子下》)，把人民摆到了高于君主的位置。

荀子作为先秦时期的最后一位大儒，虽然有援法入儒的倾向，但整体而言，荀子的思想仍不失原始儒家思想的真谛。孟子发展了孔子"仁"的思想，荀子则承续了"礼"的内涵。荀子也注重对人的教化，认为"不教而诛，则刑繁而邪不胜"(《荀子·复国》)。荀子尊君，但也重民，认为"天之生民，非为君也；天之立君，以为民也"(《荀子·大略》)，尊君的目的是为了养民安民。另外，荀子引法入礼，看到了法的作用，但法却处于礼的从属地位，法由礼而生，"礼义生而制法度"(《荀子·性恶》)。在荀子看来，法得人而存"法不能独立，类不能自行；得其人则存，失其人则亡"(《荀子·君道》)，可见，荀子提倡的法治依然是以人治、礼治为前提。

由子思、孟子进而到荀子，他们对孔子思想的发扬，都是沿着原始儒家学说的真精神进行发展，崇德治、倡教化、重民本的思想一脉相连。论及于此，很自然地想起最初提及的"三纲"关系的绝对化，显而易见，这应是我们自身对原始儒学的一种误读。孔子之时，他提倡"君君，臣臣，父父，子子"(≪论语·颜渊≫)，讲究的是君要有君德、臣要有臣德、父要有父德、子要有子德，这与≪大学≫中所说"为人君，止于仁；为人臣，止于敬；为人子，止于孝；为人父，止于慈"的思想完全一致。[2] 子思之时，虽提到了君、臣、父、子、夫、妇"六位说"，但他强调"义"为君德，"忠"为臣德，"智"为夫德，"信"为妇德，"圣"为父德，"仁"为子德(≪郭店楚墓竹简·六德≫)，即六者之间是一种相对的、双向的关系，这与此后孟、荀所提倡的君臣之间互进义务，上下对等的关系是一致的，是人们在其位而各尽其职的一种反映，而没有后世所说的等级观念。

类似于此的这种对原始儒家思想的误解，还存在很多。譬如，"民可使由之，不可使知之"(≪论语·泰伯≫)曾经被后世的人们认为孔子是在宣扬"愚民"说，但郭店楚墓竹简的出土问世，使我们发现，人们对经典的理解存在断句上的错误，此句应当作"民可使，由之；不可使，知之"。[3] 同样，"唯女子与小人为难养也"(≪论语·阳货≫)长期以来被认为是孔子"轻视妇女"的铁证，但实质上，所谓"难养"与≪尚书≫、≪逸周书≫中"小人难保"的"难保"意思一样，孔子实际是直承周初文武周公的重民思想。孔子所谓"女子与小人为难养"，乃是从社会管理的角度，强调对小人和女子的重视和关怀。[4] 这些原本无须为之辩驳的问题之所以一而再的要被提及，可以说原因很多，但忽视后世儒学，尤其是汉代儒学对先秦儒学思想的改换则是其中极为重要的一个因素。先秦儒学的德性政治特色在汉代开始逐渐消减，原始儒学与后世儒学的本质差距也由此拉大。

二、汉代儒学"威权政治"色彩的形成

西汉中期，儒学从原来"百家争鸣"时期的"显学"成为一家独尊的"官学"，成为了统治阶级的意识形态。在这样的转变中，先秦儒学德性政治思想的内涵也在悄然改变，儒学开始向"威权政治思想倾向"特征的过渡。

儒学能够"官学化"首先是时代发展使然。任何思想学说都受时代的推动与制约，儒学自然也不例外。汉代儒学的变异，在很大程度上是受之于"外在的驱动"。先秦儒学产生于"天子失官"、诸侯纷争、列国竞雄的时代，儒学没有与政权相结合，儒家思想学说可以保持自己的相对"独立"，儒家活动空间也比较自由。孔子可以如"择木之鸟"一般，来往于各大诸侯国之间，也可以"有道则见，无道则隐"(≪论语·泰伯≫)，以"道"作为自己行动的准则。另一方面，当时各大诸侯为了争夺生存空间，尊贤纳士，士人地位较高，儒家学者一般能够做到以道抗君、直言相谏，使得先秦

2) 参见杨朝明：≪经典新读与孔子思想再认识≫，河南大学黄河文明与可持续发展研究中心：≪黄河文明与可持续发展研究≫ 2008年 第1期，河南大学出版社，2008年。

3) 同上。

4) 杨朝明、吴信英：≪孔子"女子难养"说新论≫，杨朝明、吴信英，≪理论学刊≫ 2010年 第2期。

儒家保留着自己独立的政治品格。

儒学发展到汉代，社会形势发生了极大变化，这便是汉代社会的专制集权特征。确切地说，汉代的这种时代特征是战国以来社会发展的必然选择。六国之时，诸侯以"力"相尚，以武相争，连年征伐不断。到了秦代，我国历史上第一个封建专制王朝建立了，在皇权独尊之下，学术的发展也必然受到政治的严格制约。儒学在秦代虽有被利用的价值，但却因整体上不符合"以法治国"的需要而遭受排挤。可以说，"焚书坑儒"就是儒学与当权者矛盾激化的结果，但同时也让一些儒者学会了如何收敛自身的锋芒，开始思考理论学说与社会政治相结合的问题。于是，这种本来模糊黯淡的意识，到了汉初儒学不受重用的情况下，逐渐变得清晰明朗。经过秦朝重创后的儒家学者，面对新兴的汉代王朝，期待积极入世的精神尤为高涨，但在汉初，他们又不能不首先面对以黄老之学为主流思想的现实局面。

汉朝初年选择黄老之学，是由汉代的现实政治决定的。当时，"民无盖藏"、"人失作业"，经济上的极度贫困和人民生活的流离困苦是汉代统治者选择黄老之学的主要原因。这种一开始就由现实选择思想、政治决定思想的事实已隐约揭示出一个现实：在皇权专制的前提下，儒学的独尊同样无法避免其自身依赖政治、受政治左右的命运。

事实上，儒学在汉代的发展正是如此。汉初，高祖刘邦不重视儒学，他甚至讨厌儒生，而儒学之所以引起刘邦的注意，乃得益于叔孙通的制礼。汉初武将们饮酒争功、朝廷一片混乱。叔孙通趁机制定朝仪，礼成之后群臣"无敢欢哗失礼者"，刘邦对此十分感慨，他说："吾乃今日知为皇帝之贵也。"（≪史记·叔孙通列传≫）

刘邦的感慨意味深长！儒学中"礼"的因素凸显了"天子之贵"，上下有等的皇权优势，这是刘邦封赐叔孙通、开始重用儒者的主要原因。本来，"礼主分，乐主和"，礼有"别异"的特征，然而，在孔子与早期儒家那里，礼与乐相配合，更加注重"礼仪"所彰显的内在的"礼义"，不仅仅"臣事君以忠"，而且君"使臣以礼"。就"君臣"关系而言，它更强调君与臣各自的符合自身角色定位的内在的东西，此即孔子所说的"君君"、"臣臣"。而刘邦所感慨者，是他看到的、感觉到的作为皇帝的高高在上的"贵"，实际上，他的"贵"的基础是群臣们"无敢"失礼，不是发自内心深处的自觉的"不能失礼"。

汉武帝时期儒学独尊，有学者认为："汉武帝尊儒的动机并不在于他对儒家学说有什么特殊兴趣。导致他采取独尊儒术战略的直接原因是为了向他的祖母窦太后争权。……尊儒事件实透见着宫廷政治斗争的硝烟。"[5] 当然，武帝尊儒有他那个时期特定形势的需要和儒学自身的特点，但汉代儒学的能否重用，的确是汉代政治统治的需要。在经过秦朝的打击、汉初的不被重用下，汉代儒者中一些"通达时变"者清醒地认识到：孔子时代重仁义、与君主分庭抗礼的精神已明显不合

---

5) 吴龙辉：≪原始儒家考述≫ 中国社会科学出版社，1996年版，第191页。

适宜，汉代王权专制统治之下，儒家要想有所作为，摆脱孔子之时"累累若丧家之狗"(《史记·孔子世家》)的命运，就必须与皇权相结合，甚至有时要屈从于皇权。这种意识的转变，自然加速了原始儒学真精神的流失。

董仲舒作为儒家的通达者之一，他对汉代儒学的独尊和先秦儒学的异化起了决定性的作用。在应对汉武帝提出的贤良对策中，董仲舒建议"诸不在六艺之科、孔子之术者，皆绝其道"(《汉书·董仲舒传》)。这一建议的提出，标志着儒学独尊地位的确立。但随后，董仲舒对儒学所作的补充、阐释却使先秦儒学的德性政治色彩得到了进一步的遮蔽。

先秦儒学强调为政者的修身、正己，重视民众自身的力量，提倡君臣的相对对等平衡关系。但董仲舒却根据汉代统治的需要，对先秦儒学的这些基本精神作出了改变、调整。董仲舒以《春秋》大义强调汉代的大一统，而大一统的实质就是对王权的绝对服从。为此，他以天命说来提高君主的权威，《春秋繁露·深察明号》载："受命之君，天意之所予也。"君主由此获得了地位上的合法性，并具有了权威上的不可改变性。"君人者，国之本也，夫为国，其化莫大于崇本，崇本则君化若神，不崇本则君无以兼人，无以兼人，虽峻刑重诛，而民不从，是所谓驱国而弃之者也，患庸甚焉！"(《春秋繁露·立元神》)君主是国家的根本，为了尊君，董仲舒还提出了屈民说，以屈民来伸君。在君臣关系上，董仲舒认为处于"阴"之位的臣子要始终从属、依赖于"阳"之位的君主，"阴道无所独行，其始也不得专起，其终也不得分功"(《春秋繁露·基义》)"君不名恶，臣不名善，善皆归于君，恶皆归于臣。"(《春秋繁露·阳尊阴卑》)君主的权威在董仲舒这里被提高到无以复加的地步。同时，在"阳尊阴卑"的思想构架下，处于"阴"位的臣、子、妻必须要屈从于"阳"位的君、父、夫，"三纲"关系的绝对化由此得到了确立，等级与特权的意识在后世学者的不断推演中逐渐得到强化。

当然，作为一名儒者，董仲舒所倡也并非完全脱离了原始儒学的轨道。在"罢黜百家"的具体实施中，他提倡设太学、行教化，并认为"天指为人正性命，使行仁义而羞可耻，非若鸟兽然，苟为生苟为利而已"(《春秋繁露·竹林》)重仁义，重教化的思想多有所体现。此外，董仲舒虽然推崇君权，但其思想中也有限制君权的成分。《春秋繁露·必仁且智》中云："凡灾异之本，尽生于国家之失，国家之失乃始萌芽，而天出灾害以谴告之；谴告之，而不知变，乃见怪异以惊骇之；惊骇之，尚不知畏恐，其殃咎乃至。"提倡以天变、灾异的形式来警告君主的过分行为。只不过，这些限制皇权意识的理论，在皇权至高的汉代统治之下多被排斥，而这或许正是董仲舒最后被武帝驱逐的主要原因。

儒学受制于皇权，儒家为生存就必须严格服从于君主的意志，唯皇权是尊。同时，儒学的独尊，儒学与仕途的结合，也致使知识分子向儒家角色转变。公孙弘即是其中的典型代表。他中年后才修习儒学，虽然言必称《春秋》，但却"不用孔子在《春秋》中寓示的政治理想来指导汉代政治"，相反，"他只是想从儒家经典中寻找几重掩盖汉武帝残暴统治的面纱"。[6] 他因善于揣摩圣意，得到武帝的重用，以致官升至丞相，被封为平津侯。面对官禄的诱惑，士人效仿公孙弘者不断增多，这在加速儒家队伍异化的同时，也使得先秦儒学的批判精神遭到了巨大的损耗。关于这一点，在汉代学者整理、写定的典籍中可谓多有体现。

《大戴礼记·保傅篇》记载了史鱼生前、死后都力荐贤者蘧伯玉，并最终感动灵公而任用蘧伯玉的故事，这一记载又见《孔子家语·困誓篇》，二者所记内容情节基本相似，但在最后结尾却出现了不同：

> 《孔子家语》：孔子闻之曰："古之列谏之者，死则已矣，未有若史鱼死而尸谏，忠感其君者也，不可谓直乎。"
>
> 《大戴礼记》：卫国以治，史鱼之力也。夫生进贤而退不肖，死且未止，又以尸谏，可谓忠不衰矣。

两者虽同是赞美史鱼，但《孔子家语》是通过孔子的评价来突出史鱼的"直"，这一记载符合孔子评价时人、时事进而教导弟子的教学方式。史鱼是卫国大夫，以"直"显世，《论语·卫灵公》记孔子对他的评价说："直哉史鱼！邦有道，如矢；邦无道，如矢。"此外，《韩诗外传》卷七也有类似的记载，可见《孔子家语》所记应为实录。相对而言，《大戴礼记》此段的记载却似后人的评价，一句"可谓忠不衰矣"，主旨发生了变化，将史鱼"直"的精神转变成了赞美臣子的"忠"，意在培养、渲染忠君的思想。

在《礼记》一书中，汉代儒学威权化的色调多有体现。《礼记·中庸》篇谈及治理国家的"九经"之道，这一记载又见于《孔子家语·哀公问政》。但与《家语》相比，所涉及的动词，如"劝贤"、"劝亲亲"、"柔远人"等多带有"以上对下"、"皇恩意识浓厚"的特点[7]。这种对先秦材料所作出的改动，明显与西汉中央集权政治的加强有关，反映了先秦儒学原始真精神的消减。

三、以理解之心态发挥当代儒学价值

原始儒家学说的德性政治特色在汉代开始消减，此后，儒学逐渐偏离了先秦儒学的这一基本格调。了解这一过程的意义在于两点：其一，我们应当了解儒学的本来面目，有利于客观评价孔子与儒学，有利于学术上的正本清源；其二，我们应当在了解儒学特质的基础上，把握儒家学说与现实政治的关系，以更好地对待孔子与儒学，以为当代服务。

很明显，对于孔子以后儒学的转变，尤其是汉代儒学的变异，我们应该给予客观的看待。孟子

6）吴龙辉：《原始儒家考述》中国社会科学出版社，1996年版，第236页。

7）参见杨朝明：《读〈孔子家语〉札记》，《文史哲》2006年，第四期。

称孔子为"圣之时者"(≪孟子·万章句下≫)，这是因为孔子面对时势有不固执、不坚守，灵活变通的一面。后世儒家对孔子"时"的思想有所继承，以致对儒学作出了一定的"创新"与"革命"，这是儒学能够长期成为封建统治思想而经久不衰的原因之一。汉代儒学作为原始儒学异化过程的初始阶段，虽然改变、背离了原始儒家的真精神，但应当承认，这是汉代儒家为应对当时时代形势所作出的一种积极回应。

当年，孔子为了实现自己的政治理想，到处奔走，可谓凄凄惶惶。孔子虽然说"博学深谋不遇时者"(≪孔子家语·在厄≫)很多，不只有他一人而已，虽然他落得个如"丧家之犬"一般的政治命运，但孔子毕竟有自己独立的政治品格，他把自己比作"择木之鸟"。要知道，在那个时期，天子衰微，列国征战，互不联属，可谓孔子可以像自由的鸟儿在"林立"的诸侯之间进行选择。然而，秦朝与汉代的情况不同了，这时期，列国林立的情况没有了，此时只有一颗"皇权"大树，如果儒者再像以前那样"不知变通"，就意味着永不用世。因此，有的儒者看到了这一形势的不同，虽采取了不同的应对策略。例如，被司马迁称为"汉家儒宗"的叔孙通就是如此。[8]

汉代以后，儒学的发展总是联结着历代的时势变化。儒学发展的这一特点，启示我们认真思考儒学当代发展的重要问题。实际上，今天儒学同样面临着这样的挑战。当今时代，我们应当以弘扬传统文化来建设精神家园，提倡多国文明间的共同对话去促进发展。孔子儒学在中国传统文化中的主体地位，决定了人们对孔子儒学的普遍关注，无论是学理层面还是历史实践，儒学自身所具有的价值已为众所周知，我们现在思考的重点，不是现代社会的发展是否需要儒学，而应该是怎样才能够实现儒学的"现代转换"？

谷牧先生曾说，孔子的学说可古为今用，有的"可以直取而用之"，有的"可以剖取而用之"，有的"可以借取而用之"(≪谷牧回忆录≫)。但要把握住"直取"、"剖取"和"借取"这三者的分界点，我们必须首先对孔子学说作出一番基本的了解。建立在这种了解之上，我们更倾向认为，孔子思想和原始儒家学说的真精神大多都具有普世价值。换言之，如何把原始儒家的真精神发挥出来？怎样在应对西方文化的挑战和冲击中，尽可能地降低儒学被异化的程度？这是当今我们应着重研究的问题。

防止原始儒学的异化，最重要的是要正确把握住原始儒学的真精神，即港台新儒家们常提的"返本"。当今的某些国人之所以对儒学的现代价值还心存疑虑，正是因为没有正确认识到儒学最初的"本"。因而重新寻找孔子时代的儒学真精神，以便实现古学今用，这是现代儒学发展的第一要义。孔子时代离我们相去遥远，而儒家典籍作为先秦儒家思想的载体，从研读儒家原典出发，就成为我们"寻本"、"返本"路途的第一站。

经典的研读，首先必须摆脱疑古思潮的影响。怀疑古史、古书的精神在任何时代都极为需要，

---

8) 杨朝明：≪"汉家儒宗"叔孙通与汉代儒学≫，≪中国哲学史≫ 1994年 第2期。

但怀疑过勇，或怀疑的理论方针不正确，就会带来与之相反甚至极为可怕的后果。20世纪中期的疑古学派曾以"宁可疑而过，不可信而过"，"宁疑古而失之，不可信古而失之"为理论指导，这种研究态度上的过度偏执，导致的直接后果就是大多数中国早期典籍被归入了"伪书"的行列，儒家典籍在几乎无一幸免。于是"无书可读"的人们，往往在经典之外，以自我意识去诠释孔子，理解儒学。他们皆认为自己心中存有一个"真实的"孔子形象，殊不知，这离真实的孔子已走出了很远。

上世纪70年代以来，出土文献陆续问世，尤其最近十几年来大批早期儒家文献的出土，不仅增加了大批的新材料，也"激活"了大批疑信难决的传世文献，人们看到了古书成书问题的真相，极大地促进了学术的进步，为更好的认识先秦儒家思想提供了更为丰富的史料，这无疑是我们这代学人极为幸运的事情。同时，伴随着人们对古书的流传过程与编撰年代的客观认识，我们对古书记载的内容也有了更为理性的判断，在此形势下，客观地看待儒家典籍的记载，进而贴近原始儒家的真义也就成为"返本"中极为有效的办法。

除此之外，要准确理解儒家经典文本的原意，我们还需把儒家经典放到上古文明的大背景中去考察。由于长期以来疑古思潮的极大影响，上古三代的文明发展程度被严重低估。早在1982年，李学勤先生就曾撰文写道："考古学新取得的一系列成果，已经提出很多有深远意义的课题，这必将对人们关于古代的认识产生根本性的影响。重新估价中国古代文明的时机，现在业已成熟了。"[9] 先秦儒学是承继上古文明而来，因此，对中国上古文明的发展程度作出一个正确的定位，对于正确认识原始儒学、发现儒学的本质极为重要，这也是"返本"、"正本"应树立的一个基本前提。

另一方面，继承儒学精神，在于积极吸收其适应现代社会的成分，"返本"是为了"开新"，只有正本清源才能更好地"开新"。儒家文化本身有"贵和"的特点，《论语·学而》记孔子说："礼之用，和为贵，先王之道斯为美。"儒家认为，"和"为"天下之达道"（《中庸》），"和"是宇宙万物普遍通行的准则，反映在文化上，儒家也追求一种不同文化之间的和平共处。儒家重礼，但依然强调礼要符合"和"的标准。面对西方文化的冲击，保持文化的主体性的同时，更要以"贵和"的态度，以"和而不同"的原则，接纳、吸收外来文化精华，使不同文化进行有效互补。

诚然，儒学在现代社会中的转换，需要的是我们每个人的共同努力，需要的是将理论上的指导意识转化为具体的实践行动，这样以"耻其言而过其行"（《论语·宪问》）的标准来要求我们自身，原始儒家德性政治的特色才会重现，新形势下孔子的智慧才有可能得到更好发扬。

---

9) 转引自江林昌：《中国上古文明考论》，上海教育出版社，2005年，第46页。

제6부

當代新儒學的思想研究和未來課題

당대신유학의 사상연구와 미래사회

關於儒學"天人合一"思想的現代詮釋

－ 以"诚"和"诚实"为中心 －

尹絲淳 ｜ 高麗大學哲學系名譽教授

为了探索儒学在现代的可用性，笔者试图用现代的理念诠释儒学的终极理想"天人合一"思想。之所以考察此思想是因为笔者认为"天人合一"思想是儒学思想的代表性特征。

自古以来，儒学者们把"天人合一"视为理想的原因在于认定此境界使"安身立命"成为可能，并且已经在现实里实现之。≪中庸≫提示了实现天人合一的方法论，即"唯天下之至诚，为能尽其性。能尽其性，则能尽人之性。能尽人之性，则能尽物之性。能尽物之性，则可以赞天地之化育。可以赞天地之化育，则可以与天地参矣。"进而言之，"诚者天之道，诚之者人之道也。"

由此看来，天人合一的成就方法有二：以"诚"为基础的"尽性"之方法和将"人道"与"天道"合而为一的原理层面上的方法。通过实践躬行，可以使"天人合一"变为可能，这就是≪中庸≫所蕴含的思想。

当用上述两种方法来实现"天人合一"时，就会发现如下困难：一，由于人性和物性相区别，二者又具有异质性，而此异质性是阻碍其一元化的因素；二，由于"理"这一概念所蕴含的"所以然"与"所当然"之涵义的不同，因此"人道"和"天道"的原理性合一也难以实现。以上两种因素成为"天人合一"所需解决的课题。

这里需要正确理解的是，无论是人性和物性的异质性还是"所以然"和"所当然"的区别，都属于社会对人的层面的因素，而不是自然界里对物层面的因素。以上均源自将"本然之性"和"气质之性"视为异质、二分化的思维。而"天人合一"应该在作为物性的"气质之性"价值中立的基础上，只探讨"本然之性"和"气质之性"的源泉-生命本身"生成现象的特点"即可。因此，只要脱离"形式讨论"而进行"生成讨论"，那么以上两种问题的解决就成为可能。进行"生成讨论"时"本然之性"和"气质之性"的二分化思维问题才得以解决。

首先，将代表本然之性的"仁"理解成"爱人"，同时把"仁"扩展到对物层面上，运用在"爱物"、"生意"、"生物"以及"产物"里。这既保存了本然之性，又使之等同于气质之性。其次，根据宇宙生命体观，从生命体(有机体)里可观察到"所以然"与"所当然"同一化的现象。虽然生命体的生成呈现出机械的、必然的生成过程，但是整体上看仍属于有目的的、当为的现象。笔者所指的生成探讨就是指此理论。

使"天人合一"成为可能的基本因素"诚"之概念也成问题。朱熹则将"诚"解释为"真实无妄"。这种解释算很恰当。笔者则在此基础上添加事实的"真实"涵义与无瑕疵的"纯粹"涵义，认为只有这样，"诚"之概念才能变得更加充实。这是因为只有这样，"诚"之"真实"这一客体性格和其本来的主体意志性格才得以体现。

此时仍需准确把握"诚和性的关系"。"性"即是指"诚"的体现-"诚实"之"法则性条理"。"诚实"实现其条理的"性"的过程就是"诚"与"诚实"原理化的过程。"诚者天之道，诚之者人之道也"，也出自此思维。

将"诚"和"诚实"视作是成就"天人合一"之原理的思维，已将"诚实"看作成就"天人合一"的关键所在。"诚实的地位"也在于此。这时的诚实可与使佛教的理想境界"佛陀"成为可能的"禅"相匹敌，也可与使老庄思想的理想境界"自然"成为可能的"无为"相媲美。

只有这样，才能重新解读以诚实为基础的"天人合一"之境界。此境界无疑与"安身立命"即"安心立命"有关，但是此时的"安心立命"有别于佛教和老庄思想的"安心立命"。以诚实为基础的安心可消除不安的状态，使个人达到"幸福的状态"。这有别于佛教的无心和老庄思想的忘我和无我。儒学的此状态下的幸福结束了因小我的利己心而彷徨的状态，使之进入"大我的利他"的"充裕的心理状态"里。这表明"诚实"所带来的"活力"开启了人生新的生活。"立命"则超越了服从于命运的"顺命"，包含使生命更加充实的"务命"和不断开拓命运的"开命"之内涵。以上皆是儒学所蕴含的现实的、实用的、实际的特点，是最理想化的实现状态。

此境界里的"圣人像"也区别于老庄和佛教的圣人。与老子的无为的"真人"和佛教的超脱了痛苦和烦恼的"佛陀"相区别的人就是儒学里所讲的圣人。他由于已进入"生命的广场"，一生都自强不息，对社会和自然怀有"无限的责任意识"，以"公人的态度"生存下去的成熟的人格体。

此形象无可非议是现今社会所需的。以诚实为基础、提高自身的人品、构建和谐的社会、顺应宇宙自然的均衡状态、与自然协调发展的"天人合一思想"才是当今社会所需的实学的、实用性的思想所在。面对现代的状况，我们不得不承认此思想。

關於儒學"天人合一"思想的現代詮釋
— 以"诚"和"诚实"为中心 —

尹絲淳 | 高麗大學哲學系名譽教授

1. 探索天人合一思想的目的

被喻為全球化時代的今天，'東亞的傳統思想'是否能在這時代發揮思想的功能？ 多元文化生活造成的價值觀混淆、西方學者對'東亞思想'的關注，在這種情況下，東亞的學者持有上述的疑問是很自然的事。其實，目前的情況讓一些鑽研佛教、老壯哲學、儒學等的東亞學者感到不少的責任感。由於這種責任感，東亞的一些研究佛教、老壯哲學、儒學的學者已開始為'傳統思想再運用'之道進行探索。

以儒學來說，儒學研究者做這種努力已有相當的時間。研究儒學的筆者也不得不加入摸索'儒學的現代可用性'的行列。任何思想在試圖再運用傳統思想時，很自然的會做其思想的再探討工作。尤其是要著手這個豐富的儒學，其再探討工作也隨著其學問性質而呈顯傳統思想的再詮釋形式。此時，再詮釋的方法需要謹慎採用，否則不能得到滿意的結果。筆者認為，深入探討一些被舉為儒學代表特徵的核心重點，也將是一個可行的方法。因為這事實上就是對儒學根本的了解。了解儒學的代表特徵就是再探討儒學的捷徑。

儒學的代表特徵因學者而異，然而筆者認為是'天人合一思想'。從古至今，天人合一思想是所有儒學者作為共同理想而尋求的境界。儒學中把天人合一作為終極理想的事實，表現出它就是能夠概括儒學的思想特徵。因此天人合一思想的'現代性詮釋'，是探索儒學的現代價值或其現代可用性的一個方法。[1] 筆者在這裏重新詮釋儒學'天人合一思想'，也基於這個脈絡上。

---

[1] 「四書」的內容，以及韓國傑出的性理學者權近(陽村, 1352-1409)的「天人合一之圖」和鄭之雲(秋巒, 1509-1561)的「天命圖」等許多例子都是將天人合一的境界視為儒學終極理想的証據。

2. 天人合一論的理想性質

一般認為儒學是儀禮‘關係的學問’。因為儒學在學問上的關注點或是問題意識，主要集中在於人對神、人、自然的‘相互關係’，若有不同，是在於人格神或根源性原質、原理中把何者設為其根本而已。儒學主要研究我與作為他者的神、他人、自然，以及終極原理的關係。這種關係達到最理想的狀態就是儒學所說的‘天人合一’境界。

儒學中探討的主要對象可歸納為一個‘天’概念。‘天’的意義原本包含‘上帝’、‘蒼空’、‘自然’、‘宇宙的終極根源’，但在性理學興起之後，其根源就解釋為‘太虛的氣’，或者‘太極的理’。不過‘太虛的氣’因其特性上屬於自然本身，可不用另提。因此‘天’概念就如上面所提到，它在儒學的研究對象中除了‘他人’以外，包含所有對象。

儒學中的‘神’除了上帝以外還有鬼神，但這只限於‘祭祀’的儀式上。它與人的關係是屬於信仰方面的，故與天人合一沒有多大關係。他人與我的問題就是社會的問題，具體來說是構成儒學倫理道德問題的部分。這個部分與‘天理’或‘太極’的理等相聯而包含於天人合一觀。因此天人合一思想意味著自然與人的合一、宇宙原理－天道與人的行為原理－人道的合一。這兩者就是構成天人合一思想的主要內容。

談論天人合一思想的內容之前，為了方便我們不妨先談其性質。即它在哪方面如何被視為‘最高理想的境界’。雖然它與老莊佛教思想有很多相異點，但也有很多相同點。天人合一之所以被視為理想境界，乃因相信在其境界人們能夠達到‘安身立命’之故，也就是人們在身心或物心兩方面達到安心立命的緣故。

從自然與人的合一方面來看，其境界就如孟子所說的，得浩然之氣的大丈夫以天地為家[2]“與天地同流”[3]。這在『中庸』是“贊天地化育，與天地參”[4] 的狀態，也是張載所言“民吾同胞，物吾與也”[5] 的狀態。換言之，達到‘物我一體’就是天人合一的境界。

這是以無爲自然為核心的老莊思想式的‘自然與人的合一’。不過老莊思想崇尚埋沒於自然的(沒我)忘我－‘無我’的狀態，而儒學的物我一體則崇尚回歸到‘生命的根源性故鄉’而享受身心的健康與幸福，謀求精神上小我的大我化。在這裏‘大我化’是指對生命的根源和生命‘共享的廣場’的領悟，以及對那廣場的進入。今日所說的環境親化應屬於這種思想的自然愛護。

另一方面，是‘立命’的境界與‘探索原理’的結果。通過主一無適的認真態度－敬的工夫，揭止自私的慾望和保存天理，即朱熹所說的“去人欲存天理”的‘存天理’就是其中之一。[6] 還有，對每事

---

2) 『孟子』，「藤文公」，下。

3) 『孟子』，「盡心」，上。

4) 『中庸』，第22章。

5) 參照張載，「西銘」。

6) 這也表現為‘減人欲存天理’或‘遏人欲存天理’。(參照『朱子語類』)

進行格物致知的結果，智慧"豁然貫通"[7] 也是天人合一之一。這些是將'人道'合一為'天道'而達到天人合一的例子。

這'豁然貫通'使人聯想到佛教中見性成佛的'解脫'，可說大體與作為'覺'的境界相同，但應注意其領悟的內容有所不同。佛教的覺悟是對於苦惱痛苦之原因的領悟，進而其目的在於從苦惱痛苦之原因—愛欲與輪迴的束縛中解放。然而儒學的豁然貫通是一種'天命的自我化'，因此蘊含著人'自我生存的意義'，是達到'積極設計'人生的'自我立命者'的狀態。

3. 物性·氣質性思惟問題

再來探討天人合一能否体現。儒學認為能夠体現。『中庸』就以一種方法論式的過程來提出了其体現的問題。其內容如下：

> "唯天下至誠，爲能盡其性；能盡其性，則能盡人之性；能盡人之性，則能盡物之性；能盡物之性，則可以贊天地之化育；可以贊天地之化育，則可以與天地參矣。"[8]

根據上述內容，達到天人合一的首要條件為"天下至誠"，這是"能盡其性"的條件。"能盡其性"就能"盡人之性"、"盡物之性"、"贊天地之化育"。有了這些前提，天地人'三才'思想才能被實現。天人合一將人的地位設定成與天地並列的層次。由於三才思想將天地視為育我養我的父母，因此這也是比喻'回歸於生命根源'的內容。

問題的端倪在於至誠，筆者暫且將這'誠'的解釋置於後面，先來反思一下現在為止有關'人性'、'物性'的思惟。因為對'性'的二分法式辨別本身就很可能引起天人合一是不可能的。

在『中庸』裏，無論人或他物，一切現存的本來之性是天以'天命'的形式所賦予的，也就是"天命之謂性"。在這裏，人與他物都被'天'這個紐帶所連繫，相當於這個紐帶的就是'性'。這樣就可成立人與他物通過'性'可連結於天的理論。現在『中庸』中所言，天人合一的工作以至誠為前題，"能盡人性與物性，以及盡天地之化育"，就是以這種邏輯所能理解的思惟內容。[9]

但是，問題在於這種思惟是否有其合法性？筆者懷疑這種天人合一論是否周全以致於不再需要任何探討反思。懷疑的根據就是'人性物性的同異論辨'，即18世紀以後韓國性理學者形成學派致

---

7) 『中庸章句大全』，'格物' 註解。

8) 『中庸』，第22章。

9) 認為'天地的化育'有所不同，可能會起為何將它包含其中的疑問。但若考慮它也是由'物性'構成的現象，則可解除其疑問。

力論辨卻未能解決的論戰之一。這個論辨大致上由于應與'天命'同等看待的'本然之性'的理解而成了未能解決的論辨。因此這應以本性的觀點需要探討。

簡單提及人性物性同異說論辨的主將韓元震(南塘，1682-1751)與李柬(巍巖，1677-1727)的性論。本然之性按照"性即理"的思惟可歸納為兩點。一則與氣質無關的、作為普遍之理的'天命''太極'之性，二則作為一個氣或內在於氣質的理，即'五性五常'，'仁義禮智信'就屬於它。天命太極的本性共通適用於人與他物，按照這個標準，人性相同於物性。其實，這是主張人性物性相同論的李柬的立場。不過從唯有五性(亦稱為五常)是本性的觀點來看，則會主張人性不同於物性，即本性只適用於人，不適用於他物。這就是韓元震的主張。

這些主張的背後都有相應的根據。人性與物性'相同論背後'的思惟根據，就是太初的原始性'理一(太極)'在現象世界分化(分殊)，故將'蘊含在萬物的'理視為本性。相對的，'相同論背後'就有(眾所周知的)孟子的性說。孟子說禽獸也有'食色的本能之性'，是沒有區分人與禽獸的性；而能夠區分人與禽獸的性就是'仁義禮智(四德)'，故他認為唯有這四德是人的性(本性)。按照這個標準，我們也就不得不說人性不同於物性。如此，若有人性物性相異的看法存在，"同等看待人性物性"為前題的'天人合一論'就得不到其合法性。這一點是實現天人合一中所面臨的'一個難關'。若找不到克服難關的方法，天人合一則只能止于理想而已。

4. 天道·天理的意義論課題

天人合一就如前面所提到，可說是將'人道'合一為'天道'的境界。即所謂"誠者天之道，誠之者人之道"[10] 命題証明這一點。如此，天人合一是從'道'這個原理方面所設定的理想，因此需要原理方面的探討。

關於人道合一為天道的實例，筆者在前面引用"去人慾存天理"思惟，說明了人們以人道合一為天道而試圖得到'立命效果'的理想。上述理論的中間過程需要相當長的说明。不過，只記起天道的'道'表現為天理的理、有時表現為'天命''太極'的理、相通於'性即理'思惟的'性'，則能同意這種看法。現在談一下有助於了解天道的基礎性思惟。

理的原始意義無疑是以"有物有則"[11]中'法則'為其第一義。儒學之所以把自然世界作為'理的思惟'，是基於宇宙變化或者其運行有一定法則的思惟之故。所謂與天理相同的天道，意味著'不變的必然性'的法則—即能夠比喻為宇宙運行變化之數理。它相對於人的意志所作用的主體性法則，'客體性原理'就是天道。

---

10) 『中庸』，第20章。
11) 『書經』，「大禹謨篇」。

這種天道的具體原理就是『周易』所說的"元亨利貞"。[12] 這一般指春夏秋冬四季的運行特性，以及四季中生物的'生'、'長'、'收(或熟)'、'成(或藏)'。[13] 這也是作為物性的物理。

天道的理中有'天命'的理由也在於此。就如字面意義，'天命'本是'上帝的命'，它不能完全等同於那些被客觀設為客體性的理，因為有了人格神上帝的意志，就會帶有無原則特性之故。然而之所以視'天命為理'，乃基於上帝(天)的那种可能不完全而不確定的作用'原理化'的思想的變異過程。把上帝(天)的'命'看作内在於人心的性的思惟，這種思惟本身就是把天的超越性内在化於人的思惟。即作為命的客體還原為更能呈顯永恒不變而'完全的理'，於是性就成了作為主體化的命的理。'性與理'就如同一物的兩面。程頤的"性即理"是表現這種思惟的理。既然"性即理"，'天命'也是作為天理的理，反过來這種理也应與'天道'被等同看待。

那麼，天道與人道之間是否會產生不一致的問題？'物性與人性相異'的思惟在理的層面將會如何？

關於作為道的理之義(趨向)的思惟，尤其在朱熹系統的性理學者中有相當的研究。其中，李震相(寒洲 1818-1885)視'理'為十分複雜多義的概念。他認為理的概念大致包括'所以然'、'所當然'、'所能然'、'自然'、'必然'等。[14] 之後一般認為理的概念至少包括上述意義才能充分呈顯後期性理學者的思惟。

問題在於這些意義中存在著相互不一致的趣向。如'所以然'，其概念中就有不一致的意義。即'所以然'指涉必然性意義系統的'原因'，同時也指涉非必然系統的意志性'理由'。而且，這時若對比所以然與所當然，則所以然大體上表達其原因，而所當然表達其理由。這種不一致的意義也出現在'自然'這個概念上。所謂自然，意指'自然而然'和'自己使然'，'自然而然'以必然為前題，而'自己使然'基於有意圖的理由。

理所包含的這種意義上的不一致，相當於一種性論中人性物性的'相同'與'相異'同時存在的不一致現象。因此，天道與人道的討論中這種不一致無非是需要解決的理論課題。可知作為待以解決的'課題'—難關，如此同時存在於這兩方面。未能解決這個課題，我們就很難說能夠實現天人合一；未能解決課題，天人合一也就只能止於理想。

5. 通過生成論克服難題

現在我們來摸索因人性物性的相異問題以致於不能成就天人合一的解決方案。在性的問題中首

---

12) 『周易』，乾卦 文言傳。
13) 同上。
14) 李震相，『寒洲全書』壹，『寒洲集』，卷34，「主宰圖說(丙辰)」，718-719頁。

先要考慮的是，人本身不能脫離身體的條件下，天人合一有意被設為：性通過人的物性－‘氣質之性’與自然之物性的合一。這表示當初就無視人的氣質(身體)，沒有考慮與對象性自然世界的合一。要注意這個討論是從具有氣質(被譯為身體)的條件上出發的。

　　否定氣質本身的思想並非儒學而是佛教。佛教中身體與自然物不過是作為‘四大’的假像，以及僅是‘苦的源泉’，因此全面否定氣質。但儒學沒有全面否定它，就如孟子，他只指出氣質之性中自私的本性為引發‘惡’的源泉。儒學並沒有完全否定氣質之性為苦的源泉，但另一方面則提出它能引發‘樂’，認為是善行的基礎，表示沒有一貫地否定它。由於儒學認為氣質之性存有為善為惡的‘價值中立’趨向，並且是‘構成人類存在’的必要因素，因此反而十分重視它。下面的例子能夠讓我們體會這一點。

　　　　“身體髮膚，受之父母，不敢毀傷，孝之始也。”[15]
　　　　“繼之者善也，成之者性也。”[16]

　　把身體的完好保存視為‘孝’，就是儒學重視氣質之性的例子。視天與地(乾坤)為父母的觀點，這在幫助人的‘誕生’與‘生長’等的層面上，它可說是貫通儒學的基本思想。這也與『周易』的生成觀有所連繫。按其生成觀，儒學家把氣(物)的生成視為‘好的現象’，也就是‘善’。上述引文中的‘善’，可能帶有一點‘善良’的意思，但應解釋為‘好’，就如“多多益善”中‘善－好’的意思。如此，儒學沒有把作為身體物體的氣或氣質視為惡而否定之，反而認為它會帶來益處而重視之。我們不能忽視人合一為天地的意圖中有著這種思惟的作用。

　　即使如此，為何有那些因人性物性相異說而引起的問題？討論人性物性的差異，就基於人與人之間的‘社會層面’中討論‘善惡價值’的議論。所謂心這個意識調解認知作用與本能的慾求時，善惡之端有所分歧。沒有顧慮他人而只想滿足‘利己－私慾’，這種行為的結果無疑是惡。因此‘人際關係’中想要不流於惡而彼此溝通順暢，就需要一些能夠超越私慾的智慧。

　　孔子教導的‘仁’就是這種智慧之一。根據孔子的教導，我們首先需要由‘恕’實現的‘愛人’之意的‘仁’。再者，孟子教導的那些‘義’、‘禮’、‘智’等四德就是超越私慾而使人際關係得到順暢且具有意義的態度。考慮人際關係的同時充分實現四德，那就是“盡其性”。

　　我實現四德，表示我達成了‘人格人品的提高’，進而以那種人品施與他人之意。若這種實証性的行為得到實踐，最終會‘感化他人的人品’，這就是一般人的人性。這時應能夠實現‘大人式的人際溝通’。『中庸』的“能盡其性，則能盡人之性”，可說是指涉這種內容的論述。

　　當然，認為四德等為人類固有的本性(本然之性)，並將其實踐於社會，應是人際關係的必要條

---

15)『孝經』，首章。

16)『周易』，「繫辭篇」。

件。但是，有別於物性的、那些孟子有關本性的思惟，由於因其不能與物性同等看待，反而被看作為人與他物不能溝通的思惟的難關。這種對物層面的不能溝通是基於對人性與物性的不同看待，因此若要解決這個問題，那麼就要提出人性等同於物性的根據，即提出兩者'能夠同等看待的根據'。

这个問題並不是沒有解決的方法。這應從'同等看待人性物性'的思惟中尋找，因為其同等看待的根據可從'心性層面'中尋找—這不同於李柬等人單純地在太極天命等的理的層面中尋找。根據儒學家，人的本性其實按其'如何運用'而等同於價值中立的物性。儒學家曾經把這一點視為一種對'仁'的特性的'再詮釋課題'，試圖尋找解決的端倪。下文中就論述了這種內容。

這個問題是把孔子所說的愛人的本性—'仁'延伸為'愛物'的課題。宋代的程顥就提供了合適的看法。程顥把仁性理解為宇宙層次的'生意'，認為它是人們"與天地為一體"[17]的本性。接著朱熹繼承這種看法，將'仁'看作'生物之性'、'生物之理'。[18]

這種看法根據『周易』中的"天地之德曰生"。若說宇宙的特性為'生'，那麼內含這種特性的人的本性也應是'生'。由於在這種思惟中人的本性中'居首的性'是'仁'，故仁亦是'生意'，也是'生物之性(性，心，理)'，這是邏輯之必然。

本是愛的本质的'仁'，帶有宇宙特性的'生物的趣向'而讓他物生長，那就是"盡物性"。讓他物生長也等於"贊天地之化育"。"贊天地之化育"的事實本身就意味著人達到了天與地相同的地位(天地人參)。所謂天地的自然與人，由此終於進入了'合一的境界'。若說通過'性的實現(盡性)'的天人合一的理想，因人性物性相異的主張而遇到了難關，那麼這些難關借著這種哲學思惟而暫且得到了克服、解決。

這些難題果真都被解決了嗎？ 到現在為止的論述中，首先遺漏了天人合一最重要的條件之一'至誠'中對誠本身的解釋，再者所謂'天道'、'人道'的'原理層次中發現的難題'尚留於有待克服的狀態。在這裏我們先討論道、理等原理層次的問題，下一章再探討誠本身的問題。

理的意義不一致現象可歸結為'所以然'與'所當然'的不一致。理的意義中的'原因'、'理由'與自然的'自然而然'、'自己使然'都是顧慮存在層面的事實現象與當為層面的價值現象而使用的用語。因此，筆者把討論的對象限定在所以然與所當然的關係上。

關於這個問題，曾有鄭文一與奇大升的爭論，即論爭其(兩個意義的)一致與不一致問題。鄭文一主張所以然和所當然都可說是'一個理'；奇大升主張只有所以然是理而所當然是事，表示兩者不同。他們各持相互對立的看法而詢問李滉，於是这也就成了李滉深思的課題。李滉較接近於鄭文一的'互相一致'的主張。[19] 之所以一致的根據，筆者在另一篇文章中已有說明，即其根據在於

---

17)『二程全書』,「明道篇」,'識仁說'。

18) 參照『朱子語類』。

19)『退溪全書』, 下卷, 大東文化研究院, 1958, 186頁。

'宇宙的生命體觀'，也就是在於有機體觀。[20]

其根據內容大致如下：所以然的意義就如上面提到，是'必然'的主要性質，因此適用於一種盲目性機械論的變化。相對的，所當然是'當為'的性質，故適用於一種目的論的變化。因此若要把兩者視為一致，需要這'兩種變化同時'發生的條件。這兩種變化同時發生的現象，可在生命體中尋找。因為雖說動植物生命體的各部分需要進行其構成要素的必然變化，但整體來看，通過各個變化的有機連繫，成為一種目的趨向的性質之故。舉例來說，樹木的葉子與花朵各變為其必然，但整體來看，這是為了結果以及延續樹木'整個生命'的目的而進行的。因此這種'生成式變化'，可說是所以然的必然與所當然的當為趨向相互合而為一的情況。

由此推演，這兩種趨向的不一致僅在'形式論理'中成立，在'生成論理'中則得不到這樣的結論。'化育'表現天地這個對象性自然的特性，而'化育'本身就指稱生成。這暗示天人合一思想中應有生成哲學的介入。已在前面提到儒學把宇宙的特性理解為'生'，將宇宙看作生命體。接著我們來探討'誠'。

6. 誠與誠實的原理化根據

誠的問題是在兩種文脈中被提出的。其一為以天人合一为出發點而提出的"唯天下至誠，爲能盡其性 … "之文。再者是"誠者天之道，誠之者人之道"的命題。我們要探索的就是誠為何有這些解釋。我們看到誠本身(誠者)還原為自然的生成原理，就不得不對其原理化產生疑問。因為誠這個用語把人表現意志的'精誠'作為如本質般的意義。

為了解除這個疑問，我們先來談這個用語所包含的意義。'誠'除了'精誠'以外包含'純真'、'恭敬'、'謹慎'、'真實'等的意義。朱熹認為這些意義中"眞實無妄"是'性'的代表意義。[21] '性'的意義中'真實'，其實就如'精誠'、'純真'，十分受到重視，並且由於'精誠'中沒有虛情假意，因此不得不暫且同意朱熹的解釋。

但是應注意'精誠'、沒有虛假的真實、恭敬、謹慎等都以'純真'為基礎。心地純真就會真實，因此'眞實'與'純真'是'誠'的核心重點，即就如精髓的意義。筆者認為應這樣理解'誠'的基本意義。

誠的態度(誠之者)—'誠實'是真實而純真心態的實際表現。'誠實'是基於純真與真實的心態(持心)，進而為用心(使心)、盡心的態度。當然真實與純真各有相異點。真實是按照事實、毫無虛假的呈顯，純真是沒有私慾的瑕疵。真實使用於存在的實事層面，純真使用於當爲的價值層面。

---

20) 尹絲淳，「關於退溪視存在與當為一致的問題」，『韓國儒學思想論』，藝文書院，1997。
21) 『中庸章句大全』，第20章，註。

若考慮這一點，'誠'就是兼持存在與當為這兩個層面的特性於一個詞語而'保有兩性'的詞彙。這一點來看，誠符合生命體的特性。

因此'性'的本質－誠實是人們能夠與作為宇宙自然的生命體合一的'原始的自主意志'。誠實的態度之所以能夠讓天人合一成為可能，就是它網羅了蘊含於自然的'所以然這個存在的必然特性'和相當於行爲方針的'所當然的當為特性'之故。由於'誠實'是把所以然所當然不同的'兩個特性一元化'的(保有兩性的)態度，因此它是能夠讓我們通過天人合一的第一個關口到最後一個關口的要素。'誠實'的態度可說是達成天人合一的'活力源泉'。

現在需要根據具體的事實來說明誠實的態度所成就的成果。心存沒有私慾的純真與沒有虛假的真實，那就是人們所求的'本然之心'。按著那種心，人們可恢復本來的自我，也可說是已'恢復了本來的自我'。換言之，如本然之心的至誠恢復'人的本性'而實現本性。這就是"唯天下至誠，爲能盡其性"的內容。

前一章中已提到，盡我的純真而"盡其性"，別人則信賴我；表現我的本性－仁義等的品格而別人受到感化，則他的品格也能與我一樣。能夠達到我與人互相包容和諧的結果，這就是"能盡其性則能盡人之性"。這個狀態就是社會層次中所能成就的誠實的成果。

對物層面的他物－自然雖不受我的感化，卻是直接或間接相互授受影響的對象。然而了解物性而誠實對待，就是指本著我的純真如實認知自然而領悟、承認其益處，終究不加傷害地利用它。如果這樣，自然應成為與人們達到'平衡與和諧'的對象。如實認知而達到'平衡'與'和諧'，也就是所謂"贊天地之化育"。這時也就達到人與人的生存空間、生活基礎－自然並存的狀態(可以與天地參)。

因此，誠實讓我成為真實的人，同時也讓他物的生成不受傷害而維持本身的平衡，進而形成與人和諧的要素。誠實不僅呈現自我的本性，也是能與他人、他物維持和諧關係的'活力源泉'。『中庸』中提到：

"誠者，非自成己而已也，所以成物也。"[22]

這一言就概括了上述的內容。

前面所提到的現象大致可以歸納如下。'誠'的屬性－'純真性'也可說是'本然之性'。仁義的人性是人們具有的純真性－即誠因應環境的展現。性是誠實成就的條理。誠與性如此有著密不可分的關係。性是誠實之條理的道理，就指出了至誠與本然之性為同實異名。誠與性的關係就如誠本身與其屬性的體現－誠實。對於誠與誠實的原理化，就是誠與誠實被解釋為性這樣的條理并為其依

---

22)『中庸』, 第25章。

據。換言之，認爲誠者爲天道，而誠實爲人道，應是出自這種思惟。若沒有這種思惟，就不能把這些具有主體性心理的意志性性質的誠與誠實表現爲客觀性質的原理(道)。

7. 誠實的地位與聖人形像

儒學的終極理想，即天人合一並非遙不可及的事。那樣的理想境界是可以實現的，但問題在于有條件性的實踐罷了。而這一條件可以說是取決于'誠'之體現，即'誠實'。爲了實現天人合一，'誠實'是自始至終必不可缺的條件。換句話說，將誠實躬行至極而所得的成果，就是天人合一的境界。

考慮到天人合一透過誠實得到體現，那麼用人道爲原理的'誠實'，則屬于實現天人合一的'關鍵'。從這個意義上來看，'誠實的地位'可與實現佛教的終極理想(作爲覺者)'佛陀'之'禪'所匹敵，也与体现老莊思想的終極理想境地'自然狀態'的'無爲'相媲美。

從上述的認識來看，將誠實當作關鍵的'天人合一境界'需要得到新的詮釋。雖然天人合一境界的內容无疑是'安身立命'的理想，但應該對其'安身'與'立命'給與新的詮釋，而問題在于作新的詮釋的標準。筆者認爲，其詮釋的標準在于人本然之性'仁'將对人'爱人'的擴張运用到所谓'愛物'、'生物'、'產物'的对物之上。這是透過擴張运用本然之性，而让本然之性事實上与氣質之性達成一致。由此观点来看，运用仁而得出的天人合一思想，由氣質層面来说，此中包含着对于氣質沒有采取否定方法而体现出'氣質之性的純粹化'。這也表示蘊涵着相信氣質之性純粹的儒學家无形中的信念，并已透過儒學家对孝與繼之者的'善'之评价而得到了证实。

天人合一境界中的'安身'因爲具有解除不安的特質，可詮釋爲處于個人'幸福'狀態的安心。但是值得注意的是，與安心等同看待的'幸福'由于持續維持的誠實態度，而不能停留在專屬于個人幸福的層次上。這種幸福因爲克服了經過隨俗浮沉而導致小我的利己心之徬徨，是一種可以體現出大我的利他而'踏實的心理狀態'。這可以與佛教的'無心'、老莊的'忘我無我'媲美。其實靜坐作爲儒學的修養法，追求的也就是如此狀態。

然而天人合一境界中的安心與'忘我無我'不盡相同。相對于具有最終性質的'無心'、'無我'，'由誠實體現出來的安心'則因爲持续不断的誠實而終將抵達終點。由誠實体现出来的安心，是经过对于具有欲望的自己和充满物性的现实予以否定加否定的'眞肯定'。誠實是一种让人生返璞归真的意志与自律性态度，所以應該考慮到誠實就是基本上能爲'肯定人生'與'積極人生'帶來活力的源泉。作爲一种爲積極人生注入活力的態度，以誠實爲基礎的安心就是一种积极肯定地'開始新人生的狀態'。

所謂新的人生，首先在于落实人際關係，不僅能體現出人和，而且在對物關係上，透過對于物理物性採取誠實的對應措施，是屬于已超越與自然純粹同化層次的人生。從這一點上來看，確實與把自然同化當作終極境界的老莊思想有所差距。如上所言，在天人合一境界中是让对人对物關係由全人愛到愛物，並追求自然的生產(生物)的激活，使激活的結果最後连结到自然物的产出(産物)上的一种态度来进行的。

一旦達到安心的狀態，會對于人生产生思維上的變化。也就是在'立命'的内容與態度上产生了與以往不同的改变，走出单纯顺应命运的'順命'阶段，而转入到以持续誠實為基础而落实命运的'務命'层次，最后进入到不断开拓自己命运的'改命'境界。一言以蔽之，立命包含著務命與改命的内涵。由誠實體現的天人合一中安心與立命的兩個層面，相較于老莊與佛教思想，則對人生的態度更爲現實而實在，且具有'認真的責任意識'的特質。

衆所周知，若假设一個人物已成就了天人合一，指的就是'聖人'。而我們需要探討屬于這個境界的聖人形像，因爲此境界的聖人形像與老莊或佛教所言聖人形像差異懸殊。老莊思想中的聖人，是屬于一個沒有作假而只有無爲的'真人'，而佛教中的聖人是一個透過禪領悟到苦惱痛苦的根源并得到解脱的'佛陀'，但是儒學中的聖人則不然。雖然其誠實的純粹性沒有一絲作假的存在，而且也關注從苦惱痛苦中得到解脱，但是聖人並不會停留在那樣的層次上。聖人因源源不斷的誠實而自强不息，在解決對人對物關係的問題上盡心盡力地達到'誠心'。儒學中的聖人凡是在他有生之年，畢生對社會與自然秉持'無限責任意識'，抱著公眾人物的態度活出'成熟人格'。換句話說，聖人不僅具備了'永恆的公眾人物意識'，也是力求實現天道與人道的卓越人物。

无人能否认，这样的人物形像正是我们目前与未来的诉求。尤其光是能让自私自利的现代人被提升为有品位的人，并为人类社会带来和谐的风气，就足以表示儒學的聖人形像具有其'現代價值'。加之，圣人为了不阻碍宇宙自然的均衡生产，力求自然与人类之间相互和谐生存的态度，这都是现时代中迫切需要的一种表现。儒學的'天人合一'，是力求用'誠實'体现出理想境界的思想，而眼看当代现实，作为面向未来的'現代思想'，这无疑是具有實用性的新实学思想。人类在追求个人幸福的同时，需要达到平稳的社会生活。当人类秉持着与自然和谐共处的理想，我们可断言，随时能应用且具有实用价值的思想，就非儒學中以誠實为基础的天人合一思想莫属了。[23]

---

23) 如上述對傳統思想的'再詮釋'，並不是停留于其思想的反復，是爲了新的復蘇與復興而進行的彌補工作。從這一點來看，它不過是爲了以新面貌、嶄新内容，重生爲未來趨向的現代思想的一種方法而已。

对于儒教伦理同步性的现代的再解释

辛正根 | 成均馆大学校 东洋哲学科 教授

一说到儒教伦理，我们很自然的就会联想到忠孝、诚等特征。这与西洋伦理的功利主义，以及义务说的特征有着明显的不同。我认为，儒教伦理的特征是以存在的同步性为基础的。分析这个问题，要从研究三纲五伦开始。首先，分析三纲和五常(五伦)从有着不同起源、体系的规范开始，到后来二者统合成为三纲五常的过程。进而来检讨前近代社会的三纲五常(三纲五伦)与近代社会接合的可能性。而结论是，为了与自由和平等的近代价值接轨，现存的三纲五伦必定要发生变化。在此过程中，笔者考察了在清朝末期，民国初期时，儒教的拥护者和批判者，张之洞、吴虞、梁启超等人的主张。同时，台湾的文化人类学者李亦园将五伦扩大到了七伦，从而推进了五伦与现代社会的再结合，但这也使得其本身存在的矛盾更加明朗了。我把现存的，以制造顺民为目的，权威的三纲五伦看作是旧三纲五伦，并对代替它的新三纲五伦的内容进行了再调整。新三纲的内容是民为国纲、人为社纲、人为互纲，新五伦则是人人有亲、劳使有义、消生有敬、民官有惠、国国有信。最后，虽然新三纲五伦与旧三纲五伦不同，不以天伦为基础，但是依据存在的同根同源性和相互依存性，新三纲五伦可以为代替旧三纲五伦社会关系伦理的地位。

유교 윤리의 '동반성'에 대한 현대적 재해석
─ 구삼강오륜에서 신삼강오륜으로 ─

신정근辛正根 | 성균관대학교 동양철학과 교수

1. 글문을 열며

서양 철학의 윤리를 대별한다면 공리주의와 의무론으로 양분할 수 있을 것이다. 공리주의는 내부적으로 차이가 있지만 쾌락과 고통의 계산 결과에 초점을 두고 있다. 의무론은 행위의 결과를 따지지 않고 오로지 옳기 때문에 해야 한다는 대응(응답)을 중시한다.

의무론에는 사람이 어떠한 경우에도 절대로 할 수 없는 행위와 반드시 해야 하는 행위의 구별이 있다. 예컨대 안사술에 대해 부정적인 견해를 보일 수 있다. 왜냐하면 이는 사람의 자연스런 경향이거나 고뇌를 통해 선택할 수 있는 대안으로서 정당화될 수 없는 반윤리적 특성을 지니고 있기 때문이다. 공리주의는 원래부터 하지 말아야 할 행위의 목록이나 금기는 없다. 다만 상황에 따라 결과가 나쁜 경우 행위로서 선택되지 않을 뿐이다.

공리주의와 의무론이 이러한 차이를 보임에도 불구하고 둘은 공통점을 보이고 있다. 그것은 바로 둘 다 윤리적 행위의 주체가 개인이라는 점이다. 공리주의에 따르면 합리적 개인은 행위의 목록을 작성하고서 각각이 낳을 수 있는 선악의 결과를 냉철하게 계산하여 그 중 나은 것을 실행할 것이다. 의무론에 따르면 합리적 개인은 보편 가능한 행위를 찾아내서 자유 의지로 선택하고서 어떠한 고통이 따를지라도 실행으로 옮길 것이다. 주체로서 '나'는 가장 우선적으로 나의 의지를 실현하고자 한다. 물론 나의 행위로 인해서 사회적으로 좋은 영향을 주거나 비슷한 경우에 있는 사람에게 빛을 던져줄 수 있다. 하지만 그것은 나의 행위로 인해서 수반되는 좋은 현상이지만 나의 행위의 목표도 이상도 될 수가 없다.

유교 윤리하면 우리는 충효(忠孝), 성(誠) 등을 떠올릴 수가 있다. 이들을 공리주의와 의무론에 견주어보면 어느 쪽과 어떤 점에서 비슷하고 다를까? 효(孝)가 부모를 포함해서 가족에게 불행보다 행복을 늘리는 것이라고 볼 수 있다면 공리주의와 닮아 보인다. 성(誠)은 이기심·자기기만·의지의 박약 등 인간의 자연적 조건을 초월해서 천지(자연)의 덕성에 동참하는 것과 관련이 있으므로 의무론과 닮아 보인다.

이러한 유사성에도 불구하고 차이점이 엄연하게 있다. 그것은 바로 유교 윤리와 그 덕목이 개별 주체의 지성과 자유의지에 따른 선택과 결의 그리고 행위로만 완결되지 않는 특징을 지니고 있다는 것이다. 행위 주체로서 나는 자신의 의지만을 앞세우는 것이 아니라 행위 대상으로서 타자의 의지를 고려해서 두 의지가 합치되는 지점을 찾아야 한다.

효도의 경우 나의 의지대로 하는 것이 아니다. 오히려 타자의 의지를 고려하지 않으면 나는 효도를 하려다가 불효를 할 수도 있다. 오히려 나는 자신의 생각에 갇혀있지 않고 사유실험(thought experiment)과 역지사지(易地思之)를 통해서 타자가 되어 생각을 하게 된다. 유교 윤리에서 나는 나이면서도 나 아니고, 타자는 타자이면서도 타자가 아닌 이중성을 갖는다. 이처럼 유교 윤리에서 피할 수 없는 이러한 모순적 상황을, 나는 존재의 '동반성'(partnership)으로 보고자 한다.

존재의 동반성은 시대와 사회의 문맥에 따라 다양하게 평가되어왔다. 예컨대 효도가 끊임없는 복종을 낳는 봉건 윤리로 간주될 때, 동반성은 존재의 자유와 평등을 억압하는 기제로 평가된다. 반면 효도가 유일신이 부재한 전통에서 유한한 인간의 조건을 넘어서게 하는 바탕으로 여겨진다면, 동반성은 존재의 고향이다. 이 글에서는 유교 윤리가 생성되고 확산된 동아시아 전근대의 문맥이 아니라 현대의 문맥에서 동반성(同伴性)을 재해석해 보고자 한다.

2. '구삼강오륜'의 특성과 근대의 '삼강오륜' 논쟁

삼강과 오륜은 유교 윤리에서 전제하는 존재의 동반성을 살펴보는 데 가장 적절한 개념이다. 여기서는 삼강·오륜의 기원과 차이 그리고 그 특징을 살펴보고자 한다. 이어서 유교윤리가 현대사회의 동반성에 대응하려면 구삼강오륜(舊三綱五倫)에서 신삼강오륜(新三綱五倫)으로 전환해야 한다는 점을 논의하고자 한다.

1) 삼강오강 속의 관계적 자아

동물에 대비되는 종적 특징을 나타내지 않을 때 유교 윤리에서 도덕 행위자는 '사람'〔인人〕이라는 통칭으로 불리지 않는다. 행위자는 현실 세계의 다양한 관계, 특히 혈연관계에 따라 역할 담지자로 분할된다.

예컨대 '나'는 낳아 길러준 부모에 대해 자식이고, 낳아 기른 자식에 대해 부모가 된다. 형제자매 중에도 출생 순서와 성별에 따라 언니나 동생, 형과 동생, 오빠와 누이, 누나와 동생 등의 호칭으로 불리게 된다. 이로써 '나'는 늘 부모나 형제자매와 하나의 역할 상대(쌍)로 연결되어 있는 한 의미 있는 존재가 되므로, 부모와 형제자매가 없는 나는 있을 수 없다.

'아비 없는 자식'은 단순히 아버지가 분명하지 않다는 사실을 말하는 것이 아니라 사람 구실을 할 수 없다는 배제의 욕망을 표현하고 있다. '나'는 자연적 사회적 역할로부터 완전히 독립된 존재가 아니라 그런 역할들을 많이 맺으면 맺을수록 사람이 되어가는 것이다. 이러한 맥락에서 유교 윤리에서 "사람은 관계적 존재(relational being)이다."라고 할 수 있다.

유교의 이러한 특징과 관련해서 공자의 『논어』에서 분명하게 확인할 수 있다. 『논어』에 보면 걸닉은 사람을 피하는(가리는) 부류〔피인지사辟人之士〕와 세상을 피하는 부류〔피세지사辟世之士〕로 나누고서 각각을 공자와 자신으로 배당하고 있다. 공자도 이 구분법을 받아들이면서 자신은 조수와 무리 지을 수 없고 사람과 어울릴 수밖에 없다고 설명하고 있다.(「미자」 6)

『장자』를 보면 공자는 자상호(子桑戶)가 죽자 자공을 조문하게 했는데, 자공은 조문을 가서 노래를 부르는 이상한 상례를 보고 왔다. 이에 공자는 세상의 밖을 노니는(거니는) 사람과 세상의 안을 노니는 사람으로 구분하고 있다.[1] 그리고 공자는 노동할 줄 모른다며 자신을 비판하는 은자(隱者)에게 제 한 몸을 깨끗하게 하려고(더럽히지 않으려고) 사회적 역할을 저버릴 수 없다고 반박했다.(「미자」 7) 공자는 철저하게 사람을 세상 안에서 다양한 역할을 맡은 존재로 고려하고 있다.

사람이 다양한 역할들을 맡는 존재라면, 역할들의 관계가 문제가 될 수 있다. 이를 조정하고 규제하는 것이 바로 삼강과 오륜이다. 삼강과 오륜은 사람사이의 동반성을 규정하는 것으로 유교 윤리의 핵심으로 간주되어왔다. 하지만 그 기원은 훗날의 영광만큼 그렇게 권위 있지 못하다. 삼강과 오륜 각각의 기원을 살펴보자.

'삼강'(三綱)이란 말의 기원은 서한(西漢) 초기 사상가 동중서의 『춘추번로(春秋繁露)』이다. 삼강은 『춘추번로』「심찰명호(深察名號)」와 「기의(基義)」에 각각 한 번씩 쓰이고 있다. 하지만 『춘추번로』는 각각 사람이 "삼강과 오기를 따른다."거나 "왕도의 삼강은 하늘에서 찾을 수 있다."고 할 뿐이다.[2] 역사적으로 삼강의 구체적인 내용으로 알려진 "군주는 신하의 중심이고, 아버지는 자식의 중심이고, 남편은 아내의 중심이다."는 말은 보이지 않는다. 그 말은 전한 말에 유행했던 위서(緯書)에서 처음 모습을 드러냈다.

『예기(禮記)』를 보면 "그런 다음에 성인이 나타나서 부자와 군신의 관계를 바로잡기 위해서 기강을 마련한다."라고 하였다. 이에 대해 공영달(孔穎達)이 주석을 달면서 『예기』의 위서 『함문가(含文嘉)』를 인용하면서 삼강과 그 내용을 소개하고 있다.[3] 이렇게 보면 유교 윤리의 핵심으로

---

1) 「大宗師」 "彼遊方之外者也, 而丘遊方之內者也."

2) 「深察名號」 "循三綱五紀, 通八端之理, 忠信而博愛, 敦厚而好禮, 乃可謂善." 「基義」 "王道之三綱, 可求於天."

3) "按禮緯含文嘉云：三綱, 謂君爲臣綱, 父爲子綱, 夫爲妻綱矣." 물론 몇몇 연구자들은 '삼강'(三綱)의 용어와 세 가지 내용이 직접적으로 보이지 않지만 『춘추번로』와 『함문가』 이전부터 그러한 용어와 내용에 비결될 만한 것이 있었다고 주장하기도 한다. 예컨대 팡푸(龐樸)은 『한비자』 「忠孝」의 "臣事君, 子事父, 妻事夫, 三者順則天下治, 三者逆則天下亂. 此天下之常道也."에 근거해서 '삼강'이 유가(儒家)가 아니라 법가(法家)에서 유래했다고 주장했다. 반면 딩딩(丁鼎)은 『儀禮』 「喪服」에서 상복 규정에 근거해서 '삼강' 관념이 『의례』에 기본적으로 깔려있다고 주장하고 있다. 자세한 내용은 「〈儀禮·喪服〉所蘊含的三綱五倫觀念」, 『管子學刊』, 2002년 제3기 참조. 여기서 명시적인 표현과

간주되어온 삼강과 그 내용은 처음부터 하나로 통합되어있지도 않았고 그 내용의 경우 유교의 경서(經書)가 아니라 출처가 불확실한 위서(緯書)에서 연원하고 있다. 어정쩡한 태생에도 불구하고 한(漢) 제국 이래로 '삼강'과 그 내용이 의심되지 않고 수용됨으로 인해서 유교 윤리의 핵심에 자리하게 되었다고 할 수 있다.

삼강에서 사람은 '사람' 일반으로 머무르지 못하고 군주와 신하, 아버지와 자식, 남편과 아내로서 여섯 가지의 역할 존재로 분류되고 있다. 여섯 가지의 역할은 모두가 동등하게 중심이자 주체로 자리 매김 되지 않는다. 그것은 다시 태양과 그 주위를 포진해있는 위성처럼 중심과 주변으로 재배치되고 있다. 이때 중심과 주변이 뒤섞이지 않고 영원히 적당한 거리를 유지하게 될 때 중심은 주변에 대해 지배적이며 절대적인 지위를 지키게 된다. 이를 "a가 b의 강(綱)이 된다."는 의미 형식으로 담아내고 있다.

이제 삼강의 표현 형식과 성격을 달리하는 오륜(五倫)을 살펴보자. 유래를 보면 '오륜'은 '삼강'에 비해 다른 양상을 보인다. 오륜의 내용은 선진시대부터 유교 문헌에 나오지만 정작 오륜이란 용어는 명 제국에 이르러서야 처음으로 보인다. 오륜의 내용은 『맹자』에 보인다.

요순(堯舜) 시절에 겨우 먹고 자고 입는 문제가 해결되었지만 교양이 없어 사람이 금수와 다를 바가 없었다. 요임금은 이 문제를 해결하기 위해서 설로 하여금 사도로 임명해서 인륜을 가르치게 했는데, 그 내용은 널리 알려진 바와 같다. "아버지와 자식 사이에는 친함이 있고 군주와 신하 사이에는 도의가 있고 남편과 아내 사이에는 구별이 있고 어른과 아이 사이에는 차례가 있고 친구 사이에는 믿음이 있다."[4]

규범과 신화 전설의 요순시대를 연결시키는 것은 맹자가 말만 하면 '요순'을 들먹이는 효과와 권위를 덧보태려는 수사적 표현 아니면 분파적 대결 의식과 관련이 있을 것이다.(「등문공」 상1) 중요한 것은, 우리가 그 규범을 오륜(五倫)으로 알고 있지만 맹자는 인륜(人倫)으로 적시하고 있다. 물론 오륜이 다섯 가지 인륜, 즉 오인륜(五人倫)의 약칭으로 본다면 둘 사이의 차이는 없다. 하지만 둘은 초점이 다르다. 오륜은 인륜을 다섯 가지로 조직한다는 폐쇄성을 드러내지만 인륜은 사람이 발휘해야 할 것에 초점이 있다. 또 오륜은 확장할 가능성이 없지만 인륜은 그 가능성이 얼마든지 열려있다.

문제는 오늘날 우리가 유교 윤리의 핵심으로 알고 있는 오륜과 그 내용의 결합이 그렇게 오랜 역사적 시원을 가지고 있지 않다는 것이다. 일단 '오륜'이란 말 자체가 명(明)제국에 이르러서 처음 쓰이기 시작했다. 예컨대 심역(沈易)의 『오륜시(五倫詩)』 5권(또는 『유학일송오륜시선』)이나[5]

직접적 규정을 대상으로 삼으려고 유사 관념에 대한 검토는 논외로 한다.

4) 「등문공」 상4 "聖人有憂之, 使契爲司徒, 教以人倫. 父子有親, 君臣有義, 夫婦有別, 長幼有序, 朋友有信." 맹자의 '오륜' 없는 오륜의 내용은 륜(倫)의 다양한 조합 가능성을 배제하지 않는다. 명 제국 이후 '오륜'은 륜(倫)을 오(五)로 규정하고 있다. 둘은 같은 점이 있지만 여기서 다른 점에 주목하고서 논의를 진행하고자 한다.

5) 편자나 책 내용과 관련해서 『四庫全書 總目提要』「集部 總集類 存目」, 5231 참조. 근래에 이 책은 『幼學日誦五倫詩

선종(宣宗, 재위 1426~1435)의 『어제오륜서(御製五倫書)』 62권(1447년 간행)[6] 등이 그 처음이다. 그 뒤 『소학(小學)』의 주석서에서 '오륜'을 차용하게 되었고 청(淸)제국에 이르러서 많이 사용하게 되면서 오늘날처럼 일반화되었다고 할 수 있다.[7]

그러면 오늘날 '오륜'으로 알려진 규범의 내용은 어떤 용어로 대변되었을까? 오늘날 '오륜'으로 알려진 내용과 완전히 일치하지는 않지만 선진시대의 문헌에서부터 유사한 규범을 통칭하는 용어가 없었던 것은 아니다. 예컨대 『서경』 「순전(堯典)」에 요 임금이 순(舜)으로 하여금 "오전(五典)을 조심스럽게 실행하게 하자 사람들이 오전을 잘 지키게 되었다."[8]

「요전」에서 오전의 내용을 특칭하지 않았지만 제일 앞부분 "구족과 화목하게 지낸다."는 것과 관련이 있어 보인다.[9] 『논어』에도 공자는 어른과 아이 사이의 절도, 군주와 신하 사이의 도의를 저버릴 수 없다면서 둘을 륜(倫)으로 표현하고 있다.[10] 이렇게 보면 삼강 이외에 인간관계의 규범을 나타내는 말로 오전(五典)・인륜(人倫)・대륜(大倫) 등의 말이 내용을 조금씩 달리하면서 다양하게 쓰이고 있었다고 할 수 있다.

그렇다면 계통을 달리 하는 삼강과 오륜의 유사 표현, 즉 오전・인륜・대륜이 언제 어떤 표현으로 결합하게 되었을까?[11] 이미 말했듯이 오륜이 명(明) 제국 이후에 생겨났으므로 오늘날 유교의 강상윤리를 대변하는 '삼강오륜'(三綱五倫)이 이 질문의 대답이 될 수는 없다.

이와 관련해서 널리 주목을 받는 것이 『백호통의(白虎通義)』 '삼강육기'(三綱六紀)이다. 삼강육기는 책의 편명이기도 하면서 삼강과 육기를 합친 개념어이다. 삼강은 『함문가』의 내용을 인용하면서 군신, 부자, 부부 사이를 규율하는 규범으로 설명되고 있다. 육기는 제구・형제・족인・제구・사장・붕우 사이를 규율하는 규범으로 설명하면서 그 내용을 "아버지와 형 항렬을 공경하고, 육기의 도가 실행되면 제구 사이에 범절이 있고, 족인들 사이에 차서가 있고, 형제 사이에 우애가 있고, 사장은 존경받고, 붕우 사이가 오래가게 된다."로 풀이하고 있다.[12]

이 내용 또한 출처가 『함문가(含文嘉)』이다. 육기는 오륜의 언어 형식으로 되어있어 둘 사이의

選』 5권, 濟南: 齊魯書社, 1997년에 출간되었다.

6) 책은 오륜총론(五倫總論)을 필두로 해서 차례로 군도(君道), 신도(臣道), 부도(父道), 자도(子道), 부부의 도, 붕우의 도를 다루고 있다.

7) 『大漢和辭典』 권1, 514.

8) 「堯典」 "克明俊德, 以親九族 …… 愼徽五典, 五典克從."

9) 공안국(孔安國)은 오전(五典)을 오상(五常)의 가르침으로 풀이하고 구체적으로 부의(父義), 모자(母慈), 형우(兄友), 제공(弟恭), 자효(子孝) 등을 열거하고 있다. 『상서정의』, 61.

10) 「미자」 8 "不仕無義. 長幼之節, 不可廢也. 君臣之義, 如之何其廢之? 欲潔其身, 而亂大倫."

11) 자연학 분야의 음양(陰陽)과 오행(五行)도 처음에 별도 계통을 가지고 있다가 전국시대 추연에 의해서 하나의 틀로 결합된다. 인문학 분야의 삼강과 '오륜' 결합 과정에 대해서 질문을 던진 경우는 아직 확인하지 못했다.

12) 「三綱六氣」 "三綱者, 何謂也? 謂君臣, 父子, 夫婦也. 六紀者, 謂諸父, 兄弟, 族人, 諸舅, 師長, 朋友也. 故含文嘉曰: 君爲臣綱, 父爲子綱, 夫爲婦綱. 又曰 : 敬諸父兄, 六紀道行, 諸舅有義, 族人有序, 昆弟有親, 師長有尊, 朋友有舊." 육기 중 다섯은 '오륜' 형식으로 되어있지만 제부는 다르다. 이 구문을 "六氣道行, 諸父有敬. ……"으로 고친다면 육기 모두 '오륜'의 형식으로 바꿀 수 있다. 번역은 신정근 옮김, 『백호통의』, 309~310.

유사성이 있다고 할 수 있다. 다만 육기는 오륜에 비해-당시 사회질서를 반영하는 듯-친족과 처족의 혈족 관계를 강조하고 있음으로 관계가 하나 더 많다. 특히 오기가 아니라 육기가 된 것은 삼강이 천(天)·지(地)·인(人)에 대응하듯이 육기(六紀)가 육합(六合), 즉 사방(四方)과 상하(上下)의 공간에 대응하기 때문이다. 즉 작의적인 조합의 느낌을 지울 수는 없지만 삼강과 육기의 인간(사회) 규범이 천지의 질서만이 아니라 생활 세계의 구역과 상징적으로 결합되어있다는 것을 나타내고 있다.

다음으로 삼강의 삼과 오륜 부류의 오가 결합되는 경우를 보자. 사실『백호통의』의 삼강육기도『춘추번로』에는 삼강오기로 되어있다.[13] 즉 육기의 육이 절대적이지 않고 다른 규범과의 관계에 따라 가변적일 수 있는 것이다. 이밖에도 일찍부터 삼강오상(三綱五常)이란 말이 있었다. 이 말은『논어』의 "은나라는 하나라의 예제에서 연유했으므로 덜고 더한 부분을 알 수 있다"에 대한 마융(馬融, 79~166)의 주석에서 처음으로 나온다. 그는 "연유하는 것은 삼강오상이고 덜고 더한 부분은 문질(文質)과 삼통(三統)이다."고 풀이했다.[14] 그는 더 이상 부연 설명을 하지 않아 오상의 정체가 분명하지 않다.

한 제국에 이르면 오상은 오늘날처럼 인(仁)·의(義)·예(禮)·지(知)·신(信)의 다섯 가지 덕목을 가리키기도 하고[15] 또 오전(五典)과 같은 뜻으로 부의(父義)·모자(母慈)·형우(兄友)·제공(弟恭)·자효(子孝)처럼 오륜의 의미 맥락으로도 쓰였다. 이렇게 본다면 삼강(三綱)과 오상(五常) 또는 오륜(五倫)은 별도의 기원과 계통을 가지고서 인간관계를 규제하는 규범 역할을 해온 것이다. 한 제국에 이르러 둘은 삼강오상으로 통합되어서 쓰이기 시작하다가 주희에 의해서 유교 윤리를 대변하는 말로 널리 쓰이게 되었다.[16] 한편 '오륜'이란 용어가 늦게 쓰인 탓에 '삼강오륜'은 확실하지 않지만 적어도 명청 이후에 널리 쓰이면서 점차로 삼강오상과 경쟁하다가 오늘날 그에 필적한 만한 지위를 가지게 되었다고 할 수 있다.[17]

---

13) 『백호통의』가 사상적으로 많은 부분에서 『춘추번로』와 공유하는데, 후자의 「심찰명호」에는 '삼강육기'(三綱五紀)로 되어있다.

14) 「爲政」 23 "子曰 : 殷因於夏禮, 所損益可知也. 周因於殷禮, 所損益, 可知也." 마융의 주석 "所因 : 謂三綱五常. 所損益, 謂文質三統." 『논어정의』, 26쪽. 주희도 『논어집주』에서 마융의 주석을 수용해서 부연 설명하고 있다.

15) 『한서』,「동중서전」 "仁誼(義)禮智信, 五常之道, 王者所當修飭也." 『백호통의』,「情性」 "五常者何? 謂仁義禮智信也."

16) 『주자어류』 등 주희의 글과 말 속에 '삼강오상'은 일일이 예를 들 수 없을 정도로 빈번하게 쓰이고 있다.

17) 조선에는 세종 13년(1431)『三綱行實圖』를 필두로 해서 중종 12년(1517)『二倫行實圖』과 정조12년(1797)『五倫行實圖』 등이 간행되면서 유교윤리를 사대부만이 아니라 일반 계층으로 확산시키려고 했다. 특기할 만한 것은 김안국(金安國, 1478~1543)이 중종 11년(1516) 경연에서 『삼강행실도』의 간행과 반포로 교화의 효과가 컸던 만큼 삼강과 장유(長幼)·붕우(朋友)의 이륜(二倫)을 덧보태 오륜(五倫)의 규범을 갖추어야 한다고 주장한 점이다. 그의 '오륜' 언급은 앞에서 살펴본 명제국의 오륜시(五倫詩)와 오륜서(五倫書)보다 약 반세기 뒤의 일이다. 동시 현상인지 영향 관계인지 확실하지 않다. 과문의 탓으로 단정할 수는 없지만 '삼강오륜'은 임기중의 『한국역대가사문학집성』을 검색해보면 19세기 후반의 가사에서 집중적으로 발견된다. 대표적으로 〈삼강오륜가〉의 작자 류언형(1856~1930)은 19세기 중반과 20세기의 인물이다. 우리나라에서 '삼강오륜'이란 용어는 막연한 추측과 달리 19세기 중반 이후에 널리 쓰이다가 20세기에 이르러서야 유교윤리를 대변하는 말로 간주되지 않았나, 라고 조심스럽게 생각해본다. 앞으로 '삼강오상'과 '삼강오륜'의 경쟁이나 '삼강오륜'의 득세가 명청시대, 조선구한말에 어떻게 일어났는지 지속

이제 기원과 계통을 달리하는 삼강과 오상(오륜)의 특색을 살펴보도록 하자. '오륜'이란 용어가 늦게 출현했다고 하더라도 그것을 대신할 만한 오전(五典)·오상(五常)·오행(五行) 등이 있고 『맹자』에 그 내용이 온전한 형태로 있으므로 오상(오륜) 형식은 선진시대에 형성되었다고 할 수 있다. '삼강'이란 용어가 전한 초에 보이고 그것을 대신할 만한 용어가 없고 그 내용도 출처를 신뢰할 수 없는 전한 중후기의 위서(緯書)에 보이므로 삼강 형식은 『한비자』와 『의례』에서 보이듯 전국시대에 서서히 형성되다가 전한 중기 이후에 온전한 꼴을 갖추었다고 할 수 있다. 그와 동시에 전한과 후한 교체기에 삼강과 오상(오륜)이 결합되기 시작했다고 할 수 있다.

삼강과 오상(오륜)은 기원과 계통을 달리하는 만큼 둘은 특징을 달리하는 것일까? 이에 대해 오상은 선진시대에 종법이 약간 느슨하게 사회를 규율하고 씨족의 민주적 유대와 따뜻한 혈족의 인정이 남아있던 상황에서 형성된 반면 삼강은 종법이 사회를 전제적으로 규율하고 특권 계급의 권력을 강화시켜주던 한제국 시대에 형성되었다고 한다. 이에 따르면 삼강은 사람의 관계를 지배와 복종이라는 일방적인 권위주의의 틀로 규정하지만 오륜은 사람이 관계의 유지를 쌍무적인 부담을 지고서 노력해야 한다.[18]

이러한 주장은 나름대로 근거가 있다. 삼강은 그 내용의 표현 형식에서 군주와 신하, 아버지와 자식, 남편과 아내가 중심과 주변으로 나타난다. 동중서는 삼강의 인간관계를 음양(陰陽)과 결부시켜서 중심을 양에 주변을 음에 배당시킨다. 나아가 그는 하늘이 양을 가까이 하고 음을 멀리한다는 관찰에 따라 양존음비(陽尊陰卑)의 사고를 주장했다. 이에 따라 양의 역할은 주도적이고 긍정적이고 건설적이어야 하고 음의 역할은 수동적이고 부정적이고 파괴적이어야 한다고 요구했다.[19]

오륜은 내용의 표현 형식에서 아버지와 자식, 군주와 신하 등이 일방적이지 않고 쌍방의 책임을 요구하고 있다. 예컨대 아버지와 자식은 각각 차가운 남이 아니라 서로 가깝게(따뜻하게) 느끼도록 해야 한다. 이를 위해서 자식이 아버지에게 효도를 하고 아버지는 자식에게 자애를 베풀어야 한다. 또 군주와 신하는 각각 노골적으로 힘과 욕망을 앞세우지 않고 합리적으로 서로를 규제할 수 있는 도의를 지켜야 한다. 이를 위해서 신하는 군주에게 충실하고 군주는 신하에게 예우를 해야 했다.[20] 심지어 순자는 군주와 신하(신민)의 관계를 배와 물로 비유하고 물이 배를 뒤엎을 수 있다고 말하기까지 했다.[21]

적으로 살펴볼 필요가 있다.

18) 이와 관련해서 정인재, 「도덕성 회복을 위한 동양철학의 한 시론: 인륜의 현대적 해석을 중심으로」, 『철학윤리교육연구』 제10권 제21호, 1994; 馮天瑜, 「五倫說: 建構和諧社會應當汲納的歷史資源」, 『武漢大學學報(人文科學版)』 제61권 제2기, 2008.3, 張淵, 「淺析儒家傳統現代轉化的家庭動力: 以三綱權威主義與五倫仁愛思想爲中心」, 『內蒙古農業大學學報(社會科學版)』 제10권 총제42기, 2008년 제6기 참조.

19) 「기의」 "君臣, 父子, 夫婦之義, 皆取諸陰陽之道." 350 「양존음비」 "此皆天之近陽而遠陰."

20) 『예기』 「禮運」 "何謂人義? 父慈子孝, 兄良弟悌, 夫義婦聽, 長惠幼順, 君仁臣忠." 『논어』 「팔일」 19 "定公問: 君使臣, 臣事君, 如之何? 孔子對曰: 君使臣以禮, 臣事君以忠."

이런 구분법에 따르면 전근대의 동아시아 사회는 오륜이 아니라 삼강의 윤리에 의해 엄격한 신분제에 따른 차별을 유지하게 된 것이다. 삼강과 오륜이 차이가 있다고 하더라도 전근대 신분제 사회의 권위주의 특성을 삼강으로 돌릴 수 없다고 생각한다. 삼강과 오륜의 차별론이 부당한지 몇 가지로 생각해볼 수 있다.

첫째, 삼강과 오상(오륜)은 기원과 계통을 달리하지만 한 제국 이후에 '삼강오상'으로 결합되어 유교 윤리의 핵심을 대변해왔다는 사실을 외면하고 있다. 삼강과 오상이 기원과 계통이 다를 뿐만 아니라 이질적이라면 삼강오상의 결합은 성립될 수 없다. 즉 삼강 없는 오상이 있을 수 없듯이 오륜 없는 삼강이 있을 수 없다는 전제를 무시하는 것이라고 할 수 있다.

둘째, 『예기』에 따르면 예와 악이 각각 사회적으로 이화와 동화의 작용을 하면서도 예악으로 결합해서 공통으로 사회질서를 유지하고 있다. 삼강과 오상의 경우도 예와 악과 마찬가지로 다른 특징을 가지고 있으면서도 각각 엄격함과 친근함으로 사람 사이의 원심력과 구심력을 조율하는 것이라고 할 수 있다.[22]

따라서 중요한 것은 삼강과 오상(오륜) 중 어느 것이 문제가 있고 없느냐를 따지는 공과론(功過論)이 아니라 두 가지가 하나로 묶일 수 있는 바탕에 전제되어 있는 내용이다. 근대의 시각에서 전근대의 신분제 사회와 삼강의 연관성을 지적하는 것을 넘어서 비판한다면 그것은 시대착오적 비판이라고 할 수 있다.

삼강과 오륜은 그 내용을 담아내는 표현 형식이 다르다. 하지만 두 가지는 모두 도덕 행위자가 주체의 욕망 또는 결단에 따라 행위를 하는 방식이 아니다. 두 가지는 모두 지속적으로 유지되는 사람 관계에서 행위자가 강하고 약한 차이는 있지만 상대를 배려하는 동반자 의식을 가지고 있다. 이에 대해서 동중서는 "모든 사물 또는 사태에는 반드시 짝, 즉 상호 의존의 관계에 놓여있다."고 주장했다.[23] 결국 관계를 벗어나는 사람이 없을 뿐만 아니라 규범도 성립할 수 없다는 것이다. 이런 점에서 삼강오상을 관계 윤리(relation ethics)라고 할 수 있다.

2) 구삼강오륜과 근대

전근대 사회에서 삼강오상(삼강오륜)은 유교 윤리의 핵심이자 사회질서의 기축으로서 높은 평가를 받았다. 하지만 청말민국초(淸末民國初), 즉 전근대를 결별하고 새로운 사회가 모습을 드러낼 즈음에 이르러서 삼강오륜은 시련의 위기를 맞이하게 되었다. 이 위기는 전적으로 삼강오륜이 차별적 신분 질서에 이바지했다는 전력에서 오는 것이다.

삼강오륜이 신분 차별에 기여한 것은 역사적 사실이므로 결코 부인할 수는 없다. 중요한 것은

---

21) 『순자』 「王制」 "君者舟也, 庶人者水也. 水則載舟, 水則覆舟."
22) 『예기』 「樂記」 "樂者爲同, 禮者爲異. 同則相親, 異則相敬. 樂勝則流, 禮勝則離."
23) 「基義」 "凡物必有合."

삼강오륜이 과연 신분 차별의 요소를 걷어내고 나서도 새로운 근대 사회에서 살아남을 수 있는 가, 라는 데에 있다. 이와 관련해서 우리는 장즈둥(張之洞, 1837~1909)과 우위(吳虞, 1871~1949)를 통해서 삼강오륜이 어떻게 전근대를 넘어 근대와 접합할 수 있는지 살펴보도록 하자.

장즈둥은 『권학편(勸學篇)』 중 「명강(明綱)」에서 삼강과 오륜이 새로운 사회에서 여전히 유효한 윤리라는 것을 주장하고 있다. 그는 청말민국초의 시대적 공간에서 삼강이 일본을 통해서든 번역서를 통해서든 새롭게 소개된 서양의 새로운 사상과 충돌한다는 것을 알고 있었다.

삼강은 오륜의 핵심이고 모든 도덕 행위의 근원으로 수 천 년 동안 서로 이어졌지만 다른 뜻이 없었다. 성인(聖人)이 성인(聖人)이 되고 중국(中國)이 중국(中國)인 된 까닭이 실로 여기에 있다. 그러므로 군신의 대강을 안다면 민권의 주장이 통용될 수 없다. 부자의 대강을 안다면 부자가 같은 죄를 지으며 상복을 벗어던지고 제사를 내팽개치는 주장이 통용될 수 없다. 부부의 대강을 안다면 남성과 여성의 평등의 주장이 통용될 수 없다.[24]

장즈둥은 삼강 중에서 군위신강이 민권설과 상충하고, 부위자강이 제사 폐지론과 상충하고 부위부강이 남녀 평등설과 상충한다고 주장하고 있다. 민권이 실행되면 군권(君權)이 약화 내지 부정된다고 보고, 상례와 제례가 폐지되면 부권(父權)이 무너진다고 보고 남녀가 평등해지면 부권(夫權)이 허물어진다고 보는 것이다. 이처럼 삼강, 다시 말해서 군권(君權)·부권(父權)·부권(夫權)의 삼권이 부정되면 수 천 년간 면면히 이어져온 도덕 행위의 근원만이 아니라 중국이 중국일 수 있는 근거가 상실되는 것이다. 즉 삼강을 특정한 시대의 사회 규범이 아니라 중국의 정신 내지 전통 문화의 핵심으로 간주하고 있다.

그렇다면 민권설(民權說), 제사 폐지, 남녀 평등설이라는 새로운 목소리가 엄연히 서양에 있는 만큼 그것을 어떻게 비판할 수 있을까? 장즈둥은 두 가지 전략을 사용하고 있다. 하나는 서양에도 중국의 삼강오륜과 비슷한 것이 있다고 주장하는 것이고 다른 하나는 민권설을 내세우는 사람들이 서양을 제대로 모른다고 역공을 취하는 방식이다.

장즈둥은 청말민국초의 시대 공간에서 입수한 정보와 학식을 통해 서양에도 중국과는 다르지만 삼강이 있다는 결론을 내린다. 예컨대 서양의 민주정과 입헌군주정에서 의회가 국사를 의론하지만 대통령은 의회를 해산할 수 있다. 군주의 위상이 중국처럼 엄격하지 않고 군주와 신민(시민)의 사이가 가까워도 군주의 명령과 위엄이 살아있다. 이런 사례를 통해서 서양에도 군신의 인륜〔군신지륜君臣之倫〕이 원래부터 있다고 주장하고 있다. 또 모세가 십계(十戒)에서 야훼를 유일신으로 섬기라고 요구하면서 부모에게 효도하라고 언급했고, 집에 사당과 신주는 없지만 실

---

24) 華夏出版社, 2002, 34. "五倫之要, 百行之原, 相傳數千年, 實在于此. 故知君臣之綱, 則民權之說不可行也. 知父子之綱, 則父子同罪免喪廢祀之說不可行也. 知夫婦之綱, 則男女平權之說不可行也."

내에 사진을 걸어두고 존경을 표시한다는 점을 들어 부자의 인륜〔부자지륜父子之倫〕이 원래부터 있다고 본다.

그리고 그는 삼강을 부정하는 사람을 서양 것을 높이 치고 중국 것을 낮게 치는 무리〔귀양천화지도貴洋賤華之徒〕로 부르면서, 그들이 서양의 학습에서 모순을 보인다고 비판하고 있다. 그들은 말끝마다 서양 이야기를 하지만 실제로 서양의 정치, 학술, 풍속 중에서 좋은 것은 제대로 모르고 또 알면서도 배우려고 하지 않는다. 여기에 그치지 않고 그들은 본받지 말아야 할 서양의 질 나쁜 정치와 쓰레기 같은 풍속〔비정폐속秕政敝俗〕을 높이 치면서 중국의 가르침과 정치를 모두 내다버리려고 하고 있다는 것이다.

이에 따르면 삼강이 서양 정치 문화의 정수이고, 민권과 남녀 평등설은 서양의 비정폐속(秕政敝俗)에 지나지 않는 것이 된다. 또 서양과 중국은 문화의 정수에서 아무런 차이가 없게 된다. 그렇다면 귀양천화(貴洋賤華)의 무리들은 무엇 하나 제대로 아는 것 없지만 시류에 따라 부나방처럼 이리저리 날뛰는 어중이떠중이가 되어버린다.

청말민국초에 삼강오륜은 그간 누려왔던 절대적인 지위가 흔들리고 있는 상황이지만 장즈둥의 주장은 오히려 공세적이라고 느껴질 만하다. 그의 주장에 따르면 삼강오륜은 근대와 접합 가능할 뿐만 아니라 서양과 공유하는 것이라고 보고 있다. 즉 삼강오륜은 전근대와 근대라는 시간과 중국과 서양이라는 공간을 뛰어넘어 동서고금에 영원하게 빛날 도덕규범으로 상승하고 있다. 위기가 오히려 기회가 된 셈이다.

장즈둥의 주장에도 논리적 허점이 있다. 그는 철저하게 중국의 기준으로 서양 문화의 현상과 본질을 자의적으로 평가하고 있다. 예컨대 민주정과 입헌 군주정에서 대통령 또는 군주의 예우가 전제군주정에서 군주의 특권과 동일시되고 있다. 이는 서양 근대에서 일어난 정치적 혁명의 의미를 자의적으로 축소시키고 있는 것이다.

우위는 장즈둥의 입장과 대척 지점에 서 있다. 장즈둥은 삼강오상을 영원한 도덕 원리로 보아서 근대 이후에도 여전히 생명력이 있다고 보았다. 반면 우위는 효(孝)와 례(禮)로 대변되는 유교 윤리는 전제주의의 근거이고 심지어 사람을 잡아먹는〔걸인吃人〕 비인간적 특성을 지니고 있다고 보았다. 이에 따르면 유교 윤리는 근대의 개막과 더불어 소멸될 수밖에 없는 것이다. 그가 이처럼 유교 윤리의 폐해를 강하게 부르짖는 이유를 세 가지로 찾을 수 있다.

첫째, 유교 윤리는 사람이 이성과 욕망에 따라 자기주장을 하는 주체적 인간이 아니라 상급자 또는 지배자를 위해 사는 순종적 인간을 길러낸다고 본다.

정자가 말했다. 효도와 공손은 순종하는 덕성으로 윗사람을 침범하려고 하지 않아 저절로 반란을 일으키는 일이 생길 수 없게 된다. 이렇게 보면 그가 효를 가르치는 것은 충성을 가르치기 위함이다. 이것은 바로 윗사람이 어떠한 우롱을 하더라도 일반 사람들은 고분고분하게 윗사람의 말을 받아들일 뿐 그들에게 침범하거나 반란을 일으키지 못하도록 하기 위함이다. 중국을 '순종적인 백성을 만들어내는 커다란 공장'으로 만들고자 하는 것이다. …… 실제로 지배자들은 충효 병용, 군부 병존이라는 막연한 주장을 이용해서 자신들의 전제(專制)를 부리는 사심을 채우고 있다.[25]

우위(吳虞)는 효를 자식의 부모에 대한 자연스런 애정의 표현으로 보지 않는다. 그는 효를 철저하게 기성의 사회 권력을 독점하려는 복종의 윤리로 간주하고 있다. 그렇지 않으면 왜 형벌 체계에서 불효를 가장 무겁게 다스리느냐고 되묻고 있다.

둘째, 오륜이 평등처럼 보여도 상급자를 제재할 수단이 없으므로 유교 윤리는 불평한 인간관계를 해결할 수 없다.

효제를 주장하더라도 그것은 오로지 군주·부친·어른·윗사람만을 위해 내우는 것이다. 다만 그들이 쫓겨나거나 살해당하는 재앙을 피할 방도를 찾을 뿐이지 그들이 쫓겨나거나 살해당하는 원인을 물어보지도 않고 신하·자식·낮은 신분·아이의 인격을 보호하고 존중하는 권리에 신경 쓰지 않는다. 예컨대 사람의 어버이이면 자식을 사랑하고 사람의 아들이면 부모에게 효도해야 하니, 둘 사이가 평등해 보인다. 그러나 자식이 불효하면 오형의 3천 가지 형벌 중에 불효보다 죄가 무거운 것이 없다. 부모는 자식을 사랑하지 않더라도 제재할 길이 없다. 군주가 예로 신하를 대우하고 신하가 충성으로 군주를 모시니, 평등해 보인다. 신하가 불충할 경우 신하가 반란할 수 없는데 반란한다면 반드시 주벌되어야 한다. 군주가 신하에 대한 예를 위반하더라도 원래 제재할 길이 없다. … 유교의 해독은 참으로 홍수와 맹수에 비해 적지 않다.[26]

우위(吳虞)는 유교 윤리에 평등의 싹을 지니고 있더라도 너무 불완전하여 현실에 규제력을 발휘할 수 없다고 주장하고 있다. 이 주장은 앞서 보았듯이 삼강과 오상(오륜)의 차별론자들은 오륜이 평등하고 민주적 요소를 지니고 있다는 것과 상반된다. 즉 오륜이 군주와 어버이로 하여금 쌍무적 윤리를 준수하게 할 수 있다고 하더라도 그것을 거부할 때 아무런 제재 조치가 없는 것이다. 이로써 오륜과 삼강의 차별 지점이 소멸되는 것이다.

셋째, 공자의 강상예교(綱常禮敎)를 극단적으로 몰고 가면 사람을 살리는 것이 아니라 사람을 죽이는 비인간성(非人間性)과 몰주체(沒主體)로 이어지게 된다.

공 선생의 예교를 극단적으로 끌고 가면 사람을 죽이고 사람을 잡아먹지 않고서는 성공하지 못한다. 이는 참으로 비참하고 잔혹한 일이다. 역사의 한 부분에서 도덕을 강조하고 인의를 역설한 사람이라도 기회가 주어지면 그는 직접적으로나 간접적으로나 모두 인육을 먹었다. …… 오늘

---

25) 『吳虞文錄』, 「說孝」, 黃山書社, 2008, 9.
26) 『吳虞文錄』, 「家族制度爲專制主義之根據論」, 黃山書社, 2008, 4.

에 이르러 우리는 다음을 깨달아야 한다. 우리는 군주를 위해서 사는(태어난) 것이 아니다! 성현을 위해서 사는 것이 아니다! 강상예교를 위해서 사는 것이 아니다! '문절공'(文節公)이니 '충렬공'(忠烈公)이니 무엇 하려 떠들겠는가? 모두 사람을 잡아먹는 사람이 예교를 강조하고, 예교를 강조하는 사람이 사람을 잡아먹는 자인 것이다![27]

우위(吳虞)의 결론이 정제되지 못하여 자극적으로 보이지만 일말의 진실이 없는 것이 아니다. 그는 역사서에서 '충의', '도덕'으로 인해 일어난 자살, 살상 등 각종 비인간적 사례를 적시하고 있다. 하지만 부분적 예시를 가지고 모든 예교에 대한 일반적인 주장을 내린다는 점에서 논리적 오류를 범하고 있다. 하지만 그의 비판에는 강상예교가 절대화 또는 경직화될 때 나타날 수 있는 병리현상을 지적하고 있다. 즉 그는 선이 인간의 해방이 아니라 인간에게 폭력을 가하여 악과 경계가 뚜렷하지 않을 수 있다고 보는 것이다.

이제까지 우리는 장즈둥(張之洞)과 우위가 각각 유교의 삼강오상(삼강오륜)이 근대와 접합할 수 있는가를 두고 펼친 찬반양론을 살펴보았다. 두 사람의 날선 입장만큼이나 논점은 치밀하지도 심층적이지도 못했다. 장즈둥은 서양과 중국의 우연한 일치에 주목해서 삼강오상을 전근대와 근대, 중국과 서양을 아우르는 보편 규범으로 성급하게 결론을 내리고 있다.

마찬가지로 우위는 역사적 사례와 사회 현상을 주목해서 유교 윤리가 단순히 신분과 불평등의 봉건예제라는 점을 들추어내는 데에 그치지 않고 식인(食人)을 낳는 비인간성(非人間性)과 몰주체(沒主體)라고 비판하고 있다. 이러한 주장은 유교 윤리에 대한 객관적이며 냉혹한 성찰이라기보다 청말민국초(淸末民國初)라는 시대 상황에서 수구와 변혁이라는 사회 정치 분야의 운동(campaign)에 가깝다. 그만큼 삼강오상(삼강오륜)이 가진 특성이 제대로 논의되지 않은 채 옹호와 반대의 이분법적 대립 속에서 각자의 정당성만을 소리 높게 외친 격이었다. 이제 다시 삼강오륜의 의의를 객관적으로 따져봐야겠다.

3. 신삼강오륜의 제언 : 동반(同伴)과 공진(共進)의 관계적 자아

삼강오상(三綱五常) 또는 삼강오륜(三綱五倫)은 전근대의 신분사회를 규율했던 규범이었다. 삼강오륜은 불평등의 낙인을 떠나서 현대 사회에서 재생할 수 있는 길이 있는 것일까? 이 점에서 나는 삼강오륜을 동반성에 입각한 관계 윤리, 배려와 평등에 수반하는 상호 주체 또는 관계적 자아의 확립으로 재해석하고자 한다.

---

27) 『吳虞文錄』, 「吃人與禮教」, 黃山書社, 2008, 31~32. 청말민국초에 많은 사회 사상가들이 유교의 강상예교가 사람을 잡아먹는다고 비판했는데, 루쉰도 『狂人日記』에서 인의도덕이 사람을 잡아먹는다고 보았다.

1) 관계윤리의 특징과 사각지대

삼강과 오상(오륜)의 관계 윤리는 전근대 사회에서 모든 도덕 행위의 근원으로서 절대적 위세를 누렸다. 근대 사회에서도 그와 같은 권세를 누릴 수 있을까, 아니면 조금 약화된 권세를 누릴 수 있을까? 만약 이 질문에 긍정적으로 대답하려면 삼강과 오륜의 관계 윤리는 적어도 세 가지의 시련을 타고 넘어가야 한다.

첫째, 삼강오륜은 우위(吳虞)가 제기했던 반인간성의 혐의를 털어낼(벗어날) 수 있어야 한다. 삼강오륜이 근대에서 살아남는다고 하더라도 그것은 전근대의 신분제 사회에서 했듯이 신분적 불평등을 옹호, 강화시킬 수는 없다. 하지만 삼강오륜이 사회의 모든 영역, 특히 사적 영역에서 신분이 아니라 계층과 세력의 다소나 강약에 의해서 침해가 발생할 수 있다.

이와 관련해서 캉유웨이(康有爲, 1858~1927)와 탄쓰통(譚嗣同, 1865~1898)의 성찰에 주목할 만하다. 『대동서(大同書)』「서언」을 보면 캉유웨이는 사람을 포함해서 모든 생물은 괴로움을 벗어나서 즐거움을 찾으려고 한다〔구고고락救苦求樂〕고 주장한다. 이를 위해서 그는 고통이 생겨나는 근원을 찾고자 했다. 그는 그 원인이 국계(國界)·급계(級界)·종계(種界)·형계(形界)·가계(家界)·업계(業界) 또는 산계(産界)·난계(亂界)·유계(類界)·고계(苦界) 등 아홉 가지에 있다고 보았다. 여기서 계(界)는 관계가 폐쇄적으로 일어나는 경계이기도 하고 그 경계에 의해서 생겨나는 우대와 냉대의 차별이 갈리는 분기점이기도 하다.

국가와 국가의 구별, 즉 국계(國界)가 살아 있기 때문에 힘의 우위를 바탕으로 서로 공격을 일삼게 된다. 캉유웨이는 국가와 국가의 계를 없애버린다면 전쟁을 일으킬 가능성 자체가 사라지게 된다고 본다. 이처럼 계가 있는 한 평화와 번영으로 나아가 즐거움을 낳는 것이 아니라 투쟁과 대립으로 진행되어 고통을 낳을 수밖에 없으므로 국가를 구별하는 계를 없앨 것을 주장한 것이다.

탄쓰통은 강유웨이의 계를 망라(網羅), 즉 그물로 비유해서 논의를 이끌어가고 있다.

제일 먼저 이익과 봉록(월급)으로 뒤엉킨 관료제가 드리운 그물을 뚫어서 찢어버리고 다음으로 세상의 학문, 즉 고증을 일삼고 문장에 빠진 학문이 드리운 그물을 뚫어서 찢어버리고, 다음으로 지구상에 있는 여러 가지 학문이 드리운 그물을 뚫어서 찢어버리고, 다음으로 폭군마저 정당화하는 전제 군주제가 드리운 그물을 뚫어서 찢어버리고, 다음으로 모든 것을 정당화해주는 하늘의 권위가 드리운 그물을 뚫어서 찢어버리고, 다음으로 지구상에 있는 여러 가지 종교가 드리운 그물을 뚫어서 찢어버리고, 마지막으로 불교 진리가 드리운 그물을 뚫어서 찢어버리자."[28]

---

28) 『譚嗣同全集』하책「자서」, 290 "初當衝決利祿之網羅, 次衝決俗學若考據, 若詞章之網羅, 次衝決羣學之網羅, 次衝決君主之網羅, 次衝決倫常之網羅, 次衝決天之網羅, 次衝決全球羣教之網羅, 終衝決佛法之網羅."

캉유웨이(康有爲)와 탄스통(譚嗣同)의 주장에 따르면 사람은 계(界)와 망라(網羅) 속에 있는 고통에서 벗어날 수도 없고 거짓과 위선의 세계를 무력하게 만들 수 없다고 본다. 삼강오륜(三綱五倫)의 옹호자와 달리 두 사람은 계와 망라의 관계가 해방이 아니라 고통을 낳는 근원이므로 그것을 철폐할 때 고통에서 벗어나서 해방을 얻게 된다고 본다. 예를 들면 캉유웨이(康有爲)는 사람이 가계를 벗어나 그 어디에도 매이지 않는 지평에서 새롭게 탄생한 사람을 '천민'(天民)[29]으로 표현하고 있다.

천민(天民)은 전근대 사회의 신민(臣民)에서 근대 사회에 새롭게 등장할 시민에 대한 새로운 이름이었던 것이다. 여기서 우리는 둘이 사람을 묶는 틀을 가족만이 아니라 종족과 국가 등으로 확장하고 있는 것에 주의할 만하다. 사람은 종족과 국가의 논리에 포섭될 경우 국가주의, 국수주의, 민족주의 등의 이념에 사로잡혀서 자기 이외의 종족과 국가를 대상으로 배타적 적대적 행위를 선의 이름으로 정당화시킬 수 있다. 즉 사람이 관계 안에서 겪는 억압을 관계 밖에 전가시킬 수 있다. 이때 내부의 관계가 외부를 대상으로 해서 개별 단위로 응집되는 실체화 현상이 일어난다.

이렇게 보면 삼강오륜은 역할 상대끼리의 관계나 역할 상대를 한 쌍(덩어리)으로 묶어주는 가족, 국가 등의 층위에서 타자를 대상으로 한 폭력을 낳을 가능성을 배제할 수 없다.

둘째, 삼강오륜의 덕목은 자연적 사회적 관계에 놓인 사람들, 즉 특수 관계를 규율할 수 있지만 그 관계 밖의 사람을 규율할 수 없다면 그것은 불완전한 규범에 지나지 않는다. 예컨대 오륜 중 부자유친은 개별 혈족 안에서만 통용된다. 사람들이 서로의 사정을 속속들이 알고 지내는 촌락공동체라면 부자유친(父子有親)이 그 자체로서 유효할 수 있다. 하지만 타인들로 뒤섞인 도시에는 숱한 아버지뻘과 자식뻘의 사람들이 있지만 이들 사이가 부자유친으로 규제될 수는 없는 것이다.

현대사회에서 삼강오륜을 고수하게 된다면 의도하든 하지 않든 곳곳에 사람들을 윤리적으로 규제할 수 없는 사각지대가 끊임없이 생겨나게 된다. 이와 관련해서 살펴볼 만한 것이 량치차오(梁啓超, 1873~1929)가 『신민설(新民說)』에서 다루고 있는 공덕(公德)과 사덕(私德)에 대한 구분법이다. 그는 『신민설』의 제5절에서 공덕을 다루고 제18절에서 사덕을 다루고 있다. 그는 처음에 중국에 공덕이 부족하다는 현실을 지적하기 위해서 공덕을 먼저 다루었다가 혁명파의 등장 이후 개인 덕성을 강조하는 사덕을 강조하기에 이르렀다.[30]

---

29) 캉유웨이는 가족관계를 떠나서 천민이 되자(去家界爲天民)는 맥락에서 천민(天民)을 사용한다. 확대 해석한다면 전통적인 삼강·오륜에 매인 존재(臣民)에서 그러한 관계의 그물을 벗어나 평등을 누리는 새로운 사람을 천민(天民)으로 명명했다고 볼 수 있다. 근대에 이르러 군주에 대한 예속을 나타내는 신민을 대신해서 공민(公民)·시민(市民)·인민(人民)·국민(國民)·백성(百姓) 등이 창조되거나 재활용되었다. 지금 보면 다른 말은 살아있지만 천민은 사어에 가깝다. 이러한 사정도 별도로 연구할 만한 가치가 있다. 이러한 의미는 캉유웨이가 창조한 세계이지만 천민(天民)이란 말 자체는 이미 전국시대의 『맹자』 「만장」상 7, 「만장」하 1, 「진심」상 19에서 처음으로 쓰이고 있었다.
30) 이와 관련해서 사덕을 논하는 서론 격의 글을 보라. 자세한 맥락은 이혜경, 『천하관과 근대화론 : 양계초를 중심으로』, 서울 : 문학과지성사, 2002, 211~228 참조.

우리나라 사람들에게 가장 모자란 것이 공덕의 측면이다. 공덕이란 무엇인가? 사람의 사회가 사회 꼴을 이루고 국가가 나라 꼴을 이루는 바탕으로 모두 이 공덕에 의지해서 성립되는 것이다. …… 도덕의 본체는 하나일 뿐이다. 다만 밖으로 드러날 때 공과 사의 이름이 덧붙는다. 사람들이 자기 한 몸을 깨끗하게 하는 것[독선기신獨善其身]을 사덕(私德)이라고 한다. 사람들이 서로 자신의 사회를 좋게 하는 것[상선기군相善其群]을 공덕(公德)이라 한다. 두 가지는 모두 사람이 살아가는 데에 없어서는 안 되는 그릇이다. 사덕이 없다면 사람 노릇할 수 없다. 비열하고 위선적이고 잔인하고 어리석은 자들이 제 아무리 많이 모인다고 하더라도 나라를 이룰 수 없다. 공덕이 없으면 사회를 이룰 수 없다. 자신을 돌보는 데에만 만족한다면 깨끗하고 선량한 사람이 제 아무리 많이 있다고 하더라도 나라를 이룰 수 없다. 우리나라 중국의 도덕 발달은 다른 나라에 비해 이르다고 할 수 있지만 성격을 보면 사덕에 치우쳐있고 공덕은 거의 결여되는 것과 마찬가지이다. 시험 삼아 살펴보다면 『논어』와 『맹자』 등의 책은 우리나라 국민들의 목탁이고 도덕의 근원이다. 그 중에 다루는 가르침은 사덕이 90%이고 공덕은 10%에도 미치지 못한다. …… 사인(私人) ─ 사인은 공인(公人)에 대비되는 말로 타인과 교제하지 않을 때의 개인을 가리킨다. ─ 의 자격을 지녔다고 할지라도 완전한 인격을 갖추었다고 할 수 있겠는가? 그럴 수 없다.[31]

량치차오(梁啓超)의 공덕결여론(公德缺如論) 또는 공덕의 상대적 부재론은 삼강오륜이 갖는 맹점을 가장 핵심적으로 지적하고 있다. 오늘날 세계화가 지속적으로 진행되는 상황에서 삼강오륜의 입지는 더욱 좁아진다고 할 수 있다. 왜냐하면 삼강오륜이 자연적 사회적 관계 밖의 사람을 규제할 수 없을 뿐만 아니라 지속적으로 몰려오는 타자를 관계 밖에 방치할 수 없기 때문이다. 결국 현대사회에서 시간이 지나면 지날수록 삼강오륜이 규제할 수 없는 세계는 점점 넓어지게 된다. 극단적으로 말하면 삼강오륜은 규제할 수 없는 거대한 세계에 의해 포위된 채 오갈 수 있는 다리도 없는 윤리적 섬(moral island without bridge)이 될 뿐이다.

셋째, 삼강오륜(三綱五倫)은 전근대 농촌공동체가 아니라 근현대 산업화, 도시화에 걸 맞는 관계 모델을 만들어내야 한다. 삼강오륜에서 사람은 자신의 이해계산 또는 이성에 입각해서 행위를 선택하고 추진하는 주체로 등장하지 않는다. 사람은 늘 아버지와 자식과 같은 자연적(또는 혈연적) 관계 또는 군주와 신하처럼 사회적 관계 속에서 늘 역할 상대와 상호작용을 하며 행위를 조율하는 관계적 자아로 등장한다.

근대 이후로 한국을 비롯해서 전통적 유교 사회는 주거공간의 측면에서 지속적으로 도시화가 진행되었다. 그 결과 아시아개발은행(ADB)이 발표한 〈아시아 인구현황〉 보고서(48개국)에 따르면 홍콩과 싱가포르와 같은 도시 국가는 100%의 도시화를 나타내고 있다. 그 중에 한국은

---

31) 『梁啓超全集』 제2책, 北京出版社, 1999, 660~661.

81.5%로 6위를, 일본은 66.5%로 11위를, 중국은 46.6%로 22위를 차지했다.[32] 이처럼 도시화가 급속도로 진전된 상황에서 혈연에 바탕을 둔 촌락공동체의 인간관계, 즉 삼강오륜은 현대사회에 맞지 않다고 할 수 있다.

그리고 산업 구조의 측면을 보면 한국을 비롯해서 전근대 사회는 '농자천하지대본'(農者天下之大本)의 구호처럼 농업이 산업의 중심을 차지했지만 산업화 이후로 공업과 서비스업의 비중이 날로 늘어나고 있다. 앞으로 IT산업 등 새로운 분야는 지속적으로 늘어나겠지만 농업의 비중은 지금보다 훨씬 더 줄어들게 될 것이다. 농업 사회는 집단 경험을 통해 발견한 지식이 변하지 않고 장기적으로 축적되어 사회의 생산력을 일정한 수준 안에 안정적으로 관리해왔다. 이러한 사회에서 집단경험에 연원한 지식을 독점하거나 관리하는 인물, 즉 군주·연장자·부친 등이 국가·사회·가족에서 중심 존재로 역할을 할 수밖에 없다.

농업 사회에 바탕을 둔 삼강오륜의 관계 모델은 도시화, 산업화 나아가 정보화 사회에서도 여전히 사회 중심에서 자리 잡을 수 있을까? 물론 현대 사회에서 사람은 여전히 군주와 신하의 관계를 제외하면 아버지와 자식만이 아니라 어른과 아이의 관계를 갖는다. 하지만 사람이 그러한 관계를 갖는다고 해서 관계에 바탕을 둔 삼강오륜이 규범으로서 전근대 사회와 같은 지위를 갖는다고 보증하지는 않는다.

연공서열 제도는 일본과 한국의 공직과 기업에서 오랫동안 평가 기준으로 실행되어 왔다. 이 제도는 고용과 신분의 안정성을 보장하면서 오륜 중의 장유유서(長幼有序)를 그대로 반영하고 있다. 한국을 비롯해서 동아시아 국가는 경제위기에 따라 그간 아시아의 특성으로 알려졌던 종신고용이니 연공 서열제를 버리고 직급의 파괴나 고용의 유연성을 경쟁적으로 도입하고 있다. 그에 따라 장유유서에 따른 나이 대접이 지켜지지 않고 있다. 나이 적은 상급자와 나이 많은 하급자 현상이 도처에서 생겨나고 있다.

이런 상황에서도 '장유유서'(長幼有序)를 고수한다면, 현실로부터 규범의 유리화가 한층 심해질 것이다. 이처럼 삼강오륜은 도시화·산업화·정보화에 따라 중심에서 주변으로 위치 이동을 하고 다시 주변에서 고립화될 수도 있는 상황에 놓여있다고 할 수 있다. 즉 삼강오륜이 아무리 고귀한 전통이라고 하더라도 규제할 대상을 상실하게 된다면, 규범의 자립성이 줄어들게 되는 것이다.

지금까지 논의를 보면 삼강오륜은 현대사회에서 전근대 사회에서 했던 것처럼 윤리 규범으로서 기능할 수가 없다. 이러한 처지는 삼강 중 군위신강(君爲臣綱)의 그것과 흡사 닮았다. 오늘날 동아시아 사회는 전통 사회의 왕정과 달리 형태를 달리하지만 민주정을 표방하고 있다. 왕이 지배하려고 해도 통치할 신민이 없는 상황이듯이 삼강오륜이 현실을 규제하려고 하더라도 규제

---

32) 『헤럴드경제』 2010.09.20 기사.

할 현실이 강하게 밀착되어 있지 않다. 따라서 삼강오륜이 현실 규제의 권능을 다시 확실하게 가지려면 변화가 불가피하다고 할 수 있다. 이와 관련해서 다음 장에서 살펴보자.

2) 동반(同伴)과 공진(共進)의 신삼강오륜(新三綱五倫)

삼강오륜의 변화를 다루기에 앞서 잠깐 서양 윤리에서 덕윤리가 의무와 같은 원리 중심으로 바뀌어간 맥락을 살펴보자. 고대 그리스 사회에서는 알건 모르건 모든 사람을 대상으로 하지 않고 소규모 또는 중간 규모를 이루는 공동체의 삶에 필요한 규칙을 배우고 익히면 도덕적으로 문제가 없었다. 하지만 알렉산더의 확장 정책과 근대 계몽주의 시대에 이르러 추상적 거대 공동체 또는 익명적 타인에게 적용할 수 있는 윤리가 필요하게 되었다. 이로써 기지(旣知)의 사람들을 대상으로 습관(習慣)의 덕(德)을 배양하는 단계에서 미지(未知)의 사람들과 같은 조건에서 공통으로 적용되는 규칙의 윤리를 필요로 하게 되었다.[33]

근대에 서양의 덕 윤리가 의무와 같은 원칙 중심으로 변해가듯이 삼강오륜의 윤리도 현대사회와 접목을 위해 어떠한 식의 변화가 불가피하다고 할 수 있겠다. 만약 삼강오륜이 변하지 않는다면 법가가 강조하는 보편적인 객관 규범 체계로서 법과 특수 관계의 효 윤리의 특이한 이색적인 '공존'으로 이어질 수 있다. 법가하면 유가와 대립했던 학파라 효(孝)를 무조건 비판했을 것 같지만 실제로 그렇지 않다. 긍정과 부정의 양면 전략을 구사했다.

먼저 부정의 목소리를 들어보자. 상앙(商鞅)은 "국가에 예악(禮樂)과 효제(孝弟)가 살아있으면 반드시 나라의 영토가 깎여나가거나 아니면 멸망하게 된다."[34] 한비자(韓非子)가 인용하는 이야기를 들어보자. 노(魯)나라 어떤 사람이 세 차례에 전투에 나갔다가 모두 패배했다. 공자(孔子)가 그 까닭을 물으니 "집에 노부가 계셔서 자신이 죽으면 봉양할 길이 없다"고 대답했다. 이에 공자는 그를 효자로 보고서 노나라 군주에게 추천해서 중용하게 했다. 이에 대해 한비자는 가족 입장에서 효자(孝子)는 국가 입장에서 무능한 신하라고 결론을 내린다.[35] 이에 법가는 사적인 관계에 매몰된 채 공적 임무를 저버린 사람을 처벌해야 법(法) 체계가 확립될 것이라고 주장했다.

세상 사람들이 효제(孝弟)와 충순(忠順)의 도가 타당하다고 생각해도 한비자는 그것을 따져보면 세상을 어지럽힌다는 생각을 굽히지 않는다. 예컨대 유교에서 성군으로 받든 요순(堯舜)은 임금과 신하 자리를 바꾸었고, 탕무(湯武)는 각각 신하로서 임금을 살해해서 임금이 되었기 때문이다. 따라서 그는 국가의 운영을 개인의 지혜, 도덕적 탁월함에 따르면 문제가 생기므로 오로지 법에 따른 통치를 강조했다.

그러면서도 그는 "신하가 군주를 섬기고, 자식이 아버지를 섬기고, 아내가 남편을 섬겨야 한

---

33) 박찬구, 『개념과 주제로 본 우리들의 윤리학』, 서광사, 2006, 154~161.
34) 『상군서』 「去强」 "國有禮樂孝弟, 必削至亡."
35) 『한비자』 「五蠹」 "以是觀之, 夫父之孝子, 君之背臣也."

다. 세 가지가 순조롭게 일어나면 세상이 안정되고 세 가지가 순조롭지 않으면 세상이 혼란스러워진다. 이것은 세상의 불변하는 도리이다."라는 전언(傳言)을 인용하고 있다.[36] 한비자의 전언은 삼강의 형식을 연상시킬 정도로 둘 사이에 유사성이 엿보인다. 한비자는 효제와 충순이 법을 떠나서 자립적으로 공적 세계를 규율하는 것에는 반대한다. 반면 효제와 충순이 법의 규범에 종속된 채 그 가치를 확대 재생산하는 경우에 한해서 긍정하고 있다.

이렇게 보면 법가에서 법과 효의 공존을 말하더라도, 사실 말이 '공존'이지 효는 법의 하위 규범 체계로 편입된 것이다. 즉 법은 보편 규범의 수립을 목표로 하는 공적 세계를 규제하는 반면 효는 사적 세계가 공적 세계의 질서를 수용하여 그것을 확대 재생산할 수 있도록 보조적 역할을 맡는 것이다. 이를 현대 상황에 대비한다면, 삼강오륜은 거시적이며 공적인 세계에 작동하는 원칙 중심의 윤리를 보조할 수 있는 조건에서 미시적이며 사적인 세계를 규율할 수 있는 것이다.[37]

서양 윤리의 사정에 따른다면 삼강오륜은 대체의 운명을 피할 수 없고 법(法)과 효(孝)의 공존 사례를 보면 삼강오륜은 있다. 삼강오륜은 변화의 길에 어떤 가능성이 놓여있을까? 이와 관련해서 정인재가 인용하고 있는 리이위완(李亦園)의 칠륜설(七倫說)이 있다.[38]

리이위안이 삼강오륜 중 오륜과 현대사회의 접합 가능성을 모색하는 고민은 필자가 앞서 다룬 내용과 일치하는 점이 있다. 그에 따르면 오륜은 정지된 농업 사회에서 발전된 윤리 관계로 "자기와 직접 관계가 있거나 또한 특수한 관계를 맺고 있는 대상을 위주로 하므로, 이 관계를 벗어난 범위는 적용시키기 어렵다."(정인재, 115) 현대 산업사회는 오륜에서 설정한 교제를 초월해서 "직접 관계가 없는 익명의 사회 대중 간에 행위의 준칙을 삼을 규범이 없다면 사회 질서는 혼란하게 될 것"이라고 본다.

그는 이 문제를 해결하기 위해서 오륜(五倫)을 칠륜(七倫)으로 확충시켜 현대화된 인간관계에 적용하고자 했다. 추가되는 것은 개인[기己]과 공동체[군체群體](내가 속해 있는 공동체[아군我群]와 속해 있지 않은 공동체[타군他群]를 포함) 그리고 공동체[군체群體]와 공동체(국내와 국외를 모두 다 포함) 사이의 관계이다. 이를 기존의 오륜 형식으로 표현하면 기군유체(己群有敬), 군군유혜(群群有惠)가 된다.(정인재, 116) 리이위완(李亦園)의 칠륜(七倫)은 오륜의 현재화를 위해서 노력으로서 의의가 있다. 오륜에다 이륜(二倫)을 추가해서 변화된 현대 사회의 특성과 유교 윤리의 결합을 모색하고 있기 때문이다.

---

36) 「忠孝」 "天下皆以孝悌忠順之道爲是也, 而莫知察孝悌忠順之道而審行之, 是以天下亂. …… 臣之所聞曰: "臣事君, 子事父, 妻事夫. 三者順, 則天下治. 三者逆, 則天下亂. 此天下之常道也." …… 廢常上賢, 則亂. 舍法任智, 則危. 故曰: 上法而不上賢."

37) 오늘날 이러한 규범의 재배치는 부드럽게 작동하지 못하고 '지하철 반말녀'처럼 각종 '○○남'과 '○○녀'를 양산하면서 파열음을 일으킨다.

38) 정인재, 「도덕성 회복을 위한 동양철학의 한 시론: 인륜의 현대적 해석을 중심으로」, 『철학윤리교육연구』 제10권 제21호, 1994.4, 105~142 참조. 그는 인용하면서 출처를 생략했는데, 서지사항은 다음과 같다. 李亦園, 「'富而好禮' 的傳統與現代文化基礎」, 『劇變與調適』, 臺北 : 敎理出版社, 1986, 72~81.

리이위완의 시도는 의미가 있지만 문제도 포함하고 있다. 오륜이 현대 사회와 부합하지 못해서 칠륜(七倫)으로 확대한다고 하더라도, 기존 오륜의 역할은 현대 사회에서 어떤 역할을 적극적으로 수행할 수 있는가? 또 오륜이 자연(하늘)으로 인해 맺어진 관계인데 그와 성격이 다른 이륜이 어떻게 오륜과 결합할 수 있는가? 이에 대한 적절한 해명이 없다면 오륜의 확충으로서 칠륜은 임시적인 규칙의 지위를 넘어설 수 없다.

나는 군위신강(君爲臣綱), 부위자강(父爲子綱), 부위부강(夫爲婦綱)의 삼강과 부자유친(父子有親), 군신유의(君臣有義), 부부유별(夫婦有別), 장유유서(長幼有序), 붕우유신(朋友有信)의 오륜을 현대사회의 인간관계를 담아낼 수 있는 방식으로 재조정되어야 한다고 생각한다. 따라서 기존의 삼강오륜을 '구삼강오륜'(舊三綱五倫)이라고 한다면 새롭게 조정된 삼강오륜을 '신삼강오륜'(新三綱五倫)이라 부르고자 한다.

먼저 삼강을 살펴보자. 삼강 중에서도 군신(君臣)은 현재 동아시아 사회에서 대응할 만한 사회적 실체를 가지고 있지 않다. 근현대 동아시아 사회가 왕정에서 민주공화정으로 정치체제를 전환시켰으므로 사회를 특정 집단 또는 사람을 중심으로 간주되는 구삼강은 현실적으로 성립되기 어렵다. 군위신강은 인민이 국가의 주인(중심)이라는 민위국강(民爲國綱)으로 대체될 만하다.

현대 사회에서 가족 구성도 다양해지고 또 정치와 도덕 영역에서 가족과 전통보다는 개인과 개인의 합리적 의사 교환이 중요하므로 나머지 둘도 변화가 요구된다. 하나는 경제 영역에서 산업화와 정보화를 반영해서 사람이 기업 활동의 중심이라는 인위사강(人爲社綱)이 필요하고, 또 사회 영역에서 절대 중심이 사라지고 사람들이 상황과 임무에 따라 주도적 역할을 나누어 맡을 수 있으므로 사람이 번갈아 가면서 중심이 될 수 있다는 인위호강(人爲互綱)이 필요하다고 할 수 있다.

이어서 오륜을 살펴보도록 하자. 근대사회에서 사람은 삼강과 마찬가지로 가족에 의해서 사회·정치·경제·도덕의 영역에서 전적으로 좌우되지 않고 개인으로서 끊임없이 관계를 만들어간다. 이처럼 사람은 고정적인 관계에 자동적으로 소속되어 사적인 규칙에 종속되는 것이 아니라 스스로 관계를 만들어 더 나은 공동선을 위해 협력할 수 있다. 이러한 각도에서 보면 사람은 가족을 경계로 나와 남을 나누지 않고 개인과 개인이 서로 다가가서 사이가 긴밀해지는 인인유친(人人有親)이 필요하다.

자본주의의 경제 활동에서 핵심적인 경제 활동을 담당하는 노동자와 사용자 사이가 지켜야 할 기본적인 도리에 의해서 규제되는 노사유의(勞使有義)가 요구된다. 후기산업사회에서 생산자는 기업의 사회적 책임과 윤리 경영을 더욱 무겁게 느끼고 소비자도 환경과 인권을 고려하는 윤리적(착한) 소비에 신경을 쓰지 않을 수 없는데, 이로 인해 소비자와 생산자는 각자의 이해를 앞세우기보다 서로의 가치를 존중하는 소생유경(消生有敬)이 요구된다.

전근대 사회에서 국가(왕)는 통치의 주체이고 신민은 통치의 객체로 그 역할이 뚜렷하게 나뉘었지만 근대 사회에서 정부가 시민의 투표에 의해 선출되면서 시민의 의지를 존중하지 않을 수 없게 되었다. 이로써 민간과 정부는 공동선을 위한 공동 기획자이자 상호 견제자로서 호혜적 활동을 하는 민관유혜(民官有惠)가 필요하다.

　근대의 민족국가는 자원과 시장의 확보를 위해서 국가간의 무한 경쟁을 펼쳤고 그에 따라 파멸적인 전쟁을 피할 수 없었다. 정보 통신의 획기적인 진전과 국경 없는 자본과 상품의 교역이 넓어지면서 국가 사이의 상호 의존도가 더욱 심화되고 있다. 이때 국가 간에 상호 신뢰에 바탕을 둔 국국유신(國國有信)의 요구가 더욱 절실하다고 할 수 있다.

　이렇게 구삼강오륜을 신삼강오륜으로 재조정한 것이 과연 타당한지 그 근거를 물을 수 있다. 무엇보다 먼저 삼강오륜은 원래 자연(하늘)으로 인해 맺어진 천륜(天倫)인데 신삼강오륜도 천륜(天倫)에 바탕을 두고 있는가? 그렇지 않다면 신삼강오륜이 어떻게 삼강오륜의 틀로 묶일 수 있는가? 다음으로 신삼강오륜 중 특히 오륜에서 개인·생산자·정부·국가 등은 모두 개별적 의지를 가지고 자체의 목적 실현을 위해서 노력하는 개별 주체의 특성을 지니고 있다.

　이 개별 주체가 다른 개별 주체와 관계를 맺는다고 하더라도 그것은 지속적이라기보다 일시적이고, 상대와 호혜성이나 공동선의 추구는 개별 주체의 목표에 종속된다. 그럼에도 불구하고 이러한 개별 주체를 관계의 틀 속에 묶는 것이 가능한가? 가능하다고 하더라도 그 관계가 얼마나 안정적이라고 할 수 있을까?

　위의 두 가지 질문에 대해 긍정적인 대답을 내놓지 못한다면 신삼강오륜은 시도의 절실함에도 불구하고 정당성을 갖기 어렵다. 첫째로 삼강오륜과 천륜의 상관성에 대해서 살펴보자.

　구삼강오륜은 기본적으로 자연적 관계에 집중되어있지만 군신(君臣)과 붕우(朋友) 관계는 사회적 관계이기도 하다. 아울러 사회적 관계는 주어진 것이 아니라 의(義)의 유무에 따라 맺어지기도 하고 끊어지기도 한다.

　『맹자』를 보면 공자가 세상을 구제할 기회를 얻기 위해 천하를 돌아다닐 때 그가 군주와 환상의 파트너가 되느냐와 관련해서 특정한 개인(권력자)의 환심보다 명(命)·례(禮)·의(義)가 중요하다고 주장을 내놓고 있다.[39] 즉 공자가 세 가지를 만나면 기회를 얻어서 상호 존중의 군신 관계를 맺게 되는 것이고 그렇지 않으면 그런 관계를 맺을 수 없는 것이다. 또 맹자는 군신의 관계를 동성 신하와 이성 신하를 구분하고서 전자는 군주와 정치적 운명을 같이 하지만 후자는 자신의 주장이 존중되지 않으면 관계를 끝내버린다고 설명하고 있다.[40]

　여기서 우리는 구삼강오륜에도 사람의 관계가 무조건적이며 절대적이지 않고 조건에 따라 맺음과 끊어짐, 즉 가입과 탈퇴가 허용된다고 할 수 있다. 좀 더 강하게 말한다면 서로의 조건이 충족되면 관계가 체결되고 조건이 지켜지지 않으면 관계가 끝나는 계약의 특성을 지니고 있다고 할 수 있다. 이런 특성을 가장 잘 드러내는 개념과 사고 방식이 의(義)·의기투합(意氣投合)·

---

39) 「만장」 상 9 "孔子曰: '有命.' 孔子進以禮, 退以義. 得之不得曰'有命.'"
40) 「만장」 하 9 "王曰 請問貴戚之卿. 曰君有大過則諫. 反覆之而不聽, 則易位. …… 請問異姓之卿. 曰君有過則諫. 反覆之而不聽, 則去."

이문회우(以文會友)이다.

의(義)와 의기(意氣)가 서로 일치할 때는 재산을 공유하고 희생마저 달게 여길 정도로 긴밀한 관계를 유지하며 공동의 목표를 추구해나간다. 이러한 특성은 군신만이 아니라 부부 관계에도 적용된다. 『안씨가훈(顏氏家訓)』을 보면 "남편이 의롭지 못하면 아내가 순종하지 않는다."거나 사마광(司馬光)의 『가범(家範)』에 보면 "부부는 의로서 서로 섬기는데, 의가 끊어지면 서로 떨어진다."[41] 나아가 의합(義合)과 의절(義絶)은 구삼강오륜(舊三綱五倫)의 관계를 고정성이 아니라 신축성을 지니게 만드는 특성이다. 이에 따르면 신삼강오륜(新三綱五倫)의 관계가 천륜이 아니라서 삼강오륜의 틀로 묶을 수 없다는 비판은 절대적이지 않다고 할 수 있다.

구삼강오륜의 관계에 따른 규범은 자연스런 애정에 의해서 지탱되기도 하면서 동시에 그 너머의 가치에 의해서 규정되기도 했다. 이와 관련해서 우리는 여러 문헌에서 다양한 근거를 찾을 수 있다.

먼저 『논어』를 보면 경(敬)과 례(禮)가 지켜질 때 사람은 혈연적 형제를 넘어서 사해가 동포라는 지평에 도달할 수 있다.[42] 장재(張載)는 「서명(西銘)」에서 민포물여(民胞物與)를 주장하여 『논어』의 사해동포주의(四海同胞主義)를 만물의 차원으로 확장시키고 있다.[43] 이로써 세계는 우주 가족 또는 타자 없는 동일자로 충만된(가득 찬) 특성을 보여주고 있다.

동중서(董仲舒)나 장재(張載)와 같은 기론자(氣論者)들은 태허기(太虛氣)가, 정이(程頤)나 주희(朱熹)와 같은 리론자(理論者)들은 리(理)가 구삼강오륜의 규범이 자연적 관계와 사회적 관계를 포함한 모든 관계의 의미를 부여하고 그것을 통일시키는 규제력을 발휘한다고 보았다. 따라서 신삼강오륜도 배타적 민족주의를 넘어서서 세계시민주의(cosmopolitanism)와 결합할 수도 있고 나아가 리(理)나 기(氣)와 짝해서 자유와 평등의 근대적 가치와 결부될 수 있다. 이로써 보면 자유와 평등이 없는 구삼강오륜(舊三綱五倫)은 자유와 평등을 지닌 신삼강오륜(新三綱五倫)으로 탈바꿈될 수 있는 것이다.

이제 개별 주체가 관계 윤리로 포섭 가능한지 문제를 살펴보도록 하자. 개인, 기업, 생산자, 소비자, 국가 등의 개별 주체는 타자에게 피해를 주지 않는 한 자신의 목적을 달성하고자 한다. 요즘 기업의 사회적 책임과 윤리 경영이 강조되면서 생산자는 익명의 소비자를 대상으로 최대의 이윤 창출만을 목표로 삼을 수 없게 되었다. 최근 2010년 11월 1일 국제표준화기구(ISO)는 기업 등의 사회적 책임(Social Responsibility)에 관한 국제표준 ISO26000 지침서를 공식적으로 발간했다.

물론 이 표준안은 기술규격과 품질에 관한 일반적인 ISO표준안과 달리 검증제 형식을 띠지

---

41) 『顏氏家訓』「治家」 "夫不義, 則婦不順矣." 『家範』「夫婦」 "夫婦以義事, 義絶而離之."
42) 『논어』「안연」 5 "司馬牛憂曰∶人皆有兄弟, 我獨亡. 子夏曰∶商聞之矣, 死生有命, 富貴在天. 君子敬而無失, 與人恭而有禮. 四海之內, 皆兄弟也, 君子何患乎無兄弟也?"
43) "故天地之塞, 吾其體, 天地之帥, 吾其性. 民吾同胞, 物吾與也."

만 기업 등 사회의 모든 조직이 의사결정과 활동에서 기업 조직의 지배구조, 인권 및 노동 관행, 생태계에 대한 고려, 공정거래 관행, 소비자의 이슈, 지역사회 발전 등을 존중할 필요가 있다.[44] 예컨대 기업이 부가가치의 창출로서 생산에만 신경 쓸 것이 아니라 비경제적 요소를 고려하게 되었다. 즉 기업이 지역사회에서 바라지 않는 것임에도 불구하고 이익이 된다면 무엇이라도 하는 것이 아니라 이익이 된다고 하더라도 지역사회에서 바라는 것을 우선적으로 하게 되는 것이다. 여기서 더 나아가 지역사회가 바라지는 않는 것을 기업이 하지 않을 수 있다. 그렇지 않을 경우 소비자가 대규모 불매 운동을 할 수도 있고, 비도덕적 기업으로 평가될 경우 브랜드의 이미지가 타격을 입거나 매출에도 커다란 손실을 입게 된다.[45]

오늘날 생산자(기업)가 사회책임과 윤리경영의 상황에서 기업의 논리만을 내세우지 못하고 지역 사회와 소비자의 요구를 고려하지 않을 수 없게 된 것이다. 그때 기업의 의사결정과 활동은 놀라우리만치 『논어』에서 말하는 황금률로서 서(恕)와 닮아있다. 즉 "네가 바라지 않는 것을 상대에게 부가하지 마라!"[46] 이렇게 보면 현대 사회에서 국가, 기업, 생산자, 소비자 등의 주체는 합리적인 개인 또는 합리적 선택만을 하는 것이 아니라 자신의 의사결정과 활동의 선택으로 인해 영향을 받는 타자를 무시할 수 없는 상대(partner)로 고려하게 되었다. 즉 동반자 의식을 강하게 의식하게 되었다.

이제 마지막 논점을 살펴보기로 하자. 우리가 구삼강오륜을 신삼강오륜(新三綱五倫)으로 재조정했을 때 최종적으로 왜 존재성의 동반성에 도달하게 되었을까? 그것은 삼강오륜에서 사람은 기본적으로 관계적 존재로 파악되고 있기 때문이다. 이를 두 가지로 나눠서 살펴볼 수 있다. 하나는 앞서 다루었듯이 존재는 기(氣)이든 리(理)이든 같은 근원을 가지고 있다. 즉 존재의 동근원성이라고 할 수 있다. 다른 하나는 존재의 상호 의존성 또는 존재의 무독립성이다.

모든 사물 또는 사태는 반드시 상대, 즉 상호 의존의 관계에 있다. 위가 있으면 반드시 아래가 있다. 왼쪽이 있으면 반드시 오른쪽이 있다. 앞쪽이 있으면 반드시 뒤쪽이 있다. 바깥이 있으면 반드시 안이 있다. 아름다움이 있으면 반드시 추함이 있다. 순조로운 일이 있으면 반드시 거슬리는 일이 있다. 기쁜 일이 있으면 반드시 분노의 일이 있다. 추위가 있으면 반드시 더위가 있다. 낮이 있으면 반드시 밤이 있다. 이것은 모두 상호 의존[동반성]의 실례이다. 음은 양의 짝이고 아

---

44) 『한겨레신문』 2010년 11월 03자 국제면 기사. 유교 윤리가 오늘날의 기업의 사회적 책임처럼 전통시대 상업활동의 규제 이념으로 작용했다. 이와 관련해서 신정근, 「사익 추구의 정당화: 원망의 대상에서 주체의 일원으로」, 『동양철학』 제32집, 2009.12 참조.

45) 미국의 Dell 회사가 AS에 소홀히 했다가 그 일이 인터넷을 통해서 큰 문제가 되고 매출상으로 엄청난 손실을 본 이후 소비자의 불만을 전향적으로 수용해서 재기하게 된 적이 있다. 제프 자비스, 이진원 옮김, 『구글 노믹스』, 21세기북스, 2010 참조.

46) 「안연」 2 "己所不欲, 勿施於人." 황금률과 관련해서 문병도, 「孔孟의 恕의 도덕 판단 방법론에 관한 소고」, 『동양철학』 제8집, 1997 ; 신정근, 「도덕원칙으로 恕 요청의 필연성」, 『동양철학』 제21집, 2004.7 참조.

내는 남편의 짝이고 신하는 군주의 짝이다. 사물과 사태에 짝이 없는 것이 없고 짝은 각각 음양으로 분류된다.[47)]

이는 동중서의 『춘추번로』에 나오는 내용이다. 사물과 사태는 독립적으로 존재하고 발생하는 것이 없다. 존재는 생성과 전개의 모든 과정에서 상대와 엮어서 하나의 짝으로 실재한다. 이처럼 존재의 동반성은 동아시아 전근대의 사유방식에서 자연적 사실이면서 동시에 근원 사태였다. 이러한 근원사태는 통속적으로 순망치한(脣亡齒寒)의 이야기로 이어졌다. 입술과 이는 결코 독립적으로 존재할 수 없고 서로 의존하여 존재할 수밖에 없다. 동근원성과 상호의존성에 의해 드러난 존재의 동반성은 사람으로 하여금 존재의 공진(共進)을 과제로 설정하게 만든다. 『논어』에서는 이를 박시제중(博施濟衆)으로 주장했고, 「중용(中庸)」에서는 개인 구원〔성기成己〕과 사회 구원〔성물成物〕의 종합을 주장했던 것이다. 이렇게 보면 현대사회에서 신삼강오륜도 존재의 공진을 추동하는 관계윤리로 정립될 수 있는 것이다.

4. 맺음말

유교 윤리는 상호 의존성과 동근원성에 의해서 뒷받침되는 존재의 동반성을 내세우고 있다. 이것이 관계의 윤리로 구체화된 것이 구삼강오륜이고, 현대 사회의 틀에 맞게 재조정된 것이 신삼강오륜이다. 형식적인 측면에서 보면 유교의 존재 동반성은 불교의 연기설과 유사성이 엿보인다. 연기설의 형식은 다음처럼 표현된다. "A가 있으면 B가 있고 A가 생기면 B도 생기고, A가 없으면 B가 없고 A가 멸하면 B도 멸한다."[48)]

앞서 인용했던 동중서의 주장과 비슷하다. 형식상으로 유사하지만 방향은 반대로 진행되었다. 연기설에 따르면 존재가 독립적이지 않고 상호 의존되어있으므로 상호 의존성을 실체로 오인하지 않도록 요구했다. 삼강오륜에 따르면 존재가 독립적이지 않으므로 하나의 짝을 이루어서 공진할 것을 요구했다.

불교와 유교는 존재의 상호 의존성에 바탕을 두고 있으므로 기본적으로 소유의 권리보다 공유의 평화(平和)에 친화적이다. 주체가 배타적 실체로 규정되면 그 실체는 자기 보존을 위해서 욕망을 권리로 정당화시키려고 하게 된다. 반면 불교와 유교에서 주체가 의존적 관계에 놓여있으므로 욕망은 분출되지 않고 조율되면서 상호 이해와 배려를 내세우게 된다. 이는 배타적 실체

---

47) 「基義」 "凡物必有合. 合 : 必有上, 必有下. 必有左, 必有右. 必有前, 必有後. 必有表, 必有裏. 有美必有惡, 有順必有逆, 有喜必有怒, 有寒必有暑, 有晝必有夜, 此皆其合也. 陰者陽之合, 妻者夫之合, 子者父之合, 臣者君之合. 物莫無合, 而合各有陰陽."

48) 길희성, 『인도철학사』, 민음사, 1984, 55.

의 입장에서 보면 몰주체에 가깝지만 관계적 자아로 보면 상호 주체라고 할 수 있다.

상호 주체의 공동체에서 갈등과 투쟁은 왜 발생하는 것일까? 하나는 사람이 상호 주체에서 배타적 주체로 전환하면서 소유의 권리를 주장하는 것이다. 이를 예방하기 위해서 유교 윤리에서는 관계적 자아의 성숙을 위해 지속적인 수양을 요구했던 것이다. 다른 하나는 기존 공동체의 관계적 자아에 포섭되지 않는 타자의 출현이다. 이 상황에서 관계적 자아는 배타적 주체로 전환해서 타자를 동일자로 규정하거나 이에 실패하면 폭력적 태도를 표출한다.

요즘도 내외부 요인으로 국제 사회와 갈등이 생기면 동아시아 사회는 과장된 몸짓으로 적대적 민족주의의 모습을 드러내고 있다. 이는 관계적 자아가 내부적으로 한없는 상호 이해와 배려가 작동할 수 있지만 타자에 대해 그 반대의 양상이 노출될 수 있다는 것을 보여준다. 그간 상호 이해와 배려를 동력으로 동아시아 사회는 짧은 기간에 유례없는 압축 성장을 이루었다. 타자와의 공존이 절실하게 요구되는 만큼 구삼강오륜에서 신삼강오륜(新三綱五倫)의 전환이 강력하게 요청된다고 할 것이다.

아울러 요즘 한국사회에서 기업형 슈퍼마켓(SSM)과 전통시장·중소점포 사이의 갈등이 현안이 되고 있다. 강자를 중심으로 하는 구삼강오륜에 따르면 기업형 슈퍼마켓을 규제할 수 없지만 신삼강오륜에 따르면 공존의 방안을 마련해 볼 수 있을 것이다.

参考文献

『논어』, 『맹자』, 『순자』, 『장자』, 『商君書』, 『韓非子』, 『禮記』, 『漢書』, 『春秋繁露』, 『顔氏家訓』.
『勸學篇』, 『吳虞文錄』, 『譚嗣同全集』, 『梁啓超全集』.
길희성, 『인도철학사』, 민음사, 1984.
문병도, 「孔孟의 恕의 도덕 판단 방법론에 관한 소고」, 『동양철학』 제8집, 1997.
박찬구, 『개념과 주제로 본 우리들의 윤리학』, 서광사, 2006.
신정근, 「도덕원칙으로 恕 요청의 필연성」, 『동양철학』 제21집, 2004.7.
신정근, 「사익 추구의 정당화: 원망의 대상에서 주체의 일원으로」, 『동양철학』 제32집, 2009.12.
윌리엄 K. 프랑케나, 황경식 옮김, 『윤리학』, 종로서적, 1987.
이혜경, 『천하관과 근대화론: 양계초를 중심으로』, 서울 : 문학과지성사, 2002.
제프 자비스, 이진원 옮김, 『구글노믹스』, 21세기북스, 2010.
정인재, 「도덕성 회복을 위한 동양철학의 한 시론: 인류의 현대적 해석을 중심으로」, 『철학윤리교육연구』, 제10권 제21호, 1994.
張 淵, 「淺析儒家傳統現代轉化的家庭動力 : 以三綱權威主義與五倫仁愛思想爲中心」, 『內蒙古農業大學學報(社會科學版)』, 제10권 총제42기, 2008년 제6기.
丁 鼎, 「〈儀禮·喪服〉所蘊含的三綱五倫觀念」, 『管子學刊』, 2002년 제3기.
馮天瑜, 「五倫說 : 建構和諧社會應當汲納的歷史資源」, 『武漢大學學報(人文科學版)』 제61권 제2기, 2008.3.

韩国性理学主气论体系中"心"的概念

崔福姬 ｜西江大学校 兼任教授

本文通过分析李珥与任圣周对'心'之概念的界定来重释现代哲学中'心'的理念。

传统西方哲学是在'身''与''心'的关系里探讨'心'的概念的。与之相反，传统的东方哲学中'心'的概念并不绝对以'身'(相对于心)的存在为前提。那是因为心是以气这一存在为基础的。'气'作为所有现实存在物的基础，是物质的。从'身'的角度来说，毫无疑问'气'是被肯定的。然而，人们又怎能体会'气''也是在'现实中感觉不到却起作用的'心'之基础呢？

因为气具有虚实与动静的属性，所以应该在虚实动静的奇妙儒性中理解它，还是基于气具有聚散的形态，而用聚散程度与性质来解释心与身的差异？

如为前者，就像栗谷试图从'作用'来解释存在性的问题一样，心是通过对现实的'作用'而体现其存在之意义的。但这样一来，心的'作用'是被肯定的；不过，它的'存在性'却缺乏正当(合理)性。那并不是对'心即为气'的心之存在的解释。如果不能解决"心即为气"的命题中导出的物质性概念与非经验性之间的矛盾，我们最后只能放弃物质性的概念。

如果坚持"心即为气"这一前提，就需要承认心的延伸性与其正当性。即心是具有经验性的、但也是一种'仍未'被体验的某种物质存在。如果从笛卡尔(Descartes)式精神与物质的概念来界定'心'，那么它就是非物质又非精神的，或介于精神与物质之间的第三种存在。世间存在的事物都不是绝对精神的或者绝对物质的。他们其实是具有精神和物质的某种形态。

我们无时无刻都能体会到心的作用，但是它是否真的存在？ 如果存在，是以什么形式存在的；如果不存在，那是什么现象？ 这些问题我们仍未能解决。这不仅仅是相信不相信的问题，而是需要通过认真的哲学分析来深入理解的。笔者认为在传统理学中'气'之概念的合理化过程中可以找到解决上述问题的头绪。本文仅停留在对问题的初步分析阶段，但笔者相信韩国理学中'心''与'气'的概念必定会为现代哲学'心'的研究提供某种新理念。

한국성리학 主氣論 계통에서의 마음의 개념

최복희 崔福姬 ㅣ 서강대학교 철학과 겸임교수

1. 서론

한국 유학은 조선시대 성리(性理)라는 주제를 중심으로 발전하였다. 그러나 성(性)과 리(理)의 개념에만 국한되지 않고, 마음과 도덕 판단, 실천의 문제 등 철학의 다양한 주제와 관념으로 점차 확장되었고 인간과 사회에 관한 심도 있는 논구가 진행되었다. 그중에서도 주기(主氣)의 경향을 띠면서 인간의 본성과 마음에 관하여 탐구한 유학자들은 그들의 서술방식에 따라 이해했을 때, 그 철학의 구조와 전개방식이 매우 명료한 개념화 작업을 기반으로 한다. 그들의 방법론이 명료하게 보이는 것은 그들 철학의 경험론적 특성 때문이다. 그들의 철학은 우리가 각자 내면적으로 직관할 수 있는 경험적 인간, 외면적으로 관찰되는 현실적 만물들에 관한 탐구에서 출발한다. 이러한 그들의 방법론은 현대철학의 문제의식과 발전방향에 적응할 수 있는 많은 장점들을 지니고 있다. 필자는 특히 현대철학에서 여전히 중요하고 뜨거운 주제인 "마음을 어떻게 설명할 수 있는가"에 대한 그들의 대답들은 앞으로의 철학 연구에 의미있는 문제제기를 할 수 있다고 생각한다.

주기론을 보통 리(理)는 기(氣)에 선재(先在)하지 않으며 단지 기화(氣化)의 법칙을 가리키는 것이고, 만물이 현실적 존재성과 존재양태를 설명하기 위해서는 기를 중심으로 해야 한다고 하는 이기일원론(理氣一元論)으로 정의한다. 본 논문은 이이(李珥)와 임성주(任聖周)를 중심으로 '마음'〔心〕을 어떻게 정의하였는지 연구하여, 한국 성리학에서의 마음의 개념이 현대철학에서 어떻게 재해석될 수 있는지 밝혀보고자 한다. 왜냐하면 이이는 조선성리학사에서 주기의 경향을 가장 먼저 정립한 학자이고, 임성주는 보다 분명한 주기론을 천명하여 마음에 대한 현대적 해석의 단초를 보여주었기 때문이다.

그들의 마음의 개념을 연구하기에 앞서 언급해야 하는 것은, 성리학의 일반적 정의는 무엇이었는가이다.

이황은 말하기를, "리기가 합하여 마음이 되니, 자연히 허령과 지각의 신묘함을 지닌다. 고요하여 모든 이치를 갖추고 있는 것은 성이지만 이 성을 담아서 싣고 있는 것은 마음이고, 움직여서 만사에 감응하는 것은 정이지만 이 정을 베풀어 작용으로 펼쳐내는 것은 역시 마음이다. 그러므로 마음이 성과 정을 통섭한다고 말한다"[1]라고 하였다.

이황은 마음이란 리(理)와 기(氣)가 합해진 것, 즉 천리(天理)와 형기(形氣)로 이루어진 것이라고 하였다. 세계에 속한 존재로서 인간은 전체 세계가 유행하는 원리인 천리로 유행하고 있는데, 그것을 성리학에서는 인간은 천리를 부여받은 존재라고 말한다. 인간이 부여받은 천리는 인간의 본성이며 그 본성은 마음에 담겨 있으므로 마음이 인간의 몸을 주재한다. 마음에 대한 이러한 설명은, 마음이 인간의 도덕적 본성의 원리에 따라 작용하는 측면에 주목한 것이다. 인간이 부여받은 천리인 인간의 본성[性]은 마음의 작용이 실현됨에 있어서 도덕적 원리의 역할을 하기 때문이다. 이는 마음의 작용 중에서 도덕적 사유활동에 대한 해명이 될 수는 있지만, 존재론적 차원에서의 마음의 개념을 정의한 것은 아니다.

성리학에서의 마음에 대한 담론 중 마음의 존재성을 규명한 것은 "마음은 기이다"[心是氣]라는 명제이다. 즉, 마음은 기(氣)의 정수라고 하는 것이다. 지각하고 사유하는 의식작용을 하는 마음은 몸과 마찬가지로 기(氣)를 물리적인 토대로 하여 현실적으로 존재하는 것이다. 인간은 기가 응축되어 생겨난 존재인데, 그 중 무겁고 탁한 기는 몸을 이루고 가볍고 맑은 기는 마음을 이룬다. 그 맑은 기는 텅 빈 듯이 어떤 물리적인 성질을 가지고 있지 않은 것 같지만, 신령하게도 몸으로부터 감각된 내용을 지각하고 사유하며, 또 몸이 어떠한 작용을 하도록 영향을 끼친다. 몸과 전혀 다른 성질을 지니고 전혀 다른 작용을 하면서도, 그렇게 몸의 작용과 어떠한 장애도 없이 소통할 수 있는 것은 근본적으로 같은 기(氣)로 이루어져 있기 때문이다.

성리학에서 이 존재론적 설명방식에 대한 철학적 논구는 아쉽게도 첫 번째 정의에 비해서 상세히 이루어지지 못했다. 그러나 이 정의에 대한 적극적인 논구는 아니지만, 조선 성리학의 주기론적 철학에서 기(氣)의 작용에 대한 해명과 함께 마음의 존재론적 개념을 논의하였음을 발견할 수 있다.

주기론자들은 세계관 정립의 출발점은 그 유행의 원리이기보다는 세계의 현실적 존재에 대한 해명이 되어야 한다고 여겼다. 그렇기 때문에 인간에 대해서도 그 현실적 존재성으로부터 본질의 구현을 추론해가는 방식으로 해명하였다. 인간을 이해하기 위한 그들의 출발점이 바로 이 "마음은 기이다"[心是氣]라는 명제이다. 인간은 다른 만물과 마찬가지로 기로 이루어져 있고, 기의 존재양태로 존재하고 있다. 그러므로 인간의 몸과 마음 모두 기이다. 우리에게 보다 명백하게 지각되는 몸뿐만 아니라, 물리적인 방식으로 지각되지 않는 것처럼 보이는 마음도 기, 즉

---

1) 『退溪集』卷18,「答奇明彦別紙」: 理氣合而爲心, 自然有虛靈知覺之妙, 靜而具衆理, 性也 ; 而盛貯該載此性者, 心也 ; 動而應萬事, 情也 ; 而敷施發用此情者, 亦心也, 故曰心統性情.

물리적인 몸과 같은 기라고 하는 것이다. 이 명제에 대한 주기론자들의 해명을 살펴보면서, 필자는 과연 마음은 존재하는 것인가, 존재한다면 어떻게 존재하는 것인가라는 질문, 아직도 정답을 정하지 못한 철학의 오래된 질문에 접근해보고자 한다.

2. 마음에 대한 율곡(栗谷) 이이(李珥)의 설명

"마음이 허령한 것은 단지 본성을 지니고 있어서 그러한 것이 아니다. 지극히 통하고 지극히 바른 기가 응축되어 마음이 되었기 때문에 허령한 것이다."[2]

율곡 또한 마음에 대하여 상술한 두 정의를 모두 따랐지만, 그는 두 정의를 명확히 분별하여, 마음의 존재성과 마음의 도덕론적 함의를 구분하여 설명하였다. 이를테면, 율곡이 마음을 리와 기의 합이라고 설명하는 것은 기(氣)인 마음이 작용하는 원리로서의 성(性)을 인정한다는 의미이고, "마음"의 작용을 설명할 때에는 항상 "마음은 기이다(心是氣)"라는 관점을 견지하였다. 율곡은 이전 성리학의 연구들과 같이 마음에 대한 존재론적인 논구에 중점을 두지는 않았지만, 이전 성리학의 연구들과는 달리 마음은 존재론적으로 기일 뿐이라는 사실에서 출발하여, 마음의 작용은 곧 기의 작용임을 주장하였다.

"마음의 지각은 기인가, 리인가? 지각할 수 있는 것은 기이고 지각하는 원리는 리이다."[3]
"주자는 마음의 허령지각은 하나뿐이지만, 어떤 것은 객관적으로 바른 성명(性命)에 근원하기도 하고, 어떤 것은 주관적인 형기(形氣)에서 생겨나기도 한다고 말하였다. 우선 앞에 마음(心)이라는 글자를 두었으니 즉 마음은 기(氣)라는 것이다. 근원하기도 한다는 것과 생겨나기도 한다는 것이 마음의 작용이 아닌 것이 없으니, 어떻게 기의 작용[氣發]이 아니겠는가?"[4]
"귀가 있은 후에 소리를 들을 수 있고 눈이 있은 후에 색을 볼 수 있고 마음이 있은 후에 사유할 수 있다. 정기가 흩어지면 귀가 들을 수 없고 눈이 볼 수 없고 마음이 사려할 수 없다."[5]

문: "마음의 지각은 기입니까, 리입니까?"

---

2) 『栗谷全書』제 31권, 「語錄上」: 心之虛靈, 不特有性而然也. 至通至正之氣凝而爲心, 故虛靈也.
3) 『栗谷全書』제 31권, 「語錄上」: 心之知覺, 氣耶, 理耶. 曰能知能覺者, 氣也, 所以知所以覺者, 理也.
4) 『栗谷全書』제 10권, 「答成浩原」: 朱子曰, 心之虛靈知覺一而已矣. 惑原於性命之正, 惑生於形氣之私. 先下一心字在前, 則心是氣也. 惑原惑生而無非心之發, 則豈非氣發也.
5) 『栗谷全書』拾遺 제 4권, 「死生鬼神策」: 有耳然後, 可以聞聲, 有目然後, 可以見色, 有心然後, 可以思慮矣. 精氣一散, 而耳無聞, 目無見, 心無思慮.

답: "지각할 수 있는 것은 기이고, 감각한 것을 사유하는 것은 리(理)이다."[6]

마음은 기이므로 마음의 작용은 기의 작용이다. 그러므로 율곡은 마음의 작용에 있어서 리의 작용〔理發〕을 부정하고 기의 작용〔氣發〕만을 인정한다. 작용하는 것은 기뿐이고, 그 작용의 원리가 리이다.

"천리가 사람에게 부여된 것을 본성(性)이라 하고 본성과 기(氣)를 합하여 한 몸을 주재하는 것을 마음(心)이라고 하며, 마음이 사물에 감응하여 밖으로 드러나는 것을 감정〔情〕이라고 한다."[7]
"본성은 리(理)이고, 마음은 기(氣)이고, 감정〔情〕은 마음이 움직인 것〔動〕이다."[8]

마음이라는 기의 작용을 감정〔情〕이라고 하는데, 그 과정을 상세화하면서는, 감정〔情〕 — 의식 작용〔意〕 — 의지〔志〕라는 기의 작용〔氣發〕 과정으로 분석하였다.

"의식〔意〕은 감정〔情〕의 발현으로 그로부터 연유하여 분석하고 사유하는 것이고, 의지〔志〕는 한 곳을 향하여 곧바로 좇아가는 것이다. 의식은 은밀한 것〔陰〕이고, 의지는 드러나는 것〔陽〕이다. 그러므로 본성과 감정은 마음에서 통섭되는 것이고, 의지와 의식은 또한 감정에 통섭되는 것이다."[9]
"선으로 가거나 악으로 가는 것은 모두 의지이다."[10]

감정이 일어나자마자 의식과 의지 작용이 시작되고 그로부터 도덕적 감정인지 아닌지가 드러난다. 이때 그것이 도덕적인지 아닌지는 천리(天理)에 비추어 결정된다. 즉, 도덕적 판단이 가능한 것은 마음에 본성〔性〕이라는 능력이 있기 때문이다.

"기인 마음이 천리를 담고 있다"는 것은 무엇을 의미하는가? 순전히 기의 작용인 마음의 작용에서 천리인 본성이 어떻게 결정력을 가질 수 있으며 드러날 수 있는가? 그것을 율곡은 "리와 기의 신묘함"〔理氣之妙〕라고 하였다. 현실적으로 우리가 경험할 수 있는 것은 기의 작용이므로 결국 본성 또한 기의 작용으로 경험할 수밖에 없는데, 기인 마음은 본성의 발현을 신묘하고 충

---

6) 『栗谷全書』 제 31권, 「語錄上」: 心之知覺, 氣耶理耶? 曰能知能覺者, 氣也. 所以知所以覺者, 理也.
7) 『栗谷全書』 제 14권, 「人心道心圖說」: 天理之賦於人者, 謂之性, 合性與氣而爲主宰於一身者, 謂之心, 心應事物而發 於外者, 謂之情.
8) 『栗谷全書』 제 20권, 「答安應休」: 性理也, 心氣也, 情是心之動也.
9) 『栗谷全書』 제 32권, 「語錄下」: 意則是情之發出因緣計較者, 志則是指一處一直趨向者. 意陰而志陽也. 然則性情統 於心, 而志意又統於情者也.
10) 『栗谷全書』 제 20권, 「聖學輯要」: 之善之惡, 皆志也.

분하게 이루어낸다는 것이다. 이를 설명하기 위한 그의 전제는 "도덕의 원리에 근원을 두는 마음의 작용"과 "주관적인 기질에서 나오는 마음의 작용"은 마음의 두 가지 작용을 구분하여 설명하는 것이 아니라는 것이다. 그 두 작용은 모두 마음의 작용에 대한 참인 설명이며 우리가 마음의 작용으로 경험할 수 있는 두 가지 사실이다.

"인심과 도심은 비록 다른 이름이지만 그 근원은 단지 하나의 마음일 뿐이다. 그 작용이 도덕적인 것이 되기도 하고 욕구적인 것이 되기도 하기 때문에 그 작용에 따라 그 이름을 다르게 붙인 것이다." [11]

그는 두 가지가 아니지만 두 가지로 경험되는 리와 기의 신묘한 작용을 도심(道心)과 인심(人心)이라는 개념으로 설명하였다. 그는 도심은 도덕에 근원하고 인심은 형기에서 나온다고 하지 않고, "그 작용이 도덕적인 것이 되기도 하고 욕구적인 것이 되기도 하기 때문에 그 작용에 따라 그 이름을 다르게 붙인 것"이라고 설명한다. 마음의 작용은 전적으로 기의 작용이고, 현실적으로 기의 작용이 시작된 후에 도덕적인가의 여부가 결정되는 것이다. 그러므로 본성은 마음이 아직 작용하지 않는 미발(未發)의 차원에 국한된다. 본성은 선험적 차원에서 전제되어 있는 것이지, 현실적 경험적 차원의 마음의 작용은 절대 아님을 분명히 한 것이다. 본성은 결코 작용하는 것이 아니다. 그것을 더욱 명확히 하기 위하여 그는 리(理)와 본성(性)의 개념을 구분하였다. 인간은 이미 현실적으로 존재하고 있으며 기이므로 인간이 지니고 있는 리는 현실적으로 기와 떨어져 존재할 수 없는데, 그것이 본성이다. 인간의 마음에 대한 설명에서 리는 보편성(理一)의 차원에 있고, 본성은 특수성(分殊)의 차원에 있다. "천리인 본성"과 "현실적 인간의 본성"을 구분한 것이다. 현실적으로 본성은 기질지성(氣質之性)일 뿐이므로, 본연지성(本然之性)과 기질지성의 구분은 무의미하다.

마음의 개념을 마음의 작용을 해명하면서 규명하려고 하는 율곡의 시도는, 마음의 작용 과정을 상세히 설명하면서 더욱 분명히 드러난다. 그는 마음의 작용을 감정(情)이라고 부른다. 감정(情, 七情)은 감각적인 감정과 도덕적인 감정을 모두 포괄하는 것이다. 마음의 작용은 감각적인 것과 도덕적인 것이 아직 분화되지 않은 채 일어난다. 성리학의 "마음은 본성과 감정을 통섭한다"(心統性情)는 마음이 작용하기 이전(未發)과 이후(已發)를 본성과 감정으로 설명한 것으로 보는 것이다. 도덕적이든 아니든 작용이 이미 일어났다면 그것은 감정(情)이다.

마음의 작용을 감정으로 통합한 것은, 인간, 인간의 몸과 마음의 존재성을 기 하나로 설명하는 것과 일관된다. 인간의 모든 작용은 몸과 분리되지 않은 마음의 작용, 마음과 분리되지 않은 몸의 작용일 뿐이다. 몸의 작용과 완전히 분리된 마음의 작용이란 있을 수 없으므로, 마치 몸을

---

11) 『栗谷全書』 제 10권, 「答成浩原」: 人心道心雖二名, 而其原則只是一心, 或爲理義, 或爲食色, 隨其發而異其名.

배제하고도 정의될 수 있을 것 같은 "사유" 또한 몸의 작용과 격리될 수 없는 감정으로 통합한 것이다. 감정은 감각경험을 종합하여 대상을 인식하는 "지각"과, 분석하고 계산하고 추리하는 "사유"와, 감각을 기반으로 정서적인 반응을 일으키는 "느낌"과, 행위를 추동해내는 "의지" 등 마음의 다양한 작용들을 포괄한다.

"의지가 의식의 뒤에 있는 듯하지만, 의지가 먼저 세워지고 의식이 따라서 사유하는 것도 있고, 의식이 먼저 경영되고 의지가 따라서 정해지는 것도 있으므로, 한편으로만 논의할 수 없다."[12]

실제로 우리는 그것들을 분리하여 경험하는 것은 아니다. 더욱이 사실적 판단과 도덕적 판단 작용은 현실적으로 구분되어 경험되지 않는다. 대상에 대한 판단은 평소의 행위 경향과 도덕관념과 가치와 관련된 경험을 근거로 이루어지며, 이제까지의 경험과 사실 판단의 내용을 바탕으로 행위를 일으키는 목적의식이 구성된다.
경험세계에 있는 우리는 무언가의 존재성을 정의할 때 그것의 작용을 관찰하는 것을 벗어날 수 없다. 그래서 율곡은 경험세계에서 우리가 접근할 수 있는 "작용"을 통하여 마음의 존재성을 확인하였다. 즉, "마음은 기이다"와 "리와 기의 신묘함"은 경험적으로 관찰 가능한 "작용"의 내용으로 설명되는 것을 보여준 것이다.

3. 마음에 대한 녹문(鹿門) 임성주(任聖周)의 설명

임성주 또한 마음에 대한 존재론적 설명과 도덕론적 설명을 구분하여 다루었다. 존재론적 설명에서는 "심시기(心是氣)"의 관점에서 "성즉리(性卽理)"라는 본성의 문제를 논의에서 배제하였고, 도덕론적 설명에서는 마음과 본성의 관계를 해명하면서 어떻게 기인 마음이 도덕적 기준으로 감정과 욕구를 다스리는가를 설명하였다.

"마음과 기질을 둘이라고 해도 진실로 안되고 하나라고 해도 안된다. 왜 둘이라고 할 수 없는가? 마음이라는 것은 다른 것이 아니고 단지 기질의 양능에 지나지 않을 뿐이어서 기질을 버리고는 달리 마음을 토론할 것이 없다. 그러므로 마음이 동작하고 운용하는 것은 오로지 기질에 의지하니 기질이 아니면 마음은 작용할 것이 없다.…… 왜 하나라고 할 수 없는가? 마음이 비록 기질을 벗어나지는 않으나 이미 양능이라고 하였으니 볼 수 있는 형체가 없고 들을 수 있는 소리가 없으며,

12) 『栗谷全書』 제 20권, 「聖學輯要」 : 似乎志在意後, 然或有志先立, 而意隨而思者, 或有意先經營, 而志隨而定者, 不可以一槪論也.

허령불매하며 신명(神明)으로 헤아리지 못하니 또한 어찌 기질이 제한하는 것이 있겠는가? 이런 까닭에 비록 어둡고 가린 것이 극에 이르더라도 잠시의 깨달음이 있으면 양능의 진실한 본체가 확연하게 앞에 나타난다. 이것에 바탕하여 그것을 밝히면 기질을 변화시킬 수 있고, 확장시키면 화육(化育)의 공에 참가할 수 있다. 그러므로 기로 기에 제한받는다는 의심은 자연히 풀어진다."

인간은 생명력[生意]를 지닌 자연적 존재로서, 기인 마음은 본연지성(本然之性)과 기질지성(氣質之性)의 구분이 필요없이, 인간의 도덕적 본성이 발현되기 이전이나 이후에나 "스스로 그렇게 하는[自然]" 것이다.

"가만히 생각해보니, 우주 사이에 위로부터 아래까지 안팎도 없고 시종도 없이 꽉 차고 가득해서 허다한 조화를 일으켜서 허다한 사람과 만물을 낳는 것은 다만 하나의 기일 뿐이다.…… 기가 이처럼 성대할 수 있고 이처럼 작용할 수 있는 것은 누가 그렇게 시킨 것인가? 저절로 그러해서 그렇다고 말할 수 있을 뿐이다.…… 또한 그 기는 원래 공허한 사물이 아니니, 전체가 밝고 융합되고 겉과 속이 꿰뚫어진 것이 모두 이 생의(生意)이다. 그러므로 이 기가 한 번 움직여 만물을 발생하고, 한 번 고요하여 만물을 수렴하니, 발생하면 원(元)이 되고 형(亨)이 되며, 수렴하면 리(利)가 되고 정(貞)이 되니, 이것은 기의 성정(性情)이 자연(自然)에서 나와 당연(當然)의 법칙이 된 것이다."[13]

임성주는 존재의 문제를 해명하기 위하여 먼저 "리와 기는 실질적으로 동일하다"[理氣同實]는 전제를 정립한다. 리는 기의 작용을 통해 구현되는 것이지만, 그 둘의 소통은 "실질적으로" 동일한 차원에서 이루어진다는 것이다. 이를 이해하기 위해서는 "실질적"[實]이라는 것의 의미가 관건이다. 실(實)이란, "실제로 그러하다", "현실의 차원에 있다", "실재한다"의 의미로 해석된다. 그러므로 리와 기는 실제로 동일한 것이며, 만물이 유행하는 현실세계에서 의미가 있으며, 실재(實在)하는 것이다.

"리일(理一)로 보면 마음도 같고 본성도 같다. 분수(分殊)로 보면 마음도 다르고 본성도 다르다. 이것이 바로 '마음과 본성이 실질적으로 동일하며 리와 기가 일치한다'고 하는 것이다."[14]

존재의 문제는 "실(實)"에서 해명되어야 하므로 리(理) 역시도 현실적 의미 이상을 지니지 않는다. 이는 보편성과 개별성의 구분을 무시하는 것이 아니라, 그 두 차원을 존재론적으로 철저히

---

13) 『鹿門集』卷19,「鹿廬雜識」: 蓋竊思之, 宇宙之間, 直上直下, 無內無外, 無始無終, 充塞彌漫, 做出許多造化, 生得許多人物者, 只是一箇氣耳.…… 特其氣之能如是盛大如是作用者, 是孰使之哉. 不過曰自然而然耳.…… 且其氣也, 元非空虛底物事, 全體昭融, 表裏洞徹者, 都是生意, 故此氣一動而發生萬物, 一靜而收斂萬物, 發生則爲元爲亨, 收斂則爲利爲貞, 此乃氣之性情, 出於自然而爲當然之則者也.

14) 『鹿門集』卷6,「答金伯高」: 以理一則心亦同性亦同. 以分殊則心亦異性亦異. 此正所謂心性同實理氣一致者.

분별해야 함을 강조하는 것이다. 즉, 보편성〔理〕이 개별성〔氣〕에 대하여 주재(主宰)의 관계를 맺고 있다 하더라도, 현실, 즉 개별성의 존재세계에서는 일치(一致)하여 존재할 수밖에 없는 것이다.

그것은 마음의 존재성을 해명하면서는 "마음과 본성이 실질적으로 동일하다"〔心性同實〕로 표현된다.

> "마음과 본성은 하나이다. 마음의 본체는 곧 본성의 본체이고, 본성의 작용은 곧 마음의 작용이다. 같다는 것은 곧 함께 같다는 것이고, 다르다는 것은 곧 둘 다 다르다는 것이므로, 나눌 수 없다." 15)

현실에서 마음과 본성은 하나이며 어떤 것을 가리켜 지칭하느냐의 문제일 뿐이다. 마음과 본성은 각각 따로 실재성을 가지는 것이 아니라, 실재하는 마음의 속성이 본성이므로 결국 하나로 경험되며 존재론적으로 설명하면 실재성을 가진 마음으로 일치된다.

> "마음은 악한데 본성은 선하다거나 기는 어두운데 리는 밝다고 하는 것은, 단지 리와 기, 마음과 본성을 판명하게 두 개의 사물로 구분하는 데 그치는 것이 아니다. 어떻게 선과 악이 상대하여 머리와 발을 나란히 하고 있다는 비난을 면할 수 있겠는가?" 16)

이러한 전제들로 인하여 그는 율곡과는 달리 본성을 정의할 때 본연지성만을 인정한다. 그러므로 본성은 발현되기 이전이나 이후에나, 보편성의 차원에서든 개별화의 차원에서든 늘 도덕적 본성이다. 그러나 현실적으로 드러나는 선악의 차별성을 어떻게 설명할 것인가? 임성주는 그것을 혈기나 내장, 지체에 쌓인 사재(渣滓)로 설명하였다.

> "유행하는 기가 응취할 때에 오행이 과하게 맑거나 탁해져서 그 편중이 다양하게 분화된다. 예를 들면 목기가 많거나 금기가 많거나 하는 류이다. 노자나 부처처럼 과하게 맑은 자는 비록 선하지만 사재를 막지 못하였고,……성인의 기질처럼 담일한 본체를 온전히 지니면 비록 사재라 할지라도 괜찮다. 궁리해서 말하자면, 안연의 거친 점이나 맹자의 영민한 기운도 사재이다." 17)
>
> "마음과 기질은 진실로 똑같이 기이다. 그러나 기질은 한 몸을 통틀어 혈기와 사재로 말한 것이다고, 마음은 곧 기의 정영(精英)이다."

---

15) 『鹿門集』 卷5, 「答李伯訥」: 蓋心性一也. 心之體卽性之體, 性之用卽心之用. 同則俱同, 異則俱異, 不可分也.

16) 『鹿門集』 卷5, 「書·答李伯訥」: 心惡性善, 氣昏理明, 不但理氣心性判然作兩物, 烏得免善惡相對齊頭竝足之譏乎.

17) 『鹿門集』 卷5, 「書·答李伯訥」: 游氣之凝聚也, 五行之多過淸濁, 萬殊其偏重, 如木氣多, 金氣多之類, 而過淸如老釋之類者雖善, 亦不妨蔽之以渣滓,…… 而全夫湛一本體聖人氣質, 則雖謂之渣滓可也, 究而言之, 顔子之麤, 孟子之英氣, 亦渣滓也.

사재는 결국 기질(氣質)이다. 여기서 기질이란 마음의 속성이 아니라 신체적인 상태, 성질, 성향을 말한다. 이러한 차별적 기질은 신체적 불균형 때문에 형성되는 것이며, 본성과는 별개의 문제이다. 그러므로 결국 악의 원인은 몸에 있고, 마음 자체는 도덕적이지 않으며 본성만이 도덕적이다. 마음은 작용할 때에 도덕적인 기준으로 감정과 욕구를 통제할 수 있게 해주는 본질적인 성격[性]을 지니고 있다.

그의 철학은 기존 성리학의 담론을 재검토하여 형이상학적 차원을 배격하고 경험세계의 실질적 의미를 찾고자 하였다. 세계와 인간을 추상적이기보다는 실질적인 토대를 가진 것으로 설명하려 하였다는 점에서, 그의 철학은 과학적이고 실증적인 세계관을 세울 기초가 마련된 단계에 있었다고 생각한다.

4. 소결(小結)

서양의 철학전통에서는 몸과 마음의 관계에 대한 해명을 통하여 마음의 개념이 논의되었던 것과는 달리, 동양의 철학전통에서 마음의 개념은 몸이라는 대립항을 필요로 하지 않았다. 그것은 기(氣)라는 동질적인 존재론적 기초를 늘 전제하고 있었기 때문이다. 기는 현실에 경험적으로 존재하는 것들의 기반이기에, 분명 물리적인 것이다. 몸의 차원에서 그것은 명백하게 긍정된다. 그러나 현실적으로는 감지될 수 없고 단지 그 작용으로만 의식될 수 있는 마음의 기반이기도 하다는 것을 어떻게 이해할 수 있을까?

기는 허실(虛實)과 동정(動靜)의 속성을 가진 것이니, 그러한 허실동정의 신묘한 유행 중의 국면들로 이해해야 하는 것인가? 아니면, 기는 취산(聚散)이라는 양태로 존재하는 것이니, 몸과 마음의 차이를 농도의 차이로 설명해야 하는 것인가?

전자로 이해하면, 존재성의 문제를 "작용"에 대한 설명으로 해결하려는 율곡의 시도처럼, 마음은 작용으로 경험되는 한에서 존재의 의미를 가지는 것으로 보아야 한다. 그러나, 그렇게 보면 마음의 "작용이 있다"는 것은 정당화되지만, "존재한다"는 것은 정당화될 수 없다. 그것은 "마음은 기이다"라는 마음의 존재성에 대한 설명이 아니다. "마음은 기이다"라는 명제에서 도출되는 물리적 개념과 비경험성의 모순을 해결할 방법이 없다면 결국 우리는 물리적 개념을 포기할 수밖에 없게 된다. 그러므로, 눈이 "있다"는 것과 눈의 "보는 작용이 있다"는 것은 다른 문제인 것처럼, 그리고 눈의 보는 작용은 스스로 존재성을 가질 수 없고 결국 눈의 존재에 환원될 수밖에 없는 것처럼, 마음의 작용이 있다면 그 작용이 환원되어야 할 존재를 요청할 수밖에 없다. 그러면 결국 마음의 작용은 몸으로 환원될 수밖에 없다. 몸은 경험적으로 그 물리적 존재성을 지지받고 있기 때문이다.

"마음은 기이다"라는 전제를 포기하지 않는다면, 물리적이면서 연장성이 경험되지 않는 마음의 개념은 모순적일 수밖에 없고 결국 정당화될 수 없는 것인가? 기(氣)를 철학의 중심개념으로 제안했던 장재(張載)는 "지각되는 것은 모두 있는 것이고 있는 것은 모두 형상을 지니며 형상을 지니는 것은 모두 기이다."[18]라고 하였다. "마음은 기이다"라는 전제를 포기하지 않는다면, 마음의 연장성까지도 인정하고 그 정당성을 밝혀내는 수밖에 없다. 필자는 임성주가 그 하나의 길을 열어주고 있지 않은가 생각한다. 임성주와 같이 리와 본성의 선험적 차원을 삭제하고 실질적이고 물리적인 차원에 일치시킴으로써 접근하려 한다면, 마음은 경험성을 지니고 있으나 "아직" 경험되지 않은 어떤 물리적 존재가 된다. 데카르트식의 정신과 물질의 개념틀로 보자면, 정신적이지도 물질적이지도 않은, 혹은 정신적이면서도 물질적인 제 3의 존재성을 지닌 것이 된다고도 볼 수 있다. 이 세계에 존재하는 것은 모두 온전히 정신적이지도 않고 온전히 물질적이지 않거나, 혹은 모두 정신과 물질의 속성을 동시에 지닌 양태로 존재한다는 것이다.

　살아있는 매순간 우리는 마음의 작용을 의식하지만, 그것이 실제로 있는 것인지 아닌지, 있다면 어떻게 있는 것인지, 없다면 어떤 현상인지를 명백하게 밝혀내지 못하고 있다. 이는 단순한 믿음의 문제가 아니라, 인간에 대한 진정한 이해를 위한 진지한 철학적 탐구를 필요로 하는 것이다. 필자는 성리학의 전통에서는 기(氣)의 개념을 정당화하는 작업을 통해 그 이해의 단초가 발견될 수 있다고 생각한다. 본 논문에서는 아쉽게도 초보적 문제제기에만 그쳤지만, 한국 성리학의 마음과 기의 개념은 현대철학의 마음의 탐구에서도 새로운 견해로 재정립될 수 있다.

參考文獻

『退溪集』.
『栗谷全書』.
『鹿門集』.
『正蒙』.
고려대 민족문화연구원 한국사상연구소 편, 자료와 해설 : 한국의 철학사상, 예문서원, 2002년.
예문동양사상연구원・황의동 편저, 율곡 이이, 예문서원, 2002년.
충남대학교유학연구소 편저, 기호학파의 철학사상, 예문서원, 1995년.
손흥철, 조선후기 녹문 임성주의 심론, 한국철학논집 제 26집, 한국철학사상연구회.
송휘칠, 「나정암의 곤지기와 기고봉, 이율곡의 주기론」, 『퇴계학과 한국문화』vol.21, 경북대학교 퇴계
　　　학연구소, 1993년.
정원재, 「이이 철학을 보는 두 가지 시각 : 주기론과 이기지묘론」, 『철학사상』vol.26, 서울대학교 철학
　　　사상연구소, 2007년.

---

18) 張載, 『正蒙』: 凡可狀, 皆有也 ; 凡有, 皆象也 ; 凡象, 皆氣也.

程伊川、朱子思想型態的當代詮釋之反省

楊祖漢 ｜ 台灣中央大學中文系

　　對於程伊川、朱子的思想型態，當代牟宗三先生的詮釋是最受注目，也可以說是論證最堅強的。牟先生把伊川、朱子的思想衡定為理、氣二分，心、性、情三分，心具理是後天的認知的具，故是他律的倫理學。牟先生又認為程、朱的「主敬窮理」雖然是重要的實踐工夫，但對於成德之教而言，只有重要的輔助性，不能給出真正的道德實踐的動力。對於牟先生此一論斷，當代學者雖然提出了不同的見解，但都未能給出一有力的辯解。

　　本論文擬從兩方面說明伊川、朱子的理論型態可能不像牟先生所衡定的，希望藉此證明程、朱的理學在成德之教上有其必要性。

　　一、根據陳淳(號北溪)的「心是理氣合」的說法來論證，朱子所說的心之虛靈明覺的作用，並不只是氣，而是需要關聯到理氣二者來理解的，因此心固然不即是理，但可以說是「本具理」。據此，則朱子所說的「持敬」工夫，是有性理在心中起作用作為根據的，故持敬涵養可以讓性理在生命中起作用，不只是涵養氣心而已。

　　二、引用康德「人對道德法則及義務的了解，必須要由一般的理性知識，進到哲學的理性知識」的說法，來說明程伊川及朱子所說的「從常知進到真知」的工夫論意義。依照康德的講法，人本來對於道德法則是有所知的，只是在我們要從事道德實踐時，會順著感性欲望的要求，而質疑法則與義務的純粹性。因此，人在踐德行動的意向就被轉移了，往往會從無條件的實踐轉成為有條件的，即希望藉著道德行動而獲得個人的好處，這是所謂「自然的辯證」。人必須要克服此「自然的辯證」才能有真正道德行動的發生。我認為程、朱「主敬窮理」的工夫，是涵有對上述康德所說的克服「自然的辯證」的作用在的。本論文引證了一些伊川、朱子的文獻來說明此意。如果本文的論證是成功的，則伊川、朱子的「主敬窮理」論是有必要，而且是有根源動力的工夫，對於道德實踐是有本質性的作用的。

程伊川、朱子思想型態的當代詮釋之反省

楊祖漢 | 台灣中央大學中文系

一、對伊川、朱子思想的當代詮釋

牟宗三先生的《心體與性體》，主張宋明儒可分成三系，程伊川、朱子的思想型態，牟先生衡定為「橫攝系統」，不同於其他二系的以「逆覺體證」的工夫為主的「直貫創生系統」，即牟先生認為伊川、朱子是心與理為二，要以心知通過格物窮理的工夫來認識性理，然後才能依理而行。如此的思想型態，理是心所認識的對象；如此一來，心的活動與理便需要區分，心的活動是氣，而理只是存有而不能活動。由於心與理為二，心必須通過格物致知才能明理，理為心知所知的對象，此所謂「順取」，而理不是本心自身的活動，則道德實踐的動力也因而缺乏。經過牟先生詳細的論證分析，朱子便被判為宋明儒的別子，而「縱貫系統」的型態才是儒學的正宗。牟先生又認為，由於心理為二，故伊川朱子之言「持敬」是沒有本心的呈現作根據，或作根源之動力者，故此「主敬涵養」只是涵養氣心，不能促成真正的道德行為的出現，故此涵養可說是「空頭的涵養」，只是言行態度的整齊專一，養成良好的習慣而已。此可以為道德心(本心)呈現提供條件，但並不能直接生發本心。而「格物致知」是求理於外，牟先生認為性理或道德法則是由意志之自我立法而給出的，對於此性理或道德法則的了解是反身即知的，不必在外物處求理，於意志之外的對象尋求道德之理，便是意志的他律。如此一來，伊川、朱子思想的兩個要點，即「主敬」與「窮理」，對於道德實踐都非本質、關鍵的工夫，最多只能是重要的輔助工夫而已。牟先生雖然一再強調朱子的思想有其價值，朱子也不愧是一大哲學家，但經過上述的衡量，「主敬」與「窮理」便不是內聖學所必需，雖說二者是重要的輔助工夫，但既非本質工夫，便不是必要的，從事內聖之學者，對於「主敬」、「窮理」便自然會有輕視忽略。朱子之後八百多年的東亞儒學，不可否認的都以朱子學為中心，而「主敬」、「窮理」一直被認為是重要的聖學工夫，是能對道德實踐起真實的作用的，不只是助緣而已。如果主敬窮理對道德實踐有真實的作用，是必要的，而現在卻因被判為只是輔助的工夫，而被忽略，恐怕是對內聖之學不利的。這是我此文要對朱子思想型態再作思考的用心所在。

對於牟先生的分判，雖然得到學界廣泛的認同，[1] 但當然也引起不少的異議，如錢穆先生認為朱子提到「理」的時候都與心關聯來說，即他認為朱子雖然說「心」、「理」有區分，但亦一體貫通，「就其本始言，則是心與理一。就其終極言，亦是心與理一。就其中間一段言，則人生不免有氣稟物欲之蔽，非可不煩修為，便是具眾理而可以應萬事。」[2] 錢先生此說相當有參考價值，只是他沒有仔細論證何以「心」與「理」要區分但又要關聯在一起。金春鋒教授則認為朱子所說的「心」是有「本心」義的，[3] 金教授雖然引了一些文獻來佐證，但如果朱子的「心」是「本心」，那朱、陸異同便是出於誤會，這恐怕也不是事實。唐君毅先生對朱子思想的看法，前後期有一些改變：他比較早期的看法與牟先生相近，即認為朱子所說的「心」是「氣心」，心與理為二，依此理解，唐先生應該同意牟先生所說「心是通過格物致知而具理，即是後天關聯地、認知地具，而非本具」。但唐先生後來認為朱子有心是本體的意思，即他認為心體本來是高明廣大的，只因為氣稟的限制與干擾，使心之本體不能呈現，而朱子所強調的主敬窮理的工夫，就是讓心之本體得以朗現的工夫。[4] 唐先生又認為朱子言格物窮理雖然是要明外在事物之理，但在物之理也是在我生命中本有的性理，所以明事物之理也等於是把本有的性理暢通表現的工夫，此所謂「求諸外，正所以明諸內」。[5] 唐先生之說也有相當多的朱子文獻作根據，但此說認為朱子有「心是本體」的意思，恐怕不合於朱子對於心的規定，朱子所說的心很明顯是屬於「氣」之心，雖然可以說心具理，但並不能直接說心是本體，雖然如此，上述錢、唐二位先生之論，可進一步思考。

據上所說，對於牟先生關於朱子思想的衡定，似乎是很難動搖的。但對於伊川、朱子所重的主敬窮理，難道只能理解為是不相應於道德實踐的本質的輔助工夫？儒家內聖學的工夫，是否只有「逆覺體證」一途？而格物窮理、道問學難道不是踐德所必需？朱子依大學八條目的順序，以格物致知為誠意的先行工夫，而格物致知重在以心知來窮理，此一解釋於文句是很通順的；《中庸》所說的「不明乎善，不誠乎身矣」也與朱子所理解的《大學》實踐工夫相合；又孔子之教，「仁」與「智」是重點，所謂「學不厭，智也；教不倦，仁也」，仁且智才是聖人。「智」是從「學不厭」來說，可見道問學之「智」也是成聖的必要工夫。從這個角度來看，格物窮理、學問思辨的工夫也應該是成德之教所必須的。固然牟先生所說的「逆覺體證」說明了「理」可當下呈現，人本心的活動，即是理的活動，在本心的感通不隔，與物為一體的情況下，人才可以真切地感到道德之理的意義，離開了這種感通覺悟，而把道德之理當作一對象來研究，是有問題的。因為在把「理」當作一客觀對象來研究時，人的生命主體是以認知的智心來活動的，認知心的活動與感通不隔的道德心是不同

1) 劉述先教授有《朱子哲學思想的發展與完成》(臺北：臺灣學生書局，1982年) 書中對朱子哲學作了有系統而且明白的陳述，但主要見解同於牟先生之說。
2) 《朱子新學案》(2)，台北：三民書局，1971年9月，頁7-8。
3) 金春峰：《朱熹哲學思想》，台北：東大圖書公司，1998年，頁300、332-333。
4) 《中國哲學原論原性篇》，香港：新亞研究所，1968年，頁618-624。
5) 《中國哲學原論原教篇》，香港：新亞研究所，1975年，第11章，頁272。

的，所以如果一直用認知心來認知理，則「理」一定只以心所對的外在對象之身分而存在，而不能回到心理是一的感通不隔的本心狀態，由此牟先生認為對於道德之理的理解，不能採取認知的方式，把理當作認識的對象來看。這一說法，是一大發明，且給出了了解孔子言仁，孟子言本心，及宋儒程明道言仁是覺，王陽明言良知與萬物一體呈現等義之恰當途徑。但我們對於理的掌握，是否就只有「逆覺體證」一種方式，只有當下反求，讓作為道德實踐的根源或甚至是存在根據的本心朗現，只有這個才是理解道德之理的恰當方式？當然，此說涵理解理的同時，就是作為道德實踐的根源、宇宙的大本之直貫創造，人在此時感受到與萬物為一，與天道生化相通，在這種工夫論及由工夫而達到的生命境界中，是極高的，而亦即是天人合一、天人不二之意義之具體呈現。但若以此境界為標準，而呈現此境只有逆覺一途是恰當的工夫，而於此境中道問學的工夫、學問性的思辨都無可用之地。由此，曲折的智的思辨或以制衡為主的民主政治、科學的研究，依牟先生，便要由此萬物一體的境界而作自我的坎陷，由此開出民主科學才有可能，這是牟先生站在以「逆覺體證」、「心性天道為一」為正宗儒學的型態所作出的衡量，又指出中國文化的精神應該作怎樣的轉型。此一衡斷當然是非常精深的。但如果相對而言，比較重智的伊川、朱子義理系統所說的格物窮理，或學問思辨的工夫是成德之教下該有的工夫，則學問思辨用於對道德法則的理解也是必要的，依此一義理系統的角度，純智的思辨與道德實踐之活動亦可有密切的關連，並非截然為不同的兩種心靈活動。或雖可區分為兩種心靈活動，但二者不能不相交涉。

我前此曾認為朱子有在良心呈現時，以「持敬」的工夫提撕良心，使良心能繼續其光明，並主宰人的生命活動，由此說明朱子的「持敬」並非空頭的涵養；又認為朱子弟子陳淳（號北溪，1159-1223）以「心是理氣之合」來說明心與理氣的關係，是很值得注意的。如果認為心是理氣之合，則理有可以在心直接起作用的可能，藉此可以說明朱子的文獻中屢見的「心本具理」及「明德為人所本具」的說法，希望由此可以對朱子的有關文獻給出較為妥善的解釋。[6] 最近因為講授康德《道德形上學之基本原理》，覺察到該書中康德所說的「必須要由對道德的一般理解進到實踐哲學的理解」，及「從通俗的道德哲學須進至道德的形上學」的說法，是非常有啟發性的。康德此說表示了哲學的思辨對於道德的實踐是必要的，其所以是必要，依康德意，對於道德之理的講明，可以克服人在從事道德實踐時常會引發的「自然的辯證」之生命毛病。我希望重述北溪之意，又引入康德此說來說明伊川、朱子所言心與理之關係，及伊川、朱子所以重格物致知的緣故。

二、陳北溪「心是理氣之合」的涵義

如果理的真實存在或呈現，是在人恢復本心而感受到心體的感通無外然後可能，則牟先生所說

---

6) 楊祖漢：〈朱子心性工夫論新解〉，《嘉大中文學報》第一期，頁195-210，嘉義：嘉義大學中文系。

是不可搖動的，即若理作為心知所知的對象，便不是理的真實呈現。伊川、朱子的窮理工夫，便是視理為心知所知之對象，亦可說理在心外。若是則學問思辨用於對性理的理解，便只是重要的輔助工夫而已。但我們似乎可以換一個角度來思考。據上文所述，有不少學者認為朱子所說心與理的關係，是心本來就具備理的，因此在人心的活動中常會有理的直接表現，或人對於道德法則、義務本來是有理解的，此種對道德的理解不能歸給後天經驗，如以上所說的意思在朱子的文獻裡也是屢見不鮮的。[7] 韓國朝鮮朝儒學有許多重要儒者都有接近上面所說的意思，如李退溪認為四端之心是理的直接表現，並非出於氣，這就表示了退溪認為理在心中有它的直接作用，這種作用不能用氣化活動來說明；李柬(號巍巖)認為在情緒未發之前，人的心是純善無惡的，雖然心仍然是氣心，但乃是氣純而理亦純的心，即他肯認一個本來具備理，而且理可以自然而然地於其中表現的心體，此心體雖然是氣心，但不可說心理為二。[8] 到朝鮮朝後期，李震相(號寒洲)更直接說「心即理」。他並不同意象山、陽明的「心即理」說，寒洲所謂的「心即理」，是理是心的本體，心雖然是氣，但本體是理，理的作用在心知的主宰性的活動中表現。[9] 以上諸位韓儒的說法雖有不同，但都共同表示了「心本具理」的意思，即不同於牟先生所認為的：朱子所說的心具理只是後天認知地具，而非本具。依此，我想提出一個綜合心、理為二及心本具理二義之說法，即理本具於心，但必須要通過格物窮理才能把心本具的理充分展現，我希望用這個詮釋來說明朱子既說「心本具理」但又必須「格物致知」才能明理的意思。[10] 我認為朱子所說的「心本具理」，是理解到人常有惻隱羞惡等四端呈現的事實，人的道德意識或對道德義的善惡是非的了解，好像先天本有的，即是不需學習，本來就有的，這一點朱子應該很有體會，這就是朱子所說的「心具理」的意思，此「具」可以說是「本具」，而由此也可以說明為什麼可以說「性即理也」。仁義禮智等道德之理是我們本有的，故道德性就是我們的人性，這應該是程伊川「性即理也」一語之涵義。而如果我們的心對於理的認知了解不是原來就有的，必須要通過後天的、經驗性的活動如「格物窮理」，才能得到，則何以能說「性即理也」？言性即理，即表示仁義禮智等理即是吾人之性。而如果道德之理不可以在我們的生命中常常自然地呈現出來，便很難說道德性就是我們的人性。所以如果要證成「性即理也」，便要預設性理在心中可以自然呈現，或者人心對於道德之理的了解是先天地、普遍地具有的，不必經過後天經驗地學習才有。我想用這個意思來理解朱子說「性即理」或「心具理」的語意。

---

7) 德元問：「何謂『妙眾理』?」曰：「大凡道理皆是我自有之物，非從外得。所謂知者，便只是知得我底道理，非是以我之知去知彼道理也。道理固本有，用知，方發得出來。若無知，道理何從而見！所以謂之『妙眾理』，猶言能運用眾理也。『運用』字有病，故只下得『妙』字。」見〔宋〕黎靖德編：《朱子語類》卷17(台北：文津出版社)，頁382。

8) 關於李巍巖的說法，我在《從當代儒學觀點看韓國儒學的重要論爭》第九章中有論述，頁425-462。

9) 關於李寒洲的說法，我在〈比較李寒洲與鄭霞谷的「心即理」說〉一文中有論述，收於《鵝湖》第418期，2010年4月，頁18-29。

10) 此意略同於上文所說的，用「心是理氣之合」來說明心本具理，但心不等同於理。

此須引文獻來討論，《朱子語類》載：

> 問：「靈處是心，抑是性?」曰：「靈處只是心，不是性。性只是理。」
>
> 問：「知覺是心之靈固如此，抑氣之為邪?」曰：「不專是氣，是先有知覺之理。理未知覺，氣聚成形，理與氣合，便能知覺。譬如這燭火，是因得這脂膏，便有許多光燄。」問：「心之發處是氣否?」曰：「也只是知覺。」[11]

上引文都是陳淳所記錄的，第一條說靈處是心，第二條說知覺是心之靈，靈與知覺都是就心而言，而據第二條，知覺不只是氣的作用，朱子說理與氣合，便能知覺，應表示在知覺的作用處，有理與氣兩方面的作用合在一起，我認為在朱子的想法裡，這句話表示了心的知覺或虛靈的作用，不能夠只以氣來說明之意，若只從氣來理解心，心不會如此的靈；但心也不能只是理，理不活動，而知覺與靈是活動，活動是屬於氣的。綜合上面的意思，我認為可以理解為在心之知覺或虛靈處，其活動固然是氣，但也有理的直接作用在。如果這樣理解，理與心的關係，依朱子應該是心本具理，但心的活動是氣，故朱子雖然區分心與理的不同，但心的虛靈知覺不能單以氣論，其中亦有理。如果此說可通，則心對於理之知是本來便有的，不是通過後天經驗的活動才能認知的。此一對朱子言心與理的關係的說法，可能是陳淳個人的理解，但這個也是對朱子說法的可能詮釋。對於「心是理氣合」之意，在陳淳的著作中，有比較詳細的說明。如云：

> 心者，一身之主宰也。人之四肢運動，手持足履，與夫飢思食，渴思飲；夏思葛，冬思裘，皆是此心為之主宰。如今心恙底人，只是此心為邪氣所乘，內無主宰，所以日用間飲食動作皆失其常度，與平人異，理義都喪了，只空有箇氣，僅往來於脈息之間未絕耳。大抵人得天地之理為性，得天地之氣為體，理與氣合方成箇心，有箇虛靈知覺，便是身之所以為主宰處。然這虛靈知覺，有從理而發者，有從心（按：應作「氣」）而發者，又各不同也。[12]
>
> 心只似箇器一般，裏面貯底物便是性。康節謂「心者，性之郛郭」，說雖粗而意極切。蓋郛郭者，心也。郛郭中許多人煙，便是心中所具之理相似，所具之理便是性。即這所具底便是心之本體。理具於心，便有許多妙用。知覺從理上發來，便是仁義禮智之心，便是道心。若知覺從形氣上發來，便是人心，便易與理相違。人只有一箇心，非有兩箇知覺，只是所以為知覺者不同。且如飢而思食，渴而思飲，此是人心。至於食所當食，飲所當飲，便是道心。如有人飢餓瀕死，而蹴爾、嗟來等食皆不肯受，這心從何處發來? 然其嗟也可去，其謝也可食。此等處理義又隱微難曉，須是識見十分明徹，方辨別得。[13]

---

11) 《朱子語類》，卷5，頁85，陳淳錄。

12) 陳淳：《北溪字義》(中華書局)，頁11。

13) 同前註。

性只是理，全是善而無惡。心含有理與氣，理固全是善，氣便含兩頭在，未便全是善底物，才動便易從不善上去。心是箇活物，不是帖靜死定在這裏，常愛動。心之動，是乘氣動。故文公感興詩曰：「人心妙不測，出入乘氣機。」正謂此也。心之活處，是因氣成便會活。其靈處，是因理與氣合便會靈。所謂妙者，非是言至好，是言其不可測。忽然出，忽然入，無有定時；忽在此，忽在彼，亦無定處。操之便存在此，舍之便亡失了。故孔子曰：「操則存，舍則亡，出入無時，莫知其鄉者，惟心之謂與?」存便是入，亡便是出。然出非是本體走出戶外，只是邪念感物逐他去，而本然之正體遂不見了。入非是自外面已放底牽入來，只一念提撕警覺便在此，人須是有操存涵養之功，然後本體常卓然在中為之主宰，而無亡失之患。所貴於問學者，為此也。故孟子曰：「學問之道無他，求其放心而已矣。」此意極為人親切。[14]

　　上引文的第一段認為，心恙之人所以會失常，是因為被邪氣所乘，失掉了義理，只空有個氣。據此可知，依北溪，正常人的心是本具義理的，即是說正常人的心中的作用，本來就有義理在，如果只是氣的作用，便不能有主宰性。此段後半明白說「理與氣合方成箇心」，用「方成」是表示理氣二者不能缺其一之意，此即表示言心不能離開理的作用來說，依此意，心不能夠只以氣論，一般人的心不能被認為「只是氣」。又此段說「虛靈知覺，便是身之所以為主宰處」表示由於心是虛靈知覺，所以能有主宰的作用，故從心的對身的主宰作用來說，也有理氣二者的功能在。此段之末所說，知覺有從理而發，從心而發，此「心」字應作氣，[15] 此說與李退溪之理氣互發說相近。按前文所說，知覺的作用合理與氣二者，則知覺之從理或從氣，應都是就心中本有的理與氣而說，心的活動是氣，故知覺之從氣而發，是直接而自然的。同樣地，知覺本來就有理的作用在，故知覺之從理，也應該是當下可能的，並不能說從氣是當下自然的，而要從理則需要通過後天的明理工夫。據北溪文意，知覺之從理或從氣，都是順從心中本有的作用而發。從理與從氣當然意義是不一樣的，從理才會產生道德的行為，但由知覺之從理或從氣，都是依從本具的能力而言，二者的情況可以一例看。北溪這一條的說法，可以為退溪的理發說給出根據。[16]

　　上引北溪之第二段文獻說性理具於心，而為心之本體，這可以說心與理為二，但他又說「理具於心，便有許多妙用」，則心的妙用，是不能夠離開理的作用來說的，此如上一條所表達的意思。此條又說，知覺從理上發來，便是道心，若從形氣上發來，便是人心，其文意也如上一段，人心道心之分是知覺之從理或從氣的不同，而知覺之從理或從形氣，是從其心中之理或氣的作用，氣固然不在心外，理也不在心外。依此義來理解朱子的人心道心說，應該也是順當的。朱子

_____

14) 頁12。

15) 據張加才：《詮釋與建構 — 陳淳與朱子學》(北京：人民出版社，2004年)，心應作氣，見該書，頁249，註4。

16) 退溪以四端為理發，其意並非如奇高峰所說的氣順理而發，而是以四端之發為純理(或純善)，不能帶氣。此表示依退溪，理可以在心中直接發用，此一說法可以用北溪之言作為根據。

所說的「或原於性命之正」的道心，是知覺原於它本具的性命，由於性命是本具的，故朱子說「雖下愚不能無道心」（《中庸章句序》）。既然說下愚者不能無道心，則依朱子意，道心是人人本具的，即此具是先驗的，非由後天經驗認知而來。如果道心是本具的，而心又不即是理，則應該如北溪所說，在心的知覺活動處，是有理氣兩種作用在的，理與氣合，方成箇心。當然，理是形而上的，氣是形而下的，是否有形上者與形下者綜合在一起，而表現一種特別的，不只是理又不只是氣的作用，這是很難說明的，但吾人可以先不試圖去說明形而上者如何可能與形而下者綜合而起用，而就此「心是理氣合」之言，對北溪甚至朱子所理解的心的意義，作一體會。即是說，在北溪與朱子心目中，心的虛靈知覺的活動，固然是氣，但又不能只以氣來論，理的意義在心的虛靈知覺中，當下就能了解。只要保持心知的清明，便能知理。虛靈知覺對於理之知，是本有的，故心是理氣合之言，是表達出心對於理之知是本有的之意。北溪此段又說，「蹴爾、嗟來等食皆不肯受，這心從何處發來？」（另一版本作此句下有「便是就裏面道理上發來」）[17] 如果北溪原文是認為道心是就裏面道理上發來，則他很清楚表示了道理是心中本有的，而且可以說純理直接作用於心的可能性。又此段最後所云，「此等處理義又隱微難曉，須是識見十分明徹，方辨別得」表示了北溪或朱子雖然認為理本具於心，而且心的虛靈知覺本來便知道理，但此對於理之知還不夠明白，必須要將此對理之知加以深化，才能夠保證有真正的道德實踐。此說與伊川所言的需要由常知進到真知之意相同，依伊川，對於理常知是本有的，但必須進到對於理的真知，而所以必須由常知進到真知，才能有真正的實踐，是因為其中有「隱微難曉」處，北溪此處所說的「隱微難曉」，應該是就人要按照心中本具、知覺本知的理而行，人的性好欲望會反抗之故，在此時人的性好欲望會質疑心中所依之理，使心本來具有的對於理之知與肯定弄得曖昧不明，而格物致知，便是要以對於理的加強了解來克服此由實踐而產生的「隱微難曉」的問題。

第三段引文說，心含有理與氣，故不能完全是善的，此即朱子所謂「心兼善惡」之意，此段又說，因理與氣合便會靈，同於上段所說的，心是虛靈之意，心之靈要合理氣二者來理解，依北溪此語意，朱子所謂的「心是氣之靈」，此靈也不能夠只以氣來理解，再進一步言之，朱子所謂的「人心之靈，莫不有知」（《大學章句‧格致補傳》），依北溪之意，這可解釋為此知是理與氣合的作用，故此知是理本在其中起作用之知，於是此知可說為知理之知，因此朱子後文雖說，「而天下之物莫不有理」，但不能理解為知與理為二，在物之理也就是吾心本具之理，而且為心所知的，朱子接著所說的：「莫不因其已知之理而益窮之，以求至乎其極」，此所謂已知之理是心知對於理原有之知，而格物窮理，是以原來具有的對於理之知加強了解，以求至乎其極。這樣一來，由於心知對理是原來有了解的，故格物致知是藉著對外物的理的了解，來加強吾人本有的知理之知，而物與我之理是同一的，明外物之理，可以加強我們對本有的、本知的理的了解。而在此

17）見前註二書。

段文中，朱子所說的，一旦豁然貫通，便有其理論上的依據，如是便不必說，從格物致知到一旦豁然貫通是異質或異層的跳躍，說跳躍就是認為這種覺悟是沒有保證的，而如果格物致知是以本有的知理之知加以推擴，則豁然貫通是有保證的。

北溪此第三段文獻，又以心雖然靈妙，但是不可測的，他以不可測來理解心之妙，而所謂妙並不一定是善的作用，而是說心出入無時、可善可惡。北溪是從心是理氣合，是故靈妙不測，來說心具有自由意志之意義，依此意，北溪對於心有抉擇上的自由一義，是很有體會的。從此處體會心，可見要心維持它本有之善，是非常不容易的，必須要用深微的工夫，才能讓心了解其本有之善，把心之妙用表現在彰顯性理的意義上，而由於心有其妙，故不能夠只用外加的、強制的限制，也不能只用道德的說教，而是要讓心明瞭它本有的性理，從對於理之知的加強，而自願地遵守自己原來本已明白的性理，克服感性欲望的干擾，作長期而穩定的實踐。又由於性理為心所本具、本知，故北溪可以提出「只一念提撕警覺便在此」的工夫，這雖然不同於孟子所說的「求則得之」，但相去也不太遠。由於北溪所理解的心雖非本心，但也可以說心本具理，故可以講一念警覺理便在此；從這個角度，其實也可以理解朱子所說的由持敬而提撕猛省的工夫之意義，依此義朱子所說的持敬，是有良心之活動作為源頭的。

在陳淳的《北溪大全集》有以下一段，其義可與上文相參：

> 所示〈大學疑〉……謂「虛靈不昧皆屬氣」，此當詳本文全句。其曰：「明德者，人之所得乎天而虛靈不昧，以具眾理而應萬事者也。」此句皆是解「明德」兩字為言，所謂「明德」者是專以理言之謂；「人之所得乎天」者，是得于天之理；謂「虛靈不昧」者，是狀此德之光明；謂「具眾理而應萬事」者，是又兼舉此德體用之實要圓備。《或問》中曰：「方寸之間，虛靈洞澈，萬理咸備。」亦只是再詳此句，無異旨。凡此主意本皆是以理為言，但今實論其所以為根原底裏，則理無形狀，其為物是如何？而解如此之靈且明哉！畢竟是理絕不能離氣而單立，因人生得是氣而成形，理與氣合便有如此妙用爾。外日姑就四字分析其實：靈與明處非可專指氣之自會如此，亦非可專指理之自會如此，要之，氣非理主宰則不會自靈且明，理非氣發達則亦不會自靈且明，理與氣本不可截斷作二物去，將那處截斷喚此作「理」，喚彼作「氣」，判然不相交涉耶？粗一譬之，明德如燭之輝光燦爛，理則燭之火，而氣則燭之脂膏者也。今指定燭之輝光燦爛處是火耶？是脂膏耶？專以為火而不干脂膏事，不可也；專以為脂膏而不干火事，亦不可也。要之，火為之主而脂膏以灌注之，方有是發越輝光燦爛爾。此等處須了了，豈可含糊！[18]

北溪此段文先說明德是理，虛靈不昧是對理的形容，但又認為理無形狀，必須即於氣然後表現

---

18) 見〈答梁伯翔三〉，《北溪大全集》(景印文淵閣四庫全書集部194，臺北：臺灣商務印書館股份有限公司，1986年 7月) 卷三十。

為虛靈洞澈、光明不昧，故明德固然指理，但也必須連帶著氣才能虛靈。此如上文所說「理與氣合方成箇心」之意。此段雖偏就明德為理來說，但也可以用來說心或知覺，即明德亦可從心上說。當然，若明德是心，是指「知覺從理上發來」之道心。北溪此處之說明與在《北溪字義》中之說明應該是一致的。又此段引文說「理與氣本不可以截斷」，不能以為理氣「判然不相交涉」，這些話很值得注意。據此可知，北溪認為理氣兩者是相交涉，不能截然分開的，如此就可以證明「理氣合而為心」，所謂的「合」不只是形而上形而下二者不離，或形而下之氣有形而上之理作根據之意，而是理氣二者之作用交涉在一起，合二者而表現為虛靈知覺，故心之虛靈知覺，不只是氣，也不只是理。北溪此段話說得比較詳細，可以幫助吾人了解「理氣合而為心」之義。

北溪一再強調心之虛靈知覺不只是氣，則我們可以這樣了解：只要操持心的清明，則理自然就可以呈現。於是操持此心之虛靈明澈便不只是涵養氣心，因為知覺的活動不只是氣，而又是理的作用。依此，對於朱子所說的「主敬涵養」可以作異於牟先生的詮釋，即在持敬中可使氣維持其清明之狀態，而在此狀態中，心之知覺便有理之呈現。朱子在「中和新說」中說：

　　按《文集》、《遺書》諸說，似皆以思慮未萌，事物未至之時，為喜怒哀樂之未發。當此之時，卻是此心寂然不動之體，而天命之性當體具焉，以其無過不及，不偏不倚，故謂之中。[19]

對此段文，依上述之意，可以理解為：在情未發時作持敬的工夫，便可以保守著心中所具的性理。如果上文所論的北溪之義符合朱子的原意，則朱子所謂的「未發時涵養」固然並非涵養即是理之本心，但也非涵養只是氣之心，即在持敬涵養之工夫下之心，是知覺清明，彰顯著理的，此心不能從氣來理解。依北溪之說，只有心恙之人，其心才會只是氣。故心之虛靈如果得到涵養，便可以使心中本具之理如實呈現。故朱子又云：

　　然未發之前不可尋覓，已發之後不容安排。但平日莊敬涵養之功至，而無人欲之私以亂之，則其未發也，鏡明水止，而其發也，無不中節矣。此是日用本領工夫。至於隨事省察，即物推明，亦必以是為本。[20]

朱子此段文認為，通過未發時涵養的工夫，便可以發而皆中節。如果此「未發時涵養」只是涵養氣心，則不必能保證發而皆中節，因為心的具理必要通過格物窮理的工夫然後才可以，而此段文及上一段引文，都沒有說到窮理的工夫，只表示持敬涵養就足以發而中節，故在涵養時，心的活動一旦恢復其平靜的狀態，便可以有理在心中顯現；如果不是如此，則朱子之「中和新說」，仍

---

19) 見〈與湖南諸公論中和〉第一書，《朱文公文集》卷六十四。
20) 同上註。

然是不完備的理論。依此也可以了解朱子強調先涵養後察識之意，所以要先涵養，是因為心以敬涵養時，可以保住心所具之理，由此做工夫，便是有理做根據的。又朱子在〈又答林擇之書〉云：

> 古人只從「幼子常視(示)毋誑」以上，灑掃應對進退之間，便是做涵養底工夫了。此豈待先識端倪而後加涵養哉？但從此涵養中，漸漸體出這端倪來，則一一便為己物。又只如平常地涵養將去，自然純熟。今曰：「即日所學便當察此端倪自加涵養之功」，似非古人為學之序也。……蓋義理，人心之固有。苟得其養，而無物欲之昏，則自然發見明著，不待別求。格物致知亦因其明而明之爾。[21]

依朱子此書之說，在涵養中會漸漸體出端倪，而此所謂端倪即上引文所說的「義理人心之固有，苟得其養，則自然發見明著，不待別求」，如果朱子所理解的「心」不是本具理，或如北溪所說的「心之知覺是理氣之合」，則便不能說以「敬」涵養便能養出端倪，而且義理會自然發見明著。固然牟先生對此段文解釋為朱子是順孟子的原文來說，並不表示朱子之本意合於孟子；[22] 但如果上述的本文的理路可以解得通，就不必說朱子此處所言並非其本意，朱子其實亦可言理義為人心本具。但如何說明既肯定「心本具理」而又必須「格物致知」的工夫，才能有真正的道德實踐呢？如果心本具理，本來對理有所知，則用持敬工夫保住此知，又推致此知便可以了，何以一定要做格物窮理之工夫？由於重格物窮理之工夫，於是便表現了心理為二，理為心所對之相，而使人認為朱子是以講知識的方式來講道德，是將理視做外於心的「義外」之論。朱子的確認為如果沒有通過「格物致知」，是不可能有真正的道德實踐的，這又如何能說明呢？我認為朱子這個說法正如程伊川所說的「常知」與「真知」的不同，而人一定要從「常知」進到「真知」才能有相應於道德意義的真正實踐。而此由常知進到真知，學問思辨是必須的。由於學問思辨在實踐上為必須，則伊川朱子之以心明理、致知格物之說，亦有其於成德之教中之必要性，則吾人可認為不能因為程朱之重以心明理及格物致知，便判定其為成德之教的非本質的工夫。何以可如此說，此須引入康德之論以助說明。

三、引康德之言以證伊川之說

何以在心知對於理本來有了解，或伊川所說的「常知」的情況，人不能有真切的道德實踐呢？何以人非要進至「真知」不可呢？這個問題可藉康德的說法幫助說明：

---

21) 見〈答林擇之〉三十三書之第二十一書，《文集》卷四十三。
22) 《心體與性體》第三冊，台北：正中書局，1969年。頁188。

天真確是一爛漫可喜之事，只是另一方面，它不能善自保持其自己，而且它很容易被引誘，這是十分可惜的。以此之故，甚至智慧(智慧原是比較更存於行為而不更存於知識)猶尚有需於科學(學問)，其有需於科學(學問)，不是為的從科學(學問)裡去學習，乃是為的去為其自己的規準得到認可及持久。對理性所表象給人(由於其如此值得受尊敬而表象給人)的一切義務之命令，人感覺到在他自己身上有一極強的敵對勢力來反抗這些命令，這極強的敵對勢力就是他自己的欲望和性好中的勢力，而這些欲望和性好底全部滿足，他總束之於幸福之名下。現在理性自無屈撓地發佈其命令，對於性好不許諾任何事，而且對於那些要求，即「如此強烈，而同時又如此可稱許，而又將不允許其自己為任何命令所壓服」的那些要求，似是毫不顧及，而且予以輕蔑。因此，這裡就發生出一種「自然的辯證」，即是說，發生出一種意向，以反抗這些嚴格的義務之法則，並且去致疑它們的妥效性，或至少去致疑它們的純淨性和嚴格性；而且如果可能的話，去使它們更順從於我們的願望與性好，那就是說，從它們的根源上去腐化它們，而且完全去毀滅它們的價值─這一種事，甚至通常的實踐理性也畢竟無法稱其為善。

這樣，人底通常理性便被迫走出它的範圍之外，而進入一實踐哲學之領域。其進入實踐哲學之領域並不是要想去滿足任何思辨的需要，(其實只要當人之通常理性滿足於其為純然的健全理性時，這種思辨的需要是不致發生於它身上的)，而實是基於實踐的根據上。其基於實踐的根據而進入實踐哲學之領域乃為的是要想在通常理性內去得到關於「通常理性底原則底來源」方面之報告與清楚的教導，並且要想去得到通常理性之原則之在其「對反於那基於欲望與性好的格準」方面之正確的決定，這樣，它便可以免除敵對方面的要求之擾攪，而且不致因它所常易陷入的曖昧歧義而蹈喪失一切真正道德原則之危機。這樣，當實踐的理性修明其自己之時，即不覺在此理性中發生一種辯證，這辯證迫使它去求助於哲學，正如其在其理論的(知解的)使用中所發生於它者一樣；因此，在這情形裡，一如在其他情形裡(在理論理性之情形裡)，它將見除對於我們的理性作一徹底的批判考察外，它無處可以止息。[23]

我覺得此兩段話有很深的涵義，對成德之教也有重大的啟發。依此義，似可以在牟先生所區分的順取、逆覺二系統之外，給出一個強調要運用智的思辨，但又不算歧出的義理型態。本來若道德法則是意志之自我立法而給出的，則法則之朗現必須在道德心的發用下才可能，即是說，人如果沒有道德意識，便不知何謂道德法則。或雖知之，也是理為理、我為我，不會有非要依理而行的自我要求。故如果要有真正的道德實踐，必須要有心即理之心的呈現。由於此心就是理，故心的活動就是理的呈現，而實踐之動力亦源源不斷，此所謂暢通價值之源。故若要有真正之實踐，要下的工夫是求本心之恢復，「求其放心」是本質的工夫。吾人本來就有心即理之本心隨時呈現之

---

23) 牟宗三先生譯：《道德底形上學之基本原則》，見 《康德的道德哲學》，頁31-32。

可能，故隨時亦可以依本心之呈現而擴而充之，本心是在越去盡的情況下，越能朗現其自己，而在此時也一定會知性知天，性、天之意義在盡心中，逐步朗現。越去盡心，越證實此是我們本有之性，也越能印證天道是一道德的意義之創造。此大體上是牟先生所說的逆覺體證、直貫創生的義理型態的意義，不合乎此，便為歧出。但按照上文所引的康德的想法，可開啟另一思路，即雖然承認人對道德法則、義務之意本有所知，但必須對此本來便知之理，作加強的了解。故此以心明理，是要明心本具之理。在要明白心中本具之理時，雖表現了心、理為二，理為心知之對象之情況，但並不能因此便說理在心外。而只可說，在要求對性理有充分了解之過程中，顯出了理是心知之對象之相，而在其心知致乎其極而對理無所不知時，知之所在，亦即理之所在，而心、理為二，理為心之所對之相便消失。而且此心對理之加強認知是必要的，因為我們對道德之理固然是本來有所知的，但當吾人對法則有所知，而依法則的意義對自己有所要求，即要從事於無條件的道德實踐時，會遇到生命中的感性本能、性好的反抗，而生起對法則的懷疑，使本來清楚的對法則的了解，變得曖昧不明。由於有此問題，故需要對我們本來就知道的道德法則、道德義務的意義，作進一步地分析，展開其中的涵義。此一作法，即是把本來在日常生活，或人生的事件上，具體表現的道德法則抽引出來，以求了解此理本生所具備的意義，即將理從人「習焉而不察」的情況抽引出來，使理成彰明昭著之狀態。此時，對理之內容意義，如道德之理是普遍而必然的，道德之理是以無條件的律令的方式來表示的，義務是要我們為了義之所在、理所當然而去遵循，除了此義之所在、理所當然的涵義外，不會有任何經驗上的成分。所謂經驗上的成分，例如是服膺了義會使我們有哪些好處，或在性好上得到哪些滿足，道德法則完全擺脫一切後天經驗性的思考，單以理本身就給出命令，要人無條件的遵行。而若能純粹地為了義務，即僅因為是道德法則的緣故，便去力求實踐，則此行動之存心本身就有道德價值。此價值不會因為行動之結果是好是壞而有絲毫之影響。對於道德法則或義務的這些內容，雖然一般人都能有了解，都有這種道德意識，但要把這些人人都有了解的道德的涵義充分地、明白地展示出來，還是不容易的，這裡需要相當嚴格的哲學性思辨。而康德認為，由於自然的辯證是在實踐上不能免的現象，而要克服此辯證，必須從對道德的一般理性理解，進到實踐哲學的理解；或由通俗的理解，進到道德的形而上學。我對他這些話的理解是，為了克服「自然的辯證」此一在要求自己實踐道德時，會產生的生命的毛病，必須要用哲學性的思辨於道德法則的內容展示上。如果這個理解是不錯的，則哲學的思辨在這個實踐的要求下，是必須要運用的。此用哲學的思辨於道德法則的內容之展示，並非順著理性的理論的要求，推類至盡，而產生思辨的形上學理論；而是扣緊道德法則本身，或一般人都有的道德意識作分解性的展示，如此地運用思辨的作用是把思辨用於實踐的要求上，而且是用於對道德法則的內容的展示上。而其所完成的工作，便是康德所說的「道德底形而上學」。我認為上述康德的主張，可以用來解釋伊川與朱子所以要重視致知格物、主敬窮理的緣故。

對於這自然辯證一詞中所涵的意義，實須作更仔細的討論。此一人性中之自然的辯證的現象，是由於道德實踐而引發的生命中的毛病。此病與求為善之實踐，是相連而生的。即此是與善同時存在的惡。康德曾在《單在理性範圍內之宗教》說：人順著感性欲求而使存心滑轉，使本來應該無條件的實踐，變成為有條件的。這種順著感性欲求而作出存心的滑轉，是人性中的根惡，是非要對付不可的。[24] 故如果仔細考察，當我們從事道德實踐之時，是會面對一深藏不露之敵人的，此敵人會使我們順著感性欲望的要求，而暗中轉移了我們純粹為善的心，使我們在從事道德實踐時，不能純粹地行所當行，而希望藉著行善得點個人的好處。人從事實踐時所面對的敵人是這種敵人。此敵人固然是因著感性欲望而起作用，但如果沒有無條件的道德實踐之要求，也不會冒出來，故此敵人或生命中的毛病，似乎是處於感性欲求與道德理性兩種力量的交會處。如果真是這樣，此一道德實踐上的敵人，是非常難以對付的。如果實踐道德的敵人只是感性的欲望，則儘量控制欲望，便可以克服此敵人，這雖不容易，但亦非太難，且目標明確，縱然難亦總可以做到；又若道德理性足以為善去惡，則興發人的道德意識，加強道德理性的力量，便足以消滅此敵人，此亦是有確定之途徑可以依循，及可期待有一穩定之進程者，故若是以上兩種情形，為善去惡以成聖賢，應是有明確的工夫可用，且可以累積效果之事，但何以成聖如是之難？由康德所說之自然之辯證，或根本惡之義，可見此惡根，是沒有明顯的面目者，此是順感性欲求而質疑道德律令之嚴格性，要使無條件之實踐成為有條件的『傾向』，此一傾向若有若無，是在人要作出行動之存心上表現其作用，使人之存心格準作了移轉，此是很難對付的。又若此順感性欲求而質疑及反抗道德律令的傾向是與人決定無條件地實踐同時而生的，則很可能越有踐德之熱情，便越會引發感性欲望的反彈，如果是這樣，則在決定踐德之純粹道德意識之興發處，便亦觸動了生命中將意向轉成不純粹的惡根，若果真是如此，則是神魔並存，如影隨形，這便非常錯綜複雜，難以應付了。此亦可理解為人的私欲與道德理性並行，或甚至私欲因道德理性之發皇而會作不正常的滋長之情形，對此，有內聖踐德之志願者，是未必都能自覺的，這應便是成聖所以困難之緣故。基督教使徒保羅有名的感嘆，亦表示此義。[25]

　　如果人之踐德會遭遇到上述的生命中深微的毛病，而要解開其中的糾結，是必須仔細的學問思辨的，則吾人便可理解伊川、朱子何以特重格物窮理。上文已提到，程伊川有「常知」與「真知」的區別：

　　　　真知與常知異。常見一田夫，曾被虎傷，有人說虎傷人，眾莫不驚，獨田夫色動異於眾。若虎能傷人，雖三尺童子莫不知之，然未嘗真知。真知須如田夫乃是。故人知不善而猶為不善，是亦未嘗真知。若真知，決不為矣。(《河南程氏遺書》，卷二上) [26]

---

24) 見康德 《單在理性範圍內之宗教》第一章。中譯參見牟宗三先生 《圓善論》(《牟宗三先生全集》第22冊，臺北：聯經，2003年) 第一章附錄。

25) 見 《新約‧羅馬書》第七章。

26) 此處及後文所引伊川的文獻都見於 《二程集》(臺北：漢京文化，1983年9月)。

此段雖然是見於二程遺書卷二上，屬於二先生語，但應該是伊川常說的話。[27] 此段用對於虎能傷人雖三尺童子莫不知之，譬喻人對於何為道德之理是有了解的，此正如康德所說的對道德的一般理性的理解，伊川認為對於道德之理的理解，是人人都有的，此所謂「常知」；但這種「常知」並不能保證人一定能作出道德實踐，此好比是對於老虎的可怕，人人都會知道，但只有曾經為老虎傷害過的人才會談虎色變，而談虎色變便表現了對於老虎的可怕之真知。而人如果對道德之理的理解如同談虎色變的情況，則便會有「見善如不及，見不善如探湯」的情況出現，即見善必去為，見惡必排拒。由於伊川肯定了人對道德之理的「常知」，是故他所說的「格物窮理」是用在根據人對於理的一般了解而求作進一步的明白，即他是將道問學或學問思辨的工夫用在本有的對性理的了解上，希望從對道德之理的一般了解進到真切的了解。如果是這樣理解伊川的「格物致知」說，便不必是如牟先生所說的「他律道德」或以講知識的方式來講道德。從伊川所說的「常知」可知他是預認我們對於道德之理是本來有了解的，依此本有的了解進一步求真切的了解，而不是本來不知道何謂道德之理，而要通過主敬涵養、格物致知來求了解之。如果是後者的情況，當然是如牟先生所說的「他律道德」，而且此希望通過格物窮理來了解道德之理是沒有保證的，因為從事物之然推證其所以然，此「所以然」不一定是道德的，於是牟先生便會說伊川把道德之理看成為「泛存有論意義的存有」，此存有雖然是形而上的，但不必然是道德的，此如同康德所說的「以存有論的圓滿來規定善」，是意志的他律的一個型態。但如果伊川的說法是本著原有的知理之知而進一步推致，應該可以避免他是「他律道德」的批評。而朱子的說法也可以如是看，即朱子是肯定心知對於理是原來有所知的，但必須本著本有的心理之知而加以擴充、推致以至乎其極，才能使心知完全明白理的意義，此時才可以有真正的道德實踐。程伊川很明白地說一定要從「常知」進到「真知」，才有真正地道德實踐，此是伊川一著名、重要的主張。此一從「常知」一定要進到「真知」的意思，下一段文表達得更為清楚：

人苟有「朝聞道夕死可矣」之志，則不肯一日安其所不安也。何止一日？須臾不能。如曾子易簀，須要如此乃安。人不能若此者，只為不見實理。實理者，實見得是，實見得非。凡實理，得之於心自別。若耳聞口道者，心實不見。若見得，必不肯安於所不安。人之一身，儘有所不肯為，及至他事又不然。若士者，雖殺之使為穿窬，必不為，其他事未必然。至如執卷者，莫不知說禮義。又如王公大人皆能言軒冕外物，及其臨利害，則不知就義理，卻就富貴。如此者，只是說得，不實見。及其蹈水火，則人皆避之，是實見得。須是有「見不善如探湯」之心，則自然別。昔若經傷於虎者，他人語虎，則雖三尺童子，皆知虎之可畏，然不似曾經傷者，神色懾懼，至誠畏之，是實見得也。得之於心，是謂有德，不待勉強，然學者則須勉強。古人有捐軀隕命者，若不實見得，則烏能如

---

27) 在 《河南程氏遺書》 卷18，〈伊川先生語四〉，便有一段相類似的話，亦用田夫「談虎色變」一例。而且此條有「親見」之語，可知定是伊川之親身經歷，而亦可證此「真知」說，是伊川之特有見解。

此？須是實見得生不重於義，生不安於死也。故有殺身成仁者，只是成就一箇是而已。(≪河南程氏遺書≫，卷第十五)

伊川此段話明白表示了，對於道德有「真知」才會有真正的道德實踐之意，故依伊川，對於道德的真切理解是使人決意為善的先行條件，這裡對於法則的「真知」的達成，應即是上文康德所說的用思辨於道德法則上，把法則或義務本來含有的意義，展示出來之意。而這種對於法則之知的加強，是一定可以幫助人產生真切的實踐的。上引文伊川一再強調要見到實理，此語應含有對於道德法則本身所具有的種種涵義，作如實的了解之意。理是真實的，所以是實理，而我們對於此裡本具的種種涵義，也要清楚地如實地了解。我認為此實理之「實」含有從客觀上，言理是真實的；及從主觀上言，我是真實地了解到之意。伊川說的「實理者，實見得是，實見得非」便含有上述主客兩方面的意思。也可以這樣來詮釋：當我了解到此理的真實涵義之後，才能真正證實(證悟)此理的確是真實存在之理。伊川此說含有很深的意思，他表示了我們需要根據本來就有的知理之知作深刻化、進一步地分析研究，使我們對知理之知逐步加強，到了我們對理本有的涵義能夠真實地了解之後，對於理是真實存在，是我們一定要無條件地遵循的，就有一種肯定。即越真實了解此理，便越能肯定此理之為真實的存在，而吾人之遵行此理便越有不可移的決心。我認為伊川這個意思，的確與康德所說的須進至實踐的哲學，方能克服自然的辨證，是若合符節的。伊川此一對實理的理解，亦可以用唐君毅先生所說的，我們對於道德之理有了解的時候，會證實此理為真實的存在，而且我們亦會按照理的要求而實踐。此了解理、證理為真實存在，極力求相應於理而實現，三事是「相持而共長」[28]的之意。唐先生此一說法也是十分精當的，引入唐先生此一解釋，可以說明伊川上引文之意。伊川所說的從「常知」到「真知」，所用的工夫雖然是在「知」上用，但這種知理之知的加強，是會有實踐力量源源不絕產生的。而對道德之理的知的加強，所以會產生實踐的力量，是因為這個時候所知的是道德之理，不是一般的事理，人越能了解道德之理的純粹性、無條件性、及單是理本身就是吾人服膺的理由，只因為是理，就需要吾人完全地遵從。對這些理的意義的了解的同時，的確會興起人的道德意識，使人有按理而行的自我要求。若依康德之意，對法則的了解是會使人產生尊敬的，而由對法則之尊敬，便有服膺義務之自我要求[29]，對於法則的這種無條件性，越能了解，人便越不由自主地尊敬道德法則，而此尊敬之情，會推動人去服膺義務。由康德此一說法，也可以幫助我們了解伊川朱子所以「重敬」之緣故。

當然如果要證成此說，則須先說明伊川(亦可以包含朱子)所以要通過格物窮理來使人對道德有

---

28) 唐君毅：≪由朱子之言理先氣後論當然之理與存在之理≫，收入 ≪中國哲學原論原道篇≫ 卷3（香港：新亞研究所，1974）之附錄中。又我在〈唐君毅先生對朱子哲學的詮釋〉一文中，對此意有較詳細的討論，該文收入劉笑敢主編：≪中國哲學與文化≫ 第七輯(廣西：廣西師範大學出版社，2010年)，頁143-166。
29) 見康德：≪實踐理性底批判≫ 第一部，卷一第三章，〈純粹實踐理性底動力〉。中譯參見牟宗三先生 ≪康德的道德哲學≫(≪牟宗三先生全集≫ 第15冊)。

「真知」，是有見於如康德所說的「自然的辯證」的事實，要面對人心容易因順著欲望的要求而懷疑道德法則的「傾向」。從這個角度看，我認為伊川對於人心的偏邪確有所見。伊川云：

> 「養心莫善於寡欲」，不欲則不惑。所欲不必沈溺，只有所向便是欲。（卷第十五）

「只有所向便是欲」是伊川很有名的話，伊川以此來了解「欲」是相當深刻的。他的意思應該近於康德所說的「人容易順著感性欲望的欲求而作存心上的轉移」，及「人往往在應該無條件為善時，總想從中得點好處」的意欲傾向，這種以感性欲望的欲求為先的人性中的傾向，是很根深蒂固，不容易擺脫的。伊川所說的「有所向」應該可往這個意思來規定。如果如此理解「欲」，則「欲」就是人心的傾向，也是一種為惡的根源。這種傾向深藏不露，並不同於一般所謂的感性欲求。假如從這個角度來省察，那麼伊川所說的「主敬論」可以理解為是針對這種人心之所向對的對治工夫。由此亦可說明伊川重敬之故。此一深藏於人生命中之惡根是很難對付的，若伊川有見於此而要以主敬對治之，則伊川所言之敬，是很深刻的從生命之內部以克服非理性者的工夫，依此意，對下列引文，吾人當可有更深微的解釋：

> 閑邪則誠自存，不是外面捉一箇誠將來存著。今人外面役役於不善，於不善中尋箇善來存著，如此則豈有入善之理？只是閑邪，則誠自存。故孟子言性善，皆由內出。只為誠便存，閑邪更著甚工夫？但惟是動容貌、整思慮，則自然生敬，敬只是主一也。主一，則既不之東，又不之西，如是則只是中。既不之此，又不之彼，如是則只是內。存此，則自然天理明。學者須是將「敬以直內」涵養此意，直內是本。（卷第十五）

> 「敬以直內」，有主於內則虛，自然無非僻之心。如是，則安得不虛？「必有事焉」，須把敬來做件事著。此道最是簡，最是易，又省工夫。為此語，雖近似常人所論，然持之，必別。（卷第十五）

> 閑邪則固一矣，然主一則不消言閑邪。有以一為難見，不可下工夫。如何一者，無他，只是整齊嚴肅，則心便一，一則自是無非僻之奸。此意但涵養久之，則天理自然明。（卷第十五）

據此數條，伊川所言之敬的工夫，是針對人生命中之偏邪處說，如上文所說的有所向。他認為克服此，便可存誠、天理明，而於此時，亦可見理從內出。即若能以敬來對治內心深微之易順性好而偏邪之意向、傾向，便可以從生命內部，作根本的澄治工夫，而作了此工夫後，便可使原本具有的善性生發出來。故伊川之持敬，雖似是作外部的動容貌等工夫，但其所對治的是很深微的毛病，由此亦可見伊川主敬之故。綜上所言，伊川之重由常知進至真知，及重敬之工夫，都是如康德般有見於人生命中之「自然的辯證」之現象，而要克服之。若從這一角度來理解伊川之學，似可作一新的衡定。

四、伊川對道德性理的分解及朱子的承繼

如果上說不誤，即伊川是有見於人在從事道德實踐時，感性欲望的反抗，及我們有一種與生俱來，遷就感性欲望，以欲望的滿足為優先的傾向。則伊川所說的「主敬窮理」論就可以有實踐工夫上的必要性。如上文所說，「主敬」不只是針對形貌動作作工夫，而是以閑邪存誠為主，這是有見於人意念之容易偏邪，而以主一之工夫以貞定之；而格物窮理就應該可以從康德的思路來理解，即希望通過對於性理本身作哲學性分析，以對性理能有清晰的了解。康德所說的對道德法則或義務要從一般理性的了解進到道德哲學的了解，其關鍵也就是在於把道德法則從現實經驗中抽象出來，而理解法則的普遍而形式之意義。能夠把普遍性的法則從經驗中抽象出來，而正視其普遍而形式的意義，便是哲學思辨的作用。[30] 依康德之說，道德或義務為一人人可知、坦然明白的事實，是不需要思辨理論來證成的，所以這裡所說的「以哲學思辨來建立實踐哲學」並不是要把道德實踐根據思辨理論來成立。而是如上文所說，必須要對道德法則，或義務的意義作清晰的說明與分解，而這種說明與分解是有助於道德實踐者，如果不通過這一步哲學思辨，人是很難克服在實踐的要求下必會產生的「自然的辯證」之現象者，不克服此，人的成聖成賢是不可能的。我認為康德所謂的實踐哲學還是「哲學」，而他所謂的「哲學」就是能把法則從經驗中抽象出來，做嚴格思考以展開法則本身所具有的意義的思辨性活動。

如果伊川或朱子的「格物窮理」論，是要透過「致知格物」的方式，對道德法則本身作抽象而形式的了解，免得與現實經驗或情感活動相混，則伊川、朱子這一步的工夫，如同康德所說的「道德的形上學」，是有其必要的。對於道德法則本身如果要有清楚的分析，則法則與心的認知成為主客對立的狀態，如上文所說，好像道德法則是心所認知的外在對象，這種情況應該也可以說是不可免的。法則成為哲學思辨的對象，一定是用力於對法則本身作分析，而顯「心理為二」之相。伊川確如牟先生所說，重分解的表示，但伊川的目的，是通過分解，使性理之普遍、先驗之意義能明白突顯。如云：

> 一陰一陽之謂道。道非陰陽也，所以一陰一陽道也。如一闔一闢謂之變。（遺書第三，二先生語三。謝顯道記伊川先生語。）

> 性即理也，所謂理性是也。天下之理，原其所自未有不善。喜怒哀樂未發何嘗不善？發而中節，則無往而不善。凡言善惡皆先善而後惡，言吉凶，皆先吉而後凶；言是非皆先是而後非。（遺書第二十二上、伊川先生語八上。）

---

30) 康德說：「抽象普遍的知識是思辨的知識，具體普遍的知識是普通的知識。哲學知識是理性的思辨知識，它開始於普通的理性使用著手探索抽象普遍知識的時候。」（康德：《邏輯學講義》，許景行譯。北京：商務，1991年，頁17。）

問仁。曰：「此在諸公自思之，將聖賢所言仁處，類聚觀之，體認出來。孟子曰：惻隱之心仁也。後人遂以愛為仁。惻隱固是愛也。愛自是情，仁自是性。豈可專以愛為仁? 孟子言惻隱為仁，蓋謂前已言惻隱之心仁之端也。既曰仁之端，則便不可便謂之仁。退之言博愛之謂仁，非也。仁者固博愛，然便以博愛為仁，則不可。」(遺書第十八、伊川先生語四)。

問：「『孝弟為仁之本』，此是由孝弟可以至仁否?」曰：「非也。謂行仁自孝弟始。蓋孝弟是仁之一事，謂之行仁之本則可，謂之是仁之本則不可。蓋仁是性也，孝弟是用也。性中只有仁義禮智四者，幾曾有孝弟來? 仁主於愛，愛莫大於愛親。故曰：『孝弟也者，其為仁之本歟!』」(遺書第十八、伊川先生語四)

伊川這些說法的確如牟先生所說是重分解的表示，[31] 由於重分解，理氣的區分就很明顯，但如此一來「理」便成為存有而不活動。牟先生這些衡定固然有理據，但如果順著上文的思路來了解，伊川這種分解的表示，是如同康德般把性理、道德法則從通常理性的使用中抽引出來，分解地表明「理」雖然不離開經驗生活，但它與現實經驗是不同的。所謂「性即理也」是以「理」規定「性」，強調人性應從理性義的法則來規定，而在人的生命中所表現出來的法則，它是普遍的、先驗的，甚至是絕對的，雖然在人的生命中表現，但是不為人的現實生命所限制。所謂「性中沒有孝弟」，是表示孝悌固然有仁義理智作為根據，但孝悌是具體的行為，與其所依據的「理」還是要區別清楚。同樣地，在博愛中一定有理性法則作根據，使人之愛心能不受自己之感情限制；但博愛這種活動跟「仁」作為道德法則的存在究竟不一樣。從以上的說明，伊川的確有見於道德法則的普遍性、先驗性，而努力要把法則與現實生命活動區分開來。通過這一步的分解，當然可以對性理的普遍性、先驗性與必然性有明白的了解，這種把性理的意義通過分解而明白表示的工夫，當然就是思辨性的哲學分析。如果從這個角度來看伊川的分解，則此一步的分解是非常有意義、有其必要性的。而如果伊川這一步的分解與康德所說的相類，而此一步哲學性的分解又為道德實踐所必須，則伊川的重分解，強調「理氣二分」、「仁是性，愛是情」，二者有形上形下的分別等說，便是要將道德性理從具體經驗中抽引出來的必要有的一步作法。

如同牟先生所說，朱子順著伊川的分解而進一步，對於「格物致知」、理氣關係等有更詳細的表示。從朱子的文本中，我們不難找到朱子所說的「致知」如同伊川所論，是要對道德法則有更進一步的了解；他並不是對性理毫無了解，然後要通過格物窮理來了解，而是肯定人對道德法則是有所了解的，只是了解得不夠透徹。朱子利用≪大學≫所說的「物格而後知至，知至而後意誠」的說法，認為誠意是在格物致知而對性理有充分了解之後，這也應該就是伊川所說的「真知」的意思。假如人雖然對性理有所知，但當自我要求要依性理而行時，往往會順著感性欲望的要求，而使性

---

31) ≪心體與性體≫ (二)，頁251。

理的意義弄得曖昧不明，甚至藉仁義禮智來滿足人的欲望，那麼對性理之知的加深的確是使人能「意誠」，真誠地從事實踐的先決條件。即是說，朱子的強調「格物窮理」，認為對於性理之知是先於「誠意」的，也有其理據。如果不從事「格物致知」的工夫，而停留在對道德之理通常的了解的層次中，是不能對治「自然的辯證」的；如果不能抵抗及消解「自然的辯證」，則人雖知善亦未必能行善。如果對性理有「真知」，便可以衝破「自然的辯證」的話，那麼「知至」的確是「意誠」不可少的工夫。當然這個說法要能成立，則朱子通過「格物致知」所要了解的「理」是道德的性理，而且是在對道德有所了解的情況下加深性理之知。即如同伊川從常知進至真知之意。此一意思在朱子文獻中確是有的，而且並非不常見，如上文曾提到朱子的《大學格致補傳》裡便有「人心之靈莫不有知，而天下之物莫不有理……莫不因其已知之理而益窮之，以求至乎其極。」一段話，其中有「已知之理」的字句，此可以說明吾人上文所表示的，朱子認為人對於道德意義的性理是已有所知的，只是要知得透徹才能真誠地、無例外地從事道德實踐。朱子此一對性理是人人本來有所知，只是必須知得透徹的講法，與程伊川的常知與真知的區分是若合符節的，以下再引用朱子幾段文獻來證此義：

(一) 若夫知則心之神明，妙眾理而宰萬物者也。人莫不有，而或不能使其表裏洞然，無所不盡，則隱微之間，真妄錯雜，雖欲勉強以誠之，亦不可得而誠矣，故欲誠意者，必先有以致其知。致者，推致之謂，如「喪致乎哀」之致，言推之而至於盡也。至於天下之物，則必各有所以然之故，與其所當然之則，所謂理也，人莫不知，而或不能使其精粗隱顯，究極無餘，則理所未窮，知必有蔽，雖欲勉強以致之，亦不可得而致矣，故致知之道在乎即事觀理，以格夫物。[32]

按：此段文有「所謂理也，人莫不知，而或不能使其精粗隱顯，究極無餘」等句，可知朱子所說的致知的工夫，的確是就已知之理而進一步知得透徹。對於此理，人莫不知，朱子的解釋是天下之物，必各有所以然之故，與其所當然之則。察其語意，人對於道德性理的知，應該是普遍的為所有人都具有的，即那是先驗之知，並非通過後天經驗而後有。若是因後天經驗而有，便沒有普遍性，不能說「人莫不知」。

(二) 張仁叟問致知、格物。曰：「物莫不有理，人莫不有知。如孩提之童，知愛其親；及其長也，知敬其兄；以至於飢則知求食，渴則知求飲，是莫不有知也。但所知者止於大略，而不能推致其知以至於極耳。致之為義，如以手推送去之義。凡經傳中云致者，其義皆如此。」[33]

---

32) 《大學或問》上，《朱子全書》第6冊，頁511-512。
33) 《語類》卷15，頁291。

按：說人莫不有知，是就「知理」之義說，此知是人人都有的，如孩提之童的知愛知敬，但此種知只是「大略」之知，必須推致其知以至於極。

（三）致知所以求為真知。真知，是要徹骨都見得透。[34]

（四）知，便要知得極。致知，是推致到極處，窮究徹底，真見得決定如此。程子說虎傷人之譬，甚好。如這一箇物，四陲四角皆知得盡，前頭更無去處，外面更無去處，方始是格到那物極處。[35]

按：此二條與伊川之意全同。

（五）或問：「莫不有以見其所當然而不容已，與其所以然而不可易者。」先生問：「每常如何看？」廣曰：「『所以然而不可易者』，是指理而言；『所當然而不容已』者，是指人心而言」。曰：「下句只是指事而言。凡事固有『所當然而不容已』者，然又當求其所以然者何故。其所以然者，理也。理如此，固不可易。又如人見赤子入井，皆有怵惕、惻隱之心，此其事『所當然而不容已』者也。然其所以如此者何故，必有箇道理之不可易者。今之學者但止見一邊。如去見人，只見得他冠冕衣裳，卻元不曾識得那人。且如為忠，為孝，為仁，為義，但只據眼前理會得箇皮膚便休，都不曾理會得那徹心徹髓處。[36]

按：要從所當然而不容已，進至所以然而不可易，便是由常知進至真知，即對性理之了解，必須至徹心徹髓處。

（六）或問：「六章之指，其詳猶有可得而言者耶？」曰：「天下之道二，善與惡而已矣。然揆厥所元，而循其次第，則善者天命所賦之本然，惡者物欲所生之邪穢也。是以人之常性，莫不有善而無惡，其本心莫不好善而惡惡。然既有是形體之累，而又為氣稟之拘，是以物欲之私，得以蔽之，而天命之本然者，不得而著。其於事物之理，固有瞢然不知其善惡之所在者，亦有僅識其粗，而不能真知其可好可惡之極者。夫不知善之真可好，則其好善也，雖曰好之，而未能無不好者以拒之於內；不知惡之真可惡，則其惡惡也，雖曰惡之，而未能無不惡者以挽之於中。是以不免於苟焉以自欺，而意之所發有不誠者。[37]

---

34) 《語類》卷15，頁283。
35) 《語類》卷18，頁390。
36) 《語類》卷18，頁414。
37) 《大學或問》，《四書或問》（上海古籍出版社，2001年12月），頁28-29。

按：此條很能表達對道德性理的真知足以解決雖知善而不能為善之實踐問題。此段先以人性本善，好善惡惡之心人本有為立論之前提，然後說好善惡惡之所以不能貫徹，是因為氣稟所拘，私欲所蔽。故若不真知善之可好、惡之可惡，便不能免於好善時有不好者拒於內，於惡惡時，有不惡者挽之於中，此的確如康德所說的「自然之辯證」之意。朱子表達此意之文獻並不少見，如云：

(七) 只爭箇知與不知，爭箇知得切與不切。且如人要做好事，到得見不好事，也似乎可做。方要做好事，又似乎有箇做不好事底心從後面牽轉去，這只是知不切。[38]

按：此條所說，與康德所言的「自然的辯證」之現象，亦是很相似的，「要做好事，到得見不好事，也似乎可做。方要做好事，又似乎有箇做不好事底心從後面牽轉去。」正如上文所說的惡的原則是與善的原則同時並起的。由此亦可見，為了克服在實踐上常會遭遇到的本能欲望的反彈，是朱子強調致知之工夫的一個重要原因。[39]

(八) 問：「『誠意』章『自欺』注，今改本恐不如舊注好。」曰：「何也?」曰：「今注云：『心之所發，陽善陰惡，則其好善惡惡皆為自欺，而意不誠矣。』恐讀書者不曉。又此句，≪或問≫中已言之，卻不如舊注云：『人莫不知善之當為，然知之不切，則其心之所發，必有陰在於惡而陽為善以自欺者。故欲誠其意者無他，亦曰禁止乎此而已矣。』此言明白而易曉。」曰：「不然。本經正文只說『所謂誠其意者，毋自欺也』；初不曾引致知兼說。今若引致知在中間，則相牽不了，卻非解經之法。……」[40]

按今本≪大學章句≫「毋自欺」處注云：「自欺云者，知為善以去惡，而心之所發有未實也」，與此條所言之「今注」及「舊注」皆不同，此條所說的「今注」言「心之所發，陽善陰惡」，即表示人在要為善時，內心又有不要為善的想法；而此條所說的「舊注」講得更為明白。文中說「人莫不知善之當為」，即表示知善之知是人人皆有的，但如果「知之不切」，則一定有「陰在於惡而陽為善以自欺者」，這便明白表示了上文所說的「自然的辯證」的情況。即為惡的想法，常常與為善的要求糾纏在一起，而如果要釐清這種心理上的糾纏，格物致知的思辨工夫，是不可少的。

由以上數條，可知朱子的想法同於伊川，即雖肯定人對道德法則是本來有所知的，但必須由常知進至真知，原因是有徇性好以致陽好善而陰不真好之情況，如果對道德法則有真實的體證，就

---

38) ≪語類≫ 卷9，頁154。

39) 此條文獻由游騰達同學提供，又在≪朱子語類≫ 論 ≪大學‧誠意章≫ (卷16)處，亦常見此意。

40) ≪語類≫ 卷16，頁336。

可以堵住這種生命的毛病。故朱子以格物致知以求真知，保證實踐之真實貫徹，是有其必要的。伊川、朱子之重視格物致知是有見於如康德所說的自然之辯證之生命問題，而不是認為人對於性理本無所知，必須要有認知活動來了解之。對於道德性理用哲學的思辨加以詳細展開，是可以堵住自然之辯證之問題的，此是伊川、朱子理論的特別功效，這種工夫對於道德實踐的重要性，應該不在陽明的致良知工夫之下。此意可見下文。

(九) 問去私欲、氣稟之累。曰：「只得逐旋戰退去。若要合下便做一次排遣，無此理，亦不濟得事。須是當時子細思量，認得道理分明，自然勝得他。次第這邊分明了，那邊自然容著他不得。如今只窮理為上。」[41]

此條表示了窮理的工夫對於對治私欲與氣稟的複雜，是很切要的，故曰「認得道理分明，自然勝得他。」這是以對道理的了解明白，來堵住私欲，正是上文康德所說的，必須要從通常理性的理解，進至道德哲學的理解之意。

以上是朱子對致知之必要性之說明，他固然是要通過認知的活動，以主客對待的方式以知理，但若此致知之活動，是用在對本有之知之加強、深化上，而深化此知，會有克服自然的辯證之效果，則此對理之認知，也是必須的。且此種知，是由嚴格的哲學性的思辨得來，不同於一般泛說的經驗之知。順此意，吾人亦可對朱子之理氣論之大意稍作說明。朱子的理氣論理論內容非常豐富，不只是康德所謂的道德形上學的涵義，而是要對存在界作一道德價值的說明；雖然如此，朱子的理氣論也有相當多康德所謂的道德形上學的內容。康德的道德形上學主要是說明道德法則的無條件性，人的理性所給出的道德法則，他本身便必須完全服從，道德法則的必須被服從不依靠其他任何條件，即使按法則而行的人在現實上得不到任何的成果，也無損於法則自足的價值。康德這些意思其實朱子都有，朱子之理氣論強調「理在先」，即雖然理氣不離，有氣便有理、有理便有氣，但理不依於氣，氣必須依於理；或雖然理氣不離，但理一定在先而為本，理氣決然是二物。朱子這些講法確可以表示「理」在天地之間是價值標準所在，不管現實上如何不合理，但氣的存在終究會合理之意。又朱子說，萬一山河大地都陷落了，畢竟理卻只在這裏。[42] 朱子此一說法本來有理氣可以分開之嫌，但也正表示了在朱子心目中，「理」是價值標準之所在，雖然現實上沒有讓「理」去表示其意義的場所，但還是有「理」存在。這些意思與康德道德的形上學是相近的，即表示單是理便要人無條件地遵從，及上帝是以道德法則統治世界的。通過這樣明白的分析，人便可以肯認理是具有絕對價值的，我們絕不能為了現實有形的存在，如感性欲求、經驗事功，而違背道德原則。如果朱子所說的理氣論，「理」是就道德法則來說的，而「理先氣後」、「理氣決是二

---

41) ≪語類≫ 卷18，頁412。
42) ≪語類≫ 卷1，頁4。

物」是要說明「理」具有絕對價值，並非具體現實的氣化所可以比擬之意，則朱子的理氣論也可以達成康德的構作道德形上學的目的；而如果康德道德的形上學是為了堵住「自然的辯證」的話，那朱子的理氣論也可以有這種效果。

五、結語

上文從陳北溪「心是理氣之合」的說法，論證在朱子理論中，心與理的關係可以是「心本具理」，故心知對於理之知，亦是本有的，由此可證伊川、朱子所言之格物致知，是藉著本有的對性理之知之加強，達至真知的地步，以保證人能真正實踐道德。而由康德自然的辯證之說，可以證伊川、朱子之格物致知的工夫，對於道德實踐是必要的。而在持敬的工夫方面，既然持敬可以保持心知的清明，則在心中的本具之理也應當可以起作用，故以「敬」涵養的工夫也應該是可以生起真正的道德行動的；又據伊川所說的敬論可知，主敬也可以對治順著感性欲望而以利己為先的傾向，此可見主敬工夫的重要性。由是吾人認為，伊川、朱子之「主敬窮理」論，並不只是成德之教的輔助工夫而已。據此，吾人或可對伊川、朱子的義理型態作出不同於牟先生的衡定。

伊川、朱子與其他宋明理學家比較起來，確是比較重智的，但他們所要加強認知的，是道德之理。儒家所言之理是道德之理，對此理之了解，必透過如孟子所說的義利之辨，由無條件性契入，又以此理為吾人之性，此義是宋明儒所共許的。此理被理解為不依於一切而停當獨立的（如程明道言天理的意義），由此義可以推出此當然之理便具有力量，若心能明此理之意義，則理在心便起作用。何以故明理便會使理起作用於心？此須如上文伊川及唐君毅先生所說，對理越了解，便越肯定此理為真實，並一定會生起實踐之要求。亦可如康德所說，因為明理會引發尊敬之故。人一旦了解到道德法則的意義，便自然生敬，越了解便引發敬意，由此可以說明由知理而來的實踐的動力，而不會認為此一型態會缺乏實踐的動力。故此對理的意義的了解，決定了理在生命中之作用，如果伊川、朱子所說的格物致知具有此種作用，則此知是越知理越會起實踐作用的知，不只是水平的認知而已。我想用這個意思來規定伊川、朱子是「重智的」型態的意義。由於真正的道德實踐、實踐動力的產生，是有賴於對性理之真知，故伊川、朱子確是「重智的」的思想型態。但此致知或知至之知，並不與一般所說的認知為同類，此知是連同理來說的，說「人心之靈，莫不有知」，此知不只是知，也是知理；說「吾心之全體大用無不明」是以對於理全然的了解為知的作用的充分完成，都是從知與理兩方面關聯在一起來說的。而且吾人可說，在一旦豁然貫通的時候，心知的作用即是理的作用，知與理是渾然不分的，在「吾心之全體大用無不明」的活動中，亦是理之全幅意義的彰明昭著，此時吾人不能區分，哪個是理之用，哪個是心知之用。這個應該是順著伊川、朱子的格物窮理論作出的必至之論。由於對道德之理的「常知」是被肯定的，故可以說，對「常知」的加強而成為的「真知」，是把本有的知理之知，推到極致的地步。即是說，在「常知」中本來已是知與理不離，則在「真知」中便可說知與理渾然是一。在知之彰明處，便是理的顯現處。這種知與理交澈的情況，亦是很高妙的，可以與由「盡心知性知天」而證悟心、性、天是一的境界相比，或可以說此二者所用的工夫雖然不同，但都可以達到一相同的渾化的境界，二者是殊途而同歸的。

當代新儒家「儒學開出民主論」的理論意涵與現實意義

李明輝 ｜ 中央研究院中國文哲研究所研究員

1950年代，港臺新儒家曾提出「儒學開出民主論」。此說出現於中國反傳統主義瀰漫的知識背景之下，特別是針對臺灣自由主義的立場而提出的。為此，雙方爆發了一場思想論戰。概括而言，雙方爭論的焦點主要集中在兩個問題上：1)中國傳統文化是否妨礙現代科學之發展與民主制度之建立？或者換個方式說，中國要現代化，是否必須先揚棄傳統文化(尤其是儒家傳統)？ 2)民主政治是否需要道德基礎？換言之，政治自由是否必須預設道德自由(意志自由)？

「儒學開出民主論」同時涉及這兩個問題。這項主張明白見諸1958年元月由唐君毅、牟宗三、張君勱及徐復觀四人聯名發表的〈為中國文化敬告世界人士宣言〉。在這篇〈宣言〉中，他們一方面承認：中國過去缺乏西方近代的民主制度；但是他們在另一方面又強調：中國文化依其本身之要求，必須由「道德實踐的主體」自覺地「開出」「政治的主體」，並建立民主制度。他們在不同的場合強調：在君主專制的傳統政治格局中，儒家的「內聖」之學充其量只能建立「聖君賢相」的「德治」格局，這並非其調適上遂的發展。

但〈宣言〉只提出了一個思想綱領；為它提出完整哲學論證的是牟宗三。他的論證主要見諸其《歷史哲學》與《政道與治道》二書中。牟宗三認為：中國文化偏重於「理性之運用表現/內容的表現」，西方文化則偏重於「理性之架構表現/外延的表現」，而民主政治之建立與現代科學之發展屬於後者。他藉此說明中國在歷史上未發展出民主政治與現代科學的原因。在另一方面，他又指出：從前者未必無法開展出後者，只是這種開展並非直接的過程，而是間接的辯證過程。

當代新儒家的「儒學開出民主論」使他們一方面有別於拒絕現代民主制度的儒家保守派與質疑西方民主制度的「亞洲價值」論者，另一方面又有別於將儒家傳統視為與現代民主制度不相容的西化派。當代新儒家肯定現代西方民主制度的普遍意義，但是卻為它提出「儒家式的證成」。這決不只是心理調適或民族自尊的問題，而是屬於一種「重建的調適詮釋學」，具有重大的現實意義。這套理論雖然對臺灣的民主化無直接的影響，但對臺灣的政治精英卻產生了儘管間接的、但卻難以估計的影響。在臺灣民主化的過程中，並未出現以國情不同為理由而拒絕西方民主制度的「儒家基教主義」，亦未出現革命或大規模的暴力，而臺灣的兩次政權輪替也相對地平順。在這一點上，新儒家的穩健政治立場似乎不無貢獻。

當代新儒家「儒學開出民主論」
的理論意涵與現實意義

李明輝 | 中央研究院中國文哲研究所研究員

1950年代，港臺新儒家曾提出「儒學開出民主論」。在他們與臺灣自由主義者的辯論之中，此說也成為雙方爭論的焦點之一。對筆者而言，此說的意涵並不複雜難解，但奇怪的是：它卻不斷引起誤解與爭論。多年來，筆者曾針對這些誤解撰寫了一系列的論文[1]，故本文不再重述相關的細節，而是從宏觀的角度申論一些未盡之意。

港臺新儒家的「儒學開出民主論」出現於中國反傳統主義瀰漫的知識背景之下，特別是針對臺灣自由主義的立場而提出的。1950年代，港臺新儒家與臺灣的自由主義者之間爆發了一場思想論戰[2]。概括而言，雙方爭論的焦點主要集中在兩個問題上：1)中國傳統文化是否妨礙現代科學之發展與民主制度之建立？或者換個方式說，中國要現代化，是否必須先揚棄傳統文化(尤其是儒家傳統)？2)民主政治是否需要道德基礎？換言之，政治自由是否必須預設道德自由(意志自由)？

關於第一個問題，新儒家特別強調：一切文化上的創新必須建立在傳統文化的基礎之上。他們認為：外來的文化因素是不能直接移植的，而是必須通過自身傳統之內在發展與調適去吸納。自由主義者則認為：中國傳統文化在過去既未發展出科學與民主，其中顯然包含不利於其發展的因素，故欲求中國之現代化，就必須揚棄中國傳統文化(至少揚棄其核心部分，尤其是儒家傳統)。因此，在他們看來，新儒家堅持由儒學「開出」民主與科學，並無現實基礎，只是出於自我防衛之心理需要而已。不但如此，他們甚至認為：由於中國傳統文化產生了君主專制制度，新儒家提倡中國傳統文化，等於是為極權主義張目。

---

1) 這些論文包括 〈儒學如何開出民主與科學?〉、〈當前儒家之實踐問題〉、〈論所謂「儒家的泛道德主義」〉、〈歷史與目的〉，均收入拙著 《儒學與現代意識》 (臺北：文津出版社，1991年)；此外還有一篇法文論文 Ming-huei Lee: "Culture et démocratie: réflexions à partir de la polémique entre libéraux taiwanais et néo-confucéens contemporains", *Extrême-Orient, Extrême-Occident*, nᵒ 31 (2009), pp. 33-62.

2) 關於這場論戰的始末，請參閱拙作：〈徐復觀與殷海光〉，收入拙著：《當代儒學之自我轉化》(臺北：中央研究院中國文哲研究所，1994年)，頁89-127；簡體字版 《當代儒學的自我轉化》(北京：中國社會科學出版社，2001年)，頁81-117.

關於第二個問題，新儒家認為：民主政治必須建立在道德理想之基礎上，故政治自由必須預設道德自由。他們固然承認道德界與政治界之分際，但不認為這兩界是不相干的。他們也承認政治自由與道德自由之不同，並且理解單是提倡道德自由，對於民主政治之建立是不足的。但是他們反對截斷道德基礎、單從政治層面上主張自由與人權的自由主義。在他們看來，這種自由主義是無根的，根本不足以對抗以理想為號召的共產主義。

「儒學開出民主論」同時涉及這兩個問題。這項主張明白見諸1958年元月由唐君毅、牟宗三、張君勱及徐復觀四人聯名發表的〈為中國文化敬告世界人士宣言〉[3]。這篇〈宣言〉包括十二節，相關的論點見於第八、九節。他們在此承認：「中國文化歷史中，缺乏西方之近代民主制度之建立，與西方之近代的科學，及各種實用技術，致使中國未能真正的現代化工業化。」(頁897) 因此，「中國文化中須接受西方或世界之文化。」(頁896) 但是他們又強調：

> 我們不能承認中國之文化思想，沒有民主思想之種子，其政治發展之內在要求，不傾向於民主制度之建立。亦不能承認中國文化是反科學的，自古即輕視科學實用技術的。(頁897)

> 我們說中國文化依其本身之要求，應當伸展出之文化理想，是要使中國人不僅由其心性之學，以自覺其自我之為一「道德實踐的主體」，同時當求在政治上，能自覺為一「政治的主體」，在自然界，知識界成為「認識的主體」及「實用技術的活動之主體」。(頁896)

因此，中國文化依其本身之要求，必須由「道德實踐的主體」自覺地「開出」「政治的主體」。其理由見於〈宣言〉第九節：

> 在過去中國之君主制度下，君主固可以德治天下，而人民亦可沐浴於其德化之下，使天下清平。然人民如只沐浴於君主德化之下，則人民仍只是被動的接受德化，人民之道德主體仍未能樹立，而只可說僅君主自樹立其道德主體。然而如僅君主自樹立其道德主體，而不能使人民樹立其道德的主體，則此君主縱為聖君，而其一人之獨聖，此即私「聖」為我有，即非真能成其為聖，亦非真能樹立其道德主體。所以人君若真能樹立其道德的主體，則彼縱能以德化萬民，亦將以此德化萬民之事本身，公諸天下，成為萬民之互相德化。同時亦必將其所居之政治上之位，先公諸天下，為人人所可居之公位。然而肯定政治上之位，皆為人人所可居之公位，同時即肯定人人有平等之政治權利，肯

---

3) 此《宣言》原刊於香港《民主評論》第9卷第1期(1958年1月5日) 及臺灣《再生》第1卷第1期(1958年1月)，後收入張君勱著、程文熙編：《中西印哲學文集》(臺北：臺灣學生書局，1981年)，以及張君勱：《新儒家思想史》(臺北：張君勱先生獎學金基金會，1980年)(附全文英譯)；亦以〈中國文化與世界〉之名收入唐君毅：《中華人文與當今世界》(臺北：臺灣學生書局，1975年)，以及唐君毅：《說中華民族之花果飄零》(臺北：三民書局，1974年)。以下引用此《宣言》時，直接標示《中華人文與當今世界》之頁碼。

定人人皆平等的為一政治的主體。既肯定人人平等的為一政治的主體，則依人人之公意而制定憲法，以作為共同行使政治權利之運行軌道，即使政治成為民主憲政之政治，乃自然之事。由是而我們可說，從中國歷史文化之重道德主體之樹立，即必當發展為政治上之民主制度，乃能使人真樹立其道德的主體。（頁903-904）

他們在不同的場合強調：在君主專制的傳統政治格局中，儒家的「內聖」之學充其量只能建立「聖君賢相」的「德治」格局，這並非其調適上遂的發展。但〈宣言〉中所言，畢竟只是個思想綱領；為它提出完整哲學論證的是牟宗三先生。這些論證主要見諸其《歷史哲學》與《政道與治道》二書中。在《歷史哲學》中，他提出「綜和的盡理之精神」與「分解的盡理之精神」這組概念。在《政道與治道》中，他又提出「理性之運用表現(functional presentation)與架構表現(constructive presentation)」和「理性之內容的表現(intensional presentation)與外延的表現(extensional presentation)」兩組概念。這三組概念所要表達的是同一個意思，其背後所依據的也是同一套思想間架[4]。牟先生將這套架構稱為「一心開二門」或「良知(道德主體)之自我坎陷(self-negation)」。

筆者曾詳細討論這套間架的涵義[5]，此處無意重述。筆者在此僅引述牟先生論「理性之運用表現與架構表現」的一段話，以概其餘：

> 凡是運用表現都是「攝所歸能」，「攝物歸心」。這二者皆在免去對立：它或者把對象收進自己的主體裡面來，或者把自己投到對象裡面去，成為徹上徹下的絕對。內收則全物在心，外投則全心在物。其實一也。這裡面若強分能所而說一個關係，便是「隸屬關係」(Sub-Ordination)。〔……〕而架構表現則相反。它的底子是對待關係，由對待關係而成一「對列之局」(Co-Or-dination)。是以架構表現便以「對列之局」來規定。而架構表現中之「理性」也頓時即失去其人格中德性即具體地說的實踐理性之意義而轉為非道德意義的「觀解理性」或「理論理性」，因而也是屬於知性層上的。[6]

依牟先生之意，儒家的良知屬於理性之運用表現，表現為實踐理性；而民主與科學須預設理性之架構表現，表現為理論理性。以民主政治來說，良知(道德主體)並不直接要求民主政治，而是要先轉為理論理性，然後才能藉由制度性思考建立民主憲政。這個辯證的過程便是所謂的「良知之自我坎陷」。

---

4) 牟先生藉這三組概念來說明中國文化與西方文化所代表的不同觀念形態。在《歷史哲學》中，他提到中國文化中還有一種「綜和的盡氣之精神」，表現為英雄之精神與藝術性之精神，以及政治上「打天下」之精神。在《政道與治道》中，「理性之運用表現與架構表現」和「理性之內容的表現與外延的表現」兩組概念是可以互換的，但第一組概念之使用較為寬泛，第二組概念之使用則偏重於政治領域。

5) 參閱拙作：〈論所謂「儒家的泛道德主義」〉，收入拙著：《儒學與現代意識》，頁106-115。

6) 牟宗三：《政道與治道》（臺北：學生書局，1987年），頁52-53；亦見《牟宗三先生全集》（臺北：聯經出版公司，2003年），第10冊，頁58。以下引用牟先生的著作時，以方括號將全集本的冊數及頁碼直接置於原版頁碼之後。

牟先生認為：中國文化偏重於「理性之運用表現/內容的表現」，西方文化則偏重於「理性之架構表現/外延的表現」，而民主政治之建立與現代科學之發展屬於後者。他藉此說明中國在歷史上未發展出民主政治與現代科學的原因。在另一方面，他又指出：從前者未必無法開展出後者，只是這種開展並非直接的過程，而是間接的辯證過程。在政治的領域，「理性之內容的表現」至多只能建立「仁者德治」的觀念，其不足之處在於：

> 一，可遇而不可求；二，「人存政舉，人亡政息」，不能建立真正的法治；三，只從治者個人一面想，擔負過重，開不出「政治之自性」。由此三點，再加上得天下方面「推薦，天與」一觀念之不能立起，遂迫使我們必須進到「理性之外延的表現」。[7]

當代新儒家的「儒學開出民主論」使他們一方面有別於拒絕現代民主制度的儒家保守派與質疑西方民主制度的「亞洲價值」論者，另一方面又有別於將儒家傳統視為與現代民主制度不相容的西化派(包括大部分中國自由主義者與部分華人耶教徒)。對於拒絕西方民主制度的人而言，這套理論自然是不必要的。例如，以「大陸新儒家」為標榜的蔣慶便主張「創立具有中國特色的政治制度」，而指摘唐、牟、徐、張等人要求從儒學開出民主制度，是放棄儒學特有的自性與立場而向西方文化靠攏，實際上是一種變相的「西化論」[8]。對於主張直接從西方移植民主制度的自由主義者(如殷海光、林毓生、李鴻禧[9])而言，這套理論無疑也是多餘的。例如，殷海光便將當代新儒家的這類思想視為一套「自我防衛的機制」[10]。有些華人基督徒也特別強調西方耶教對現代民主的貢獻，而將中國之所以未能建立民主制度歸咎於中國傳統文化。對於他們而言，「儒學開出民主論」顯然是荒謬的。

「亞洲價值」的提倡者(如新加坡的李光耀、馬來西亞的馬哈地)提出一個有爭議性的問題：現代西方建立的民主制度是否體現一種普遍價值？唐、牟、徐、張四人均肯定現代西方民主制度的普遍意義，而這種肯定係基於他們(尤其是徐復觀與張君勱)對中國傳統君主專制制度的反省與批判。在他們看來，傳統儒家與君主專制制度之結合是歷史的機緣所造成的。這種結合固然使儒家思想成為主導中國歷史發展的力量，但也使儒家的理想受到嚴重的歪曲，而付出慘痛的代價。在此他們見到現代西方民主制度的普遍意義，因而主張中國的民主化。但是在另一方面，他們深刻體認到：傳統文化是形塑我們的主體(包括個人與文化的主體)之背景，而非如殷海光所言，是可

---

7) 牟宗三：《政道與治道》，頁140〔10:155〕。
8) 蔣慶：《政治儒學：當代儒學的轉向、特質與發展》(臺北縣：養正堂文化事業公司，2003年)，頁82-83, 174-175。
9) 中國國民黨在臺灣執政期間，李鴻禧以自由主義為標榜，反對該黨的戒嚴體制。但在2000年民主進步黨取得執政權之後，他卻為該黨的民粹主義(populism)大力辯護，擁護貪腐的陳水扁政府，可說完全背棄了自由主義的精神。
10) 見殷海光為1958年5月1日　出刊的《自由中國》(第18卷第9期)所撰寫之社論〈跟著五四的腳步前進〉(頁4)；亦見林正弘主編：《殷海光全集》(臺北：桂冠圖書公司，1990年)，第11冊：《政治與社會 (上)》，頁577。

以任意更換的工具，亦非如若干華人耶教徒所期待的，可以全面更替。這項觀點與當代社群主義(communitarianism)關於「自我」的觀點不謀而合。因此，新儒家強調：中華民族建立民主制度的過程並非如自由主義者所想像的那樣，只是一個自外加添的過程，而應當是中華民族自覺地以精神主體的身分開展其文化理想的過程。換言之，「民主」的理念固然是普遍的，但其證成(justification)卻可以是特殊的。在這個意義下，「儒學開出民主論」可說是民主政治之一種「儒家式的證成」。

最後，筆者要討論當代新儒家的「儒學開出民主論」在臺灣民主化的過程中所發揮的作用。首先要指出：臺灣的自由派與新儒家的論戰基本上是學術界內部的論戰，對臺灣的現實政治並無直接的影響。這猶如我們很難想像羅爾斯(John Rawls)的《正義論》(A Theory of Justice)對美國的選舉有直接的影響。因此，新儒家的這套理論對臺灣的民主化至多只能有間接的影響。

1949年甫從中國大陸敗退到臺灣的中國國民黨(以下簡稱「國民黨」)政府宣布臺灣進入戒嚴體制，頒布種種禁令，其中包括禁止成立新政黨。當時除了國民黨之外，只有中國青年黨與中國民主社會黨隨國民黨遷移到臺灣。但這兩個黨的黨員極少，而且得靠國民黨的資助才能維持下去，故被視為「花瓶政黨」。1960年《自由中國》雜誌的發行人雷震號召包括外省及本土精英在內的反對派籌組新政黨，而遭到國民黨政府的鎮壓，雷震被捕入獄，《自由中國》也因之停刊。這一波組黨運動的失敗使臺灣長期處於國民黨一黨獨大的局面。直到1986年以臺灣本土精英為主的反對派不顧戒嚴令，宣布成立民主進步黨(以下簡稱「民進黨」)，這種局面才被打破。但這次國民黨並未鎮壓這個新政黨，反而順應民意，於次年宣布結束戒嚴體制，使臺灣真正開始步上民主政治之途。2000年民進黨在總統大選中獲勝，完成了第一次的政黨輪替，使臺灣進入了以兩大黨為主導的政治局面，臺灣的民主政治邁進了一大步。2008年國民黨透過選舉重新取得中央政府的執政權，完成了第二次的政黨輪替，臺灣的民主政治得到進一步的鞏固。在民進黨組黨的過程中，由本土精英主導的本土化運動是主要的動力，自由主義則為輔佐的力量。但諷刺的是，隨著民進黨的茁壯，自由派的陣營卻因民粹主義(populism)的侵蝕而分裂，進而邊緣化。最後，民粹主義取代了自由主義，自由主義只剩下微弱的聲音。

相形之下，新儒家的聲音在臺灣民主化的過程中則相對地沉寂。加以他們對中國傳統文化的肯定態度在表面上似乎呼應了國民黨藉由儒家傳統所進行的黨化教育，所以有人指摘新儒家在臺灣民主化的過程中缺席，甚至阻礙了臺灣的民主化。這種指摘其實有失公允。因為新儒家所提倡的民主並非威權式的民主(如我們在新加坡所見到的)，而是不折不扣的議會民主。張君勱是1946年在南京頒布、而迄今仍在臺灣沿用的「中華民國憲法」之起草人。儘管這部憲法之實施因國民黨政府的戒嚴令而大打折扣，但在本質上仍是不折不扣的民主憲法。1949年以後，儘管張君勱在名義上仍是中國民主社會黨的主席，但他卻因反對蔣介石的戒嚴政策而長年流寓國外，藉講學宣揚儒家哲學。徐復觀則長期在香港的報刊上撰文，除了批評中國共產黨之外，也不時批評國民黨，而支持臺灣的反對派。後來他的言論得罪了國民黨的官僚，而導致《民主評論》於1966年停刊，他自己也離開臺灣，到香港任教。因此，說新儒家在臺灣民主化的過程中缺席，實非公允之論。

自1911年的革命結束了中國的帝制之後，儒家傳統喪失了作為國家意識形態的地位，而中國共產黨又進一步以馬克思主義取代儒家傳統的正統地位。但是中國共產黨在1980年代初期開始進行開放政策之後，大陸的學界與民間對包括儒家在內的中國傳統文化之興趣迅速恢復，而出現所謂「儒學熱」的現象[11]。在臺灣，儘管民進黨於2000年取得政權後，致力於推行「去中國化」的政策，但是臺灣社會依然保存了深厚的中國傳統文化。在這種情況下，我們實在很難想像：在臺灣推行民主化，可以不處理民主政治與中國傳統文化(尤其是儒家傳統)的關係。在這個意義下，「儒家傳統與民主制度如何結合」的問題決不只是心理調適或民族自尊的問題，而是具有重大的現實意義。套用德國學者羅哲海(Heiner Roetz)的說法，這屬於一種「重建的調適詮釋學」(reconstructive hermeneutics of accommodation)[12]。社會學家金耀基也有類似的看法，因為他主張：經過重構的儒學可以與民主制度結合起來，成為「民主的儒家」(democratically Confucian)，但非「儒家民主」(Confucian democracy)——前者是以民主為主導性因素來搭配儒學，後者是以儒學為主導性因素來搭配民主政治[13]。

再就理論效力而言，新儒家反覆強調民主政治與中國傳統文化之間並無本質的矛盾。這對臺灣的政治精英產生了儘管間接的、但卻難以估計的影響。在臺灣民主化的過程中，並未出現以國情不同為理由而從原則上拒絕西方民主制度的聲音(如「亞洲價值論」)。即使實施戒嚴體制的國民黨政府也只是強調當時臺灣的特殊處境(面對中共的嚴重威脅)不宜於立即全面採行民主制度，而未根本拒絕民主制度。對比於伊斯蘭基教派(Islamic fundamentalist)對民主制度的抗拒，臺灣在民主化的過程中並未出現革命或大規模的暴力，而兩次的政權輪替也相對地平順。在這一點上，新儒家的穩健政治立場似乎不無貢獻。新儒家的政治觀點或許不會得到臺灣的自由派與本土派政治精英之認同，但是它對國民黨員或親國民黨的政治精英卻有潛移默化的作用，使他們體認到民主化是臺灣必走的道路，而減緩了他們了對民主化的抗拒。如上文所提到，「大陸新儒家」蔣慶主張以儒家取代馬克思主義，反對中國採行西方的民主制度，因為他認為這形同向西方文化投降。在筆者看來，這種「儒家基教主義」(Confucian fundamentalism)並未出現於臺灣，正可反顯出新儒家對臺灣民主化的無形貢獻。

---

11) 參閱拙作：〈解讀當前中國大陸的儒學熱〉，收入李明輝編：《儒家思想在現代東亞：總論篇》(臺北：中央研究院中國文哲研究所)，頁81-98。亦參閱 Ming - huei Lee, "Das 'Konfuzianismus- Fieber' im heutigen China", in: Ralf Moritz/Ming-huei Lee (Hg.), *Der Konfuzianismus: Ursprünge—Entwicklungen—Perspektiven* (Leipzig: Leipziger Universitätsverlag, 1998), S. 235-248.

12) Heiner Roetz, "The 'Dignity within Oneself': Chinese Tradition and Human Rights", in: Karl-Heinz Pohl (ed.), *Chinese Thought in a Global Context* (Leiden:Brill, 1999), p. 257.

13) Ambrose Y. C. King, "Confucianism, Modernity, and Asian Democracy", in: Ron Bontekoe/Marietta Stepaniants (eds.), *Justice and Democracy: Cross-Cultural Perspectives* (Honolulu: University of Hawaii Press, 1997), pp. 174f.

梁漱溟的生命观、人心进化论和精神之道

王中江 ｜ 北京大学哲学系教授

在现代新儒家对古典儒家精神和价值的复兴过程中，梁漱溟扮演的重要角色，一方面是思考民族的自觉和自救，为此他提出了建设乡村的理论，曾一度在不同地区全身心地投入到了乡村建设之中，还曾穿梭于不同党派和政治势力之间，谋划相互之间的共识和合作；另一方面是思考人生、人类的道德价值和精神之道，为此他出入于儒、释之间，出入于东西文化之间，出入于言论和行动之间，亲证人生的意义和真谛。在这一方面，梁漱溟建立起了自己的思想体系。

梁漱溟建立和亲证的整体上是一种生命主义哲学和精神之道。"生命"、"人心"、"人生"、"生活"、"直觉"、"理性"、"道德"和"出世法"等等，则是其中的一些重要概念。梁漱溟对生命和人心的思考，哪怕是他对心理学之心理的看法，一直都不是放在一个横向的平面上进行的，而是放在纵向的时间长河中来把握。在他那里，生命和心灵是什么，都是从它们如何发生和变迁来认识的，这使得他的生命观和心灵观同进化论具有了密切的联系。这种联系如此重要，如果割断了它，我们就不能把握他对生命和心灵的真正看法。但我们在很大程度上却忽视了这种联系，仿佛在他的生命主义哲学中，进化论似乎可有可无。注重概念抽象分析的金岳霖，批评柏格森的直觉主义，主张把观念如何形成和一种观念是什么区分开，说"观念是怎样演变而成的和它们是什么样的观念是不同的两个问题"。但在注重生活、生命过程的梁漱溟生命主义哲学中，观念是如何形成的和它是什么样的观念，是一个问题的两个方面或两个方面的一个问题。梁漱溟坚持从生命和心灵的进化过程来认识生命、心灵和精神之道。反过来说，生命、心灵和精神之道是什么，对梁漱溟来说，就是生命、心灵和精神之道是如何进化的。

哲学上的进化论，往往都是整体性的宇宙进化论，至少宇宙的进化被看做是其他事物进化的一个大背景。梁漱溟的进化论首先是整体意义上的，人的生命和人心的进化只是其中的一部分，当然这是他认为最为重要的一部分。梁漱溟的宇宙进化论，更准确地说是宇宙生命进化论。梁漱溟的宇宙生命进化论真正关心的是人心的进化。人心是人的生命在同其他生物的分化中进化来的。梁漱溟是如何解释人类生命和心灵的进化呢？对于这一问题，梁漱溟从两方面来回答。一方面是

说，人类生命的进化与其他生物的进化具有共同的地方；另一方面是说，人类的进化不同于其他生物的进化。这种不同就是人类从本能进化出理智，又从理智进化出理性。理智使人类具有了真实的知识和科学，理性使人类具有了崇高的道德价值和精神生活。人类不断的自觉和向上，人生将被艺术化。但人类的终极性进化，是从"世间"走向宗教的"出世间"，是从现象世界走向不生不灭的本体世界。这不是基督教的"千禧年主义"，也不是古代的"大同主义"。

梁漱溟的生命观、人心进化论和精神之道

王中江 ｜ 北京大学哲学系教授

正如梁漱溟自己所概括的那样，他一生的思考和行动主要是围绕着两个问题展开的，一个是中国的社会问题，即如何实现民族的自救和复兴；二是人生问题，即一个人(首先是他自己)如何实现他的有意义的人生。为了解决他的第一个问题，他不仅提出了建设乡村的理论，也曾一度在不同地区全身心地投入到了乡村建设之中，也曾穿梭于不同党派和政治势力之间，谋划相互之间的共识和合作；为了解决他的第二个问题，他出入于儒释之间，出入于东西文化之间，追问、思索和亲证人生的意义和真谛。[1] 在这一方面，梁漱溟建立起了自己的思想体系。他一再指出，他不是学问家，甚至不是学者，他同意别人称他为思想家，但我们更想称他为哲学家。[2]

梁漱溟将他晚年出版的《人心与人生》，看成是自己一生最重要的思想著作。但不能说他这部书中的思想，都是他晚年才形成的。事实上，这部书的一些重要思想是他早期思想不断发展的结果，有的在《东西方文化哲学》中就已提出，有的在20世纪二三十年就开始形成。梁漱溟建立和亲证的整体上是一种生命主义哲学和精神之道，"生命"、"人心"、"人生"、"生活"、"直觉"、"理性"、"出世法"等等，则是其中的一些重要概念。梁漱溟对生命和人心的思考，哪怕是他对心理学之心理的看法，一直都不是在一个横向的平面上进行的，而是放在纵向的时间长河中来把握。在他那里，生命和心灵是什么，都是从它们如何发生和变迁来认识，这使得他的生命观和心灵观同进化论具有了密切的联系。这种联系如此重要，如果割断了它，我们就不能把握他对生命和心灵的真正看法。但我们在很大程度上却忽视了这种联系，仿佛在他的生命主义哲学中，进化论似乎可有可无。注重概念抽象分析的金岳霖，批评柏格森的直觉主义，主张把观念如何形成和一种观

---

1) 《答：美国学者艾恺先生言谈记录摘要》，见《梁漱溟全集》(附录) 第八卷，1148页，济南：山东人民出版社，1989年。

2) 有关梁漱溟生平和思想的整体讨论，请阅艾恺的《最后的儒家——梁漱溟与中国现代化的两难》(王宗昱、冀建中译，189-196页，南京，江苏人民出版社，1993年)、景海峰、黎业明的《梁漱溟评传》(北京，人民出版社，199年)。

念是什么区分开，说"观念是怎样演变而成的和它们是什么样的观念是不同的两个问题"。[3] 但在注重生活、生命过程的梁漱溟生命主义哲学中，观念是如何形成的和它是什么样的观念，是一个问题的两个方面或两个方面的一个问题。梁漱溟坚持从生命和心灵的进化过程来认识生命、心灵和精神之道。反过来说，生命、心灵和精神之道是什么，对梁漱溟来说，就是生命、心灵和精神之道是如何进化的。总之，在梁漱溟的视野里，生命、心灵和精神之道是在进化中展开的，而真正能够代表进化的也是生命、心灵和精神之道。

一、宇宙生命与创造进化

哲学上的进化论，往往都是整体性的宇宙进化论，至少宇宙的进化被看做是其他事物进化的一个大背景。梁漱溟的进化论首先是整体意义上的，人的生命和人心的进化只是其中的一部分，当然这是他认为最为重要的一部分。梁漱溟的宇宙进化论，更准确地说是宇宙生命进化论。不少哲学进化论，都假定宇宙进化是从无生命的物质开始其进化历程的，包括摩尔根的"突创进化论"；与此不同，怀特海相信宇宙整体上是一个有机体。梁漱溟不接受宇宙是一个大机械和宇宙统一于物质的假定，他认为宇宙是一个"大生命"：

> 宇宙是一个大生命。从生物的进化史，一直到人类社会的进化史，一脉下来，都是这个大生命无尽无已的创造。一切生物，自然都是这大生命的表现。[4]

梁漱溟说宇宙是一个大生命，似乎是说宇宙整体上是巨大的生命体，但有时他是把宇宙的创造本性看做生命，这种生命同宇宙万物密切贯通而不可分离。如他在《人心与人生》说：

> 说宇宙大生命者，是说生命通乎宇宙万有而为一体也。[5]

梁漱溟把永恒流转和变化的概念同柏格森的"创造"概念结合起来，相信宇宙大生命是一个不断向上和不断创造的过程。同许多进化论者一样，梁漱溟也认为宇宙创造进化过程，是一个从简单到复杂、从粗到精的过程。说到生命，一般认为它是从无机物演化而来的。一些生物学家一直努力探索有机物和生命是如何从无机物进化而成的。[6] 对梁漱溟来说，宇宙的"进化"一开始就是在

---

3) 参阅金岳霖的《道、自然与人》，149页，北京，三联书店，2005年。
4) 梁漱溟：《朝话》，72页，北京，教育科学出版社，1988年。
5) 梁漱溟：《人心与人生》，51页，上海，学林出版社，1987年。

"生命"层面上展开的，它是不同生物和生命不断向上的创造过程。他说：

> 整个宇宙是逐渐发展起来的。天，地，山，水，各种生物，形形色色慢慢展开，最后才有人类，有我。……宇宙是一大生命，从古到今不断创造，花样翻新造成千奇百样的大世界。这是从生物进化史到人类文化史一直演下来没有停的。[7]

认为宇宙进化是生命不断向上的进取和创造，是人的心灵和理性的不断发展，这是否意味着梁漱溟相信进化的方向性和目的性呢？机械论者认为未来所有的进化和状态都是事先可预知的，甚至是事先被决定了的；目的论者认为进化是朝着一定的固有目的进行的。但在柏格森看来，这两种看法都不正确。他认为进化只有起点而没有终点；进化没有固定的方向，也不可事先预知。[8]在柏格森的影响下，梁漱溟既反对机械论的"决定论"，也反对目的论的"目的说"，认为宇宙进化没有方向，不可预测，也没有终点：

> 本来把宇宙或生命看成一个大目的或是一个机械都不对。所谓宇宙或生命仅仅是一个变化活动，愈变化活动而愈不同。究竟变化活动到怎样为止，完全不知道。我们若用一个不好的名词，就说生命是一个盲目的追求；要用一个好的名词，则生命是无目的的向上奋进。因生命进化到何处为止，不得而知，故说它是无目的的。[9]

这样来看待宇宙的进化，很容易让人觉得它是一个"盲目"的不合理过程。柏格森说不是，它是在它的游移不决中进行自由的创造，并成长和发展。梁漱溟也说不是，它是在不同的可能中因内外不同因素的作用而产生的分化。如动植的分化，人与其他动物的分化，既有它们选择上的偶然性(是否误入歧途)，又表现出它们向上趋势的不同。

二、生物进化与人类有机体

梁漱溟的宇宙生命进化论真正关心的是人心的进化。人心是人的生命在同其他生物的分化中进

---

6) 参阅鲍勒的《进化思想史》，田洺译，403—408页，南昌，江西教育出版社，1999。
7) 梁漱溟：《朝话》，140-141页，北京，教育科学出版社，1988年。
8) 参阅约瑟夫·祈雅理的《二十世纪法国哲学思潮》，吴大泉、陈京璇等译，26-29页，北京，商务印书馆，1987年。
9) 《梁漱溟全集》第七卷，965页，济南：山东人民出版社，1989年。有关《孔家思想史》，根据李渊庭和阎秉华整理后记，根据梁培宽的平实说明，也根据同梁漱溟其他地方思想之间的对照，虽然他说了"全不足凭"，但我们认为还是可以作为梁漱溟思想发展阶段上的资料使用。

化来的。但在梁漱溟那里，"心"还有宇宙本体的意义。他的这一看法，是从物质与精神的关系这一问题引出的。在他看来，心物关系是宇宙的根本问题。如何解决这一问题，有知识之路，也有反知识之路。柏格森是从生物学的知识解决这一问题的，而他走的则是反知识的佛家之路，是直见宇宙本体——"心"。这种"心"与物质相对，它一部分被物质化，而另一部分则同物质保持着争持和不安：

> 此心即心之本义，换言之，即宇宙之本体，即宇宙本体与物质之间有精神。物质本不在心之外，物质就是心 —— 宇宙本体 —— 所化成。心之本体会物质化；已化大半，余剩未化者，即化不了之一缕，有不安之状，有争持之状，就是精神。所谓生命，所谓精神，就是此一缕之争持。[10]

梁漱溟以宇宙为巨大的生命体，又以宇宙本体为"心"，这使得他的生命主义哲学又具有了"心本体论"的特征。以心为宇宙的本体，宇宙的创造进化总体上就可以说是"心"的进化。确实，他认为一切生物都有"心"，其进化都是"心"的进化：

> 应当说：心与生命同义；又不妨说：一切含生莫不有心。[11]

由此来说，"人心"的进化，也只能是"心"的进化的一种表现：

> 人心非他，即从原始生物所萌露之一点生命现象，经过难计其数的年代不断地发展，卒乃有此一伟大展现而已。人类之有人心活动，同于其他生物之有生命表现，虽优劣不等，只是一事。[12]

但梁漱溟真正关注的是人类的生命和人心，因此，心和生命的进化，在梁漱溟那里，根本是指人类生命和人类心灵的进化。这就是为什么梁漱溟把心灵的进化看成是真正意义上的进化，也是我们为什么说梁漱溟的进化论根本上是心灵进化论。具体说来，梁漱溟是如何解释人类生命和心灵的进化呢？

对于这一问题，梁漱溟从两方面来回答。一方面是说，人类生命的进化与其他生物的进化具有共同的地方；另一方面是说，人类的进化不同于其他生物的进化。

对梁漱溟来说，人心也就是人的生命。整体而言，人类生命和人心是生物进化的一部分，也遵循着生物进化的一般途径和方式，因此，人的生命和心灵是在生物有机体的进化中诞生的。人类

---

10) 《梁漱溟全集》 第七卷，990页，济南：山东人民出版社，1989年。
11) 梁漱溟：《人心与人生》，第18页。
12) 梁漱溟：《人心与人生》，第18页。

生命与其他生物进化的共同性之一是生存竞争，这是达尔文提出的生物进化法则。梁漱溟强调，生物进化都有两种基本的冲动，一种是争取生存的冲动，一是繁衍后代的冲动。在这两种冲动的支配下，生物都朝向外部世界以获得生存的条件，并为此而进行竞争。就此而言，梁漱溟接受了达尔文的"生存竞争论"。他说：

> 争执、斗争是事实，是生物界有的，不单是人类如此。生存竞争，不是有"大鱼吃小鱼"这话吗？弱肉强食，所以这个是一个不可否认的事实，生物界处处可以看出来这种彼此之间的斗争啊，残杀啊，你死我活。[13]

梁漱溟认为，生存竞争是生物进化中的自然之理（"物理"），而人类的进化则要超出这个法则的限制，这是人的情理（后面再谈）。

按照梁漱溟的看法，生物进化的另一个共同特征，是生物都有一种不断向上发展和创造的趋势。梁漱溟广义上把生命与生活看成是一回事，说"生"就是活，活就是生。生命是活的相续，活就是向上创造，增加灵活性，克服机械性。一部生物进化史，就是一部生物向上的奋斗史。一般把向上、奋斗和创造，看成是人类特有的精神特征，但梁漱溟认为，整个生物的进化都是向上、奋斗和创造的过程，不限于人类。因为既然生物都有其内在的生命冲动，那么它就要努力实现它。马克思把矛盾和斗争看成是事物变化的动力，柏格森用"生命冲动"解释生物为什么能够进化。梁漱溟早期使用柏格森的生命冲动创造解释生物的进化，晚年他接受了马克思的矛盾和斗争概念之后，就把这两者结合起来解释生物的奋进和创造。但是，其他生物进化到某一阶段都打住了，生物一开始都具有的向上、奋斗和创造冲动，最后却只有高等动物和人类保持了下来，并代表了宇宙生命进化的最高阶段。

以上两方面是梁漱溟对生物进化共同性的说法。他指出达尔文生物进化论对他的最大启发在于，"昭示宇宙间万物一贯发展演进之理，人类生命实由是以出现，且更将发展演进去也。"[14] 而马克思对他的启发则是人类不同于动物的看法。人类不同于动物，在梁漱溟那里是"人禽之辨"问题。在肯定人类生命进化具有生物进化的一般特征基础上，梁漱溟又强调人类进化的独特性，即人类逐渐从其他生物、动物中脱离开并最大限度地发挥自己的创造性冲动。梁漱溟从人类有机体、本能、理智和理性的进化中具体说明了这一点。因此，所谓"人禽之别"，在他那里也就是人类的进化不同其他动物的进化。

人类生命超越其他生物进化的独特性之一是，人体的机构组织和结构逐渐同其他生物拉开距离，人心则随着人类有机体结构的进化而进行。梁漱溟接受了生命进化的一般看法，认为生命是

13）梁漱溟：《这个世界会好吗?》，艾恺采访、一耽学堂整理，第164页。
14）梁漱溟：《人心与人生》，第4页。

从单细胞进化到多细胞，从简单机体进化到复杂机体。人类生命机体就是在这种过程中进化出来的。在这一方面，他主要接受了郭任远和柏格森的看法。郭任远是行为主义心理学的代表性人物，他激烈反对对用本能解释人类的心理，认为心理是行为的结果。人的机体的不再进化阶段同时也是一种人的行为的不同进化，人的有机体进化越来越复杂，人的行为也越来越复杂。根据郭任远的看法，梁漱溟在≪人心与人生≫中说：

> 在进化的途程中，生物的形体构造、生活机能显见是一贯地由简单渐次趋向繁复，再繁复；此皆从多细胞动物次第发展出各种各样之分工而来。分工是分别各有职司，于其同时必有以联合统一之，神经即于此肇端。……有分工即有整合，分工与整合不断地繁复发展即是进化。如前所言神经细胞之出现，即为后此高等动物发达的中枢神经、大脑皮质之萌始，亦即为后此人心有其物质基础之本。[15]

梁漱溟在≪东方文化及其哲学≫出版之后，进一步探讨人心问题，他明显受到了郭任远的≪人类行为≫这部书(特别是≪行为之进化≫这一章)的影响，不过他把"行为进化"替换为"心理进化，把生物体机体构造的进化同心理、意识的进化统一起来，认为心理的进化与生理构造进化相伴随，生理构造越复杂，心理活动也越复杂；分工的专门化，促使生理方面神经的发展，促使大脑的进化。

柏格森把生物分为植物与动物，认为植物与动物各有不同的进化方向。在动物中，他又区分节足动物与脊椎动物。受此影响，梁漱溟也采取二分法，把动物的进化与植物的进化分开。植物是自养生物，它只是在一个固定的地方获得生长的营养；与此不同，动物是异养生物，它在不同地方获得食物。两者早先同出于一源，但由于营生的方法不同而有了不同的趋势。在此基础上，梁漱溟又将动物二分为节肢动物与脊椎动物，前者如蜂和蚁，人则是从后者进化而来的。节肢动物梁漱溟又称之为"非脊椎动物"，这样，人的机体进化又是同非脊椎动物的分化过程："人类是由脊椎动物界趋向于发达头脑卒成就其理智生活之路者。"[16]

三、进化：从本能到理智和理性

伴随着人体结构的进化而发生的人心进化，在梁漱溟那里，整体上是一个从本能到理智和理性的过程：

---

15) 梁漱溟：≪人心与人生≫，第26-27页。
16) 梁漱溟：≪人心与人生≫，第256页。

说人心是总括着人类生命之全部活动能力而说，人的全部活动能力既然从生物演进而得发展出现，且"还在不断发展中，未知弗届"，是则必有其发展史之可言。[17]

"本能"和"理智"是梁漱溟思想中的两个基本概念。心理学家麦独孤(William McDougall)和克鲁泡特金都从动物的共同"本能"解释人的意识，只不过克鲁泡特金强调是动物的互助本能。在《东西方文化及其哲学》中，梁漱溟一方面受麦独孤的影响，用本能来解释人类的意识，另一方面也接受克鲁泡特金"本能"与"理智"的二分，而不接受罗素的本能、理智和灵性的三分。但梁漱溟很快意识到靠"本能说"不能解释人与其他动物的不同。他经过进一步思考，认为罗素的划分更可取，克鲁泡特金的二分法不足以解释人的"情意"方面。这种变化在他20年代至30年代初的几次演讲中，就已明显地表现了出来。[18] 后期的《人心与人生》就是在此基础上而讨论人心的进化的。梁漱溟告别了麦独孤和克鲁泡特金之后，他对人心的理解就不再轻易诉诸于"本能"，而是首先诉诸于"理智"。于是，"本能"的适用范围在梁漱溟那里变得非常狭窄了，它只是生物为了满足生存和繁衍两个基本需要而对内部和外部状态作出的直接反应，它是当下的，也不借助于任何工具。但人类的进化恰恰要从这里走出来，"理智"就是这种进化的第一标志。

在人类进化中，一开始受"本能"的影响也很大，但人类后来的进化越来越不同于其他动物，这就是人类为了维持基本的生存越来越不依赖于"本能"，而是借助于"理智"。梁漱溟认为，其他动物进化到一定程度不再进化，是因为它们都偏向了"本能"。然而人类之所以能够进化，是因为人类解决生存问题而不趋向于本能而趋向了理智。梁漱溟把这看成是动物界进化的两种不同路径：

> 应知动物界在演进上实有本能与理智两大脉路之不同。于虫、鱼所见之计划性，出自天演，虽迹近思深虑远，却非有意识，不过率循本能之路以发展，达于高致耳。另一路归趋在发展理智，即脊椎动物之所循由，必待人类出现而后造于高致，乃有意识而擅长计划。[19]

人类趋向理智的进化之路，同人类机体构造的进化越来越独特分不开。这一点我们上面已经谈到了。只是，梁漱溟还从"身心关系"、从心、脑、身的关系来看待"理智"的进化。梁漱溟在他早期的《人心与人生》讲演中，就提出"身心"问题进行讨论；在后期的《人心与人生》一书，他又分三章专门讨论"身心关系"，这足以看出他对这一问题的重视。从身心进化的关系来说，梁漱溟坚持认为心是随着人的身体的进化而进化的。在这种意义上，他提出了心以身为物质的基础"身先心后说"：

---

17) 梁漱溟：《人心与人生》，第252页。
18) 梁漱溟：《意识与生命》，见《梁漱溟全集》第七卷，1035页，山东人民出版社，1989年。
19) 梁漱溟：《人心与人生》，第38页。

从生物进化史看去，总是心随身而发展，身先而心后，有其身而后有其心。正为生物界各有机体的组织构造千态万变其不同，其生命活动的表现乃从而种种不同。[20]

在解释人的本能与人的理智的分化上，梁漱溟同样强调机体进化与理智进化的相关性。他认为人类心灵从动物的本能趋向理智，这同人的机体从脊椎动物发展出高度复杂的大脑神经系统分不开：

本能、理智之异趣，皆缘生物机体构造及其机能之有异而来。此即是说：凡心之不同皆缘身之不同而来；生命表现之不同，恒因生理解剖学上有其条件之不同在也。但本能活动紧接于生理机能，十分靠近身体；理智活动便不然，较远于身体，只主要关系到大脑而已。[21]

人类作为动物当然具有类似于动物的自然属性，这就是人的本能。达尔文的进化论、麦独孤的本能心理学、弗洛伊德的精神分析，都关注人的本能与人的精神和人的心理意识的关系。梁漱溟为了突出人类理智的重要性，强调人与动物的不同，他就尽量降低人类本能在人类生活中的意义和作用。他一再强调，人类的进化过程是"理智"脱离本能和反本能的过程：

梁漱溟从一些不同的方面和角度区别本能与理智，如本能是通过自己的身体直接地、情感式地、当下的从对象中获得生活的方式，与此相反，理智则是间接地、冷静地、通过未来想像等来解决人类的基本问题；本能是生来就会的一项一项的专门化的能力，并用在特定的方面，而理智则是走普泛之用的方向。人类心灵的进化，明显表现出理智奋进、本能减退的趋势，人类的理智越来越强，适用范围越来越广，人类的本能则越来越弱，适用范围越来越小。梁漱溟喜欢用"动静"特别是局限（"局"、"隔"）和贯通（"通"、"灵"）来揭示理智超越本能的过程。其他生物的本能活动，都是直接的一对一的直接"冲动"和"活动"，但人类的理智则摆脱了这种直接"冲动"，而是冷静、不动声色地面对各种对象：

生命发展至此，人类乃与现存一切物类根本不同。现存物类陷入本能生活中，整个生命沦为两大问题的一种方法手段，一种机械工具，寝失其生命本性，与宇宙大生命不免有隔。而唯人类则上承生物进化以来之形势，而不拘拘于两大问题，得继续发扬生命本性，至今奋进未已，巍然为宇宙大生命之顶峰。[22]

---

20) 梁漱溟：《人心与人生》，第106页。
21) 梁漱溟：《人心与人生》，第43页。
22) 梁漱溟：《人心与人生》，第51页。

从一般意义上说，生物进化都是从"局"向"通"的进化，为什么其他生物都陷入了局隔之中、误入歧途而停滞了进化，只有人类朝着"贯通"而一直进化呢？梁漱溟提出了这一问题并给了一个解释：

> 当其所向之偏也，果谁使之？——谁使其发展之失乎中耶？发展是它自己发展，失中是它自己失中，无可归咎于外。窃以为是必其耽溺于现前方法便利，不自禁地失中耳。质言之，是其所趋重转落在图存传种之两事，而浑忘其更向上之争取也。[23]

按照梁漱溟的解释，生物进化误入歧途、走向一偏，都是生物自身造成的，是生物自甘目前现状的结果。而"人心"的进化，之所以能够一直向贯通处发展，取决于"人心"始终向上和不懈的主动争取。我们需要看看梁漱溟的这种"心灵观"。

在梁漱溟看来，生命进化的主动性来自于"生命本性"自身，没有外在的"推动者"起作用，他甚至认为这是"凭空而来"。他说：

> 生命本性可以说就是莫知其所以然的无止境的向上奋进，不断翻新。[24]

梁漱溟主张一种"奋发有为"的人生观，他认为那些懒惰、松懈的人，都是失去了生命意义的人。人心的奋发有为表现在进化过程中，就是永远"主动地"、"能动地"向上和进取。人心主动地进取和向上进化，事先没有确定的方向和固定的目的，相应地就有了自主选择和自由创造的空间。人类的心灵自由的发展恰恰是在这种非决定、非预测之中创造出来的。梁漱溟说他的生物愈进化就愈自由的看法，同柏格森《时间与自由意志》的说法相似，但他强调他没有采用柏格森的说法，是因为柏格森的自由是形而上学上的，与心理学没有关系。

人心自由进化表现在理智上，在梁漱溟看来，就是人类主动性、灵活性和计划性的进化。但20年代的"人心与人生"讲演，他直接以"人心"的进化而论，认为"心"的进化就是心的操纵和宰制的本领越来越大，即越来越能够使用好的工具和方法来应对环境，并由此而获得自由和闲暇。梁漱溟特别强调心灵复杂的"分工"的作用，认为正是由于心灵的"分工"使人的心灵能够更好地使用工具和方法，使心灵变得越来越自由。如，分工和专门工具的使用，提高了我们应对外部环境的能力和效力，为我们节省出了很多可以自由支配的时间。在这一方面，梁漱溟受到了汤姆生（J. A. Tnomson）《科学大纲》（The Outline of Science）的影响，特别是其中的《心的初现》这一章。但在后期的《人心与人生》中，梁漱溟对人心自由主宰和控制力的说明，往往也同"理智"结合起

---

23) 梁漱溟：《人心与人生》，第54-55页。
24) 梁漱溟：《人心与人生》，第22页。

来去看。这种"理智"意义上的人心，主要是指知识和科学。西方文明就是人类这种理智的最高表现。

虽然这种人心，是人类社会进化的高度产物，但它还不能代表人心进化的最高成果，能够代表人类进化最高成果的是"理性"。[25] 理性与理智有一定的类似性，如理智是超越"局限"的"贯通"，理性也是；理智是宁静的，理性也是。但理性又不同于理智。从进化来说，"理性"是"理智"进一步减损而来的。理智本身是减损，是不断减少本能活动而来，而理性则是进一步减损理智中的直接东西。

> 减之又减而理性即不期而然地从以出现。[26]

但我们不要把理性玄妙化，忘记了理性的进化过程。正是在这种意义上，梁漱溟提出"理想是归于事实"的说法。

从理智和理性的功能说，梁漱溟以"以理性为体，理智为用"。这里的"体用"是"工具"与"美德"的关系：

> 理智者人心之妙用；理性者人心之美德。后者为体，前者为用。[27]
> 盖理智必造乎"无所为"的冷静的地步，而后得尽其用；就从这里不期而开出了无所私的感情——这便是理性。[28]

按照漱溟的说法，理智与理性面对的对象不同，理性关心的是人心的情理，而理智关注的则是事物的物理。关注外界物理的研究，成就的是知识和科学。关心内在的人的"情理"，成就的则是人的道德。在人的情理中，梁漱溟特别强调人的"无私的情感"。如"不自欺好恶"、"正义感"，"利害得失，在所不计"、"廓然大公"等，在梁漱溟那里都属于"无私的情感"。它表现出来，就是人与人之间的互助、互依、互存的情感；它不是社会本能，而是社会和人心高度进化的产物。这些既是理性的作用，又是道德价值。把理性的美德都看成是人类心灵向上不断进化的结果，这是从事实层面为理性美德的提供根据。对这一事实的进一步追问，就走到了梁漱溟的另外立场上，一是人的本性问题，一是造就人性的宇宙生命本性。人的本性对梁漱溟来说，原是人性的自然趋向和倾向，如"通"、"清明"和"自觉"。在此，梁漱溟又回到了孟子的良知和儒家的"独"观念之中。人的

---

25) 有关梁漱溟的"理性"概念，请参阅艾恺的《最后的儒家——梁漱溟与中国现代化的两难》，王宗昱、冀建中译，南京，江苏人民出版社，189-196页。
26) 梁漱溟：《人心与人生》，第256页。
27) 梁漱溟：《人心与人生》，第85页。
28) 梁漱溟：《中国文化要义》，见《梁漱溟全集》第三卷，125页，山东人民出版社，1989年。

自然向善的倾向，在梁漱溟那里又是来自宇宙不断向上的生命本性。在梁漱溟那里，这两者都是事实，即"实然"的存在。两者作为本然的善，它们都是理想，由于两者又都是在进化之中展开的，因此它们又都是"事实"；由于人的理性美德的进化，又总要受到人心其他方面的影响，最大的是隐伏在人身上的本能。[29] 因此，理性又是每一个人都必须不断保持自觉和主动发挥的过程，是不断向上"践形"和体认的过程：

> 行止之间于内有自觉（不糊涂），于外非有所为而为，斯谓道德。说"无所为而为者"，在生命自然地向上之外，在争取自由灵活之外，他所无所为也。体认道德，必当体认"廓然大公"，体认"无私的情感"始得。[30]

有趣的是，在梁漱溟那里，理智与理性的进化，既是中西两种不同文明的进化，又是他个人精神成长的两个不同阶段。

四、进化的极限：从世间法到出世间法

生物进化论主要是探讨生物的起源和如何进化到当前的状况的，它不预测生物未来的进化趋势，但哲学上的宇宙演化论和社会进化论往往乐以预测未来的进化趋势。梁漱溟不关心宇宙未来的进化趋势，但他关心人类将向何处去的问题。不少进化预言者都相信进化是有方向和最高目标的，这就是各种形态的乌托邦想像。梁漱溟设想了未来人类进化的终极性，但他却不把这建立在宇宙进化的固定方向上。正如我们上面讨论到的，他坚持认为宇宙生命的进化没有事先预知的固定的方向和目的。但不能由此就说，梁漱溟的宇宙生命进化是完全"盲目"和随意的。宇宙"进化"虽然没有事先决定的"具体"方向，但总体上它又是自我主导而走向合理性的。在梁漱溟看来，这是来源于"宇宙本性"。一切进化都是"宇宙本性"的展开，人心则是宇宙生命本原的"最大透露"。[31] "宇宙本性"和"宇宙生命"是梁漱溟思想中的两个重要概念。"宇宙本性"说的是宇宙自身包含着根本性的东西，宇宙生命是说宇宙展开是生命的展开。

人心的进化，主要是理智和理性的进化，它们是宇宙本性的表现。以社会形态说，这是社会形态的进化。在此，梁漱溟吸收了社会主义和共产主义的观念，认为人类将从社会主义进入到共产主义。在他看来，共产主义也是道德的最高进化，它本质上是理性的、道德的。按照马克思的社

---

29) 参阅 《人心与人生》，第222页。
30) 梁漱溟：《人心与人生》，第222页。
31) 参梁漱溟的 《人心与人生》，123页，上海学林出版社，1987年。

会发展理想，共产主义是人类的最高形态。但梁漱溟则认为社会理想还有更高的"终极"，这就是宗教的"出世间"，这是人类的归寂、归灭阶段。按照梁漱溟的说法，"出世间"是"世间"的自然发展，也是他的人类文明发展非线性的三个阶段的第三个阶段——意欲向后的宗教，与此相对的是之前的两个阶段：即意欲向前的理智和意欲适中的理性。这是梁漱溟在≪东西方文化及其哲学≫中提出的看法，对此，他坚持始终。人类文明在东西方发展中表现出的三个阶段(也可以说是三种形态)说，[32] 根本上是人类解决生活所遇到的三种问题的方式，这三种问题是人对物的问题、人对人的问题和人对自己的问题。这三个阶段的第二个阶段，在他的思想早期主要是由儒家来代表的，在他的思想后期，他又将之同共产主义的观念结合在一起。他判断说，现代文明是从第一期之末，就要走到第二期了。但这还不是最高的，最高是第三期，这是由印度的宗教所代表的。

为什么要走到这一期，它的内在动力仍然是宇宙生命的无限向上创造。梁漱溟还另外提出了一个理论根据，这个根据是，宇宙所有的事物都是有成有毁，没有永恒不灭的事物，人类也不能逃避于这种命运。按照现代科学，不仅地球、太阳要消失，就是整个宇宙也要死寂，还有什么根据可以说人类这一物种能够永恒生存下去。对人类在宇宙中的这种命运，可能没有什么人会怀疑。庄子从天地看人类，说人类在天地中非常渺小(见≪庄子·秋水≫)；罗素站在无限的宇宙中看人类，说人类在宇宙中微乎其微。人类最终消亡的必然性，可能使希望人类永恒的人感到悲观。但梁漱溟不这样看，他认为人类的"出世间"是主动的，是人类创造的选择：

> 任何事物有生即有灭，有成即有毁，地球且然，太阳系且然，生活于其间的人类自无待言矣。[33]

在人间，梁漱溟认为"宗教"将被美育所代替，人生将被艺术化；但是，人类的终极性进化，又将从世间走向宗教的"出世间"境地。梁漱溟大体上是认为，世间法不需要真宗教，可以用道德和美育来代替。虽然已有的宗教存在于世间已经非常悠久了，也起到一定的作用。梁漱溟说的出世间宗教，除了让我们知道人类趋向寂灭之外，我们对它的来临不能发生任何作用。梁漱溟的这种看法来自于印度宗教，但又改造了它。印度的宗教有很强烈的否定世间的特征，但梁漱溟只让它在出世间起作用，不让它在世间起作用，在世间起作用的是道德，特别是儒家的道德。他认为世间法也是"真法"。佛教有"真法"、"象法"和"末法"，梁漱溟没有这种退化论，他是进化论，反过来就是从末法到象法再到真法，或者每一个阶段都是真法。这不是基督教的"千禧年主义"，也不是古代的"大同主义"：

---

32) 这三个阶段说，也被梁漱溟看成是人生的"三种态度"和他自己人生发展的三个阶段。参阅≪朝话≫，55-57页，教育科学出版社，1988年。

33) 梁漱溟：≪人心与人生≫，第230页。

世间法者，生灭法也；生灭不已，不由自主。争取自由者岂遂止此耶？有世间，即有出世间。宗教之真在出世间。于是从道德之真转进乎宗教之真。……此在古印度人谓之还灭，在佛家谓之成佛。然而菩萨不舍众生，不住涅槃，出世间而不离世间。夫谁得为一往究极之谈耶？然倓一切非吾人之所知，独从其一贯趋向在争取自由灵活，奋进不已，其臻乎自在自如，彻底解放，非复人世间的境界，却若明白可睹。[34]

如果人类向上的创造真的会步入出世间法，这就真可以说是人类的"创造性"毁灭。

34）梁漱溟：《人心与人生》，第257页。

儒家伦理与公民道德教育实验研究的思考

王殿卿 | 北京东方道德研究所名誉所长

众所周知，近代以来西方文化价值对中国文化价值，进行了致命的冲击。先是"自由、平等、博爱"，接着是"科学、民主、人权"，后来是"竞争、革命、战争"，以"迅雷不及掩耳"之势，掩盖或淹没了"仁、义、礼、智、信"等等，所谓"封建礼教"。而历史现实是，"舊禮已废，新禮未立"，导致两三代人文化价值的迷失，徘徊在精神和内心世界的十字路口，不知何去何从。痛定思痛。重建"禮仪之邦"从"娃娃抓起"，成为每一位教师与社会良知的历史责任。其行动路向，就是让儒家伦理再现光辉，让中华文化、中华美德成为学校教育之灵魂。本文结合北京等地区部分中小学，连续进行16年中华美德教育的实践，对于儒家伦理教育的内容及其现代转化，教育模式与教育效果等分别做了介绍：

内容：

《忠》—尽己报国的责任，《孝》—生生不息的爱心，《诚》—求真务实的品质，《信》—立身兴业的基点，《禮》—人际文明的规范，《义》—人间正道的向导，《廉》—清白正气的根基，《耻》—人之为人的底线。

模式：

在教育实践中，逐步形成了以经典文化、节日文化、地域文化为架构的教育模式。经典文化是道德教育的"魂"，节日文化则是"体"而地域文化就是"根"。三者彼此支撑、相互融通，建构起21世纪中国德育新模式，有利于形成学校、家庭、社区的"三维互动"，为学生个体品德内化与道德成长，提供了丰厚的文化产品、良好的文化环境。

儒家伦理与公民道德教育实验研究的思考

王殿卿 | 北京东方道德研究所名誉所长

儒家伦理是儒家思想的核心部分，是中华美德理性之源，它引领一代代中国人，学习与实践作一名堂堂正正的中国人。儒家伦理规范，使人明瞭为人处世的准则，维护社会秩序祥和的路向；儒家伦理教化思想，为个人品德修炼，化民成俗，整个社会文化道德建设，提供了指引。而今，中国人逐步摆脱百年"文化思维定势"，重新挺直自己文化脊梁，开始弘扬中华文化，承接中华美德，建设精神家园的背景之下，研究与运用儒家伦理进行公民道德教育，尤其是通过学校对新一代国民，进行中华美德教育，是一项十分迫切的历史任务。以下结合北京等地区部分中小学，连续进行16年中华美德教育的实践，介绍一些思考、实验与效果，敬请指正。

儒家伦理近代命运与当代需求

众所周知，近代以来西方文化价值对中国文化价值，进行了致命的冲击。先是"自由、平等、博爱"，接着是"科学、民主、人权"，后来是"竞争、革命、战争"，以"迅雷不及掩耳"之势，掩盖或淹没了"仁、义、礼、智、信"等等，所谓"封建礼教"。而历史现实是，"旧礼已废，新礼未立"，导致两三代人文化价值的迷失，徘徊在精神和内心世界的十字路口，不知何去何从。

尤其是"文革"对儒家伦理的批判与破坏，导致而今道德沦丧与社会乱象。破坏易，建设难。爷爷一辈所犯的错误，孙子一代品尝历史的苦果。

温家宝总理，从2008年"三鹿奶粉"事件至今，连续三年强调道德教育与建设的极端重要性。

一个经济大国的背后，应是一个道德大国。

一个国家的道德 —— 文化价值，不能依靠进口。

中国的道德 —— 中华美德，是中国人之所以成为中国人的文化价值观。

重建立"礼仪之邦"，重在新一代的道德教育，帮助他们从精神上富裕起来，让他们体内流淌中华道德血液，是每一位教育工作者、社会良知们的历史责任。其行动路向，就是让儒家伦理再现光辉，让中华文化、中华美德成为学校教育之灵魂。

儒家伦理需要现代转化

16年前，在北京地区开始的中华美德教育实验，经过多方论证，确定以忠、孝、诚、信、礼、义、廉、耻，这"八德"，为教育试验的核心德目。

1999年，组织8位文科博士，编写一套《大众道德》丛书，共分8部，每个德目一部书，其副标题是该德目的一种现代转化，传统与现实的融通。

《忠》—— 尽己报国的责任，《孝》—— 生生不息的爱心，

《诚》—— 求真务实的品质，《信》—— 立身兴业的基点，

《礼》—— 人际文明的规范，《义》—— 人间正道的向导，

《廉》—— 清白正气的根基，《耻》—— 人之为人的底线。

参与教育实验的广大教师，参照这套《大众道德》丛书，在教育实践中，对于每个德目之现代理解与表述，进行了再加工与再丰富，为帮助学生能懂、能悟、能做，拓展了思路。

(1)、"忠"—— 尽己报国的责任

忠，是一种责任意识。人要对自己、家庭要负责任，忠于人生、忠于家庭。对自己从事的工作要负责任，"忠于职守"，尽职尽责，"为人谋，而不忠乎"？对人民、对国家，要忠心耿耿"精忠报国"，"天下兴亡，我的责任"。热爱祖国是一种情感，忠于祖国是一种责任。

责任，是改革开放30年的核心价值。中国农村的"家庭 - 联产承包责任制"，各行各业的"岗位责任制"，各级政府和官员对人民的极端负责任。责任，是从计划经济转向市场经济的主要精神杠杆。责任，决定一切产品的质量和国家的形象。科学技术越是现代化，对人的责任意识要求越高，它关乎社会生活是正常运转，还是立刻全部瘫痪。

新一代国民的责任意识，关系着中国未来经济发展的速度与质量，关系着整个社会发展的稳定、和谐与效率。因此，高度重视责任意识的教育。将"忠"的教育放在首位，就是要突出责任意识教育。用责任理解"忠"，就能够扬弃其过时的"愚忠"，弘扬"忠"的精华。以往对"忠"的偏见，削弱了"责任意识"教育，值得反省。一代新人的"责任意识"淡化，是对国家发展的潜在威胁。

(2)、"孝"—— 生生不息的爱心

爱，"仁者自爱"、"仁者爱人"，爱己、爱人、爱家庭、爱社群、爱国家、爱和平、爱天地。

爱，是社会和谐、世界和平的情感基础。孝乃社会和谐之源，无孝难有天下和谐。

孝道，是血缘亲情之伦理，它具有永恒性，并能延伸到整个社会。

孝乃德之本。孝，是形成其他品德的起点与情感基础。

孝育，是爱的教育，是人性的教育。它不应灌输"愚孝"，成为束缚学生个性发展的精神枷锁。

(3)、"诚"——求真务实的品质

诚，一是真，二是实，它是人的一种内在品质，是人类精神境界的一种追求。

真与假对立，实与虚同在，是人类社会生活中的普遍现象，在市场经济和信息技术大发展的背景下，更加凸显，因为以假乱真，以虚代实，成为见利忘义，图财害命等等非人道行为的主要手段。"315"打假行动、"百城万店无假货"的活动，连年开展，即使治标不治本，也能有很大的成效，成效越大，越说明问题的严重性。我们的学校多年不提"诚"的教育，造成国民"诚意"的淡化，值得反省。

(4)、"信"——立身兴业的基点

人无信不立

家无信不睦

业无信不兴

国无信不宁

这不仅是中华民族固有的道德文明，而且具有普世性。人们若不能"言而有信"，市场经济何以良性运行，社会难有和谐。

有关的管理制度，建立信誉档案等等，都是需要的。最最重要的是"信"的教育，是国民"信"意识的提升。

(5)、"礼"——人际文明的规范

礼，是明人伦、守分寸、显平等，是人际文明的规范。博文约礼，礼是规规矩矩的做人。礼是自敬、敬人，敬是礼的灵魂，敬生礼、礼生和、和为贵。明礼而守法，礼，是法律的前身，法从礼生。

礼是个人、家庭、学校、社区、企业、国家的文明与尊严的象征。"礼之用和为贵"。礼与经济发展水平相关联，"富而好礼"，"仓廪实而知礼义"，建设小康社会，呼唤礼。旧礼已废，新礼未立，必生乱象。"礼崩乐坏"，必须"克己复礼"。行礼，重在"明礼"，要知道"不学礼，无以立"，要做到"非礼勿视，非礼勿听，非礼勿言，非礼勿动"。

重视"礼"的教育和建设是中国人的传统，古今中国，从来没有离开过"礼"。而今，国人对于

"礼"要继承与开新，研究"新习俗"演化"新礼仪"，再现"礼仪之邦"。

(6)、"义"—— 人间正道的向导

义，是"应当"、"合理"、"善"、"美"。"义者，宜也"。

义，是人生观。杀身成仁，舍生取义。富贵不能淫，贫贱不能移，威武不能屈，一身正气，成为国家栋梁之才。

义，是价值观。在义与利面前，重义轻利，以义取利，反对见利忘义。

义，是利他奉献。义举行善，无私奉献。

义，是一种道德境界，高尚人格。人生观、价值观和奉献精神的教育，就是"义"的教育。

(7)、"廉"—— 清白正气的根基

廉，是"吏德"、"仕者之德"，不恶不贪、立身清白为廉洁。"廉"是为官之本。廉洁成风，国泰民安；贪污盛行，民不聊生。廉是"为官之宝"。廉洁之官被尊为"清官"，不廉之吏是"贪官污吏"。

反腐倡廉，在于养廉，"以廉克贪"。养廉，是培养吏德之要、是治吏之举。倡廉对上严，惩贪先治官；"严以治吏，宽以养民"；"正百官以正万民"，"正己匡业"。反腐倡廉，在于惩贪，"依法治贪"。

养廉，是公民教育的一个重要的内容。廉，是公民的一种道德素质，这种道德素质要从小培养。中国有着优良的廉洁教育传统，在一些童蒙读物和家训中，把勤劳俭朴的教育作为廉洁教育的基础。认为，勤劳知节俭，俭朴生清廉。廉以勤为本，勤俭立清廉。北宋贾昌朝诫子孙"清廉为最"；北宋包拯以石碑训子孙"为官清廉"；北宋欧阳修之母教子学父"为官清廉"，成为历史佳话；南宋陆游教子为官要清廉自守，"勿贪求"，"一钱亦分明，一钱不妄取"。这种早期教育，对一代代国人形成勤俭、廉洁的美德，起了直接的作用。可见，倡廉反腐也要"从娃娃抓起"。香港廉政公署从1974年至今，连续20余年坚持给中小学生编写德育教科书，进行以廉洁为中心的道德教育，已经收到举世公认的教育效果。这一经验具有普遍推广的价值。

(8)、"耻"—— 人之为人的底线

耻，是耻辱，"耻，辱也"。

耻、知耻，是人性以及人类文明程度的标志，是人与禽兽的重要区别，"无羞恶之心，非人也"。

耻，是一种道德心理，知耻，是明善恶、知是非、辩美丑的一种道德判断，它既是个体一种品德素质，也是个体形成良好品德素质的一种内在机制和动力。

知耻，才能有所不为。有了羞耻之心，就可以自觉地不去做各种可耻之事。"道之以政，齐之以刑，民免而无耻。道之以德，齐之以礼，有耻且格"。康有为讲过，"人之有所不为，皆赖有耻心"，"风俗之美，在养民知耻"。孟子说，"人不可以无耻"。知耻，可以转化成为一种精神动力。"知耻近乎勇"。"

无耻，就会无所不为。不知人间有羞耻事的人，容易成为无恶不做的无耻之徒。顾炎武在≪日知录·廉耻≫中讲过，"盖不廉则无所不取，不(无)耻则无所不为。人而如此，则祸败乱亡，亦无所不至"。

知耻之心，不是与生俱来的，而是通过教育和培养形成的。培养新一代国民的知耻之心，历来是学校教育的一个重要的内容。要学会做人，必须从知耻开始；社会"风俗之美，在养民知耻"；"耻者，治教之大端"。忽视对新一代国民进行"知耻"的教育，是当代学校教育的一大失误。

以上对"八德"内涵的粗浅解读，可以看到它们之间的内在联系。孝是道德情感基础，耻是道德心理机制，忠是道德责任，义是道德境界，礼是道德行为，诚、信、廉三德，是道德主体的道德品质。八德，在个体品德结构中的地位与价值，构成了每个人的精神家园。

十年之后，2004年在教育实践中，又将"八德"扩展为"十德"，增加了"勤"与"宽"，这两种美德对于当下独生子女一代，尤其重要。

按照学生在不同学段道德成长与发展的需求，对"十德"教育的布局做出了设计：

小学阶段，进行孝(爱心)、礼(明礼)、勤(勤奋)、诚(诚实)、耻(知耻)"五德"教育。体现了贴近生活、易懂易行，知行统一，重在行为习惯的养成。

中学阶段，进行忠(责任)、信(信用)、义(奉献)、宽(宽容)、廉(廉洁)"五德"教育。体现了关注社会、理性思考，强调公民意识，重在道德价值认同和道德境界的培养。

经过12年左右的连续教育，每个学生若能在孝、礼、勤、诚、耻、忠、信、义、宽、廉，这十种美德上面有所修炼与成长，就为他们成为合格的中国人、中国公民以至国之栋梁，奠定了基础。就为整个社会和国家，重建中华民族共同价值和共同信仰，扎下了根基。为中华文化的复兴，乃至中华民族的伟大复兴，铺上了基石。

新一代在中小学阶段，学习修炼这十德，终生受益。

"文以载道"是儒家伦理教育的有效模式

16年来，我们探索了道德教育过程的有效模式。首先是教育载体 — 文以载道，其次是教育环境 — 学校、家庭、社区"三维互动"，再次是个体道德内化 — 读、抄、做、写、评。

文以载道，以"文""化"人，是中国教育的优良传统，也是有效的教化模式。在教育实践中，逐步形成了以经典文化、节日文化、地域文化为架构的教育模式。

▣ 经典文化

经典，主要是儒家经典。本着"因人施教，因教取材"的原则，在经典教育的内容安排上，做了整体设计：小学低年级主要是"童蒙"和≪家训≫，如≪三字经≫(求知成才)、≪弟子规≫(明礼做人)等。小学高年级至初中，适当增选≪论语≫、≪大学≫中有关章句。高中阶段，以选讲"四书"为主。

在教育实验过程中，不同地区和学校，都有因地制宜的设计。2003年，北京市朝阳区编辑≪论语类编100句≫。北京市通州区、天津市河西区，先后编辑≪论语八德≫、≪论语十德≫，以德目为纲，编辑≪论语≫中的相关章句。山东省莱西市编辑了"四书选读"。2009年由国际儒联组编，商务印书馆出版了，拼音插图本≪儿童论语一百句≫，是经过北京地区100余所学校适用两年的基础上形成的，其中插图都是小学生绘画的，表明儿童对≪论语≫章句的理解和接受的程度。

当然，经典文化教育，不只局限于"文本"，还有语言、文字、诗词、歌赋、音乐、舞蹈、书法、绘画、工艺、茶道、武术等等文化教育内容。这些"文化产品"，有着丰富的文化营养，置身其中，必能加快道德成长。

≪论语≫等国学经典，孩子们能懂、能用吗?

经典，出自圣人，源于生活，引领生活。否则，就不是经典。

以下事例，可以作证。

1、小学生过年时，到本楼空巢老人家中，拜年、服务。

　　两位老人，经常替对门的双职工接送孩子上学。

　　这就是：老吾老以及人之老，幼吾幼以及人之幼。"远亲不如近邻"。

2、一小学生，为了不让自家小狗在楼道便溺，每天都抱着小狗下楼，到楼下再放开，然后将狗便处理掉。

　　这就是：己所不欲，勿施于人。

3、小学生们，上下学在楼道里、楼梯上，发现废纸、烟头、杂物，自动捡拾起来，送到垃圾箱里。

　　这就是：勿因善小而不为。积善成德。

4、一个刚学会写字的宝宝，用铅笔在楼道的白墙上画字。　奶奶告诉她这不对，她用小手去擦，奶奶从家里拿来涂料与工具，领着宝宝把墙刷净、刷白。

　　这就是：知过必改。世代相传。

5、两个孤儿，在周围老人照料下，一天天长大，也当上了楼门长，如今，都考上了大学。他们每逢过年都会来给大家拜年，感谢大家的培育之恩。此事例成为教育周围学生的"教材"。

　　这就是：以德报德。三人行必有吾师焉。见贤思齐之，见不贤则内省也。

6、体重100公斤的大妈得急病，身边无人，打120，急救车来了，两名护士要从五楼抬下来，根本不可能。当过楼门长的两个小学生，立即到各家去喊人，结果几位在家的壮年叔叔，及时将大妈抬下楼，送去医院而得救。这就是，见义勇为。

如此学经典，如此贴近生活、融入生活、点点滴滴、潜移默化、知行统一，若能反反复复，长期坚持下去，中国文化基因，就能在新一代的血液中流淌。

联想到前两年的实例：

1、"诚信包子"—— 己所不欲勿施于人。

2、"闯红灯"—— 见贤思齐之

3、"免监考"—— 君子坦荡荡，小人常戚戚。

4、《儿童论语一百句》中的18幅字与画，以及来自数十篇的字与画。

5、日学一语 日行一善 —— 壮观场面。

似乎启示我们，为何？如何？帮助新一代学习经典。

格致诚正修齐治平 —— 人生观

学问思辨行 ———— 求知观

止定静安虑得 ———— 近道观

读抄做写评 ———— 内化观

思齐内省慎独 ———— 修身观

参与中华美德教育实验的学校，已经把诵读童蒙经典纳入了教育计划，并且积累了丰富的实践经验：1 精选内容，2 巧用时间，3 学科渗透，4 文化校园，5 师生互动，6 家长参与，7 社区介入，8 多方评价，9 争取共识 。

◼ 节日文化

节日，主要是中华传统节日，是进行中华美德教育、化民成俗的重要载体。中国传统年节，都是全民的文化活动，在活动之中，学校往往成为与家长、社区"三维互动"的组织者和辐射源。参与本项研究的地区与学校，将过"中国年"、清明、中华母亲节、端午、孔诞教师节、中秋、重阳，等等节日活动与中华美德教育，有意识地结合起来，设计以节日为"体"，以中华美德为"魂"，全年、全过程的德育模式，对于普及儒家伦理、开展道德教化，起到了积极作用。

我们的研究，重点推动"过中国年"、中华母亲节、孔诞教师节，这三个节日。

2001年12月，课题组发出通知：要求所有参与中华美德教育行动的实验学校，2002年春节开展"过中国年"的活动，已经连续坚持了8 年，不仅积累了经验，而且日益规范，形成传统。2010年的新年前夕，首都精神文明办公室，在北京市通州区召开"过中国年"的现场会，将此项教育活动推广至全市中小学。

中华母亲节,正在创建阶段。它以孟母为形象代表,以孟子的诞辰,即孟母成为母亲这一天,农历四月初二,立为中华母亲节。

每年9月29日孔子诞辰这一天,作为中国教师节,正在取得越来越多国人的共识。2005年以来,参与本项研究的部分学校,除了过法定的教师节之外,还在孔诞这一天,再过一个教师节。

这是所有中国人都要过的三个节日,也可以说是全民的三个共同的节日,是承传中华文明,进行孝道与师道教育,普及儒家思想的有效路径。

北京市通州区教育局,编制了≪通州区小学"传承中华美德——过中国节"主题行动方案(试行)≫。对每个节日的教育活动,都提出了具体行动方案。

节日文化,具有独特魅力,它使学生在喜闻乐见的文化活动中,不断体悟节日浓郁的文化气息,耳濡目染、潜移默化,最终使传统节日所蕴含的文化精髓和传统美德,在每学生的身上得到内化与升华。

■ 地域文化

是学校当地历史人文资源,是学生认识中华文化的起点。各地参与此项教育试验的学校,注意开发和利用当地的历史人文资源,编写"校本教材",开展中华美的教育活动,收效显著。仅以北京地区为例:东城区孔庙、国子监"儒家文化",通州区"运河文化"、房山区周口店"猿人文化",云居寺"石经文化",宣武区"天桥文化"与"民国文化",延庆县八达岭"长城文化",门头沟区潭柘寺、戒台寺、妙峰山的"佛教文化"等等。

如果说,经典文化是中华美德教育的"魂",节日文化则是"体"而地域文化就是"根"。这三种文化彼此支撑、相互融通,所建构起来的21世纪中国德育新模式,有利于形成学校、家庭、社区的"三维互动";为学生实现读、抄、做、写、评,个体品德内化与道德成长,提供了丰厚的文化产品、良好的文化环境;为学校和教师实施德育,提供了创新的空间与施展才华的新平台;为建设以弘扬中华文化、承接中华美德、培与民族精神的中国德育,提供了参考。

王夫之对《乾》卦时位的阐释

张学智 ｜ 北京大哲学系教授

　　时位是王夫之乾卦阐释中的重点问题。与其他卦相比，时位在乾卦中有特别的重要性。因为乾六爻皆阳，无有阴阳之感应、承乘、当位等说，唯以爻所处之时位为解说。对"潜龙勿用"，王夫之着眼于事物由幼弱到壮盛再到衰老的进展过程中，幼弱期的潜能养成、力量聚积、待时而动。"潜龙勿用"与《蛊》之"不事王侯，高尚其事"、《遁》之"肥遁，无不利"不同，前者为自身能力之培养，内在力量之积聚壮大，以图后来之兴。后者则不问世事，自得其乐，以保全生命与名节，不复有兴起之图。于"潜龙勿用"，王夫之特别指出的典型事例是周之初兴，自先祖公刘迁豳以至太王，几代人坚韧不拔，立志兴发，部族力量不断增强，奠定了翦灭商朝的基础。"潜龙勿用"是一种精神趋向，一种处世态度，于学于教，于出处，于修德，于事功，于志行，皆可用为指导原则。

　　对"见龙在田"的发挥，侧重于统治者须亲近百姓，与百姓打成一片，不洁身自好，不孤芳自赏，极高明而道中庸之义。百姓所乐见之大人，必是能与百姓同甘苦者，必是躬亲辛劳、先难后获者，必是爱民利物宽仁容众者，这样的统治者才能使百姓蒙其德泽，得其惠施。对九四"或跃在渊"、九五"飞龙在天"、上九"亢龙有悔"的发挥，重在具先见之明而消灾，以善于应对而处灾祸。九四之跃，是龙德处于劝激奋励之时；九五之飞，是处于时运谐和顺通大成之时；上九之亢，是处于物极必反泰尽否来之时。以上发挥，蕴含着王夫之对明代史实的评论。尤其是对孤秦、陋宋的批判。他对孤秦、陋宋的指斥，主要在其罢诸侯、削兵权，自弱其辅，给夷狄盗贼以可乘之机。他所指斥的夷狄、盗贼明是女直、蒙元与陈涉吴广，实是指满清、李闯。

　　对用九"群龙无首，吉"的发挥，着眼于乾卦六爻皆具象数之全，秉至刚之德，各乘时以自强，六爻志同德齐，相与为群，无贵贱等差，故无首，而无首正所以各敏其行，各效其能。这是从万物平等、各极其用、平等待物、尊身信己来解释群龙无首。王夫之据此对老子"不敢为天下先"和王弼"以无为本"思想、佛教、陆王心学皆给予尖锐批判。王夫之要重建中国文化，重张刚健笃实、正大昂扬的学风，故对纤弱、佻巧、阴柔、浮夸诸种学术皆所吐弃。倡导阳刚为首，以刚统柔的精神，用以改变明代后期政治昏暗，君主无为，士大夫明哲保身，缺乏豪杰之自我担当和社会批判精神，阴柔，退让，以"酒色财气不碍菩提路"相号召，上下相蒙，萎靡畏葸的局面。

王夫之对《乾》卦时位的阐释

张学智 | 北京大哲学系教授

（一）

时位是王夫之乾卦阐释中的重点问题。与其他卦相比，时位在乾卦中有特别的重要性。因为乾六爻皆阳，无有阴阳之感应、承乘、当位等说，唯以爻所处之时位为解说。时者爻之先后，位者爻之上下，时位实亦同一事物之两面。王夫之对于时位的基本态度是，君子安其时位，处于先时，不以为得先机而欲处天下之先，处于后时，不以为失先机而自甘为后。无论何时位，皆尽道其中而听凭天命之运。这一基本态度是前后一贯的。《内传》中对"六爻发挥，旁通情也"一段的解说很好地表明了他这一态度：

> 《乾》之为德，既太始而美利天下，而六爻之动，自潜而亢，有所利，有所悔，或仅得无咎，发挥不一者何也？自卦而言，一于大正；自爻而言，居其时，履其位，动非全体，而各有其情，故旁通之。要其随变化而异用者，皆以阳刚纯粹之德，历常变之必有，而以时进其德业，则乘龙御天，初无定理，唯不失其为龙，而道皆得矣。圣人用之，则云行雨施，而以"易知"知天下之至险，险者无不可使平。君子学之，则务成乎刚健之德，以下学，以上达，以出以处，以动以静，以言以行，无日无时不可见之于行，则六爻旁通，虽历咎悔而龙德不爽，唯自强之道，万行之统宗，而功能之所自集也。[1]

"六爻发挥，旁通情也"是说，乾卦的意义，由龙的不同德行来彰显，而龙的德行，靠六爻所代表的各种处境来表现。乾之德，在刚健中正，精纯粹美，而乾之德靠六爻之或潜或见，或跃或飞来表现。卦为一，爻为多，自卦言则刚健纯粹，自爻言则不同之时位有不同之情状。故必会通六

---

[1] 《船山全书》 第一册，长沙：岳麓书社1996年，第70页。

爻而观一卦，会通潜、见、跃、飞而观龙德。乾之刚健纯粹之德必须在变化异用上显出来。乾之德是不变的，变的是时位中的表现。圣人掌握天道，故以易御险，以一御万；常人则体悟天道，效法天道，使刚健纯粹之德表现于自己的出处、动静、言行上。能效法天道龙德，则不管穷通得丧，一以自强之道作为行为之统宗，则必有好的结果出现。在王夫之看来，这应是修习、体证乾之卦德得到的最大教益。

王夫之在对乾的总的观照下的具体措置及其意义有深刻说明，这些说明紧扣他对历史经验的总结和现实处境的感悟，他说：

> 初者，时之"潜"也；二者，时之"见"也；三者，时之"惕"也；四者，时之"跃"也；五者，时之"飞"也；上者，时之"亢"也。一代之运，有建、有成、有守；一王之德，有遵养、有燮伐、有耆定；一德之修，有适道、有立、有权。推而大之，天地之数，有子半、有午中、有向晦；近而取之，夫人之身，有方刚，有既壮，有已衰：皆乾之六位也。故≪象≫曰"君子以自强不息"，勉以乘时也。[2]

在王夫之眼里，乾卦龙德六位具有典型的象征意义，它代表了事物由幼弱到壮盛再到衰老的过程。就一个朝代说，有建立、有成长、有守成；就一个帝王的德政说，有韬光养晦，有征伐战阵，有安定发展。就一个清修之士的德行之养成说，有求道、有树立、有权变。再推广开来，天有夜半、午中、黄昏；人有少艾、壮盛、衰老。事物虽有不同的发展阶段，各阶段有不同的特点，但都是一个总体的部分，都受总体性质的管辖制约，所以最重要的是在各个阶段皆保持总体的性质，将之贯彻始终。所以≪乾·象≫所说的"君子自强不息"，是要勉励人始终秉持刚健之德，见几而作，乘时而动，以与天道中万物的运行节奏契合。

以上不过是一般的原理，王夫之想阐明的是，在事物由幼弱到壮盛再到衰老的进展过程中，幼弱期的潜能养成、力量聚积、待时而动是最重要的，它与置身世外的隐居完全不同。就易卦来说，≪乾≫之"潜龙勿用"与≪蛊≫之"不事王侯，高尚其事"、≪遁≫之"肥遁，无不利"是完全不同的。前者为自身能力之培养，内在力量之积聚壮大，以图后来之兴。后者则远离主流社会，不问世事，自得其乐，以保全生命与名节，不复有兴起之图。于"潜龙勿用"，王夫之特别指出的典型事例是周之初兴，自先祖公刘迁豳以至太王，几代人坚韧不拔，立志兴发，开垦耕地，畜养牛马，避戎狄侵扰，卜居岐山之下，部族力量不断增强，奠定了翦灭商朝的基础。周武王继文王之遗烈，终成灭商之功。而武王自立至伐纣，十有二年，此十二年中，制礼作乐，敷教立治，内修政刑，外结诸戎，兼并小国，强大其本。无日不积聚力量，为克商作准备。这就是王夫之所说的："十三年[3]之侯服，武之潜也。而不特此。礼所自制，乐所自作，治所自敷，教所自立，未有

---

[2] ≪船山全书≫第一册，第827页。
[3] 王夫之此处谓"十三年之侯服，武王之潜也。"但≪吕氏春秋·首时≫："武王事之，夙夜不懈，亦不忘玉门之辱。立十二年，而成甲子(按即伐纣)之事。"≪史记·周本纪≫亦谓："十一年十二月戊午，师毕渡盟津，诸侯咸会。…

事而基命于宥密，终日有其潜焉。有其'潜'，所以效其'见'也。"[4]

与此相反，王夫之举秦国的例子，谓秦自穆公、康公以来，汲汲于富强之图，东服强晋，西霸戎夷，广益国土，遂为春秋五霸之一。特别献公、孝公以来，四出用兵，时周室衰微，诸侯各以力相争。秦国僻在西部一隅，不与中原各国会盟，被视为夷狄。此时秦国力强盛，亟欲改变厉公、躁公、简公、出子时内乱频仍，不遑外事，对中原影响力不大的局面。于是布惠于各国，招贤纳士，欲复秦穆公之霸业。秦孝公用商鞅，变法修刑，奖励耕战，开阡陌，立郡县，徙都城，并乡聚，国力迅速强大，自惠文王、武王、昭襄王、庄襄王至秦始皇，连年攻伐，终灭六国。秦统一天下之功过，史家多有评论，此处不论。这里要说的是，王夫之出于其尊王贱霸，以中原文化为正，视秦为夷狄，进华夏、屏夷狄等观念，斥秦为"孤秦"，即残暴之孤家寡人，因此对秦国之政治、文化一直持贬斥态度。这在《读通鉴论》、《宋论》、《春秋家说》、《春秋世论》、《黄书》等著作中都有鲜明表露。在《外传》中，王夫之在阐发乾卦龙德时位时，也对秦国之政大力抨击，认为与周之修德政、兴礼乐，聚积力量，"潜"而后"见"的路向完全不同。就时位说，秦以养德深息待时而动之位为穷兵黩武极高行险之事，可谓错识机宜。所以他斥责秦政说："若秦之王也，穆、康以来，献、武以降，汲汲于用，以速其飞，而早已自处于'亢'。当其'潜'而不能以潜养之，则非龙德矣。非龙德而尸其位，岂有幸哉！故初之'勿用'，天所以敦其化，人所以深其息。故曰'君子以成德为行，日可见之行'，此之谓也。"[5]

在晚年的《内传》中，王夫之对"潜龙勿用"，虽基本精神仍延续了《内传》，但所论更加广泛，更加切实，更加注重韬晦养德之义：

　　既已为龙，才盛德成，无不可用，而用必待时以养其德。其于学也，则博学不教，内而不出；其于教也，则中道而立，引而不发；其于治也，则恭默思道，反身修德；其于出处也，则处畎亩之中，乐尧舜之道；其于事功也，则遵养时晦，行法俟命；其于志行也，则崇朴尚质，宁俭勿奢。《易》冒天下之道，唯占者因事而利用之，则即占即学。唯夫富贵利达，私意私欲之所为，初非潜龙，其干求闻达，不可谓之用，非《易》所屑告者。[6]

"潜龙勿用"是一种精神趋向，一种处世态度，于学于教，于出处，于修德，于事功，于志行，皆可用为指导原则，而求富贵利达者，则汲汲于用，非此原理所屑告。这是王夫之信从张载"《易》为君子谋，不为小人谋"，从而创"占与学并详，而尤以学为重"[7]之说之深意。

　　二月甲子昧爽，武王朝至于商郊牧野，乃誓。"亦立后十二年克纣。本文从后者。
4)《船山全书》第一册，第827页。
5)《船山全书》第一册，第828页。
6)《船山全书》第一册，第46页。
7) 见《周易内传发例》五，《船山全书》第一册，第655页。

（二）

　　王夫之对≪乾≫九二"见龙在田"的发挥，则侧重于统治者须亲近百姓，与百姓打成一片，不洁身自好，不孤芳自赏，极高明而道中庸之义，他就此意说：

　　　　天以不远物为化，圣人以不远物为德，故天仁爱而圣人忠恕。未有其德，不能无歉于物；有其德者，无所复歉于己。初之为潜，龙德成矣。龙德成而有绝类于愚贱之忧，则大而化者二之功，迩而察者将无为二之所不用也？虽然，彼龙者岂离田以自伐其善哉！故曰"见龙在田"。[8]

　　意谓天之大德敦化，乃即物而化，非离物而化。圣人效法大德敦化，故能"大而化之"。大而化之者，包容万物，融会无间，不着痕迹，自然为一。故不远离万物。大德敦化，即生生之仁；大而化之，即忠恕之德。就龙德说，初主潜，二主见。潜而不见，则伤孤另，见而不潜，则乏内功。潜而后见，为内德饱满之后必有之事。但潜后之见，为不离大众，不绝愚贱同类之见，合于≪中庸≫"舜好问而好察迩言"之旨，非汲汲于见之见，自伐其善之见。
　　王夫之继续申论：

　　　　王道始于耕桑，君子慎于袺襭。尸愚贱之劳，文王所以服康田也。修愚贱之节，卫武所以勤洒扫也。故天下蒙其德施，言行详其辨聚，坦然宽以容物，温然仁以聚众，非君德，谁能当此哉！位正中而体居下，龙于其时，有此德矣。然则驰情于玄悦，傲物以高明者，天下岂"利见"有此"大人"乎？[9]

　　此段是对"利见大人"一语的发挥，其中用典甚多。"慎于袺襭"，"袺"出≪诗经·周南·芣苢≫："采采芣苢，薄言袺之。"谓采车前草时提起衣襟盛之。"襭"见≪左传≫，指衣襟交叠处。"慎于袺襭"指勤于劳作。"文王服康田"出≪尚书·无逸≫："文王卑服，即康功田功。"指文王做修路稼穑等卑下之事。[10]"卫武勤洒扫"指≪诗经·大雅·抑≫："夙兴夜寐，洒扫廷内，维民之章。"谓早起晚睡，洒扫院落，以此作百姓的表率。此诗≪毛序≫以为卫武公刺周厉王，亦以自警之诗。王夫之从之，故有"修愚贱之节，卫武公所以勤洒扫"之语。"言行详其辨聚"数语，出≪乾·文言≫"君子学以聚之，问以辨之，宽以居之，仁以行之。"王夫之此段话主旨甚为明显，百姓所乐见之

---

8)　≪船山全书≫　第一册，第828页。
9)　≪船山全书≫　第一册，第828页。
10)　此处的解释从章太炎，见周秉钧注译之≪尚书≫，岳麓书社2001年，第185页。

大人，必是能与百姓同甘苦者，必是躬亲辛劳、先难后获者，必是爱民利物宽仁容众者，这样的统治者才能使百姓蒙其德泽，得其惠施。他反对的是自以为高明，傲然远离百姓者。"位正中而体居下"，既说《乾》九二之时位，又说他心目中的理想统治者：有中正之德，体恤下情，身先士卒，与百姓打成一片。

王夫之对九四"或跃在渊"、九五"飞龙在天"、上九"亢龙有悔"的发挥，唯在具先见之明而消灾，以善营而处灾祸。王夫之说：

> 九四之跃，时劝之也；九五之飞，时叶之也；上九之亢，时穷之也。若其德之为龙，则均也。夫《乾》尽于四月而《姤》起焉，造化者岂以阳之健行而怙其终哉?时之穷，穷则灾矣。然而先天而勿违，则有以消其穷；后天而奉时者，则有以善其灾。故曰"择祸莫若轻"。知择祸者，悔而不失其正之谓也。[11]

这是说九四之跃，是龙德处于劝激奋励之时；九五之飞，是处于时运谐和顺通大成之时；上九之亢，是处于物极必反泰尽否来之时。皆事物发展之中时位应有之事。比如《乾》代表阳气最为充盈，时当四月，之后则代表阳气开始销铄之《姤》继起，时当五月。造化既有满盈，就有亏缺，理之必然，势之必至。造化如此，龙德亦然。既然是应有的、固然的，它们在价值上就是均等的，并非跃、飞为善，亢穷为恶。认识到这一点，于亢穷之灾未至时，预为之备，使不达于极亢；于灾难已至时，善为营对而减消其祸患。祸患既不可免，则择其轻者。此即处凶危之正道。凶危不可免，虽圣人亦然。但圣人善处凶危，故灾祸可销减。王夫之举例说明。尧之子丹朱、舜之子商均皆不肖，可谓尧舜之穷厄。夏桀、商纣之失国，对于创立夏、商的禹、汤来说，可谓穷厄。但尧、舜知其穷，先将王位传于贤而消其厄。禹、汤亲亲而尚贤，奖励忠诚质直，以此消其祸。汤、武革命对夏、商来说是穷厄，但对天下后世是福音。因为汤、武之后立国为殷、周，殷、周为华夏文化之正宗，避免了华夏丧亡于夷狄、盗贼之手。就这一点说，夏的开国者禹和商的开国者汤可谓善处灾厄者，因为他们把天下交给了继起的殷、周。

王夫之继续申论：

> 三代以下，忌穷而悔，所以处亢者失其正也。而莫灾于秦、宋之季。秦祚短于再传，宋宝沦于非类。彼盖詹詹然日丧亡之为忧，而罢诸侯，削兵柄，自弱其辅，以延夷狄盗贼而使乘吾之短垣。逮其末也，欲悔而不得，则抑可谓大哀也已。呜呼！龙德成矣，而不能不亢，亢而不能不灾。君子于《乾》之终知《姤》之始，亦勿俾嬴豕之蹢躅交于中国哉![12]

---

11) 《船山全书》 第一册，第828-829页。
12) 《船山全书》 第一册，第829页。

"嬴豕之蹢躅"，出《易·姤》初六："系于金柅，贞吉。有所往，见凶。嬴豕孚蹢躅。"王夫之《内传》注谓母猪发情淫走不止。[13] 《外传》则贬称夷狄、盗贼之铁蹄践踏中国。王夫之这一段话是对孤秦、陋宋之痛斥，更针对明代亡国而发。他心目中的理想是三代之治，三代以下，皆忌讳穷厄，但处亢高之道有误，故皆招致恶劣之结果。其中以秦、南北宋末叶之教训最为惨烈沉痛。秦二世而亡，南北宋为后金、元外族所灭。此中之原因，主要在秦罢诸侯、立郡县，宋削夺武人兵权，隳武备。王夫之鉴于满清入关和李自成纵横中原之史实，认为诸侯本王室之藩屏，亦是各地抵抗入侵之堡垒，罢诸侯则自撤藩屏，致外敌入侵时，无垒可守，无屏障可御敌，敌骑如入无人之境，长驱直入，迅速占领中国。照王夫之的说法，郡县制于君，弊大于利；封建制于君，利大于弊；以天下计，两相比较，则郡县优于封建。[14] 而为君计，则封建有藩屏国君之利。虽郡县行二千年，其制度已习为常则；但封建不可全毁，尤其在抵御外敌入侵时有重要作用。而秦罢封建，则自毁其藩篱。至于对宋代优待文人，尚文抑武之功过，王夫之在《宋论》对宋太祖的评论中多处涉及，其中《太祖誓不杀士大夫》一节最为恺切：

> 自太祖勒不杀士大夫之誓以诏子孙，终宋之世，文臣无欧刀之辟。……夫太祖，亦犹是武人之雄也。其为之赞理者，非有伊、傅之志学，睥睨士气之淫邪而不生傲慢，庶几乎天之贮空宵以翔鸢，渊之涵止水以游鱼者矣。可不谓天启其聪，与道合揆者乎！而宋之士大夫高过于汉、唐者，且倍蓰而无算，诚有以致之也。以吏道名法虔矫天下士，而求快匹夫婞婞之情，恶足以测有德者之藏哉！[15]

认为宋太祖之宽待士夫，是宋代士夫高过汉唐，宋代文教大过前代的根本原因。并赞宋太祖为有德之君。但对宋亡之因，则归于宋惩唐藩镇割据之弊而撤河北布防之重兵。在《宋以河北无重兵而亡》一节中，王夫之说：

> 呜呼！宋之所以裂天维、倾地纪、乱人群、贻无穷之祸者，此而已矣：其得天下也不正，而厚疑攘臂之仍；其制天下也无权，而深怀尾大之忌。前之以赵普之佞，逢其君猜妒之私；继之以毕士安之庸，徇愚氓姑息之逸。于是关南、河北数千里阒其无人。迨及勍敌介马而驰，乃驱南方不教之兵，震惊海内，而与相枝距。未战而耳目先迷于向往，一溃而奔保其乡曲。……向令宋当削平僭伪之日，宿重兵于河北，择人以任之，君释其嫌猜，众宽其指摘，临三关以扼契丹；即不能席卷燕、云，而契丹已亡，女直不能内蹂，亦何至弃中州为完颜归死之穴，而招蒙古以临淮、泗哉！[16]

---

13) 见《船山全书》第一册，第363页。
14) 此说法见《读通鉴论》卷一《变封建为郡县》，《船山全书》第十册，第67-68页。
15) 《船山全书》第十一册，第24-26页。
16) 《船山全书》第十一册，第337页。

王夫之之所以对宋之亡有如此沉痛之论，关键在于他认为汉、唐之亡是亡于同一种族之手，而北宋南宋之亡，皆亡于异族，前者亡是亡国，是同族人之间的政权转移，后者则是亡天下、亡文化，是"举黄帝、尧舜以来道法相传、人禽纪别之天下而亡之也"。[17) 王夫之认为满清入关，明朝宗社墟堕也是亡天下，故在对≪乾≫卦的阐发中多有影射明事者。他对汤武革命的肯定主要是肯定通过同种族间的政权转移而避免了中国落入异族非类之手。他对孤秦、陋宋的指斥，也主要着眼于其罢诸侯、削兵权，自弱其辅，给夷狄盗贼以可乘之机。他所指斥的夷狄、盗贼明是女直、蒙元与陈涉吴广，实是指满清、李闯。而他所论备御之策，亦是认识物极必反之理，知≪乾≫之终即≪姤≫之始，早为之备，以避免亢龙之悔。这都是在借古讽今，总结历史经验，探索明亡之由，为中国文化的兴复准备思想上理论上的条件。

（三）

　　对"用九"，王夫之也有发挥。他的发挥，≪内传≫≪外传≫一致，集中在群龙无首何以为吉，及对王弼以无为本的批判上。关于"用九"，朱熹解释为，凡筮得阳爻者，皆用老阳九而不用少阳七，此为通例。六十四卦共三百八十四爻，其中阳爻一百九十二，皆用九而不用七。因乾卦皆阳，又居六十四卦之首，故于此处特为点出。王夫之则解释为乾卦六爻皆九，至上九阳已极矣，阳为动，动则见用于事。故名"用九"。对爻辞"见群龙无首，吉"，朱熹解为，若筮得六爻皆阳，则因阳极而皆变为阴爻。六阳皆变，刚而能柔，吉之道也。故为群龙无首之象，并引≪春秋左氏传≫中蔡墨论龙："乾之坤曰：'见群龙无首，吉。'"一句为证，以为"乾之坤"即≪乾≫卦六爻皆变而为≪坤≫。[18) 王夫之不同意此说，认为群龙无首吉是因为≪乾≫卦六爻皆具象数之全，秉至刚之德，各乘时以自强。二、五虽然居中为尊位，但六爻志同德齐，相与为群，无贵贱等差，故无首。而无首正所以各敏其行，各效其能，非有一强者领袖群伦，以一统万。此意在≪内传≫解释小≪象≫："用九，天德不可为首"时表达得最为清楚：

　　　天无自体，尽出其用以行四时、生百物，无体不用，无用非其体。六爻皆老阳，极乎九而用之，非天德其能如此哉！天之德，无大不届，无小不察，周流六虚，肇造万有，皆其神化，未尝以一时一物为首而余为从。以朔旦、冬至为首者，人所据以起算也。以春为首者，就草木之始见端而言也。生杀互用而无端，晦明相循而无间，普物无心，运动而不息，何首之有？天无首，人不可据一

---

17) 见 ≪船山全书≫ 第十一册，第335页。
18) 后人解用九用六多有与朱熹此说不同者。代表性的解释如尚秉和：≪用九用六解≫，见≪周易尚氏学≫附录，九州出版社2005年，第439-443页。

端以为之首。见此而知其不可，则自强不息，终始一贯，故足以承天之吉。[19]

　　这是从万物平等、各极其用为天之德来解释群龙无首何以为吉，并指出，这样解释的好处是，利于人破除持一物为万物之首之观念，平等待物，尊身信己，不恃在外之主宰，唯有努力自强。这个解释，是对早年即表现于≪外传≫中的"群龙皆有首出之能，而无专一之主，故曰：'天德不可为首'，明非一策一爻之制命以相役也"思想的发挥。

　　王夫之以上六爻皆刚，尊身信己，对老子"不敢为天下先"和据老子而有的王弼"以无为本"思想进以了尖锐批判。在≪外传≫中王夫之即指出：

　　　　自老氏之学以居錞处后玩物变而乘其衰，言≪易≫者惑焉，乃曰"阳刚不可为物先"。夫雷出而花荣，气升而灰动，神龙不为首而谁为首乎？德不先刚，则去欲不净；治不先刚，则远佞不速。妇乘夫，臣干君，夷凌夏，皆阳退听以让阴柔之害也，况足以语天德乎！[20]

≪内传≫中其批判锋芒更扩大至佛教与陆王心学：

　　　　"无首"者，无所不用其极之谓也。为潜，为见，为跃，为飞，为亢，因其时而乘之耳。……邪说诐行，皆有首而违天则者也。如近世陆、王之学，窃释氏立宗之旨，单提一义，秘相授受，终流为无忌惮之小人，而凶随之，其炯鉴已。王弼附老氏"不敢为天下先"之说，谓"无首"为藏头缩项之术，则是孤龙而丧其元也。[21]

　　此中说陆王之学单提一义，指心学特别是明代心学讲学喜标宗旨，往往以二三字概括其讲学内容。如王阳明之"良知"，邹守益之"戒惧"，聂双江之"归寂"，刘宗周之"诚意"之类。此种风格，黄宗羲甚为表彰，并许为明儒讲学特出之处："大凡学有宗旨，是其人之得力处，亦是学者之入门处。天下之义理无穷，苟非定以一二字，处何约之使其在我？故讲学而无宗旨，即有嘉言，是无头绪之乱丝也。"[22] 而王夫之不喜陆王之学，更不喜明儒惯用之语录之学，故对"单提一义"大相挞伐。但明儒是否"单提一义，秘相授受"，而单提一义是否"流为无忌惮小人"之根本原因，是有疑问的。这个问题很大，牵涉极广，此处不辩。这里要说的是，王夫之要重建中国文化，重张刚健笃实、正大昂扬的学风，故对纤弱、讨巧、阴柔、浮夸诸风格的学术，皆吐弃不顾。他要总结

---

19)　≪船山全书≫ 第一册，第58页。
20)　≪船山全书≫ 第一册，第830页。
21)　≪船山全书≫ 第一册，第50页。
22)　≪明儒学案发凡≫，见中华书局1985年，第17页。

明亡之教训，故对士大夫之明哲保身，洁身自好，缺乏豪杰之自我担当和社会批判精神，皆归之为阴柔，退让，认为受了老子"不敢为天下先"和王弼"以刚健而居人之首，则物之所不与也"[23]之毒害，遂有"阳刚不可为物先"的思想。甚至中国历史上妇乘夫、臣干君、夷凌夏局面的出现，皆由于阴无有阳之抑制而坐大遂以蔑阳而乘之，皆刚健退守、阴柔用事招致的恶果。故须确立阳刚为首，以刚统柔之精神，改变明代后期政治昏暗，君主无为，小人当道，士大夫私欲泛滥，以"酒色财气不碍菩提路"相号召，以藏头缩项明哲保身为处世之术，上下相蒙、萎靡畏葸的局面。对九三爻辞"君子终日乾乾，夕惕若，厉无咎"的阐发，意亦在此。王夫之曾说过，就乾六爻之时位言，初至三主要说内修之功，四至上主要说此内修之功所发生的效果。[24]另三四为人位，三尤说人事，故专言君子之道。君子此时此位，应何所修？《外传》于此言之甚详：

> 夫离"田"而上即"天"也，离"天"而下即"田"也。出乎田，未入乎天，此何位乎？抑何时乎？析之不容毫发，而充之则肆其弥亘。保合之为太和，不保不合则间气乘，而有余、不足起矣。乘而下退，息于田而为不足；乘而上进，与于天而为有余。不足则不可与几，有余则不可与存义。勉其不足之谓文，裁其有余之为节。节文著而礼乐行，礼乐行而中和之极建。是故几者所必及也，义者所必制也。人为之必尽，一间未达而功较密也。天化之无方，出位以思而反失其素也。舍愚不肖之偷，而绝贤知之妄，日夕焉于斯，择之执之，恶容不"乾乾"、"惕若"哉！[25]

这里王夫之把九三爻辞和《文言》"忠信，所以尽德也；修辞立其诚，所以居业也。知至至之，可与几也；知终终之，可与存义也"联系起来加以解说，而紧扣"中"之义。意思是，九三处"见龙在田"之上、"飞龙在天"之下，不上不下，可上可下，下则不足，上则有余，可谓有余、不足之抉择关头。不足就不能应和稍纵即逝之事几，有余则过头而不能吻合事理之义。欲达无过、不及之中道，则唯有修为。修为最主要有二个方面，一是以文采补其不足，一是以节制裁其有余。文采与节制彬彬之时，就是礼乐充盈之时，礼乐充盈才能达于中和之标准。达于中和则事几必能应，理义必能合。只有舍去偷惰之不足与浮智之过头，不懈用功，不断提高，心怀敬畏，经常反省，日臻于完善精密，才能达成此目标。此即"乾乾"、"惕若"之实功。王夫之此处强调的是君子之实修，而修为之重点，在培植礼乐以驯至中和。故王夫之说《易》虽不直言"中"而从其论说之中可绎出"中"。[26]

但王夫之在强调了内功修为之重要后，又特别申明，修为在己，修为之结果显现为何种状态，

23）见李学勤主编十三经注疏《周义正义》，北京大学出版社1999年，第7页。
24）见《周易内传》乾九四之文言。《船山全书》第一册，第63页。
25）《船山全书》第一册，第831页。
26）见《船山全书》第一册，第831页。

则往往非人力所能把握。故君子当致力于在我者，非我者则照之以天，也即尽人事而听天命。王夫之说：

> 夫九三者功用之终，过此则行乎其位矣。功用者我之所可知，而位者我之所不可知也。功用者太和必至之德，位者太和必至之化也。德者人，化者天。人者我之所能，天者我之所不能也。君子亦日夕于所知能，而兢兢焉有余、不足之为忧，安能役心之察察，强数之冥冥者哉！此九三之德，以固执其中，尽人而俟天也。[27]

这一段话可看作王夫之对当时政治大势的看法和他应对此种大势的根本策略。王夫之24岁中举，赴北京参加会试途中为战事所阻，返回家乡。次年拒绝张献忠部"招贤纳士"之请，避兵四方。27岁开始读《易》，28岁上书湖北巡抚章旷，提出调和南北督军和联合农民军抗清的主张，章旷不能用。29岁清军占领衡阳后全家逃难，二哥、叔父、父亲相继死于道路。30岁与夏汝弼，管嗣裘等在南岳举兵抗清，战败军溃，奔肇庆投南明永历政权，被荐为翰林院庶吉士，以父丧辞谢。32岁到梧州，被永历政权任为行人司行人。后因弹劾权臣王化澄，被迫逃往桂林，又由桂林返回湖南。36岁，在躲避战乱之流离生活中开始为从游学生讲《周易》、《春秋》，并开始写作《周易外传》。写成时间大概在此后的二年中。[28] 从王夫之的经历可知，他是在甲申明亡后的十几年中，参加抗清斗争，失败后四处流离，并目睹清兵占领了差不多整个中国，不断播迁的南明政权在残山胜水间仍互相倾轧、争权夺利，中国兴复无望的情势下才彻底死心避世著书的。而《周易外传》正完成于此时，他把一腔怨愤都写入此书中。同时也曲折表达了明朝大势已去，无可挽回的基本判断。虽倔强一生，不愿作清朝臣民，但兴复无望的事实却是不容怀疑的。此时他处此形势的自我定位是，坚贞不二，著书以终；不废士君子之志，但前事不可逆料，亦不加逆料。故以《乾》之九三自警自励，尽人事而俟天命。这就是王夫之解释《乾》卦之文以"君子服膺于《易》，执中以自健，舍九三其孰与归"[29] 一语作结的良苦用心。另外，王夫之将九三放在最后解释，而非按爻序在九二之后，这也说明，执中以自健，尽己之力而俟天命，是王夫之此时心迹最切实的表述。

---

27) 《船山全书》 第一册，第831页。
28) 此处王夫之的经历参考了萧萐父：《王夫之年表》，载 《船山哲学引论》，江西人民出版社，1993年。
29) 《船山全书》 第一册，第832页。

宋儒对"性理之学"的建构

朱汉民 ｜ 中国湖南大学岳麓书院教授

"性理之学"是一种探讨人性与天理关系的理论体系。"性理之学"往往成为濂洛关闽的理学派学说思想的专有名称。朱子门人熊节编、熊刚大注有《性理群书句解》，该书首次以"性理群书"著以书名，明永乐年间朝廷编有《性理大全》就是参考了熊节的《性理群书句解》。

理学为什么可以简称为"性理之学"？由"性"与"理"组合而成的"性理之学"，充分体现和完整表达了"理学"的哲学内涵和思想特色。这一点，在元代理学家吴澄对"性理之学"所作的解释中表达得十分充分，他说："所谓性理之学，既知得吾之性，皆是天地之理，即当用功以知其性，以养其性。"[1] 在吴澄看来，"性理之学"包括两个方面：一个是指本体论，即由内在"吾之性"的人格本体来确认外在"天地之理"的宇宙本体；一个是指功夫论，最终实现内外合一、天人合一的精神境界。

张载是宋儒性理学的重要奠基者。在张载的理学思想体系中，"性"是与"太虚"、"太和"、"气"、"道"一样表达宇宙本体论的范畴，即如他说："太和所谓道，中涵浮沉、升降、动静、相感之性，是生絪缊、相荡、胜负屈伸之始。"[2] 太和之气构成天地万物的实体，而"性"则成为万物运动、变化的依据。张载所说的人性也就与这个具有宇宙本体之性有着内在的关联。他认为人性就是宇宙之本的"天性"、"天地之性"凝聚在人身上，即所谓"天性在人，正犹水性之在冰，凝释虽异，为物一也。"[3] 而人要达到具有天地境界的圣人，就要回归内在的"天地之性"，正如张载所说："形而后有气质之性，善反之则天地之性存焉。"[4] 他把人对自己内在本性的体认、践履，看作是对"天地之性"的保存与实现，充分体现出理学家对人性的看法。

二程兄弟也是宋代性理学理论形态的奠基人。二程则直接以"理"为宇宙本体，肯定这个作为自

---

1) 《草庐学案・草庐精语》，《宋元学案》卷九十二，第3038页，中华书局1986年版。
2) 《正蒙・太和篇》，《张载集》，第7页。
3) 《正蒙・诚明篇》，《张载集》，第22页。
4) 《正蒙・诚明篇》，《张载集》，第23页。

然法则、社会人伦的"理"具有形而上的本体地位，二程的人性论就是建立在这个以理为宇宙本体的基础之上，他所提出"性即是理"的命题，成为宋儒性理学说的核心命题与思想基础。在理学的思想中，"性"与"理"的内涵完全是一样的，只是在实存的空间形态上有差别：性是人"受命"于天命的内在本质，理则是表现天命的外在法则，而所谓"天命"则不是指另外存在的一个实体，它本身就是"性"与"理"。

朱熹全面继承了张载、二程的性理之学，并且进一步将其系统化、精致化、完善化，将宋儒的性理学说发展到一个空前的哲学理论高度。朱熹在有关宇宙本体论上更加系统地论述了理本论的观念，他还通过"理一分殊"的理论，论述了作为宇宙本体的"一理"与天下万事万物的"众理"或"分理"之间的关系。但是，在朱熹的理学体系中，"性"仍然在这个体系中具有核心地位。≪朱子语类≫前十三章的组成及先后秩序也是"理气"、"性理"、"学"三个部分。"性理论"才是其理学体系的核心，而理气论只是为性理论提供一个宏观的宇宙论背景，为学工夫则是以"性理"为理论基础的成圣途径和方法。

朱熹的理学其实就是性理学，这一点在他的功夫论上体现得尤为明显。学界一直存在一个主流的观点，认为朱熹的哲学是一种"理在心外"的天理论，但是，这种说法却无法解释朱熹在心性论上对"心"的强调与功夫论上对"求理于心"的肯定。其实，从性理学的观点看，格物致知不过是一个将通过对万事万物中"理"的认识和积累，最终达到内在之性(理)与外在之理"豁然贯通"的境界，他又称此是"合内外之理"的过程。

宋儒对"性理之学"的建构

朱汉民 ┃ 中国湖南大学岳麓书院教授

儒家哲学是一种由人道而及天道的"究天人之际"的学说,"性理学"名称的出现,在儒学发展史上更具有重要意义,标志着儒家哲学典型形态的成熟与完成。宋儒秉承中国传统"究天人之际"的学术精神,在总结前人思想的基础上,建构、完成了"性理之学"的哲学体系。

通过探讨宋儒"性理之学"的建构过程,对"性理之学"的思想特色与理论意义会有更深入的理解。

(一)、"性理之学"的学术形态

两宋时期是中国思想学说发展的一个重要历史阶段,宋代学者在复兴儒学、重新诠释儒家经典的旗帜下创建了一个关于"究天人之际"的新的学术体系,他们自己称这套新的学术思想体系为"道学"、"理学"、"义理之学"、"性理之学"等。这些不同的称呼本来就具有不同的学术思想内涵。"道学"是宋代部分学者以承传儒家"道统"自居、具有较强党派性团体的自称,不代表整个宋代学术思潮。"理学"则往往是"义理之学"与"性理之学"的简称。所以,我们拟对"义理之学"与"性理之学"这两个概念作一简要分疏。

"理学"在历史上往往是"义理之学"或"性理之学"的简称,这种不同的称呼有何差异? 从表面上看,"义理之学"与"性理之学"均与"理"有关,故而往往将其等同于理学。但是,这两个不同的概念在源起、内涵、外延等方面均有差别。宋代儒学既是一种重新诠释经典的经学学术形态,又是一种"究天人之际"的思想理论形态,而"义理之学"与"性理之学"恰恰是二者的不同称谓。所谓"义理之学"的名称,是从经典诠释、经学流派的角度来称谓的。"义理"二字本意是指意义与道理,如≪礼记·礼器≫云:"义理,礼之文也。"[1] 当儒家经学定于一尊的两汉,学者研究经学的方法、

---

1) ≪礼器≫,≪礼记正义≫,≪十三经注疏≫ 下册,第1430页,中华书局1996年版。

目的出现了重文字训诂和求阐发义理的差别。如《汉书·刘歆传》记载："初左氏传多古字古言，学者传训诂而已。及歆治左氏，引传文以解经，转相发明，由是章句、义理备焉。"[2] 以后，经学史上有所谓汉学、宋学之分，汉学注重对经典的文字训诂，而宋学则注重对经典的义理阐发。由于宋代儒家学者兴起一股重新诠释经典的热潮，并且普遍地表现出对义理的关注，故而宋代经学就被称之为义理之学。宋代学者黄震说："自本朝讲明理学，脱去训诂。"[3]"义理之学独盛本朝，以程先生为之宗师。"[4] 从黄震这一段话可以看出，义理之学是"脱去训诂"的另一种经学派别，而且其独盛于宋代。当时，不仅濂、洛、关、闽等理学派以义理之学自居，而且，包括宋初三先生、荆公新学、苏氏蜀学也都是注重以义理解经，均属义理之学的范围。譬如，理学家张载以"义理之学"自居，他曾说："义理之学，亦须深沉方有造，非浅易轻浮之可得也。"[5] 而王安石新学亦被当时的学界视为义理之学的代表，宋人李纲就评价说："介甫作《字说》，其发明义理之学甚深。"[6] 这是由于他的《三经新义》均是不重文字训诂，而是强调发挥经典大义的"义理之学"。

此外，宋代学界还盛行"性理之学"、"性命之学"的说法。中国古代思想家向来是把"究天人之际"作为最高的学问，而宋代盛行的"性理之学"或"性命之学"恰恰是这种"究天人之际"思想的经典表达。性理学说把人性与天理(天道)联结贯通为一，内在的人性获得了超越的天理的规定，而超越的天理又通过内在的人性得到落实。可见，宋人的"性理之学"、"性命之学"、"性命之理"的种种表述，其实就是一种探讨人性与天理(天道、天命)关系的理论体系。由于宋代学者均热衷于性命之理的思考与讨论，故而"性理之学"或"性命之学"亦成为宋学各派的通称。它首先成为濂洛关闽的道学家所自称的学问，如朱熹学派认为：

> 性理之说，本自精微。[7]
> 唐中世以后，佛氏始改说心学以荡此道，濂洛诸儒讲性理之学以闢之而道益明。[8]

这里的"性理之学"均是指濂洛关闽的理学派。二程兄弟不仅发明了"天理"二字，而且提出了"性即理"的重要命题，从而将性理学建构成一门合性与天道为一体的系统学说。所以宋员兴宗在《苏氏王氏程氏三家之说是非策》中说：

---

2) 《刘歆传》，《汉书》 卷三十六，第1967页，中华书局2007年版。
3) 《黄氏日抄》 卷二，《读论语》，文渊阁 《四库全书》 第707册，第4页。
4) 《黄氏日抄》 卷九十一，《跋尹和靖家传》，文渊阁 《四库全书》 第708册，第986页。
5) 《义理》，《经学理窟》，《张载集》 第273页，中华书局2006年版。
6) 李纲：《澧阳与许松老书》，《梁溪集》 卷一一〇，文渊阁 《四库全书》 第1126册，第325页。
7) 《答严时亨》，《晦庵先生朱文公文集》 卷六十一，《朱全书》 第23册，第2964页，上海古籍出版社2003年版。
8) 《黄氏日抄》 卷八十八，《江西提举司抚州临汝书院山长厅记》，文渊阁 《四库全书》 第708册，第942页。

苏学长于经济，洛学长于性理，临川学长于名数。[9]

他在评价苏氏、王氏、程氏三家学说时，肯定二程洛学长于性理，这确是一种准确的概括，反映了道学家对这个问题的重视及其在学术史上的贡献。因此，"性理"或"性理之学"往往成为濂洛关闽的理学派学说思想的专有名称。特别是朱子门人熊节编、熊刚大注有《性理群书句解》，该书首次以"性理群书"著以书名，其编辑的书籍及其内容即是以道学系统为主轴的人物与著作：

是书采撮有宋诸儒遗文，分类编次，首列濂溪、明道、伊川、康节、涑水、考亭遗像并传道支派，次赞、次训、次戒、次箴、次规、次铭、次诗、次赋、次序、次记、次说、次录、次辨、次论、次图、次《正蒙》、次《皇极经世》、次《通书》、次文，而以七贤行实终焉。[10]

这部书是以濂洛关闽的理学家为主线来确立"性理之学"的主体，对后世产生了重大影响。明永乐年间朝廷为了强化程朱理学的官学地位编有《五经大全》、《四书大全》、《性理大全》的标准本教科书，其《性理大全》就是参考了熊节的《性理群书句解》，正如《四库总目提要》所说："明永乐中，诏修《性理大全》，其录诸儒之语皆因《近思录》而广之，其录诸儒之文，则本此书而广之，并其'性理'之名，似亦因此书之旧。"[11] 由于《性理大全》是由朝廷颁布，具有十分重要的社会地位及其历史影响，故而"性理之学"进一步成为程朱为主体的理学家们思想学术的专有名称。

理学为什么可以简称为"性理之学"？这一点，我们可以从理学体系的"性"与"理"两个核心概念做一些分析。"性理之学"将其核心观念"性"放到了最重要的地位，"理"成为诠释"性"的思想内涵与哲学观念的概念。由"性"与"理"组合而成的"性理之学"，充分体现和完整表达了"理学"的哲学内涵和思想特色。这一点，在元代理学家吴澄对"性理之学"所作的解释中表达得十分充分，他说：

所谓性理之学，既知得吾之性，皆是天地之理，即当用功以知其性，以养其性。[12]

在吴澄看来，"性理之学"包括两个方面：一个是指本体论，即由内在"吾之性"的人格本体来确认外在"天地之理"的宇宙本体，这是一种天人同构的本体论；一个是指功夫论，即通过人格内向修身功夫（"知性"、"养性"等），最终实现内外合一、天人合一的精神境界。应该说，吴澄对"性理之学"的理论架构和思想特征的把握是十分准确的，是我们今天理解"性理之学"的重要参考。

---

9) [宋]员兴宗：《九华集》卷九，《苏氏王氏程氏三家之说是非策》，文渊阁《四库全书》第1158册，第68页。
10) 《子部二·儒家类二》，《四库全书总目提要》卷九十二，第787页，中华书局1995年版。
11) 《子部二·儒家类二》，《四库全书总目提要》卷九十二，第787页。
12) 《草庐学案·草庐精语》，《宋元学案》卷九十二，第3038页，中华书局1986年版。

但是，"性理学"名称的出现，在儒家哲学发展史上更具有重要意义，标志着中国古典哲学典型形态的成熟与完成。儒家哲学是一种由人道而及天道的"究天人之际"的学说，从先秦开始，中国古代的贤哲就在忧患社会、思考人道的同时，致力于将人道与天道结合起来。所以，那些能作为人道依据而又能够表达天道的"性"、"命"、"理"、"道"就成为中国古代贤哲热衷于探讨并能够深入思考的重要范畴与思想问题。在两千多年的漫长历史中，有关"性"与"理"的思考和追溯成为那些希望"究天人之际"的贤哲们所关注的根本问题。从中国古代学人对"性"、"理"的探索历史来看，"性"代表人的内在本质与潜在趋向，"理"则代表事物的外在法则与条理，而"性理之学"则是一种将人的内在本质与事物的外在法则统一起来的哲学思考和学术建构，表达的正是这种人道而及天道的"究天人之际"的理论与学说。宋儒的理学之所以是"性理之学"的完成，是因为理学确是儒家哲学发展的最高阶段和成熟形态。

(二)、北宋诸儒 —— 性理之学的奠定

先秦诸子对性、理的思考是中国古代性理学说的思想源头，魏晋时代对"性理"的思想开拓是性理学说的奠基，两宋时代的性理学才是中国古代性理学的成熟形态和最终完成。两宋的儒家学者不仅是正式使用了"性理之学"的名称来概括、表述自己重新建立的学术思想体系，而且他们在思想的深刻性、学术的系统性、理论的完整性等方面完善了性理之学，从而使这种独特的儒家哲学形态发展到历史最高的阶段。

在宋学初兴的北宋中期，儒家学者大多采用以义理解经的诠释方法，与此同时，他们均普遍地表现出对人性问题的关注。从北宋古文运动领袖的欧阳修，到荆公新学的王安石；从蜀学大家苏轼，到历史学家司马光；从道学开山的周敦颐、邵雍，到奠基理学的张载、二程兄弟，他们无不表现出对人性问题的关注。在张载、二程之前，这些学者就开始热烈地讨论了人性问题，并探讨人性与天道的关系。如欧阳修认为人性是人生皆有的本性，故而不是善恶的观念所能表述的，他说："性者，与身俱生而人之所皆有也。为君子者，修身治人而已，性之善恶不必究也。"[13] 这种"与身俱生"的性是一种"天性"，它具有天道的源头。苏轼虽然认为"性与天道"的问题难言，但是他仍然将人性与天理连通起来，认为"圣人之论性也，将以尽万物之天理"[14]，这种由人性而尽天理的观念，和后来理学家的性理学说有相通之处。王安石也认为人性不能简单地作善恶的道德评价，他曾提出"性者，有生之大本也"[15]的思想，可见，王安石的新学也是从本体论的观念考察人

---

13) 《答李诩第二书》，《欧阳修全集》卷四十七，第670页，中华书局2001年版。
14) 《扬雄论》，《苏轼文集》卷四，第111页，中华书局1999年版。
15) 《原性》，《临川先生文集》卷六十八，第726页，中华书局1959年版。

性问题。但是，欧阳修、苏轼、王安石等人的人性论思想毕竟与理学所要建构的性理学说有较大的差异。宋儒性理学说的真正成型，是由理学奠基者张载、二程完成的。

张载是宋儒性理学的重要奠基者。虽然在张载的理学思想体系中，包括了一个由太虚、太和、气、神、道、理、性、诚等诸多范畴组合而成的理学思想体系，性、理只是这些系列范畴中的一个环节而已。但是，那些由太虚、太和、神等构建的天道论最终只是为了论证人道，人道始终居于理学体系的思想核心。所以，太虚、太和只是为了解决人性的来源，其全部的伦理观、政治观、人生观仍是以其人性论为基础的。张载认为宇宙天地均是由"太虚之气"构成的，而"性"则是作为宇宙本体之"气"的固有本质，他在论述"性"与"气"的关系时说：

> 凡可状，皆有也；凡有，皆象也；凡象，皆气也。气之性本虚而神，则神与性乃气所固有。[16]

由于"性"是本体之"气"所固有，均是世界万物的形上依据，故而也具有宇宙本体的意义。事实上，张载也经常是从宇宙本体论的高度论述"性"，他说："有无虚实通为一物者，性也。"[17] "性者万物之一源，非有我之得私也。"[18] 天下万物均是由气凝聚而成，但万物品类所以形成的依据则在"性"。张载因之提出"性"能使得"有无、虚实通为一物"，"性"是"万物之一源"的观点。这样，在张载的理学思想体系中，"性"是与"太虚"、"太和"、"气"、"道"一样表达宇宙本体论的范畴，即如他说："太和所谓道，中涵浮沉、升降、动静、相感之性，是生絪缊、相荡、胜负屈伸之始。"[19] 总之，太和之气构成天地万物的实体，而"性"则成为万物运动、变化的依据。张载所说的人性也就与这个具有宇宙本体之性有着内在的关联。他认为人性就是宇宙之本的"天性"、"天地之性"凝聚在人身上，即所谓"天性在人，正犹水性之在冰，凝释虽异，为物一也。"[20] 而人要达到具有天地境界的圣人，就要回归内在的"天地之性"，正如张载所说："形而后有气质之性，善反之则天地之性存焉。"[21] 他把人对自己内在本性的体认、践履，看作是对"天地之性"的保存与实现，充分体现出理学家对人性的看法。

正因为张载将人的内在本性与外在"天性"、"天地之性"联结起来，故而此"性"也与表达天地万物法则的"理"或者"道"联结起来。在张载的思想体系中，"理"、"道"均是指太虚之气、天地万物运动、变化的法则，他说："天地之气，虽聚散、攻取百涂，然其为理也顺而不妄。"[22] "由气化，

---

16) 《正蒙·乾称篇》，《张载集》，第63页。
17) 《正蒙·乾称篇》，《张载集》，第63页。
18) 《正蒙·诚明篇》，《张载集》，第21页。
19) 《正蒙·太和篇》，《张载集》，第7页。
20) 《正蒙·诚明篇》，《张载集》，第22页。
21) 《正蒙·诚明篇》，《张载集》，第23页。
22) 《正蒙·太和篇》，《张载集》，第7页。

有道之名。"[23] "理"与"道"一样，均是指太虚之气或天地万物变化、运动的客观法则。这样，张载所言性与理、道就可以统一起来，张载说：

此其所以屈伸无方，运行不息，莫或使之，不曰性命之理，谓之何哉? [24]

张载还进一步将这个作为人格本体论的性理学说分成两种不同的精神境界，他说：

须知自诚明与自明诚者有异。自诚明者，先尽性以至于穷理也，谓先自其性理会来，以至穷理。自明诚者，先穷理以至于尽性也，谓先从学问理会，以推达于天性也。[25]

张载所说的"性命之理"、"性即天道"，正是宋儒所要建构的性理之学的典型形态，而他对"自诚明"、"自明诚"两种精神人格的分疏，则是其性理学说的深化。可见，张载的学术体系，已经为宋儒建立一个本体论的性理学说奠定了基础。

应该肯定，二程兄弟更是宋代性理学理论形态的奠基人。张载是以"气"为宇宙本体，"性"是"气"的内在本质规定；而二程则直接以"理"为宇宙本体，肯定这个作为自然法则、社会人伦的"理"具有形而上的本体地位。二程肯定"理"存在于具体的自然、社会事物之中，他说：

有物必有则，一物须有一理。[26]
父子君臣，天下之定理，无所逃于天地之间。[27]

在这里，理是决定天下各种具体事物的必然法则，故而也是"天下之定理"。这个能作为"定理"的事物之理是有"万殊"之别的，但是它们均统一于"理"，这正如程颐所说：

天下之理一也，涂虽殊而其归则同，虑虽百而其致则一。虽物有万殊，事有万变，统之以一，则无能违也。[28]

这个"统之以一"的理也就是"天"、"天道"，他经常说的"天者理也"、"理便是天道也"，就是从这

23) 《正蒙·太和篇》，《张载集》，第9页。
24) 《正蒙·叁两篇》，《张载集》，第12页。
25) 《张子语录》下，《张载集》，第330页。
26) 《遗书》卷十八，《二程集第》，第193页。
27) 《遗书》卷五，《二程集第》，第77页。
28) 《伊川易传》卷三，《二程集》，第858页。

个意义上讲的。

二程的人性论就是建立在这个以理为宇宙本体的基础之上，他所提出"性即是理"的命题，成为宋儒性理学说的核心命题与思想基础。在二程看来，对人性的思考不能仅看经验表象，而是要从本体论的高度寻根溯源。他说：

> 上天之载，无声无臭。其体则谓之易，其理则谓之道，其用则谓之神，其命乎人则谓之性。[29]

在理学的思想中，"性"与"理"的内涵完全是一样的，只是在实存的空间形态上有差别：性是人"受命"于天命的内在本质，理则是表现天命的外在法则，而所谓"天命"则不是指另外存在的一个实体，它本身就是"性"与"理"。二程强调：

> 性即理也。所谓理，性是也。[30]

在这里，"性"与"理"是一个相互规定的本体存在："性"就是"理"，而"理"也就是"性"。只是"性"是就人的内在本源而言，是对人作"极本穷源"追溯的结果；而"理"则是主宰天地、万物、鬼神的外在法则，能在"物有万殊，事有万变"而"无能违也"中得以体现。把"性"与"理"看作是一种空间结构上的差别，即人的内在本质与事物的外在法则的区别，是宋儒性理学的重要理论特色，而这一点也恰恰源于魏晋玄学的性理学说。

二程不仅在理论上奠定了性理学的基础，将人格本体的"性"与宇宙本体的"理"统一起来，建构了一个既有内在性又有超越性的本体论，同时在修身功夫上提出了内在的"定性"、"主敬"与外在的"格物"、"致知"的双重方法，使性理学得以落实到功夫上的内外兼修。"性"是人的内在人格本体，故而在修身时要对自己与天理、天道相通的"性"保持一种恭敬专注的态度（"居敬"），调节和控制能干扰影响自己内在本性实现的各种情感欲望（"定性"）。譬如，程颢在《答横渠先生定性书》中专门讨论"定性"的功夫："夫天地之常，以其心普万物而无心；圣人之常，以其情顺万事而无情。故君子之学，莫若廓然而大公，物来而顺应。"[31] 这种"心普万物而无心"、"情顺万事而无情"的功夫，完全是从内在之性上下功夫。但是性理学说还包括外在法则的"理"，故而二程在功夫论上又主张通过"格物致知"的外在穷理的途径。程颐说："格犹穷也，物犹理也，犹曰穷其理而已也。"[32] 但是天下万事万物各有其理，格物应是一个"集众理"的过程，所以二程认为学者最终要

---

29) 《遗书》卷一，《二程集》，第4页。

30) 《遗书》卷二十，《二程集》，第292页。

31) 《书记》，《二程集》，第460页。

32) 《遗书》卷二十五，《二程集》，第316页。

达到一个"脱然有自悟处"[33]的境界。这个"自悟处"或"脱然自有贯通处",其实就是指人通过穷理,使外在之"理"与内在之"性"的脱然贯通。

(三)、南宋朱熹——性理之学的完成

二程是宋代性理学的奠基者,而朱熹才是性理学的完成者。朱熹全面继承了二程的性理之学,并且进一步将其系统化、精致化、完善化,将宋儒的性理学说发展到一个空前的哲学理论高度。

朱熹在有关宇宙本体论上更加系统地论述了理本论的观念,他的理气论强调了"理"的形而上之本体地位,正如他所说:"天地之间,有理有气。理也者,形而上之道也,生物之本也;气也者,形而下之器也,生物之具也。"[34]而且,他还通过"理一分殊"的理论,论述了作为宇宙本体的"一理"与天下万事万物的"众理"或"分理"之间的关系,最终建构了一个庞大的天理论哲学体系。但是,在朱熹的理学体系中,"性"仍然在这个体系中具有核心地位。虽然从表面上看,"性"是天地万物化生过程中由"理"赋予人物方得以产生,"天以阴阳五行化生万物,气以成形,而理亦赋焉,犹命令也。于是人物之生,因各得其所赋之理,以为健顺五常之德,所谓性也。"[35]但是,朱熹理学体系中的天理论只是为人性论提供宇宙本体论依据,人性论才是其思想体系的核心与关键。这一点,我们从《朱子语类》的理学结构中可以看出来。理学思想体系庞大,范畴十分丰富,而且各学派有观点各异,但其学术体系主要由理气论、性理或心性论、格物致知论三个部分组成。《朱子语类》前十三章是按理学思想体系编次的,其内容的组成及先后秩序也是"理气"、"性理"、"学"三个部分。表面上看,理气论涉及宇宙天地的构造及其本质的重大问题,也是性理论、为学工夫论的理论前提。所以,许多研究者在讨论宋儒的哲学形态及其体系特征时,也总是把理气论作为其思想体系的基础与主体,以理本论、气本论、心本论来划分理学学派的哲学宗旨与学派的根本的标准。其实,在理学体系的"理气"、"性理"、"为学工夫"的三个组成部分中,"性理论"才是其理学体系的核心。从原始儒学到宋明儒学,其价值取向、学术宗旨均不是关于天地自然的构成及其认识的问题,那是西方哲学的价值取向与知识追求,而儒学从来就是将圣贤之道及其建立的人伦秩序作为学问宗旨与精神追求。所以,有关成就圣贤的内在依据——性理论才是其庞大思想体系的核心,而理气论只是为性理论提供一个宏观的宇宙论背景,为学工夫则是以"性理"为理论基础的成圣途径和方法。

所以,朱熹理学常被简称为"性理之学",这个概念不仅是将性理论中的"性"与理气论中的"理"

---

33)《遗书》卷十七,《二程集》,第175页。
34)《答黄道夫》,《晦庵先生朱文公文集》卷五十八,《朱子全书》第23册,第2755页。
35)《中庸章句》第一章,《朱子全书》第6册,第32页。

结合起来，而且还非常准确地将宋代儒学的最核心观念——性，置于全部思想体系的核心位置。事实上，朱熹思想体系的各个方面，包括社会政治、礼乐兵刑、伦理道德、文学艺术、文化教育均是以其人性论为理论基石与思想前提。也就是说，在朱熹的思想体系中，存在于政治生活、社会伦常、文学艺术、文化教育中的各种"分理"，均是来源于人的本性，在现实的生活世界中，"性"与"理"的关系不仅是空间结构上的内与外的关系，也是时间因果上的先后关系，是"性"生出"理"，而不是宇宙本体论中的"理"赋形而生"性"，朱熹说：

> 性则有一个根苗，生出君臣之义，父子之仁，性虽虚，都是实理。[36]

"性"成为生活世界中能生出仁义礼智等各种实理的"根苗"，可见"性"确是朱熹思想体系的核心范畴。朱熹理学体系中"性"的核心地位并不仅仅如此，我们看到，朱熹在论述"性"的重要性时，往往是把它当作人世间的"天"来看，认为其内容涵盖了整体世界，他说："知性之无所不有，知天亦以此。"[37] 他常常提到，"性"本身就是"太极之合体"，他说：

> 天下岂有性外之物哉！然五行之生，随其气质而所禀不同，所谓"各一其性"也。各一其性，则浑然太极之全体，无不各具于一物之中，而性之无所不在，又可见矣。[38]

他甚至认为不仅仅是人性，而且还包括物性在内，均是"太极之合体"。朱熹认为这个纯粹的"性"，相当于"本然之理"，故而又被称作是"天命之性"或"天地之性"，并认为这是对天地万物"极本穷源"追溯的结果。他说：

> 然其本然之理，则纯粹至善而已。所谓天地之性者也。孟子所谓性善，程子所谓性之本，所谓极本穷原之性，皆谓此者也。[39]

朱熹学说中的"天地之性"，也就是能够作为主宰世界的"本然之理"。这样，朱熹所建构的性理学，从两重含义上将"性"与"理"联结或统一起来。其一，从现实的生活世界来看，"性"生"理"，即外在之理均是从内在之"性"中生出来的；其二，从形而上下的本体结构来看，"性"即是"理"，肯定"性"是全体之理、本然之理。

---

36) 《朱子语类》 卷五，《朱子全书》 第14册，第223页。
37) 《朱子语类》 卷九十九，《朱子全书》 第17册，第3337。
38) 《太极图说解》，《周敦颐集》 卷一，第4页，中华书局1990年版。
39) 《阳货》，《论语或问》 卷十，《朱子全书》 第6册，第875。

朱熹的理学其实就是性理学，这一点在他的功夫论上体现得尤为明显。学界一直存在一个主流的观点，认为朱熹的哲学是一种"理在心外"的天理论，故而"求理于物"的格物致知论是其知识论的根本特征，但是，这种说法却无法解释朱熹在心性论上对"心"的强调与功夫论上对"求理于心"的肯定。所以，也有许多学者如钱穆、陈荣捷、金春峰等亦十分强调朱熹学说的心学特色，但是如何解释这一点呢？其实，我们只有将朱熹的理学理解成"性理学"，即可以合理解释他的心学观点。朱熹的功夫论之所以既强调格物致知的"求理于外"的观念，同时又肯定"人自有生，即有知识"[40]，其原因就在于他提出"心包万理，万理具于一心"[41]，也主张通过内向的功夫而明理。所以，朱熹的为学功夫总是包括内、外两个方面，譬如格物致知与诚意正心、穷理与居敬、察识与涵养。当他在谈格物致知、穷理、察识的时候，往往表现对外在事事物物之理的关注；而他在谈诚意正心、居敬、涵养等功夫的时候又表现出对内心所具之理的重视。他甚至提出"不待外求"的观念，说："所谓道者，不待外求而无所不备。"[42] 所以要通过格物而求万物之理，因物物各有其"性"，而物性中即涵万理；所以又须求理于心，是因为人人内在的本性中即体现万理。"性"只有通过人心而呈现出来，这正是性理学的基本观点。所以，我们只有通过性理学的观点才能理解其功夫论所说：

> 是以大学始教，必使学者即凡天下之物，莫不因其已知之理而益穷之，以求至乎其极。[43]
> 知者，吾心之知。理者，事物之理。以此知彼，自有主宾之辨，不当以此字训彼字也。[44]

如果仅仅把朱熹看作是"即物穷理"的亚里斯多德式的外向型认识论者，就不能理解朱子本人在讲"即物穷理"时，强调这是"莫不因其已知之理而益穷之"、"知者吾心之知"的道理。而从性理学的观点看，格物致知不过是一个将通过对万事万物中"理"的认识和积累，最终达到内在之性(理)与外在之理"豁然贯通"的境界，他又称此是"合内外之理"的过程："自家知得物之理如此，则因其理之自然而应之，便见合内外之理。"[45] 至于那些"居敬"、"诚意正心"、"明心"的内向工夫，则是为了向内体认、存养心中所具的天理，并将其拓展、推行到事事物物之中去，使内在的心性之理呈现为外在的天地万物之理。

40)《与张钦夫》，《朱子文集》卷三十，《朱子全书》第21册，第1315。
41)《朱子语类》卷九，《朱子全书》第14册，第306。
42)《中庸或问》上，《朱子全书》第6册，第551页。
43)《大学章句》第五章，《朱子全书》第6册，第20页。
44)《答江德功》，《晦庵先生朱文公文》卷四十四，《朱子全书》第6册，第20页。
45)《朱子语类》卷十五，《朱子全书》第14册，第477页。

儒家诠释学的当代发展

景海峰 ｜ 深圳大学国学研究所

清末经学解体之后，儒家思想的表达方式和传播途径面临着根本的挑战，经典的注解和叙事被现代学术的学科研究形式所取代，除了社会巨变所导致的现实意义的消解之外，儒学在思想的传递方面也遇到了空前的危机。儒家思想之诠释内容及形式的变化，显然与中国现代学术的发育和成长联系在一起，分科而治的学问格局和古典学术日渐材料化的身份，使得传统儒学以经典诠释为中心的系统架构已难以为继，只得另谋出路。

20世纪30年代以来，新儒家人物由哲学角度入手，对儒家思想所做的诠释工作，可以说是开始了一条新的理路，即在新学术的背景和分科而治的条件底下，用思想阐述的形式，来重新说明儒家文化的永恒价值和深刻意义，以使其能够适合新时代的要求。而以哲学的眼界和哲学的方法来阐释儒学，从而推进了儒家诠释学的向前发展，熊十力先生实为开先河的一个人物。这一哲学化的叙述方式为当代新儒家的主流人物所继承，并且深化为具有现代意义的哲学主体思维的创造性活动，在儒家思想的现代阐释和系统建构，以及中西方形而上理论的比照和对接方面，取得了重大进展。被公认为熊十力门下双杰的唐君毅、牟宗三二位先生，在这一理路的后续发展之中，居功甚伟，堪为典范。

当代儒学向哲学的"靠拢"，有其时代的必然性。20世纪中国社会所发生的翻天覆地的巨变，使得儒家思想赖以扎根的"土壤"日渐地贫瘠，远离人们日常生活的儒学越来越成为"遥远的记忆"，"悬置"的边缘状态使得儒家资源已经变成一些"思想的碎片"和"漂浮的观念"。面对现实的乏力，逼使儒学研究走向更为观念化的创作之途，以思想的"抽离"和"提纯"作为应对现实挑战的基本方式。在场域收缩和思想凝聚的过程中，当代儒家人物重新挑拣和串缀着散裂了的文化片段，以编织为新的系统；而他们的工作必然地趋向于高度的玄思化，日渐地远离儒学的"草根性"，而变成一种纯粹学院化的形式。作为现代学科制度体系之一的哲学，比较适宜于儒家思想形态转变的需求，提供了容纳儒学素材的"庇护"形式和儒学家们的安身场所，故成为儒家诠释学尝试着延续其生命的首选。比之历史学，哲学所展开的思想诠释显然更能拓展文化传统所预置的空间，也更能在历史和现实之间寻找到连接点，所以孕育儒家文化新生命力的期盼，也就落在哲学的头上。事实上，熊十力、牟宗三等一再高扬"哲学"的旗帜，用意之一就是能够最大限度地保存一点儒家思想的"活性"，而不至于使之完全材料化，以便在人们的内心深处终归能唤醒一种精神延续的联想。

儒家诠释学的当代发展

景海峰 | 深圳大学国学研究所

　　儒家思想向来以诠释经典为主要的表达方式，对经书的注解是历代儒者的学问主业。到了20世纪，这一情况发生了根本性的改变，注疏古经不再是新儒家人物十分关注的事情，甚至新儒学思想的推进也多半不依赖于经典源泉所提供的动力，而是别有他途。儒家思想之诠释内容及形式的变化，显然是和中国现代学术的发育与成长紧密地联系在一起的，分科而治的学问格局和古典学术日渐材料化的身份，使得传统儒学以经典诠释为中心的系统架构已难以为继，只得另谋出路。一般的情形是：自觉承续儒家志业、发展和推进儒家思想的学者，基本上采取了观念演绎和思想诠解的路向，所操之业接近于哲学或思想史，而不走通常训诂考据的路子。相反，在形式上较为接近传统之经典诠释的文字学、文献学、语言学等学科的专家，则往往缺乏继承和发展儒学的愿望和动力。所以，以经典诠释为中心的儒家诠释学在20世纪就不可避免地发生了重大的转向，经典不再是思想诠释的中心，经典的神圣性和权威性都大大地降低了。儒家经学形态的裂散状和碎片化，更使得经典系统的完整性不复存在，经典更多地是被抽离化为各式各样的观念，重新地加以拼装和组合，以显现其文本解释的当代意义。这样一来，儒家诠释学就不再是围绕着经典本身的释义，而是更多地表现为一种思想展开的诠解，即由注解性的经学变成了观念论的哲学。

一、

　　清末经学解体之后，儒家经典的身份性发生了根本的改变，按照现代学科的格局，这些文本被重新配置：《诗》入文学，《书》、《春秋》为历史学，《易》是哲学，《礼》则多半归于政治学和社会学，"四书"成为思想史的材料，《尔雅》则理所当然地"落户"到了语言学。这样，原有的经学系统便被完全拆散和打乱了，具有某种历史结构性的经学形态不复存在。和经学形式相匹配的学术格局、文本群落、叙事话语，以及治学的理念和方法等，也都随之瓦解，渐成为明日黄花。[1]

在经学体系碎裂和漂散化的过程中，有几个环节显得十分重要，我们当要特别指出：

一是经学形态被置于新学术的对立面，从而在整体上遭到否弃。晚清自康有为始，掀起经学内部变革的巨大波澜，引入西学、西术以摧破传统的经学体系。梁启超谓：今之儒者，八股而已，试帖而已，"是则中国之学，其沦陷澌灭一缕绝续者，不自今日，虽无西学乘之，而名存实亡，盖已久矣"。[2] 以科举形式呈现出来的经学形态遭到了人们的彻底厌弃，严复所谓八股"有大害三"之说：一曰"锢智慧"，于经"讲之既不能通，诵之乃徒强记"，俯首就案，仅为功名，实际百无一用；二曰"坏心术"，"务必使之习为剿窃诡随之事，致令羞恶是非之心，旦暮槁亡，所存濯濯"；三曰"滋游手"，以士为独尊，养就大批"游手之民"，成为社会之疢痛。[3] 这些说法颇能表露出当时社会上的一种普遍心声。所以，后来的废科举、兴新学，经学在整体上基本是作为废物被清理出场的。特别是新文化运动之后，经学完全成为历史的陈迹和遭受批判的靶子。个别学者的工作从历史研究的角度稍稍涉猎到一点经学的内容，这一作业竟被描述成是"打扫封建经学的肮脏马厩的工作"。[4] 新学术与经学的"势不两立"，以及经学难以见容于新学的情形，由此可见一斑。

二是经学身份性的蜕变和彻底的"材料化"。经学本为中国学问的主脑，居四部学术之首，至晚清，经、子淆乱，中、西杂陈，经学的核心地位逐渐地被稀释和消解，由中心走向边缘。如康有为的万木草堂，既读经，也讲诸子源流，更醉心于西学之译籍。其"长兴学记"分类学目，将《汉志》"六艺"径直改为义理、经世、考据、词章四学，并用礼、乐、书、数、图、枪补之。[5] 梁启超的时务学堂干脆将经学打发到了"溥通学"的范围内，与诸子学、公理学、中外史志，以及格算诸学之粗浅者，相并列。[6] 到了清末民初，随着新学制的普遍推行，经学已难以单门立户，而被

---

1) 化"六经"之内容于现代学术的各个分科部类之中，是以大学体制为标志的主流学界所采取的普遍方式。与此不同的是，仅有少数较为保守的学者采用了化西学学科于"六经"之中的相反路向。马一浮的"六艺统摄西学"说，可为代表。《泰和会语·论西来学术亦统于六艺》云："六艺不唯统摄中土一切学术，亦可统摄现在西来一切学术。举其大概言之，如自然科学可统于《易》，社会科学或人文科学可统于《春秋》。因《易》明天道，凡研究自然界一切现象者皆属之；《春秋》明人事，凡研究人类社会一切组织形态者皆属之。……文学、艺术统于《诗》、《乐》，政治、法律、经济统于《书》、《礼》，此最易知。宗教虽信仰不同，亦统于《礼》，所谓'亡于礼者之礼也'。哲学思想派别虽殊，浅深小大亦皆各有所见，大抵本体论近于《易》，认识论近于《乐》，经验论近于《礼》，唯心者《乐》之遗，唯物者《礼》之失。"(见 《马一浮集》，浙江古籍出版社1996年版，第一册，第21-22页) 这一势单力薄的"抵抗"，虽路向不同，但在比较中西的方式之下，裂解经学系统、拆散经学的完整性，却效果如一。

2) 梁启超：《西学书目表后序》，《饮冰室合集·文集之一》。

3) 严复：《救亡决论》，《严复集》，中华书局1986年版，第一册，第40-42页。

4) 参见 《周予同经学史论著选集》 之"后记"，上海人民出版社1983年版，第834页。

5) 康有为：《长兴学记》，"康有为学术著作选"，楼宇烈整理，中华书局1988年版，第11-14页。

6) 《时务学堂学约》 中规定，所有学生需修两类课程，"一曰溥通学，二曰专门学"。"溥通学之条目有四：一曰经学，二曰诸子学，三曰公理学，四曰中外史志及格算诸学之粗浅者。专门之学有三：一曰公法学，二曰掌故学，三曰格算学。……凡出入学堂六个月以前，皆治溥通学；至六个月以后，乃各认专门；既认专门之后，其溥通学仍一律并习"。参见谢国桢的《近代书院学校制度变迁考》一书，"近代中国史料丛刊续编"，第66辑，台湾文海出版社1980年版，第34-35页。

打散到了哲学、史学、文学等新学科当中，凭借着某种历史材料的身份而零碎地、若有若无地存续着。这样，经学的原有身份一步一步地归于消散，它的价值和意义也就完全地改变了。

三是清末民初的政治背景和后来长时期的"反封建"意识形态话语，使得经学碎片化的后果愈趋严重。晚清的推翻帝制之革命，将儒家传统和封建专制部分地划上了等号，经学也随之蒙尘；洪宪改元、张勋复辟、大小军阀滥施"读经"手段，使得经学更形污秽；此后，"不断革命论"的简单粗暴和决裂意识更是将经学推到了万劫不复的地步。在连绵不断的打击和清算之下，经学不但彻底地边缘化，而且也日渐地陌生化，不但退出了社会公共的领域，也基本上远离了学术研究的视野。

使碎片化的经学内容以某种材料的身份继续存活，最好的办法就是用科学精神来说明它的合理性，对乾嘉考据的肯定便充分地表明了这一点。梁启超在其总结性的《清代学术概论》一书中，共列出清学的十大特色，以肯定戴(震)、段(玉裁)、二王(念孙、引之)等人的学术工作是符合科学原则的。后续更有人指出：戴震等的以训诂明义理、从名物通经义，"可以说是富有科学家精神，也运用了科学方法"。所谓"不以人蔽己，不以己自蔽，不为一时之名，亦不期后世之名"，"这便是牛顿、达尔文的治学态度"。又说："假如他们研究的对象是自然科学的话，他们便是达尔文、法布尔那样的科学家了。"[7] 傅斯年在《清代学问的门径书几种》一文中，不但肯定了乾嘉学术"比较的近于科学"，还分析了这两种同具有科学精神的方式为什么会出现不同的效果。他说：

> 仔细看来，清代的学问很有点科学的意味，用的都是科学的方法，不过西洋人曾经用在窥探自然界上，我们的先辈曾经用在整理古事物上。彼此所研究的不同，虽然方法近似，也就不能得近似的效果了。[8]

所以，乾嘉学的方法值得肯定，但所研究的对象需加以调整，并且要向西方的学术不断地学习和看齐。

材料化的经学内容借着肯定乾嘉学术的"科学精神"而得以在新学科系统中谋得存身之地，发展出文献学、古史考证、训诂学等新领域，并取得了相当的成就，彪炳于20世纪中国学术之史册。这些研究，一方面承继了中国古代的优良传统，特别是乾嘉考据的精神；另一方面又接受了西方学术的洗礼，在学问理念、知识框架、治学方法等许多方面明显是"照猫画虎"或者"另起炉灶"

---

7) 曹聚仁：《中国学术思想史随笔》，三联书店1986年版，第269页。

8) 见《新潮》第1卷第4号，1919年4月。对于这个问题，梁启超在《清代学术概论》中亦有反思，他说："凡一学术之兴，一面须有相当之历史，一面又乘特殊之机运。我国数千年学术，皆集中社会方面，于自然界方面素不措意，此无庸为讳也。"(东方出版社1996年新版，第27页)

的，因而不可能真正呈现儒家思想的原貌。譬如从历史上看，倍受推崇的汉学大师戴震，强调诠解经典"始乎离词、中乎辨言、终乎闻道"，既重视语词文句和典章考证，又以视域交融的"闻道"之证为目的。是故章学诚评论道：

> 凡戴君所学，深通训诂，究于名物制度，而得其所以然，将以明道也。时人方贵博雅考订，见其训诂名物，有合时好，以谓戴之绝旨在此。及戴著《论性》《原善》诸篇，于天人理气，实有发前人所未发者，时人则谓空说义理，可以无作，是固不知戴学者也矣！[9]

但此后戴震的后学们所着力发挥的实际上只是训诂考据之业，即王氏父子所谓的"独好小学"。这一乾嘉学派的主流路向为晚近后续的语言文字研究工作者所继承和加以发展，几乎变成了中文学界的"看家"之学。实则，戴震治"小学"的目的仅为工具性的（所谓"舍小学故训无所藉"），其意在"闻道"之追求，而后人则大多无可奈何地舍本以逐末，"王顾左右而言他"了。讲儒家就讲文字之学、词句之学、典故之学，《关雎》为情爱之篇章，《书》为档案，《春秋》为流水账，这样，儒学就差不多变成了一门"历史材料学"。如此方式，对保存儒家的文献大有帮助，但对发展儒家的思想却起不了多大的作用。

二、

儒家思想的兴灭继绝、乃至进一步的发展，只能尝试用经典诠释的方法"唤醒"沈寂的文本，"逼显"出更为深刻的意义，从而实现其精神层面的现代转换。经学解体之后，儒家经典已经没有了往日神圣的灵光，其思想价值的独特性和文化积累的多层性也逐渐地被人们所忽视，治儒经如同研究一般的书籍，并无特别之意义。其后，学界主流多持一种"清理遗产"的心态，致力于古典式的语文学（philology）工作，特别看重文献学的活动，因而在文史领域内做的有声有色，以至大师辈出。然而，只注重文字训释的工夫，不去挖掘更深层的内涵，长此以往，儒家的精神性因素将渐渐地淡出和流失，儒学与现代生活的内在联系也会变得越来越微弱。"五经"是中华文明的"遗传密码"，"四书"和大量的注释性著作，是历代儒者积蕴了独特的生命体验和思想情感之呕心沥血的表达，它们隐含了无数阐释者的心志，仅仅以有限的学科眼光和片面的现代方式来对待这些经典，显然是不够的。除了语言文字层面的研究之外，还需要"知人论世"、"以意逆志"、"相接以心"，在同情理解的基础上，从文化精神和思想内涵方面来透视之。

---

9) 章学诚：《文史通义·书朱陆篇后》，《文史通义校注》（叶瑛校注），中华书局1985年版，第275页。

上个世纪30年代以来，新儒家人物由哲学角度入手，对儒家思想所做的诠释工作，可以说是开始了一条新的理路，即在新学术的背景和分科而治的条件底下，用思想阐述的形式，来重新说明儒家文化的永恒价值和深刻意义，以使其能够适合新时代的要求。而以哲学的眼界和哲学的方法来阐释儒学，从而推进了儒家诠释学的向前发展，熊十力先生实为开先河的一个人物。

熊先生在著于上世纪40年代的《读经示要》一书中，首先区分了"释经之儒"和"宗经之儒"：

> 有释经之儒，以注解经书为业。如治训诂名物等等者是，校勘亦属之。此复为二：其严守家法者，曰专门；其不主一师，兼资异说者，曰通学。有宗经之儒，虽宗依经旨，而实自有创发，自成一家之学。[10]

"释经之儒"实为"经师"，所从事的是考据之业，亦是一般人所理解的狭义的经学。而"宗经之儒"只是宗主"六经"，而实为思想的创造者，有自己独立的见解和学说体系。衡诸晚近的汉宋之争，熊十力认为，"汉学全是注疏之业，盖释经之儒耳"，相对而言，宋学却较为接近于宗经之儒。他大力抨击清代的考据风气，认为有清二百年学术，拘于"偏枯之考据"，于"六经"之全体大用毫无所窥，气量狭碍，器识局促，不足为训。甚至说："呜呼！自清儒讲经而经亡。""清世经学已亡。"[11]对于梁启超等人以清代汉学比拟欧洲之文艺复兴的种种奇谈，他尤觉不类，给予了系统的驳斥。[12]

从近代民族主义和反专制主义的政治预设，以及民族精神赓续的热切期待出发，熊十力严厉地批评了清儒。他解释说："余于考据之学，绝不排斥，而所恶乎清代汉学家者，为其斩晚明新宋学之绪，而单以考覈一技，倡为风气，将率天下后世而同为无肝胆、无气力、无高深理解、无实用本领之人。此其流风遗毒，不可不矫正。"[13]其实，抛开更深一层的原因，熊十力的这"一腔怨气"，实是为了当时的学界境况而发，是被民国以来普遍的科学主义之风气挤迫不过而一吐为快的。他说：

> 国内各大学文学院，及文科研究所，本当为高深思想之发生地，而今则大都以无聊之考据为事，

---

10) 熊十力以注疏家为"释经之儒"，包括历算等学，所谓"兼资异说"的通学，仅指能"杂揉古今"者，如郑玄。而"宗经之儒"是要有思想之独创性的，如孟、荀等，其"在今日当谓之哲学家"（见《读经示要》，《熊十力全集》，湖北教育出版社2001年版，第三卷，第811页）。

11) 熊十力：《读经示要》，《熊十力全集》，湖北教育出版社2001年版，第三卷，第568页。

12) 熊十力认为，欧洲的文艺复兴"自有一段真精神"，即承续了其前哲的思想，而清儒却没有。清儒只是"抄胥之业"，于明季诸大儒的"民主思想、民族思想及不专靠读书而注重明物析理之精神皆不惜斩绝尽净"，故连汉儒都不如，"唯清儒奴化最深"。所谓"复兴"，不是"旧学不辨短长，一切重演之谓"，一定要清理本源。而"至拟之欧洲文艺复兴，自非浅识，何忍妄言惑世！"（见《论六经》，《熊十力全集》，湖北教育出版社2001年版，第五卷，第764-766页）。

13) 熊十力：《读经示要》，《熊十力全集》，第三卷，第854页。

士之狃于俗尚，而无独立创辟之智与勇，非三百年来汉学积习锢之者深欤？[14]

汉学之焰，至今盛张(托于科学方法及考古学)，毒亦弥甚。全国各大学文科学子，大抵趋重此途。高深理解，断绝其路。[15]

更下者，拾唯物史观之余唾，以述吾国史。依他人花样，而剪裁吾之史料铺陈之。何可究吾之真？就治史者言之已如是，余治经、治子、治集部者，都无有体究义理，只喜作琐碎考证。或缘时下流行之浮杂思想，而张设若干条目，遂割裂古人书中文句，以分述之。……以此为学，求其有得于心、有验于身、有用于世，可成为人，吾不敢信，吾不忍言！[16]

由此可见，熊十力坚持反汉学的立场，除了在清理学术史的过程中，他自己所特有的思想抉择和情感依归之外，这些"酷评"的言辞当中，实乃蕴涵着非常现实的所指。

熊十力对"宗经之儒"的肯定，把经学现代转化的焦点转移到了思想性的层面，为儒学传统的哲学化叙述拓展了地盘，在儒家经典诠释的现代化方式上另开一路。他给经学的定位是："是学术，不可说为宗教；是哲学，而迥超西学(西洋哲学)；非宗教，而可代替宗教。"[17] 相对于五四以来的"以科学代宗教"、"以美育代宗教"诸说，他主张以经学代宗教，也就是以哲学代宗教，这便直接地为经学和哲学划上了等号。将经学等同于哲学，本身是困难的，熊十力通过重新界定二者的内涵，来消弭其中的紧张。他认为"经学是德慧的学问"，其本在"穷理、尽性、至命"，而理、性、命皆是就本体立言，"只是一事"。本体为万化之大源，名理；以其在人而言，曰性；以其赋予于人而言，叫命。"穷理者，谓穷究吾人与宇宙万有所共同之真实本源也。尽性者，谓已证知此真实本源，即是在己之真性……。至命者，谓此真实本源之赋予于吾人，即是吾之真性固已……。"[18] 这样，经学在本质上便是性理之学、性命之学，而不关考据之事。正音读、通训诂、考制度、辨名物，只是治经的工具，而不即是经学。

显然，熊十力所"圈定"的经学，在传统上是接近于宋学的，而在现实方面则更是属于他个人的独特诠解，并不表达某种"经学知识"。同样，熊氏所理解的"哲学"，也不是纯粹西方意义上的。他强调哲学是通宇宙、生命、真理、知能而为一的，"本无内外，故道在反躬，非实践无由证见，故是修养的学问"。西人注重知识，外求探物，"遂不知不觉的以此种态度与方法用之于哲学，他遂不能证得实相，而陷于盲人摸象的戏论"。而"中国人在哲学上是真能证见实相"。所以，他总在人伦日用间致力，即由实践以得到真理的实现。如此，则理性、知能、真理、实相、生命，直是同

---

14) 熊十力：《读经示要》，《熊十力全集》，第三卷，第821页。
15) 熊十力：《读经示要》，《熊十力全集》，第三卷，第847页。
16) 熊十力：《读经示要》，《熊十力全集》，第三卷，第846-847页。
17) 熊十力：《读经示要》，《熊十力全集》，第三卷，第731页。
18) 熊十力：《读经示要》，《熊十力全集》，第三卷，第732-733页。

一事物而异其名。中人在这方面有特别成功"。[19] 这一"哲学",反到是中国文化见长,而优于西洋。经过如此这般奇妙的"合拢"之后,经学便同哲学走到了一起,经学也就变成了哲学。

熊十力得出"经学、科学,不容偏废"的结论,实是中和了中西学术。以西学之名行中学之实,用中学内容"偷梁换柱"地取代了西方的哲学;又以中学的特点来呼应西方之挑战,在一定程度上将碎片化的经学作了重新的缀合,配置在西学的框架里。他承认科学的地位,但反对科学万能;承认治中学须用科学的方法,但又强调在科学方法之外有更重要者、有更高者:

> 自五四运动以来,学者盛言科学方法,皆谓治经亦非用科学方法不可。余于此说,固不完全反对,如关于训诂名物度数之考覈,何得不用科学方法。但治经而果止于此,则经义毕竟不可得。[20]

这个更进一层的方法便是哲学的方法,也就是玄学的方法。他认为"科学之厚惠",包括其方法,只是提供了一个基础,哲学当有更高远的追求。"我总觉得哲学应该别于科学,有它独立的精神和面目。科学之为学,是知识的;哲学之为学,是超知识的。哲学和科学底出发点与其对象及领域和方法等等,根本不同"。[21] 科学是"分观宇宙","至于推显至隐,穷万物之本,澈万化之源,综贯散殊,而冥极大全者,则非科学所能及";这就需要哲学,因为"哲学毕竟是一切学问之归墟,评判一切知识而复为一切知识之总汇"。[22] 就哲学而言,西方哲学本于科学之精神,在认识论和逻辑方面有特别之发挥,故成就了近代的实证哲学;而中国哲学的特点在于其本体论,所以可加以阐释和发挥的殊胜之地即在于此。正是依照着这一理路,熊十力创发出一套"体用论"哲学,为现代新儒学奠定了形而上的基础,也为儒家思想的现代新诠打开了哲学之门。

熊十力的儒学诠释工作,也涉及到一些经典文本的考证和经文大意的串讲,但显然不是一般经学考据的路子,这些散落在其众多著作中的片断,更多表达的只是他个人的想法,亦即是围绕着他的哲学系统而进行选材和阐述的。这样一来,不只是在文献考证方面大不同于往昔,显得问题多多;就是思想的诠解也难得同时代人的认可,遭到了众多非议。[23] 实际上,这一经典诠释已

---

19) 熊十力:《十力论学语辑略·答张东荪》,《熊十力全集》,第二卷,第308-309页。

20) 熊十力:《读经示要》,《熊十力全集》,第三卷,第858页。

21) 熊十力:《十力语要·答沈生》,《熊十力全集》,第四卷,第97页。

22) 熊十力:《十力语要·复性书院开讲示诸生》,《熊十力全集》,第四卷,第241页。

23) 别的不说,就是同属于新儒家阵营的梁漱溟、马一浮、徐复观等人,即对熊十力的援西方观念入中国传统、用西哲框架诠解中国思想的做法,表示了不满。梁著有《读熊著各书书后》一长文(见《梁漱溟全集》,第七卷,第734-786页,山东人民出版社1993年版),对熊氏做了严厉的批评。对此,马一浮称赞道:"尊论直抉其蔽而不没所长,使后来读者可昭然无惑,所以救其失者甚大。"(见《马一浮集》,第二册,第704页,浙江古籍出版社1996年版) 故熊十力曾不无委屈地向梁漱溟说道:"我喜用西洋哲学宇宙论、本体论等论调来谈东方古人身心性命切实受用之学,你自声明不赞成。这不止你不赞成,欧阳师、一浮向来也不赞成。我所以独喜用者,你们都不了解我的深心。"(见《熊十力全集》,第八卷,第758页,湖北教育出版社2001年版) 熊氏弟子徐复观的批评,见《无惭尺布裹头归——徐复观最后日记》一书中的相关内容(台北允晨文化事业公司1987年版)。

非传统经学的，而是属于现代哲学的；其不以文本之文句的释义为中心，而是以思想观念的解说为重点；与其说这是古代经典本身具有的意思，倒不如说是熊氏自出机杼的理解与发挥。所以，熊十力是哲学家而非经学家，他的文本诠释工作也非通常意义上的文献考据之业，很难用一般所谓"客观"、"真实"的标准来衡定之。这一与传统经学相比 —— 无论是对待经典的态度、解读经典的方法，还是学术视野的开拓、各种资源的调动，所显现出来的"跳跃"甚或某种"断裂"感，实在是中国文化发生了现代转折之后的巨大震荡所致，也是儒家思想应因时代之挑战所做出的重大的调整。

三、

儒家思想得以存续的条件是多方面的，不断地对其原典进行诠释，从中汲取富有生命力的源泉活水，滋溉现代人的心田，使如涓涓细流、永不枯槁，此其一也。经典诠释，意在转达古人的意思，保存文本的原意性，使之代有传接、勿令断绝；更在于立足不同时代，应对环境变迁，掘发新意，逼显所蕴，发扬光大其精神。儒家诠释学的历史是此两途交并、互为支撑的一个过程。一般说来，所谓"汉学"较为重视文本原意的保存和赓续性，而"宋学"则偏重于思想义理的发挥。经学解体之后，纯粹的汉、宋之学已不复存在，不管是汉学传统，还是宋学风格，均已根据时代变化的要求和学术发展的可能向度，做出了重大的调整，甚至是根本性的转变。在学术背景上，西方文化的大规模传播和深入影响，以及其学科理念、学术制度和治学方法之反客为主的整体性"置换"，也已经极大地改变了现代中国的学术面貌。所以，熊十力的所谓"新陆王"（也包括冯友兰的"新程朱"），绝不是"宋学"的简单接续，而是在西方学术背景深刻影响之下所生发出来的一种新的样态，是儒家思想诠释方式的最新发展（亦即冯友兰所谓的"接着讲"，而非"照着讲"）。

这一哲学化的叙述方式为当代新儒家的主流人物所继承，并且深化为具有现代意义的哲学主体思维的创造性活动，在儒家思想的现代阐释和系统建构，以及中西方形而上理论的比照和对接方面，取得了重大的进展。被公认为是熊十力门下双杰的唐君毅、牟宗三二位先生，在这一理路的后续发展之中，居功甚伟，堪为典范。

唐君毅早在《中西哲学思想之比较论文集》的处女作中，即已确定了其对儒家思想进行诠释的哲学基调，在往后的多向度开显之作业当中，道德、人文、宗教 —— 始终是他阐释儒学现代性的三个主要场域。其宏大的新儒学思想体系的建构，也是通过与西方文化哲学的不断比较和互动，才得以完成的。早年，唐君毅先是受到黑格尔的影响，后又由喜欢西方唯心论而转移到先秦儒家和宋明理学，进而用超验唯心论的理路和方法来试解中国的传统，从此确立了其哲学的基本立场和超验心路历程的独特方向。在对生命之精神活动的超越性和道德生活的自律性深加体悟的过程之中，更坚定了他探寻内在而超越的心之本体与道德自我的信念，"同时对熊先生之形上学，亦略相契会”，[24] 从而最终走上儒家思想的哲学诠释之路。

在道德领域，唐君毅用"道德自我"或"精神自我"的开显，来肯定本心仁体的绝对超越性和其至上的根本意义，从而确立儒家思想的主体地位和恒久价值。他试图把西方哲学，尤其是德国观念论的传统引入到对儒家道德本位主义的理解和阐发当中，更系统化、清晰化地展现其理论的脉络和形而上的意义，赋予其现代言说的色彩，以便于和西方哲学来对接。在另一方面，他又时时强调中国哲学的独特性，牢牢地把握住儒家道德理想的自我意识和生命体证的特质。"即不把人生道德之问题只化为一纯思辨之所对，而用思想去照明我们自己之具体的人生之存在，展露其欲决定理想意志行为之方向时，所感之困惑、疑迷，及试加以销化等的思索"。[25] 此一"存在的思索"，即是他在《道德自我之建立》、《人生之体验》诸书中反复强调的，思考与书写"原非为人，而是为己"的真实意义之所在，即表现为道德自我的超越性、绝对性和人生体验的实践性、自主性。这一现代性诠释的前提，既表明了唐君毅对儒家道德学说的叙述，并非只是一种纯任思辨推演的普通伦理学，也表明他不是将中西学术毫无辨析地杂揉一通，而是紧握枢机，张弛有度，通过"解释"，为其哲学思想体系的建构，打下一个心本仁体的基础。由人生体验的省悟和道德自我的反思，进而展开一系列的对于人的本质、心灵与实体、生命与物质、道德理想与人类文化，以及人生的目的、生活的意义等问题的探讨，这样，一个超验唯心论的现代道德哲学系统便自然而然地撑架开了。

唐君毅对儒家思想所作诠解的一个重要方面，即是对人文主义、人文精神的穷索显揭和大力弘扬。为了更好地说明中国人文思想的原始意义，他对人文与非人文、次人文、超人文、反人文等概念作了参比和析疏。所谓"人文"：

> 即指对于人性、人伦、人道、人格、人之文化及其历史之存在与其价值，愿意全幅加以肯定尊重，不有意加以忽略，更决不加以抹杀曲解，以免人同于人以外、人以下之自然物等的思想。[26]

与人文相对，"非人文"是指对人以外的经验物件，"超人文"是指对人以上的、一般经验理解所不及的超越存在，"次人文"是指对人文的存在与价值未能全幅加以肯定尊重，"反人文"是指对人文的歪曲与抹杀、使人同于自然之物。人文思想为一文化之正支与主流，非人文思想与超人文思想为人文之辅翼，同为一文化系统所不可缺少者，次人文思想为抵消人文的消极力量，而反人文思想则是人文精神的根本对立，为一文化之逆流。唐君毅认为，中国文化的起源，偏重于"利用厚生"和"审美情趣"两个方面，此皆是以人为中心所展开的活动，故人文思想特别发达，而纯粹客

---

24) 唐君毅：《中国文化之精神价值·自序》，台北正中书局1979年修订版。
25) 唐君毅：《道德自我之建立》，台湾学生书局1985年全集校订版，第2页。
26) 唐君毅：《中国人文精神之发展》，台湾学生书局1984年全集校订版，第17页。

观的自然精神和生死临界的超越意识却没有得到涵育，故非人文思想和超人文思想极端缺乏，这就形成了"一在本原上即是人文中心的文化"。由此，他不但衡论了中国文化内部之儒、道、释各家，而且对中西方文化的特点作了细致的比较。其文化哲学系统，由西方的人文主义下一转语，一变而为泛化的人学，再变而为中国式的人文精神，三变后就成了儒学传统的道德理想主义了。儒家人文主义之论说，不仅是唐君毅诠释儒家思想的主要话题，也是他以"非人文 —— 人文 —— 超人文"之架构，来调和中西、证成儒家文化之优位性的基本范式。

论述和分析儒家思想的宗教性，是唐君毅之儒学现代诠释的另一个重点。在中国近现代文化中，宗教被置诸科学的对立面，因而名声大坏。绝大多数学者都不敢承认自己学术的宗教性或者宗教的背景，而宁愿把宗教贴上哲学的标签。迫于近代科学主义的强大声势，中国的宗教思想只能偃旗息鼓，或者以其他改头换面的形式出现，没有哪个思想家敢于正面地肯定宗教。另外，对于宗教的超越层面和出世思想，几乎所有的思想家都持否定的态度，如熊十力就曾猛烈地抨击过佛教的出世理想，这也是他"弃佛返儒"的主要缘由。唐君毅一反近代以来贬抑宗教的学界风气，不但公开地为宗教辩护和论证，而且特别高扬宗教超人文理想的一面，这是他不同于新儒家第一代学人的显著之处。唐氏作为一个绝对的超验唯心论者，宗教不仅使他的心灵玄思找到了一个最佳归宿，而且也为他反对唯物论学说提供了最直接的思想武器。他说："愿意相信有神，建立一神灵之世界，即可以使我们不致只以物的世界、自然的世界为托命之所，即可以平衡我们之精神之物化自然化、而背离人文之趋向。"[27] 由此，唐君毅花大力气论证了儒家与宗教的关系，认为道德的自我反省有助于宗教精神的树立，反过来，宗教又"可以成为道德的力量之源"。除了揭示儒家心性之学的超越性和伦理人文主义的形而上意义之外，他还着力塑造了一个由"对天地、祖宗、及历史人物或圣贤之祭祀崇敬的心情"所展现的"宗教性境界"，这就是极富宗教意义和宗教价值的"三祭"。此一话题无疑构成了当代新儒学亟待拓展的一个领域。[28]

和唐君毅略有不同的是，牟宗三更为重视哲学本体的建构，因而表现出了更强的辩析力和思辨性。他出入怀特海、罗素、维特根斯坦和黑格尔、海德格尔之间，特别是长久地浸润于康德哲学之中，对西方哲学钻研甚深；又涵泳沈潜于中国哲学之门，对儒、释、道各家的思想均有深刻的体悟和精湛的理解。故能以西释中，又能以中化西，中西互观，圆融会通，最终建立起缜密而宏大的道德形上学之哲学体系，用哲学诠释的方式完成了儒家思想的现代重构。概而言之，牟宗三的儒学本体论是以"无执的存有论"为言说理路，以中西哲理的比较与互释为基本方式，以道德形上学的终极意义之揭示为其根本的归宿。

---

27) 唐君毅：《人文精神之重建》，台湾学生书局1984年六版，第54页。
28) 就目前的儒学研究而言，至少有两个"兴奋点"与此相关。一是关于"儒教"问题的讨论，以及有关儒家宗教性的种种思考和论说；二是文明对话中的儒家与基督教之比较，以及由此上溯到"西学东渐"以来，中西文化交流过程中的诸多问题之讨论。

"执"与"无执"，语出佛经，牟宗三借用来描述存在意识之状态。"执"的存有意识看重知识，致力于外在的客观结构之探索与解释，成就了形式化的科学系统。而"无执"的存有意识重"智的直觉"，相信"德行优先于知识"，故不断完善道德化的人生境界。儒家思想即是从人的道德实践入手，强调人的道德主体意识和"自由无限心"的先在性，通过不间断的践履工夫来体证存有的意义，展露人作为道德实体之存在的本质的永恒性。中国哲学从整体上来讲皆属于"无执的存有论"，不论是儒家的"性智"，还是道家的"玄智"和佛教的"空智"，都重"智的直觉"之实践工夫。只不过一为正面的，一为负面的，即儒家是道德的实践，而佛、道是解脱的实践。牟宗三指出，儒家之道德本体的确证，经历了一个前后相续的过程，这是历代大儒不断地体认和诠言的结果：

> 儒家自孔子讲仁起(践仁以知天)，通过孟子讲本心即性(尽心知性知天)，即已涵着向此圆教下的道德形上学走之趋势。至乎通过《中庸》之天命之性以及至诚之性，而至《易传》之穷神知化，则此圆教下的道德形上学在先秦儒家已有初步之完成。宋明儒继起，则是充分地完成之。[29]

他正是要继承和发扬这一理路，借用哲学本体建构的方式，在新的语境下来重现儒学的内在精神，将儒家的心性之学用哲学视角和现代语言重新地加以阐释，提炼和概括出它的精义来，以使其系统变得更为严整。

为了更深刻地阐明儒家道德形上学的意义，牟宗三用了中西参比的方式，所谓"平地起土堆"，着力描述"知性之辨证开显"的过程。[30] 他以"德行优先于知识"的原则，来说明"执的存有论"和"无执的存有论"之间的关系，将"知体明觉之自我坎陷"作为展开知识论的客观架构和铺陈科学世界之五光十色的预想前提。由此前提出发，他分别论述了知性主体的两个面向——有"我相"的我和起"执"应物的我；认识的对列之局：一方是能知的主体，一方是被知的客体，二者构成现象界的存有；以及感性、想象、知性等"认知心"的复杂机理之运作的全过程。通过这番大开大合的描述，牟宗三极大地丰富了儒家知识论的内容，也在一定程度上融会了西方哲学的优长，实现了援西入中的目标。

当然，牟宗三对儒学的现代诠释，在经历了曲折的"哲学迂回"之后，其根本仍旧是归于儒家的道德理想主义及其基础——心性之学，这就是他的"圆善论"。所谓"圆善"，就是圆满的善，亦称最高善，这是牟宗三对康德哲学"至善"概念的借用和转化。按照牟氏道德形上学的理路，圆善是"无限智心"(自由无限心)的一种必然的呈现，此心相当于康德道德哲学中"上帝"的角色，是"至善"

---

29) 牟宗三：《从陆象山到刘蕺山》，上海古籍出版社2001年版，第158页。

30) 有关知性开显和"执的存有论"的论述，可以说是牟宗三对熊十力哲学的重要补充和发展。熊先生欲著《量论》而未果，晚年《明心篇》分疏"科学的心理学"和"哲学的心理学"，于儒家独特的认知心理结构想有所说明和表达，惜所据有限，终不能圆满。牟宗三更深入地理解和借助了西方哲学的方法，在架构的精巧、论证的严密方面，以及逻辑展开过程之中所表现出来的那种起伏绵延、错落有致的境况，均超出了熊十力的想象，丰富程度远过之。

的最高保障。他说: "无限智心能落实而为人所体现, 体现之至于圆极, 则为圆圣。……既可依其自律而定吾人之天理, 又可依其创生遍润之作用而使万物(自然)有存在。"[31] 显然, 与康德的"实践理性"相比, 牟宗三的"无限智心"有着更大的涵盖性, 其论域也要宽广的多。在康德的哲学体系中, 尽管实践理性高于理论理性, 实践理性居于某种优先的地位, 但这两种理性的分际还是十分清楚的。实践理性主要是指向人的行为规范, 探求如何实现人的自由意志所需之条件。而牟宗三的"无限智心", 却是一个囊括了所有存在可能性的、无所不包的大全, 属于最高的本体论范畴。它既是道德的实体, 由此开道德界; 又是形而上的实体, 由此开存在界(无执的存有论); 同时也"坎陷"而成为认知主体, 开出知性(执的存有论)。因此, 圆善论实为牟宗三的哲学本体论, 是他的道德形上学理想的最高表达, 也是其对儒家学说所做诠释的最后归宿。

四、

由熊十力开其端绪、唐君毅和牟宗三接踵光大的哲学路向, 在20世纪成为儒家思想因应时代之挑战、进行现代转化与自我更新的重要选择。这一方式所面对的"中西"、"古今"之争的复杂局面, 要求它要有紧扣时代脉搏的意识、纵览全局的眼界和"十字打开"的气度, 也要求它能够用比较恰当的方式来做深刻的思考、全面的分析与理性的批判, 这样才能把已经破碎化和片段化了的儒学材料重新地置于新时代的话语场中, 将列文森(Joseph R. Levenson)所描述的那个已"博物馆化"了的木乃伊(儒家)起死回生。[32]

就经学形式而言, 科举收场、帝制结束, 特别是社会意识形态的根本改变和新知识体系及其保障制度的扎根, 使得经学完全没了"现实存在"的可能性, 其承载和运转儒家思想的功能也难以为继。入民国后, 被处理成"史料"、编织为"经学史", 而作现代学术方式之研究的"经学", 更是失去了它原有的意义, 变成历史性研究的边缘化知识和学术界可有可无的点缀品。这样, 儒学的"非经学化"和儒家思想叙述方式的转移, 就成为儒家身份能否通过时代之"过滤"而有可能继续存活的前提条件, 也成为儒学资源"与时偕行"、实现现代转化所必须要面对的抉择。新儒家人物走了一条"哲学"之路, 用思想提炼的方式, 将儒家经典原有的社会背景和历史条件尽量地撇去, 有意抛离开传统经学的特定语境、叙事脉络和外在形式, 而着力拔举儒学的精神性因素, 突显它的思想性, 以显示其能够适应现时代要求的永恒价值。当然, 这一举措是否有效地保存了儒家的成果、延续了儒学的生命力? 是否达到了儒家思想实现现代转化的要求? 这些问题都尚可考量、讨论, 乃至于商榷, 但其尝试的必要性和迄今为止所取得的业界之最为突出的成绩, 却是有目共

---

31) 牟宗三: 《圆善论》, 台湾学生书局1985年版, 第333页。
32) 参阅列文森《儒教中国及其现代命运》, 郑大华等译, 中国社会科学出版社2000年版, 第337-343页。

睹、勿庸质疑的。

儒家思想现代诠解的哲学化取向，在形式上较为接近于重视"义理"的宋学，再加上牟宗三等先生对宋明理学的大力褒扬，就使得学界在梳理儒学发展的历史线索时，很容易把当代新儒学和宋明儒家的工作联系起来，甚至就认为它是新的"宋明理学"。[33] 而实际上，现代儒家的哲学转型早已经突破了传统经学的藩篱，其学术构建和思想创发的过程，与儒家固有经典之间的关系，已不是须臾不离，更不是水乳交融，这和历史上的情景已大不相同。所以，哲学化的现代儒学之经典诠释确实开始了一个新的时代，杜维明教授称之为"儒学第三期发展"，实未为过也。

从学术操作层面而言，在熊十力的经典释义中，不乏主观随意的成分，常为后人所诟病；而唐、牟等稍有扭转，也只不过是比较符合现代的学术规范而已。衡诸经学标准，实为不类；就是用较为接近于经典考据传统的文献学等现代学科的眼界来评判，恐怕也难以过关。这说明儒家经典诠释的哲学转向，已使得儒家思想的现代化解释同传统的经学彻底发生了剥离，现代新儒学已经不属于经学的范畴。也就是说，如果再拿经学的体系、方法和规则来衡量现代的儒学叙述，就显得极其的不恰当，因为当代的新儒学已经发生了质的变化。在儒学形态的转变当中，儒家经典原有的身份性亦发生了改变，"四书五经"由信仰的圣典变成了一般的思想史材料，其重要性还不见得比一般儒者的著述更高。而且为了构造哲学系统的需要，儒家以外的著作也大量地被采用，化作新儒学思想大厦建设的原料。所以，熊十力、牟宗三等先生对儒家思想所做的现代诠释，一方面使已呈裂散状的传统儒学之内核无可避免地进一步被稀释了，另一方面也极大地扩充了当代儒家可资利用的思想资源，这同经学的解构和新儒学的体系建设是前后协和一致的。

当代儒学向哲学的"靠拢"，有其时代的必然性。20世纪中国社会所发生的翻天覆地的巨变，使得儒家思想赖以扎根的"土壤"日渐地贫瘠，远离人们日常生活的儒学越来越成为了"遥远的记忆"，"悬置"的边缘状态使得儒家资源已经变成一些"思想的碎片"和"漂浮的观念"。面对现实的乏力和退隐，逼使儒学研究走向更为观念化的创作之途，以思想的"抽离"和"提纯"作为应对现实挑战的基本方式。在场域收缩和思想凝聚的过程之中，当代儒家人物重新挑拣和串缀着散裂了的文化片段，以编织为新的系统；而他们的工作必然地趋向于高度的玄思化，日渐地远离儒学的"草根性"，而变成一种纯粹学院化的形式。作为现代学科制度体系之一的哲学，比较适宜于儒家思想形态转变的需求，提供了容纳儒学素材的"庇护"形式和儒学家们的安身场所，故成为了儒家诠释学尝试着延续其生命的首选。比之历史学，哲学所展开的思想诠释显然更能拓展文化传统所预置的空间，也更能在历史和现实之间寻找到连接的触合点，所以潜藏乃至孕育儒家文化之新的生命力的期盼，也就落在了哲学的头上。事实上，熊十力、牟宗三等一再高扬"哲学"的旗帜，用意

---

33) 最具代表性的当推李泽厚的观点，他在《何谓"现代新儒家"》一文中明确用"现代宋明理学"来定义现代新儒学（见《世纪新梦》，安徽文艺出版社1998年版，第109-110页）。又在《说儒学四期》一文中对此详加辨析，主要针对牟宗三、杜维明等人的"儒学三期说"（见《己卯五说》，中国电影出版社1999年版，第3-12页）。

之一就是能够最大限度地保存一点儒家思想的"活性"，而不至于使之完全地材料化，以便在人们的内心深处终归能够唤醒一种精神延续的联想。

　　在形式上为西学所牵引和左右的哲学化路向，并没有改变当代儒学骨子里仍以中学为体的性质，对于民族文化传统的眷顾和其儒学信念的执着，使得当代新儒家的哲学化儒学诠释工作，不可能是完全照搬西方哲学的，而只能是"为我所用"式的借拿。熊十力"闭门造车，出门合辙"，在哲学体系和方法的诸多方面都与柏格森、怀特海暗中相合，而对康德等更是"照猫画虎"似地直接誊摹；但他始终注意区别自己的"哲学"和西方之"哲学"的不同，强调这两者不是同一个东西。唐君毅和牟宗三的"西化"程度要远远地高于熊先生，对西方哲学的吸纳和采撷也已经达到了相当的深度，甚至产生了某种"依赖感"，这为当今某些更为保守的儒学研究者所指责和批评；但唐、牟对西方哲学家的工作基本上是不认同的，否定明显多于肯定、批判更大于学习，在关键之处均是要划清界线或者要压其一头的。这说明，儒家思想现代诠释的哲学路向，并不是对西方哲学的简单移植或粗浅模仿，也不是完全拿西方的哲学来解释中国的传统，更不是中国思想的"西方化"；而是在儒学传统的表达形式被彻底消解之后，试图找到一种新的媒介和新的载体，把儒家思想的精义用现代人可以理解和接受的方式重新地呈现出来。这个过程本身就是创造性的，既是一种批判，也是一种诠释，正是在批判与诠释的双向互动之中，改造儒学，吸收包括西方哲学在内的新知识，以重建儒家本位的文化系统。

论新理学视野下的人权、民主与法治思想

单 纯 | 中国政法大学教授

人权、民主和法治是在"五四"运动的"民主"旗帜之下被引入当代中国政治和文化思想领域的西方启蒙观念。这些观念被认为具有"普世性"，是西方人从对"君权神授"的批判中创新出来的"天赋人权"观念的衍生品。相比之下，独创于"五四"之后的新理学体系则从儒家的"天赋性命"传统中揭示出了具有"中国特色"的人权—人格独立与道德义务、民主—心性道义与皇权责任与法治—名教价值与君权规范这三组对应的观念，让我们从中领悟到它们之间存在的伦理与权力制衡关系，为中华文明在新的历史条件下推陈出新树立了另外一种独特的学术风范。

论新理学视野下的人权、民主与法治思想

单 纯 | 中国政法大学教授

新理学是冯友兰在20世纪创建的具有中国特色的新哲学体系。它虽然是"接着"宋代儒家程朱理学讲的，但也受到了当代西方新实在论和中国"五四"新文化运动的影响，因此，它的论域中自然也会涉猎到西方自启蒙运动以来所形成的一些重要观念，并将它们与中国传统中相关的思想资源比较、发明，构成当代中国思想回应西方主流思想刺激的一个重要部分。冯认为，通过"五四"新文化运动传递给中国人的最重要的西方启蒙思想是科学与民主，如果我们将这些观念上升到科学精神与民主精神层面来思考，则其必将有效促进我们固有思想资源的创造性转化，这种创造性转化的原则自然是"去其糟粕，取其精华"，其成果必然表现为我们当代社会活动中"中国特色"的思想文化内涵。由于中国思想传统具有独特的人文精神特质，所以新理学对与民主议题相关的几组概念进行了独立的分析，本文作者受其启发亦多有所感悟，故新理学涉及的相关思想特别加以阐述和思考，以期与学界分享。

一、人权与道德觉悟

参照西方启蒙之后明确的"天赋人权"概念，我们可以说，人的社会权利在中国传统思想中——主要是儒家思想中——被揭示为一种独立的人格权利和道德义务。它在本质上是儒家对人的性质的界定：以道德自觉区别于自然界中其他的物种，同时认定其为人类的伦理价值基础。根据儒家"心性论"的宇宙发生学，人因其"心性"的主体和自觉，可以认识到宇宙万物的本性，并因此而承担了认识、维护和发展宇宙万物秩序的道德责任，这就是儒家从宇宙论和知识论方面对人的道德权利的肯定以及赋予他的义务。

人的这种道德权利和义务在孟子"尽心知性至于命"和"天爵"的思想中得到了合情合理的解释。孟子说："尽其心者，知其性也。知其性，则知天矣。存其心，养其性，所以事天也。夭寿不

贰，修身以俟之，所以立命也。"[1] 这就是中国人常说的"安身立命"，其中不仅包含了中国特色的知识论和人生论，也隐含着儒家思想的主体性和普世伦理精神，这种普世伦理即宗教观念中的无限道德责任感，如西方的天赋人权、中国的天赋人性和印度的达摩(dharma)等观念。这种主体性与无限责任的结合，自然可以推导出一种神圣的权利观，以超越于世俗的一切权力，无论是法定的、世袭的还是习惯法认定的，这种神圣的权利观是道德权利信念的最大物化结果，表现为"天职、天位、天爵"，其对应的下位概念是世俗的各种权力："有天爵者，有人爵者。仁义忠信，乐善不倦，此天爵也。公卿大夫，此人爵也。古之人修其天爵，而人爵从之。今之人修其天爵，以要人爵；既得人爵而弃其天爵。则惑之甚者也，终亦必亡而已矣。"[2] 从"天爵"对"人爵"的超越性中，我们可以看出"天爵"作为价值取向的优越性，其所揭示的是道德权利作为人的主体性和本质性，即人的"良知、良能、良贵"所表达的"天良"，也是一切世俗权力的法哲学渊源。这种普世伦理在儒家的思想逻辑中自然又会推演出"以仁贵富"和"以德抗位"的价值取向。孔子说："不义而富且贵，于我如浮云。"[3] 孔子的弟子曾子则进一步指出："晋楚之富不可及也，彼以其富，我以吾仁；彼以其爵，我以吾义，吾何慊乎哉?"[4] 人可以用来抗拒权位和藐视财富的最深厚资源就是人的道德本性和道德权利，这便是儒家式的人权思想。进一步讲，儒家的人设想以之抗拒世俗权位以表达一种特殊的宪政思想，以之藐视财富以表达特殊的经济思想，这两方面的结合则构成了儒家传统的"义利之辨"的重要内容，其中"义""利"观念分别被赋予了宗教性的终极关切和世俗性的物质利益内涵，一如西方近代以"天赋人权"纠正"君权神授"为"君权民约"所依据的宗教观念，所不同的是儒家的人是从"天赋性命"的信仰中推导出来的。冯友兰说，具有"天良"信念的中国人是"知天底人，觉解他不仅是社会的一分子，而且是宇宙的一分子。所以知天底人，可以谓之天民。…只有知天底人，对于他与宇宙底关系，及其对于宇宙底责任，有充分底觉解。所以只有知天底人，才可以称为天民。天民所应做底，即是天职。他与宇宙间事物底关系，可以谓之天伦。一个人所有底境界，决定他在宇宙间底地位，如道学家所谓贤人地位、圣人地位等。这种地位，即是天爵。"[5] 所以，他用"天地境界"来表达中国式的人的神圣道德权利并将之确立在人的主体自觉性上，与西方人的建立在基督教信仰基础之上的"天赋人权"相互发明，既揭示出了人的本性也宣告了人的基本权利。这种人性与权利合一的特点也充分折射出儒家宪政思想的特色：任何世俗权力必须以尊重人的"天赋性命"为前提，象征皇权的"天子"必须尊重"天民"的道义权利，否则就会"伤天害理"，"天民"则有权"替天行道"，主张自己的道德权利，其结果就是"皇天上帝，改厥元子。"[6]

---

1) 《孟子·尽心章句上》。

2) 《孟子·告子上》。

3) 《论语·述而》。

4) 见《孟子·公孙丑下》。

5) "新原人·天地，《三松堂全集》，冯友兰著，河南人民出版社，2000年版，第四卷，第565页。

6) 《书经·召诰》。

同样，儒家这种强调主体自觉的道德权利又是与其社会义务相平衡的。这种权利与义务平衡的思想比较容易转化成世俗的社会生活规范，适用于人与社会之间的和谐发展，中华文明的延续性和社会传统的稳定性颇能说明这种平衡关系的相对优越性。因此，蕴含在儒家的"大丈夫"、"大人"、"君子"或"圣贤"人格中的道德权利具有超越时空和身体方面局限性的特征，表达了中国传统思想中人权观念的内在主体性，不同于基督教从外在的上帝所赋予并由先知启示给人的社会权利的神圣性。冯友兰对儒家思想的这种特点解释说："在传统的中国社会哲学涉及的范围内，重点在于个人。正是个人，或是父，或是子；或是夫，或是妻。正是由于或成为父，或成为子，或成为夫，或成为妻，个人才使自己加入社会为一员；也正是由于这种加入，人才使自己区别于禽兽。人事父事君，并不丧失人格。相反，只有在事父事君中，他的人格才有最充分的发展。"[7] 在社会关系中充分发展"人格"既是指明个人生活的价值取向，也是在证明人在社会中履行自己的道德义务，这是"中国特色"的人权观念在哲学层面的解释。否则，我们就很难理解中国文化中根深蒂固的"人皆可以为尧舜"和"人人皆可以成佛"的思想观念。相反，在西方的基督教传统中，"道成肉身"止于耶稣一人和"天赋人权"的普遍神圣性这两种对立的观念则很难得到统一性的说明。

二、民本与民主的道义精神

　　"民本"思想则是儒家思想传统从社会和国家层面对人的道德权利的进一步确认。它一方面是从人类社会的发生学的角度解释权力与责任、权利与义务的关系，另一方面则是从社会功能的角度解释权力的适用目的和限制性原则。

　　"民为贵，社稷次之，君为轻。"[8] 孟子的这句话常为人们引为中国人民本思想的源头，即"民贵君轻"。但是从社会发生学的角度看，墨家的思想则更为具体："古者民始生未有刑政之时，盖其语人异义；是以一人则一义，二人则二义，十人则十义；其人兹众，其所谓义者亦兹众。是以人是其义，以非人之义，故交相非也。是以内者父子兄弟作怨恶，离散不能相和合。天下之百姓，皆以水火毒药相亏害……天下之乱，若禽兽然。夫明乎天下之所以乱者，生于无政长，是故选天下之贤可者，立以为天子。"[9] 中国人所谓的"天地"是一个纯自然的状态，但是由于人的主体性作用，这种自然状态会演变成"天下"观念，即以人文精神的"道义"为其政治演变原则，使自然状态从无序到有序，最终构成社会，社会的治理就是有序的表现—"天下道义"，其下位的概念则有"天下一律"、"天下太平"、"天下大同"和"天下为公"等，其中选举社会治理的人又最为重要，即人民

---

7) "在中国传统社会基础的哲学"，《三松堂全集》，冯友兰著，河南人民出版社，2000年版，第十一卷，第600页。
8) 《孟子·尽心下》。
9) 《墨子·尚同上》。

有权选举最能体现人权价值的人—圣贤，中国人称之为"选贤任能"或"任人唯贤"。于此，冯友兰解释说："这里面所说的选贤，就可以说是选举。是谁选举呢？我们回答说：'是人民。'人民选择他们自己的领袖，意思就是：国家是由人民来主持的。""国家不仅是'为民的'和'民治的'，它根本就是人民的。孟子说：'得乎丘民为天子，得乎天子为诸侯。'在中国政治学上，有一句话：'水可以载舟，亦可以覆舟。'这意思是说：人民不仅能支持政府，他们一样的也能破坏它，所以需要他们以正义去支持国家。要判断一个领袖的资格和是否他真正作了一个领袖，全看他是否为民所喜；如果一个领袖不得民心，他就失去了所以能成为领袖的资格，也就不成其为领袖了。孟子说：'贼仁者谓之贼，贼义者谓之残。残贼之人，谓之一夫。闻诛一夫纣矣，未闻弑君也。'"10) 基于对墨家和儒家思想的理解，冯友兰对"民主"的系统说明不仅限于人民选举政府，而且还扩展至政府为民谋福祉的目的以及人民对于政府权力的权利—这种自主性和超越性的人民权利既可以赋予政府权力也可以剥夺之，所以从这里又可以引申出人民主体的社会正义原则和以民意为依归的政治合宪性思想。

历史上，儒家的人基于先秦时期诸子思想的争辩和战国之间的政治实践，将民本道义与天子权位之间的辩证关系归结为著名的"王霸之辨"传统。孟子对此政治思想总结说："以力假仁者霸……以德行仁者王……以力服人者，非心服也，力不赡也；以德服人者，中心悦而诚服也，如七十子之服孔子也。"11) 这是对周公"以德配天"和孔子"德礼政刑之辨"的政治法律思想的最高概括，后来中国政治思想史上便沿用了孟子关于"王霸之辨"的专门议题，类似于西方政治思想史中的民主政治和专制政治之关系，以及西方法律思想史中的自然法论和法律实证主义之比较。总之，照儒家的思想传统来看，王道政治就是近代社会所谓"民主政治"，其中自然包含着民主政治普世性中的"中国特色"。

具体说，民主政治就是人权思想的制度化和社会化。在中国传统的语境下，就是将人的道德权利用制度形式表现出来。在这方面儒家的人不断以"王道仁政"的思想要求皇权主导下的中国政治制度，希望其思想被贯彻于实际的政治制度之中。联系西方近代民主政治的思想和实践，冯友兰指出："民主政治的根本精神，就是把人当成人，不把人当成工具。……民主底教育，是要教育出来独立自主底人。每一个人遇事都有他自己的判断。他不为别人的工具，也不以别人为工具。"12) 决不能容忍别人把自己当作实现其政治目的的工具，同时也不把别人当作实现自己政治目的工具，这是西方康德式的政治伦理思想；培育人的独立人格，成为一个政治人（相对于"经济人"和"法律人"而言）的尧舜式人物，这就是承认人本身就是目的，"顶天立地"的人是儒家培育独立人格的目的，它超越于一切实际的政治制度之限制，同时也需要一种相应的政治制度加以保障。冯友兰

---

10)"中国哲学中之民主思想"，《三松堂全集》，冯友兰著，河南人民出版社，2000年版，第十一卷，第575-576页。

11)《孟子·公孙丑上》。

12)"南渡集·论天真活泼"，《三松堂全集》，冯友兰著，河南人民出版社，2000年，第五卷，第440页。

并不是实际的政治家，也没有民主政治建设方面的经验，所以他只能结合中国儒家的传统思想对民主政治的精神进行阐发。他认为中国儒家思想所讨论的人权——"做人"，都是置身于社会环境，对照着一种政治和社会制度讲的，其中自然蕴含着对社会环境和政治制度的道德评价："什么叫'做人'，现在好用这个名词底人，并未说清楚。照这个名词的最高底意义说，做人是说人必须有一种道德底品格，可以使他能够'杀身成仁，舍生取义'；可以使他能'行一不义，杀一不辜，而得天下，弗为；'可以使他'可以托六尺之孤，可以寄百里之命，临大节而不可夺'；可以使他'富贵不能淫，贫贱不能移，威武不能屈'，如孟子所谓'大丈夫'者。…这种性格的养成，不靠'教'，而靠'化'。"[13] "教"可以是个性化的客观知识的获取和在人身上的展现，如知识传教，举止修养者；"化"则必须表现为具有普遍意义的道德风范或制度性的社会约束规则，如孔子由"君子德风、小人德草"辩证关系引申出的社会风范和以"忠孝廉洁"为取向的"举孝廉"者。对于民主政治来讲，"化"虽然不是制度架构本身，但是却是指导制度架构的原则和目的，这也是儒家的人从宇宙自然和谐的状态中提炼出来的民主精神："万物并育而不相害，道并行而不相悖，小德川流，大德敦化，此天地之所以为大。斯虽先民之恒言，实为民主之真谛。联合大学以其兼容并包之精神，转移社会一时之风气，内树学术自由之规模，外来'民主堡垒'之称号，违千夫之诺诺，作一士之谔谔。"[14] 这就是建立在具有宇宙伦理特色之上的"道义民主"，其思想参照系是自然秩序中所启示的"正义"和"公平"信息，类似于西方传统中从神圣的自然状态中引申出来的"正义"和"权利"思想；儒家的人正是从这种观察"天下万物"的勃勃生机中，体悟出了人的主体价值和道义责任，并以之为一种理想的社会政治制度的指导原则，以期其能保障个体人格的气质变化和整个社会的移风易俗。

西方人从自己的历史经验出发，认为古代希腊的民主制度只强调"多数原则"，其结果是损害到了"公平原则"，少数人的权利往往成为民主制度必然的牺牲品，也算是一种"必要的恶"(necessary evil)。但是，近代的民主制在吸收基督教"天赋人权"所蕴含的"公平正义"价值的基础上，却增加了"多数尊重少数"的宽容原则，其古今平衡之后的民主政治原则被象征性地表达为"Live and Let Live"(卧榻之侧，亦容他人酣睡)。西方人认为这是启蒙运动后，民主政治对于古代希腊传统的修正和进步。但是冯友兰却认为，中国儒家的政治传统中就蕴含着类似的思想，因此并不需要在否定儒家思想的基础上才能引进西方近代的民主原则，而是对儒家的传统进行同情的理解和创造性转化就很好了："'万物并育而不相害'，从事一切事务，而无冲突，叫'太和'。我们可以说'和'是使民主伟大的原因。""在中国哲学中，有这些民主的理想，而按事实来说，中国的哲学太民主了。他们教人以中庸勿过，这完全是为了和平，绝对不是为了战争。一个完全为了和平的哲学，只能在有一个世界联合组织时才有用。"[15] 儒家的人设想的"太和"就是指宇宙的和谐，"天下"就是现代

---

13) "新事论·阐教化"，《三松堂全集》，冯友兰著，河南人民出版社，2000年版，第四卷，第271页。
14) "国立西南联合大学纪念碑文"，《三松堂全集》，冯友兰著，河南人民出版社，2000年版，第十四卷，第154页。
15) "中国哲学中之民主思想"，《三松堂全集》，冯友兰著，河南人民出版社，2000年版，第十一卷，第580页。

世界根据某种精神而形成的联合组织，其中的民主原则就是"道义"，具体讲就是"万物并育而不相害"，个体、组织、社会、国家都有其独立存在的权利。在此普遍的权利中，相互的宽容精神自然就是其基本原则；因此，民主不仅是一种制度性架构，而且体现着一种普遍的道义精神。

三、法治思想与纲常名教

操作实际政治的统治集团在中国历史上并没有建构出西方近代民主制度，但是作为中国皇帝制度的思想批判者，儒家的人却坚持"中国特色"的人权与民主思想，即由"人皆可以为尧舜"作为"以德抗位"的依据和以"三代圣贤之治"的"公天下"批判"汉唐盛世"为代表的"家天下"，这就是明儒黄宗羲所谓"胜残去杀(胜过于残酷的征战暴虐，消除杀戮刑罚－作者解)，三代之事功也"，相比之下，"汉祖唐宗一身一家之事功耳"[16]。儒家这种对中国传统政治制度的批判精神就是以其人权和民主思想为基础的，不过在儒家的语境里是用"圣贤"和"公天下"等特殊的术语表达出来罢了。有此认识，所以冯友兰并不认同"五四"新文化运动中那些彻底否定儒家传统的观点，而是从中寻找出与西方近代启蒙以来所兴起的人权、民主和法治观念相吻合的思想资源。

"五四"新文化运动之后，激进的中国人皆奉西方近代启蒙所形成的人权、民主和法治观念为圭臬，以之否定中国文化特别是儒家思想传统。在学术上这种怀疑加否定的激进思想被归为"疑古派"，与此思想正相反对的是保守的"信古派"，而冯友兰则自命为"释古派"，并以"新理学"标明自己的哲学思想体系是"接着"宋代儒家正统的"程朱理学"讲的，其所谓"新"是吸收、借鉴西方近代启蒙之后形成的思想方法，其所谓"理学"则表示他对于自己民族文化思想传统的尊重和情感。"疑古派"否定儒家传统的一个重要依据，就是参照西方近代的人权、民主和法治观念，将自己的思想传统定义为"吃人的礼教"。要说中国传统的皇帝政治中存在着明显的违反人权、专制和人治现象，是完全可以成立的，儒家的学者也不回避这些事实，而且一直是用儒家式的人权、民主和法治精神批判之，诸如"三军可夺帅，匹夫不可夺志"(孔子)、"汤武革命，顺乎天而应乎人"(《周易》)以及"天下为公"(《礼记》)等等，这些观念都是针对君权、专制和"家天下"的思想批判，因此，儒家思想传统中诸如此类丰富的与现代民主政治和法治价值相吻合的资源都不是可以、或者不应该简单否定的。

针对当时流行的对儒家"纲常名教"的批判，冯友兰也做了辩证的分析，以期说明其具有中国特色的社会强制性规范意义，不过其思想基础是以"心性良知"为价值取向的"忠孝"伦理，与西方思想传统中以"神圣正义"为价值取向的"分权制衡"伦理相比，仍然可以用来阐明法治思想在不同文

---

16) 参见《宋元学案·龙川学案》案语。

化传统中的特殊性：

"传统的中国社会里是用所谓五伦（五种社会关系）组织起来的。它们是君臣关系，父子关系，夫妻关系，朋友关系。每种关系有一个道德原则管着。如孟子所说：'父子有亲，君臣有义，夫妇有别，长幼有序，朋友有信。'(≪滕文公≫上)这些关系和管着它们的道德原则，都被认为是'天下之达道'(≪中庸≫)，所有人都要遵守。"

"后来，汉代儒家大哲学家董仲舒(公元前约179年-约104年)在五种关系中挑出君臣、父子、夫妻等关系，以为更加重要，称之为三纲。'纲'的字义是大绳，其它小绳皆依附其上。因此，君为臣纲即君为臣之主。同样，父为子之主，夫为妻之主。"

"除了三纲，还有五常，都是所有儒家的人提倡的。常的意思是规范或不变，五常是儒家的五德，即：仁、义、礼、智、信。五常是个人之德，三纲是社会之组织原则。复合词'纲常'旧日意指道德或道德律一般。"

"旧日个人一切行动都受这些社会关系的制约。依照儒家学说，表示这些关系的词各是一'名'，每个名代表一个道德原则。每个个人必有表示这些关系的词所与的某名，按照此名代表的道德原则行事乃是他的义务。例如，如果个人在父子关系中是子，他就必须按照子这个名所代表的道德原则行事；换句话说，他必须按照子所应该做的行事。如果他后来在与其子的关系中成了父，他就必须按照父这个名所代表的道德原则行事，也就是做父应该做的。这一整套学说旧日称为'名教'，就是以名为本的教导。"[17]

照西方近代以来形成的法哲学体系看，"法治"不仅是指"根据制定法而进行的治理"，而且还以法史学为其法治的借鉴传统，以自然法论所提倡的价值观为其立法原则和司法目的。如果说制定法解决的是法律"是什么"的问题，那么法史学解决的则是法律"曾经是什么和可能成为什么"的问题—所谓"鉴往知来者"(The past has revealed to me how the future is built - Teilhard de Chardin[(法)德日进])，则自然法论解决的是法律"应该是什么"的问题。这三者的在法治思想体系中的关系是：实证法指明现实存在的法制，历史法学展现的是法制的传统，自然法论揭示的是法制的价值取向。[18] 如果将西方近代法治思想体系的这三种交互关系引入中国社会的治理历史和制度传统中，我们不难看出"中国特色"的法治系统就是一个以"礼刑辩证"为核心的"阳儒阴法"政治系统，其中儒家"仁义礼智信"五常的价值观规定着"刑法律例"的适用原则和司法目的，是所谓"出礼入刑"和"明刑弼教"者。有对西方近代的"法治"观念系统的了解，再转过头来看中国的政治传统和儒家对此传统的提出的规范性价值取向，就不会不分青红皂白地否定儒家思想的现实批判

---

17) "在中国传统社会基础的哲学"，≪三松堂全集≫，冯友兰著，河南人民出版社，2000年版，第十一卷，第605页。

18) 美国实用主义法学的创始人霍姆斯曾经说："要了解法律是什么，我们必须知道它曾经是什么，以及它将要变成什么。"（参见（美）伯尔曼著，梁治平译：≪法律与宗教≫，中国政法大学出版社，2003年版，第149页）其基本思想就是对西方法哲学中法史学、自然法论和法律实证主义三大核心流派价值取向之间关系的综合性解释。

性和政治义务观，从而也能辨明儒家的"纲常名教"所蕴含的、为法制的强制性社会规范而提供道德取向的"应然性"价值。通过冯友兰与时俗迥异的分析，我们可以体会到"纲常名教"中具有普遍意义的"道德权利"，这是儒家宗法式信仰中所传递出的"道德面前人人平等"的信息，可以作为消解皇帝"行政权力独大"的一种思想平衡器，使皇帝的权力受制于"道德义务"，他应该"勤政爱民"，否则就应下"罪己诏"进行自我反省。中国皇帝看上去的"绝对权力"在政治和法律制度上都没有明文规定的限制，但是儒家教化信仰中"天理良知"所象征的"道德责任"却使皇帝的行政权力受到来自信仰观念上的钳制：皇帝的行政命令必须以"奉天承运"的形式颁布；皇家文武百官必须履行"祭天"的义务；作为"天子"的皇帝必须承担对"天民百姓"的政治责任；天子失职，百姓可以"替天行道"；"天怒人怨"，百姓则有权进行社会革命，实现改朝换代。因此说，儒家的"天理良知"的观念实际为中国的社会革命和政治变故提供了合法性的思想基础。这些从道德义务方面对于皇帝权力的限制，仍然可以从儒家的"纲常名教"中获得解释。

当然，儒家所提倡的"纲常名教"在历史上的政治实践中也存在被严重歪曲的情况，专制主义者剔除了其中人人享有的"道德权利"思想，使之蜕变成为单向度的"行政权力"本位体系，以为皇帝和朝廷政治滥施行政权力之用，形成"无限腐败性权力"，即西方政治家所谓"权力，腐败；绝对权力，绝对腐败！"(power corrupts, absolute power corrupts absolutely - Lore Acton[(英)阿克顿])因此，对儒家思想观念的这种曲解和与之相伴的无限君权思想必须予以深刻批判和彻底否定，"五四"新文化运动中"打倒孔家店"针对"纲常名教"被曲解的内容和与之相伴的集权思想的批判当然应该肯定。但是，这种批判应该以"正本清源"和"创新转化"为目的，而不是为否定整个文化传统而批判，否则批判者自身主体存在的历史性和合理性就难以确立了，当代中国社会生活中各种具有"中国特色"的创新活动因此也不能得到合理的解释，因为从事这些近代批判和当代创新活动的主体—中国人是为自己的文化传统所塑造的，他们的批判精神和创新精神都必然具有自己的文化传统所赋予的"民族特色"的基因信息。因此，通过本文的分析，笔者认为，作为儒家继往开来的新理学体系的建构者冯友兰所展现的是"五四"新文化运动洗礼之后中国人的另一种学术思想风范：对自己民族文化传统的同情理解；对外来文明思想的借鉴性创新。

结语

近代西方启蒙之后形成的一些核心价值观念，如人权、民主和法治等，在西方人自己看来是具有超越时空局限的普世性意义的。如其不然，则不能以之为近现代国际交往和文化沟通的原则和目的。而作为积极引进者和回应者的中国学术思想界，也应以其"普世性"为前提反思自己的文化传统。否则便不能构成中国人以何种历史基础引进及以何种精神资源回应西方思想的理由。既然是"普世性"的，那么在中华民族的文化传统中这些观念又表现为什么"特殊样态"呢？我们又该怎样回应这些由西方近代所提示的"普世性"观念呢？新理学体系正好以自己独特的方法回应了这样的问题：西方人从其"天赋人权"的信仰传统中推演出来的这些概念，在中国人的信仰传统中表现出来的特色性观念就是"天赋性命"论，以此为基点，冯友兰从对自己传统的同情了解中揭示出了"道德权利"、"道义民主"和"名教限权"这些具有"中国特色"的思想观念，为我们展现出了中国人在现代思想创新中有别于对自己文化传统"否定性移植"的独特风范：继承性创新。